宁夏文物考古研究所丛刊之三十七

宁夏明代长城
西长城调查报告

宁夏文物考古研究所　编著

上　册

文物出版社

图书在版编目（CIP）数据

宁夏明代长城·西长城调查报告 / 宁夏文物考古研
究所编著 . -- 北京：文物出版社，2023.3
ISBN 978 - 7 - 5010 - 7742 - 7

Ⅰ.①宁…　Ⅱ.①宁…　Ⅲ.①长城 - 调查报告 - 宁夏
- 明代　Ⅳ.①K928.77

中国版本图书馆 CIP 数据核字（2022）第 108026 号

审图号：宁 S【2017】第 020 号

宁夏明代长城·西长城调查报告

编　　著：宁夏文物考古研究所

封面设计：程星涛
封面摄影：李　鹏
责任编辑：冯冬梅
责任印制：王　芳

出版发行：文物出版社
社　　址：北京市东城区东直门内北小街 2 号楼
邮　　编：100007
网　　址：http://www.wenwu.com
经　　销：新华书店
印　　刷：宝蕾元仁浩（天津）印刷有限公司
开　　本：889mm×1194mm　1/16
印　　张：67.75　插页：27
版　　次：2023 年 3 月第 1 版
印　　次：2023 年 3 月第 1 次印刷
书　　号：ISBN 978 - 7 - 5010 - 7742 - 7
定　　价：980.00 元（全三册）

目 录

上　册

铲山筑土建重关
　　——明代宁夏境内的长城（代前言） ………………………………………… 罗　丰　1

第一章　绪言 ……………………………………………………………………………… 1
　第一节　西长城沿线的自然地理与环境 …………………………………………… 1
　第二节　西长城沿线历史沿革 ……………………………………………………… 2
　第三节　西长城修筑时代背景 ……………………………………………………… 4
　第四节　西长城调查工作情况 ……………………………………………………… 6
　　一　以往调查、保护管理情况 …………………………………………………… 6
　　二　本次长城资源调查工作背景和组织实施情况 ……………………………… 7

第二章　红果子—三关口段长城墙体及其相关设施 ………………………………… 11
　第一节　红果子—三关口段墙体 ………………………………………………… 11
　第二节　红果子—三关口段敌台 ………………………………………………… 51
　第三节　红果子—三关口段烽火台 ……………………………………………… 72
　第四节　红果子—三关口段关堡 ………………………………………………… 120
　第五节　红果子—三关口段题刻 ………………………………………………… 127

第三章　三关口—大柳木皋段长城墙体及其相关设施 ……………………………… 131
　第一节　三关口—大柳木皋段墙体 ……………………………………………… 131
　　一　永宁县三关口 ………………………………………………………………… 131
　　二　永宁县黄羊滩农场段长城 …………………………………………………… 142
　　三　青铜峡市邵刚镇玉西村段长城 ……………………………………………… 162
　　四　青铜峡市邵刚镇甘城子村北岔口段长城 …………………………………… 172
　　五　青铜峡市邵刚镇大沟村段长城 ……………………………………………… 177
　第二节　三关口—大柳木皋段敌台 ……………………………………………… 180
　第三节　三关口—大柳木皋段烽火台 …………………………………………… 216
　第四节　三关口—大柳木皋段关堡 ……………………………………………… 238

第五节　三关口—大柳木皋段壕堑 ·· 245
　一　黄羊滩壕堑 ·· 245
　二　北岔口壕堑与石墙 ·· 249

中　册

第四章　大柳木皋—胜金关段长城墙体及其相关设施 ·· 255
　第一节　大柳木皋—胜金关段墙体 ·· 255
　　一　青铜峡市邵刚镇甘泉村至中宁县渠口农场段夯土长城 ··································· 256
　　二　中宁县渠口农场—金沙村段长城 ·· 282
　　三　中宁余丁村—中卫胜金关段长城 ·· 347
　第二节　大柳木皋—胜金关段敌台 ·· 354
　第三节　大柳木皋—胜金关段烽火台 ·· 366
　第四节　大柳木皋—胜金关段关堡 ·· 453

第五章　西长城西侧的部分长城 ·· 459
　第一节　北岔口南—沙沟段墙体 ·· 459
　　一　北岔口南—大口子山险段 ·· 459
　　二　大口子土墙段 ·· 460
　　三　大口子南—大柳木皋山险段 ··· 460
　　四　大柳木皋—双河子沟山险段 ··· 461
　　五　双河子沟—沙沟山险段 ·· 461
　第二节　大柳木皋以南沿线烽火台 ·· 461

第六章　中宁县黄河以南沿河长城设施 ·· 470
　第一节　中宁县黄河以南沿河烽火台 ·· 470
　第二节　中宁县黄河以南沿河关堡 ·· 478

第七章　中卫城军事建制与防御 ·· 480
　第一节　中卫城历史沿革及修筑长城的时代背景 ·· 480
　第二节　明代中卫城的建制与公共建筑设施 ··· 485
　第三节　中卫市境内黄河两岸长城墙体的分布与走向 ·· 487

第八章　卫宁北山胜金关—黑林段长城墙体及相关设施 ·· 489
　第一节　卫宁北山胜金关—黑林段长城墙体 ··· 489
　第二节　卫宁北山胜金关—黑林段长城墙体沿线敌台 ·· 506
　第三节　卫宁北山胜金关—黑林段长城墙体沿线烽火台 ··· 518

第四节　卫宁北山胜金关—黑林段长城墙体沿线关堡 ················ 526

第九章　中卫市黄河南岸下河沿—南长滩段长城墙体及其相关设施 ········ 532
　　第一节　黄河南岸下河沿—南长滩段长城墙体 ················ 532
　　第二节　黄河南岸下河沿—南长滩段长城沿线敌台 ·············· 568
　　第三节　黄河南岸下河沿—南长滩段长城沿线烽火台 ············· 571
　　第四节　黄河南岸下河沿—南长滩段长城沿线关堡 ·············· 574

第十章　总结 ······································ 577
　　第一节　西长城防御体系类型及其结构特征 ·················· 577
　　　一　西长城墙体类型、修筑特点及成因 ··················· 578
　　　二　西长城沿线关堡类型及构筑特点 ···················· 592
　　　三　西长城沿线敌台类型及特征 ······················ 598
　　　四　西长城沿线烽火台类型及特征 ····················· 600
　　　五　西长城沿线壕堑类型及构筑特点 ···················· 607
　　　六　西长城沿线采集标本品类型及特征 ··················· 609
　　第二节　西长城防御体系主要病害类型及工作建议 ··············· 609
　　　一　西长城本体与相关设施保存现状数据统计及分析 ············ 609
　　　二　自然病害类型及例证 ·························· 611
　　　三　人为破坏类型及例证 ·························· 612
　　　四　保护措施与管理建议 ·························· 613

附表一　西长城墙体调查登记表 ························· 616
附表二　西长城附属敌台调查登记表 ······················ 641
附表三　西长城附属烽火台调查登记表 ····················· 648
附表四　西长城关堡登记表 ··························· 664
附表五　西长城标本登记表 ··························· 664
附表六　中卫市西长城黄河南岸当路塞统计表 ·················· 674
附表七　西长城墙体保存状况统计表 ······················ 677
附表八　西长城墙体类型统计表 ························· 678
附表九　西长城墙体保存现状统计表 ······················ 679

下　册

地图·彩图 ································· 681
后记 ···································· 1011

插图目录

图一　惠农区红果子镇—王泉沟山险长城走向图 – 1 ······························ 13

图二　惠农区红果子镇—王泉沟山险长城走向图 – 2 ···························· 拉页

图三　惠农区王泉沟—简泉农场土长城走向图 – 1 ······························ 14

图四　惠农区王泉沟—简泉农场土长城走向图 – 2 ······························ 15

图五　惠农区王泉沟—简泉农场土长城走向图 – 3 ······························ 18

图六　惠农区简泉农场—北岔沟山险长城走向图 ·································· 拉页

图七　大武口区大武口沟消失长城、大武口沟—郑官沟山险长城走向图 ·············· 拉页

图八　大武口区郑官沟土、山险长城，郑官沟—韭菜沟山险长城和韭菜沟土、石长城走向图 ········ 22

图九　大武口区韭菜沟—归德沟山险长城和归德沟外道土、石、山险长城走向图 ··············· 28

图一〇　大武口区归德沟外道土、石、山险长城，归德沟—大风沟山险长城和大风沟土、石、
　　　　山险长城走向图 ·· 拉页

图一一　大武口区大风沟—小风沟山险长城、小风沟石长城走向图 ·················· 35

图一二　大武口区小风沟—汝箕沟山险长城、汝箕沟土长城走向图 ·················· 拉页

图一三　平罗县汝箕沟—大水沟山险长城走向图 – 1 ···························· 拉页

图一四　平罗县汝箕沟—大水沟山险长城 – 2 和大水沟土长城走向图 ·············· 拉页

图一五　平罗县大水沟—高沟山险长城走向图 ·································· 38

图一六　平罗县高沟石长城和高沟—大西峰沟山险长城 – 1 走向图 ················ 40

图一七　平罗县高沟—大西峰沟山险长城 – 2、大西峰沟石长城和大西峰沟—小西峰沟山险长城
　　　　走向图 ·· 41

图一八　贺兰县小西峰沟—白头沟山险长城和白头沟山险、石长城走向图 ············ 43

图一九　贺兰县白头沟山险、石长城和白头沟—拜寺口沟山险长城 – 1 走向图 ········ 44

图二〇　贺兰县白头沟—拜寺口沟山险长城走向图 – 2 ·························· 46

图二一　贺兰县白头沟—拜寺口沟山险长城走向图 – 3 ·························· 拉页

图二二　贺兰县白头沟—拜寺口沟山险长城走向图 – 4 ·························· 拉页

图二三　贺兰县白头沟—拜寺口沟山险长城 – 5，拜寺口沟土、石、山险长城和银川市西夏区
　　　　拜寺口沟—大十字沟山险长城 – 1 走向图 ································ 拉页

图二四　银川市西夏区拜寺口沟—大十字沟山险长城走向图-2 ……………………… 拉页

图二五　银川市西夏区拜寺口沟—大十字沟山险长城走向图-3 ……………………… 48

图二六　银川市西夏区拜寺口沟—大十字沟山险长城走向图-4 ……………………… 拉页

图二七　银川市西夏区拜寺口沟—大十字沟山险长城走向图-5 ……………………… 49

图二八　银川市西夏区拜寺口沟—大十字沟山险长城走向图-6 ……………………… 50

图二九　银川市西夏区拜寺口沟—大十字沟山险长城走向图-7 ……………………… 拉页

图三〇　银川市西夏区拜寺口沟—大十字沟山险长城走向图-8 ……………………… 拉页

图三一　银川市西夏区拜寺口沟—大十字沟山险长城走向图-9 ……………………… 拉页

图三二　永宁县大十字沟—三关口山险长城走向图 …………………………………… 拉页

图三三　王泉沟1号敌台平、立、剖面图 ……………………………………………… 52

图三四　王泉沟1号敌台采集酱釉缸口沿残片（07HHD003 采：1）……………… 52

图三五　王泉沟2号敌台平、立、剖面图 ……………………………………………… 52

图三六　王泉沟3号敌台平、立、剖面图 ……………………………………………… 53

图三七　王泉沟3号敌台采集缸口沿残片（07HHD005 采：1）…………………… 54

图三八　王泉沟3号敌台采集缸口沿残片（07HHD005 采：2）…………………… 54

图三九　简泉农场1号敌台平、立、剖面图 …………………………………………… 54

图四〇　简泉农场2号敌台平、立、剖面图 …………………………………………… 55

图四一　简泉农场2号敌台采集酱釉罐底残片（07HHD007 采：1）……………… 55

图四二　郑官沟1号敌台平、立、剖面图 ……………………………………………… 56

图四三　郑官沟1号敌台采集青釉缸口沿残片（07DCD006 采：1）……………… 56

图四四　郑官沟1号敌台采集青釉缸口沿残片（07DCD006 采：2）……………… 56

图四五　郑关沟2号敌台平、立、剖面图 ……………………………………………… 57

图四六　郑官沟3号敌台平、立、剖面图 ……………………………………………… 58

图四七　郑官沟3号敌台采集酱釉缸口沿残片（07DCD008 采：1）……………… 58

图四八　郑官沟3号敌台采集酱釉缸口沿残片（07DCD008 采：2）……………… 58

图四九　郑官沟3号敌台采集黑釉罐口沿残片（07DCD008 采：3）……………… 59

图五〇　郑官沟3号敌台采集黑釉罐底残片（07DCD008 采：4）………………… 59

图五一　郑官沟3号敌台采集黑釉罐口沿残片（07DCD008 采：5）……………… 59

图五二　郑官沟3号敌台采集白釉碗底残片（07DCD008 采：6）………………… 59

图五三　郑官沟4号敌台平、立、剖面图 ……………………………………………… 60

图五四　韭菜沟1号敌台平、立、剖面图 ……………………………………………… 61

图五五　韭菜沟2号敌台平、立、剖面图 ……………………………………………… 62

图五六　韭菜沟2号敌台采集褐釉罐底残片（07DCD011 采：1）………………… 63

图五七　韭菜沟2号敌台采集酱釉罐底残片（07DCD011 采：6）………………… 63

图五八　韭菜沟2号敌台采集酱釉缸口沿残片（07DCD011 采：2）……………… 63

图五九　韭菜沟2号敌台采集青釉缸口沿残片（07DCD011 采：3）……………… 63

图六〇　韭菜沟2号敌台采集黄釉缸底残片（07DCD011 采：4）………………… 63

图六一　韭菜沟2号敌台采集青釉盆口沿残片（07DCD011 采：5）……………… 63

图六二　归德沟 1 号敌台平、立、剖面图 ……………………………………………… 64

图六三　归德沟 2 号敌台平、立、剖面图 ……………………………………………… 64

图六四　归德沟 3 号敌台平、立、剖面图 ……………………………………………… 64

图六五　归德沟 4 号敌台平、立、剖面图 ……………………………………………… 65

图六六　归德沟 5 号敌台平、立、剖面图 ……………………………………………… 66

图六七　归德沟 6 号敌台平、立、剖面图 ……………………………………………… 66

图六八　大风沟 1 号敌台平、立、剖面图 ……………………………………………… 67

图六九　大风沟 1 号敌台采集酱釉缸口沿残片（07DCD018 采：1）……………… 67

图七〇　大风沟 1 号敌台采集红褐釉缸底残片（07DCD018 采：2）……………… 68

图七一　大风沟 1 号敌台采集褐釉碗底残片（07DCD018 采：3）………………… 68

图七二　大风沟 2 号敌台平、立、剖面图 ……………………………………………… 68

图七三　大风沟 3 号敌台平、立、剖面图 ……………………………………………… 68

图七四　小风沟敌台平、立、剖面图 …………………………………………………… 69

图七五　汝箕沟敌台平、立、剖面图 …………………………………………………… 69

图七六　大水沟 1 号敌台平、立、剖面图 ……………………………………………… 70

图七七　大水沟 2 号敌台平、立、剖面图 ……………………………………………… 70

图七八　大水沟 3 号敌台平、立、剖面图 ……………………………………………… 71

图七九　大水沟 4 号敌台平、立、剖面图 ……………………………………………… 71

图八〇　白头沟敌台平、立、剖面图 …………………………………………………… 72

图八一　拜寺口敌台平、立、剖面图 …………………………………………………… 72

图八二　罗家园子烽火台平、立、剖面图 ……………………………………………… 73

图八三　大武口沟 1 号烽火台平、立、剖面图 ………………………………………… 73

图八四　大武口沟 2 号烽火台平、立、剖面图 ………………………………………… 74

图八五　大武口沟 2 号烽火台采集酱釉缸底残片（07HHF005 采：1）…………… 74

图八六　大武口沟 2 号烽火台采集黑釉缸口沿残片（07HHF005 采：2）………… 74

图八七　大武口沟 2 号烽火台采集褐釉罐底残片（07HHF005 采：3）…………… 75

图八八　大武口沟 3 号烽火台平、立、剖面图 ………………………………………… 75

图八九　大武口沟 3 号烽火台采集酱釉缸口沿残片（07DCF001 采：1）………… 76

图九〇　大武口沟 3 号烽火台采集褐釉缸口沿残片（07DCF001 采：2）………… 76

图九一　枣儿沟烽火台平、立、剖面图 ………………………………………………… 76

图九二　郑官沟 1 号烽火台平、立、剖面图 …………………………………………… 76

图九三　郑官沟 1 号烽火台采集褐釉缸口沿残片（07DCF003 采：1）…………… 77

图九四　郑官沟 1 号烽火台采集姜黄釉罐底残片（07DCF003 采：2）…………… 77

图九五　郑官沟 2 号烽火台平、立、剖面图 …………………………………………… 77

图九六　郑官沟 2 号烽火台采集酱釉盆底残片（07DCF004 采：1）……………… 78

图九七　郑官沟 2 号烽火台采集黑釉缸底残片（07DWF004 采：2）……………… 78

图九八　郑官沟 3 号烽火台平、立、剖面图 …………………………………………… 79

图九九　郑官沟 4 号烽火台平、立、剖面图 …………………………………………… 79

图一〇〇　郑官沟 4 号烽火台采集酱釉罐底残片（07DCF006 采：1）⋯⋯⋯⋯⋯⋯⋯⋯ 80

图一〇一　郑官沟 4 号烽火台采集白釉碗底残片（07DCF006 采：2）⋯⋯⋯⋯⋯⋯⋯⋯ 80

图一〇二　郑官沟 5 号烽火台平、立、剖面图 ⋯⋯⋯⋯⋯⋯⋯⋯⋯⋯⋯⋯⋯⋯⋯⋯⋯⋯ 80

图一〇三　郑官沟 5 号烽火台采集黑釉碗底残片（07DCF007 采：1）⋯⋯⋯⋯⋯⋯⋯⋯ 80

图一〇四　韭菜沟 1 号烽火台平、立、剖面图 ⋯⋯⋯⋯⋯⋯⋯⋯⋯⋯⋯⋯⋯⋯⋯⋯⋯⋯ 81

图一〇五　韭菜沟 2 号烽火台平、立、剖面图 ⋯⋯⋯⋯⋯⋯⋯⋯⋯⋯⋯⋯⋯⋯⋯⋯⋯⋯ 81

图一〇六　归德沟 1 号烽火台平、立、剖面图 ⋯⋯⋯⋯⋯⋯⋯⋯⋯⋯⋯⋯⋯⋯⋯⋯⋯⋯ 82

图一〇七　归德沟 1 号烽火台采集青釉缸底残片（07DGF010 采：3）⋯⋯⋯⋯⋯⋯⋯⋯ 83

图一〇八　归德沟 1 号烽火台采集青釉缸底残片（07DGF010 采：4）⋯⋯⋯⋯⋯⋯⋯⋯ 83

图一〇九　归德沟 2 号烽火台平、立、剖面图 ⋯⋯⋯⋯⋯⋯⋯⋯⋯⋯⋯⋯⋯⋯⋯⋯⋯⋯ 84

图一一〇　归德沟 2 号烽火台采集酱釉缸口沿残片（07DGF011 采：1）⋯⋯⋯⋯⋯⋯⋯ 84

图一一一　归德沟 2 号烽火台采集酱釉缸口沿残片（07DGF011 采：2）⋯⋯⋯⋯⋯⋯⋯ 84

图一一二　归德沟 2 号烽火台采集姜黄釉缸口沿残片（07DGF011 采：3）⋯⋯⋯⋯⋯⋯ 84

图一一三　归德沟 2 号烽火台采集青釉缸口沿残片（07DGF011 采：4）⋯⋯⋯⋯⋯⋯⋯ 85

图一一四　归德沟 2 号烽火台采集青釉缸口沿残片（07DGF011 采：5）⋯⋯⋯⋯⋯⋯⋯ 85

图一一五　归德沟 2 号烽火台采集褐釉缸口沿残片（07DGF011 采：6）⋯⋯⋯⋯⋯⋯⋯ 85

图一一六　归德沟 2 号烽火台采集酱釉缸口沿残片（07DGF011 采：10）⋯⋯⋯⋯⋯⋯ 86

图一一七　归德沟 2 号烽火台采集黄釉缸底残片（07DGF011 采：8）⋯⋯⋯⋯⋯⋯⋯⋯ 86

图一一八　归德沟 2 号烽火台采集褐釉缸底残片（07DGF011 采：9）⋯⋯⋯⋯⋯⋯⋯⋯ 86

图一一九　大风沟烽火台平、立、剖面图 ⋯⋯⋯⋯⋯⋯⋯⋯⋯⋯⋯⋯⋯⋯⋯⋯⋯⋯⋯⋯ 86

图一二〇　大风沟烽火台采集姜黄釉缸口沿残片（07DCF012 采：1）⋯⋯⋯⋯⋯⋯⋯⋯ 87

图一二一　小风沟 1 号烽火台平、立、剖面图 ⋯⋯⋯⋯⋯⋯⋯⋯⋯⋯⋯⋯⋯⋯⋯⋯⋯⋯ 87

图一二二　小风沟 1 号烽火台采集姜黄釉缸口沿残片（07DCF013 采：2）⋯⋯⋯⋯⋯⋯ 88

图一二三　小风沟 2 号烽火台平、立、剖面图 ⋯⋯⋯⋯⋯⋯⋯⋯⋯⋯⋯⋯⋯⋯⋯⋯⋯⋯ 88

图一二四　龙泉村 1 号烽火台平、立、剖面图 ⋯⋯⋯⋯⋯⋯⋯⋯⋯⋯⋯⋯⋯⋯⋯⋯⋯⋯ 89

图一二五　龙泉村 1 号烽火台采集黑釉碗底残片（07DQF015 采：1）⋯⋯⋯⋯⋯⋯⋯⋯ 90

图一二六　龙泉村 2 号烽火台平、立、剖面图 ⋯⋯⋯⋯⋯⋯⋯⋯⋯⋯⋯⋯⋯⋯⋯⋯⋯⋯ 90

图一二七　干沟烽火台平、立、剖面图 ⋯⋯⋯⋯⋯⋯⋯⋯⋯⋯⋯⋯⋯⋯⋯⋯⋯⋯⋯⋯⋯ 91

图一二八　汝箕沟烽火台平、立、剖面图 ⋯⋯⋯⋯⋯⋯⋯⋯⋯⋯⋯⋯⋯⋯⋯⋯⋯⋯⋯⋯ 91

图一二九　小水沟 1 号烽火台平、立、剖面图 ⋯⋯⋯⋯⋯⋯⋯⋯⋯⋯⋯⋯⋯⋯⋯⋯⋯⋯ 92

图一三〇　小水沟 2 号烽火台平、立、剖面图 ⋯⋯⋯⋯⋯⋯⋯⋯⋯⋯⋯⋯⋯⋯⋯⋯⋯⋯ 92

图一三一　小水沟 3 号烽火台平、立、剖面图 ⋯⋯⋯⋯⋯⋯⋯⋯⋯⋯⋯⋯⋯⋯⋯⋯⋯⋯ 93

图一三二　大水沟 1 号烽火台平、立、剖面图 ⋯⋯⋯⋯⋯⋯⋯⋯⋯⋯⋯⋯⋯⋯⋯⋯⋯⋯ 94

图一三三　大水沟 2 号烽火台平、立、剖面图 ⋯⋯⋯⋯⋯⋯⋯⋯⋯⋯⋯⋯⋯⋯⋯⋯⋯⋯ 94

图一三四　高沟烽火台平、立、剖面图 ⋯⋯⋯⋯⋯⋯⋯⋯⋯⋯⋯⋯⋯⋯⋯⋯⋯⋯⋯⋯⋯ 95

图一三五　大西峰沟烽火台平、立、剖面图 ⋯⋯⋯⋯⋯⋯⋯⋯⋯⋯⋯⋯⋯⋯⋯⋯⋯⋯⋯ 96

图一三六　白头沟烽火台平、立、剖面图 ⋯⋯⋯⋯⋯⋯⋯⋯⋯⋯⋯⋯⋯⋯⋯⋯⋯⋯⋯⋯ 97

图一三七　插旗沟烽火台平、立、剖面图 ⋯⋯⋯⋯⋯⋯⋯⋯⋯⋯⋯⋯⋯⋯⋯⋯⋯⋯⋯⋯ 98

图一三八　插其沟烽火台采集青釉盆口沿残片（08HHF002 采：1）　·········· 99

图一三九　小插旗沟 1 号烽火台平、立、剖面图　·········· 99

图一四〇　小插旗沟 2 号烽火台平、立、剖面图　·········· 100

图一四一　青石沟烽火台平、立、剖面图　·········· 101

图一四二　青石沟烽火台采集褐釉盆口沿残片（08HHF005 采：1）　·········· 102

图一四三　贺兰口 1 号烽火台平、立、剖面图　·········· 103

图一四四　贺兰口 2 号烽火台平、立、剖面图　·········· 103

图一四五　苏峪口 1 号烽火台平、立、剖面图　·········· 104

图一四六　苏峪口 2 号烽火台平、立、剖面图　·········· 104

图一四七　苏峪口 3 号烽火台平、立、剖面图　·········· 105

图一四八　苏峪口 4 号烽火台平、立、剖面图　·········· 105

图一四九　拜寺沟烽火台平、立、剖面图　·········· 105

图一五〇　拜寺沟烽火台采集褐釉缸口沿残片（08XZF001 采：1）　·········· 106

图一五一　拜寺沟烽火台采集褐釉缸口沿残片（08XZF001 采：2）　·········· 106

图一五二　拜寺沟烽火台采集酱釉盆口沿残片（08XZF001 采：3）　·········· 106

图一五三　镇木关沟烽火台平、立、剖面图　·········· 107

图一五四　大水渠沟 1 号烽火台平、立、剖面图　·········· 107

图一五五　大水渠沟 2 号烽火台平、立、剖面图　·········· 108

图一五六　大水渠沟 2 号烽火台采集黄釉缸底残片（08XZF004 采：1）　·········· 108

图一五七　黄旗沟烽火台平、立、剖面图　·········· 109

图一五八　高家闸烽火台平、立、剖面图　·········· 110

图一五九　大口子沟 1 号烽火台平、立、剖面图　·········· 111

图一六〇　大口子沟 2 号烽火台平、立、剖面图　·········· 111

图一六一　独石沟 1 号烽火台平、立、剖面图　·········· 112

图一六二　独石沟 2 号烽火台平、立、剖面图　·········· 112

图一六三　青羊沟烽火台平、立、剖面图　·········· 113

图一六四　甘沟 1 号烽火台平、立、剖面图　·········· 114

图一六五　甘沟 1 号烽火台采集酱釉罐底残片（08XZF012 采：1）　·········· 115

图一六六　甘沟 1 号烽火台采集白釉碗底残片（08XZF012 采：2）　·········· 115

图一六七　甘沟 2 号烽火台平、立、剖面图　·········· 116

图一六八　甘沟 2 号烽火台采集缸口沿残片（08XZF013 采：1）　·········· 117

图一六九　甘沟 2 号烽火台采集褐釉罐底残片（08XZF013 采：2）　·········· 117

图一七〇　贺兰山农牧场烽火台平、立、剖面图　·········· 117

图一七一　山嘴沟烽火台平、立、剖面图　·········· 118

图一七二　榆树沟烽火台平、立、剖面图　·········· 119

图一七三　黄羊滩 1 号烽火台平、立、剖面图　·········· 119

图一七四　黄羊滩 2 号烽火台平、立、剖面图　·········· 120

图一七五　镇北堡明堡城址平面图　·········· 121

图一七六　平羌堡位置与形势图 ………………………………………………………… 122

图一七七　宁夏镇城位置与形势图 ………………………………………………………… 125

图一七八　宁夏镇城图 ……………………………………………………………………… 125

图一七九　洪广营位置与形势图 …………………………………………………………… 126

图一八〇　三关口长城走向图 ……………………………………………………………… 133

图一八一　G0265 点处墙体断面图（西南—东北）……………………………………… 137

图一八二　G0267 点处墙体断面图（西南—东北）……………………………………… 137

图一八三　G0268—G0304 点间长城拐折平、立面图 ………………………………… 138

图一八四　黄羊滩Ⅰ段土墙走向图 -1 ………………………………………………… 拉页

图一八五　黄羊滩Ⅰ段土墙走向图 -2 …………………………………………………… 144

图一八六　黄羊滩Ⅰ段土墙走向图 -3 ………………………………………………… 拉页

图一八七　G0304 点处墙体断面图（东南—西北）……………………………………… 145

图一八八　G0306 点处墙体断面图（东南—西北）……………………………………… 145

图一八九　G0307 点处墙体断面图（西北—东南）……………………………………… 145

图一九〇　G0309 点处墙体断面图（西北—东南）……………………………………… 145

图一九一　G0312 点处墙体断面图（西北—东南）……………………………………… 146

图一九二　G0314 点处墙体断面图（南—北）…………………………………………… 146

图一九三　G0315 点处墙体断面图（南—北）…………………………………………… 147

图一九四　G0317 点处墙体特征图（南—北）…………………………………………… 147

图一九五　G0319 点处墙体断面图（南—北）…………………………………………… 148

图一九六　G0324 点处墙体断面图（南—北）…………………………………………… 148

图一九七　G0325 点处墙体断面图（北—南）…………………………………………… 149

图一九八　G0333 点处墙体断面图（东南—西北）……………………………………… 150

图一九九　G0337 点处墙体断面图（西北—东南）……………………………………… 150

图二〇〇　G0341 点处墙体断面图（南—北）…………………………………………… 151

图二〇一　G0374 点处墙体断面图（西北—东南）……………………………………… 153

图二〇二　G0378 点处墙体断面图（南—北）…………………………………………… 153

图二〇三　G0387 点处墙体断面图（南—北）…………………………………………… 155

图二〇四　黄羊滩Ⅱ段土墙、黄羊滩石墙和黄羊滩Ⅲ段土墙走向图 ……………… 156

图二〇五　G0392 点处墙体断面图（南—北）…………………………………………… 157

图二〇六　G0393 点处墙体剖面图（北—南）…………………………………………… 157

图二〇七　G0395 点处墙体剖面图（北—南）…………………………………………… 157

图二〇八　G0404 点处墙体断面图（北—南）…………………………………………… 159

图二〇九　G0409 点处墙体断面图（南—北）…………………………………………… 160

图二一〇　G0416 点处墙体断面图（北—南）…………………………………………… 161

图二一一　G0420 点处墙体断面图（南—北）…………………………………………… 161

图二一二　青铜峡市邵刚镇玉西村段长城走向图 -1 …………………………………… 163

图二一三　青铜峡市邵刚镇玉西村段长城走向图 -2 …………………………………… 164

图二一四　青铜峡市邵刚镇玉西村段长城走向图-3 ················· 拉页

图二一五　G0427 点处墙体断面图（南—北）················· 165

图二一六　G0431 点处墙体断面图（南—北）················· 165

图二一七　G0432 点处墙体断面图（北—南）················· 166

图二一八　G0437 点处墙体断面图（南—北）················· 166

图二一九　G0445 点处墙体断面图（西南—东北）·············· 169

图二二〇　G0453 点处墙体断面图（南—北）················· 169

图二二一　G0457 点处墙体断面图（东—西）················· 170

图二二二　G0458 点处墙体断面图（西—东）················· 170

图二二三　长城涵洞口剖立面图（东南—西北）··············· 170

图二二四　G0460 点处墙体断面图（西—东）················· 171

图二二五　青铜峡市邵刚镇甘城子村北岔口段长城走向图-1 ········· 拉页

图二二六　青铜峡市邵刚镇甘城子村北岔口段长城走向图-2 ········· 拉页

图二二七　G0474 点处墙体断面图（北—南）················· 174

图二二八　G0482 点处墙体断面图（北—南）················· 175

图二二九　G0491 点处墙体断面图（南—北）················· 176

图二三〇　青铜峡市邵刚镇大沟村段长城走向图··············· 拉页

图二三一　G0502 点处墙体断面图（南—北）················· 178

图二三二　G0511 点处墙体断面图（南—北）················· 179

图二三三　三关口头道关 1 号敌台平、立、剖面图 ············· 181

图二三四　三关口头道关 2 号敌台平、立、剖面图 ············· 181

图二三五　三关口二道关敌台平、立、剖面图 ··············· 181

图二三六　三关口三道关 1 号敌台平、立、剖面图 ············· 181

图二三七　三关口三道关 2 号敌台平、立、剖面图 ············· 182

图二三八　三关口三道关 3 号敌台平、立、剖面图 ············· 182

图二三九　三关口头道关 3 号敌台平、立、剖面图 ············· 183

图二四〇　白水泉子沟敌台平、立、剖面图 ················ 183

图二四一　白水泉子沟敌台采集酱釉缸口沿残片（11YHD008 采：1）··· 184

图二四二　白水泉子沟敌台采集黑釉缸口沿残片（11YHD008 采：3）··· 184

图二四三　白水泉子沟敌台采集姜黄釉缸口沿残片（11YHD008 采：4）·· 185

图二四四　白水泉子沟敌台采集黑釉盆口沿残片（11YHD008 采：2）··· 185

图二四五　白水泉子沟敌台采集黑釉碗底残片（11YHD008 采：5）··· 185

图二四六　白水泉子沟敌台采集黑釉碗底残片（11YHD008 采：6）··· 185

图二四七　白水泉子沟敌台采集黑釉碗口沿残片（11YHD008 采：8）··· 185

图二四八　白水泉子沟敌台采集黑釉罐口沿残片（11YHD008 采：7）··· 185

图二四九　白水泉子沟敌台采集石磨盘条（11YHD008 采：9）····· 186

图二五〇　红井沟敌台平、立、剖面图 ·················· 186

图二五一　柳渠沟敌台平、立、剖面图 ·················· 188

图二五二　大汝龙沟敌台平、立、剖面图 ……………………………………………… 189
图二五三　大汝龙沟敌台采集褐釉罐底残片（11YHD011 采：1）…………………… 190
图二五四　大汝龙沟敌台采集褐釉缸口沿残片（11YHD011 采：2）…………………… 190
图二五五　大汝龙沟敌台采集青釉缸口沿残片（11YHD011 采：3）…………………… 190
图二五六　大汝龙沟敌台采集褐釉缸口沿残片（11YHD011 采：5）…………………… 190
图二五七　大汝龙沟敌台采集黑釉盆口沿残片（11YHD011 采：4）…………………… 191
图二五八　大汝龙沟敌台采集黑釉碗底残片（11YHD011 采：6）……………………… 191
图二五九　小沟敌台平、立、剖面图 …………………………………………………… 191
图二六〇　小沟敌台采集黑釉缸口沿残片（11YHD012 采：1）………………………… 192
图二六一　磨石沟敌台平、立、剖面图 ………………………………………………… 193
图二六二　磨石沟敌台采集青釉缸口沿残片（11YHD013 采：1）……………………… 194
图二六三　磨石沟敌台采集罐底残片（11YHD013 采：3）……………………………… 194
图二六四　玉西村 1 号敌台平、立、剖面图 …………………………………………… 195
图二六五　玉西村 1 号敌台采集白釉碗口沿残片（11QYD001 采：1）………………… 196
图二六六　玉西村 1 号敌台采集酱釉缸口沿残片（11QYD001 采：2）………………… 196
图二六七　玉西村 2 号敌台平、立、剖面图 …………………………………………… 196
图二六八　玉西村 2 号敌台采集姜黄釉缸口沿残片（11QYD002 采：1）……………… 197
图二六九　玉西村 3 号敌台平、立、剖面图 …………………………………………… 198
图二七〇　玉西村 3 号敌台采集青釉罐口沿残片（11QYD003 采：1）………………… 199
图二七一　玉西村 3 号敌台采集褐釉缸口沿残片（11QYD003 采：2）………………… 199
图二七二　玉西村 3 号敌台采集青釉缸口沿残片（11QYD003 采：3）………………… 200
图二七三　玉西村 3 号敌台采集褐釉碗底残片（11QYD003 采：4）…………………… 200
图二七四　玉西村 3 号敌台采集褐釉盆底残片（11QYD003 采：5）…………………… 200
图二七五　玉西村 4 号敌台平、立、剖面图 …………………………………………… 198
图二七六　玉西村 4 号敌台采集姜黄釉缸口沿残片（11QYD004 采：1）……………… 201
图二七七　玉西村 4 号敌台采集黑釉缸口沿残片（11QYD004 采：2）………………… 201
图二七八　玉西村 4 号敌台采集酱釉缸底残片（11QYD004 采：3）…………………… 201
图二七九　玉西村 4 号敌台采集褐釉缸口沿残片（11QYD004 采：4）………………… 201
图二八〇　玉西村 4 号敌台采集石夯（11QYD004 采：5）……………………………… 202
图二八一　玉西村 5 号敌台平、立、剖面图 …………………………………………… 203
图二八二　玉西村 5 号敌台采集罐口沿残片（11QYD005 采：1）……………………… 204
图二八三　玉西村 5 号敌台采集姜黄釉缸口沿残片（11QYD005 采：2）……………… 204
图二八四　玉西村 5 号敌台采集褐釉罐底残片（11QYD005 采：3）…………………… 204
图二八五　甘城子 1 号敌台平、立、剖面图 …………………………………………… 204
图二八六　甘城子村 1 号敌台采集褐釉罐口沿残片（11QGD006 采：1）……………… 205
图二八七　甘城子村 1 号敌台采集青釉缸底（11QGD006 采：2）……………………… 205
图二八八　甘城子村 2 号敌台平、立、剖面图 ………………………………………… 206
图二八九　甘城子村 2 号敌台采集褐釉碗底残片（11QGD007 采：1）………………… 207

图二九〇　甘城子村 2 号敌台采集青釉缸口沿残片（11QGD007 采：2）………………207

图二九一　甘城子村 3 号敌台平、立、剖面图 ………………207

图二九二　甘城子村 3 号敌台采集姜黄釉缸口沿残片（11QGD008 采：1）………………207

图二九三　甘城子村 3 号敌台采集褐釉碗底残片（11QGD008 采：2）………………207

图二九四　甘城子村 4 号敌台平、立、剖面图 ………………208

图二九五　甘城子村 4 号敌台采集褐釉缸口沿残片（11QGD009 采：1）………………208

图二九六　甘城子村 4 号敌台采集青釉缸底残片（11QGD009 采：2）………………209

图二九七　甘城子村 4 号敌台采集罐底残片（11QGD009 采：3）………………209

图二九八　甘城子村 5 号敌台平、立面图 ………………209

图二九九　甘城子 6 号敌台平、立、剖面图 ………………209

图三〇〇　甘城子村 6 号敌台采集褐釉缸底残片（11QGD011 采：1）………………210

图三〇一　甘城子村 6 号敌台采集青釉缸口沿残片（11QGD011 采：2）………………210

图三〇二　甘城子村 6 号敌台采集褐釉罐底残片（11QGD011 采：3）………………210

图三〇三　甘城子村 6 号敌台采集青釉盆口沿残片（11QGD011 采：4）………………210

图三〇四　甘城子村 6 号敌台采集青釉瓷蒺藜（11QGD011 采：5）………………211

图三〇五　木井子嘎查敌台平、立、剖面图 ………………212

图三〇六　木井子嘎查敌台采集褐釉缸口沿残片（11BMD012 采：1）………………213

图三〇七　木井子嘎查敌台采集青釉缸口沿残片（11BMD012 采：2）………………213

图三〇八　木井子嘎查敌台采集青釉缸口沿残片（11BMD012 采：3）………………213

图三〇九　大沟村 1 号敌台平、立、剖面图 ………………214

图三一〇　大沟村 1 号敌台采集褐釉缸口沿残片（11QDD013 采：1）………………215

图三一一　大沟村 1 号敌台采集黑釉缸口沿残片（11QDD013 采：2）………………215

图三一二　大沟村 2 号敌台平、立、剖面图 ………………214

图三一三　大沟村 2 号敌台采集白釉碗口沿残片（11QDD014 采：1）………………216

图三一四　大沟村 2 号敌台采集褐釉碗底残片（11QDD014 采：2）………………216

图三一五　大沟村 2 号敌台采集酱釉缸口沿残片（11QDD014 采：3）………………216

图三一六　上海嘎查 1 号烽火台平、立、剖面图 ………………217

图三一七　上海嘎查 2 号烽火台平、立、剖面图 ………………217

图三一八　上海嘎查 3 号烽火台平、立、剖面图 ………………218

图三一九　上海嘎查 3 号烽火台采集酱釉罐底残片（11BSF003 采：1）………………219

图三二〇　上海嘎查 3 号烽火台采集青釉罐底残片（11BSF003 采：2）………………219

图三二一　黄羊滩 3 号烽火台平、立、剖面图 ………………219

图三二二　黄羊滩 3 号烽火台采集姜黄釉缸口沿残片（11YHF004 采：1）………………220

图三二三　黄羊滩 3 号烽火台采集酱釉缸口沿残片（11YHF004 采：2）………………220

图三二四　黄羊滩 4 号烽火台平、立、剖面图 ………………220

图三二五　黄羊滩 4 号烽火台采集黑釉缸口沿残片（11YHF005 采：1）………………221

图三二六　黄羊滩 5 号烽火台平、立、剖面图 ………………222

图三二七　黄羊滩 5 号烽火台采集茶叶末釉缸口沿残片（11YHF006 采：1）………………222

图三二八 黄羊滩 5 号烽火台采集褐釉缸口沿残片（11YHF006 采：2）………………………… 222

图三二九 黄羊滩 5 号烽火台采集姜黄釉缸口沿残片（11YHF006 采：3）………………………… 223

图三三〇 黄羊滩 5 号烽火台采集姜黄釉罐口沿残片（11YHF006 采：4）………………………… 223

图三三一 黄羊滩 5 号烽火台采集褐釉罐口沿残片（11YHF006 采：5）………………………… 223

图三三二 黄羊滩 5 号烽火台采集酱釉罐底残片（11YHF006 采：6）………………………… 223

图三三三 上海嘎查 4 号烽火台平、立、剖面图 ……………………………………………………… 224

图三三四 上海嘎查 5 号烽火台平、立、剖面图 ……………………………………………………… 224

图三三五 上海嘎查 5 号烽火台采集酱釉碗底残片（11BSF008 采：1）………………………… 225

图三三六 上海嘎查 5 号烽火台采集黄釉缸口沿残片（11BSF008 采：2）………………………… 225

图三三七 黄羊滩 6 号烽火台平、立、剖面图 ……………………………………………………… 225

图三三八 黄羊滩 6 号烽火台采集酱釉缸口沿残片（11YHF009 采：1）………………………… 225

图三三九 黄羊滩 6 号烽火台采集姜黄釉缸口沿残片（11YHF009 采：2）………………………… 226

图三四〇 黄羊滩 6 号烽火台采集黑釉缸口沿残片（11YHF009 采：3）………………………… 226

图三四一 上海嘎查 6 号烽火台平、立、剖面图 ……………………………………………………… 226

图三四二 黄羊滩 7 号烽火台平、立、剖面图 ……………………………………………………… 228

图三四三 福宁村烽火台平、立、剖面图 ……………………………………………………………… 229

图三四四 武河村烽火台平、立、剖面图 ……………………………………………………………… 229

图三四五 木兰村烽火台平、立、剖面图 ……………………………………………………………… 229

图三四六 上海嘎查 7 号烽火台平、立、剖面图 ……………………………………………………… 230

图三四七 莲湖农场烽火台平、立、剖面图 …………………………………………………………… 231

图三四八 玉西村 1 号烽火台平、立、剖面图 ………………………………………………………… 232

图三四九 东方红村 1 号烽火台平、立、剖面图 ……………………………………………………… 233

图三五〇 玉西村 2 号烽火台平、立、剖面图 ………………………………………………………… 233

图三五一 东方红村 2 号烽火台平、立、剖面图 ……………………………………………………… 234

图三五二 甘城子村烽火台平、立、剖面图 …………………………………………………………… 234

图三五三 甘城子村烽火台采集白釉碗口沿残片（11QGF016 采：1）……………………………… 235

图三五四 甘城子村烽火台采集白釉碗底残片（11QGF016 采：2）……………………………… 235

图三五五 甘城子村烽火台采集黑釉罐口沿残片（11QGF016 采：3）……………………………… 235

图三五六 甘城子村烽火台采集青釉缸口沿残片（11QGF016 采：4）……………………………… 235

图三五七 木井子嘎查 1 号烽火台平、立、剖面图 …………………………………………………… 236

图三五八 木井子嘎查 2 号烽火台平、立、剖面图 …………………………………………………… 236

图三五九 木井子嘎查 3 号烽火台平、立、剖面图 …………………………………………………… 236

图三六〇 木井子嘎查 4 号烽火台平、立、剖面图 …………………………………………………… 237

图三六一 木井子嘎查 5 号烽火台平、立、剖面图 …………………………………………………… 237

图三六二 烂营盘堡平、立、剖面图 …………………………………………………………………… 239

图三六三 夹子堡平、剖面图 …………………………………………………………………………… 240

图三六四 夹子沟堡采集姜黄釉缸口沿残片（11YHP001 采：1）…………………………………… 240

图三六五 汝龙堡平、剖面图 …………………………………………………………………………… 241

图三六六　小沟堡平、剖面图 ·· 241

图三六七　玉泉营位置及形势图 ·· 242

图三六八　玉泉营堡平、立面图 ·· 242

图三六九　邵刚堡位置及形势图 ·· 244

图三七〇　黄羊滩壕堑走向图－1 ··· 拉页

图三七一　黄羊滩壕堑走向图－2 ··· 拉页

图三七二　黄羊滩壕堑走向图－3 ··· 246

图三七三　北岔口壕堑走向图 ·· 拉页

图三七四　青铜峡市邵刚镇甘泉村段长城、瞿靖镇蒋西村段长城－1 走向图 ······· 拉页

图三七五　G0522 点处墙体立面图 ··· 257

图三七六　青铜峡市瞿靖镇蒋西村段长城走向图－2 ·································· 拉页

图三七七　墙体西壁上的楔形槽立面图 ··· 260

图三七八　青铜峡市大坝镇滑石沟村段长城走向图 ···································· 拉页

图三七九　G0617 点处墙体立面图 ··· 266

图三八〇　G0620 点处墙体立面图 ··· 266

图三八一　青铜峡市青铜峡镇段长城走向图 ··· 拉页

图三八二　青铜峡市青铜峡镇旋风槽村段长城走向图－1 ··························· 拉页

图三八三　青铜峡市青铜峡镇旋风槽村段长城走向图－2 ··························· 拉页

图三八四　青铜峡市青铜峡镇三趟村段长城走向图－1 ······························ 拉页

图三八五　青铜峡市青铜峡镇三趟村段长城走向图－2 ······························ 拉页

图三八六　G0723 点处墙体立面图 ··· 276

图三八七　中宁县渠口农场段长城走向图－1 ··· 280

图三八八　中宁县渠口农场段长城走向图－2 ··· 283

图三八九　G0834 点处墙体立面图 ··· 290

图三九〇　中宁县高山寺段长城走向图－1 ·· 292

图三九一　中宁县高山寺段长城走向图－2 ·· 297

图三九二　中宁县石空镇枣园村段长城和王营村段长城走向图－1 ················ 拉页

图三九三　中宁县王营村段长城走向图－2 和太平村段长城走向图 ················ 312

图三九四　中宁县张台村段长城、时庄村段长城走向图 ····························· 拉页

图三九五　中宁县时庄村段长城、金沙村段长城走向图 ····························· 329

图三九六　中宁县金沙村段长城走向图－1 ·· 拉页

图三九七　中宁县金沙村段长城走向图－2 ·· 337

图三九八　中宁县金沙村段长城走向图－3 ·· 338

图三九九　中宁县余丁村段长城走向图 ··· 348

图四〇〇　中宁县永兴村段长城走向图－1 ·· 351

图四〇一　中宁县永兴村段长城走向图－2 ·· 352

图四〇二　中宁县永兴村段长城走向图－3 ·· 353

图四〇三　蒋西村 1 号敌台平、立、剖面图 ·· 356

图四〇四　蒋西村 2 号敌台平、立、剖面图 …………………………………………………… 357

图四〇五　滑石沟 1 号敌台平、立、剖面图 …………………………………………………… 357

图四〇六　滑石沟 2 号敌台平、立、剖面图 …………………………………………………… 358

图四〇七　滑石沟 3 号敌台平、立、剖面图 …………………………………………………… 358

图四〇八　高桥村敌台平、立、剖面图 ………………………………………………………… 359

图四〇九　三趟墩 1 号敌台平、立、剖面图 …………………………………………………… 359

图四一〇　三趟墩 2 号敌台平、立、剖面图 …………………………………………………… 360

图四一一　三趟墩 2 号敌台采集陶铭文砖（08GD008 采：6） ……………………………… 360

图四一二　三趟墩 3 号敌台平、立、剖面图 …………………………………………………… 361

图四一三　王营村敌台平、立、剖面图 ………………………………………………………… 362

图四一四　王营村敌台采集黑釉罐口沿残片（07ZWD001 采：3） ………………………… 363

图四一五　王营村敌台采集酱釉罐底残片（07ZWD001 采：5） …………………………… 363

图四一六　张台村敌台、平、立、剖面图 ……………………………………………………… 365

图四一七　金沙村敌台平、立、剖面图 ………………………………………………………… 365

图四一八　甘泉村 1 号烽火台平、立、剖面图 ………………………………………………… 367

图四一九　甘泉村 2 号烽火台平、立、剖面图 ………………………………………………… 367

图四二〇　蒋西村 1 号烽火台平、立、剖面图 ………………………………………………… 368

图四二一　蒋西村 2 号烽火台平、立、剖面图 ………………………………………………… 368

图四二二　高桥村 1 号烽火台平、立、剖面图 ………………………………………………… 369

图四二三　青铜峡镇 1 号烽火台平、立、剖面图 ……………………………………………… 370

图四二四　青铜峡镇 2 号烽火台平、立、剖面图 ……………………………………………… 371

图四二五　高桥村 2 号烽火台平、立、剖面图 ………………………………………………… 372

图四二六　青铜峡镇 3 号烽火台平、立、剖面图 ……………………………………………… 373

图四二七　高桥村 3 号烽火台平、立、剖面图 ………………………………………………… 374

图四二八　旋风槽 1 号烽火台平、立、剖面图 ………………………………………………… 376

图四二九　青铜峡镇 4 号烽火台平、立、剖面图 ……………………………………………… 377

图四三〇　旋风槽 2 号烽火台平、立、剖面图 ………………………………………………… 378

图四三一　青铜峡镇 5 号烽火台平、立、剖面图 ……………………………………………… 379

图四三二　青铜峡镇 5 号烽火台采集褐釉蒺藜残片（08QQF019 采：4） ………………… 380

图四三三　青铜峡镇 6 号烽火台平、立、剖面图 ……………………………………………… 381

图四三四　旋风槽 3 号烽火台平、立、剖面图 ………………………………………………… 382

图四三五　青铜峡镇 7 号烽火台平、立、剖面图 ……………………………………………… 383

图四三六　旋风槽 4 号烽火台平、立、剖面图 ………………………………………………… 384

图四三七　旋风槽 5 号烽火台平、立、剖面图 ………………………………………………… 385

图四三八　三趟墩 1 号烽火台平、立、剖面图 ………………………………………………… 386

图四三九　三趟墩 2 号烽火台平、立、剖面图 ………………………………………………… 387

图四四〇　三趟墩 3 号烽火台平、立、剖面图 ………………………………………………… 388

图四四一　三趟墩 4 号烽火台平、立、剖面图 ………………………………………………… 389

图四四二　三趟墩 5 号烽火台平、立、剖面图 ………………………………………………… 390

图四四三　三趟墩 6 号烽火台平、立、剖面图 ………………………………………………… 392

图四四四　三趟墩 7 号烽火台平、立、剖面图 ………………………………………………… 392

图四四五　三趟墩 8 号烽火台平、立、剖面图 ………………………………………………… 393

图四四六　渠口农场 1 号烽火台平、立、剖面图 …………………………………………… 394

图四四七　渠口农场 2 号烽火台平、立、剖面图 …………………………………………… 396

图四四八　渠口农场 3 号烽火台平、立、剖面图 …………………………………………… 397

图四四九　渠口农场 4 号烽火台平、立、剖面图 …………………………………………… 398

图四五〇　高山寺村 1 号烽火台平、立、剖面图 …………………………………………… 398

图四五一　高山寺村 2 号烽火台平、立、剖面图 …………………………………………… 401

图四五二　高山寺村 3 号烽火台平、立、剖面图 …………………………………………… 402

图四五三　高山寺村 4 号烽火台平、立、剖面图 …………………………………………… 404

图四五四　高山寺村 5 号烽火台平、立面图 ………………………………………………… 405

图四五五　高山寺村 6 号烽火台平、立、剖面图 …………………………………………… 406

图四五六　高山寺村 7 号烽火台平、立、剖面图 …………………………………………… 408

图四五七　高山寺村 8 号烽火台平、立、剖面图 …………………………………………… 409

图四五八　高山寺村 9 号烽火台平、立、剖面图 …………………………………………… 411

图四五九　王营村 1 号烽火台平、立、剖面图 ……………………………………………… 412

图四六〇　王营村 1 号烽火台采集褐釉罐口沿残片（07ZWF014 采：3）…………………… 413

图四六一　枣园村 1 号烽火台平、立、剖面图 ……………………………………………… 413

图四六二　枣园村 2 号烽火台平、立、剖面图 ……………………………………………… 414

图四六三　太平村 1 号烽火台平、立、剖面图 ……………………………………………… 416

图四六四　太平村 2 号烽火台平、立、剖面图 ……………………………………………… 419

图四六五　童庄村烽火台平、立、剖面图 …………………………………………………… 421

图四六六　王营村 2 号烽火台平、立、剖面图 ……………………………………………… 421

图四六七　王营村 2 号烽火台采集黑釉缸底残片（07ZWF020 采：1）……………………… 423

图四六八　太平村 3 号烽火台平、立、剖面图 ……………………………………………… 423

图四六九　太平村 4 号烽火台平、立、剖面图 ……………………………………………… 424

图四七〇　张台村 1 号烽火台平、立、剖面图 ……………………………………………… 426

图四七一　张台村 2 号烽火台平、立、剖面图 ……………………………………………… 427

图四七二　时庄村 1 号烽火台平、立、剖面图 ……………………………………………… 428

图四七三　时庄村 2 号烽火台平、立、剖面图 ……………………………………………… 429

图四七四　时庄村 2 号烽火台采集褐釉缸口沿残片（07ZSF026 采：5）…………………… 430

图四七五　时庄村 3 号烽火台平、立、剖面图 ……………………………………………… 429

图四七六　时庄村 3 号烽火台采集褐釉缸口沿残片（07ZSF027 采：2）…………………… 431

图四七七　时庄村 4 号烽火台平、立、剖面图 ……………………………………………… 433

图四七八　时庄村 5 号烽火台平、立、剖面图 ……………………………………………… 433

图四七九　金沙村 1 号烽火台平、立、剖面图 ……………………………………………… 435

图四八〇　金沙村 2 号烽火台平、立、剖面图 ……………………………………… 436

图四八一　金沙村 3 号烽火台平、立、剖面图 ……………………………………… 437

图四八二　金沙村 4 号烽火台平、立、剖面图 ……………………………………… 439

图四八三　金沙村 5 号烽火台平、立、剖面图 ……………………………………… 440

图四八四　刘庄村烽火台平、立、剖面图 …………………………………………… 441

图四八五　余丁村烽火台平、立、剖面图 …………………………………………… 443

图四八六　余丁村烽火台采集酱釉缸口沿残片（07ZYF036 采：1） ……………… 444

图四八七　余丁村烽火台采集褐釉罐底残片（07ZYF036 采：5） ……………… 445

图四八八　余丁村烽火台采集黑釉罐底残片（07ZYF036 采：6） ……………… 445

图四八九　永兴村 1 号烽火台平、立、剖面图 ……………………………………… 446

图四九〇　永兴村 2 号烽火台平、立、剖面图 ……………………………………… 446

图四九一　永兴村 3 号烽火台平、立、剖面图 ……………………………………… 448

图四九二　永兴村 4 号烽火台平、立、剖面图 ……………………………………… 448

图四九三　永兴村 5 号烽火台平、立、剖面图 ……………………………………… 450

图四九四　永兴村 5 号烽火台采集青釉缸口沿残片（07ZYF041 采：1） ………… 451

图四九五　永兴村 5 号烽火台采集青釉蒺藜残片（07ZYF041 采：4） ………… 451

图四九六　永兴村 6 号烽火台平、立、剖面图 ……………………………………… 451

图四九七　永兴村 7 号烽火台平、立、剖面图 ……………………………………… 453

图四九八　甘城子堡平、立面图 ……………………………………………………… 454

图四九九　广武营位置及形势图 ……………………………………………………… 456

图五〇〇　石空寺堡位置及形势图 …………………………………………………… 457

图五〇一　木井子嘎查 5 号烽火台平、立、剖面图 ………………………………… 462

图五〇二　土井子嘎查 1 号烽火台平、立、剖面图 ………………………………… 462

图五〇三　土井子嘎查 2 号烽火台平、立、剖面图 ………………………………… 463

图五〇四　土井子嘎查 3 号烽火台平、立、剖面图 ………………………………… 463

图五〇五　土井子嘎查 4 号烽火台平、立、剖面图 ………………………………… 464

图五〇六　土井子嘎查 5 号烽火台平、立、剖面图 ………………………………… 465

图五〇七　查汉艾木 1 号烽火台平、立、剖面图 …………………………………… 466

图五〇八　查汉艾木 2 号烽火台平、立、剖面图 …………………………………… 467

图五〇九　查汉艾木 3 号烽火台平、立、剖面图 …………………………………… 468

图五一〇　三道湖烽火台平、立、剖面图 …………………………………………… 471

图五一一　徐路村烽火台平、立、剖面图 …………………………………………… 473

图五一二　养马村烽火台平、立、剖面图 …………………………………………… 473

图五一三　朱台村烽火台平、立、剖面图 …………………………………………… 474

图五一四　刘营村烽火台平、立、剖面图 …………………………………………… 474

图五一五　创业村 1 号烽火台平、立、剖面图 ……………………………………… 475

图五一六　创业村 2 号烽火台平、立、剖面图 ……………………………………… 475

图五一七　创业村 3 号烽火台平、立、剖面图 ……………………………………… 476

图五一八　创业村 4 号烽火台平、立、剖面图 ································· 476

图五一九　创业村 5 号烽火台平、立、剖面图 ································· 477

图五二〇　创业村 6 号烽火台平、立、剖面图 ································· 477

图五二一　黄桥村烽火台平、立、剖面图 ····································· 477

图五二二　铁渠村烽火台平、立、剖面图 ····································· 477

图五二三　鸣沙州城位置与形势图 ·· 479

图五二四　张恩堡位置及形势图 ·· 479

图五二五　民国时期中卫中宁分县总图 ·· 481

图五二六　民国时期中卫城周边形势图 ·· 481

图五二七　清乾隆中卫县全图 ·· 482

图五二八　民国 22 年前中卫县全图 ··· 485

图五二九　中卫黄河北岸胜金 1 段石墙、胜金 2 段土墙走向图 ··················· 491

图五三〇　中卫黄河北岸凯歌土墙走向图 ······································ 493

图五三一　中卫黄河北岸九塘土墙走向图 ······································ 拉页

图五三二　中卫黄河北岸九塘土墙、李园土墙、金沙土墙走向图 ················· 拉页

图五三三　中卫黄河北岸郭滩土墙、新星土墙走向图 ··························· 496

图五三四　中卫黄河北岸新星土墙、黑山土墙走向图 ··························· 498

图五三五　中卫黄河北岸柔兴土墙走向图 ······································ 501

图五三六　中卫黄河北岸红武土墙走向图 ······································ 502

图五三七　中卫黄河北岸姚滩土墙走向图 ······································ 拉页

图五三八　中卫黄河北岸夹道 1 段、2 段土墙走向图 ··························· 拉页

图五三九　中卫黄河北岸黑林土墙走向图 ······································ 拉页

图五四〇　胜金 1 号敌台平、立、剖面图 ······································ 507

图五四一　胜金 2 号敌台平、立、剖面图 ······································ 508

图五四二　胜金 3 号敌台平、立、剖面图 ······································ 508

图五四三　胜金 4 号敌台平、立、剖面图 ······································ 509

图五四四　胜金 5 号敌台平、立、剖面图 ······································ 509

图五四五　凯哥敌台平、立、剖面图 ·· 511

图五四六　李园敌台平、立、剖面图 ·· 511

图五四七　金沙 1 号敌台平、立、剖面图 ······································ 511

图五四八　金沙 2 号敌台平、立、剖面图 ······································ 513

图五四九　新星敌台平、立、剖面图 ·· 513

图五五〇　柔兴敌台平、立、剖面图 ·· 514

图五五一　红武 1 号敌台平、立、剖面图 ······································ 514

图五五二　红武 2 号敌台平、立、剖面图 ······································ 515

图五五三　姚滩 1 号敌台平、立、剖面图 ······································ 515

图五五四　姚滩 2 号敌台平、立、剖面图 ······································ 517

图五五五　姚滩 3 号敌台平、立、剖面图 ······································ 517

图五五六　　夹道敌台平、立、剖面图 ……………………………………………………………… 517

图五五七　　胜金 1 号烽火台平、立、剖面图 ………………………………………………………… 519

图五五八　　胜金 2 号烽火台平、立、剖面图 ………………………………………………………… 520

图五五九　　胜金 3 号烽火台平、立、剖面图 ………………………………………………………… 520

图五六〇　　胜金 4 号烽火台平、立、剖面图 ………………………………………………………… 520

图五六一　　李园烽火台平、立、剖面图 …………………………………………………………… 521

图五六二　　金沙烽火台平、立、剖面图 …………………………………………………………… 522

图五六三　　郭滩烽火台平、立、剖面图 …………………………………………………………… 522

图五六四　　新星烽火台平、立、剖面图 …………………………………………………………… 523

图五六五　　红武烽火台平、立、剖面图 …………………………………………………………… 525

图五六六　　夹道烽火台平、立、剖面图 …………………………………………………………… 525

图五六七　　黑林烽火台平、立、剖面图 …………………………………………………………… 525

图五六八　　胜金关平、立、剖面图 ………………………………………………………………… 527

图五六九　　姚滩 1 号堡城平、立、剖面图 ………………………………………………………… 528

图五七〇　　姚滩 1 号、2 号关堡平面位置关系图 ………………………………………………… 529

图五七一　　姚滩 2 号关堡平、立、剖面图 ………………………………………………………… 529

图五七二　　夹道关堡平、立、剖面图 ……………………………………………………………… 530

图五七三　　中卫黄河南岸下河沿 1 段、2 段土墙和上河沿长城走向图 ………………………… 534

图五七四　　中卫黄河南岸上河沿 5 段山险墙、大湾—烟洞沟长城、小湾—冰沟长城走向图 ……… 拉页

图五七五　　中卫黄河南岸小湾—冰沟 4 段山险墙，大柳树—下园子长城和大柳树—上园子长城 - 1
　　　　　　走向图 ……………………………………………………………………………………… 542

图五七六　　中卫黄河南岸大柳树—上园子长城 - 2、岔河口—大钻洞子山险墙和岔河口—小钻洞子
　　　　　　山险墙走向图 ………………………………………………………………………………… 548

图五七七　　中卫黄河南岸岔沟 1 段、2 段山险墙，风石湾山险墙，米粮营子山险墙，下滩—黄石漩
　　　　　　1 段山险墙和 2 段、3 段土墙走向分布图 …………………………………………………… 拉页

图五七八　　中卫黄河南岸下滩—榆树台子山险墙和下滩—鱼咀湾山险墙走向图 ……………… 555

图五七九　　中卫黄河南岸下滩—河对坝子山险墙夹土墙走向图 ………………………………… 557

图五八〇　　中卫黄河南岸下滩—榆树沟山险墙、下滩—高崖沟山险墙和下滩—下木头沟山险墙
　　　　　　走向图 ……………………………………………………………………………………… 拉页

图五八一　　中卫黄河南岸下滩—上木头沟山险墙走向图 ………………………………………… 561

图五八二　　中卫黄河南岸上滩—沟口子山险墙和上滩—苇子坑 1 段土墙走向图 ……………… 562

图五八三　　中卫黄河南岸上滩—苇子坑 2 段山险墙走向图 - 1 ………………………………… 563

图五八四　　中卫黄河南岸上滩—苇子坑 2 段山险墙走向图 - 2 ………………………………… 564

图五八五　　中卫黄河南岸上滩—苇子坑 2 段山险墙 - 3、北长滩—茶树沟土墙和北长滩土墙
　　　　　　走向图 ……………………………………………………………………………………… 拉页

图五八六　　中卫黄河南岸南长滩—枣刺沟山险墙和南长滩—夹巴沟 1 段、3 段山险墙、2 段土墙
　　　　　　走向图 ……………………………………………………………………………………… 567

图五八七　　下河沿敌台平、立、剖面图 …………………………………………………………… 569

图五八八　上河沿敌台平、立、剖面图 ………………………………………… 569

图五八九　下滩—高崖沟 1 号敌台平、立、剖面图 …………………………… 570

图五九〇　下滩—高崖沟 2 号敌台平、立、剖面图 …………………………… 570

图五九一　北长滩敌台平、立、剖面图 ………………………………………… 571

图五九二　大柳树—下园子烽火台平、立、剖面图 …………………………… 572

图五九三　风石湾烽火台平、立、剖面图 ……………………………………… 572

图五九四　榆树台子烽火台平、立、剖面图 …………………………………… 574

图五九五　下滩烽火台平、立、剖面图 ………………………………………… 574

图五九六　米粮营子堡平、立、剖面图 ………………………………………… 575

图五九七　下滩 1 号堡平、立、剖面图 ………………………………………… 575

图五九八　下滩 2 号堡平、立、剖面图 ………………………………………… 576

图五九九　西长城重点段落土墙体剖面图 ……………………………………… 586

图六〇〇　西长城重点段落当路塞立面图 ……………………………………… 588

插表目录

表一　红果子—三关口段墙体类型及保存状况统计表 ·························· 11

表二　三关口—大柳木皋段长城墙体类型及保存状况统计表 ·················· 131

表三　三关口—大柳木皋段长城沿线壕堑保存状况统计表 ···················· 245

表四　大柳木皋—胜金关段长城墙体保存状况统计表 ························· 255

表五　北岔口南—沙沟段墙体保存状况统计表 ······························· 459

表六　西长城胜金关—黑林段墙体类型及保存状况统计表 ···················· 489

表七　西长城下河沿—南长滩段墙体类型及保存状况统计表 ·················· 532

表八　西长城墙体类型统计表 ··· 578

表九　三关口三道关隘特征统计表 ··· 581

表一〇　西长城大柳木皋—胜金关段墙体类型分段对比表 ···················· 582

表一一　西长城红果子—胜金关段所经重要山口长城设施统计表 ·············· 583

表一二　西长城胜金关—黑林段墙体类型及保存状况统计表 ·················· 585

表一三　西长城下河沿—南长滩段墙体类型及保存状况统计表 ················ 587

表一四　西长城中卫黄河南岸下河沿—南长滩段当路塞统计表 ················ 589

表一五　西长城沿线关堡名称文献记载一览表 ······························· 593

表一六　西长城沿线烽火台文献记载名称一览表 ····························· 602

表一七　西长城墙体保存状况统计表 ······································· 610

表一八　西长城附属敌台、烽火台、关堡保存状况统计表 ···················· 611

地图·彩图目录

地图一　中国明代长城分布图　·································　682

地图二　宁夏明代长城分布图　·································　684

地图三　宁夏明代西长城分布图－1　···························　686

地图四　宁夏明代西长城分布图－2　···························　688

彩图一　G0014 点以北长城（南—北）　·······················　691

彩图二　G0022 点以北长城（南—北）　·······················　691

彩图三　G0067 点以南长城（北—南）　·······················　692

彩图四　G0072 点以南长城（北—南）　·······················　692

彩图五　郑关沟 2 段长城全貌（南—北）　·····················　693

彩图六　墙顶残存女墙和垛墙（南—北）　·····················　694

彩图七　郑关沟 3 段长城全貌（北—南）　·····················　694

彩图八　韭菜沟夯土长城全貌（西北—东南）　·················　694

彩图九　G0108—G0109 点间长城（南—北）　··················　695

彩图一〇　韭菜沟 1 段石墙全貌（西北—东南）　···············　695

彩图一一　G0128 点以西长城全貌（东—西）　·················　695

彩图一二　归德沟 2 段土墙全景（南—北）　···················　696

彩图一三　G0138 点以东长城顶部（西南—东北）　·············　696

彩图一四　大风沟里道土墙与分叉石墙（西北—东南）　·········　697

彩图一五　大风沟外道长城全貌（南—北）　···················　698

彩图一六　G0164 点以南长城（北—南）　·····················　698

彩图一七　大水沟长城全貌（东—西）　·······················　699

彩图一八　大水沟长城正视（东南—西北）　···················　699

彩图一九　G0195 点以西长城　·······························　700

彩图二〇　G0195 点以东长城北壁　···························　700

彩图二一　G0210 点以南石墙全貌（西—东）　·················　701

彩图二二　王泉沟 1 号敌台东壁 ··· 701

彩图二三　王泉沟 1 号敌台采集酱釉缸口沿残片（07HHD003 采：1）················ 702

彩图二四　王泉沟 2 号敌台东壁（底部外有围墙）·· 702

彩图二五　王泉沟 3 号敌台南壁 ··· 702

彩图二六　简泉农场 1 号敌台东壁 ·· 703

彩图二七　简泉农场 2 号敌台西壁 ·· 703

彩图二八　郑关沟 1 号敌台南壁 ··· 703

彩图二九　郑关沟 2 号敌台北壁 ··· 704

彩图三〇　郑关沟 2 号敌台东壁底部外砌石 ··· 704

彩图三一　郑关沟 3 号敌台西壁 ··· 705

彩图三二　郑关沟 3 号敌台采集酱釉罐口沿残片（07DCD008 采：5）·············· 705

彩图三三　郑关沟 4 号敌台南壁 ··· 705

彩图三四　郑关沟 4 号敌台顶部铺舍（北—南）··· 706

彩图三五　韭菜沟 1 号敌台北壁 ··· 706

彩图三六　韭菜沟 2 号敌台南壁 ··· 707

彩图三七　归德沟 1 号敌台西壁 ··· 707

彩图三八　归德沟 1 号敌台东壁局部 ··· 708

彩图三九　归德沟 2 号敌台东壁 ··· 708

彩图四〇　归德沟 3 号敌台东壁 ··· 709

彩图四一　归德沟 4 号敌台西壁 ··· 709

彩图四二　归德沟 5 号敌台北壁 ··· 710

彩图四三　大风沟 2 号敌台东壁 ··· 710

彩图四四　小风沟敌台东壁 ·· 711

彩图四五　汝箕沟敌台东壁 ·· 711

彩图四六　大水沟 1 号敌台东壁 ··· 712

彩图四七　大水沟 2 号敌台东壁 ··· 712

彩图四八　大水沟 3 号敌台西壁 ··· 713

彩图四九　大水沟 4 号敌台南壁 ··· 713

彩图五〇　白头沟敌台西壁 ·· 714

彩图五一　拜寺沟敌台北壁 ·· 714

彩图五二　罗家园子烽火台南壁 ··· 715

彩图五三　大武口沟 1 号烽火台南壁 ··· 715

彩图五四　大武口沟 2 号烽火台东壁 ··· 716

彩图五五　大武口沟 3 号烽火台西壁 ··· 716

彩图五六　大武口沟 3 号烽火台东壁外围墙（北—南）································ 716

彩图五七　大武口沟 3 号烽火台采集酱釉缸口沿残片（07DCF001 采：1）········ 717

彩图五八　枣儿沟烽火台西南侧 ··· 717

彩图五九　郑关沟 1 号烽火台东壁 ·· 717

彩图六〇　郑关沟 3 号烽火台西壁 ·· 718

彩图六一　郑关沟 5 号烽火台南壁 ·· 718

彩图六二　韭菜沟 1 号烽火台南壁 ·· 719

彩图六三　韭菜沟 2 号烽火台东壁 ·· 719

彩图六四　归德沟 2 号烽火台南壁 ·· 720

彩图六五　大风沟烽火台西壁 ·· 720

彩图六六　小风沟 1 号烽火台南壁 ·· 721

彩图六七　龙泉村 2 号烽火台南壁 ·· 721

彩图六八　干沟烽火台南壁 ·· 722

彩图六九　汝箕沟烽火台东壁 ·· 722

彩图七〇　小水沟 1 号烽火台东壁 ·· 723

彩图七一　小水沟 2 号烽火台西壁 ·· 723

彩图七二　小水沟 3 号烽火台南壁 ·· 724

彩图七三　大水沟 2 号烽火台南壁 ·· 724

彩图七四　大西峰沟烽火台东壁 ·· 725

彩图七五　白头沟烽火台西壁 ·· 725

彩图七六　小插旗沟 2 号烽火台全貌（西—东）······························ 726

彩图七七　小插旗沟 2 号烽火台外小墩全貌（东北—西南）··············· 726

彩图七八　青石沟烽火台东壁 ·· 727

彩图七九　青石沟烽火台东面的基址与小墩（西—东）····················· 727

彩图八〇　苏峪口 1 号烽火台西壁 ·· 728

彩图八一　苏峪口 3 号烽火台东壁 ·· 728

彩图八二　拜寺沟烽火台北壁 ·· 729

彩图八三　大水渠沟 1 号烽火台东壁 ··· 729

彩图八四　高家闸烽火台东壁 ·· 730

彩图八五　大口子沟 2 号烽火台南壁 ··· 730

彩图八六　青羊沟烽火台全貌（东北—西南）·································· 730

彩图八七　青羊沟烽火台小墩 L5—L10（北—南）··························· 731

彩图八八　甘沟 2 号烽火台南壁 ··· 732

彩图八九　甘沟 2 号烽火台顶部铺舍（西南—东北）······················· 732

彩图九〇　贺兰山农牧场烽火台全貌（北—南）···························· 733

彩图九一　山嘴沟烽火台全貌（东—西）······································ 733

彩图九二　黄羊滩 1 号烽火台全貌（西北—东南）························· 734

彩图九三　黄羊滩 2 号烽火台南壁 ··· 734

彩图九四　镇北堡明堡东垣（北—南）··· 735

彩图九五　镇北堡明堡北垣（东—西）··· 735

彩图九六　平羌堡残存东垣（南—北）··· 736

彩图九七　平羌堡北垣（东—西）··· 736

彩图九八　平羌堡西侧内墙局部（北—南）　……………………………………………………… 736

彩图九九　大水沟 1 号题刻（北—南）　………………………………………………………………… 737

彩图一〇〇　大水沟 2 号题刻（北—南）　…………………………………………………………… 737

彩图一〇一　贺兰口 1 号题刻（西南—东北）　……………………………………………………… 737

彩图一〇二　贺兰口 2 号题刻（东北—西南）　……………………………………………………… 738

彩图一〇三　G0226—G0230 点间长城（西南—东北）　…………………………………………… 738

彩图一〇四　头道关石长城正视（西—东）　………………………………………………………… 738

彩图一〇五　G0235 点以南长城（北—南）　………………………………………………………… 739

彩图一〇六　头道关 2 段土墙西侧的平台（东南—西北）　………………………………………… 739

彩图一〇七　G0241 点以南长城（北—南）　………………………………………………………… 740

彩图一〇八　G0262 点以北长城　…………………………………………………………………… 740

彩图一〇九　G0264 点以西长城（东—西）　………………………………………………………… 741

彩图一一〇　G0272 点以北长城（西南—东北）　…………………………………………………… 741

彩图一一一　G0274 点以北长城（东南—西北）　…………………………………………………… 742

彩图一一二　G0282 点以南石墙（西北—东南）　…………………………………………………… 742

彩图一一三　G0290 点以东长城（西北—东南）　…………………………………………………… 743

彩图一一四　G0297 点以西长城（东—西）　………………………………………………………… 743

彩图一一五　G0269 点西南长城（西北—东南）　…………………………………………………… 744

彩图一一六　G0310 点西北墙体顶部（东南—西北）　……………………………………………… 744

彩图一一七　G0319 点以北长城（南—北）　………………………………………………………… 745

彩图一一八　G0322 点南侧山洪冲刷墙基情况（北—南）　………………………………………… 745

彩图一一九　G0324 点以北长城（南—北）　………………………………………………………… 746

彩图一二〇　G0327 点以南长城（北—南）　………………………………………………………… 746

彩图一二一　G0332 点以南长城（北—南）　………………………………………………………… 747

彩图一二二　G0337 点以南长城（北—南）　………………………………………………………… 747

彩图一二三　G0340 点处长城弧形拐折特征（东—西）　…………………………………………… 748

彩图一二四　G0343 点以南长城（北—南）　………………………………………………………… 748

彩图一二五　G0351 点以南长城（西北—东南）　…………………………………………………… 749

彩图一二六　G0360 点以南长城（北—南）　………………………………………………………… 749

彩图一二七　G0369 点西北长城（东南—西北）　…………………………………………………… 750

彩图一二八　黄羊滩山险段长城（北—南）　………………………………………………………… 750

彩图一二九　G0391 点以南长城（北—南）　………………………………………………………… 751

彩图一三〇　G0393—G0396 点间长城西壁（西南—东北）　……………………………………… 751

彩图一三一　G0394 点以南长城顶部（北—南）　…………………………………………………… 752

彩图一三二　黄羊滩石墙全貌（北—南）　…………………………………………………………… 752

彩图一三三　G0402 点处土、石墙接缝特征（东西）　……………………………………………… 752

彩图一三四　G0403 点以南长城（北—南）　………………………………………………………… 753

彩图一三五　G0409 点以南长城（北—南）　………………………………………………………… 753

彩图一三六　G0417—G0418 点间长城错缝情况（西北—东南）·······753

彩图一三七　G0425 点以北长城（南—北）·······754

彩图一三八　G0425 点以南长城（北—南）·······754

彩图一三九　G0430—G0431 点间长城顶部（西南—东北）·······755

彩图一四〇　G0431 点以北间长城（南—北）·······755

彩图一四一　G0436 点以北长城（南—北）·······756

彩图一四二　G0441 点以南长城（北—南）·······756

彩图一四三　G0454 点以南长城（东北—西南）·······756

彩图一四四　G0457 点以南长城（东北—西南）·······757

彩图一四五　G0457 点以南长城顶部（东北—西南）·······757

彩图一四六　涵洞细部（南—北）·······758

彩图一四七　G0463 点以东长城（西南—东北）·······758

彩图一四八　G0465 点以东长城（西南—东北）·······759

彩图一四九　北岔口以北长城（南—北）·······759

彩图一五〇　G0470 点以南长城全貌（北—南）·······760

彩图一五一　G0476 点以北长城西壁（南—北）·······760

彩图一五二　G0477 点以南长城（北—南）·······761

彩图一五三　G0477—G0478 点间新坍塌的长城（西—东）·······761

彩图一五四　G0478 点以南长城（北—南）·······762

彩图一五五　G0486—G0487 间墙体东壁上的浅槽（南—北）·······762

彩图一五六　G0490—G0491 点间长城（南—北）·······763

彩图一五七　G0497 点以北长城（南—北）·······763

彩图一五八　G0497 点东南长城（西北—东南）·······763

彩图一五九　G0506 点以南长城（北—南）·······764

彩图一六〇　G0509—G0510 点长城断口（东—西）·······764

彩图一六一　G0512—G0515 间 1 号水门正视（东—西）·······765

彩图一六二　G0516 点西南长城（东北—西南）·······765

彩图一六三　头道关 1 号敌台南壁·······766

彩图一六四　头道关 2 号敌台北壁·······766

彩图一六五　三关口二道关敌台南壁·······767

彩图一六六　三关口三道关 1 号敌台北壁·······767

彩图一六七　三关口三道关 2 号敌台南壁·······768

彩图一六八　三关口三道关 3 号敌台西壁·······768

彩图一六九　三关口头道关 3 号敌台西壁·······769

彩图一七〇　白水泉子沟敌台南壁·······769

彩图一七一　白水泉子敌台采集黑釉碗底残片（11YHD008 采：6）·······770

彩图一七二　白水泉子敌台采集石磨盘（11YHD008 采：9）·······770

彩图一七三　红井沟敌台南壁·······770

彩图一七四　柳渠沟敌台东壁 ……………………………………………………………… 771

彩图一七五　柳渠沟敌台东北侧小墩全貌（西南—东北）………………………………… 771

彩图一七六　大汝龙沟敌台北壁 …………………………………………………………… 771

彩图一七七　小沟敌台全貌（西北—东南）………………………………………………… 772

彩图一七八　小沟敌台采集黑釉缸口沿残片（11YHD012 采：1）………………………… 772

彩图一七九　磨石沟敌台南壁 ……………………………………………………………… 772

彩图一八〇　磨石沟敌台采集罐底残片（11YHD013 采：3）……………………………… 773

彩图一八一　玉西村 1 号敌台小墩全貌（西北—东南）…………………………………… 773

彩图一八二　玉西村 1 号敌台采集白釉碗口沿残片（11QYD001 采：1）………………… 773

彩图一八三　玉西村 2 号敌台南壁 ………………………………………………………… 774

彩图一八四　玉西村 3 号敌台南壁 ………………………………………………………… 774

彩图一八五　玉西村 3 号敌台南侧小墩全貌（西北—东南）……………………………… 775

彩图一八六　玉西村 3 号敌台采集青釉罐口沿残片（11QYD003 采：1）………………… 775

彩图一八七　玉西村 4 号敌台西壁 ………………………………………………………… 775

彩图一八八　玉西村 4 号敌台围墙西垣 …………………………………………………… 776

彩图一八九　玉西村 4 号敌台采集石夯（11QYD004 采：5）……………………………… 776

彩图一九〇　玉西村 5 号敌台南壁 ………………………………………………………… 776

彩图一九一　玉西村 5 号敌台采集罐口沿残片（11QYD005 采：1）……………………… 777

彩图一九二　甘城子村 1 号敌台全貌（北—南）…………………………………………… 777

彩图一九三　甘城子村 2 号敌台北壁 ……………………………………………………… 777

彩图一九四　甘城子村 3 号敌台东壁 ……………………………………………………… 778

彩图一九五　甘城子村 4 号敌台南壁 ……………………………………………………… 778

彩图一九六　甘城子村 5 号敌台南壁 ……………………………………………………… 779

彩图一九七　甘城子村 6 号敌台东壁 ……………………………………………………… 779

彩图一九八　甘城子村 6 号敌台采集褐釉缸底残片（11QGD011 采：1）………………… 780

彩图一九九　甘城子村 6 号敌台采集瓷蒺藜残片（11QGD011 采：5）…………………… 780

彩图二〇〇　大沟村 1 号敌台全貌（西北—东南）………………………………………… 780

彩图二〇一　大沟村 2 号敌台全貌（东北—西南）………………………………………… 781

彩图二〇二　大沟村 2 号敌台采集白釉碗口沿残片（11QDD014 采：1）………………… 781

彩图二〇三　大沟村 2 号敌台采集褐釉碗底残片（11QDD014 采：2）…………………… 781

彩图二〇四　上海嘎查 1 号烽火台西壁 …………………………………………………… 782

彩图二〇五　上海嘎查 2 号烽火台北壁 …………………………………………………… 782

彩图二〇六　上海嘎查 3 号烽火台西壁 …………………………………………………… 783

彩图二〇七　黄羊滩 3 号烽火台南壁 ……………………………………………………… 783

彩图二〇八　黄羊滩 3 号烽火台东北侧小墩全貌（南—北）……………………………… 784

彩图二〇九　黄羊滩 4 号烽火台南壁 ……………………………………………………… 784

彩图二一〇　黄羊滩 5 号烽火台北壁 ……………………………………………………… 785

彩图二一一　黄羊滩 5 号烽火台采集酱釉罐底残片（11YHF006 采：6）………………… 785

彩图二一二　　上海嘎查 4 号烽火台南壁 ················· 785

彩图二一三　　上海嘎查 5 号烽火台南壁 ················· 786

彩图二一四　　上海嘎查 5 号烽火台采集酱釉碗底残片（11BSF008 采：2）············· 786

彩图二一五　　上海嘎查 5 号烽火台采集黄釉缸口沿残片（11BSF008 采：1）············· 786

彩图二一六　　黄羊滩 6 号烽火台西壁 ················· 787

彩图二一七　　上海嘎查 6 号烽火台东壁 ················· 787

彩图二一八　　福宁村烽火台南壁 ················· 788

彩图二一九　　武河村烽火台西壁 ················· 788

彩图二二〇　　木兰村烽火台全貌（东南—西北）············· 789

彩图二二一　　上海嘎查 7 号烽火台北壁 ················· 789

彩图二二二　　莲湖农场烽火台南壁 ················· 790

彩图二二三　　玉西村 1 号烽火台南壁 ················· 790

彩图二二四　　玉西村 2 号烽火台南壁 ················· 791

彩图二二五　　东方红村 2 号烽火台北壁 ················· 791

彩图二二六　　甘城子村烽火台东壁 ················· 792

彩图二二七　　甘城子村烽火台采集白釉碗口沿残片（11QGF016 采：1）············· 792

彩图二二八　　木井子嘎查 1 号烽火台东壁 ················· 792

彩图二二九　　木井子嘎查 2 号烽火台北壁 ················· 793

彩图二三〇　　木井子嘎查 3 号烽火台东壁 ················· 793

彩图二三一　　木井子嘎查 4 号烽火台北壁 ················· 794

彩图二三二　　木井子嘎查 5 号烽火台东壁 ················· 795

彩图二三三　　烂营盘堡全貌（东—西）············· 795

彩图二三四　　烂营盘堡高台（东—西）············· 796

彩图二三五　　夹子沟堡西垣（南—北）············· 796

彩图二三六　　小沟堡西南角（西南—东北）············· 797

彩图二三七　　玉泉营全貌（北—南）············· 797

彩图二三八　　玉泉营北垣全貌（北—南）············· 798

彩图二三九　　玉泉营西垣全貌（北—南）············· 798

彩图二四〇　　玉泉营西北角阙（东南—西北）············· 799

彩图二四一　　H001 点以南壕堑全貌（北—南）············· 800

彩图二四二　　H009 点以北壕堑（南—北）············· 800

彩图二四三　　H013 点以北壕堑（东南—西北）············· 801

彩图二四四　　H015 点以北壕堑（东南—西北）············· 801

彩图二四五　　H016 点以南壕堑（西北—东南）············· 802

彩图二四六　　H017 点以北壕堑（东南—西北）············· 802

彩图二四七　　H023 点以南壕堑（西北—东南）············· 802

彩图二四八　　H025 点以南壕堑（西北—东南）············· 803

彩图二四九　　H026 点以北壕堑（东南—西北）············· 803

彩图二五〇　H028 点以北壕堑（东南—西北）………………………………………………………… 803

彩图二五一　H030 点以北壕堑（东南—西北）………………………………………………………… 804

彩图二五二　H032 点以北壕堑（东南—西北）………………………………………………………… 804

彩图二五三　H034 点以南石长城（北—南）…………………………………………………………… 805

彩图二五四　H036 点以北石长城（南—北）…………………………………………………………… 805

彩图二五五　H037 点处壕堑（北—南）………………………………………………………………… 806

彩图二五六　H040 点以北壕堑（南—北）……………………………………………………………… 806

彩图二五七　H042 点以北壕堑（南—北）……………………………………………………………… 807

彩图二五八　H046 点以北壕沟（南—北）……………………………………………………………… 807

彩图二五九　H051 点以北壕堑（南—北）……………………………………………………………… 808

彩图二六〇　H055 点以北壕堑（南—北）……………………………………………………………… 808

彩图二六一　北岔口南段石墙全貌（东南—西北）…………………………………………………… 809

彩图二六二　H055 点以南石墙（北—南）……………………………………………………………… 809

彩图二六三　H057 点以北石墙（南—北）……………………………………………………………… 810

彩图二六四　H057 点以北石墙顶部垛墙（东—西）…………………………………………………… 810

彩图二六五　H057 点以南石墙（西北—东南）………………………………………………………… 811

彩图二六六　北岔口南段叉道石墙全貌（东—西）…………………………………………………… 811

彩图二六七　北岔口南段挡马墙局部（西北—东南）………………………………………………… 812

彩图二六八　北岔口南山险墙局部（西北—东南）…………………………………………………… 812

彩图二六九　G0518 点以北长城（东南—西北）……………………………………………………… 812

彩图二七〇　G0518 点处长城相交全貌（东—西）…………………………………………………… 813

彩图二七一　G0532 点处水门正视（西南—东北）…………………………………………………… 813

彩图二七二　G0540 点以北长城（东南—西北）……………………………………………………… 813

彩图二七三　G0544 点东南长城（西北—东南）……………………………………………………… 814

彩图二七四　G0556 点处水门正视（西南—东北）…………………………………………………… 814

彩图二七五　G0553—G0557 点间墙体西壁上残留的楔形槽痕（西—东）………………………… 815

彩图二七六　G0560—G0561 点间长城断口（西北—东南）………………………………………… 815

彩图二七七　G0582 点以北长城（东南—西北）……………………………………………………… 816

彩图二七八　G0585 点以南长城（西北—东南）……………………………………………………… 816

彩图二七九　G0619 点以南长城（东北—西南）……………………………………………………… 817

彩图二八〇　G0620—G0623 点间长城（东北—西南）……………………………………………… 817

彩图二八一　G0620 点处墙体断面（南—北）………………………………………………………… 818

彩图二八二　G0636—G0637 点间长城断口（东北—西南）………………………………………… 818

彩图二八三　G0646 点以北长城（南—北）…………………………………………………………… 819

彩图二八四　G0648 点以南长城（北—南）…………………………………………………………… 819

彩图二八五　G0655 点以北长城（东南—西北）……………………………………………………… 820

彩图二八六　G0662 点以北长城（南—北）…………………………………………………………… 820

彩图二八七　G0665 点以北长城（南—北）…………………………………………………………… 821

彩图二八八　G0669 点以北长城（南—北）　…………………………… 821

彩图二八九　G0686 点以南长城（北—南）　…………………………… 822

彩图二九〇　G0690—G0691 点间长城南段（北—南）　………………… 822

彩图二九一　G0717 点以南长城（东北—西南）　……………………… 823

彩图二九二　G0721 点以南长城（北—南）　…………………………… 823

彩图二九三　G0738 点以南长城（北—南）　…………………………… 824

彩图二九四　G0743 点处墙体剥蚀坍塌情况（东南—西北）　………… 824

彩图二九五　G0751 点以南长城（北—南）　…………………………… 825

彩图二九六　G0761 点以北长城（南—北）　…………………………… 825

彩图二九七　G0767 点以南长城（北—南）　…………………………… 826

彩图二九八　G0769 点以北长城（南—北）　…………………………… 826

彩图二九九　G0781 点以南石墙（东北—西南）　……………………… 826

彩图三〇〇　G0795—G0796 点间长城西壁（西—东）　……………… 827

彩图三〇一　G0804—G0805 点间石墙全貌（西—东）　………………… 827

彩图三〇二　G0810—G0811 点间石墙（南—北）　……………………… 827

彩图三〇三　G0815—G0816 点间石墙（南—北）　……………………… 828

彩图三〇四　G0822—G0824 点间石墙正视（西—东）　………………… 828

彩图三〇五　G0825 点以西石墙（东北—西南）　……………………… 829

彩图三〇六　G0830—G0831 点间石墙（西北—东南）　………………… 829

彩图三〇七　G0834—G0835 点间石墙南段断面特征（北—南）　……… 830

彩图三〇八　G0838—G0839 点间石墙（东北—西南）　………………… 830

彩图三〇九　G0843 点以西石墙（东北—西南）　……………………… 831

彩图三一〇　G0858 点西北石墙（东南—西北）　……………………… 831

彩图三一一　G0858 点东北侧石墙（西南—东北）　…………………… 832

彩图三一二　G0869 点以北土墙（南—北）　…………………………… 832

彩图三一三　G0900 点以南石墙（东北—西南）　……………………… 833

彩图三一四　G0903 点以南起点段石墙（东北—西南）　……………… 833

彩图三一五　G0911 点以南石墙（东北—西南）　……………………… 834

彩图三一六　G0934—G0935 点间石墙（南—北）　……………………… 834

彩图三一七　G0949 点以西石墙西段（东—西）　……………………… 835

彩图三一八　G0963 点以东石墙（西—东）　…………………………… 835

彩图三一九　G0962—G0963 点间石墙北壁后期增补痕（东北—西南）　… 836

彩图三二〇　G0965 点以西石墙（东—西）　…………………………… 836

彩图三二一　G0974 点以南石墙（北—南）　…………………………… 837

彩图三二二　G0981—G0982 点间东段石墙（东—西）　………………… 837

彩图三二三　G0981—G0982 点间西段石墙（东—西）　………………… 838

彩图三二四　G0984 点以西石墙（东—西）　…………………………… 838

彩图三二五　G0987 点以西石墙（东北—西南）　……………………… 838

彩图三二六　G0996 点以西石墙顶部（东—西）······839

彩图三二七　G1001 点以北石墙（南—北）······840

彩图三二八　G1005 点以东石墙（北—南）······840

彩图三二九　G1019—G1020 点间后段石墙（东—西）······840

彩图三三〇　G1020 点以西段石墙（东南—西北）······841

彩图三三一　G1023—G1024 点间东段石墙（东北—西南）······841

彩图三三二　G1025 点西南侧石墙（东北—西南）······841

彩图三三三　G1031 点以北基址（东南—西北）······842

彩图三三四　G1033 点以南石墙（东北—西南）······842

彩图三三五　G1054 点东北石墙（西南—东北）······843

彩图三三六　G1060 点以西山险墙（东北—西南）······843

彩图三三七　G1062 点西北石墙（东南—西北）······844

彩图三三八　G1070—G1071 点间石墙（西北—东南）······844

彩图三三九　G1072 点东南石墙（西北—东南）······845

彩图三四〇　G1075 点以南石墙（北—南）······845

彩图三四一　G1110—G1111 点东段石墙（东南—西北）······846

彩图三四二　G1118 点以北石墙（南—北）······846

彩图三四三　G1124—G1125 点山凹间石墙（东南—西北）······847

彩图三四四　G1129—G1130 点间石墙断面（西—东）······847

彩图三四五　G1131—G1132 点间石墙（南—北）······848

彩图三四六　G1205 以南石墙（西北—东南）······849

彩图三四七　G1207 点以西石墙（东—西）······850

彩图三四八　G1211 点以北土墙（南—北）······850

彩图三四九　G1213 点以东山险墙（西—东）······851

彩图三五〇　G1217—G1218 点间保存较好石墙（北—南）······851

彩图三五一　G1219—G1221 点间石墙（南—北）······852

彩图三五二　G1218 点以南土墙（北—南）······852

彩图三五三　G1233 点以北土墙（东南—西北）······853

彩图三五四　G1242 点以南断口与土墙（东北—西南）······853

彩图三五五　G1258 点以南土墙（北—南）······854

彩图三五六　G1273 点以南石墙（西北—东南）······854

彩图三五七　蒋西村 1 号敌台东壁······855

彩图三五八　蒋西村 2 号敌台北壁······855

彩图三五九　滑石沟 1 号敌台南壁······856

彩图三六〇　滑石沟 2 号敌台北壁······856

彩图三六一　滑石沟 3 号敌台东壁······856

彩图三六二　高桥村敌台北壁······857

彩图三六三　三趟墩 1 号敌台北壁······857

彩图三六四　三趟墩 2 号敌台北壁 ……………………………………………………………… 857

彩图三六五　三趟墩 2 号敌台采集铭文砖残块（07QSD008 采：6）…………………………… 858

彩图三六六　三趟墩 3 号敌台北壁 ……………………………………………………………… 858

彩图三六七　王营村敌台西壁 …………………………………………………………………… 858

彩图三六八　王营村敌台采集黑釉罐口沿残片（07ZWD001 采：3）……………………………… 859

彩图三六九　张台村敌台西壁 …………………………………………………………………… 859

彩图三七〇　金沙村敌台北壁 …………………………………………………………………… 859

彩图三七一　甘泉村 1 号烽火台西壁 …………………………………………………………… 860

彩图三七二　甘泉村 2 号烽火台东壁 …………………………………………………………… 860

彩图三七三　蒋西村 1 号烽火台南壁 …………………………………………………………… 861

彩图三七四　蒋西村 2 号烽火台西壁 …………………………………………………………… 861

彩图三七五　高桥村 1 号烽火台南壁 …………………………………………………………… 862

彩图三七六　高桥村 1 号烽火台顶部铺舍南垣（西北—东南）………………………………… 862

彩图三七七　青铜峡镇 1 号、2 号烽火台远眺（东北—西南）………………………………… 863

彩图三七八　青铜峡镇 2 号烽火台全貌（北—南）…………………………………………… 863

彩图三七九　高桥村 2 号烽火台北壁 …………………………………………………………… 864

彩图三八〇　高桥村 2 号烽火台东壁上的土坯细部（西—东）……………………………… 864

彩图三八一　青铜峡镇 3 号烽火台西壁 ………………………………………………………… 865

彩图三八二　高桥村 3 号烽火台东壁 …………………………………………………………… 865

彩图三八三　旋风槽 1 号烽火台南壁 …………………………………………………………… 866

彩图三八四　青铜峡镇 4 号烽火台南壁 ………………………………………………………… 866

彩图三八五　旋风槽 2 号烽火台南壁 …………………………………………………………… 867

彩图三八六　青铜峡镇 5 号烽火台南壁 ………………………………………………………… 867

彩图三八七　青铜峡 5 号烽火台采集褐釉蒺藜残片（08QQF019 采：4）……………………… 868

彩图三八八　青铜峡镇 6 号烽火台北壁 ………………………………………………………… 868

彩图三八九　青铜峡镇 6 号烽火台北侧小墩（南—北）……………………………………… 868

彩图三九〇　青铜峡镇 7 号烽火台北壁 ………………………………………………………… 869

彩图三九一　旋风槽 5 号烽火台东壁 …………………………………………………………… 869

彩图三九二　三趟墩 1 号烽火台东壁 …………………………………………………………… 869

彩图三九三　三趟墩 2 号烽火台南壁 …………………………………………………………… 870

彩图三九四　三趟墩 4 号烽火台西壁 …………………………………………………………… 870

彩图三九五　三趟墩 5 号烽火台南壁 …………………………………………………………… 871

彩图三九六　三趟墩 5 号烽火台东侧小墩（西—东）………………………………………… 871

彩图三九七　三趟墩 6 号烽火台南壁 …………………………………………………………… 872

彩图三九八　渠口农场 1 号烽火台西壁 ………………………………………………………… 872

彩图三九九　渠口农场 3 号烽火台西壁 ………………………………………………………… 873

彩图四〇〇　渠口农场 4 号烽火台东壁 ………………………………………………………… 873

彩图四〇一　高山寺 1 号烽火台西壁 …………………………………………………………… 874

彩图四〇二　高山寺 1 号烽火台西侧小墩 L1—L5 全貌（北—南）　·········· 874

彩图四〇三　高山寺村 2 号烽火台北壁　·········· 875

彩图四〇四　高山寺村 3 号烽火台西壁　·········· 875

彩图四〇五　高山寺村 3 号烽火台小墩 L1—L5（北—南）　·········· 876

彩图四〇六　高山寺村 4 号烽火台北壁　·········· 876

彩图四〇七　高山寺村 4 号烽火台采集褐釉缸口沿残片（07ZGF009 采：1）　·········· 876

彩图四〇八　高山寺村 6 号烽火台全貌（东南—西北）　·········· 877

彩图四〇九　高山寺村 6 号烽火台柠条及草绳　·········· 877

彩图四一〇　高山寺村 8 号烽火台南壁　·········· 878

彩图四一一　高山寺村 9 号烽火台西壁　·········· 878

彩图四一二　太平村 2 号烽火台采集黑釉盆底残片（07ZTF018 采：2）　·········· 878

彩图四一三　太平村 3 号烽火台东壁　·········· 879

彩图四一四　太平村 4 号烽火台南壁　·········· 879

彩图四一五　张台村 1 号烽火台北壁　·········· 880

彩图四一六　时庄村 2 号烽火台全貌（北—南）　·········· 880

彩图四一七　时庄村 2 号烽火台北壁　·········· 881

彩图四一八　时庄村 2 号烽火台采集酱釉缸口沿残片（07ZSF026 采：1）　·········· 881

彩图四一九　金沙村 1 号烽火台全貌（东—西）　·········· 881

彩图四二〇　金沙村 3 号烽火台东壁　·········· 882

彩图四二一　金沙村 4 号烽火台东壁　·········· 882

彩图四二二　刘庄村烽火台北壁　·········· 883

彩图四二三　刘庄村烽火台壁面上的岩画图案　·········· 883

彩图四二四　余丁村烽火台全貌（东—西）　·········· 883

彩图四二五　余丁村烽火台采集酱釉缸口沿残片（07ZYF036 采：1）　·········· 884

彩图四二六　永兴村 1 号烽火台西壁　·········· 884

彩图四二七　永兴村 2 号烽火台西壁　·········· 884

彩图四二八　永兴村 3 号烽火台西壁　·········· 885

彩图四二九　永兴村 4 号烽火台西壁　·········· 885

彩图四三〇　永兴村 5 号烽火台东壁　·········· 885

彩图四三一　永兴村 5 号烽火台采集青釉蒺藜残片（07ZYF041 采：4）　·········· 886

彩图四三二　永兴村 6 号烽火台西壁　·········· 886

彩图四三三　永兴村 7 号烽火台北壁　·········· 886

彩图四三四　甘城子堡全貌（东北—西南）　·········· 887

彩图四三五　甘城子西垣中部的加厚墙（北—南）　·········· 887

彩图四三六　大坝堡残存墙垣全貌（西—东）　·········· 888

彩图四三七　G1283 点以北山险墙（东南—西北）　·········· 888

彩图四三八　G1287 点以北长城全貌（东南—西北）　·········· 889

彩图四三九　G1285—G1286 点间保存较好墙体断面（西北—东南）　·········· 889

彩图四四〇　G1289—G1290 点间残存石墙（东—西）…………………………………… 890

彩图四四一　木井子嘎查 5 号烽火台东壁 ………………………………………………… 890

彩图四四二　土井子嘎查 1 号烽火台北壁 ………………………………………………… 891

彩图四四三　土井子嘎查 3 号烽火台西壁 ………………………………………………… 891

彩图四四四　土井子嘎查 3 号烽火台南侧小墩全貌（北—南）…………………………… 892

彩图四四五　土井子嘎查 4 号烽火台北壁 ………………………………………………… 892

彩图四四六　土井子嘎查 5 号烽火台西壁 ………………………………………………… 893

彩图四四七　土井子嘎查 5 号烽火台内侧的桩木与柠条层（东南—西北）……………… 893

彩图四四八　土井子嘎查 5 号烽火台西南侧居址内侧（东—西）………………………… 894

彩图四四九　查汉艾木 1 号、2 号烽火台全貌（南—北）………………………………… 894

彩图四五〇　查汉艾木 2 号烽火台北壁底部砌石 ………………………………………… 895

彩图四五一　查汉艾木 3 号烽火台东壁 …………………………………………………… 895

彩图四五二　创业村 1 号烽火台全貌（北—南）…………………………………………… 896

彩图四五三　创业村 2 号烽火台西壁上的踏道（北—南）………………………………… 896

彩图四五四　创业村 3 号烽火台北壁 ……………………………………………………… 897

彩图四五五　创业村 4 号烽火台北壁 ……………………………………………………… 897

彩图四五六　创业村 5 号烽火台西壁 ……………………………………………………… 898

彩图四五七　创业村 5 号烽火台北壁上的踏道（西北—东南）…………………………… 898

彩图四五八　创业村 6 号烽火台西壁 ……………………………………………………… 898

彩图四五九　创业村 6 号烽火台外侧围墙南垣（西北—东南）…………………………… 899

彩图四六〇　黄桥村烽火台北壁 …………………………………………………………… 899

彩图四六一　高庙全景（南—北）…………………………………………………………… 900

彩图四六二　高庙—保安寺（南—北）……………………………………………………… 900

彩图四六三　鼓楼（东—西）………………………………………………………………… 901

彩图四六四　鼓楼（南—北）………………………………………………………………… 901

彩图四六五　香岩寺（东—西）……………………………………………………………… 902

彩图四六六　香岩寺塔林（西—东）………………………………………………………… 902

彩图四六七　老君台庙建筑群全景（南—北）……………………………………………… 903

彩图四六八　胜金 1 段长城石墙遗存（西南—东北）……………………………………… 903

彩图四六九　胜金 2 段长城（西北—东南）………………………………………………… 904

彩图四七〇　胜金 2 段长城（西—东）……………………………………………………… 904

彩图四七一　胜金 2 段长城横断面（西—东）……………………………………………… 905

彩图四七二　凯歌长城（南—北）…………………………………………………………… 905

彩图四七三　凯歌长城人为破坏现状（东—西）…………………………………………… 906

彩图四七四　九塘长城（东北—西南）……………………………………………………… 906

彩图四七五　九塘长城践踏为生产便道（东—西）………………………………………… 907

彩图四七六　李园长城（西南—东北）……………………………………………………… 907

彩图四七七　金沙长城（西北—东南）……………………………………………………… 908

彩图四七八　金沙腾格里沙漠南缘 ……………………………………………………………… 908

彩图四七九　郭滩长城（东南—西北）……………………………………………………………… 908

彩图四八〇　新星长城（南—北）…………………………………………………………………… 909

彩图四八一　新星村长城寺 …………………………………………………………………………… 909

彩图四八二　柔兴长城（南—北）…………………………………………………………………… 909

彩图四八三　红武长城（东—西）…………………………………………………………………… 910

彩图四八四　红武长城（西—东）…………………………………………………………………… 910

彩图四八五　姚滩长城（东北—西南）……………………………………………………………… 911

彩图四八六　姚滩段墙体坍塌现状 …………………………………………………………………… 911

彩图四八七　姚滩长城（西南—东北）……………………………………………………………… 912

彩图四八八　姚滩长城（西北—东南）……………………………………………………………… 912

彩图四八九　夹道 1 段长城（西南—东北）………………………………………………………… 913

彩图四九〇　夹道 1 段长城遭鱼塘破坏（南—北）………………………………………………… 913

彩图四九一　姚滩段长城被公路及建筑对墙体和敌台的破坏 ……………………………………… 914

彩图四九二　夹道长城局部夯土层 …………………………………………………………………… 914

彩图四九三　夹道长城断面（西南—东北）………………………………………………………… 915

彩图四九四　夹道 2 段长城（南—北）……………………………………………………………… 915

彩图四九五　胜金 1 号敌台（南—北）……………………………………………………………… 916

彩图四九六　胜金 2 号敌台（南—北）……………………………………………………………… 916

彩图四九七　胜金 3 号敌台（西—东）……………………………………………………………… 917

彩图四九八　胜金 3 号敌台（北—南）……………………………………………………………… 917

彩图四九九　胜金 4 号敌台（北—南）……………………………………………………………… 918

彩图五〇〇　胜金 5 号敌台（北—南）……………………………………………………………… 918

彩图五〇一　胜金 5 号敌台（西南—东北）………………………………………………………… 919

彩图五〇二　凯歌敌台（北—南）…………………………………………………………………… 919

彩图五〇三　李园敌台（南—北）…………………………………………………………………… 920

彩图五〇四　金沙 1 号敌台（东—西）……………………………………………………………… 920

彩图五〇五　金沙 1 号敌台东侧小墩（东北—西南）……………………………………………… 921

彩图五〇六　金沙 2 号敌台（南—北）……………………………………………………………… 921

彩图五〇七　新星敌台（西—东）…………………………………………………………………… 922

彩图五〇八　柔兴敌台（东—西）…………………………………………………………………… 922

彩图五〇九　柔兴长城与敌台（西—东）…………………………………………………………… 922

彩图五一〇　红武 1 号敌台（东—西）……………………………………………………………… 923

彩图五一一　红武 2 号敌台（西南—东北）………………………………………………………… 923

彩图五一二　姚滩 1 号敌台（北—南）……………………………………………………………… 923

彩图五一三　姚滩 1 号敌台（西—东）……………………………………………………………… 924

彩图五一四　姚滩 2 号敌台（西—东）……………………………………………………………… 924

彩图五一五　姚滩 2 号敌台（南—北）……………………………………………………………… 925

彩图五一六　姚滩 2 号敌台（东—西）……………………………………………………………925

彩图五一七　姚滩 2 号敌台（北—南）……………………………………………………………926

彩图五一八　姚滩 3 号敌台（西北—东南）………………………………………………………926

彩图五一九　夹道敌台（东—西）…………………………………………………………………927

彩图五二〇　夹道敌台（西—东）…………………………………………………………………927

彩图五二一　胜金 1 号烽火台（北—南）…………………………………………………………928

彩图五二二　胜金 1 号烽火台（西—东）…………………………………………………………928

彩图五二三　胜金 2 号烽火台（东—西）…………………………………………………………929

彩图五二四　胜金 3 号烽火台（南—北）…………………………………………………………929

彩图五二五　胜金 4 号烽火台（南—北）…………………………………………………………930

彩图五二六　胜金 4 号烽火台（西—东）…………………………………………………………930

彩图五二七　胜金 2 段长城与 4 号烽火台位置关系（西南—东北）……………………………931

彩图五二八　李园烽火台（西—东）………………………………………………………………931

彩图五二九　李园烽火台北侧小墩（南—北）……………………………………………………932

彩图五三〇　金沙烽火台（东—西）………………………………………………………………932

彩图五三一　郭滩烽火台（南—北）………………………………………………………………933

彩图五三二　新星烽火台（北—南）………………………………………………………………933

彩图五三三　红武烽火台（东—西）………………………………………………………………934

彩图五三四　红武烽火台（南—北）………………………………………………………………934

彩图五三五　夹道烽火台（南—北）………………………………………………………………934

彩图五三六　夹道烽火台（西—东）………………………………………………………………935

彩图五三七　黑林烽火台（东—西）………………………………………………………………935

彩图五三八　胜金关（北—南）……………………………………………………………………936

彩图五三九　姚滩北 1 号堡（西北—东南）………………………………………………………936

彩图五四〇　姚滩南 2 号关堡（西南—东北）……………………………………………………936

彩图五四一　夹道长城与夹道堡（南—北）………………………………………………………937

彩图五四二　夹道堡（东南—西北）………………………………………………………………937

彩图五四三　夹道堡（南—北）……………………………………………………………………938

彩图五四四　夹道堡（西北—东南）………………………………………………………………938

彩图五四五　夹道村永安寺…………………………………………………………………………939

彩图五四六　下河沿黄河渡口铁船…………………………………………………………………939

彩图五四七　黄河南岸下河沿长城起点……………………………………………………………940

彩图五四八　下河沿 1 段土墙（东北—西南）……………………………………………………940

彩图五四九　下河沿长城（东北—西南）…………………………………………………………941

彩图五五〇　下河沿长城（南—北）………………………………………………………………941

彩图五五一　下河沿长城断面（1）………………………………………………………………942

彩图五五二　下河沿长城断面（2）………………………………………………………………942

彩图五五三　下河沿 2 段长城（西南—东北）……………………………………………………943

彩图五五四　下河沿 2 段长城（东北—西南）·····················943

彩图五五五　下河沿 2 段长城（西南—东北）·····················944

彩图五五六　下河沿 2 段长城墙体豁口·····························944

彩图五五七　下河沿 2 段长城民房对墙体的破坏·················945

彩图五五八　下河沿 2 段长城现代人为掏挖的窑洞·············945

彩图五五九　上河沿 1 段山险墙起点（东—西）·················946

彩图五六〇　上河沿山口墙（短墙）·································946

彩图五六一　上河沿长城现代维修的护坡（东北—西南）·······947

彩图五六二　修桥铺路对上河沿墙体造成损毁·····················947

彩图五六三　上河沿山险墙···947

彩图五六四　上河沿 5 段山险墙（东北—西南）·················948

彩图五六五　大湾—烟洞沟 1 段土墙（东北—西南）···········948

彩图五六六　大湾—烟洞沟 2 段山险墙（东—西）···············949

彩图五六七　大湾—烟洞沟 3 段土墙（东—西）·················950

彩图五六八　大湾—烟洞沟 4 段山险墙（西南—东北）·········950

彩图五六九　大湾—烟洞沟 4 段山险墙（东—西）···············951

彩图五七〇　大湾—烟洞沟 5 段土墙（东—西）·················951

彩图五七一　大湾—烟洞沟 5 段土墙（西—东）·················952

彩图五七二　大湾—烟洞沟 5 段土墙（西南—东北）···········952

彩图五七三　大湾—烟洞沟 6 段山险墙（西—东）···············953

彩图五七四　小湾—冰沟 1 段土墙断面（西—东）···············953

彩图五七五　小湾—冰沟 1 段土墙起点（西—东）···············954

彩图五七六　小湾—冰沟 1 段土墙（西—东）·····················954

彩图五七七　小湾—冰沟 1 段土墙保护标志碑·····················955

彩图五七八　小湾—冰沟 2 段山险墙及当路塞局部（西北—东南）···955

彩图五七九　小湾—冰沟当路塞（北—南）·························956

彩图五八〇　小湾—冰沟当路塞（北—南）·························956

彩图五八一　小湾—冰沟当路塞（南—北）·························956

彩图五八二　小湾—冰沟 2 段山险墙（东北—西南）···········957

彩图五八三　小湾—冰沟 2 段山险墙（南—北）·················957

彩图五八四　小湾—冰沟当路塞（北—南）·························957

彩图五八五　小湾—冰沟 3 段山险墙（东—西）·················958

彩图五八六　小湾—冰沟 4 段山险墙（东北—西南）···········958

彩图五八七　小湾—冰沟 4 段山险墙（东南—西北）···········959

彩图五八八　小湾—冰沟 4 段山险墙（西—东）·················959

彩图五八九　大柳树—下园子 1 段土墙（西—东）···············960

彩图五九〇　大柳树—下园子 1 段土墙（东北—西南）·········960

彩图五九一　大柳树—下园子 1 段土墙（北—南）···············961

彩图五九二　大柳树下园子山险墙（东—西）　……………………………………　961

彩图五九三　大柳树—上园子 1 段土墙（西北—东南）　……………………………　962

彩图五九四　大柳树—上园子 2 段山险墙及当路塞（东—西）　……………………　962

彩图五九五　大柳树—上园子 3 段土墙断面（东南—西北）　………………………　963

彩图五九六　大柳树—上园子 3 段土墙（西—东）　…………………………………　963

彩图五九七　大柳树—上园子 4 段山险墙（东北—西南）　…………………………　964

彩图五九八　大柳树—上园子 5 段土墙（东北—西南）　……………………………　964

彩图五九九　大柳树—上园子当路塞（西北—东南）　………………………………　965

彩图六〇〇　大柳树—上园子当路塞（西—东）　……………………………………　965

彩图六〇一　岔河口—大钻洞子山险墙及当路塞（西—东）　………………………　966

彩图六〇二　岔河口—大钻洞子当路塞（西北—东南）　……………………………　966

彩图六〇三　岔河口—小钻洞子山险墙（北—南）　…………………………………　966

彩图六〇四　岔沟 1 段山险墙（东—西）　……………………………………………　967

彩图六〇五　岔沟 2 段山险墙（北—南）　……………………………………………　967

彩图六〇六　风石湾山险墙（北—南）　………………………………………………　967

彩图六〇七　米粮营子山险墙（东北—西南）　………………………………………　968

彩图六〇八　米粮营子山险墙局部（南—北）　………………………………………　968

彩图六〇九　米粮营子当路塞（北—南）　……………………………………………　969

彩图六一〇　米粮营子山险墙及当路塞（东北—西南）　……………………………　969

彩图六一一　下滩—黄石漩 1 段山险墙（北—南）　…………………………………　970

彩图六一二　下滩—黄石漩 1 段山险墙及当路塞（东北—西南）　…………………　970

彩图六一三　下滩—黄石漩 1 段山险墙（南—北）　…………………………………　971

彩图六一四　下滩—黄石漩 1 段山险墙（西—东）　…………………………………　971

彩图六一五　下滩—黄石漩 2 段土墙断面（西—东）　………………………………　972

彩图六一六　下滩—黄石漩 2 段土墙（北—南）　……………………………………　972

彩图六一七　下滩—榆树台子山险墙及当路塞（南—北）　…………………………　973

彩图六一八　下滩—榆树台子山险墙（东—西）　……………………………………　973

彩图六一九　下滩—榆树台子当路塞（南—北）　……………………………………　974

彩图六二〇　下滩—鱼咀湾当路塞（东北—西南）　…………………………………　974

彩图六二一　下滩—鱼咀湾山险墙及当路塞（西—东）　……………………………　975

彩图六二二　下滩—鱼咀湾山险墙（东—西）　………………………………………　975

彩图六二三　下滩—鱼咀湾当路塞（西—东）　………………………………………　976

彩图六二四　下滩—鱼咀湾山险墙（东北—西南）　…………………………………　976

彩图六二五　下滩—鱼咀湾山险墙（西南—东北）　…………………………………　977

彩图六二六　下滩—鱼咀湾当路塞（东北—西南）　…………………………………　977

彩图六二七　下滩—河对坝子山险墙（西—东）　……………………………………　978

彩图六二八　下滩—河对坝子土墙（北—南）　………………………………………　978

彩图六二九　下滩—河对坝子残存土墙（西北—东南）　……………………………　978

彩图六三〇　下滩—榆树沟山险及当路塞（北—南）　·········· 979

彩图六三一　下滩—榆树沟山险墙（东南—西北）　·········· 979

彩图六三二　下滩—高崖沟山险墙（北—南）　·········· 979

彩图六三三　下滩—高崖沟山险墙（西北—东南）　·········· 980

彩图六三四　下滩—下木头沟山险墙（西北—东南）　·········· 980

彩图六三五　下滩—下木头沟山险墙（西北—东南）　·········· 981

彩图六三六　下滩—上木头沟山险墙（西北—东南）　·········· 981

彩图六三七　下滩—上木头沟山险墙及当路塞（北—南）　·········· 982

彩图六三八　上滩—沟口子山险墙（西北—东南）　·········· 982

彩图六三九　上滩—沟口子山险墙（北—南）　·········· 983

彩图六四〇　上滩—沟口子山险墙（西—东）　·········· 983

彩图六四一　上滩—沟口子山险墙（东北—西南）　·········· 984

彩图六四二　上滩—苇子坑 1 段土墙（北—南）　·········· 984

彩图六四三　上滩—苇子坑 1 段土墙（西北—东南）　·········· 985

彩图六四四　上滩—苇子坑 2 段山险墙及当路塞（东北—西南）　·········· 985

彩图六四五　上滩—苇子坑 2 段山险墙（东北—西南）　·········· 986

彩图六四六　上滩—苇子坑 2 段山险墙及当路塞局部（北—南）　·········· 986

彩图六四七　上滩—苇子坑 2 段山险墙（西北—东南）　·········· 987

彩图六四八　北长滩—茶树沟土墙（西—东）　·········· 987

彩图六四九　北长滩—茶树沟土墙（东北—西南）　·········· 988

彩图六五〇　北长滩—茶树沟土墙断面（西—东）　·········· 988

彩图六五一　北长滩山险墙（东南—西北）　·········· 988

彩图六五二　北长滩山险墙（西北—东南）　·········· 989

彩图六五三　北长滩山险墙（南—北）　·········· 989

彩图六五四　北长滩山险墙（东—西）　·········· 989

彩图六五五　南长滩—枣刺沟山险墙（北—南）　·········· 990

彩图六五六　南长滩—枣刺沟山险墙（西北—东南）　·········· 990

彩图六五七　南长滩—夹巴沟 1 段山险墙（东南—西北）　·········· 991

彩图六五八　南长滩—夹巴沟 1 段山险墙（西—东）　·········· 991

彩图六五九　南长滩—夹巴沟 1 段山险墙（西北—东南）　·········· 992

彩图六六〇　南长滩—夹巴沟 3 段山险墙（西—东）　·········· 992

彩图六六一　下河沿敌台（西南—东北）　·········· 993

彩图六六二　上河沿敌台（东北—西南）　·········· 993

彩图六六三　下滩—高崖沟 1 号敌台（东南—西北）　·········· 994

彩图六六四　下滩—高崖沟 2 号敌台（南—北）　·········· 994

彩图六六五　北长滩敌台（西南—东北）　·········· 995

彩图六六六　大柳树—下园子烽火台（东南—西北）　·········· 995

彩图六六七　大柳树—下园子烽火台（西—东）　·········· 996

彩图六六八　风石湾烽火台（南—北）…………………………………………………… 996

彩图六六九　榆树台子烽火台（东北—西南）……………………………………………… 997

彩图六七〇　榆树台子烽火台（东南—西北）……………………………………………… 997

彩图六七一　下滩烽火台（西南—东北）…………………………………………………… 998

彩图六七二　下滩烽火台（东—西）………………………………………………………… 998

彩图六七三　米粮营子堡（西南—东北）…………………………………………………… 998

彩图六七四　米粮营子堡（西—东）………………………………………………………… 999

彩图六七五　下滩1号堡（东北—西南）…………………………………………………… 999

彩图六七六　下滩1号堡（东—西）………………………………………………………… 999

彩图六七七　下滩2号堡（北—南）………………………………………………………… 1000

彩图六七八　下滩2号堡（西南—东北）…………………………………………………… 1000

彩图六七九　下滩2号堡（东—西）………………………………………………………… 1001

彩图六八〇　宁夏长城资源调查启动、培训班开班仪式…………………………………… 1001

彩图六八一　宁夏文物局等领导现场视察第二调查小组（2007年4月）………………… 1002

彩图六八二　长城调查专家组在惠农区调查现场勘查指导（2008年1月）……………… 1002

彩图六八三　野外午餐……………………………………………………………………… 1003

彩图六八四　午间小憩……………………………………………………………………… 1003

彩图六八五　现场核查……………………………………………………………………… 1004

彩图六八六　调查题刻……………………………………………………………………… 1004

彩图六八七　墨拓题刻……………………………………………………………………… 1005

彩图六八八　查访当地百姓………………………………………………………………… 1005

彩图六八九　调查路上……………………………………………………………………… 1006

彩图六九〇　拖车…………………………………………………………………………… 1006

彩图六九一　部分调查笔记………………………………………………………………… 1007

彩图六九二　部分调查图…………………………………………………………………… 1007

彩图六九三　部分调查队员合影…………………………………………………………… 1008

彩图六九四　甘肃长城调查队来中卫交流学习…………………………………………… 1008

彩图六九五　北长滩黄河岸边水车………………………………………………………… 1009

彩图六九六　宁夏甘肃长城调查组共同协商交界事宜…………………………………… 1010

彩图六九七　宁夏明长城资料验收现场…………………………………………………… 1010

铲山筑土建重关

——明代宁夏境内的长城（代前言）

罗 丰

一 导言

有明一代横亘中国北方的所谓万里长城最为引人注目，它东起辽宁虎山，西止嘉峪关，绵延万里，至今耸立。

宁夏是明代长城遗迹分布较多的省份，贯穿整个南北全境。虽然过去对于这些长城的大体走向，甚至具体结构，有一定程度的了解。但是这些了解都是建立在零星调查的基础上，一些重要的长城信息并不全面，有许多付阙，甚至错误。就连全区范围内明长城现存具体的长度，有多少业已消失，这样的资讯也众说纷纭。有赖于考古工作者花费几年时间的辛勤田野考古调查，现在这样的数据已经大体有一个眉目。

在国家文物局的统一部署下，从 2007 年开始，宁夏考古工作者组成五支田野调查队，对宁夏境内的河东长城、旧北长城、北长城、西长城、固原内边长城和"徐斌水新边"六条长城进行田野考古调查。调查范围涉及全区 4 市 18 县（市、区）和内蒙古自治区阿拉善左旗（部分）、甘肃省环县（部分）。2009 年田野调查基本结束后即转入室内整理。室内整理和报告编写经过五年多的持续工作，在 2014 年大体结束，本报告集反映的是我们田野调查、室内整理和一些粗浅研究的成果。报告集在涉及一些术语时如长城、边墙等时混合使用，并不作单一选择。不过还是有所侧重，在讨论历史文献材料时会尽量采用当时流行的名称，如边墙、墩台之类；在使用考古材料时则使用长城、烽火台这类约定俗成的称谓。本连续报告集在《宁夏明代长城》总标题下分《河东长城调查报告》《旧北长城和北长城调查报告》《西长城调查报告》《固原内边长城调查报告》分别出版。本前言从文献出发和结合考古材料，大致勾勒出宁夏明代长城的基本情况。

二 明代边防体系与宁夏、固原二镇

明人长城的修筑与整个北方的防御体系有密切关联。明政府为应付北方民族的南侵，在北方建立九个边防重镇，并在各自防区修筑长城，各镇长城贯为一体。《明史·兵志》称：

> 终明之世，边防甚重。东起鸭绿，西抵嘉峪，绵亘万里，分地守御。初设辽东、宣府、大同、延绥四镇，继设宁夏、甘肃、蓟州三镇，而太原总兵治偏头，三边制府驻固原，亦称二镇，是为九边 ①。

---

① （清）张廷玉：《明史》卷 91《兵志》，中华书局标点本，1974 年，第 2235 页。

　　长城作为防御工事，在中国的兴起由来已久，最初是用于中原国家内部相互攻防。战国时期开始北方国家修筑的长城，区隔北方的游牧民族与中原的农耕民族，将两种不同文明的人群，用一道人工修筑的长墙隔离。长城在地理环境的选择上，大体维持在北方地区的农牧分界线上，地理学家理查德·哈特向（R. Hartshorne）曾经说过，人们在本能上都有将地理界线划分得比自然所设定的更加分明的倾向①。长城的修筑大约是这种倾向最极端的表现，人们对于游牧和农耕两种不同的生计方式认识相对简洁一些。

　　明代的长城遗址大体维持在秦汉长城总体范围内，由九边重镇总理。元朝灭亡后，蒙古残部并未远离北方，而是在北方地区聚集起来，伺机向中原进发，抢掠边境地区，有时甚至深入中原腹地，成为明统治者的心腹大患。为防御北方部族的内侵，明统治者相继在北方一些重点地区建设新的防御体系。宁夏地区的长城就是在这样的背景下修筑起来的。

　　明代初年，太祖朱元璋在北方辽西大宁、元上都天平、河北兴和、鄂尔多斯的东胜诸地设置重兵防守。甚至计划北伐蒙古余部，完全彻底地解决蒙古余部的威胁。不过，洪武五年（1372 年）大将徐达举兵北伐以失败告终，对朱元璋的信心打击很大。此后，他的边防政策多有调整，由进攻改为防守。并且，在沿北边设置许多卫所，卫所制度显然是延续元朝的军事体制②，扼险设防。另外所采取的防御政策，将原有出征和镇守重要军事要塞的职权从军事将领的手中收回，在沿边地区分封藩王，将军事主导权转移至朱姓藩王手中。有明一代北方防御前哨由藩王、亲王驻守御边，这样的计划显示了明太祖设险守御的决心。有人提议将归附的北方民族内迁，以绝后患。朱元璋非常了解北方民族的习性，他说了这样一段话：

　　凡治胡虏，当顺其性。胡人所居习于苦寒，今迁之内地，必驱而南，去寒凉而即炎热，失其本性，反易为乱。不若顺而抚之，使其归就边地，择水草孳牧，彼得遂其生，自然安矣③。

　　朱元璋的想法虽然很好，但北方民族飘忽不定、叛服无常，给明廷带来了极大的困扰。朱元璋的遗训是："胡戎与西北边境，互相密迩，累世战争，必选将练兵，时谨备之"④。明成祖曾五次亲征大漠，有次曾亲率五十万大军出征。并迁都北京，重新部署防御，同时也将几个重要的防御重地，如大宁、东胜、开平、兴和的防守军力内移。关外弃防，是将天险拱手让人，也是以后诸朝修筑长城的直接原因。大宁弃防的直接诱因是兀良哈三卫内附，将辽阔的大宁地区让与兀良哈三卫，授之以官，统辖该地⑤。东胜，《明史·兵志》给出的解释是，"东胜孤远难守，调左卫于永平，右卫于遵化，而墟其地"⑥。将守边部队调至北京附近。明成祖篡位之初，蒙古残部退至漠北，兀良哈三卫内附，边疆无大患，拱卫北京安全，远比屯兵备防边疆显得更为重要。于是，成祖便关外弃防⑦。英宗亲征时，在

---

①　参见［美］理查德·哈特向著、叶光庭译：《地理学的性质——当前地理学思想述评》，商务印书馆，1996 年，第
　　425 页。

②　参见于志嘉《明代军制史研究的回顾与展望》相关论述，原载台湾大学《第一届民国以来国史研究的回顾与展
　　望》，1992 年，后收入《卫所、军户与军役》（北京大学出版社，2010 年，第 333 页）。

③　《明太祖实录》卷 59 "洪武三年十二月戊午"，台北 "中研院" 历史语言研究所校印，1961 年，第 1147 页。

④　《皇明祖训》第 3 册，（台湾）学生书局影印明刊本，第 1686 ~ 1687 页。

⑤　《明会典》卷 107《朝贡三》，万有文库本，商务印书馆，1936 年，第 1 页。

⑥　（清）张廷玉：《明史》卷 91《兵志三》"边防" 条，中华书局标点本，1974 年，第 2236 页。

⑦　关于明成祖关外弃防原因的讨论可参见吴缉华《论明代北方边防内移及影响》（《新亚学报》，1980 年，第 364 ~
　　409 页）第 13 卷。

土木堡全军覆没，他本人也被俘，明朝受到空前挫折。土木之变后，边境再无宁日，也促成了政府以九边重镇为重点的防御体系的建设。边患不断，成为日常，以宁夏为例，兵部主编的《九边图说》中称：

> 臣等谨按：宁夏，古朔方河西地也。东起盐场，西尽中卫，东南据河为险，北倚贺兰为固，在昔时称"四塞"焉。自虏入套以来，边患始剧。其在夏秋则用浑脱浮渡，以扰我边。严寒之时，则踏冰卒入。乘我不备，甚至取道贺兰山后，往来庄、凉，恬无忌惮①。

明朝中叶，游牧民族定居水草肥美的河套地区，不断南侵，甚至抵达甘肃平凉、庄浪一带，已成常态。景泰年间以后九边重镇确立，具体为辽东、蓟州、宣府、大同、山西（偏头关）、延绥（榆林）、宁夏、固原（陕西）、甘肃九镇。

宁夏在明朝初年设立宁夏府，《宁夏志》云：

> 国朝初，立宁夏府。洪武五年（1372 年）诏弃其地，徙其民于陕西。至洪武九年（1376 年）复命长兴侯耿炳文弟耿忠为宁夏卫指挥，率谪戍之人及延安、庆阳骑士立宁夏卫，缮城郭以守之②。

宁夏镇的成立时间似乎并不确定，洪武二十五年（1392 年）三月置宁夏左、右、中三屯卫，二十八年设宁夏护卫。永乐四年（1406 年）八月"命右军都督府左都督何福佩征虏前将军印，充总兵官前往镇陕西、宁夏等处，节制陕西都司、行都司，山西都司、行都司，河南都司官军"③。有学者认为至迟在此时宁夏镇已成立④。

宁夏镇设置巡抚都御史一员，镇守太监一员，镇守总兵官一员，协守宁夏副总兵一员，参将、游击将军等若干名，分驻宁夏及各地⑤。在这一体系中，只有总兵、镇守太监可称镇守，副总兵只称协守，参将驻他处则称分守，其属下称协同分守，用以保证镇守、分守的用兵权力⑥（图一）。

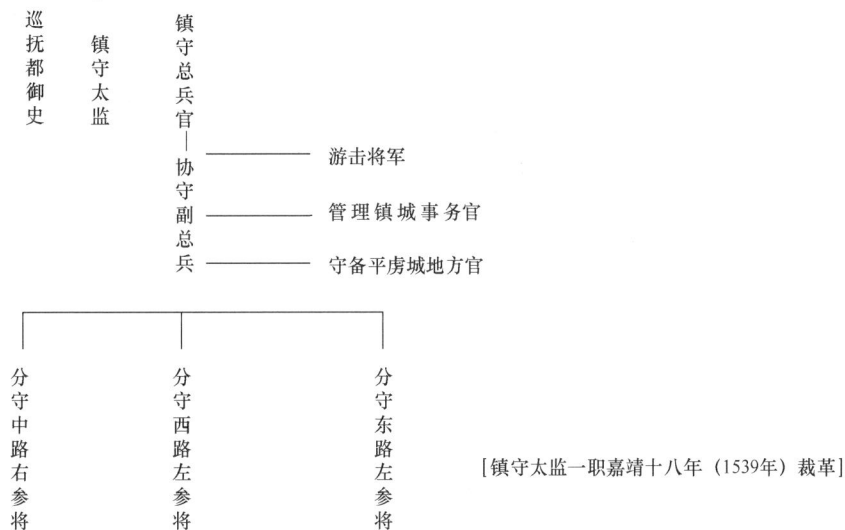

图一　明代边镇职官图

---

① 《九边图说·宁夏镇图说》，明隆庆三年刻本，第 121 页。

② （明）朱旃撰修，吴忠礼笺证：《宁夏志笺证》卷上，宁夏人民出版社，1996 年，第 2 页。

③ 《明太宗实录》卷 11 "永乐四年八月己未"，台北"中研院"历史语言研究所校印，1961 年，第 178 页。

④ 肖立军：《明代中后期九边兵制研究》，吉林人民出版社，2001 年，第 80 页。

⑤ （明）魏焕：《皇明九边考》卷 8《宁夏镇》，谢国桢影印嘉靖刻本，第 4～7 页。

⑥ 关于明代省镇兵营制度参见肖立军《明代省镇营兵制度与地方秩序》（天津古籍出版社，2010 年，第 279～286 页）。

庆王封地，庆王名朱㮵，朱元璋第十六子，初封庆阳，后移韦州，建文三年（1401年）徙宁夏，置中护卫为扈从，正德五年（1510年）改中护为中屯，仍为五卫城。

设镇守宁夏太监关防一名，其职责皇帝敕谕中曾说：

今特命尔与总兵官都督同知张泰镇守宁夏地方，修理边墙城池，操练军马，遇有贼寇，相机守战。凡事须与总兵、巡抚等官公同计议停当而行，不许偏私执拗己见，有误事机。尔为朝廷内臣，受兹委托，尤宜奉公守法，表率将士。

嘉靖十八年（1539年）奉旨裁撤①。

总兵官，挂银铸"征西将军之印"，与太监并巡抚都御史及副总兵官一同镇守，平日操练兵马，修理城池，遇警敌犯便相机率兵守战。

副总兵官，有一些具体任务，遇敌来袭河套，便要前往花马池等处调度军马杀贼。每年夏初冬末，要两次亲临修补边墙崖砦等。

正统年间设游击将军，统兵三千，具体任务在清水营分布，如果遇花马池、灵州一带来敌进犯，便统兵前往策应。凡守战事宜，仍听镇守、总兵、巡抚官节制（图二）。

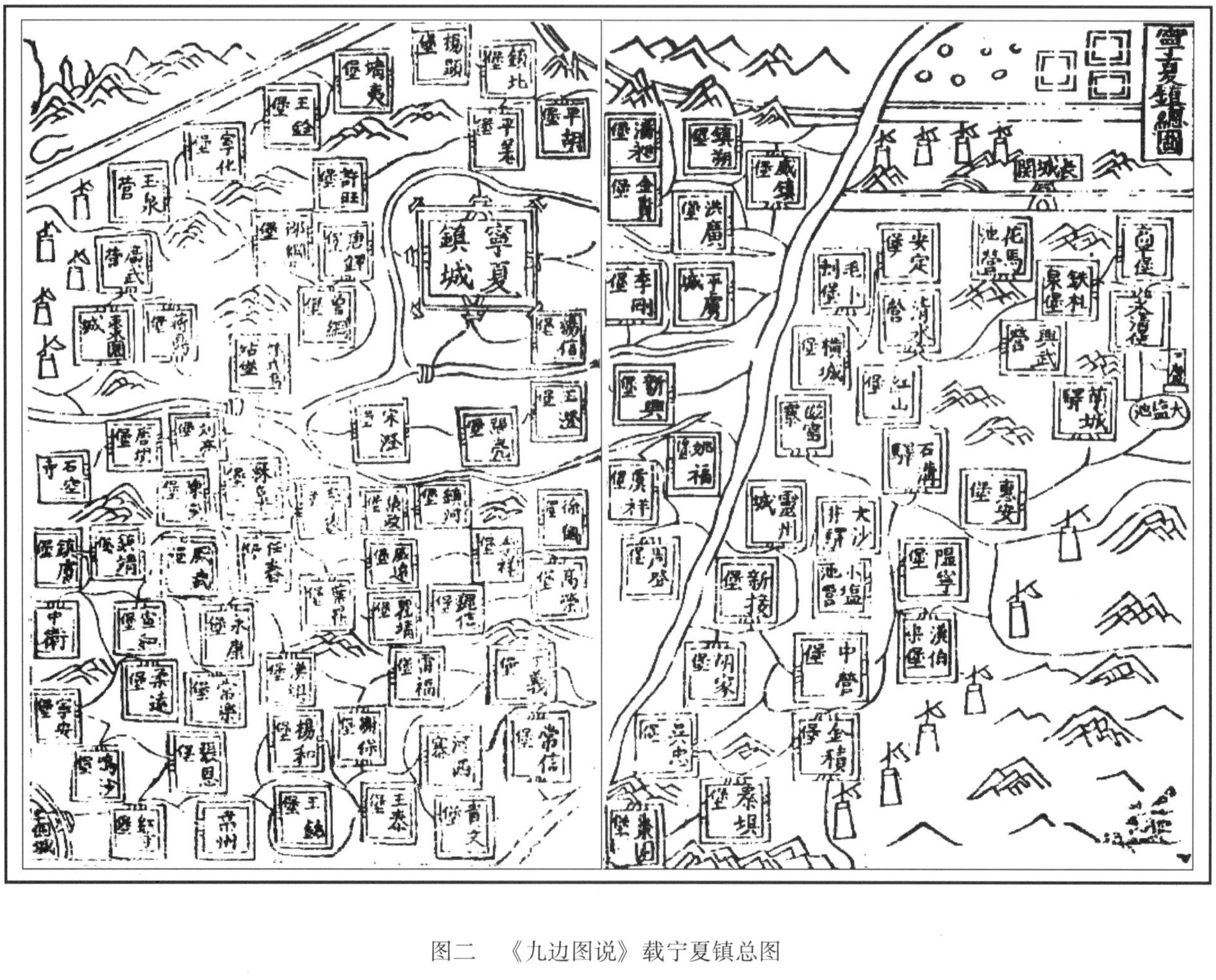

图二　《九边图说》载宁夏镇总图

---

① （明）胡汝砺编，（明）管律重修，陈明猷校勘：《嘉靖宁夏新志》卷1，宁夏人民出版社，1982年，第32页。

军镇下分设东路、西路、中路三路防御，分别镇守不同地方。东路参将，正统八年（1443 年）置花马池营，设右参将分守宁夏东路；西路参将，宁夏西路远在黄河之处与甘肃庄浪接壤，以左参将充任。主要任务平日是固守城池，遇敌则相机剿杀；中路参将，嘉靖八年（1529 年）改设灵武守备为中路参将，驻扎灵州，横城堡、清水营一带边堡悉听节制。

三路参将以下是协同。东路协同，成化五年（1469 年）设立，分守兴武营；西路协同，也是成化五年设立，分守广武营；南路与北路各置钦依守备，正德五年（1510 年）吏部尚书杨一清建议：

北自平虏城，南抵大坝，三百余里兵势不连，难于为御。奏以镇城以南地方属大坝守备，镇城以北地方属平虏城守备①。

南路驻大坝邵岗堡，"以邵岗视大坝为适中，守御实便，故驻扎焉"。领玉泉营②。北路驻平虏城，领威镇堡③。

另，宁夏镇有方面都指挥、坐营指挥，及宁夏东路管粮通判、西路管粮通判等职。又设把总、千总都指挥等。每两个把总所司军队，属一都指挥统领。

镇守总兵官亲自指挥的军队称正兵；协守副总兵官指挥夺兵；游击将军指挥游兵。三者任务各有不同，后两者与其主官职责密切相关。嘉靖以后巡抚、总兵亲统士兵被称为标兵，这些标兵是主力中的精锐，促进军事建置的正规化，也与普通营兵加速分离形成一套独特的规模。

明代初年的边镇防御主要依赖卫所，卫、守御千户所承担营、堡的防守职责。宁夏防区有五卫：宁夏卫、左屯卫、前卫、右屯卫、中屯卫。

宁夏卫，领五千户所，五十百户所；领潘昶堡、金贵堡、李祥堡、河西寨、杨和堡、王泰堡、王鋐堡、任春堡、叶升堡、汉坝堡、河中堡十一堡；并领镇守墩等四十二座烽堠。

宁夏左屯卫，领五千户所，五十百户所；领蒋鼎堡、陈俊堡、瞿靖堡、林皋堡、邵岗堡、李俊堡、王佺堡、林武马站堡、刘亮堡、魏信堡、张政堡、唐铎堡、许旺堡、王澄堡十四堡；领宁朔墩等五十三座烽堠。

宁夏前卫，领五千户所，五十百户所；领谢保堡、张亮堡、李纲堡、丁义堡、周澄堡、平虏城、威镇堡、宋澄堡、黄沙马寨堡九堡；领双山北旧墩等四十五座烽堠。

宁夏右屯卫，领五千户所，五十百户所；领大坝堡、靖夷堡、杨显堡、靖虏堡、威远堡、平胡堡、雷福堡、桂文堡、常信堡、洪广堡、高荣堡、姚福堡、镇朔堡、杨信堡、镇北堡、平羌堡、新兴堡等十八堡；领石关儿墩等四十一座烽堠。

宁夏中屯卫，领五千户所，五十百户所；领虞祥堡、汉伯渠堡、金积堡、中营堡、镇河堡五堡；领大沟墩等七座烽堠。

宁夏镇官兵原额应为五万六千一百五十九名，但据杨守礼统计，嘉靖十九年（1540 年）实有二万五千六百二十一名④。这还不是最少的时候，有时仅有一万多人。

---

① （明）胡汝砺编，（明）管律重修，陈明猷校勘：《嘉靖宁夏新志》卷1，宁夏人民出版社，1982 年，第 38 页。

② 同上，第 84 页。

③ 同上，第 87~88 页。

④ （明）胡汝砺编，（明）管律重修，陈明猷校勘：《嘉靖宁夏新志》卷1，宁夏人民出版社，1982 年，第 80~81 页。关于本镇原额官兵记载并不一致，如魏焕《皇明九边考》卷八载，嘉靖年间原额马步、守城及冬操夏种舍余士兵并备守御官军共七万二百六十三名；实在三万五千一百四十四名。上报兵部的统计数据与实际所在仍有较大的出入。

图三　《九边图说》载固原镇总图

固原镇，也称陕西镇，洪武二年（1369 年）都督耿炳文守陕西，并置陕西行省，永乐初立镇后或废，宣德十年（1435 年）再立陕西镇，弘治十五年（1502 年）五月陕西总制移驻固原。固原城北朝隋唐为重镇，宋设镇戎军、州，元城废，属开城县辖。景泰二年（1451 年）陕西苑马寺奏修固原城，景泰三年（1452 年）在固原设守御千户所。成化三年（1467 年）开城县徙治固原。弘治十五年（1502 年）升县为固原州。固原原来号称腹里，只有在黄河结冰时，游牧人才踏冰而来。但明中期以后，除冬季结冰时入掠，也会在黄河不封冻的季时乘虚浮来犯，并成常态 ①（图三）。

从弘治十年（1497 年），尤其弘治十四年（1501 年）火筛部大举由花马池入寇平凉、凤翔、临、巩昌等府州，十五年（1502 年）兵部建议设大臣一员，开府固原，总制延绥、宁夏、甘肃、陕西四镇军务，成为常设职务。三边总制，后称三边总督，又称提督，其职责是总理三边军务，一般的职衔是巡抚陕西右副都御史，或右都御史，同时有太监监督军务。也有以尚书衔总督三边。其职权甚大，范围很广，职级上也高于巡抚。"四镇兵马钱粮，一应军务，从宜处置，镇、巡以下悉听节制。军前不用命者，都指挥以下听军法从事" ②。《广阳杂记》：

明三边总制，驻扎固原。军门为天下第一，堂皇如王者。其照墙，画麒麟一，凤凰三，虎九。以象一总制，三巡抚，九总兵也。河西巡抚驻兰州，河东巡抚驻花马池，陕西巡抚驻西安。甘、凉、肃、

①　《九边图说·固原镇图说》，隆庆三年刻本，第 140 页。
②　万历《大明会典》卷 209《督察院一·督抚建置》，万有文库本，商务印书馆，1963 年，第 7 页。

西、宁夏、延绥、神道岭、兴安、固原各一总兵①。

根据吴廷燮《明督抚年表》统计，从弘治十年（1497 年）到崇祯十七年（1644 年）的 147 年间，共有 61 人担任过三边总督（制）。其中著名人物有王越、杨一清、王琼、唐龙、石茂华、洪承畴、孙传庭等②。

巡抚陕西地方赞理军务都御史一员，驻陕西省城西安，负责全省军政事务。

镇守总兵官一员，驻扎固原城，负责操练军马，抚恤兵民，修理城池，防御贼寇。若遇有警则专领固原等处军队应迎。

固原镇防区，原有黑水、镇戎、平虏、红古、板井、彭阳等城；西安州、海喇都等营；环、庆则有走马川、青平山城、甜水等城堡；靖虏、兰州则有干盐池、打刺赤、一条城、十字川、西古城、积积滩等堡。固原镇设立后，以固（原）、靖（虏）、甘（州）、兰（州）四卫隶属。另设兵备五员，分别驻固原、岷州、兰州、庆阳、汉中五州府。依明制兵备守卫地城为一城一地，听总督、巡抚节制。

极冲地方设参将、游击或守备统领。固原镇有兰州参将一员、河州参将一员、固原镇游击二员、靖虏卫游击及守备各一员、西安千户所游击一员、红德（古）城游击一员、下马关守备一员、环县千户所守备一员。

次冲地方有洮州参将一员、岷州守备一员、阶州千户所守备一员、西固城千户所守备一员。

又次冲地方有陕西参将一员、汉中府守备一员③。

这样，固原镇防区大体相当于今宁夏中南部、甘肃中东部、陕西中南部等处。本镇官兵原据《九边图说》载，原额七万一千九百一十八名，实在五万五千二百六十七名④。《明会典》则作原额官军一十二万六千九百一十九名，具额九万四百一十二名。

官僚体系非常完整。在九边官员配置中固原、宁夏二镇属于中等偏下水平，大约只相当于蓟镇的少一半。固原镇明季中叶以后地位逐渐重要，除三边总制驻锡固原外，"套寇"的频繁入侵也是一个重要原因。随着军事形势的消长，军镇的职官防区设置均有所变动，以上二镇职官设置表现某一特定年代的配置，并不是终明一世设置。

三　宁夏、固原镇边墙的修筑

明代边镇的防御体系主要由城堡、边墙、烽火台等部分构成。城、堡是军事首脑指挥机关驻地，边墙是防御工事，烽火台则是警报传递系统。防御的建设围绕着以上系统修建，贯穿整个明代二百多年，成为明政府的国策，进而也使政府背有沉重的财政负担，成为导致灭亡的重要原因之一。

烽燧传递系统是一种古老的边境御敌方式，如边境遇敌来犯，便在烽燧上燃狼烟示警，接力传递，直至镇城或京师。明代初年首先重视建设的是烽火台系统。"边卫之设，所以限隔内外，宜谨烽火，远

---

① 《广阳杂记》卷 1，中华书局，1957 年，第 35 页。

② （明）吴廷燮撰，魏连科点校：《明督抚年表》卷 3 "陕西三边"，中华书局，1982 年，第 200～221 页。

③ 《九边图说·固原镇图说》，隆庆三年刻本，第 141～142 页。

④ 同上，第 142 页。

斥堠，控守要害，然后可以詟服胡虏，抚辑边氓"①。宁夏的烽燧体系明初基本上建立，但却不甚完备。天顺七年（1463 年）二月左副都御史王竑奏请在宁夏中卫、庄浪等处增立墩台，以严备边。这样的提议受到宁夏镇镇守、总兵、巡抚等地方大员的质疑："边外立墩举火，腹里移文驰报，自为定例，行之已久，未有不便。若腹里增设墩台，诚恐虏贼入境，炮烽四起，官军往之御者，无以适从。人民之散处者反致惊疑，是徒劳人力，无益边备也。"②由于有这样的异议，腹里设墩传烽的意见没有被采纳。但到了成化年间类似的建议两次浮上台面，并获得支持。成化二年（1466 年），宁夏左中右三路虽然地居要冲，但中路灵州以南二百八十里原来并无墩台。因此，东、西二路营堡墩台相去甚远，无法相连通讯，给蒙古人留下很大的空当。兵部尚书王复奏议：

请以东路兴武营移至近里，与花马池、灵州东西对直各一百里。自花马池东南红山儿至环县等处，西南长流水至小盐池等处，西路自河北分水岭至固原半个城等处，及永安墩至靖虏等处，中路灵州至石沟儿一路往韦州、胡芦硖等处，一路接小盐池至萌城等处，每二十里添设墩台一座，共五十有八座……每墩拨给五人看守瞭望。庶几营堡相连，烽火相接，而易于应援③。

墩台的建立，保证了军警信讯的顺畅传递，墩台在以后年代成为边将修建、维护的重点。

明代长城的修筑始于蓟州、辽西，最初只是一些简陋的挡马墙，如宣德年间蓟州就有修口外长城拦马石墙的记载④。明初，宁夏防线的压力并不太大，随着放弃套内政策的实施，一些移居套内的蒙古部落毛里孩、小王子等逐渐壮大，频次内侵，宁夏、灵州乃至固原防线屡遭突破。宁夏一城远居河外，东西千里，仅凭墩台城堡守备，临边并无屏障可依托。有鉴于此，成化二年十一月兵部尚书王复与地方大员商议，北面沿边墩台空远者，增添三十四座，并且"随其形势，以为沟墙，必须高深，足以遮贼来路"⑤。

成化八年（1472 年）大臣叶盛、王越、余子俊与白玉、马文升等人屡次会议研究并上奏章讨论榆林、宁夏一带防务策略。提出"凡虏入寇，必至界石内方有居人，乃肆抢掠。后以守土职官私役官军，招引逃民于界石外，垦田营利，因而召寇。七年六月，因总兵、巡抚官之议，仍依界石一带山势，随其曲折，铲削如城，高二丈五尺，川口左右俱筑大墩，调军防守，以为一劳永逸之计……诏：'从其议，惟修筑边墙，其令本地官军以渐整理，不须借役于民'"⑥。成化十年（1474 年）东起清水营，西至宁夏花马池营界碑止，边墙东西长一千七百七十里一百二十步。宁夏巡抚徐廷章、总兵官范瑾在宁夏花马池界碑处接修边墙，向西直达黄河东岸的黄沙嘴，人称"河东墙"，共长三百八十七里，墙高阔一丈，壕口宽一丈，深八尺，共有七十一座墩台⑦。成化十五年（1479 年）宁夏筑沿河边墙，因为从宁夏东路自花

① 《明太祖实录》卷 148 "洪武十五年九月丁卯"，台北"中研院"历史语言研究所校印，1961 年，第 2339 页。
② 《明英宗实录》卷 349 "天顺七年二月壬戌"，台北"中研院"历史语言研究所校印，1961 年，第 7017 页。
③ 《明宪宗实录》卷 37 "成化二年十二月己酉"，台北"中研院"历史语言研究所校印，1961 年，第 729～730 页。
④ 《明宣宗实录》卷 57 "宣德四年八月癸未"条载：蓟州守备都督陈景先奏"六月淫雨，山水泛涨，山海、永平、蓟州口外长城、拦马石墙及建昌诸营，山海、永平诸卫城垣皆颓塌"。上谓工部臣曰："口外城墙及诸营堡俱边防要切，就令景先即督官军修之"。台北"中研院"历史语言研究所校印，1961 年，第 1358 页。
⑤ 《明宪宗实录》卷 36 "成化二年十一月己丑"，台北"中研院"历史语言研究所校印，1961 年，第 716 页。
⑥ 《明宪宗实录》卷 102 "成化八年三月庚申"，台北"中研院"历史语言研究所校印，1961 年，第 1997 页。
⑦ 弘治《宁夏新志》卷 1 "边防"，1988 年复制本，第 38 页；（明）胡汝砺编，（明）管律重修，陈明猷校勘：《嘉靖宁夏新志》卷 1 "边防"，宁夏人民出版社，1982 年，第 19 页；魏焕：《皇明九边考》卷 1 "镇戍通考"，谢国桢影印嘉靖刻本，第 8 页。

马池至黄河，东至平山墩，西至黑山营，中间相去约二百里。原以为前有黄河，春夏可恃，冬季河冻，"套虏"踏冰逾河。"今欲沿河修筑边墙，使东西相接。其西路永安墩至西沙嘴，旧墙低薄颓坏，欲改筑高厚，庶可保障地方"。共用役一万人修筑①。河东墙与西长城形成东西两道屏障。

余子俊修边墙的本意是要通过边墙将"套虏"阻隔在中华之外，并不以专控扼要塞为唯一目标：

谓虏逐水草以为生者，故凡草茂之地，筑之于内，使虏绝牧；沙碛之地，筑之于外，使虏不庐，是故去边远而为患有常②。

这样的深谋远虑，并不是每个守边将领所能理解的。所以有人感叹道："盖百年成之而不足，一日弃之而有余矣"。具体表现在施工上，如兴武营筑墙土沙相半，不堪保障③。

成化二十三年（1487年）陕西巡抚修筑宁夏中卫野鹊沟等处边墙与芦沟、深井等处营堡、墩台等④。

弘治年间，小王子率大军驻牧河套，引起明守军不安，宁夏巡抚王珣上奏增修河东墙，预计标准为墙厚三丈，高二丈，并在墙内外各挖掘深宽各三丈的沟堑，秦纮任三边总制后宁夏巡抚刘宪重提此议。秦纮考察后认为：

若使此墙果能阻贼，墙尽之处即黄河南岸，冬深河冻，可以履冰逾越，亦徒劳无益……（刘）宪欲西安等八府起夫五万修墙。宁夏、延绥其三百里，墙沟三道通计九百里⑤。

显然不可行。他的方案是花马池以北柳杨墩、红山墩以西二百里筑十堡，花马池至小盐池二百里间每二十增筑一小堡。兵部采纳了秦纮的方案。

河东边墙的大规模修筑、维修集中在嘉靖年间，《皇明九边考》记载：

内外二边之中，清水、兴武、花马、定边各营地方，又套虏充斥，纵横往来必由之路。总制王琼自黄河东岸横城起，迤东转南，抵定边营南山口，开堑一道，长二百一十里，筑墙一十八里。后总制唐龙改修壕墙四十里。总制王（琼）接修壕墙一百三十四里。总制杨（守礼）初修壕墙四十里，皆依前墙堑，止于定边营北……于是，套虏入内之路，有重险矣⑥。

王琼的修筑标准为"堑深二丈，口阔二丈，底阔一丈八尺；堑内筑垒，高一丈，底阔三丈，收顶一丈二尺；拦马墙高五尺。筑墙必高广皆二丈，垛墙高五尺"。这些防御设施被形象地称为"深沟高垒"⑦。所谓修边，除边墙以外，守将们用了很大的力量在挖深沟壕堑，墙、堑结合被认为是御敌良策。嘉靖至万历百余年间，历任宁夏巡抚都以维修河东墙为重任。

旧北长城，大约修筑于明成化年间。成化二十一年（1485年）五月丙子宁夏巡抚崔让等奏"请于

① 《明宪宗实录》卷197"成化十五年十一月丁未"，台北"中研院"历史语言研究所校印，1961年，第3471页。
② （明）胡汝砺编，（明）管律重修，陈明猷校勘：《嘉靖宁夏新志》卷1"边防"，宁夏人民出版社，1982年，第19页。
③ （明）胡汝砺编，（明）管律重修，陈明猷校勘：《嘉靖宁夏新志》卷1"边防"，宁夏人民出版社，1982年，第19~20页。
④ 《明宪宗实录》卷293"成化二十三年八月癸未"，台北"中研院"历史语言研究所校印，1961年，第4975页。
⑤ 《明孝宗实录》卷196"弘治十六年二月己亥"，台北"中研院"历史语言研究所校印，1961年，第3610页。
⑥ （明）魏焕：《皇明九边考》卷1《镇戍通考》，第8~9页。文中所阙"王□""杨□□"据张雨《边政考》卷7"北虏河套·沿革"条补，第581~582页。
⑦ （明）胡汝砺编，（明）管律重修，陈明猷校勘：《嘉靖宁夏新志》卷1"边防条"，宁夏人民出版社，1982年。王琼：《北虏事迹》载"乃于花马池一路长三百里为之深沟高垒，以立大险，限隔华夷"。《王琼集》，山西古籍出版社，1991年，第82~83页。

平虏城枣儿沟增筑边墙一道，寨堡一座，墩台三座，兵部准其奏"①。这道边墙在北关门，由沙湖西至贺兰山之枣儿沟，有三十五里②。嘉靖年间人们对此边墙已所知甚少，《嘉靖宁夏新志》仅云："临山堡极北之地尽头山脚之下，东有边墙，相离平虏城五十余里。"③《皇明九边考》亦云："宁夏北，贺兰山黄河之间，外有旧边墙一道。嘉靖十年，总制王琼于内复筑边墙一道，官军遂弃外边不守，以致内地田地荒芜。"④嘉靖十年（1531年）修筑北长城的建议实际出于佥事齐之鸾，他在《朔方天堑北关门记》一文中写道：

至秋七月，工告成。由沙湖西至贺兰山之枣儿沟，凡三十五里，皆内筑墙，高厚各二丈；外浚堑，深广各一丈五尺有奇。墙有堞可蔽，有空可下视以击射。为关门二，东曰"平虏"，中曰"镇北"。其上皆为堂，若干楹，其下各增城三面，为二堡……沙湖东至黄河凡五里，水涨则泽；竭则墝，虏可窃出。皆为墙，高厚一丈五尺，堑深广一丈，以旁室其间道。于是，宁夏河山如故，而扼塞之险一新⑤。

其实，北关长城的修筑实属无奈，因平虏城以北孤危难守，供饷不便，守军逃散，有名无实，才迫使守将出此下策，在平虏城北十里处筑此边墙⑥。原选址并不在这里，由于前者工程浩大，费役甚众，才改线于此。

西长城，"自靖虏芦沟界迤北，接贺兰山。山四百一十一里，迤北接北长城。自西而东三十里，接黄河"⑦。成化九年（1473年）开始从甘肃靖远起至宁夏黄河两岸，修筑扼塞，防止"套虏"伺机渡河。先在"双山南起至广武界，长一百余里修边墙"。成化十五年（1479年）镇守宁夏太监龚荣奏"其西路永安墩至西沙嘴，旧墙低薄颓坏，欲改筑高厚"，遂使役一万人筑墙⑧。西边墙主要部分，是北自赤木口（今三关口），南抵大坝堡，八十余里。嘉靖十年（1531年）佥事齐之鸾上书总制王琼维修边墙，"初闻是议，父老以为不可，将士以为不可，制府亦以为不可"，齐之鸾力排众议，使役丁万余人，费时六月方成。但因此地风沙漫天，壕堑数日悉平，需时加挑浚，然随挑随淤，军民苦不堪言⑨。西边墙防御中赤木口关是重点，嘉靖十九年（1540年）杨守礼等主持大修，称贺兰山"盖山势到此散缓，蹊口可容百马，其南抵峰厎经通虏窟者，不可胜塞。山麓有古墙，可蹑两倾也"。用三月之功，砌成石关，并向南北两山延展筑墙⑩。万历、天启间西边墙获得进一步的维修和加固。

固原镇的长城主要指固原内边墙，又称固原内边。弘治十四年（1501年）朝廷起用已经退休的南

---

① 《明宪宗实录》卷266"成化二十一年五月丙子"，台北"中研院"历史语言研究所校印，1961年，第4511页。

② （明）张雨：《边政考》卷3"宁夏卫"，《中华文史丛书》第14册，（台北）华文书局，1969年，第132页。

③ （明）胡汝砺编，（明）管律重修，陈明猷校勘：《嘉靖宁夏新志》卷1"宁夏总镇"条《杨守礼上疏》，宁夏人民出版社，1982年，第92页。

④ （明）魏焕：《皇明九边考》卷8《宁夏镇·保障考》，谢国桢影印嘉靖刻本，第4页。

⑤ （明）胡汝砺编，（明）管律重修，陈明猷校勘：《嘉靖宁夏新志》卷1《宁夏总镇》之《朔方天堑北关门记》，宁夏人民出版社，1982年，第90页。

⑥ （明）胡汝砺编，（明）管律重修，陈明猷校勘：《嘉靖宁夏新志》卷1《宁夏总镇》之《杨守礼上疏》，宁夏人民出版社，1982年，第92页。

⑦ （清）张金诚修，（清）杨浣雨纂：《乾隆宁夏府志》卷2《地理·边界》，宁夏人民出版社，1992年，第68页。

⑧ 《明宪宗皇帝实录》卷197"成化十五年十一月丁未"，台北"中研院"历史语言研究所校印，1961年，第3471页。

⑨ （明）胡汝砺编，（明）管律重修，陈明猷校勘：《嘉靖宁夏新志》卷1《宁夏总镇》，宁夏人民出版社，1982年，第85页。

⑩ （明）胡汝砺编，（明）管律重修，陈明猷校勘：《嘉靖宁夏新志》卷1《宁夏总镇》，宁夏人民出版社，1982年，第85～86页。

京户部尚书秦纮为代理固原三边总制。弘治十五年（1502 年），总制尚书秦纮奏筑固原边墙，自徐斌水起，西至靖虏营（今靖远）花儿岔止六百余里，向东至饶阳界止三百里，这就是固原内边①。当年"三月起至八月止，共修砦堡、崖穴、关隘一万四千一百九十处，铲过山崖三千七百余里"②。嘉靖九年（1530 年）三边总制王琼维修秦纮所筑固原内边，西起靖虏卫花儿岔，东至饶阳界，"开堑、斩崖、筑墙，各因所宜"③。具体是"挑挖响石沟至下马房旧堑三十里，俱深二丈，阔二丈五尺，南面堑土筑墙，连沟共高三丈。又修理下马房西接平虏、镇戎、红古城、海喇都、西安州五堡坍塌边墙一百二十五里，随山就崖，铲削陡峻。又于干盐池地名沙岘铲挑沟，长四十里，深险壮固，以绝西入临巩之路"④。固原内边，除维修边墙外，主要采用挖壕设堑、铲削山险墙，经修缮的固原内边，被称为"关中重险"。

"徐斌水新边"是依托固原内边修筑的一道长城。它沿着罗山西麓的徐斌水向北至中宁县鸣沙镇黄河南岸修筑。嘉靖年间三边总督刘天和上奏道：

惟西路自徐斌水至黄河岸六百余里，地势辽远，终难保障。今红寺堡东南起徐斌水至鸣沙州河岸可百二十里。总兵任杰议于此地修筑新边一道，迁红寺堡于边内。撤旧墩军士使守新边，舍六百里平漫之地，守百二十里易据之险，又占水泉数十处。断胡马饮牧之区，而召军佃种，可省馈饷，计无便于此矣⑤。

此议遭到给事中朱隆熹等人的强烈反对，依祖宗之制，河套属中国，余子俊修边之后，等于不以黄河为界，才使河套为虏所据。王琼弃镇远关，修新边，才使延、宁两镇腹背受敌，今又要旧边不守，直接将红寺堡五百里地尽弃胡中。嘉靖皇帝斥责"擅兴妄议"，并处分宁夏总兵任杰。

虽然没有得到中央政府的批准，刘天和的计划实际上得到实施。《皇明九边考》载：

红寺堡直北稍东，总制刘天和新筑横墙二道，以围梁家泉，直北稍西旧有深险大沟一道。受迤东碌（罗）山之水流于黄河，长一百二十五里。总制刘天和堑崖筑堤一百八里五分，筑墙堡一十六里八分，自大边自此，重险有四道矣⑥。

《固原州志》亦载："嘉靖十六年，总制刘天和修干沟涧六十余里，挑筑壕堤各一道。复自徐斌水迤鸣沙州黄河岸修一百二十五里，增葺女墙始险峻。"⑦隆庆年间成书的《九边图说》中即绘有下马关至黄河岸的徐斌水新边⑧。

至此宁夏长城防御的几条主干线路得以确立，虽然此后的修缮、维护一直在延续，甚至在万历年间一度掀起重要关堡砖石甃筑的高潮，但大规模的修边活动基本结束。上述有明确历史记载的宁夏南

① （明）魏焕：《皇明九边考》卷 1《镇戍通考》，谢国桢影印嘉靖刻本，第 8 页。
② （明）秦纮编：《秦襄毅公自订年谱》第 40 册，北京图书馆馆藏珍本年谱丛刊，北京图书馆出版社，2001 年，第 107 页。
③ （明）魏焕：《皇明九边考》卷 1《镇戍通考》，谢国桢影印嘉靖刻本，第 8 页。
④ （明）王琼撰，单锦珩辑校：《设险守边图说》，《王琼集》，山西古籍出版社，1991 年，第 93 ~ 95 页。另详见（明）王琼：《设重险以固封守奏议》，《嘉靖·万历固原州志》卷 2 "奏议"，宁夏人民出版社，1982 年，第 125 ~ 126 页。
⑤ 《明世宗实录》卷 203 "嘉靖十六年八月庚申"，台北"中研院"历史语言研究所影印本，1961 年，第 4252 页。
⑥ （明）魏焕：《皇明九边考》卷 8《宁夏镇·保障考》，谢国桢影印嘉靖刻本，第 4 页。
⑦ 《万历固原州志》上卷，《嘉靖万历固原州志》，宁夏人民出版社，1985 年，第 114 页。
⑧ 《九边图说》之"固原镇图说"，隆庆三年刻本，第 144 页。

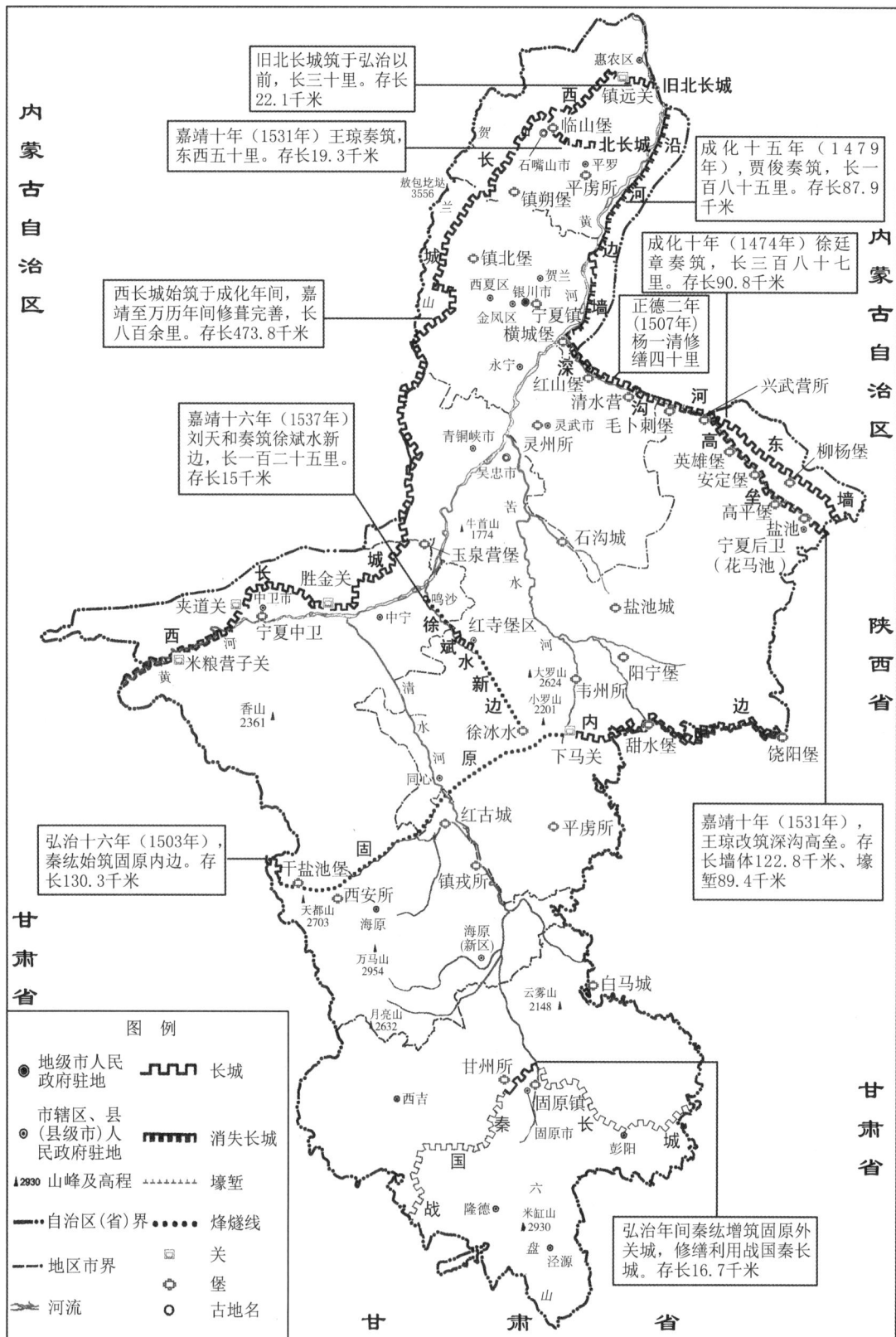

图四　宁夏明长城分布示意图

北修边里程共计达三千余里，剔除重复修缮及出宁夏境部分，仍有两千余里。事实上，出于邀功心态及统计方式的不同，史料所载的修边活动，更为惊人。弘治年间，秦纮在边三年，即修边达数千里，修筑城堡关隘一万四千余处。

以上我们用简略篇幅勾画出明代宁夏、固原二镇边墙修筑的大致情况（图四；彩图一）。关于修筑边墙的一些细节，包括主张修筑和反对派意见显然不能一一呈现。突发的事件亦会影响主将及朝廷的决策，毕竟修边需要动员大量的人力物力，加重民众负担，亦会激起民变。例如，正德年间，杨一清任三边总制，大举发丁修边，宁夏、西安等二十四卫所四万余人，加上西安等七府的五万人，共九万余人。修筑徐廷章等成化年间所筑旧边，计划高宽各二丈，另在墙上修盖暖铺九百间，挑浚旧堑深宽亦各二丈，准备四个月时间完工。正德二年（1507 年）四月兴工，起自横城向东筑墙三十里后，人众聚集，汲爨艰难，又皆露宿，风雨无所避，多生疾病，"人心怨怼，遂折杆悬旗呼噪，欲溃散。管工官令骑兵围而射之，乃止。一清知众情难久，下令：筑完花马池城完即放散。五日而城完，乃散归"①。

边墙修筑的质量与所投入人力有很大的关联，大量的人力投入，意味着更大的财政支出。修边支出从明季中叶起占财政收入的比例逐渐上升，造成直接上级主管部门户部与兵部关系紧张，相互攻击。最后成为两难，边墙破旧，不堪防御，敌人可肆意入侵，修筑边墙堡寨、壕堑更加重财政负担。有人推算嘉靖十年（1531 年）边镇编列的银两是 336 万余两，万历十年（1582 年）暴增至 827 万余两。而这 827 万两边镇军费，是万历六年（1578 年）国库收入 367 万余两的 2.25 倍②。这样财政状况的政府可以支撑多久，是显而易见。难怪前人说过明朝亡于修边。虽然，明代边墙修筑的得失教训总结并非本书所担负的目标，但是历史文献中所提供的全面信息却是研究者不应忽略的。

四　考古调查所见的长城

田野长城调查的对象，有长城本体、附属设施以及相关遗迹等等，涉及长城防御体系中的各类遗迹。不过，镇城、堡寨等规模较大城池由于远离长城现址并不在调查的范围之内。

长城本体

包括长城墙体及墙体上的设施，如敌台等。墙体是长城建筑的基本形式，由于全区境内地理环境复杂，基本上按照地形的变化修筑，平地夯土筑墙。山谷与山谷之间修成山险墙。部分重点地区用石头垒砌。墙体剖面的形状一般是上小下大呈梯形。有的墙上有垛口，并间隔一定距离有敌台、铺舍。

敌台，又称敌楼。墙体上间距一定距离，修筑一方形高台，前、后、高三面出墙体，用于驻军防御。敌台又分实心和空心两种。实心敌台，上面没有建筑，但可利用凸出部分射击墙下敌人；空心敌台上面有一层或两层建筑，可以驻守墙兵士，亦可存放物资。有的敌台单独建设，形状有方形、圆形和不规则等形。这类敌台之间的距离最短的有 40～50 米，有的则长达几百米，甚至几千米才有一个敌台。

长城附属设施

与长城相关的附属设施有关堡、烽火台。

---

① （明）王琼撰，单锦珩辑校：《北虏事迹》，《王琼集》，山西古籍出版社，1991 年，第 64～65 页。
② 关于边镇所费粮饷的研究，以往有许多研究推测，最近较为完整的研究可参见赖建诚《边镇粮饷——明代中后期的边防经费与国家财政危机（1531～1602）》（联经出版公司，2008 年），尤其是第 311～323 页。

营堡，一般沿长城内侧修筑，是长城防御的指挥机构，防守长城的官兵驻地，较大城的规模为小。平面多呈方形或长方形，一般在墙的中部开有城门。四角设有角楼，墙上有马面，城门处有保护城门的瓮城，城墙外有壕堑。城池的功能齐全。

烽火台又称墩台、烽燧，是用于报警的高土台。大多建设在较高的山阜之上，或在地势平坦的开阔处。台体用黄土夯筑而成，上小下渐大，呈覆斗状。高约 10 米，有的四边有女墙。烽火台大部分建筑在长城外侧，也有修筑在长城内侧。当然，长城与烽火台的修筑，也许有时间先后的关系，可惜这一点我们仅凭考古调查无从了解。烽火台之间的距离从几百米到几千米都有，根据实际需要来决定台体间的距离。除方形，另有圆形、长方形和不规则形等类型。烽火台上备置有烽火烟品，夜燃烽火，昼焚狼烟，视敌情不同而变化。烽火台下是守兵住所和仓储之地，周围有围墙。

长城的相关遗迹

长城的相关遗迹包括壕沟、铺舍、挡马墙、品字窖、驿站、居住遗址等。

壕沟是明代长城的重要组成部分。一般来说用挖沟的土在沟南侧筑墙，墙前形成深深沟壑，用来阻挡敌人的进攻。原来壕沟深在 5~6 米，由于数百年来风沙堆积，有的地方已夷为平地，但相当多的地方长城外还能看出低凹的情况。

铺舍，依长城内侧修建，用土筑一台，上有房屋之类的建筑，周围地表上有砖、瓦之类的建筑材料分布。

品字窖，也称品坑，长方形坑，每三个成一组，呈品字状排列。设置在长城外侧地势较平坦的开阔地带，用于防御敌人骑兵靠近。

1. 河东长城

河东长城分布在宁夏黄河以东地区，包括今银川兴庆区、灵武市及吴忠市盐池县。所修筑的长城有河东墙（二道边）、"深沟高垒"（头道边）、"沿河墙"（陶乐长堤）和河东壕堑四部分。其中"河东壕堑"在下面述及。

二道边长城（河东墙）

由陕西省定边县苟池西畔村进入宁夏盐池县花马池镇双井子村。然后由东南向西北经夏家墩村、潘记梁等十二个自然村，西北行到达兴武营村后，与头道边（"深沟高垒"）墙体逐渐靠近并行。在张家边壕村出盐池县境，向西进入灵武市清水营村后与头道边（"深沟高垒"）墙体交汇。至此，二道边（"河东墙"）沿途经过二十个自然村，墙体长度为 90.8 千米。二道边（河东墙）始筑时到清水营后向西至黄河岸边的横城，后为"深沟高垒"所沿用，大约有 32 千米。

二道边（河东墙）现存墙体低矮窄小。墙体以自然地面为基础，用黄土版筑夯成，墙垣内外均无敌台之类设施。基宽 3.5~4 米，高 3.5~4 米。大部分墙体风化坍塌，有的仅存墙基，有的由于墙两侧积沙，只留下略高出地面几十厘米的一道沙梁。有的甚至已消失，仅凭地面观察竟难辨墙体走向。当然保存较好的地方如盐池高沙窝镇红疙瘩村，墙高 3.8 米。沿墙体共有烽火台 52 座，基本没有敌台。

头道边（"深沟高垒"）

头道边其实二道边向内收缩后修筑的所谓"深沟高垒"。宁夏境内起点东起盐池县与定边县 307 国道分界处。由东南转向西北入盐池县花马池镇东郭庄村，经东门村穿 307 国道，在其北侧西北行，到达红沟梁村又大体呈南北走向。在此弯曲呈"S"形迤逦北行。绕经安定堡，西北行至达兴武营与二道边（河东墙）逐渐靠近，并至兴武营时两道长城合二为一，经红山堡过横城至黄河东岸。沿线经过

34 个自然村，调查墙体 51 段，全线总长 122.8 千米。

头道边（"深沟高垒"）墙体高大，防御设施完备，一般现存高度 4～6 米，顶部宽 1～3 米。保存较好的地方，墙高达 7～8 米，顶部宽 4～5 米，墙基在 10 米以上。墙顶外侧有垛墙，内侧有女墙。墙的内外侧有的地方还能见到人工挖成的壕堑遗迹，虽然被风沙填淤成凹槽。墙外侧依墙而建的夯土敌台一字排开，间距大约有 200 米。敌台总数有 521 座，已消失的有 13 座，现存 508 座。敌台高出长城 2～3 米。在红山堡长城的外侧约 50 米处，发现品字窑的绊马坑。品字窑南北共有三排。坑壁较直，长方形，1.2－1.3×0.9 米，深约 1.2 米①。《弘治宁夏新志》记载，宁夏巡抚张祯叔、王珣在河东墙外相机置挖"品坑"四万四千多个②。墙体沿线有烽火台 27 座。

沿河长城（沿河边墙）

因为墙体低矮被后人误认为是河堤，今人亦称"陶乐长堤"。墙体遗迹沿着黄河东岸向北方向延续，起自灵武横城，止于内蒙古巴音陶亥农场黄河岸边，隔河与对面旧北长城相望。

沿河长城（沿河边墙）调查长度 87.9 千米，实际仅以水渠、河堤得以留存 3 小段，不足 8 千米。有一段建筑在南北走向的沙梁上，用黄土及少量石块混筑，形如堤坝，最宽处竟达 42 米，窄处也有 20 多米，顶宽 8 米左右，高约 4 米。墙体沿线仅存 3 座敌台，其余已消失殆尽。另有 10 座烽火台存在。

2. 关于所谓隋长城问题（河东壕堑）

在明长城进入盐池东牛毛井处，在县城北头道边与二道边长城之间，又有一条长达 25 千米与明长城走向基本平行的长城遗迹，原以为是所谓的隋长城③。通过调查发现，这道长城遗迹从陕西定边陕宁交界处进入宁夏境内。墙体处于头道边长城北侧数十米处，与之并行向西北方向延伸。经红沟梁一带与"头道边"长城交汇，向西一直到灵武市清水营附近。全线调查墙体 27 段，分布有敌台 11 座，全长 89.4 千米。这道长城的修筑采用墙体外侧挖壕，内侧堆土的筑墙方式。墙体外陡内缓，两侧有壕堑。墙体断面呈梯形或三角形。从发掘的墙体断面上未发现清晰的夯层，与"头道边"、"二道边"长城明显叠层夯筑区别显著，而基本符合壕堑的堆挖方式。应当是王琼修筑所谓"深沟高垒"河东壕堑及其继任者维修改筑壕墙后的遗迹，而与所谓的隋长城无关。

3. 旧北长城与北长城

旧北长城今俗称红果子长城，位于宁夏石嘴山惠农区，大约修筑于成化年间。主要依托贺兰山、黄河等自然天险和镇远关、黑山营等人工工事构成防御体系（彩图二）。

旧北长城东起石嘴山惠农区黄河西岸的惠农农场，向西经红果子镇，到达贺兰山东麓扁沟山脚，全长 22.1 千米。惠农农场—红果子镇 12.8 千米已经消失，红果子镇以西至贺兰山扁沟脚尚存 5.8 千米主墙、4.7 千米壕堑，保存较好，又被称为"红果子长城"。因地形与地势所限，沿线设有土墙、石墙、山险墙、壕堑等多种防御形态，其中在沿山向上有一段石墙用不规则石块垒砌而成，顶宽 1.2、底宽 3.5 米，残高 3.8～5 米，有一处地方上下错位达 1 米，应该是地震所致，是一处著名的地震错位遗迹。调查中还发现与此段长城相关的敌台 2 座、烽火台 2 座、关堡 2 座。

北长城又称北关门墙或大武口长城。西起平罗县高庄乡金星村（俗称边墙头子），向西经惠威村

---

① 关于品字窑的发掘情况参见宁夏文物考古研究所等：《宁夏灵武市古长城调查与试掘》，《考古与文物》2006 年第 2 期。
② 《弘治宁夏新志》卷 1 "边防·品坑"条。
③ 宁夏文物考古研究所等：《宁夏盐池县古长城调查与试掘》，《考古与文物》2000 年第 3 期。

等，逾包兰铁路，再经大武口区兴民等村，止点在贺兰山枣儿沟的临山墩，全长 19.3 千米。实地调查 12 段，地表有长城痕迹者约 12.1 千米。均为夯筑土墙，保存情况较差，残存墙体多坍塌成斜坡状。沿线残存有敌台 6 座、关堡 1 座。

4. 西长城

西长城主要是指宁夏西境沿贺兰山东麓向南修筑的长城防御设施。它北面连接北长城，随贺兰山山势向南，向南至广武营、中宁石空寺，逾胜金关，沿腾格里沙漠边缘环卫中卫城，再向东南行，在沙城头水库峡口跨黄河，至南岸芦沟堡，沿黄河南岸穿黑山峡至甘肃境。沿线有宁夏镇城、中卫城等重要城池，胜金关、赤木关、镇远关及贺兰山三十三隘口等主要关隘，全长有八百多里。

西长城，由于系分段筑成，田野调查也依修筑年代、自然地形和墙体构筑特点等，从北向南大致分为五段进行。经调查统计，西长城全长 473.8 千米，沿线调查敌台 89 座、烽火台 190 座、关堡 16 座。

第一段从惠农区红果子镇西北旧北长城西端与贺兰山相接处开始，沿贺兰山山体向南经平罗、贺兰、银川等市县和数十处贺兰山口，最后抵达三关口的头道关处截止。

该段长城基本沿贺兰山山间行进，充分利用山体的高耸陡峭、攀爬不易等地形优势，在山体连续无法通行处不修墙体，利用山险；在可通行的山沟之间，修建一些封闭山口的短墙。墙体有土墙、石墙或土石混筑三类，长则千米，短的只有 30 米左右。沿线筑有烽火台，每隔一段还有戍守的关堡等。

第二段从三关口至青铜峡市大柳木皋东。起自永宁县黄羊滩西北的三关口，沿贺兰山东麓的山前冲积台地向西南，经永宁、青铜峡和数道贺兰山沟口，至青铜峡市邵岗镇、大柳木皋东西的两道长城交汇处。此段长城亦是今内蒙古、宁夏两省区界线。

贺兰山在此处山体相对低矮，落差不大，不便直接利用山险，而改在山前台地前构筑墙体。墙体以土墙为主，个别地方有山险和石墙。在墙体之外尚有其他土墙、石墙、壕堑作为本体的附墙。有时，这些附墙远离土墙，延伸甚远，与其他长城设施敌台、烽火台或关堡相连，构成综合防御屏障。

其中三关口地带的三道长城最引人注目，经实地调查的三道长城，分别约为 2000 米、1300 米、2400 米，与以往文献记载出入较大。墙体充分利用河谷山体地形，土筑、石砌或劈山作险，虽彼此独立，但相互呼应，自成一体。不过，三关口长城的扼险关隘已经不存在了 ①。

第三段从大柳木皋至中宁与中卫交界处的胜金关。该段长城北起青铜峡市邵刚镇甘泉村以西、大柳木皋东南侧山脚下两道长城交汇处，继续沿贺兰山东麓的山前台地向东南，基本纵跨青铜峡、中宁两市县，沿途经过贺兰山柳石沟、双河子沟、沙沟后，再沿台地向西折，继续沿台地向西南，经红井沟、井沟、阴湾沟、双疙瘩沟、碳井子湾、口子门沟、芦沟湖等诸多山沟，至中宁县渠口农场西北的南湖子沟沟口后，进入贺兰山山间，开始沿山间向西南辗转，从中宁石空大佛寺沟出山，再沿北山台地向西至中宁与中卫市交界处的胜金关处。全长 105 千米。沿线敌台计 12 座、烽火台 70 座、关堡 2 座。

胜金关以西中卫市境内的"西长城"以黄河为界分为南北两段，基本呈东西走向。墙体总长 125.9 千米，消失 25.9 千米，现存墙体 100 千米，分土墙、石墙、挡路塞、山险墙三类。沿线调查敌台 22 座、烽火台 15 座、关堡 4 座。

第四段从胜金关至黑林，即黄河北段。该段墙体东起与中宁县交界的镇罗镇胜金村胜金关隘，胜金关地处黄河北岸高地，傍山临河，路通一线，地势险要。此处长城墙体渐近消失，唯存关墙遗迹。

---

① 周赟等：《明代宁夏镇三关口关墙考辨》，《宁夏社会科学》2013 年第 3 期。

长城遗迹盘桓于胜金关以北由东向西延伸至凯歌村，在凯歌以西上九塘，蜿蜒向北经李园、关庄、郑口、金沙，沿卫宁北山西行进入东园镇的郭滩、新星、黑山、柔新、红武、新滩，穿农林牧场达迎水桥镇的姚滩村。沿腾格里沙漠的东部边缘转折向西南行进至夹道村，包兰铁路在此东西横穿而过，此后长城继续复由东向西延伸经过黑林村，最终至迎水桥镇黑林村位于黄河北岸之边的分水岭～西沙嘴。调查墙体 15 段，全长 50.8 千米，其中消失墙体 26.4 千米。除 1.4 千米石墙外，其余皆为土墙。土墙墙体基础多为自然基础，黄土夹杂沙粒、砾石夯筑，大部分墙体采取分段版筑，夯层平均厚度约 0.12～0.2 米。石墙墙体以毛石干垒，缝隙间夹杂粗砂石粒、碎石块及黄土，壁面较平整。沿线调查敌台 17 座、烽火台 11 座、关堡 4 座。

第五段从下河沿至南长滩甘宁省界，即黄河南段。该段墙体东起中卫市沙坡头区常乐镇下河沿村煤矿厂区，沿黄河向西经上河沿村折南而行，穿大湾村烟洞沟、小湾村冰沟，蜿蜒曲折盘旋下山至大柳树村下园子，又由大柳树上园子西行进入上游村，山险墙盘桓起伏于上游村岔河口大钻洞子、小钻洞子、岔沟、风石湾、米粮营子达迎水桥镇下滩村黄石漩。然后南折西行经下滩村榆树台子、鱼嘴沟、河对坝子、榆树沟、高崖沟、下木头沟、上木头沟，继而穿越上滩村沟口子、苇子坑，经北长滩茶树沟继续沿黄河西行至南长滩枣刺沟、夹巴沟，最终抵于甘肃省靖远县与中卫的交界点——观音崖（又名小观音），开始进入甘肃境内的黑山峡。黄河南段调查墙体 52 段，总长 75.1 千米。墙体由土墙、山口石墙、山险墙三类组成，其中土墙长 6.6 千米，山险墙长 68.3 千米，包括山口短石墙 55 处。该段长城是利用黄河之阻，在山势陡峻之处劈山削石形成峭壁；山沟峡谷跨越处采用山石垒砌形成短墙；平缓的山岗则就地取材，利用黄沙土夯筑墙体。部分铲削墙多位于山沟间或墙体险要地段的外侧。山口石墙（挡路塞）两端连接在山体陡崖之上，距离多不长。调查关堡 3 座、敌台 5 座、烽火台 4 座。

5. 固原内边长城

明代固原镇长城防御主要依托包括旧边、新边、固原城附近修缮过的早期长城以及辖区内大量修建的烽燧、关堡体系。内边长城主线始筑于弘治十五年（1502 年），由总制尚书秦纮创修，自饶阳堡起西至徐斌水三百余里，自徐斌水至靖虏花儿岔止，长六百余里，为关中重险。分别由固原卫及靖虏卫负责修筑与守御。到嘉靖九年（1530 年）王琼对这道边墙又再次重修完善。墙体类型主要为山险墙壕堑，饶阳堡至下马关遗迹可辨，以西仅海原县干盐池附近有少量墙体遗迹，现存部分调查长度 130.3 千米。墙体类型分土墙、山险墙、山险三类。其中山险近 83.2 千米，各类人工墙体约 46.8 千米。烽燧线长约 130 千米。沿线调查烽火台 78 座、关堡 15 座。

徐斌水新边，嘉靖十六年（1537 年）由时任宁夏总兵官任杰及三边总督刘天和提议修筑，自徐斌水与固原内边相接，西北抵中宁鸣沙黄河东岸，长一百二十五里，堑崖筑堤一百八里五分，筑墙堡一十六里八分 [①]，现调查墙体遗迹位于红寺堡附近的红柳沟河南岸，确认长度 15 千米，皆为夯筑土墙。墙体沿线及附近区域内还调查相关烽火台 15 座、关堡 5 座。

另外弘治年间秦纮三边总制任内增筑固原外关城，共修砦堡、崖穴、关隘一万四千一百九十处，铲过山崖三千七百余里，今固原城郊清水河西岸至西海子峡口调查发现明代修缮利用的战国秦长城调查长度 16.7 千米。烽火台 9 座、关堡 3 座。

---

① （明）张雨：《九边考》卷 8《宁夏镇·保障考》，《中华文史丛书》第 14 册，（台北）华文书局，1969 年，第 324～325 页。

　　自环县抵灵州（今宁夏灵武市）的古环灵道驿路烽燧线与"固原内边"在甜水堡—萌城段相交汇，该烽燧线自甜水堡东南侧大致沿现在的 211 国道西北行，经盐池县隰宁堡、惠安堡至盐池城与西南—东北走向的固原镇—花马池"防秋道"交汇，过盐池城经石沟城、大沙井城至灵州，此条烽燧线长近 150 千米，沿线调查烽火台 49 座，关堡 7 座。

　　自固原镇抵宁夏后卫花马池的"防秋道"驿路烽燧线长约 300 千米，与"固原内边"长城防线在下马关附近交汇，向北经宁夏群牧千户所（韦州城），在盐池城附近与环灵道烽燧线交汇，继续向北经铁柱泉、野狐井等城堡，达于宁夏后卫花马池城及其北边墙。本次从今同心县最南端的鲍地湾烽火台开始调查，北至盐池县花马池镇四墩子烽火台，沿线共计调查烽火台 64 座，关堡 8 座。

　　今宁夏境内（包括甘肃环县段）"固原内边"长城主线及附属新边、烽燧线等防御线路，共计调查墙体遗迹 162 千米、烽火台 215 座、敌台 1 座、关堡 38 座。

　　经统计，宁夏考古工作者经过数年努力，野外调查确认墙体 1067.9 千米，敌台、烽火台等附属设施 1134 处，关堡 136 座，即为本次调查的主要收获，也涵盖了宁夏境内明代长城修筑及分布的大致状况。以上数据通过国家文物局项目组认定以调查条目的形式向社会公布①。墙体类别依建筑材质及修筑方法可分夯筑土墙、堆筑壕墙、土筑包石、砌垒石墙、铲削山险墙、壕堑、自然山险等数种类型，可谓丰富多样（表一）。

表一　宁夏明长城墙体类别统计表

类别	土墙	石墙	山险墙	壕堑	山险	合计
合计（米）	551517.2	29975.5	99682.2	114937.2	271762.6	1067874.7
百分比（%）	51.6	2.8	9.3	10.8	25.4	100

　　总体而言，宁夏明长城以土墙居半，其余墙体类型合计居半。以修筑区段划分，河东长城、北长城、西长城三关口至中卫河北段，土墙占绝对主体，而西长城三关口以北段及固原内边响石沟以东段，山险为其大宗。而贺兰山以及中卫黄河南岸黑山峡诸沟口多以石墙砌堵，河东套地及山前平原地带也曾挖设壕堑。这种墙体建筑的类型布局，与墙体修筑地质与地貌条件息息相关，也与主政者因地制宜的修筑原则及防御策略有关。西长城凭依贺兰山，三关口以北段山峰高耸险峻，相对海拔在数百米乃至两三千米间，高耸连绵的山脉构成一道天然防御屏障，使得蒙古游骑很难畅通无阻地进出侵扰，山间仅有几道贯穿山体的山口可资通行，因而以山险为主，仅在山口砌筑多道较短石墙，设置关卡，依山戍守便可阻敌；而三关口以南段，由于山体渐低矮，形成高矮起伏的丘状台地，山口众多，仅凭天险已不足以遏敌，故此段长城不再继续沿贺兰山山体分布，而是改在贺兰山东麓的山前冲击台地上修筑夯土墙体。河东地带与银北平原，皆地形平漫，土脉深厚，适宜筑墙，虽然王琼等人也曾挑挖壕堑，皆因风沙弥漫以失败告终，而最终改筑土墙得以存留御敌。

　　从墙体类型分布区域看，河东灵盐台地及黄河平原地带，多修筑土墙，而贺兰山地及黄河峡谷，多筑土墙、石墙、山险墙，南部黄土高原地带多铲削山险墙及挖设壕堑，总之是充分利用地形地利条件。整体而言，大边的修筑质量及水平整体较内边、新边为高，这也符合当时修筑者的设防

---

① 见国家文物局文物保函〔2012〕942 号，《关于宁夏回族自治区长城认定的批复》及其附件《宁夏回族自治区长城认定表》。

思路与修边策略。

宁夏明长城除固原内边、徐斌水新边及沿河边墙等最初就修筑草率或情况不明且所留遗迹不多的未全程计算，仅将调查中有墙体遗迹的部分或者消失原因明确的部分予以确认。本次调查业已确认墙体中，消失墙体及山险所占比例近半，如今地面可见的人工墙体仅剩 570 千米。女墙、垛口、水洞、暗门、品坑、石刻题记等墙体设施或相关遗迹虽存留不多，但调查中均有发现。相关的调查和记录为今后的保护与研究提供了条件和基础资料（表二）。

表二　宁夏明长城墙体保存状况统计表

单位：米

标准	较好	一般	较差	差	消失	合计
合计（米）	120547.4	545425.3	101998.4	74235.9	225667.7	1067874.7
百分比（%）	11.3	51.1	9.6	6.9	21.1	100

与墙体防御相关的单体建筑，诸如敌台、铺舍、烽火台调查有 1000 余座。皆因地而设，类型丰富多样，依形制有实心方形、圆形墩台，亦有空心圆形、多边形墩台；依材质及建筑方式有土筑、石砌、包石、土石混筑、土坯砌筑等多种形式，临墙而建的敌台铺舍及多数烽火台皆为覆斗形，台上有墩铺及防御通讯器械，方便戍卒戍守防御。河东墙安定堡一带万历年间还曾"效云中式"，临墙修建 4 座砖砌敌楼，现存八铺战台即为较好一处，是为宁夏唯一的砖石铺舍。贺兰山及河东灵武一带烽火台临墩多设置有数座石砌附墩，当为传递烽火信号与通告敌情的附属设施。这些敌台墩铺皆有定名，后代不断毁建增减，加之地名变迁，记载不全，至今多已不可考。

宁夏明代有记载关堡多达 100 余座，主要分军堡与屯堡两类。本次调查关堡 60 余座，调查以军堡为主，也有少量屯堡，占地面积从数百、数万至上百万平方米。根据其功能与规模，大致分为四级体系，第一级为九边重镇宁夏、固原城，次一级包括中卫、灵州、花马池等边防重地，第三级为清水营、兴武营、镇戎、平虏、西安州等千户所城以及下马关、白马城等御敌关堡路城，最后一级为一般堡寨及一些规模较小的临墙小堡。各堡墙多为土筑，至万历年间，除镇城、卫城及重要关堡外，对一些重要临边军堡如铁柱泉、安定堡及驿路沿线惠安堡等均进行了大规模的砖石瓮固，宁夏、固原两镇包砖城池达二十余座，可惜无一座至今完整保存者（表三）。

宁夏境内长城分布在沙漠、丘陵、贺兰山和黄土高原的沟壑峁梁等地带，自然环境比较恶劣，保存状况不容乐观，许多长城墙体已经消失或损毁严重。除长期受风雨剥蚀、山洪冲刷、风沙淤漫等自然因素破坏以外，人为破坏的情况及原因更受调查人员关注。清代以前长城遭受的人为破坏因素主要为入侵者拆毁、填塞、焚烧等战争行为造成的蓄意破坏。清代以后，长城遭受战争破坏的因素减少，而由于沿线居民生产生活所造成的破坏成为主要因素。关堡为民居侵占，城墙包砌砖石因建房扒拆；墙体、墩堡因垦荒、种地、采矿、修路而被推毁侵占；墙体、墩台内掘挖窑洞，顶部及周围搭建其他设施；一些城堡、墩台被蓄意盗掘掏挖。新中国成立以来，虽然对包括长城在内的文物保护古迹保护力度不断加强，宁夏境内长城先后被公布为各级重点文物保护单位，得到了切实有效的保管维护。但近些年来随着城镇化与工业化不断发展，长城沿线城镇扩容、采矿及工业生产造成的地貌改观、环境污染对长城整体风貌造成的影响以及旅游、建设等过度开发造成的人为损毁正呈逐步加重的趋势，长城保护工作任重道远。

表三　宁夏明长城烽火台、敌台、铺舍、关堡建筑类型统计表

	夯土	包砖	包石	石砌	土坯	合计	百分比
敌台	595	0	2	25	0	622	49.0
烽火台	410	0	10	75	1	496	39.1
铺舍	8	8	0	0	0	16	1.2
关堡	122	14	0	0	0	136	10.7
合计	1135	22	12	100	1	1270	100
百分比（%）	89.4	1.7	0.9	7.9	0.1		

五　调查工作总结与检讨

2009 年 4 月 18 日，国家文物局和国家测绘局在北京八达岭长城联合举行明长城长度数据发布仪式，确认我国明长城东起辽宁虎山，西至甘肃嘉峪关，从东向西行经辽宁、河北、天津、北京、山西、内蒙古、陕西、宁夏、甘肃、青海十个省（区、直辖市）156 个县域，总长度为 8851.8 千米。其中宁夏段近 800 千米。由于这是基于调查认定墙体基础上全国范围内的长城长度的影像立体测量，涉及各省的调查数据并未完整公布。宁夏明长城最终的长度统计数据之所以与此前认定有较大出入，主要有以下几方面的变动：（1）原州区明代重修的战国秦长城及山险墙段长 16735.8 米，以前未统计；（2）红寺堡区 15036.2 米墙体公布数据时未调查，没计入；（3）河东壕堑 89498 米公布数据时未调查，没计入；（4）河东长城兴武营至清水营段内蒙古调查的头道边、二道边长城合计 82532 米；（5）西长城青铜峡赤木关至北岔口段内蒙古调查的大边、二边长城合计 79592 米 ①。以上 5 项合计增加长度 283134 米，除去增加部分，与上述最初的宁夏长城墙体长度数据基本相符。

另外需要指出的是，国家文物局与国家测绘局联合公布的全国明长城长度及各省长城长度为利用野外调查数据结合测绘技术按线路进行总体量测校正，对调查记录的资料并未逐段校正。由于手持 GPS 设备本身存在信号、校正等方面的误差，以及 GPS 两点间测量只能取直线距离的技术缺陷，因此野外调查逐段相加统计的墙体长度与测绘整体投影校正的长度数据并不相符，为了尽可能地消除误差与技术缺陷，在报告编写中，我们利用制作 1∶10000 比例墙体走向图的机会，根据实际墙体地形走向，利用测绘软件逐段对野外测量数据进行了校正，一般校正长度略长于原先的直线测量数据。

同时调查中出于工作要求及后期报告编写需要，在各级领导的大力支持下，我们还自行开展了以下几项工作：（1）组织补充调查了宁夏、内蒙古交界地带河东长城兴武营至清水营段、西长城青铜峡赤木关至北岔口两段原属内蒙古调查的长城墙体，补充完善了宁夏明长城墙体数据；（2）与天津大学建筑学院合作，用遥控无人机对宁夏明长城 20 余处重要关堡及墙体段落进行了航拍，利用航拍成果，制作了 360°空中全景环视动画视频资料；（3）购置 RTK 专业测绘仪器，对长城资源调查涉及的 60 余座关堡进行了考古测绘，绘制了较为准确的平剖面图；（4）与宁夏第二测绘院合作，按 1∶10000 比例，绘制了所调查现存长城墙体两侧 1 公里范围内墙体走向图 200 余幅。

----

①　内蒙古自治区文化厅（文物局）、内蒙古文物考古研究所编著：《内蒙古自治区长城资源调查报告·明长城卷》，文物出版社，2013 年。

通过长期的实地调查，培养了一批长城研究保护专业人员，通过他们的调查、保护、宣传以及研究工作，加深了社会各界对宁夏长城的关注及了解程度，纠正了以往一些错误认识，发现了新问题，带动了民众参与长城保护与研究的热情与积极性。通过长城调查建立了完善便捷的大数据记录分析系统及完整的长城记录保护档案，通过调查数据的统计分析，基本了解了宁夏长城的保存状况、存在病害等重要问题，为维修保护规划方案的制定完善及长城抢险加固工程顺利实施提供了大量基础的参考数据及重要调查依据。

当然，基于一项以现状、病害及保护为目的专项文物普查，距离最终完成一项严谨、科学的考古调查报告的要求相距甚远。尽管调查者具有相对专业的学术素养与训练，后期报告编写期间又做了必要的补充调查与学术补救，但工作不足与缺漏仍明显存在。

1. 调查全面性仍有缺漏

宁夏明长城调查缺漏主要存在以下几个方面：（1）长城资源调查工作开始阶段重点强调墙体的确认和量测，调查基本遵循以墙体为主线，辐射两侧数公里的路线设计，并未完全按照完整的长城防御体系开展工作，因此距离墙体较远的关堡、烽火台等设施未能完全顾及。虽然后期做了补充调查，但与地方文物普查、测绘影像等资料信息对照仍有遗漏。（2）由于宁夏部分长城处于省界地带，或者部分段落遗迹延伸入相邻省境，按照项目安排，由毗邻省份按分布地域划分段落分别开展调查工作，这也影响了对这一条连贯长城调查数据的整体把握。（3）受时间、经费影响，固原内边同心县以南至固原城区域内的长城相关遗迹并未细致全面开展调查工作，同样，按照长城防御体系的配置要求和标准，宁夏南部彭阳、西吉、隆德等县也有大量相关防御设施，由于没有墙体，本次也未全面开展调查工作。（4）对一些半途而废的长城工程以及废弃较早湮没无闻的长城遗迹缺乏深入研究与细致调查认定，实际调查中有所轻视忽略。譬如王琼主建因选址不当而改线的北长城废弃段、王珣主持修筑的"靖虏渠"防御工程，以及部分早年废弃拆毁长城沿线关堡，这些遗漏使得后来不断有新长城遗迹线索的发现，随着调查研究深入及报道宣传后，使调查工作出现亡羊补牢式的被动局面。

2. 墙体类型、保存状况等相关评判认定及标准仍有纰漏

由于明长城体量巨大，防御工程复杂多样，调查工作参与人员众多，各地情况复杂多变，虽然调查工作手册中规定了详细完善的各类遗迹认定依据及评价体系，并有前期的野外实践培训。但分析比较调查资料，发现相关认定评判仍存在误差和异议。譬如修筑情况基本相似的西长城，由于分属两队调查，沙坡头区黄河峡谷段除土墙外，多认定为山险墙，其间小段石墙归为挡路塞；沙坡头区以北其余县区分别认定为为石墙、山险、山险墙、壕堑。关于长城墙体的性质判定盐池县东长城（包括头道边、二道边）两道人工土墙，共长 160141 米，评价标准认定中没有差段（内蒙古调查的二道边墙体长30701 米，保存差部分长 14035 米，头道边长 51831 米，保存差 2282 米）。

关于消失部分，沿河边墙有 80 千米为消失段，消失原因为黄河冲毁，现存仅 7.9 千米，史志记载这段墙体为防止水冲，墙外曾有包石，可见当时对此是十分重视并下了大气力修筑的。但这 80 千米是否尽已水毁无存，仍需做详细的地面勘察与调查访问，不排除流沙掩埋，改造利用为田埂、水渠等情况，断续发现墙体线索，这对了解这道墙体的具体走向与黄河近 500 年来改道变迁有重要参考意义。

关于山险与山险墙的认定。以山以河为险自古有之，山险对于贯通墙体走向，了解墙体修筑的地质、地形条件及设防思路变化有重要参考意义，因此，山险属于长城墙体的组成部分并无大的异议。但山险与山险墙虽一字之差，性质殊异。山险本质上属于利用自然地形，而山险墙明确为人工建筑，明代对于长城防线建设相当重视，山巅陡崖筑墙砌垒并不鲜见，河流冲沟设有水关、水洞，以使墙体

连缀、保障无虞。因此大段的山险可能并不符合当时的实际。例如本次调查的西长城西夏区段近40千米皆为山险，史载贺兰山大口三十七、小口无算，当时皆有设防与守护，今辖属西夏区的贺兰口史志及摩崖题记明确记载沟口筑石墙、水关。究其原因，随着战乱损毁与自然破坏，历经500年的风雨，时间对于一些人工痕迹的销蚀，使得依山傍崖修筑的墙体销蚀损毁，尤其是铲削山险墙的辨认越发不确定与模糊，调查者只好将其归入山险，这些都有待以后更先进的调查条件与科学方法及更细致的开展工作来加以甄别确认。

3. 关于不同时代长城墙体的调查与认定

宁夏地处草原游牧文明与中原农耕文明交错地带，历史上一直是代表不同文明、发展阶段的民族间交流、融合、角逐的重要地域，大量长城遗迹正是这种较量与碰撞的历史产物与时代见证。由于史料有限，地面的长城遗迹主要靠文物考古调查人员依靠专业知识实地考察认定。经过大量艰苦的调查工作，我们考察认定了上述大量的长城遗迹及时代属性，当然纰漏也在所难免。根据一些学者的论述，宁夏在秦代、汉代、隋代甚至西周时期都修筑过长城，但本次调查主要认定的为战国秦及明代长城，至于其他时代长城墙体，并未在野外调查中得以确认。同时根据史书记载及以往调查，贺兰山主要沟口有西夏时期的防御设施，这些遗迹因与明代西长城关防叠压交错，具体区分并不容易。同样，战国秦长城在秦汉时期得以修缮利用也是事实，但在调查中如何区别辨认不同时代的修缮利用迹象仍有难度。根据史书记载，宋代时期，不但沿战国秦长城挖设"长城壕"，还曾沿宋夏边界一带挖设过"边壕"，根据长城防御体系来看，这些应属于长城遗迹无疑，但由于以往调查研究不足，遗迹保存情况不明，本次调查也未过多涉及。

4. 相关认识与研究有待深入

宁夏明长城旧北长城修筑历史及与北长城的关系，北长城与明代沙湖的位置关系等都有待深究。贺兰山主要沟口，譬如大武口、贺兰口、赤木关口，当时均设有内、中、外三重关卡，皆号称三关口。现在调查仅银川市三关口存在三道关墙，其余关口三道关墙情况均不甚明了。固原内边今同心县下马关西至海原县唐坡以东段长约130千米，红寺堡区确认的徐斌水新边墙体两端约53千米，因缺乏相关资料，沿线调查尚未发现人工墙体，只有烽燧、关堡等相关遗迹，目前按烽燧线认定，部分地段甚至走向都不能明确。宁夏明长城与墙体防御相关的1100余座单体建筑，诸如敌台、铺舍、烽火台，当时均有对应的名称，现调查资料很少能对照确认。关堡建筑重视堡墙马面等墙体设施的调查记录，部分忽略堡内建筑、历史沿革的调查考证。相较于文献记载的关堡单体名称数量，本次调查的相关遗迹仍有很多缺漏，尤其是对当时与长城防御息息相关且大量保存的宁夏平原屯堡设施以及草原山地马政堡寨是否应纳入长城防御体系予以调查认定，仍存在争议。对一些消失长城关堡建筑及遗迹未能详细记录和考证。一些关卡位置、墙体修筑时间，维修情况，长城防御设施的修筑技术与方法、防御设施日常运行与管理等与长城防御密切关联的重要问题，都有待以后更深入细致的调查研究工作。

尽管有以上缺憾，但作为对一项工作的阶段性总结，这套调查报告的内容是丰富客观的，也是目前宁夏涉及明长城最为全面的一套专项文物调查成果，为相关的研究提供了翔实的基础资料。

由于野外调查及报告编写分组分册由各调查队独立完成，内容整合与综合研究必不可少，以上对明代宁夏境内的长城边防体系、修筑历史及本次调查情况略为陈述总结，希望此报告的出版，能推动相关研究的深入开展。

第一章　绪言

第一节　西长城沿线的自然地理与环境

宁夏位居我国中北部、黄河上游地区，北部与内蒙古自治区为邻，南接甘肃省，东连陕西省，面积5.19万平方千米①。这里西南有腾格里沙漠，东北有毛乌素沙漠，虽孤悬塞上、地近荒芜，然因位居河套沃区，得黄河之利，自古便是西北边陲大邑之处。加之西依贺兰、东枕黄河，屏障西疆、藩篱关陇，以其独特的战略地位成为历代兵家必争之地。从秦代伊始，多是作为中央政权的北方边陲，素有"关中之屏障，河陇之襟喉"② 之美誉。明代时这里成为明朝政府的西北边防，"今三边既为中国所有，而宁夏居中，适当喉襟之地"③。在明代设立的北部"九边重镇"防线的中西部、且直接占据两处（宁夏、固原），其地理位置之重要足见一斑！

明代时，为抵御蒙元残余势力扰掠，宁夏境内逐步建立起分别以宁夏镇城（今银川市）、固原为中心，下辖中路灵州（今灵武市）、西路中卫（今中卫市）、东路后卫（今盐池县）、北路平虏（今平罗县）等边防防御行政中心，并先后增筑修葺了多道长城、敌台、烽火台、关堡、壕堑等防御设施，成为明代西北边陲的一个重要防御要地。单这一带修建的长城就有东长城、西长城、北长城、固原内边和徐斌水新边等几道，呈环状分布在四边（地图一）。其中西长城是宁夏明代时期的一道重要边防屏障，呈东北—西南向纵贯宁夏西侧。北起今惠农区红果子镇，南至中卫南长滩入甘肃靖远，绵延计428千米。地理坐标介于北纬39°12′—37°05′，东经106°38′—104°17′，海拔1200—2000米。是几道宁夏明代长城中长度最长、所跨纬度最广，同时也是所经地域自然条件、地理环境变化等较为复杂的一道长城（地图二）。

这道长城基本沿贺兰山偏东侧山体分布。贺兰山是宁夏回族自治区与内蒙古自治区的界山，其自北向南，自然环境等有较大的不同。大致以今永宁县西北侧的三关口为界可分为北、南两段。北段基本属于高山区。地质上处于"中朝准地台"西缘及"祁、吕、贺山字形构造体系"中的"贺兰山脊柱"北端，地貌上属典型的拉张型地堑式断块山地，山体东、西两面斜坡不对称：东侧山体急转直下2000余米到达冲积平原，西侧山体则与阿拉善高原平缓相接。山间河谷众多，有些较大的河谷，如大

---

① 此数据采用最新版的《宁夏回族自治区地图册》中所测数据，早期的文章多注为6.64万平方千米。

② （清）顾祖禹撰，贺次君、施和金点校：《读史方舆纪要》卷62，第2941页，中华书局，2005年。顾祖禹在此书中，对宁夏在西北地区的战略意义还有进一步阐释："汉滨河置障，畿辅缓急，视北地之安危。晋边备不修，雄疆尽成戎薮，故泾渭以北，遂无宁日。后魏既并赫连，缘边列镇，薄骨律与高平、沃野相为形援，而后关陇无祸患者几百年……议者谓宁夏实为关中之项背，一日无备，则胸腹四肢，举不可保也"。

③ （明）魏焕：《皇明九边考》卷8，第1页，（台湾）华文书局据台湾大学图书馆藏嘉靖刻本影印。

武口沟、汝其沟、三关口等深入贺兰山腹地，成为贯穿贺兰山、联系山体东西两侧的交通要道。此段根据山体高度又可以分为两小段，其中从贺兰山北面起点处开始，向南至石嘴山市大武口区西侧的正义关为一段。此段山势较中段稍显低矮，海拔不超过2000米，但其山幅较宽，可达60千米。南面的一小段则为贺兰山主体部分，海拔2000—3000米。著名的贺兰山最高峰敖包疙瘩（俗称沙锅洲）海拔3566米，为全区之巅。这里山体高耸，峰峦叠嶂，沟壑纵横，河谷狭窄。

南段山体西折入内蒙古境内，山前缓冲地带的山地向南，至濒临腾格里沙漠的卫宁北山。这一带地质上处于昆仑秦岭地槽褶皱区走廊过渡带的东端，靠近中朝准地台的鄂尔多斯西缘拗陷带。山体东西倾斜，东西80千米，南北25—30千米，平均海拔1400—1600米，山体相对高差一般在150—400米，较为低矮，山坡和缓，基岩裸露，山坡、河谷部分被沙漠覆盖，林木少见。

西长城因南北跨越了数百千米，同时因为贺兰山作为中国季风区与非季风区的分界线，其气候上存在着一定的地区差异。从大的方面来看，这里远离海洋，深居内陆，具有明显的温带大陆性气候特征，其特点是春暖迟、夏热短、秋凉早、冬寒长，贺兰山最冷的一月平均气温在－14℃。年平均气温在－0.8℃，云雨稀少，空气洁净，加之纬度适中，因而形成了日照时间长和太阳辐射量大的特点，年日照时数在2000小时以上。降水量南多北少，由南向北迅速递减，贺兰山年平均降水量为419.7毫米，降水量多集中在6—9月，相比以迎风面的东面坡处降雨稍多。年蒸发量多数在1500毫米以上。风力强劲，贺兰山大风日数达158天，风向以偏北风为主，由于地势较高，风速较大，贺兰山可达7.7米/秒。风速季节性变化明显，一般春季风大，秋季风小，冬季在两者之间。无霜期变化亦大，北部、中部无霜期长，南部无霜期短，由此产生的霜冻和低温冷害是常见的气象灾害之一①。

第二节　西长城沿线历史沿革

宁夏西长城紧依贺兰山山脉，雄踞祖国西北边陲，以其雄伟壮观之势著称于世，"贺兰西望蠹长空，天界华夷势更雄"。从历史上看，贺兰山以东是独擅黄河之利的银川平原，是中原王朝建置郡县之地；贺兰山以西是阿拉善高原，属历代游牧民族驻牧之所。而贺兰山自古便是华夏民族与北方游牧民族之间交错分布的前沿界线，是两者之间交错杀伐、相互交融、互利共存的历史见证者。

据考古调查，早在旧石器时代，贺兰山沿线就有人活动。举世闻名的宁夏灵武水洞沟文化遗址就位于贺兰山东侧约30千米，这里出土了大量的石器和十多种动物化石，距今约4万—距今约1.5万年，属旧石器时代晚期。同类型的石器在贺兰山洪积扇上也有发现，说明最迟在4万年以前，贺兰山下已有人类活动。到新石器时代，在贺兰山东坡的洪积扇上，在今属大武口区明水湖农场、平罗县暖泉农场、贺兰县金山林场等地都发现了新石器时代的遗址。其中在暖泉遗址中，还发现了许多半地穴式房址，房址内有生活用的陶器、石器、磨盘、魔棒等文物，说明在四五千年以前，人类已经在此定居，并已出现了原始村落。只是先秦时期，这一带地近"荒服"，尚无行政建制，先后为西戎、猃狁、匈奴等北方游牧民族驻猎之地。

秦始皇统一中国以后，在始皇三十二年（前215年）派将军蒙恬发兵三十万人，北击匈奴，筑长

---

① 《宁夏区情》编写组：《宁夏区情》，第41～48页，宁夏人民出版社，1988年。

城以拒胡①，将原属匈奴的河套地区纳入秦版图，宁夏北部属北地郡，下设富平（在今吴忠西南）、昫衍（今盐池县）等县，并有神泉障、浑怀障等军事要塞。秦末，中原战乱，河南地复归匈奴控制。西汉元朔二年（前127年），汉武帝派卫青出云中，击败匈奴之楼烦、白羊二部，"遂取河南地"②，宁夏北部复归汉邦。元狩二年（前121年），汉武帝遣骠骑将军霍去病与合骑侯公孙敖，"俱出北地（治马岭，在今甘肃环县境）"，穿宁夏，越贺兰山，战于祁连山，大败匈奴。从此，"匈奴远遁，而漠南无王廷"③。武帝元封五年（前106年），分全国为十三刺史部，下辖郡县。宁夏北部属北地郡。在黄河以西设灵武县（今永宁境）、廉县，其中廉县《汉书·地理志》载："廉，卑移山在西北"④，为贺兰山洪积扇上出现的第一个县。而文献中所称的卑移山，当指今贺兰山北段。

　　魏晋南北朝时期，中原战乱，东汉政府将包括北地郡在内的沿边郡县政府内迁，贺兰山复为羌族、匈奴、鲜卑等民族的游牧之地。三国魏时，原居于阴山地区的鲜卑族乞伏部向南迁徙，一度驻牧于宁夏石嘴山一带，故黄河以西贺兰山"东北抵河处，亦名乞伏山"⑤。乞伏山当指贺兰山北端，这应是文献中关于贺兰山的另外一个名称。西晋时，塞外草原大灾，前后有28万匈奴和其他杂胡入塞降晋，被安置于内地与汉人杂居。其中武帝太康五年至八年（284—287年），"入居塞者有屠格种、鲜支种、寇头种、乌谭种、敕勒种、捍蛭种、黑狼种……贺赖种，凡十九种，皆有部落，不相错杂"⑥，其中的"贺赖部"就是"贺兰部"，因其久在贺兰山驻牧，故而山以其部族名称得名。这些入塞少数民族先后在北方地区建立了多个政权，其中在407—431年，匈奴铁弗部赫连勃勃建立的大夏国，建都统万城（今陕西靖边北），疆域包括今宁夏、陕西、甘肃及河套等地区，并在今宁夏北部设饮汗城（今银川市）、薄骨律城（今吴忠市利通区古城湾）。北魏太延二年（436年）北部置薄骨律镇。孝昌二年（526年）置灵州，北周因之。

　　隋唐时期，宁夏地处西北边疆，是突厥、吐蕃、回鹘、党项等少数民族活动范围，贺兰山成为一处重要的军事重地，交战频繁。一些当时的诗句如"贺兰山下阵如云，羽檄交驰日夕闻"⑦"半夜火来知有敌，一时齐保贺兰山"⑧等都是当时战争生活的真实写照。隋初，原居漠北的突厥族驻牧贺兰山后，文帝开皇三年（583年），隋兵分兵数路出击突厥，其中赵仲卿"以行军总管从河间王（杨）弘出贺兰山"⑨。这是史籍中首次使用"贺兰山"这一名称。唐初，继续与突厥在贺兰山一带交战，高祖武德五年（622年），"九月……丙申，宇文歆邀突厥于崇岗镇（今平罗县崇岗镇），大破之，斩首千

① 司马迁《史记·蒙恬列传》载："秦已并天下，乃使蒙恬将三十万众，北逐戎狄，收河南，筑长城。因地形，用制险塞。起临洮，至辽东，延袤万余里。于是渡河，据阳山，逶蛇而北。"筑起了西起甘肃临洮，沿黄河过阴山，至辽东的万里长城。有学者认为这段长城在宁夏境内应该沿贺兰山北上与内蒙古狼山西端衔接。《史记》卷88，第2565页，中华书局，1982年。
② （汉）司马迁：《史记》卷110·匈奴列传，第2906页。
③ 《史记·匈奴列传》，第2911页。
④ 廉县，为西汉北地郡19县之一，兴筑于汉武帝元狩四年（前119年），辖境包括今宁夏永宁县以北的银川市、石嘴山市地区，为管理屯田移民的行政中心，也是贺兰山东麓的边防要塞，一直沿用至东汉末，其址应在平罗下庙乡暖泉三队。（汉）班固：《汉书》卷28下·志第八下·地理下，第548页，中华书局，1998年。
⑤ （唐）李吉甫撰，贺次君点校：《元和郡县图志》卷4，第95页，中华书局，2005年。
⑥ （唐）房玄龄等撰：《晋书》卷97，第2549～2550页，中华书局，1996年。
⑦ （唐）王维：《老将行》，《中华诗歌精华》（上），第640页，吉林大学出版社，1994年。
⑧ （唐）卢汝弼：《边庭冬怨》。
⑨ （唐）魏征等撰：《隋书·赵仲卿传》，中华书局，1996年。

余级"①。当时贺兰山地区居住着回纥吐迷度部。太祖贞观二十年（646 年），吐迷度破薛延陀后，"南过贺兰山，临黄河，遣使入贡"；唐高宗时，正式设立"贺兰州都督"，管辖贺兰山地区的少数民族事务②。武后天授初年（690 年），突厥黔啜可汗占据贺兰山地区③；代宗时期，吐蕃又在贺兰山驻牧。德宗建中二年（781 年），吐蕃提出以贺兰山为界，以西划归吐蕃，当时唐政府只能"许之"④。晚唐以后贺兰山成为吐蕃、回鹘、党项等族杂居之地。五代时期，中原纷争，包括贺兰山在内的边疆地区，少数民族更为活跃。以党项族为首的少数民族势力逐渐发展强大，1038 年建立了大夏割据政权，定都兴庆府（今银川市），史称西夏。贺兰山成为西夏的神山和戍守京畿的军事要塞。西夏景宗大庆二年（1037 年），"阻河以贺兰山为固……置十二监军司，委豪右分统其众……贺兰驻兵五万，灵州五万人，兴州兴庆府七万人为镇守，总五十余万"⑤。并在贺兰山后设白马强镇军司，驻娄博贝（可能在今内蒙古吉兰泰），山前设右厢顺军司，驻克夷门（可能在今贺兰山大水口），以护卫京畿。西夏天授礼法延祚十年（1048 年）七月，西夏开国皇帝元昊"大役丁夫数万，于（贺兰）山之东营离宫数十里，台阁高十余丈，日与诸妃游宴其中"⑥。元灭西夏后，贺兰山后成为蒙古各部游牧屯息之地。中统二年（1261 年）设西夏中兴等路行中书省，简称西夏行省，治中兴府；至元二十五年（1288 年）改中兴府路为宁夏府路，取"夏地安宁"之意，这是宁夏地名之始；次年撤销宁夏行省，复属甘肃行省。泰定四年（1327 年）五月，泰定帝"修佛事于贺兰山及储形宫"⑦，说明贺兰山当时佛教气氛仍然十分浓厚。

明代时期，宁夏成为明朝廷与北归蒙元势力对峙的边防要塞，属抵御蒙古铁骑的"九边重镇"⑧之一的宁夏镇管辖之地。上隶陕西都指挥使司，属军政合一、屯防兼备的特殊行政区域。先后在贺兰山沿线由北向南设立平虏守御千户所（驻今平罗县）、宁夏镇（驻今银川市）、中卫（驻今中卫市）等防御重心，下辖关、堡不下六十多座。清代时属甘肃宁夏府，贺兰山以西地区为蒙古额鲁特和硕特部屯牧之地。康熙十六年（1677 年），清政府将贺兰山山阴六十里以外地区，划归蒙古阿拉善王府管辖。

第三节　西长城修筑时代背景

明初，蒙元残余势力退居长城以北，但势力仍然十分强大，并不时出兵南下扰掠。尤其到明代中期以后，这种侵扰更趋频繁。为抵御蒙古，明代一直重视北部边防，终明一代苦心经营、精心修筑起一道"东起鸭绿（江）、西至嘉峪（关），绵延万里，分地守御"的"九边重镇"防御干线。宁夏便是位居此道干线的中西部，"今三边既为中国所有，而宁夏居中，适当喉襟之地"⑨，是明朝政府抵御

① （北宋）司马光编著，（元）胡三省音注：《资治通鉴》卷 190·唐纪六，第 5955 页，中华书局，2005 年。

② （后晋）刘昫等撰：《旧唐书》卷 195·列传第 145·回纥传，第 5196 页，中华书局，2005 年。

③ 《旧唐书》卷 194 上·列传第 144 上·突厥传，第 5166 页。

④ （宋）欧阳修、宋祁撰：《新唐书·吐蕃传》，第 6093 页，中华书局，1997 年。

⑤ （元）脱脱等撰：《宋史·夏国传》，第 13994～13995 页，中华书局，1997 年。

⑥ （清）吴广成撰，龚世俊等校正：《西夏书事校证》卷 18，第 213 页，甘肃文化出版社，1995 年。

⑦ （明）宋濂等撰：《元史》卷 30·本纪第 30·泰定帝纪，第 679 页。

⑧ "元人北归，屡谋兴复。永乐迁都北平，三面近塞。正统以后，敌患日多。故终明之世，边防甚重。东起鸭绿，西抵嘉峪，绵延万里，分地守御。初设辽东、宣府、大同、延绥四镇，继设宁夏、甘肃、蓟州三镇，而太原总兵治偏头，三边制府驻固原，亦称二镇，是为九边"。选自（清）张廷玉等撰，郑天挺等点校：《明史·兵志三》卷 91·边防，第 2235 页，中华书局，1997 年。

⑨ （明）魏焕：《皇明九边考》卷 8·宁夏镇·疆域考，第 1 页。

蒙元残余势力的第一道防线。

　　宁夏"背名山而面洪流，左河津而右重塞"①，"东当河套，西拒贺兰，北御沙漠，三面受敌"②，具有独特的地理位置。尤是北面与蒙古鞑靼部接界，史载："鞑靼地东至兀良哈，西至瓦剌。当洪、永、宣世，国家全盛，颇受戎索，然叛服靡常。正统后，边备废弛，声灵不振，诸部长多以雄杰之姿，恃其强暴，迭出与中原抗，边境之祸遂与明始终云。"③ 战争烽火连年不断，特别是成化以后，随着蒙古部落逐渐占据"广袤数千里，草茂兽肥"的河套地区，与之接壤的宁夏便成了鞑靼侵扰的主要地区之一，多年边防战乱使得宁夏边防形势异常严峻。为抵御鞑靼侵袭，明朝政府在宁夏设立军政合一、屯防兼备的特殊行政机构——宁夏镇，下辖"五路、七卫，灵州、新武（兴武）、平虏三所"④ 来管辖全境，隶属陕西都指挥使司管辖，还分封庆王朱栴就藩宁夏。并四处募集、调拨军户来此驻扎防守，还有一个重要的措施就是不断地重新加固整修甚至新筑秦汉以来的长城，"今欲保河西无虞，必先固夏镇。欲固夏镇，必预修旧边"⑤。西长城就是在这种背景下修筑而成的。

　　宁夏西端的贺兰山成为明代朝廷与蒙古游骑对峙的天然屏障，"峰峦苍翠，崖壁险削，延亘五百余里，边防倚以为固"⑥，是明朝政府戍守的重点地区之一，沿线设置有宁夏四处防御重心中的三处⑦，位置十分重要。"贺兰山屹峙宁夏西北，实为屏障。正统以后，北人入套中，西犯甘、凉，多取道山后甚至阑入山南，视为通途"，"成化以前虏患多在河西，自虏居套以来，河东三百里间更为敌冲"⑧。在此背景下沿贺兰山修建的西长城便是明代宁夏戍守西侧边防的重要举措之一。

　　西长城的线路，据《万历朔方新志》载："西长城，起自靖虏芦沟界（今甘肃靖远芦沟界），迤北接贺兰山，迤北接北长城，至大河。"⑨《乾隆宁夏府志》亦有相似记载⑩。见诸文献的计有边防西关门、城西南墙等。其中以城西南墙修建最早，大致在明成化年间（1465—1487 年），由巡抚宁夏都御史贾俊奏请朝廷修筑，只是到嘉靖年间时"今已倾，不堪保障"。到嘉靖十年（1531 年），佥事齐之鸾曾经于贺兰山三关口至青铜峡大坝堡间修筑一段"边防西关门"，"长八十余里"。但因风沙影响，随修随淤，沿线军民不堪其苦而废弃。今日所见的西长城，应为嘉靖至万历年间不断重修、增筑而连成

---

① （明）张雨等编：《边政考》（影印本）卷 3·宁夏卫，第 114 页。

② 嘉靖十九年巡抚都御史杨守礼奏疏文，选自（明）胡汝砺编，（明）管律重修，陈明猷校勘：《嘉靖宁夏新志》卷 1·宁夏总镇，第 92 页，宁夏人民出版社，1985 年。

③ （清）张廷玉等撰，郑天挺等点校：《明史》卷 327·列传 215·鞑靼传，第 8494 页，中华书局，1997 年。

④ 五路即北路平虏城（驻今平罗县）、中路灵州（今灵武市）、东路后卫（华马池，今盐池县）、西路中卫（今中卫市）、南路邵刚堡（今属青铜峡市）分守营地，七卫即宁夏卫、宁夏前卫、左屯卫、右屯卫、中屯卫、宁夏后卫等卫所。（明）杨寿纂：《万历朔方新志》（影印本）卷 1·宁夏总镇，第 5 页。

⑤ （明）张溶等编：《大明世宗肃皇帝实录》卷 117，第 7 ~ 8 页、第 2777 页，台北"中研院"历史语言研究所校印。

⑥ 《嘉靖宁夏新志》卷 1·宁夏总镇之五·山川，第 12 页。

⑦ 宁夏四路防御中心分别为平虏、宁夏、中卫和花马池，"以平虏为一路，而其险在临山、新兴、灵武等处；以宁夏卫一路，而其险在赤水、宁化、玉泉、马炮泉等处；以中卫为一路，而其险在东园堡、桑远堡、旧安塞等处；以花马池为一路，而其险在定边营、杨柳堡、清水、兴武、铁柱泉、灵州等处"。谭福瑜：《明代九边考》（内部资料），第 71 页，国立武汉大学第十一届毕业论文，民国 30 年。

⑧ （明）许论：《九边论·宁夏》，第 459 ~ 460 页，《修攘通考》，（台湾）学生书局印行。

⑨ 《万历朔方新志》（影印本）卷 2·八十四·边防。

⑩ "西长城，自靖虏（今甘肃靖远）芦沟界迤北，接贺兰山。山四百一十一里，迤北接北长城。自西而东三十里，接黄河。河一百三十里，自北而南，逾岸接东长城，三百六十里接延绥界。凡周一千一百七十里"。（清）张金城修，（清）杨浣雨纂，陈明猷点校：《乾隆宁夏府志》卷 2·地理（一）·边界，第 68 页，宁夏人民出版社，1992 年。

一线。嘉靖十九年，巡抚杨守礼在赤木关口（今三关口）修筑三道关隘。而北侧的贺兰山山间短墙，包括打硇口（今大武口沟），也是在此阶段内历次增补修葺而成的。

西长城的走向，据此次调查来看，北起今惠农区红果子镇西北的扁沟（西长城与旧北长城交汇处），沿贺兰山向南，经惠农区、大武口区、平罗县、贺兰县、银川市、永宁县、青铜峡市、中宁县和中卫市9个市、县、区，最后在甘肃靖远芦沟界进入甘肃境内。这道长城并非单独一道，在沿线一些重要山口还有支线、外增壕堑等。

第四节　西长城调查工作情况

一　以往调查、保护管理情况

囿于多方面的原因，宁夏西长城在20世纪80年代以前，一直没有专门的调查保护管理机构，更别提有全面系统的调查工作和详备的资料登记等，致使其不断遭到蚕食破坏。特别是20世纪五六十年代，西长城沿线开发中出现的毁墙垫田、取土烧砖等十分普遍，典型的如今惠农简泉农场段，挖取长城墙体优质土烧砖瓦成为当时生产建设的一项任务，使得此段长城遭到了十分严重的破坏。另外，分布于平原地带的明代堡寨，见诸文献的达60多座，但存留至今的寥寥无几。尤可惜的是，其中一些堡寨在20世纪80年代尚有痕迹可寻，在当地的文物档案中也有零星记载，只是由于缺乏必要的保护措施等，致使其不断被生产建设破坏、当地老百姓取土掏挖等而趋于消亡。

长城的调查保护工作直到20世纪80年代才逐渐提上日程。1984年，在全国第二次文物普查时，西长城沿线各市县首次对辖境内的长城遗迹进行了一次较大规模的踏查。此次调查的内容主要是当时残存的可见墙体，一些市县如银川市境内的西长城因属以山为险、不筑墙体者，故未记载；一些县市区如石嘴山市的西长城仅记载韭菜沟、郑关沟等段，贺兰县仅记载白虎沟段等。此次调查在今天看来难免有很多缺憾和不足，但初步摸清了西长城的分布，并估算出了可见墙体的大致长度及保存特征等，这为以后的长城调查和研究工作打下了坚实的基础。这些资料先后在《宁夏古代文物》①《文物普查资料汇编》（内部资料）②《宁夏古长城》③《贺兰山文物古迹考察与研究》④《中卫县志》⑤《中国文物地图集·宁夏分册》⑥等书籍中有记录。

20世纪80年代开始，西长城沿线各市县陆续设立了专门的文物保护单位，如1980年成立的中卫县文物管理所、1984年设立的中宁县文物管理所和青铜峡市文物管理所、1985年成立的平罗县文物管理所等，这些单位的设立使得各地文物有了专门的保护机构，从而使包括西长城在内的文物保护工作得到很大的加强。

1988年，在宁夏自治区宣布的第二批全区重点文物保护单位中，西长城被整体公布为自治区级文物保护单位。沿线各市县区逐步建立了包括长城墙体、烽燧、关堡等"四有"档案，这是首次将西长

---

① 钟侃：《宁夏古代文物》，第88～90页，宁夏人民出版社，1980年。
② 宁夏回族自治区文化厅、文管会编印：《文物普查资料汇编》，第51页"六、石嘴山市文物普查资料"，1986年。
③ 许成：《宁夏古长城》，宁夏人民出版社，1986年。
④ 牛达生、许成：《贺兰山文物古迹考察与研究》，宁夏人民出版社，1988年。
⑤ 中卫县志编纂委员会：《中卫县志》，宁夏人民出版社，1995年。
⑥ 国家文物局主编：《中国文物地图集·宁夏分册》，文物出版社，2010年。

城升级为自治区级文物保护单位。

2002年，由石嘴山市人民政府公布的市级文物保护单位中，包括西长城西蕃口土墩、暖泉土墩、李家渠土墩等12处烽火台在列。

2005年，在宁夏回族自治区政府颁发的全区第三批文物保护单位中，包括平罗县大水沟内的大水沟题刻、干沟内的干沟题刻等榜上有名。

2006年，随着国务院《长城保护条例》的统一颁布和实施，包括宁夏西长城在内的长城成为全国重点文物保护单位，相应的保护规格也得到了更进一步升级，使得长城保护真正能做到有法可依。

多年以来，随着经济的发展，人们文物保护意识的不断增强，长城保护工作逐渐得到多方的重视。宁夏西长城沿线各市县文物管理部门因势利导、采取多方措施加强对辖区内的长城进行保护管理。以青铜峡市文管所为例，他们委派专人负责保护管理，并聘请了长城文物保护员，制定保护措施，划定保护范围，竖立标志说明牌，制定和发放《长城保护条例》，每年不定期地对长城进行巡地检查，多次制止破坏长城的施工建设等，在长城的保护工作中作出了很大的贡献，正是由于这些基层文保工作人员的辛勤劳动，才使得西长城的保护管理工作取到了很大的成效。

二　本次长城资源调查工作背景和组织实施情况

本次明代长城资源调查工作开始于2007年，是由宁夏文物考古研究所组织、会同宁夏第二测绘院及各市县文物管理所人员组成调查小组。计四组，其中西长城的调查分别由第二、第三小组负责。

第二小组具体负责西长城北起惠农、南迄中宁段的调查工作。该组由周赟担任队长，主要参与人员有雷昊明（宁夏文物考古研究所）、李军、李永泉（宁夏第二测绘院）、孙学锋（中卫市博物馆）、黄金成（青铜峡市文管所）、范锦涛、骆永放、石春生、田鹏花、闫明琛（技工）等，另外西长城沿线各区、县的文物工作人员如青铜峡市文管所的王玉芳、谢晓燕、张艳玲、赵清泉、董薇、闫志珺，大武口区文化局文保科的韩学斌、艾宁，平罗县文管所的王志彬，平罗县文化广播旅游局的冒志文等同志先后部分参与了调查工作。此次调查得到了沿线各市县区文物管理部门的大力支持和配合，青铜峡市文管所前任所长哈彦成、现任所长李鹏，中宁县文管所所长董全仁，平罗县文化和体局副局长申学和，平罗县文管所韩志彬主任，大武口区文化局副局长韩学斌，大武口红寺堡开发区文化广播影视服务中心原办公室主任兼文物干部常刚，贺兰县文化和体育管理局副局长孙林森及办公室主任陈洪龙，永宁县文体局主任李明昆等领导，为调查工作提供了极大的方便，有的甚至多次赴调查一线进行慰问。正是由于他们的大力支持，才使得调查工作顺利开展。

此次调查先从青铜峡市开始。按照国家长城资源调查项目组的统一要求，按县为单位，从北向南进行。调查按时间可分为三个阶段。

第一阶段，2007年4—12月，主要是完成青铜峡、中宁、平罗、大武口及惠农区等市县的调查。参与调查的人员中，青铜峡、中宁两县市主要有周赟、雷昊明、孙学锋、黄金成、李军、范锦涛等；平罗、大武口及惠农区主要有周赟、雷昊明、李永泉、骆永放、石春生、田鹏花等。各地具体的调查时间分别如下。

4月24日—6月20日，完成青铜峡市的长城调查。计调查长城墙体62千米、敌台18座、烽火台48座、关堡3座、壕堑1道等，包括长城以西、今属阿拉善左旗的几段长城和10座烽火台等。

6月20日—9月6日，完成中宁县的长城调查工作。计调查长城51.5千米、敌台3座、烽火台46座。

9月6—23日，完成平罗县调查工作。计调查汝淇沟土墙、大水沟土墙、青石沟石墙等，合计墙体约1千米、敌台4座、烽火台18座。

10月8—20日，完成大武口区调查工作。计调查郑官沟、韭菜沟、归德沟、大风沟、小风沟等处长城，合计墙体约2千米、敌台12座、烽火台18座。

10月26—31日，完成惠农区境内的西长城调查工作。计调查王泉沟—简泉农场段长城10.9千米、敌台7座、烽火台5座。

第二阶段，2008年7月—2009年3月，针对资料整理中发现的一些问题及国家长城资源调查项目组的新要求，第二小组先做了一段时间的补充调查，然后再继续对贺兰、西夏区、永宁县、红寺堡区及阿拉善左旗等地开展调查。参与此次调查的人员有周赟、雷昊明、李永泉、黄金成、骆永放、田鹏花、闫明琛等。

2008年7月19—24日，补充青铜峡市明代长城资料。该段去年已经调查，只是与内蒙古调查小组在两队调查起止点界限问题上有点误解，当时我们预留的以北岔口处为界限，这与两省当初在图纸上初定的以北纬38°05′为界的合约有误，致使此段以南约10余千米出现了两省均做了重复性调查，此次是我们与阿左旗调查同仁现场进行确认核实，再对该段长城做了补充调查。调查历时计5天，合计调查长城墙体50余千米。

8月19—24日，完成贺兰县调查。计调查长城墙体25.5千米（其中除了白头沟、拜寺口沟内残存少量墙体外，其余基本均以山为险）、敌台1座、烽火台12座、题刻2处等。

8月25—30日，完成银川市西夏区调查，计调查长城墙体约40千米（全部为山险）、烽火台6座。

8月30日—9月6日，完成永宁县调查。调查范围南至三关口头关中底部今公路断口处（以南属内蒙古同仁调查范围），计调查长城墙体14千米（其中仅三关口头关1.8千米为土、石墙段，其他皆为山险）、敌台2座、烽火台3座。

9月16—19日，补充调查平罗、大武口、惠农长城，主要补充这几个地区的山险段，新发现了原遗漏的大西峰沟内一段石墙。

9月2日—10月8日，服从宁夏长城调查项目组安排，协助调查红寺堡开发区境内的长城。计调查烽火台15座，惜当时未发现"徐斌水新边"（次年由长城调查第三小组进行了补充调查）。

2009年1月20—23日，补充调查青铜峡市西长城西侧、今属内蒙古阿拉善左旗巴润别立镇和嘉德尔格勒赛汉镇（贺兰山山脊处）的一道长城，合计调查墙体（全部为山险）约10余千米。

2009年4月24日，第二小组调查材料通过了国家文物局明长城资源调查工作验收专家组的全面检查验收。

第三阶段，2010—2011年，补充西长城沿线遗漏的资料。此次调查是在完成明代长城资源调查国家级验收以后，为了更好、更完整准确地出版考古学报告所做的、由宁夏文物考古研究所自己垫付经费并自行组织的补充调查。调查共分两次：

第一次，2010年3月，补充测绘西长城沿线的关堡，如玉泉营、甘城子、镇北堡明堡等平剖面图。

第二次，2011年10月，补充先前由内蒙古同仁调查的三关口头道关至大柳木皋段长城。计调查夯土长城40余千米、敌台23座、烽火台18座、关堡5座、壕堑2道。其中黄羊滩壕堑尚属首次发现。

总之，宁夏西长城惠农至中宁段调查前后历时4年，涉及范围包括宁夏、内蒙古两个自治区的10个市、县、区，30多个乡、镇，近100个行政村落，行程不下5万千米，许多地方甚至多次调查、补充、核实，较圆满地完成调查任务。

第三小组具体负责中卫市段的长城调查。该组由樊军负责。主要工作过程可分以下几个方面。

1. 野外调查

中卫明长城野外调查工作从 2007 年 9 月 16 日开始，至 2008 年 8 月 10 日结束，完成了中卫市境内黄河南北两岸明长城资源野外调查工作。调查工作大致分为三个阶段。

第一阶段，为组织实施阶段。2007 年 9 月 5 日，宁夏文物局在呼和浩特参加完明长城资源调查阶段性工作会议结束以后，中卫明长城资源调查分队开始组建。根据会议审查内容及各省市阶段性工作的相互交流，组织调查队员主要针对两个组前期调查工作的经验和失误，结合《长城资源调查工作手册》，对长城调查的基本方法、调查对象、调查范围、工作流程、调查对象的性质判定以及编码、命名原则和调查记录、绘图、摄像、照相的要求与方法等都进行了初步的认识与摸索，同时组织新增补的队员积极参与前两个组的野外调查，相互学习，取长补短，为下一阶段开展野外调查积累相关的工作与实践经验。

第二阶段，为深化认识阶段。9 月 13 日，正式组建第三调查小组，主要负责宁夏西长城中卫段的长城资源调查工作。由宁夏文物考古研究所樊军担任组长，参与此项工作的队员有中卫市博物馆孙学峰，宁夏测绘院李军、范玉平，技工吕建平、白鹏等。在调查前期，依据实际工作的需要，并结合前两个组调查时遇到的相关问题，我们及时制定出一系列工作制度，涉及内容有领队职责、队员职责分工、财物和资料管理、安全制度、考勤制度及后勤保障等，同时，参照《长城调查工作手册》和国家长城资源调查领导小组提供的范本，我们又自行编写了长城调查的基本方法及注意事项，有关墙体断落的划分、单位性质的命名原则、保存现状的界定、详细描述细则等都进行了严格的要求。9 月 16 日开始，调查小组对中卫市明长城展开全面调查。明代长城在中卫市沙坡头区境内以黄河为界分为南北两段，北段长城的起点位于沙坡头区以东 45 千米处的胜金关，也是中卫市沙坡头区与中宁县的交界处，调查工作沿着卫宁北山的东部边缘由东向西逐步展开。调查工作的流程是：途中边采访边调查，到达现场开始采集数据，用 GPS 定位，并在 1∶50000 地图上、航片上找出相应的位置；确定工作编号和序号，用罗盘定向；拍照、测量并进行记录；对每一段墙体及单体的保存现状、周边环境等相关信息要求现场详细描述记录并画线图，力争做到科学、准确、翔实。黄河北岸野外长城调查工作截止 11 自 20 号结束，完成黄河北段胜金关至黑林一线的调查。

第三阶段，为逐步完善阶段。2008 年 6 月 15 日—8 月 10 日，调查小组完成了中卫市沙坡头区黄河南岸下河沿至南长滩一线长城的野外调查。在调查前期，对第二阶段调查过程中的经验、问题和教训进行总结，制定和完善进一步调查工作的流程，确定资料采集的统一标准。该段长城在黄河以南，队员每天需坐船横渡黄河，翻越高山峡谷，所涉之地山体延绵不断，山峰高低错落，蜿蜒曲折，调查行程异常缓慢，在克服了各种艰难险阻的条件下，我们按期顺利完成了此段长城的野外调查。

2. 室内资料整理及验收

2007 年 12 月 10—30 日，完成中卫市黄河北岸长城调查资料整理工作。限于整理工作时间紧、任务重、要求高，本组队员在第二阶段调查期间，本着实事求是的原则，严格遵照国家文物局制定的规范，认真调查，反复验证基础数据，做好基础性工作，为下一步室内资料的整理工作奠定了良好基础。整理期间始终遵循长城资源调查使用手册为根本，依各省市调查提供的调查表范本为参考，整理中认真对待每一个数据，每一个信息，确保数据准确和工作质量。基于我们调查过程中准备工作做得扎实和认真，所以黄河北岸长城资源调查资料整理工作得以在短期内顺利完成，并将全部调查内容输入"长城资源调查数据采集系统"中。

2008 年 10 月 6 日—11 月 10 日，按照宁夏文物局的安排部署，明长城资源调查工作全面转入室内资料整理阶段，在此期间我们完成了中卫市黄河南段长城资源调查室内资料整理工作。截至 12 月 15 日基本完成第二阶段长城资源调查检查验收所需提交的全部资料，同时完成《中卫明长城资源调查工作报告》。

从 2007 年 9 月 16 日—2008 年 8 月 10 日，历时近 4 个月的野外调查，对中卫市沙坡头区黄河南北两岸分布在 4 个乡镇 37 个行政村内的现存明长城进行了全面调查，实地调查成果显示，黄河两岸长城墙体总长度为 125899.6 米。调查敌台 22 座、烽火台 15 座、关堡 7 座。调查完成长城点位登记表 546 份，GPS 采集点位一览表 61 份；长城主体登记表 67 份，一览表 6 份；单体建筑烽火台和敌台登记表 37 份，一览表 6 份；关堡登记表 7 份，一览表 6 份。完成墙体示意图及剖面线图 62 份，单体、关堡等单位考古绘图 88 份；数码照片 486 张，摄像资料 7 盘。

2008 年 11 月 15 日，通过了国家文物局、国家测绘局长城资源调查领导小组对墙体部分资料的验收工作，2009 年 4 月 25 日，国家长城资源调查项目组主持了宁夏明长城资源调查资料验收工作，专家组对各类调查资料进行了全面检查验收，认为资料合格，通过验收。

关于中卫与相邻省、市、县调查范围的划定如下。

中卫明长城以黄河为界划分为南北两段，南段长城在黄河以南，东起下河沿，沿黄河西行，穿山越岭，经北长滩达南长滩，调查至南长滩西北观音崖，在观音崖，有一高耸险峻的山峰拔地而起，倾斜的山峰突出一岩石，形似佛教中的观世音菩萨，故又名小观音。2008 年 7 月 15 日，在中卫市南段明长城尚待调查过程中，甘肃省文物局长城资源调查组前期与我们共同协商，达成以省界划分段落为原则，宁夏中卫段西长城西端止点与甘肃省靖远县西北部的交界点，即以中卫黑山峡观音崖顶峰为界，地理坐标为东经 104°36′31″，北纬 37°16′20.7″。由此准确地划定彼此的调查量测范围。

北段长城东起镇罗镇与中宁县交界的胜金关 1 号烽火台为分界点，地理坐标为东经 105°27′21.30″，北纬 37°30′34.30″。由此向东与卫宁北山及贺兰山东麓一线长城相接。

"西长城，起自靖房芦沟界，迤北接贺兰山，山迤北接北长城；至大河，河迤而南，逾河而东，有东长城，至定边界，凡周一千一百七十里"①，是明代宁夏西侧边防的重要屏障。它北连宁夏旧北长城，沿贺兰山向南，过黄河与甘肃靖远芦沟界相接，其长度据文献载："西长城四百一十一里，迤北接贺兰山"②，清代《乾隆宁夏府志》亦有类似记载③。是明代自成化年间以来历经多年修葺增建的一道集长城墙体、敌台、烽火台、关堡、壕堑等在内的立体式边防设施。

据实际调查，西长城北起今惠农区红果子镇西北的扁沟（西长城与旧北长城交汇处），沿贺兰山向南，经惠农区、大武口区、平罗县、贺兰县、银川市、永宁县、青铜峡市、中宁县和中卫市 9 个县（市）、区，沿途经过大武口、三关口、磨石沟、北岔口、大佛寺沟、胜金关等大小数十道山口，过黄河，再沿河南侧向西，最后在甘肃靖远芦沟界进入甘肃境内。

据不完全统计，西长城包括主线长城、壕堑、支线长城等，合计长度可达 473569.99 米。根据墙体筑造特点等，西长城由北向南大致可分为四大段：第一段为惠农红果子镇至永宁县西北的三关口；第二段为三关口至青铜峡市大柳木皋东南侧；第三段为大柳木皋至中宁与中卫交界处的胜金关；第四段为胜金关至南长滩。下面我们以这几段长城为准划分章节，每章再将附近的敌台、烽火台、关堡、壕堑等长城附属设施归入其中。

---

① 《万历朔方新志》（影印本）卷 2·边防，第 84～85 页。

② 《万历朔方新志》卷 2·边防，第 84 页。

③ "西长城，自靖房（今甘肃靖远）芦沟界迤北，接贺兰山，山四百一十一里，迤北接北长城"，（清）张金城修，（清）杨浣雨纂，陈明猷点校：《乾隆宁夏府志》卷 2·地理（一）·边界，第 68 页。

第二章 红果子—三关口段长城墙体及其相关设施

第一节 红果子—三关口段墙体

此段是从惠农区红果子镇西北的扁沟（旧北长城西端）开始，沿贺兰山山体向南，经今石嘴山市惠农区、大武口区、平罗县、贺兰县、银川市西夏区、永宁县等县、市、区，途经王泉沟、大武口沟、韭菜沟、归德沟、汝箕沟、大水沟、小水沟、大风沟、小风沟、山嘴沟、榆树沟等数十座山口，最后到三关口头关长城起点处，全长160948.59米。

这段长城多位于贺兰山山间，是充分利用此段山体高耸陡峭、攀爬不便等地理优势，在山体连续、无法通行之处不修建墙体，直接利用山险；而在一些易于通行的山沟之间（或山前）如王泉沟、大武口沟、郑关沟、韭菜沟、归德沟、大风沟、小风沟、汝箕沟、大西峰沟、白头沟等处修建一些封闭山口间的短墙。这些短墙多选择在沟内地势险要、易守难攻之处。墙体种类有土、石墙（或两种兼有）之分，有的中间还夹杂山险。除了少数几道较长外，绝大多数均较短。一些相对较宽阔、地势险要的山沟内还修建几道。沿线山沟沟口等处多筑有烽火台，山前台地每隔一段还修筑有屯成堡寨等。

此段长城由北向南可分为30大段，每段下又可根据其保存状况等划分为不同小段（表一）。

表一　红果子—三关口段墙体类型及保存状况统计表　（单位：米）

	较好	一般	较差	差	消失	合计
土墙	1127.9	374	1974.3	6366.3	4896	14738.5
石墙	82.2	308.6	294.1	301.4	348.4	1334.7
山险	0	144875.4	0	0	0	144875.4
合计	1210.1	145558	2268.4	6667.7	5244.4	160948.6

1. 惠农区红果子镇—王泉沟山险长城（编码：640205382106170010，工作编号：07HHG010）[①]

此段北起红果子镇小墩湾西北3.7千米、扁沟西岸的旧北长城西端点（G0001点），向南经黑石夹

[①] 此文中出现的编码和工作编号是当初输入国家长城资源调查录入系统中自动形成的编号，本报告在整理中根据实际情况进行了个别调整，凡调整后的段落无此编码和工作编号。编者注。

道沟、白虎洞沟、红果子沟、青沟等山沟，最后到燕子墩乡雁窝池村西北 4.5 千米的王泉沟 1 号敌台处（G0002 点），长 9000 米（图一、二）。

此段是直接利用陡峭的山体为险，不砌墙体。其沿线修筑有红果子 1 号、2 号烽火台、王泉沟敌台等设施，与该段山险共同构成一道防御体系。山险分布区域内山大沟深，地形复杂，沿线虽有几处小的山口，但并未贯穿山脉。

2. 惠农区王泉沟—简泉农场土长城（编码：640205382106170011—640205382106170017，工作编号：07HWG011—07HJG017）

此段是西长城红果子至三关口段长城中唯一一段分布于山前冲积扇台地上、且分布距离较长的夯土长城。北起王泉沟 1 号敌台，向南经王泉沟、小黑沟、红山石沟、甜酸枣子沟、小涝坝沟等沟前，最后到燕子墩乡简泉农场 2 队西 0.3 千米处的贺兰山山脊上（简泉农场 3 号敌台），全长 10968.6 米。这里西依贺兰山，东望山前台地及平原，地势西高东低，呈斜坡状，但落差不甚大。

这段长城多位于荒滩上，地表以原生砾石堆积为主，生长有较茂密的野生沙蒿等，墙体两侧分布有较多的现代墓冢。其东面与包兰铁路、110 国道等交通枢纽并行，交通较为便利。近年来随着墙体东侧的村落（如北侧的燕窝池村，南侧的简泉农场等）、厂矿企业（如北侧王泉沟风景区，南侧简泉砖瓦厂等）相继扩张和兴起，其活动范围逐渐逼近墙体，必然会对墙体保护产生一定影响。

此段长城是在原生砾石地表上直接找平、以夹杂小砾石的黄沙土分段版筑而成。墙体方向较直。整体保存差，多数地段仅存底部残迹，包括夯层、夯窝、版接缝等特征均已不辨。受西侧山洪冲刷等影响，墙体上还形成了多处断口。其残损以山洪冲断为主，个别处有开挖道路、取土烧砖等人为破坏。由北向南分为王泉沟、简泉农场两段：

第一段，王泉沟段（编码：640205382106170011—640205382106170013，工作编号：07HWG011—07HJG013）

此段属雁窝池村所辖，多位于王泉沟沟口前宽阔的箕形冲积扇台地上，全长 4632.5 米。按墙体的特征、保存状况等由北向南共分为 24 段（图三、四）。

第 1 段：G0002—G0003 点，长 79.4 米。保存差。此段墙体位于王泉河道以北的山前台地上，是从王泉沟 1 号敌台开始，沿此处一道南北向小冲沟的边缘向西南延伸，至河道北侧断崖边。地势北高南低，但落差不大。墙体保存甚差，仅个别地段尚存残迹，保存稍好处底宽 4.2、顶宽 0.4、残高 1.2 米。

第 2 段：G0003—G0004 点，长 534 米。消失段。此处横跨王泉沟北侧干涸河床，是从北面山体断崖边开始，过底部干涸河道，到南侧河道中间自然形成的一个小环岛的北缘。此段因地处河床上，是本段最低凹处，受山洪冲刷影响，墙体无存。

第 3 段：G0004—G0005 点，长 61.2 米。方向 215°。保存较差。此段地处王泉沟南北两道干涸冲刷河道中间的环岛带上，地势较两侧的河道略高，故墙体尚存，呈带状，但保存较差，仅痕迹可辨。底宽 4.2、高 0.4 米。

第 4 段：G0005—G0006 点，长 92.4 米。消失段。此段是王泉沟干涸河道的南侧另一分支，是西侧几道山口间汇聚的季节性洪水横穿墙体的主要通道之一。受洪水冲刷等影响，墙体无存。

第 5 段：G0006—G0014 点，长 1369 米。方向 220°。保存差。此段自王泉沟干涸河道西南侧边缘处开始，继续沿台地向西南，到王泉公路北侧。此段墙体坍塌较重，多数地段仅存底部残迹，呈土垄状，两侧有较厚的坍塌土与风淤沙土堆积，表面生长有较茂盛的沙蒿等植物。保存较好处底宽 4.2、

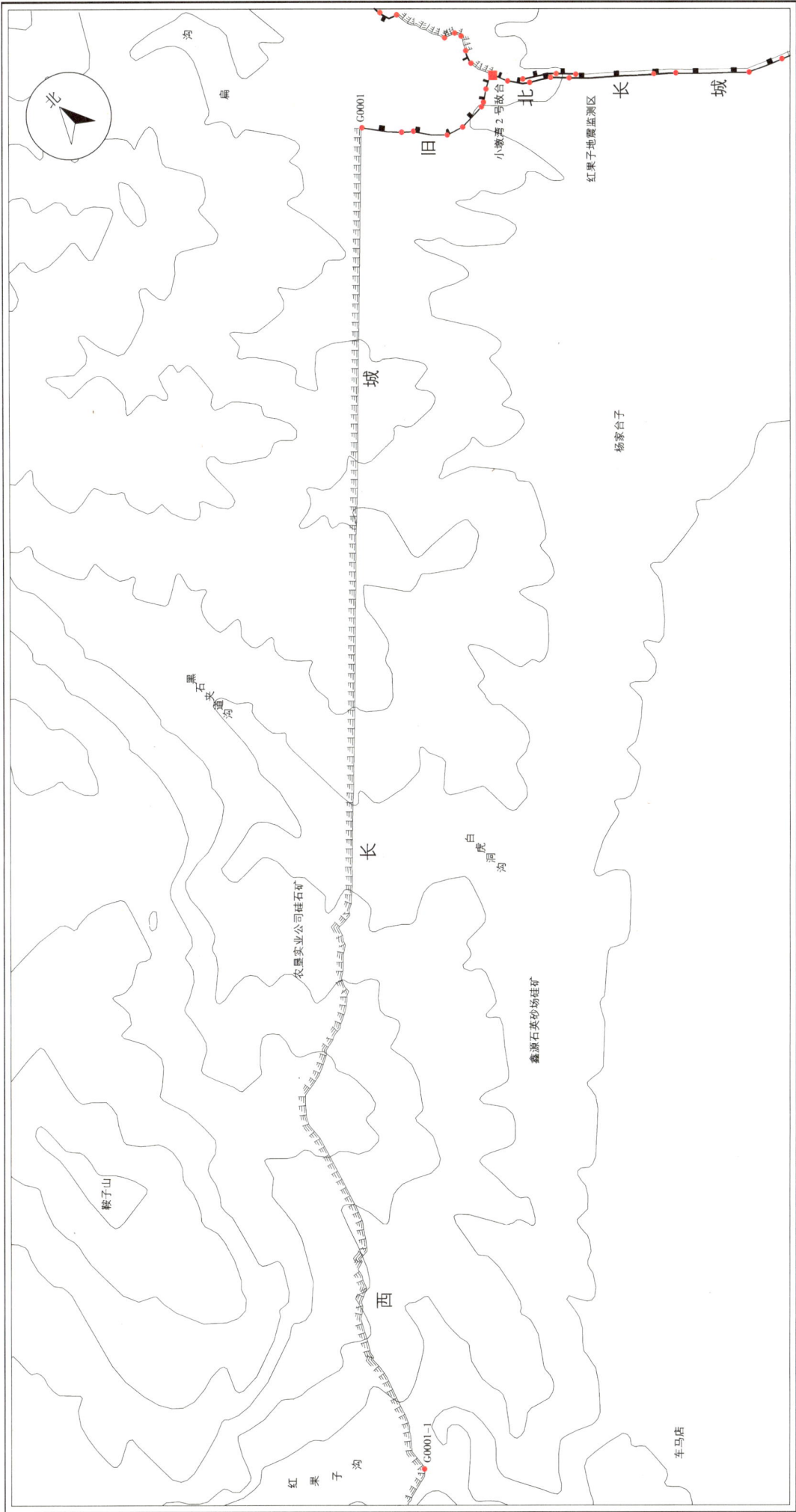

图一 惠农区红果子镇—王泉沟山险山险长城走向图-1

沟 扁

北 长 城

城 长 城

旧 北

城 长

旧 西

红果子沟

G0001

G0001-1

小墩壕2号敌台

红果子地震监测区

杨家台子

农垦实业公司硅石矿

石夹道沟

黑

白虎洞沟

鑫源石英砂场硅矿

鞍子山

车马店

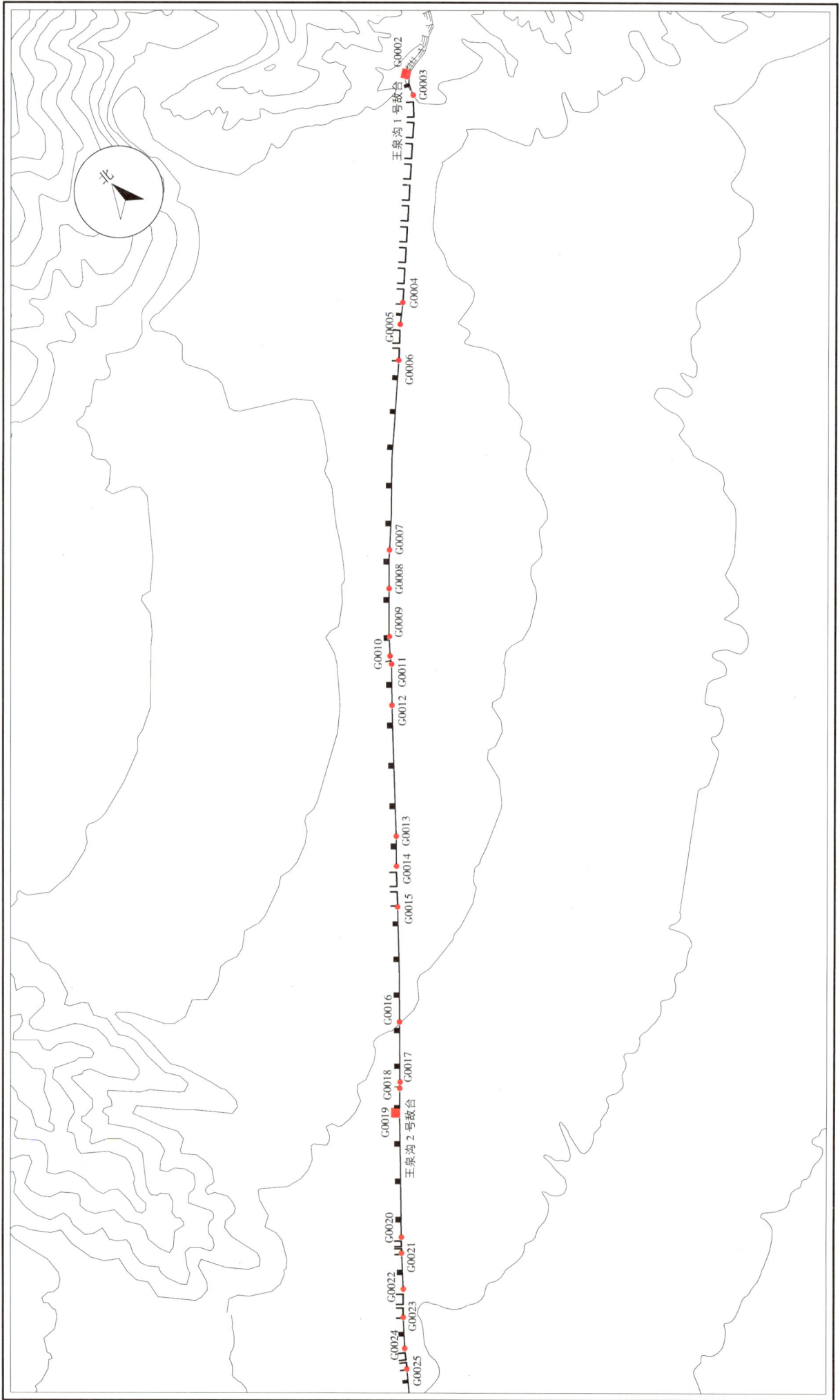

图三　惠农区王泉沟一简泉农场土长城走向图-1

北

炭沟台子

红
果
子
沟

青
沟

G0001-1
G0001-1

车马店

羊泉沟硅石矿场

偷
牛
沟

青
沟

小南沟

图二　惠农区红果子镇—王泉沟山险长城走向图-2

图　　例

高　家　庄	居　民　地　名	土　　　墙
—··—··—··—	自　治　区〔省〕界	消　失　土　墙
—·—·—·—·—	地　级　市　人　民　政　府	山　险　墙
—·—·—·—·—	市辖区、县〔县级市〕界	壕　　　堑
▬▭▬▭▬	铁　　　路	··········· 消　失　壕　堑
——·——0——·——	高　速　公　路	关堡墙体及马面
———2———	等　级　公　路、桥	▲ 烽　火　台
———9———	等　外　公　路	■ 敌　　　台
┴┴┴┴┴┴	陡　　　坎	⊡ 铺　　　舍
／	沟　　　渠	⊞ 基　　　址
〜〜〜	河　　　流	● G076 墙体属性分段点
⬭	等　高　线	▮ 墙体缺口、拐点

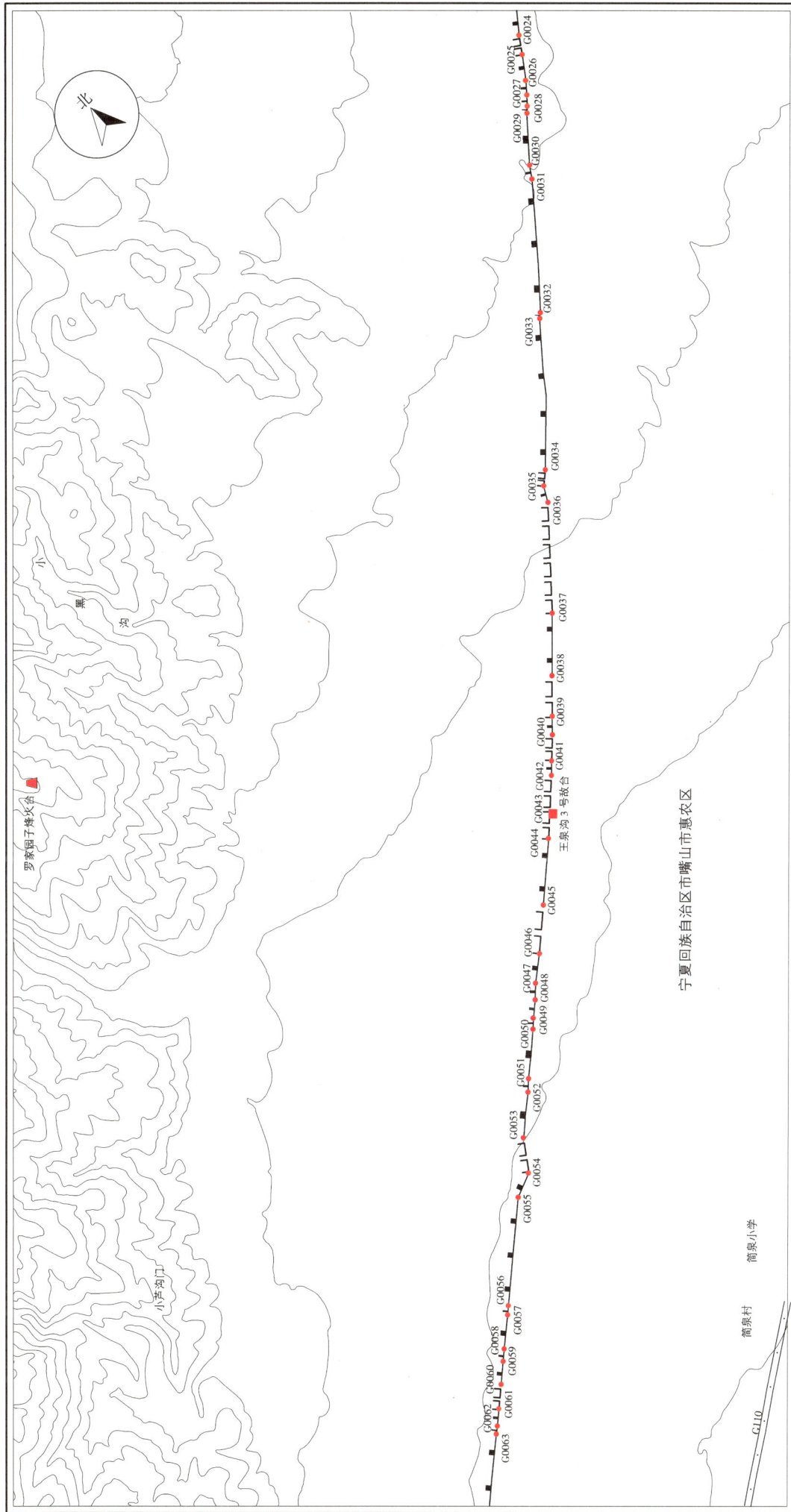

图四　惠农区王泉沟—简泉农场土长城走向图-2

北

罗家园子烽火台

小黑沟

小芦沟口

简泉村　　简泉小学

宁夏回族自治区市嘴山市惠农区

王泉沟3号敌台

G110

G0024
G0025
G0026
G0027
G0028
G0029
G0030
G0031
G0032
G0033
G0034
G0035
G0036
G0037
G0038
G0039
G0040
G0041
G0042
G0043
G0044
G0045
G0046
G0047
G0048
G0049
G0050
G0051
G0052
G0053
G0054
G0055
G0056
G0057
G0058
G0059
G0060
G0061
G0062
G0063

顶宽 0.4、高 0.6—1.2 米（彩图一）。

此段长城的两侧滩地上，今已成为坟茔地，乱坟冢星罗棋布，有些直接掏挖长城取土堆冢，对长城造成很大破坏。

此段墙体中部有 7 道断口，均为西面而来的季节性山洪长期冲刷所致，断口均不宽，其位置、尺寸为：G0007 点南，4.2 米；G0008 点南，5.9 米；G0009 点南，7.3 米；G0010—G0011 点，17 米，另外 G011 点以南 12 米处还有一道宽 4 米的小断口；G0012 点以南，5.5 米；G0013 点以南，11.5 米。

第 6 段：G0014—G0015 点，长 70.5 米。消失段。此段横跨王泉公路及两侧防护林，受其影响，墙体无存。其中公路宽 8.5 米。

第 7 段：G0015—G0017 点，长 487 米。保存差。此段是从王泉路南侧防护林带边缘起，向西南至一处断口边，墙体特征与第 5 段相似，底宽 4.2、高 0.4 米。

此段位于王泉沟冲积扇形台地的南缘，受沟内汇聚的季节性山洪冲刷破坏作用逐渐减小；同时因逐渐远离包括新修王泉路等，人为破坏亦随之减弱，因而墙体能大段的保存。但个别地段，如 G0016 点南侧仍有山洪冲刷出的小断口，宽 3.2、底部剥蚀深达 1.5 米。

第 8 段：G0017—G0018 点，长 17 米。消失段。此段为一处山洪断口，墙体无存。

第 9 段：G0018—G0020 点，长 388 米。方向 220°。保存差。此段墙体自小断口南缘开始，继续向西南到另一处断口边。墙体坍塌严重，现仅存底部残迹。底残宽 4.2、残高 0.4 米。

此段逐渐远离王泉沟冲积扇台地，地势较平坦。但因距离贺兰山较近，受山洪冲刷破坏加大，所形成的山洪断口均较宽。另外，此段起点以南 61 米处有王泉沟 2 号敌台，与墙体并未直接相连，两者间距 3.1 米。

第 10 段：G0020—G0021 点，长 40.5 米。消失段。此段也是一处山洪断口，墙体无存。

第 11 段：G0021—G0022 点，长 98 米。保存差。墙体特征等与第 9 段相似，残底宽 4.2、残高 0.5 米（彩图二）。

第 12 段：G0022—G0023 点，长 70 米。消失段。此段也是一处山洪断口，墙体无存。

此断口现已成为进出西侧煤场的土路，有车辆行人整日穿梭，随之产生的碾压、踩踏、灰尘等对墙体必然会产生一定影响。

第 13 段：G0023—G0024 点，长 91.5 米。保存差。墙体特征等与第 9 段相似，残底宽 4.2、残高 0.4 米。

第 14 段：G0024—G0025 点，长 49 米。消失段。此段也是一处山洪断口，墙体无存。

第 15 段：G0025—G0026 点，长 67 米。保存差。墙体特征等与第 9 段相似，底残宽 4.2、残高 0.4 米。

第 16 段：G0026—G0027 点，长 40 米。消失段。此段也是一处山洪断口，墙体无存。

第 17 段：G0027—G0028 点，长 32 米。保存差。坍塌等甚重，墙体特征等与第 9 段相似，底残宽 4.2、残高 0.3 米。

第 18 段：G0028—G0029 点，长 15 米。消失段。此段也是一处山洪断口，墙体无存。

第 19 段：G0029—G0030 点，长 165 米。保存差。坍塌等残损甚重，两侧均呈斜坡状，墙体特征等与第 9 段相似，底残宽 4.2、顶宽 0.5、残高 0.4—1.1 米。

第 20 段：G0030—G0031 点，长 17 米。消失段。此段也是一处山洪断口，墙体无存。

第 21 段：G0031—G0032 点，长 372 米。保存差。墙体坍塌严重，底残宽 4.2、残高 0.6—1.3 米。

第22段：G0032—G0033点，长19米。消失段。此段也是一处山洪断口，墙体无存。

第23段：G0033—G0034点，长419米。保存差。坍塌严重，底残宽4.2、残高0.4米。另外，此段墙体方向略向西折，呈215°。

第24段：G0034—G0035点，长39米。消失段。此段是小黑沟冲刷出的断口，墙体无存。

第二段，简泉农场段（编码：640205382106170014—640205382106170017，工作编号：07HWG014—07HJG017）

此段特点等与上段基本相似，仅属简泉农场管辖。是从小黑沟沟前的山洪断口南侧开始，继续沿山前冲积台地向南，最后到郑家沟沟口北侧的山梁上，全长6336.3米。由北向南大致可分为44段（图五、参见图四）。

第1段：G0035—G0036点，长49米。方向230°。保存差。墙体坍塌甚重，整体已呈土垄状，两侧底部堆积有较厚的坍塌土及风淤沙土，表面散落有较多的石块等。残底宽4.2、残高0.8米。

长城基本从此段始，方向略向西南转折。

第2段：G0036—G0037点，长283米。消失段。此段是一处十分宽阔的山洪断口，墙体无存。

第3段：G0037—G0038点，长205米。保存差。特征等与第1段基本相似，仅方向略有转折，为225°。现底宽4.2、残高0.5米。

第4段：G0038—G0039点，长99米。消失段。此段是一处山洪断口，墙体无存。

第5段：G0039—G0040点，长47米。保存差。墙体特征等与第1段相似，残底宽4.2、残高0.8米。

第6段：G0040—G0041点，长71米。消失段。此段亦属山洪断口，墙体无存。

第7段：G0041—G0042点，长51米。保存差。墙体特征等与第1段相似，残底宽4.2、残高0.4米。

第8段：G0042—G0043点，长162米。消失段。此段是一处十分宽阔的断口，墙体无存。但其残损原因南北有别，其中北段95米是一处较宽阔的山洪断口，南段67米地势略高，无山洪冲刷痕，但地表无墙体，可能系人为破坏。

此段中部连接着简泉农场1号敌台。

第9段：G0044—G0045点，长196.7米。保存差。方向225°。墙体特征等与第1段相似，残底宽4.2、残高0.3米。

第10段：G0045—G0046点，长117.6米。消失段。此段也是一处十分宽阔的山洪断口，墙体无存。

第11段：G0046—G0047点，长93.3米。保存差。墙体特征等与第1段相似，残底宽4.2、残高0.3米。

第12段：G0047—G0048点，长25.6米。消失段。此段也是一处山洪断口，墙体无存。

第13段：G0048—G0049点，长65.3米。保存差。墙体特征等与第1段相似，残底宽4.2、残高0.8米。

第14段：G0049—G0050点，长31.1米。消失段。此段也是一处山洪断口，墙体无存。

第15段：G0050—G0051点，长144.3米。保存差。此段墙体自北侧起点处起，方向较前段略向西南折，呈230°。墙体特征等与第1段相似，残底宽4.5、残高0.6米。

第16段：G0051—G0052点，长21.5米。消失段。此段也是一处山洪断口，墙体无存。

图五 惠农区王泉沟—简泉农场土长城走向图-3

第 17 段：G0052—G00053 点，长 136.8 米。保存差。墙体特征等与第 1 段相似，残底宽 4.5、残高 0.5 米。

此段中间有两处小断口，宽分别为 3、2 米。

第 18 段：G0053—G0054 点，长 110.5 米。消失段。此段是一处十分宽阔的山洪断口，墙体无存。

第 19 段：G0054—G0055 点，长 135.8 米。保存较差。此段方向较前段又有改变，是随此处台地向西折成东西向，方向 270°。墙体保存略好，残底宽 4.5、顶宽 1.2、斜高 2.6 米。

第 20 段：G0055—G0056 点，长 301 米。保存差。此段随地势再次向南折，方向 230°，最后到达西南侧一处山洪断口边。底宽 4.2、残高 0.6 米。

第 21 段：G0056—G0057 点，长 29.1 米。消失段。此段也是一处山洪断口，墙体无存。

第 22 段：G0057—G0058 点，长 96.3 米。保存较差。此段除了个别地段保存相对较高外，多数地段剥蚀、坍塌等破坏十分严重，保存稍好处底宽 4.5、顶宽 0.7、残高 1.2 米。

第 23 段：G0058—G0059 点，长 32.1 米。消失段。此段也是一处山洪断口，墙体无存。

第 24 段：G0059—G0060 点，长 66 米。保存较差。墙体特征等与第 22 段相似，残底宽 4.5、顶宽 0.7、残高 1.2 米。

第 25 段：G0060—G0061 点，长 68 米。消失段。此段也是一处山洪断口，墙体无存。

第 26 段：G0061—G0062 点，长 45 米。保存差。墙体特征等与第 1 段基本相似，残底宽 4.6、残高 0.6 米。

第 27 段：G0062—G0063 点，长 24 米。消失段。此段亦属山洪断口，墙体无存。

第 28 段：G0063—G0064 点，长 402 米。保存较差。此段墙体除了少部分地段保存略高外，余皆坍塌严重，保存较好处底宽 4.6、顶宽 0.6、残高 1.4 米。

此段中部有 2 处小断口，均不大，宽度分别为 2、1.5 米。

第 29 段：G0064—G0065 点，长 15.1 米。消失段。此段亦属山洪断口，墙体无存。

第 30 段：G0065—G0066 点，长 222.7 米。保存较差。墙体保存略高，但坍塌、风力剥蚀等破坏甚为严重，两侧均呈斜坡状。残底宽 4.6、顶宽 0.8、残高 1.5 米。

另外，此段偏北侧有一处小断口，宽 4.5 米。

第 31 段：G0066—G0067 点，长 22.3 米。消失段。此段也是一处山洪断口，墙体无存。

第 32 段：G0067—G0069 点，长 614 米。保存较差。此段墙体也是除了少部分保存稍好、墙体略高外，其余多坍塌严重。保存较好处底宽 4.6、顶宽 1.1、残高 1.1—1.6 米（彩图三）。

此段墙体中部略偏南侧有一道小的山洪断口，宽 5.6 米。另外，此段墙体中部（G0068 点处）、距起点 257 米处有一座敌台（简泉农场 2 号敌台），两者并未直接相连，间距 8.7 米。

第 33 段：G0069—G0070 点，长 84 米。消失段。此段是一处较宽阔的山洪断口，墙体无存。

第 34 段：G0070—G0071 点，长 684 米。保存差。此段坍塌严重，仅存墙体底部，底残宽 4.6、残高 0.6 米。

第 35 段：G0071—G0072 点，长 155 米。消失段。此段是小酸枣沟冲刷出的宽阔断口，墙体无存。

第 36 段：G0072—G0073 点，长 287 米。保存较差。此段除北面一小段保存较高外，多数坍塌等较重。保存较好处底宽 4.6、顶宽 0.8、残高 1.4 米（彩图四）。

此段中部有一小山洪断口，宽 6.8 米。

第 37 段：G0073—G0074 点，长 243 米。消失段。此段因穿越简泉村砖厂厂区，东面为砖厂取土区，西面为烧窑区，人为毁墙等严重，从而形成一道宽阔的缺口。

第 38 段：G0074—G0075 点，长 45 米。保存差。此段从简泉砖厂南侧起，向南至简泉农场一组居民区。位置接近现代村落，人为破坏严重，仅存底部残迹。底残宽 4.6、残高 0.4 米。

第 39 段：G0075—G0076 点，长 170 米。消失段。此段位于简泉农场一组居民区内，墙体无存。

第 40 段：G0076—G0077 点，长 118 米。保存差。此段从简泉农场一组居民点开始，继续向西南，到小涝坝沟北侧断口处。方向较前段又向西南折，呈 240°。其特征等与第 38 段相似，保存稍好处底宽 4.6、残高 0.3 米。

第 41 段：G0077—G0078 点，长 94 米。消失段。此段是小涝坝沟冲刷出的山洪断口，墙体无存。西距贺兰山山体仅 98 米。

第 42 段：G0078—G0079 点，长 289 米。保存差。此段从小涝坝沟南开始，继续沿山前台地向西南，到郑家沟断口边。地势由东北向西南略有抬升。方向 240°。保存甚差，墙体断断续续，有多处人为取土形成的断口，保存稍好处底宽 4.2、残高 0.3 米。

第 43 段：G0079—G0080 点，长 87 米。消失段。此段是郑家沟冲刷出的山洪断口，墙体无存。

第 44 段：G0080—G0081 点，长 97 米。保存差。此段从郑家沟断口南开始，沿一西南—东北向山梁向西南，地势逐渐抬升，最后至贺兰山半山腰处的简泉农场 3 号敌台。方向较为曲折，总体呈 260°。墙体破坏严重，呈断断续续状，残底宽 4.6、残高 0.4 米。

此段东侧有新修的涝坝沟水库，相距 70 米；再东距今 110 国道 240 米。

3. 惠农区简泉农场—北岔沟山险长城（编码：640205382106170018，工作编号：07HJG018）

此段北起简泉农场 2 队以西 0.3 千米处的长城止点（简泉农场 3 号敌台，G0081 点），沿山体向西南，过小狼子沟、大坑沟、白石头沟、东白圪垯等诸山沟，最后到惠农区与大武口区两行政区交汇点的北岔沟沟口处（G0081—1 点）。方向上基本呈 "U" 形，两点间的直线距离为 4944 米（图六）。

此段随山体分布，地势有高低落差。山体中间虽有几道小沟，但规模均不大、且未贯山体，山势陡峭不便通行，故此段不筑长城，直接利用山险。

4. 大武口区北岔沟—大武口沟山险长城①

此段东起北岔沟沟口（G0081—1 点），沿山体向西，最后到大武口沟口东侧的大武口沟 2 号烽火台（G0082 点）处，全长 1214 米（参见图六）。

此段地势亦有高低落差；方向总体基本呈东—西向。山体基本连续，中间无断口，山崖陡峭不便通行，故此段不筑长城，直接利用山险。

5. 大武口区大武口沟消失长城（编码：640202382106170011，工作编号：07DDG011）

此段位于今大武口区西北的大武口沟沟口处，东北起大武口沟 2 号烽火台（G0082 点），南至大武口沟西南侧半山腰处的大武口沟烽火台（G0083 点），全长 1670 米（图七）。

此沟即明代的打硙口，是阿拉善高原通往宁夏平原的交通要道，在明代宁夏镇的北部边防中具有十分重要的战略地位。史载此处早在明初正德（1506—1520 年）间就曾筑有三道关口，只是到嘉靖年间就已经颓废。嘉靖十年（1531 年）曾于此修筑过一道 "新墙" 进行防御，但无济于事。嘉靖十九年

---

① 先前输入国家文物局长城资源调查录入系统中，由于划分平罗、大武口两市县的地界失误、定名不准等，误将本文中的 3、4、5 三段划分成一个大的山险段。今在报告整理时，根据实际情况将这几小段分别开，另行编段进行描述，故出现了第 4 段无编码和工作编号情况。编者注。

（1540 年），镇守都御史杨守礼与宁夏镇总兵官任杰、都指挥吕仲良等亲自到打硙口，对沿山 20 千米的边备情况进行勘查，并重修了包括此口在内的诸道山口。

大武口沟的三道关，早年资料记载在 20 世纪"50 年代尚可看到，自 1959 年修筑铁路时被全部破坏"①，并简要记载了几道关隘的位置、保存状况等，只是由于多年施工建设等破坏，其遗迹早已无存，此次调查亦未发现，仅在沟口两侧的山体上发现 3 座烽火台。此沟内的石炭井现已成为银北地区最重要的煤炭基地之一，煤炭开发长久不衰，有平汝铁路、运煤公路深入沟内。往来车辆行人整日络绎不绝。

6. 大武口区大武口沟—郑官沟山险长城（编码：640202382106170011—640202382106170012，工作编号：07DDG011—07DDG012）

此段北起大武口沟烽火台（G0083 点），随山体辗转向南，经大枣沟、小枣沟及枣儿沟烽火台（G0084 点）后随山体略向西北折，最后到长兴办事处兴民村西北约 2.7 千米、郑官沟沟口东侧的郑关沟 1 号烽火台（G0085 点）处，方向总体呈东北—西南向，全长 6346.65 米。此段虽经大枣沟、小枣沟等山沟，但并未贯通。山体巍峨，交通极为不便，故此段直接利用山险，不砌墙体（参见图七）。

此段山险中部枣儿沟处与北长城相连（枣儿沟是北长城的西端止点），亦与今划归北长城沿线的枣儿沟敌台、山前的临山堡等建筑相邻。

7. 大武口区郑官沟土、山险长城（编码：640202382106170013—640202382106170015，工作编号：07DCG013—07DCG015）

郑官沟位于大武口区西侧，沟口前的台地上即为大武口区烈士陵园，沟内有今已废弃的采石场。此道沟虽不甚宽大，但沟内有几处豁口可分别通往东北面的小枣沟和南面的韭菜沟等，位置十分重要。因而此道沟内修筑有 3 道长城、5 座烽火台、4 座敌台等（图八）。

这 3 道长城多为夯土长城（个别段落中有直接利用山险），合计长度为 730.4 米。其中一道位于郑官沟进沟约百米的河道东侧山梁上，另外 2 道位于进沟约 300 米的河道西侧半山腰，按其位置分为3 段。

第一段，郑官沟 1 段山险、土长城（编码：640202382106170013，工作编号：07DCG013）

此段长城位于郑官沟进沟约百米的河道东岸，是从山体半山腰处的郑官沟 1 号烽火台（G0085 点）开始，沿一道大致呈东北—西南向的陡峭山梁而下，经郑官沟 2 号烽火台（G0086 点）后略向西折，过近沟底半坡处的郑官沟 1 号敌台（G0087 点）向西北而下，过沟底干涸河道，最后到河道西北侧的陡崖边（G0090 点），全长 416 米。地势东高西低，落差较大。方向较曲折，平面略呈"V"形，总体呈东—西向。墙体类型有山险和土墙两类。

（1）山险

此段从郑官沟东岸半山腰的郑官沟 1 号烽火台开始，沿此处较陡峭的山梁向西南，经同一道山梁上、但地势较低的郑官沟 2 号烽火台后，再随山梁略向西折，地势继续降低，最后到河道东岸陡崖边的郑官沟 1 号敌台，全长 328 米（其中前段 102 米，后段 226 米）。此段因地势较高，山体陡峭，攀爬不便，故未筑长城，直接利用山险。

---

① 牛达生、许成：《贺兰山文物古迹考察与研究》，第 8 页，宁夏人民出版社，1988 年。

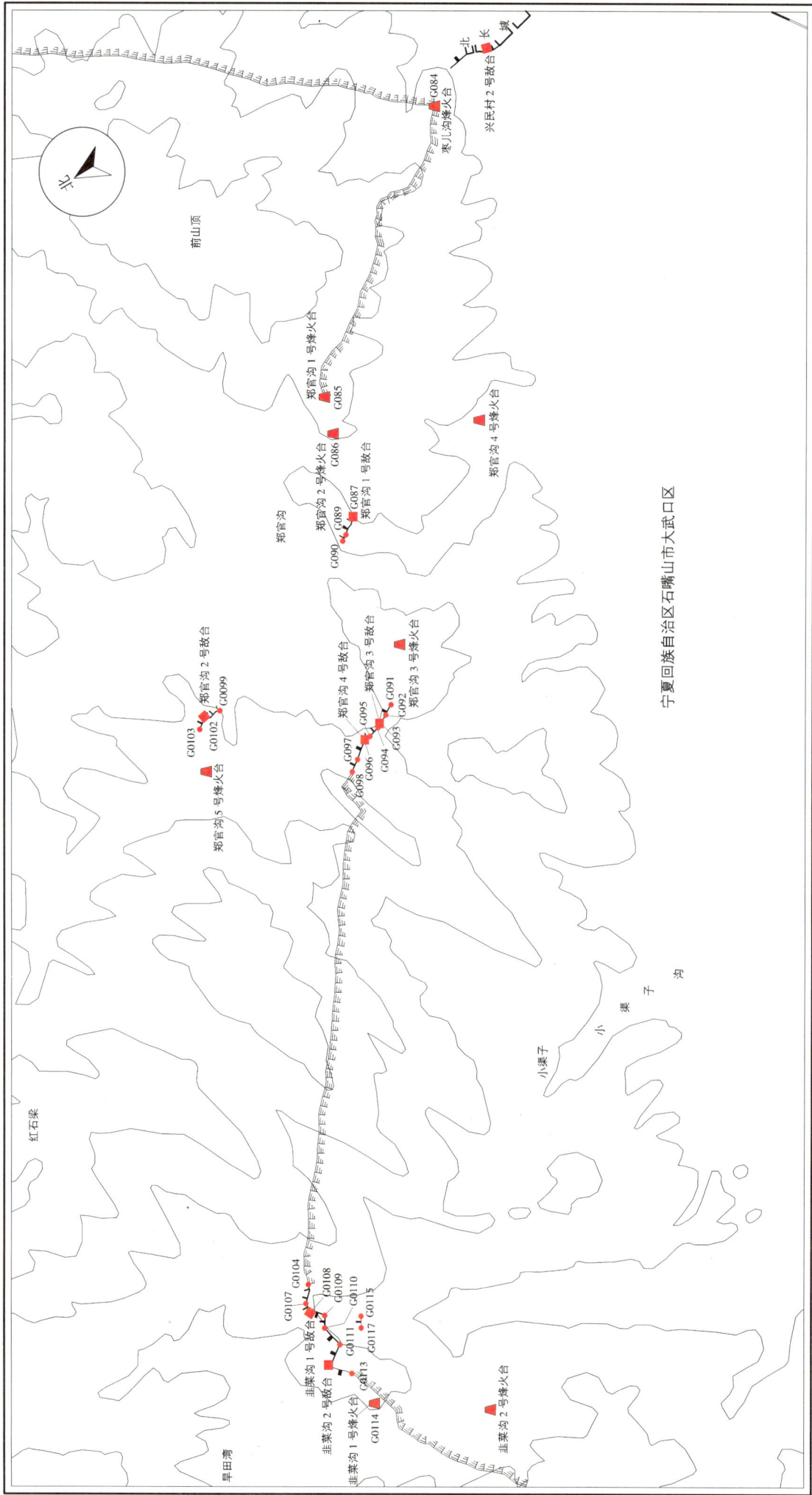

图八 大武口区郑官沟土、山险长城，郑官沟一韭菜沟山险长城和韭菜沟土、石长城走向图

（2）土墙

此段是从郑官沟1号敌台处开始，沿陡崖斜坡而下，过底部河道，最后连接于河道西岸，全长88米。地势东高西低，落差稍大。是用夹杂较多青灰色小石粒的黄沙土夯筑而成，整体保存较差，坍塌等残损甚重，按其保存状况等可分为3小段。

第1段：G0087—G0088点，长40米。保存差。此段墙体自郑官沟1号敌台起，随一道山梁向西北，最后至断崖边。此段位于郑官沟东岸边的山梁上，地势较高，墙体残损甚重，现仅存残迹。

第2段：G0088—G0089点，长29米。保存较差。此段墙体从断崖底部开始（起点较山梁边的郑官沟1号敌台要低近1米，两者间有错位），沿坡面而下，一直到干涸河道边，地势由东向西逐渐下降，两端落差较大。墙体夯土中含石量较大，石块均不大，似经粗略筛选。保存较差，坍塌十分严重。残存墙体底宽5.5、顶宽1.4、南侧高2.4、北侧高2.8米。夯层厚0.2—0.25米。

第3段：G0089—G0090点，长19米。消失段。此段横跨郑官沟河道，墙体无存。

第二段，郑官沟2段土、山险长城（编码：6402023821061700014，工作编号：07DCG014）

此段位于郑官沟进沟约300米、沟西侧半山腰一个马鞍形山凹处，东面临坡；坡下即为郑官沟底部河道，斜距约50米；西面为一处小平台，过小平台可辗转通往西面的韭菜沟。东南侧与分布于山脊上的郑官沟3号烽火台相望，两者间距152米；北面过一道山梁与郑官沟3段土墙相邻，且与北面另一道山梁上郑官沟5号烽火台相望，墙体中部还与郑官沟2、3号敌台等相连。

此段长城，除了中间有一小段属直接利用山险外，其余均是在原生砾石地表上直接找平、用夹杂少量小石粒的黄沙土夯筑而成。保存较好，但坍塌等破坏仍然存在。方向不甚直，中间略有拐折，总体呈南北向，全长208.3米。地势随地表有高低起伏，相比以中部低而两端高、尤以北端最高。按其保存状况等由南向北可分为6小段（彩图五）：

第1段：G0091—G0094点，长82.2米。保存较好。此段是从南侧陡崖边开始，向北到一断口处。地势由南向北略有下降。此段保存尚佳，墙体高耸，壁面较陡，尤是西壁保存较好，底部有带状风蚀凹槽；东壁则残损稍多，这可能与东面临坡、易受迎坡而来的风力侵蚀有关。顶部较平。底宽3.5、顶宽1.3、西侧高6.5、东侧高5.2米。夯层厚0.2—0.25米。版接缝长3.5米。

此段起点向北33米处（G0093点）是墙体的一处拐点，也是墙体保存一特征点，其南墙体保存稍逊，底部有一道东西贯通状洞穴，洞内堆积有较多羊粪。横宽1.45、高1.05米，可能是人为掏挖而成；西侧的墙面上还有一道水冲沟，由顶部一直延伸到底部，呈贯通状，顶部深0.75、底部深0.25米。此点以北则保存最好，有些地段甚至原状保存，顶部尚存部分女墙和垛墙。垛墙残高0.35—1.05、厚0.25—0.45米，女墙残高0.35—0.65、厚0.3—0.45米（彩图六）。

此段止点连接郑官沟4号敌台，西与长城相连，东面突出墙体外，顶部高出墙体，保存较好。

此段墙体的东侧壁面有一处后期修补的痕迹，位于此段偏北侧，是在先前较纯净的黄沙土外侧，再用夹杂较多小砾石的黄沙土夯筑增厚，修补的墙体与早期墙体在色泽、包含物等方面区别较为明显。

第2段：G0094点向北6.5米，长6.5米。消失段。此段墙体位于山凹最低处，有一道后期挖断的断口，墙体无存。断面处特征十分明显，是用黄沙土两面夹板、整体夯筑而成，外侧无加厚的附墙。

第3段：G0094点以北6.5米—G0095点，长26.1米。保存较好。此段墙体随地势由南向北略有抬升。其特征等与第1段基本相似，墙体高大雄伟，但顶部垛墙、女墙等无存。底宽3.3、顶宽1.8、高 6.1 米。

第 4 段：G0095—G0096 点，山险段，长 16.4 米。此段位于山凹北面一处坡度近 80°的陡崖处，南侧墙体直接延伸到陡崖底部，而下一段墙体又是直接从陡崖顶部修建，两者间有上下错位。陡坡上未修墙体，直接利用此段陡峭山体。

第 5 段：G0096—G0097 点，长 41 米。保存较差。此段墙体地处山凹北侧近 30°的山坡上，是从底部陡崖陡边开始，随坡而上，至此段中部保存特征点处。地势北高南低，落差较大。地表倾斜使得墙体稳固性相对较差，加之长期因受山坡上汇聚的雨水冲刷等破坏，使得此段残损较重，壁面上有多处水冲槽。底宽 3.5、顶宽 1.75、西侧高 3.1、东侧高 3.3 米。较明显的水冲槽宽 1.2、长 1.5 米。

此段起点处连接有郑官沟 3 号敌台，西壁与墙体相连，主体突出于墙体之外。

第 6 段：G0097—G0098 点，长 36.1 米。保存差。此段墙体从中部起，继续沿山坡向上攀升，最后连接在半坡陡崖处。地势北高南低，落差较大。此段墙体保存甚差，也是因山坡陡峭倾斜、土墙基础不稳，加之长期遭受山顶汇聚的雨水冲刷等破坏，使得此段残损甚重，多呈土垄状，残墙底宽 1.2—3.2、顶宽 0.4—1.6、残高西侧 1.7—3.3、东侧 3.2—2.8 米。

第三段，郑官沟 3 段土长城（编码：640202382106170015，工作编号：07DCG015）

此段长城位于郑官沟进沟约 350 米、河道西北侧半山腰一处缓坡平台上，斜距沟底约 50 米。其北侧是陡峭的贺兰山山脉，山顶有郑官沟 5 号烽火台；南面陡坡下即为郑官沟的"U"形拐弯河道，底部有一处废弃的采石场。

此段长城是从小平台南侧陡崖边（G0099 点）开始，向北经郑官沟 2 号敌台后，再沿北侧陡崖坡面而上，最后至北侧半山腰陡崖处（G0103 点），全长 106.1 米。地势由南向北逐渐抬升，升幅较大；方向亦受所在山体影响，中间几经转折，总体呈南北向（彩图七）。

此段长城也是用夹杂有较多青灰色小石粒的黄土夯筑而成，整体保存尚可。按其保存状况等由北向南分为 3 段。

第 1 段：G0099—G0101 点，长 42.2 米。保存较好。此段从缓坡南边起，沿此处一较深的小凹沟边向北，经中部一拐点（G0100 点）后略向东折，最后到北面一个较大的拐弯处。地处缓坡平台上，地势虽北高南低，但落差较小。墙体较高，但坍塌等破坏严重，尤是东壁坍塌甚重，呈斜坡状，表面生长有沙蒿、毛草等。西壁保存则相对较好。底宽 3.9、顶宽 0.5、残高东侧 2.7、西侧 3.3 米。

第 2 段：G0101—G0102 点，长 34.1 米。保存较好。此段从拐点处起，向东一直到敌台西侧。此段地处同一道小山梁上，地表较平，方向基本呈东西向。墙体除起点处有一处宽 2.2 米的小断口（仅上部夯土坍塌，但基部尚存）外，其余部分保存较好。墙体保存较高，但残损较重，尤是南壁坍塌较多。底宽 2.9、顶宽 0.75、残高南侧 4.2、北侧 2.3 米。

第 3 段：G0102—G0103 点，长 29.8 米。保存差。此段自敌台西边起，沿此处的一道较尖的山梁再向西北折，再沿山梁而上，最后至北面半坡陡崖处。此段地势南北落差大，墙体保存极差，多数仅存痕迹。残底宽 1.65、顶宽 0.3、残高东侧 0.35、西侧 0.45 米。

此段起点有郑官沟 2 号敌台，西与长城相连，东面突出墙体外。

8. 大武口区郑官沟—韭菜沟山险长城（编码：640202382106170016，工作编号：07DCG016）

此段属自然山险，是从郑官沟 2 段土墙止点处（G0098 点）起，沿凸出的山嘴向西，过小渠子沟，最后至长兴办事处西北约 5.4 千米、韭菜沟内的土墙起点（G0104 点）处，全长 1648.3 米，呈东南—西北向。此段是直接利用陡峭山体及自然冲沟构成天然防线，不砌墙体（参见图八）。

9. 大武口区韭菜沟土、石长城（编码：640202382106170017—640202382106170019，工作编号：07DCG017—G019）

韭菜沟位于大武口区西侧，是一处较大的贺兰山山口。这里山沟曲折宽漫，沿河道可辗转进入贺兰山腹地，沟底现仍有涓涓细流。沟口西南侧有北武当庙寺院，现已成为大武口区著名风景旅游点之一；沟内原属驻宁某部队的驻地，沿线修建有较多的石洞，现已全部废弃。这里交通十分便利，有柏油路可直达山口，进沟亦有原部队修建的水泥路等。

这里长城建筑有墙体、敌台、烽火台等，均位于进沟约百余米的一处较狭窄的峡谷附近。是充分利用河道东面延伸出的一道较高的山嘴，在其东侧较低矮的马鞍形山凹处修筑长城加高，沿线还筑有两座敌台；而在山嘴边和对岸半山腰上再各修一座烽火台。此地2001年被当地政府作为市级文物保护单位，在沟底立有一座水泥质长城保护碑（参见图八）。

韭菜沟长城有土墙和石墙两类，合计长度334.1米。按材质、位置等不同分为三段，其中韭菜沟土墙与韭菜沟1段石墙两者基本相连：

第一段，韭菜沟土长城（编码：640202382106170017，工作编号：07DCG017）

此段长城位于凸出山嘴东侧的山凹处，其西面坡半坡处有韭菜沟2号敌台，坡下即为曲折的韭菜沟河道；西北过韭菜沟2号敌台与山嘴顶部平台上的韭菜沟1段石墙相连，再向西北与分布于同一平台上的韭菜沟1号烽火台、河道对岸的韭菜沟2号烽火台等相望。

此段是从山凹东南侧陡崖边（G0104点）起，向西北辗转经中部的韭菜沟1号敌台、过山凹最低处后，再沿西北侧坡面而上，最后至西北侧平台上的2号敌台处（G0113点），全长245.8米。地势呈两端高、中间低的"U"形，尤以西北侧最高，落差较大；方向十分曲折，总体呈东南—西北向（彩图八）。墙体是用夹杂较多小石粒的黄沙土分段版筑而成，质地较粗涩，整体保存较好，个别地段顶部的垛墙、女墙等痕迹尚存，中部低洼处还建有石基础。按保存状况等分为3段：

第1段：G0104—G0106点，长44米。保存一般。此段从山凹东南侧陡崖边开始，向西北到一处保存特征点处。方向不直，中间略有曲折，大致在320°。此段以中的G0105点为准又可细分为前后2小段。

前段长6.6米，位于断崖顶上，是从东南侧半坡处开始，向西北至一个高差近2米的断崖边，地势略有降低。保存一般，残损甚重，尤以西壁坍塌甚重，整体已呈斜坡状，仅东壁保存略好。残存墙体底宽4.9、顶宽0.5、残高东侧2.4、西侧高0.8米。

后段长37.4米，位于断崖下的山凹处，是从断崖底部开始，辗转向西北至墙体保存特征点处。地势亦属逐渐降低，但幅度较小。墙体残损较重，尤是西南侧壁面坍塌甚重，有的甚至半边墙体全部坍塌，但东北侧墙体保存略好。残存墙体顶宽1.7、残高东侧4.3、西侧3.9米。

此段起点处与前段分布于断崖顶部的墙体有上下错位现象，两者间有近2米的落差。另外，此段起点处有一道断口，宽8.4米。

第2段：G0106—G0110点，长103米。保存较好。此段从墙体保存特征点处起，继续沿山凹辗转向西北，经韭菜沟1号敌台南壁，到西北侧一处小断口边。此段除了中部有一处小的断口外，整体保存较好，墙体高耸，有的地段顶部垛墙、女墙等尚有残存。

此段墙体底部均有人工垒砌的石砌基础，是用青灰色毛石垒砌而成，黄泥勾缝，部分缝隙较大处再以小石块填塞，砌筑较规整、牢固。砌石高0.6—1.2米。石块大小不一，规格长0.3—0.5、宽0.3—0.4米，砌石面较土墙底部要宽约0.4米。

按墙体的分布特点等，此段又可细分为3小段。

（1）G0106—G0108点，长21米。此段基本处于山凹底部，地势较平，方向自中部（G0107点）后随山梁向西折，一直延伸到西北侧韭菜沟1号敌台南壁处。墙体高耸，顶部较平，顶上尚残存女墙和垛墙。墙体底宽4.2、顶宽1.6、高3.9米。女墙残长3、残高0.2—0.4、厚0.2—0.3米，垛墙残长12.5、残高0.2—0.5、厚0.1—0.3米。

此段以中部的G0107点为界，两段方向及保存特征等略有区别。

前段长13米，方向235°。此段壁面上有明显的冲沟发育，东西两面均有，以西壁最为明显，较明显有三处，呈上下贯通状，冲沟大小不一，上宽0.2—0.4、下宽1.2—0.6米。西壁表面长有黑色霉斑，色发乌，还生长有稀疏的蒿草、毛草等植物。

后段长9米，方向225°。较之前段方向再向西折。墙体除了在近敌台处有一处宽2米的小断口外，其余部分保存较好。但西壁底部的风蚀凹槽十分明显，基本呈带状，东壁底部则不见。

（2）G0108—G0109点，长39米。此段地势由东向西略有降低，方向230°。墙体除了止点处有一处长2.6米的豁口外（但底部基础尚存），总体保存较好。墙体底宽4.2、顶宽1.6、高3.2米（彩图九）。

（3）G0109—G0110点，长43米。此段位置已近山凹西北边，墙体始沿其西北面坡向上攀升，方向不直，总体呈135°。底宽4.6、顶宽1.9、高3.8米。

第3段：G0110—G0113点，长98.8米。保存一般。此段过半坡一处小山凹后，继续沿坡面而上，最后到达平台上的韭菜沟2号敌台处，落差较大，整体保存一般，残损较重。以中间的G0111点为准再细分为2小段。

前段长58.2米，方向260°。此段残损较重，多已坍塌成尖顶状。其中起点处有一处断口，长10.2米；但也有一小段保存稍好，顶部女墙还有残留，女墙残长8、残高0.25—0.5米。墙体底宽1.2—3.5、顶宽0.35—1.6、高1.1—3.8米。

此段墙体底部仍然有石砌基础，高1.4—1.6米。其特点与前段基本相似，所用石块大小不一，一般宽0.4—0.5、厚0.18—0.55米。

后段长40.6米，方向155°。此段墙体底部未见砌石，是直接在原生砾石地表上夯筑墙体。保存不佳，起点处也有一处长3.5米的断口。残存墙体底宽1.25、顶宽0.4、北侧高3.1、南侧高1.1米。

此段过韭菜沟2号敌台后可直接与韭菜沟1段石墙相连。

第二段，韭菜沟1段石长城（编码：640202382106170018，工作编号：07DCG018）

此段位于河道东北侧凸出山嘴的顶部平台上，是从韭菜沟2号敌台西壁（G0113点）起，向西北至平台北侧陡崖边（G0114点），全长23.6米。地势较平，方向亦较直，呈东南—西北向。它应是韭菜沟土墙向西北延伸的一个补充，是针对此处地势较高、周围山体地表土壤缺乏、但石料丰富、取材方便等特点，改用石块垒砌墙体。其所选石料均为赭红色，质地细腻，硬度高。垒砌时直接采用毛石干垒，石缝间不施粘结料，稳固性甚差，故坍塌较多，今已呈石堆状。残存墙体底宽2.6、顶宽1.8、西南侧高0.95、东北侧高1.3米（彩图一〇）。

第三段，韭菜沟2段石长城（编码：640202382106170019，工作编号：07DCG019）

位于韭菜沟土墙东南面的半山坡处，坡下即为韭菜沟河道。墙体是从半山坡东南侧陡崖边开始，沿坡面向西北到山体陡崖处（崖顶即山嘴平台），全长64.7米。地势西高东低，两端落差较大。墙体方向较直，呈东南—西北向。是由大块赭红色、青灰色页岩毛石干垒而成，石缝间不施粘结料，故稳固性极差，坍塌较多。按其保存状况等可分为2段。

第1段：G0115—G0116点，长14.8米。消失段。此段横跨半坡上的一处小冲沟，地势较低，墙体无存。

第2段：G0116—G0117点，长49.9米。保存较差。此段是从小冲沟边起，沿坡面向西北到山体陡崖处。地势随山坡逐渐抬升，两端落差10米左右。墙体坍塌甚重，整体已呈斜坡状。残存墙体底宽6.5、顶宽4.8、斜高2.3米。

10. 大武口区韭菜沟—归德沟山险长城（编码：640202382106170020，工作编号：07DCG020）

此段属自然山险，是从韭菜沟土墙的止点处（G0114点）起，沿贺兰山山体向西南，沿途经过武当庙沟等小山沟，最后至归德沟外道长城起点处（G0123点），全长3060.38米。方向呈东北—西南向（图九）。

此段是直接利用陡峭山体构成天然防线，中间虽有小山沟，但并未贯穿山体。

11. 大武口区归德沟土、石、山险长城（编码：640202382106170021—640202382106170025，工作编号：07DCG021—G025）

归德沟位于大武口市区以西、距市区约3千米处，是贺兰山一道相对较大的山口。这里山沟曲折开阔，沿沟底可辗转进入贺兰腹地，沟底至今尚有涓涓溪流。沟内山势巍峨、植被茂密、道路曲折幽深，风景旖旎优美，很久前就有游人散客进出。除了沟口附近有采沙场、沟内有几处废弃的羊圈之外，其他人为破坏尚不多见，故长城遗迹保存较好。

此沟内的明长城计有2道，合计长度1639.3米。砌筑一道位于进沟约2千米的沟底，今暂编为归德沟里道长城；一道位于进沟约1千米的河道西岸，今暂编为归德沟外道长城。

（1）归德沟里道石长城（编码：640202382106170021，工作编号：07DCG021）

此道长城位于归德沟进沟约2千米的河道西侧的滩地上，其北面不远处即为归德沟两条河道的交汇处。这里东西两侧山体高耸陡峭，底部河道较窄，溪流从东侧辗转流过，西面有众多的天然巨石矗立，是一处修筑长城的绝佳之处。西南侧与山脊上的归德沟1号烽火台相望，相距约400米；南侧与归德沟外道长城并列，相距约500米。

此道长城属主墙之外的一道附墙，是从归德沟小溪流的东北侧陡崖边开始，过溪流，再沿西侧平坦的河道滩地向西南，至西侧陡崖边，全长115.6米，地势较低平，起伏不大；除了中部因该地一块大石块影响而略向北折外，其余地段方向基本呈一条线，呈东北—西南向，方向200°。是用石块垒砌而成，按其特征及保存状况等，大致可分为4段。

第1段：G0118—G0119点，长22.6米。消失段。此段位于归德沟沟底处，有溪流从此穿过，墙体无存。

第2段：G0119—G0120点，长18米。保存差。此段是利用此处较高的天然巨石，在巨石之上再局部砌石加高而成，墙体保存不多，仅存痕迹。

第3段：G0120—G0121点，长19米。保存较好。墙体较高，是用大块青灰色岩石砌边、内侧再以小石块与黄沙土混杂填塞。砌石大小不等，石块规格在长0.35—0.65、宽0.25—0.35、厚0.25—0.30米。石块间不施粘结料，个别缝隙较大处以小石块填塞，砌筑时由底向上逐渐收分。保存较好，但坍塌稍重，尤南壁坍塌较重。底宽8.6、顶宽3.1、北壁高4.3、南壁高1.8米。

此段从起点处起，墙体略向西南拐折。

第4段：G0121—G0122点，长56米。保存较差。墙体坍塌较多，两侧均呈斜坡状，坍塌的石缝

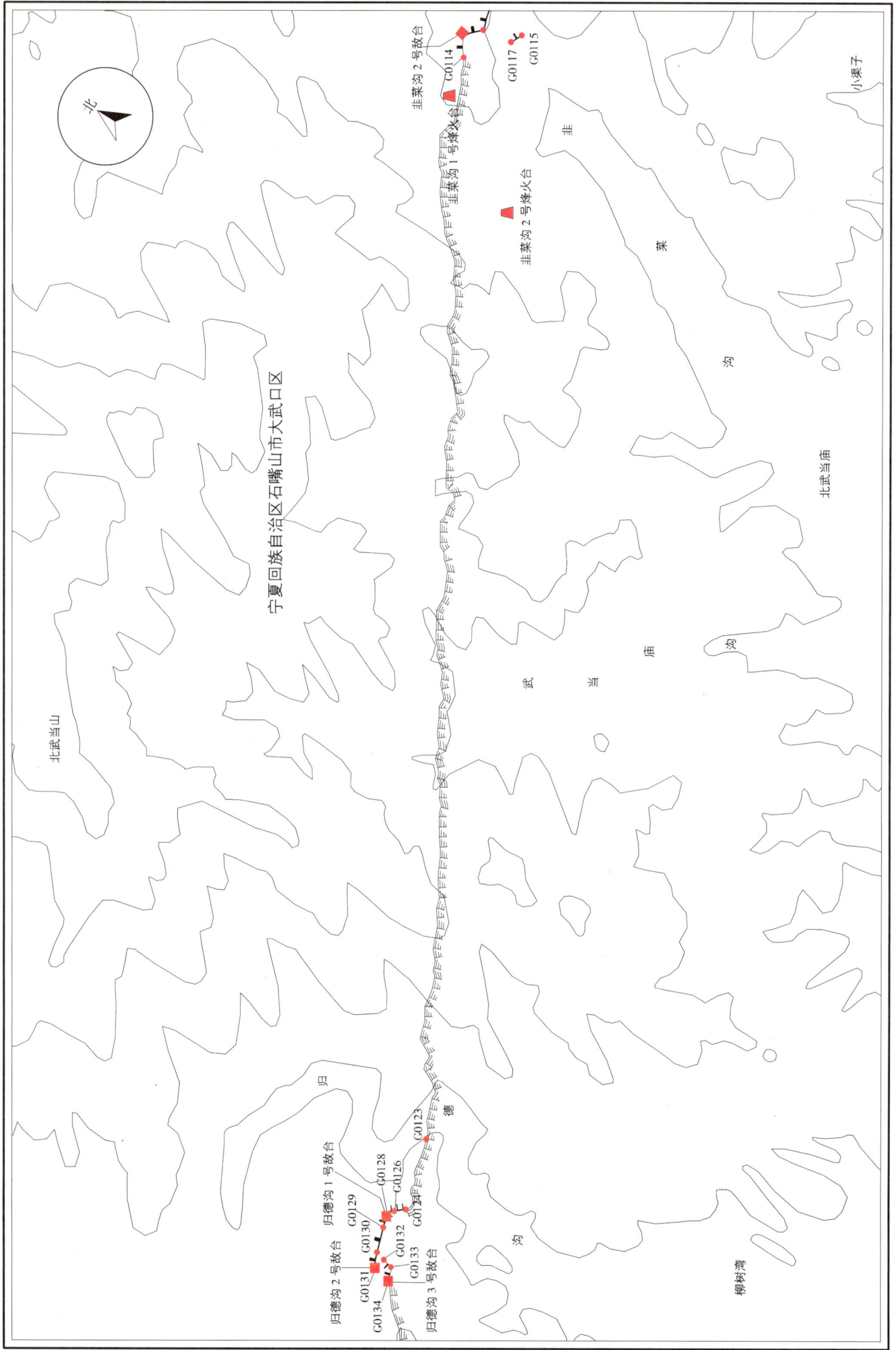

図九　大武口区韮菜沟—归德沟山险长城和归德沟外道土、石、山险长城走向图

北

北武当山

宁夏回族自治区石嘴山市大武口区

北武当庙

武　当　庙

沟

韮　菜

沟

小渠子

归

归德沟1号敌台

归德沟2号敌台

G0129

G0130

G0131

G0134

G0133

G0132

归德沟3号敌台

G01

G0126

G0128

G0123

德

沟

柳树湾

韮菜沟2号敌台

G0114

G0117

G0115

韮菜沟1号烽火台

韮菜沟2号烽火台

间生长有较茂密的野草。其破坏原因之一便是被后人搬取石墙上的石块、垒砌羊圈（羊圈在止点西北7.9米处，今已废弃）。

此段止点处有一道宽5米的断口，是被人为挖断、作为横穿墙体的通道。

（2）归德沟外道土、石、山险长城（编码：6402023821061700022—640202382106170026，工作编号：07DGGG022—G026）

此道长城位于归德沟进沟约1千米、在河道西岸一处"U"形拐弯处。长城位于山体向东延伸出的一道山梁上，东起河道东岸，向西沿山坡而上，过半坡小平台，继续沿山梁辗转向西南，最后到陡崖边截止，计1523.7米。此道长城构造复杂，有直接利用山险者，亦有土墙、石墙。另外还有5座敌台等。按其构筑类别等由东北向西南分为5段（图一〇、参见图九）。

第一段，归德沟1段山险段（编码：640202382106170022，工作编号：07DGGG022）

此段是从归德沟内河道东岸边（G0123点）起，过河道，再沿西面一道山梁辗转而上，至半山坡处的归德沟1段土墙起点处（G0124点），长190米。地势由东向西逐渐攀升，落差较大；方向不甚直，基本呈东北—西南向。

此段直接利用较为陡峭的山梁做山险，未筑墙体。

第二段，归德沟1段土、石、山险段（编码：640202382106170023，工作编号：07DGGG023）

此段长城是从归德沟西岸、半坡一处平台东边（未到平台边缘，而是在其东面坡上）开始，沿坡面向西，地势逐渐攀升，到近平台边缘后向北拐折，过坡面上的一道小凹沟，继续向上爬升到平台边的归德沟1号敌台后，再沿平台向西，最后至平台西端的归德沟2号敌台处，全长242.3米。此段地势高低不平，落差较大；方向几经转折，总体呈东南—西北向。

此段长城构造复杂，有石墙、土墙和山险三类，按其构筑类型、位置等由东南向西北可分为4段。

A. 石墙段。是以较大块毛石砌边、内侧以小石块与黄沙土混杂填塞而成。仅1段，G0124—G0125点，长27.6米。保存一般。今已坍塌成斜坡状，残底宽3.8、残高0.75米。

此段南侧紧邻断崖，墙体方向不直，平面基本呈"V"形，即由起点起向北20米后（方向273°），再向西折7.6米而与西侧土墙相接。其地势亦随山坡有变化，即从起点处起，随坡面逐渐抬升，到拐点后向西延伸时，地势则基本持平。

B. 土墙段。基本位于缓坡平台东面的斜坡上，是在倾斜的原生砾石地表上找平、用黄土夹杂青灰色小石粒夯筑而成，全长53.3米。按其保存状况等又可分为3小段。

第1段：G0125—G0126点以南15.4米，方向135°，长8.1米。保存较好。此段墙体位于斜坡上的一处小冲沟的南侧，是从小冲沟南侧顶部开始，随坡而下，最后到小冲沟底部断口处，地势南高北低，两端落差稍大。墙体底宽7.2、顶宽2.6、东侧高4.1、西侧高3.9米。顶部尚残存有女墙，残高1.4、底宽0.4米。垛墙无存。夯层较清晰，厚0.15—0.2米，但夯窝、版接缝等不清。

此段墙体整体保持较好，墙体高耸，夯打坚实。其中以迎坡面的东壁保存最好，而西壁保存则稍差，坍塌、片状剥离和粉状脱落等病害十分明显，局部已露出夯土内芯，从中可见墙体中夹杂的大石块等。

第2段：G0126点以南15.4米—G0126点，长15.4米。消失段。此段位于地势最低的小冲沟底部，受冲沟内汇聚的洪水冲刷等影响，墙体无存。

第3段：G0126—G0127点，长29.8米。保存一般。此段墙体自小冲沟北面断口处起，随坡面而上，最后到北侧坡顶的土墙断点处，地势北高南低，落差较大。

此段以保存状况大致可分为 2 小段：从起点处起，向北 15.5 米为一段，此段墙体保存略好，底宽 3.5、残高 1.2 米；而再向北 14.3 米的一段则因其位置临南面陡崖边，可能受强力风蚀、山洪冲刷等影响，使得墙体残损甚重，已近于消失。残存墙体顶宽 0.3、高 0.65 米。

C. 山险段。此段位于两段土墙间，南起 B 段土墙止点（G0127 点），北至归德沟 1 号敌台（G0128 点）。这里坡面陡峭，地表有突兀的巨石等，构筑墙体极为不便，故不筑长城，直接利用山险。长 16.3 米，方向 135°。

D. 土墙段。位于缓坡平台上，是从平台的东边的归德沟 1 号敌台起，向西一直延伸至西北侧陡崖边的归德沟 2 号敌台处，全长 145.1 米。地势较平，方向亦较直，方向 260°。按保存状况等大致可分为 4 小段（彩图一一）。

第 1 段：G0128—G0129 点，长 24.7 米。保存较差。此段东起归德沟 1 号敌台西壁，向西一直延伸到墙体中部一处特征点处。此段墙体保存不佳，坍塌较重，整体已呈斜坡状，残存墙底宽 1.45、北侧高 1.2、南侧高 0.4 米。

第 2 段：G0129—G0130 点，长 87.6 米。保存较好。墙体高耸，但局部残损较多。底宽 4.6、顶宽 2.45、南侧高 4.9、北侧高 5.2 米。顶部局部尚存女墙和垛墙，其中女墙残高 0.15—0.2、厚 0.2—0.3 米；垛墙残高 0.25—0.4、厚 0.35—0.4 米。

在此段墙体南侧底部被掏挖出并列的五个洞穴，可能系牧羊人所挖，多未贯通墙体，洞内积有羊粪等物。洞穴大小不一，大者高 1.7、宽 0.75、进深 1.8 米；小者高 0.5—0.7、宽 0.4—0.8、进深 1.2—1.4 米。另外，在止点的南侧有一上下贯通的水冲沟，系墙顶汇集的雨水长期冲刷所致，沟长 5.2、进深 2.8 米；墙壁两侧均有风蚀痕，其中南壁底部风蚀凹槽较明显，而北壁生长有较多的黑色苔藓、霉斑等，顶部生长有稀疏的蒿草、茅草、沙刺等。

第 3 段：G0130—G0130 点以西 18.3 米，长 18.3 米。消失段。此段是一处断口，墙体无存。断口底部坍塌堆积土少，亦非山洪冲刷所致，可能是人为挖断。

第 4 段：G0130 点以西 18.3 米—G0131 点，长 14.5 米。保存一般。此段从墙体断口向西一直延伸到西侧的归德沟 2 号敌台东壁。地势由东向西略有抬升。墙体保存一般，除了东侧一小部分保存稍好外，大多数地段保存不佳，尤是南壁坍塌较重，保存较好处底宽 4.6、顶宽 2.4、北侧残高 5.2 米。

第三段，归德沟 2 段石墙（编码：640202382106170024，工作编号：07DGGG024）

此段与前段土墙位于同一道缓坡平台上，只是位于平台的南面边缘，且与前段土墙并未连接。两者之间有错位，相距 36.6 米。

此段是从缓坡平台南侧的陡坡边开始，随平台向西至归德沟 3 号敌台处，全长 34.7 米。地势由东向西逐渐抬升，两侧落差近 3 米，方向略直，基本呈东—西向。是用较大块岩石砌边、内以小石块及黄沙土等填塞而成，残损甚重，整体保存较差。按其特征和保存现状等可分为 2 段。

第 1 段：G0132—G0133 点，长 17 米。保存差。此段是从缓坡平台的南缘开始，向西沿平台与西面凸起的山梁间的坡面而上，到山梁顶部。地势由东向西逐渐抬升，两端落差较大。此段多利用陡峭山体和林立的大石块，仅在一些低凹处用石块加高，坍塌等残损较重，多存痕迹。

第 2 段：G0133—G0134 点，长 17.7 米。保存较差。此段位于平台西侧凸起的山梁上，是从山梁东边开始，沿此陡峭狭窄的山梁向西至归德沟 3 号敌台，方向 280°。地势较平。此段石墙连续，但残损甚重。现存石墙底宽 9.4、残高南侧 0.9、北侧 1.2 米。砌石大小不一，长 0.4—0.55、宽 0:2—0.45 米。

第四段，归德沟 2 段山险（编码：640202382106170025，工作编号：07DGG025）

此段东起归德沟 3 号敌台（G0134 点），沿此处狭长陡峭的山梁向西南，中途几经拐折，最后到西南侧归德沟 2 段土墙起点处（归德沟 4 号敌台，G0137 点），全长 522.7 米。地势西高东低，两端落差较大。方向亦较曲折，大致呈东北—西南向。此段山梁陡峭狭窄，南北两面均临坡，攀爬十分不便，故直接利用山险，不砌墙体。

此段山险中间有两次较大的拐折，各段间的长度、方向分别为：

G0134—G0135 点，308 米，方向 240°；

G0135—G0136 点，175 米，方向 190°；

G0136—G0137 点，39.7 米，方向 245°。

第五段，归德沟 2 段土墙（编码：640202382106170026，工作编号：07DGGG026）

此段位于归德沟 2 段山险以西的山梁上，是从其中部（归德沟 4 号敌台）起，辗转经中部的归德沟 5 号敌台等，最后至西南侧山梁尽头的陡崖处，全长 534 米。这里山梁陡峭狭长，南北两侧临坡。因邻近西侧山体，南北两侧均有数道较缓的分支山梁可辗转攀登到此，故不能直接利用山险，改筑长城（彩图一二）。

此段地势西高东低，两端落差较大；方向不直，总体呈东北—西南向。墙体是用夹杂少量青灰色小石粒的黄沙土夯筑而成，整体保存较好，但坍塌等亦较重。除了中部有一小段系在人工砌石基础上再夯筑之外，大多数地段乃直接在原生砾石地表上找平夯筑而成。其残损以自然破坏为主，人为破坏较少见。按其保存状况等可分 6 小段。

第 1 段：G0137—G0143 点以东 12.8 米，长 264.3 米。保存较好。此段东起归德沟 4 号敌台，随山脊向西南，经中部的归德沟 5 号敌台，最后到一处断口边。地势逐渐攀升，方向亦较曲折，中间几次拐折。保存较好，墙体连续，一些地段顶部的垛墙和女墙仍有残留，但壁面上的风蚀、雨蚀以及片状剥离和粉状脱落等较为明显。底宽 3.4、顶宽 2.3、残高北侧 4.1、南侧 3.8 米。顶部女墙残高 0.35—0.65、宽 0.3—0.4 米，垛墙残高 0.45—0.75、宽 0.3—0.45 米（彩图一三）。

此段墙体中部的 G0137—G0138 点，有一小段底部有人工砌石。是在较为陡峭狭窄且地势相对低矮的山梁上，先用石块垒砌成石基础，再在此基础上夯筑土墙。是采用大小不一的青灰色毛石块、由底向上填缝垒砌，石缝间不施粘结料，只是由底向上逐层收分，缝隙较大处再填以小石块。基础长 21、底部较土墙底外扩 0.6、残高 0.8—1.9 米，石块大小不一，长 0.2—0.3、厚 0.1—0.15 米。另外，此段墙体壁面上还有几处冲沟，主要位于南壁上，呈倒三角形，由顶向下贯通壁面，冲沟规格较大，大者顶宽 1.1、进深 1.3 米。

第 2 段：G0143 点以东 12.8 米—G0143 点，长 12.8 米。消失段。此段是一处断口，墙体无存。

第 3 段：G0143—G0145 点，长 94.3 米。保存较好。此段墙体基本位于山脊西侧较平缓处，地势相对较平。墙体高耸，顶部较平，底宽 3.4、顶宽 1.4、高度北侧 4.8、南侧 2.8 米。壁面上的片状剥离、粉状脱落等病害十分常见；西北侧壁面底部的风蚀凹槽十分明显，呈带状横贯墙体，凹槽高 0.4、进深 0.3 米。

第 4 段：G0145—G0146 点，长 38.6 米。消失段。此段是一处断口，墙体无存。

第 5 段：G0146—G0147 点，长 87 米。保存一般。此段地近西面陡坡，可能受山坡上汇聚的洪水冲刷等影响，使得墙体残损较重。南北两侧均有不同程度的坍塌，尤是南侧坍塌甚重，整体已呈斜坡状。残底宽 3.2、顶宽 1.2、残高西北侧 1.5、东南侧 0.5—0.8 米。

第 6 段：G0147—G0148 点，长 37 米。保存差。此段位于西侧陡坡面上，是从山脚下墙体保存特征点处起，随坡面而上，最后到半山腰归德沟 6 号敌台处，地势随之显著抬升，落差较大。此段保存甚差，多仅存痕迹。

12. 大武口区归德沟—大风沟山险长城（编码：640202382106170027，工作编号：07DGG027）

此段是从归德沟 2 段土墙止点（G0148 点）处起，沿山体向西南，经庆沟圪垯、大阴沟、大沟窑沟、大也和圈沟、岔子沟、关土岭等山沟、峰岭等，最后至长胜办事处潮湖村西北 3.3 千米的大风沟沟口处（石墙起点处，G0158 点），全长 5972.4 米。方向较曲折，基本呈东北—西南向（参见图一〇）。

此段是直接利用归德沟至大风沟间陡峭的山体为险，其间虽有一些小山沟，但均未贯通山体，不便通行，故未砌墙体。

13. 大武口区大风沟土、石、山险长城（编码：640202382106170028—640202382106170031，工作编号：07DGG028—G031）

大风沟位于大武口区长胜办事处潮湖村西北约 3.3 千米处，也是贺兰山较为宽阔的一处山口。这里山高沟阔，沿山沟可辗转深入山体腹内。沟内有较为宽阔的溪流。山前有十分宽阔的冲刷河道，周围分布有大武口煤机一厂、奔牛集团等大型厂矿企业，是大武口重要的老工业区。邻近沟口的东北侧台地上亦有几户农户，在沟前的土地上种植有玉米等作物。

大风沟内的长城有三道，合计长 324 米。其中一道位于沟口处，暂命名为外道长城；另两道位于沟内，一道位于半山凹处，另一道位于底部河道处，两者之间有一座高大山丘相隔，暂命名为里道长城（参见图一〇）。

（1）大风沟里道土、石、山险长城（山凹处）

此段位于大风沟进沟约 1 千米的河道东侧、一道向西突出的山梁上，全长 127.9 米。这里南北两面均临坡，坡下即为大风沟河道，斜距河道约 30 米；西面过山体与河道间的土墙相邻，东面还有 2 座敌台。

此段长城虽然不长，但构造较为复杂，有土墙、石墙和山险几类，平面呈"Y"形。即主体墙体的基础上，从中部向西北延伸出一道分叉墙体。

A. 主墙（编码：640202382106170028，工作编号：07DGG028）

这是本段墙体的主体，是从马鞍形山凹东侧山梁上的大风沟 1 号敌台（G0149 点）处起，向西过马鞍形山凹，最后连接于山凹西侧的陡崖边（G0153 点），全长 100.9 米。地势由东向西略有下降，但降幅不大，方向较直，呈东—西向。

此段墙体构筑方式十分复杂，有山险、土墙和石墙几类。由东向西分述如下。

a. 山险：G0149—G0150 点，长 49.1 米，方向 270°。此段位于地势较高且狭窄的山梁上，东起大风沟 1 号敌台，向西到石墙起点处。其南北两侧均临陡坡，攀爬不便，故不筑墙体，直接利用山体。

b. 石墙：G0150—G0151 点，长 7.9 米。保存差。此段也是位于山梁上，是从东面石墙起点处起，向西到山梁西侧、马鞍形山凹边的大风沟 2 号敌台（G0151 点）处。是用青灰色大石块砌边、内侧用小石块混杂黄沙土填塞而成，坍塌甚重，整体已呈斜坡状，仅局部尚存残迹，底宽 4.2、残高南侧 0.8、北侧 0.55 米。

此段石墙与大风沟 2 号敌台之间并未直接相接，两者之间有一处小缝隙。

c. 土墙：G0151—G0153 点，长 43.9 米，方向 275°。保存较好。此段位于山梁上的一处马鞍形山凹处，是从山凹东侧断崖边的大风沟 2 号敌台处起，过中部土、石墙相交的节点（G0152 点）后继续向西，最后连接于西侧陡崖上。是用夹杂少量小石粒的黄沙土夯筑而成。整体保存较好。墙体高耸，壁面陡直，局部处顶部垛墙等尚有残留，但坍塌等破坏较明显。墙体底宽4.2、顶宽2.2、高南侧4.8、北侧高4.7米。垛墙残高0.5—0.7、宽0.3—0.4米。女墙不存。

此段壁面上的版接缝十分清晰，每版长3.5米，夯层厚0.15—0.2米。南壁分布有少量动物掏挖的洞穴，而北壁则生长有黑色菌斑、苔藓，表面呈黑灰色，顶部生长有稀疏的蒿草、毛草等。此段东西两端各有一道小豁口，一道在大风沟2号敌台西壁处，长2.2米，另一道断口在止点以西的陡崖边，长1.9米。这两处小豁口，顶部虽残损，但底部尚存。可能系人为挖断，作为横穿墙体的通道。

B. 分叉墙（编码：640202382106170029，工作编号：07DGG029）

G0152—G0154点，长27米，方向150°。保存差。此段是马鞍形山凹处的土墙向西北延伸处的一道分叉墙，与土墙同处一座山凹间，是从土墙中间的节点处开始，沿山叉道向西北，最后也连接在陡崖边。坍塌甚重，整体已呈石堆状。残底宽3.3、残高南侧0.55、北侧1.9米（彩图一四）。

（2）大风沟里道土长城（河道处）（编码：640202382106170030，工作编号：07DGG030）

此段位于大风沟进沟约0.8千米的河道上。这里地势低洼，两岸河谷陡峭狭长，东面过山体与大风沟土墙相邻，相距595米。

此段长城是从河道东面陡崖开始，过底部河道，再沿河道西岸斜坡而上，最后到半山坡陡崖处，全长69.4米，方向210°。按其特征及保存状况可分2段。

第1段：G0155—G0156点，长49.1米。消失段。此段横跨沟底河道，墙体无存。

第2段：G0156—G0157点，长20.3米。保存较差。此段是从河道西岸墙体断口处起，向西攀升到半山坡侧陡崖处。地势东低西高，两端落差在1米左右。墙体是在天然巨石基础上，用夹杂小石粒的黄沙土夯筑而成。整体保存较差。但北壁保存较完整，壁面上的黑色菌斑较多，已呈黑灰色；南壁则坍塌甚重，已呈斜坡状；顶部较平，局部已露出砾石。底宽5.8、顶宽1.1—3.7、残高北侧6.5、南侧0.55米。

（3）大风沟外道石长城（编码：640202382106170031，工作编号：07DGG031）

此段位于大风沟沟口处，是从沟口东北侧陡崖处开始，沿山坡而下，经中部的大风沟3号敌台后略向南折，过底部冲沟，最后连接冲沟西岸边，全长126.7米。立面呈两端高而中部低的"U"形，尤以东侧地势最高；方向不直，总体呈东北—西南向。

此段属毛石干垒而成，石块间不施粘结料，其稳固性极差；加之受地表高低不平、落差较大等影响，故整体保存一般，坍塌较重。按其特征及保存状况等可分4段（彩图一五）。

第1段：G0158—G0159点，长16.8米。方向255°。保存较差。此段从半坡陡崖处开始，随山坡向下，至一个保存特征点处，地势东高西低，落差较大。坍塌甚重，底宽1.3、顶宽0.7、残高0.4米。

第2段：G0159—G0161点，长41.2米。保存一般。此段自半坡处开始，随山坡继续向西南，经大风沟3号敌台后向南折，至南侧一处保存特征点处。此段保存一般，墙体稍高，但坍塌等较重，局部有残断等情况。现存石墙底宽1.3、顶宽1.2、残高1.8米。

此段墙体平面呈"V"形，以大风沟3号敌台为界分为两段，其中前段长20.3米，方向255°；后段长20.9米，方向190°。

第3段：G0161—G0162点，长17.1米。保存较差。此段自中部特征点处开始，继续向南，最后至大风沟河道东岸边。地势上由北向南继续下降，降幅较大。此段墙体坍塌甚重，整体已呈石堆状。底宽1.3、顶宽0.6、残高0.5米。

第 4 段：G0162—G0163 点，长 51.6 米。消失段，此段横跨大风沟河道，墙体无存。

14. 大武口区大风沟—小风沟山险长城（编码：640202382106170032，工作编号：07DGG032）

此段自大风沟沟口处的石墙止点处（G0163 点）起，沿贺兰山向西南，至长胜办事处西北约 3.6 千米的小水沟石墙起点处（G0164 点），全长为 2768.79 米。方向基本呈东北—西南向（图一一）。

此段山体基本连续，中间无贯穿的山沟，故不筑长城，直接利用山险。

15. 大武口区小风沟石长城（编码：640202382106170033，工作编号：07DGG033）

小风沟位于大武口区西南、长胜办事处西北约 3.6 千米处，也是贺兰山较为宽阔的一处山口。这里河谷宽阔悠远，沟底亦有潺潺溪流，有便道可深入腹地。沟口前面的台地上有大武口煤机三厂、太西水泥厂等大型厂矿企业，沟内亦有采石场等。此处长城及其相关设施包括 1 段墙体、1 座敌台、2 座烽火台等，均位于沟口附近，其中 2 座烽火台位于沟口处的山梁上，而长城与敌台则位于进沟约 500 米河道东北侧山坡上（参见图一一）。

此段长城是从小水沟东北侧半坡陡崖处开始，沿山坡而下，过底部小水沟河道，再延伸到河道南岸陡崖边，全长 77.3 米。立面呈两端高（尤是东侧）而中间低的 "U" 形，落差较大；平面方向不直，大致呈东北—西南向。也是在原生砾石地表上找平，两侧砌石、中填黄土及小石块等。其外侧石块大小不一，大致在长 0.4—0.6、宽 0.2—0.4、厚 0.1—0.3 米左右。石块的质地、色泽、硬度等方面与周围石料相似，应属就地取材。按其特征及保存状况大致可分 3 段。

第 1 段：G0164—G0165 点，长 15.6 米。保存一般。此段石墙自陡崖边开始，沿山坡上的一处小冲沟边缘而下，至小风沟敌台。方向十分曲折，总体呈 230°；地势由东向西逐渐下降，降幅较大。墙体整体保存一般，坍塌等残损甚重，多已呈石堆状，两侧底部有大量坍塌的石块堆积。底宽 2.3、顶宽 0.75、残高东北侧 3.3、西南侧 1.3 米（彩图一六）。

第 2 段：G0165—G0166 点，长 28 米。保存一般。方向 180°。此段从敌台西起，随山坡向南折，至河道东岸边。地势由北向南亦是逐渐下降，但较前段降幅略有缓和，坍塌等较重。残存墙体底宽 2.3、顶宽 0.8、残高 2.4 米。

第 3 段：G0166—G0167 点，长 33.7 米。消失段。此段横跨小风沟河道，墙体无存。

16. 大武口区小风沟—汝箕沟山险长城（编码：640202382106170034，工作编号：07DGG034）

此段位于大武口区西南，是从小风沟石墙止点（G0167 点）处起，经干沟（干枯沟）等山沟，到大武口区与平罗县交界的汝箕沟土墙起点处（G0168 点），全长 4783.72 米。方向较曲折，呈东北—西南向（图一二）。

山体陡峭，沿途虽有干沟等山沟，但并未贯穿贺兰山，故能直接利用山体，不筑长城。沿线还分布有龙泉村 1、2 号烽火台、干沟烽火台等。

需要补充的是，此段所经的干沟内，据干沟题刻中所载在嘉靖二十七年（1548 年）曾"新设宁靖外口关一道，墩一座"，只是此墩尚存，但关已不见，姑暂存疑。

17. 大武口区汝箕沟土长城（编码：640202382106170035，工作编号：07DGG035）

汝箕沟位于大武口区西南侧，是大武口区与平罗县接壤的一道山沟。这里河谷宽漫，沿河道可辗转入山体十余千米，沟底亦有潺潺溪流。此沟是石嘴山地区最著名的煤炭工业基地之一，有为运煤铺设的柏油路从沟底河岸边辗转进入腹地，车辆往来经久络绎不绝。

此段长城包括墙体、敌台、烽火台等（另外，此道沟内早年资料曾记录有 5 记长城题刻，今已不存），均位于汝箕沟进沟约 5 千米的河道东侧、在山体向西南延伸出的一座突兀状的山梁上。其中长城

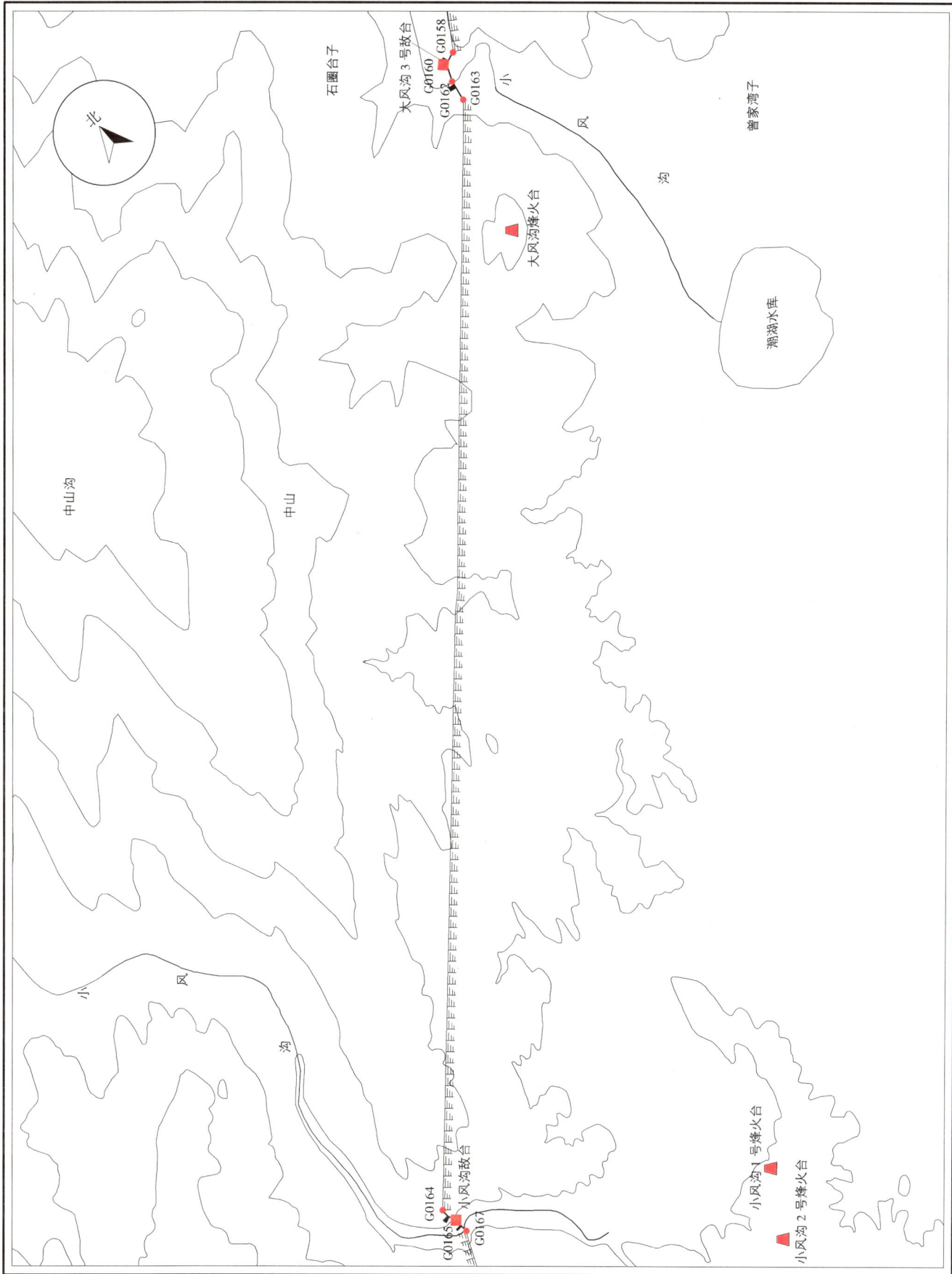

北

中山沟

石圈台子

大风沟 3 号敌台

G0158
G0160
G0162
G0163

小

风

中山

大风沟烽火台

沟

曾家湾子

潮湖水库

小

风

沟

小风沟 1 号敌台

G0164
G0165
G0167

小风沟 1 号烽火台

小风沟 2 号烽火台

图一一 大武口区大风沟—小风沟山险长城、小风沟石长城走向图

墙体是从山梁近底部处（G0169 点）开始，沿山梁而下，经汝箕沟敌台，再过底部河道，最后至河道西岸（G0173 点），全长 170.2 米。地势上东高西低，两端落差较大，方向随山梁几经拐折，总体呈东北—西南向（参见图一二）。

此段按墙体特征及保存状况等可分为 5 段。

第 1 段：G0169—G0170 点，长 33 米。保存一般。此段是从泄洪断口边开始，向西延伸至汝箕沟敌台北壁处。此段墙体属依山而建型，即在高耸陡峭的山梁顶部外侧加板夯筑，只夯一侧，顶部与山梁顶部持平。夯土内夹杂有较多的小砾石，夯层厚 0.1—0.2 米。墙体整体保存一般，坍塌等残损较重，北壁面上有较多的黑色霉斑。残存墙体顶宽 2.6、残高 3.1—4.8 米。

此段起点北面有一道横穿山体的断口，宽约 10 米，底部与河道持平，壁面砍削得十分整齐，可能是开凿的一道泄洪道。

第 2 段：G0170—G0171 点，长 14.8 米。保存较好。此段墙体基本位于山梁上，是在山梁顶部找平、两侧用夹板夯筑而成，顶部较平。墙体高耸，两壁较陡直，但壁面上的片状剥离、粉状脱落及风蚀等较明显。残底宽 7、残高 9 米。顶部尺寸因无法攀登，具体不详。

此段在汝箕沟敌台西壁处有一处宽 2、深 1 米的小山凹，修筑长城时曾将此山凹用石块垒砌垫高而成一处石基础，然后再在其上部夯筑土墙。

第 3 段：G0171—G0172 点，长 20.6 米。保存差。此段墙体位于山梁低凹处，山脊低矮狭窄，故修筑时也曾先在底部用石块垒砌成石基础，然后再在其顶部夯筑墙体。残损甚重，已呈豁牙状。残底宽 3、顶宽 0.8、残高 1.1 米。

第 4 段：G0172—G0173 点，长 14.8 米。保存较好。此段从中部墙体保存特征点处起，向西南到河道东岸的断崖边。此段墙体保存较好，墙体高耸，壁面较直，顶部较平，但坍塌、风蚀、雨蚀等痕迹较为明显。底宽 6、残高 8 米。

第 5 段：G0173—G0174 点，长 87 米。消失段。此段横跨汝箕沟河道，是从河道东岸的土墙断口处起，过底部河道和汝箕沟公路，最后到在河道西岸，墙体无存。

18. 平罗县汝箕沟—大水沟山险长城（编码：640221382106170005—640221382106170006，工作编号：07PCG005—07PCG006）

此段位于平罗县西侧，是从汝箕沟土墙止点处（G0174 点）起，沿贺兰山山体向西南，经小沙沟、大沙沟、小高富沟、高富沟、小水沟、柴柳沟、小尖山沟、大尖山沟、塌沟、雪鸡沟等山沟，最后至崇岗镇崇岗村西约 1.9 千米的大水沟长城起点处（G0175 点），全长 12974.49 米，方向呈东北—西南向（图一三、一四）。

此段分布区域内山体陡峭，沟壑曲折，中间山沟虽然较多，但并未贯穿山体，不便通行。故直接利用山体，不砌墙体。

19. 平罗县大水沟土长城（编码：640221382106170007，工作编号：07PCG007）

大水沟位于平罗县西北、崇岗镇崇岗村西约 1.9 千米处。这里山沟宽阔悠长，河谷曲折深远，沿河道可深入贺兰山腹地。这里早年曾是宁夏西轴厂驻地，至今尚遗留有众多的厂房宅地，今已废弃，有柏油路可辗转进出。近年来沟内新建庙宇，来往游人香客逐渐增多。

大水沟内长城遗迹十分丰富，有墙体、敌台、烽火台、题刻等。其中墙体位于大水沟进沟约 2.5 千米的河道东岸，是从半坡的陡崖处起，随山坡而下，最后至河道东岸边，全长 365.2 米。地势由东向西逐渐下降，落差较大。方向除了近底部略向西南拐折外，总体较直，方向 120°（参见图一四；彩

图一七、一八）。

此段是在原生砾石地表上找平、用夹杂有少量小石粒的黄沙土夯筑而成。保存较好。壁面陡峭高耸，顶部平整，局部尚存女墙、垛墙等，是宁夏境内长城墙体保存最完好的地段之一。按其特征及保存状况等可分为5段。

第1段：G0175—G0176点，长40.5米。保存差。此段是从半山腰陡崖处的大水沟1号敌台西起，沿此倾角近50°的坡面而下，至一处保存特征点处。此段底部有林立的天然巨石，土墙是在巨石的顶上再夯筑加高而成。保存甚差，夯土保留不多，残存墙体底宽6.5、顶宽1.2、高5、底部石基宽5.9米。

此段起点处并未直接与山体陡崖相连，两者间有一宽约3米的豁口。

第2段：G0176—G0178点，长207.3米。保存较好。此段从墙体保存特征点处起，继续随山坡而下，经大水沟2号敌台，到大水沟3号敌台处。除了中间有一道"U"形豁口外，基本连续。壁面陡峭高耸，顶部较平整，局部女墙、垛墙等痕迹尚存。但壁面上的风蚀、雨蚀等破坏痕迹十分明显，顶部亦生长有稀疏的蒿草、野菊花、毛草等植物。底宽6.5、顶宽2.2、残高北侧6、南侧6.5米。女墙残高1.8、厚0.4米，垛墙残高0.8、厚0.4米，夯层清晰，厚0.1—0.2米。

此段中部、在大水沟2号敌台西南侧，有一个宽10米的豁口，仅上部夯土坍塌，但底部基础尚存。

第3段：G0178—G0179点，长66.9米。保存一般。此段从大水沟3号敌台处起，继续沿山坡而下，最后到底部公路断口处，地势亦属东高西低，但降幅较前段略小。墙体保存一般，剥蚀较为严重，尤是北壁最为明显。顶部的女墙、垛墙等痕迹已不存。两侧壁面上分布有较多的水冲沟，顶部亦生长有较茂密的蒿草等。残存墙体底宽6.5、顶宽2.2、高5米。

此段起点处附近墙体亦有一处宽13米的豁口，也是上部墙体坍塌、但底部基础尚存，断面呈"U"形；止点附近东南侧有一处牧羊人掏挖的洞穴，洞宽1.2、进深1.9、高1米。另外，在该段墙体东南侧有一座水泥质长城保护碑，是石嘴山市人民政府2001年7月所立。

第4段：G0179—G0180点，长15米。消失段。此段位于近底部平台处，是一处缺口，今已成为横穿长城、通往沟内原西轴厂的柏油公路豁口。

第5段：G0180—G0181点，长35.5米。保存较差。此段是从断口西南侧起，继续向西南至河道东岸边的大水沟4号敌台处。地处公路以西、河谷平地上，地势低矮平坦。此段残损甚重，尤是北壁，坍塌等损害十分明显，壁面已呈豁牙状，底部尚有一道明显的风蚀凹槽，凹槽长度达10、残高0.5、进深0.6米；南侧壁面则有茂密的黑色苔藓与霉斑，已呈乌黑色；墙体顶部生长有大量蒿草。残存墙体底宽3—3.3、顶宽1.4、残高2.4—4.4米，夯层等不清。

20. 平罗县大水沟—高沟山险长城（编码：640221382106170008，工作编号：07PCG008）

此段是从大水沟土墙截止点（G0181点）起，随山体向西南，经红石湾、大青沟、垒石渠等山沟，最后至崇岗镇暖泉4队村西北约3千米的高沟石墙起点处（G0182点），全长3490.57米，方向呈西北—东南向（图一五）。

此段山体陡峭，中间沟壑较小，且未贯穿，故能直接利用山体，不筑墙体。

21. 平罗县高沟石长城（编码：640221382106170009，工作编号：07PCG009）

高沟位于平罗县以西、崇岗镇暖泉4队西北侧，是贺兰山一处规模虽不大、但两岸山势陡峭、峡谷崎岖幽深的山口，从山谷可辗转进入山间腹地。此山谷尚未开发，交通极为不便，进出只能步行。沟底有十分宽阔的干涸河床，两岸植被较为茂盛，调查时还发现成群的黄羊等。沟内长城遗迹包括墙体、烽火台。其中墙体位于进沟约1.5千米的河道上，在一处自然形成的峡谷地带处。这里河道狭窄，

北

宁夏回族自治区石嘴山市平罗县

白虎山

高沟

大水沟 4 号敌台

G0179
G0181

大

水

沟

红石湾

大

青

沟

垒石渠

G0182
G0184
G0185

高

沟

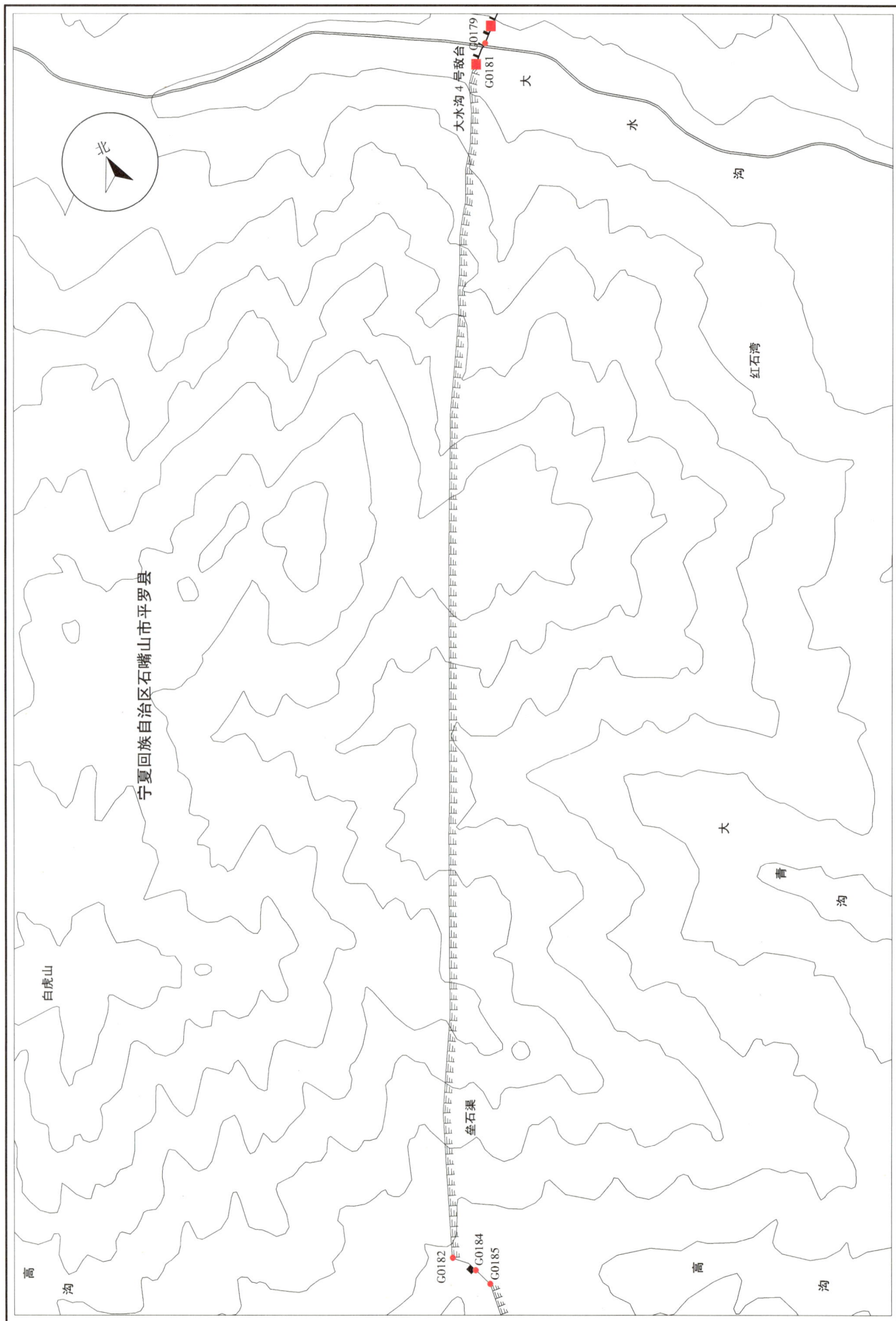

图一五　平罗县大水沟—高沟山险长城走向图

底部剥蚀较深，河道堆积有较厚的大块鹅卵石，两侧全为陡峭山崖。其与沟口处的烽火台相距1.32千米（图一六）。

此段墙体是从河道东北侧陡崖边开始，沿河道坡面而下，过河道，最后连接于河道西南侧陡崖边处，全长95.1米。地势东北略高而西南稍低，但落差不大，方向150°。是用石块垒筑而成，按照其特征及保存现状等分为3段。

第1段：G0182—G0183点，长16.7米。保存差。此段自东北侧断崖处起，随坡面而下，至半坡一个特征点处。墙体保存甚差，已呈石堆状，两侧砌石面多已无存，底部残宽3.5米。

第2段：G0183—G0184点，长26.7米。保存一般。此段从中部的特征点处起，继续沿坡面而下，到河道东岸边，墙体保存一般，保存虽较高，但两侧壁面均已呈斜坡状，已难辨其砌石特征。残底宽6.8、顶宽1.2、斜高8米。

第3段：G0184—G0185点，长51.7米。消失段。此段横跨底部河道，墙体无存。

22. 平罗县高沟—大西峰沟山险长城（编码：640221382106170010—640221382106170011，工作编号：07PCG010—07PCG011）

此段属北起高沟石墙止点（G0185点），随贺兰山向西南，经撇子流沟、天气沟、川沟、驴渠沟、北沟、陶箕沟等，最后到崇岗镇暖泉村1队西北约3.3千米大西峰沟内石墙起点处（G0187点），全长6962.91米，方向基本呈东北—西南向（图一七、参见图一六）。

此段沿线山体陡峭，所经的几道山沟规模均较小，且未贯穿贺兰山，其间亦未发现长城遗迹，属山险段。

23. 平罗县大西峰沟石长城（编码：640221382106170012，工作编号：07PCG012）

大西峰沟，又称大西伏沟、西番沟，位于平罗县西南、崇岗镇暖泉1队西侧约3.3千米处，是平罗县与贺兰县交界处。此沟虽不甚宽大、但峡谷幽深，可辗转深入山体腹地。两岸树木繁芜，沟底有干涸河道。因距离现代村落较远，交通极为不便，进出山沟只能凭步行。

大西峰沟长城遗迹包括墙体和烽火台等，均位于东南侧沟口附近，其中墙体俗称二关，位于进沟约0.5千米的河道东北侧岸半坡上，是从半坡一缓坡处起，向南到河岸陡崖边止，全长64米。地势北高南低，两端落差较大；方向不甚直，中部有拐折，总体呈北—南向（参见图一七）。

此段是用青灰色石块砌边、内侧用小石块夹杂黄沙土填塞而成。所用石块大小不等，规格大者长0.3—0.5、厚0.2米，小者长0.15—0.2、厚0.15米，似非特意精选；石块的质地、色泽、硬度等方面与周围山体石料相似，应属就地取材。按其特征及保存状况等，可分2小段。

第1段：G0187—G0188点，长13米。保存较差。此段位于半坡一处缓坡平台上，是从台地北面陡崖边开始，向东南延伸至台地南边，呈西北—东南向，地势较平。此段保存较差，多坍塌成石堆状。底宽3.2、顶宽2.9、残高1米。

第2段：G0188—G0189点，长51米。保存一般。此段位于坡面上的一道小山梁上，是从北侧小平台与小山梁相交处开始，沿山梁而下，最后至河道陡崖边，方向随山梁略向西折，基本呈南—北向。地势北高南低，落差较大。墙体保存一般，墙垣虽较高，但坍塌等较明显，底宽4.5、顶宽1.6、斜高3.6米。

24. 贺兰县大西峰沟—小西峰沟山险长城（编码：640221382106170013，工作编号：07PCG013）

此段是从大西峰沟内石墙截止点（G0189点）起，随贺兰山向西南，到小西峰沟沟口处（G0190点），全长1429.35米，方向呈东北—西南向（参见图一七）。

北

二道流子

头流子

G0182
G0184
G0185
关台子

高沟

撅子流沟

黑青

宁夏回族自治区石嘴山市平罗县

天气沟

川

沟

驴栗沟

北沟

北沟

桃箕

沟

G0186

▲ 青石沟烽火台

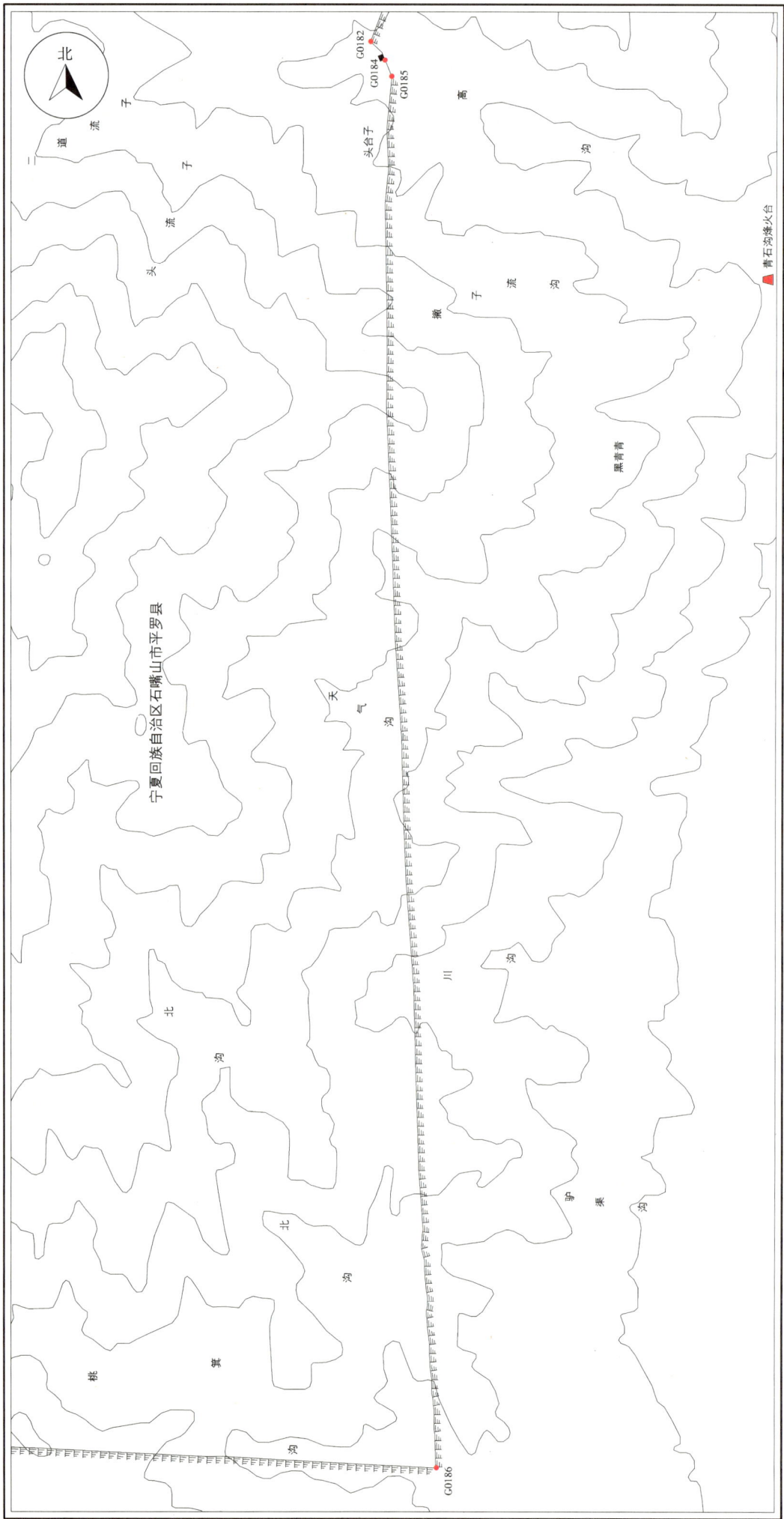

图一六　平罗县高沟石长城、高沟—大西峰沟山险长城-1走向图

北

北

桃

沟

G0186

箕

沟

宁夏回族自治区石嘴山市平罗县

拦圈

伏

西

沟

G0187

G0188

G0189

大西峰沟烽火台

宁夏回族自治区银川市贺兰县

小

西

伏

沟

G0190

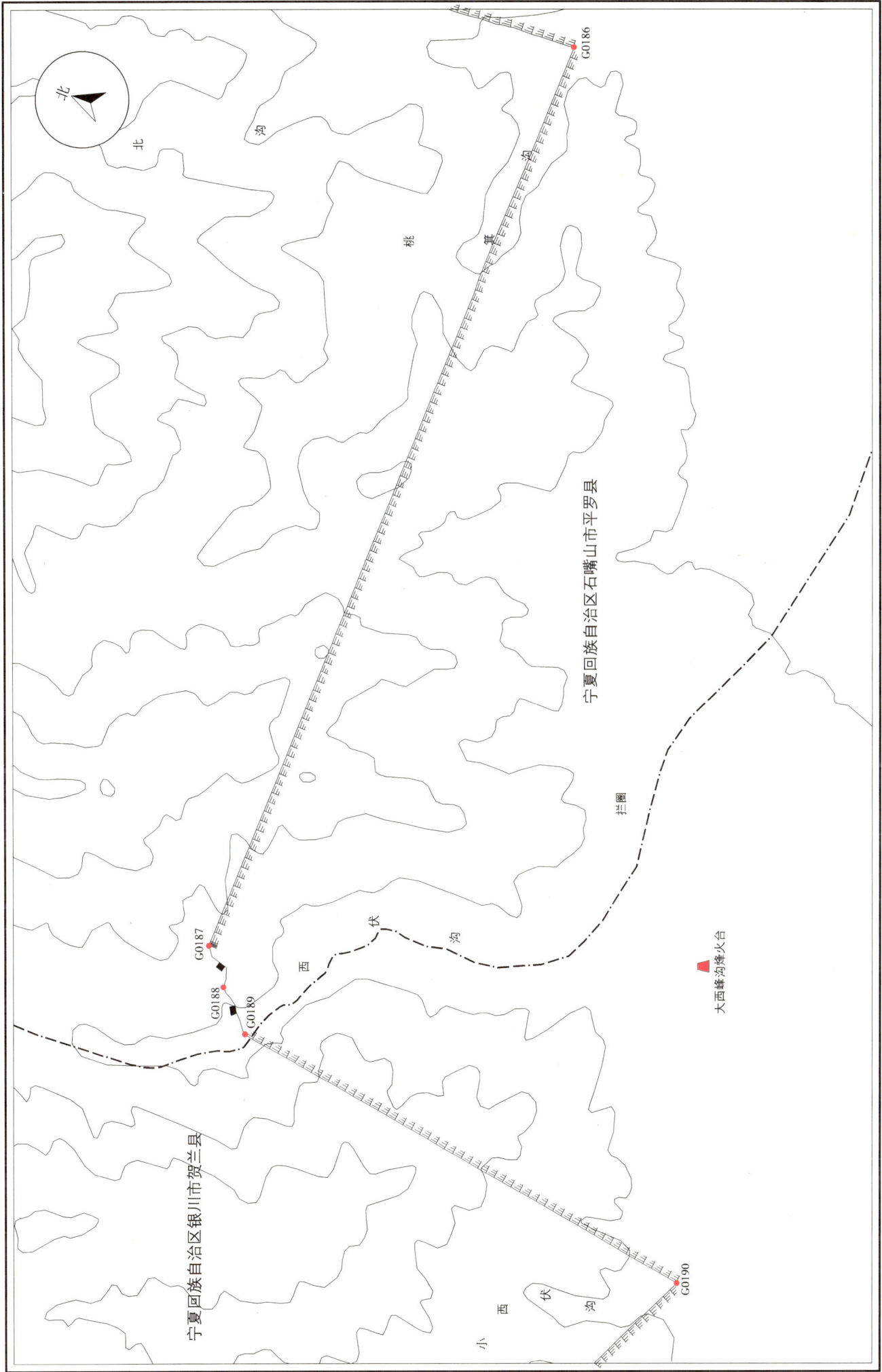

图一七　平罗县高沟—大西峰沟山险长城-2、大西峰沟石长城和大西峰沟—小西峰沟山险长城走向图

此段山体陡峭连续，中间无山口，故直接利用山体，未筑墙体，属山险段。

25. 贺兰县小西峰沟—白头沟山险长城（编码：640122382106170001，工作编号：08HHG001）

此段是从平罗县与贺兰县交界的小西峰沟沟口处（G0190点）起，随山体向西，经芦草沟等山沟，到洪广镇南梁牧场西北约3.7千米的白头沟沟内石墙起点处（G0191点），全长2618.01米，方向呈东南—西北向（图一八）。

此段山体高耸陡峭，中间虽经几道山沟，但均较小，且未贯穿贺兰山，其间未发现长城遗迹，属直接利用山体的山险段。

26. 贺兰县白头沟山险、石长城（编码：640122382106170002，工作编号：08HHG002）

白头沟位于贺兰县西北、洪广镇南梁牧场西北约3.7千米处。这里河谷宽阔悠长，沟内草木繁芜，沿河道可辗转深入山体腹地。因距离现代村落、工矿企业较远，周围尚未有开发，加之道路不通，故人为破坏较少，长城遗迹保存较好。

白头沟长城遗迹包括墙体、敌台、烽火台等，均位于沟口附近。其中墙体位于进沟2.1千米处，是从沟东面半坡陡崖处开始，沿山坡而下，过底部河道，再沿沟西侧山坡而上，辗转延伸至沟西侧陡崖边，全长285.8米。地势呈中间低而两端高的"U"形。方向有拐折，平面基本呈东—西向。

此段墙体类型有山险和石墙两类，由东向西分述如下（图一九、参见图一八）。

（1）山险：G0191—G0192点，长38.3米，方向320°。此段自河道东北侧半坡陡崖边开始，沿坡面上的一道冲沟南缘而下，到半坡石墙起点处。地势由东向西逐渐下降，落差较大。此段北倚山坡上天然形成的斜坡冲沟，位置较高且坡度较陡，砌筑不易，故直接利用山体，不筑墙体。

（2）石墙（GPS0192—GPS0197点）：全长247.5米。是用较大块石块砌边，内用小石块与少量黄沙土等混杂填塞而成，石缝间不施胶结料，只以毛石干垒，由底向上逐渐收分，在石缝较宽处再以小石块等填塞。石质坚硬，色青灰，其特征与周围山体石料相似，显然系就地取材。石块大小不等，大者长0.3—0.5、厚0.25米；小者长0.2—0.3、厚0.15米左右。墙体除沟底有断口外，其余保存尚可。按照其特征及保存状况等，大致可分5小段。

第1段：G0192—G0193点，长12米。保存较好。方向245°。此段从半坡石墙起点处起，继续沿小冲沟坡边向西，至西侧墙体拐点处。地势亦是西高东低，但较前段有所减缓，加之因所在位置低、坡道缓，故不再继续直接利用山险，而改用石块垒砌加高。残存墙体保存较高，但局部处坍塌亦较明显，两侧均成斜坡状。现存石墙顶宽2、残高1.8米。

第2段：G0193—G0194点，长68.5米。保存一般。此段不再沿小冲沟边缘延伸，而是沿坡面南折，随缓坡而下，最后到河道近底部断口处。地势虽仍逐渐下降，但较之前段又有减缓。墙体坍塌较多，大部分已呈石堆状。底宽4、顶宽1.5、残高2米。

第3段：G0194—G0195点，长24米。消失段。此段横跨白头沟沟底，是墙体最低处。可能受山体间汇聚的季节性洪水冲刷影响，墙体无存。

第4段：G0195—G0196点，长51.2米，方向260°。保存较好。此段自底部断口西缘起，沿白头沟西岸缓坡逐渐攀升，最后到西侧一处缓坡边。地势西高东低，落差较大。此段墙体残存较高，相比北壁砌石较规整，而南壁则坍塌较重，已呈斜坡状。残存石墙底宽4.2、顶宽1.4、残高2.5米（彩图一九、二〇）。

第5段：G0196—G0197点，长91.8米，方向265°。保存差。此段从缓坡平台东边起，随地势略折，辗转延伸到缓坡西侧的陡崖边。地势由东向西略有抬升，但升幅不大。此段墙体砌筑方式与前段

北

沟

西

小

伏

G0190

草

沟

芦

宁夏回族自治区银川市贺兰县

沟

G0191

G0192

G0194

GC195

白头沟敌台

白

头

沟

西

沟

G0196

下

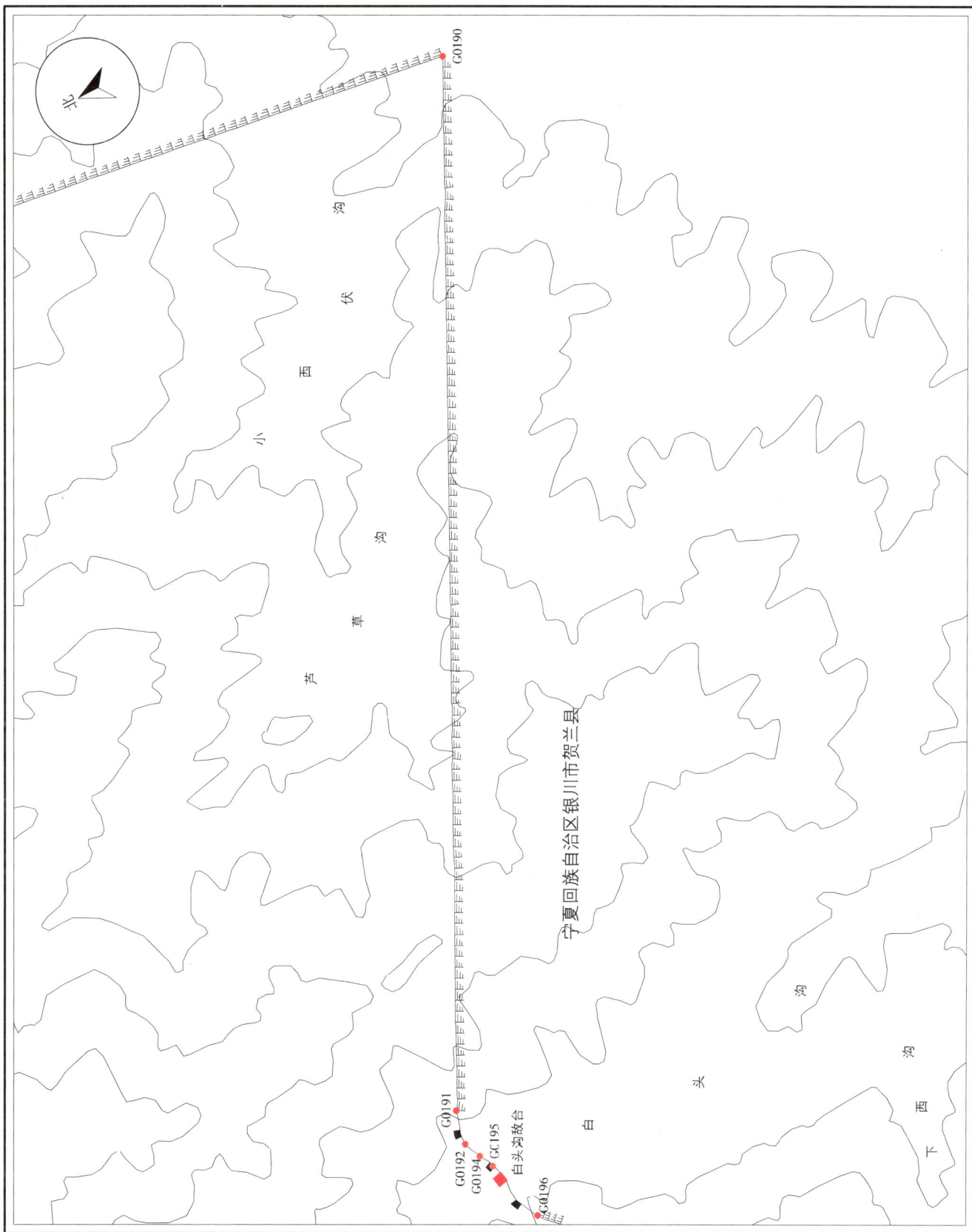

图一八　贺兰县小西峰沟—白头沟山险长城和白头沟山险、石长城走向图

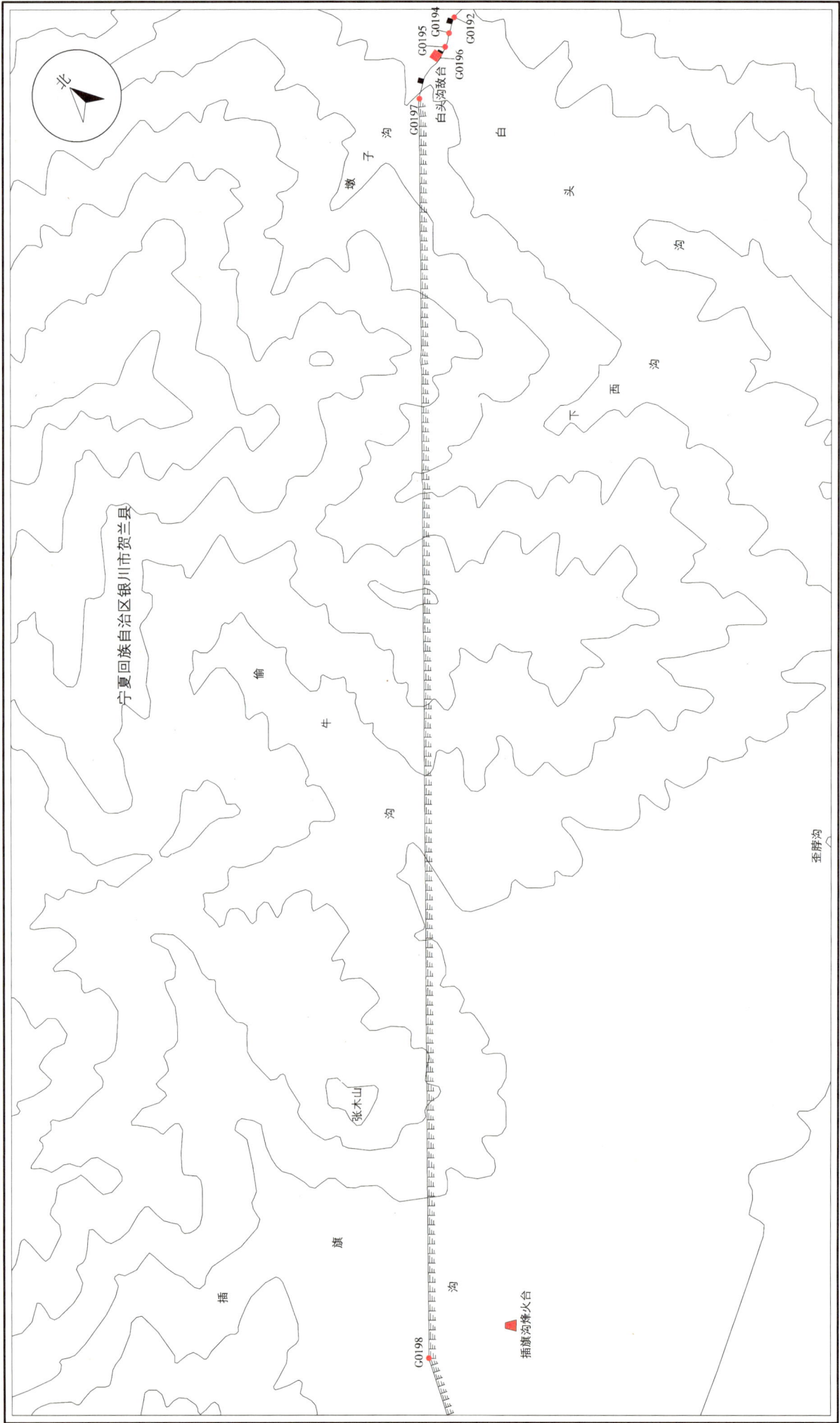

图一九　贺兰县白头沟山险、石长城和白头沟—拜寺口沟山险长城-1走向图

有别，是利用平台北侧边缘垒砌而成，只用石块垒砌外侧（北侧），内侧则直接用黄沙土混杂小石块填塞。墙体顶部与平台边缘基本平齐。保存甚差，坍塌等残损甚重，残高1.5米。

此段起点处的南侧分布有白头沟敌台，地处缓坡边缘，两者间并未直接相连，间距5米。

27. 贺兰县白头沟—拜寺口沟山险长城（编码：640122382106170003—640122382106170007，工作编号：08HHG003—08HHG007）

此段是从白头沟石墙止点（G0197点）开始，沿山体向西南，经墩子沟、下西沟、偷牛沟、插旗沟、小插旗沟、盘沟、青石沟、新沟、蘑菇沟、南青石沟、小贺兰山口沟、贺兰口沟、苏裕口沟、回回沟、北寺沟、小韭菜沟、红石沟等山沟，最后到洪广镇金山村西北约11.3千米的拜寺口沟石墙起点处（G0202点），长21947.73米，方向呈东北—西南向（图二〇~二三、参见图一九）。

此段山体高耸，故能直接利用山体为险。而在沿线一些较为重要的山沟沟口，如插旗沟、小插旗沟、青石沟、贺兰口、苏峪口等处修筑烽火台等，共同构筑成一道防御屏障。

另外，此段中部的贺兰口据文献及题刻等记载尚有水关遗迹，惜今已不存。

28. 贺兰县拜寺口沟土、石、山险长城（编码：640122382106170008—640122382106170009，工作编号：08HHG008—08HHG009）

拜寺口沟位于洪广镇金山村西北约11.3千米处，是贺兰县与银川市西夏区分界线。此沟虽不甚宽阔，却较曲折幽深，沟底有溪流。沟前修筑有两座西夏佛塔——拜寺沟双塔。

此沟内长城有墙体、敌台、烽火台等。其中墙体计两道，全长计640米。其中一道位于河道东岸的台地上，有山险和土墙两类；另一道位于前一道长城以东，是从台地北面陡坡处开始，沿台地而下，过河道，最后连接于河道西岸，属石墙（参见图二三）。

（1）拜寺沟山险、土长城（编码：640122382106170008，工作编号：08HHG008）

此段长城位于拜寺沟沟口东侧的缓坡台地上，是从台地北面陡崖处开始，沿河道东岸向南，最后至台地南缘的拜寺沟敌台处，全长190米。地势上北高南低，但落差不大；方向180°。可分为山险与石墙两类。

A. 山险段：1段。G0203—G0204点，长130米。此段距底部河道达10余米。是从河岸北侧陡崖边开始，随台地向南到台地中部的土墙起点处。此段位置较高、坡面受河道剥蚀塌陷而成陡崖，攀爬极为不便，故不筑墙体，直接利用山体。

B. 土墙段：是从台地中部起，向南到台地南边的拜寺沟敌台处，全长60米。方向略有偏折，呈160°。此段因临近拜寺沟沟口处，位置趋于低矮平缓，尤是西侧的河道斜坡较之前段舒缓甚多，故此段不再直接利用山险，而是在原生砾石地表上直接找平、用夹杂小石粒的黄沙土夯筑而成夯土墙体。夯土内所含小砾石较重，表面已呈乌黑色。整体保存尚可，但残损亦较重。按照其特征及保存状况等可分为3段。

第1段：G0204—G0205点，长10米。保存较好。墙体较高且夯筑十分厚重，但风蚀坍塌等破坏十分明显，两侧底部堆积土较少，壁面呈斑驳剥离状，顶部较平，未发现垛墙、女墙等痕迹。底宽12.2、顶宽8、残高4.2—2.4米，夯层厚0.12—0.15米。

第2段：G0205—G0206点，长16米。消失段。此段是土墙中间的一处豁口，底部无倒塌土堆积，可能是后期人为取土挖断所致。

第3段：G0206—G0207点，长34米。保存较好。此段从断口南起，到拜寺沟敌台处。墙体较高且夯筑敦实，但局部处坍塌较重，夯层、版接缝等已不清。顶部生长有稀疏的蒿草、针叶茅草等。残

北

插旗沟烽火台

G0198

插旗口

小插旗沟 1 号烽火台
小插旗沟 2 号烽火台

六盘寺

盘沟

G0199
青石沟烽火台

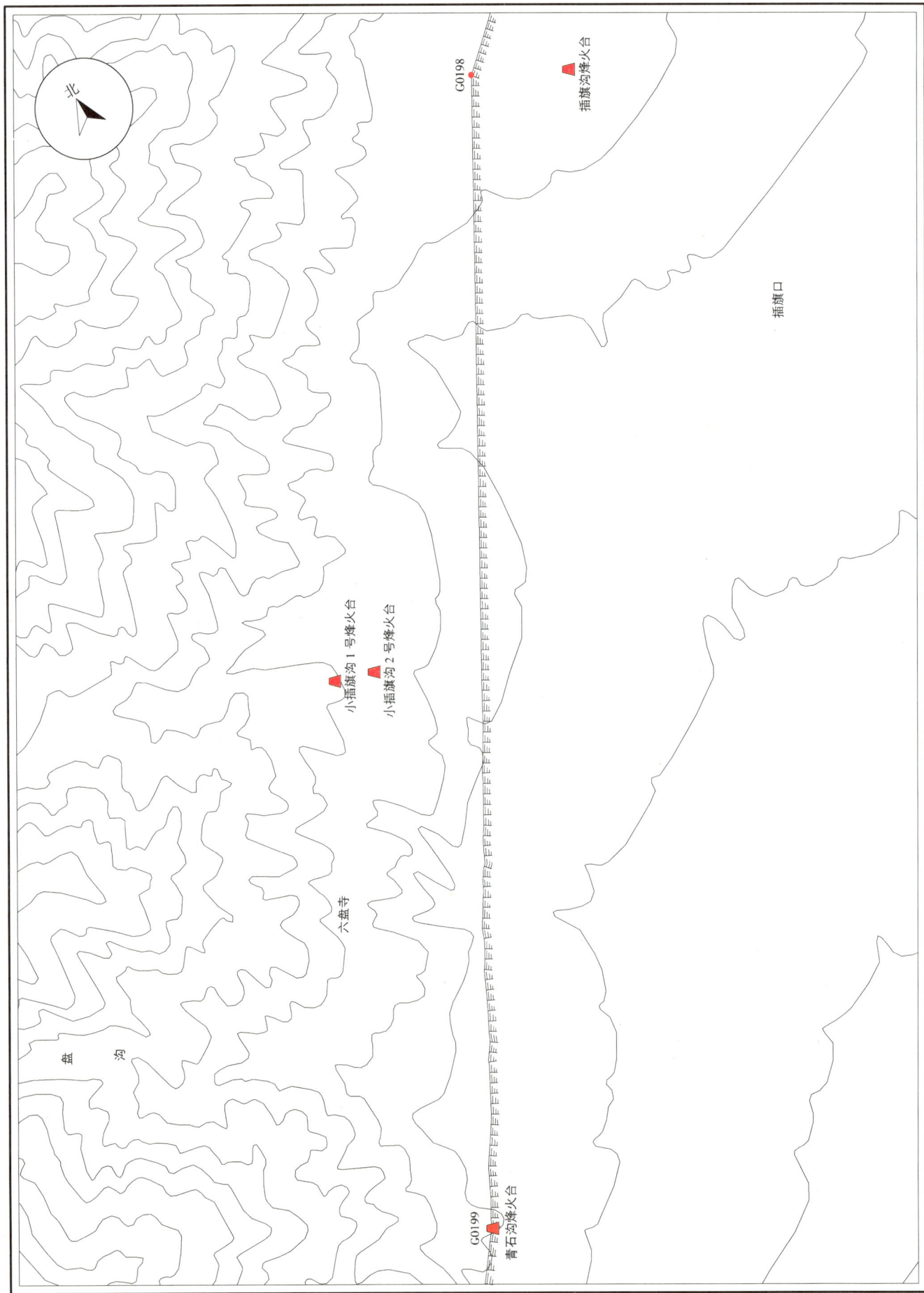

图二〇　贺兰县白头沟—拜寺口沟山险长城走向图-2

存墙体底宽12.2、顶宽8、残高2.4米。

（2）拜寺沟石长城（编码：640122382106170009，工作编号：08HHG009）

拜寺沟石墙位于土墙以东80米，是从同一座台地的北侧陡坡边开始，向西南到台地南缘后，沿坡面而下，过拜寺口沟河道，最后到河道南岸的陡崖处，全长450米。此段地势北高南低，落差较大，方向较曲折，总体呈北—南向。墙体是用青灰色、赭红色石块砌边，内用小石块及黄沙土填充而成，坍塌等甚重，整体保存较差。按其特征及保存状况等，大致可分5小段。

第1段：G0208—G0209点，长150米。方向210°。保存差。此段从台地北边陡坡边开始，沿台地向西南，至台地南边，系斜向横跨台地。因地处缓坡台地上，地势虽仍是北高南低，但落差不大。墙体保存甚差，仅存痕迹。

第2段：G0209—G0210点，长50米。消失段。此段位于台地南面坡上的一处低矮冲沟处，受台地上汇聚的季节性洪水冲刷影响，墙体无存。

第3段：G0210—G0212点，长50米。保存一般。此段墙体自小冲沟的西面起，向西过另一处小冲沟（G0211点）后折而向南，沿坡而下，至台地底部平缓处。此段保存一般，墙体虽较高，但坍塌较重，多呈石堆状。底宽7.5、顶宽3.5、斜高6.5米（彩图二一）。

此段墙体方向有拐折，以G0211点为界，前段长20米，方向250°；后段长30米，方向165°。

第4段：G0212—G0213点，长100米。方向160°。保存较差。此段墙体自缓坡底边开始，向南到拜寺口沟河岸边。地势由北高向南略有降低。墙体残损甚重，多仅存底部。底宽7.8、顶宽3.5、残高3.5米。

第5段：G0213—G0214点，长100米。消失段。此段墙体位于拜寺沟干涸河道处（拜寺沟河道在沟口前随地势向东折，形成东西向河道。同时此处沟内溪流被西侧新修蓄水池截留，仅留一小股水流从河道北面流过）。是从河道北岸起，向南过河道，最后到达南岸陡崖边，墙体无存。

29. 银川市西夏区拜寺口沟—大十字沟山险长城（编码：640105382106170001—6401053821 06170010，工作编号：GXXG001—GXXG010）

此段纵贯西夏区全境，是从西北侧的西夏区与贺兰县交界处（G0202点）开始，向西南经卷卷沟、镇木关沟、大水渠沟、小水渠沟、黄旗沟、南马福沟、小滚钟口沟（小口子）、大滚钟口沟（大口子）、主佛沟、独石沟、青羊沟、甘沟后，随山体向东折，经牛坷垃沟，到套门沟后再折向西南，再经泉沟、山嘴沟、宽沟、大腊塔沟、小腊塔沟、井沟、沙鸡沟、马莲井子等山沟，最后到银川市西夏区与永宁县交界的大十字沟（G0224点），全长39990.92米。方向几经拐折，总体呈东北—西南向（图二三～三一）。

此段山体高耸陡峭，山沟虽多，但均未贯穿山体，故此段不筑长城，直接利用山险。只在沿线一些较重要的山沟，如拜寺沟、镇木关沟、大水渠、小水渠、黄旗沟、大滚钟口、独石沟、青羊沟、甘沟、山嘴沟等沟口修筑烽火台加以协守。

30. 永宁县大十字沟—三关口山险长城（编码：640121382106170001—640121382106170002，工作编号：08YHG001—08YHG002）

此段从大十字沟沟口（G0224点）起，向南经榆树沟、井了泉、小台子沟、炼铁沟、盆沟、大台子沟、涝子沟、大窑沟、星沟、小贺吉窑沟、小冰沟、大冰沟等，到闽宁镇黄羊滩农场西北约18千米的三关口头道关起点处（G0226点），全长14432.37米，方向为东北—西南向（图三二）。

此段因山势高耸，交通不便，故不砌墙体，直接利用山险。沿线虽经山沟较多，但均未贯穿山体，不便通行。仅在榆树沟等处修筑烽火台。

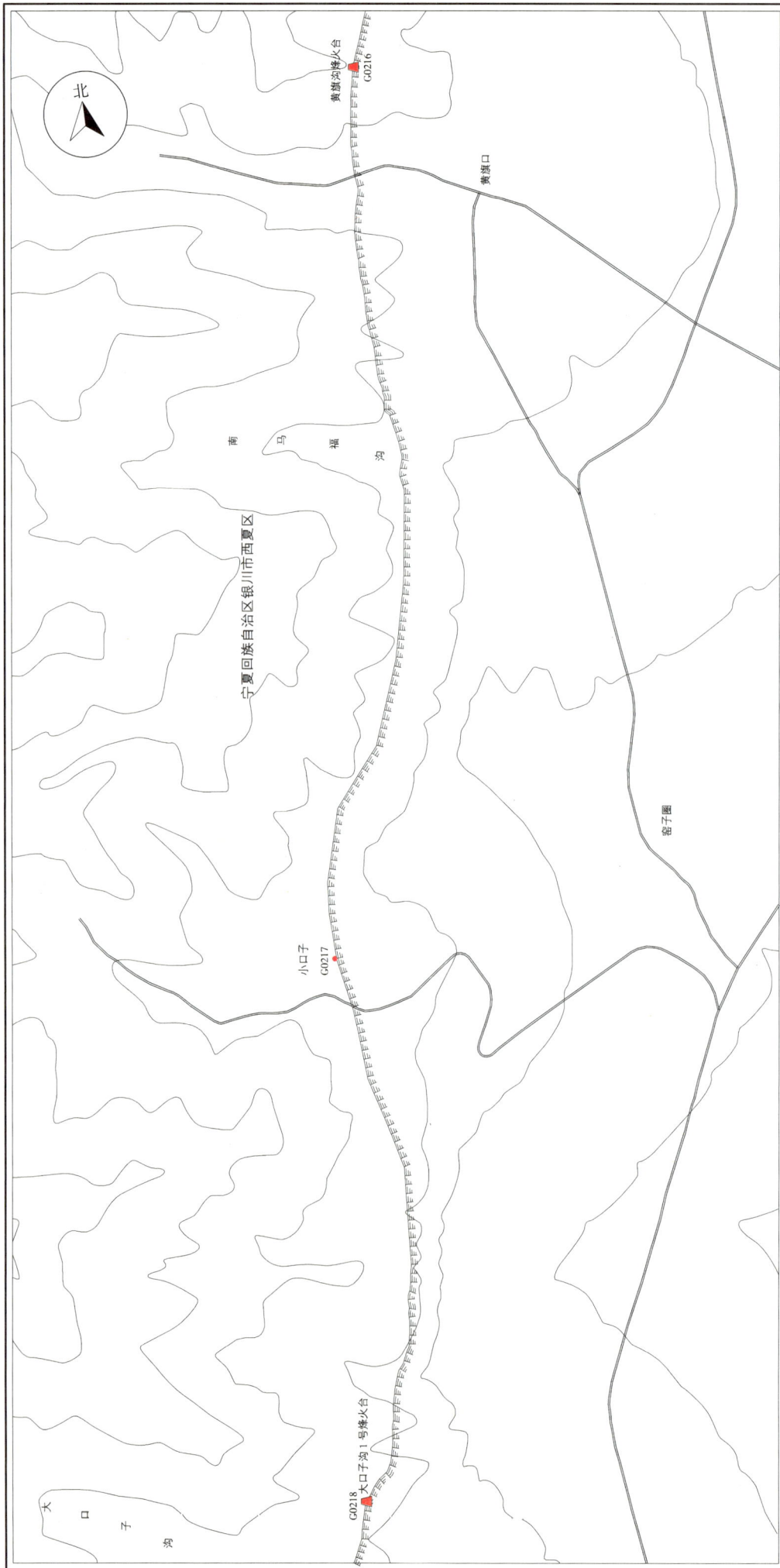

北

黄旗沟烽火台
G0216

黄旗口

南马福沟

宁夏回族自治区银川市西夏区

窑子园

小口子
G0217

大口子沟1号烽火台
G0218

大口子沟

图二五　银川市西夏区拜寺口沟—大十字沟山险长城走向图-3

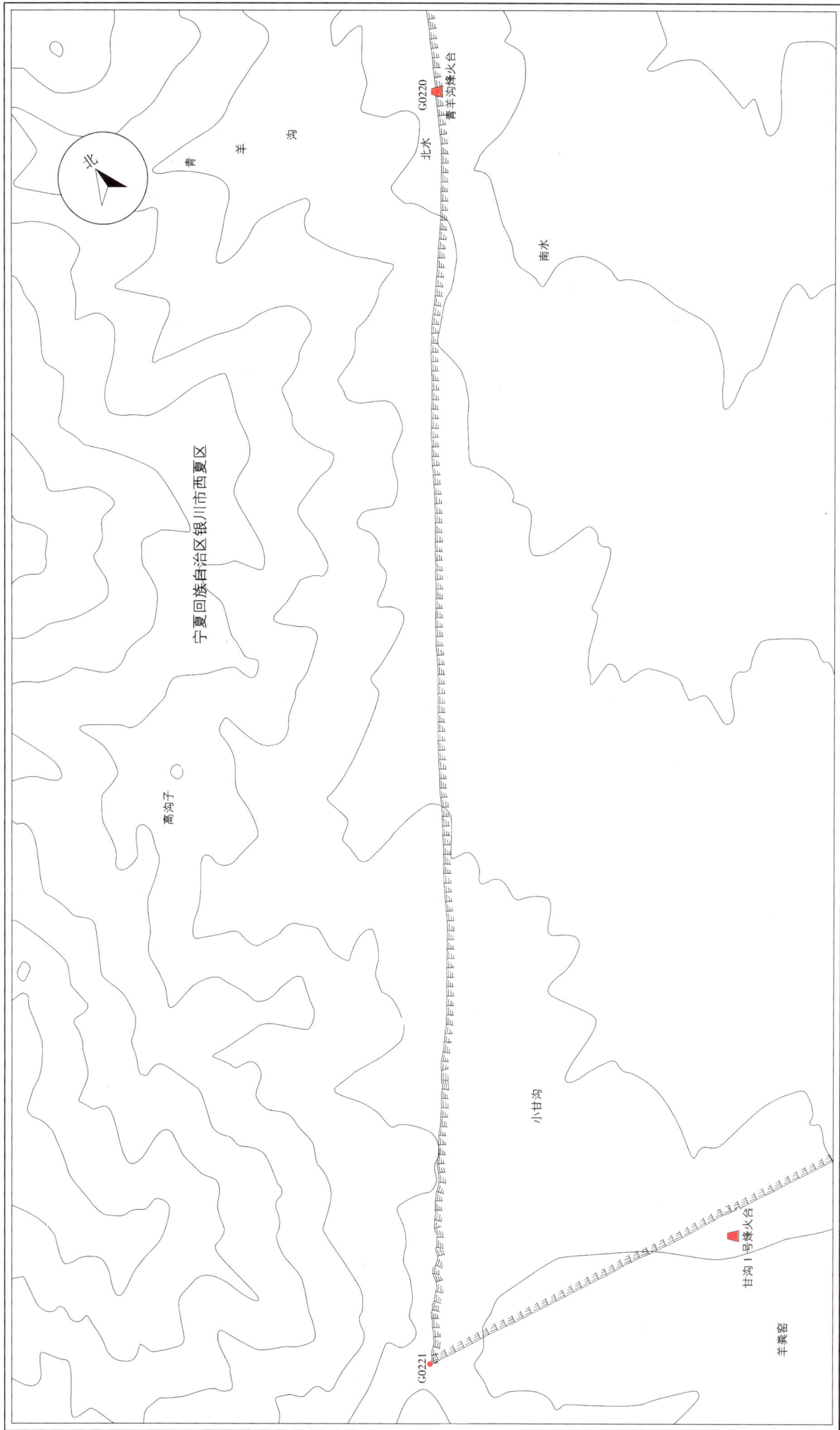

北

青 羊 沟

宁夏回族自治区银川市西夏区

高沟子

G0220
青羊沟烽火台

南水

小甘沟

甘沟1号烽火台

羊寨窑

G0221

图二七　银川市西夏区拜寺口沟—大十字沟山险长城走向图-5

青羊沟

青羊沟烽火台
G0220

北水

南水

宁夏回族自治区银川市西夏区

高沟子羊

甘沟

小

甘沟1号烽火台

羊粪窑

G0221

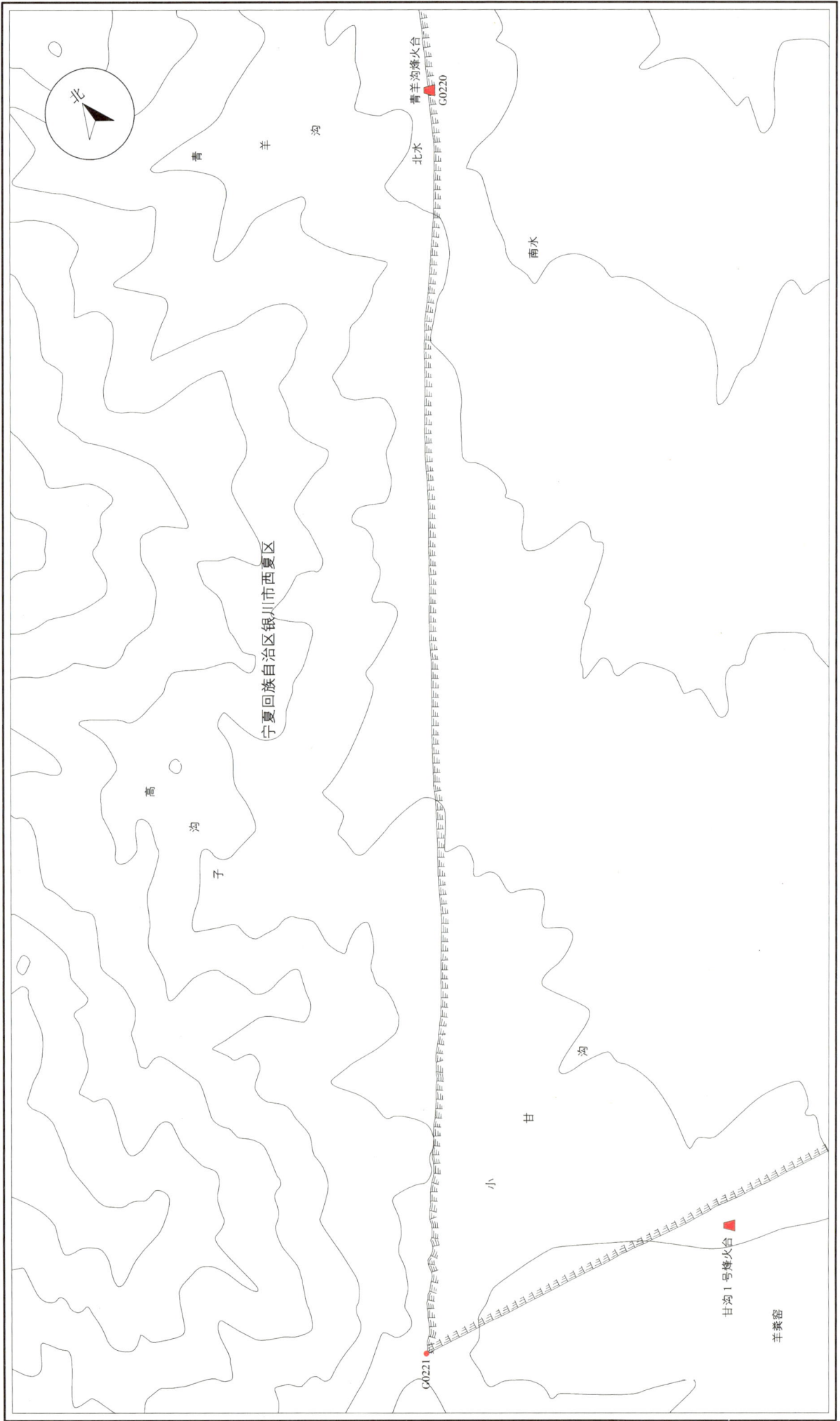

图二八 银川市西夏区拜寺口沟—大十字沟山险长城走向图-6

第二节　红果子—三关口段敌台

敌台，又称敌楼、墩台，是与长城相连且突出城墙之上的高台建筑。其作用在闲时供巡守士卒休息，战时攻击长城底部死角。红果子至三关口段长城沿线的敌台，计28座，均为实体建筑，有黄沙土夯筑、石砌和土石混筑等之分。其中夯土敌台多分布于地势宽阔平坦之处，夯土中多夹杂小砾石；石砌敌台则多位于地势较高、周围地表石材丰富但取土不便之处，一般以大石块砌边、内以小石块与黄沙土等混杂填塞。多为方台形，壁面未见登顶的台阶，保存较好者顶部尚残留有铺舍。按其位置由北向南分述如下。

1. 王泉沟1号敌台（编码：640205352101170003，工作编号：07HHD003）

位于惠农区红果子镇雁窝池村西北、王泉沟沟口前的干涸冲沟北岸，东北距惠农区19.07千米，西侧与王泉沟1段土墙相接，西南距王泉沟2号敌台9.29千米。这里西依贺兰山，东望山前冲积扇台地，南守王泉沟，地形险要，视野开阔。

石砌台体。保存较差，已呈不规则圆台形，底部被坍塌石块和土层所覆盖。底部东西20.5、南北23.2米；顶部不平，东西5、南北3.9；斜高11.6米（图三三；彩图二二）。

敌台北侧有几处人为掏挖的凹洞，洞最大者东西1.6、南北2.5、深0.9米，洞口旁堆积有大量沙土。

在敌台西南侧，并列分布有5座小墩，方向115°。是由黄沙土与石块堆砌而成，除了L4、L5保存稍好外，余则残损甚重，呈土堆状。由东向西依次编为L1—L5：

L1：东西2.5、南北2.1、残高0.5米，距敌台16.6米；

L2：东西2.4、南北2.2、残高0.6米，与L1间距4.5米；

L3：东西2.4、南北2.5、残高0.55米，与L2间距4.2米；

L4：东西2.7、南北2.8、残高0.8米，与L3间距4.9米；

L5：东西2.5、南北2.8、残高0.7米，与L4间距5.3米，距敌台24.7米。

周围地表上散落有少量瓷片，有缸、碗等，釉色有黑、酱釉等，皆残碎，无可复原者。采集1件，07HHD003采：1，缸口沿，酱釉。粗胎，质地粗疏厚重，烧结度较高，色赭红。器表施酱釉，仅口沿局部露胎。釉层不匀，光洁度差，气泡较多。直壁，宽厚沿，台唇，唇端略下斜。残高8.6、残口径8.5、口沿宽3、壁厚1.1厘米（图三四；彩图二三）。

2. 王泉沟2号敌台（编码：640205352101170004，工作编号：07HHD004）

位于王泉沟沟口西南侧的山前冲积扇台地上，其地形地貌等与王泉沟1号敌台基本相似，东北距惠农区21.67、西南距王泉沟3号敌台2.72千米。

敌台东与王泉沟长城直接相连、主体突出墙体之外，夯土台体，方台形，方向315°（东壁），土内夹杂有少量小石块。保存一般，底部四周均有少量坍塌土堆积；四壁较陡，顶部较平。底部边长15.4米，顶部东西8.4、南北7.9米，残高10.5米（图三五；彩图二四）。

四壁由底向上略有收分，收分在3厘米左右。壁面夯层较清晰，厚0.15—0.18米，夯窝等不清。四壁中部均有冲沟发育，尤以南壁最为明显，呈倒三角形，从顶部一直延伸至底，系台顶汇集的雨水长期流淌、冲刷所致，横宽1.7、进深1.3米；西、北壁有较多风蚀凹洞，呈蜂窝状；四壁底部均有风蚀凹槽，其中北、南壁均呈带状，北壁凹槽进深0.7、残高0.7米，南壁凹槽进深0.5、残高0.8米；另外，在敌台西南角等处，还分布有较多蚁穴。

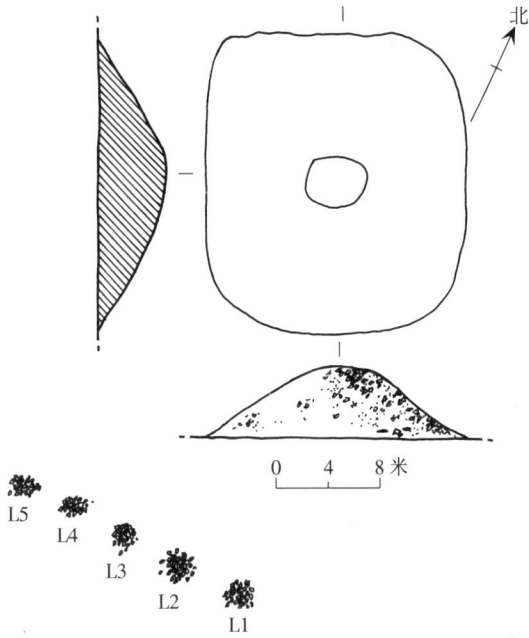

图三三　王泉沟 1 号敌台平、立、剖面图

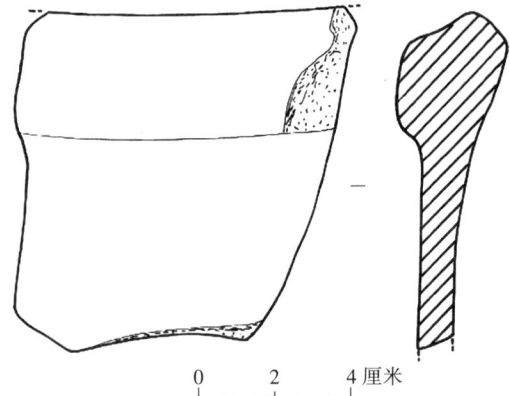

图三四　王泉沟 1 号敌台采集酱釉缸口沿残片
（07HHD003 采：1）

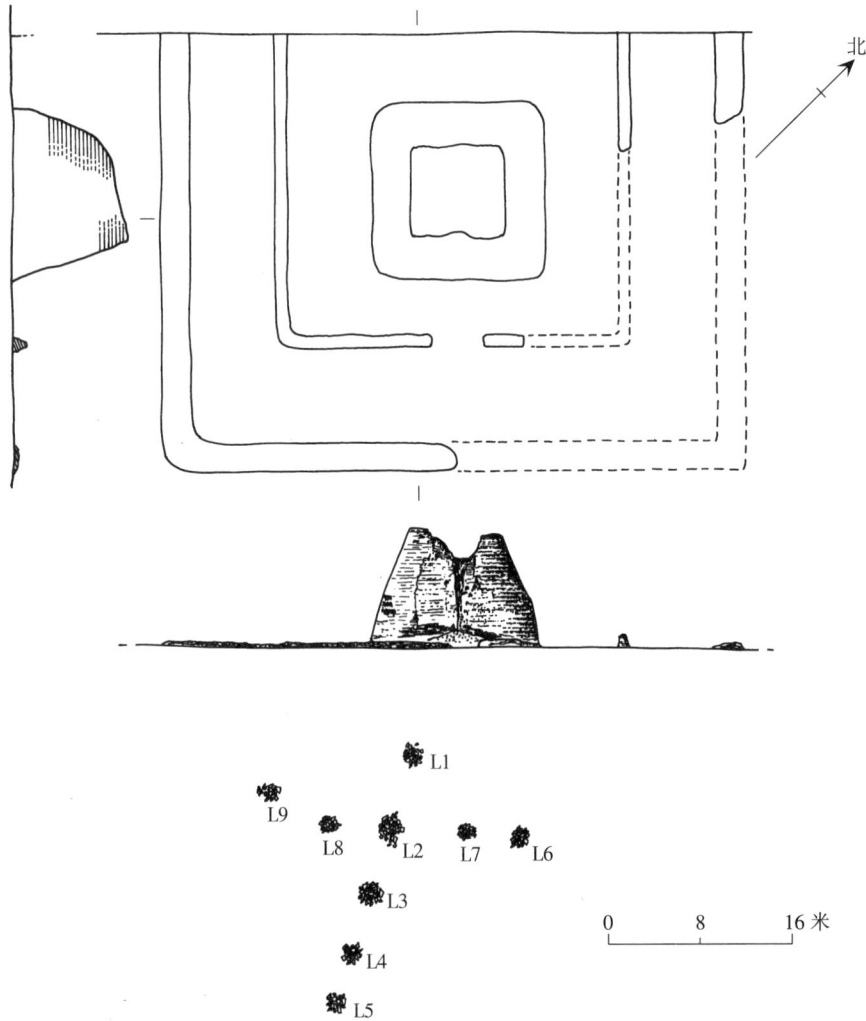

图三五　王泉沟 2 号敌台平、立、剖面图

敌台外有两道围墙，均为方形，将敌台包裹在内。其中内道为土墙，是以夹杂小石块的黄沙土夯筑而成，夯层厚0.1—0.15米。南垣中部辟门，门宽4.8米。四垣中以西垣保存较好，长26.4、底宽1.1、顶宽0.6、残高1.3米；南垣则保存最差，东南侧被山洪冲毁。外道为石墙，残损甚重，仅存痕迹。底宽2.6、残高0.6米，距土围墙7.6—8.2米，东南侧也被山洪冲毁。

敌台南侧的台地上还分布有9座小墩，坍塌甚重，多呈圆锥状，保存较好者呈方台形。大致呈两排。

南北向5座，由北向南依次编为L1—L5，方向150°。这5座小墩连线较直。

L1：东西2、南北2.2、残高0.5米，距敌台23.8米；

L2：保存最好。东西2.1、南北3.2、残高1.1米，与L1间距6.1米；

L3：东西2.4、南北2.5、残高0.6米，与L2间距6米；

L4：东西2.2、南北1.9、残高0.2米，与L3间距5.7米；

L5：东西1.9、南北1.8、残高0.3米，与L4间距4.5米。

东西向4座，其位置与L2基本成一排，由东向西依次编为L6—L9，其中L6—L8基本成一条线，方向230°，L9位置则略偏北。

L6：东西1.3、南北2.2、残高0.4米；

L7：东西1.8、南北1.6、残高0.3米，与L6间距4.8米；

L8：东西2.1、南北1.6、残高0.5米，与L5间距5.4米；

L9：东西1.9、南北1.7、残高0.4米，与L8间距6.1米。

3. 王泉沟3号敌台（编码：640205352101170005，工作编号：07HHD005）

位于王泉沟沟口西南侧的山前冲积扇台地上，其地形地貌等与王泉沟1号敌台相似，东北距惠农区24.32千米，西南距简泉农场1号敌台2.76千米。

敌台东南与土墙相连、突出于长城外。夯土台体，保存不佳，坍塌甚重，形状已不规则。底部有较厚的坍塌土堆积，呈斜坡状，其中东侧堆积最厚，达1.6米；四壁均呈犬牙突兀状，壁面夯层较明显，厚0.1—0.18米。东壁底部还有风蚀凹槽，剥蚀较深。底部东西8.1、南北9.5米；顶部不平，东西1.2、南北2.6米；残高3.5米（图三六；彩图二五）。

敌台西侧有一方形坑，可能是盗墓者所为。坑顶部边长2.4、深0.7米。

周围地表上散落有少量瓷片，均属生活用具类，有缸、罐、碗等，釉色有黑釉、酱釉、青花等，皆残碎，无可复原者。采集2件，均为缸口沿，宽厚沿，外壁施姜黄釉，釉层较厚，器表光滑有光泽，口沿部刮釉，内壁露胎，色呈红褐色，局部有黄褐色釉滴。两者特征相似，但器形略有差别，可能属不同个体。

07HHD005采：1，残径11.2、残高5.2、沿厚3、壁厚2.1厘米（图三七）。

07HHD005采：2，残径5.5、残高7.5、沿厚2.8、壁厚1.4厘米（图三八）。

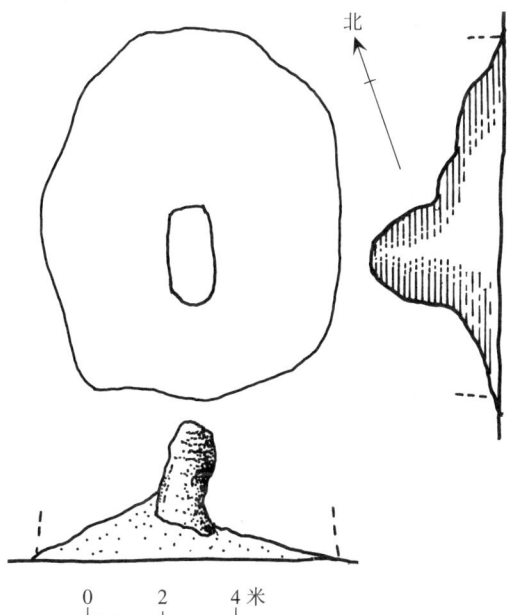

图三六　王泉沟3号敌台平、立、剖面图

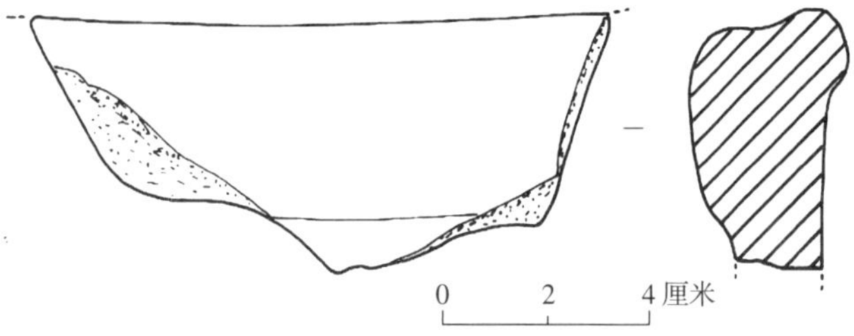

图三七　王泉沟 3 号敌台采集缸口沿残片
（07HHD005 采：1）

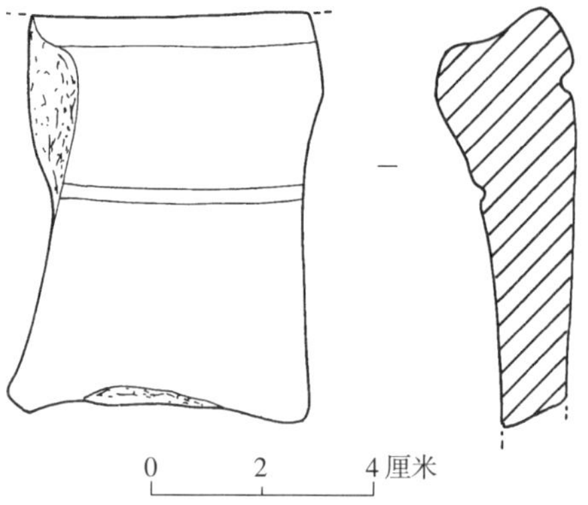

图三八　王泉沟 3 号敌台采集缸口沿残片
（07HHD005 采：2）

4. 简泉农场 1 号敌台（编码：640205352101170006，工作编号：07HHD006）

位于红果子镇简泉农场北约 2 千米，其地形地貌等与王泉沟 1 号敌台基本相似。东北距惠农区 26.95 千米，北距罗家园子烽火台约 1.5 千米。

敌台西壁与简泉农场长城相邻，但并未直接相连，两者间距 8.7 米。夯土台体，方台形，方向 230°（东壁）。夯土中小石粒含量十分丰富，外表粗糙。壁面较陡，夯层较清晰，厚 0.15—0.2 米。底部东西 10.9、南北 11.6 米，顶部东西 6.3、南北 6.5 米，残高 8.6 米（图三九；彩图二六）。

保存较好，台体较高大，夯筑较敦厚，但残损亦较明显。以自然破坏为主，人为破坏较少见，这可能与其地处荒僻旷野、少有人员往来等有关。主要有自然坍塌、风蚀、雨蚀、片状剥离、粉状脱落等。其中自然坍塌在敌台四壁均存在，底部有斜坡状坍塌土堆积，东壁底部坍塌土厚达 2.5 米；四壁底部均有风蚀凹槽，呈带状横贯台体。以东壁最为明显，凹槽进深 0.6 米；南壁凹槽进深 0.4 米；西壁有蜂窝状风蚀凹洞，东、西两壁中部均有冲沟发育，呈倒三角形，从顶部一直延伸至底。东壁冲沟横宽 2.3、进深 1.3 米，西壁则较浅。

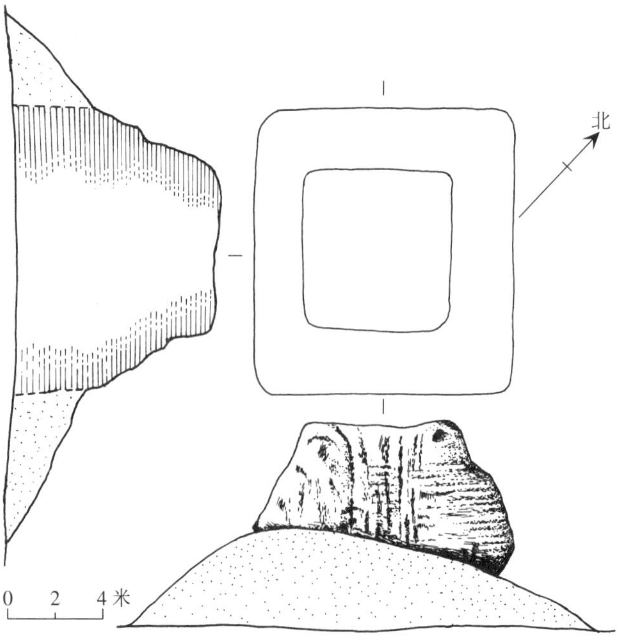

图三九　简泉农场 1 号敌台平、立、剖面图

5. 简泉农场 2 号敌台（编码：640205352101170007，工作编号：07HHD007）

位于简泉农场以西、贺兰山东麓的一处小山脊上，位居贺兰山，东望山前台地，北接长城，具有居高望远的地利优势。东北距惠农区 29.63 千米，东距山脚下的 110 国道约 0.3 千米。

夯土台体，坍塌严重，形状已不规则。东西 18.7、南北 21.2 米；顶部不平，东西 3.3、南北 4.5；残高 5 米（图四〇；彩图二七）。

敌台西壁有一处盗坑，从壁面挖至台基下。坑长 7.9、宽 1.5、深 3.3 米，北壁亦有掏挖痕迹。

周围地表上散落有少量瓷片，皆残碎，无可复原者。采集 1 件，07HHD007 采：1，罐底，酱釉。胎较细，色浅白，内含少量小石粒，烧结度较高。内底施酱釉，釉层较厚，釉面均匀有光泽；外底露胎，表面泛红，底边粘有黑色砂粒。斜直壁、大平底。残底径 11.1、残高 3.7、壁厚 1.3、底厚 1.4 厘米（图四一）。

6. 郑官沟 1 号敌台（编码：640202352101170006，工作编号：07DCD006）

位于今大武口区长兴办事处兴民村西北约 3.6 千米、郑官沟进沟约百米的河道东岸边，南与郑官沟 1 段长城相接。

夯土台体，土质黏细，色沙黄。不规则方台形，方向 190°（西壁）。底部东西 6.5、南北 10.2 米，顶部东西 3.1、南北 5.2 米，残高 6.1 米。夯层较清晰，厚 0.15—0.2 米，但版接缝、夯窝等不清（图四二；彩图二八）。

保存较好，但仍有残损。基本以自然破坏为主，人为破坏相对较少。如自然坍塌，在南壁和东壁均较明显，底部坍塌土堆积较厚，呈斜坡状；壁面上普遍存在片状剥离、粉状脱落等病害，尤以北壁最为明显，呈斑驳皲裂状；风蚀凹槽在敌台四壁裸露的底部均有，尤以西壁和南壁最为明显，呈带状，横贯墙体，凹槽残高 0.5、进深 0.3 米。另外，敌台南壁还有较多蚁穴。

周围地表上散落有少量瓷片，有缸、罐、碗等，釉色有青、褐、姜黄等。采集 2 件，均为缸口沿，瓷胎厚重，青釉。

07DCD006 采：1，胎质较细，烧结度高，色浅白。外施青釉，釉层较厚，釉面不甚平，有脱釉现

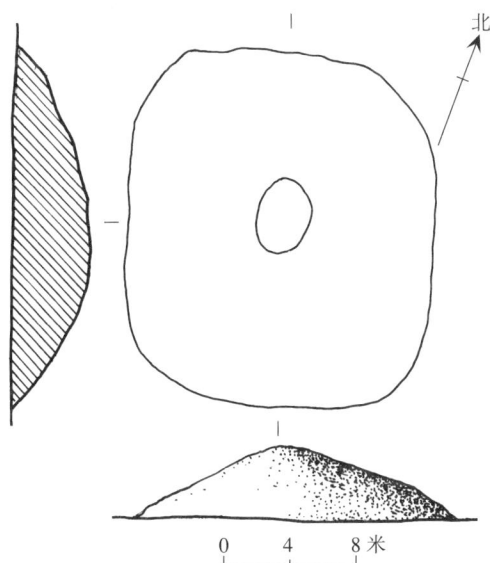

图四〇　简泉农场 2 号敌台平、立、剖面图

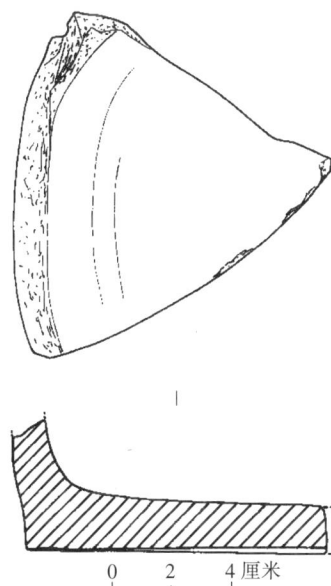

四一　简泉农场 2 号敌台采集酱釉罐底残片（07HHD007 采：1）

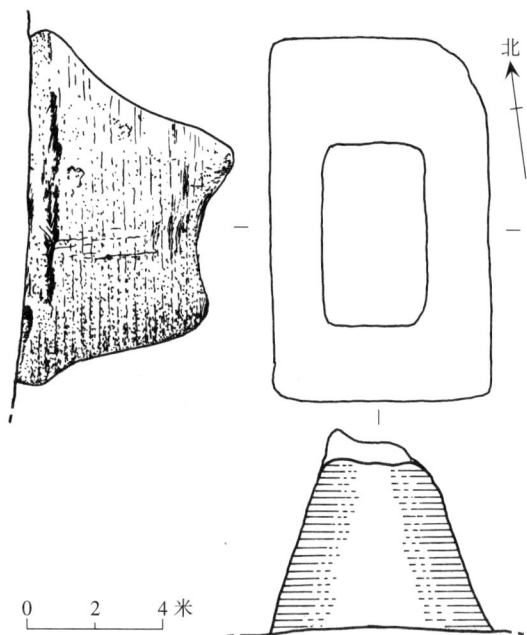

图四二　郑官沟 1 号敌台平、立、剖面图

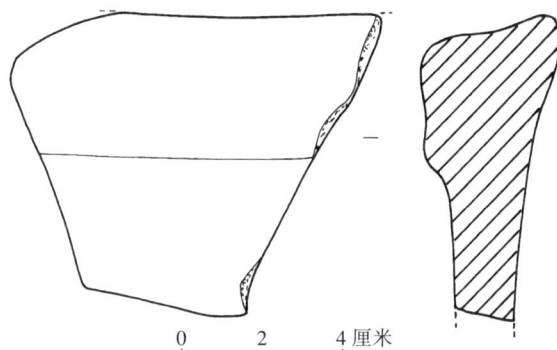

图四三　郑官沟 1 号敌台采集青釉缸口沿残片
（07DCD006 采：1）

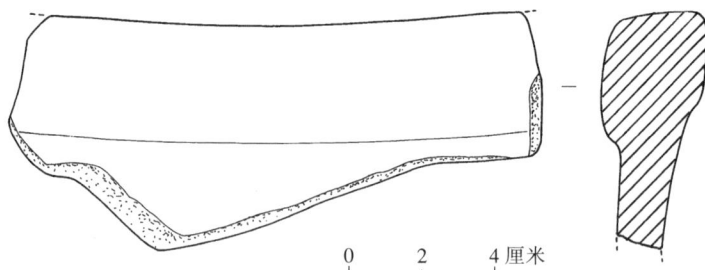

图四四　郑官沟 1 号敌台采集青釉缸口沿残片（07DCD006 采：2）

象。口沿露胎；内施酱釉，釉层较厚而光亮。直口，宽厚沿，台唇，直壁。残口径 8.8、残高 7.8、壁厚 1.3、口沿厚 3.2 厘米（图四三）。

07DCD006 采：2，胎较粗，烧结度不高，色浅黄。外壁釉层较薄而晦涩，脱釉较重。口沿及内壁上侧露胎，沿下釉层较厚，釉面光亮。宽厚沿，圆台唇，直壁。残口径 15.3、残高 7.0、壁厚 1.4、沿厚 3 厘米（图四四）。

7. 郑官沟 2 号敌台（编码：640202352101170007，工作编号：07DCD007）

位于郑官沟进沟约 0.35 千米、河道西岸一处平台上，西与郑官沟 3 段土墙相接。

夯土台体，方台形。方向 330°（东壁）。底部有少量坍塌的黄土堆积，其中东壁因临陡坡，先用赭红色岩石砌边、内以黄沙土和小石块填充出一方形石基础，再在石基础上夯筑台体。四壁均较陡，顶部不甚平整，散落有较多的石块等。底部东西 8.5、南北 11.5 米，顶部东西 3.8、南北 6.2 米，残高 7.7 米。夯层厚 0.15—0.2 米。东壁底部的砌石长 5.7、高 1.7 米（图四五；彩图二九、三〇）。

该敌台保存较高，但残损亦较重。损害以自然因素为主，主要有自然坍塌、片状剥离、粉状脱落以及雨蚀等，其中自然坍塌在台体四壁均存在，以西壁坍塌最为明显，已呈斜坡状，中部有一道水冲

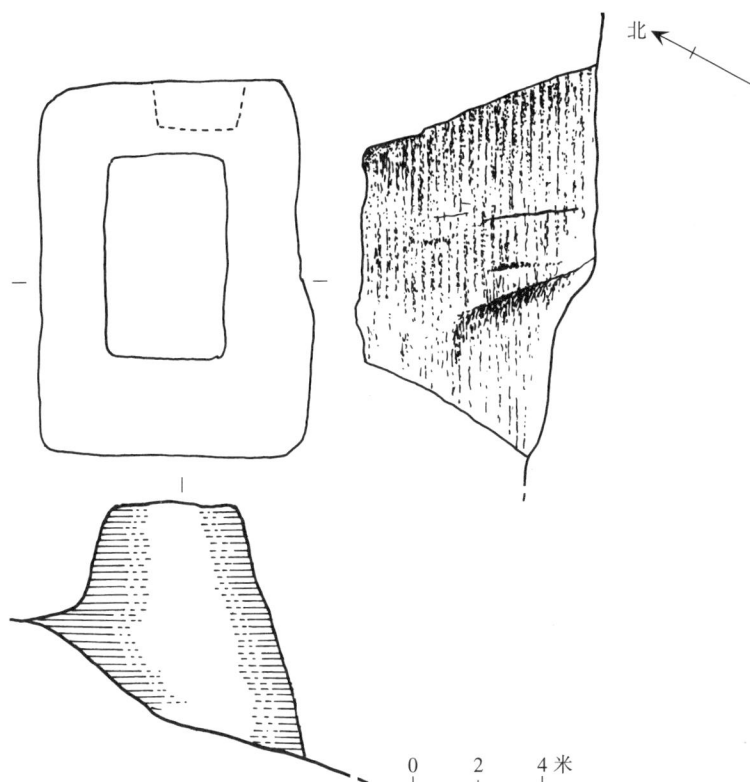

图四五　郑关沟 2 号敌台平、立、剖面图

沟；东壁保存较好；北壁片状剥离、粉状脱落等最为明显，呈斑驳皱裂状；底部有一处人为掏挖的方形洞穴，边长 3.2、高 1.5、进深 0.5 米。

8. 郑官沟 3 号敌台（编码：640202352101170008，工作编号：07DCD008）

位于郑官沟进沟约 0.3 千米的河道西岸、一马鞍形山凹处，南北两侧均为高耸的贺兰山脉，东面坡下即为郑官沟干涸河道。西接郑官沟 2 段土墙，南与郑关沟 4 号敌台为邻。

夯土台体，方台形。方向 330°（东壁）。底部东西 8.8、南北 9.7 米，顶部东西 4.6、南北 6.3 米，残高 6.5 米（图四六；彩图三一）。

此敌台保存较高，但坍塌等较重。四壁均有不同程度坍塌，尤以东壁最为明显，壁面已呈豁牙状；南壁保存较好；西壁中部有一道水冲沟，横宽 2.8、进深 1.9 米。南壁、东壁底部的风蚀凹槽十分明显，残高 0.5、进深 0.2 米；顶部不甚平整，散落有较多石块。夯层较清晰，厚 0.15—0.2 米，版接缝、夯窝等不清。

周围地表上散落有较多的遗物，以瓷器为主，还有少量陶片。器形有缸、罐、碗、盆等，残甚，无可复原者。采集 7 件，其中瓷器 6 件，陶器 1 件。

Ⅰ. 瓷器

6 件。其中缸 2、罐 3、碗 1 件。

（1）缸

均为口沿，酱釉。瓷胎较粗，质地坚硬，内含少量小石粒、碳粒，色浅黄。器壁均施釉，釉层较厚，釉面光洁明亮，口沿露胎。宽厚沿，平台唇，直壁。两者仅口沿薄厚有差异。

07DCD008 采：1，沿较厚，残口径 7.6、残高 8.1、沿厚 4.2、壁厚 1.2 厘米（图四七）。

07DCD008 采：2，沿较薄，残口径 8.8、残高 8.5、口沿厚 2.8、壁厚 1.1 厘米（图四八）。

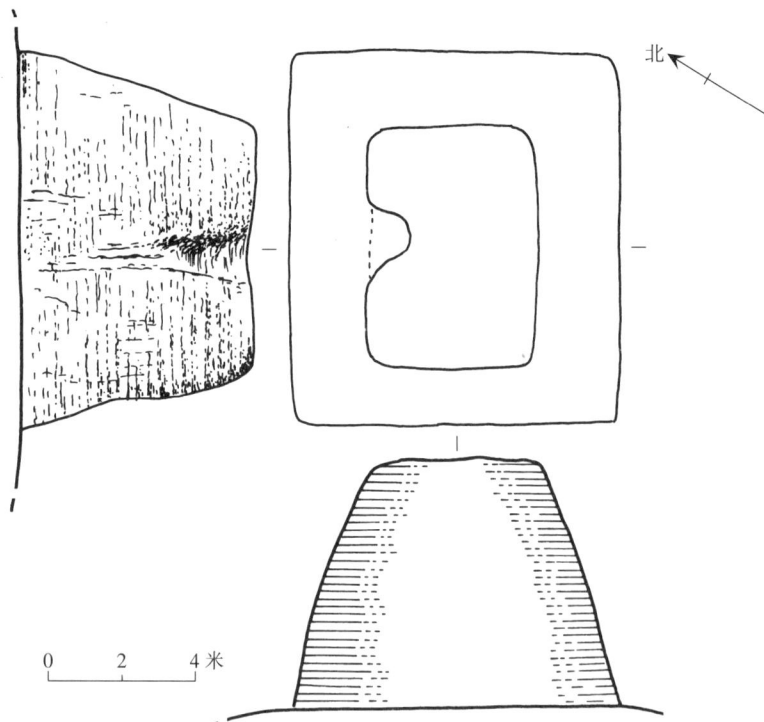

图四六　郑官沟 3 号敌台平、立、剖面图

（2）罐

口沿 2 件，器底 1 件。

07DCD008 采：3，口沿。黑釉。通施釉。小直口、重唇沿、矮束颈、圆鼓腹。残口径 4.9、残高 4.4、壁厚 0.8 厘米（图四九）。

07DCD008 采：4，器底。黑釉。鼓腹，内底部圆弧，矮圈足，平底。内壁施全釉。外底露胎。残底径 6.1、残高 4、圈足宽 1.3、足高 0.3、壁厚 0.9、底厚 0.6 厘米（图五〇）。

07DCD008 采：5，口沿。带耳。酱釉。瓷胎较粗，质地坚硬，烧结度稍低，内夹杂小石粒，胎色浅白。施全釉，釉层厚而光亮。卷沿、圆唇、鼓腹、宽錾耳。残口径 6.4、残高 4.5、沿厚 1.5、耳宽 4、壁厚 0.7 厘米（图五一；彩图三二）。

（3）碗

07DCD008 采：6，器底。白釉。胎较细，色略泛黄。通施釉，仅外底露胎。釉层光滑莹润，内底

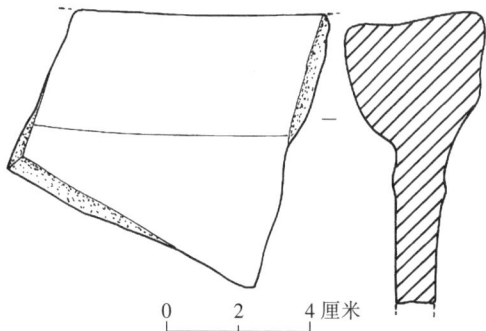

图四七　郑官沟 3 号敌台采集酱釉缸口沿残片
（07DCD008 采：1）

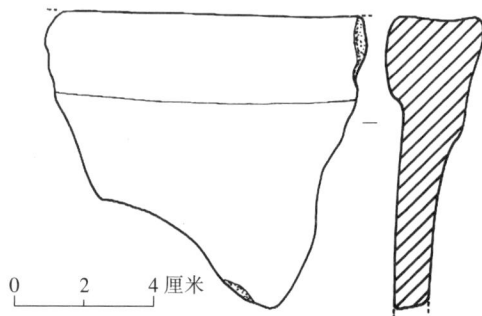

图四八　郑官沟 3 号敌台采集酱釉缸口沿残片
（07DCD008 采：2）

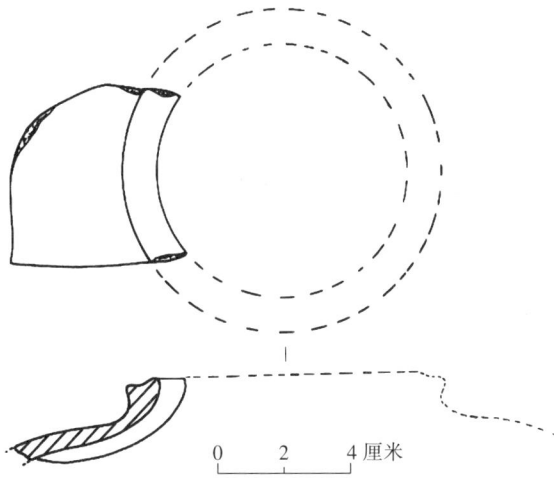

图四九 郑官沟3号敌台采集黑釉罐口沿残片
（07DCD008 采：3）

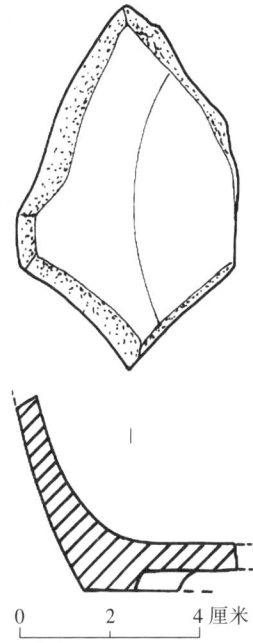

图五〇 郑官沟3号敌台采集黑釉罐底残片
（07DCD008 采：4）

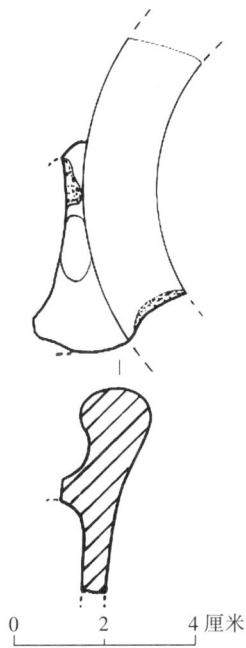

图五一 郑官沟3号敌台采集酱釉罐口沿残片
（07DCD008 采：5）

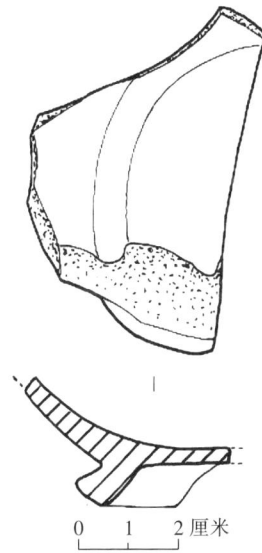

图五二 郑官沟3号敌台采集白釉碗底残片
（07DCD008 采：6）

有涩圈。斜腹，宽圈足，平底。底径5.5、残高2.3、壁厚0.5、圈足宽0.9厘米（图五二）。

Ⅱ．陶器

1件。盆口沿。

07DCD008 采：7，夹砂灰陶质，胎质十分粗糙，烧结度低。直口微敛，平沿，尖唇，直壁。残口径3.9、残高3.5、壁厚0.6厘米。

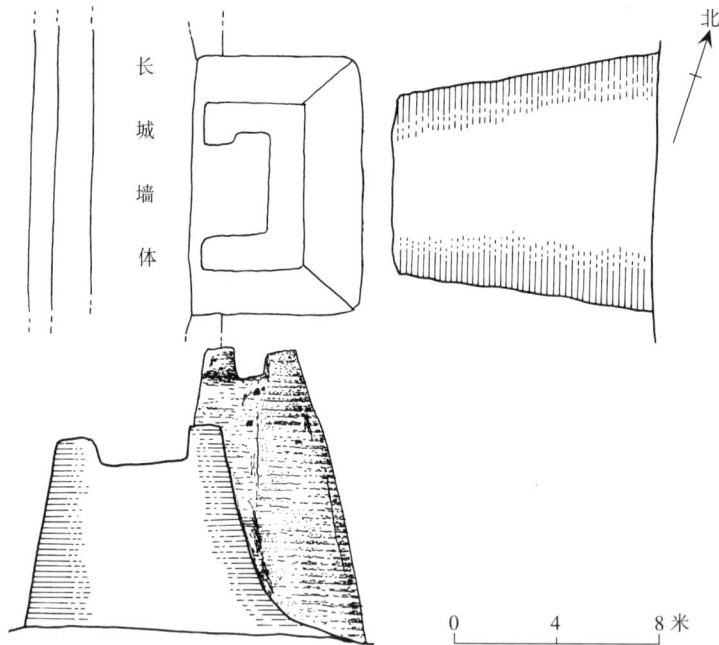

图五三　郑官沟 4 号敌台平、立、剖面图

9. 郑官沟 4 号敌台（编码：640202352101170009，工作编号：07DCD009）

此座与郑关沟 3 号敌台所处位置、特征等基本相似。夯土台体，方台形，方向 345°（西壁）。底部东西 6.8、南北 10 米，顶部东西 4、南北 6.3 米，残高 11 米（图五三；彩图三三）。

敌台西壁紧贴长城，上部高出墙顶，其余三面突出墙体东侧以外。壁面均较陡，由底向上略有收分。保存较好，但坍塌等稍重，尤以东壁最明显，已呈豁牙状，南壁保存相对较好；南、东壁底部的风蚀凹槽明显，呈带状，残高 0.5、进深 0.2 米左右；顶部不甚平整，有铺舍，为方形中空墙垣，外侧与敌台壁面持平，今存南、东、西三面，北面不存。中间有一"U"形豁口。夯层较清晰，厚 0.15—0.2 米。铺舍南垣长 3.35、宽 0.68、残高 1.51 米，中间豁口宽 1.7 米；东垣残长 1.15、宽 0.6、残高 0.7 米，其余无存；西垣长 5.92、宽 0.52、残高 1.1 米，中间豁口长 3.5 米（彩图三四）。

10. 韭菜沟 1 号敌台（编码：64020 2352101170010，工作编号：07DCD010）

位于大武口区长兴办事处西北约 4.6 千米的贺兰山韭菜沟内，在进沟约百余米的河道东岸一马鞍形山凹处，南距大武口区 6.14 千米。南与韭菜沟 1 段土墙相连，西面坡下即为韭菜沟河道，西北与韭菜沟 2 号敌台为邻。

夯土台体，方台形，底部东西 14、南北 7.8 米，顶部东西 9.6、南北 4 米，残高 8 米（图五四；彩图三五）。四壁均较陡，由底向上略有收分。夯层较清晰，厚 0.15—0.2 米，但版接缝、夯窝等不清。顶存铺舍，是沿东、南、北三侧壁面的顶部边缘继续加高成方形中空墙垣，西面不存。南侧残长 1.7、宽 0.8、残高 0.5 米；东侧长 0.9、宽 0.8、残高 0.8 米；北侧长 2.8、宽 0.7、高 0.6 米。

敌台底部有一石基础。是先将底部山体砍削成陡崖、顶上再用赭红色块石垒砌找平，黄土勾缝，缝隙较大处再用小石块填塞。基础东侧长 7.7、高 1.9 米，边缘突出敌台东壁 0.2 米，西侧长 2.8、高 1.2 米。

此敌台保存尚可，但亦有残损。有自然和人为破坏两种，以前者较明显。如自然坍塌在四壁均存在，尤以南壁最为严重，壁面成犬牙状，底部有较多的坍塌堆积；风蚀凹槽在台体的底部均存在，尤以位于迎坡面的东壁最为明显，呈带状，横贯台体底部；四壁均有片状剥离、粉状脱落等，呈斑驳皴

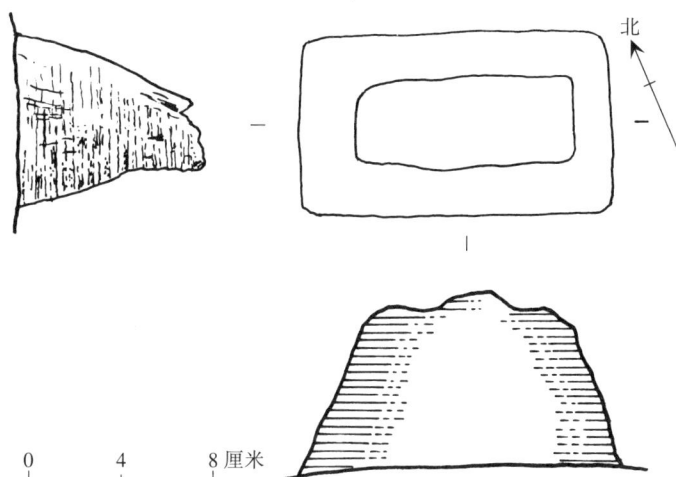

图五四　韭菜沟1号敌台平、立、剖面图

裂状，其中以西壁和北壁较为明显；南壁壁面有大量蚁穴，还有几处鼠洞等。

11. 韭菜沟2号敌台（编码：640202352101170011，工作编号：07DCD011）

此座敌台位置等与韭菜沟1号敌台相似，只是偏西北，在山凹西北侧的平台上，石砌台体，方台形，方向200°（东壁）。底部东西14.9、南北18米；顶部较平整，东西7.4、南北6.5米；残高6.2米（图五五；彩图三六）。

保存一般。坍塌严重，四壁底部被坍塌石块及沙土覆盖，呈斜坡状。相比以东壁保存较好，壁面较规整；北壁则坍塌稍多，壁面多已呈漫坡状；西壁、南壁保存一般。顶上生长有较多蒿草等。台体内夹有木，松木质，分层平置，一端向外，直径多在0.1米左右，计5层，最底层圆木距地表1米，各层间距由底向上分别为1.4、1.5、1.7、1.4米。每层圆木间距不一，在0.1—0.5米。

在敌台西南侧台地边缘分布有11座小墩，除了L1，其余连线较直。毛石干垒而成，由北向南依次编号为L1—L11。除L1残损甚重、L5保存较好外，余保存较差，多已坍塌成石堆状。

L1：距敌台南壁30.5米，残损甚重，仅存痕迹；

L2：底边长2.6、残高1米，与L1间距5.8米；

L3：底边长2.8、残高0.8米，与L2间距3.4米；

L4：底边长2.6、残高0.9米，与L3间距4米；

L5：底边长2.4、残高0.8米，与L4间距3.4米；

L6：底边长3、残高1米，与L5间距4.6米；

L7：底边长2.8、残高0.8米，与L6间距3米；

L8：底边长2.6、残高1米，与L7间距6米；

L9：底边长2.9、残高0.9米，与L8间距2.6米；

L10：底部边长2.8、残高0.8米，与L9间距2.7米；

L11：底部边长1、残高0.3米，与L10间距5.6米。

周围地表上散落有较多瓷片，有缸、罐、碗、盆等，皆残碎，无可复原者，采集7件，其中罐2、缸3、盆1、碗1件。

（1）罐

均为底部。

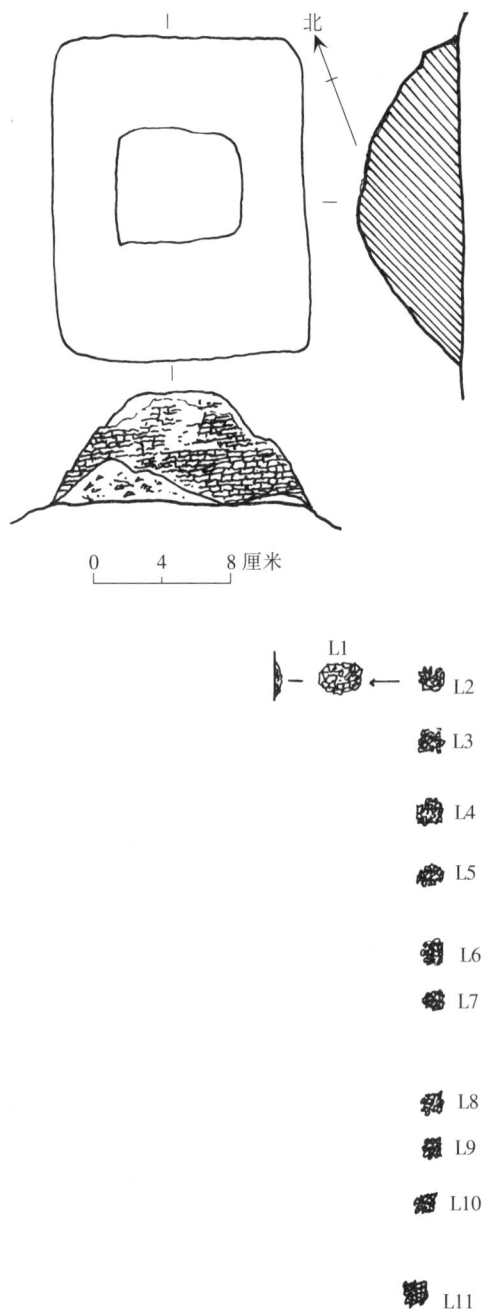

图五五　韭菜沟2号敌台平、立、剖面图

07DCD011 采：1，褐釉。瓷胎较粗，质地坚硬，内含较多红色小石粒，色浅黄。施全釉，釉层较厚而光亮。宽厚沿，平台唇，直腹微鼓。残底径7.8、残高7、口沿厚3.1、壁厚1.3厘米（图五六）。

07DCD011 采：6，酱釉。瓷胎较粗，内含少量赭红色、白色小石粒，色土黄。施全釉，仅外底部露胎。釉层较厚而光滑莹润。斜壁，大平底。残底径9.2、残高4.5、底厚1.2、壁厚1厘米（图五七）。

（2）缸

口沿2件，底1件。

07DCD011 采：2，口沿。酱釉。胎十分粗糙，夹杂较多赭红色、白色小石粒，烧结度较低，色浅黄。施釉仅口沿露胎。外壁釉厚而光亮；内壁则较薄，光洁度不佳。宽厚沿，平台唇，直腹微鼓。残口径10.8、残高6.2、口沿厚2.8、壁厚1.2厘米（图五八）。

07DCD011 采：3，口沿。青釉。胎较厚重，色浅白。通施釉，釉较厚而光亮。其中外壁施青釉，釉色不纯，呈斑驳状；口沿釉层较薄，局部有流釉；内壁施酱釉。直口，宽厚沿，圆唇，直壁。残口径5、残高10.3、口沿厚3.2、壁厚1.1厘米（图五九）。

07DCD011 采：4，器底。黄釉。胎厚重，质细而坚实，色灰白。施釉层较厚而光亮；外壁施釉不及底，有流釉。斜壁，底部略束，大平底，底边粘有细砂。残底径17.5、残高4.8、底厚1.8、壁厚1.8厘米（图六〇）。

（3）盆

07DCD011 采：5，口沿。青釉。胎较薄，质较细，烧结度较高。色灰，有赭红色斑块。沿不施釉，外表色暗红；外壁施青釉，釉不纯，釉层较薄而晦暗；内壁施酱釉，釉层较厚，釉面较平。直口微敛，圆台唇，直壁。残口径9.2、残高7.8、口沿厚2.4、壁厚0.9厘米（图六一）。

（4）碗

07DCD011 采：7，底部。白釉。胎细腻坚硬，色泛白。器表施白釉，外壁下施一圈环状黑釉，底露胎；内底有涩圈。斜壁，平底，圈足。残底径5.4、残高2.3、足高0.9、足厚0.9、壁厚0.5厘米。

12. 归德沟1号敌台（编码：640202352101170012，工作编号：07DWD012）

位于大武口区青山办事处西北约5.4千米的归德沟内，在进沟约1千米的河道西岸、一平台东北侧坡边，东南距大武口区6.5千米。

该敌台构筑较为复杂，其外侧为黄沙土夯筑而成，坍塌较重，呈不规则方台形，方向140°（东壁）；内侧从东南角坍塌处发现为石块垒砌而成，砌石较规整，方台形。可能其早期为石砌台体，后期

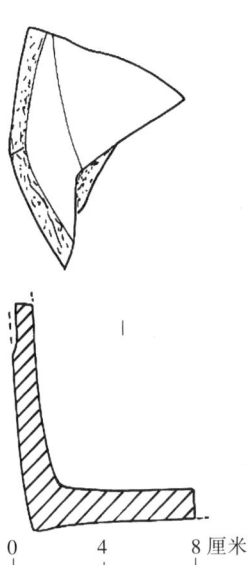

图五六　韭菜沟2号敌台采集褐釉
罐底残片（07DCD011 采：1）

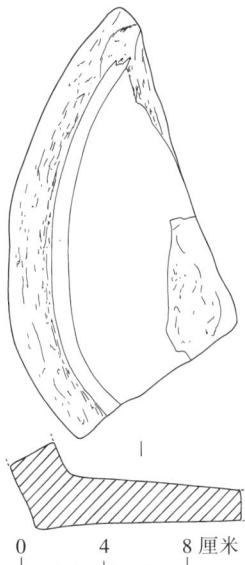

图五七　韭菜沟2号敌台采集酱釉
罐底残片（07DCD011 采：6）

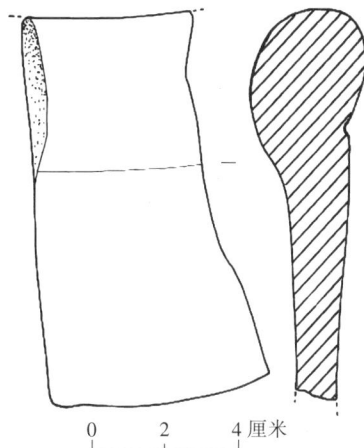

图五九　韭菜沟2号敌台采集青釉
缸口沿残片（07DCD011 采：3）

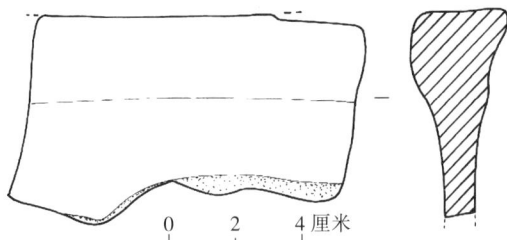

图五八　韭菜沟2号敌台采集酱釉缸口沿残片（07DCD011 采：2）

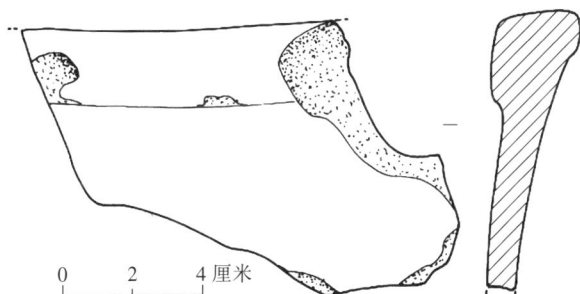

图六一　韭菜沟2号敌台采集青釉盆口沿残片（07DCD011 采：5）

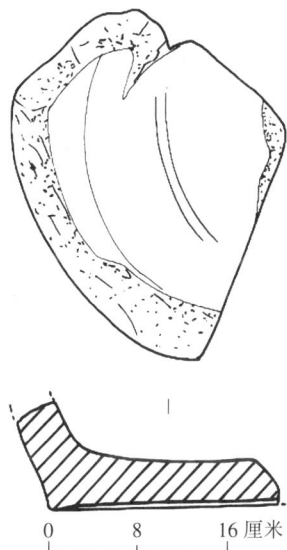

图六〇　韭菜沟2号敌台采集黄釉缸底残片
（07DCD011 采：4）

是在此基础上用黄土沿四边夯筑成夯土台体加宽加高。残存台体底部东西7.9、南北11.5米；顶部较平整，东西4.2、南北4.3米；残高7.5米。内侧砌石因坍塌面较小，尺寸不全（图六二；彩图三七、三八）。

保存一般，自然损害较重。四壁均有不同程度的坍塌，尤以迎坡面的南壁最为明显，壁面突兀，底部有较厚坍塌堆积土；东壁中部有一处纵向冲沟发育，呈倒三角形，从顶部一直延伸及底，顶宽0.5、进深0.9米；风蚀凹槽在台体四面裸露墙体底部均存在，尤以东、西壁最为明显，呈带状，几乎横贯台底，残高0.6、进深0.2米。片状剥离和粉状脱落也在台体的四壁均有分布，尤以北、西壁最为明显。

13. 归德沟2号敌台（编码：640202352101 170013，工作编号：07DWD013）

与归德沟1号敌台位于同一座平台上，只是其位置偏西南、在小平台的最西南边，东与归德沟1

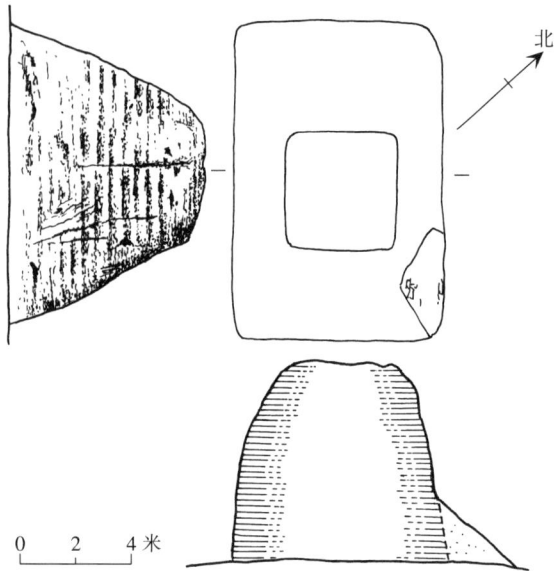

图六二　归德沟1号敌台平、立、剖面图

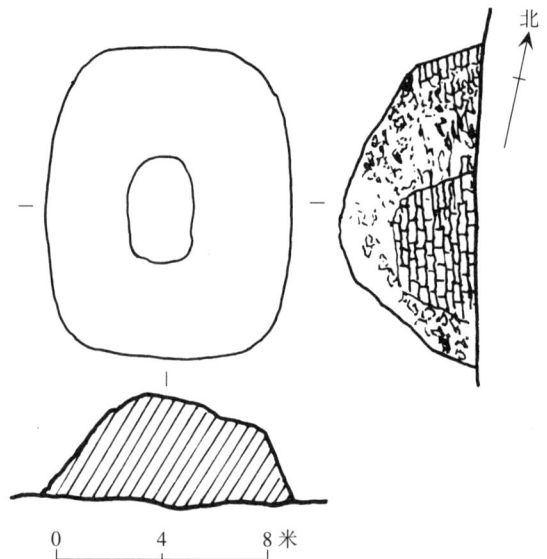

图六三　归德沟2号敌台平、立、剖面图

段土墙相接。

石砌台体，形状已不规则，从东壁残存砌石来看，其形状也是方台形，方向170°（东壁）。残存底部东西9.1、南北11.2米，顶部东西2.6、南北4.3米，残高5.2米（图六三；彩图三九）。

此敌台残损甚重，四壁均有不同程度坍塌，相比以东壁保存略好，壁面上尚存部分砌石面，砌石高3.9米。其余几面均坍塌甚重（尤以北壁最重），壁面呈斜坡状，底部有较厚的坍塌石块堆积。顶部不平，中部有一处较高的石堆。

14. 归德沟3号敌台（编码：6402023521011 70014，工作编号：07DWD014）

位于归德沟2号敌台西南一东北—西南向的狭窄山梁上，东面坡下有一半坡平台，平台上有归德沟1段土墙、2段石墙及归德沟1号、2号敌台等，分别距归德沟1号、2号敌台155.2、48.2米。

石砌台体，残损较重，四壁中除北壁尚存部分砌石外，多呈斜坡状，尤以西壁和北壁坍塌严重。从底部尚存砌石来看还是为方台形，方向280°（北壁）。底部东西12.1、南北11.2米；顶部不平，生长有茂密的蒿草等，东西9.7、南北6.5米；残高7.3米（图六四；彩图四○）。

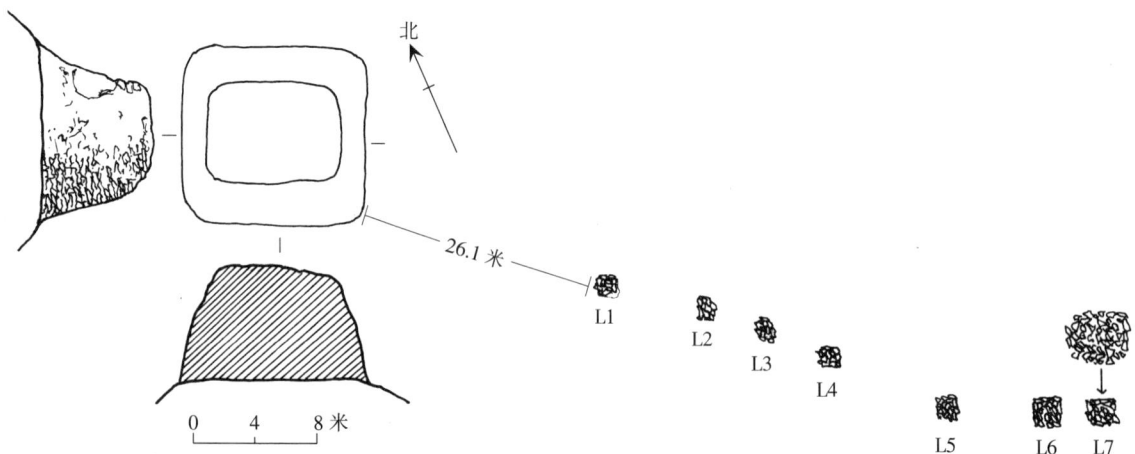

图六四　归德沟3号敌台平、立、剖面图

东南侧台地边缘沿坡面上分布有 7 座小墩，大致呈排状，由西向东依次编号为 L1—L7。毛石垒砌，其中除 L4 保存稍好外，余呈圆锥状。

L1：东西 2.1、南北 1.7、残高 0.5 米，距敌台 26.1 米；

L2：东西 3.1、南北 2.6、残高 1.1 米，与 L1 间距 6.8 米；

L3：东西 2.1、南北 2.8、残高 0.8 米，与 L2 间距 4 米；

L4：东西 3.7、南北 3.3、残高 1.3 米，与 L3 间距 4.4 米；

L5：仅存残迹，与 L4 间距 8.4 米；

L6：东西 4.4、南北 4.3、残高 0.8 米，与 L5 间距 7 米；

L7：东西 4.3、南北 3.4、残高 0.7 米，与 L6 间距 3.7 米。

15. 归德沟 4 号敌台（编码：640202352101170015，工作编号：07DWD015）

与归德沟 3 号敌台位于同一道山梁上，仅位置偏西南，在山脊中部，地势亦较高。西南连归德沟 2 段土墙，顶部高出墙体 2.1 米，东北侧与归德沟 3 号敌台相邻，两者相距 489.2 米。

夯土台体，方台形，土中含石量较小。底部东西 12.8、南北 8.5 米；顶部较平，东西 7.1、南北 5.1 米；残高 10.5 米。壁面夯层清晰，厚 0.1—0.15 米。顶部较平，尚存铺舍，也是外侧沿台体边缘加高、内侧夹板夯筑成方形中空的墙垣，仅西侧、北侧尚有残留。其中西侧残长 1.6、厚 0.8、残高 0.75 米；北侧残长 6.2、厚 0.6、残高 0.41 米（图六五；彩图四一）。

保存较好，但残损亦较明显。四壁均有不同程度坍塌，尤以迎坡面的南壁最为明显，壁面呈突兀状，底部有较多坍塌土堆积。片状剥离、粉状脱落在壁面上普遍存在，尤以南壁最为明显，呈斑驳皱裂状。风蚀凹槽在台体底部均有存在，尤东壁、北壁最为明显，呈带状，横贯墙体底部。

16. 归德沟 5 号敌台（编码：640202352101170016，工作编号：07DWD016）

与归德沟 4 号敌台同处一道山梁上，只是地势稍高，在山梁中部一个丁字形交汇处。南侧与归德沟 2 段土墙相接，东北距归德沟 4 号敌台 64.3 米。

夯土台体，内夹杂少量青灰色小石块，形状较规整，方台形。底部东西 6.2、南北 6 米；顶部较平整，东西 4.5、南北 4.1 米；残高 7 米（图六六；彩图四二）。

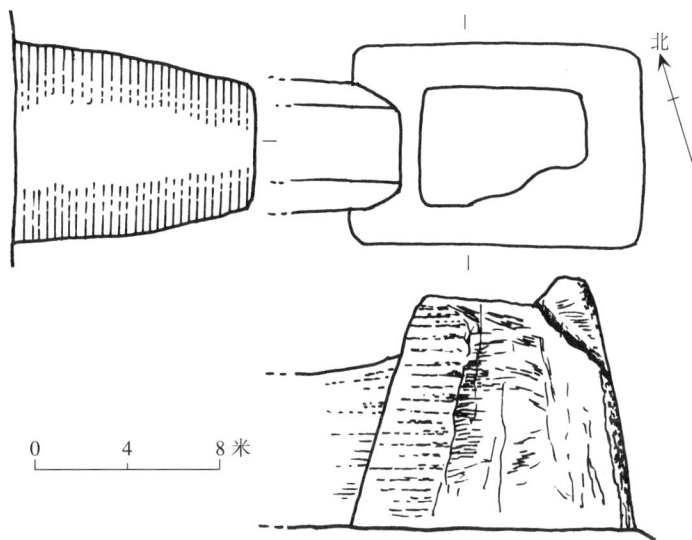

图六五　归德沟 4 号敌台平、立、剖面图

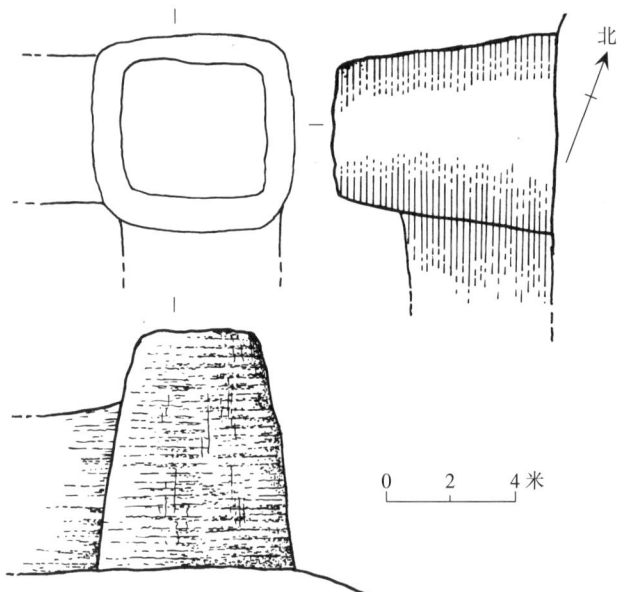

图六六　归德沟 5 号敌台平、立、剖面图　　　　图六七　归德沟 6 号敌台平、立、剖面图

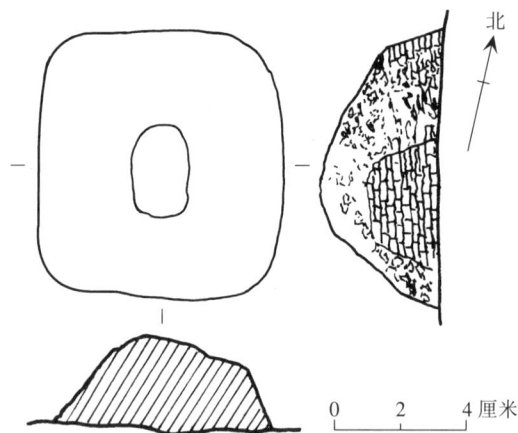

较特殊的是，该敌台属跨墙而建，南北面均延伸出墙体外。北壁保存较好，壁面较陡，底部有风蚀凹槽，呈带状横贯台底；南壁则坍塌较重，壁面已呈突兀状，底部有较厚的坍塌土堆积。壁面上的片装剥离、粉状脱落等较普遍。夯层清晰，厚 0.15—0.2 米。顶上尚有铺舍，是沿敌台顶部边缘再夯筑而成，其中北侧和东侧有部分残存，呈半圆状，沿北壁和东壁顶部边缘环绕，残高 1、厚 0.6 米，其余两面则无存。

17. 归德沟 6 号敌台（编码：640202352101170017，工作编号：07DWD017）

位于山梁西南端，西面近陡崖，是归德沟 2 段土墙的止点，东北与归德沟 5 号敌台相邻，两者相距 404 米；东南距大武口市区 6.58 千米。

石砌台体，残损较重，已呈圆台状，但从残留的砌石面来看其还是为方台形，方向 270°（北壁）。石质坚硬，石色不纯，有青灰、赭红等色。底部东西 7.5、南北 7.6 米；顶部不甚平，东西 2.7、南北 4.8 米；残高 2.2 米（图六七）。

保存较差，四壁除北壁尚存部分砌石面外，余皆坍塌成斜坡状，底部散落有较多坍塌的石块，尤以南壁最为严重。北壁砌石长 3.1、残高 1.3 米。顶部不甚平，生长有较茂密的蒿草。

18. 大风沟 1 号敌台（编码：640202352101170018，工作编号：07DWD018）

位于大武口区西南侧、长胜办事处北约 4.3 千米的大风沟内，在进沟约 200 米的河道东岸、一座东西向山梁中部，南北两侧均临坡，坡下是大风沟河道。西面山凹处即为大风沟长城及大风沟 2 号敌台等。

石砌台体，残损较重，已呈圆锥状，但从西壁等处残存的砌石来看，其形状仍为方台形。由底向上略有收分。石色以青灰色为主，另有少量赭红等色，质地细腻，硬度高。底部东西 18.2、南北 22.6 米；顶部不甚平，东西 6.7、南北 6.1 米；残高 7.2 米（图六八）。

敌台东南侧山梁上东西向分布着 4 座小墩，是以较大块砾石垒砌而成。由西向东依次编号为 L1—L4。除 L2 保存稍好、形状略呈方台形外，余皆坍塌成石堆状。

L1：东西 2.3、南北 2.5、残高 0.5 米，距敌台 9.9 米；

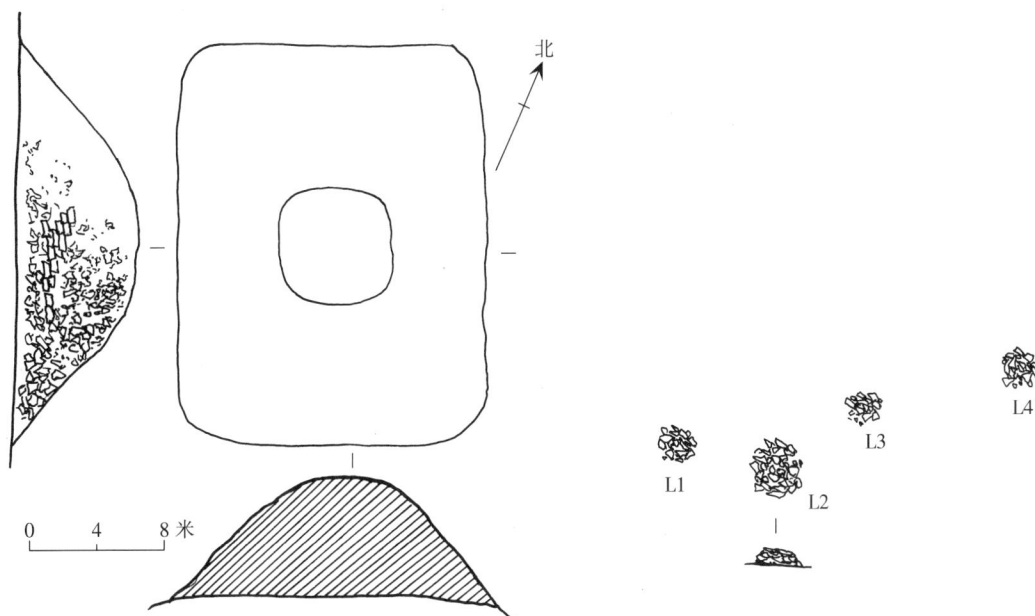

图六八　大风沟 1 号敌台平、立、剖面图

L2：东西 3.5、南北 3.2、残高 0.6 米，与 L2 间距 5.5 米；

L3：东西 1.9、南北 2.5、残高 0.8 米，与 L2 间距 5.8 米；

L4：东西 2.5、南北 2.2、残高 0.7 米，与 L3 间距 8.5、距敌台 37.1 米。

周围地表上散落有少量瓷片，器形有缸、碗等。残甚，无可复原者，采集 3 件，其中缸 2 件，碗 1 件。

（1）缸

2 件。口沿、器底各 1 件。

07DWD018 采：1，口沿。酱釉。胎地较粗疏，色略泛红，胎内夹杂有少量赭红色小石粒。沿露胎，外壁沿下施酱釉，釉层较厚而光亮，釉面有细微冰裂纹；内壁则施褐釉，釉层较薄，光泽度低。直口微敛，宽厚沿，台唇，唇内侧略上翘。残口径 11.2、残高 6.6、壁厚 1.2、沿厚 3.9 厘米（图六九）。

07DWD018 采：2，器底。红褐釉。胎地略粗

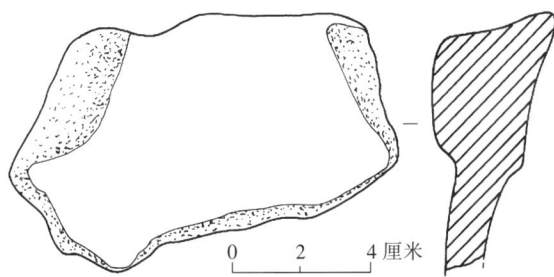

图六九　大风沟 1 号敌台采集酱釉缸口沿残片
（07DWD018 采：1）

而厚重，内夹杂少量细砂粒，色灰白。外施红褐釉，釉层不匀，局部有流釉现象，釉面光亮。底部粘有细砂粒；内壁通施暗红釉，釉层较厚，釉面较平，光洁度较差。斜壁、大平底。残底径 9.2、残高 4.1、壁厚 1.2、底厚 2 厘米（图七〇）。

（2）碗

1 件。

07DWD018 采：3，器底。褐釉。瓷胎较粗厚，色土黄。器壁施褐釉，釉层较厚，釉面光亮。外壁施釉不及底，局部有流釉；内底有涩圈。斜鼓腹，大平底，厚圈足。底径 6.2、残高 2.5、壁厚 0.5、底厚 0.5 厘米（图七一）。

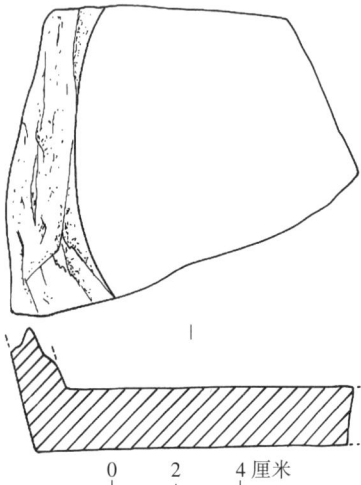

图七〇　大风沟 1 号敌台采集红褐釉缸底残片
（07DWD018 采：2）

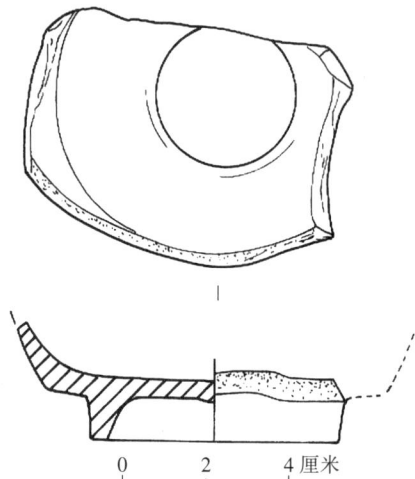

图七一　大风沟 1 号敌台采集褐釉碗底残片
（07DWD018 采：3）

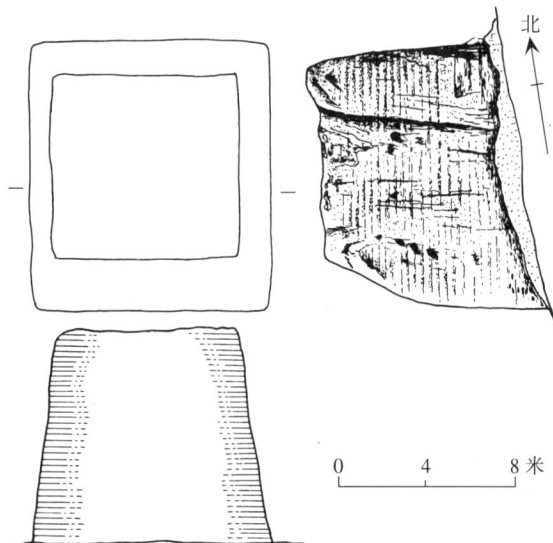

图七二　大风沟 2 号敌台平、立、剖面图

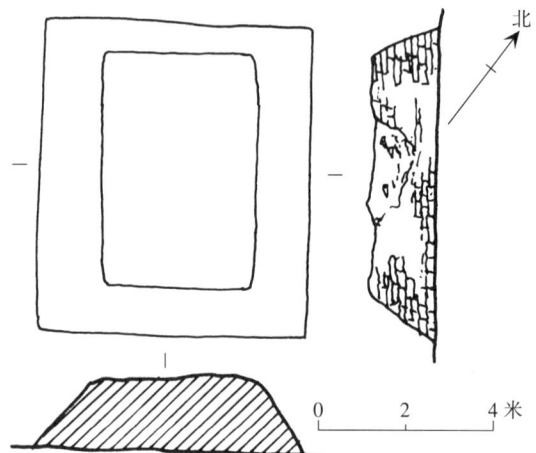

图七三　大风沟 3 号敌台平、立、剖面图

19. 大风沟 2 号敌台（编码：6402023521011 70019，工作编号：07DWD019）

位于大风沟 1 号敌台的西侧，在山梁中部的马鞍形山凹处，其所在位置、周围环境等与大风沟 1 号敌台基本相似，只是地势稍低，西面与大风沟土墙相连。

夯土台体，方台形，方向 275°（南壁）。四壁较陡，由底向上略有收分。底部东西 10.5、南北 11.8 米，顶部东西 8.3、南北 8 米，残高 9 米（图七二；彩图四三）。

保存较好，台体较规整，但四壁均有不同程度坍塌等，底部有少量坍塌土堆积。南壁底部风蚀凹槽较为明显，进深 0.3、残高 0.2 米；壁面剥蚀较重。顶部较平，顶上堆积有大量石块，生长有野蒿、野枸杞树等。

20. 大风沟 3 号敌台（编码：640202352101170020，工作编号：07DWD020）

位于大风沟沟口、河道东岸的缓坡上，东距石嘴山市 6.56 千米。东近贺兰山陡崖，西面坡下即为大风沟河道，南面则为山前冲积扇台地。

石砌台体，方台形，方向 235°（北壁）。外侧砌石规格不一，似非精选。石色以青灰为主，另有少量赭红等色，石质坚硬。底部东西 6.2、南北 7.1 米，顶部东西 3.1、南北 3.9 米，残高 1.8 米（图七三）。

残损甚重，仅存底部。四壁均坍塌甚重，尤以西壁最为明显，呈斜坡状，仅北壁尚存砌石；顶部较平，生长有蒿草等。

21. 小风沟敌台（编码：640202352101170021，工作编号：07DWD021）

位于大武口区长胜办事处西北约4.2千米的贺兰山小风沟内，在进沟约0.5千米的河道东岸缓坡台地上，西与小风沟夯土长城相连，顶部高出长城墙体3.1米，东距石嘴山市10.47千米。

夯土台体，是在北高南低的沙石地表上直接找平、夯筑而成，方台形。底部东西7.2、南北6.3米，顶部东西5.2、南北4米，残高北壁3.5、南壁4.9米。夯层厚0.15—0.2米（图七四；彩图四四）。

保存一般，四壁较陡，但均有不同程度坍塌，尤以南壁坍塌幅度较大，壁面突兀不平，底部有较厚的坍塌土堆积；西壁亦坍塌较重，底部被坍塌土所覆盖，裸露出的风蚀凹槽较深，呈带状横贯壁面，残高0.4、进深0.7米。壁面上的片状剥离、粉状脱落十分普遍；北壁底部亦有带状风蚀凹槽，残高0.8、进深0.7米；顶部较为平整，生长有较多野草。

22. 汝箕沟敌台（编码：640202352101170022，工作编号：07DWD022）

位于大武口区西南侧、大武口与平罗县交界处的汝箕沟内，在进沟约5千米的河道东岸一道东西向山梁上，东北距大武口区13.69千米。南、北两面临坡，西面与汝箕沟土墙相连。

夯土台体，方台形。方向100°（北壁）。四壁较陡，壁面由底向上略有收分。其底部西侧有一处较低矮的小山凹，在建造时先用赭红色砂岩砌成一个方形平台将此山凹补平，然后再在石基础上夯筑台体，石台基长3.5、残高1.1米。台体底部东西11、南北6.1米；顶部因无法攀爬，具体尺寸不详，大致东西8.5、南北4.5米；残高6.1米。夯层较清晰，厚0.1—0.15米，但夯窝等不清（图七五；彩图四五）。

保存一般。自然坍塌、片状剥离和粉状脱落、风蚀等在四壁均有发现，其中自然坍塌以东壁和南壁较重，壁面突兀不平，底部有较厚的坍塌土堆积；片状剥离和粉状脱落以东壁最为明显，呈斑驳皴裂状；风蚀凹槽以西壁最为明显，呈带状，横贯壁面。凹槽残高0.3、进深0.4米；西壁等壁面上出现蜂窝状凹坑等；另外，在该敌台的北壁上，生长有较多的苔斑，色泛黑；顶上生长有较多蒿草。

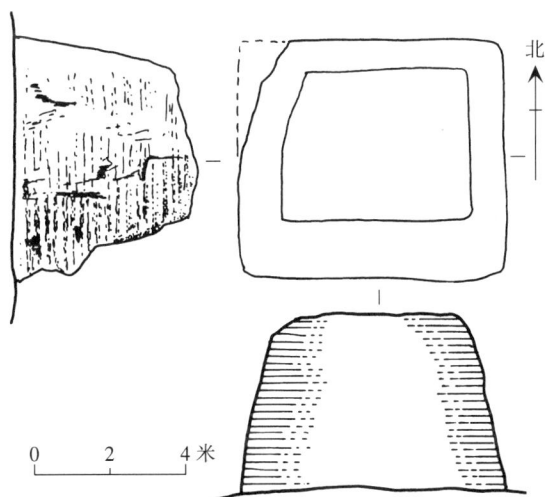

图七四　小风沟敌台平、立、剖面图　　　　　图七五　汝箕沟敌台平、立、剖面图

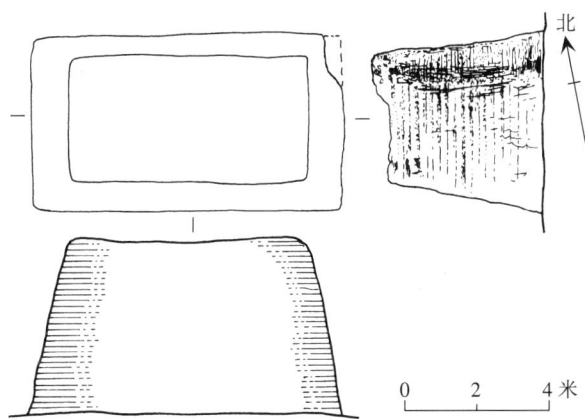

23. 大水沟 1 号敌台（编码：640221352101170002，工作编号：07PCD002）

位于平罗县崇岗镇崇岗村以西、贺兰山大水沟进沟约 2.5 千米的河道东岸半山腰上，东北与山体陡崖相连（并未直接相接，两者间有 2 米左右的断口），西南与大水沟土墙相连。

夯土台体，方台形。底部东西 6.6、南北 7.8 米；顶部较平，东西 4.5、南北 4.8 米；残高 9.8 米；夯层厚 0.15—0.2 米（图七六；彩图四六）。

敌台的四周底部有少量坍塌土，较疏松，表层长有野草；四壁保存尚可，由底向上逐渐收分；顶部有铺舍，是沿四壁顶部继续加高、夯筑成方形中空的墙垣，在四角均有保存，中部有 "U" 形豁口。其中东北角长 1.7、宽 0.7、高 2.1 米；东南角长 1.9、宽 0.8、高 1.9 米；西南角长 1.8、宽 0.8、高 1.9 米；西北角长 2.1、宽 0.8、高 1.8 米。

保存较好，但亦有不同残损。这些残损有自然和人为两类，其中自然破坏有风蚀、雨蚀等，如台体的西北侧已被风蚀得千疮百孔，有的墙面凹凸不平，呈蜂窝状，有的呈鳞片状龟裂剥离；南壁等处有贯通状风蚀凹槽。而冲沟发育在敌台四壁中部均有发现，尤以南壁处痕迹最为明显；人为破坏主要有掏挖、踩踏等。如敌台南壁底部有掏挖出的小洞，宽 1、进深 1.5、残高 0.9 米，内积有羊粪等。

24. 大水沟 2 号敌台（编码：640221352101170003，工作编号：07PCD003）

位于大水沟 1 号敌台西南侧，在大水沟土墙的中部，其所在位置、周围环境等与大水沟 1 号相似，仅位置略低。东南侧与大水沟土墙相接，主体突出墙体之外。东北距大水沟 1 号敌台 101 米。

夯土台体，方台形，底部东西 12.8、南北 11.6 米；顶部较平，东西约 5.5、南北约 7.5 米；残高 10.2 米（图七七；彩图四七）。

保存尚可。四壁底部均有少量坍塌土堆积。壁面较陡，由底向上逐渐收分。壁面均有风蚀痕迹，如西壁等处的风蚀洞十分明显，呈蜂窝状；西壁底部的风蚀凹槽则较明显，进深 0.6、残高 0.8 米；东壁、西壁和南壁上均有水冲沟，呈倒三角状分布，其中南壁的水冲沟最为明显，深达 0.35 米。

台体顶部尚有铺舍痕迹，残损较重，已呈豁牙状。因无法登顶，其具体尺寸、特征等不详。

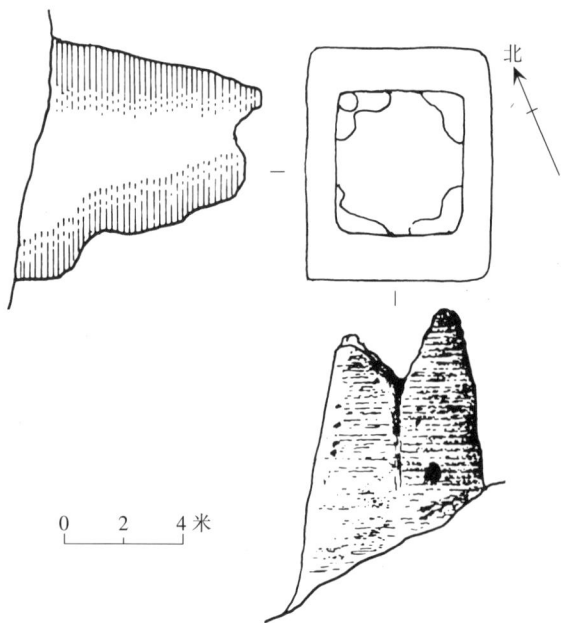

图七六　大水沟 1 号敌台平、立、剖面图

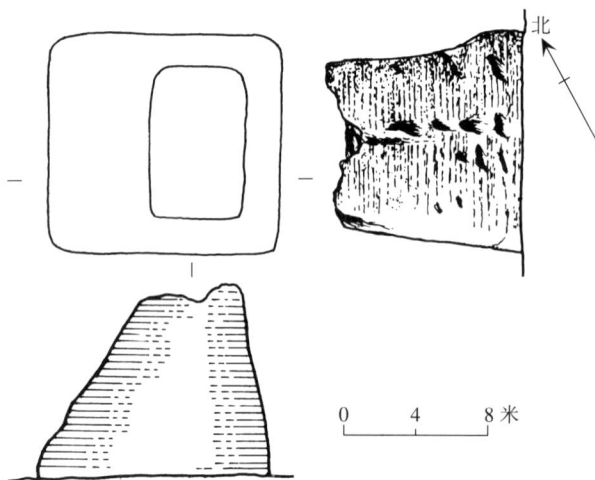

图七七　大水沟 2 号敌台平、立、剖面图

25. 大水沟 3 号敌台（编码：640221352101170004，工作编号：07PCD004）

与前两座敌台所在位置、周围环境基本相似，只是位置更低，位于河道东岸的缓坡上。也是东南与墙体相连，主体突出墙体之外，顶部高出墙体 3.7 米，东北距大水沟 2 号敌台 114.5 米。

夯土台体，形状已不规则，应为方台形。土质较粗疏，含水量极少，色浅黄。台体底部东西 9.6、南北 11.2 米，顶部东西 6.1、南北 6.7 米，残高 8.1 米（图七八；彩图四八）。

保存较差，残损严重，底部被倒塌堆积及黄沙土覆盖，表面长有野草；四壁均有不同程度坍塌，尤以东北角最为严重，壁面犬牙突兀；东、西两壁中部有一道贯通状裂缝，呈倒三角形，宽 5—35 厘米；东、西、北壁的底部坍塌堆积土上均有风蚀凹槽，以西壁最为明显，呈带状，进深 0.6 米。另外，在台体的北面、西面等壁面处，还生长有大量黑色苔斑。顶部不甚平整，长有较多蒿草。顶上四角尚有铺舍，残甚，仅存残迹。

26. 大水沟 4 号敌台（编码：640221352101170005，工作编号：07PCD005）

位于今大水沟河道东岸边，是大水沟夯土长城的止点。东北与长城相连，西面便是剥蚀较深的河道。东北距 3 号敌台 113.8 米。

夯土台体，方台形，底部东西 10.5、南北 9.2、残高 8.5 米，顶部因不便攀爬，尺寸不详（图七九；彩图四九）。

保存一般，坍塌等残损甚重，形状已不规整。底部有少量坍塌土堆积；四壁较陡，由底向上略有收分。四壁均有风蚀痕，其中风蚀洞东壁分布较密集，呈蜂窝状；风蚀凹槽则在四壁底部均有，尤以东壁最为明显，呈带状，进深 0.9、残高 0.7 米。北壁上多霉斑。南壁底部有一处人为掏挖的洞穴，洞口宽 1.2、高 1.3、进深 2.6 米，里面堆积有石块和树枝等；顶部较平，生长有较多的蒿草等。

27. 白头沟敌台（编码：640122352101170001，工作编号：08HHD001）

位于贺兰县洪广镇南梁牧场西北约 5.3 千米的白头沟沟内，在干涸河道西岸一处相对较平缓的漫坡上，东南距沟口 2.1 千米、距贺兰县 37.56 千米。北面与白头沟石墙段相邻但未直接相连，两者间距 5 米。

夯土台体，圆台形，是西长城沿线形状较为特殊的一座。夯打较坚实，表面略泛红。底部直径 11、顶部直径约 7、高 12 米（图八〇；彩图五〇）。

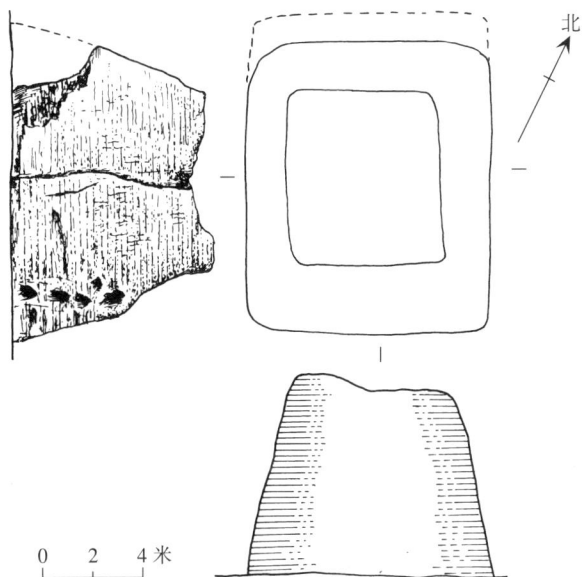

图七八　大水沟 3 号敌台平、立、剖面图

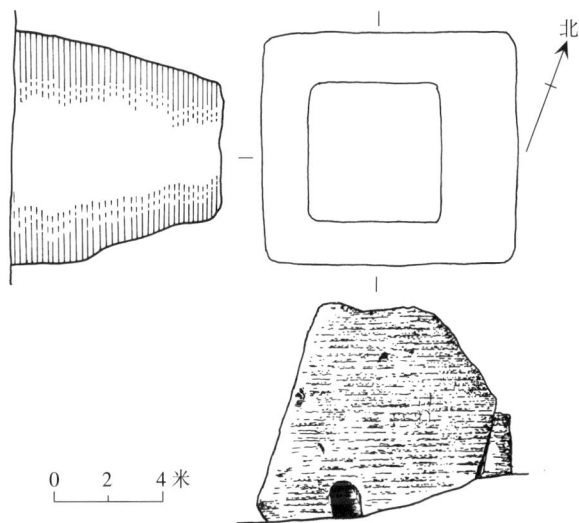

图七九　大水沟 4 号敌台平、立、剖面图

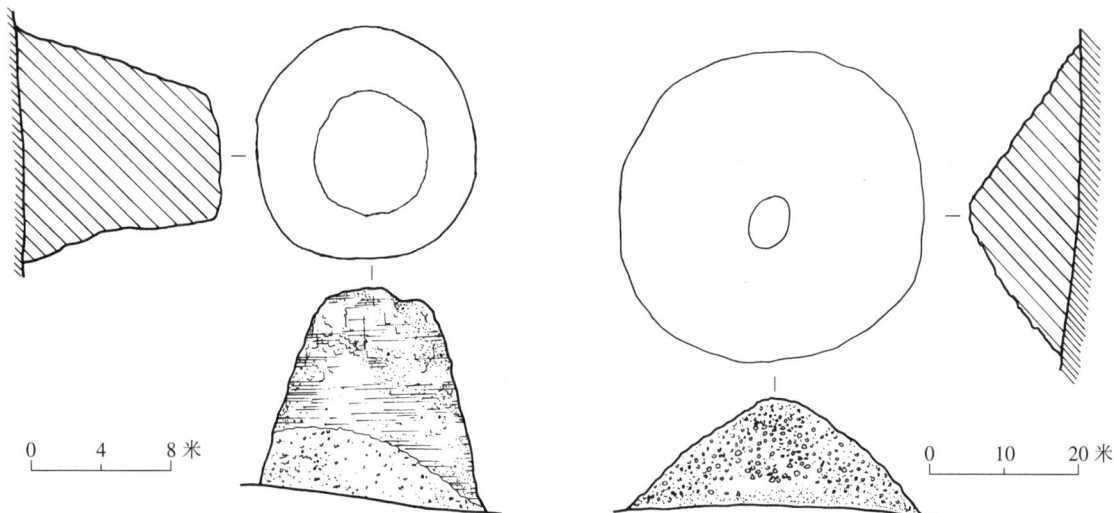

图八〇　白头沟敌台平、立、剖面图

图八一　拜寺口敌台平、立、剖面图

四周底部坍塌堆积土较少。周壁较陡，除了南侧壁面坍塌略重外，其余三面均保存较好，壁面由底向上略有收分。夯层清晰，厚0.2—0.15米，版接缝不清。顶部不平，生长有较密野蒿。疑有铺舍，因无法攀爬，具体特征不详。

保存较好，但局部坍塌仍较明显。周壁中以东、北壁保存较好，其余两壁均有不同程度坍塌，尤以南面坍塌较多。这可能与南壁面朝沟口，易受风力掏蚀有关。东壁面分布有较多的圆形小洞，多系鼠、蛇类动物掏挖所致。另外，北壁底部有较密的蚁穴，近顶部四周还有黑色霉斑等。

28. 拜寺口敌台（编码：640122352101170002，工作编号：08HHD002）

位于贺兰县洪广镇金山村西、拜寺沟沟口东侧一个较宽阔平台上，东南距贺兰县37.5千米。台体北接拜寺沟土墙，西面、南面坡下即为拜寺沟南沟干涸河道，南面过河道与拜寺口烽火台相望；东侧与拜寺沟石墙段相邻，再东有著名的西夏文物古迹点——拜寺口双塔。

残损甚重，已呈圆锥状，壁面散落有大量石块，形制等难辨。疑属用青灰、赤红等色石块垒砌而成。底部东西39、南北43米，顶部东西5.2、南北6.3米，斜高23.5米（图八一；彩图五一）。

第三节　红果子—三关口段烽火台

烽火台，又称烽燧、墩台、烽堠、烟墩、狼烟台、狼烟墩等，是古人用于快速传递情报的传输设施，并有守卫和瞭望功能。红果子至三关口段长城沿线的烽火台，调查发现计57座。均属方台形实体建筑，有石砌、夯筑两类。一些烽火台周围还有围墙、小墩等。按其位置由北向南分述如下。

1. 罗家园子烽火台（编码：640205353201170010，工作编号：07HHF003）

位于惠农区红果子镇燕窝池村以西、罗家园子西南约3.75千米处，在贺兰山小黑沟西南侧一座小山顶上，东北距惠农区24.59千米。东与简泉农场长城及王泉沟3号敌台相邻。

石砌台体，残损甚重，壁面已无砌石面，形状已不规则，今存台体底部东西20.6、南北25.5米，顶部东西5.2、南北8.8米，残高5.7米。南壁、西壁上有人为掏挖出的大坑，均呈长方形。其中南壁处坑长5.2、宽2.1、深6.2米；西壁处坑长4.9、宽2.3、深3.8米（图八二；彩图五二）。

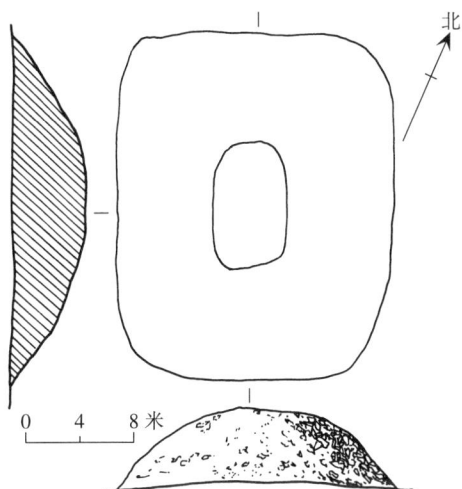

图八二　罗家园子烽火台平、立、剖面图　　　　图八三　大武口沟1号烽火台平、立、剖面图

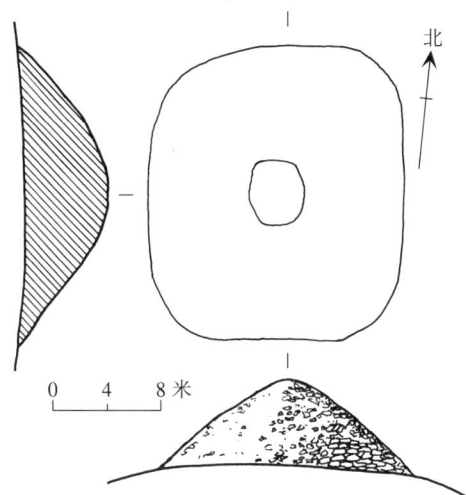

南壁等处可见其内夹有柽木，有柠条和圆木两类，皆分层平置，起拉筋作用。其中柠条皆带枝条，枝干直径在2厘米左右；圆木皆松木质，直径在10厘米左右。从断面来看，柽木计有5层，间距0.9—1.1米，其中顶层距台顶1.5米。

另外，烽火台的顶部中心有一小石柱，直接利用台顶石块干垒而成，底边长0.4、高1.2米。

2. 大武口沟1号烽火台（编码：640205353201170011，工作编号：07HHF004）①

位于大武口区长兴办事处以北约5.4千米、大武口沟沟口东北侧山顶平台上，东、西两侧临坡，其中西面坡下即为大武口河道，西南侧半坡处有大武口沟2号烽火台，相距174米。

石砌台体，残损甚重，已呈圆台状。但从南壁偏东南处及西壁偏南处残留的砌石来看，其形状还是为方台形，方向260°（南壁）。台体十分高大，沙土内含量少，近乎毛石干垒。台体底部东西18.2、南北20.5米；顶部较平坦，东西4.2、南北4.5米；残高12.5米（图八三；彩图五三）。

3. 大武口沟2号烽火台（编码：640205353201170012，工作编号：07HHF005）

此座所在位置及周围环境等与大武口沟1号烽火台基本相似，只是地处河道东岸半山腰处，地势较低；西面为近50°的陡坡，坡下即为宽阔平坦的沟底滩地，今有进出沟内的运煤公路和铁路，交通十分繁忙。

石砌台体，方台形，方向230°（东壁）。底部东西21.4、南北17.3米，顶部东西13.2、南北11米，残高13.6米（图八四；彩图五四）。

保存尚可，但残损较多，南、西面临坡，受风蚀及地势等影响，坍塌较多，底部有大量的坍塌石块和土层堆积，呈斜坡状；壁面由下至上逐渐收分。西壁和南壁顶部较平整，生长有稀疏的蒿草等。

周围地表上散落有少量陶瓷片，皆残甚，无可复原者。有罐、盆、缸、碗等，采集4件，其中瓷器3件、陶器1件。

---

① 本烽火台与下文大武口沟2号烽火台在先前汇报给国家文物局的资料中误归于惠农区，故其编码等基本采用惠农区编码，名称也是，如：简泉农场1号、2号烽火台。今根据实际情况做以更改，将其名称改为大武口沟1号、2号烽火台，但编码未作调整。编者注。

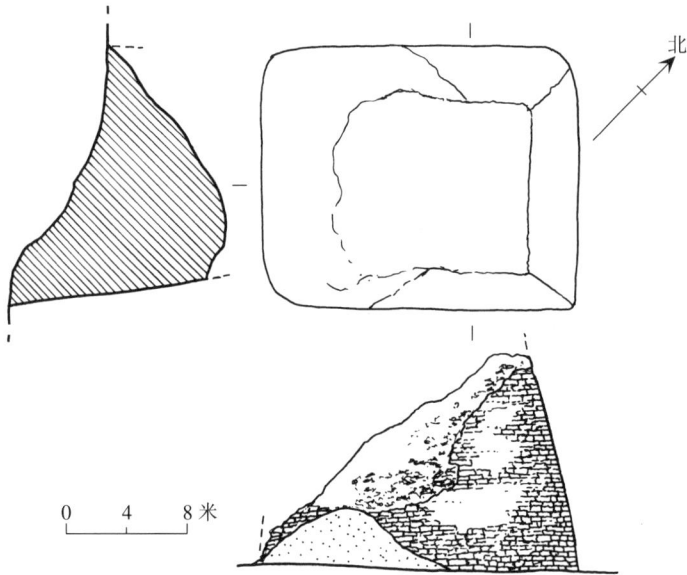

图八四　大武口沟2号烽火台平、立、剖面图

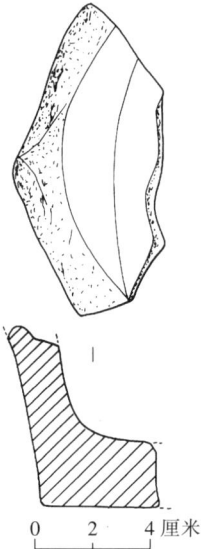

图八五　大武口沟2号烽火台采集酱釉
缸底残片（07HHF005 采：1）

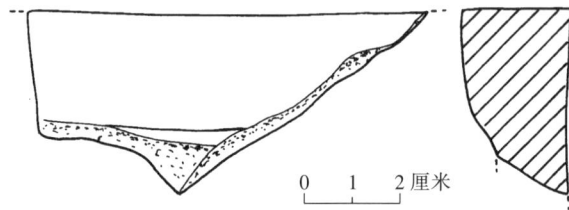

图八六　大武口沟2号烽火台采集黑釉缸口沿残片（07HHF005 采：2）

Ⅰ. 瓷器

3件。其中缸2件，罐1件。

（1）缸

2件。器底、口沿各1件。

07HHF005 采：1，器底。酱釉。胎地较细，色浅黄。外底露胎。器表不甚光滑，表面略泛红。内壁通施釉，釉层较厚而光亮，有少量气泡。斜直壁，大平底。残底径4、残高6、壁厚1.6、底厚2厘米（图八五）。

07HHF005 采：2，口沿。黑釉。胎地较粗，色浅白，内夹杂白色小石粒。口沿露胎。沿下施以黑釉，釉层较厚而明亮，相比以内壁较光滑而外壁略显粗糙。直口，宽厚沿，平台唇，直壁。残口径9.2、残高3.7、口沿宽2.5、壁厚1.6厘米（图八六）。

（2）罐

1件。

07HHF005 采：3，器底。褐釉。胎地较粗，内夹杂有少量小石粒，色浅黄。通施釉，外底施釉不及底。圆鼓腹，底部略束，假圈足。残底径3.8、残高5、壁厚0.75、底厚1.2厘米（图八七）。

Ⅱ. 陶器

1件。

07HHF005 采：4，盆口沿。夹砂红陶质，质地粗疏，吸水量大，器表较粗糙，内壁有烟炙痕。敛

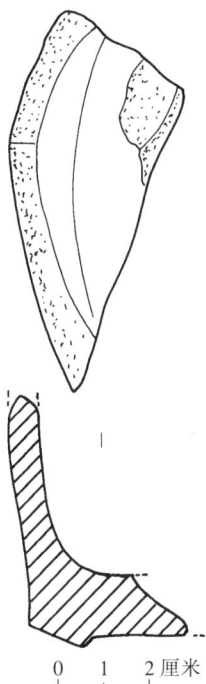

图八七　大武口沟 2 号烽火台采集褐釉罐底残片
（07HHF005 采：3）

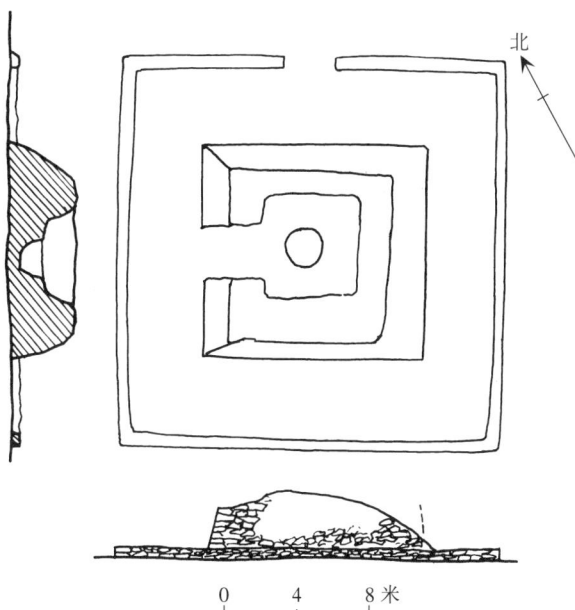

图八八　大武口沟 3 号烽火台平、立、剖面图

口，尖唇，沿部施一圈附加堆纹，直壁。残口径 5.5、残高 6.2、壁厚 0.8 厘米。

4. 大武口沟 3 号烽火台（编码：640202353201170023，工作编号：07DCF001）

位于大武口沟沟口西南侧，在半山腰一处缓坡小平台上。东侧山脚下有通往沟内石炭井的铁路及枣园火车站；南侧 45 米处为一处废弃的石英厂采石点；东北面与沟口东岸的大武口沟 1 号、2 号烽火台相望。

石砌台体，方台形。方向 120°（东壁）。石色不一，有浅白、青灰等。外侧砌石规格不一，多长 0.2—0.6、厚 0.2—0.4 米。残存台体底部东西 12.5、南北 11.5 米，顶部东西 9.2、南北 9 米，高度受此处地势影响，东西两侧有差异，其中东壁残高 4、西壁残高 2.4 米（图八八；彩图五五）。

保存一般。底部均有坍塌石块堆积。四壁较陡，其中以东壁、北壁保存较好，而西壁、南壁坍塌较为严重。顶部不平，有后期掏挖出的圆形洞，从台体顶部直接下挖至底部。坑东西 3.8、南北 4.1、深 3.4 米。

烽火台外侧有一石砌方形围墙，残损甚重，仅存痕迹，边长 20 米、底宽 0.5、残高 0.35—0.85 米（彩图五六）。

周围地表上散落有少量瓷片，器形有罐、碗等，残甚，无可复原者。采集 2 件，均为缸口沿，瓷胎厚重坚实，色灰白，通施釉。

07DCF001 采：1，酱釉。胎内含少量小砂粒，壁面釉层厚而光亮，有少量气泡。口沿釉层较薄且不匀，局部有流釉现象。宽厚沿，圆台唇，直壁微外鼓。残口径 13.8、残高 7、口沿厚 3.2、壁厚 0.6 厘米（图八九；彩图五七）。

07DCF001 采：2，褐釉。胎地较细，似石质，色灰白。釉层较薄，光洁度较差。宽厚沿，方台唇，直壁。残口径 6.3、残高 7.5、口沿厚 3.3、壁厚 1.2 厘米（图九○）。

5. 枣儿沟烽火台（编码：640202353201170024，工作编号：07DCF002）

位于大武口区市区以西、贺兰山枣儿沟半山腰一小平台上，东面与坡下的宁夏北长城、枣儿沟敌台、临山堡等相邻。

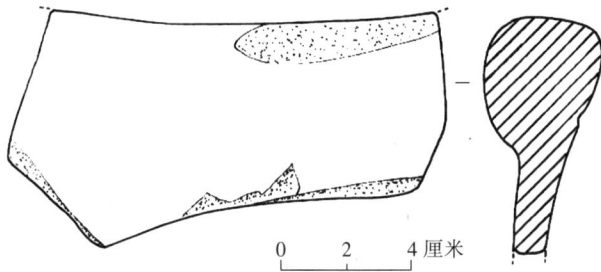

图八九　大武口沟 3 号烽火台采集酱釉缸口沿残片
（07DCF001 采 : 1）

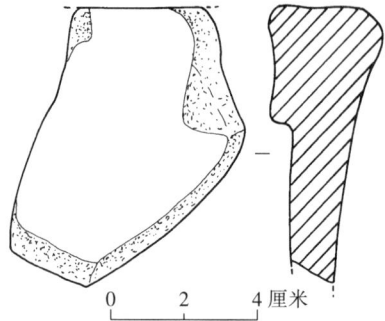

图九〇　大武口沟 3 号烽火台采集褐釉
缸口沿残片（07DCF001 采 : 2）

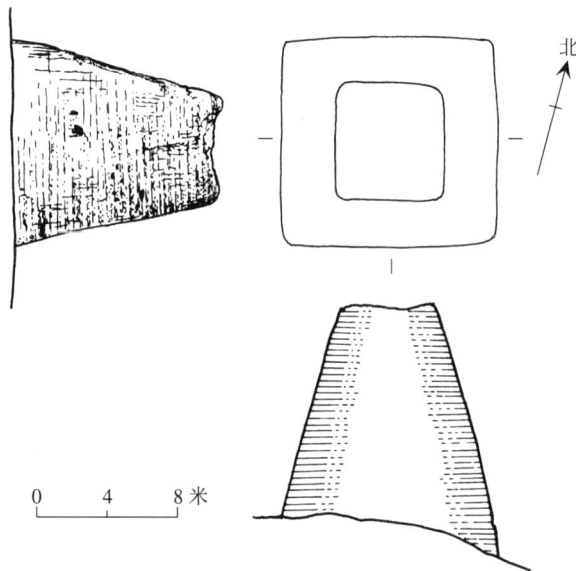

图九一　枣儿沟烽火台平、立、剖面图

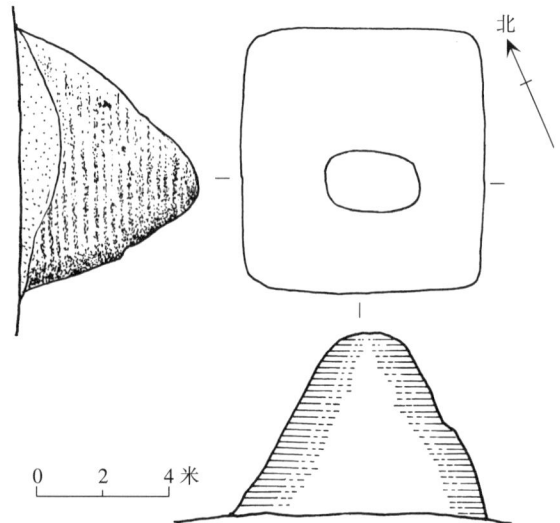

图九二　郑官沟 1 号烽火台平、立、剖面图

夯土台体，方台形。方向 165°（西壁）。底部东西 12.5、南北 11.9 米，顶部东西约 6.2、南北约 7.5 米，残高 12.4 米。顶上有铺舍，因攀爬不便，详细数据未测量（图九一；彩图五八）。

保存较好，四壁较陡且轮廓清楚，基本保持了原貌。其残损主要是自然因素，如自然坍塌、片状剥离和粉状脱落以及风蚀、雨蚀等，在四壁均有发现。其中自然坍塌幅度较轻，相比以南壁和东南角处坍塌稍重；片状剥离和粉状脱落以北壁较为明显，呈斑驳皲裂状；风蚀在迎坡面的西壁底部最为明显，呈带状凹槽，进深 0.25 米；南壁中部有一条水冲沟，从顶部一直延伸及底，壁面剥蚀进深达 0.5 米。另外，在台体东壁等处，还有少量圆形的洞穴，可能是鼠类等掏挖所致。

6. 郑官沟 1 号烽火台（编码：640202353201170025，工作编号：07DCF003）

位于大武口区长兴办事处西北 3 千米的贺兰山郑官沟内，在进沟约百米、河道东岸一条东西向（方向 280°）半坡上，坡下即为郑官沟河道。西与郑关沟 1 段长城相连，且与同一山梁上的郑关沟 2 号烽火台、郑关沟 1 号敌台等相邻。

夯土台体，形状已不甚规则，但应属方台形。方向 205°（东壁）。底部东西 7.2、南北 7.7 米，顶部东西 2.6、南北 1.7 米，残高 5.2 米（图九二；彩图五九）。壁面夯层较明显，厚 0.15—0.2 米，但夯窝等不清。

保存一般，残损较重。四壁均有不同程度坍塌，尤以北壁和西壁最为明显；四壁较粗糙（含石量大所致），壁面突兀不平，底部有较多的坍塌堆积土；西壁等处现有无数黄豆粒般大小的蚁穴；顶部不平，生长有少量蒿草等。

周围散落有少量瓷片，皆残碎，无可复原者，有缸、罐、盆等，采集 3 件，其中缸、罐、盆各 1 件。

（1）缸

07DCF003 采：1，口沿。褐釉。瓷胎厚重，质地粗糙，内含有少量红色小石粒，烧结度较高，色浅

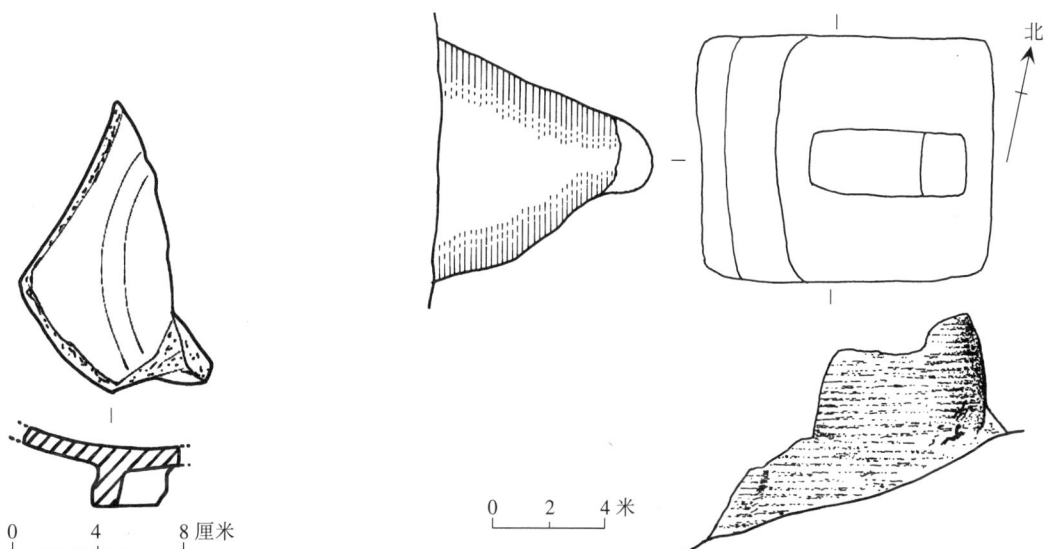

图九三　郑官沟 1 号烽火台采集褐釉缸口沿残片
（07DCF003 采：1）

黄。通施釉，口沿顶刮釉、粘有少量细砂。釉层较厚而光亮，釉色内外略有差异：外壁釉色略泛青，内壁则呈土黄色。宽厚沿，平台唇，直壁。残口径 9.0、残高 5.2、口沿厚 3.4、壁厚 1.7 厘米（图九三）。

（2）罐

07DCF003 采：2，器底。姜黄釉。瓷胎厚重，质地略显粗糙，内含有少量炭粒、小石粒。胎色内外侧不一，外侧略泛黑，内侧则呈灰白色。外施姜黄釉，釉层较薄，脱釉较多，釉面光洁度差，器底露胎，底部边缘粘连有细砂，局部流釉；内施酱釉，釉层较厚而光亮。直壁，大平底。残底径 11.6、残高 11.5、底厚 1.7、壁厚 1.5 厘米（图九四）。

（3）盆

07DCF003 采：3，器底。黑釉。瓷胎厚重，质地较粗，内含少量白色小石粒，色暗红。通施釉，釉层较厚而莹润。外壁施釉不及底。斜直壁，底略束，大平底。残底径 9.4、残高 15.3、壁厚 1.6、底厚 1.7 厘米。

7. 郑官沟 2 号烽火台（编码：640202353201170026，工作编号：07DCF004）

此座与郑关沟 1 号烽火台位于同一道山梁上，仅位置偏南，地势亦较低，两者间距 102.4 米，东南侧与河道边的郑官沟 3 号烽火台相邻。

夯土台体，形状已不规整，从保存较好的北壁等来看还是为方台形，方向 260°（北壁）。底部东西10.5、南北 8.4 米；顶部不平，东西 5.5、南北 2.2 米；残高 7.6 米（图九五）。夯层厚 0.1—0.15 米。

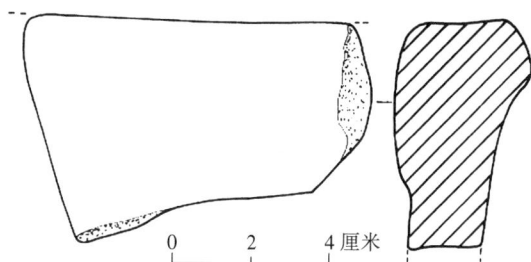

图九四　郑官沟 1 号烽火台采集姜黄釉罐底残片
（07DCF003 采：2）

图九五　郑官沟 2 号烽火台平、立、剖面图

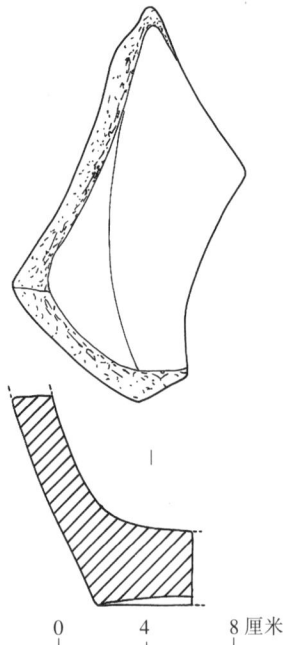

图九六　郑官沟 2 号烽火台采集酱釉盆底残片
（07DCF004 采：1）

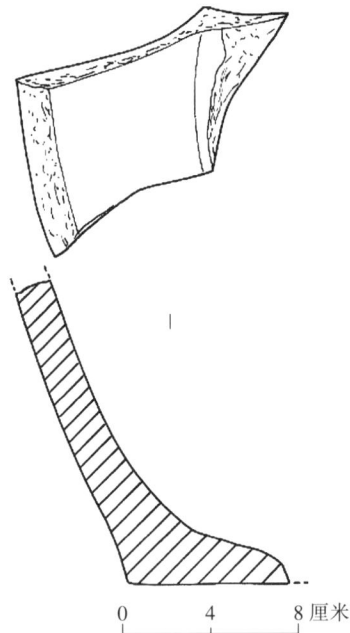

图九七　郑官沟 2 号烽火台采集黑釉缸底残片
（07DCF004 采：2）

保存一般。四壁底部均有较厚坍塌土堆积；壁面均有坍塌，相比以北壁保存稍好，其余三面则坍塌较重，尤以南壁坍塌最重；粉状脱落、片状剥离以西壁最重，呈斑驳皲裂状；风蚀在四壁均存，尤以西壁和东壁的底部最为明显，呈带状凹槽；东壁底部有较多蚁穴；台顶有稀疏的蒿草。

另外，该台体土层中含石量上下有别：南壁以距顶部 4.2 米为界，北壁则以距顶部 2.9 米为界，上部含石量较多，下部较少。

周围地表上散落有少量瓷片，有缸、盆、罐等，均残碎，无可复原者。采集 2 件，其中盆、缸各 1 件，均为底部，胎地较细而坚实，器表较光滑，壁通施釉，外底露胎，釉层较厚而光亮，底粘有细砂。斜壁，平底。

（1）盆

1 件。

07DCF004 采：1，酱釉。胎色泛黄。底部有炙烧痕。残底径 4.4、残高 8.5、壁厚 1.4、底厚 2.2 厘米（图九六）。

（2）缸

07DCF004 采：2，黑釉。胎色泛红。釉有少量气泡。残底径 8.7、残高 15、壁厚 1.7、底厚 1.7 厘米（图九七）。

8. 郑官沟 3 号烽火台（编码：640202353201170027，工作编号：07DCF005）

此座所在位置、周围环境等与前两座基本相似，只是位于河道西岸、一条丁字形的山脊上，是周围山体最高处。东面坡下即为郑官沟河道，河道东侧有郑官沟 1 段长城等，东北面沟底有郑官沟 4 号烽火台。西北侧有郑官沟 2 段、3 段土墙、郑官沟 5 号烽火台等。南面坡下即为山前冲积台地，今已是大武口烈士陵园。

夯土台体，方台形。底部东西 7.8、南北 8.1 米；顶部较平，东西 3.8、南北 4.7 米；残高 4.4 米。壁面较粗糙，含石量较高（土石含量近乎 2：1）。夯层较明显，厚 0.15—0.2 米，但夯窝、版接缝等不清；顶部

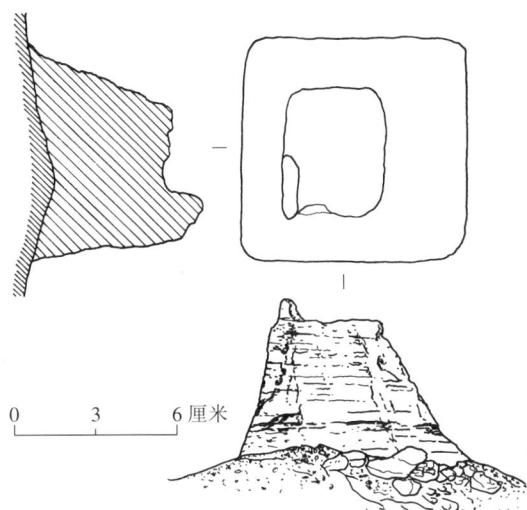

图九八 郑官沟 3 号烽火台平、立、剖面图 　　图九九 郑官沟 4 号烽火台平、立、剖面图

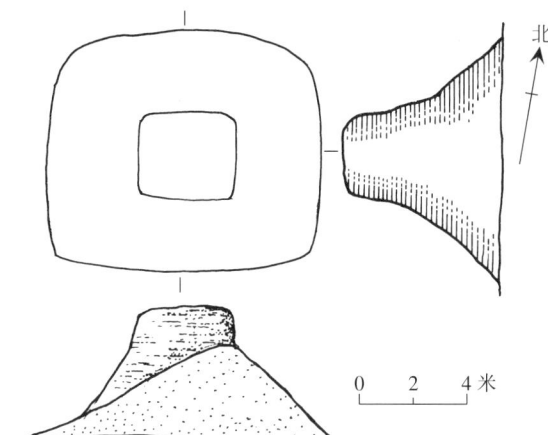

东北角尚存一段铺舍，是沿台顶边再夯筑而成，残长 2.4、厚 0.45、残高 0.9 米（图九八；彩图六〇）。

保存一般。四壁均有不同程度的坍塌，尤其东壁坍塌最为严重，壁面已呈犬牙突兀状；其他三壁坍塌相对较少。粉状脱落、片状剥离以西、南壁较明显，呈斑驳皴裂状；东壁中部有一条呈倒三角状的水冲沟，从顶部一直延伸至底，顶部进深 1.5 米，系台顶汇集的雨水长期流淌、冲刷所致。风蚀在四壁均有发现，尤以西北角底部最为明显，呈带状凹槽，进深 0.2 米。

9. 郑官沟 4 号烽火台（编码：640202353201170028，工作编号：07DCF006）

此座与郑官沟 1 号、2 号烽火台位置相似，仅位置略低，在河道东岸的一处近底部平台上，南、西两侧临河道。是郑官沟几座烽火台中所在位置最低的一座，台下即为郑官沟干涸河道，东北与山梁上的郑官沟 1 号、2 号烽火台及郑官沟 1 号敌台等相邻，西与河道西岸山脊顶部的郑关沟 3 号烽火台相望。

夯土台体，形状已不规整，从保存较好处来看还是方台形，方向 260°（北壁）。土层中含石量较大，土石比例近于 1∶1，底部被坍塌土等覆盖，原尺寸不清；顶部不平，东西 3.6、南北 3.1、残高 5.9 米（图九九）。

保存一般。坍塌较重，四壁中除了北壁保存相对较好外，其余三面均坍塌甚重，已呈斜坡状，表面生长有蒿草、酸枣树等，壁面十分粗糙。

周围地表上散落有少量瓷片，有缸、罐、碗等，皆残碎，无可复原者，采集 2 件，其中罐、碗各 1 件。

（1）罐

1 件。

07DCF006 采：1，底部。酱釉。粗砂胎地，质地粗糙，烧结度较低，内含少量小石粒，色沙黄。外壁施酱釉，釉层较薄，底部施釉不及底，有流釉；内壁露胎，表面泛红色。斜壁、外壁近底部施一圈凹弦纹；内壁底部成圜底状。假圈足，足沿较宽。残口径 4.3、残高 4.6、底厚 1.2、壁厚 1.1 厘米（图一〇〇）。

（2）碗

1 件。

07DCF006 采：2，底部。白釉。瓷胎较薄而坚硬，烧结度较高，质地细腻。通施釉，釉层均匀光亮，器表光滑；外壁下腹部施环状黑釉，底部露胎。鼓腹，小平底，圈足。底径 5.0、残高 4.8、壁厚 0.35 厘米（图一〇一）。

10. 郑官沟 5 号烽火台（编码：640202353201170029，工作编号：07DCF007）

位于郑官沟进沟约 0.3 千米、河道西岸一条东西向山梁上，东、南、北三面临坡，是郑关沟沟内长城设施最偏西侧的一座。东面坡半坡处即为郑官沟 3 段长城，坡底为一处废弃的采石场。

夯土台体，不规则圆台形。规格较小。底部东西 5.7、南北 4 米，顶部东西 1.6、南北 1.2 米，残高 4.6 米。夯层厚 0.15—0.2 米（图一〇二；彩图六一）。

保存较差。残损较严重，四壁均有不同程度的坍塌，尤以东壁最明显，呈斜坡状；西壁底部有风蚀凹槽，呈带状，进深 0.1 米。

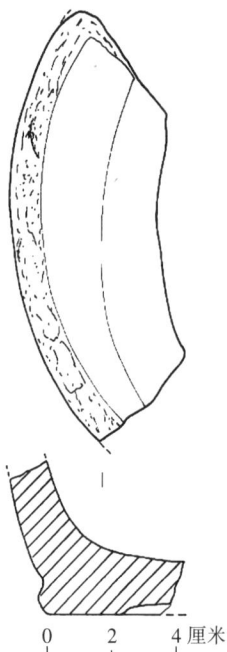

图一〇〇　郑官沟 4 号烽火台采集酱釉罐底残片
（07DCF006 采：1）

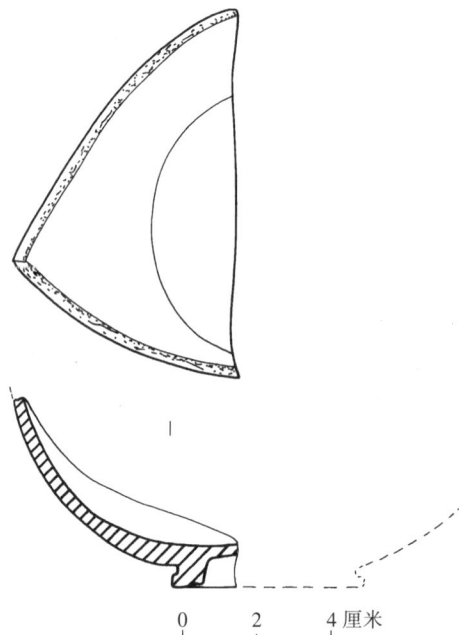

图一〇一　郑官沟 4 号烽火台采集白釉碗底残片
（07DCF006 采：2）

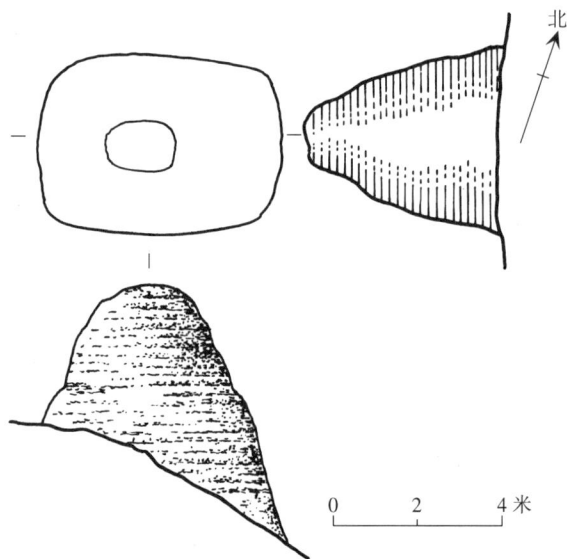

图一〇二　郑官沟 5 号烽火台平、立、剖面图

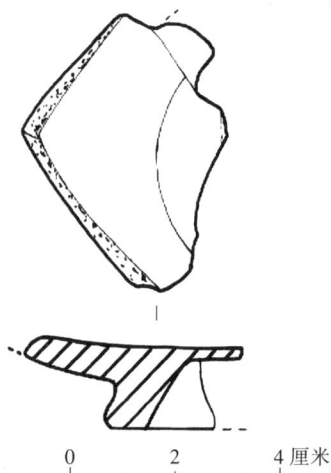

图一〇三　郑官沟 5 号烽火台采集黑釉碗底残片
（07DCF007 采：1）

周围地表上散落有少量瓷片，有罐、碗等，采集1件，碗底。

07DCF007采：1，碗底。黑釉。胎地较细而坚实，色浅黄。器表光滑，内壁底部有涩圈，中心施黑釉，釉层薄而均匀，釉色莹润光亮，外底露胎。斜壁，薄平底，厚圈足，足底挖足过肩。残口径4.7、残高2.0、壁厚1、底中心厚0.3、足厚0.9厘米（图一〇三）。

11. 韭菜沟1号烽火台（编码：640202353201170030，工作编号：07DCF008）

位于大武口区西侧的韭菜沟内，在进沟约百余米的河道东岸一突出山梁上，南距大武口市区6.18千米。南、西、北三面临坡，东面同一山梁上有韭菜沟1段石墙、韭菜沟2号敌台等，距韭菜沟2号敌台0.14千米；西南为陡崖，崖下即为韭菜沟河道。过河道与半山腰的韭菜沟2号烽火台隔河相望，相距313米。

夯土台体，方台形。方向210°（西壁）。由底向上略有收分。底部东西11、南北10.2米，顶部东西6.2、南北6.1米，高度受地势影响，东、西两侧有别，东侧5.5、西侧7.3米（图一〇四；彩图六二）。

保存较好。壁面轮廓清楚，基本保留原貌，但仍有残损。这些残损有自然和人为两种因素，以前者较明显。其中自然因素主要有自然坍塌、风蚀、雨蚀及片状剥离和粉状脱落等，在四壁均有不同程度存在，其中自然坍塌以东、南壁较为明显，底部有较厚的坍塌土堆积；西壁中部有一道倒三角形的水冲沟，由顶一直延伸至顶部，进深1.2米，系台体顶部汇集的雨水长期流淌、冲刷所致；风蚀以西壁底部最为明显，呈带状凹槽，横贯墙体；粉状脱落和片状剥离以西、南壁分布较多，呈斑驳皴裂状。

人为破坏主要有掏挖和踩踏等。烽火台底部岩石被早年驻宁某部队开凿出一处深洞。另外，此沟沟口有北武当庙风景旅游点，往来游客车辆不断。由于缺乏监管，很难杜绝部分游客随意进入沟内、踩踏攀爬长城设施等。

12. 韭菜沟2号烽火台（编码：640202353201170031，工作编号：07DCF009）

位于韭菜沟河道西岸半坡一处较缓的台地上，东与韭菜沟1号烽火台隔沟相望，间距313米。东、南、北三面临坡，坡下即水泥路和韭菜沟河道。

夯土台体，方台形。方向215°（东壁）。底部东西10.1、南北13.9米，顶部东西2.7（西北侧因坍塌影响，尺寸有变化，其中中部仅存0.5、北侧1.1米）、南北7米，残高11.3米（图一〇五；彩图六三）。夯层厚0.15—0.2米。

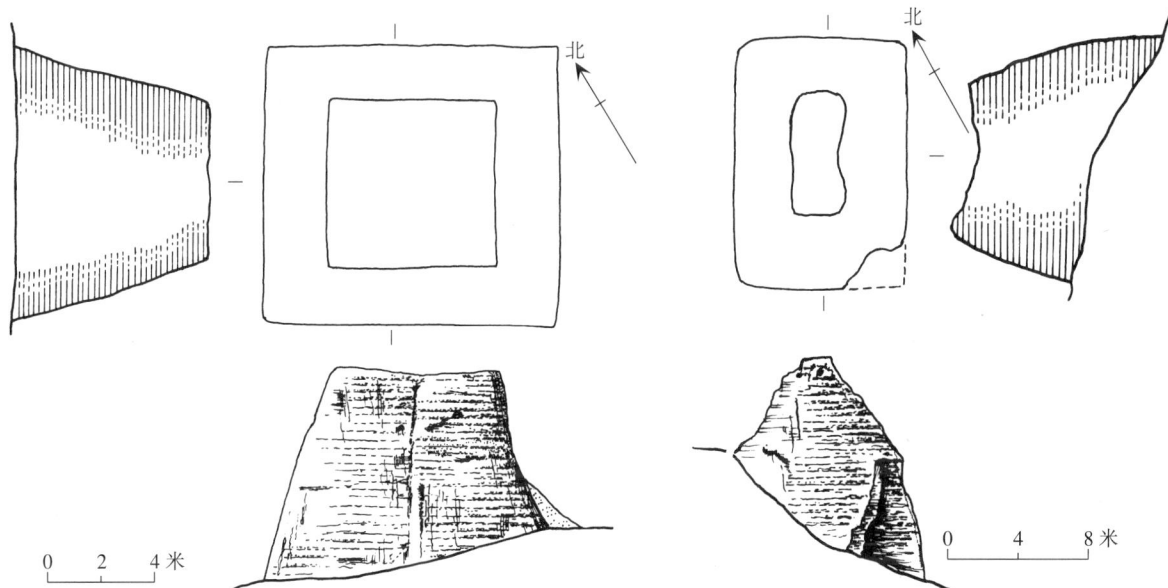

图一〇四　韭菜沟1号烽火台平、立、剖面图　　　图一〇五　韭菜沟2号烽火台平、立、剖面图

保存一般。西、北壁底部有较厚的坍塌土堆积；壁面由底向上略有收分。四壁以东、南壁保存略好，壁面较陡，夯层清晰，其中东壁中部还有一道明显的冲沟痕迹；西壁则因修筑韭菜沟水泥公路时被炸毁了半边。

其残损原因有自然和人为因素两种，以后者破坏最为明显。自然因素主要有坍塌、冲沟发育、风蚀、雨蚀及野草生长等。其中西壁残余部分已坍塌成斜坡状，北壁坍塌也较严重；东壁冲沟发育较明显，壁面中部有一道呈倒三角形的水冲沟，从顶部一直延伸及底，进深1.8米；南壁、东壁、北壁底部均有风蚀凹槽，以南壁最明显，呈带状横贯台体，进深0.4米。东壁凹槽进深0.3米，北壁凹槽进深0.2米；另外，在烽火台顶部、底部坍塌土上还生长有少量蒿草。

人为破坏除了沟底附近有几处原沟内驻扎的部队掏挖出的石洞，以及有被游人踩踏威胁外，还有建设破坏，西面坡下正好是河道一处较大的拐弯处，原驻守部队在修建公路时，曾将此山体炸开，烽火台受其影响而出现大段坍塌。

13. 归德沟1号烽火台（编码：640202353201170032，工作编号：07DGF010）

位于大武口区青山办事处西北的归德沟内，在进沟约1千米的河道西岸一丁字形山脊上，东、北、西三面临坡。北面坡下有归德沟1段石墙，东面坡下即为归德沟河道，南侧与归德沟土墙及沟口处的归德沟2号烽火台等相望，东南距大武口区7.65千米。

石砌台体，方台形。方向120°（南壁）。砌石为赭红色、青灰色的大块条形石，石间不施黏结材料，仅以沙土填塞，缝隙较大处再垫以小石块。底部东西11.9、南北12.9米，顶部东西8.4、南北9.8米，其高度受地形影响而略有差别，其中东壁6、南壁6.8米（图一〇六）。

保存一般。四壁均有不同程度坍塌，相比以东、南壁保存较好，壁面较陡，其余两边则坍塌较多；北壁底部有较厚的坍塌石块堆积，从坍塌面可见其内夹有桩木，皆松木质，平置，一端朝外，木直径0.1—0.15米，每层圆木的间距不一致，大致在0.2—0.5米，共4层，最底层距地表1.4米，由底向上间距分别为1.5、0.4、2.4米。顶部较平整，局部处亦有坍塌。

此烽火台因为所在位置较高，攀爬不便，故其残损多为自然破坏，如台体粘结力不足所引起的自然坍塌、石缝间野草生长等。人为破坏这几年也有增大趋势。由于该台体所在的归德沟风景优美，近年来逐渐成为一处旅游观光的天然景区，难免有个别人攀爬踩踏此烽火台，调查时就曾在台体周围发现有游人遗留的食品、报纸等物。

周围地表上散落有少量瓷片，器形有缸、罐等，均皆残碎，无可复原者。采集4件，均为缸，其中口沿、器底各2件，青釉。

（1）口沿

2件。

07DGF010采：1，瓷胎厚重坚实近似石质，色灰白。外壁（含口沿）施青釉，釉层较厚，釉面不甚光滑，有少量气泡。口沿釉较薄；内壁施酱釉，釉面较亮。宽厚沿，平台唇，直

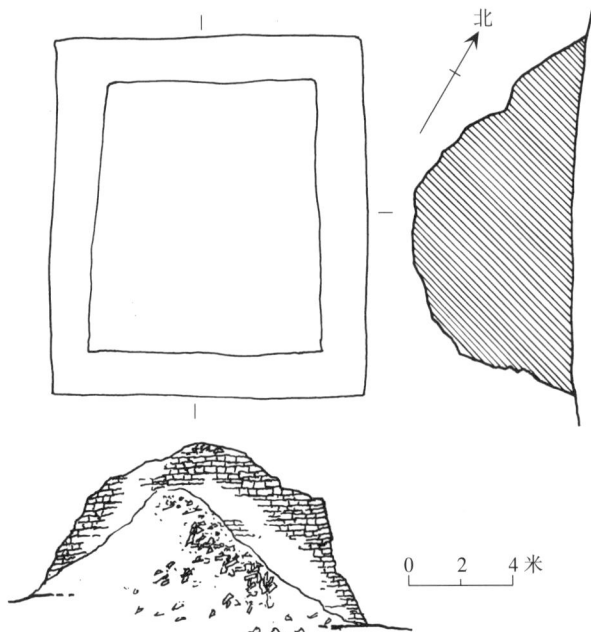

图一〇六　归德沟1号烽火台平、立、剖面图

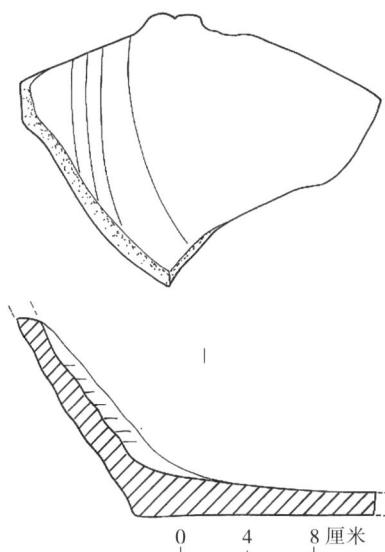

图一〇七　归德沟 1 号烽火台采集青釉缸底残片
（07DGF010 采：3）

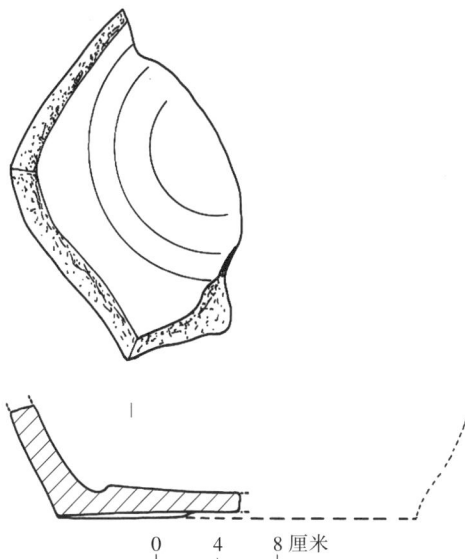

图一〇八　归德沟 1 号烽火台采集青釉缸底残片
（07DGF010 采：4）

壁。残口径 14、残高 8.2、口沿厚 4.3、沿高 3.8、壁厚 1.2 厘米。

07DGF010 采：2，器形与前者基本相同，仅口沿略高，内施青釉。残口径 14.1、口沿厚 4.2、沿高 5.2、残高 8.8、壁厚 1 厘米。

（2）器底

2 件。

07DGF010 采：3，胎地粗重，色浅灰。釉色外壁较鲜亮而内壁略显灰暗。两面底部均露胎，外底有流釉，内底有黑色烟炱痕。斜直壁，壁面轮制划痕明显，大平底。残底径 14.1、残高 13.5、壁厚 1.2、底厚 1.7 厘米（图一〇七）。

07DGF010 采：4，瓷胎厚重近似石质，色浅灰。釉层较厚，表面不甚光滑，釉面较晦暗，局部有气泡。外底露胎。斜直壁，底部略束，大平底。残底径 15.5、残高 7.4、壁厚 1.8、底厚 1.2 厘米（图一〇八）。

14. 归德沟 2 号烽火台（编码：640202353201170033，工作编号：07DGF011）

位于归德沟沟口西南侧的半坡上，北居贺兰山，南望山前台地，东面坡下即为归德沟沟口。东南距大武口区 5.07 千米，西北距归德沟 1 号烽火台 1.4 千米。

石砌台体，方台形。方向 295°（北壁）。石块多青灰色。底部东西 19.1、南北 19.4 米，顶部东西 10.8、南北 11.5 米，残高 10 米（图一〇九；彩图六四）。

东壁坍塌面可见台体中夹有桩木，皆松木质，平置，一端朝外，直径 5—10 厘米，由底向上计 4 层，间距分别为 1、1.1、1.4 米。

保存较好。台体高大规整，但仍有残损。其损害原因有自然和人为因素两种，以前者破坏较为明显。其中自然因素有坍塌、野草生长等。自然坍塌在台体四壁均存在，以东壁最为明显，底部有较厚的石块堆积；台体顶部和底部坍塌面上生长有较多的蒿草等。人为破坏也较明显。此座烽火台位置已临近山前，有沿山公路从山脚下经过，来往车辆行人较多。在台体的东南面还有一处部队修建的营房，至今尚有人驻守；南侧底部现已成为一处小型取土场，掏挖的断面已逼近台体底部，如果不加以限制，天长日久势必会影响到烽火台的安全。

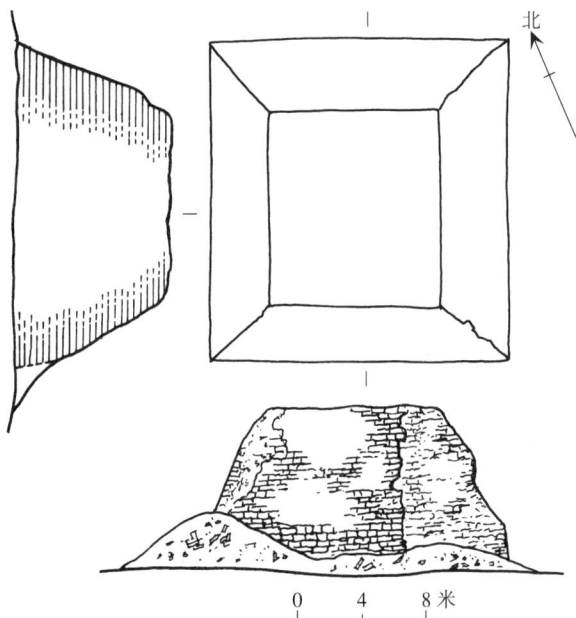

图一〇九　归德沟2号烽火台平、立、剖面图

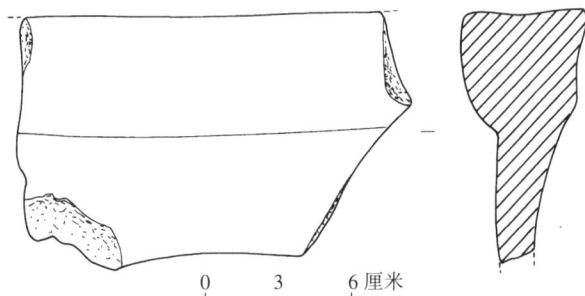

图一一〇　归德沟2号烽火台采集酱釉缸口沿残片
（07DGF011 采∶1）

周围地表上散落有较多的瓷片，器形有缸、罐、盆、碗等，均皆残碎，无可复原者。采集10件，均为缸，器形粗笨厚重。有口沿和器底两类。

（1）口沿

7件。

07DGF011 采∶1，酱釉。瓷胎较粗，内含少量红色小砂粒，色土黄。烧结度不高。口沿露胎。宽厚沿，平台唇，微鼓腹，沿、腹界限分明。残口径11.7、残高6、壁厚3.4、口沿厚3.4、壁厚1.2厘米（图一一〇）。

07DGF011 采∶2，酱釉。胎地较细，烧结度较高，色浅黄。器物仅沿下露胎。壁施釉较厚而明亮，相对以内侧较为光滑而外侧略显粗糙。厚沿，圆台唇，直壁，残口径13、残高9、口沿厚3.3、壁厚1.2厘米（图一一一）。

07DGF011 采∶3，姜黄釉。胎较细，质地较硬。釉层不匀，色不甚光亮。外壁以姜黄为主，而内壁则以黄褐色居多。宽沿，圆台唇，直壁。残口径8.6、残高9.4、沿厚3.1、壁厚0.9厘米（图一一二）。

07DGF011 采∶4，青釉。瓷胎较细，色灰白。烧结度较高，质地坚硬。外壁施青釉，釉层较厚而光亮。釉色不纯，局部呈灰黑色。内壁口沿施釉稀薄，表面呈红褐色，口沿下施酱釉。直口，卷沿，圆台唇，直壁。残口径7.5、残高7.8、口沿厚3.2、壁厚1.1厘米（图一一三）。

07DGF011 采∶5，青釉。瓷胎较细，色灰白。烧结度高，质地坚硬。器物外壁施青釉，釉层极厚，釉面较为光滑，光泽度较佳。釉色呈鸽青色，釉层脱落严重。内壁施釉极薄，表面呈红褐色。宽沿，平台唇，直壁。残口径8.0、残高8.2、口沿厚3.3、壁厚1.1厘米（图一一四）。

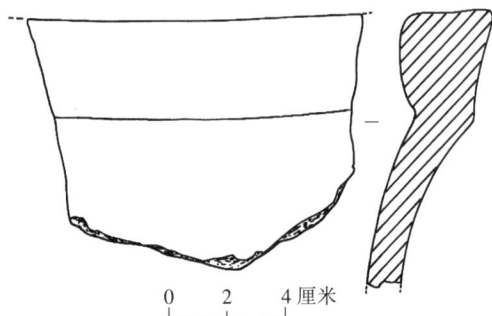

图一一一　归德沟2号烽火台采集酱釉缸口沿残片
（07DGF011 采∶2）

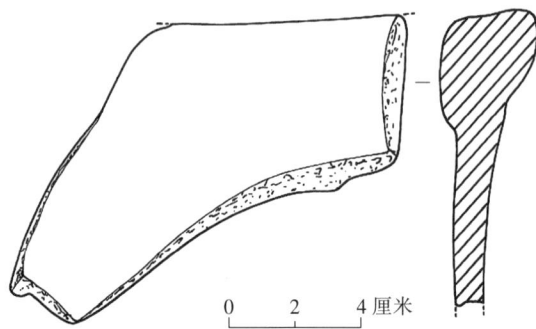

图一一二　归德沟2号烽火台采集姜黄釉缸口沿残片
（07DGF011 采∶3）

07DGF011 采：6，褐釉。胎色土黄。内底釉呈红褐色，釉层十分稀薄，表面较光滑。外壁及底部露胎。斜壁，外壁不平整。残口径15.3、残高4.4、壁厚2.2厘米（图一一五）。

07DGF011 采：10，酱釉，瓷胎较细，色不纯，灰白色内夹杂有红褐色斑块。底部施釉不及底，有流釉。内底露胎，表面呈红褐色。器形较小，斜壁，小平底，内底轮制痕迹明显。残底径8.4、残高3.8、壁厚1.4、底厚1.1厘米（图一一六）。

（2）器底

3件。

07DGF011 采：7，酱釉。瓷胎较细，色灰白。内壁通施釉，釉面较光滑，釉色深黑。外壁釉稍薄，底部露胎，底粘有较多小砂粒。斜壁，大平底，底部略束。残底径13.4、残高7.4、壁厚1.4、底厚2.0厘米。

07DGF011 采：8，黄釉。瓷胎较细，色土黄。内壁通施釉，釉面莹润光亮；外壁釉稍薄，下底露胎，底有烟炱痕。斜壁，大平底。残底径11.8、残高4.4、壁厚1.7、底厚2.0厘米（图一一七）。

07DGF011 采：9，褐釉。瓷胎细腻缜密，孔隙少。色不纯，由里向外分别为灰、暗红和浅白三色，呈条带状。内壁通釉，釉面较光滑，釉色不一；外底露胎，底部粘结有少量小砂粒。斜壁，大平底。残底径11.4、残高4.2、壁厚2.9、底厚1.5厘米（图一一八）。

15. 大风沟烽火台（编码：640202353201170034，工作编号：07DCF012）

位于大武口区长胜办事处以北、大风沟沟口西侧一条大致成东西向的山梁上（山梁方向235°），南、北临坡，北面坡下即为大风沟沟口，有大风沟2段石墙及大风沟3号敌台等；东面坡下即山前台地，再东便是奔牛集团等企业。东距大武口市8.58千米。

石砌台体，方台形。方向315°（西壁）。烽火台所在山脊较窄，台体建造之前先在底部砌筑成一个石砌基础加宽，然后再在石基础上用石块垒砌台体。从保存稍好的东壁来看，其壁面呈三层台阶状，逐级回收，其中最底部石台残高1.5、中间石台残高3.1、顶层石台残高3.1米。砌石多呈块状，大小不一，似非精选。石色以青灰为主，另有少量赭红等，石质坚硬。台体底部东西15.4、南北12.8米，顶部东西7.6、南北8.8米，残高7.7米（图一一九；彩图六五）。

保存较好。台体较高，壁面砌石较规整，但残损较重，四壁均有不同程度坍塌，尤以南壁坍塌最重，壁面呈斜坡状；东壁上有一道斜坡状坡面，宽0.8米，从底一直延伸至顶，斜坡砌石较规整，坡上堆积有较多石块；坍塌的石堆及顶部均生长有稀疏的野草。

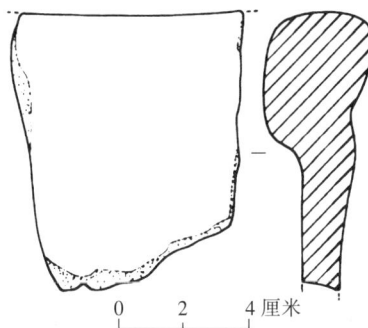

图一一三　归德沟2号烽火台采集青釉缸口沿残片（07DGF011 采：4）

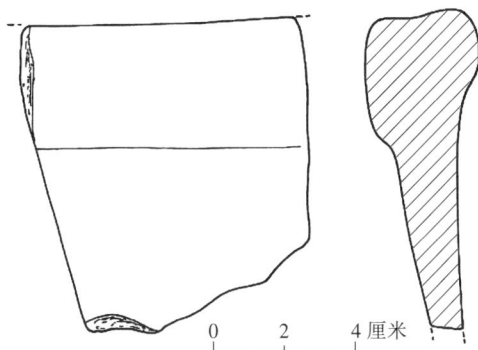

图一一四　归德沟2号烽火台采集青釉缸口沿残片（07DGF011 采：5）

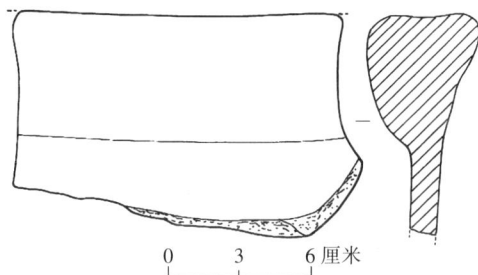

图一一五　归德沟2号烽火台采集褐釉缸口沿残片（07DGF011 采：6）

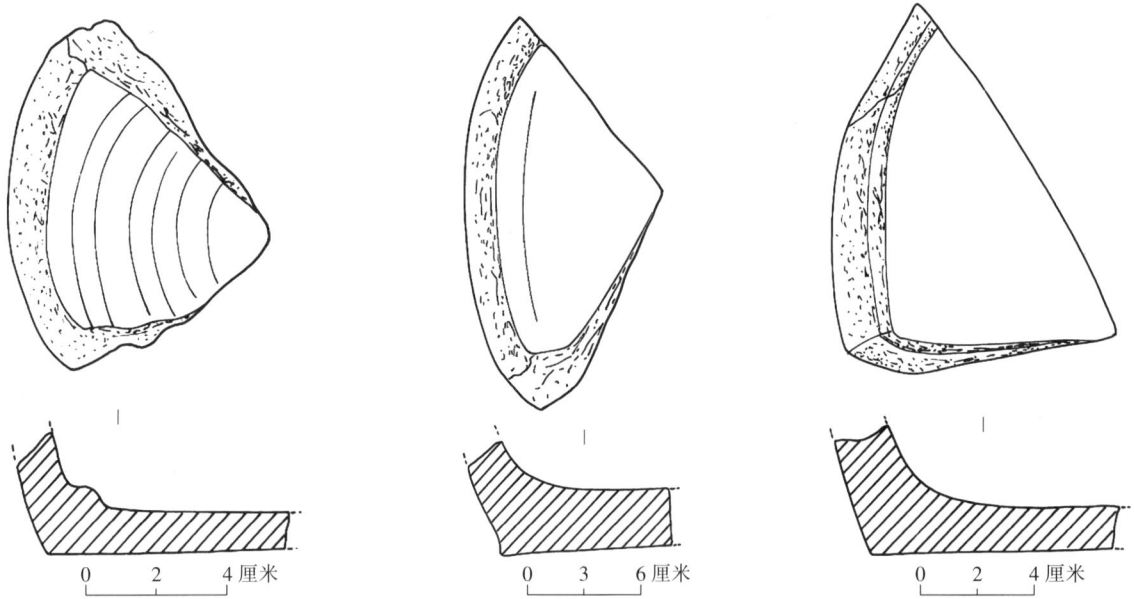

图一一六　归德沟 2 号烽火台采集　　　图一一七　归德沟 2 号烽火台采集　　　图一一八　归德沟 2 号烽火台采集
酱釉缸口沿残片（07DGF011 采：10）　　黄釉缸底残片（07DGF011 采：8）　　褐釉缸底残片（07DGF011 采：9）

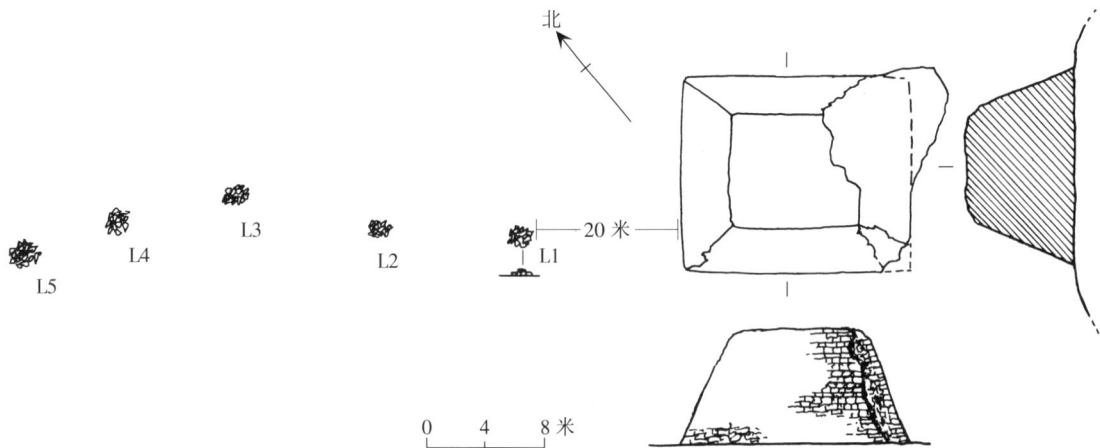

图一一九　大风沟烽火台平、立、剖面图

　　在烽火台西侧的山梁上基本并列分布有 5 座小墩，由东向西依次编为 L1—L5。其中 L1 和 L3 均属直接在大石块顶部垒砌而成；L4 和 L5 建在山脊上；L2 建于两块大石之间。5 座小墩中以 L5 保存最好，L3 则保存最差。各小墩的方向略有转折，其中 L1—L2 连线成 255°，L3—L5 连线成 215°。

　　L1：东西 1.6、南北 1.4、残高 0.5 米，距烽火台 20 米；

　　L2：东西 1.7、南北 1.3、残高 0.4 米，与 L1 间距 9.6 米；

　　L3：位置略微偏北，东西 1.9、南北 1.4、残高 0.2 米，与 L2 间距 10.5 米；

　　L4：东西 2.1、南北 1.9、残高 0.6 米，与 L3 间距 8.4 米；

　　L5：东西 2.5、南北 2.3、残高 0.8 米，与 L4 间距 6.4 米。

　　周围地表上散落有少量瓷片，器形有缸、碗等，残甚，无可复原者。采集 2 件，其中缸、碗各 1 件。

　　（1）缸

　　07DCF012 采：1，口沿。姜黄釉。胎地较细而坚实，色灰白。器表较光滑，外壁施姜黄釉，釉层较厚，釉面光亮，口沿略泛黑，局部刮釉、粘有细砂；内壁则施白色化妆土。宽厚沿，圆台唇，直壁。残口径10.4、残高9.5、壁厚1.2、口沿厚4厘米（图一二〇）。

（2）碗

07DCF012 采：2，碗底。白釉。残甚。胎地浅白，质地细腻坚实，内底施全釉，釉层较厚而光亮，外底露胎。平底，圈足。残高1.8、残底径3.8、足厚0.5厘米。

16. 小风沟 1 号烽火台（编码：6402023532 01170035，工作编号：07DCF013）

位于大武口区长胜办事处西北、小风沟沟口一条西南—东北向的山梁上，东、西两面临坡，西南侧与同一道山梁上的小风沟 2 号烽火台相邻，西面与峡谷间的小风沟石墙及敌台相望，东侧坡下即为山前台地，今已成为煤机三厂等单位驻地，东距石嘴山市 10.05 千米。

石砌台体，残损较重，形状已不规则，但从个别保存较好的壁面来看，其原形状还是为方台形。方向 200°（东壁）。是在较窄的山梁上，先在底部的东、西两侧用石块垒砌出一个石基础，再在基础上垒砌而成。从南壁来看分 3 级、每级逐层回收。石基础西面高 1.2、东面高 2.0 米。台体砌筑较规整，但砌石间不施黏结材料，仅以沙土和小石块填塞。台体底部东西 18.1、南北 15.5 米，顶部东西 4、南北 5.6 米，斜高 7.2 米（图一二一；彩图六六）。

保存差。其残损原因有自然和人为破坏两方面，自然破坏主要有自然坍塌、野草生长等，其中自然坍塌在四壁均存在，尤以南壁最严重，底部有大量的石块及黄沙土堆积；在底部坍塌石块间、沙土堆积上生长有较茂密的野草。人为破坏主要有掏挖等，在今台体的顶部有一处人为掏挖出的深坑，深 0.7 米。

在烽火台南侧山梁上并列分布有 4 座小墩，方向 195°，由北向南依次编号为 L1—L4，也是石块垒砌而成，各小墩的保存状况、尺寸等如下。

L1：保存较差，仅存基础，底部边长 1.7 米，距烽火台 18 米；

L2：保存一般，东西 1.2、南北 2.3、残高 0.4 米，与 L1 间距 8.2 米；

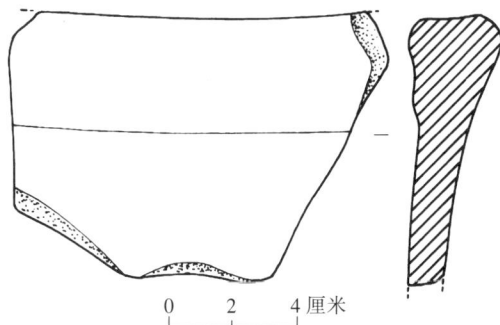
图一二〇　大风沟烽火台采集姜黄釉缸口沿残片（07DCF012 采：1）

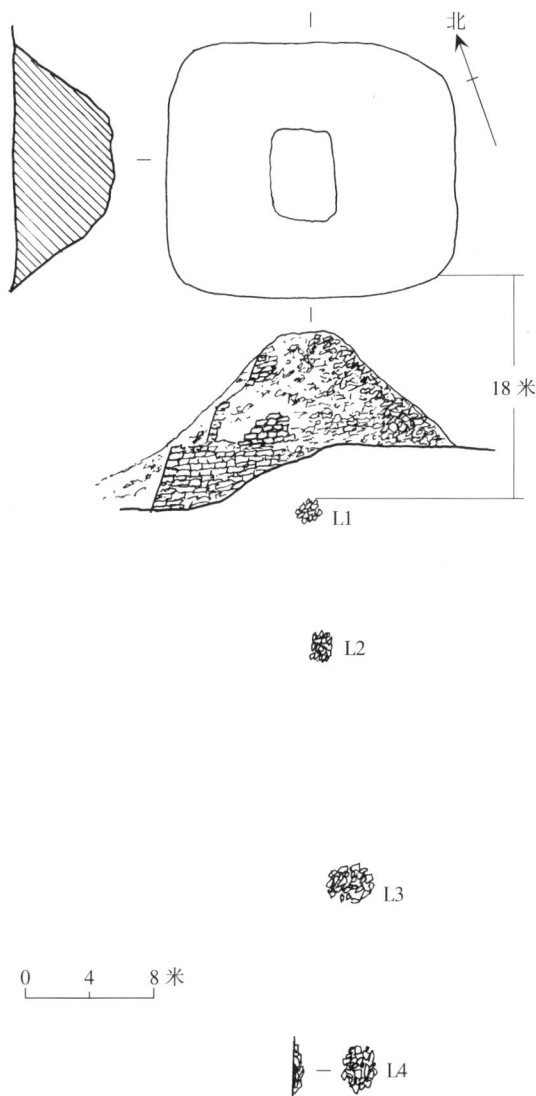
图一二一　小风沟 1 号烽火台平、立、剖面图

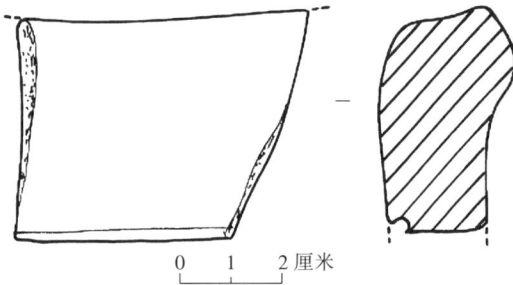

图一二二　小风沟1号烽火台采集姜黄釉
缸口沿残片（07DCF013 采：2）

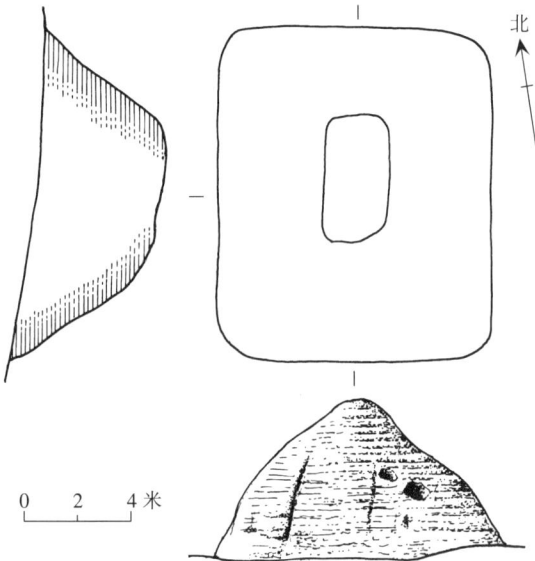

图一二三　小风沟2号烽火台平、立、剖面图

L3：保存较好，东西3.1、南北2.6、残高0.7
米，距L2间距14.2米；

L4：保存一般，东西2.2、南北3.4、残高0.65
米，与L3间距11.1米。

周围地表上散落有少量瓷片，器形有缸、碗等。
采集3件，均为缸，器形粗重，烧制较粗糙。其中
口沿2件、器底1件。

（1）口沿

2件。

07DCF013 采：1，褐釉。瓷胎厚实，色灰白。
施全釉，釉层壁面较厚而口沿部较薄，釉面均匀光
亮。直口，宽厚沿，圆唇，直壁。残口径10.6、残
高6.2、口沿厚3.0、壁厚1.3厘米。

07DCF013 采：2，姜黄釉。瓷胎厚实缜密，色暗
红。通施釉，釉层较薄，釉面脱落严重，光洁度差。
直口微敛、宽沿，平台唇，直壁。残口径5.7、残高
4.2、口沿厚2.8、壁厚1.3厘米（图一二二）。

（2）器底

1件。

07DCF013 采：3，褐釉。粗砂胎质，色浅黄。
内底施褐釉，釉气泡较多，外底露胎，边缘粘有砂
粒。大平底。残底径10、底厚2.1厘米。

17. 小风沟2号烽火台（编码：640202353201 170036，工作编号：07DCF014）

此座与小风沟1号烽火台同处一道山梁上，两者在周围环境等类似，仅位置偏西南、已到山梁的
南边，地势亦稍高，两者相距180米。

夯土台体，方台形，方向280°（北壁）。底部东西10.4、南北12.2米，顶部东西2.4、南北4.6
米，残高5.7米（图一二三）。

保存一般，残损较重。多属自然破坏，有自然坍塌、片状剥离和粉状脱落、风蚀等，在四壁均有
发现。其中自然坍塌以东壁最重，底部有较厚的坍塌土堆积，呈斜坡状；粉状脱落、片状剥离以南壁
最为明显，呈斑驳皴裂状；风蚀以西南角最为明显，有带状凹槽。另外，在台体四壁及底部坍塌土上
生长有少量野枸杞树、蒿草等。

18. 龙泉村1号烽火台（编码：640202353201 170037，工作编号：07DCF015）

俗称陶箕墩，位于大武口区西南、长胜办事处龙泉村二队西北约1.8千米的贺兰山陶箕沟沟口处，
南、北两侧临坡，东面山脚下是龙泉二村居民点，再远便是大武口煤机二厂厂区及住宅区。

夯土台体，方台形，方向120°（北壁）。黄沙土夹杂小石粒较多，土质黏细，表面略泛黑。底部东
西11.7、南北11.1米，顶部东西5.2、南北4.3米，残高4.2米（图一二四）。夯层厚0.15—0.2米。

保存一般，残损较重。四壁底部均有较厚的坍塌土层堆积；东壁坍塌最为严重，壁面已呈豁牙状；
风蚀在四壁裸露的底部均有发现，尤以东壁最为明显，呈带状，横贯壁面。北面壁面、西壁底部亦十

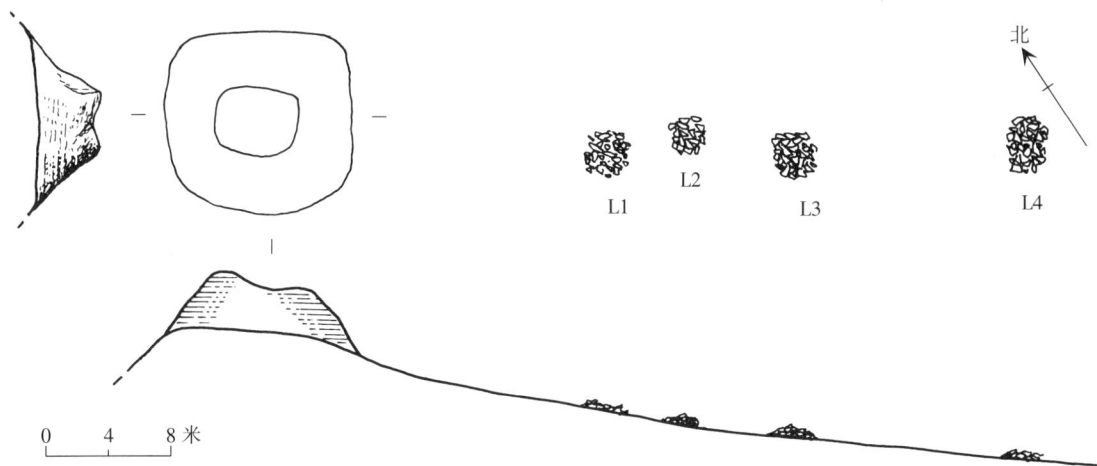

图一二四　龙泉村1号烽火台平、立、剖面图

分明显，其中西壁底部凹槽进深达0.35米；粉状脱落和片状剥离在壁面普遍存在，尤以南壁最为明显，呈斑驳皴裂状；另外，四壁坍塌土及顶部等处还生长有稀疏的野草。

在烽火台东面的山梁上，东西向分布有4座小墩，地势上由西向东逐渐下降，残损甚重，均呈圆锥状，由西向东依次编为L1—L4。

L1：残甚，仅存残迹，底部东西2.8、南北2.9米，距烽火台14.5米；

L2：东西2.9、南北2.8、残高0.6米，与L1间距4.7米；

L3：东西3.5、南北3.3、残高0.75米，与L2间距7米；

L4：残甚，仅存残迹，底部东西3.4、南北3.6、残高0.2米。

周围地表上散落有少量碎瓷片，有缸、碗等。采集1件，碗底。

07DCF015采：1，黑釉。胎色灰白，内含少量小砂粒。器壁均施釉，底部露胎。釉层较厚，釉面光亮。内壁底部露胎处密布环状划痕。外壁底部则较为粗糙，砂孔较多。斜鼓腹，底部外侧较平，而内侧成圜底状，小圈足。残底径5、残高2.6、壁厚0.6、底厚0.6厘米（图一二五）。

19. 龙泉村2号烽火台（编码：640202353201170038，工作编号：07DCF016）

位于大武口区长胜办事处龙泉村二队西约1.2千米的半山坡上，东西两面临坡，山前即为龙泉村居民点。东北距龙泉村1号烽火台1.45、距大武口市区11.06千米。

夯土台体，方台形，方向260°（北壁）。底部东西7.2、南北7.7米，顶部东西4.7、南北5.5米，残高5.6米。壁面较陡，由底向上略有收分；夯层厚0.15—0.2米。顶部有铺舍，仅存一小段，是在台顶上沿边缘再夯筑而成，残长3.0、厚0.7、残高0.5米（图一二六；彩图六七）。

保存较好，壁面轮廓清楚，形制基本保留，但局部仍有残损。其损害以自然因素居多，有自然坍塌、片状剥离和粉状脱落、风蚀、野草生长等。其中自然坍塌以南壁最明显，底部有大量的坍塌土层堆积，呈斜坡状；粉状脱落、片状剥离以东、西壁最为明显，呈斑驳皴裂状；风蚀以南壁最为明显，呈带状凹槽，横贯壁面。残高0.4—0.6、进深0.2—0.4米，东壁底部的风蚀凹槽亦较明显。顶部表面生长有较多蒿草。

人为破坏也有逐渐加大的趋势。南侧的龙泉村已被开发为度假村，烽火台成为其吸引游客的一个景点，在烽火台附近竖立有一块水泥碑，上写着"明代烽火台"等，并有一道新开的石子路直接通往烽火台跟前。

图一二五　龙泉村1号烽火台采集黑釉碗底残片
（07DCF015采∶1）

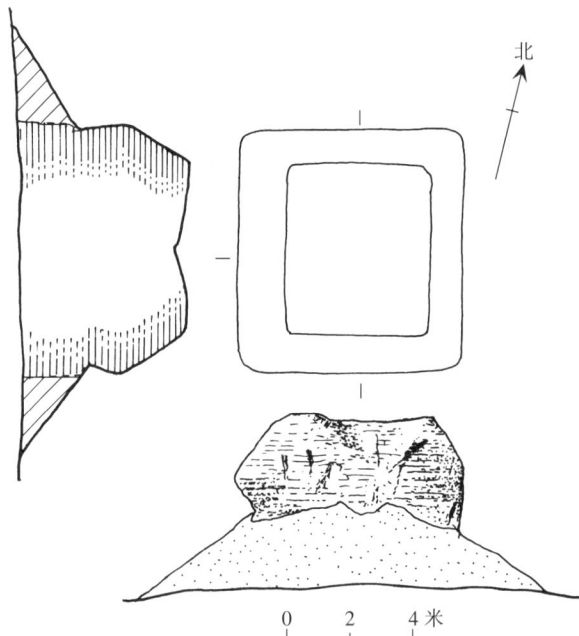

图一二六　龙泉村2号烽火台平、立、剖面图

20. 干沟烽火台（编码：640202353201170039，工作编号：07DCF017）

此座可能便是见诸干沟题刻所载的宁靖墩，位于石嘴山市大武口区长胜办事处潮湖村以西、贺兰山干沟北侧一条大致呈南北走向的山梁上，东西两侧临坡，东面台地上有大武口区煤机一厂等单位，东北距龙泉村2号烽火台1.11、距石嘴山市12千米。

夯土台体，方台形。方向200°（西壁）。底部东西8.3、南北11.9米，顶部东西8.3、南北7.1米，残高西壁7.1、北壁4.8米（图一二七；彩图六八）。夯层厚0.15—0.20米。

保存一般，形状已不甚规整。四壁中西壁保存稍好，东壁保存最差。顶部残存有铺舍。也是外侧继续沿台体壁面向上加高、内侧以夹板夯筑成一处方形中空墙垣。残损较重，仅存东、北两侧，其余两面不存。其中北侧残长3.8、厚0.7、残高0.6米，中间有宽0.9米的豁口；东侧残长2.6、厚0.7、残高0.8米。

此烽火台因为位置偏远，来往不便，故人为破坏相对较少，其损毁主要属自然破坏，有自然坍塌、风蚀、雨蚀等。其中风蚀凹槽以西壁底部最为明显，呈带状，残高1.3、进深0.9米。

21. 汝箕沟烽火台（编码：640202353201170040，工作编号：07DCF018）

位于大武口区长胜办事处以西的汝箕沟内，在进沟约2.5千米的河道东北岸一条突出的山梁上（方向大致呈245°），东西两面临坡，坡下即为汝箕沟河道，今有进出沟内的运煤公路。西南与河岸边的汝箕沟敌台、汝箕沟土墙相望，距敌台0.23、东北距石嘴山市13.47千米。

夯土台体，圆台形。是在山梁中部较平缓处直接夯筑而成，壁面轮廓清楚。底部东西11.5、南北10.9米，顶部东西6.6、南北5.7米，残高北7.5、南5.3米。顶部尚有铺舍。保存较好。也是沿台体顶部夯筑而成，平面呈弧形。除东面保存较差，残存底宽0.8、顶宽0.5、残高0.2米外，其余几面保存较好，且基本连续，底宽0.7、顶宽0.5、残高2.7米（图一二八；彩图六九）。

保存较好，亦有残损。主要为自然损坏，人为破坏相对较少。有风蚀、雨蚀、自然坍塌、片状剥离和粉状脱落、野草生长等。其中自然坍塌在台体周壁均有不同程度存在，尤以南侧较重，底部有较厚的坍塌土堆积，呈斜坡状；南北侧底部裸露处均有风蚀洞，墙面上均有片状剥离，粉状脱落；另外，

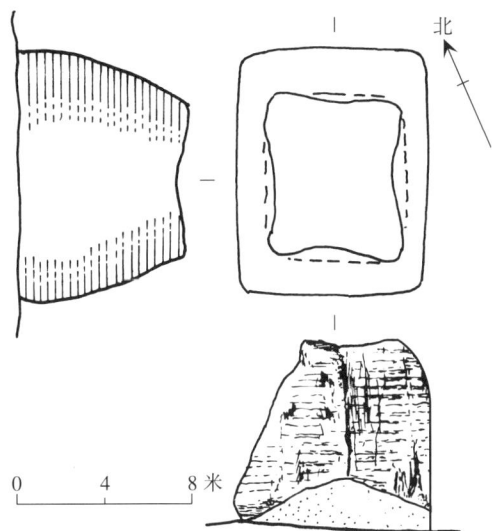

图一二七　干沟烽火台平、立、剖面图

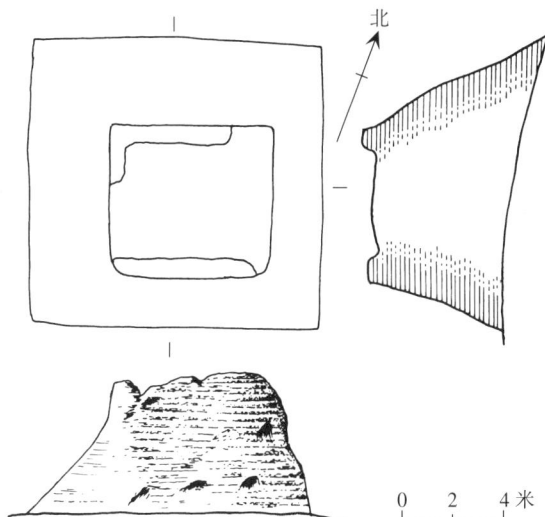

图一二八　汝箕沟烽火台平、立、剖面图

在台体坍塌的壁面及顶部黄沙土上生长有蒿草等。

22. 小水沟 1 号烽火台（编码：640221353201170006，工作编号：07PCF001）

位于平罗县崇岗镇崇岗村以西、小水沟沟口东侧的一个缓坡台地上，东面坡下不远有 3 户常驻居民，再东为贺兰公墓区。西南面坡下即小水沟，过沟与小水沟 2 号、3 号烽火台相望，东距平罗县 28.66 千米。

此台体构筑较复杂，早期为夯土台体，形状呈不规则圆台形，是以夹杂有少量赭红色小石块的黄沙土夯筑而成，由底向上逐渐收分；晚期在壁面南侧、西侧底部用青灰色、赭红色石块垒砌出一个近似于半圆形壁面，直接填塞在夯土台体底部凹洞内，起支撑作用。其中南侧砌石全长 2.5、高 3.5 米；西壁砌石长 4.5、高 3.8 米。台体底部东西 10.2、南北 11.5、残高 13 米，夯层厚 0.15—0.2 米。顶部较平，尚存部分铺舍，因无法登顶，具体不详（图一二九；彩图七〇）。

保存较好。台体十分高大，周壁较为光滑，受残损原因中自然因素占很大比重。有风蚀、雨蚀、自然坍塌等，在台体四壁均有发现。其中风蚀凹槽以西侧较明显，进深 0.2—0.3 米；冲沟发育以东壁最为明显，宽 0.3 米，呈顶宽底窄的倒三角状，从顶部一直延伸到底部；自然坍塌以南侧表现较为明显，底部坍塌土堆积较厚；另外，南侧底部还有几处鼠类等掏挖的洞穴。

在烽火台同一台地的东边并列分布着 5 座小墩，地势较烽火台低约 15 米，方向 205°。是用青灰色石片为主、并有少量赭红色石块垒砌而成，石质坚硬，石缝间不施粘结材料。保存尚可。由北向南编号为 L1—L5。

L1：坍塌甚重，保存最差。东西 1.6、南北 1.4、残高 0.15 米，西距烽火台 43 米；

L2：东西 1.4、南北 1.5、残高 0.9 米，与 L1 间距 9.2 米；

L3：保存最好。东西 1.2、南北 1.5、残高 1.2 米，与 L2 间距 10.5 米；

L4：东西 1.5、南北 1.6、残高 1.3 米，与 L3 间距 9.2 米；

L5：保存一般。东西 1.7、南北 1.7、残高 0.9 米，与 L4 间距 8.2、与 L1 间距 37.1 米。

台体周围地表上散落有少量瓷片，有罐、缸等，釉色有黄釉、酱釉等，残甚，未采集。

23. 小水沟 2 号烽火台（编码：640221353201170007，工作编号：07PCF002）

位于小水沟沟口西南侧半坡处，东北过沟口与小水沟 1 号烽火台相望，两者相距 311 米；南面与

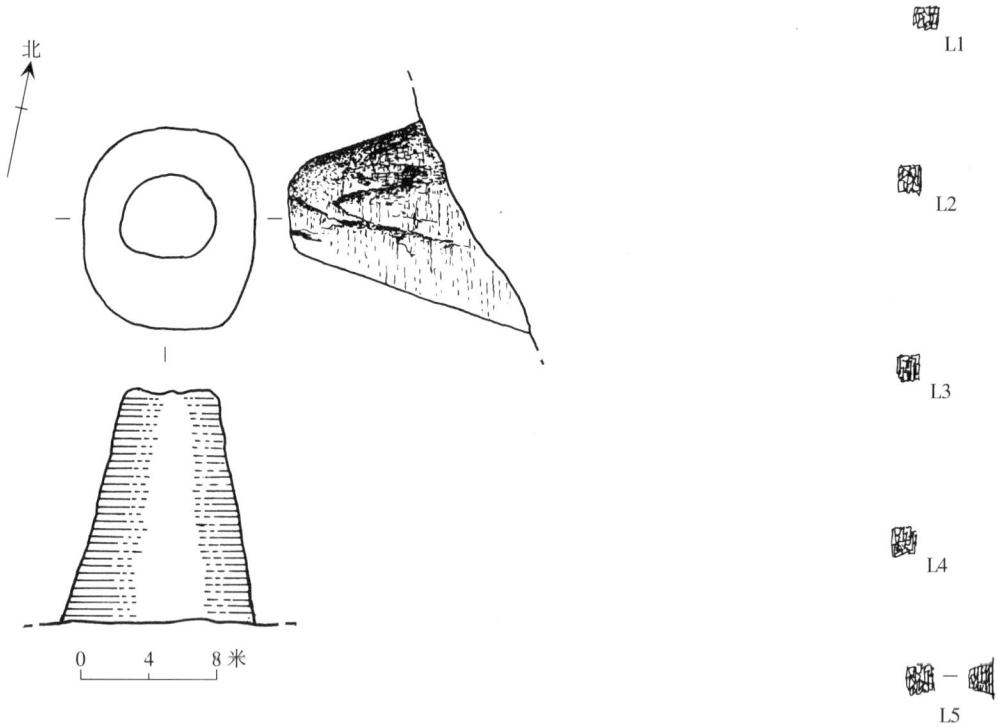

图一二九　小水沟 1 号烽火台平、立、剖面图

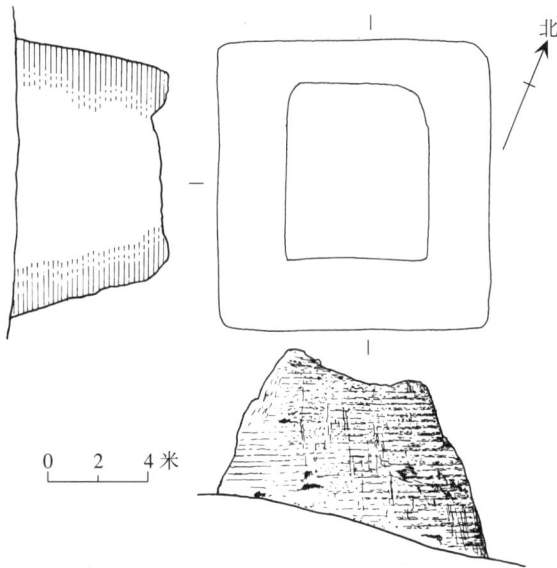

图一三〇　小水沟 2 号烽火台平、立、剖面图

同一缓坡处的小水沟 3 号烽火台相邻，东距平罗县 28.76 千米。

夯土台体，方台形，内夹杂的青灰色石块较多。底部东西 11、南北 11.2 米，顶部东西 6.0、南北 6.7 米，残高 7.1 米。夯层厚 0.15—0.2 米（图一三〇；彩图七一）。

保存一般，壁面已不甚规整。其残损主要为自然破坏，有风蚀、雨蚀、自然坍塌、鼠类掏挖等。其中风蚀凹槽遍布四壁底部，呈带状，以西壁最为明显，残高 0.36、进深 0.35 米；东壁壁面中部有一道倒三角形的冲沟发育，由顶一直贯通至底；南壁有多处鼠洞，直径约 0.25、进深 0.4 米左右；自然坍塌亦遍布四壁，底部有斜坡状坍塌土堆积，北壁面已坍塌成犬牙突兀状。另外，北壁等壁面还有大量乌黑色苔斑。

24. 小水沟 3 号烽火台（编码：6402213532 01170008，工作编号：07PCF003）

此座与小水沟 2 号烽火台在同一缓坡上，两者在位置、周围环境等方面相似，相距 303 米，北距小水沟 1 号烽火台 594 米，东距平罗县 28.77 千米。

石砌台体，方台形。方向 255°（西壁）。砌石间以黄沙土勾缝，缝隙较大处再垫以小石块。石色有青灰、赭红等，硬度较高。由底向上逐渐收分。底部东西 21、南北 22 米，顶部东西 12、南北 12.2 米，残高 8.3 米（图一三一；彩图七二）。

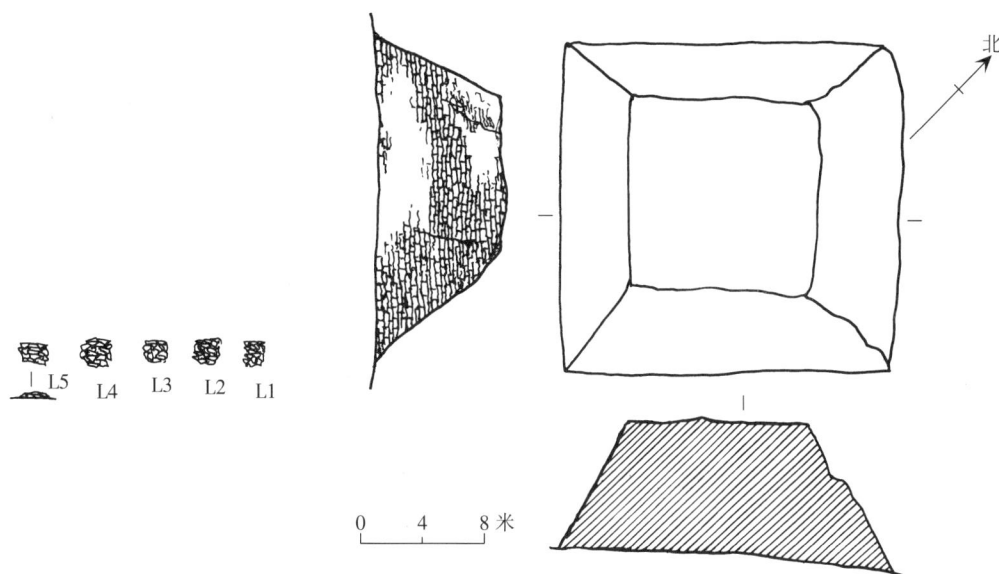

图一三一　小水沟 3 号烽火台平、立、剖面图

　　从东壁坍塌面可见其内夹有桋木，有柠条和圆木两类。皆平置，呈层状分布。其中柠条由下及上共计 8 层，每层间隔 1 米左右；圆木皆松木质，一端朝外，直径在 5—10 厘米。

　　保存一般。四壁中西壁保存较好，壁面较平整；南壁亦较平整，但西南和东南角局部有坍塌，呈斜坡状，表面生长有蒿草；北壁、东壁因邻近山坡，坍塌较重，尤以东壁最甚，壁面凹凸不平，中部有一道坍塌出的凹槽。顶部不甚平整，顶上长满蒿草。

　　南侧的同一平台上分布有 5 座小墩，石块垒砌而成。基本成一排，由北向南依次编号为 L1—L5。其中以 L4 保存较好，方台形；L3、L5 则坍塌成石堆状。

　　L1：东西 1.7、南北 1.6、残高 1.3 米，北距烽火台 19.1 米；

　　L2：东西 1.7、南北 1.8、残高 0.3 米，与 L1 间距 2.3 米，

　　L3：东西 1.5、南北 1.4、残高 0.3 米，与 L2 间距 3 米；

　　L4：东西 2、南北 2.2、残高 0.9 米，与 L3 间距 3.2 米；

　　L5：东西 1.1、南北 2、残高 0.4 米，与 L4 间距 4 米。

25. 大水沟 1 号烽火台（编码：640221353201170009，工作编号：07PCF004）

　　位于平罗县崇岗镇崇岗村西北、大水沟进沟约 6 千米的河道东岸，在一条小支流的东侧山梁上，东西两侧临坡，坡下是大水沟支流河道。东面约 0.5 千米即为大水沟两道河流交汇处。西南过河道与大水沟 2 号烽火台相望。

　　石砌台体，方台形。方向 305°（北壁）。石缝间以黄沙土勾缝，局部缝隙较大处以小块石块填塞。底部东西 18.0、南北 16.8 米，顶部东西 10、南北 11.4 米，残高 6 米（图一三二）。

　　烽火台因所在山梁狭窄，底部先将东西两侧垫平、拓展出一个较宽的平台，再在平台上砌筑台体。其中西面是一个半圆形凹坑，先将坑用大块条石逐层垒砌、垫平，建成条形台，长 14.5、高 1.8 米，顶部外露出烽火台底部 0.6 米；东南角有一斜坡小冲沟，沿冲沟底部逐层收分砌石、一直砌至山顶，斜高 8.7 米。

　　保存较好。壁面较陡，由底向上逐渐收分；四壁中北、西壁保存较好，而东、南壁则坍塌较多，尤其南壁已呈斜坡状。东壁近顶部坍塌处可见台内夹有桋木，呈层状平置。松木质，一端略

露出台体外。直径在 3—15 厘米之间，共计 2 层，间距 0.9 米。顶部较平，有铺舍，是用赭红色石块沿边缘砌筑而成的方形中空墙垣。东垣无存，西垣保存较好，厚 1.7、残高 1.5 米；南垣仅存西侧 3.3 米，厚 1.9、高 0.8 米，以东无存；北垣除局部有坍塌外，保存尚好，厚 2.2、残高 1.2 米。

此烽火台的残损以自然破坏为主，主要有自然坍塌、野草生长等。其中自然坍塌在四壁均存在，以东壁最为明显，已呈斜坡状，坍塌的石块散落在山坡上；北、西壁壁面有明显的裂隙，多数呈纵向错位，有的甚至贯穿台体；顶部及坍塌石块堆积的石缝间，生长有蒿草等植物。

人为破坏亦有，如北壁砌石上有几处游客涂鸦等。

26. 大水沟 2 号烽火台（编码：640221353201170010，工作编号：07PCF005）

位于大水沟小支流河道西岸、一道西南—东北突出的山梁上，南北两面临坡。北与大水沟 1 号烽火台隔河相望，相距 0.55 千米。东面约 0.4 千米处即大水沟两道河流交汇处。南侧坡下即为原宁夏西轴废弃的厂房，北面坡下是大水沟支流的河道，东距平罗县 34.6 千米。

石砌台体，方台形。方向 260°（南壁）。砌石较为工整，基本呈横排状，黄沙土勾缝，缝隙较大处以小石块填塞。东西 16.8、南北 21.2 米；顶部较平整，东西 10.2、南北 15 米；残高 10.5 米（图一三三；彩图七三）。

台体较高大，保存较好，但坍塌亦较重。四壁中以南壁保存最好，壁面陡直，由底向上逐渐收分；北壁、东壁和西壁则有不同程度坍塌，尤其东壁，已呈斜坡状；北壁中部则坍塌出一个凹形斜面；西壁坍塌相对较轻，仅西北、西南两角处有少量坍塌。顶部较平，铺舍等已不存。

27. 高沟烽火台（编码：640221353201170011，工作编号：07PCF006）

位于平罗县崇岗镇暖泉村 1 组西北、高沟沟口南侧山梁上，东西两面临坡。北面坡下即为高沟河道，斜距约 50 米；西北约 1.5 千米的河道处有高沟石墙。

夯土台体，方台形。内夹杂小石块较多，底部东西 7.5、南北 14.6 米，顶部东西 1.7、南北 8.5 米，残高 7.3 米（图一三四）。夯层厚 0.1—0.2 米。

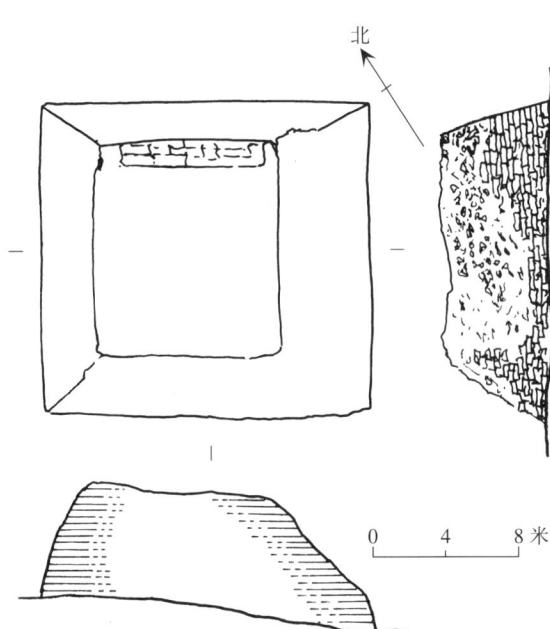

图一三二　大水沟 1 号烽火台平、立、剖面图　　　　图一三三　大水沟 2 号烽火台平、立、剖面图

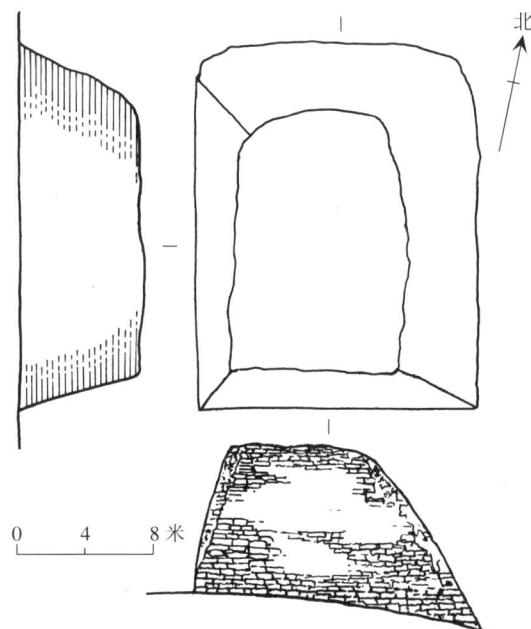

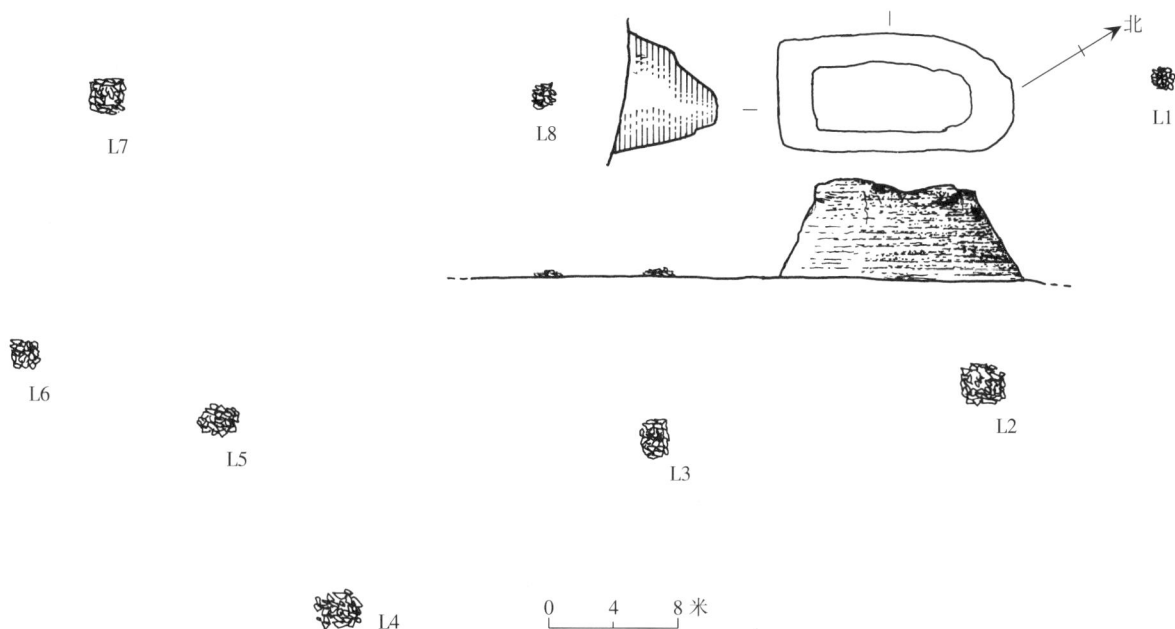

图一三四 高沟烽火台平、立、剖面图

保存较差，残损较重，形状已不甚规整。四壁均有不同程度的坍塌，底部有坍塌堆积土，尤以西壁最重，呈斜坡状，顶部也坍塌成龅牙状；四壁底部均有风蚀痕，尤以迎坡面的南壁最为明显，呈带状凹槽，残高0.2、进深0.32米；东壁中部有一道倒三角形冲沟发育，从台顶一直延伸至底部，宽6.1、进深2.1米；四壁底部还有不少鼠类掏挖的洞穴，大小、朝向各异。

烽火台周围还分布有8座小墩，基本呈环状围绕烽火台。是用赭红色石块等垒砌而成，多残成石堆。从北向南依次编号为L1—L8。按分布位置可分为4处。

（1）台体东北侧，L1，地势与烽火台相当。

L1：残损甚重，东西1.7、南北1.8、残高0.4米，西南距烽火台12.2米。

（2）台体东侧缓坡处，L2、L3、L4，地势较烽火台低近5米，但各小墩间的地势基本相当，基本呈南北向。

L2：东西2.8、南北3.1、残高0.5米，与L1间距22.9、距烽火台12.5米；

L3：东西2.4、南北1.9、残高0.6米，与L2间距18.5米；

L4：保存较好。东西2.5、南北3.1、残高1.2米，与L3间距20米。

（3）台体东南侧低洼处，L5、L6、L7，地势更低。

L5：东西1.9、南北2.4、残高0.6米，与L4间距17.5、距烽火台37米；

L6：保存较好。东西2.6、南北2.6、残高1.1米，与L5间距19.4米。

L7：东西2.2、南北2.5、残高1米，与L6间距18.5、距烽火台38.8米。

（4）台体南侧，L8，位置最高。

L8：东西1.7、南北1.4、残高0.3米，东与L7间距25.2、北距烽火台13.6米。

28. 大西峰沟烽火台（编码：640221353201170012，工作编号：07PCF007）

位于平罗县崇岗镇暖泉村以西、大西峰沟沟口南侧山前冲积扇台地上，东距平罗县37.04千米，西距贺兰山0.26千米，西北距沟内的大西峰沟石墙1.15千米。

石砌台体，十分高大，但残损甚重，砌法、特征等已不明，形状亦不规则，整体呈圆台形。四壁

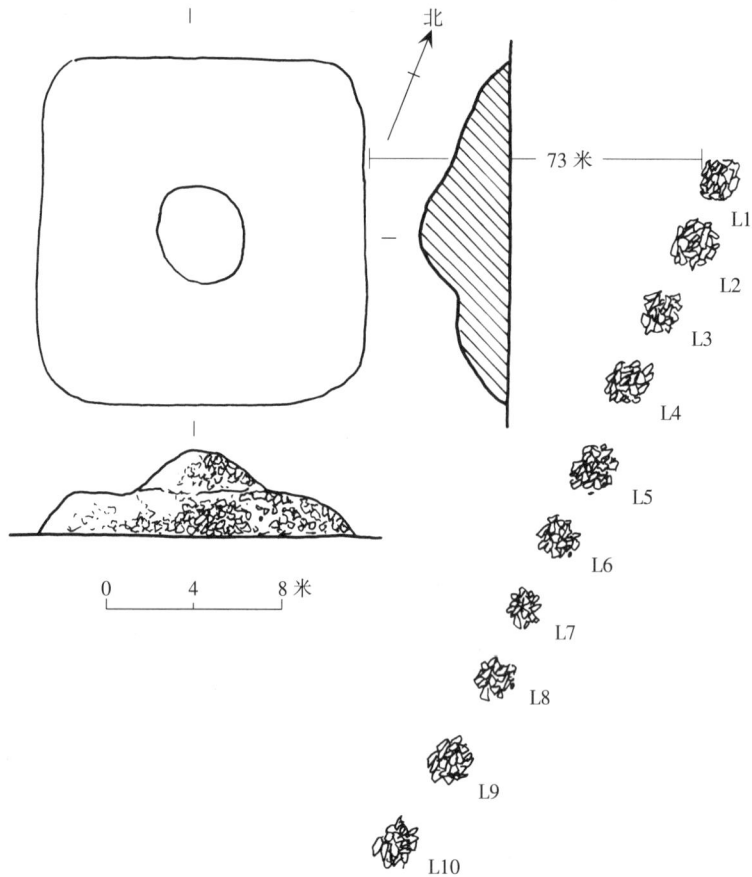

图一三五　大西峰沟烽火台平、立、剖面图

均坍塌成斜坡状，底部堆积有大量石块。东壁有几处人为掏挖的大坑，有的已挖至台体底部。台体底部东西 14、南北 15 米，顶部东西 4、南北 4.5 米，高 4 米。顶上有一方形石堆，边长 3.8 米（图一三五；彩图七四）。

烽火台东侧的台地上有 10 个小墩，基本成一条线，方向 225°。是用较多青灰色石块、夹杂少量赭红色石块垒砌而成，石质坚硬，石缝间不施粘结材料。残损甚重，多呈石堆状。由东北向西南依次编为 L1—L10。

L1：东西 3.8、南北 4、残高 1.3 米，距烽火台 73 米；

L2：东西 4.2、南北 4.6、残高 1.2 米，与 L1 间距 3 米；

L3：东西 3.6、南北 4.2、残高 1.5 米，与 L2 间距 3.8 米；

L4：东西 3.5、南北 4.1、残高 1.4 米，与 L3 间距 3.7 米；

L5：东西 3、南北 4、残高 1.2 米，与 L4 间距 3.9 米；

L6：东西 4.2、南北 4.7、残高 0.8 米，与 L5 间距 3.4 米；

L7：东西 3、南北 3.7、残高 1.3 米，与 L6 间距 3 米；

L8：东西 3.8、南北 4.2、残高 0.9 米，与 L7 间距 3 米；

L9：东西 3.7、南北 4.5、残高 0.6 米，与 L8 间距 4 米；

L10：东西 3、南北 3.5、残高 1.5 米，与 L9 间距 4.2 米。

29. 白头沟烽火台（编码：640122353201170003，工作编号：08HHF001）

位于贺兰县洪广镇南梁牧场西北、白头沟沟口处，在沟口南侧的山前冲积扇台地上。东北距大西

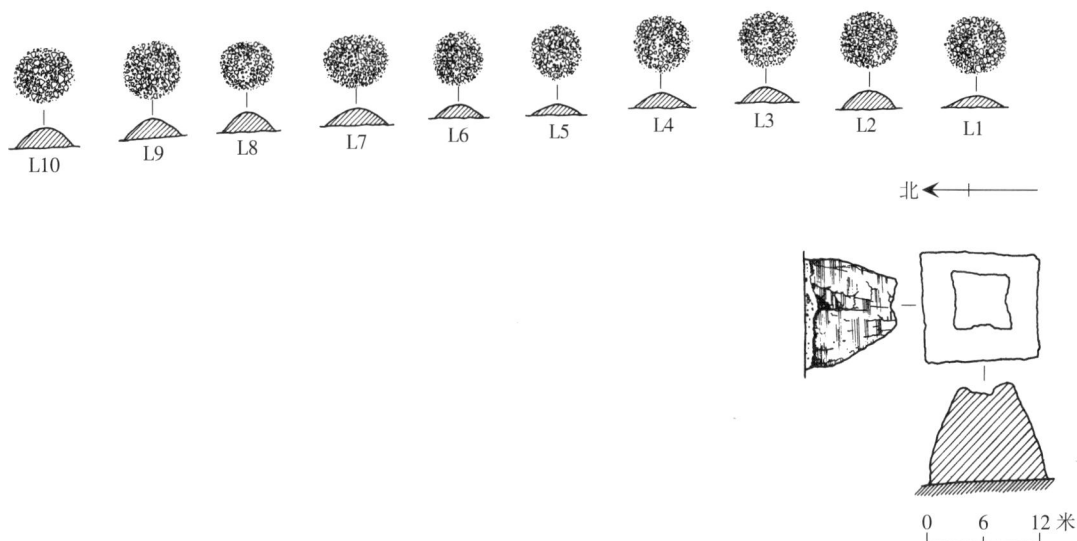

图一三六　白头沟烽火台平、立、剖面图

峰沟烽火台 2.41 千米，东南距贺兰县 35.5 千米，北距白头沟沟口 309 米。

夯土台体，方台形。方向 185°（西壁）。土内夹杂小石粒少。底部东西 11.5、南北 12.2、残高 10.2 米，顶部因无法攀爬，具体尺寸未测量，大致为东西 6.3、南北 6.2 米（图一三六；彩图七五）。

保存较好，是宁夏西长城沿线保存最好的烽火台之一。台体高大，夯打较坚实，土色略泛红。四壁较陡，由底向上略有收分。夯层清楚，厚 0.15—0.2 米，版接缝较明显，南壁可见其分 4 版，由西向东分别为 1.7、3.4、2.9、1.9 米。顶部较平，铺舍尚存，保存较好，尤其南垣保存较高。

从残损原因来看，该台体的残损中，自然与人为破坏均较明显。自然破坏有风蚀、雨蚀及野草生长等。雨蚀形成的小冲沟在台体四壁均有分布，以东壁最为明显，壁面中部有一上下贯通的、呈倒三角形的水冲沟，上部宽 1.5、下部宽 0.6、进深 1.1 米；四壁底部裸露部分均有风蚀凹槽，以南壁最为明显，残高 0.5、进深 0.4 米；西南角底部剥蚀较深，已使其上部出现了一处不规则的坍塌；另外，东壁壁面上还有较多动物掏挖的圆形小洞，北壁还有大量乌黑色苔衣等。

人为破坏最明显的有人为掏挖等。在台体的北壁、西壁底部均有人为掏挖的洞穴，洞内有羊粪等物。其中北壁 1 处（门口处被后人用石块封闭），洞穴底宽 1.6、残高 1.4、进深 2.2 米；西壁并列的 2 处，间距 1.8 米，其中偏南侧洞穴底宽 1.3、高 1.5、进深 2.5 米；偏北侧底宽 1.3、高 0.9、进深 2.1 米。

烽火台东侧台地上并列分布有 10 个小墩，方向 180°。是用青灰色石块为主、混杂少量赭红色石块垒砌而成，表面生长有密集的蒿草。均已呈圆锥状，由南向北依次编号为 L1—L10。

L1：底径 4.5、残高 1 米，距烽火台 18 米；

L2：底径 4.1、残高 1.2 米，与 L1 间距 9 米；

L3：底径 4.9、残高 1.2 米，与 L2 间距 9 米；

L4：底径 4.3、残高 1.1 米，与 L3 间距 9.5 米；

L5：底径 4.3、残高 1.1 米，与 L4 间距 9.2 米；

L6：底径 4、残高 1.3 米，与 L5 间距 10 米；

L7：底径 4.2、残高 1.2 米，与 L6 间距 9 米；

L8：底径 4.3、残高 1.2 米，与 L7 间距 9 米；

L9：底径 4.3、残高 1 米，与 L8 间距 9.6 米；

L10：底径 3.8、残高 1.3 米，距烽火台 138 米。

30. 插旗沟烽火台（编码：640122353201170004，工作编号：08HHF002）

位于贺兰县洪广镇南梁牧场西北、插旗沟沟口西南 265 米的山前冲积扇台地上，西南侧为废弃的原插旗口居民点（现仅存插旗口护林站一家单位）。东南距贺兰县 37.2 千米。

石砌台体，方台形。方向为 130°（南壁）。石块多圆角形。外侧砌石大者长 0.5、宽 0.3、厚 0.2 米。台体十分高大，但保存较差，四壁均成斜坡状，底部石块堆积较厚。仅南壁、北壁等底部尚存部分砌石。顶部不平，中心有一石柱。台体底部东西 29、南北 28 米，顶部东西 10.5、南北 11.5 米，斜高 10 米（图一三七）。

烽火台东侧台地上分布有 10 座小墩，其中 9 座基本位于一条线上，方向 240°，由南向北依次编号为 L1—L9。保存一般。均已坍塌成石堆状；另外一座（L10）位于台体东侧，独立于其他小墩之外，保存更差。

L1：东西 6、南北 6.5、残高 0.9 米，距烽火台 36 米；

L2：东西 4.7、南北 3.8、残高 0.6 米，与 L1 间距 7.5 米；

L3：东西 5.6、南北 2.6、残高 0.7 米，与 L2 间距 8.6 米；

L4：东西 6、南北 5.5、残高 1 米，与 L3 间距 6.2 米；

L5：东西 6、南北 6.7、残高 1.4 米，与 L4 间距 10 米；

L6：东西 3.8、南北 4.3、残高 0.8 米，与 L5 间距 7 米；

L7：东西 5、南北 4.8、残高 0.8 米，与 L6 间距 6.6 米；

L8：东西 4.8、南北 4、残高 1.4 米，与 L7 间距 5 米；

L9：东西 5.2、南北 4.2、残高 1.1 米，与 L8 间距 7 米；

L10：东西 4.8、南北 4.2、残高 0.9 米，距烽火台东壁 17 米。

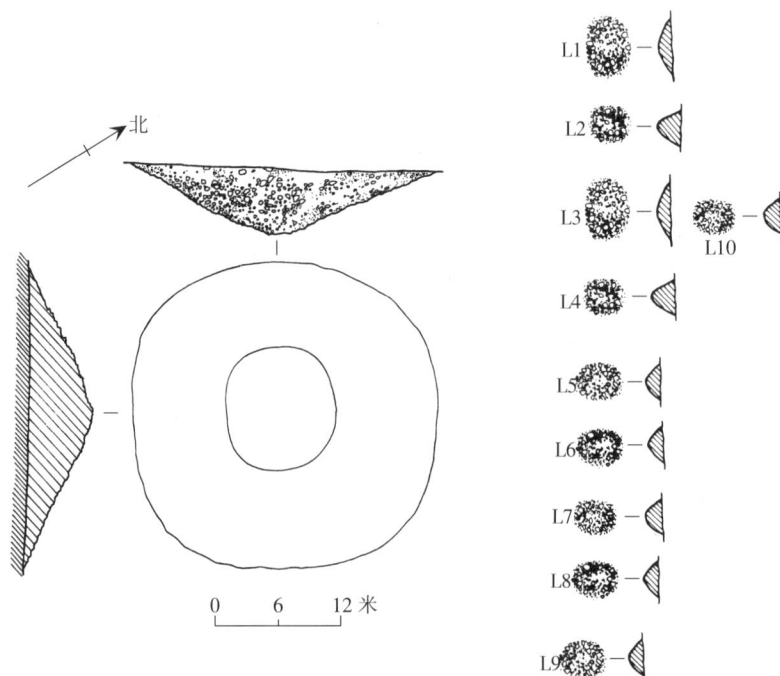

图一三七　插旗沟烽火台平、立、剖面图

周围地表上散落有少量瓷片,器形有缸、罐、盆等,残甚,无可复原者。采集1件。

08HHF002采:1,盆口沿。青釉。瓷胎厚重,质地较粗,内含少量灰色小石粒,色泛青。通施釉,釉层较厚而光亮。宽口沿,斜直壁。残口径7、残高4.6、口沿厚3.8、壁厚1.6厘米(图一三八)。

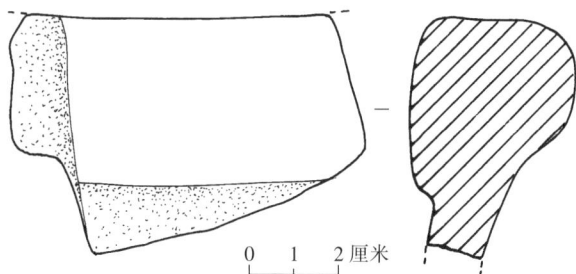

图一三八 插其沟烽火台采集青釉盆口沿残片
(08HHF002采:1)

31. 小插旗沟1号烽火台（编码：64012235 3201170005，工作编号：08HHF003）

位于贺兰县洪广镇南梁牧场以西、小插旗沟沟口前一较宽平的台地上,东临小插旗沟2号烽火台,西距沟口315米,东南距贺兰县37.36千米,东北距插旗口烽火台1.56千米。

石砌台体,方台形。方向205°(西壁)。外侧砌石不甚大,但较匀称,色泽不一,青灰色、赭红色各半。石块大致在长0.5、宽0.3、厚0.2—0.25米左右;台体十分庞大。

保存一般。四壁均有不同程度坍塌,底部堆积有大量坍塌石块;由底向上逐渐收分;顶部略尖顶,顶上散落有较多的石块。台体底部东西21.3、南北21.8米,顶部东西12.5、南北12米,斜高7.8米(图一三九)。

台体北壁外5米处有一半圆形基址(东侧呈直线,其余三线呈弧形),仅存痕迹,是用青灰色石块夹杂黄沙土堆砌而成,已坍塌,现存基址外径5、墙基残宽1.2、残高0.4米。

东侧台地上南北向并列分布有7座小墩,由北向南依次编号为L1—L7,连线不直(L1—L4基本成一线,而其他则略向东折),方向为200°,除个别保存稍好外,多数保存一般,多呈石堆状。

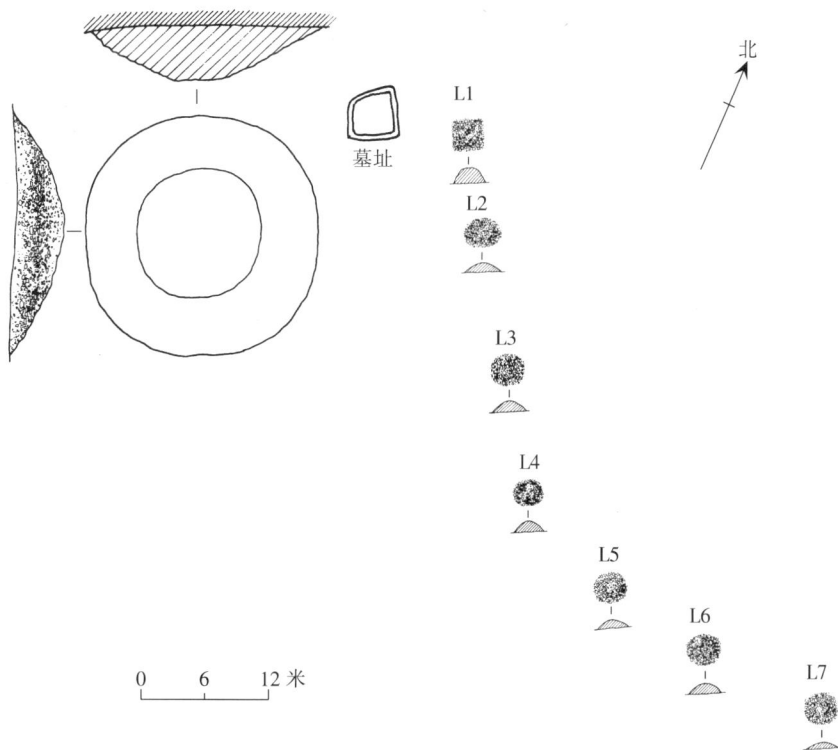

图一三九 小插旗沟1号烽火台平、立、剖面图

L1：保存稍好，方台形。东西3.8、南北4.2、残高0.6米，距烽火台14米；

L2：东西4.2、南北4.5、残高0.5米，与L1间距10米；

L3：东西3.6、南北3.5、残高0.4米，与L2间距14米；

L4：东西3.8、南北3.7、残高0.3米，与L3间距12米；

L5：东西3.5、南北3.4、残高0.2米，与L4间距13米；

L6：东西3.8、南北4、残高0.2米，与L5间距11米；

L7：东西4、南北4.2、残高0.3米，与L6间距14米。

32. 小插旗沟2号烽火台（编码：640122353201170006，工作编号：08HHF004）

位于小插旗沟1号烽火台的西侧，其所在位置、周围环境等与之基本相似，两者相距102.5米。

该烽火台建筑形式较为特殊：早期为土筑台体，仅在东侧有部分残存。土色沙黄，含石量较少，夯层、版接缝清晰。平面呈圆锥形，由底向上略有收分，壁面不平，有片状剥离、粉状脱落等病害，表面泛黑。残存台体底东西2.6、南北9米；顶部不甚平整，东西2、南北5.3米；残高5米（图一四〇；彩图七六）。夯层厚0.15—0.2米，版接缝长2.2—3.2米。

晚期属石砌台体，是在早期坍塌的夯土台体西侧，以较大块青色石块砌边、内侧以小石块夹杂少量黄沙土混杂填塞而成，形状呈圆台形，由底向上逐渐收分。除西壁部分坍塌外，其余保存较好，壁面清晰，顶部较平。台体底部东西7.5、南北9米，顶部较平整，东西6.3、南北5.8米。

在烽火台西南侧、距烽火台43.5米处，有处一方形石砌基址，进深2间。残甚，仅存底基部，是用毛石干垒而成，面东辟门。形状较为规整，东西5、南北7、墙垣宽0.2、残高1.2米。基址内长满蒿草。

在烽火台南侧的台地上分布有10座小墩，平面基本呈"V"形，由西向东（再折向南）分别编号为L1—L10，均是用青灰色石块垒砌而成（彩图七七）。

L1—L5基本成一列，方向240°。其中以L1、L2保存最好，其余3座保存一般，均已坍塌。

L1：东西3.5、南北3.8、残高1.8米，距烽火台东壁40.5米；

L2：东西3.9、南北3.8、残高1.6米，与L1间距12米；

L3：东西4.5、南北4.8、残高1.6米，与L2间距3米；

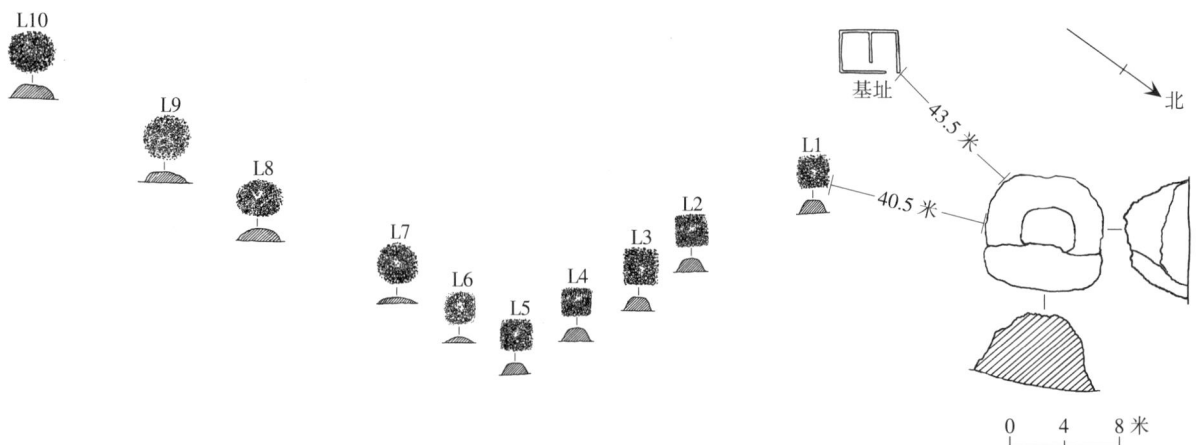

图一四〇　小插旗沟2号烽火台平、立、剖面图

L4：东西 3.8、南北 3.6、残高 1.4 米，与 L3 间距 4 米；

L5：东西 4、南北 3.8、残高 1.2 米，与 L4 间距 3 米。

L6—L10 基本成一列，方向 205°。现均已坍塌成石堆状，表面生长有沙蒿等。

L6：东西 3.6、南北 3.4、残高 0.2 米，与 L5 间距 3.3 米；

L7：东西 5.6、南北 5.2、残高 0.8 米，与 L6 间距 4 米；

L8：东西 4、南北 6、残高 1.1 米，与 L7 间距 14 米；

L9：东西 5.8、南北 5.4、残高 1.4 米，与 L8 间距 7.4 米；

L10：东西 5.8、南北 5.3、残高 1.3 米，与 L9 间距 14 米，距烽火台 85 米。

33. 青石沟烽火台（编码：640122353201170007，工作编号：08HHF005）

位于贺兰县洪广镇沙沟圈以西、青石沟沟口东南一缓坡平台上，地势由西向东逐渐降低。西北距沟口 0.27 千米，东南距贺兰县 36.6 千米，北距小插旗沟 2 号烽火台 1.34 千米。

石砌台体，方台形。方向 180°（东壁）。外侧石块较大，规格不一，大者长 0.6、宽 0.4、厚 0.3 米。台体底部东西 17.5、南北 19.4 米，顶部东西 11、南北 12 米，斜高 8.5 米（图一四一；彩图七八）。

该台体十分庞大，但保存一般。四壁中除东壁保存稍好外，其余均有不同程度坍塌，呈斜坡状，底部堆积有较多石块。顶部较平整，有铺舍痕迹。与其他敌台、烽火台顶部铺舍沿台体四壁顶部边缘加高垒砌不同的是，此铺舍是直接在台体中部用石块垒砌成一单间房址，平面呈方形，面南辟门。残甚，仅存底部。东西 5、南北 2.6、残高 1.5、墙宽 0.4 米（彩图七九）。

烽火台周围分布有两类附属设施，一为方形基址，另一为小墩。

基址在烽火台底部以东 27 米处，方形，毛石干垒而成，形状较为规整。残甚，仅存底部，东西 6.5、南北 3.8、残高 1.1—0.8 米。

小墩位于烽火台东面的台地上，16 座，青灰色石块垒砌而成。按位置可分 3 组，每组基本并列分布。

（1）台体东侧，4 座，编号为 L1—L4，方向为 200°。保存一般，均已坍塌成石堆状。

L1：底部边长 4、残高 1.2 米，西距烽火台 12 米；

L2：东西 3.2、南北 3.6、残高 0.6 米，与 L1 间距 15 米；

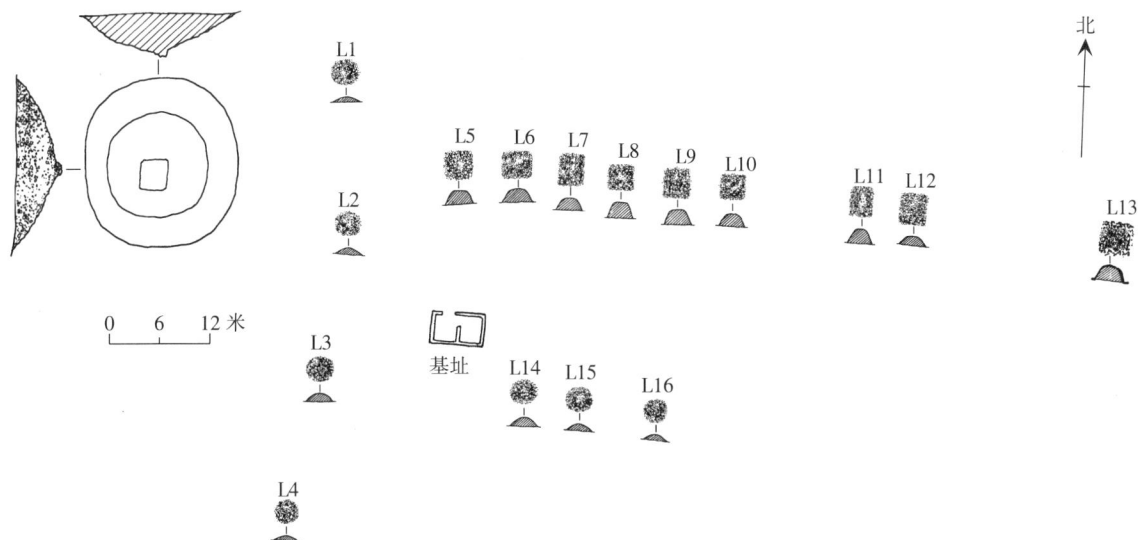

图一四一　青石沟烽火台平、立、剖面图

L3：东西 3.5、南北 3.5、残高 1.1 米，与 L2 间距 14.5 米；

L4：东西 3.3、南北 3.6、残高 0.9 米，与 L3 间距 14 米，距烽火台 33 米。

（2）缓坡北侧，9 座，编号为 L5—L13，方向为 195°，其中 L5、L13 保存较好，其他均坍塌成石堆状。

L5：东西 1.9、南北 1.8、残高 1.6 米，与 L1 间距 9 米；

L6：东西 2、南北 2.2、残高 0.9 米，与 L5 间距 2.7 米；

L7：东西 2.1、南北 1.7、残高 0.8 米，与 L6 间距 3 米；

L8：东西 2.1、南北 1.7、残高 1.3 米，与 L7 间距 3.5 米；

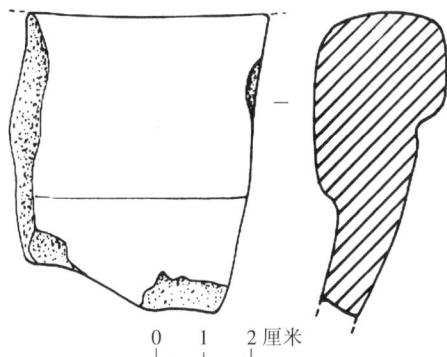

图一四二　青石沟烽火台采集褐釉盆口沿残片（08HHF005 采：1）

L9：东西 2.2、南北 2.4、残高 0.9 米，与 L8 间距 3 米；

L10：东西 3、南北 3.2、残高 0.9 米，与 L9 间距 3.6 米；

L11：东西 3.5、南北 2.8、残高 0.7 米，与 L10 间距 12 米；

L12：东西 5、南北 5、残高 1.2 米，与 L11 间距 3 米；

L13：东西 3.6、南北 2.8、残高 1.7 米，与 L12 间距 20 米，距烽火台 102 米。

（3）缓坡中部，3 座，编号为 L14—L16，方向为 190°。保存差，均已坍塌成石堆状。

L14：东西 2.8、南北 3.4、残高 0.6 米，距烽火台 40 米；

L15：东西 2.9、南北 3.1、残高 0.7 米，与 L14 间距 3 米，

L16：东西 3.4、南北 3.2、残高 0.7 米，与 L15 间距 4.6 米。

周围地表上散落有少量瓷片，器形有罐、缸、盆等，残甚，无可复原者。采集 1 件。

08HHF005 采：1，盆口沿。褐釉。瓷胎厚重粗疏，内含少量灰色小石粒，色泛青。通施釉，釉层较厚而光亮。宽沿，斜直壁。残口径 5.5、残高 6、沿厚 3、壁厚 1.2 厘米（图一四二）。

34. 贺兰口 1 号烽火台（编码：640122353201170008，工作编号：08HHF006）

位于贺兰县洪广镇西北、贺兰口沟口东北侧半山腰上，南面坡下即为宽阔的贺兰口冲积河道，底部石崖上有贺兰口 1 号题刻等。东南距贺兰县 35.85 千米，东北距青石沟烽火台 4.82 千米。

该烽火台原貌已不详，今存台体是在其原址处、由贺兰山岩画馆整饬修葺成方台形实体建筑。其修筑方式也是用较大块石块垒砌边、内以小石块填充，但外侧砌石采用水泥勾缝。台体底部东西 9、南北 7 米，顶部东西 6、南北 3.7 米，高 4.2 米（图一四三）。南壁修缮成台阶状，由底向上逐层回收，台阶高 0.5、收分 0.2—0.5 米。

此烽火台所在的贺兰口，以沟内分布有丰富的岩画而著名。今已成为宁夏著名的旅游景点——贺兰山岩画所在地，山口前有贺兰山岩画馆、贺兰口林管站等单位驻守，并有新修的旅游公路直达山口，来往车辆行人整日络绎不绝。包括此烽火台在内的长城遗迹均成为游客参观的景点。此座烽火台，被岩画馆在原来台体基础上修建成与原先建筑大不相同的台体（如壁面台阶式逐级回收，石缝间用水泥勾缝等），破坏甚重。

35. 贺兰口 2 号烽火台（编码：640122353201170009，工作编号：08HHF007）

位于贺兰口沟口南侧山脊上，东、西、北三面均临坡，斜距沟底约 0.35 千米。东面过沟口与贺兰口 1 号烽火台相邻，两者相距 0.25 千米。

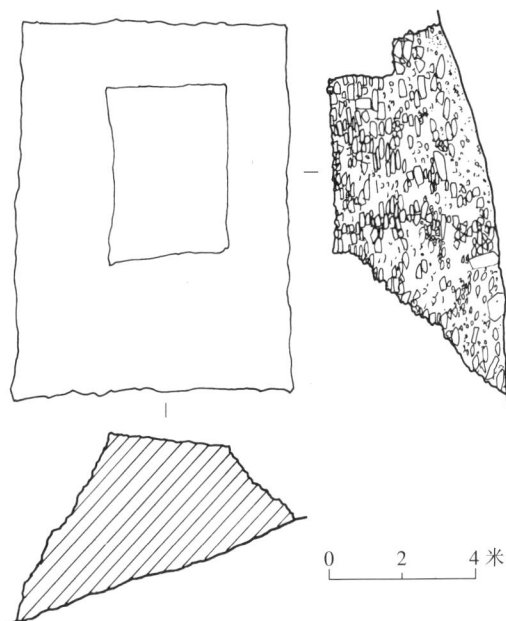

图一四三 贺兰口1号烽火台平、立、剖面图

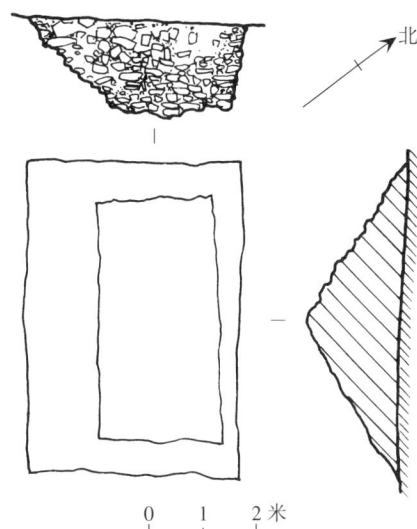

图一四四 贺兰口2号烽火台平、立、剖面图

石砌台体,方台形,方向145°(北壁)。石缝较粗疏,不施胶结材料,缝隙较大处以小石块填塞。壁面由底向上逐渐收分。台体较低矮,底部东西4、南北6.5米,顶部东西3—2.4、南北5.3米,残高0.8—2.5米(图一四四)。

保存较差,残损严重。其残损以自然破坏为主,有自然坍塌、野草生长等。四壁中以东、北壁保存较好,西壁则坍塌严重,呈斜坡状。顶部不平,中心有一掏挖出的凹坑,石块上还有游人涂鸦等。

36. 苏峪口1号烽火台(编码:640122353201170010,工作编号:08HHF008)

位于贺兰县洪广镇金山村西北、苏峪口沟口南侧半山腰一道山梁上,东、北、南三面临坡,坡下有苏峪口干涸河道,今有进出沟内苏峪口国家森林公园的公路。是此沟口4座烽火台中最北的一座,东南距贺兰县36.7千米,东北距贺兰口2号烽火台4.38千米。

石砌台体,方台形。方向260°(北壁),台体由底向上逐渐收分。外侧砌石较大,为不规则条形,规格不一,大者长0.6、宽0.4、厚0.1—0.2米,小者长0.3、宽0.35、厚0.1—0.15米。黄泥勾缝,缝隙较大处再垫以小石块。底部东西17.8、南北14.5米,顶部东西8.5、南北5.8米,残高10.4米(图一四五;彩图八〇)。

该台体较高大,但保存一般,壁面有多处残损。四壁中以北壁保存最好,东壁部分完好,其余则呈斜坡状,尤其南壁坍塌最为严重,底部有大量坍塌的石块堆积;顶部不甚平整,散落有较多石块,生长有稀疏的野草等。

37. 苏峪口2号烽火台(编码:640122353201170011,工作编号:08HHF009)

位于苏峪口沟口南一凸起的小山丘上,四面临坡。东与苏峪口1号烽火台相邻,两者所在位置、周围环境等基本类似,仅地势稍高,相距0.32千米。

石砌台地,方台形。方向240°(北壁)。底部东西8、南北7米,顶部东西4.3、南北5米,残高2.2米(图一四六)。

保存较差,形制较小,残损甚重。四壁除东壁尚保留部分砌石面外,余皆呈斜坡状,尤其南壁坍塌最重,底部堆积有较多坍塌的石块等。顶部不平,表面散落有较多石块。

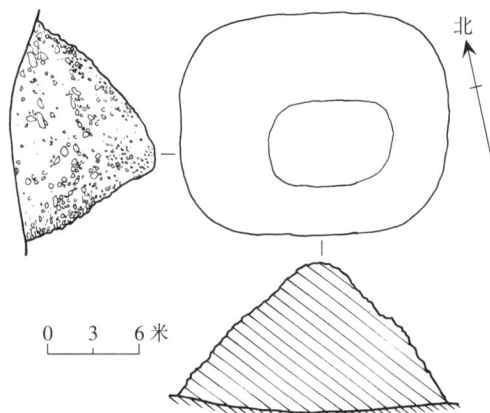

图一四五　苏峪口1号烽火台平、立、剖面图

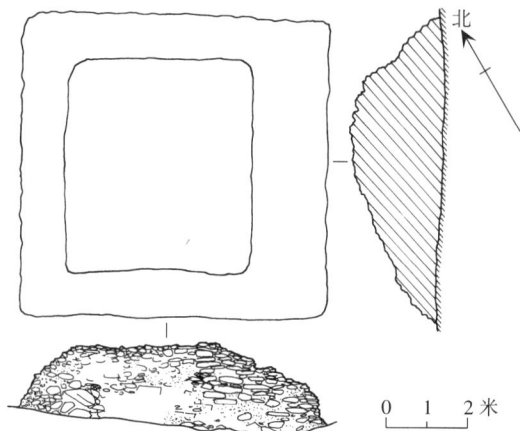

图一四六　苏峪口2号烽火台平、立、剖面图

台体东壁外有一方形墙垣，十分低矮狭小，且建筑风格等与烽火台不同，可能是后人将台体石块拆下、紧贴壁面垒砌而成。

38. 苏峪口3号烽火台（编码：640122353201170012，工作编号：08HHF010）

位于苏峪口沟口南侧、三道山梁交汇的平台上，地势西高东低，呈缓坡状。是此处4座烽火台中位置最偏西、地势最高且保存最好的一座，东距苏峪口2号烽火台0.33千米，东南距贺兰县37.1千米。

石砌台体，方台形，方向180°（东壁）。底部东西7、南北12.5米，顶部东西5.8、南北8米，残高5.5米（图一四七；彩图八一）。

该台体较高大，保存尚可。四壁中东壁保存最好，壁面清晰，砌筑不甚平整，中部有鼓包，壁上有游客涂鸦等；其余三面均有不同程度坍塌，尤其西壁坍塌最重，呈斜坡状。顶部不平，有石块垒砌的3根方形石柱，高约1米。

39. 苏峪口4号烽火台（编码：640122353201170013，工作编号：08HHF011）

位于苏峪口沟口南侧一条西北—东南向山梁顶，东西面临坡。是4座烽火台中位置最偏南、地势亦最低的一座。西北距苏峪口2号烽火台0.49、西距苏峪口3号烽火台0.81千米。

石砌台体，方台形。方向225°（北壁）。外侧砌石多青灰色、较大，规格不一，大者长0.7、宽0.4、厚0.25米，小者长0.4、宽0.3、厚0.2米。底部东西6.5、南北6.8米，顶部边长6米，残高2.2米（图一四八）。

台体较小。保存一般。壁面较陡，仅南壁坍塌稍重。顶部不甚平整，中心有一堆砌的石柱，残高0.5米。

40. 拜寺沟烽火台（编码：640105353201170001，工作编号：08XZF001）

位于银川市西夏区镇北堡镇德林村以西、拜寺沟沟口南侧的两道小山梁交汇处，北侧坡下为拜寺口河道，过河道与拜寺沟长城、拜寺口敌台等相望，再北还有拜寺口西夏双塔，东南距银川市36.1千米。

石砌台体，已残成圆锥状，但从西壁残存的砌石来看原形制还是为方台形，方向225°（西壁）。石色不纯，以青灰为主，另有土黄、赭红等多种，石中含有较多的结晶粒。台体底部东西24、南北22米，顶部东西12.8、南北12米，高10.2米（图一四九；彩图八二）。

台体较高大，保存一般，坍塌甚重。除西壁残存一小段砌石外，余皆呈斜坡状。外侧砌石规格不

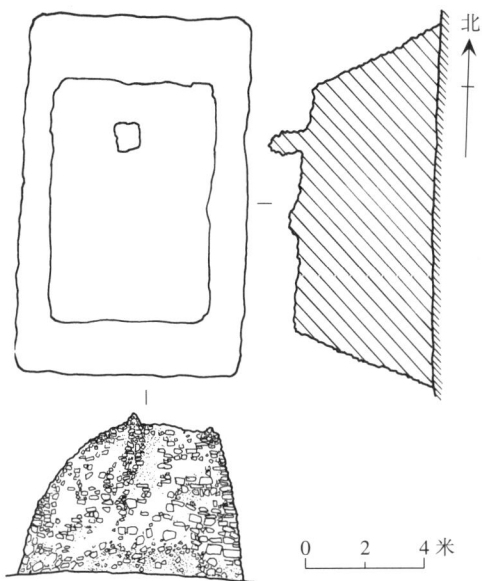

图一四七　苏峪口3号烽火台平、立、剖面图

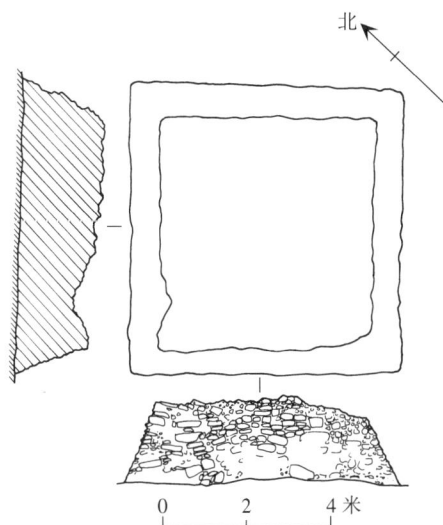

图一四八　苏峪口4号烽火台平、立、剖面图

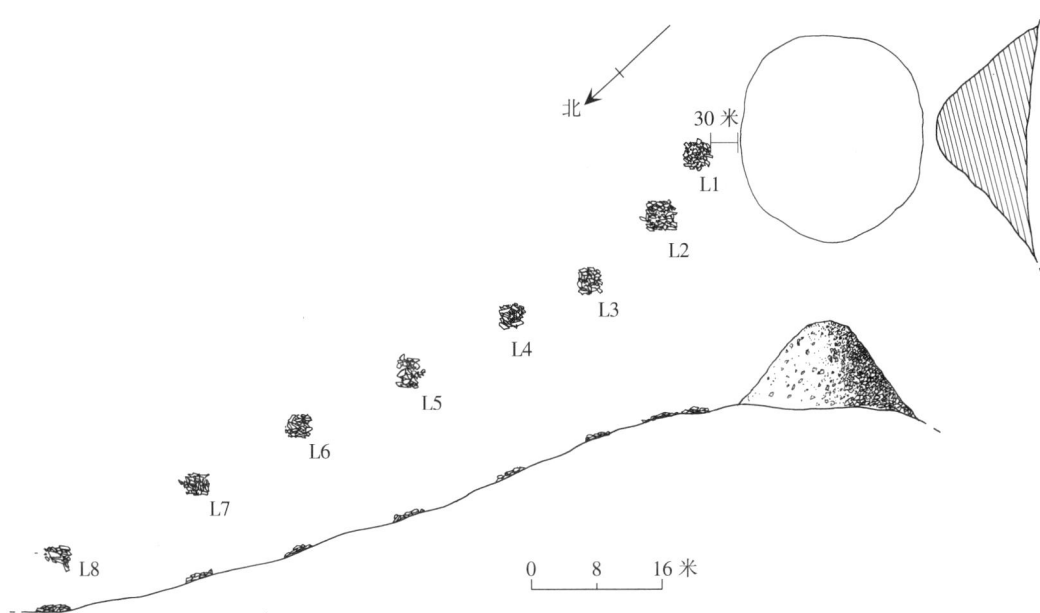

图一四九　拜寺沟烽火台平、立、剖面图

一，大者长0.6、宽0.4、厚0.25米，小者长0.4、宽0.3、厚0.2米。南壁底部有一盗洞。顶部略尖，有坍塌的土层与碎石堆积，表面生长有较多的蒿草。顶上散落有较多的红砖，有的上面有手印纹。

烽火台东北侧一道山梁上并列分布有8座小墩，地势由南向北逐渐降低，方向175°。由南向北依次编号为L1—L8，其中L1、L2与台体处于山梁上，地势相当；从L3开始随山梁逐渐下降，至L8到山梁边。8座小墩中L1—L3保存较好，方台形，是用青灰色、赭红色石块砌边，内侧以小石块和黄沙土填塞而成。余均呈石堆状。

L1：东西3.3、南北2.6、残高0.7米，距烽火台30米；

L2：东西3.8、南北3.1、残高0.7米，与L1间距7.4米；

L3：东西3、南北3、残高0.7米，与L2间距10米；

L4：东西 3、南北 3、残高 0.7 米，与 L3 间距 9 米；

L5：东长西 3、南北 3.5、残高 0.9 米，与 L4 间距 11.5 米；

L6：东西 3、南北 2.8、残高 0.8 米，与 L5 间距 12 米；

L7：东西 3.1、南北 2.3、残高 0.5 米，与 L6 间距 12 米；

L8：东西 4.2、南北 3.5、残高 0.7 米，与 L7 间距 15 米。

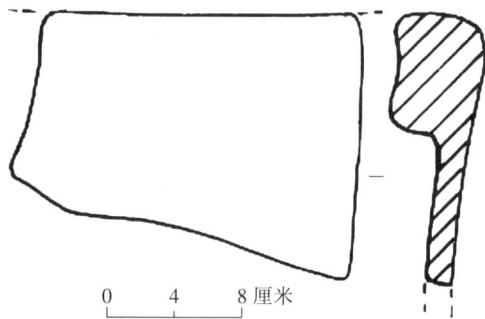

图一五〇　拜寺沟烽火台采集褐釉缸口沿残片（08XZF001 采∶1）

周围地表上散落有少量瓷片等，器形有缸、罐、碗、盆等，采集 3 件，其中缸 2 件、盆 1 件。

（1）缸

2 件。均为口沿。

08XZF001 采∶1，褐釉。瓷胎厚重坚实、近石质，色灰白。外壁（含口沿部）釉层较厚，釉面不甚光滑，有少量气泡。内壁口沿露胎，釉面较亮。宽厚沿，平台唇，直壁。残口径 17、残高 7.4、口沿厚 3、沿高 2.5、壁厚 1.2 厘米（图一五〇）。

08XZF001 采∶2，器形与采∶1 基本相同，仅口沿较高，外壁施褐釉，内壁露胎。残口径 11、口沿厚 3.5、沿高 3.7、残高 7.5、壁厚 1.1 厘米（图一五一）。

（2）盆

1 件。口沿。

08XZF001 采∶3，酱釉。瓷胎厚重坚实，色灰白。外壁（含口沿部）施酱釉，釉较厚，釉面不甚光滑，有少量气泡。口沿釉较薄；内壁施褐釉，釉面较灰暗。宽厚沿，平台唇，直壁，外壁有拉胚纹。残口径 4.6、残高 3.8、口沿厚 1.1、沿高 1.5、壁厚 0.5 厘米（图一五二）。

41. 镇木关沟烽火台（编码：640105353201170002，工作编号：08XZF002）

位于银川市西夏区镇北堡镇德林村以西、镇木关沟沟口南侧一道西北—东南向陡峭山梁上，北、南、东三面临坡，北侧底部为镇木关沟干涸河道。东北距拜寺沟烽火台 1.57 千米，东南距银川市 35.59 千米。

石砌台体，方台形，方向 245°（南壁）。底部东西 20.6、南北 19.2 米，顶部东西 7.5、南北 8.6 米，残高 7.8 米（图一五三）。

台体较高大，但保存一般，坍塌较重，底部有较多石块堆积，四壁底部均或多或少有砌石面；顶部不平，散落有较多石块。

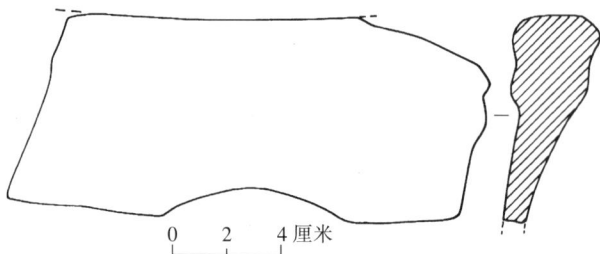

图一五一　拜寺沟烽火台采集褐釉缸口沿残片（08XZF001 采∶2）

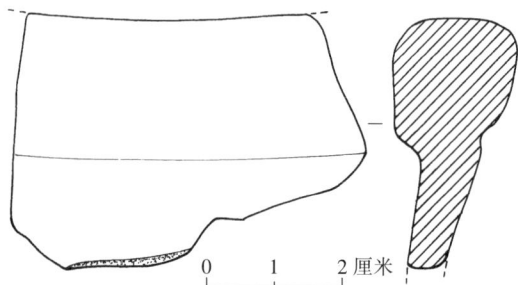

图一五二　拜寺沟烽火台采集酱釉盆口沿残片（08XZF001 采∶3）

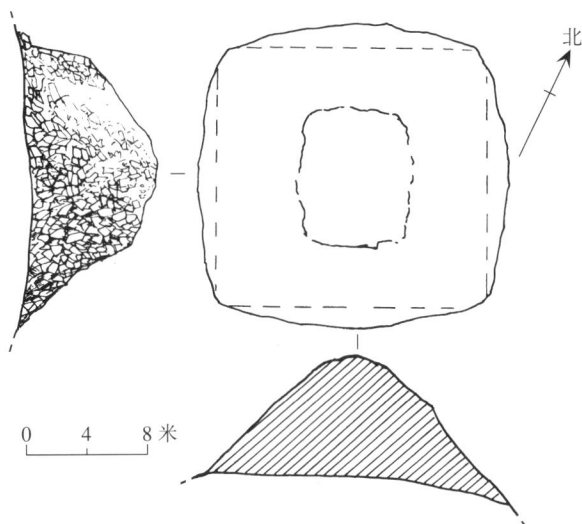

图一五三 镇木关沟烽火台平、立、剖面图

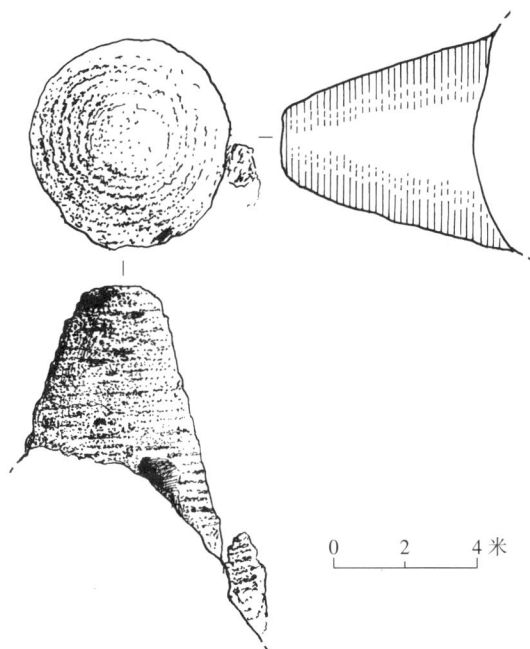

图一五四 大水渠沟1号烽火台平、立、剖面图

42. 大水渠沟1号烽火台（编码：640105353201170003，工作编号：08XZF003）

位于银川市西夏区镇北堡镇镇北堡村以西、大水渠沟西南，在大水渠沟与小水渠沟之间一道西北—东南向山梁上，南北临坡，坡下分别为小水渠沟、大水渠沟河道。东与同一山梁上的大水渠沟2号烽火台相邻。东面约1.3千米为大水渠护林站，再东约2.2千米是沿山旅游公路。北距镇木关沟烽火台1.49千米，东南距银川市34.4千米。

夯土台体，圆台形，内夹杂少量小石粒，夯打较坚实，色泛红。周壁相对较陡峭，壁面由底向上略有收分，顶部较平。今存台体底部直径5.5、残高5.4米。顶部因无法攀援，详细尺寸未测量，直径约2.2米（图一五四；彩图八三）。夯层厚0.15—0.2米。

该台体不甚高大，保存尚可。坍塌受损不重，但局部残损仍较明显。最明显的是南壁，已不甚规整；东壁有较多鼠、蛇类动物掏挖的圆形小洞；底部东、西两侧底部有两处方形盗坑，东侧坑长1.2、宽0.6、深1.1米；西侧坑长0.8、宽0.5、深1米。

43. 大水渠沟2号烽火台（编码：640105353201170004，工作编号：08XZF004）

此座与大水渠沟1号烽火台同处一道山梁上，仅位置略偏东南，相距0.04千米。

石砌台体，残损甚重，形状已不规则，但从残存砌石的西壁来看，原形制还是方台形。方向190°（西壁）。底部东西11.5、南北12.5米，顶部东西7.5、南北6.5米，残高4.5米（图一五五）。

保存较差。四壁中除了西壁尚有部分砌石存留外，其余均已坍塌，呈斜坡状。其残损除了自然坍塌、野草生长外，也有人为掏挖破坏，如西壁底部有一处方形盗洞，长3.5、宽2.8、深2.1米，直接深入山梁。

东侧同一山梁上并列分布有5座小墩，方向270°。地势西高东低。是用青灰色夹杂少量赭红色石块垒砌而成，石质坚硬，石缝间不施粘结材料。多呈圆锥状（个别保存较好的呈方台形）。由西向东依次编为L1—L5，其中L5已到山脊的东侧陡坡边。

L1：残甚，中部已被人为掏挖至底，底径3、残高0.7米，距烽火台2.5米；

图一五五　大水渠沟 2 号烽火台平、立、剖面图

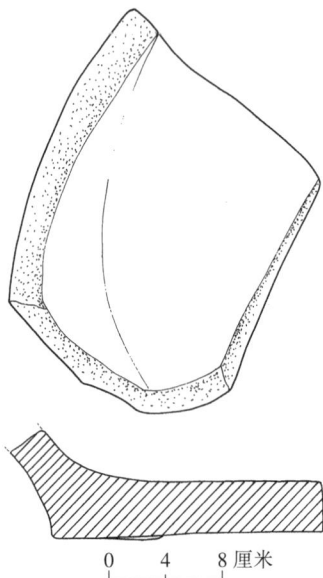

图一五六　大水渠沟 2 号烽火台
黄釉缸底残片（08XZF004 采：1）

L2：残甚，亦被人为掏挖破坏，底径 2.8、残高 0.7 米，与 L1 间距 1.5 米；

L3：保存较好，底径 2.6、残高 0.9 米，与 L2 间距 2.3 米；

L4：保存较差，今已被掏挖破坏，底径 3.7、残高 0.4 米，与 L3 间距 4.6 米；

L5：底径 2.7、残高 0.5 米，与 L4 间距 5.5 米，距烽火台 36 米。

周围地表散落有少量瓷片，采集 1 件，缸底。

08XZF004 采：1，黄釉。瓷胎厚重坚实、近石质，色灰白。外壁施黄釉，釉层较厚，釉面不甚光滑，有少量气泡。内壁通施酱釉，斜壁，平底。残径 17、残高 7.4、壁厚 1.2 厘米（图一五六）。

44. 黄旗沟烽火台（编码：640105353201170005，工作编号：08XZF005）

位于银川市西夏区镇北堡镇以西、黄旗沟沟口北侧一道大致呈西北—东南向的山梁上，在山梁中部一个凸起的山丘上，四面临坡。南侧底部为黄旗沟沟口，有黄旗沟护林站、民房、山庄等。北距大水渠沟 2 号烽火台 2.52 千米，东南距银川市区 33.1 千米。

石砌台体，十分高大，但形状已不规则，但从残留的砌石可见原还是为方台形，方向 215°（东壁）。外侧砌石不施胶结料，缝隙较大而粗疏，石块规格不一，大者长 0.9、宽 0.6、厚 0.4—0.3 米，小者长 0.5、宽 0.3、厚 0.3—0.2 米。石色不一，以青灰色居多，还有赭红等色，石质较粗，硬度亦较低。台体底部东西 15、南北 14 米，顶部东西 5.6、南北 6.5 米，斜高 9.2 米（图一五七）。

保存一般。壁面除东北侧砌石尚有部分保存外，余多呈斜坡状，底部堆积有较厚的坍塌石块。石缝间生长有较茂盛的蒿草。顶部中心被掏挖出一处较大的圆形盗坑。

烽火台东侧山梁上，高低错落分布有 13 座小墩（总体呈西高东低之势），大致呈排状，方向 290°。是在山脊巨石堆中直接以大石块做基础、再用小块石块毛石干垒而成。保存一般，多为圆锥状，仅个别保存较好，形状呈方台形。由西向东依次编号为 L1—L13。

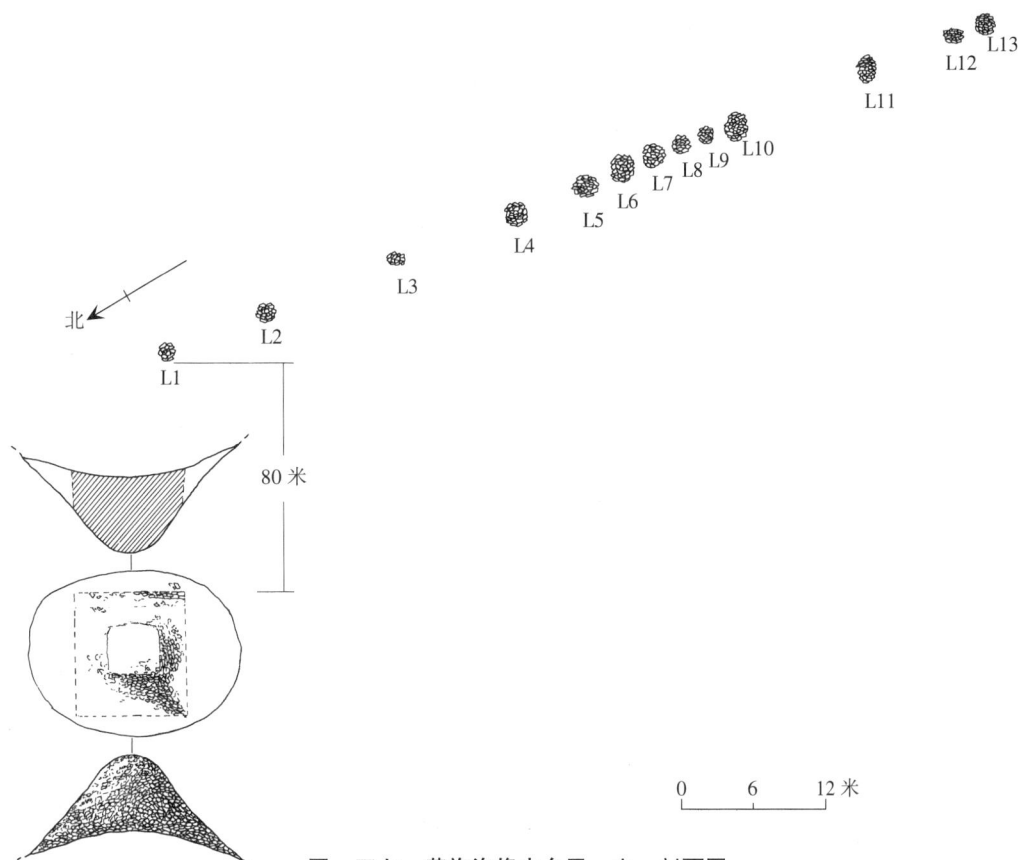

图一五七　黄旗沟烽火台平、立、剖面图

L1：东西 2.1、南北 2.3、残高 0.9 米，距烽火台 80 米；

L2：东西 2.3、南北 2.4、残高 1.6 米，与 L1 间距 11 米；

L3：东西 1.6、南北 2.6、残高 2—0.6 米，与 L2 间距 15 米；

L4：东西 2.7、南北 3、残高 1.2 米，与 L3 间距 13.3 米；

L5：保存较好。东西 2.6、南北 3.5、残高 1.7 米，与 L4 间距 6 米；

L6：东西 3.5、南北 2.9、残高 0.7 米，与 L5 间距 1.9 米；

L7：底边长 3、残高 0.6 米，与 L6 间距 1.3 米；

L8：保存较差，仅存痕迹。东西 2.3、南北 2.6、残高 0.5 米，与 L7 间距 1 米；

L9：保存较差，仅存痕迹。东西 2.2、南北 2、残高 0.2 米，与 L8 间距 1 米；

L10：东西 3.6、南北 3、残高 0.9 米，与 L9 间距 1.5 米；

L11：东西 3.4、南北 2.2、残高 0.6 米，与 L10 间距 15 米；

L12：东西 1.8、南北 2.6、残高 0.6 米，与 L11 间距 9 米；

L13：东西 2.6、南北 2.3、残高 0.4 米，与 L12 间距 2.5 米，距烽火台 167 米。

45. 高家闸烽火台（编码：640105353201170006，工作编号：08XZF006）

位于银川市西夏区镇北堡镇高家闸以南、今 110 国道以西 122 米处。地处山前平原上，是平原地带存留的为数不多的几座烽火台之一。东南距银川市区 22.3 千米。周围地势较平坦，现多已被辟为农田或厂区、住宅区。

夯土台体，方台形，方向 280°（南壁）。土质黏细，表面略泛红，夯打较坚实，裸露出的夯层上很少生长野草。四壁较陡，壁面由底向上略有收分。夯层厚 0.15—0.2 米；顶部较平。台体底部东西

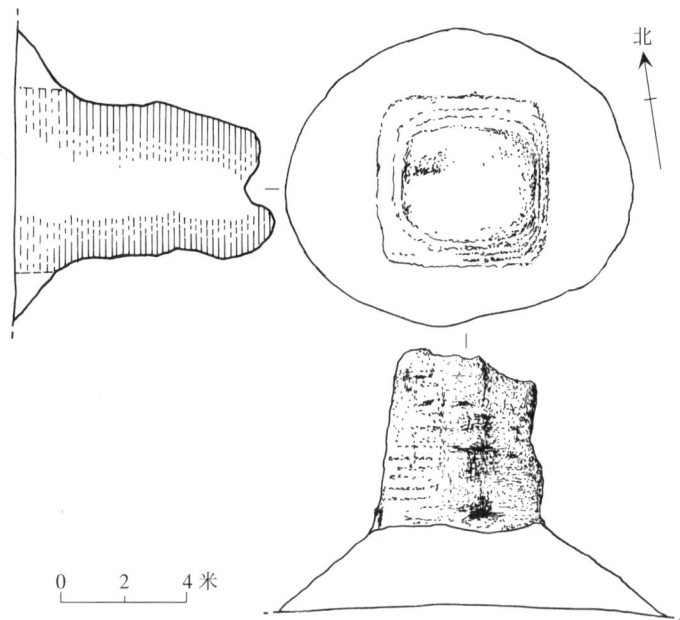

图一五八　高家闸烽火台平、立、剖面图

5.3、南北 5 米，顶部东西 3.5、南北 3.3 米，残高 8.2 米（图一五八；彩图八四）。

此烽火台不甚高大，保存一般。四壁均有不同程度坍塌，底部均有较厚的倒塌土堆积；壁面呈犬牙突兀状。东壁中部有一道上下贯通状水冲沟，成倒三角形，上宽 0.6、下宽 0.3、进深 0.4 米，底部还有一道贯通状风蚀凹槽，残高 0.8、进深 0.4 米。

46. 大口子沟 1 号烽火台（编码：640105353201170007，工作编号：08XZF007）

位于银川市西夏区镇北堡镇昊苑村以西、大口子沟（又名大滚钟口）沟口北侧，在一条大致呈西北—东南向的陡峭山脊上，西南与沟内的大口子沟 2 号烽火台相邻，东南与高家闸烽火台相望，相距 9.7 千米，东南距银川市区 33.1 千米。

石砌台体，方台形，方向 215°（东壁）。砌石石质较粗，石色以青灰为主，内含大量白色晶块。规格不一，大者长 0.9、宽 0.6、厚 0.4—0.3 米，小者长 0.5、宽 0.3、厚 0.3—0.2 米。底部东西 21、南北 14 米，顶部东西 5.6、南北 6.5 米，斜高 11.4 米（图一五九）。

该台体较高大，但保存一般。四壁底部均有残存的砌石，其中以东、南两侧保存较多，西壁则坍塌最重，已呈斜坡状。顶部成尖顶状，堆积有大量石块。

47. 大口子沟 2 号烽火台（编码：640105353201170008，工作编号：08XZF008）

位于银川市西夏区镇北堡镇昊苑村大口子沟进沟约 1 千米、沟内一凸起的台地上，东、北、西三面临坡。东北与沟口的 1 号烽火台相邻，相距 1.12 千米，东南距银川市区 32.2 千米。

夯土台体，方台形。方向 280°（北壁）。夯打较坚实，色泛红。保存较好，底部有少量坍塌堆积土，南侧堆积土略多；四壁较陡，由底向上略有收分。夯层十分清晰，厚 0.15—0.2 米；版接缝亦较清晰，每面 4 版，每版 1.3—1.5 米。顶部较平，有铺舍，因无法攀爬，具体不详。台体底部东西 14、南北 15.4 米，残高 12 米，顶部约东西 8.4、南北 8.3 米（图一六〇；彩八五）。

台体底部外有一方形石砌墙垣，东、北、西三垣尚存，南垣缺失。是用含有大量白色晶粒的青灰色石块垒砌而成，只砌外侧，从而将台体底部围成一个相对较宽大的台面。北面砌石保存最好，壁面较直，距台体北壁 8、长 23.8、残高 0.5 米；西壁仅存痕迹，距台体西壁 7.2、长 27、残高 1.2 米；东

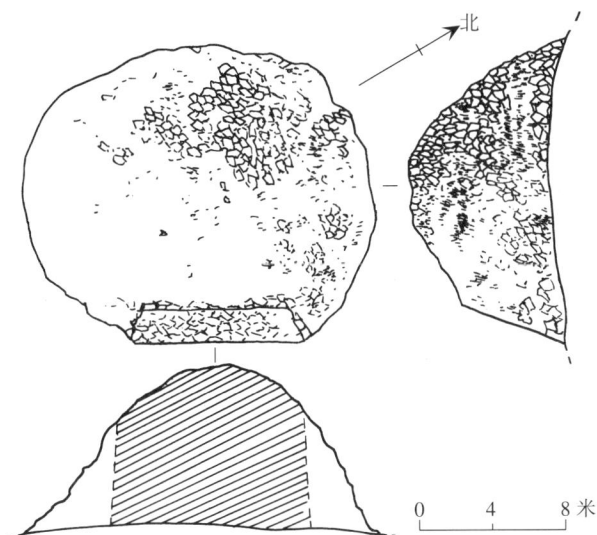

图一五九 大口子沟1号烽火台平、立、剖面图

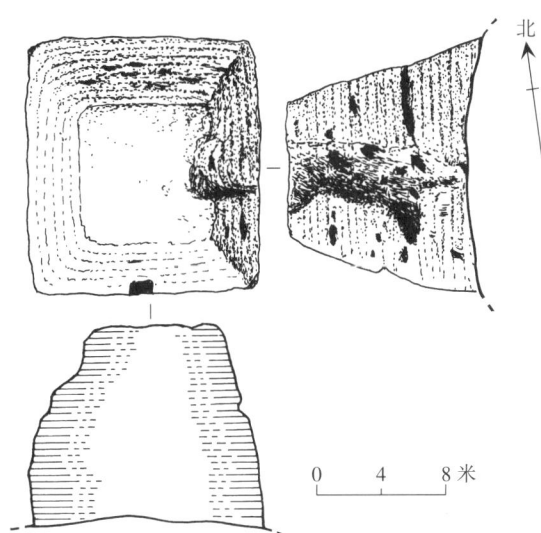

图一六〇 大口子沟2号烽火台平、立、剖面图

壁则成二级台阶式，距东壁14、长22米，底层台阶宽1.6、残高0.9米，上层宽1.4、残高1.1米。

此座烽火台的残损中自然与人为因素均较明显，其中自然破坏有自然坍塌、风蚀、雨蚀等。自然坍塌程度不深，但四壁均有受损痕迹，其中最明显的是南壁，已呈犬牙状，底部有少量坍塌堆积土。风蚀在台体四壁上均有分布，呈蜂窝状，尤以东壁较为明显，底部有带状凹槽，残高0.8、进深0.4米；东壁中部有明显的冲沟发育，呈倒三角形，上下贯通，上宽0.6、下宽0.3、进深0.4米；东壁等处壁面上还分布有较多的圆形小洞，多系鼠、蛇类动物掏挖所致。另外，北壁等处壁面上还生长有较多乌黑色霉斑。

人为破坏最明显的如掏挖等，烽火台南壁底部有一处直接在台体上挖掘出的洞穴，口宽1.1、高2.3、进深6.2米。洞口用土坯封闭，底部积有大量羊粪等。

48. 独石沟1号烽火台（编码：6401053532011700009，工作编号：08XZF009）

位于银川市西夏区镇北堡镇昊苑村以西、独石沟沟口北侧一"V"形山梁交汇处。东南侧与半坡上独石沟2号烽火台相邻，北距大口子沟2号烽火台2.25千米，东南距银川市区32.1千米。

石砌台体，方台形。方向145°（北壁）。是在西高东低的山梁上、先用赭红色石块垒砌成基础，然后在基础上再用石块垒砌而成。外侧砌石规格不一，大者长0.7、宽0.4、厚0.25—0.3米，小者长0.4、宽0.4、厚0.25—0.3米。石质坚硬，质地较细密，呈色较单一。

台体较高大，但保存一般。四壁均有不同程度坍塌，相比以北侧砌石保存稍好，壁面较清晰；西侧则整体坍塌成斜坡状。顶部略尖，顶上堆积有大量石块，石缝间生长有较多的蒿草。台体底部东西19、南北14米，顶部东西13、南北7.5米，高12米（图一六一）。

在地势较低的台体北、东侧，有人工垒砌的石基础，计2层，逐级回收。其中以北侧保存较好，砌石大段保存。底层砌石残长17.5、残高1.7米；顶层砌石残长21、残高1.2米。东侧砌石则保存稍差，仅部分保存。底层砌石残长10.6、残高1.3米；顶层砌石残长16、残高1.6米。

49. 独石沟2号烽火台（编码：6401053532011700010，工作编号：08XZF010）

此座与独石沟1号烽火台所处位置、周围环境等基本相似，只是地势较低，在后者所在山梁陡崖下的另一道分叉山梁上，两者落差近10米，斜距0.1千米。

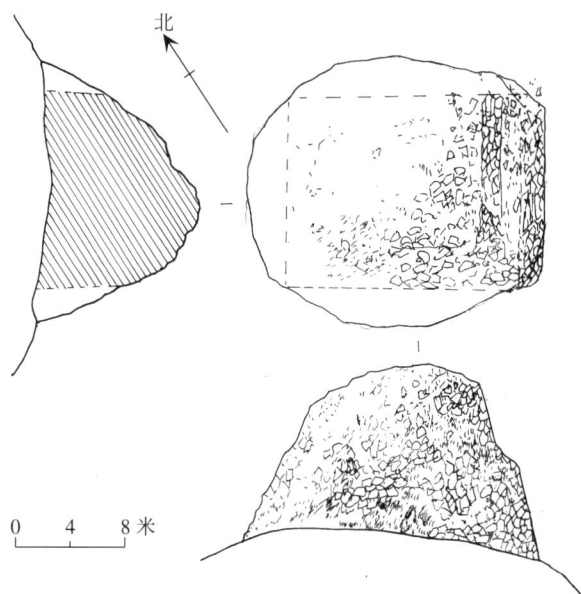

图一六一　独石沟1号烽火台平、立、剖面图

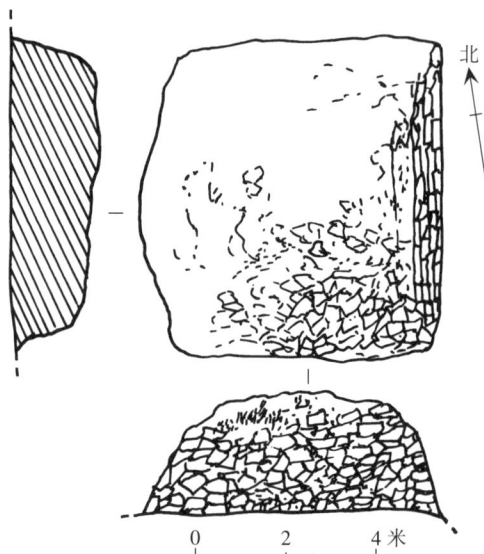

图一六二　独石沟2号烽火台平、立、剖面图

石砌台体，方台形。方向190°（东壁）。形体较小。保存较差，坍塌较重，四壁中除了东壁尚保留有外侧砌石外，余多成斜坡状。顶部不甚平整，堆积有较多的石块等。台体底部东西6.6、南北6.8米，顶部东西2.3、南北2.7米，东、西两侧高度不一，其中东壁残高1、西壁残高2.5米（图一六二）。

砌石多为长条形、干垒而成，规格不一，大者长0.4、宽0.4、厚0.25米，小者长0.3、宽0.4、厚0.2米。石色以赭红色居多，另有少量青灰色等。质地细密，硬度较高。

50. 青羊沟烽火台（编码：640105353201170011，工作编号：08XZF011）

位于镇北堡镇昊苑村西南、青羊沟沟口东南侧的冲积扇台地上，西距沟口108米，东南距银川市区32.3千米。

夯土台体，方台形。方向190°（东壁）。土内夹杂大量灰白色小鹅卵石，夯打较坚实。底部东西9.8、南北9米，顶部东西5.6、南北7米，残高4.7米（图一六三；彩图八六）。

保存较好，台体较高大，壁面较规整，但亦有残损。底部四周均有少量坍塌土堆积；四壁较陡，由底向上略有收分。夯层清楚，厚0.15—0.2米，版接缝亦较明显，每面大致有四版，每版1.3—1.5米。壁面不甚平整，风蚀凹槽、野草生长等病害较常见。四壁中以北壁、西壁保存略好，其中北壁、南壁两侧壁面表面泛黑，有大量霉斑生长。南壁则坍塌较重，壁面成豁口状；南壁中间有一上下贯通状水冲沟，上宽2.1、下宽0.3、进深0.6米，西壁底有一道横向风蚀凹槽，残高0.5、进深0.4米。南、西壁壁面多有蜂窝状凹坑。顶部不甚平整，生长有较多的野草。

烽火台的东侧有一方形基址，是先在砾石地表上砌石找平、再在石基础之上用黄沙土夯筑成土墙。基址东西13、南北20、厚0.37米。在基址的东南角处尚残存一段土墙，保存不佳，相比以外侧保存略好、壁面较陡直，但内壁坍塌较重。南侧土墙残长11.5、底宽0.37、顶宽0.3、残高2米；东侧土墙残长5.2、底宽0.37、顶宽0.3、残高2.8米。其余部分土墙均已无存，仅在东北角等处有砌石基础痕迹。其中东侧石基宽2.2、北侧石基宽2.5米。

东面台地上并列分布有10座小墩，方向190°。毛石干垒而成，石色以青灰为主，有少量赭红色，石质坚硬。多为方台形，平顶。由北向南依次编号为L1—L10，其中L1位于台地北侧、青羊沟干涸冲

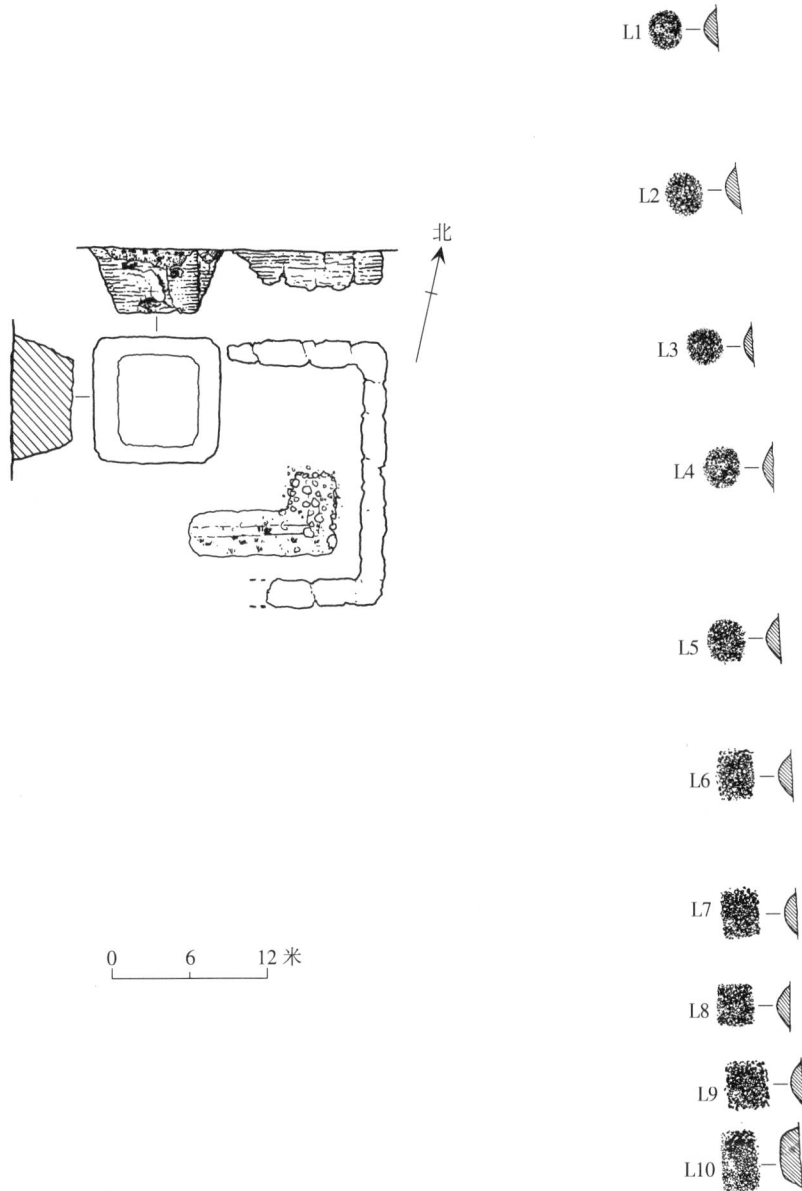

图一六三　青羊沟烽火台平、立、剖面图

沟的边缘，地势最低；L2—L10 则与烽火台同处一台地上，地势由北向南逐渐下降。其中 L5—L10 保存较好，形状较规整，其余则多坍塌（彩图八七）。

L1：保存较差。东西 2.2、南北 2、残高 1.1 米，距烽火台 41 米；

L2：位于巨石堆中，东西 2.3、南北 3、残高 1 米，与 L1 间距 9 米；

L3：残甚，呈圆锥状，表面生长有大量野草。东西 3.5、南北 2.5、残高 0.6 米，与 L2 间距 8 米；

L4：残甚，亦呈圆锥状。东西 2.9、南北 2.7、残高 0.6 米，与 L3 间距 6 米；

L5：东西 2.5、南北 3、残高 1.3 米，与 L4 间距 10 米；

L6：东西 2.9、南北 2.8、残高 1.3 米，与 L5 间距 7 米；

L7：东西 2.8、南北 3.2、残高 1.4 米，与 L6 间距 7 米；

L8：东西 3.1、南北 3.2、残高 1.4 米，与 L7 间距 3.5 米；

L9：东西 3.7、南北 3.6、残高 1.2 米，与 L8 间距 3 米；

L10：东西 2.6、南北 4.4、残高 1.5 米，与 L9 间距 1.5 米，距烽火台 65 米。

周围地表上散落有少量残瓦片，有板瓦、筒瓦等，残甚，未采集。

51．甘沟 1 号烽火台（编码：640105353201170012，工作编号：08XZF012）

位于镇北堡镇昊苑村西南、甘沟沟口北岸一处宽阔的山前台地上（俗称羊粪窑），在台地西南近岸边处，斜距甘沟河道达 0.12 千米。这里地表宽广，地势由西向东略有下降。南侧过甘沟河道即为紫花沟、驴驴沟等，东南与甘沟 2 号烽火台相望，西距甘沟沟口 0.84 千米，东距银川市区 32.7 千米。

夯土台体，方台形，形状不甚规整。方向 220°（东壁）。是在原生砾石地表上直接以夹杂大量灰白色鹅卵石的黄沙土夯筑而成，底部东西 15、南北 11 米，顶部东西 10、南北 7.5 米，高 10.5 米（图一六四）。

保存一般，残损较重。顶部、四壁等均有不同程度坍塌，其中最明显的是北壁，已坍塌成斜坡状；西壁、南壁亦有坍塌，底部有大量倒塌土堆积；南壁有较多鼠、蛇类动物掏挖的圆形小洞；东壁保存较好，夯层清晰，厚 0.15—0.2 米，但版接缝不清；壁面及顶部均生长有野草，其中壁面上的野草相对较稀疏，但顶部野草较繁茂。

北侧台地上东西向分布有 9 座小墩，方向 120°。是用青灰色石块垒砌而成，残损较重，多为圆锥状。石质坚硬，石缝间不施粘接材料。由西向东依次编为 L1 —L9。

L1：临近台地西侧边缘，保存较好。底边长 5、残高 1.2 米，距烽火台 38 米；

L2：残甚，仅存痕迹。东西 2、南北 2.2、残高 0.2 米，与 L1 间距 6.8 米；

L3：保存较好。东西 5.5、南北 4、残高 0.7 米，与 L2 间距 5.2 米；

L4：保存较好。东西 4.3、南北 4、残高 1 米，与 L3 间距 3 米；

L5：残甚，仅存痕迹。东西 2.1、南北 2.6、残高 0.1 米，与 L4 间距 6.5 米；

L6：残甚，仅存痕迹。东西 2.7、南北 2.8、残高 0.2 米，与 L5 间距 6.4 米；

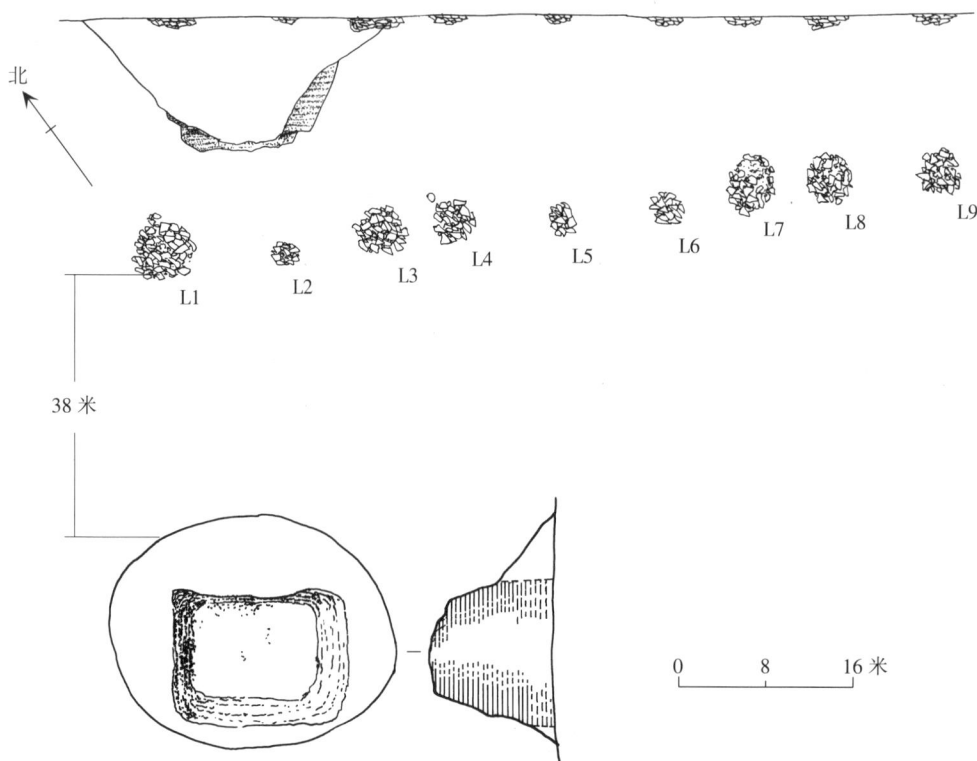

图一六四　甘沟 1 号烽火台平、立、剖面图

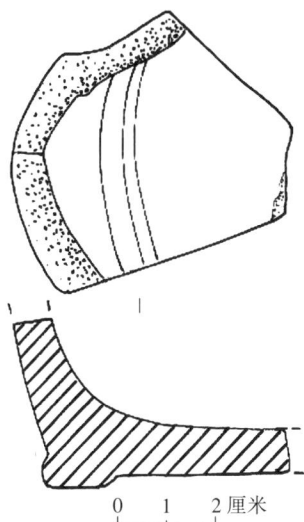

图一六五　甘沟 1 号烽火台采集酱釉罐底残片
（08XZF012 采：1）

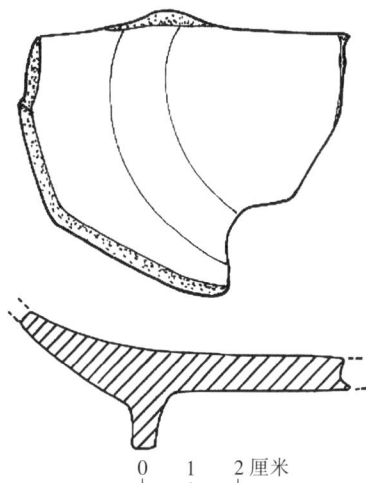

图一六六　甘沟 1 号烽火台采集白釉碗底残片
（08XZF012 采：2）

L7：残甚，仅存痕迹。东西 3.8、南北 5、残高 0.5 米，与 L6 间距 4 米；

L8：保存较好。底边长 4.4、残高 1 米，与 L7 间距 3 米；

L9：保存较好。底边长 3.6、残高 0.9 米，与 L8 间距 6 米，距烽火台 69 米。

周围散落有少量瓷片等，器形有罐、碗等。采集 2 件，其中罐、碗各 1 件，均为器底部。

（1）罐

08XZF012 采：1，酱釉。瓷胎厚重坚实，近似石质，色灰白。外壁釉层较厚，釉面不甚光滑，有少量气泡。内壁通施釉，斜壁，平底。残径 5、残高 3.5、壁厚 0.7、底厚 0.8 厘米（图一六五）。

（2）碗

1 件。

08XZF012 采：2，白釉。瓷胎较薄，色灰白。外壁釉层较厚、光滑。外壁通施白釉，内壁施酱釉，斜壁，圈足，残径 7.2、残高 2.4、壁厚 0.6、底厚 0.7、圈足厚 0.8 厘米（图一六六）。

52. 甘沟 2 号烽火台（编码：640105353201170013，工作编号：08XZF013）

位于镇北堡镇昊苑村西南甘沟干涸河道南岸，在山体向北延伸出的一道较宽平的山脊最北端（俗称双庙），东西两面临坡，北面约 40 米即为河道岸边。西面过甘沟河道与甘沟 1 号烽火台相邻，两者相距 1.53 千米；西距甘沟沟口 2.35 千米，东距银川市区 31.2 千米。

石砌台体，方台形。方向 150°（东壁）。砌石多为长条形、青灰色，砌筑较平整，由底向上逐渐收分。所用石料规格不一，最大块石长 1、宽 0.6、厚 0.4 米，小块石长 0.5、宽 0.4、厚 0.3 米。底部东西 18.4、南北 22 米，顶部东西 10、南北 9.6 米，残高 13 米（图一六七；彩图八八）。

保存较好，台体高大。四壁较陡，壁面除了西北、东南两处出现整体性坍塌外，其余部分均保存完整。东南角坍塌处可见内夹桩木，有圆木和柠条两类，平置于台体间。仅发现有 2 层。木为松木质，一端朝外。其中底层圆木距底部 9.4、直径 0.1 米，顶层圆木与柠条成一排，间距 1.5、距顶部 2.1 米；柠条均带枝，主枝径在 1 厘米左右。

顶部铺舍保存较好，是沿台顶四边继续砌石加高、垒砌成中空的方形墙垣，仅西北、东南两角处局部有坍塌。铺舍内有较多的石块堆积，生长有较多野草。铺舍内东西 3.2、南北 8.2、厚 1.4、残高

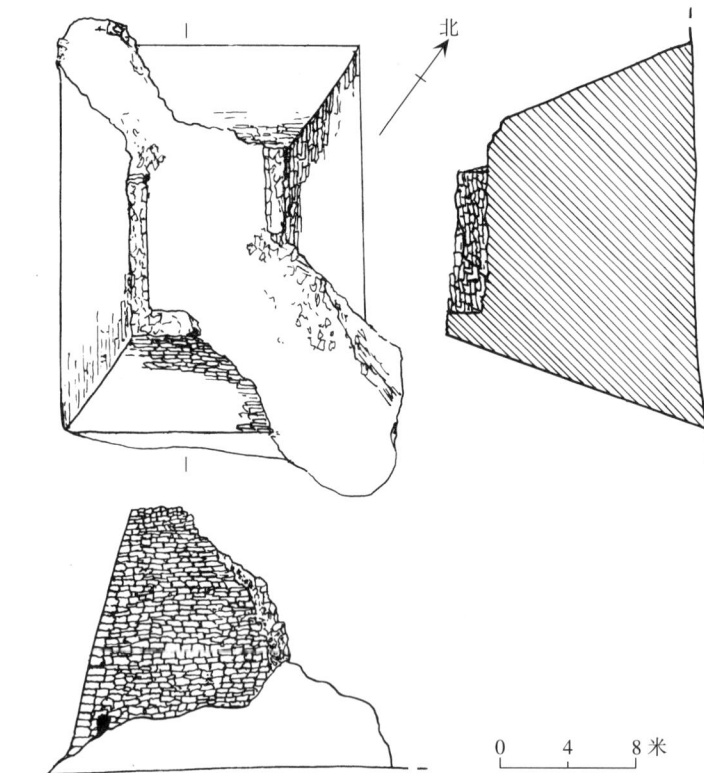

图一六七　甘沟 2 号烽火台平、立、剖面图

东侧 1.2、南侧 1.3 米（彩图八九）。

　　周围地表上散落有少量瓷片等，主要有缸、罐、碗等，皆残甚，无可复原者。采集 2 件，其中缸、罐各 1 件。

　　（1）缸

　　08XZF013 采：1，口沿。瓷胎厚重坚实，色灰白。外壁釉层较厚，釉面不甚光滑，有少量气泡。内壁通施黄釉，外壁及底部施酱釉。侈口，束颈，鼓腹。残口径 7.8、残高 7.7、壁厚 1，口沿厚 3.6 厘米（图一六八）。

　　（2）罐

　　08XZF013 采：2，器底。褐釉。瓷胎较厚重，色浅黄。外壁通施釉，釉层较厚。内壁及底部露胎，斜壁，假圈足，残径 6.2、残高 1.8、壁厚 0.6 厘米（图一六九）。

　　53. 贺兰山农牧场烽火台（编码：640105353201170014，工作编号：08XZF014）

　　位于镇北堡镇贺兰山农牧场场部西北约 4.5 千米处，是贺兰山山前平地上残留的为数不多的烽火台之一。北距银川北绕城高速公路 0.382 千米，东距芦花镇至镇北堡镇公路 0.37 千米。地处农田区，周围地势平坦，种植有水稻、油葵等作物。

　　夯土台体，方台形。内夹杂小石粒较少，夯体较坚实，色泛红。底部边长 9.5、高 10.2 米，顶部因无法登顶，具体尺寸不详，大致边长 4 米（图一七〇；彩图九〇）。

　　台体十分高大，但保存一般。底部周围少坍塌堆积。四壁较陡，由底向上逐渐收分。夯层厚 0.2—0.25 米，但版接缝等不清。壁面上雨水冲刷、干痂皴裂十分明显，尤其是东壁和南壁，壁面上遍布多道纵向水槽；西壁保存最好，中部有一道纵向贯通状水冲沟，上宽 1.1、下宽 0.4、进深 0.8 米；东壁保存最差，壁面突兀，分布有较多的圆形小洞，底部还有三处人挖的半圆形小洞。顶部有较

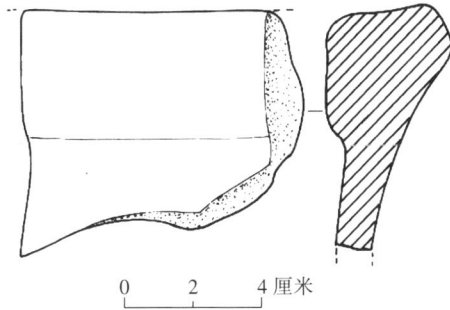

图一六八　甘沟2号烽火台采集缸口沿残片
（08XZF013 采：1）

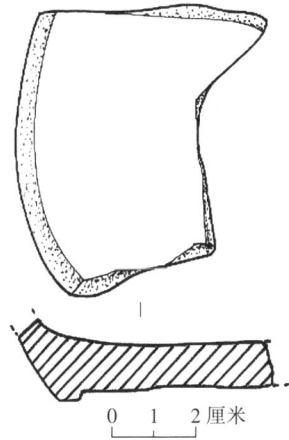

图一六九　甘沟2号烽火台采集褐釉罐底残片
（08XZF013 采：2）

茂密的野草，西北角尚残留有铺舍。

在台体的西侧、紧贴台体外有一处平台遗迹，是用黄土堆砌而成，较之周围地表要高，表面较平。残损甚重，形制已不辨。

54. 山嘴沟烽火台（编码：640105353201170015，工作编号：08XZF015）

位于银川市西夏陵保护管理区以北、山嘴沟沟口南侧，在一条较低矮的、方向大致呈西北—东南向的山梁上，东侧为山前冲积扇台地，分布有数量众多的西夏王陵和陪葬墓，北侧坡下为山嘴沟干涸河道。东距银川市区25.2千米。

石砌台体，方台形，方向190°（东壁）。外侧砌石为青灰色条状石块，规格不一，大者长0.6、宽0.4、厚0.2米，小者长0.2、宽0.3、厚0.1—0.15米。底部东西18.3、南北17米，顶部东西10.5、南北9.3米，高15.4米（图一七一；彩图九一）。

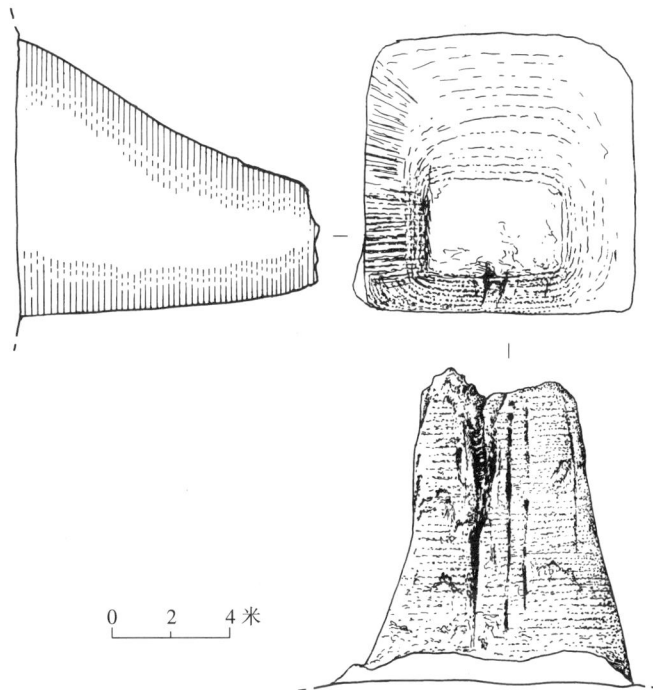

图一七〇　贺兰山农牧场烽火台平、立、剖面图

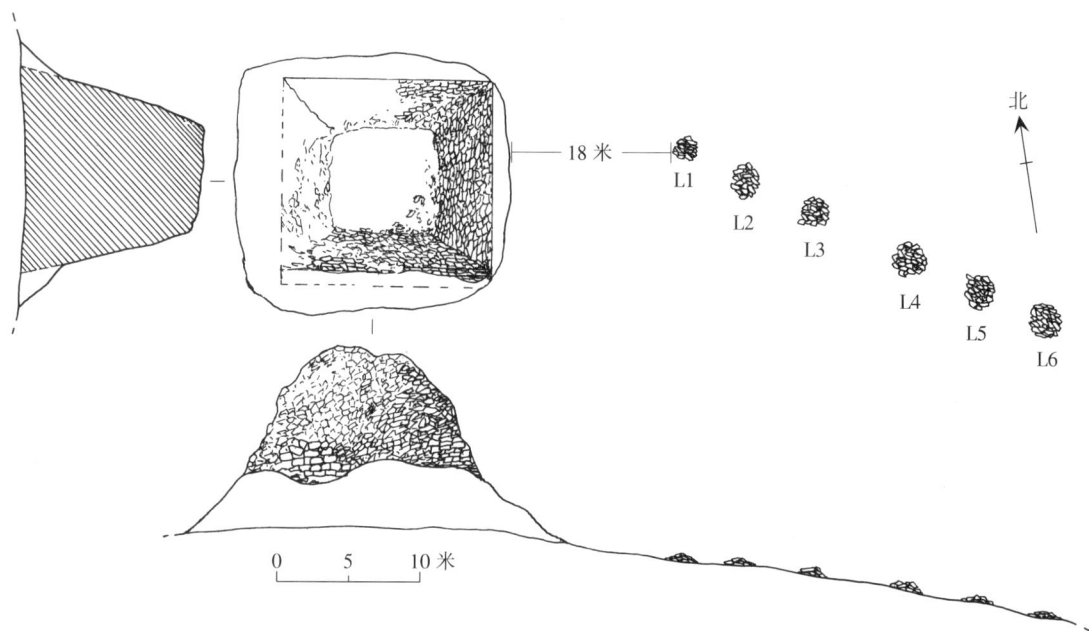

图一七一　山嘴沟烽火台平、立、剖面图

保存较差，台体较高，但残损亦较重。四壁底部均有坍塌的石块堆积；壁面较规整，由底向上逐渐收分。四壁中以南壁坍塌最重，壁面呈犬牙状；东壁则保存较好，壁面较规整。其余两壁保存一般；顶部较平整，野草生长较茂盛。顶上现有部队架设的电线杆和报警灯塔等。

东南角断面处可见台体内夹杂有框木。皆松木质，直径在 10 厘米左右，平置，一端朝外，呈排状分布。共发现 2 层，其中顶层圆木发现 3 根，距顶部 3.5 米；底层仅发现 1 根，距地表 8.5 米。

东侧山梁上分布有 6 座小墩，方向 125°。由西向东逐渐降低。是用青灰色毛石干垒而成，石缝间不施粘结材料。多呈圆锥状，个别保存稍好的为方台形。由西向东依次编号为 L1—L6。

L1：东西 2.2、南北 2、残高 0.7 米，距烽火台 18 米；

L2：东西 2.3、南北 3、残高 0.3 米，与 L1 间距 3.2 米；

L3：东西 3.5、南北 2.5、残高 0.8 米，与 L2 间距 4 米；

L4：东西 2.9、南北 2.7、残高 0.9 米，与 L3 间距 6 米；

L5：东西 2.5、南北 3、残高 0.8 米，与 L4 间距 3.6 米；

L6：东西 2.9、南北 2.8、残高 0.9 米，与 L5 间距 3.3 米，距烽火台 63 米。

在烽火台周围地表上散落有少量瓷片，有缸、碗等，残甚，未采集。

55. 榆树沟烽火台（编码：640121353201170003，工作编号：08YHF001）

位于永宁县闽宁镇黄羊滩农场西北、榆树沟沟口南侧山梁上。北侧坡下即为榆树沟，有胜利阀门厂厂区、俱乐部和住宅区等，现多已废弃；再北约 3 千米为榆树沟公墓区。东南距永宁县 33.9 千米，东距银川市区 32.5 千米。

石砌台体，方台形。方向 205°（西壁）。砌石面不甚平整，石色以灰白为主，另有少量赭红等色。质地细密，硬度较高。石块多长条形，规格不一，大者石长 0.7、宽 0.5、厚 0.4 米；小者长 0.4、宽 0.3、厚 0.25 米。台体底部边长 14 米，顶部东西 8.5、南北 8.6 米，斜高 9.7 米（图一七二）。

保存一般，残损较重。底部均有坍塌的石块堆积；壁面由底向上逐渐收分。四壁中以南壁坍塌最多，呈斜坡状，仅局部处残留砌石面；北壁保存最好，壁面砌石清晰；其他两侧壁面保存一般。在东壁断面可见台体内夹有框木，分圆木和柠条两类，平置，一端朝外，两者并列、相间摆放。其中圆木

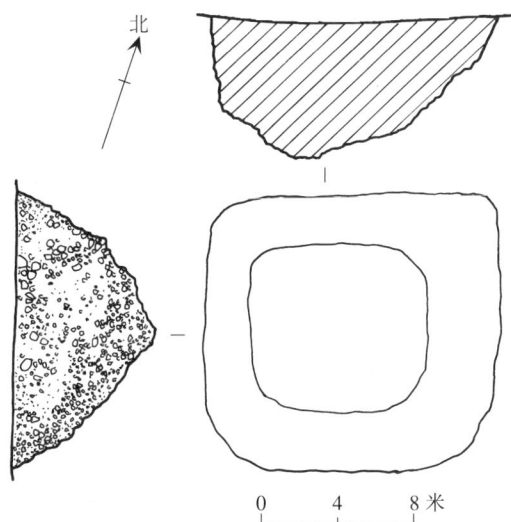

图一七二　榆树沟烽火台平、立、剖面图

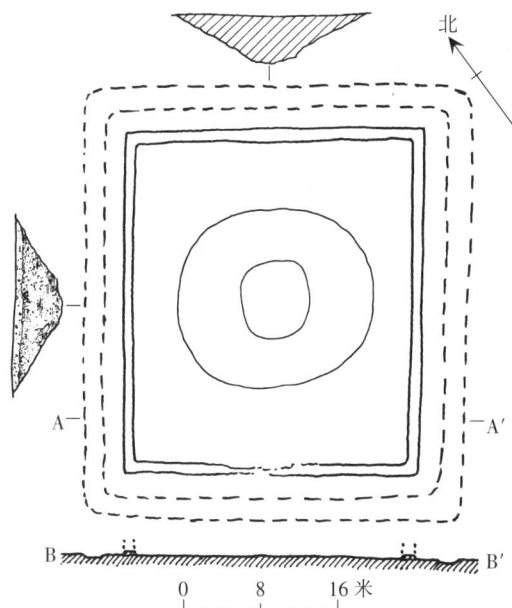

图一七三　黄羊滩1号烽火台平、立、剖面图

均为松木质，直径在0.1米左右；柠条以枯枝为主，拧成束状。仅发现一层，距顶部2.1米。

56. 黄羊滩1号烽火台（编码：640121353201170004，工作编号：08YHF002）

俗称十里墩，位于永宁县闽宁镇黄羊滩农场四队西北约3.6千米处，在今102省道（银巴公路）收费站西北侧、102省道与通往榆树沟公墓区公路的分叉口附近，分别距两条道路224、42米。东北距银川市27.8千米，东南距永宁县27.1千米。

夯土台体，残损情况较重，形状已不规整。从保存较好的壁面来看应为方台形，方向140°（东壁）。土内夹杂大量青灰色小石粒，四壁均呈斜坡状，表面生长有大量野草，近顶部尚保留部分原夯土面，呈方形；顶部较平。底部东西19、南北17米，顶部东西7.5、南北8米，斜高5米（图一七三；彩图九二）。

台体的底部外侧有一处方形围墙，仅存墙基，残宽1.2、残高0.3米左右。其中东墙距台体东壁4、长34米；北墙距北壁6.5、长31米；西墙距西壁5、长34米；南墙距南壁7、长31米。墙外还有壕沟痕迹，残损甚重，包括门道等痕迹均无。沟宽2、距内侧墙垣2米，深度已与两侧地表基本持平，但沟内生长有较茂盛的野草，痕迹十分明显。

此座烽火台的残损中，除了自然坍塌、野草生长等自然破坏之外，人为破坏占有很大比重。如烽火台上一道车辙碾压痕，南北向通穿台体；台体南侧还有一处现代人的墓冢，部分挖断台体。

57. 黄羊滩2号烽火台（编码：640121353201170005，工作编号：08YHF003）

俗称二十里墩，位于闽宁镇黄羊滩6队西北约6.75千米处，在三关口沟口北侧广袤的山前台地上，北邻102省道，相距50米；北与榆树沟烽火台相距5.74千米，西距三关口长城9.37千米，东距银川市32千米，东南距永宁县30千米。

夯土台体，方台形。方向255°（北壁）。底部东西9.9、南北9米，顶部东西4.1、南北4米，残高9.8米（图一七四；彩图九三）。

保存一般，坍塌甚重。底部均有坍塌土堆积；壁面较陡，夯层清晰，厚0.15—0.2米，版接缝不清。西北侧有后期取土破坏痕迹；顶部较平整，顶上有铺舍痕迹，也是以黄沙土沿台体顶部边缘继续

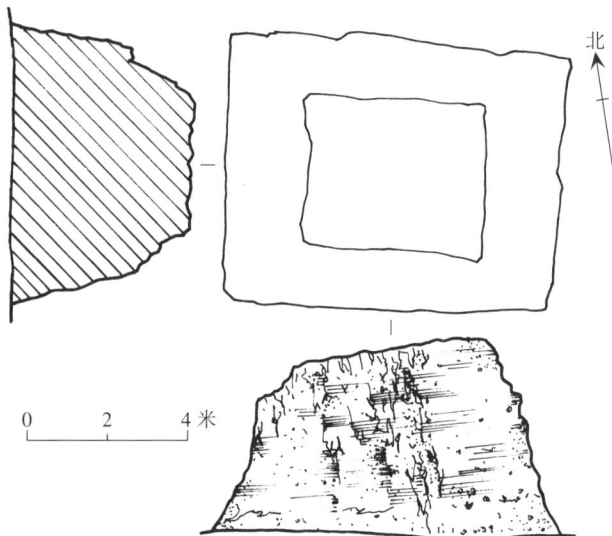

图一七四　黄羊滩2号烽火台平、立、剖面图

加高、夯筑成方形中空的墙垣，垣内东西3.1、南北2.8米。今存北、东、西三面，南面不存。其中东垣残长3.2、残高1.3米；西垣残长2.6、残高2米。

台体损毁有自然和人为两类，两者均较明显。自然因素主要有自然坍塌、风蚀、雨蚀、壁面片状剥离与粉状脱落、动物破坏及野草生长等。其中自然坍塌在四壁均存在，尤其南壁最明显，呈斜坡状，底部堆积有较多的坍塌土；北壁底部有一道明显的风蚀凹槽；片状剥离和粉状脱落在台体表面普遍存在；南壁有少量鼠、蛇类动物掏挖的圆形小洞；顶部及坍塌土上生长有蒿草、芨芨草、骆驼刺等；另外，东壁有较多黑色霉斑。人为破坏主要有掏挖等，如西北壁有一处明显的断面，底部无坍塌土，可能是人为取土所致。

第四节　红果子—三关口段关堡

关堡，是长城沿线关、堡两类建筑的合称。其中关亦称口，一般依托于墙体，是出入长城的重要通道。均位于地势宽广、便于通行之处；堡又称城障、障城、镇城、障塞、城堡、寨、戍堡、边堡、军堡、屯堡、民堡等，一般指筑有城、围的屯兵、居住地，为长城防御系统的重要组成部分，与墙体不发生直接关联。

此段长城沿线的关，见诸文献的有打硙口（今大武口）三道关，北、南、西三路隘口20多处①，以及贺兰口水关②等，数量较多，惜今已全部无存。

堡据《嘉靖宁夏新志》等载，数量有30多座，分属宁夏五卫等管辖③。数量较多，但因残损破坏甚重，存留至今的仅有镇北堡、平羌堡2座。下文先记录这2座堡，并将以前调查中有记录、但今已无存的几处重要关堡一并附记于后。

1. 镇北堡明堡（编码：640105353102170001，工作编号：08XZB001）

位于银川市西夏区镇北堡镇华西村，地处贺兰山山前冲积扇台地上。东南距银川市区24.4千米，西距今110国道仅5米。此堡今已被宁夏西部影视城（镇北堡影视城）所占据，为南北向2座，并列而立，间距约200米。其中北堡修建于清乾隆五年（1740年），保存较好；南堡为明代修建，本文重点记录此堡。

---

① "北路隘口十有七：滚钟、黄峡、水吉、镇北、白寺、宿嵬、新开、塔峡、西番、大水、汝箕、小风、大风、归德、打硙；南路隘口十：哈刺木、林泉、双山南、磨山、独树儿、赤木、双山、灵武、金塔"，《万历朔方新志》卷2，第88页。

② 贺兰口2号题刻中记载"总理宁夏镇城游击将军潘国振会同洪广游击将军文应奎于万历三十七年五月初一……明文重修贺兰口水关一道，创筑土围墩一座"。

③ 这些堡中宁夏卫领堡寨10座、左屯卫领屯堡14座、前卫领屯堡9座、右屯卫领屯堡18座、中屯卫领屯堡5座。

镇北堡明堡史料有载,《嘉靖宁夏新志》载其因"北自平房城,南抵大坝,沿山空旷三百余里。虏入境,视若无人之地。镇城迤西,恒受其患",于是到"弘治十三年(1500 年),巡抚都御史王珣委指挥郑玘筑之。置步兵二百名守哨,把总官一员。凡居人樵牧,始有依附"[①]。属宁夏右屯卫所辖的"十八屯堡"之一。

此堡平面呈方形,整体保存较差,仅存四面墙垣。堡内后期建有众多影视设施。是用黄沙土分段版筑而成。东西 151、南北 155、残高 1.2—9 米(图一七五;彩图九四、九五)。

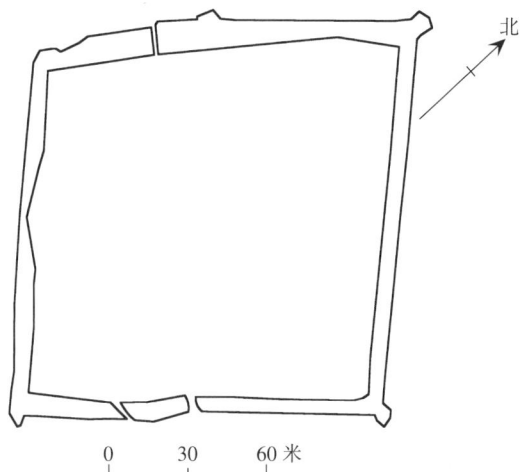

图一七五　镇北堡明堡城址平面图

东垣:总体保存一般,包括东北角的月亮门、中部的瓮城及城门、东南段的城门等,都是倚墙所建的影视场景。以北侧保存略好,底宽 4.3、顶宽 3.2、残高 1.5—4.2 米;中部有一处后期修建的城门,门高 5.3、洞高 3.9、洞顶墙厚 1.4 米;偏南侧保存较差,现存残墙底宽 2.9、顶宽 1.6、残高 1.5—0.6 米。

东垣中部外还有一处方形土墙(似瓮城),也是后期修筑的影视场景,南北有墙,东面开口,城东西 20.6、南北 26.8 米。

南垣:总体保存较差,坍塌较为严重,现仅存底基。两侧均被坍塌堆积所覆盖,保存较好处墙垣底宽 3.8、顶宽 0.9、残高 1.7—3.1 米。残墙上有 8 处"炼钢炉"圆坑,以及影视城树立的枯树、泡沫大炮、马匹战士等道具。

西垣:以中部为界大致分南北两段,其中南侧 47 米墙体不存,有影视城修复的一处城门及一段墙体;北侧 26.2 米墙体保存较好,底宽 4.9、顶宽 3、高 7.2 米。

北垣:相对保存最好,多处影视场景未倚墙搭建。墙垣外壁陡直,内侧墙体坍塌较为严重,壁面上布满风蚀小洞。墙底宽 3—6、顶宽 2.2—2.8、高 7—9 米。

此堡残损较为严重,其损毁原因有自然和人为因素两类,相比以后者破坏最为明显。自然破坏主要有地震、风蚀、雨蚀、植物生长等。其中地震破坏史料记载较多,最严重的是清乾隆三年(1738 年)十一月二十四日银川大地震中,"城堞、官廨、屋宇,无不倾倒"[②],此次地震使得镇北堡明堡遭到毁灭性破坏,墙体及内侧建筑全部坍塌,从而导致其被彻底废弃,改在其南侧建造新堡。墙体坍塌严重,两侧底部均有长期淤积的极厚的堆积土,上面多生长有蒿草;墙体两侧的底部裸露部分有多处条形的风蚀凹槽;两壁上普遍存在片状剥离和粉状脱落病害,呈皴裂状。

人为破坏主要有搭建、踩踏破坏等。其中依墙搭建由来已久,20 世纪 80 年代以前此堡是一处牧民聚集区,堡内建有众多房屋羊圈。后来该堡辟为影视基地后,出现了大量现代搭建的影视场景,很多如著名的月亮门、明城城门等场景就直接搭建在墙垣上;在北壁、南壁等处,有很多圆形的凹坑,坑内有明显的烧痕,是 1958 年"大炼钢铁"时群众挖墙建窑炼钢的痕迹;如今,这里已成为影视城重要旅游地之一,游客整日络绎不绝,攀爬踩踏十分严重。

---

① 《嘉靖宁夏新志》卷 1·宁夏总镇之十七·五卫,第 75 页。

② (清)汪绎辰:《银川小志·灾异》,宁夏人民出版社,2000 年。

此堡调查的时候虽未采集到遗物，但在影视城展厅内陈列有当年挖掘出的铁蒺藜、箭镞等物。

2. 平羌堡

平羌堡，今称平吉堡，位于今银川市西夏区平吉堡镇，在山前平原上。周围已成为平吉堡居民住宅区。东距银川市 22.32 千米，东南距永宁县 23.62 千米。

此堡始建年代不详，但《嘉靖宁夏新志》中已有"有仓场，旗军二百名、把总官一员，守堡官一员"① 的记载，则其建造年代不晚于嘉靖年间，属明代宁夏右屯卫所领"十八屯堡"之一。清乾隆三年（1738 年）银川大地震时倾塌损毁，乾隆五年（1740 年）于原址重修，1949 年后更名为平吉堡（图一七六）。

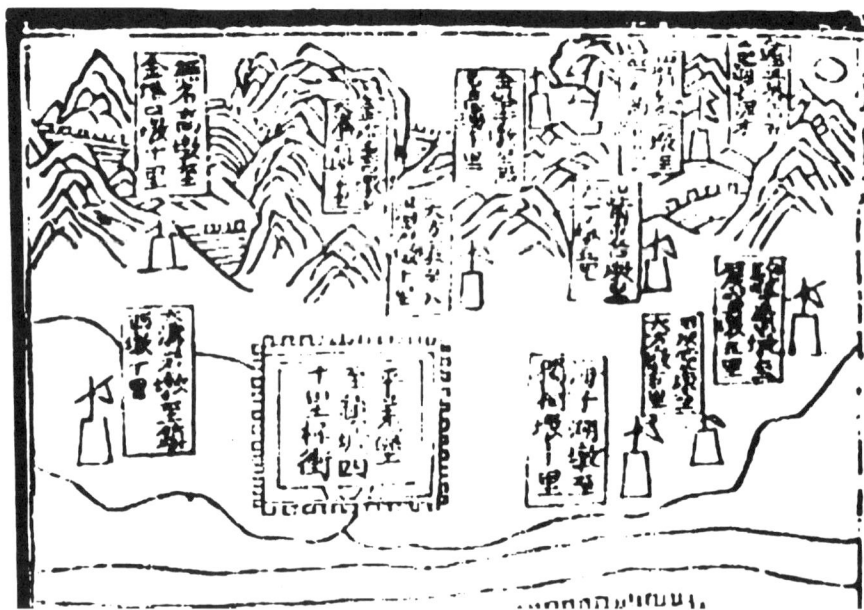

图一七六　平羌堡位置与形势图（局部，摘自《九边图说·宁夏镇总图》）

此堡平面呈长方形，是用黄沙土夯筑而成，土质黏细，土内含有少量砾石。墙垣厚重敦实，但保存甚差，残损甚重，四壁均呈断断续续状。保存较好处底宽 6 米，夯层厚 0.1 米，高度内外侧有别，外侧残高约 8、内侧残高约 4 米（彩图九六、九七）。

东垣：残甚，仅留中部 10 余米，残高 1.5 米，其余部分均已无存。

南垣：残甚，仅个别处尚存墙基。

西垣：残长 155 米（中部残断 30 米），在墙体中部偏南处有一处马面遗迹，残甚，仅存痕迹。

北垣：残长 190 米，墙顶残宽 2.5—3 米。在墙体距西北角 25 米处，有一处马面，横宽 10、主体突出墙体外 8 米，顶部散落有少量瓦片等。

堡内因被现代厂区、民房等所占据，形制不详。但在城堡的内偏西侧、距西墙 70 米有一道南北向内墙，南面直接与堡南垣相接，北面被宁夏玻璃特殊合金铸造厂厂区挖断。此段墙体保存稍好，墙体高耸，顶部较平。长 70、顶宽 3、残高 3—4 米（彩图九八）。

此堡的残损原因，虽然有自然坍塌、风蚀、雨蚀及壁面片状剥离和粉状脱落等自然损坏，但人为破坏最为明显。因地处平吉堡镇中心，周围已被现代企业及民居所占据，踩踏攀爬、依墙搭建乃至取

① 《嘉靖宁夏新志》卷 1·宁夏总镇之十七·五卫，第 75 页。

土掏挖、毁墙开路等由来已久，已使此堡残损成断垣残壁状。

附记：此段沿线消失的几处重要关堡

1. 大武口沟三道关

大武口沟位于今大武口区西北、长兴办事处以北约 5.4 千米处。这里河谷宽漫平坦，河沟贯穿贺兰山，今已成为银北地区最重要的煤炭基地之一，有平汝铁路、通往沟内石炭井煤矿公路等运煤专线深入沟内，来往车辆行人整日络绎不绝。

此沟即文献记载的打硙口，是阿拉善高原通往宁夏平原的交通要道之一，在明代宁夏镇的北部边防中具有十分重要的战略位置。《嘉靖宁夏新志》载，贺兰山"沿山诸口，虽通虏骑，尚有险可凭；北则惟打硙，南则惟赤木，旷衍无碍。"① "正德年间，大贼奔入，或从打硙口入，或从河东渡河而过，无人防守，任其牧放，随意抢掳"②。见诸文献记载的发生在这一带的战争有多起，在《嘉靖宁夏新志》中就记载了两次"打硙口之捷"③。频繁的战争使得这一带成为交战双方争夺的战略要地，相应也是明朝政府戍防的重点山口之一。

打硙口早在明初正德以前曾在这里筑有三道关口，"沿山四十里，有打硙口，乃贼出入要地，有险可守。先年守筑三关，设立墩台防哨，东西联属，远迩观望，烽火严明，贼亦难入。至弘治以前多因极边地方，供饷不便，军多逃散，兵力寡弱，遂行废弃"④，"旧有三关，自正德五年以来，渐至颓圮。套房由东而西，则取捷径于此口以出；由西而东，则取捷径于此口以入"⑤ 多年的战乱使得一些有识之士认识到这一带的重要性，意识到"（打硙口不存）……则镇远关自不能守，柳门等墩自不能瞭，平房之势遂至孤立，宁夏北境半为虏有"，"求久安之计，先须修打硙口，为复镇远关之渐；次修镇远关，为复黑山营之渐"，于是到嘉靖十年（1531 年），由于北来之敌不时入侵，亦曾在此修筑过一道"新墙"进行防御，但无济于事。嘉靖十九年（1540 年），镇守都御史杨守礼与宁夏镇总兵官任杰、都指挥吕仲良等亲自到打硙口，对沿山 20 千米的边备情况进行勘查，曾针对此次"沿山四十里，有打硙口，乃贼出入要地，有险可守。先年守筑三关，设立墩台防哨，东西联属，远迩观望，烽火严明，贼亦难入。至弘治以前多因极边地方，供饷不便，军多逃散，兵力寡弱，遂行废弃"⑥ 的现状，奏请明朝廷议复增修关隘。次年（嘉靖二十年，1541 年）正月癸丑，兵部尚书张瓒等条上边备六事中就提及修复打硙口一事："五、议筑贺兰山打硙口、枣儿沟诸隘，及改设守备于铁柱泉，增卒戍守二事，乞并命总督杨守礼稽实具奏……上是其议，命诸镇抚按官尽心经画以闻，其预防事宜并早图勿缓"⑦。后来

① 《嘉靖宁夏新志》卷 1·宁夏总镇·六·关隘，第 16 页。
② （清）杨守礼：《议复边镇以固地方疏》，《嘉靖宁夏新志》卷 1·宁夏总镇·十九·北路平房城，第 92 页。
③ 《嘉靖宁夏新志》记载的两次"打硙口之捷"，其中一次为"嘉靖十六年（1537 年），虏由打硙口入寇不时，总兵官王效、副总兵任杰、游击郑时、冯大伦，会兵大破之，斩首百级以归。"另一次为"嘉靖十八年（1539 年），虏据打硙口为巢，数犯平房城，妨人耕牧。总兵官任杰率兵击之，斩首四十余级，大获牛马夷器以归。平房之境遂宁。"卷 2·宁夏总镇（续），第 178～179 页。《万历朔方新志》亦有类似记录。
④ 《嘉靖宁夏新志》卷 1·宁夏总镇·十九·北路平房城，第 91～92 页。
⑤ 《嘉靖宁夏新志》卷 1·宁夏总镇·十九·北路平房城，第 93 页。
⑥ （清）杨守礼：《议复边镇以固地方疏》，《嘉靖宁夏新志》卷 1·宁夏总镇·十九·北路平房城，第 91～92 页。
⑦ 《明世宗肃皇帝实录》卷 245，第 5 页。

修筑的打硙口"本口旧设石砌关墙三道。头关一道，长二十八丈五尺；二关一道长三十丈；各底阔一丈八尺，女墙五尺。梁山墩一座，接连乾关一道，半斩半砌，共长一百三十六丈"①。

打硙口三道关遗迹20世纪五六十年代尚存。"（打硙口）直到一九五八年，还尚存在，特别是石城子，尚且完整。二十世纪五十年代末期，决定沿打硙口的谷沟修建铁路、公路。打硙口三关的关墙被推倒填入铁路的路基；沟口的石城子的砌城石头被大武口地区的农民拉走用了"②，而稍晚出版的《贺兰山文物古迹考察与研究》中也有类似的记载③。

这三道关墙的位置，"大武口沟中的三道关墙的遗址也可确定。头道关在平汝铁路支线1号桥处；二道关在2号桥处。这两道关的墙均已不复存在了……第三道关在清水沟与大武口沟交汇处，紧靠田刺窝窝片头山的山根。关建在海拔一千三百二十五米的小山头上，扼守大武口沟和清水沟的要冲，是交通的咽喉要道。小山头的北面和东面，是悬崖峭壁，最高处十米有余；西面和南面有关墙遗址。关城南北长一百二十米，东西宽三十米，城门向东。关墙为石砌，砌石被人取走。残高一米上下，宽窄不等。关城的北部有石砌烽火台一座；南部为房屋遗址。在关城中拣到陶片和瓷片。"④ 只是随着时间推移，这几处关墙均已不存。此次调查时未发现关隘、墙体，仅在沟口两侧发现3座烽火台。

2. 宁夏镇城

即今银川市老城区，明代属"九边重镇"之一，下辖宁夏卫及左屯、右屯、中屯卫、后卫五卫，灵州、兴武、韦州、平虏四个守御千户所，以及中卫等属城，是明代宁夏地区（不含固原地区）的重要边防重地和政治、经济中心，辖境相当于今石嘴山、银川、吴忠和中卫地区，上隶陕西都司（图一七七）。

宁夏镇城据《嘉靖宁夏新志》载，始筑于唐仪凤三年（678年），为怀远县；西夏在此定都，称兴庆府（后改中兴府）；元代设宁夏府路，"哈耳把台参政以其难守，弃其西半，修筑东偏，高三丈五尺"；明代时为宁夏镇、宁夏卫城，正统年间"以生齿繁众，复修筑其西弃之半，即今日所谓新城是也；并甃以砖石"。清乾隆三年（1738年）地震损毁，五年重修（图一七八）。

此城规模宏大，史载其"周回一十八里，东西倍于南北……高三丈五尺"，"有城门六，东曰清和，西曰镇远，南曰南薰，北曰德胜，西北曰镇武，西南曰光华，上皆建楼，楼皆壮丽"，四个角楼"尤雄伟工绝"，其形状"相传以为人形"⑤。乾隆五年重修时在原址上内缩二十丈，遂成今日银川老城区之雏形。只是此城的城门、城墙等大部分在"文化大革命"期间被拆毁，现仅存西城墙一段和南薰门一座。

3. 洪广营堡

故址在今贺兰县洪广镇东南约3千米，属宁夏右屯卫所领的十八屯堡之一，始建年代不详，应在嘉靖年间（1521—1565年）。《嘉靖宁夏新志》载"有仓场，旗军二百名，把总官一员，守堡官一员。"⑥

---

① 《嘉靖宁夏新志》卷1·宁夏总镇·十九·北路平虏城，第93页。

② 郑正：《石嘴山地区古迹》，《石嘴山文物志》（征求意见稿），第35页，石嘴山市文化广播电视局编印，1985年。

③ 打硙口三关在20世纪"五十年代尚可看到，自1959年修筑铁路时被全部破坏"，牛达生、许成：《贺兰山文物古迹考察与研究》，第8页，宁夏人民出版社，1988年。

④ 郑正：《石嘴山地区古迹》，第35页。

⑤ 以上均引自《嘉靖宁夏新志》卷1·宁夏总镇，第9页。

⑥ 《嘉靖宁夏新志》卷1·宁夏总镇·十七·五卫，第74页。

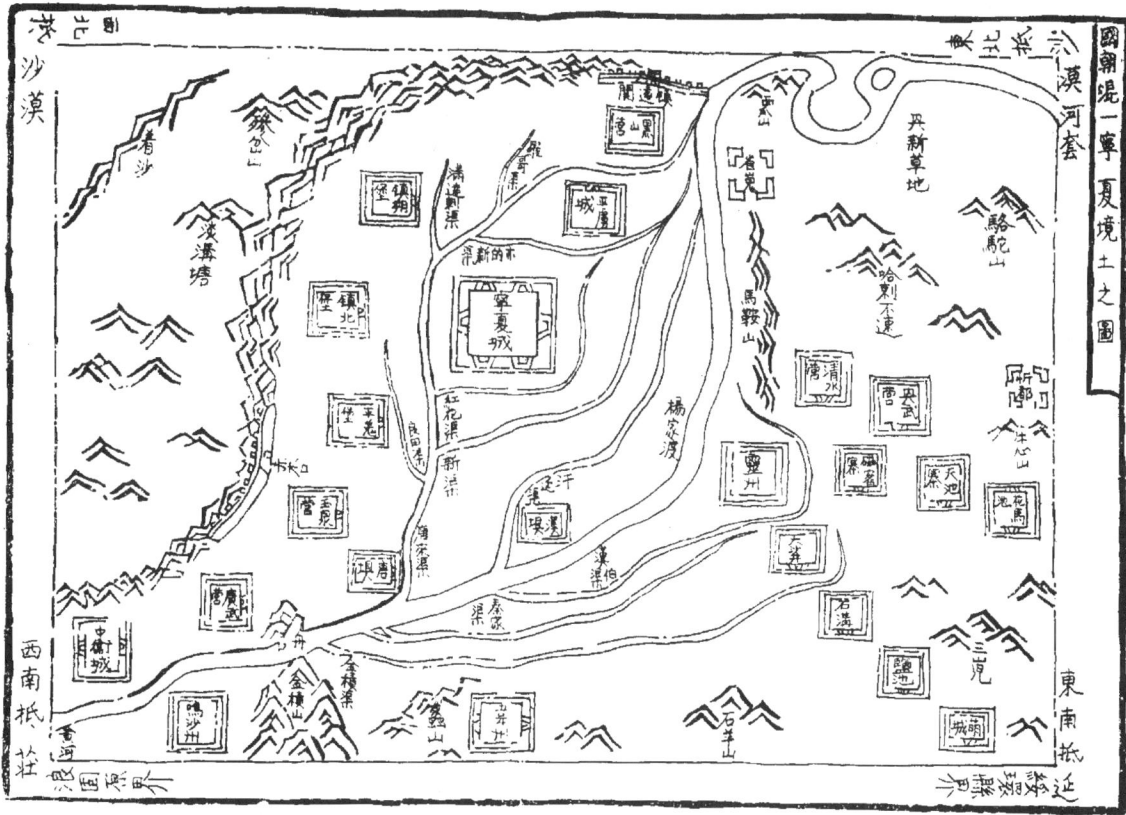

图一七七　宁夏镇城位置与形势图（摘自《嘉靖宁夏新志》）

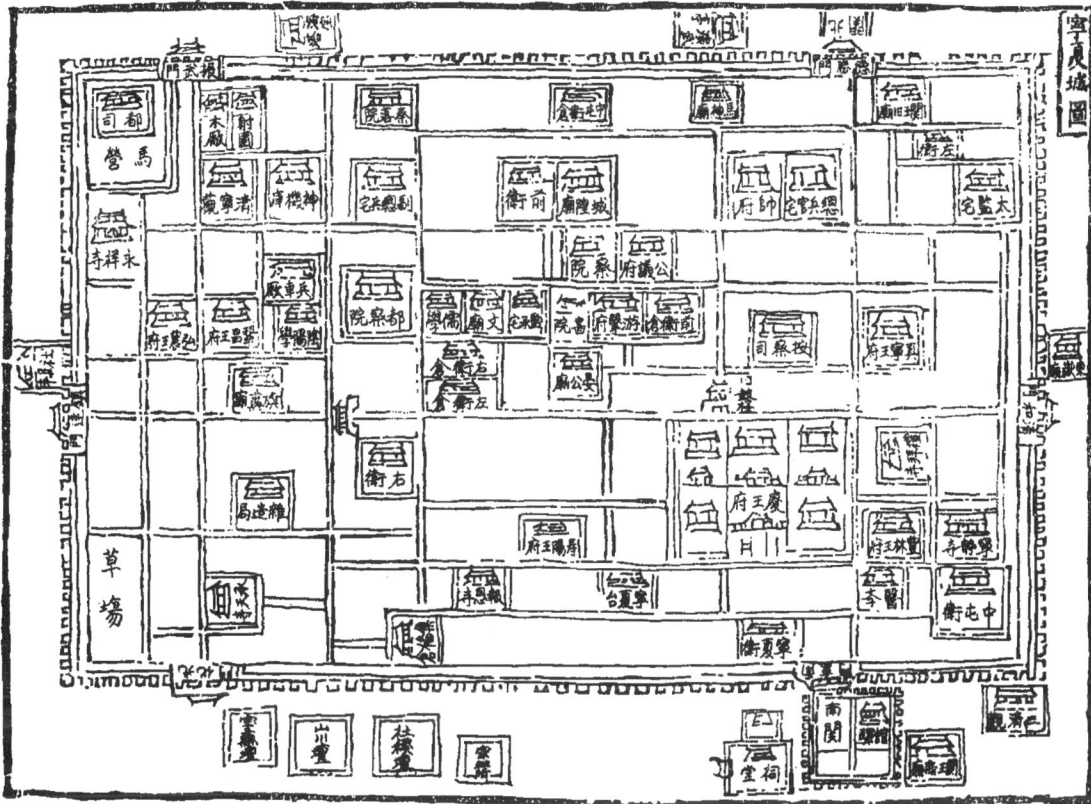

图一七八　宁夏镇城图（摘自《嘉靖宁夏新志》）

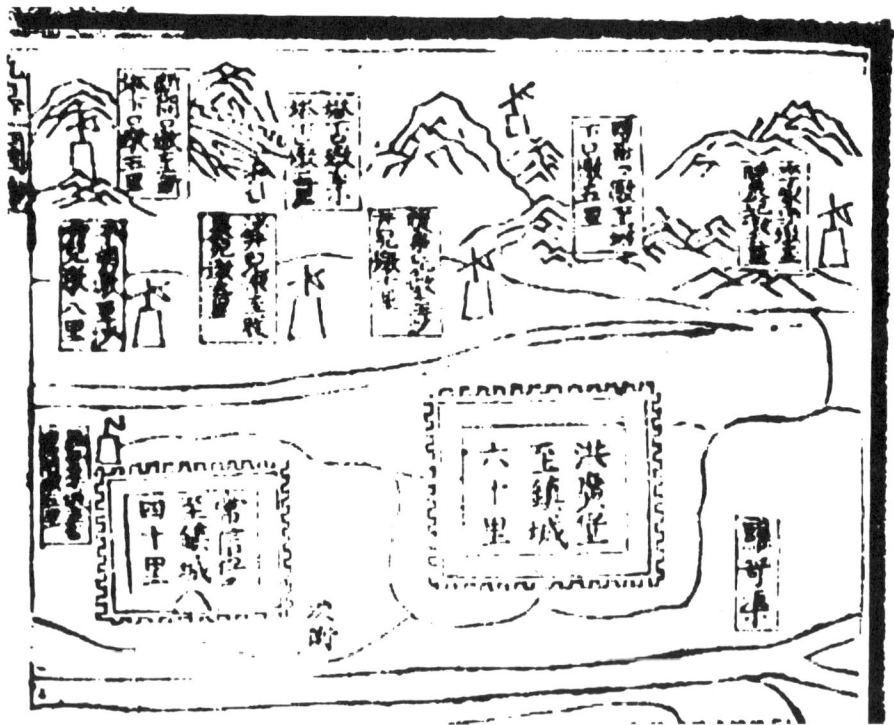

图一七九　洪广营位置与形势图（摘自《九边图说·宁夏镇总图》）

到万历年间驻军规模有所增加，驻扎"旗军三百，家丁五百二十，备御军二百二十"①，马"四百三十六，军者一百七十七，家丁马二百五十九"②。乾隆三年（1738 年）在银川大地震中被毁，次年复建，到乾隆五年建成（图一七九）。

　　此堡的面积据《万历朔方新志》载，"洪广营，城周围二里一百六步，万历三十三年（1605 年），巡抚黄嘉善拓其东北，共一百六十四丈，池深一丈，阔倍之"③。而到清代乾隆四年修建时"周回二里六分，高二丈四尺，址厚二丈四尺，顶厚一丈五尺，南门一座，角楼四座，敌楼三座"④。而《贺兰县志》亦载其"平面呈正方形，边长 270 米，后又于城东北展扩"。到乾隆五年重修后，"城仍为正方形，边长 325 米，高 7 米，基宽 11 米。有角楼四座，敌楼三座，南门门额嵌'宁塞'，内门嵌'银川'。严重破坏"⑤，新版的《中国文物地图集·宁夏回族自治区分册》亦载，"墙以黄土夯筑，平面方形。边长 325 米。墙存高 7 米，基宽 11 米，城四角各有一座角台。南墙辟门，门额嵌'宁塞'匾额一方"⑥。

　　此堡早年尚有遗迹，当地文物主管部门尚有简要记录，但此次调查未发现。

　　4. 新兴堡

　　新兴堡位于今平罗县姚伏镇东北约 12 千米处。此堡也是属宁夏右屯卫所辖的十八屯堡之一。《嘉

① 《万历朔方新志》（影印本）卷 2，第 58 页。
② 《万历朔方新志》（影印本）卷 2，第 60 页。
③ 《万历朔方新志》（影印本）卷 1，第 8 页。
④ （清）张金城修，（清）杨浣雨纂，陈明猷点校：《乾隆宁夏府志》卷 5·建置（一）·城池，第 127 页，宁夏人民出版社，1992 年。
⑤ 贺兰县志编撰委员会：《贺兰县志》第十一篇"文物·博物"，第 346 页，宁夏人民出版社，2002 年。
⑥ 国家文物局主编：《中国文物地图集·宁夏回族自治区分册》，第 260 页，文物出版社，2010 年。

靖宁夏新志》载其"地当归德、汝箕诸口之冲，虏入寇，潜伏于此。是故洪广、高荣二堡临山之田，不获耕种。嘉靖十五年（1536年），巡抚、都御史张文魁、总兵官王效委都指挥吕仲良创筑之者。工甚坚壮。二堡临山屯种之人始享地利。洪广堡旗军内轮拨五十名守之，每季一换"[①]。只是到万历年间已经"久废"，以后的文献，包括《乾隆宁夏府志》《道光平罗纪略》等均不见记载。

此堡据《中国文物地图集·宁夏回族自治区分册》载："平面呈方形，面积约3000平方米。堡墙残高3.5米，基宽6米，东墙较完整，上残存女墙。地面散布砖瓦和陶瓷碎片甚多"[②]，其址今已无存。

第五节　红果子—三关口段题刻

题刻是与长城有关的匾、额、文字砖、刻文等。红果子至三关口段长城沿线的题刻主要是石刻，1984年第二次全国文物普查时曾经在此段的拜寺口、苏峪口、贺兰口、大水沟、汝箕沟等沟内均有发现，达13处。由于破坏甚重，存留至今的仅有4处，其中大水沟2处、贺兰口2处，其余均已无存。下文先将此次调查中发现的这4处石刻做以记录，后文再附录部分曾早年有记录、但今已不存的石刻。

1. 大水沟1号题刻（编码：640221354110170001，工作编号：07PCT001）

位于平罗县崇岗镇暖泉村以西的大水沟内，在进沟约4千米的河道西岸陡崖上，东距平罗县34.1千米。底部有几处泉眼，泉水整日流淌，北侧约4米处有一处寺庙遗址，俗称"上庙"，现正被个人在原址上投资兴建新的寺庙。西面12米有大水沟2号题刻。北面约百米处是大水沟主流与东侧支流的交汇处。

此题刻是在原生砂岩表面上直接凿刻而成，石面未经打磨，故略显粗糙。石色青灰，硬度较高，质地较细密。整体保存尚可，除了少数字迹较模糊外，大部分尚可辨析。刻石横宽0.64、纵高0.45米，距地表3米。岩石表面略呈黑色，有后人墨拓的痕迹（彩图九九）。

刻石面无界格无边饰，文字竖向阴刻，刻痕较浅，楷体，文面不甚规整，单字规格亦不一致，大字宽4.5、高5厘米，小字3厘米见方。属从右向左竖向排列，计11行，满行12字，全文计90字。文面内容如下（字迹模糊不清处以□代替）：

钦差分守北路平虏□
□□地方参将沁阳时□于
万历十一年秋季重修十二年
三月念日同弟千户时□
等到此开光
　徐应澄
　　徐栋、管鹰春
万历　夏元中、刘幼田、陈守论
　　　王□□、叶玉石匠

① 《嘉靖宁夏新志》卷1·宁夏总镇·十七·五卫，第75页。
② 《中国文物地图集·宁夏回族自治区分册》，第285～286页。

　　王□□、□□

　　□□□、□□□

2. 大水沟 2 号题刻（编码：640221354110170002，工作编号：07PCT002）

位于 1 号题刻的西侧 12 米处，两者在所在位置、周围环境以及山石特征等方面基本相似。

此题刻也是在原生砂岩表面上直接凿刻而成，石面未经打磨，表面凹凸不平。石色沙灰，硬度较高，质地较细密。字迹保存较差，较模糊，但大部分尚可辨析。刻石面无界格无边饰，横宽 0.27、纵高 0.5 米，下距地表 2.4 米（彩图一○○）。

文字竖向阴刻，刻痕较浅，楷体，文面不甚规整，字体较小，规格 2 厘米见方。从右向左竖向排列，计 8 行，满行 18 字，全文计 54 字，文面内容如下：

　　万历癸酉夏五月

　　钦差巡抚宁夏督御史朱芨

　　钦差镇守宁夏总兵张杰统兵至此刻石承记

　　　　参将祁栋

　　　　游击张熙登

　　□司何吉　　徐□□

　　　吴□□

3. 贺兰口 1 号题刻（编码：640122354110170001，工作编号：08HJT001）

位于贺兰县洪广镇金山村西北的贺兰口内，在沟口北侧的底部陡崖面上，西南距 2 号题刻 41 米，东距洪广镇 22.04 千米，东南距贺兰县 35.9 千米。其北面即为陡峭的贺兰山山体，南侧为宽阔的贺兰口冲沟，至今尚有溪流整日流淌。

该题刻是在沟口北侧的底部陡崖面上直接凿刻而成，石面未经打磨平整，因而略显粗糙，边缘有方形边框，框线不甚直。刻石横宽 0.9、纵高 1.45 米。题刻整体保存较差，字迹模糊。字竖行阴刻，楷体。文面不甚规整，字迹较小，规格 1 厘米见方。为嘉靖二十七年（1548 年）钦差大臣镇守贺兰山时所刻，仅"李""昧臣""得""开"等字尚可辨，其余均漫漶不清（彩图一○一）。

这块题刻，因长年直接暴露于旷野上，风蚀和日晒雨淋加剧了崖面的风化，使得崖面石皮层不断脱落，今存崖面上部直接露出赭红色岩层，下半部尚有颜色略发乌黑的表面。这样天长日久必然会使附着在岩石表面的题刻不断脱落破坏；另外，因其所在的贺兰口现已开辟为著名的贺兰山岩画旅游景区，此题刻也成为游览观摩的一处景点。因为游客众多，保护管理措施很难及时到位，也很难杜绝少数人在题刻上随意刻划（如题刻上便有人直接凿刻出"公元一五四八年"等字）、墨拓等破坏。

4. 贺兰口 2 号题刻（编码：640122354110170002，工作编号：08HJT002）

贺兰口 2 号题刻也是位于贺兰口内，在沟口南侧的底部陡崖面上，北面与贺兰口 1 号题刻隔贺兰口底部河道相望，间距 41 米。两者在周围环境、岩石特征等方面基本相似。

此块题刻也是在青灰色巨石陡壁上凿刻而成。石面未经打磨，因而略显粗糙。石面略泛红，有凹窝。四边有界格，界格单线阴刻，线条不直。刻石横宽 0.5、纵高 0.7 米，下距地表 1.14 米（彩图一○二）。

此块题刻整体保存较好，文面清晰，除个别字迹模糊不清外，大部分字迹尚可辨析。字体楷书，竖向阴刻，规格较小，大致在 2 厘米见方。全文计 9 行、82 字。刻文记载的是明万历三十七年（1609年）重修贺兰口关墙之事。全文内容如下：

　　　总理宁夏镇城游击将军潘国振会
　　　同洪广游击将军文应奎于万历三十
　　　　　七年五月初一恭
　　　部院黄
　　　总镇萧
　　　　　明文重修贺兰口水关一道 创
　　　　　筑土围墩一座
　　　　　　　　□□□□
　　　架梁督工王建予 把总　关□□
　　　　　　　　王□□
　　　　　　　　　□□□

附录：此段长城沿线不存的几方题刻

1. 大水沟内另外两方题刻

大水沟沟内据《宁夏古长城》《平罗县志》以及新版的《中国文物地图集·宁夏回族自治区分册》等载，均有 4 方，除了上文中列举的两方外，还有两方因模糊不清，史料记载较简略。其中一方位于今编号为大水沟 2 号题刻的西侧 12 米处，"刻面高 50 厘米，宽 30 厘米，下距地表 1.6 米。字迹漫漶，依稀可辨'抚镇官'等字"；另一方位于其西侧 1.2 米处，"刻面高 40 厘米，宽 26 厘米，下距地表 1.5 米，刻字已经漫漶不清"①。

2. 干沟题刻②

干沟题刻，早年史料记载其在进沟 3 千米的沟南岸石壁上。刻面高 84、宽 55 厘米，阴刻竖行，有槽线，字体为楷书，清新工整：

　　　新设宁靖外口关一道，墩一座，钦依平虏守备吉人
　　　委官督工指挥汪鸢
　　　镇朔把总指挥宋楫
　　　官舍 张镇 孙宪
　　　总小旗 王祖□ 勾连 黄顺生 王受庆 万纪定 孙官受 李均□
　　　姜景 亢小玉 陈五汗 熊海 郭□□ 向□□ 冯成
　　　嘉靖二十七年十月吉日完立
　　　刊字匠 徐已

---

① 许成：《宁夏古长城》，第 33～34 页，江苏科学技术出版社，2014 年。
② 平罗县志编辑委员会：《平罗县志》第六章"文物"，第 605 页。

3. 汝箕沟题刻①

汝箕沟题刻，早期资料记载其在进沟约 2.5 千米的河谷北岸的崖壁上，在汝箕沟长城南面的山体底部。有 5 方，均为竖刻阴文。其中一方石刻的刻面高 59、宽 37 厘米。从书中所附的照片来看，此题刻正文部分周边有方形界框，框顶再画一个弧形顶，其中弧顶内刻"汝箕外口"，字体从右向左横向排列；界框内是正文部分，包括题头、结尾计 8 行，58 字。其中题头、结尾年月直接顶格书写，其余部分均减两格。刻面从右向左竖向排列，全文如下：

> 巡镇衙门会委监工指
> 　挥朱楫管领官军
> 　三百员名重修关
> 　隘以遏虏道
> 　管工百户李拯郭春
> 　梁□百户程万里
> 　□ □□□李江
> 嘉靖二十八年四月吉日

其余四方题刻，刻面字迹漫漶，只有"总兵官郤 会差官军……重修关隘以遏道路"等字依稀可辨。

此处几方题刻，据《贺兰山文物古迹考察与研究》载，早在"1984 年秋开山炸石时被炸毁"②，调查时我们曾几次实地查找，惜未找到。

4. 拜寺口题刻③

此方题刻位于拜寺口进沟 2.5 千米、关墙西侧的河谷内，有一块高阔 2 米左右的大石，横挡于路旁的山崖下，其上阴刻有"大明进士侯廷□题"的律诗一首，刻字已漫漶不清，无法辨认。

另外，还有几座山沟内有题刻，如大枣沟口的一方石刻题记，1984 年炸石时全部炸毁；苏峪口前的一石题刻，在修筑公路时被炸毁④。因无文字记录，内容不详。

---

① 本处摘自《宁夏古长城》，第 34～35 页，有增补。
② 《贺兰山文物古迹考查与研究》，第 87 页。
③ 《宁夏古长城》，第 32 页。
④ 《贺兰山文物古迹考查与研究》，第 87 页。

第三章　三关口—大柳木皋段长城墙体及其相关设施

第一节　三关口—大柳木皋段墙体

三关口至大柳木皋段长城，是从永宁县黄羊滩农场西北的三关口头关起点处起，沿贺兰山东麓的山前台地向西南，沿途经过雄子沟、红井沟、磨石沟、北岔口、大沟、烽口子等诸山沟，最后到青铜峡市邵刚镇西北、大柳木皋东南侧的两道长城交汇处，全长 41064.5 米。

此段贺兰山山体趋于低矮宽漫，起伏众多，"盖山势到此散缓，蹊口可容百马，其南低峰仄境通虏窟者，不可胜塞"①，不能直接利用山险，而改在山前台地上（个别地段仍位于山间）构筑墙体。其类型以土墙占绝大多数，仅个别地段有石墙、山险、山险墙。地势随山表高低起伏，方向亦较曲折。

需要说明的是，此段长城并非单独一道，在一些重要的地段如磨石沟、北岔口等处还有此道长城延伸入贺兰山山间的分支，三关口、烽口子等处还有并列的长城，三关口、北岔口等处还有壕堑等。这些分支长城中距离主墙较近者，如三关口几道关墙、北岔口壕堑等，均收录入本报告；而一些深入贺兰山较远，如磨石沟、北岔口支线段等，本报告中只对其暂作简要记载。

此道长城今已基本成为宁夏与内蒙古两省区的分界线。今按宁夏村落名称②等由北向南大致可分为五个大段，每段下再根据墙体特征、保存状况等划分为不同小段，墙体类型及保存状况见下表（表二）。

表二　三关口—大柳木皋段长城墙体类型及保存状况统计表　　　　　　　　　　（单位：米）

	较好	一般	较差	差	消失	合计
土墙	13528.3	8008.8	10165	1190	5153.4	38045.5
石墙	216	463	105.5	0	237	1021.5
山险	0	1997.5	0	0	0	1997.5
合计	13744.3	10469.3	10270.5	1190	5390.4	41064.5

一　永宁县三关口

三关口，位于永宁县西北、闽宁镇黄羊滩农场西北约 18 千米处，是阿拉善高原进入宁夏平原的咽

---

① 《嘉靖宁夏新志》卷 1·宁夏总镇·十八·南路邵刚堡·赤木口关，第 85 页。

② 此道长城 2007 年内蒙古同仁调查时是按内蒙古行政村编号，在 2011 年我们自己补充调查的资料，采用宁夏行政村编号，与之稍有不同。编者注。

喉要道，有银巴公路（102 国道）和银巴高速公路途径此地、连接宁夏与内蒙古，车辆行人整日络绎不绝，交通极为繁忙。

三关口即古之赤木口，是宁夏明代长城的重要关隘之一，嘉靖十九年（1539 年）曾在此修筑三道关隘，由南向北分别为头道关、二道关和三道关，合计长度为 5662.7 米（图一八〇）。

（一）头道关

三关口头道关，位于"蹊口可容百马"的沟口处，北起山口东北侧山体陡崖处，沿山坡而下，过坡下一道小冲沟后，再沿南面山梁辗转向南，过三关口底部河道，最后连接于山沟西侧陡崖边，全长 1996.7 米，沿线还有 2 座敌台。按其类型、特征等可分为三段。

1. 头道关 1 段土长城（编码：640121382101170003，工作编号：08YHG003）

此段位于三关口头道关以北、二道关东侧一道狭窄小河道的北面坡上。是沿山坡半山腰陡崖处开始，沿坡面上的一道剥蚀较深的小冲沟东缘辗转而下，最后至小冲沟沟底的土石交界处，全长 389.2 米。此段位于斜坡上，地势北高南低，落差较大；方向较曲折，总体呈西北—东南向（参见图一八〇；彩图一〇三）。

按照其特征及保存状况等，大致可分 7 小段。

第 1 段：G0226—G0227 点，长 34.1 米。消失段。此段北起半山坡陡崖下，随坡面而下，到南侧一处拐点处，方向 170°。此段山坡十分陡峭，坡度近 60°，墙体保存甚差，仅局部处尚存痕迹。

此段墙体西侧有一道较浅的冲沟，沿坡面辗转而下。其可能是人工开凿的壕沟，深度、宽度不等，只是后来逐渐成为山坡上的泄洪槽，底部冲刷剥蚀较深。

第 2 段：G0227—G0228 点，长 47.3 米。保存差。此段自小拐点处起，继续沿坡面而下，最后到南侧一处墙体断口处，方向 175°。此段墙体基本连续，但保存甚差，多已呈土垄状。残墙底宽 2.1、顶宽 0.4、残高 2.3—0.5 米。

第 3 段：G0228—G0229 点，长 32.6 米。消失段。此段地势较陡，坡度近 50°，墙体无存。方向随地势略向西折，方向 170°。

第 4 段：G0229—G0230 点，长 102.7 米。保存差。此段方向再向西拐折，呈 210°。墙体残损甚重，多残断。残墙底宽 2.1、顶宽 0.4、残高 2—0.6 米。

第 5 段：G0230—G0231 点，长 82.5 米。保存较好。方向 220°。此段墙体保存较高，墙体连续，但顶部等处仍有坍塌等残损。今存墙体底宽 3、顶宽 0.6、残高 2.6 米。

此段接近底部，坡度渐趋平缓。长城修筑时虽因地势倾斜不便夯筑更高墙体，但将其西面的冲沟加深、加宽，墙体底部更是将岩石砍削成山险墙，高 1.8 米。

第 6 段：G0231—G0232 点，长 50 米。保存差。方向有拐折，呈 165°。墙体残损甚重，尤其东壁已坍塌成斜坡状。此段西侧底部亦有砍削岩石而成的山险墙。顶宽 0.4、残高 1.2 米，底部山险墙高 2.6 米。

第 7 段：G0232—G0233 点，长 40 米。保存较好。方向 175°。此段从北侧拐点处起，沿西侧凹槽继续向南延伸，最后到底部河道边缘处的土、石墙交汇处。墙体连续，保存较高。底部岩石上有明显的砍凿痕。底宽 3、顶宽 0.4、残高西侧 6.5（其中岩石高 2.5 米）、东侧 1.4 米。

2. 头道关石长城（编码：640121382101170004，工作编号：08YHG004）

此段位于小河道处，是夹在两段土墙中间的一段石墙。从河道北面土石墙交汇处开始，沿坡面继

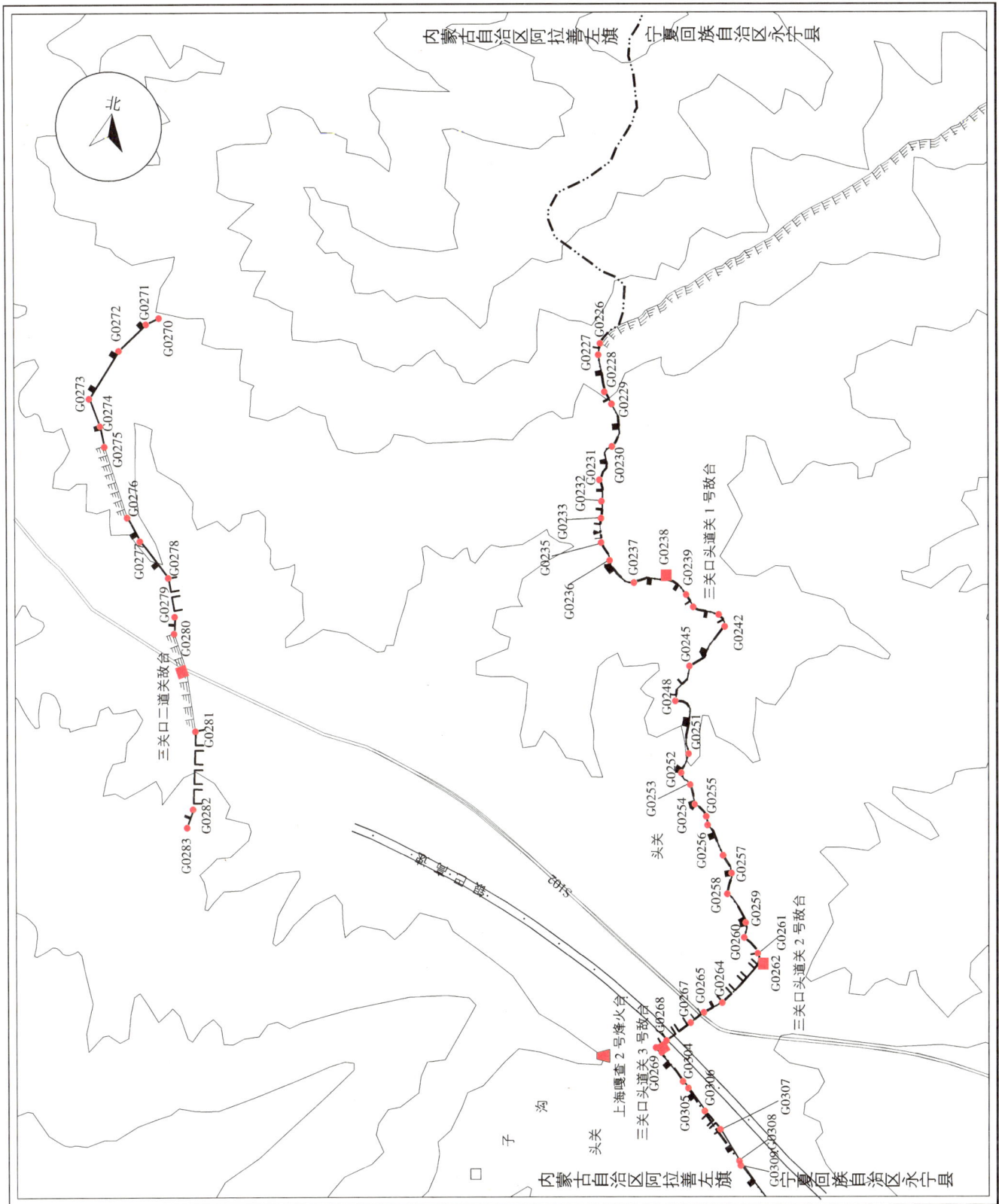

北

内蒙古自治区阿拉善左旗 宁夏回族自治区永宁县

G0271
G0272
G0270
G0273
G0274
G0275
G0276
G0277
G0278
G0279
G0280
三关口二道关敌台
G0281
G0282
G0283

G0226
G0227
G0228
G0229
G0230
G0231
G0232
G0233
G0235
G0236
G0237
G0238
G0239
三关口头道关1号敌台
G0242
G0245
G0248
G0251
G0252
G0253
G0254
G0255
G0256
G0257
G0258
G0259
G0260
G0261
G0262
三关口头道关2号敌台
G0264
G0265
G0267
G0268
G0269
上海嘎查2号烽火台
三关口头道关3号敌台
G0304
G0305
G0306
G0307
G0308
G0309

头关

口子沟

头关

内蒙古自治区阿拉善左旗 宁夏回族自治区永宁县

图一八〇　三关口长城走向图

续而下，过底部河道，再沿河道南侧台地向南，止于南面山体陡崖边的土石墙交汇处，全长 70 米。是在原生砾石地表上直接用青灰色大块石块砌边、内侧以小石块与黄沙土混杂填塞而成。除冲沟沟底有一处小断口外，整体保存较好，墙体高大，壁面较规整。按照其特征及保存状况等，大致可分为 3 小段（参见图一八○；彩图一○四）。

第 1 段：G0233—G0234 点，长 31 米，保存较好。此段石墙自小冲沟北岸的土石交界处开始，沿北侧山坡向下延伸至沟底断口边，地势由北向南下降，落差较大。整体保存较好，墙体高大厚重，横断面呈底宽顶窄的梯形，由底向上逐渐收分，收分度在 5 厘米左右。壁面清晰，尤是西壁的石砌面较规整，但东壁坍塌稍重，壁面多已呈斜坡状；顶部较平。残存墙体底宽 11、顶宽 3、高 10.7 米。

第 2 段：G0234 点至向东南 9 米，长 9 米。消失段。此段地处小河道底部，是沟西侧汇集的洪水穿越墙体之处，墙体无存。

第 3 段：G0234 点东南 9 米—G0235 点，长 30 米，保存一般。此段位于小冲沟南面；是从断口南边起，沿此处一道大致呈南北向天然岩石向南，最后延伸至陡崖边的土石交界处。墙体虽由北向南逐渐抬升，但落差较小。墙体直接在岩石上砌石加高而成，整体保存一般，坍塌较多，两侧均呈斜坡状。残底宽 7、顶宽 3、残高 2 米。

3. 头道关 2 段夯土长城（编码：640121382101170005—640121382101170006，工作编号：08YHG005—08YHG006）

此段是从小河道南侧陡崖边开始，沿南侧山坡而上，到达山梁后，沿山梁向东折，经三关口头道关 1 号敌台，再沿山体南面坡而下，辗转到底部高台处的头道关 2 号敌台后再向西折，下到三关口沟底，过河道，最后到达西岸山边的拐点处，全长 1537.5 米。地势起伏较多，方向十分曲折，总体呈西北—东南向。按照其特征及保存状况等，大致可分 20 小段。

第 1 段：G0235—G0237 点，长 112.8 米。保存较好。此段自小冲沟沟底南侧的土石墙交界处开始，沿小冲沟南侧近 50°的陡坡向上攀升，至山坡近顶部的缓坡处（G0236 点）后，方向略向东折，继续攀升至山梁上。地势北低南高，落差较大。总体保存较好，墙体高耸，两侧坍塌堆积土较少（参见图一八○；彩图一○五）。

此段以中部的 G0236 点为界，南北两段略有不同。

G0235—G0236 点，长 45.5 米，方向 175°。此段地处山体陡坡上，随坡面由北向南显著爬升，升幅较大。墙体保存较下段稍差，壁面上的夯层、版接缝等不清。今存墙体底宽 4.2、残顶宽 1.5、高 6.5 米。

G0236—G0237 点，长 67.3 米。方向 140°。此段位于山体近顶部斜坡上，地势虽由北向南有抬升，但升幅不大。保存好，墙体十分高大，基本是原状保存。壁面上的夯层、版接缝等十分清晰，夯层厚 0.15—0.2 米，版接缝长 3 米。今存墙体底宽 3.8、顶宽 1.6、残高 6.4 米。

基本从此段中部（G0236 点附近）起，在山体的南面坡上出现了一道平台，随长城走向分布，是将山体表面砍削而成，向东一直到东面两条山梁相交处，斜距墙体在 34—54 米之间。平台南侧临坡面局部处有石块堆积。残甚，是否有砌石现已难辨。地势有高低起伏。方向不直，平面呈之字形。平台宽窄不一，大致在 2—6 米，全长 179.5 米。此段平台的性质可能属墙体外侧的挡马墙，抑或是揭取山体表层土来夯筑墙体的取土场（彩图一○六）。

第 2 段：G0237—G0238 点，长 73 米。方向 240°。保存差。此段自山梁处的拐点开始，沿山梁向东延伸，到东侧两道山梁丁字形交汇处（此处有黄羊滩 1 号敌台）。该段所在山梁十分狭窄，南北两面临坡，地势较为平缓，落差较小。墙体整体保存差，多已坍塌。残存墙体底宽 2.5、顶宽 0.5、残高 1.5 米。

第 3 段：G0238—G0239 点，长 62 米。方向 133°。保存较差。此段自黄羊滩 1 号敌台南侧起，继续沿山梁向东南，过东侧两道山梁之间的马鞍形山凹边。此段亦是沿山梁分布，地势由西北向东南略有降低。墙体保存差，坍塌等残损较重，尤是北面已坍塌成斜坡状；南面保存稍好，但片状剥离和粉状脱落等病害十分严重。底宽 2.2、顶宽 0.6、残高 2.3 米。

第 4 段：G0239—G0240 点，长 23 米。消失段。此段位于两道山梁之间的马鞍形山凹处，墙体无存。

第 5 段：G0240—G0241 点，长 65.6 米。方向 285°。保存较好。此段是从马鞍形山凹东南侧起，继续沿山梁向东南，最后到东侧另一道南北向山梁处。地势由西北向东南略有降低。墙体高大，壁面陡直，壁面上版接缝十分明显。现存底宽 6.8、顶部宽 0.6、残高 6.5 米。

第 6 段：G0241—G0242 点，长 24 米。方向 310°。保存差。此段从两道山梁丁字形交汇处开始，随山体向南折，开始沿此道南北向山梁而下，最后至南侧墙体一保存特征点处。此段墙体保存甚差，现仅存痕迹（彩图一〇七）。

长城从此段开始、一直到 G0246 点，构筑方式有变化，即不再修建于山梁之上，而是紧贴山梁西面，只夯筑临坡的西侧一面，东侧则直接与山体相连，顶部与基本山梁顶部持平。

第 7 段：G0242—G0245 点，长 121.7 米。保存较差。此段墙体继续沿此道山梁西面坡边缘而下，最后到东南侧墙体一特征点处。其构筑上与前段相似，也是依山而建、只夯筑西面。因随山体走向分布，方向不直，中间几经转折。残存墙体顶部残宽 0.6、西侧残高 2.5—3 米。

此段墙体中间几处转折，各段长度、方向如下。

G0242—G0243 点，长 60.4 米。方向 225°；

G0243—G0244 点，长 18.2 米。方向 195°；

G0244—G0245 点，长 43.1 米。方向 230°。

从此段起，在墙体西侧的半山坡上出现了一道随墙体走向分布的平台，系直接将山坡凿挖、修整而成，西侧边缘未见砌石等，平台东面、长城墙体底部山体被砍削成陡峭的山险墙。平台宽度不一，大致在 4 米左右。

第 8 段：G0245—G0246 点，长 29.3 米。方向 190°。保存较差。此段因所在山梁渐趋平缓、低矮，故墙体夯筑方式不再只夯一面，而是在山顶上直接两面夹板夯筑墙体，其顶部略高于山梁。底部砍削的山险墙高 3.7 米。

第 9 段：G0246—G0247 点，长 42.4 米。方向 220°。保存一般。方向随山体略向东折。因所在山体地势略微平缓，故此段墙体夯筑较高。但坍塌等残损较重，西侧底部山险墙亦较高。残存墙体残高西侧 11.6 米（其中底部山险墙高 7.5、顶部土墙高 4.1 米）、东侧 1.5、顶宽 0.6 米。

第 10 段：G0247—G0248 点，长 22 米。方向 160°。保存差。方向随山体略向南折。墙体保存差，坍塌等残损严重，残存墙体顶宽 0.4、残高 1.3—0.5 米。

第 11 段：G0248—G0251 点，长 139.6 米。保存较好。墙体较高，但壁面上的片状剥离和粉状脱落、风蚀凹槽等痕迹较为明显。

此段长城随山体几经转折，各段的距离及方向如下。

G0248—G0249 点，长 27.9 米。方向 130°；

G0249—G0250 点，长 91.5 米。方向 180°；

G0250—G0251 点，长 20.2 米。方向 165°。

第 12 段：G0251—G0255 点，长 158.5 米。保存一般。坍塌等残损稍重。地势随山体有高低起伏，总体呈北高南低。方向亦几经拐折，各段距离与方向为：

G0251—G0252 点，长 36 米。方向 195°。西侧土墙残高 2.6、底部山险墙高 3、顶宽 0.4 米。

G0252—G0253 点，长 36 米。方向 125°。此段为山梁上的一处不大的山凹处，此段地势较平，两端间无落差。

另外，此段因所在山梁较窄，底部未开凿平台，亦未有砍削山体的山险墙。

G0253—G0254 点，长 47.3 米。方向 160°。此段位于山凹的南面坡上，是从底部山凹开始，沿坡面而上，最后到南侧山丘处，地势由北向南逐渐抬升，升幅稍大。墙体基本连续，残高西侧 4.5、东侧 1.5、顶宽 0.5 米。

G0254—G0255 点，长 39.2 米。方向 130°。此段过山体凸起的山丘后，继续沿山体坡面向南，地势随之逐渐下降。墙体底宽 2.3、顶宽 0.5、西侧残高 6.5（其中土墙残高 3.2 米）。

此段过山凹后，山体又渐宽，西侧又出现了砍削山体的平台，长城底部亦有砍削出的山险墙。

第 13 段：G0255—G0259 点，长 184.3 米。保存较好。墙体较高，且分布连续，底宽 2.3、顶宽 0.6、东侧残高 2、西侧山险墙高 3.6 米。

此段方向亦随山体几经转折，但幅度不大，各段的方向、距离如下：

G0255—G0256 点，长 19 米。方向 150°；

G0256—G0257 点，长 71.2 米。方向 152°；

G0257—G0258 点，长 47.3 米。方向 155°；

G0258—G0259 点，长 46.8 米。方向 180°。

第 14 段：G0259—G0262 点，长 153.3 米。保存一般。此段从北面一处墙体拐点处开始，继续随山体向南，到山梁最南端的黄羊滩 2 号敌台处，方向亦几经拐折。墙体顶宽 0.4、东侧残高 1.2—0.5、西侧底部山险墙高 2.4、上部土墙高 4.2 米。各段的方向、距离如下（彩图一〇八）：

G0259—G0260 点，长 75.7 米。方向 140°；

G0260—G0261 点，长 33.3 米。方向 175°；

G0261—G0262 点，长 44.3 米。方向 135°。

第 15 段：G0262—G0264 点，长 148.4 米。方向 220°。消失段。此段从黄羊滩 2 号敌台西北侧起，向西折，沿此处一道大致呈东西向的山体北坡而下，最后到半坡处的头道关土墙起点处。此段墙体已基本不存，仅西侧壁面残存有砍削出的山险墙，高 6 米。

此段因山体已快到山沟底部，随墙体分布的平台已不存。

第 16 段：G0264—G0265 点，长 35.6 米。方向 210°。保存一般。此段是从三关口底沟东侧半山坡处开始，随山坡而下，最后到沟底处的断口边，地势由东北高向西南逐渐下降，降幅稍大。是在地势较缓的坡面上直接以夹杂小砾石的黄沙土夯筑而成。保存一般。坍塌等残损较重，两侧壁面均呈斜坡状，顶部较平。止点断面处的墙体底宽 9、顶宽 1—1.3、残高 5.5 米，夯层厚 0.15—0.2 米（图一八一；彩图一〇九）。

第 17 段：G0265—G0266 点，长 16 米。消失段，此段墙体不存，今有 102 国道（银巴公路）横穿。

此断口，有人推测其便是头道关关隘所在地，"关墙南北与长城连接，正障银（川）巴（音）公路之口，中间的关门久已塌毁不存，只有一个大缺口。其北侧关墙，顺山梁向西北延伸，长约2里与山峰连接。南侧的关墙，向东南延伸，与长城相衔"①。结合周围地势特点等，此说可信。

第18段：G0266—G0267点，长26米。保存较好。方向230°。此段位于今银巴公路断口西侧、底部的河道东岸，是沟底残存的一段长城。墙体敦厚高耸，顶部较平，但残损较重，尤是东南侧壁面残损甚重，几乎半面壁已缺失；西北侧壁面也有部分坍塌。残底宽6、顶宽2、残高5.6米，夯层清晰，厚0.15—0.2米（图一八二）。

此段地处国道旁，来往车辆行人整日络绎不绝；宁、蒙两省区界碑直接连接在起点土墙上；东南侧紧贴墙体处铺有瓷砖，供行人休憩和观光；墙体两侧各有一座两省区政府竖立的长城保护碑。

此段长城据早年资料记录，保存较

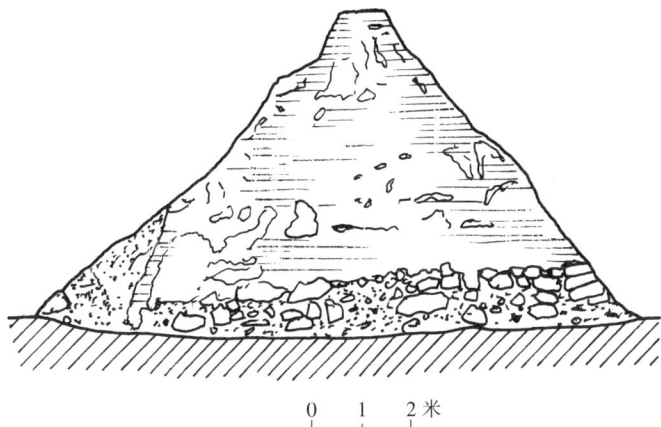

图一八一 G0265点处墙体断面图（西南—东北）

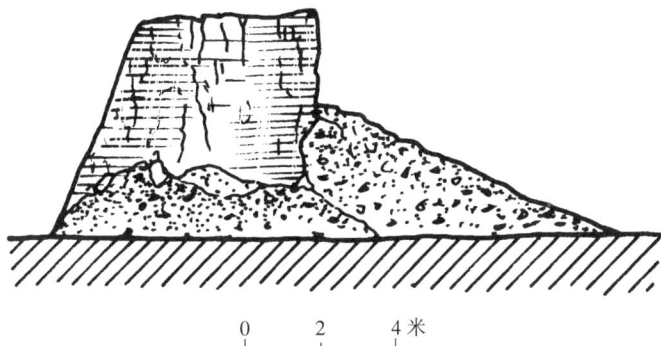

图一八二 G0267点处墙体断面图（西南—东北）

好，包括顶部女墙、垛墙等均有残存②。只是由于多年自然、人为破坏，其面貌今已发生很大变化。

第19段：G0267—G0268点，长72米。消失段。此段横跨三关口干涸河道，底部剥蚀较深，墙体（包括墙基）无存。

此段断口偏西侧，今有银巴高速公路横穿长城，横宽在20米以上。

第20段：G0268—G0269点，长28米，方向230°。保存较好。此段是头道关西侧残留的一段墙体，是从今银巴高速公路西侧的墙体断口处开始，沿河道西岸台地向西，一直延伸到西侧山脚下的长城拐弯处，地势由东北向西南逐渐抬升，但幅度不甚大。整体保存较好，墙体敦厚高耸，顶部较平，但残损较重。残底宽6.5、顶宽2、残高5.6米，夯层清晰，厚0.15—0.20米。

此段止点的拐角处有头道关3号敌台（图一八三），西侧山体半山腰处还有上海嘎查2号烽火台等。

（二）二道关

位于三关口沟进沟约1千米处，行政区划属内蒙古自治区阿拉善左旗巴润别立镇上海嘎查所辖。这里东西两侧山体高耸陡峭，山口狭窄，关隘修筑时充分利用河道东、西两岸两道基本连接的陡峭山

① 许成等：《宁夏境内明代长城遗迹》，《宁夏社会科学》1983年第4期。
② "关口以南的长城墙段至今保存完好，墙高7米，基宽6.5米，顶宽2.5米，夯层16—18厘米。墙顶两侧筑有较薄的宇墙（女墙），残高30—70厘米，墙厚40厘米"，自许成等：《宁夏境内明代长城遗迹》，《宁夏社会科学》1983年第4期。

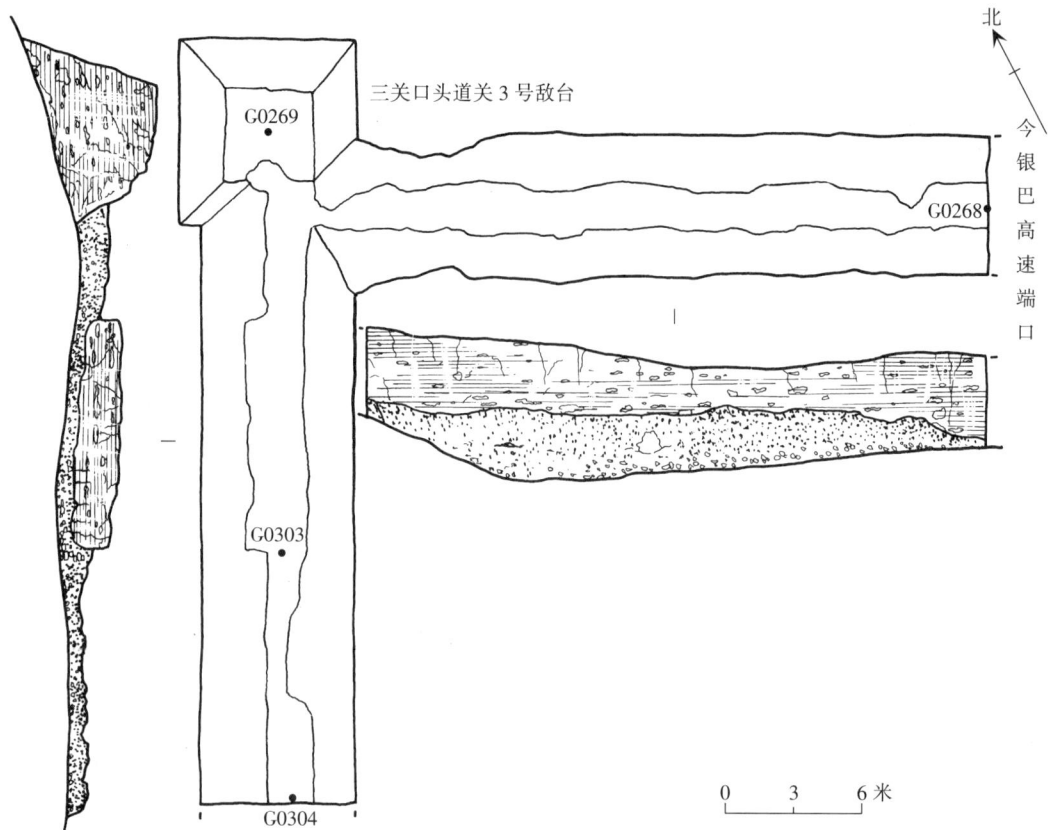

图一八三　G0268—G0304 点间长城拐折平、立面图

体，是在山体之上修筑墙体、断口河道处修建隘口，从而建成一道综合性防御屏障。

　　此道长城是从河道东北半坡处开始，沿一道山梁辗转向南，过底部河道及今银巴公路，再沿河道西南侧一道突兀的山梁向西南，过今银巴高速公路断口后，再沿西面山坡逐渐爬升，最后连接于西南侧山梁上，全长 1255.5 米。此段长城基本以石墙为主，局部亦夹有山险。按其类别特征等由东北向西南大致分为五段，每段下面再根据保存状况等又可细分为不同小段。

　　1. 二道关 1 段石墙①

　　此段从河道东岸半山腰陡崖处起，沿一道凸起的山梁顶部辗转向南，最后到南侧石墙断点处，全长 354 米。此段山体虽然较底部要高，但周围山梁众多，无可资凭借的地理优势，故此段在山梁上再砌石加高成石墙。是在原生砾石地表上直接用青灰色石块砌边，内用小石块夹杂黄沙土填塞而成，所选石料与周围山石的质地、色泽等基本一致，应是就地取材。石块不规则，大小不一，似非特意挑选。规格在长 0.3—0.5、宽 0.2—0.3、厚 0.1—0.2 米左右。整体保存较一般，坍塌等残损较常见，方向亦十分曲折。按保存状况等可分为 2 小段。

　　第 1 段：G0270—G0273 点，长 244 米。保存一般。此段自陡崖处开始，随山梁辗转向西南，最后到一个较大的拐弯处。墙体整体保存一般，两侧壁面均有不同程度坍塌。残底宽 2.5、顶宽 0.6、残高 0.5—1.5 米。方向随山体几经转折，各点间的距离、方向如下。

　　（1）G0270—G0271 点，长 34 米。方向 220°。此段自起点处起，沿山梁向西，最后到一个小拐点

────────────────

①　此段是在 2011 年为编写报告而做的补充调查材料基础上编写的，因无先前长城调查所登记的行政编码与工作编号，故不再登记这两项内容。下同。

处，地势由东北向西南略有降低，但落差不大。

（2）G0271—G0272 点，长 86 米。方向 190°。此段自拐点处起，随山梁略向南折，至西南侧一处马鞍形山凹边。地势基本相当，落差不大（彩图一一○）。

（3）G0272—G0273 点，长 124 米。方向 190°。此段地处山梁上的一处马鞍形山凹处，是从东北侧山凹边开始，随山坡而下，过底部凹沟，再沿西南侧山坡而上，最后到西南侧山凹边。地势呈两端高而中间低的"U"形，高差约 5 米。

第 2 段：G0273—G0275 点，长 110 米。保存较好。此段从山凹西南侧开始，随山体折向东南，到达东南侧石墙断口处，地势随山梁略有起伏，但落差不大。墙体较高，坍塌等残损幅度较轻。底宽 2.5、顶宽 0.6、残高 1—1.8 米（彩图一一一）。以中间的 G0274 点为界，两段方向有拐折。

G0273—G0274 点，长 65 米。方向 140°；

G0274—G0275 点，长 45 米。方向 165°。

2. 二道关 1 段山险

G0275—G0276 点，长 163 米。方向 160°。此段自石墙断点处起，随山梁向东南，最后到一个凸起的山丘处。因所在山梁逐渐远离原来几道山梁的相连处，位置相对较独立，山势陡峭、攀爬不便，故此段大部分直接利用陡峭山梁为险，仅在个别地势低凹处用石块垒砌加高。

3. 二道关 2 段石墙

此段从山梁上一个凸起的山丘顶部开始，继续沿山梁向东南，地势随之逐渐下降，辗转下到三关口沟底（今银巴公路东侧），过公路及底部河道，再沿西南侧延伸出的一道山梁坡面而上，最后到半山坡陡崖下，全长 308.5 米。因位置趋于低矮，故又在山梁上砌石墙加高。整体保存一般，坍塌等残损较重。按其保存状况等可分为 4 小段。

第 1 段：G0276—G0277 点，长 61 米。保存较差，方向 150°。此段是从山梁上的一个凸起的山丘顶部处开始，继续沿山梁向东南，最后到山梁低洼处。地势由东北向西南逐渐降低，两端落差稍大。保存较差，两侧壁面均已坍塌成石堆状，但东北侧残存有砌石痕迹。残存石墙底宽 3、残高 0.5 米左右。

第 2 段：G0277—G0278 点，长 152 米。保存一般。方向 140°。此段从山梁低凹处开始，继续向东南，到山梁东南侧坡边后，再随山坡而下，最后到沟底（今银巴公路断口），地势中间高而两端低，尤是东南侧最低。此段墙体基本连续，但局部处坍塌等残损较重。残底宽 2.5、顶宽 0.5—1 米。

第 3 段：G0278—G0279 点，长 51 米。消失段。此段地处沟底，位于两道山梁之间的豁口处。是从今银巴公路断口边开始，过公路及今干涸河道，最后到东南侧石墙重新起点处，此段墙体无存，是否有关隘建筑等今已难辨。

此段断口的残损原因南北有别：北侧 20 米被修建银巴公路破坏，有早先的水泥路、后期的柏油路及两侧路基等；南侧 31 米是今干涸河道，地表较北侧公路低 5 米左右。

第 4 段：G0279—G0280 点，长 44.5 米。方向 170°。保存较差。此段从河道南岸边开始，沿南侧山体延伸出的一道山梁北坡而上，最后到半山腰陡崖处，地势由北向南逐渐攀升，两端落差较大。石墙保存较差，整体已坍塌成斜坡状，底宽 3、残高 0.5 米。

4. 二道关 2 段山险

G0280—G0281 点，长 216 米。方向 160°。此段位于河道底部、一道从西面延伸而来的山梁上，是从北面半山腰陡崖处开始，随山坡而上，到山梁顶后，再沿山梁向东南，经二道关敌台，最后到东南侧今银巴高速公路的断口边。此段山梁狭长陡峭，东西两面临坡，斜距沟底约 50 米，攀爬等十分不便，是一道天然的防御屏障，故此段多是直接利用陡峭山脊为险，仅在止点以北 100 米的山体低凹处残存一段石墙痕迹。保存较差，基本仅存痕迹，残长 6、底宽 1.5、残高 0.4—0.6 米。

此段中部有二道关敌台。

5. 二道关 3 段石墙

此段从今银巴高速公路北侧断口边起，过银巴高速公路，再沿南侧山梁而上，最后到山梁半山腰处，全长 214 米。按其保存状况等大致可分为 2 小段。

第 1 段：G0281—G0282 点，长 177 米。消失段。此段因修建银巴高速公路，将山体凿开出一道断口，墙体无存。此断口挖断甚深，呈顶宽底窄的倒梯形，其中底部横宽 32 米。

第 2 段：G0282—G0283 点，长 37 米。方向 210°。保存一般。此段从今银巴高速公路南侧断口顶部边缘开始，继续沿山梁而上，最后到半山腰陡壁处。地势由北向南逐渐攀升，两端落差较大。石墙整体保存一般，不高，但坍塌等残损相对不多。残墙体底宽 1.9、顶宽 0.6、残高 0.8 米（彩图一一二）。

此段再向南，因山体逐渐抬升，山体高耸陡峭，不便攀爬，故不再砌石。

此段长城西北约 1 千米、在河道西岸的半山腰处有三关口 1 号烽火台。

（三）三道关

三道关，位于三关口沟进沟约 2.5 千米处，亦属上海嘎查所辖。

此道长城与南侧二道关不同的是，其主体基本位于河道西侧。是从河道西侧的山梁处开始，随其陡峭的山坡而下，再沿山坡底部一道大致呈西北—东南向的山梁一直向东，过底部河道，最后连接于东侧陡崖上，全长 2410.5 米。长城类型有山险、土墙等，即在一些地势险要之处充分利用山险，而在一些地势相对较低平处则以黄沙土夯筑土墙。河道处可能原有关隘等，惜今已无存。

此段按照类型等可分为 4 段，每段再根据其保存状况等再分为若干小段。

1. 三道关 1 段山险

G0284—G0291 点，长 1052.5 米。此段自河道西面的山顶处起，沿其东面坡上一道隆起的山梁辗转而下，经三道关 1 号、2 号敌台等，最后到近山体底部土墙起点处，地势西高东低，落差极大。此段山体高耸陡峭，坡度较陡，攀爬十分不便，故此段基本直接利用陡峭山脊为险，仅在个别较低矮处砌石加高。

此段山险因随山梁分布，方向十分曲折。各段间的方向、长度及特征如下。

（1）G0284—G0285 点，长 100 米。方向 210°。此段自山顶脊部处，随东南侧一道山梁而下，到半山腰一处山梁拐弯处。

（2）G0285—G0286 点，长 50.5 米。方向 220°。此段自半山腰拐弯处开始，继续随山梁而下，最后到半山坡处的三道关 1 号敌台处。

（3）G0286—G0287 点，长 204 米。此段基本位于山梁上的两道山丘之间，是从三道关 1 号敌台南壁起，继续随山梁辗转而下，经中间的马鞍形山凹，再随南面山梁而上，最后到东南侧三道关 2 号敌台处，此段方向不直，中间略向西折，平面略呈"V"形。

（4）G0287—G0288 点，长 103.5 米，方向 220°。此段是从西北侧山丘开始，继续沿山梁向东南而下，地势亦随之逐渐下降，最后到达东南侧另一道山丘处，地势以两端略高而中部稍低。此段中部的山凹处残存一段石墙。保存较差，残长6、底宽3、残高0.5米。

（5）G0288—G0289点，长500米。方向170°。此段从山梁上的山丘边开始，继续沿山梁而下，最后到东南侧山险拐弯处。地势由西北向东南逐渐降低，两端落差稍大。

（6）G0289—G0290点，长59米。方向190°。此段从北侧山险拐弯处开始，沿此处一道凸起的天然石层向南折，最后到南侧山险又一拐弯处，方向基本呈南北向。此段地势上亦是北高南低，两端落差较大。

（7）G0290—G0291点，长36米。方向140°。此段从拐弯处开始，继续沿山梁向东南折，最后到山梁近底部的土墙起点处。

2. 三道关土墙

此段土墙，位于河道以西一道大致呈西北—东南向的山梁上，其南北两侧底部均有西侧山洪冲蚀出的深渠。土墙是从西面半山坡处起，随山梁向东到一座凸起的小山丘边，全长817米。是用夹杂小砾石的黄沙土分段版筑而成，土色沙黄，含石量较多。保存多不佳，坍塌等残损较常见。因随山梁分布，地势有高低起伏，但落差不甚大。方向亦不甚直（彩图一一三）。按其保存状况等分为5小段。

第1段：G0291—G0292点，长155米。方向130°。保存较差。此段自高山东面坡近底部陡崖处起，随山梁向东，辗转至一保存特征点处。此段墙体保存较差，整体已坍塌，呈斜坡状，坍塌堆积土上生长有较多的沙蒿、芨芨草等。残底宽5、顶宽0.5、残高0.5—1.5米。

此段起点处（土墙与山险相接处）残存一小段石墙。是直接在不甚陡峭的山体坡面上用石块垒砌而成，西面直接与陡崖相连，东面则直接与土墙相接，高度与土墙基本相同，残长3、底宽3—6、残高0.1—0.5米。

第2段：G0292—G0294点，长243米。方向120°。保存一般。此段墙体地势基本相当，墙体稍高，但坍塌等残损仍然较重，夯层、版接缝等较为清晰。壁面皱裂粗糙，北侧壁面还生长有较多的黑色苔斑。残底宽5、顶宽0.4、残高1—1.8米。夯层厚0.2—0.5米，版接缝长3米。

此段以中部的G0293点为界，两面墙体方向略有拐折，但幅度不大。

第3段：G0294—G0295点，长220米。方向120°。保存较差。此段西起墙体保存特征点处，继续沿山梁向东南，最后到一处断口边，方向相对较直。其特征等与第1段基本相似。

第4段：G0295—G0296点，长25米。消失段。此段墙体无存，底部埋植有一道南北向横穿墙体的天然气管道。

第5段：G0296—G0297点，长174米。方向120°。保存较差。此段从断口东侧开始，继续沿山梁向东，最后至一处凸起的山丘北侧陡崖处。此段墙体保存较差，整体已坍塌成斜坡状，其特征与第1段基本相似。残底宽5、顶宽0.5、残高0.8—1.5米。夯层较清晰，厚0.15—0.2米（彩图一一四）。

3. 三道关2段山险

此段是从一座高高凸起的山丘处起，继续向东，经今银巴高速公路及三道关3号敌台等，最后到河道西侧断崖边，全长471米。此段地势较其他地段要高，尤其戍守的北面坡度较陡，不便攀爬，故直接利用山体为险，不筑墙体。

此段按其不同特征大致可分为3小段。

第1段，G0297—G0298点，长58米。方向120°。此段西起高高凸起的山丘西北侧（土墙截止点处），随山丘坡面而上，经山丘顶部后，到西侧今银巴高速公路断口边。地势上基本呈中间高而两侧低的凸字形，落差稍大。其中山丘顶部现修建有一处水泥质索鲁锭长矛塑像。

第 2 段：G0298—G0299 点，长 71 米。此段原属山险，今因修筑南北向横穿的银巴高速公路而将山体砍削成一个呈顶宽底窄的倒梯形断口。其中底宽 30、断口高 20 米左右。

第 3 段：G0299—G0301 点，长 342 米。此段自银巴高速公路断口东缘起，继续沿山梁向东，经山梁上的三道关 3 号敌台，再沿山梁东面坡辗转而下，最后到今河道西侧断崖顶部截止。地势以中间较高而两端偏低，方向十分曲折。

此段中部有三道关 3 号敌台。

4. 三道关消失长城

G0301—G0302 点，长 70 米。此段位于河道和今银巴公路处，是从今银巴公路西侧断崖处开始，过底部河道和公路，最后斜向连接于东南侧一道突出的山脊处。方向基本呈西北—东南向，此段墙体无存。

此段断口大致可分为东西两段，西侧 5 米为现存干涸河道，底部剥蚀较深（与东侧公路落差达 5 米），再东 20 米则为今银巴公路，当年修筑时曾将东面山体凿砍成斜坡状陡崖。

此断口，有人推测便是三道关关隘所在地（只是当时记为二道关）："亦为银巴公路的贯通处。二道关似原无关门，在关门（即公路）的东北侧，高山峭壁，形势险峻，是人马无法攀越的天然屏障。紧靠公路的西南侧，有 20 多米高的一座山头。山顶上筑有墩台一座，11 米见方，高 8 米，为黄土与砾石相拌夯筑，这样在危崖与墩台之间，仅有一线之路可通，形成关卡"[①]。此观点中推测关隘位于此地，结合地舆特点等来看尚属合理，但此处有无关隘等建筑之说，限于材料匮乏等，暂存疑。

此段断口以东已是高山，山体十分高大，仅断口处距沟底便可达到 52 米，不便攀爬，故不再修筑墙体，直接利用山险。

二　永宁县黄羊滩农场段长城

此段长城，北起三关口头关西南侧墙体拐弯处（三关口头道关 3 号敌台），沿贺兰山东麓的山前台地辗转向南，经雄子沟、白水泉子、红井沟、柳渠沟等诸多大小山沟，最后到永宁县与青铜峡市交界处的大汝龙沟，全长 10798.5 米。此段因西侧贺兰山趋于低矮，且起伏较大，不便直接利用山体，故改在山前台地上筑墙。地势随地表略起伏，但落差不甚大，方向较曲折。

此段除了高石墩西侧有一小段山险、柳渠沟北侧有一小段石墙外，其余均为夯土墙。是在原生砾石地表上直接夯筑而成，墙体基本连续，沿线还有 7 座敌台、7 座烽火台及 3 座关堡等。整体保存尚佳，墙体较高，壁面陡直，有些地段顶部的垛墙、女墙等尚有残留。墙体敦厚结实，属分次夯筑而成的复墙。因地处旷野之上，除了个别地段有修路、踩踏等人为破坏外，人为破坏相对较少，墙体残损以自然损害为多。主要有山洪冲蚀、风蚀、雨蚀等。

此段因多位于兰州军区训练基地范围内，其行政区划不属沿线各村镇。为了叙述方便，今暂将其统一就近归入黄羊滩农场。

按照墙体类别将其分为五大段，每段下再根据其保存状况等再为若干小段。

（一）黄羊滩Ⅰ段土墙

此段北起三关口头道关西南侧墙体拐弯处，辗转向南，一直到高石墩东侧山间土墙与山险交汇点

---

① 许成等：《宁夏境内明代长城遗迹》，《宁夏社会科学》1983 年第 4 期。

处，全长 6382.5 米。按其保存状况等，大致可分为 58 小段（图一八四～一八六，参见图一八〇；彩图一一五）。

第 1 段：G0269—G0303 点，长 22 米。方向 145°。保存较好。此段自三关口沟口西侧山脚下的墙体拐弯处开始，沿山前冲积台地辗转向东南，至一处保存特征点处，地势由西北向东南略有降低，但落差不甚大。此段地处山脚下，受山洪冲刷破坏等较轻，故保存较好，墙体较高，顶部较平，但壁面上的风蚀、雨蚀等残损较明显，残底宽 7、顶宽 1—1.5、残高 5.8 米，夯层清晰，厚 0.15—0.20 米。

此段长城的残损原因以自然破坏居多，尤风蚀最为明显，在墙体的两壁裸露出的底部均有贯通状风蚀凹槽，其中以西南侧为剧，凹槽进深 0.2、残高 0.3 米，壁面上亦有风蚀的圆形凹洞；两侧底部均有坍塌堆积土，东北侧堆积略厚，土层上生长有稀疏的沙蒿等野草，但裸露的墙体上基本不见；壁面片状剥离和粉状脱落等病害十分普遍，呈皴裂状；另外还有少量的动物类掏挖洞穴等。

第 2 段：G0303—G0304 点，长 86.5 米。方向 145°。保存一般。此段从墙体保存特征点处开始，继续向东南到一处小断口边。位置逐渐远离西侧突出的山体。坍塌等残损略重，残存墙体保存较好处底宽 7、顶宽 0.5—1、残高 0.5—5 米（图一八七）。

此段墙体西侧 486 米处，是雄子沟采石场所在地，现仍在生产。运石车辆往来穿梭、开山炸石、粉尘以及车辆行人进出等都会对长城保护产生一定影响。

第 3 段：G0304—G0305 点，长 14 米。消失段。此段是一处小的墙体断口，是西侧雄子沟内汇聚的季节性洪水横穿墙体、向东注入三关口河道的另一处小通道（主道在南侧）。此断口虽不甚宽，但底部剥蚀较深，尤在墙体西南侧已剥蚀出一道深槽。

第 4 段：G0305—G0306 点，长 65 米。方向 145°。保存较好。此段自小断口东南边起，继续沿台地向东南，最后到雄子沟断口边。此段墙体保存较高，墙体特征等与第 1 段基本相似。底宽 7、顶宽 2、东侧残高 7.4、西侧残高 6.5 米。

此段墙体除了中部局部略有坍塌外，其余基本是原状保存。底部坍塌堆积土较薄，裸露出的墙体两侧底部均有一道贯通状风蚀凹槽，进深 0.3、残高 0.5 米；壁面斑驳皴裂较明显，版接缝十分清晰，每版长 5—5.5 米，夯层亦较清晰，厚 0.15—0.20 米，但夯窝不清；顶部尚存垛墙和女墙，其中垛墙残高 0.5、厚 0.3 米；女墙残高 0.3、厚 0.2 米。

从止点的断面处来看，墙体构筑方式十分明显，即两边夹版、先夯主墙，墙体呈底宽顶窄的梯形，然后以主体墙体为准，两侧再夹版二次夯筑附墙，附墙底宽均 2 米，顶部与主墙顶部持平，因坍塌残损等原因今已不清，宽应在 1 米左右，残高 3 米（图一八八）。

第 5 段：G0306—G0307 点，长 40 米。消失段。此段是西侧雄子沟内汇集的季节性洪流的主要横穿墙体处，受其影响，此段墙体无存。

此段断口长期受山洪冲刷影响，此段底部有剥蚀较深的凹槽，原先是否有过水的涵洞等建筑今已难辨。近年来此口逐渐成为进出雄子沟采石场的通道，有车辆行人整日穿梭。另外，银巴高速公路在此处也修建一处过水涵洞，调查时发现有大型挖掘机正在施工，涵洞的渠槽西缘已逼近墙体地基处。

第 6 段：G0307—G0308 点，长 80 米。方向 145°。保存较好。此段墙体从雄子沟断口南侧起，继续向东南，到另一处小断口边。墙体整体保存较好，其特征与第 1 段基本相似，底宽 7、顶宽 4、残高 7.5 米（图一八九）。

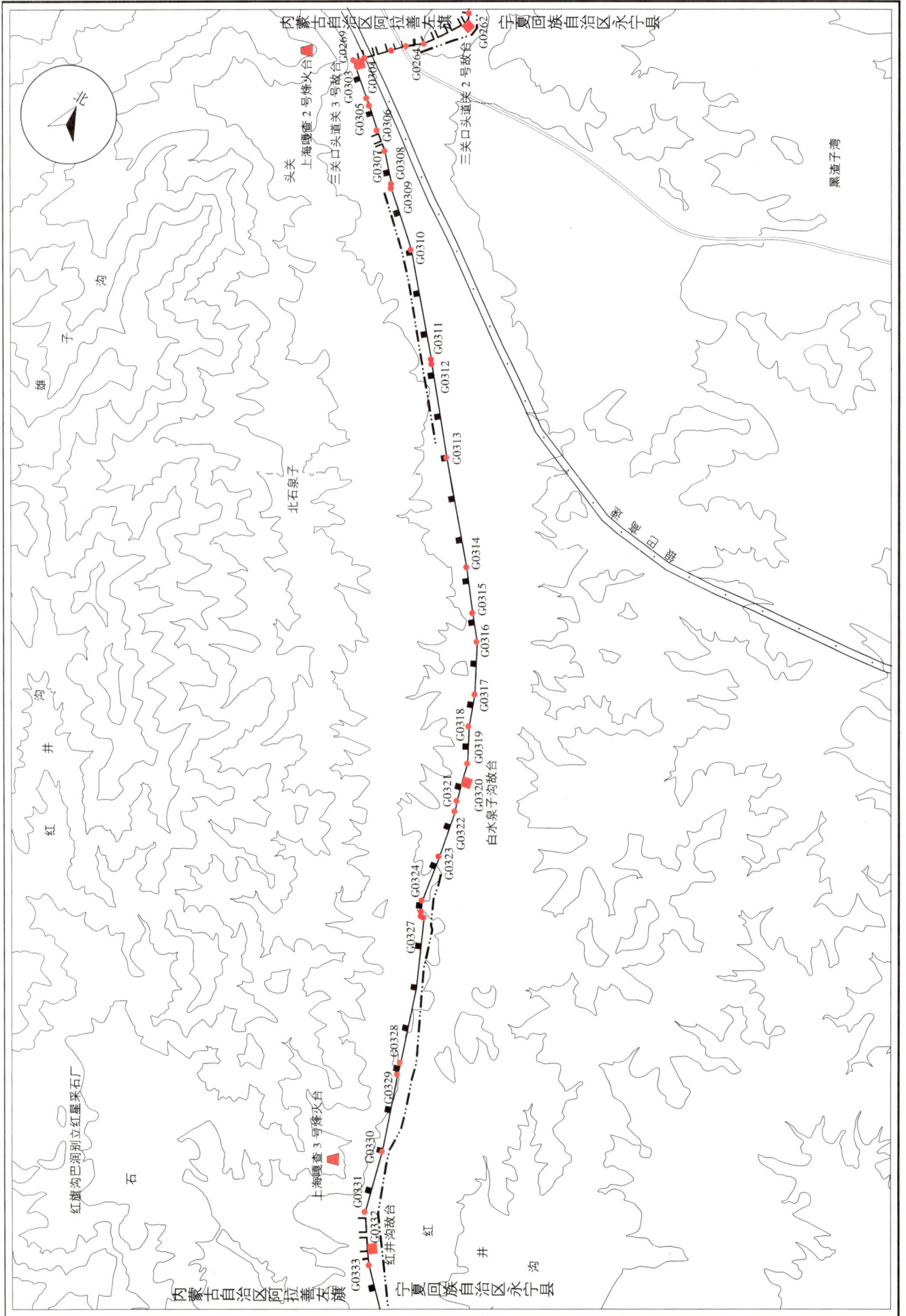

图一八五　黄羊滩 I 段土墙走向图-2

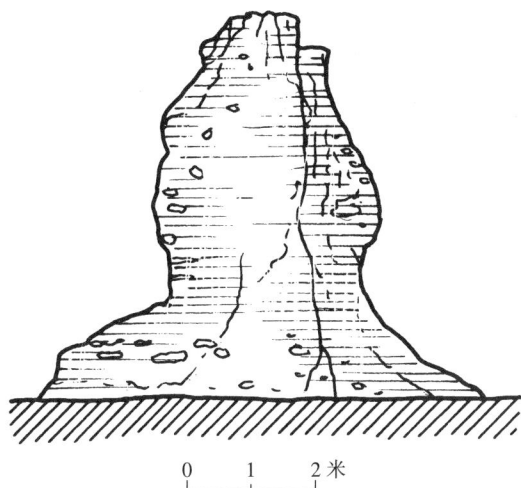

图一八七　G0304 点处墙体断面图（东南—西北）

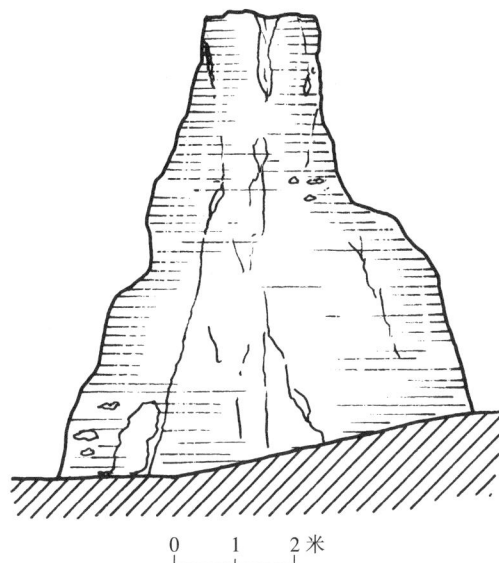

图一八八　G0306 点处墙体断面图（东南—西北）

此段墙体底部两侧风蚀痕迹亦十分明显，两侧裸露出的台体底部均有一道贯通状风蚀凹槽，尤以西侧剥蚀最深，呈带状，凹槽高 0.3、进深 0.2 米；壁面十分斑驳，局部处仍有坍塌等残损；顶部十分平整，局部尚残留垛墙和女墙，其中垛墙残高 0.5、宽 0.4 米，女墙残高 0.4、宽 0.3 米。

此段墙体东北侧、距墙体 10 米左右的台地上有银川市人民政府于 2010 年竖立的水泥质长城保护碑。

第 7 段：G0308—G0309 点，长 16 米。消失段。此处也是一处冲沟断口，墙体无存。底部剥蚀到原生沙石层，但底部较平、剥蚀痕迹较浅。

第 8 段：G0309—G0311 点，长 581 米。保存较好。此段是从小断口南缘起，继续向东南到另一处小断口边，地势随台地略有起伏，但落差不大。此段墙体连续，壁面陡直，顶部局部处的女墙、垛墙等仍有残留。底宽 7、顶宽 4、残高西侧 8.8、东侧 7.8 米，夯层清晰，厚 0.15—0.2 米。墙体上版接缝清晰可见，每版长 5—5.5 米；中段处顶部垛墙、女墙保存较好，其中西侧垛墙残高 0.5、厚 0.4 米，东侧女墙残高 0.4、厚 0.3 米（图一九〇；彩图一一六）。

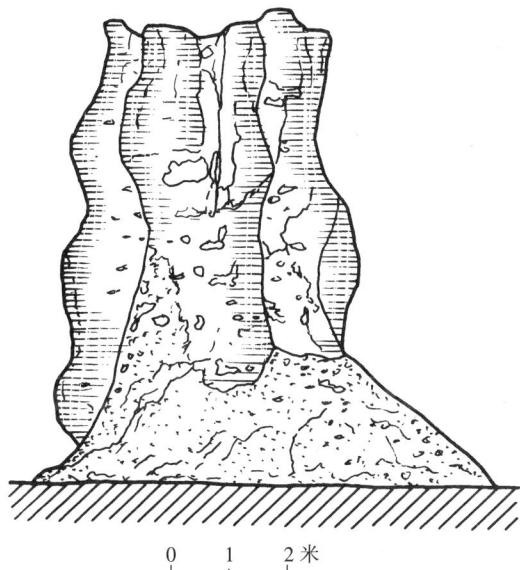

图一八九　G0307 点处墙体断面图（西北—东南）

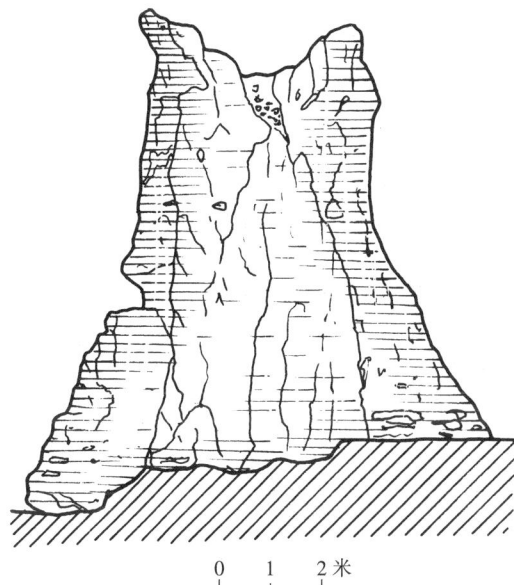

图一九〇　G0309 点处墙体断面图（西北—东南）

　　此段长城的残损，自然破坏与人为破坏均十分明显。其中自然破坏以风蚀、雨蚀等居多，如墙体底部两侧均有风蚀凹槽，尤是西侧最为明显，呈带状，凹槽残高0.6、进深0.3米；壁面上的片状剥离与粉状脱落等病害十分普遍，呈皴裂状，表面已无当初原貌。相比以东壁保存略好，壁面陡直，表面略泛白，无野草生长等；西壁则保存稍差，表面生长有少量黑色苔藓、茇茇草等；墙体局部处仍有少量坍塌等；顶部平整，表面生长有较密的茇茇草等。人为破坏主要有掏挖破坏等，此段墙体上达十几处之多，均是将墙体底部掏挖成洞穴，有的甚至直接通穿墙体，有些洞口被用石块垒砌封堵，洞内积有羊粪等物。这些洞宽1.5—2.2、高1.6—2、进深0.9—7米。另外，在墙体两侧台地上还分布有数量较多的现代坟冢。

　　长城自此段开始，逐渐远离三关口、102国道、银巴高速等，地处荒野上，周围几无固定住户，仅有牧羊人偶尔往来。故从此段开始，墙体受人为破坏逐渐减少，而自然破坏则逐渐占据主导因素。

　　此段基本以中部的G0310点为界，方向略有变化。前段呈145°，后段开始沿山体略向南折，呈150°。

　　第9段：G0311—G0312点，长12米。消失段。此处是一处小的山洪断口，西南侧而来的三道小河道从此处汇聚、横穿长城墙体，再向东北注入三关口河道。受其影响，此段墙体无存。

　　第10段：G0312—G0313点，长234米。方向145°。保存较好。此段从西北侧墙体小断口开始，继续向东南，到一处墙体保存特征点处，其特征与第8段十分相似。墙体底宽7、顶宽3.3、残高6.5米。墙体底部风蚀凹槽残高0.6—1、进深0.8米（图一九一）。

　　第11段：G0313—G0314点，长269米。方向145°。保存一般。此段从西北侧墙体保存特征点处起，继续向东南到一处断口边。此段其地处台地的一处低洼处，地势较之周围略低。墙体保存相对较高，但坍塌略重，中间有3处断口，残存墙体壁面呈豁牙状，多是仅存中部主墙、外侧附墙多已坍塌，两侧均有较厚的坍塌土堆积。较好处底宽7、顶宽1、残高5米（图一九二）。

　　此段残损最大的原因属山洪冲刷，其中本段起点处即有一处长5米的小断口；北段有山间汇集而来的泄洪沟随墙体而行，局部处已剥蚀至墙体底部、已将墙体底部冲刷剥蚀出深沟；南段则直接冲刷墙体、形成两处宽10米左右的断口。

　　另外，从周围地势来看，此段墙体自起点起，周围地势略有变化，虽然仍地处山前冲积扇台地上，但与前段西侧为地势较高的贺兰山、东侧则是相对较低矮三关口河道，地势西高东低的特征不同，这

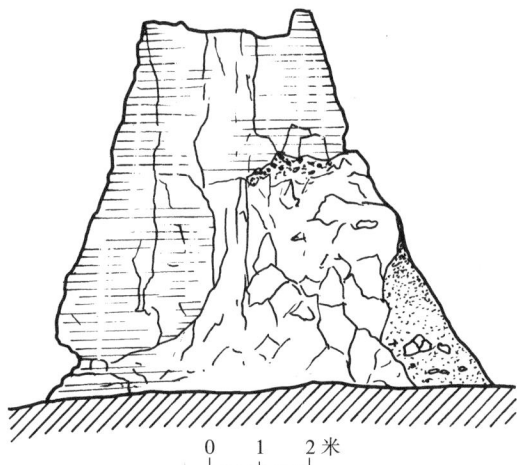

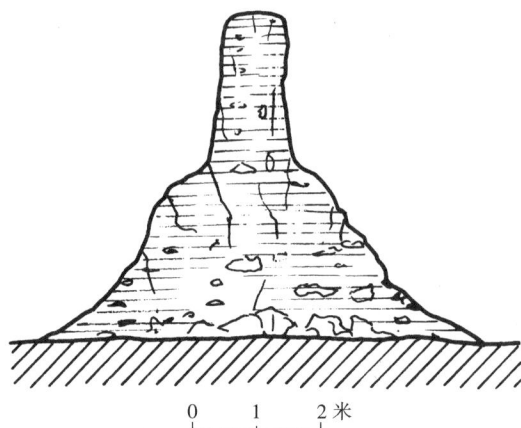

图一九一　G0312点处墙体断面图（西北—东南）　　　　　图一九二　G0314点处墙体断面图（南—北）

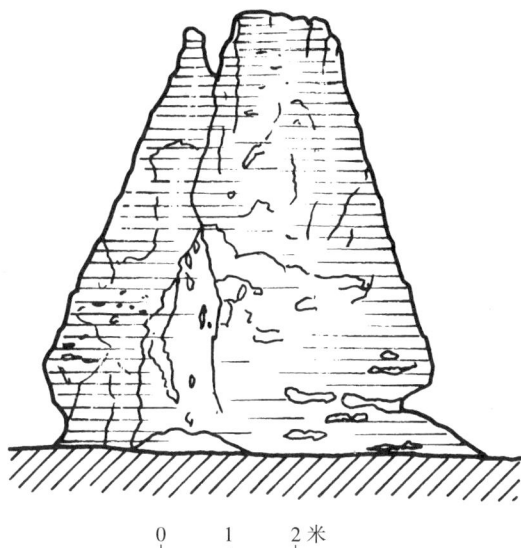

图一九三　G0315 点处墙体断面图（南一北）

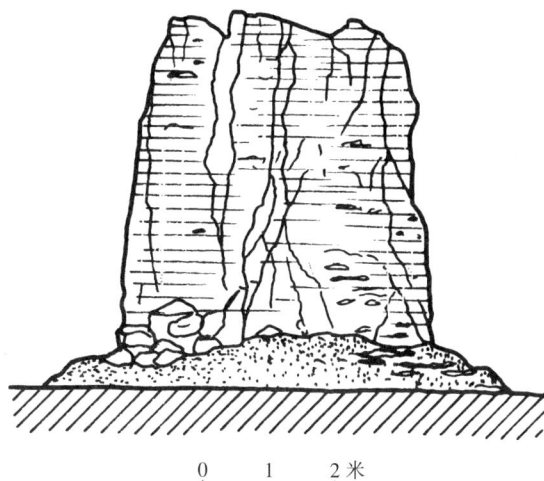

图一九四　G0317 点处墙体特征图（南一北）

里两侧均为山峦，地势基本相当。土墙在台地间辗转分布，地势高低不平，落差相对较大，方向亦较曲折。

第 12 段：G0314—G0315 点，长 109 米。保存较好。方向 145°。此段墙体基本连续，但壁面坍塌等残损稍重，墙体特征与第 11 段基本相似，残底宽 7、顶宽 3.3、残高 6.5 米（图一九三）。

第 13 段：G0315—G0316 点，长 74 米。方向 150°。保存较差。此段墙体坍塌程度较重，两侧多呈斜坡状。保存较好处墙体底宽 7、顶宽 0.7、残高 4.5 米。

第 14 段：G0316—G0317 点，长 127 米。方向 340°。保存较好。墙体特征与第 11 段相似，墙体底宽 7.5、顶宽 3.5、残高 4.5—5 米（图一九四）。

墙体基本从此段开始，方向随台地略向南折。

第 15 段：G0317—G0318 点，长 80 米。保存差。此段位于山峦间的一处低矮的山坳处。残损较重，壁面两侧坍塌甚重，呈斜坡状，坡上生长有较茂密的沙蒿、芨芨草等。残底宽 4、顶宽 0.5、残高 1.2 米。

第 16 段：G0318—G0319 点，长 89 米。方向 330°。保存较好。此段从小山坳南侧开始，继续向东南，最后到白水泉子沟敌台北侧的墙体保存特征点处，地势由北向南略有抬升。墙体底宽 7、顶宽 4、残高 4.5—5.8 米（图一九五；彩图一一七）。

第 17 段：G0319—G0320 点，长 38 米。保存差。此段墙体自西北侧墙体保存特征点处开始，向东南到白水泉子沟敌台北壁处。墙体整体已呈土垄状，残底宽 4、顶宽 0.5、残高 1.2 米。

此段止点连接有白水泉子沟敌台，另外，此段西侧、相距墙体约 200 余米的台地上有一户牧民民居，行政区划属阿拉善左旗巴润别立镇上海嘎查 7 队。

第 18 段：G0320—G0321 点，长 61 米。方向 180°。保存一般。此段从白水泉子敌台南壁处开始，向南到白水泉子沟断口边。此段墙体保存一般，坍塌等残损略重，整体已呈断垣残壁状，仅个别地段墙体保存较好。残存墙体较好处底宽 7、顶宽 1、残高 4.5 米。

墙体自此段起点处起，方向基本呈南北向。

第 19 段：G0321—G0322 点，长 27 米。消失段。此处横跨白水泉子沟河道，是西侧山间汇聚的季节性洪水东流之地，墙体无存。底部剥蚀较深，其原先是否建有过水涵洞等已难辨。

此处断口宽阔，是西北、西南汇集的几道洪水穿越之地。其西侧不远处有一座不大的山丘挤占河道，受其影响，包括西北侧的白水泉子及南侧的冲沟均在此拐折、淤积，对墙体破坏尤剧。河道剥蚀较深，底部以细小鹅卵石堆积为主，今已成为通往墙体西侧牧民家的通道。

第20段：G0322—G0323点，长117米。保存一般。此段从白水泉子沟断口南侧开始，向南到一处墙体保存特征点处，地势由北向南略有抬升，但幅度不大。此段墙体保存一般，坍塌等残损较重，两侧堆积有较厚的坍塌土及风淤沙土，呈斜坡状，表面生长有较茂密的沙蒿、芨芨草等野生植物。裸露出的夯土墙体不甚高。残存墙体顶宽0.5、斜高6米。

此段起点墙体的西侧，有西南侧汇集而来的泄洪沟随墙体向北，经北面白水泉子断口横穿墙体。水沟底部剥蚀甚深，其局部处已逼近墙体底部（彩图一一八）。

第21段：G0323—G0324点，长120米。保存较好。此段从墙体保存特征点处起，向南到一处断口边，地势随台地略有抬升，但幅度不大。此段保存较好，墙体较高且连续，但壁面坍塌略重，东西两侧均有较厚的坍塌土与风淤土堆积。如此段止点处的墙体断面，两侧附墙已全部坍塌，仅留主墙。保存较好处墙体底宽7、顶宽0.6、残高4.5米（图一九六；彩一一九）。

第22段：G0324—G0325点，长26米。消失段。此段是一处山洪断口，是西南侧山间汇集的季节性山洪横穿长城的通道，墙体无存。

此段地势较低矮，地表以小块沙石堆积为主，底部剥蚀略深。

第23段：G0325—G0326点，长14.5米。保存一般。此段是墙体两处断口之间残留的一段。保存虽较高，但坍塌等残损较重。壁面虽较陡直，但底部风蚀凹槽甚深，呈带状连续。残底宽3.5、顶宽0.9、残高5米。东壁底部凹槽残高0.5、进深0.4米（图一九七）。

此段西侧底部有西南侧汇集而来、紧贴墙基延伸的泄洪沟，受其影响，特别是墙体偏北侧地基已被部分剥蚀。另外，墙体自此段开始，方向随地势略向东折。

第24段：G0326—G0327点，长25米。保存差。墙体壁面坍塌甚重，残高在0.5米左右。

此段西侧亦有西南侧山间汇聚而来、紧贴墙基蜿蜒延伸的泄洪沟，受其长期冲刷影响，墙体底部剥蚀较深，墙体亦随之出现大段坍塌等。

第25段：G0327—G0328点，长333.5米。保存较好。此段从墙体保存特征点处开始，向东南到

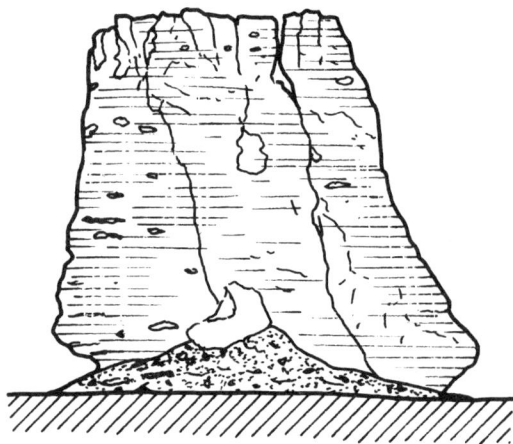

0　1　2米

图一九五　G0319点处墙体断面图（南—北）

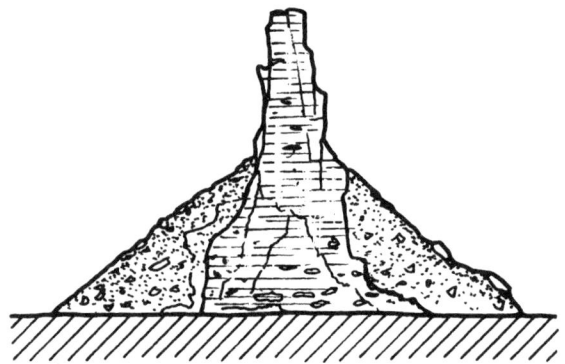

图一九六　G0324点处墙体断面图（南—北）

一处小断口。此段墙体保存较好，墙体基本连续，但个别地方仍有坍塌等残损，东壁壁面上的风蚀、皴裂等病害亦十分明显。残底宽 7、顶宽 1.5—3、残高 5.5 米（彩图一二〇）。

此段长城东侧约百米处、在台地较低的低洼带上有一道南北向运石土路，通往南面红井沟，基本与墙体并行。

第 26 段：G0328—G0329 点，长 30 米。消失段。此段是西北、西南两道山间汇聚的季节性洪水横穿墙体之地，墙体无存。

第 27 段：G0329—G0330 点，长 190 米。保存一般。此段从小断口南缘开始，继续向南，到南侧一个墙体保存特征点处。此段地势基本相当，墙体亦较直，但保存不佳，坍塌等残损较为普遍，已呈断断续续状，东西两侧均有较厚的坍塌土与风淤沙土堆积，呈斜坡状。残底宽 4、顶宽 1.2—2.5、残高 4.5—5.5 米。

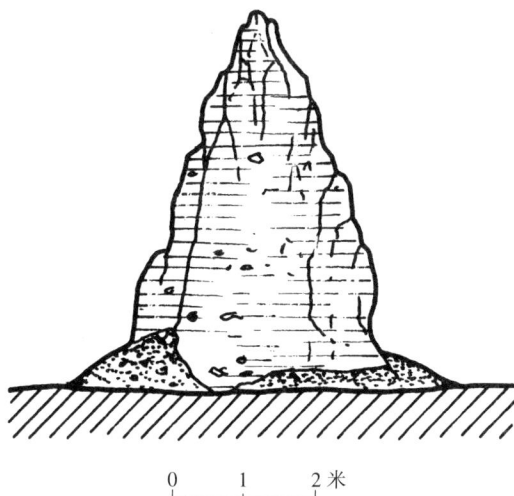

图一九七　G0325 点处墙体断面图（北—南）

此段基本位于山脚下，西面为相对较高的贺兰山，东面为低矮的山前台地，地势西高东低，落差较大。此段起点处墙体上有 2 处人为掏挖出的凹洞，未贯穿墙体。

第 28 段：G0330—G0331 点，长 154 米。保存较差。此段墙体自墙体保存特征点处开始，继续向东南，到红井沟沟口北侧的墙体断口处，地势由北向南略有下降，但降幅不大。此段墙体保存较差，坍塌等残损甚重，多数地段已坍塌成斜坡状。残底宽 4、顶宽 1—1.5、残高 1.2—3 米。

此段地势亦呈西高东低之势，两端落差近乎 1 米。其中西侧地表较为平整，有长期淤积的沙土堆积，土层表面生长有较茂密的野草；东面与墙体并行的运石土路已逐渐接近墙体，个别处墙体已遭车辆直接碾压；还有，在此段偏南侧有一处废弃的现代羊圈，规模较大，系直接挖断墙体而建。

此段西侧的贺兰山上，分布着上海嘎查 3 号烽火台。另外，此段墙体止点东侧台地上竖立着一座水泥质长城保护碑，是银川市人民政府于 2011 年所立。

第 29 段：G0331—G0332 点，长 98 米。消失段。此段地处红井沟沟口处，是西侧红井沟汇集而来的山洪横穿长城之地，墙体无存。

此处地势低平宽阔，墙体出现大段的残损。其破坏原因主要可能是山洪冲断。近年来随着沟内开发成较大型采沙场，来往车辆行人众多，随之产生的踩踏、攀爬等人为破坏亦逐渐增大。另外，此断口也是运石土路横穿墙体之处。原先沿墙体东面台地分布的道路从此断口处拐折，改沿墙体西侧延伸。

第 30 段：G0332—G0333 点，长 40 米。方向 150°。保存较好。此段从红井沟南侧断口边缘起，继续向南，到南侧一处小的断口边，地势由北向南略有降低，但降幅甚小。此段墙体较高，壁面陡直，但个别仍有坍塌（如北侧一小段墙体西壁的外侧附墙出现整块坍塌），两侧底部均有风蚀凹槽。残底宽 7、顶宽 3—1.2、残高 6 米（图一九八；彩图一二一）。

此段南侧，有一道从西侧汇集而来的山洪冲沟沿墙基外侧向南延伸，此冲沟虽剥蚀不甚深，剥蚀断面亦未及墙底，但天长日久难免会影响到墙体。

此段墙体起点处有红井沟敌台。另外，长城从此段开始不再沿山前台地延伸，而是改沿此处一道

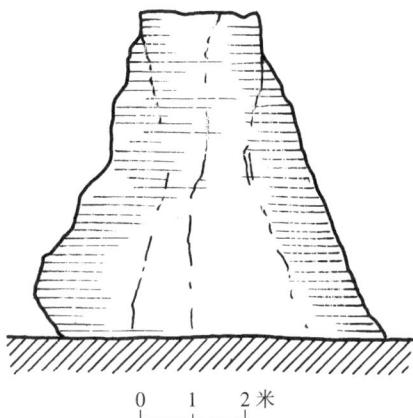

图一九八　G0333 点处墙体断面图
（东南—西北）

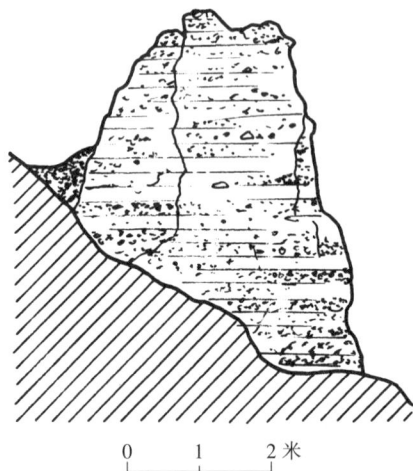

图一九九　G0337 点处墙体断面图
（西北—东南）

凸起的山梁向南延伸，其与贺兰山山体间形成一道宽窄不一的河谷（此河谷今已被碾压出一道与墙体并行的运石土路）。

此段起点西侧的台地上，有一座内蒙古阿拉善左旗人民政府于 2011 年树立的水泥质长城保护碑。

第 31 段：G0333—G0334 点，长 123 米。方向 150°。保存较差。此段位于凸起的山梁北段，是从底部处起，沿山梁缓坡面而上，到山梁近顶部，地势由北向南略有抬升。此段墙体保存较差，其中北侧有一处宽 10 米的山洪断口，而南侧墙体则多坍塌成土垄状，仅个别地段尚保留夯土。两侧底部均有较厚的坍塌土与风淤沙土堆积，表面生长有较茂密的沙蒿、芨芨草等。残存墙体斜高 5、顶宽 0.5—1 米。

第 32 段：G0334—G0337 点，长 62 米。保存较差。此段从山梁北侧近顶部开始，不再继续向上攀升，而是向西拐，沿山体西面坡辗转向南，最后到南侧墙体保存特征点处，地势上基本相当。方向曲折，平面略呈"C"形。此段墙体残损甚重，整体已呈土垄状，顶部已与东侧山体基本持平，仅西侧尚保留部分夯土。残存墙体西壁斜高 5、顶宽 0.5—1.2 米。

此段墙体中间几经转折，各点间的距离、方向分别为：

G0334—G0335 点，长 18 米，方向 170°；

G0335—G0336 点，长 14 米，方向 215°；

G0336—G0337 点，长 30 米，方向 165°。

第 33 段：G0337—G0339 点，长 181 米。保存一般。此段从墙体保存特征点处开始，继续沿山梁西面坡辗转向南，到东南侧另一处墙体保存特征点处，地势上随山体有起伏，落差较大，方向较为曲折。此段墙体较高，但坍塌等残损稍重，残存墙垣呈断断续续状。底宽 3、顶宽 0.6—1.5、通高 5.5 米（底部山险墙高 2.5—3.5、上部土墙高 2—3 米），夯层厚 0.2—0.25 米（图一九九；彩图一二二）。

长城从此段开始，修筑方式与之前直接在台地上、两面夹板夯筑的特点不同，是根据此段长城紧贴山体斜坡面修筑的实际情况，进行因地制宜的修改：底部紧依山体，只夯筑西侧一面，东面则直接利用山体，从而形成一处紧挨山体的夯土平台。然后在此基础之上再两面夹板夯筑成顶部高墙。此道长城均属较薄的单墙，两侧无加厚的附墙。

从此段开始，墙体底部西面山体被砍削出一道山险墙，高 2.5—5 米，其外侧形成一道宽 10—16 米的平台。

此段以 G0338 点为界分为南北两段，其中北段长 53 米，方向 140°；南段长 128 米，方向 150°。

第 34 段：G0339—G0341 点，长 100 米。保存较好。是从北侧墙体保存特征点处开始，向东南，绕过一处弧形山凹后再改向西南，最后到西南侧墙体拐弯处，平面成反"C"形。此段墙体保存较高，是此段长城保存最好的一段。墙体拐折成圆弧状，顶部收缩，形制较为特殊。其东面壁保存较好，基本原状保存，壁面上遍布黑色霉斑；西面则因临坡，坍塌略重，已难辨其全貌。底部山险墙因坍塌土掩埋等难以测量，夯土残高 5、顶宽 0.2 米左右（图二〇〇；彩图一二三）。

第 35 段：G0341—G0350 点，长 366 米。保存一般。此段从西北侧墙体的一处保存特征点处起，继续沿山体西面半坡向东南，中间几经拐折，最后到一处墙体断口处。墙体特征与前段相似，但保存状况一般，坍塌等残损较重，壁面风蚀、雨蚀、片状剥离和粉状脱落等均十分明显。保存较好处墙体通高 11（底部山堑高 6、顶部土墙高 5 米），土墙底宽 3、顶宽 0.5 米（彩图一二四）。

此段墙体方向几经转折，各点之间的距离、方向如下：

G0341—G0342 点，长 90 米，方向 160°；
G0342—G0343 点，长 34 米，方向 230°；
G0343—G0344 点，长 48 米，方向 190°；
G0344—G0345 点，长 36 米，方向 275°；
G0345—G0346 点，长 30 米，方向 195°；
G0346—G0347 点，长 23 米，方向 100°；
G0347—G0348 点，长 35 米，方向 165°；
G0348—G0349 点，长 25 米，方向 260°；
G0349—G0350 点，长 45 米，方向 140°。

此段墙体止点东侧的山梁上分布着黄羊滩 3 号烽火台。

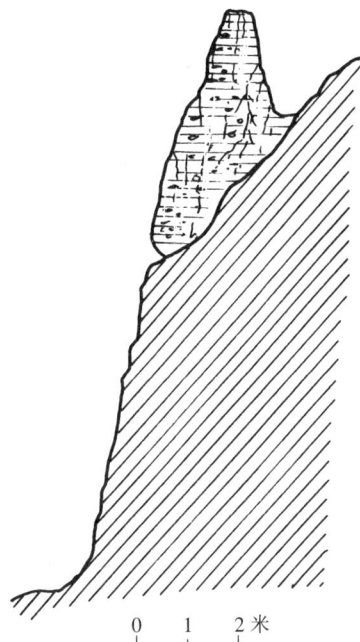

图二〇〇 G0341 点处墙体断面图（南—北）

第 36 段：G0350—G0351 点，长 45 米。消失段。此段位于黄羊滩 3 号烽火台南侧约 50 米、烽火台所在山体的南面坡处，是从山坡西侧拐弯处开始，沿陡坡面向东，最后到东面土墙重新起点处，方向基本呈西南—东北向。此处坡面陡峭，坡度近 60°，其底部的山堑尚有残留，但上部夯土墙无存。

第 37 段：G0351—G0357 点，长 322 米。保存一般。此段从黄羊滩 3 号烽火台南侧开始，继续沿山体半坡辗转向南，绕过此处的反 "C" 形弯、再沿山坡而下，最后到近南面河道的半坡处。墙体坍塌等残损较重，残存墙体通高 4.5—6.5（底部山堑高 4.5—5、顶部土墙高 1—2.5 米）、顶宽 0.6—1 米（彩图一二五）。

此段墙体方向亦几经转折，其各段间的距离、特征如下。

G0351—G0352 点，长 26 米。此段从断口处起，继续沿山体半坡向南，到南侧一个反 "C" 形弯北面，此段墙体方向较直。

G0352—G0354 点，长 75 米。此处位于反 "C" 形弯处，是从弯道北侧开始，随山体向东面弧形折，到 G0353 点后再折回西南，最后到弯道南侧。以 G0353 点为界，前段长 32、后段长 43 米。

G0354 点—G0356 点，长 176 米。此段继续沿山梁西面半坡向南延伸。此段在中部 G0355 点为界，前后方向略有拐折，其中前段长 70、后段长 106 米。

G0356—G0357 点，长 45 米。此段墙体从拐弯处开始，继续沿山梁西面半坡向东南延伸，最后到近底部河道处，地势由北向南逐渐下降，降幅较缓。此段止点处附近，原先一直与墙体并行分布的西侧平台消失。

第 38 段：G0357—G0358 点，长 75 米。保存较差。此段是从半坡处开始，继续沿坡面而下，最后到南侧干涸河道边，地势由北向南逐渐下降。此段墙体特征与前段基本相似，但西侧外已无随墙延伸的平台。墙体保存较差，坍塌等残损甚重，底部山堑较高，已砍削至沟底。残存墙体通高 11.5（底部山堑高 10、土墙高 1.5）、顶宽 0.5 米。

第 39 段：G0358—G0359 点，长 57 米。消失段。此段位于一道较宽的山洪断口处，墙体无存。

此段地处山凹处，是西北、西南几道山洪汇集、横穿墙体之地，河道宽阔平坦。在此段起点东侧山体上还有一座废弃的羊圈，距墙体不及 50 米。

第 40 段：G0359—G0360 点，长 57 米。方向 150°。保存较差。此段是从干涸河道南侧起，随一道稍微凸起的山梁顶而上，最后到山梁半坡墙体拐点处，地势由北向南逐渐抬升，但升幅不甚大。墙体保存甚差，多仅存痕迹。

此段墙体因地处较为开阔地带，墙体砌筑上与前段依山而砌的方法不同，是在平地上两侧夹板直接砌筑而成，只是由于残损较重，其版接缝、夯层、夯窝等特征已难辨。

第 41 段：G0360—G0366 点，长 57 米。保存较差。此段从冲沟南面山体半山坡处开始，随山体略向西折，再沿此道山梁的西面半坡辗转向南，最后到东南侧一处墙体保存特征点处，地势随山体有上下起伏，落差不甚大。墙体方向亦十分曲折。其构筑方式也属依山而建，即先依照山体西面坡夯筑墙体，底部亦砍削成山堑，山堑外侧再修筑一道随墙而行的平台。与前段不同的是，此段墙体整体保存较差，坍塌等残损甚重，保存较好的土墙甚少。残存墙体通高 5—8（上部土墙残高 0.6—1）、顶宽 0.2—0.8、西侧平台宽 5—16 米（彩图一二六）。

此段墙体方向十分曲折，各点之间的距离、方向如下：

G0360—G0361 点，长 53 米，方向 145°；

G0361—G0362 点，长 57 米，方向 160°；

G0362—G0363 点，长 63 米，方向 140°；

G0363—G0364 点，长 35 米，方向 155°；

G0364—G0365 点，长 36 米，方向 235°；

G0365—G0366 点，长 49 米，方向 135°。

第 42 段：G0366—G0367 点，长 189 米。保存差。此段墙体特征与前段相似，只是所在山坡十分陡峭，墙体保存甚差，仅存痕迹。底部山堑高 8 米。

第 43 段：G0367—G0368 点，长 67 米。保存一般。此段是该处墙体中保存相对稍好的一段，特征与第 40 段基本相似，仅上部夯土墙体保存略高。残存墙体通高 7（其中底部山堑高 5、上部土墙残高 2）、顶宽 0.2—0.4 米。因夯土中含沙量较大，表面已呈灰黑色，夯层、版接缝等已不清。

此段止点南侧山梁上分布着黄羊滩 4 号烽火台。

第 44 段：G0368—G0374 点，长 323 米。保存较差。此段从黄羊滩 4 号烽火台北侧墙体保存特征点处起，继续沿山体西面坡辗转向东南，最后到夹子沟北侧半坡处。墙体特征与第 40 段基本相似，残存墙体通高 8（其中土墙残高 0.5—1 米）、顶宽 0.2—0.5 米（彩图一二七）。

此段墙体方向亦几经转折，各点间的距离如下：

G0368—G0369 点，长 103 米；

G0369—G0370 点，长 76 米；

G0370—G0371 点，长 28 米；

G0371—G0372 点，长 22 米；

G0372—G0373 点，长 43 米；

G0373—G0374 点，长 51 米。

此段止点处，基本墙体并行的西侧平台消失。

第 45 段：G0374—G0375 点，长 39 米。方向 150°。保存较好。此段位于夹子沟北面坡上，是从半坡处起，沿此处一道凸起的山梁向东南，最后到北岸边，地势由北向南逐渐降低，但落差不大。此段墙体不再依山而建，而是直接在山梁上两面夹板夯筑而成。墙体保存较好，整体较厚重敦实，从断面处来看此处应在主墙外两侧还加夯了附墙。只是坍塌等残损亦较重，两侧底部均有较厚的坍塌土与风淤土堆积；同时壁面上的片状剥离和粉状脱落病害明显，西侧底部亦有明显的带状风蚀凹槽，凹槽残高 0.5、进深 0.4 米。墙体残底宽 5、顶宽 2、残高东侧 4.5、西侧 6 米（图二〇一）。

第 46 段：G0375—G0376 点，长 150 米。消失段。此段横跨夹子沟干涸河道，墙体无存。

此段地势低平，是西侧夹子沟等处山间汇集的山洪横穿墙体之地，河道开阔悠远，底部剥蚀较深，今有运石路有岔道沿此沟出山。另外，在此段断口西侧的台地上，有一座内蒙古阿拉善左旗政府于 2011 年所立的水泥质长城保护碑。

第 47 段：G0376—G0377 点，长 52 米。方向 150°。保存差。此段是从夹子沟南岸起，沿山间台地向东南，最后到一处墙体保存特征点处，地势较低平。墙体保存甚差，整体已呈土垄状，残底宽 5、残高 0.3 米左右。

墙体自此段起，不再像前段一样沿东面山梁分布，而是改沿东西两道山梁之间的山谷地带延伸。这里地势较为低平，墙体属在原生地表上直接两面夹板夯筑而成，墙体敦厚结实，方向亦较直。但因位置较低，受山间汇集的山洪冲刷破坏较重。另外，原先位于山谷地带的南北向运石土路基本紧挨墙体延伸，并数次与墙体交错，也是对墙体保护影响较大。

此段西侧 320 米处即为夹子沟内的巨力石料厂，这是一处规模较大的石料基地，机械整日轰鸣，来往运输车辆不绝。

第 48 段：G0377—G0378 点，长 63 米。方向 150°。保存较好。此段是夹子沟采石场沟口前保存较好的一段。墙体较高且敦实，壁面陡直，两侧底部坍塌土不多，顶部较平。墙体从断面来看，在中心主墙外两侧再加夯附墙。墙体底宽 6.5、顶宽 2.5、残高 6—8.5 米（图二〇二）。

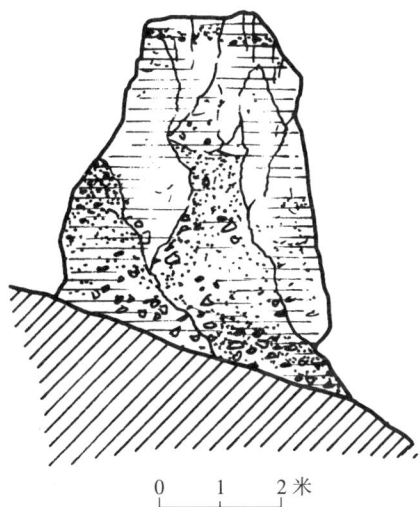

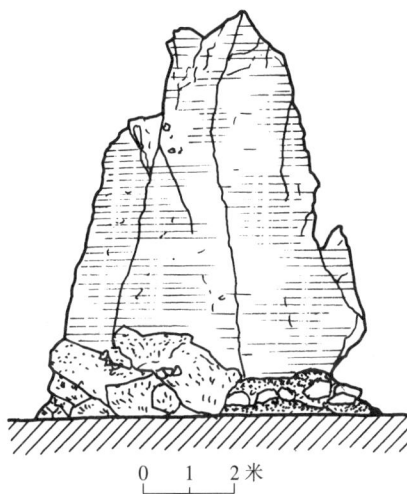

图二〇一　G0374 点处墙体断面图（西北—东南）　　　　图二〇二　G0378 点处墙体断面图（南—北）

此段墙体虽然保存较高，但残损亦较明显。较明显的自然破坏如山洪冲刷。此段末段附近是夹子沟南侧一道较宽的冲沟（此沟今已成为进出夹子沟巨力石料厂的道路），山间汇集的山洪在墙体西侧向南折，始沿墙基向南流去，受其冲刷影响，此段底部基础剥蚀较深，已逐渐剥蚀至墙基处。人为破坏亦较明显，如此段止点处有一处人为掏挖的贯通状洞穴，东面石块封口；西侧运石土路此处基本紧贴墙体而行，难免会对墙体产生一定影响。

第49段：G0378—G0379点，长217米。方向150°。保存差。此段墙体残损甚重，整体已呈土垄状。残底宽6、残高0.3米左右。

此段起点处西侧有干涸河道（今已成为进出夹子沟巨力石料厂的道路），有山洪从西侧山间汇集而来，到墙体西侧后，随地势向南折，改沿墙体西侧向南流去，在墙体外形成一道较深的剥蚀河道，今已被碾压成道路。

第50段：G0379—G0380点，长44米。保存一般。墙体较高，尤东壁保存较好，壁面生长有较茂密的黑色霉斑，但西壁则因受底部山洪冲蚀等影响而坍塌略重。保存较好处底宽7、顶部残宽0.5、残高1—6米。

此段西侧、距墙体140米左右的山体今被开辟为采石区。

第51段：G0380—G0381点，长40米。保存差。此段从墙体保存特征点处开始，继续向东南，到南侧断口处。此段墙体坍塌甚重，整体已呈土垄状。两侧均堆积有较厚的坍塌土及风淤土，表面生长有稀疏的沙蒿等。

第52段：G0381—G0382点，长46米。消失段。此段是原沿墙体西侧而来的洪水横穿墙体之处，墙体无存。有碾压出的道路通往西侧采石区。

从此段开始，原分布于墙体西侧的运石土路经此断口，改沿墙体东侧继续向南延伸。且不再紧贴墙体而行，而是略微远离墙体，两者间距在5—20米。

第53段：G0382—G0383点，长62米。方向150°。保存较好。此段是从干涸河道南侧墙体断口处起，继续沿山间台地向南，最后到南侧一处墙体断口处。西侧与山体间距离较近，有长期堆积的风淤沙土，土层较厚，表面生长有茂密的野草。此段墙体较高且基本连续，但底部风蚀凹槽等残损亦较明显。尤其是西侧，今已呈带状、贯通墙底，凹槽残高0.8、进深0.6米。墙体残底宽7、顶宽3.5、残高6米，夯层厚0.15—0.2米，版接缝长5—5.5米。

墙体自此段起，开始沿山谷偏西侧，即西侧山梁的山脚下分布，方向较直，但受山洪冲刷等影响，断口相对较多。

此段西侧的山体上今也成为采石区，已将整面山头砍削半截。

第54段：G0383—G0384点，长23米。消失段。此段是一处小的山洪断口，是西面山间汇集而来的季节性山洪横穿墙体之处，墙体无存。

此断口也有通往西侧采石厂的通道，可达采石作业区。

第55段：G0384—G0385点，长86米。方向150°。保存一般。此段是从小断口南缘起，继续沿西面山脚下向南，最后到南侧另一小断口边，其特征与第52段基本相似，仅保存略差，墙体虽然较高，但坍塌等残损稍重。东壁保存略好，底部有风蚀凹槽，西壁则成斜坡状，版接缝等十分模糊。西侧风淤土表面有汇聚的洪水冲刷的浅痕。残底宽7、顶宽0.5—1、残高4.5—5.5米。

第56段：G0385—G0386点，长66米。消失段。此段是进入西侧平台（此处有一处废弃的羊圈）的一道缺口，有人用铲车将此处墙体及周围推平，墙体无存。

第 57 段：G0386—G0387 点，长 274 米。方向 150°。保存一般。此段墙体特征与第 54 段基本相似，残底宽 7、顶宽 0.6—2.3、残高 4.8 米，夯层厚 0.15—0.2 米（图二〇三）。

此段西侧淤土较厚，中部有一处废弃的羊圈。东面山梁顶部分布着黄羊滩 5 号烽火台（即高石墩）。

第 58 段：G0387—G0388 点，长 24 米。消失段。此段地处一小冲沟处，是西侧山口间汇集而来的季节性山洪横穿墙体之处，墙体无存。

此段今也成为进出西侧山间的一处断口，有运石车辆进出其间。

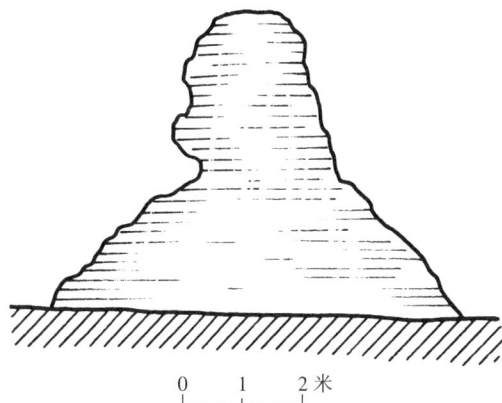

图二〇三　G0387 点处墙体断面图（南—北）

（二）黄羊滩山险

G0388—G0389 点，此段位于高石墩西侧的峡谷间，是从小冲沟南边开始，沿西侧高耸陡峭的山体向南，最后到峡谷南口的土墙起点处，全长 95 米（参见一八六；彩图一二八）。

此段东西两侧山体均较高大陡峭，尤其东面山体，垂直高度近百米。而两山之间的峡谷狭窄，底部平坦，是西侧山体汇集的山洪通道。因此处地表原先可能均属河道，筑墙不易，故此段未修筑土墙，直接利用陡峭的山体为险。

（三）黄羊滩 II 段土墙

此段是夹在黄羊滩山险与石墙之间的一段土墙，北起峡谷南口，继续沿台地向南，辗转到柳渠沟北侧的石墙起点处，全长 1607 米。根据其保存状况等大致可分为 9 小段（图二〇四、参见一八六）。

第 1 段：G0389—G0390 点，长 305 米。方向 330°。保存一般。此段从峡谷南口处起，向南到一处断口边。墙体坍塌等残损较重，除了个别地段保存较高外，多数地段坍塌成断断续续状，两侧壁面生长有较多的黑色霉斑，坍塌堆积土生长有较茂密的芨芨草等。墙体底宽 5、顶宽 0.6—1、残高 1—3.5 米。

此段并未位于底部山洪冲刷河道上，而是位于位置略高的西侧山体近底部。

第 2 段：G0390—G0391 点，长 169 米。消失段。此段墙体无存，仅个别地段（如此段偏北侧）尚存痕迹。

此段已出峡谷，从西面山间汇集而来的山洪在此处分流，其中主道向东折，沿东面高山南侧的一道河谷向东流去，而叉道河流则向西南折，沿西南侧低洼处辗转向南，在此段形成一处十分宽阔的弧形冲蚀沟，已不但将此段长城冲垮、就连底部台地亦被剥蚀深达 0.5 米左右，墙体无存。

第 3 段：G0391—G0392 点，长 122 米。方向 230°。保存较好。此段从断口南边开始，向南到另一处小断口边。此段墙体高大敦实，顶部较平整，但坍塌等残损略重，局部处仍有残断。尤以临近河道的西侧墙体坍塌较重，壁面生长有浓密的黑色霉斑；东壁则保存相对略好，但底部亦有贯通状风蚀凹槽。残底宽 7、顶宽 3、残高 8—8.6 米。东壁底部风蚀凹槽残高 0.5、进深 0.6 米（图二〇五；彩图一二九）。

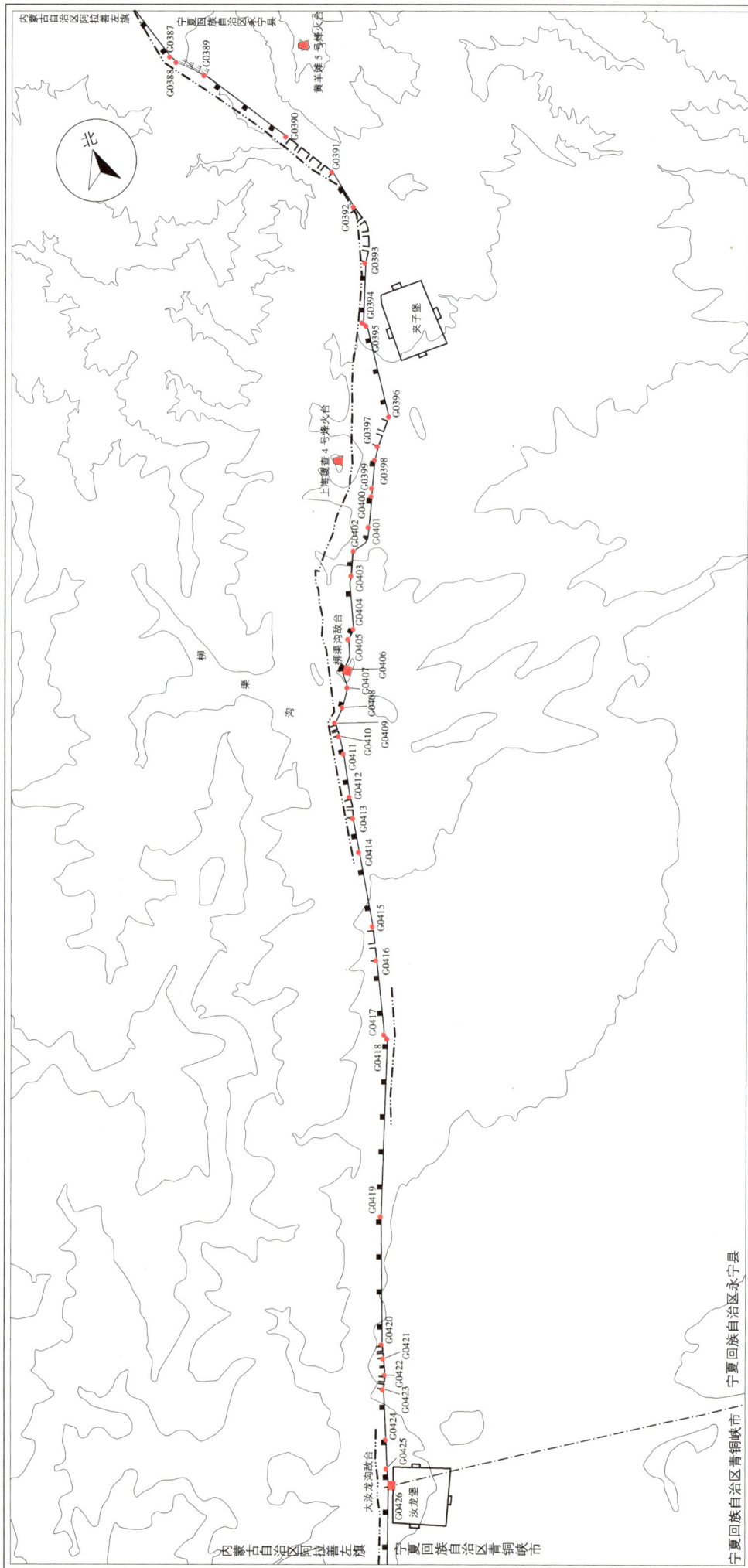

图二〇四 黄羊滩Ⅱ段土墙、黄羊滩石墙和黄羊滩Ⅲ段土墙走向图

此段墙体基本沿冲沟东岸分布，冲沟剥蚀的断面已迫近墙基处。

第 4 段：G0392—G0393 点，长 165 米。消失段。此处被西侧紧贴墙基的河道冲刷出一个半圆形断口，墙体无存。底部剥蚀深达 1 米左右。

第 5 段：G0393—G0396 点，长 443 米。方向 210°。保存较好。此段是黄羊滩农场段长城中保存最好的地段之一，是从河道冲蚀断口南边开始，继续沿河道东岸向南，中部（G0394 点）随地势略向东拐折，最后到夹子沟干涸河道边。此段整体保存较好，墙体连续，底部坍塌土堆积不多；两壁高耸，壁面上的夯层、版接缝十分清楚；顶部平整，特别是中段拐点附近女墙、垛墙尚有残留。墙体底宽 7、顶宽 3.5、残高 6.5—7.5 米。夯层厚 0.15—0.20 米，版接缝长 5—5.5 米。垛墙顶宽 0.4、残高 0.6 米；女墙则多已坍塌，残宽 0.3、残高 0.4 米（图二〇六、二〇七；彩图一三〇、一三一）。

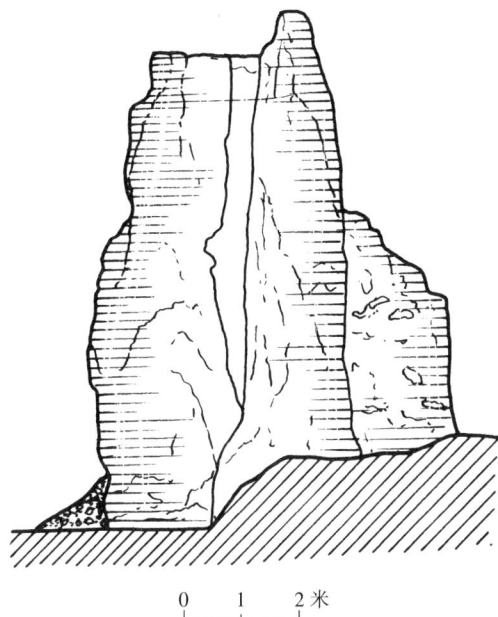

图二〇五　G0392 点处墙体断面图（南—北）

此段残损最明显的损毁因素是山洪冲刷。因西侧紧邻干涸河道，季节性洪水的长期冲刷使得墙体西侧地基剥蚀甚重，尤其墙体中部拐折处，其西侧地基已被山洪剥蚀出较深的凹槽，墙面亦随之出现局部坍塌；风蚀对墙体亦有一定破坏，今存墙体的两侧底部均有风蚀凹槽，呈带状，尤是西侧最为明显，凹槽高 0.8、进深 0.6 米；西壁壁面分布有较多的黑色霉斑。另外，在此段中部还有 2 处人为掏挖的洞穴，呈贯通状，残高 2、底宽 1.2—1.3 米。

此段墙体几经拐折，各段的长度、方向如下：

G0393—G0394 点，长 172 米，方向 210°；

G0394—G0395 点，长 15 米，方向 120°；

G0395—G0396 点，长 271 米，方向 210°。

此段墙体东侧、距墙体 156 米处的台地上分布有夹子堡。止点处有两座长城保护碑，一座位于止

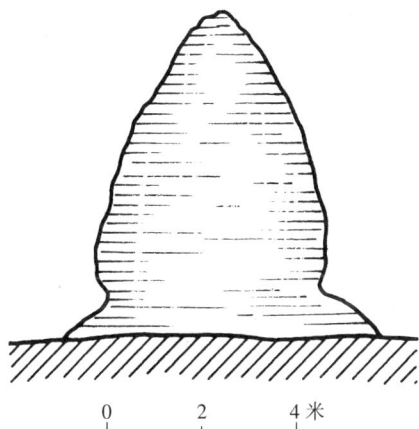

图二〇六　G0393 点处墙体剖面图（北—南）

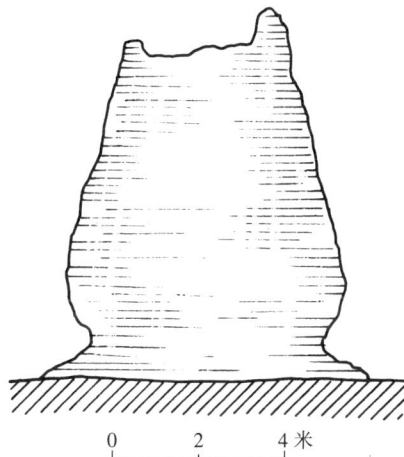

图二〇七　G0395 点处墙体剖面图（北—南）

点东侧，是银川市人民政府于 1988 年所立；另一座位于止点西南侧的台地上，是内蒙古阿拉善左旗人民政府于 2011 年所立。另外，从本段开始，在墙体的东面台地上随墙体走向拉有一道铁丝网，是兰州军区训练场的界桩。

第 6 段：G0396—G0397 点，长 84 米。消失段。此段横跨夹子沟沟底干涸河道，墙体无存。

此处是一处较为宽阔的河道，有西侧山间汇集而来的大小四股季节性洪水在此汇聚、横穿墙体后向东流去。

第 7 段：G0397—G0399 点，长 125 米。方向 200°。保存一般。此段从夹子沟河道南开始，继续向西南，最后到南侧一处断口边。此段地处夹子沟河道西侧台地上，地势较为低平，方向亦较直。墙体保存一般，坍塌较重，多数地段已呈斜坡状，保存较高者不多，中部亦有一处小的山洪断口。残底宽3—5、顶宽0.6—2、残高3—6 米。

此段中部（G0398 点）有一处小的山洪断口，断口底宽 5、顶宽 10 米。另外，此段墙体的西侧山梁上分布着上海嘎查 4 号烽火台。

第 8 段：G0399—G0400 点，长 23 米。消失段。此段也是一处山洪断口，是西南侧山间汇集的季节性山洪横穿墙体之地，墙体无存。

第 9 段：G0400—G0402 点，长 171 米。保存一般。此段从小断口南边起，沿南侧山体向东突出的一道山嘴北坡而上，辗转到半坡处的土、石墙交汇处。此段地势有高低起伏，但总体随山体由北向南逐渐抬升，升幅较大。方向亦较曲折。墙体保存略高，但坍塌等残损略重，个别地段已呈断断续续状，东西两侧墙体底部均有带状风蚀凹槽。残底宽 7、顶宽0.5—2、残高 6 米。两侧风蚀凹槽残高 0.4、进深 0.3 米左右。

此段以中部 G0401 点为界，墙体地势等略有不同。

G0400—G0401 点，长 88 米。此段基本位于半坡一座凸起的小山丘上，是从河道边起，随山坡而上，最后到山丘顶处，地势逐渐有抬升，方向较直。

G0401—G0402 点，长 83 米。此段从小山丘顶部开始，随其西南面坡而下，过中间的马鞍形山凹、再沿南侧山坡而上，最后到半山腰土、石墙交汇处。地势基本呈中间低、两端高的倒马鞍形。墙体局部（尤是近山凹底部）坍塌较重。方向较曲折。

此段西侧，有一道从西南侧山间汇集而来的干涸冲沟，辗转沿墙体西侧向北延伸，最后入夹子沟。

（四）黄羊滩石墙

此段是夹在土墙中间的一段石墙，位于柳渠沟以北、夹子沟以南，在山体向东延伸出的一道山嘴北面坡上。西面陡坡下有山间汇集的干涸冲沟，地势由北向南逐渐攀升，升幅较大。是直接在山坡上采集石块、用毛石干垒成石墙。此段长度较短，保存亦基本相似，可归于一段（参见图二〇四；彩图一三二）。

G0402—G0403 点，长 75 米。方向 200°。保存较好。此段石墙是在原生砾石地表上直接以较大块岩石砌边，内用黄土夹杂小石块填塞而成，整体保存较好，壁面较高，顶部的垛墙等尚有残留，但坍塌等残损亦较重。底宽2.5、顶宽1.5、残高5.5 米。顶部垛墙底宽0.9、顶宽0.6、残高0.8 米。女墙已残。

此段石墙两端直接与土墙紧密相连，两者之间无缝隙。所选石料多为块状砂岩，规格不一，大致在长 0.3—0.5、宽 0.2—0.3、厚 0.1—0.2 米，似非特意精选。石色不纯，以赭红色居多，另有少量青灰等。从坍塌的石墙断面来看，内侧还夹杂有桩木，是用荆棘、柠条等细枝条分层平放在石层间，东西两端并未延伸出墙外，与小石块、黄沙土等紧密结合，起拉筋的作用。从断面来看，桩木使用较密集，每隔0.6米便施一层（彩图一三三）。

（五）黄羊滩Ⅲ段土墙

此段北起黄羊滩石墙止点，继续沿山前台地向南，辗转经柳渠沟、小汝龙沟等山口，最后到永宁县与青铜峡市交界处的大汝龙沟处，全长2639米。此段全属土墙，按其保存状况等大致可分为20小段（参见图二〇四）。

第1段：G0403—G0405点，长194米。保存一般。此段从黄羊滩石墙截止点起，继续沿山坡而上，中间略有拐折，最后到近顶部墙体保存特征点处，地势由北向南逐渐攀升，升幅较大。此段仍然沿西侧小冲沟岸边分布。土墙是先紧贴山体、只夯筑西侧，等夯筑到顶部与山梁基本持平后再两面夹板夯筑。其中西侧底部再将山体岩石砍凿成山堑。墙体整体保存一般，西壁虽较为高耸陡峭，但东壁坍塌等残损较重，多已呈斜坡状。西壁壁面上有较多的黑色霉斑。残存墙体通高5（底部山险墙高4—4.5、夯土墙体残高0.5—1）、顶宽0.5—2.5米（图二〇八；彩图一三四）。

此段以中部G0404点为界，两段方向略有拐折，其中前段长160米，方向215°；后段长34米，方向250°。

第2段：G0405—G0406点，长90米。保存一般。此段是从近顶部的一处墙体保存特征点处开始，继续沿山坡而上，最后到山嘴顶部的柳渠沟敌台北壁，地势由北向南亦有抬升，但幅度较之前段明显放缓。墙体亦保存一般，坍塌等残损较重，尤是东壁基本已呈斜坡状；西壁则保存稍好，较高，局部处生长有黑色霉斑。底宽4.5、顶宽0.5—1、残高5米。

此段逐渐接近山嘴顶部，地势与前段相比较缓，墙体西侧的冲沟无存，故此段改沿坡面延伸，墙体亦属两面夹板夯筑而成，西侧底部则被砍削出山险墙。

第3段：G0406—G0407点，长53米。保存一般。此段是从柳渠沟敌台东南侧开始，沿此处一道隆起的山梁西缘向东南，最后到山梁边。此段紧依山梁的西面坡，底部先只夯筑西侧一面，等顶部基本与山梁顶部平齐后再两面夹板夯筑加高，其西面山体被砍凿成山险墙。墙体保存一般，西壁虽保存较高，但依然有坍塌等残损，顶部露出的夯土墙不高。残存墙体通高2—3.5（底部山险墙高0.5—1.5、上部土墙高0.5—2.5米）、顶宽0.5—1米。

第4段：G0407—G0408点，长60米。保存差。此段位于山嘴的南面坡上，是从坡边开始，沿坡面而下，最后到近底部墙体保存特征点处，地势北高南低，两端落差较大。此段墙体保存甚差，整体已呈土垄状，残存夯土不多。

第5段：G0408—G0409点，长50米。保存较好。此段位于柳渠沟沟口北岸的台地上，是从北面缓坡近底部墙体保存特征点处开始，向南一直到柳渠沟干涸河道边，地势由北向南略有下降，但降幅不甚大。此段墙体保存较好，墙体较高大敦实，顶部较平，但残损亦略重。残底宽3、顶宽0.5—2、残高5米，夯层清晰，厚0.15—0.20米

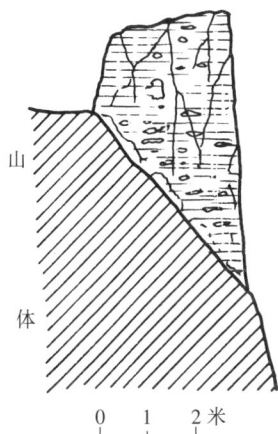

图二〇八 G0404点处墙体断面图（北—南）

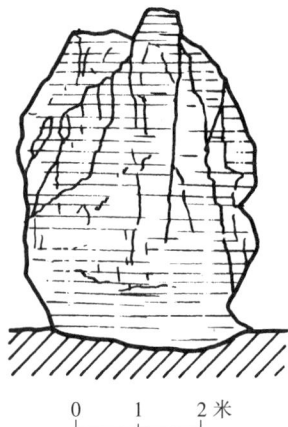

图二〇九　　G0409 点处墙体断面图（南—北）

（图二〇九）。

此段墙体两侧底部均有一道贯通状风蚀凹槽，尤其东壁最为明显，呈带状，凹槽高 0.8、进深 0.6 米；墙体顶部生长有稀疏的沙蒿。另外，此段东侧紧贴墙体处修建有几处羊圈。

第 6 段：G0409—G0410 点，长 43 米。消失段。此段横跨柳渠沟干涸河道，受西北侧汇集而来的山洪冲刷等影响，墙体无存（彩图一三五）。

第 7 段：G0410—G0411 点，长 37 米。保存差。此段从柳渠沟河道南岸开始，继续沿山前台地向南，到一处土墙保存特征点处，地势由北向南略有抬升。此段墙体保存甚差，仅存底部残迹。其残损原因可能与南面紧贴墙体的长年驻牧的牧羊人有关。

此台地上竖立有两块长城保护碑，其中一块位于起点西侧，系阿左旗人民政府于 2011 年竖立；另一块位于止点附近的东侧，是银川市人民政府所立。

第 8 段：G0411—G0412 点，长 138 米。方向 200°。保存较好。此段从柳渠沟南岸边墙体保存特征点处开始，向南到一处断口边，地势由北向南略有下降，但降幅不大。墙体保存较好，整体较为厚重敦实，顶部较平整，但坍塌残损亦略重。底宽 7、顶宽 3、残高 5.5 米。

此段最主要的破坏属人为搭建。墙体东侧、紧贴墙体修建有两座羊圈房舍，有牧羊人长年驻守，在此段西南侧不远处的山脚下还有一户牧羊人的房舍羊圈。自然损坏此段亦有表现，如墙体两侧底部均有一贯通状风蚀凹槽，尤其西侧最为明显，呈带状，凹槽高 0.6、进深 0.4 米；两侧壁面均有不同程度坍塌，底部有较厚的坍塌土与风淤土堆积，土层表面生长有沙蒿等野草。

此段西侧与山体间有一道较窄的凹沟，有雨水在此汇集、从南侧墙体断口处横穿墙体。

第 9 段：G0412—G0413 点，长 70 米。消失段。此段是一处山洪断口，受西面汇集的洪水冲刷影响，此段墙体基本无存。

第 10 段：G0413—G0414 点，长 99 米。方向 200°。保存较好。此段从小断口南侧开始，向南到另一处小断口边，地势由北向南亦略有降低。此段墙体较高且厚重敦实，但坍塌等残损略重，两侧壁面底部均有较厚的坍塌土与风淤沙土堆积。残底宽 7、顶宽 1—2.5、残高 5 米。

此段墙体因逐渐远离牧羊人居住点，故其残损原因中人为因素逐渐降低，而主要是自然因素，典型的如在此段底部两侧均有风蚀凹槽，以东壁裸露出的凹槽最明显，残高 0.4、进深 0.3 米。

第 11 段：G0414—G0415 点，长 220 米。方向 200°。保存一般。此段从小断口北边开始，过此小断口，再向南到一处较宽的断口边。其特征与第 10 段相似，但保存一般，北段被山洪冲刷出一处长 23 米的断口，南段则坍塌较重，两侧壁面均呈斜坡状，局部处也有残断。顶宽 0.5—2、残高 4.5 米。

此段西侧随墙体延伸的泄洪槽较之前段剥蚀略深，一些地段（如此段北面）已剥蚀至墙基处。

第 12 段：G0415—G0416 点，长 96 米。消失段。此段是一处较宽阔的山洪断口，是西侧山间汇集的三道山洪横穿长城之地，墙体无存。

第 13 段：G0416—G0417 点，长 219 米。方向 200°。保存一般。此段从断口南缘开始，继续向南到一处小断口边。此段墙体特征与第 8 段等基本相似，墙体除了北侧约 50 米保存稍好、墙体较高外，其余均已成残垣断壁状。残底宽6.2、顶宽1—2.6、残高7米（图二一〇）。

此段西侧亦有沿墙体分布的泄洪渠，但剥蚀甚浅。

第14段：G0417—G0418点，长16米。方向150°。消失段。此段是南北两道墙体上之间的一处错位处，东西错开近3米，墙体无存。

与其他地方墙体断口多系山洪冲刷破坏不同，此处断口地势略高，西侧山洪冲刷的河道并未从此处横穿墙体（此处山洪沟继续沿墙体西侧辗转向南流去），亦无人为挖断的痕迹，且此段起点处（G0417点）断面十分陡直，形制亦较规整，推测此处断口并非后期残损，而可能系建筑时规划误差所致（彩图一三六）。

第15段：G0418—G0420点，长888米。方向200°。保存较差。此段从墙体错位南面开始，继续向西南，中间随地势略有一处小拐折（G0419点），最后到小汝龙沟山洪断口边。此段墙体特征与前段基本相同，墙体连续，但保存较差，除了个别地段保存尚可外，多数地段坍塌成斜坡状，两侧底部均有较厚的坍塌土与风淤土堆积，土层表面生长有较茂密的沙蒿等野草，个别地段裸露出的壁面上风蚀痕迹较为明显。残底宽4、顶宽0.8—1、残高7米，夯层等不清（图二一一）。

此段墙体西侧有沿墙基分布的、山间汇集而来的山洪冲刷形成的干涸河道，由北向南一直延伸到此段止点处。此河道虽不甚宽，但其剥蚀破坏由北向南逐渐加深，尤其靠近此段止点处剥蚀最深可达1米以上，有些地段剥蚀已逼近墙基。另外，此段墙体两侧地势不同：基本呈西高东低之势。其中西侧因受山洪长期携带的泥沙淤积等影响，地势略高，地表有较厚的泥沙堆积层；而东侧则为沙滩，两者高差在1米左右。

第16段：G0420—G0421点，长41米。消失段。此段横跨小汝龙沟冲刷河道，受西侧山间汇聚的季节性洪水冲刷影响，墙体无存。

此处河道宽阔平坦，底部剥蚀较深，地表以小块鹅卵石堆积为主。此河道以西南侧小汝龙沟汇集的山洪为主，而西北侧基本紧贴墙体而来的山洪居次，两处河流在此汇集、横穿墙体向东流去。

此段基本属地势最低洼处。墙体过此段后，不再由北向南逐渐降低，而是逐渐抬升，升幅不大。

第17段：G0421—G0422点，长50米。方向200°。保存较差。此段从小汝龙沟河道南岸起，继续向西南到另一断口边。此段墙体整体保存较差，除了北侧一小段保存尚可、墙体较高外，多数地段坍塌成斜坡状，两侧均有较厚的坍塌土与风淤沙土堆积，表面生长有较茂密的沙蒿等植物。残底宽4、顶宽0.6—1、斜高3米。

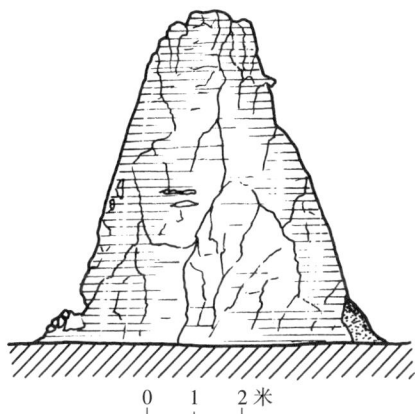

图二一〇　G0416点处墙体断面图（北—南）　　　图二一一　G0420点处墙体断面图（南—北）

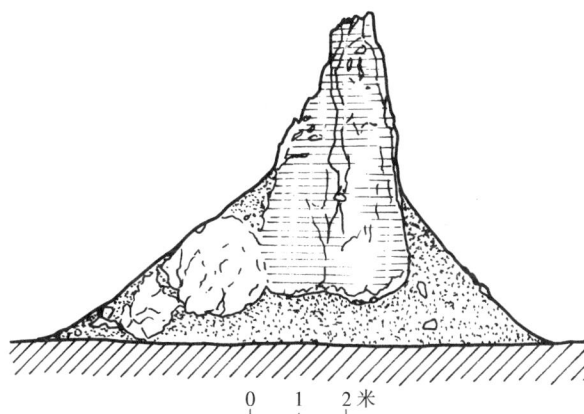

此段西侧分布有从西南侧而来的小汝龙沟冲沟，基本紧贴墙底而行，局部处已剥蚀至墙基；东面则为原生沙滩。

第 18 段：G0422—G0423 点，长 42 米。消失段。此段正对西侧小汝龙沟河道，山间汇集的而来的山洪在此处受墙体阻塞而改变流向，沿墙体西侧向北流去（经第 17 段墙体西侧后，再经第 16 段断口过墙体向东流去），受其不断冲刷剥蚀影响，此段形成一处较宽的半圆形坍塌区，包括上部墙体等均已无存。

第 19 段：G0423—G0424 点，长 146 米。方向 200°。保存较差。此段从小断口南侧开始，继续向南到大汝龙沟河道北岸，地势开始由北向南逐渐抬升。此段墙体除了个别地段保存尚可外，多数地段坍塌成斜坡状。残底宽 4、顶宽 0.6—1、斜高 3 米。

此段西侧亦有西南侧山间汇集而来、与墙体并行的干涸小冲沟，较窄、底部剥蚀亦甚浅。

第 20 段：G0424—G0425 点，长 87 米。消失段。此段横跨大汝龙沟干涸河道，是西侧汇聚的季节性洪水横穿墙体之处，墙体无存（彩图一三七）。

此段墙体断口十分开阔，底部剥蚀亦较深。在墙体以西约 150 米、大汝龙沟沟口北侧的台地上现有一户牧羊人在此长期驻守，有羊圈、房舍等。

三　青铜峡市邵刚镇玉西村段长城

此段北起青铜峡市与永宁县交界处的大汝龙沟，继续沿山前台地向南，经小沟、磨石沟、红井沟等诸山洪冲沟，最后到北岔口两道长城交汇处，全长 9653 米（图二一二 ~二一四）。

此段全属夯土墙体，其所处位置特点、修筑特征、残损破坏及保存状况等与前段十分相似，仅因行政区划不同而另分段。同时，此段西侧也属兰州军区训练区，今暂将其统一就近归入青铜峡市邵刚镇玉西村。另外，在此段中间的磨石沟，墙体有一道分支，进入磨石沟沟内、辗转延伸入贺兰山腹地。

此段墙体，按其保存状况等由北向南分为 38 段。

第 1 段：G0425—G0426 点，长 304 米。方向 200°。保存较差。此段从大汝龙沟河道南岸起，继续向南，地势亦随之略有抬升，一直到南侧一处小断口边。此段墙体保存较差，多数地段已坍塌成斜坡状，个别地段甚至有残断。两侧底部均堆积有较厚的坍塌土与风淤土，土上生长有较茂密的野草。残底宽 4、顶宽 0.5—1、斜高 3 米，夯层等不清（彩图一三八）。

此段西侧亦有南侧汇集而来的冲沟，只是痕迹较浅；止点处有一处小的断口，长 8 米。另外，此段起点南侧 50 米处有大汝龙沟敌台。

第 2 段：G0426—G0427 点，长 126 米。方向 200°。保存较好。此段墙体高耸连续，两侧壁面中以东壁保存较好，裸露出的底部有带状风蚀凹槽；西壁底部则堆积有很厚的坍塌土与风淤沙土，表面生长有茂密的野草。西侧底部外侧仍有沿墙基分布的泄洪沟，沟虽较窄，但越往南剥蚀越深。残底宽 4、顶宽 0.5—1.7、高 7.5 米（图二一五）。

此段以东 280 米的台地上分布有汝龙堡。

第 3 段：G0427—G0428 点，长 68 米。消失段。此段是一处山洪断口，是西侧山间汇集的山洪穿越墙体之地，墙体无存。

此断口较宽阔，其残损原因大致有二：北面 34 米主要为山洪断口，此处地势低平，地表以鹅卵石堆积为主；南面 34 米则为受西侧山洪冲刷坍塌所致，底部较之前段略高，地表以沙土堆积为主，个别处尚存夯土痕迹。

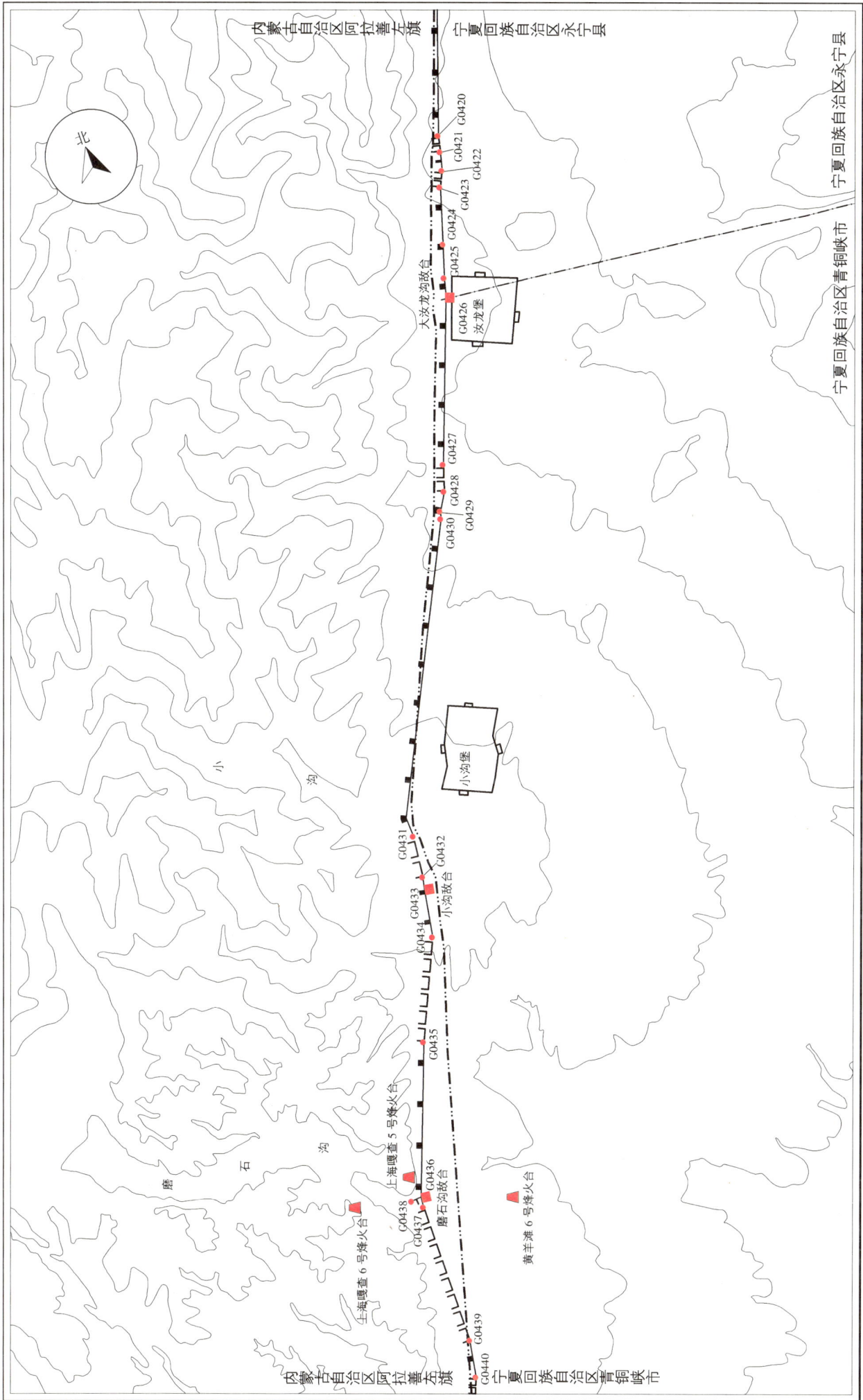

图二一二 青铜峡市邵刚镇玉西村段长城走向图-1

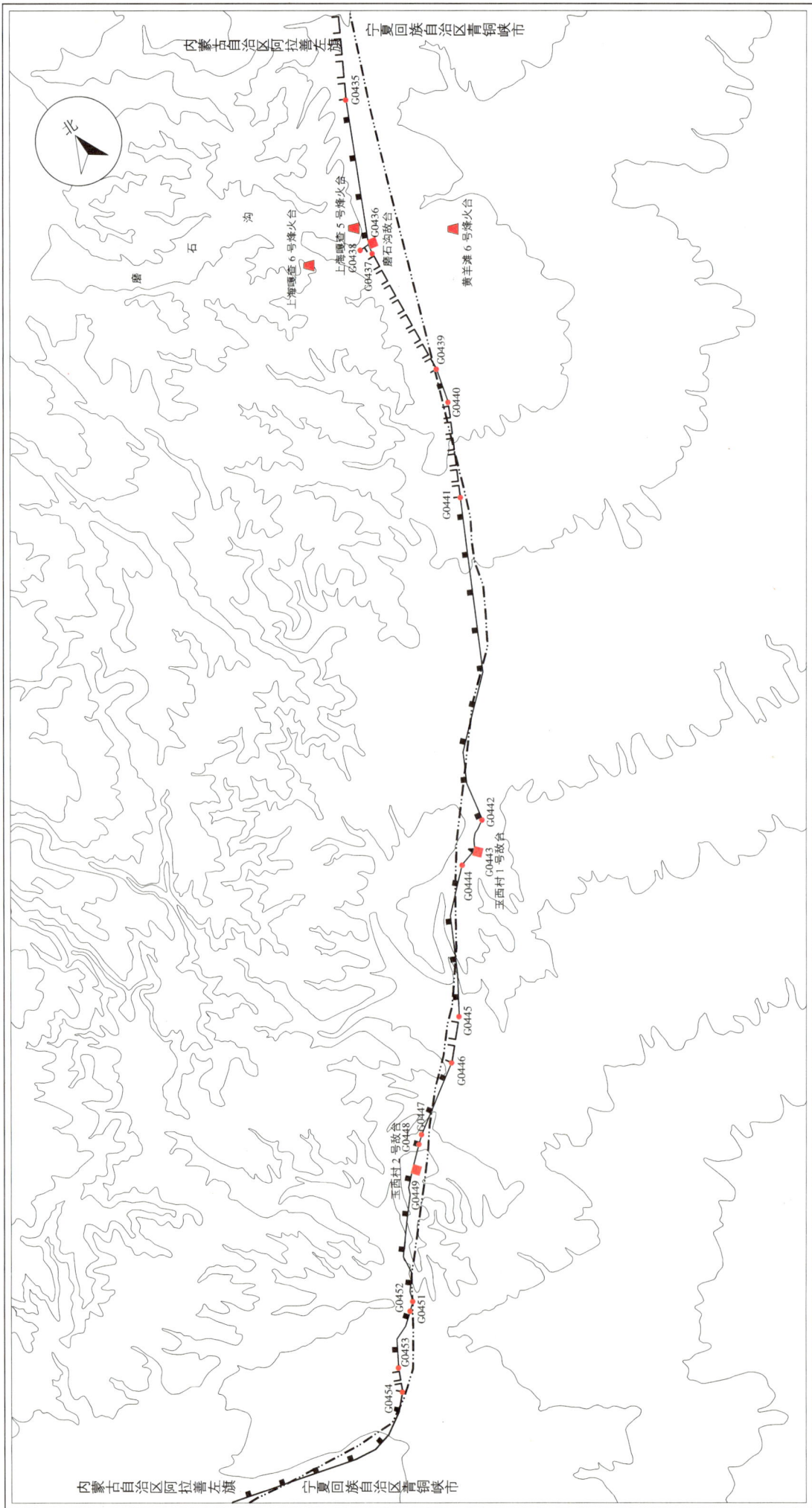

图二一三　青铜峡市邵刚镇玉西村段长城走向图-2

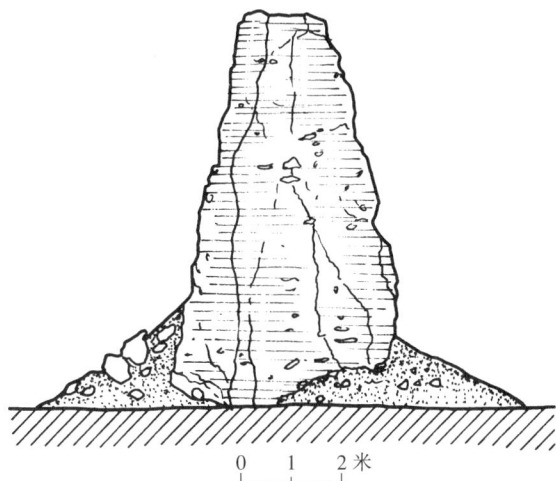

图二一五 G0427点处墙体断面图（南—北）

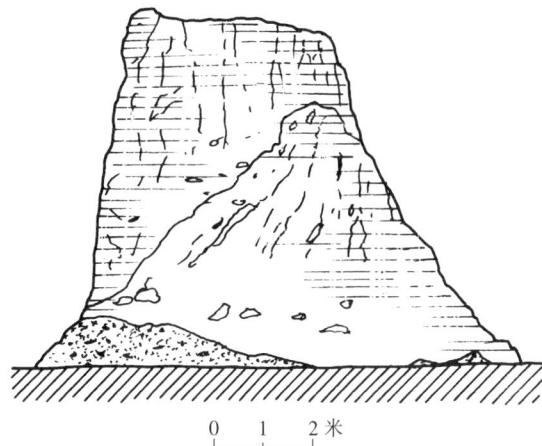

图二一六 G0431点处墙体断面图（南—北）

第4段：G0428—G0429点，长52米。方向210°。保存较好。此段是位于两道山洪断口之间的一段，墙体特征与第2段基本相似，墙体略高，但两侧壁面坍塌等残损较重，西壁上生长有较多的黑色霉斑。残底宽5、顶宽0.8—1.2、高5.5米。

第5段：G0429—G0430点，长20米。消失段。此段是一处小的山洪断口，是西侧山间汇集的山洪穿越墙体之地，墙体无存。

第6段：G0430—G0431点，长805米。保存较好。此段自小断口南岸开始，继续沿山前台地向西南，地势逐渐上升，一直延伸到此段地势最高处、小沟沟口北岸。此段墙体保存较好，墙体高耸，有些地段顶部的垛墙、女墙等尚有残留。今存墙体底宽6、顶宽1—4、残高6.5米。夯层清晰，厚0.15—0.20米。顶部垛墙宽0.4、残高0.8米。女墙宽0.4、残高0.5米（图二一六；彩图一三九～一四一）。

此段墙体整体保存虽好，但是个别地段仍有残断。墙体壁面剥蚀、脱落情况十分明显，墙体两侧底部有一贯通状风蚀凹槽，尤是西侧最为明显，呈带状，凹槽高0.4、进深0.3米。西侧仍有沿墙基而行的、由西侧山间汇集而来的山洪冲刷出的冲沟，个别地段已逼近墙基。另外，此段东侧距墙体58米的台地上分布着小沟堡。

第7段：G0431—G0432点，长110米。方向200°。消失段。此段横跨小沟沟口前的干涸河道，是小沟内汇聚的季节性洪水东流之地，墙体无存。

这里地处地势较高的山梁上，从小沟沟内而来的山洪出了沟口后，呈扇形向四面散开。墙体受其影响，残断甚宽。

第8段：G0432—G0433点，长36米。方向180°。保存较好。此段从小沟断口南边开始，向南至小沟敌台处。此段地处山梁上，地势较平，墙体方向较直，保存亦较好，墙体高耸，壁面陡直，顶部平整，但坍塌等残损亦稍重。残底宽6、顶宽3.5、高7.5米（图二一七）。

此段北、西两面均临小沟冲刷河道。其中北面为小沟主河道，河道边缘已至墙基处，墙体受其不断地冲刷剥蚀，坍塌较多，壁面已呈犬牙突兀状；西侧则是一条分流河道，沿墙体西侧低洼处由北向南延伸。规模虽较主河道小，但亦较宽阔，底部剥蚀亦较深（剥蚀深度由北向南逐渐加深）。只是其边缘与墙体较远。此河道近年来已被人为改道，入口处被堆砌石块沙土进行封堵。

此段止点即是小沟敌台。

　　第9段：G0433—G0434点，长117米。方向200°。保存较差。此段从小沟敌台处开始，沿台地继续向南，到南侧山洪断口边，地势由北向南略有下降，但降幅不大。此段墙体保存较差，坍塌等残损较重，已呈断断续续状，东西两侧底部均堆积有较厚的坍塌土与风淤土，表面生长有茂密的野草。残底宽5、顶宽0.5—1、斜高4米。

　　此段西侧的河道边缘已迫近墙基处，剥蚀深度达2米左右，受其影响，止点附近墙体西壁局部已出现坍塌等残损。

　　第10段：G0434—G0435点，长267米。消失段。此段是以北面小沟内分流的洪水为主，辅以西侧山间汇集的小股山洪水等几道季节性洪水横穿墙体之处，墙体无存。此断口十分宽漫，底部剥蚀亦甚深。

　　第11段：G0435—G0436点，长430米。保存一般。此段从断口南缘开始，继续沿山前台地向南，最后到磨石沟沟口北侧的墙体分叉处，地势随山体有高低起伏，但落差不大；方向亦不直，中部随地势略向东折，平面略呈"S"形。整体保存一般，残断、坍塌等较多，墙体上有两处稍大的断口，长度分别为5、9米；东西两侧底部均有较厚的坍塌土与风淤沙土堆积，表面生长有较茂密的野草；一些地段裸露出的夯土底部尚有风蚀凹槽。残底宽5、顶宽0.5—1.5、残高4米（彩图一四一）。

　　此段墙体东西两侧地表均为原生砾石堆积，表面生长有稀疏的沙棘、沙蒿等。止点处连接有磨石沟敌台，东面台地上、西面山梁上各分布有一座烽火台。

　　第12段：G0436—G0437点，长25米。方向180°。保存较好。此段从磨石沟敌台南壁处起，继续向南，最后到南侧断口边。此段墙体保存较好，墙体较高，顶部平整，但壁面坍塌等残损仍然存在。东西两侧底部堆积有较厚的坍塌土与风淤土，呈斜坡状；西壁底部裸露出的夯土上还有带状风蚀凹槽，残底宽7.6、顶宽2、残高7.7米。西壁底部风蚀凹槽残高0.5、进深0.4米（图二一八）。

　　此段止点处的东、西面台地上各竖立有一座长城保护碑，其中东面的为银川市人民政府于2011年所立，西面的则为阿拉善左旗人民政府所立。

　　第13段：G0436—G0438点，长26米。方向270°。保存较好。此段是长城主线向西延伸出的一道叉线的一段，是从磨石沟敌台西南侧开始，沿台地折向西，最后到沟口的断口处。此段墙体保存较好，只是此段临近山体的北面底部堆积有较厚的坍塌土与风淤土，壁面上生长有稀疏的黑色霉斑；而临近

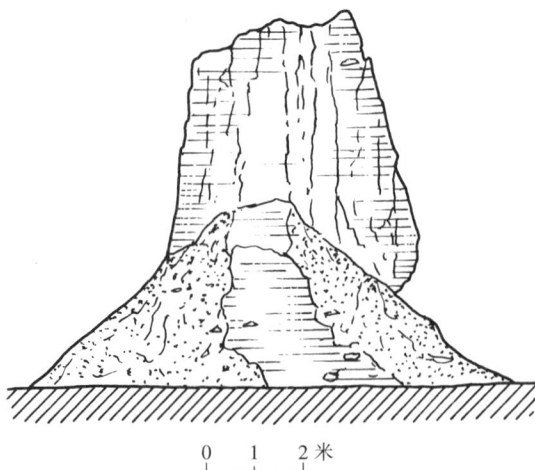

图二一七　G0432点处墙体断面图（北—南）　　　　　图二一八　G0437点处墙体断面图（南—北）

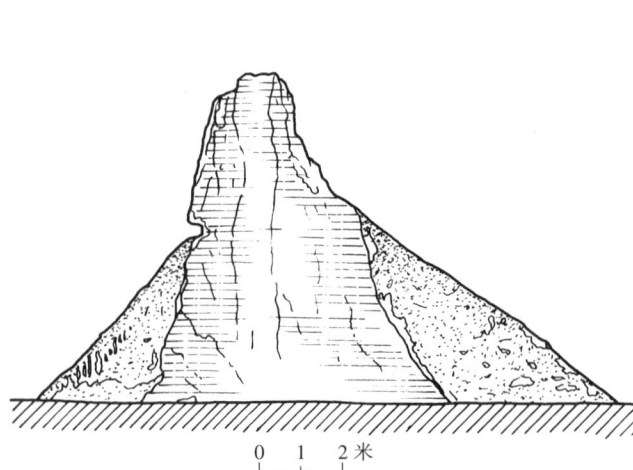

磨石沟河道的南面堆积土则甚少，壁面剥蚀、坍塌及风蚀凹槽等痕迹明显，凹槽高0.4、进深0.3米，夯层清晰，厚0.15—0.2米。底部还有一处人为掏挖的洞穴。墙体底宽5.5、顶宽2.2、残高南侧5.5、北侧3米。

此道墙体向西辗转延伸入磨石沟沟内。磨石沟山口宽阔曲折，沿山沟可横穿贺兰山，是西长城沿线一处比较重要的山沟，也是明长城戍守的一个重要地点。故此段除了原沿山前台地分布的主体长城之外，还有一道深入山间的岔道长城。据现场勘查情况来看，此道墙体基本沿山间辗转而行，土墙、石墙与山险混杂使用，合计距离达7395米①。进沟约2千米处还有一道封闭山沟的夯土关隘墙，沿线还分布有较多敌台、烽火台等。

第14段：G0437—G0439点，长360米。消失段。此段是磨石沟沟内汇集的洪水穿越墙体之处，墙体无存。

磨石沟沟内汇集的季节性山洪水较多，而其沟口处地势相对较高，洪水出沟口后呈扇状四散流开，受其冲刷影响，墙体在此处形成一道十分宽阔的断口。

近年来磨石沟逐渐成为一处重要的采石基地，而此断口便是南北两道交叉的进沟土路交汇处，往车辆行人众多。

第15段：G0439—G0440点，长95米。方向200°。保存较差。此段从磨石沟沟口南侧的墙体断口处开始，继续向南，最后到南侧墙体另一处断口处，地势由北向南略有下降，但降幅不大。此段墙体基本连续，但保存较差，坍塌等残损较重，残底宽2.2、顶宽0.4、残高0.5—2.5米。

此段地处磨石沟冲刷河道上，其东西两侧均为干涸的季节性河道，尤是墙体西侧河道，其边缘已至墙基处，受其不断冲刷剥蚀影响，此段墙体壁面坍塌程度较深，底部还有风蚀出的带状凹槽。东壁则相对保存略好，但壁面亦有剥蚀、坍塌等残损。此段西侧有一道运石土路与墙体并行，局部处已临近墙体。

第16段：G0440—G0441点，长260米。消失段。此段是从北面磨石沟而来的、沿墙体西侧而行的季节性洪水横穿墙体之处，墙体无存。

需要补充的是，墙体西侧的洪水并未全部从此处断口穿越墙体，其中亦有一小部分沿墙体西侧继续向南流去。而原先与墙体基本并行延伸的运石土路从此断口处穿过墙体，改沿墙体东侧向南延伸。

第17段：G0441—G0443点，长947米。保存较好。此段从山洪断口南边开始，继续向南，到南侧一道不高的山丘后，沿山丘坡面而上，最后到山丘上的玉西村1号敌台处。此段墙体保存较好，除了个别地段有残断（断口均是上部夯土坍塌但底部基础尚存，残断一般在2—5米）外，基本连续。两侧底部均有坍塌土与风淤土堆积，裸露出的夯土底部均有风蚀凹槽，以西侧最为明显，呈带状，凹槽高0.5、进深0.3米；两壁陡直，一些地段顶部的垛墙等尚有残留。墙体底宽7、顶宽3.2、残高6.5米，版接缝长5米左右，夯层厚0.15—0.2米（彩图一四二）。

此段按其方向、分布特点等大致可分为两段。

G0441—G0442点，长867米。方向200°。此段地处冲积河道间，地势低平，墙体方向亦较直。此段墙体顶部的垛墙尚有残留，如止点以北，顶部垛墙残长10、残高0.7—1.5、底宽0.4米。女墙则无存。

---

① 此数据为内蒙古长城调查同仁提供。

G0442 点—G0443 点，长 80 米。方向 230°。此段基本位于一处凸起的山丘处，是从山丘北侧底部开始，沿山丘坡面而上，最后到近山丘顶部，地势由北向南略有抬升，方向亦不直，略向西弧形拐折。

第 18 段：G0443—G0444 点，长 52 米。方向 250°。保存一般。此段是从玉西村 1 号敌台处开始，向南到墙体一处保存特征点处。此段东西两侧仍然有与墙体并行的冲刷河道，只是两者之间的距离稍远。因地处山丘上，地势有高低起伏，但落差不大。方向亦略向西拐折。保存一般，坍塌等残损略重。残底宽 7、顶宽 1—2.5、残高 6.5 米。

第 19 段：G0444—G0445 点，长 406 米。方向 210°。保存较好。此段是从墙体保存特征点处开始，沿此处山丘南面坡而下，最后到南侧山洪断口边，地势由北向南逐渐下降，但降幅不大，方向较直。此段墙体保存较好，墙体较高，但坍塌、残断等残损较重。两侧底部均有较厚的坍塌土与风淤土堆积，裸露出的夯土底部有风蚀凹槽，以西壁最为明显。顶部较平，局部处尚存垛墙，其中垛墙残高 0.6、底宽 0.4 米，女墙则基本坍塌无存。西壁底部风蚀凹槽高 0.6、进深 0.5 米。墙体底宽 7、顶宽 2.5、残高 7.5 米（图二一九）。

此段起点处有一处长 30 米的豁口，上部坍塌，但底部基础尚存。

第 20 段：G0445—G0446 点，长 128 米。消失段。此段是一处十分宽阔的山洪断口，是以北面原与墙体并行而来的山洪为主，同时又有西侧山间汇集的山洪水合流横穿墙体之处，墙体无存。

第 21 段：G0446—G0447 点，长 210 米。方向 250°。保存较好。此段从山洪断口南缘开始，沿南侧一道低矮山丘坡面而上，最后到南侧一处小断口边。此段墙体保存较好，墙体十分高大，但坍塌、残断等残损亦较重。两侧底部均有较厚的坍塌土与风淤土堆积；西壁坍塌甚多，壁面多已呈斜坡状，土上生长有稀疏的野草。残底宽 3—6、顶宽 0.6—2、残高 4—6 米。

此段中部有一处豁口，长 33 米，也是上部夯土坍塌，但底部基础尚存。

第 22 段：G0447—G0448 点，长 26 米。消失段。此段是墙体上的一处断口，墙体无存。

此段位于山丘半坡处，不属山洪断口。今已成为行人穿越墙体的一处便道。

第 23 段：G0448—G0449 点，长 69 米。方向 240°。保存较好。此段从墙体小断口南缘开始，继续沿山丘坡面而上，最后到山丘上的玉西村 2 号敌台处，地势由北向南逐渐抬升，升幅稍大。此段墙体保存较好，墙体较高，但坍塌、残断等较多。残底宽 7、顶宽 2.5、残高 3—6.5 米。

第 24 段：G0449—G0450 点，长 52 米。方向 230°。保存较差。此段从玉西村 2 号敌台处起，沿山丘南面坡而下，到一处墙体保存特征点处，地势由北向南逐渐下降，但降幅不大。此段墙体坍塌较重，东壁均已呈斜坡状，表面生长有稀疏的野草，西壁则较直。残底宽 5、残高 1.5—2.5 米。

第 25 段：G0450—G0451 点，长 305 米。保存较好。此段从墙体保存特征点处起，继续沿山丘南面坡而下，最后到南侧一处小的山洪断口边，地势由北向南逐渐降低，降幅不甚大。方向不直，中间几经转折。此段墙体保存较好，墙体基本连续，但坍塌等残损仍存。两侧壁面中以西壁较陡直，东壁底部则有较厚的坍塌土与风淤土堆积。顶部较平，局部处尚残存垛墙、女墙等残迹。残底宽 7、顶宽 3.5、残高 4—6 米。顶部垛墙底宽 0.4、残高 0.3 米，女墙底宽 0.3、残高 0.2 米。

此段墙体的西侧，有一道从西北面而来的山洪冲沟，沿墙体西侧低洼处向南流去。此冲沟虽不甚宽阔，但底部剥蚀较深，在此段止点处已剥蚀至墙体底部。

第 26 段：G0451—G0452 点，长 27 米。消失段。此段是一处小的山洪断口，墙体无存。此处地表较平坦，底部剥蚀不深，今已成为横穿长城的一处通道。

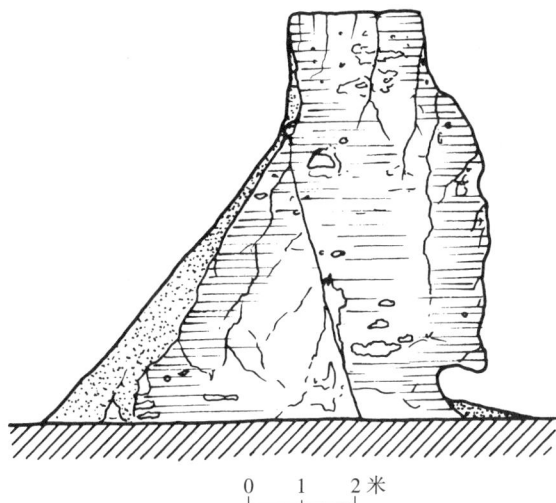

图二一九　G0445 点处墙体断面图（西南—东北）

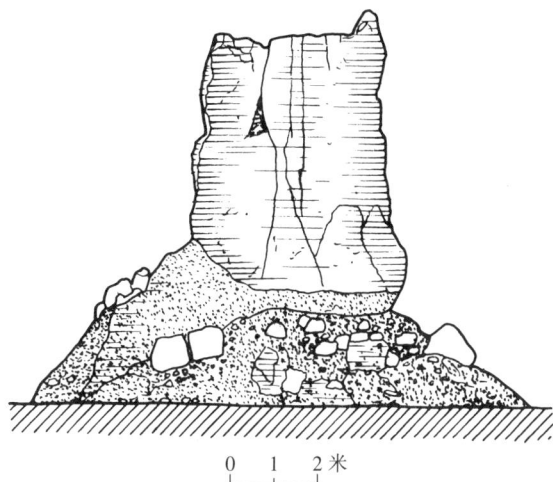

图二二○　G0453 点处墙体断面图（南—北）

第 27 段：G0452—G0453 点，长 157 米。方向 240°。保存较好。此段是从小断口南边开始，向南到红井子沟断口边，此段地势较平，方向不直，中间略向西北折。墙体较高，但残断稍多。残底宽 5.7、顶宽 4、残高 8 米（图二二○）。

此段止点以北 0.05 千米处，在墙体底部有一座人为掏挖的洞穴，已通穿墙体，洞底边宽 2.35、残高 2.1 米。

第 28 段：G0453—G0454 点，长 68 米。消失段。此段横跨红井子沟冲刷河道，墙体无存。

红井子沟冲积河道宽漫，底部剥蚀较深。在距墙体西侧约 0.3 千米的山口处有一处牧羊人驻地，有房屋、羊圈数间，有牧羊人常年驻守。

第 29 段：G0454—G0456 点，长 842 米。保存较好。此段从红井子沟断口南边起，沿此处宽阔平坦的台地向西，中间略向南折，经玉西村 3 号敌台后，到西侧香水泉子沟断口边。此段墙体高耸连续，顶部垛墙、女墙等多有残留。墙体底宽 7、顶宽 3.2、残高 8 米。版接缝长 5 米。垛墙底宽 0.4、残高 0.5—1.8 米。女墙底宽 0.4、残高 0.5—0.8 米（彩图一四三）。

此段墙体个别处仍有少量坍塌等残损；底部两侧均有带状风蚀凹槽，尤以北壁最为明显，风蚀凹槽残高 0.6、进深 0.5 米；壁面上的片状剥离和粉状脱落等较为明显，南侧壁面上还有明显的数道冲沟，北壁上则有较浓密的黑色霉斑。

此段墙体以中部 G0455 点为界，两段方向、特征等略有不同：前段长 559 米，方向 270°。此段地势除了起点处由北向南略有抬升外，大多数地段位于平台上；后段长 283 米，方向 250°。地势由南向北略有下降，但降幅不大。

此段止点以北 65 米处分布着玉西村 3 号敌台。另外，在止点处的东面台地上还竖立有一座长城保护碑，是宁夏自治区人民政府于 2011 年所立。

第 30 段：G0456—G0457 点，长 30 米。消失段。此段位于香水泉子沟山洪断口处，墙体无存。

此断口不甚宽大，底部亦较平。地表今已成为穿行墙体的道路。

第 31 段：G0457—G0458 点，长 1590 米。方向 250°。保存较好。此段自香水泉子沟断口南边起，继续向西，经过玉西村 4 号敌台后，到南侧一处墙体断口处。此段地势较平，但与前段所处平台相比地势略低，两者落差在 2 米左右，方向亦较直。此段保存尚佳，尤是北侧一段基本原状保存。墙体高

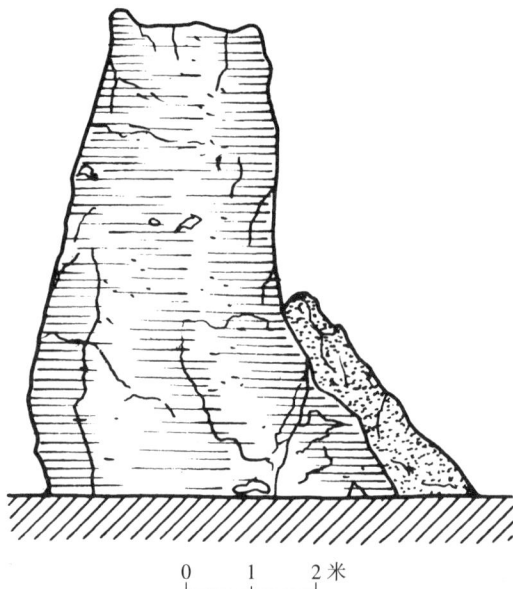

图二二一　G0457 点处墙体断面图（东—西）

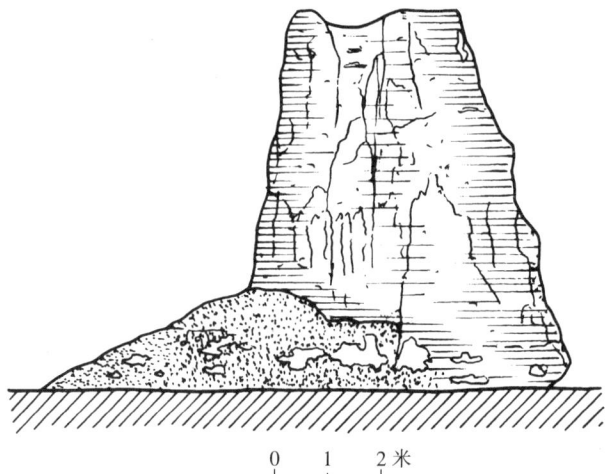

图二二二　G0458 点处墙体断面图（西—东）

耸连续，顶部平整，垛墙、女墙等部分保存，仅个别处有残断或坍塌等，两侧表面呈黑色。墙体底宽6、顶宽3.4、高 7.2—11 米（图二二一、二二二；彩图一四四、一四五）。

此段起点向南 247 米一段，墙体保存甚佳，包括顶部的垛墙、女墙等基本原状保存，是宁夏保存最好的一段明长城。墙体厚重敦实，壁面陡直，顶部宽阔平整，顶上的垛墙和女墙连续、无垛口，其中垛墙夯打坚实、夯层密集，壁面风蚀、片装剥离、粉状脱落等较为明显，局部处尚有游客刻划的字迹。底宽1、顶宽0.4、高 2.5 米，夯层厚 0.15 米；女墙相对较低矮，保存亦稍逊，剥蚀破坏略重，表面泛红。内侧底部还有较厚的风淤土堆积，底宽0.6、残高 0.4—0.8 米。

此段止点附近连接着玉西村 4 号敌台。另外，在敌台东北 142 米处的墙体底部还发现一处过水涵洞——水门。位于一道较窄的山洪冲沟处，是在墙体对应的位置、用石条错缝垒砌出并排两间贯穿墙底的方形石洞，石块十分规整，质地较粗，色赭红，应是特意精选。两端基本与壁面平齐，石缝间用白灰勾缝，缝隙较大处再用小石块填塞。此水门形制规整、筑造精细，保存基本完好，在西长城沿线尚不多见。底宽4、顶宽2.8、通高 1.4 米。其中东北侧内宽0.8、高0.95 米，是用 5 层石条垒砌；西南侧内宽0.8、高0.95 米，是用 4 层石条垒砌（图二二三；彩图一四六）。

第 32 段：G0458—G0459 点，长 14 米。消失段。此段是一处山洪断口，墙体无存。今已成为一条横穿墙体的道路。

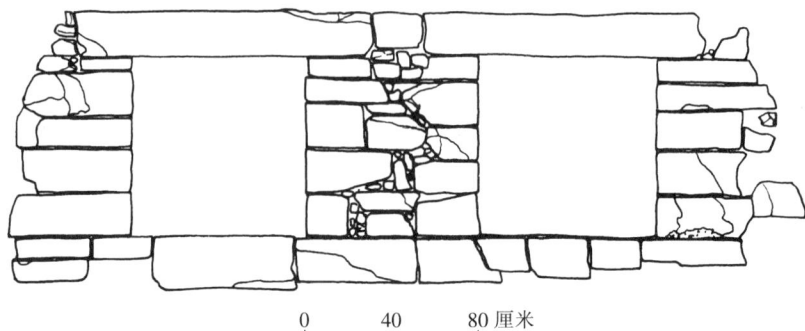

图二二三　长城涵洞口剖立面图（东南—西北）

第33段：G0459—G0460点，长88米。保存较好。方向250°。此段从小断口西南侧边缘开始，继续向西南，到另一处小断口处。此段保存较好，墙体特征与18段等基本相似。墙体底宽7、顶宽4.3、残高5—8米。其顶部仍然残存部分垛墙，宽0.4、残高0.5—1米，女墙坍塌无存；两侧底部各有一道贯通状风蚀凹槽，尤是北侧最为明显，呈带状，凹槽高0.4、进深0.3米；夯层清晰，厚0.15—0.20米（图二二四）。

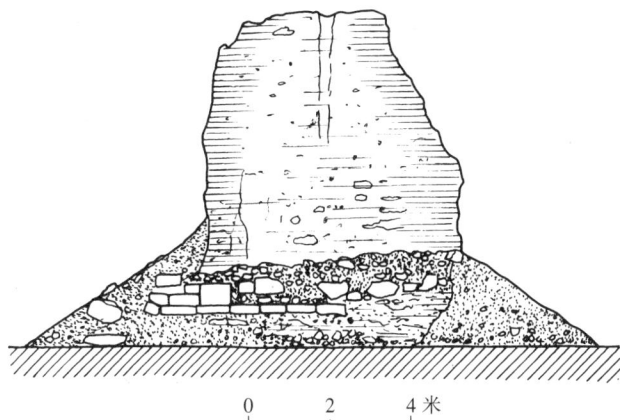

图二二四　G0460点处墙体断面图（西—东）

第34段：G0460—G0461点，长148米。保存一般。方向250°。此段从小断口处开始，继续向西南，最后到一处大的断口边。此段保存一般，残断、坍塌等稍多，两侧底部有较厚的坍塌土与风淤土堆积，表面生长有稀疏的野草。墙体两侧底部均有一贯通状风蚀凹槽，尤是北侧最为明显，呈带状，残高0.3、进深0.2米。墙体底宽6、顶宽3、残高5—8米。

此段墙体中有两处山洪断口，其中起点处断口长14、底部剥蚀深达2米，底部尚有石条垒砌的水门遗迹。

第35段：G0461—G0462点，长35米。消失段。此段是一处山洪断口，是西北侧数道山间汇集的河流汇集、穿越墙体之处，墙体无存。

断口中部也成为横穿墙体的道路。

第36段：G0462—G0463点，长834米。保存较好。方向250°。此段从断口边开始，向西南到另一道山洪断口边，地势除了西南侧有一小段略有下降外，大多数地处同一平台上，地势较平，墙体方向亦较直。墙体保存较好，局部处尚残存垛墙和女墙，其中垛墙底宽0.4、残高0.4—0.8米，女墙底宽0.4、残高0.3—0.5米。南侧壁面底部有带状风蚀凹槽，残高0.4、进深0.3米，北侧壁面则生长有较浓密的黑色霉斑。墙体底宽7、顶宽3、残高5—7米（彩图一四七）。

第37段：G0463—G0464点，长69米。消失段。此段也属山洪断口，墙体无存。

此处断口今已成为横穿长城、通往西北侧山间北岔口石料厂的道路。

第38段：G0464—G0467点，长455米，保存较好。此段位于北岔口东面的山丘上，是从山丘底部、断口西边开始，沿山丘坡面而上，经山丘顶部的玉西村5号敌台后，再沿山丘顶部平台略向西折，到西端两道长城交汇处，地势以中部高而两侧低，尤是东北侧最低。方向亦不甚直，中部略有转折。此段墙体保存较好，墙体较高，顶部平整，但壁面酥化脱落较为严重，个别地段还有剥落坍塌，一些地段（如G0466—G0467点间）壁面布满风蚀洞。墙体版接缝较为清晰，每版长5米，一些版接缝间有顶部汇集的雨水冲刷处的小冲沟。另外在中部的G0466点东侧有一处长13米的小豁口（仅顶部夯土坍塌、底部基础仍存）。残底宽6、顶宽2.5、残高5米（彩图一四八）。

此段墙体以中间的G0465点为界，两段在地势、方向上略有不同：前段长271米，方向250°。地势由东北向西南逐渐抬升，两端落差可达10余米；后段长184米，方向270°。地处山丘顶部平台上，地势较高，由东向西略有下降，但降幅不大。

此段中部的山丘顶上分布着玉西村5号敌台，敌台前还有一座宁夏人民政府于1988年所立的长城保护碑。

此段止点处是两道长城交汇处，其西侧有两道墙体，一道为黄沙土夹杂小石粒夯筑而成的土墙，一道为青灰色石块垒砌而成的石墙，两者并列分布。

四　青铜峡市邵刚镇甘城子村北岔口段长城

此段位于邵刚镇甘城子村西北约 18.5 千米处，北起北岔口两道长城交汇处，沿此处宽阔平坦的山前台地折向南，一直到南侧山脚下，全长 9846.3 米。方向较直（图二二五、二二六）。

此段地处贺兰山一处箕形山前冲积台地上，贺兰山在长城西侧外拐成一个"U"形拐弯。这里"山口宽漫，万马可并驰"，一些山口十分宽阔，一些山口今已被流沙所掩埋。如果继续沿山前台地筑墙，不仅费工费力，戍守难度亦有增加。所以此段直接沿南北两端较高山体间取直修建，以达到省工省力等作用。

此段长城与前段长城并不是同一道，而是属于另外一道长城。其北端也不在本文所载的两道长城交汇点处，而是继续沿山体蜿蜒延伸，绕成一个大"C"形，最后折回到北岔口西南侧、今编为木井子嘎查 2 号烽火台西侧山上，长度达 5970 米，类型有土、石墙和山险等[①]。沿线还分布有敌台、烽火台等建筑。此段属内蒙古阿左旗巴润别立镇所辖，调查涉及跨省作业，加之其延续距离长、类型复杂、无长城分布图等诸多困难，故 2011 年我们补充调查中未作详细记录，只是部分做了简略踏查（彩图一四九）。

此道长城也不是单独的一道，戍防的外侧（西侧）还有一道壕堑与之并行。壕堑是直接在台地上掏挖而成，而在南北两侧山坡上不便掏挖，改用石块垒砌成石墙。两者可直接连接，应属同一道防御设施。故今暂将此石墙附在壕堑一节，描述于后文。

这段长城地势属两端高而中间低，立面略呈"U"形，只是除了北端略高外，其他地方的相对落差并不大。受西侧汇集而来的山洪冲刷影响明显，今存墙体上较宽的山洪断口达十多处。近年来随着墙体西侧的风力发电厂、北岔口处的石灰厂、大沟内的采砂厂等工矿企业的陆续兴建，人为破坏亦有加重。

此段长城，按其保存状况等大致可分为 29 小段。

第 1 段：G0467—G0468 点，长 115 米。方向 210°。保存较差。此段墙体自两道长城交汇处开始，沿此处一道大致呈南北向山梁向南，最后到山梁南边，地势由北向南略有下降，但降幅不大。保存较差，整体已坍塌成斜坡状，仅中部尚存部分夯土主体，夯层等已模糊不清。残底宽 5、顶宽 0.5、斜高 2.4 米。

此段起点以北，长城继续沿山梁辗转向西北延伸，在北面的山顶上分布有上海嘎查 7 号烽火台。长城西侧、基本紧贴墙体有一道并行的石墙，坍塌甚重。

此段墙体西面坡下即为北岔口石灰厂厂部，其生产区就在厂部后面的山沟内。早年其生产中就曾推掉了山沟内的一道石墙。2007 年调查时我们还亲身经历了他们开山炸石的一幕，对长城保护负面影响巨大。

第 2 段：G0468—G0469 点，长 133 米。方向 190°。保存差。此段从山梁南边开始，沿山坡面而下，最后到底部低洼处断口边，地势由北向南逐渐下降，降幅较大。此段墙体保存甚差，整体已呈土垄状，残留夯体不多。底宽 5、残高 1 米左右。

---

① 此数据由内蒙古长城调查同仁提供。需要补充的是，此段长城不全是明代修筑，可能有早期长城。

此段西侧石墙继续与墙体并行延伸，只是两者之间的距离逐渐拉大，即从起点处基本紧贴，到止点处两者间距已达 20 米。

第 3 段：G0469—G0470 点，长 48.3 米。消失段。此段地处山脚下的低洼处，地势基本呈两端略高、中间稍低的"U"形，只是相对落差不大。

此段根据其残留状况、断裂原因等，由北向南可再分 3 小段。

（1）段：道路断口，长 6 米。此段是通往西侧北岔口石灰场的一道运石土路；

（2）段：残留土墙，长 7.3 米。此段是两处断口之间残留的一段土墙，保存一般。墙体虽较高，但坍塌等残损较重，西面受山洪剥蚀甚重；

（3）段：山洪剥蚀，长 35 米。此段是山洪冲刷剥蚀而成的断口。西北、东侧山间而来的山洪水汇聚于此、后沿南侧壕堑内向南流去。受其不断剥蚀冲刷，此段墙体已无存，底部剥蚀深度可达 1 米左右。

第 4 段：G0470—G0471 点，长 976 米。方向 190°。保存一般。此段从山脚下的山洪断口南边起，开始沿山前冲积台地向南，经中部的甘城子村 1 号敌台，到南侧一处小的山洪断口边，地势由北向南逐渐下降，但降幅不大。墙体保存一般，坍塌等残损较重，残留夯土基本呈断断续续状。两侧底部均有较厚的坍塌土与风淤土堆积，呈斜坡状，表面生长有较茂密的野草。保存较好处墙体底宽 3、顶宽 0.5—1.2、残高 2.5—6 米（彩图一五〇）。

此段墙体的西壁保存稍差，底部裸露出的夯土上有明显的风蚀凹槽，呈带状，凹槽进深 0.4、残高 0.5 米。一些地段壁面还有小的冲沟发育。东壁则保存稍好，壁面陡直，但局部仍有坍塌及啮齿类动物掏挖破坏。从保存较好的断面来看，该段墙体筑法上略有区别：中心部分是以较纯净的黄沙土夯筑而成，土质黏细而结实，残存高 4.5 米左右；东西两侧及顶部则是以含碎石块的黄沙土夯筑而成，含石量较大，质地稍显疏松。此类土质在两侧底宽 0.4 米、顶部残高 1.3 米，可能系二次夯筑而成，两者之间界限十分明显。

此段从起点处开始，其西侧有壕堑，与墙体并行向南，两者相距在 50 米左右。西侧台地上有一座内蒙古阿左旗于 2011 年立的长城保护碑。再西的台地上还有一道与长城并行的土路。墙体东侧，原也有一道与墙体并行的土路，今已废弃。

第 5 段：G0471—G0472 点，长 23 米。消失段，此段是一处山洪断口，是西北侧汇集而来的山洪水横穿墙体之处，墙体无存。

第 6 段：G0472—G0473 点，长 350 米。方向 190°。保存一般。此段从山洪断口南缘开始，继续向南到另一处稍宽的山洪断口边。墙体特征与第 4 段类似。残底宽 3、顶宽 0.5—0.8、残高 3 米。

第 7 段：G0473—G0474 点，长 62 米。消失段。此段也是一处山洪断口，墙体无存。断口较为宽阔，西北面而来的洪水不但冲毁了长城墙体，也将西侧壕堑内填满碎石块。断口内地表被推平，成为横穿长城的通道，原先分布在墙体东侧的道路从此口处折向西。

第 8 段：G0474—G0476 点，长 672 米。方向 190°。保存较好。此段从断口南边开始，继续向南，经中间的一处小的断口（G0475 点南，长 9 米），到南侧一处墙体保存特征点处。此段墙体保存较好，墙体除了中间有一处小断口外，基本连续。墙体底宽 6.3、顶宽 0.5—1.8、残高 6.5 米。墙体版接缝十分明显，每版长 5 米；西侧底部风蚀凹槽较十分明显，残高 0.5、进深 0.3 米，夯层厚 0.15—0.20 米（图二二七；彩图一五一）。

第 9 段：G0476—G0477 点，长 255 米。方向 190°。保存较差。此段从墙体保存特征点开始，继续

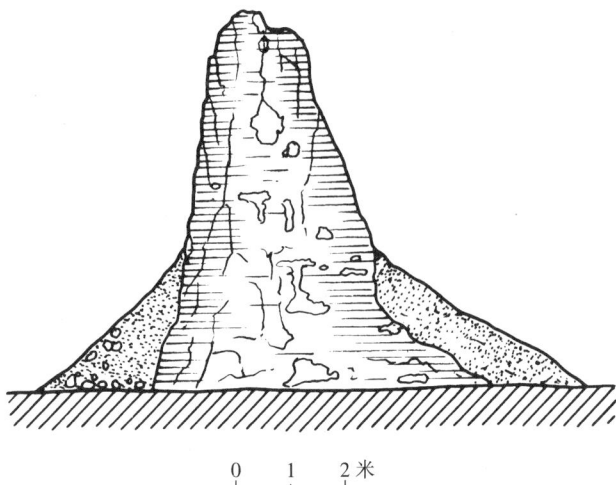

图二二七　G0474 点处墙体断面图（北—南）

向南，最后到南侧甘城子村 2 号敌台处。此段墙体保存较差，坍塌等残损较重，两侧已呈斜坡状，坡面上生长有较茂密的野草，中部露出的夯土并不多。残底宽 5、顶宽 0.5、斜高 2.4 米。

第 10 段：G0477—G0478 点，长 377 米。方向 190°。保存一般。此段从甘城子 2 号敌台处开始，继续向南，最后到一处墙体保存特征点处。墙体基本连续，但保存一般，坍塌等残损较普遍。残底宽 3、顶宽 0.5、残高 1—3.5 米。保存较好的地段西壁底部有风蚀凹槽，残高 0.4、进深 0.3 米，东壁则保存略好，但壁面上的风蚀剥落较为明显（彩图一五二）。

此段有一段墙体在 2007 年调查时尚基本保存，但到 2011 年再次调查时已向西面整段坍塌。其原因可能是西侧底部风蚀凹槽过深、降低了墙体的支撑力，在受到强外力（人力、暴雨等）作用下而导致了整段坍塌（彩图一五三）。

第 11 段：G0478—G0479 点，长 790 米。方向 190°。保存较好。此段从墙体保存特征点处开始，继续向南，最后到南侧一处大的山洪断口处。墙体特征与第 4 段相似。残底宽 3、顶宽 0.6—1.2、残高 4.5 米（彩图一五四）。

此段止点西侧，有一块阿拉善左旗于 2011 年竖立的长城保护碑。

第 12 段：G0479—G0480 点，长 105 米。消失段。此段是一道宽阔的断口，墙体无存。

此段是西北侧（包括从壕沟内以及其他西北侧山间）汇集而来的洪水横穿墙体之处，也是现存壕堑的断点处（壕堑内汇集的洪水从此断口处横过长城墙体，再向南壕堑痕迹已不存）。断口中部有一块巨石，上刻“贺兰山风电厂”。另外，此断口处有一道东西向道路横穿墙体、通往西侧风电厂。

第 13 段：G0480—G0481 点，长 248 米。方向 190°。保存一般。此段从断口南起，继续向南，到南侧另一处山洪断口边。墙体保存一般，东西两侧底部均有坍塌土与风淤沙土堆积，尤以东壁处最厚，呈斜坡状。裸露出的夯土底部有带状风蚀凹槽。残底宽 3、顶宽 0.5、残高 4.5 米。西壁底部风蚀凹槽残高 0.4、进深 0.3 米。

在此段西侧、距墙体 10 米左右，有一道新修的半月形防洪堤，基本将本段长城墙体包围其中。是用石块垒砌而成，水泥勾缝，堤底宽 8、顶宽 6、高 1.5 米。此堤阻挡西面而来的洪流、使其不能直接冲击长城墙体，改向南、北两处断口横穿墙体，间接起到了保护长城的作用。

此段西侧的壕堑无存。

第 14 段：G0481—G0482 点，长 357 米。消失段。此段是一处十分宽阔的山洪断口，墙体无存。

此道断口是北岔口段长城中残断最宽的一处，这是因为其地处台地地势最低洼处，西侧（包括西北、西南等多个方向）而来的多道山洪汇集到此，从此处横穿墙体，对墙体破坏十分严重所致。其残损原因主要是山洪冲刷，另外人为破坏近年来逐渐增大，此段西侧 0.25 千米今已成为“天净贺兰山风电公司总部”所在地，机械设备、厂房等众多。而在断口偏南侧有一道宽 6 米水泥马路，东西向横穿墙体，直通西侧风电厂总部。

第 15 段：G0482—G0483 点，长 391 米。方向 190°。保存较差。此段从大断口南起，继续向南，经中部的甘城子村 3 号敌台后，到南侧另一处山洪断口边，地势自起点起由北向南逐渐略有抬升，但升幅不大。此段墙体保存较差，仅个别地段尚残留有夯土，多数地段已坍塌成斜坡状。东西两侧墙体底部堆积有较厚的坍塌土与风淤沙土，表面生长有较茂密的野草。残底宽 5.6、顶宽 2.3、残高 6.8 米（图二二八）。

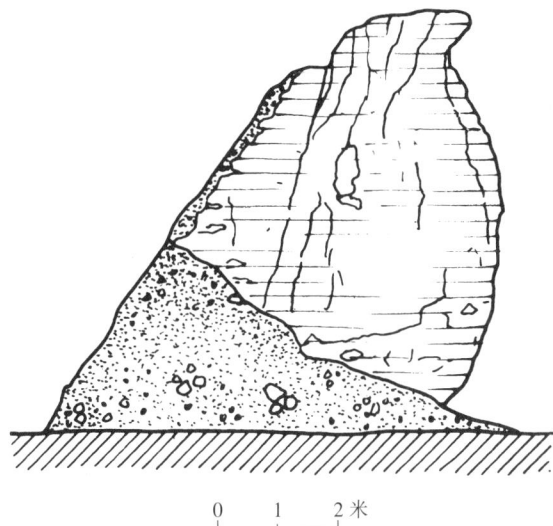

0　　1　　2 米

图二二八　G0482 点处墙体断面图（北—南）

此段西侧的壕堑重新有了痕迹，只是仅存东侧高垄，西侧壕沟则被细沙淤平，表面已无痕迹。

第 16 段：G0483—G0484 点，长 146 米。消失段。此段是一处山洪断口，是西侧而来的季节性洪水横穿墙体之处，墙体无存。

此断口亦十分宽阔，它是贺兰山天净风电基地总部西侧重要的泄洪口，有一道沿河道北岸修建的防洪堤，从基地总部出来、向东略伸出墙体以外。

第 17 段：G0484—G0485 点，长 432 米。方向 200°。保存较差。此道从断口南起，继续向南，到另一处断口边。地势由北向南略有抬升，方向亦稍向西折。此段保存较差，墙体特征与第 15 段基本相似。底宽 3.6、顶宽 1、残高 4 米。

此段西面，有从北面山洪断口处分流而来的洪水从壕沟内向南流去，受其影响，此段壕沟较为宽阔，而东面高垄除了北侧尚有部分残留外，多已无存。

第 18 段：G0485—G0486 点，长 48 米。消失段。此段也是一处山洪断口，墙体无存。断口不甚宽大，是以西面山洪为主、辅以从北面壕沟内分流而来的山洪横穿墙体之处。

第 19 段：G0486—G0487 点，长 2090 米。方向 200°。保存较差。此段从断口南起，继续向南，经中间的甘城子村 4 号、5 号两座敌台，最后到南侧一处小断口边，地势由北向南逐渐上升，但到止点附近又随台地略有下降。此段墙体保存较差，除了少数地段尚残存夯土外、多数地段基本呈土垄状。两侧底部均被坍塌土与风淤沙土掩埋，仅中心尚留部分夯土。残底宽 3.6、顶宽 0.5—1、斜高 4 米。

此段长城中段、在裸露出的墙体壁面上，发现其夯筑时曾将东西两侧沿壁面斜向掏挖出方形浅凹槽，从顶部直抵底部。槽间距在 2—2.4 米，横宽 0.4、深 0.2 米（彩图一五五）。

另外，在此段中部、墙体东侧的台地上分布着甘城子村烽火台，两者间距 212 米；西侧台地上，还分布着木井子嘎查 1 号烽火台。

此段西侧的壕堑，今高垄尚存痕迹，但壕沟则近于淤平，但其所在位置较周围略低，内侧堆积以金黄色的细沙为主，蒿草等野生植物生长十分繁茂。

第 20 段：G0487—G0488 点，长 26 米。消失段。此段也是一处山洪断口，是西侧山间汇集而来的洪水横穿墙体之处，墙体无存。

此段长城的起止点处堆积有较厚的黄沙土，已将长城底部掩埋多半。从此处断面来看，墙体有明显的分版夹筑痕，即以中心主墙为准，两侧再加筑附墙，其中主墙断面呈底宽顶窄的梯形，今存底部

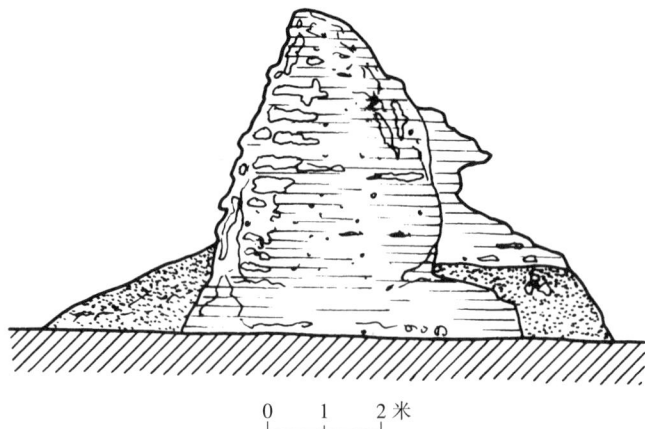

图二二九　G0491点处墙体断面图（南—北）

宽1.5、顶宽0.8米，夯筑较为坚实，土内含沙石量较少；外侧附墙多已坍塌成缓坡状，质地较疏松。

第21段：G0488—G0489点，长282米。方向200°。保存较差。此段从山洪断口南起，继续向南，到另一处山洪断口边，地势由北向南略有下降。此段墙体保存较差，墙体特征等与第19段基本相似。残底宽3.6、顶宽0.5—0.8、斜高4米。

第22段：G0489—G0490点，长48米。消失段。此段也是一处山洪断口，墙体无存。

第23段：G0490—G0491点，长669米。方向200°。保存较差。此段从山洪断口南起，继续向南，经中间的甘城子村6号敌台后，到大沟断口边，地势由北向南略有降低。此段保存较差，墙体特征等与第19段基本相似。残底宽7.6、顶宽1、高5.5米（图二二九；彩图一五六）。

此段中部有甘城子村6号敌台。在敌台南侧有一条土路横穿墙体及壕堑，宽6米，是今日进出西侧大沟内采砂厂的重要通道。东面还有一座长城保护碑，是内蒙古阿左旗政府于2011年所立。

第24段：G0491—G0492点，长262米。消失段。此段位于大沟宽阔的冲积河道处，是大沟冲刷断口的北半部，墙体无存。

断口间原长城所在位置有现代人堆砌起来的一道平面呈“C”形防洪堤，两端与长城墙体基本相连，是直接用河道上的石块堆砌而成，质地十分松散，但保存较好，基本连续。

大沟是西侧山间汇集的一道规模较大的山洪冲沟，河道十分宽阔，底部以小块鹅卵石堆积为主。在长城附近河道分成南北两道，本段便是其北道。沟内在距长城约0.3千米处有一处较大型的采砂厂，已将河道掏挖成多处大坑。

第25段：G0492—G0493点，长74米。方向200°。保存较差。此段是残留在大沟南北两道冲刷河道中间的一段墙体，地处两道冲刷河道中间的环岛上。整体保存较差，已坍塌成斜坡状。残底宽3.6、顶宽0.5、斜高3米。

第26段：G0493—G0494点，长234米。消失段。此段位于大沟南面分叉河道处，墙体无存。

此段原墙体所在位置也有一道现代人堆砌的防洪堤，其特征与第24段基本相似，也略呈“C”形，只是其中部有残断，应是后期洪水冲刷所致。

第27段：G0494—G0495点，长476米。方向200°。保存较差。此段从大沟南缘开始，继续向南，最后到南侧另一道山洪断口边，地势由北向南逐渐抬升，但升幅不大。墙体仅止点一小段保存尚可，其余地段均已坍塌成土垄状。保存较好处墙体底宽1.2、顶宽0.5—0.8、残高3米。

第28段：G0495—G0496点，长60米。消失段，此段地处一山洪断口处，墙体无存。

此段断口是北岔口段长城最南端的一处山洪断口，此断口虽不甚宽阔，但底部剥蚀较深（深度可达1米左右），尤是偏南侧剥蚀最深。此断口原墙体位置有现代人堆砌的石堆防洪堤，仅残留北侧一段，南侧无存，应是被山洪冲刷破坏。

第29段：G0496—G0497点，长97米。方向200°。保存较差。此段从山洪断口南起，继续沿台地向南，最后到南面山脚下墙体拐点处，地势由北向南略有抬升，但升幅不大。此段墙体保存较差，已呈斜坡状，两侧堆积有较厚的坍塌土与风淤土，表面生长有稀疏的野草，中部残留的夯土不多。残底宽5、残高1.5米左右（彩图一五七）。

此段止点处的墙体东西两侧各有一座1988年埋设的界碑，东面为宁夏界碑，西面则为内蒙古界碑。南侧半山腰处有一座电线塔，底部近墙体处还有一道土路，今已废弃。

另外，此段西侧的贺兰山山梁上分布有木井子嘎查2号、3号烽火台，其中后者便是小柳木皋墩。

五　青铜峡市邵刚镇大沟村段长城

此段位于邵刚镇大沟村西北约15.5千米处，是从北岔口南段墙体拐点处开始，沿贺兰山山前台地向东南，经过大口子沟等几处山沟，一直延伸到大柳木皋东南侧两道墙体交汇处，全长5104米，方向呈西北—东南向（图二三〇）。

此段地处贺兰山东麓的山前台地上，正好位于山前缓坡带中较为平缓的西缘，地势西高东低，落差较大。其西面是高耸挺拔的贺兰山山脉，山口众多；东面则为宽阔的山前台地，起伏较大。山洪冲积沟较多，地表以原生砾石堆积为主，生长有较茂密的沙蒿等野生植物。因这一带自然条件较差，周围数千米范围内不见现代村落和居民。近年来随着西侧山体开山采矿，陆续建起了数家石灰厂等，来往车辆行人逐渐增多。

此段墙体全部为黄沙土夯筑而成，沿线还分布有敌台、烽火台等。另外，在此道长城的西侧还有一道长城，是沿西侧山脊分布，多属山险段，仅在大口子沟等处建造土、石墙。

此段长城，按其保存状况等由北向南可分为16小段。

第1段：G0497—G0498点，长49米。方向140°。保存较差。此段从墙体拐点处开始，沿山前台地拐向东南，到一处墙体保存特征点处，地势较为低平。此段墙体保存较差，整体已呈土垄状。两侧均有较厚的坍塌土与风淤沙土堆积，仅中部尚残留部分夯土。底宽3、顶宽0.5、斜高3米（彩图一五八）。

此段起点处基本紧贴西侧山体。西侧山顶上分布着木井子嘎查敌台。另外在墙体西侧有一道土路，通往南侧山间采石区，今已废弃。

第2段：G0498—G0500点，长552米。保存较好。此段从西北侧墙体保存特征点处开始，继续向东南，中部略有拐折，最后到东南侧另一墙体保存特征点处。此段墙体保存较好，墙体较高，但坍塌、残断等较多，整体已呈断断续续状，墙体壁面布满风蚀洞。墙体底宽3.6、顶宽0.5—2、残高3米，夯层厚0.15—0.20米，版接缝长5米左右。墙体两侧底部有一贯通状风蚀凹槽，尤其东北侧最为明显，呈带状，凹槽高0.4、进深0.3米。

此段以中部的G0499点为界，两段墙体方向略有转折，其中前段长419米，方向140°；后段长133米，方向160°。

第3段：G0500—G0501点，长976米。方向170°。保存较差。此段从墙体保存特征点处开始，继续沿山前台地向东南，经中部大沟村1号敌台后，到东南侧另一处墙体保存特征点。此段墙体保存较差，除了个别地段尚残留有夯土墙体外，多数地段基本呈土垄状。墙体上还有2道小的山洪断口。残底宽4、顶宽0.5—1、残高2—4米。

此段中部连接有大沟村1号敌台。另外，墙体上还有3处小断口，均不长，但底部剥蚀较深。其中2处在敌台北侧10米左右，宽分别为5、8米；另一处在止点以北约10米处，宽10米。

第4段：G0501—G0502点，长513米。方向170°。保存一般。此段从墙体保存特征点开始，继续向东南，最后到一处墙体断口处。墙体特征与前段基本相似，但残断等损毁稍多。两侧底部均有一道

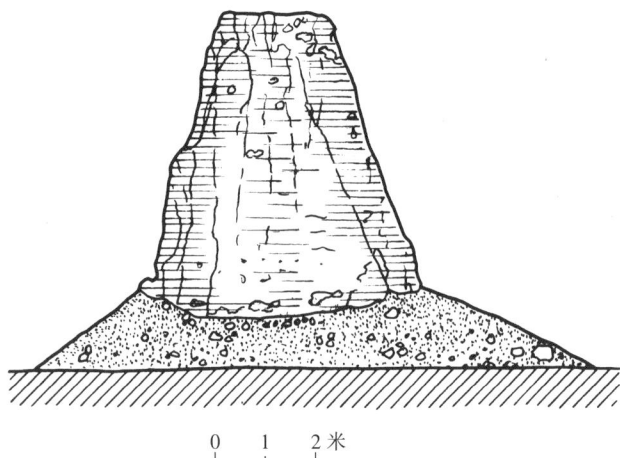

0　　1　　2米

图二三一　G0502点处墙体断面图（南—北）

贯通状风蚀凹槽，尤以西侧最为明显，呈带状，凹槽高0.5、进深0.3米。墙体底宽5.6、顶宽2.3、残高6.7米。

此段止点断面处墙体可见有二次夯筑痕迹，即在中心主墙基础上、两侧加筑附墙，一直夯筑到顶。其中主墙宽2、两侧附墙各宽1米（图二三一）。

此段西侧的山体处原有一处采石场，有土路辗转直达此地。2007年我们调查时尚在生产，后废弃，2011年调查时已未见。

第5段：G0502—G0503点，长15米。消失段。此处是一处小的山洪断口，墙体无存。

此处今已成为横穿墙体的一处道路，有土路从墙体东南侧而来，穿越此处后分成两道，一道通往西北侧采石点，另一道沿墙体向南到南侧石灰厂。

第6段：G0503—G0504点，长827米。方向170°。保存一般。此段从小断口南侧开始，继续向南，到大口子沟断口边。此段墙体特征与第4段基本相似，残底宽5、顶宽2.5、残高4米。

从起点断面处来看，墙体二次加筑痕迹十分明显，其中主墙宽2.3米，两侧附墙西侧宽2、东侧0.7米。

西侧山体上分布有几家采石场，多年不断蚕食开挖，已将山体砍削近半。

第7段：G0504—G0505点，长236米。消失段。此段横跨大口子沟前冲积河道，是从西侧山间汇集而来的山洪横穿长城之处，墙体无存。

大口子又称柳木口、烽口子，是贺兰山较为重要的一处山口，有人认为这便是见诸史料的"灵武口"。这里山口宽阔，有道路可穿越山体、通往阿左旗土井子嘎查等地。沟口前地表宽阔，现仅存干涸的河道，宽度不下百余米，且越往东越开阔。在山口间有一道土墙，两端与高山相连，与本道土墙相距622米。

此沟内现有一处采石场，已将河道处的砂石采挖成几处大坑，墙体附近修建有其一座宿舍厂房，来往车辆较多。

第8段：G0505—G0507点，长920米。方向170°。保存较差。此段从大口子沟断口南起，继续向东南，经过大沟村2号敌台，到南侧一处断口边，地势有高低起伏，但落差不大。此段墙体保存较差，坍塌、残断等十分普遍（如中间G0506点处有一小的山洪断口，宽10米，底部剥蚀甚深）。残底宽2.5、顶宽1.2、残高2.1米（彩图一五九）。

此段西侧山间依为采石区。在墙体中段还连接着大沟村2号敌台，敌台以南约5米处的墙体上竖立有一座水泥桩宁、蒙界碑，东西两面分别书写"宁夏1988""内蒙古1988"字样。另外，在大口子沟南面半山坡上分布着木井子嘎查4号烽火台。

第9段：G0507—G0508点，长23米。消失段。此段原属一处天然的山洪断口，今已被西侧蒙雪石灰岩有限公司拓宽成一处通道，墙体无存。

此段西侧是蒙雪石灰岩有限公司基地，其规模十分庞大，在墙体西侧百米处即为厂房驻地，山上还有采石生产区。机械声音隆隆不绝，浓烟尘雾漫天飞舞，来往车辆日夜穿梭，对墙体保护负面影响较大。

第 10 段：G0508—G0509 点，长 86 米。方向 170°。保存较好。此段从墙体断口开始，继续向南，最后到另一处墙体断口边。此段墙体保存较好，墙体较高且基本连续，顶部较平整，但局部处仍有坍塌等残损。残底宽4.2、顶宽2.5、残高5米。

第 11 段：G0509—G0510 点，长 13 米。消失段。此段是由蒙雪石灰厂推挖出的、横穿长城的另一通道，墙体无存。两侧断面较陡直（彩图一六〇）。

第 12 段：G0510—G0511 点，长 289 米。方向 170°。保存较好。此段从墙体断口开始，继续向南，最后到南侧另一处墙体断口边。此段保存较好，墙体连续，但坍塌等残损仍重。底宽7.8、顶宽3.3、残高6米（图二三二）。

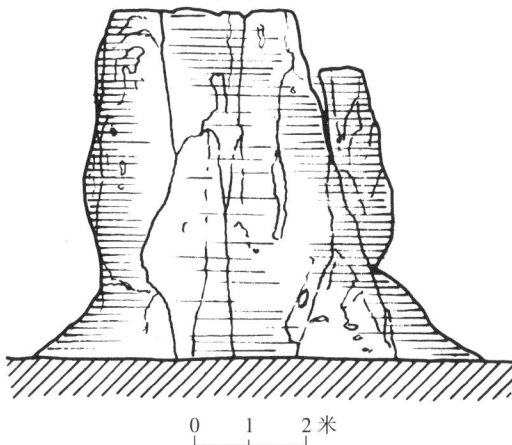

图二三二　G0511 点处墙体断面图（南—北）

此段止点以北 10 余米、在墙体东侧有一户牧民住所，紧贴长城建有几间住房、羊圈等，内有人长期驻守。

第 13 段：G0511—G0512 点，长 14 米。消失段。此段原是一处小的山洪冲沟，今其北面被铺设成石子路，通往西面山脊上的大柳木皋处。

第 14 段：G0512—G0515 点，长 398 米。方向 170°。保存较好。此段从墙体断口处开始，继续向南，末端附近略向西折，到一处小的山洪断口边。此段墙体保存较好，墙体高耸连续，壁面陡直，顶部较平，局部地方尚残留有垛墙、女墙等残迹，其中垛墙多残损，女墙保存略好，残高0.4、残宽0.6米。今存墙体底宽4.5、顶宽2.8、残高5.6米。

此段墙体的东西两侧底部均有带状风蚀凹槽，尤其西侧最为明显，凹槽残高0.4、进深0.3米。壁面陡直，一些壁面有明显的冲沟发育，如在 G0513 点南 4 米的东壁上有一处上下贯通状水冲沟，横宽0.6、进深0.9米。

长城基本从此段开始，其西面山间分布的采石区已逐渐不存，山体亦基本保持原貌，人为破坏亦逐渐降低，故此段墙体保存较好。但因为墙体位置逐渐临近山体，受山洪冲刷破坏显著上升。此段中间开始出现了当时修筑长城时预留的过水涵洞——水门。如本段 G0514 点处便是一处，这里位置上正处于西侧贺兰山山间汇集的一处小冲沟处，为使流水顺利通过墙体，在当时修筑墙体时就直接在墙体底部留出一道小的半圆形洪水冲道，底部多由大石块垒砌。水门底宽4.3、残高2.4米（彩图一六一）。

此段西侧的山顶上分布着上海嘎查 5 号烽火台（大柳木皋墩）。

第 15 段：G0515—G0516 点，长 20 米。消失段。此段位于一处小的山洪冲沟处，墙体不存。

第 16 段：G0516—G0518 点，长 173 米。保存较好。此段从断口南起，方向随台地向西折，最后到西侧山梁处的两道墙体交汇点处。此段墙体特征与第 13 段相似，残底宽3—4.5、顶宽1.2、残高3.2—5.6米（彩图一六二）。

此段在中部的 G0517 点处也有一处水门遗址，是西南侧山间汇集而来的小股洪水穿越墙体之处。此处水门将墙体底部冲刷出一道贯穿通道，底部剥蚀甚深，但上部墙体保存完好。水门底宽3、残高1.6米。

第二节　三关口—大柳木皋段敌台

三关口至大柳木皋段长城沿线分布的敌台计27座，均为实体建筑，多数以黄沙土夹杂小石粒夯筑而成，仅个别地势较高处有少数以大块石块砌边、内以小石块与黄沙土混杂填塞而成。多为方台形，由底向上逐渐收分，壁面较陡，未见登顶的台阶等设施；顶部较平，保存较好者顶部尚存铺舍。按其所处位置由北向南分述如下。

1. 三关口头道关1号敌台（编码：640121352101170001，工作编号：08YHD001）

位于永宁县闽宁镇黄羊滩农场西北、三关口头道关北侧一个丁字形山梁上，北面坡下是一个小冲沟；西南侧坡下即为今通往内蒙古阿左旗的银巴公路（301国道）。东距永宁县38.4、东北距银川市41.3千米。

石砌台体，形状已不规整，从保存较好的壁面砌石来看原应是方台形，方向190°（东壁）。保存较差，四壁均有不同程度坍塌。除东南壁尚存部分砌石外，多呈斜坡状，石缝间生长有稀疏的野草。外砌石多青灰、赭红色，大小不一，大者长0.5、宽0.4、厚0.3米，小者长0.3、宽0.3、厚0.2米。台体底部东西15、南北12米；顶部不甚平整，东西3.5、南北5.8米；斜高23米（图二三三；彩图一六三）。

南壁坍塌面可见台体内夹有栬木，有圆木和柠条两种，皆成排状、平置，一端朝外，端部未出壁面。圆木计3层，松木，直径0.1—0.15米，顶层距顶部1.4米，间距分别为1.6、2米，底层距地表3.2米；柠条均带枝条，似未加束扎，计8层，每层间距在0.2米左右。

2. 三关口头道关2号敌台（编码：640121352101170002，工作编号：08YHD002）

位于黄羊滩农场西北、三关口的头道关东北一近底部平台上，西与长城相连，东临陡坡，坡下即为山前冲积扇台地；西南侧山下便是头道关关口，今有银巴公路等经过；北面与山梁最高处的头道关1号敌台相望，相距877米。东距永宁县37.8、东北距银川市41.2千米。

石砌台体，残损严重，呈圆锥状，砌筑方式不明。所用石块大小、形状不一，似未深加工。石色以青灰、赭红居多。台体底部东西19、南北28米；顶部不甚平整，东西2.8、南北10.5米；斜高20米（图二三四；彩图一六四）。

3. 三关口二道关敌台（工作编号：11BSD003）①

位于三关口进沟约1千米的二道关处，属阿拉善左旗巴润别立镇上海嘎查所辖。敌台位于一道横亘在河道之间、大致呈西南—东北向的山梁上。此山梁十分狭窄陡峭，东西两侧坡度均近60°。其中东侧距沟底122米，西侧距沟底86米。北面坡下有一处断口，银巴公路从此经过；南侧山梁也被砍削出一道贯穿状豁口，银巴高速公路经此。东距永宁县39.28、北距阿拉善左旗54.81千米。其可能便是文献记载的"赤木关中口墩"。

夯土台体，方台形。方向150°（东壁）。东西邻坡。保存一般，四壁中西壁保存较好，壁面较陡，但壁面亦有坍塌，已露出大量青灰色石块；其余三壁面均已呈斜坡状，东壁布满风蚀洞。台体底部东西8、南北13米，顶部东西2.5、南北5米，残高4米。夯层厚0.15—0.20米（图二三五；彩图一六五）。

---

① 此三关口—大柳木皋段敌台中，属我们2011年补充调查者，本报告不标注位置编码，仅记载其调查编号，下同。编者注。

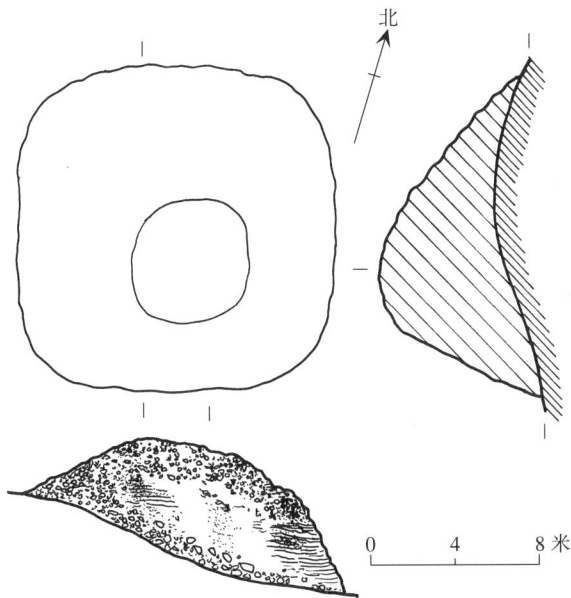

图二三三　三关口头道关 1 号敌台平、立、剖面图

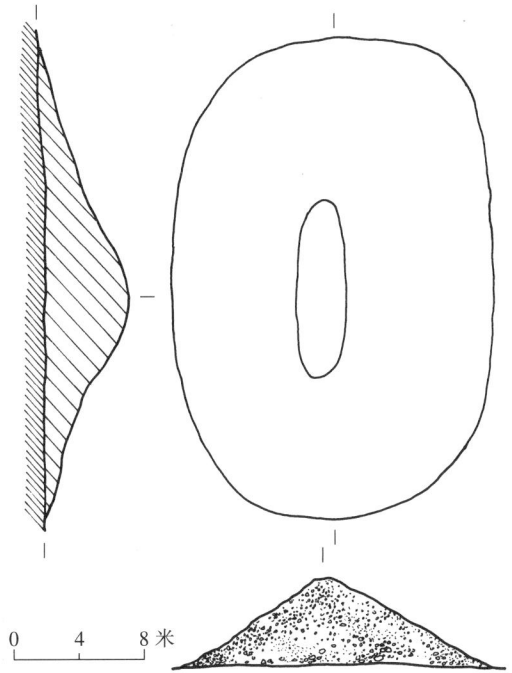

图二三四　三关口头道关 2 号敌台平、立、剖面图

4. 三关口三道关 1 号敌台（工作编号：11BSD004）

位于三关口进沟约 4 千米西北侧山梁上，东连三道关长城。亦属阿左旗上海嘎查所辖。东南侧与三道关 2 号敌台相邻，相距 204 米，东距永宁县 41.99、北距阿拉善左旗 52.63 千米。

石砌台体，已呈圆锥状。保存差，四壁均已坍塌，底部散落有较多的坍塌石块，石缝间生长有稀疏的沙蒿等。仅东壁底尚存部分砌石面，方向 220°（东壁）。砌石皆青灰色，大者长 0.5、宽 0.3、厚 0.3 米；小者长 0.3、宽 0.2、厚 0.25 米。残存台体底部东西 11、南北 12.7 米，顶部边长 4 米，残高 4 米（图二三六；彩图一六六）。

周围地表散落有少量碎瓷片，器形有缸、罐等，有黑釉、酱釉、青釉等，残甚，未采集。

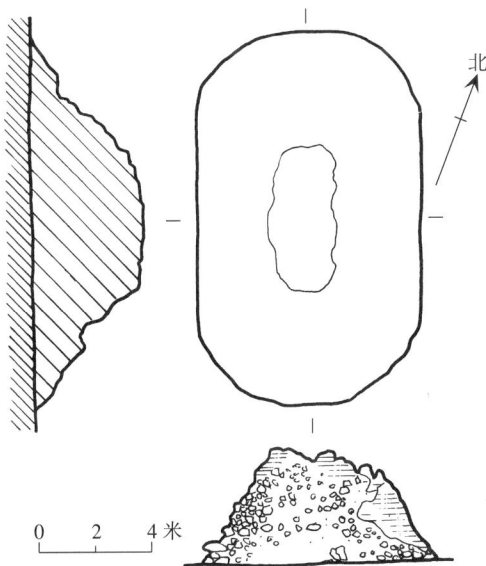

图二三五　三关口二道关敌台平、立、剖面图

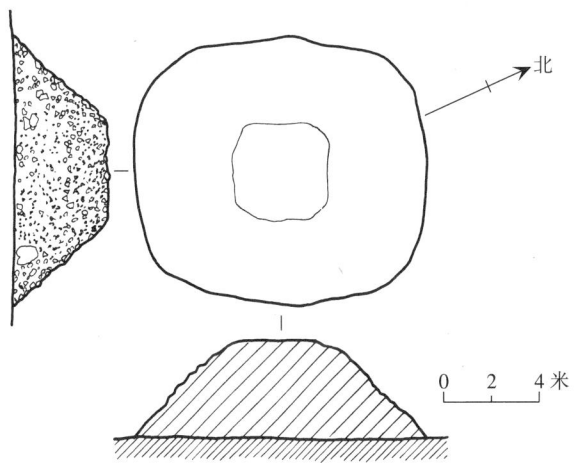

图二三六　三关口三道关 1 号敌台平、立、剖面图

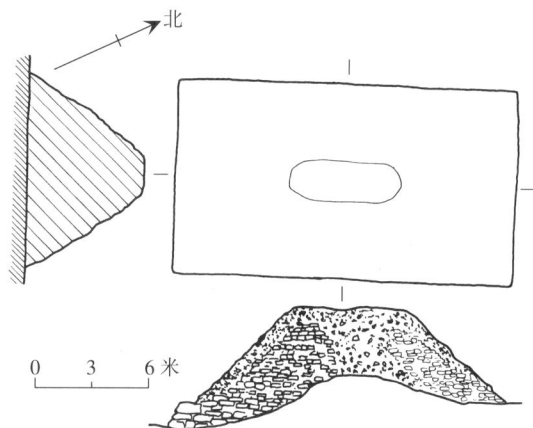

图二三七　三关口三道关2号敌台平、立、剖面图

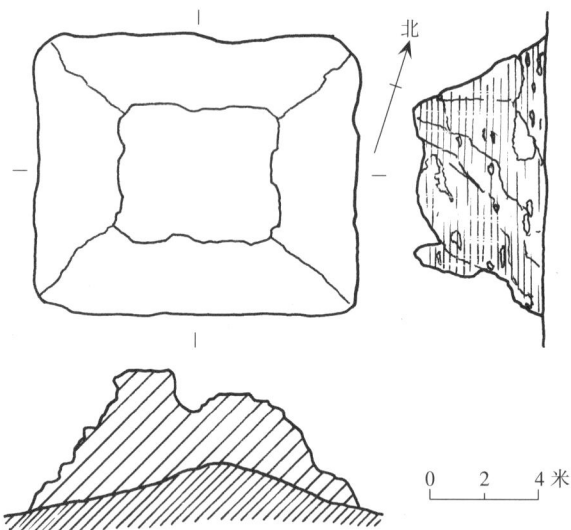

图二三八　三关口三道关3号敌台平、立、剖面图

5. 三关口三道关2号敌台（工作编号：11BSD005）

位于三关口进沟约4千米的河道西岸半山腰处，东西两侧临坡，位置较1号敌台低，底部与三道关长城相连。东距永宁县41.97、北距阿拉善左旗52.82千米。

石砌台体，方台形，方向210°（东壁）。保存稍好，台体较高大，但四壁均有不同程度坍塌，北壁砌石较高。底部东西10、南北18米，顶部东西2、南北6米，残高4米（图二三七；彩图一六七）。

6. 三关口三道关3号敌台（工作编号：11BSD006）

位于三关口进沟约4千米的河道间一西北—东南向的山梁顶上。东面坡下即银巴公路，西近银巴高速公路。西距三道关2号敌台1.57、东距永宁县40.4、北距阿拉善左旗53.62千米。其可能是文献记载的"赤木关里口墩"。

夯土台体，方台形，方向215°（东壁）。土内夹杂青灰色小石粒较多。较高大，保存较好，四壁中北、南壁保存较好，其余两面则有不同程度坍塌。南壁版筑痕迹较明显，并列两版，每版长6米，版接缝较宽。东西壁有风蚀痕，尤以东壁明显，壁面布满风蚀洞。顶部较平，尚残留有铺舍，惜未登顶，具体不明。底部东西12、南北10米，顶部东西6、南北5米，残高5米（图二三八；彩图一六八）。

此敌台周围早年资料记载尚残留有遗物①，但此次调查中未发现。

7. 三关口头道关3号敌台（工作编号：11YHD007）

位于黄羊滩农场西北、三关口沟口西侧长城拐点处，东面28米处即为银巴高速公路，西北与山脊上的上海嘎查2号烽火台相邻，斜距132米。

夯土台体，方台形，方向230°（北壁）。东接头道关长城、南起黄羊滩段长城。保存较差，残损较重。底部均有坍塌土与风淤沙土堆积，尤其是东南侧堆积最厚；壁面已呈斑驳皴裂状。除西壁保存稍好、壁面较陡直（表面亦有浓密的黑色苔斑）外，其余三面均有不同程度坍塌，尤其是东壁坍塌最重，已露出夯土内芯。断面可见其内夹有较大块的青灰色石块；顶部不甚平。残存台体底部边长11、顶部边长3、残高6米（图二三九；彩图一六九）。夯层厚0.15—0.2米。

---

① "在山坡与墩台的四围，散布有不少的黑瓷、红陶之类的器物残片，当为明代守关军卒所用遗物"，许成：《宁夏考古史地研究论集》，第21页，宁夏人民出版社，1989年。

此座敌台自然破坏较为明显，主要有风蚀掏挖、壁面片状剥离与粉状脱落、野草生长以及鼠类掏挖等。人为破坏亦十分严重，这里作为宁、蒙两省区交界处，长城保存尚佳，很久便成为一处自然风景点。近年来，新建的银巴高速边界已迫近敌台，北侧不远处还有两区交界碑及观礼台等，行人驻足、品赏遂成常态，很难杜绝个别不文明游客的踩踏攀爬等行为，加剧包括此敌台在内长城的破坏。

8. 白水泉子沟敌台（工作编号：11YHD008）

位于黄羊滩农场西北、白水泉子沟北侧

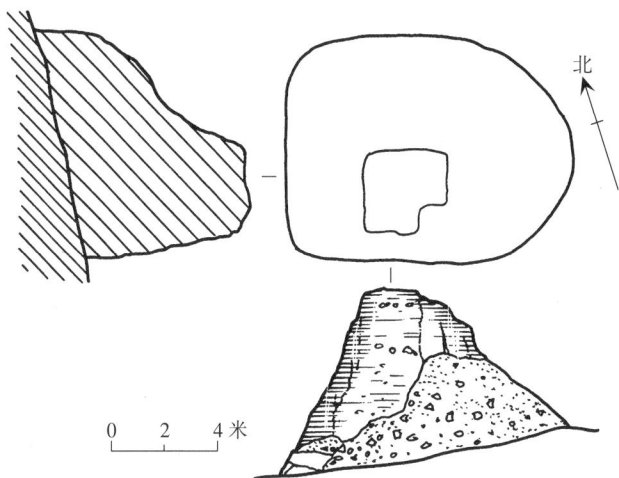

图二三九　三关口头道关3号敌台平、立、剖面图

一凸起的山丘上。周围皆为高低起伏的低矮山峦，地势以西侧略高而东侧稍低。西北距头道关3号敌台1.76、东距永宁县城38.5千米。

夯土台体，方台形，方向180°（西壁）。保存较好，台体高大雄伟，壁面陡直。四壁中南壁保存最好，壁面版接缝明显，可见其由并列6版构成，每版宽度不一，大致在1.5—2.2米间，中间两版较宽而两边较窄；东壁保存最差，壁面已呈犬牙突兀状；顶部较平，其中北侧、西侧顶部尚残存铺舍，是紧沿台体边缘增高加夯成方形中空墙垣，残损较重，多已残断。铺舍北侧残长1.3、底宽0.4、顶宽0.2、残高0.4米；西侧残长2、底宽0.4、顶宽0.2、残高0.3米。顶部堆积有大量石块和草木灰，石块形状、规格不一，长0.2—0.5、宽0.3—0.4、厚0.1—0.3米，石色以青灰为主，另有少量白色、赭红等色。台体底部边长10米，顶部东西5、南北6米，残高6米（图二四〇；彩图一七〇）。夯层厚0.15—0.2米。

台体东侧有两道大致呈东西向山梁上，分布有2排、计9座小墩。均为石块垒砌而成，残损较重，多已呈石堆状，个别底部尚保留有砌石痕迹，方形。其中一排位于台体东北侧，5座，由西向东分别编号为L1—L5。

L1：东西2、南北2.3、残高0.4米，西距长城墙体20米；

L2：东西3、南北3.3、残高0.8米，西与L1间距18米；

L3：保存稍好，东西3、南北3.2、残高0.7米，西与L2间距13米；

L4：东西3、南北3.2、残高0.6米，西与L3间距15米；

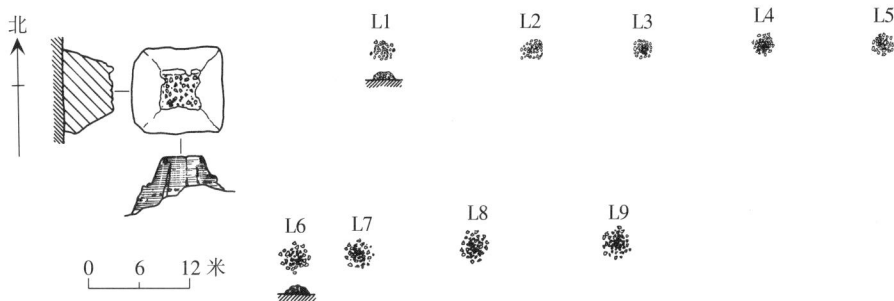

图二四〇　白水泉子沟敌台平、立、剖面图

L5：保存最差，仅存残迹，残高 0.2 米，西与 L4 间距 15 米。

另一排位于台体东南侧，4 座，保存较差。由西向东分别编号为 L6—L9：

L6：东西 3、南北 2.3、残高 0.4 米。北面与 L1 间距 70 米，西距敌台 10 米；

L7：东西 3、南北 4、残高 0.5 米，西与 L6 间距 7 米；

L8：东西 3、南北 3.3、残高 0.8 米，西与 L7 间距 14 米；

L9：东西 3、南北 3.3、残高 0.6 米，西与 L8 间距 17 米。

此座敌台残损多属自然破坏，人为破坏较少见。主要有风蚀、壁面片状剥离和粉状脱落、野草生长等。底部均有坍塌土与风淤沙土堆积，呈斜坡状，尤以南侧堆积最厚；四壁均有不同程度的风蚀、坍塌等，南壁底部裸露处有斜向风蚀凹槽。

敌台顶部及周围散落有较多瓷片等，残甚。采集 9 件，有瓷、石器。

瓷器 8 件，器形有缸、罐、盆、碗等。

（1）缸

3 件。均为口沿。器形较粗疏、厚重，直口、宽平沿，沿部不施釉，内外壁均施釉，釉面局部向口沿流釉，应是采用口沿朝下的覆烧法烧制而成。

11YHD008 采：1，酱釉。胎色土黄，内含较多赭红色细沙粒，但表面较平，似经抛光。口沿粗厚，平台唇，颈部束收，内施一道凸弦棱纹，斜腹。外壁全釉，釉面光亮平整；内壁釉较薄，釉面灰暗，表面有冰裂纹。残口长 15.5、残高 12.5、口沿厚 3、壁厚 1.2 厘米（图二四一）。

11YHD008 采：3，黑釉。胎色灰白，质地坚硬，器形较规整，宽平沿，颈部呈外凹内凸状，其中外壁施凹状弦纹，内壁则呈凸棱；腹微外鼓。施全釉，仅口沿露胎，釉光滑有光泽，外壁釉层稍厚，沿局部有流釉痕；内壁釉层较薄，色略泛黑褐，壁面有涡状刻划痕。残口长 14、残高 6.8、沿厚 2.5、壁厚 0.7 厘米（图二四二）。

11YHD008 采：4，姜黄釉。灰白胎，内含少量小沙粒。器形不甚规整，宽厚沿，圆台唇，颈部外侧束收（内侧则相对较平，无明显收束），直壁。施全釉，釉色灰暗无光泽，釉面厚薄不匀，有流釉、脱釉等。残口长 9、残高 7、口沿厚 3.4、壁厚 1.3 厘米（图二四三）。

（2）盆

1 件。

11YHD008 采：2，口沿。黑釉。胎地较细密，色浅黄，内含少量细沙粒。器形稍显规整，直口、厚卷沿、圆台唇，斜直壁。通施釉，沿部刮釉，粘有细沙。釉层外侧较薄，色泽不一；内壁则较厚，釉面光亮。残口长 13.2、残高 6.8、沿厚 1.2、壁厚 0.7 厘米（图二四四）。

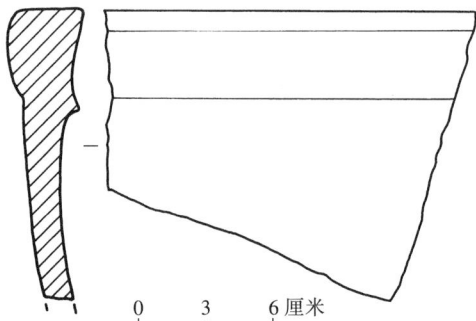

图二四一　白水泉子沟敌台采集酱釉缸口沿残片
（11YHD008 采：1）

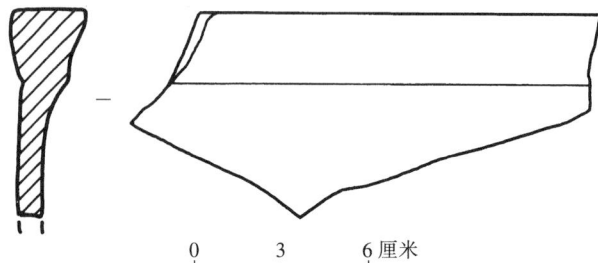

图二四二　白水泉子沟敌台采集黑釉缸口沿残片
（11YHD008 采：3）

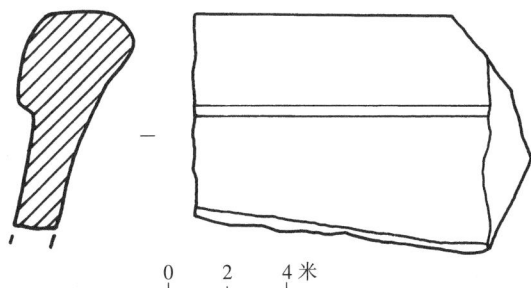

图二四三　白水泉子沟敌台采集姜黄釉缸口沿残片
（11YHD008 采：4）

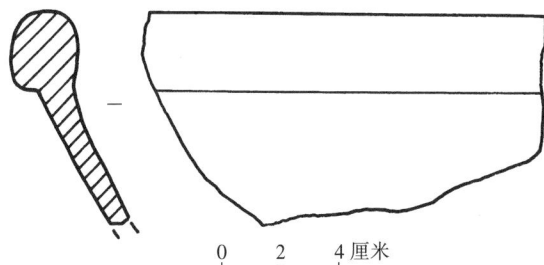

图二四四　白水泉子沟敌台采集黑釉盆口沿残片
（11YHD008 采：2）

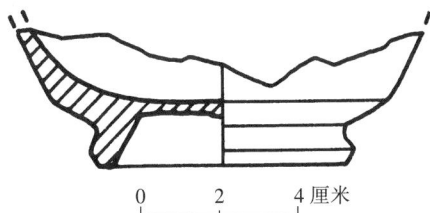

图二四五　白水泉子沟敌台采集黑釉碗底残片
（11YHD008 采：5）

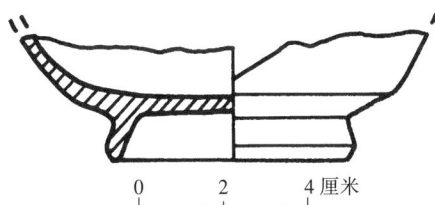

图二四六　白水泉子沟敌台采集黑釉碗底残片
（11YHD008 采：6）

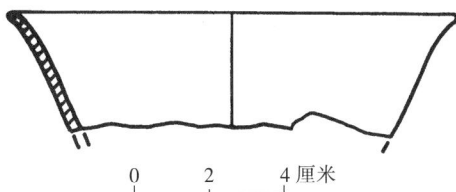

图二四七　白水泉子沟敌台采集黑釉碗口沿残片
（11YHD008 采：8）

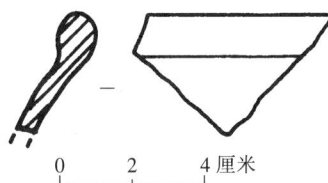

图二四八　白水泉子沟敌台采集黑釉罐口沿残片
（11YHD008 采：7）

（3）碗

3 件。其中底 2、沿 1 件，均为黑釉。

11YHD008 采：5，碗底。胎质稍粗，色沙黄，烧结度不甚高。斜壁，平底，大圈足，足底挖足过肩，内壁底部有明显的轮制划痕。外壁施釉，釉层较厚有光泽，内外底露胎。残高 3.1、底径 6.3、壁厚 0.3、圈足厚 0.7 厘米（图二四五）。

11YHD008 采：6，碗底。胎薄而规整，色灰白，质地较细腻。斜壁，底部急收，平底，小圈足。外壁施釉不及底，内底有环状涩圈。残高 2.5、底径 6、壁厚 0.25、圈足厚 0.4 厘米（图二四六；彩图一七一）。

11YHD008 采：8，口沿。胎色灰白，质地细腻。侈口，沿微外撇，尖唇，斜直壁。通施釉，釉层较厚，釉面光亮。残口径 2.8、残高 3.5、壁厚 0.2 厘米（图二四七）。

（4）罐

1 件。

11YHD008 采：7，口沿，黑釉。胎地较粗，色土黄，内含较多小石粒。侈口，卷沿，圆唇，直壁。通施釉，釉层较厚有光泽，口沿釉层较薄，局部尚粘连有细沙粒等。残口长 5、残高 2.8、沿厚 1、壁厚 0.6 厘米（图二四八）。

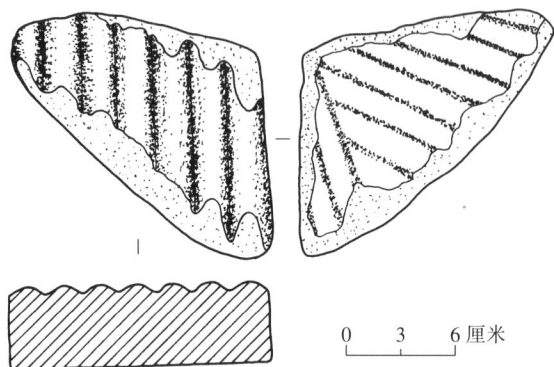

图二四九　白水泉子沟敌台采集石磨盘条
（11YHD008 采：9）

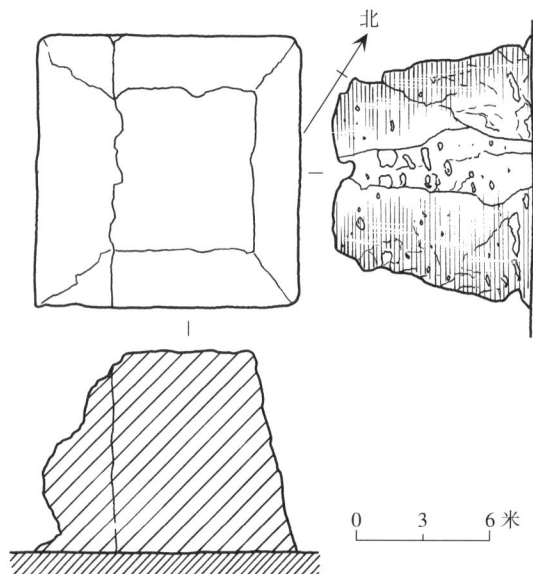

图二五〇　红井沟敌台平、立、剖面图

（5）石器

1 件。

11YHD008 采：9，磨盘，残成条状。砂石质，质地细密，色青灰。石面两侧均有并列的条状浅凹槽，两面方向不一，一面已基本磨平。残长 14、残宽 11、厚 4 厘米（图二四九；彩图一七二）。

9. 红井沟敌台（工作编号：11YHD009）

位于黄羊滩农场西北、红井沟沟口南侧一处稍凸起的山丘上，西临贺兰山山脉，东面为山前台地。西北距白水泉子沟敌台 1.1、东距永宁县城 36.5 千米。

夯土台体，西侧紧依长城墙体，主体突出墙体东面（与其他敌台突出长城西侧不同）。保存较好，方台形，方向 213°（东壁）。残存台体底部边长 12 米；顶部无法攀登，具体不详，大致在东西 6.5、南北 7 米；残高 9 米。夯层厚 0.15—0.2 米（图二五〇；彩图一七三）。

敌台底部堆积土较薄。壁面较陡直，四壁中南壁保存较好，但底部偏东侧有一处明显的风蚀凹槽；东壁次之，壁面有较密的黑色苔斑，中部还有一道上下贯通状水冲沟，沟宽 0.8、进深 0.6 米；北壁坍塌稍重，表面亦有较密的黑色苔斑；西壁基本紧贴长城（两者接缝十分清晰，接缝由底向上随墙体略向西倾斜），顶部高出墙体部分坍塌稍重。顶部较平，表面生长有稀疏的芨芨草等，未见铺舍等痕迹。

从残损成因来看，此座敌台的残损多属自然破坏，人为破坏相对少见。但随着近年来红井沟内采石等企业的逐渐兴起，来往车辆行人日渐增多，在敌台西侧便是一道运石道路，对此座敌台在内的长城难免会造成一定影响。

10. 柳渠沟敌台（工作编号：11YHD010）

位于黄羊滩农场以西、柳渠沟沟口北岸，距北面山脊上的上海嘎查 4 号烽火台 0.62 千米，北距红井沟敌台 4.62、东距永宁县城 34.2 千米，

此台体在两道平面大致呈"Y"形交汇的山梁上，东壁与长城相接，西面突出于墙体之外。夯土台体，方台形，方向 200°（东壁）。保存一般。底部坍塌土与风淤沙土堆积较薄。四壁均较陡，但壁面粗疏，坍塌、风蚀及片状剥离与粉状脱落等十分明显。相比以西壁保存略好，壁面基本完整，但表

面生长有较多黑色苔斑；其余三面风蚀凹槽较多，南壁保存最差，壁面中部已整块坍塌，裸露出的夯土底部有八字形风蚀凹槽，残高0.6、进深0.8米；北壁保存一般，壁面亦有较多风蚀洞，中部被掏挖成台阶，可辗转登上顶部；顶部不甚平，偏北侧尚残存铺舍残迹，是沿边缘增夯成墙垣，仅存一小段，底宽0.5、顶宽0.3、残高0.3米。铺舍内堆积有较多的石块。残存台体底部边长15、顶部边长7、残高5米（图二五一；彩一七四）。

在敌台东侧分布有10座小墩，方向120°。石砌而成，残甚，多呈石堆状，仅个别底部尚存砌石痕迹，由西向东分别编号为L1—L10，其中前2座与敌台同处一道山梁上，其余几座位于敌台东北侧另一道山梁上（彩图一七五）。

L1：东西3、南北3、残高0.8米，西距敌台29米；

L2：东西3、南北3.2、残高1.2米，与L1间距16米；

L3：边长3、残高0.5米，与L2间距31米；

L4：东西3.2、南北3、残高0.6米，与L3间距14米；

L5：东西3、南北3.2、残高1.2米，与L4间距12米；

L6：东西3.5、南北3.2、残高0.8米，与L5间距27米；

L7：东西3.2、南北3.3、残高1米，与L6间距26米；

L8：东西3.4、南北3、残高0.9米，与L7间距24米；

L9：东西3、南北3.2、残高0.7米，与L8间距37米；

L10：东西3.4、南北3、残高0.6米，与L9间距33米。

从残损原因来看，此座敌台在受自然破坏（如风蚀、壁面剥蚀、野草生长等）之外，人为破坏亦较重，有踩踏、掏挖等，如敌台北壁已被掏挖出登顶台阶等。这可能与其位置较低、临近牧羊人居住点等有关。

11. 大汝龙沟敌台（工作编号：11YHD011）

位于青铜峡市玉西村西北、大汝龙沟沟口以东约0.2千米处，在大汝龙沟河道南侧台地上，北距柳渠沟敌台2.15、东距永宁县城约35千米。

从地势来看，这里正好在柳渠沟与小沟之间箕形洼地的最低处，敌台择一稍高台地修建。夯筑台体，方台形。方向200°（东壁）。保存一般，残损较重。底部堆积有较厚的坍塌土与风淤沙土，呈斜坡状，已将台体底部包裹严实。裸露出的夯土台体不甚高，底部有带状风蚀凹槽，尤其以南壁最为明显；北壁则保存稍好，壁面较陡直，但表面生长有较多的黑色苔斑。顶部不甚平。底部东西14.5、南北15米，顶部东西6、南北7米，残高6米（图二五二；彩图一七六）。夯层厚0.15—0.2米。

敌台底部有一方形墙垣，将敌台包在内。其西侧直接连接在长城墙体上，北、东、南三面再夯筑土垣，残甚，仅存痕迹。其中北垣长25、距敌台12米，东垣长33、距敌台14米，中部有两处小的断口，宽1—2米。中部较低矮，似有门道，宽3米；南垣长24、底宽1.5、顶宽0.4、斜高0.3米。

敌台周围分布有10座小墩，保存较好，呈土堆状，质地较疏松，似未经夯打，个别底部外侧尚存砌石，周围散落有较多的石块。可分为两组，其中一组位于台体南侧，方向270°。由东向西分别编号为L1—L5，其中L3、L4底部均被人掏挖出洞穴。

L1：东西4、南北4.1、残高0.9米，距敌台80、距长城墙体3米；

L2：东西4、南北4.1、残高1米，与L1间距26米；

图二五一　柳渠沟敌台平、立、剖面图

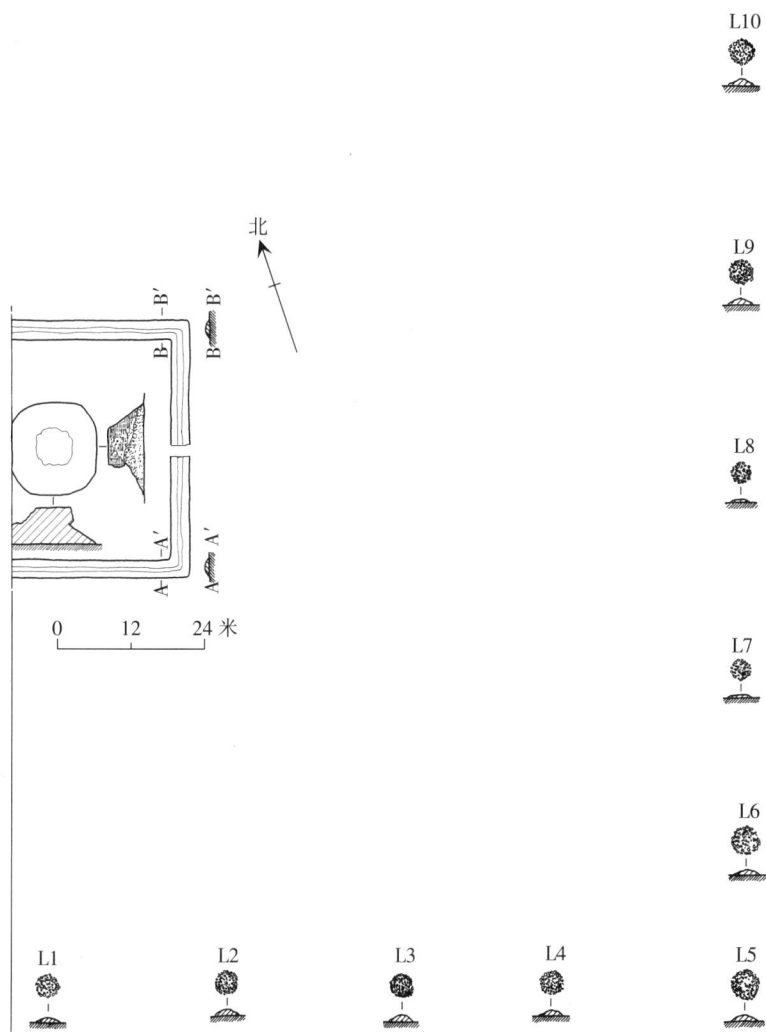

图二五二 大汝龙沟敌台平、立、剖面图

L3：东西 3.8、南北 3.9、残高 1 米，与 L2 间距 25 米；

L4：东西 3.9、南北 3.8、残高 1 米，与 L3 间距 21 米；

L5：东西 4.5、南北 4.2、残高 1.2 米，与 L4 间距 28 米；

另一组位于敌台东面台地上，方向 180°，由南向北分别编号为 L6—L10，其中 L6 也被人掏挖出洞穴。

L6：东西 4.5、南北 4.1、残高 1.1 米，与 L5 间距 18 米；

L7：东西 3.2、南北 3.3、残高 0.3 米，与 L6 间距 18 米；

L8：残甚，仅存痕迹。东西 3.4、南北 3、残高 0.3 米，与 L7 间距 29 米；

L9：保存 L8。东西 4.3、南北 4.2、残高 1.2 米，与 L8 间距 29 米；

L10：东西 4.4、南北 4.3、残高 1.1 米，与 L9 间距 32 米。

周围散落有较多瓷片，器形有缸、罐、碗等，残甚，无可复原者。采集 6 件，其中罐 1、缸 4、碗 1 件。

（1）罐

1 件。

11YHD011 采：1，器底。褐釉。胎黄中略泛白，质地较粗，内含较多细沙粒。鼓腹，下腹斜收，有

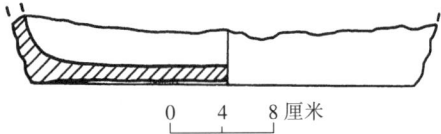

图二五三　大汝龙沟敌台采集褐釉
罐底残片（11YHD011 采：1）

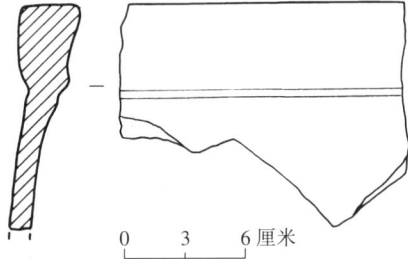

图二五四　大汝龙沟敌台采集褐釉
缸口沿残片（11YHD011 采：2）

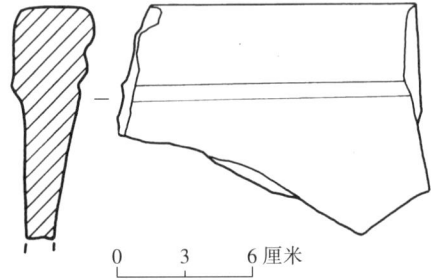

图二五五　大汝龙沟敌台采集青釉
缸口沿残片（11YHD011 采：3）

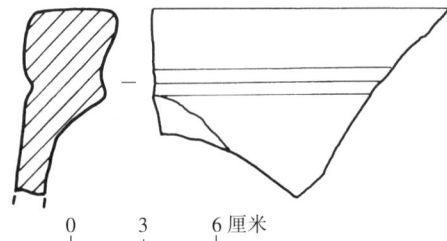

图二五六　大汝龙沟敌台采集褐釉
缸口沿残片（11YHD011 采：5）

明显的轮制划痕，微凹底。施全釉，釉色略泛黑。外壁釉层略厚，釉面均匀有光泽，有流釉；内壁釉层稍薄，釉色不甚同一。残高 5.8、壁厚 1.2、底厚 1.4 厘米（图二五三）。

（2）缸

4 件。

均为口沿。器形均较粗疏厚重，直口、宽平沿，沿多不施釉。

11YHD011 采：2，褐釉。胎色土黄，掺合料较少。器形稍显规整，束颈，腹微外鼓。沿露胎，表面光滑似经打磨，表面略泛红。内外通施釉，釉层较厚而光亮。外壁釉层较厚，釉面均匀，有向口沿流釉；内壁釉层稍薄，表面不甚平整，有涡纹痕。残口长 14.8、残高 11、口沿厚 3、壁厚 1.2 厘米（图二五四）。

11YHD011 采：3，青釉。胎地浅白，质地坚硬。窄沿，边稍圆，颈部稍收，直壁。外壁釉层薄且不匀，呈斑驳点状，多已在口沿上；内壁施褐釉，口沿露胎。残口长 12、残高 10、沿厚 3.3、壁厚 1.2 厘米（图二五五）。

11YHD011 采：5，褐釉。胎地浅灰，内含较多细沙，胎质较粗。口沿宽厚粗重，内侧的口沿、壁之间施一道凸棱纹。外壁釉色深褐，釉面平整光亮，已流至口沿上；内壁施半釉，釉层较薄，色浅褐。残口长 12.5、残高 7.5、沿厚 3.6、壁厚 1.2 厘米（图二五六）。

（3）盆

1 件。

11YHD011 采：4，口沿。黑釉。胎地较硬，色灰白。直口微敛，宽厚沿，圆唇，直壁。通施釉，釉层甚薄。内壁施釉已到口沿部，有脱釉；外壁仅见黑色胎衣。残口长 11.5、残高 6.5、沿宽 3.5、壁厚 0.8 厘米（图二五七）。

（4）碗

1 件。

11YHD011 采：6，底部。黑釉。胎较薄而规整，色灰白，质地较细腻。斜壁，平底，小圈足，足底挖足过肩。外壁施釉不及底，内底边有环状涩圈。残高 3、底径 6.5、壁厚 0.15、圈足厚 0.8 厘米（图二五八）。

12. 小沟敌台（工作编号：11YHD012）

位于青铜峡市玉西村西北、小沟沟口南侧，在小沟冲刷河道南侧台地上，北距大汝龙沟敌台 1.51、东距永宁县城 35.55 千米。

这里是周围山前台地最高处，从小沟汇集而来的山洪出了沟口后，在此四面散开，其中主流洪水向东北而去，支流改沿长城西侧向南而去。敌台便是位于这两股河道之间的台地上。夯土台体，方台

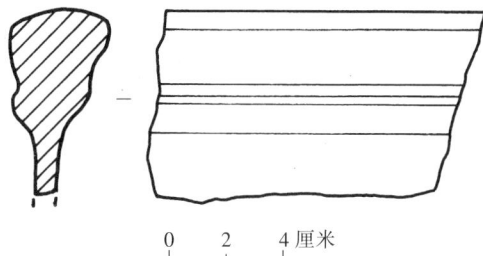

图二五七　大汝龙沟敌台采集黑釉盆口沿残片
（11YHD011 采：4）

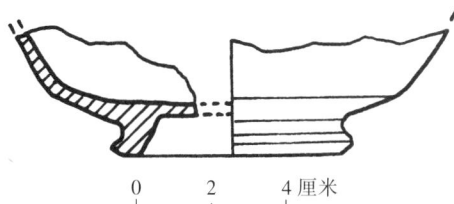

图二五八　大汝龙沟敌台采集黑釉碗底残片
（11YHD011 采：6）

形，方向200°（东壁）。土内包含有大量青灰色小石块，表面十分粗疏。台体较高，但保存一般，其中北、东、南三面底部均有较厚的坍塌土与风淤沙土堆积，尤其以东壁堆积最厚；壁面较陡峭，北壁保存最差，壁面坍塌较多，形状已近圆角；东壁保存一般，底部裸露出的夯土上有一道带状风蚀凹槽，壁面中部有一道纵向冲沟发育，由顶部一直贯穿至底（甚至底部坍塌土处亦有冲刷出的痕迹）；南壁保存最好，壁面较规整，底部坍塌土堆积不多，但裸露出的夯土亦有带状风蚀凹槽，壁面上遍布风蚀洞；顶部较平，堆积有较多石块等，因无法登顶，具体不详。台体底部东西10、南北9.7米，顶部东西6、南北5.5米，残高7米（图二五九；彩图一七七）。

敌台周围亦有一处方形围墙，规格较小，是以敌台东壁为准，南、北两面稍向外扩、夯筑出北、东、南三面墙垣。残甚，仅存痕迹。三面墙均长15米，南北两侧距台体3米，东垣距敌台16米。东

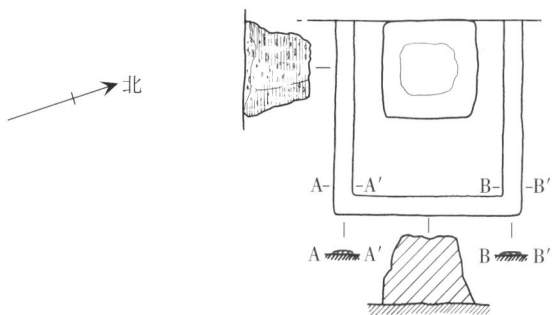

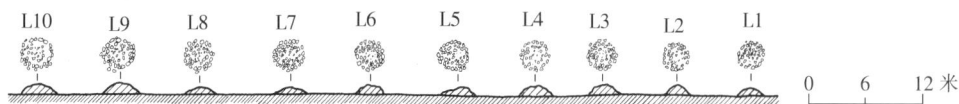

图二五九　小沟敌台平、立、剖面图

垣中部较低矮，有流水冲刷的痕迹，可能属门道遗迹，宽 2 米。

台体东侧一道大致呈南北向小山梁上，并列分布有 10 座小墩。地势随山梁有高低起伏，方向 200°。保存较高，但残损较重，多已呈土堆状，个别形制可辨为方形，周围地表散落有较多的青灰色石块。由北向南分别编号为 L1—L10，其中 L1 地势最低，L6 最高。

　　L1：东西 3.4、南北 3.4、残高 0.8 米，西距敌台 76 米；

　　L2：东西 3.4、南北 3.5、残高 1.1 米，与 L1 间距 5.2 米；

　　L3：东西 3、南北 3.2、残高 1 米，与 L2 间距 5 米；

　　L4：东西 3、南北 3.2、残高 1 米，与 L3 间距 4 米；

　　L5：东西 3.2、南北 3、残高 0.9 米，与 L4 间距 5.5 米；

　　L6：东西 3.4、南北 3.2、残高 1 米，与 L5 间距 5.7 米；

　　L7：东西 3、南北 3.2、残高 0.8 米，与 L6 间距 5.4 米；

　　L8：东西 3、南北 3.2、残高 0.8 米，与 L7 间距 6 米；

　　L9：保存最好，东西 3.4、南北 3.6、残高 1.2 米，与 L8 间距 5.4 米；

　　L10：东西 3.4、南北 3.6、残高 1.2 米，与 L9 间距 5 米。

周围地表上散落有少量瓷片，器形有缸、罐等，颜色有黑釉、酱釉等，残甚。采集 1 件。

11YHD012 采：1，缸口沿。黑釉。胎较粗疏，色土黄，内含较多黑色小沙粒。宽厚沿，颈部外束内凸，外施一道凹弦纹、内施一道凸弦棱。直壁，内器有涡纹。口沿露胎，表面略泛红。外壁施黑釉，釉层较厚且光亮，气泡较多；内壁施褐釉，仅壁部施釉，釉层稍薄且不匀。残口长 8、残高 12.2、沿厚 3、壁厚 1.2 厘米（图二六〇；彩图一七八）。

13. 磨石沟敌台（工作编号：11YHD013）

位于青铜峡市玉西村西北、磨石沟沟口北侧两道长城交汇处，南扼磨石沟沟口，西面、西南分别与沟口两岸的上海嘎查 5 号、6 号烽火台相邻，相距分别为 51、185 米；东面与台地上的磨石沟烽火台相邻，相距 192 米，北距小沟敌台 0.79、东距永宁县城 35.9 千米。

夯土台体，方台形，方向 150°（东壁）。保存一般，台体虽高，但残损较重，形状已不甚规整。底部均有较厚的坍塌土与风淤沙土堆积，尤其以南壁堆积最厚，已将壁面掩埋多半。壁面坍塌亦较重，北壁已呈犬牙状，表面生长有较密的黑色苔斑。南壁保存稍好，壁面较规整，底部有带状风蚀凹槽，壁面亦有明显的片状剥离和粉状脱落等。西壁残损较重，中部有后期掏挖出的脚窝。顶部不平，堆积有较多坍塌土，土内有少量灰烬、瓷片、动物骨头等。台体底部东西 10、南北 11 米，顶部东西 4.3、南北 3 米，残高 6 米（图二六一；彩图一七九）。

台体东侧的平地上，东西向并列分布有 10 座小墩，地势由东向西逐渐降低，方向 270°。均是用石块垒砌而成，残甚，仅存痕迹，个别保存稍好者形制仍为方形。由西向东分别编号为 L1—L10。

　　L1：东西 3、南北 3.2、残高 0.5 米，西距敌台 16 米；

　　L2：东西 3.4、南北 3.2、残高 0.4 米，与 L1 间距 10 米；

　　L3：东西 3.6、南北 3.4、残高 0.5 米，与 L2 间距 16 米；

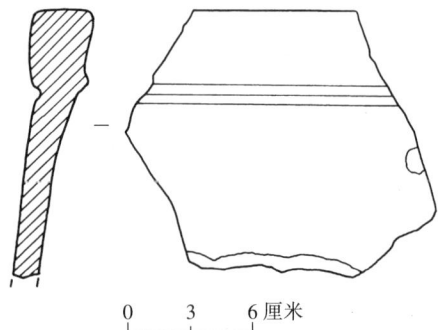

图二六〇　小沟敌台采集黑釉缸口沿残片
（11YHD012 采：1）

0　　3　　6 厘米

L10

L9

L8

L7

L6

L5

L4

L3

L2

L1

北

0　　6　　12 米

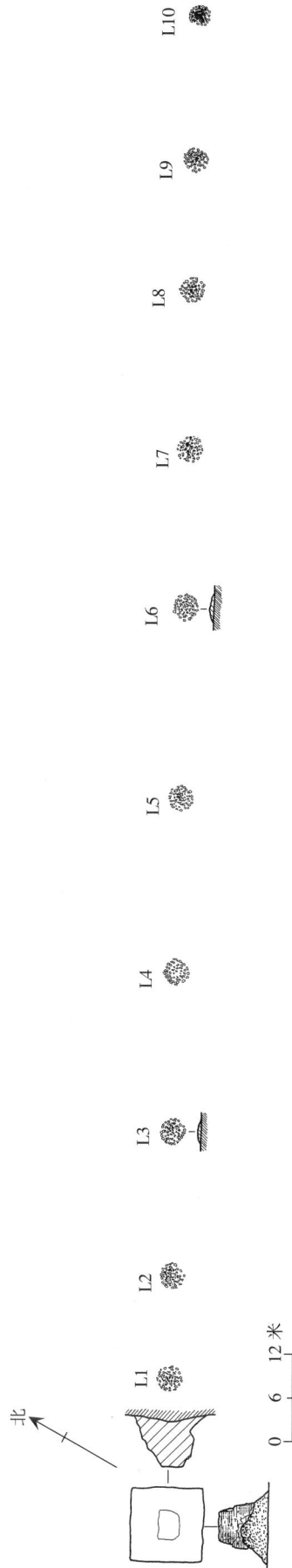

图二六一　磨石沟敌台平、立、剖面图

L4：东西 3.5、南北 3.6、残高 0.3 米，与 L3 间距 18 米；

L5：底边长 3.4、残高 0.5 米，与 L4 间距 20 米；

L6：东西 3.6、南北 3.4、残高 0.4 米，与 L5 间距 23 米；

L7：底边长 3.4、残高 0.4 米，与 L6 间距 18 米；

L8：东西 3.3、南北 3.4、残高 0.5 米，与 L7 间距 18 米；

L9：底边长 3.2、残高 0.3 米，与 L8 间距 14 米；

L10：东西 2.6、南北 2.8、残高 0.2 米，与 L9 间距 17 米。

此座敌台人为破坏较严重。磨石沟今为一处采石基地，进出山间的车辆行人众多，除了空气、噪音污染改变了此处环境外，来往行人踩踏攀爬长城较明显，敌台西壁便已被掏挖出登顶的脚窝。

周围地表上散落有少量瓷片，器形有缸、罐等，颜色有青釉、酱釉等，残甚，采集 3 件，其中缸 2 件、罐 1 件。

（1）缸

2 件。口沿、底各 1 件。器形粗重厚实，掺合物较少。

11YHD013 采：1，口沿。青釉。胎色浅白，直口，宽厚沿，沿尖略内凸，颈部略束，内施一道凹弦纹。口沿有釉滴，表面略泛黄，顶粘有细沙。施全釉，外壁釉层较薄，色青绿，较灰暗，有起泡、脱落等；内壁釉层较厚，色近深青，光洁度不高。残口长 16.2、残高 11.5、沿厚 3.7、壁厚 1.2 厘米（图二六二）。

11YHD013 采：2，底部。褐釉。胎色土黄，斜壁，大平底。内壁施全釉，釉层较厚且匀，但较灰暗；外壁施釉不及底，轮制痕明显。残高 4.5、壁厚 2、底厚 2 厘米。

（2）罐

1 件。

11YHD013 采：3，底部。胎色土黄，烧结度稍差，器物较轻薄。鼓腹，平底。底有一针眼状镂孔。壁未见釉，表面略泛红。残高 3、底径 10、壁厚 1、底厚 0.4 厘米（图二六三；彩图一八〇）。

14. 玉西村 1 号敌台（工作编号：11QYD001）

位于玉西村西北、磨石沟以南约 1.6 千米的山前台地上，东北距磨石沟敌台 1.65、东南距玉西村约 16.2、距青铜峡市 31.34 千米。

夯土台体，方台形。方向 230°（东壁）。土色红褐，质地稍疏。内夹杂小石粒较多。保存不佳，残甚较重，壁面多呈斜坡状。顶部较平，生长有稀疏沙蒿等。底部东西 9、南北 8 米，顶部东西 4、南北 4 米，残高 4 米（图二六四）。

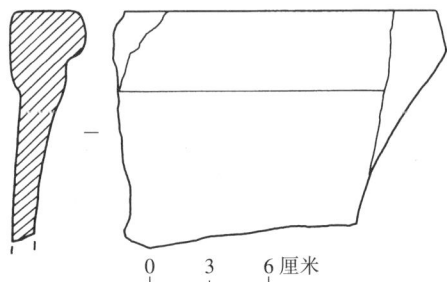

图二六二　磨石沟敌台采集青釉缸口沿残片
（11YHD013 采：1）

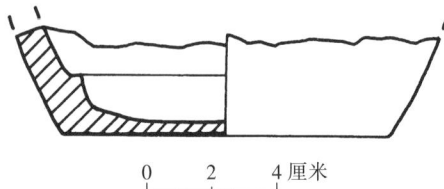

图二六三　磨石沟敌台采集罐底残片
（11YHD013 采：3）

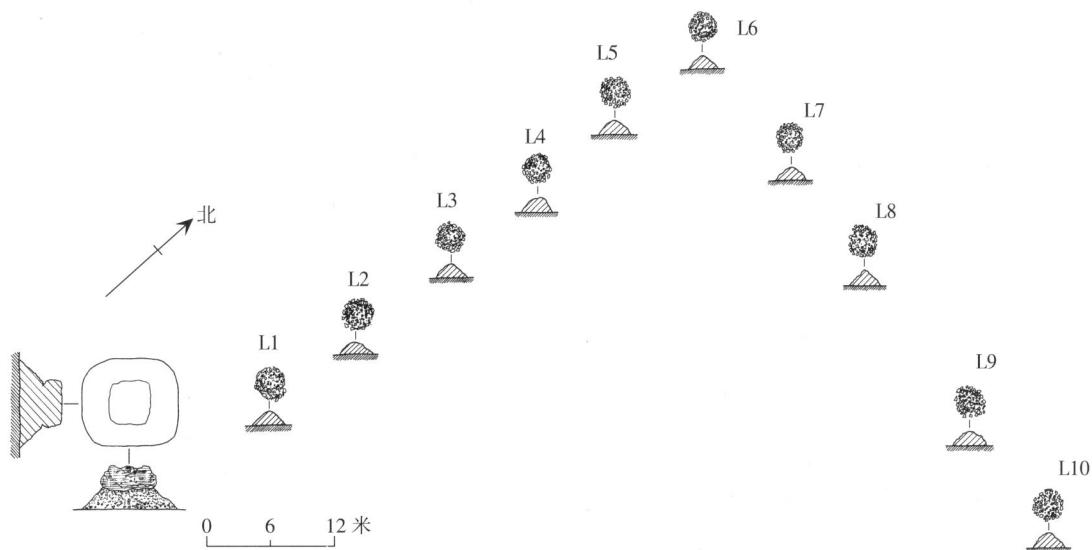

图二六四　玉西村 1 号敌台平、立、剖面图

台体东侧一道横山梁上分布有 10 座小墩，平面基本呈"7"字形，但拐折呈较圆弧状。是用较大块青灰色石块砌边、内用黄沙土夹杂小石粒填塞而成。保存较好，方台形，仅个别砌石有坍塌，顶部较平。由西北向东南分别编号为 L1—L10，其中前 4 座方向 150°；后 6 座方向 200°（彩图一八一）。

L1：东西 2、南北 3、残高 1.3 米，西距敌台 9.6 米；

L2：底边长 3、残高 1.2 米，与 L1 间距 7 米；

L3：底边长 3、残高 1.3 米，与 L2 间距 8 米；

L4：保存略好，底边长 3、残高 1.4 米，与 L3 间距 7.2 米；

L5：底边长 3.2、残高 1.4 米，与 L4 间距 7 米；

L6：东西 3.1、南北 3、残高 1.3 米，与 L5 间距 7.6 米；

L7：底边长 3、残高 1.2 米，与 L6 间距 10.3 米；

L8：底边长 3、残高 1.4 米，与 L7 间距 9 米；

L9：底边长 3、残高 1.3 米，与 L8 间距 14.5 米；

L10：底边长 3、残高 1.4 米，与 L9 间距 9 米。

周围地表散落有少量瓷片，有酱釉、白釉、褐釉等，器形有碗、罐、缸等，皆残甚。采集 2 件，其中缸、碗各 1 件。

（1）碗

11QYD001 采：1，口沿。白釉。器胎较薄，色灰白，掺合物少，质地较硬。直口，圆尖唇，斜壁。外壁上半部施白釉，釉层较薄，有麻点状气泡，色略泛黄；下半部施褐釉，釉层稍厚而光亮，气泡等较少。内壁通白釉，釉色泛黄，多气泡；底边有涩圈。口径 17、残高 6、壁厚 0.3 厘米（图二六五；彩图一八二）。

（2）缸

11QYD001 采：2，口沿。酱釉。瓷胎暗红，内含较多白色小石粒，质地较粗疏，烧结度不甚高。直口，宽厚沿，沿微外撇，腹施凸弦棱，内壁有涡纹。器壁内外施釉，釉面较灰暗。外侧釉较厚，色略泛黑，较灰暗；内壁釉稍薄，色略泛黄。残口长 7.5、残高 9.3、沿厚 3.7、壁厚 1.2 厘米（图二六六）。

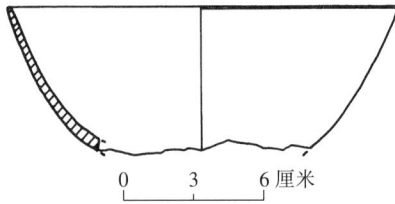

图二六五　玉西村 1 号敌台采集白釉碗口沿残片
（11QYD001 采：1）

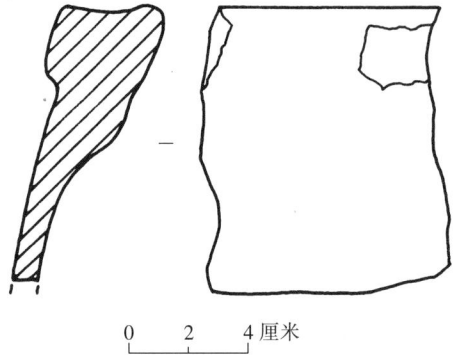

图二六六　玉西村 1 号敌台采集酱釉缸口沿残片
（11QYD001 采：2）

15. 玉西村 2 号敌台（工作编号：11QYD002）

位于玉西村西北、红井沟北侧一较高山丘上，四面临坡。东北侧距玉西村 1 号敌台 871 米，东南距玉西村 16.4、距青铜峡市 31.26 千米。

该敌台位于长城南侧，两者未直接相连，间距 5 米。夯土台体，方台形，方向 210°（东壁）。壁面收分度较大。土色沙黄，内含较多小石粒，表面较粗糙。台体较高，但保存一般，北、东、南三面均有风蚀痕，但底部堆积土较薄；四壁中南壁保存较好，壁面陡直，但表面风蚀洞较多，底部亦有较浅的带状风蚀凹槽；东壁保存最差，壁面突兀，中部有一道纵向冲沟；北壁保存一般，中部已呈凹窝状；顶部较平。台体底边长 10、顶边长 4、残高 7 米（图二六七；彩图一八三）。

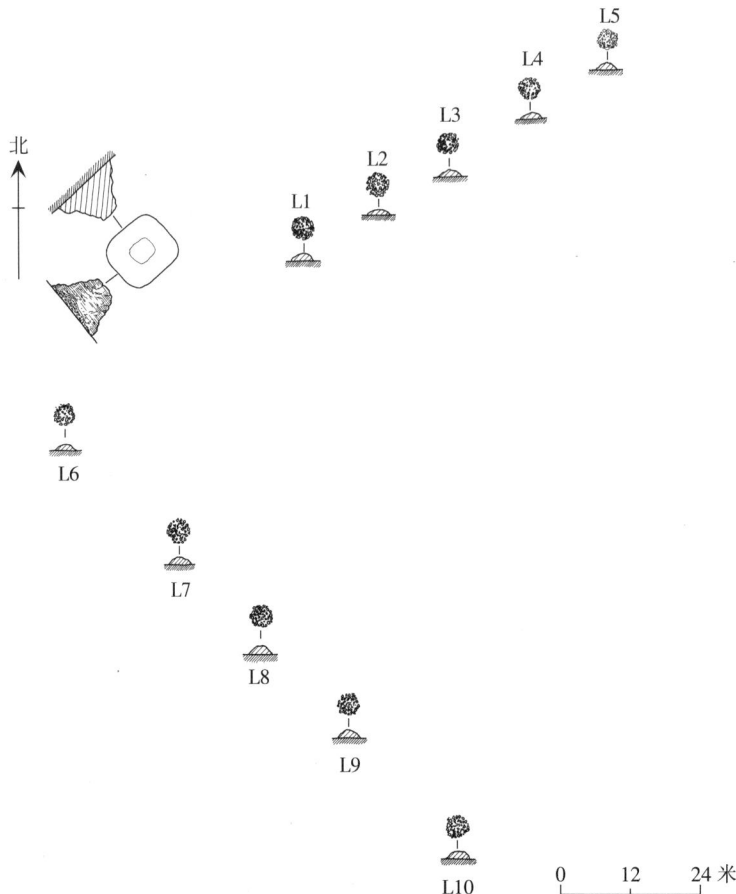

图二六七　玉西村 2 号敌台平、立、剖面图

台体南北两侧山梁上分布有 10 座小墩。均是用较大块青灰色石块砌边、内侧以小石块与黄沙土填塞而成，多呈圆锥状，个别保存较好者为方台形，规格较小。

北侧 5 座。方向 250°。地势随山梁逐渐下降。间距较近。由南向北编号为 L1—L5。

L1：保存较好。东西 4.5、南北 4.4、残高 1.2 米，距敌台 14.2 米；

L2：已残。东西 4.2、南北 4.3、残高 0.8 米，与 L1 间距 10.8 米；

L3：保存较好。东西 4、南北 4、残高 1.1 米，与 L2 间距 10 米；

L4：已残。东西 4、南北 3.5、残高 0.8 米，与 L3 间距 12.4 米；

L5：已残。东西 3、南北 2、残高 0.2 米，与 L4 间距 12.2 米。

南侧 5 座。方向 270°。保存一般，台体较高，间距较大。由西向东编号为 L6—L10。

L6：东西 4、南北 4、残高 1.2 米，距敌台 70 米，西距墙体 14.8 米；

L7：东西 4.2、南北 4.3、残高 1 米，与 L6 间距 24 米；

L8：东西 4、南北 4、残高 1.1 米，与 L7 间距 16.3 米；

L9：东西 4.2、南北 4.3、残高 1.2 米，与 L8 间距 16.6 米；

L10：东西 4、南北 4、残高 1.1 米，与 L9 间距 24 米。

周围地表上散落有少量瓷片，有罐、缸等，皆残甚，采集 1 件。

11QYD002 采：1，缸口沿。姜黄釉。胎暗红，内含较多红色小石粒，质地较粗疏，烧结度不高。直口，宽厚沿，颈部收束，沿、腹部间施凸弦棱，内壁多涡纹。沿顶较平，似经打磨，多露胎，表面略泛红。壁釉稍厚而灰暗。外壁上部露胎，釉多皱裂。残口长 11、残高 11.2、沿厚 3.5、壁厚 1.2 厘米（图二六八）。

16. 玉西村 3 号敌台（工作编号：11QYD003）

位于玉西村西北、香水泉子沟北侧宽广平台上。东北距玉西村 2 敌台 1.25、东南距青铜峡市 31.6 千米。

夯土台体，方台形。方向 350°（东壁）。保存一般，残损较重，形状已不甚规整。底部均有堆积土。四壁较陡，以南壁保存最好，但底部有八字形风蚀凹槽，壁面中部亦有一道水冲沟；东壁残损最甚，偏北侧有一斜坡状宽槽可供登顶。底部东西 11、南北 9 米，顶部东西 8、南北 6 米，残高 7 米（图二六九；彩图一八四）。

敌台南侧有一方形围墙，以敌台为准、向南再夯筑三面墙垣，残甚。底宽 1.4、残高 0.3、边长均为 11 米，南垣中部有一断口，宽 2 米，可能系门道。

台体南侧、沿香水泉子沟北岸边分布有 10 座小墩，方向 150°。是用石块夹杂黄土堆积而成，残损较重，多呈不规则圆锥状。由西北向东南分别编号为 L1—L10，前 3 座保存稍好，其余保存一般（彩图一八五）。

L1：东西 3、南北 2.4、残高 1.1 米，距敌台 23.5 米；

L2：东西 3、南北 2.5、残高 1.2 米，与 L1 间距 6.5 米；

L3：东西 3、南北 2.7、残高 0.9 米，与 L2 间距 4 米；

L4：东西 3.1、南北 2.5、残高 1 米，与 L3 间距

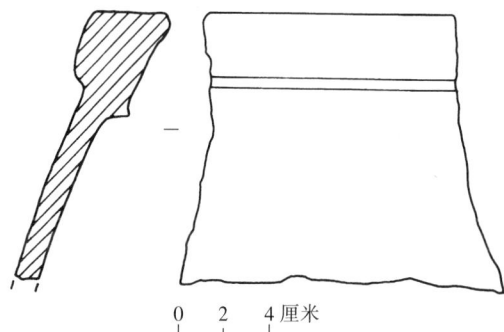

图二六八　玉西村 2 号敌台采集姜黄釉缸口沿残片
（11QYD002 采：1）

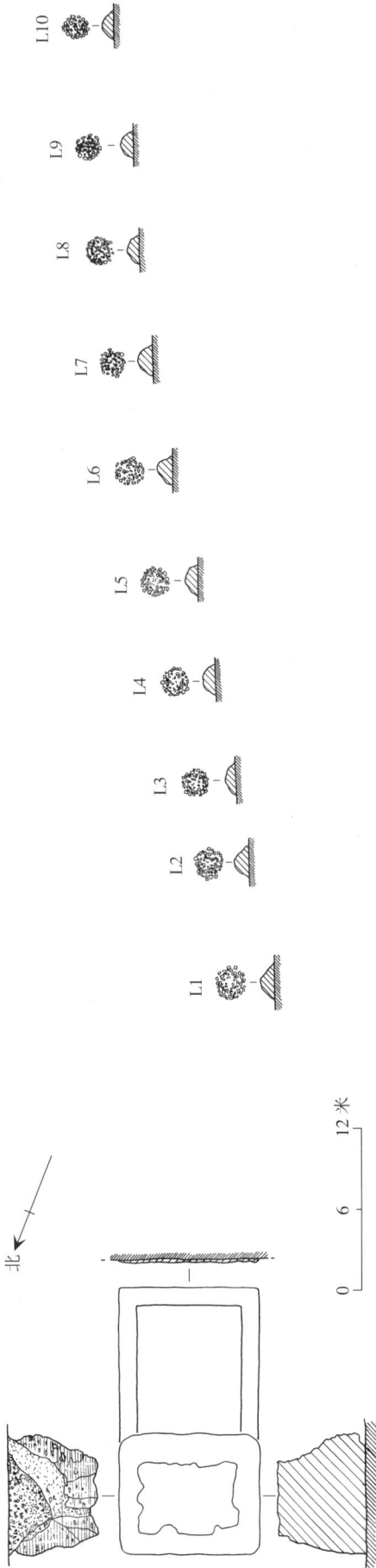

图二六九　玉西村 3 号敌台平、立、剖面图

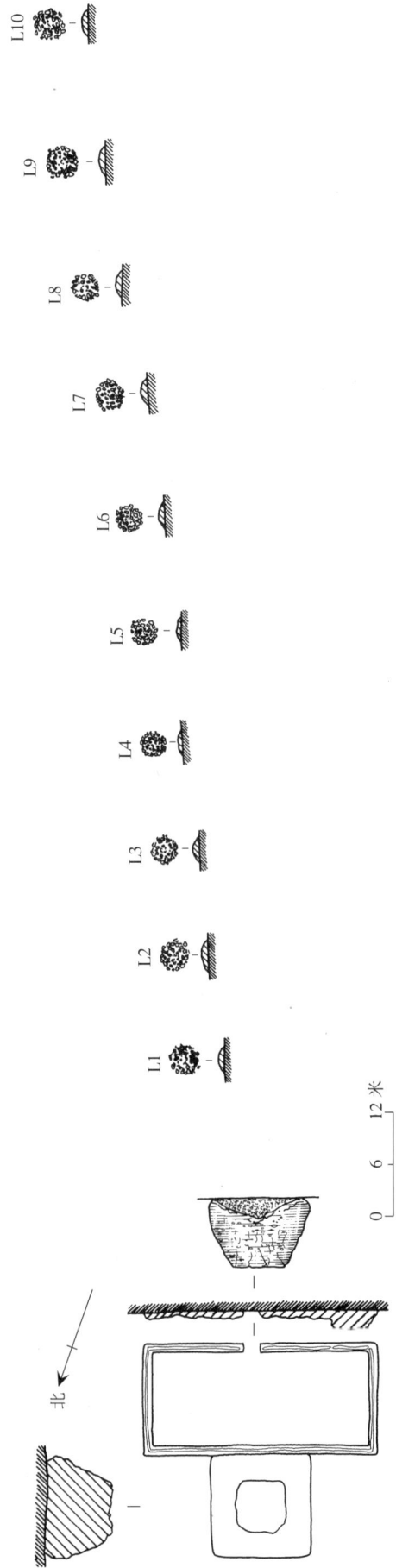

图二七五　玉西村 4 号敌台平、立、剖面图

6 米；

L5：东西 3.1、南北 2.5、残高 1 米，与 L4 间距 5.3 米；

L6：东西 3.2、南北 2.4、残高 1.1 米，与 L5 间距 6.3 米；

L7：东西 3.1、南北 2.5、残高 1.2 米，与 L6 间距 6 米；

L8：东西 3.2、南北 2.4、残高 1.1 米，与 L7 间距 6 米；

L9：东西 3、南北 2.5、残高 1.2 米，与 L8 间距 5.7 米；

L10：东西 3、南北 2.3、残高 1.1 米，与 L9 间距 7 米。

周围地表散落有较多瓷片，有青釉、姜黄釉、黑釉、白釉等，器形有碗、盆、罐、缸等，皆残甚。采集 5 件，其中缸 2 件、罐 1 件、碗 1 件、盆 1 件。

（1）罐

1 件。

11QYD003 采：1，口沿。青釉。胎地较细，质地坚硬，烧结度高，色土黄。器形较规整，敛口，沿略外卷，高束颈，圆鼓腹。外壁（包括颈及口沿下部）通施青釉，釉层较厚，色略发乌。釉面不匀，有脱釉；沿顶露胎，色略泛红，有刮拭痕迹；内壁施褐釉，釉层稍薄，色泛黄，颈部以上露胎，局部有釉滴。口径 36、沿残长 8.5、残高 15.6、沿厚 3.2、壁厚 1.2 厘米（图二七〇；彩图一八六）。

（2）缸

2 件。皆为口沿。胎较粗厚，掺合物较少，烧结度较高。

11QYD003 采：2，口沿。褐釉。土黄胎。宽厚沿，沿下端缩收，外壁沿、壁间施凸弦纹。壁施釉厚而光亮，釉不纯，有气泡。沿底釉层甚薄，表面似经刮拭；内沿下局部露胎。口残长 11、残高 5.5、沿厚 3.2、壁厚 1.2 厘米（图二七一）。

11QYD003 采：3，口沿。青釉。特征等同采：2。外壁施釉较厚，但较灰暗，表面小气泡多；沿顶亦有刮拭痕迹，色略泛黑；内壁上部则露胎。口残长 7.3、残高 8、沿厚 3.4、壁厚 1.4 厘米（图二七二）。

（3）碗

1 件。

11QYD003 采：4，器底。褐釉。胎较粗，色土黄，内含较多细沙粒，烧结度不高。鼓腹，平底，宽圈足，足底挖足过肩。外表施褐釉，釉层较厚而透亮，底露胎，表面泛红，有釉滴痕。内底多露胎，色浅白，有细密凹弦纹，局部尚有烟炱痕。残高 3、底径 5.5、壁厚 0.6、圈足厚 0.7 厘米（图二七三）。

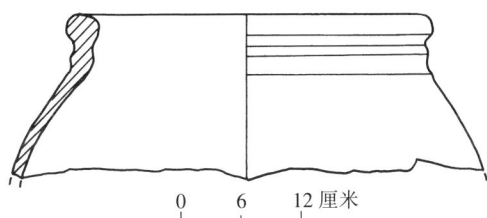

图二七〇 玉西村 3 号敌台采集青釉罐口沿残片
（11QYD003 采：1）

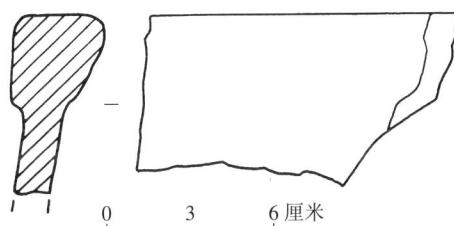

图二七一 玉西村 3 号敌台采集褐釉缸口沿残片
（11QYD003 采：2）

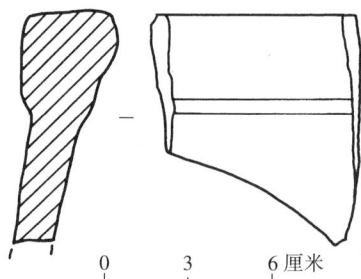

图二七二　玉西村3号敌台采集
釉缸口沿残片（11QYD003 采：3）

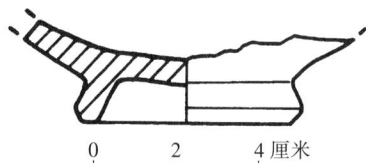

图二七三　玉西村3号敌台采集
褐釉碗底残片（11QYD003 采：4）

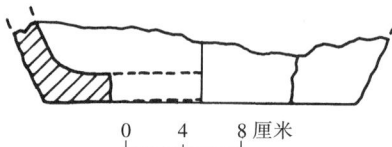

图二七四　玉西村3号敌台采集褐釉
盆底残片（11QYD003 采：5）

（4）盆

1件。

11QYD003 采：5，器底。褐釉。器胎稍细，色浅灰，掺合物较少，烧结度较高。斜壁，大平底。外壁施釉不及底，有釉滴。底边粘细沙。内通施釉，釉层较厚，釉面均匀有光泽。底径22、壁厚2、底厚2厘米（图二七四）。

17. 玉西村4号敌台（工作编号：11QYD004）

位于玉西村西北、香水泉子沟南侧台地上，东北距玉西村3敌台1.61、东南距青铜峡市32.35千米。

此座敌台位于长城东南侧，两者未直接相连，间距5米。夯土台体，方台形，方向170°（东壁）。土色沙黄，夯打较坚实，内含小石粒较少。形制较规整，保存较好，但亦有残损。四壁底部均有较薄的坍塌堆积土；壁面较陡，裸露的底部均有带状风蚀凹槽，西壁保存最好，壁面较规整，其余三面保存一般，其中南壁、北壁中部各有一道冲沟，以北壁最明显，宽0.9、进深0.8米。底部东西13、南北12米，顶部约东西6、南北7米，残高8米（图二七五；彩图一八七）。

敌台南侧也有一方形围墙，保存较好，黄土夯筑而成（彩图一八八）。

北垣：以敌台南壁为准，向东西各外扩一小段（西面外扩7.6、东面外扩8.1米），其中西侧一段保存稍好，底宽0.95、顶宽0.4、残高1.6米。

西垣：全长13米。保存一般，多已坍塌，两侧底部均有较厚的坍塌土堆积，底宽1、残高1米。

南垣：全长31米，除西南6米保存较好外，其余多已坍塌。保存较好处底宽1、顶宽0.4、残高2.2米。中部有一断口，宽2米，可能系门道。

东垣：残甚，仅存墙基，底宽1、残高0.3米。

南侧台地上分布有10座小墩，连线较直，方向150°。是用石块、黄土堆砌而成，残损较重，多呈不规则圆锥状。由西北向东南分别编号为L1—L10。

L1：东西3.3、南北3.1、残高0.2米，距敌台45米；

L2：东西3.5、南北3.7、残高0.7米，与L1间距8.4米；

L3：东西3.3、南北3.1、残高0.7米，与L2间距8.8米；

L4：东西2.8、南北2.7、残高0.2米，与L3间距9.1米；

L5：东西2.5、南北2.5、残高0.3米，与L4间距10米；

L6：表面有大量碎瓷片，边长4.4、残高0.6米，与L5间距9.8米；

L7：表面亦有较多碎瓷片。中心被掏挖多半，堆土中夹杂较多大石块。东西4.3、南北3.5、残高0.8米，与L6间距11.3米；

L8：东西3.2、南北3.3、残高0.6米，与L7间距9.3米；

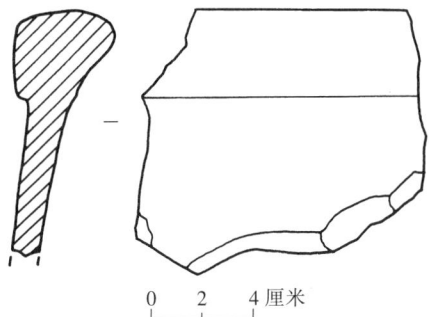

图二七六　玉西村 4 号敌台采集姜黄釉缸口沿残片
（11QYD004 采：1）

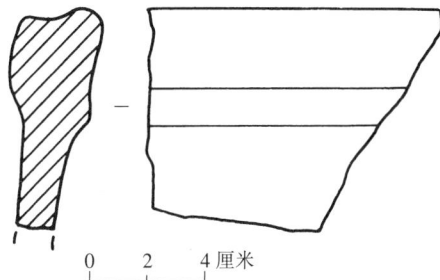

图二七七　玉西村 4 号敌台采集黑釉缸口沿残片
（11QYD004 采：2）

L9：东西 3.8、南北 4.1、残高 0.8 米，与 L8 间距 11.8 米；

L10：东西 3.2、南北 3.8、残高 0.7 米，与 L9 间距 12 米。

周围地表散落有较多瓷、石器等，采集 5 件，其中缸 4 件，石夯 1 件。

（1）缸

4 件。其中口沿 3、底 1 件。器形较粗重，内含细沙粒。

11QYD004 采：1，口沿。姜黄釉。胎地较细腻，色沙黄，烧结度较高。器形不甚规整，直口、宽厚沿，沿端微内凹，外侧沿、壁间施一道凸弦棱，直壁。沿有刮拭痕。外施姜黄釉，釉层甚浅，色近浅黄，无光泽，表面多小气泡；内施褐釉，釉层稍厚，光洁度不高。残口长 8.5、残高 10.2、沿厚 4、壁厚 1.1 厘米（图二七六）。

11QYD004 采：2，口沿。黑釉。胎地较粗疏，色沙黄，近边缘处略泛灰。含沙量较大，直口、宽厚沿，颈部外凹内凸，内壁有凸棱，直壁略外鼓。口沿多露胎，表面较光滑，似经打磨，沿顶泛红。壁通施釉，釉色晶莹光亮。残口长 10.2、残高 7.3、沿厚 2.9、壁厚 1.4 厘米（图二七七）。

11QYD004 采：3，器底。酱釉。胎地较细，色青灰。斜壁，平底。外壁施酱釉，釉较厚而光亮，施釉不及底，露胎处呈紫褐色。底粘有较多细沙；内壁通施褐釉，釉较薄，色黄褐，亮度稍差，有气泡。底径 24、壁厚 1.2、底厚 1.4 厘米（图二七八）。

11QYD004 采：4，口沿。褐釉。胎地较粗疏，色浅黄，局部泛红，内夹杂有较多赭红色小沙粒。直口、宽厚沿，颈部外凹内凸，斜壁微鼓，内壁有涡纹。外壁（含口沿）施褐釉，釉较厚有光泽；内壁凸棱上露胎，棱下施黑釉，釉稍厚而光亮。残口长 12.2、残高 11、沿厚 3.8、壁厚 1.3 厘米（图二七九）。

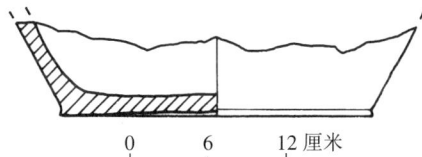

图二七八　玉西村 4 号敌台采集酱釉缸底残片
（11QYD004 采：3）

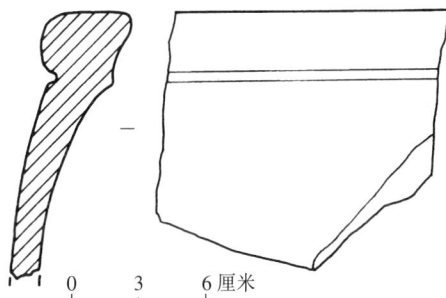

图二七九　玉西村 4 号敌台采集褐釉缸口沿残片
（11QYD004 采：4）

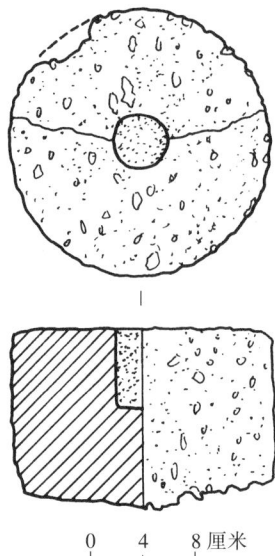

图二八〇　玉西村 4 号敌台
石夯（11QYD004 采：5）

（2）石夯

1 件。

11QYD004 采：5，略残。砂石质，质地十分粗疏，内含较多石块、沙粒等。形状略呈圆台形，顶部较平，中心有一圆柱洞。周壁较平，似略经砍削，底稍残。残高 13.4、底径 20 厘米，顶部柱洞直径 4、深 6 厘米（图二八〇；彩图一八九）。

18. 玉西村 5 号敌台（工作编号：11QYD005）

位于玉西村西北、北岔口东侧，在贺兰山向东南面延伸出的一道低矮的台地上，西距北岔口两道长城交汇处 0.05 千米，西北与上海嘎查 7 号烽火台相望。东距玉西村 4 敌台 1.54、东南距青铜峡市 33.12 千米。

夯土台体，方台形。方向 170°（东壁）。内含小石粒较少。底部边长 10 米，顶部东西 5、南北 5.2 米，残高 5.7 米（图二八一；彩图一九〇）。

保存较好。底部堆积土较薄。壁面较陡，东、南、西三面裸露的底部均有带状风蚀凹槽。四壁以西壁保存最好，较规整，其余三面保存一般。南壁中部有一道纵向冲沟，由顶向下贯穿壁面，剥蚀甚深，横宽 1—1.2、进深达 2 米。壁面片状剥离、粉状脱落十分明显。东壁保存一般，壁面已呈斑驳突兀状。北壁高出长城部分保存稍差，坍塌等稍重，已无夯筑痕迹。

敌台南侧有一方形围墙，也是以敌台南壁为准，向南外扩、夯筑而成方形墙垣，残甚，仅存残迹。东西 10、南北 9.6 米，残存墙垣底宽 1、残高 0.3 米左右。今存东西两侧围墙上各有一处小的盗洞，直径 2、深 1 米，已将部分墙垣挖毁；南垣中部（疑为门道位置）竖立着一块水泥质长城保护碑。

南侧山梁上并列分布有 10 座小墩，方向 160°。由北向南逐渐下降。是用石块、黄土堆积而成，多呈土堆状。由北向南分别编号为 L1—L10，其中前 3 座基本与敌台同处山丘顶部缓坡上，保存较差；其余均位于南面坡上，保存稍好。

L1：底边长 3、残高 0.6 米，北距敌台 15.4 米；

L2：东西 3.2、南北 3.3、残高 0.7 米，与 L1 间距 6 米；

L3：东西 3.2、南北 3、残高 0.6 米，与 L2 间距 6.1 米；

L4：底边长 3.3、残高 0.8 米，与 L3 间距 4.7 米；

L5：底边长 3、残高 0.8 米，与 L4 间距 7 米；

L6：底边长 3、残高 1 米，与 L5 间距 7.2 米；

L7：底边长 3、残高 1.2 米，与 L6 间距 3 米；

L8：东西 3.2、南北 3、残高 1.1 米，与 L7 间距 2.8 米；

L9：底边长 3、残高 1.2 米，与 L8 间距 3 米；

L10：底边长 3、残高 1 米，与 L9 间距 3.7 米。

周围地表散落有少量的陶瓷片，采集 3 件，其中陶器 1 件，瓷器 2 件。

（1）陶器

1 件。

11QYD005 采：1，罐口沿。夹砂质。胎地粗疏，烧造不佳，色乌黑。直口、平沿，沿略外撇，颈部略束，微鼓腹。口径 26、沿厚 1.6、壁厚 0.5 厘米（图二八二；彩图一九一）。

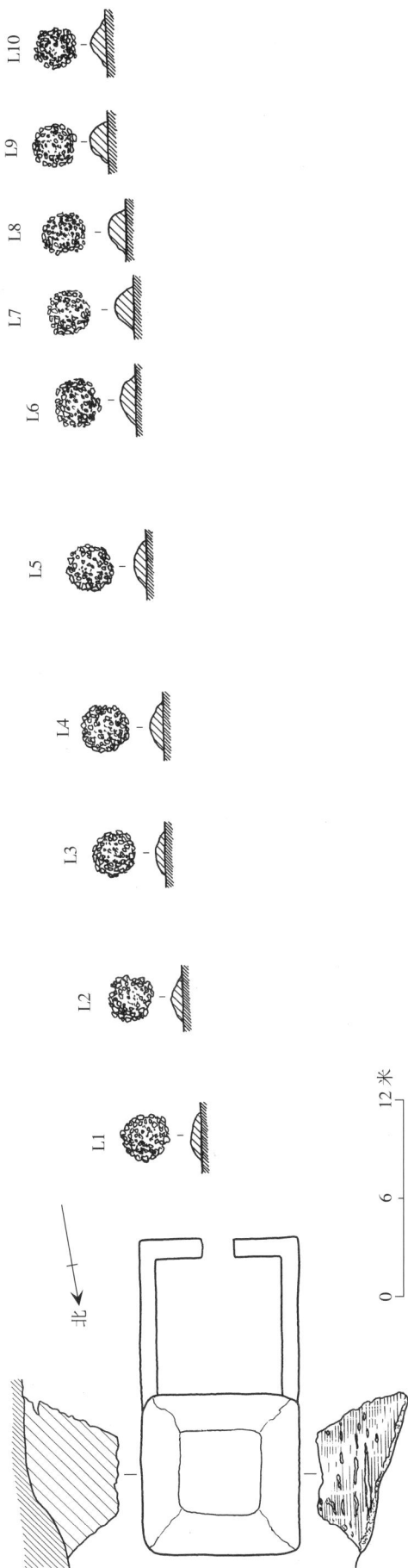

图三八一　玉西村 5 号敌台平、立、剖面图

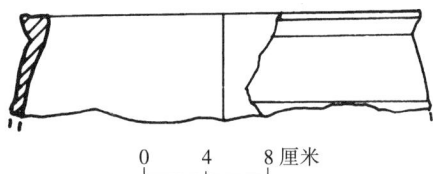

图二八二　玉西村5号敌台采集罐口
沿残片（11QYD005 采：1）

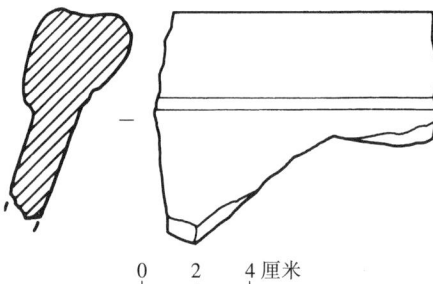

图二八三　玉西村5号敌台采集姜黄釉
缸口沿残片（11QYD005 采：2）

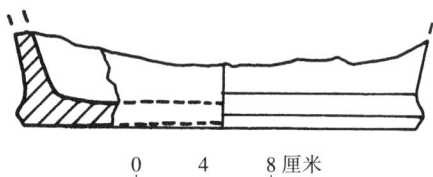

图二八四　玉西村5号敌台采集褐釉
罐底残片（11QYD005 采：3）

（2）瓷器

2件。

11QYD005 采：2，缸口沿。姜黄釉。胎地较细腻，色外侧沙黄、内侧则成浅红色。质地较硬，烧结度较高。器形较粗重，直口、宽厚沿，颈外施一凸弦棱；腹微外鼓。沿上露胎，有刮拭痕。外侧（括口沿部）釉层甚浅，色近浅黄，无光泽，气泡较多；内壁釉稍厚，光洁度不高。残口长9.8、残高8.2、沿厚3.7、壁厚1.4厘米（图二八三）。

11QYD005 采：3，罐底。褐釉。胎稍细，含沙量小，色灰白。器形较薄，斜壁、底略束，平底，假圈足。外釉较厚而光亮，施釉不及底，轮制痕明显，表面略泛红。内通施釉，釉层较薄而灰暗，多脱釉。底径24、残高5、壁厚1、底厚1.2厘米（图二八四）。

19. 甘城子村1号敌台（工作编号：11QGD006）

位于青铜峡市邵刚镇甘城子村西北约15.1千米，北岔口南侧的冲积台地上。西连长城墙体，过长城有北岔口壕堑，再西过今通往山间的土路便是“贺兰山天净风电厂”发电机组。地势宽漫、地表较平。北距玉西村5号敌台0.95千米，东南距青铜峡市32.82千米。

夯土台体，西侧紧贴长城墙体，主体突出长城东侧，方台形，方向170°（东壁）。内含较多青灰色碎石块。保存较好，夯打较坚实，但夯层不清。壁面倾斜，底部均有较厚的沙土与石块堆积，石块较大。裸露的夯土上不生野草。北壁保存最好，壁面相对较规整，但表面残留有较多的小石块，中部有一道明显的冲沟发育，从顶部一直延伸到底。东壁保存一般，中部坍塌成凹窝状。南壁保存最差，坍塌较重，壁面突兀。顶部不平，有较多沙土，土质较疏松，内夹杂有草根、树枝等，还有少量的草木灰等。台体底部东西11、南北12米，顶部东西5.6、南北5.7米，残高7.5米（图二八五；彩图一九二）。

台体东侧有一方形围墙，西面基本紧贴台体东壁（南北两侧各外扩2米），其余三面夯筑成墙垣，坍塌甚重，已呈土垄状，底部残宽2、顶宽0.4、斜高1.2米。围墙东西15.7、南北19米。其中东垣

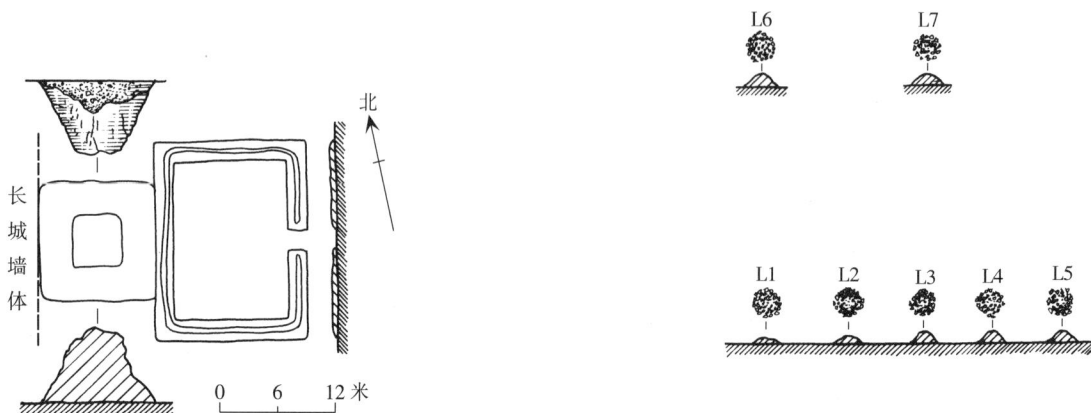

图二八五　甘城子1号敌台平、立、剖面图

中部残留有一处断口，长2.5米，可能为门道。

东面台地上有南北2排、计7座小墩。每排基本东西并列，方向280°。黄沙土与小石块堆砌而成，多呈圆锥状。其中敌台东侧5座，由西向东分别编号为L1—L5。

L1：保存较差。边长3、残高0.5米，距敌台66米；

L2：保存一般。边长3、残高0.7米，与L1间距6米；

L3：保存一般。东西2.9、南北2.8、残高1.1米，与L2间距4.5米；

L4：保存一般。边长3、残高1.1米，与L3间距5.5米；

L5：保存差。顶部有一盗洞，直径1.1、深1.5米。小墩底边长3、残高0.6米，与L4间距5米。

敌台东北侧仅存2座，由西向东编号为L6、L7。

L6：保存一般。底边长3、残高0.8米，距敌台63.5、南与L1间距22.3米；

L7：保存较好。东西3.1、南北3.2、残高1.2米，与L7间距14.5米。

周围地表散落有少量瓷片等，有缸、罐、碗等，釉色有酱、青釉等，残甚。采集2件，缸、罐各1件，胎内含细沙，器形不甚规整。

（1）罐

1件。

11QGD006采：1，口沿。褐釉。胎沙黄，略泛红，含沙量较大。直口、宽厚沿，颈部束收，颈内外壁各施一道弦纹棱。圆鼓腹，内壁有涡纹。沿顶露胎，有刮痕，色略泛黑。釉层较厚且均匀，光泽度较好。残口长7、残高7.5、沿厚3、壁厚0.75厘米（图二八六）。

（2）缸

1件。

11QGD006采：2，器底。青釉。胎稍细，色沙白，有赭红色斑块。斜壁，大平底。外壁底露胎，有细密的轮制痕，底边颜色略泛黑，粘有沙砾等；内壁通施釉，釉较薄且不匀，无光泽。近底部有流釉，气泡较多。底径34、残高5.4、壁厚2、底厚2厘米（图二八七）。

20. 甘城子村2号敌台（工作编号：11QGD007）

位于甘城子村西北约15.2千米处，其所在位置与甘城子村1号敌台相似，仅地势有降低。两者间距2.01、东南距青铜峡市31.89千米。

夯土台体，方向170°（东壁）。内含较多青灰色碎石块。保存一般。形状呈不规则圆锥状，四壁底被沙土与小石块覆盖，生长有较茂密的沙蒿、芨芨草等；顶部不甚平整，中心有一盗洞，直径0.8、深达1米。台体底部边长12、顶部边长3.6、高4.6米（图二八八；彩图一九三）。

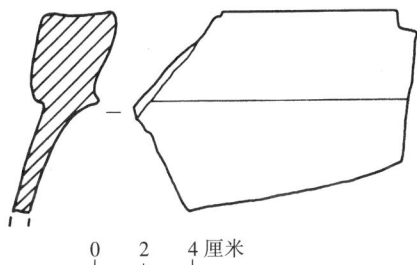

图二八六　甘城子村1号敌台采集褐釉罐口沿残片
（11QGD006采：1）

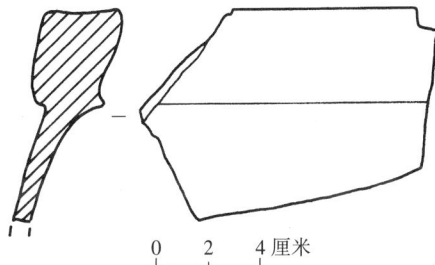

图二八七　甘城子村1号敌台采集青釉缸底残片
（11QGD006采：2）

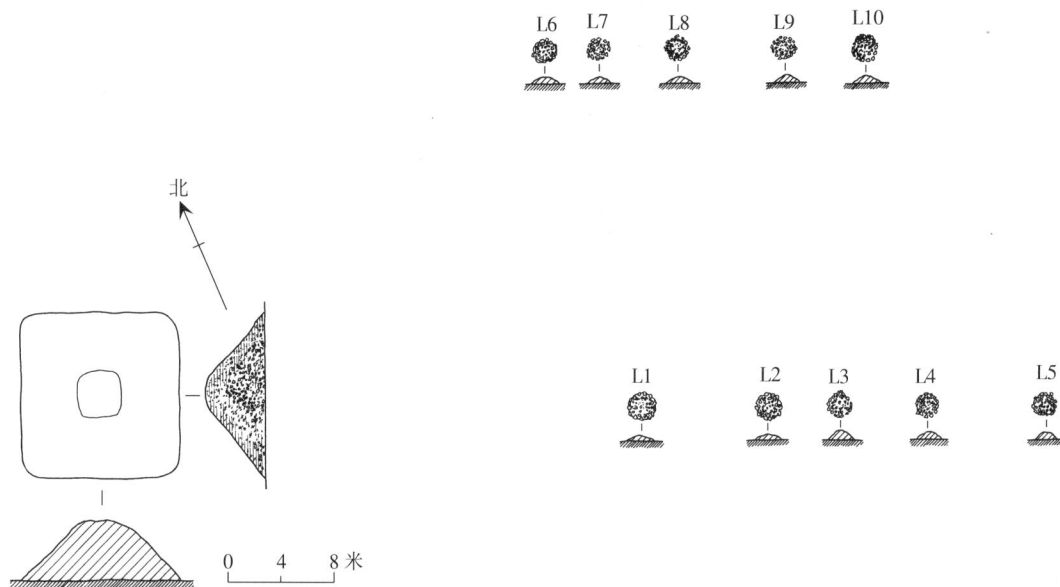

图二八八　甘城子村 2 号敌台平、立、剖面图

台体东侧的台地上分布有 10 座小墩，南北 2 排，每排计 5 座，方向均为 290°。黄沙土与小石块堆砌而成，已呈土堆状。其中偏南侧一排由西向东分别编号为 L1—L5。这 5 座中前 2 座保存较差，残损较重，其余几座保存一般。

L1：东西 1.1、南北 1.1、残高 0.2 米，西距敌台 35 米；

L2：底边长 1、残高 0.3 米，与 L1 间距 7.6 米；

L3：底边长 1、残高 0.6 米，与 L2 间距 3 米；

L4：东西 3.2、南北 3.3、残高 0.7 米，与 L3 间距 5 米；

L5：东西 3.2、南北 3.1、残高 0.5 米，与 L4 间距 7 米；

偏北侧一排小墩由西向东分别编号为 L6—L10。保存一般。

L6：东西 2.5、南北 4.2、残高 0.4 米，距敌台 30、南与 L1 间距 25.8 米；

L7：东西 2.2、南北 2.3、残高 0.3 米，与 L6 间距 2.4 米；

L8：东西 3.2、南北 3.1、残高 0.4 米，与 L7 间距 4 米；

L9：东西 2.8、南北 2.7、残高 0.5 米，与 L8 间距 6 米；

L10：底边长 3、残高 0.6 米，与 L9 间距 4 米。

周围地表散落有少量瓷片，采集 2 件，其中缸、碗各 1 件。

（1）碗

1 件。

11QGD007 采：1，器底。褐釉。胎灰白，含沙量少。斜壁，平底，圈足。外壁施褐釉，釉层较厚，色莹润透亮。施釉不及底；圈足内轮制痕明显；内壁通施白釉，釉较薄，底有涩圈。底径 7.2、壁厚 0.4、足厚 0.6 厘米（图二八九）。

（2）缸

1 件。

11QGD007 采：2，口沿。青釉。胎灰白，局部略泛红，含沙量少。器形粗疏且不甚规整，直口，宽厚沿，颈外施凸弦棱。沿顶较平、露胎，表面略泛黑。外壁施青釉，釉层较薄且不匀，脱釉、堆釉

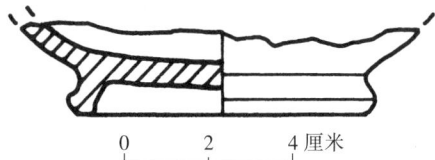

图二八九　甘城子村2号敌台采集褐釉碗底残片
（11QGD007 采：1）

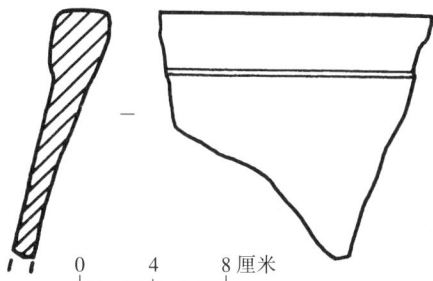

图二九〇　甘城子村2号敌台采集青釉缸口沿残片
（11QGD007 采：2）

较多；内壁施褐釉，釉层稍厚，有从壁部向口沿流的条状釉痕。残口长15、沿厚3、壁厚1.2厘米（图二九〇）。

21. 甘城子村3号敌台（工作编号：11QGD008）

位于甘城子村西北约15.4千米，其位置特征等与前两座敌台相似，但地势更低缓，已到冲积台地中间最低洼处，西北约0.3千米是天净风电公司总部。北距甘城子村2号敌台2.14、东南距青铜峡市30.98千米。

夯土台体，方台形，方向170°（东壁）。保存一般。底部堆积有较厚的风淤沙土，呈斜坡状，已将敌台底部完全覆盖。坡面上生长有稀疏的沙蒿、芨芨草等。裸露出的台体不甚高，壁面残损较重，多呈犬牙突兀状。夯打坚实，外表不生野草，土色沙黄，夯层十分清晰，厚0.15—0.2米。四壁中以西壁保存略好，壁面较高且陡，其余三面均呈斜坡状，东壁裸露夯体上布满风蚀洞。台体底部东西10、南北11米，顶部东西5、南北6米，残高4.5米（图二九一；彩图一九四）。周围地表散落有少量残瓷片，有缸、罐、碗等，釉色有酱釉、青釉等，采集2件，其中缸、碗各1件。

（1）缸

1件。

11QGD008 采：1，口沿。姜黄釉。胎土黄，含沙量少。器形较粗疏，直口、宽厚沿，颈略束，颈部内外均有凸弦棱，腹略鼓。沿顶较平，露胎，表面略泛红；外壁釉较厚，表面有光泽，有流到口沿的釉痕；内壁釉较薄，无光泽，有冰裂纹。残口长9、残高7.7、沿厚3.5、壁厚1.1厘米（图二九二）。

（2）碗

1件。

11QGD008 采：2，底部。褐釉。器胎灰白，含沙量少。斜壁，大平底，小圈足，足底挖足过肩。釉较厚，色莹润透亮。外壁施釉不及底，露胎处色灰白，轮制痕明显；内底有涩圈。底径6、残高2.9、壁厚0.4、足厚0.6厘米（图二九三）。

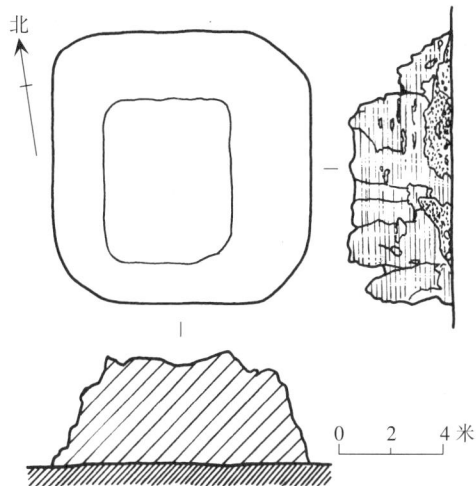

图二九一　甘城子村3号敌台平、立、剖面图

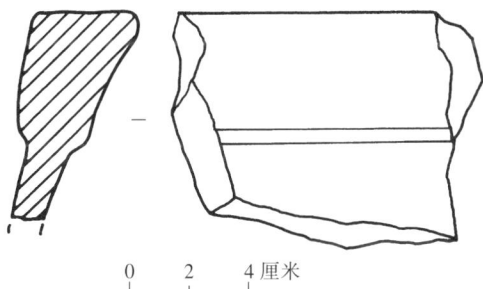

图二九二　甘城子村3号敌台采集姜黄釉缸口沿残片（11QGD008 采：1）

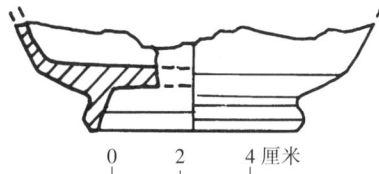

图二九三　甘城子村3号敌台采集褐釉碗底残片
（11QGD008 采：2）

22. 甘城子村 4 号敌台（工作编号：11QGD009）

位于甘城子村西北约 15.6 千米处，位置已过冲积台地中部最低洼处，地势由北向南略有抬升。北面临近一较宽阔的冲沟，北距甘城子村 3 号敌台 703 米，东南距青铜峡市 30.68 千米。

夯土台体，方台形。方向 170°（东壁）。土内小石块含量较大，外表较粗糙。保存较好，台体高大敦实。四壁底部均堆积有较厚的坍塌土与风淤沙土，呈斜坡状，表面生长有稀疏的沙蒿、芨芨草等。北壁保存略好，壁面较高且陡，有较多风蚀洞、黑色苔斑等。西壁亦保存尚可，底部亦有风蚀洞，呈带状。南壁残损甚重，中部有凹坑，从顶至底部有坍塌土，坑横宽 2.7、进深 3.5、残高 3.5 米，底部有一段用青灰色石块垒砌的石墙，长 0.55 米，中间有缺口。东壁保存一般，壁面不平，片状剥离与粉状脱落明显。台体底部东西 12、南北 10 米，顶部东西 8、南北 6 米，残高 6 米（图二九四；彩图一九五）。

周围地表散落有少量瓷片，有缸、罐等，残甚。采集 3 件。

（1）缸

2 件。其中口沿、器底各 1 件。胎地较粗疏，烧结度不高，器形较厚重。

11QGD009 采：1，口沿。褐釉。胎内含较多白色小石粒，色土黄，偏外侧色略泛黑。直口，宽厚沿，束颈，颈部内侧施凸弦棱。壁微鼓。沿露胎，表面色略泛赭红。釉色晶莹透亮。外壁施半釉，釉层较薄，呈色不一；内壁釉较厚。残口长 6.2、残高 7.3、沿厚 3、壁厚 1.1 厘米（图二九五）。

11QGD009 采：2，器底。青釉。胎地稍细，包含物较少，色浅灰，有赭红色斑块。斜壁，底稍束，大平底。外施青釉，釉层较厚，表面较粗糙，釉多起泡，无光泽，施釉至底边；内壁施褐釉，釉层亦较厚，表面有光泽。底径 24、残高 4、壁厚 1.4、底厚 1.6 厘米（图二九六）。

（2）罐

1 件。

11QGD009 采：3，器底。胎粗重，内含较多细沙粒，色土黄，质地较疏，烧制不佳。斜壁，大平底。内外施釉均不及底，外壁施黑釉，釉层较厚，色黑紫，光洁度差，有气泡；内壁施青釉，釉层稍厚，色深青。底径 26、壁厚 1.5、底厚 1.7 厘米（图二九七）。

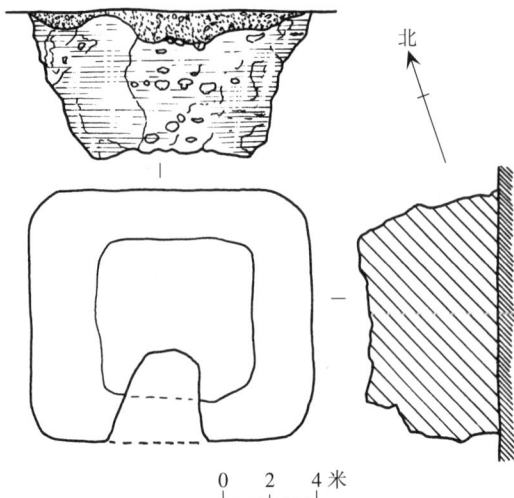

图二九四　甘城子村 4 号敌台平、立、剖面图

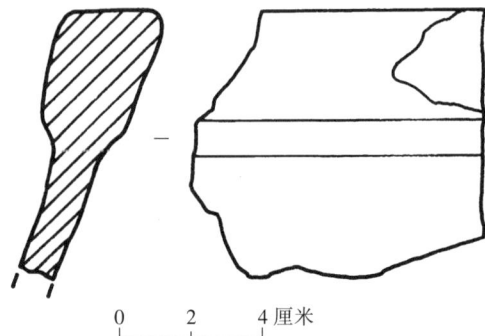

图二九五　甘城子村 4 号敌台采集褐釉缸口沿残片（11QGD009 采：1）

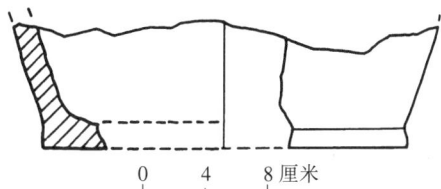

图二九六 甘城子村 4 号敌台采集青釉缸底残片
（11QGD009 采：2）

图二九七 甘城子村 4 号敌台采集罐底残片
（11QGD009 采：3）

23. 甘城子村 5 号敌台（工作编号：11QGD010）

位于甘城子村西北约 15.7 千米处，其所处位置特征等与甘城子 4 号敌台等相似，但地势较之略有抬升。东侧与台地上的甘城子村烽火台相邻，间距 304 米，北距甘城子村 4 号敌台 331 米，东南距青铜峡市 30.53 千米。

此敌台西侧未与长城直接相连，两者间距 16 米。石砌台体，已呈圆锥状，外表生长有稀疏野草。但从南壁来看还是为方台形，方向 160°（东壁）。所选石料较为规整，多为条形，大小不一，大致在长 0.5—0.8、宽 0.3—0.4、厚 0.2—0.3 米。黄土勾缝，缝隙较大处还垫有小石块。裸露出的南壁砌石长 10、残高 1.8 米，上部无砌石；顶部不甚平整。台体底部东西 14、南北 13 米，顶部边长 2 米，残高 4.5 米（图二九八；彩图一九六）。

此敌台人为破坏十分严重，南壁中部已被人为掏挖出一处较大的盗洞，从顶部一直掏挖至底部原生砾石地表上。北壁也被掏挖出一个大坑。

周围亦散落有少量瓷片，残甚，未采集。

24. 甘城子村 6 号敌台（工作编号：11QGD011）

位于甘城子村西北约 15.3 千米、沙沟北约 0.2 千米处。其位置与甘城子 5 号敌台相似，但近台地南侧，地势又有抬升。北距甘城子村 5 号敌台 2.35、距甘城子烽火台 2.15、东南距青铜峡市 29.74 千米。

该敌台位于一处稍微凸起的小山丘上，夯土台体，形状已不规则，但从裸露出的台体来看其原是方台形。保存较差。底部堆积有较厚的风淤沙土与坍塌土，呈斜坡状，表面生长有稀疏的野草，散落有较多赭红色石块。顶部较平整，中心被插入一个方形水泥桩，桩顶有铁钉，当是测绘部门设置的测控点。台体底部东西 12.5、南北 13 米，顶部东西 5、南北 6 米，斜高 7 米（图二九九；彩图一九七）。

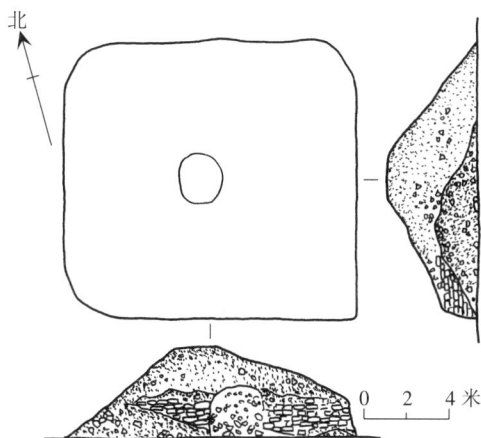

图二九八 甘城子村 5 号敌台平、立面图

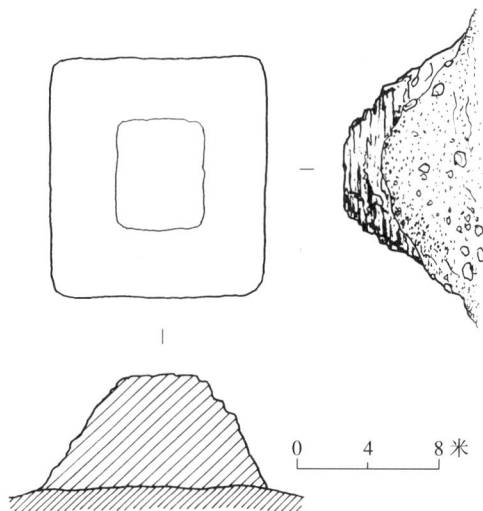

图二九九 甘城子 6 号敌台平、立、剖面图

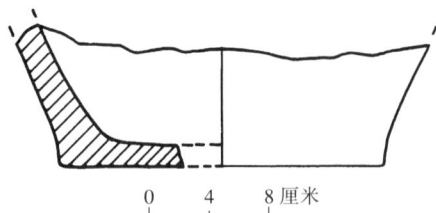

图三〇〇　甘城子村6号敌台采集褐釉缸底残片
（11QGD011采∶1）

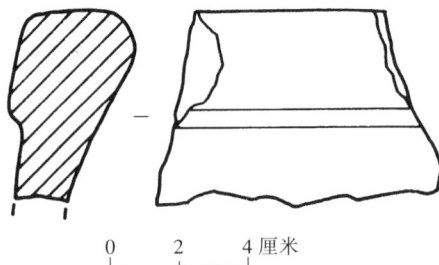

图三〇一　甘城子村6号敌台采集青釉缸口沿残片
（11QGD011采∶2）

周围散落有较多残瓷片，有黑釉、酱釉、青花等，器形有罐、瓮、碗及蒺藜等。采集5件。

（1）缸

2件。口沿、器底各1件。胎地稍粗，掺合物较少，器形较粗重。

11QGD011采∶1，器底。褐釉。胎色浅黄，局部泛红。斜壁，大平底。通施釉，外底露胎；内釉甚浅，无光泽。底径22、残高9、壁厚2、底厚1.1厘米（图三〇〇；彩图一九八）。

11QGD011采∶2，口沿。青釉。胎色土黄。宽厚沿，直壁。沿顶露胎，表面呈黑灰色，外壁仅见青色釉滴，内施青釉，釉层较厚，但光洁度差。残长5.7、残高5.7、沿厚3.3、壁厚1厘米（图三〇一）。

（2）罐

1件。

11QGD011采∶3，器底。褐釉。胎色浅白，质地坚硬，烧结度较高。腹鼓，平底。外底露胎，内壁釉较厚、均匀且光亮。底径26.4、残高8.6、壁厚1.6厘米（图三〇二）。

（3）盆

1件。

11QGD011采∶4，口沿。青釉。胎色土黄，内含细沙较少，质地较硬。器形较薄，直口，宽厚沿，圆唇，微鼓腹。沿顶露胎，余均施釉。外釉稍薄，釉色不纯，有白色斑点；内釉较厚，釉色略发乌。口径44、残高12、口沿厚3.2、壁厚1厘米（图三〇三）。

（4）瓷蒺藜

1件。

11QGD011采∶5，青釉。胎色土黄，质地稍粗。球状，中空，外壁有乳状突。表面施青色釉，釉层较薄，釉面不匀，有脱釉、气泡及流釉等；内壁略泛红，粘有黑色、白色斑点。径12、壁厚1.3、乳突高1.4厘米（图三〇四；彩图一九九）。

25. 木井子嘎查敌台（工作编号∶11BMD012）

位于北岔口台地南侧的贺兰山山顶上，与其他敌台不同的是，此座敌台不在夯土长城沿线、而在北岔口壕堑南段石墙沿线，北面坡下即为夯土长城。北距甘城子6号敌台1.89、南距青铜峡市29.33千米。

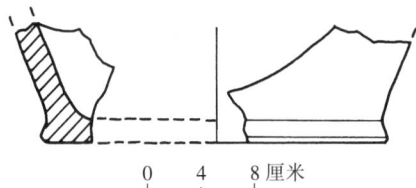

图三〇二　甘城子村6号敌台采集褐釉罐底残片
（11QGD011采∶3）

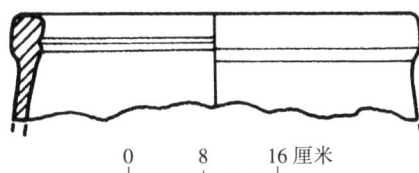

图三〇三　甘城子村6号敌台采集青釉盆口沿残片
（11QGD011采∶4）

石砌台体，残损甚重，仅存残迹。所用石块色泽不纯，有青灰、赭红等。顶部有后期堆砌的一处圆形石堆，是直接用敌台上的石块垒砌而成，石块间插有较多的木棍、木板等。台体底部东西 12、南北 20 米，顶部东西 4、南北 3.6 米，残高 6 米。顶部小石堆直径 4、残高 1.5 米（图三〇五）。

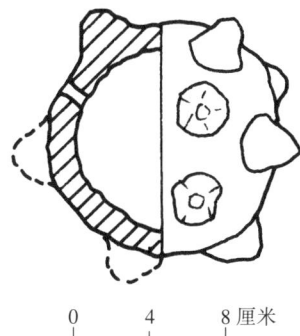

图三〇四　甘城子村 6 号敌台采集青釉瓷蒺藜（11QGD011 采：5）

敌台的南北两侧山梁上计分布着 17 座小墩，其中北面 10 座、南面 7 座。均是用石块垒砌而成，大致呈排状。由北向南分别编号为 L1—L17。

L1—L10 位于敌台北面，地势随山梁由北向南逐渐抬升，升幅不甚大。此 10 座小墩保存稍好，台体较高，方向 190°。

L1：底部边长 1.8、残高 0.9 米；

L2：东西 1.8、南北 2、残高 1.1 米，与 L1 间距 1.6 米；

L3：东西 1.9、南北 2.2、残高 1.1 米，与 L2 间距 2 米；

L4：东西 1.8、南北 2.2、残高 0.9 米，与 L3 间距 1 米；

L5：东西 1.5、南北 1.4、残高 0.7 米，与 L4 间距 2.8 米；

L6：东西 1.1、南北 1、残高 0.5 米，与 L5 间距 2.2 米；

L7：东西 2.2、南北 1.7、残高 0.3 米，与 L6 间距 1 米；

L8：底边长 1.1、残高 0.4 米，与 L7 间距 1.2 米；

L9：底边长 0.9、残高 0.4 米，与 L8 间距 1.1 米；

L10：东西 1.2、南北 1.5、残高 0.6 米，与 L9 间距 2.2 米。

L11—L17 位于敌台南面山梁上，地势相对较平。保存不佳，多仅存痕迹。这几座并未处于一条直线上，除了 L11 位于敌台南面、位置稍偏外（其与 L12 连线方向成 250°），其余 6 座均位于敌台东南侧，大致成一条线上，方向 160°。

L11：东西 1.2、南北 1.3、残高 0.6 米，距敌台 34 米；

L12：东西 1.4、南北 1.5、残高 0.6 米，与 L11 间距 22 米；

L13：东西 1.3、南北 1.4、残高 0.5 米，与 L12 间距 12 米；

L14：东西 1、南北 1.1、残高 0.3 米，与 L13 间距 8 米；

L15：东西 0.9、南北 1、残高 0.2 米，与 L14 间距 5 米；

L16：东西 0.8、南北 0.9、残高 0.2 米，与 L15 间距 4 米；

L17：东西 0.9、南北 0.8、残高 0.2 米，与 L10 间距 2.8 米。

周围地表散落有少量瓷片，采集 3 件，均为缸口沿。胎地较细，质地坚硬，器形较粗重，直口、宽平沿，直壁。

11BMD012 采：1，褐釉。胎地土黄，器口略内敛，外颈部施凸弦棱。通施釉，外壁施褐釉，釉层较厚而光亮，色略泛乌；口沿亦施釉，釉层较薄，色浅黄，表面气泡较密；内壁釉色略泛黄褐，釉层不匀，有脱釉、堆釉等。残口长 14.2、残高 8.7、沿厚 3.5、壁厚 0.5 厘米（图三〇六）。

11BMD012 采：2，青釉。胎地赭红，其特点与采：1 基本相似，但口沿内敛更甚，沿顶部露胎，表面泛黑，粘连有其他器物的残口沿。外壁釉较薄而灰暗，局部有脱釉等。内壁上部露胎，下部施酱釉，釉层较薄。残口长 10、残高 7.7、沿厚 3.8、壁厚 1.1 厘米（图三〇七）。

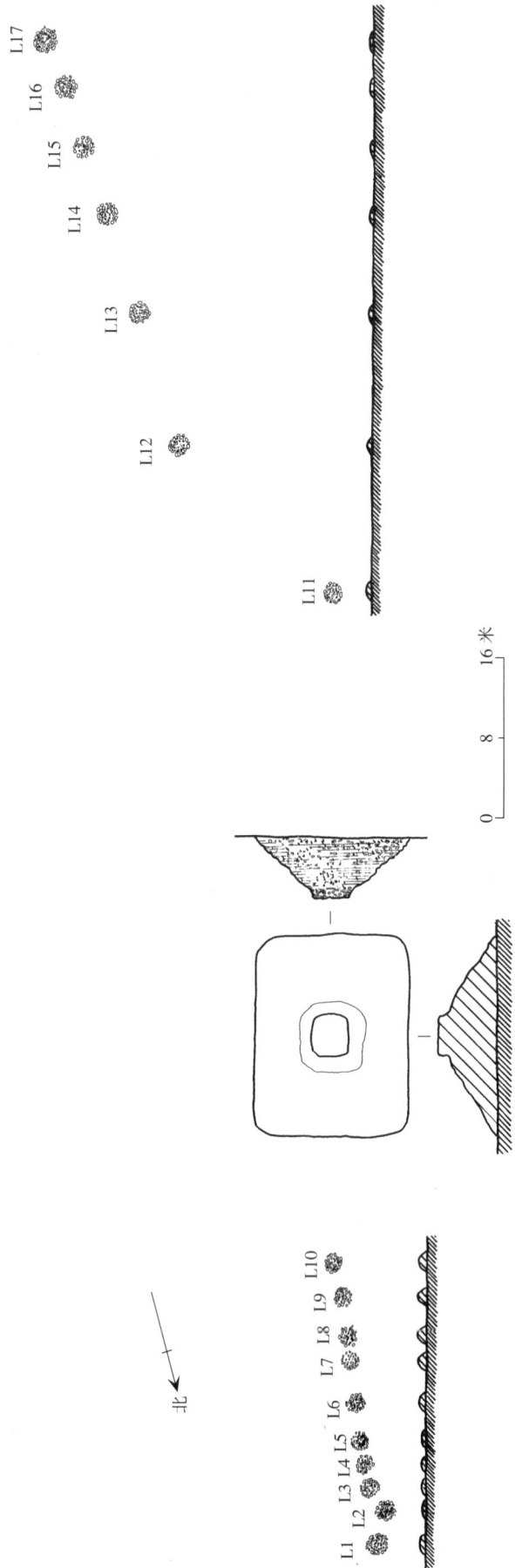

图三〇五　木井子嘎查敌台平、立、剖面图

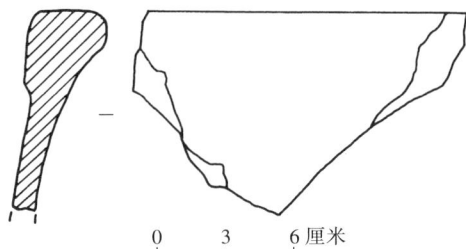

图三〇六　木井子嘎查敌台采集褐釉缸口沿残片
（11BMD012 采：1）

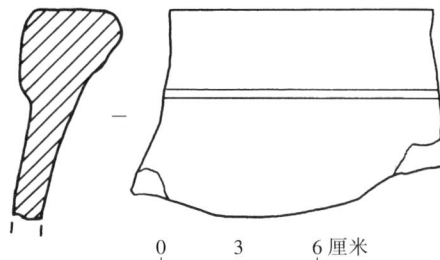

图三〇七　木井子嘎查敌台采集青釉缸口沿残片
（11BMD012 采：2）

11BMD012 采：3，青釉。胎色浅灰，烧结度较高，器形较薄。器表（含口沿）通施釉，外壁釉层较薄，且不均匀，色灰黄有向口沿流的条状釉痕；内壁釉层较厚且均匀，施釉到沿顶。残口长 9、残高 10.7、沿厚 2.9、壁厚 1 厘米（图三〇八）。

26. 大沟村 1 号敌台（工作编号：11QDD013）

位于青铜峡市邵刚镇大沟村西北约 14.5 千米、贺兰山东麓的山前冲积台地上，西依高耸贺兰山，东望广袤山前台地。西北距木井子嘎查敌台 835 米，东南距青铜峡市区 28.53 千米。

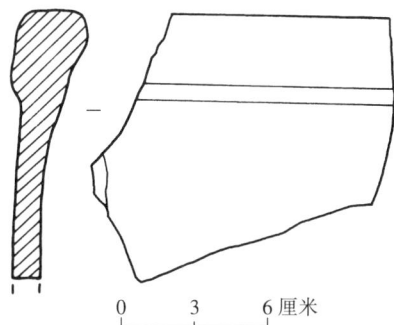

图三〇八　木井子嘎查敌台采集青釉
缸口沿残片（11BMD012 采：3）

此敌台西连长城，东面突出墙体之外。夯土台体，方台形，方向 170°（东壁）。保存较好，夯打较坚实。底部堆积土不多，裸露的夯土上不生野草。南壁保存最好，壁面较规整，但中部有一道明显的冲沟发育，从顶部一直延伸到底。东壁保存一般，坍塌稍重，已呈凹窝状。西壁保存最差，已呈突兀状。顶部较平整，堆积有较多石块。台体底部边长 10 米，顶部约东西 5、南北 4 米，残高 6 米。夯层清晰，厚 0.15—0.2 米（图三〇九；彩图二〇〇）。

台体东侧有一方形围墙，西面基本紧贴台壁、其余三面向东外扩、夯筑成墙垣，保存尚可，尤其是围墙的南、北垣部分保存完好，东西 9.4、南北 9 米。其中南垣较好段长 4.6、底宽 0.9、顶宽 0.4、残高 3.2 米，东北角较好段长 2、底宽 0.9、顶宽 0.3、残高 1.8 米。东垣中部有一断口，长 2 米，应属门道。

台体东侧台地上并列分布有 10 座小墩，方向 250°。均是用青灰色小石块与黄沙土混杂堆砌而成。由西向东分别编号为 L1—L10。

L1：保存较差。东西 2.1、南北 1.9、残高 0.5 米，西距敌台 29 米；

L2：保存较差。东西 2.3、南北 2.1、残高 0.4 米，与 L1 间距 6 米；

L3：保存较差。底边长 2.2、残高 0.5 米，与 L2 间距 8.8 米；

L4：保存一般。东西 2.4、南北 2.3、残高 0.6 米，与 L3 间距 8.5 米；

L5：保存一般。东西 2.4、南北 2.7、残高 0.7 米，与 L4 间距 9.8 米；

L6：保存较好。东西 3.2、南北 3、残高 0.7 米，与 L5 间距 8.4 米；

L7：保存较好。东西 2.8、南北 2.9、残高 0.6 米，与 L6 间距 8.5 米；

L8：保存较好。东西 1.7、南北 2、残高 0.4 米，与 L7 间距 7.2 米；

L9：保存一般。东西 1.9、南北 2.1、残高 0.5 米，与 L8 间距 9.2 米；

L10：保存一般。东西 1.8、南北 1.7、残高 0.5 米，与 L9 间距 8 米。

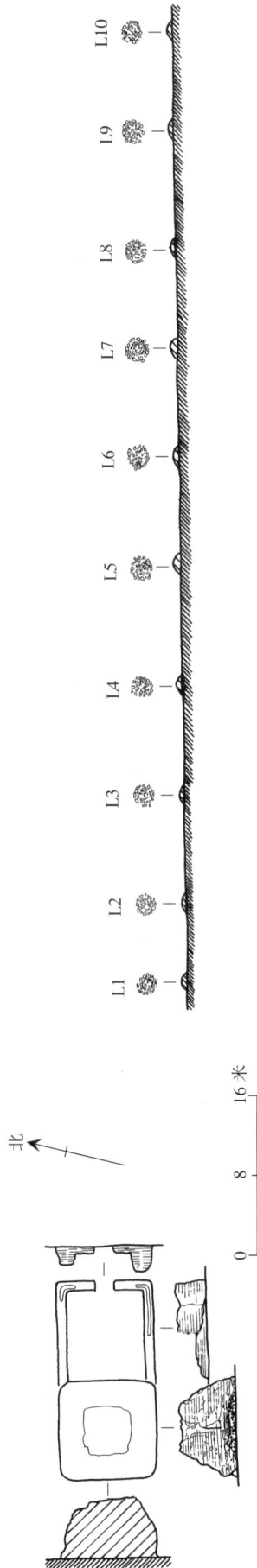

图三〇九　大沟村 1 号敌台平、立、剖面图

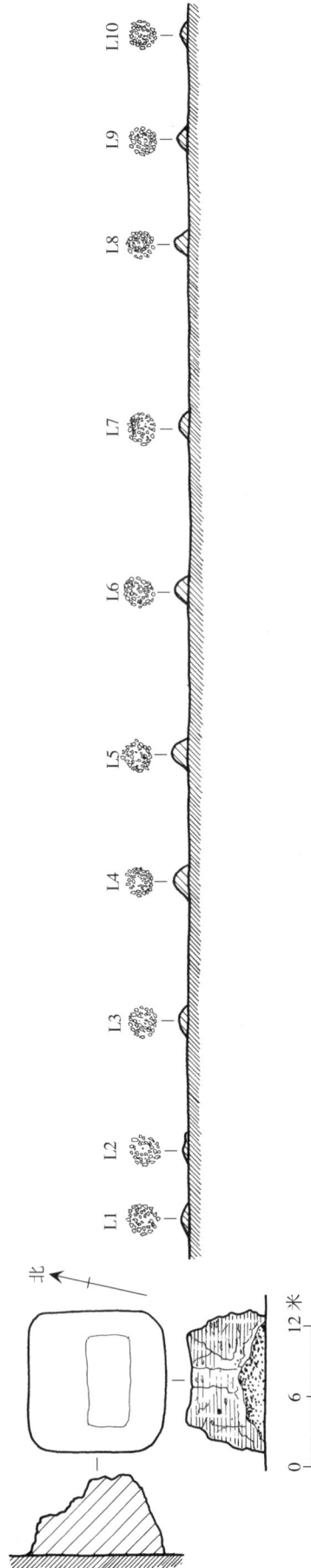

图三一二　大沟村 2 号敌台平、立、剖面图

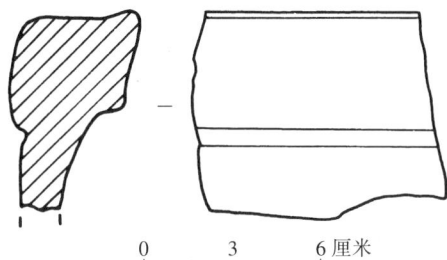

图三一〇　大沟村1号敌台采集褐釉缸口沿残片
（11QDD013 采：1）

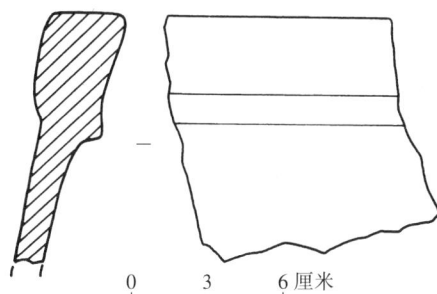

图三一一　大沟村1号敌台采集黑釉缸口沿残片
（11QDD013 采：2）

周围地表散落有少量残瓷片，采集2件，均为缸口沿。胎较粗疏，胎内掺合物较多。直口、宽厚沿，颈部束收，颈施凸弦棱。口沿露胎，壁部施釉。

11QDD013 采：1，褐釉。胎色土黄，烧结度稍低，沿内高外低。施釉较厚有光泽。外侧施釉不及底。残口长7.4、残高6.8、沿厚4、壁厚1.3厘米（图三一〇）。

11QDD013 采：2，黑釉。胎色浅黄，内含较多红色沙粒。外壁光滑，内壁有涡纹。通施釉，外釉较厚光亮，局部有流釉；内釉稍薄而灰暗，残口长9、残高9、沿厚3.1、壁厚1.1厘米（图三一一）。

27. 大沟村2号敌台（工作编号：11QDD014）

位于大沟村西北约14.2千米、大口子南约0.5千米的台地上。其位置、构筑特点等与大沟村1号敌台基本相似，西北距大沟村1号敌台2.69、东南距青铜峡市27.06千米。

夯土台体，方台形。方向170°（东壁）。土中小石粒丰富，台体较粗疏。保存一般。台体不高，底部有较厚的坍塌土与风淤沙土堆积，呈斜坡状，表面生长有较密的沙蒿，但裸露的夯土上不生野草。四壁较陡，但残损较多。东壁保存稍好，壁面较规整，但底部风蚀凹槽斜贯壁面，残高0.4、进深0.5米，壁面亦有较明显的风蚀洞。南壁底部风蚀更深，壁面亦坍塌甚重，中部有一道较浅的冲沟发育。西壁保存最差，壁面已呈突兀状。顶部较平整，有一堆小石块。台体底部东西12、南北12.2米，顶部东西8、南北4.5米，残高6米（图三一二；彩图二〇一）。

东侧台地上东西并列分布10座小墩，方向270°，由西向东分别编号为L1—L10。以L4、L5保存略好，是以夹有碎石块的黄沙土夯筑而成。方台形，顶部较平，壁面上的夯层较清晰，厚0.15米左右，夯打较为坚实。其余几座坍塌甚重，仅存底部石堆，表层堆积以大石块为主，黄沙土与小石块较少，可能于风力长期搬运等有关，但下层中黄沙土含量相对稍多。

L1：保存较差。东西1.5、南北2、残高0.4米，西距敌台7.3米；

L2：保存较差。东西1.4、南北1.8、残高0.5米，与L1间距3.5米；

L3：保存较差。东西1.5、南北1.9、残高0.4米，与L2间距8米；

L4：保存一般。东西1.6、南北1.8、残高0.9米，与L3间距9.2米；

L5：保存较好。东西2.9、南北2.8、残高1.5米，与L4间距8米；

L6：保存较好。东西2.7、南北2.6、残高1.6米，与L5间距11.7米；

L7：保存较好。底边长2.9、残高1.2米，与L6间距11.2米；

L8：保存一般。东西2.4、南北2.5、残高0.8米，与L7间距13.3米；

L9：保存一般。东西2.8、南北2.6、残高1.1米，与L8间距6米；

L10：保存一般。东西2.5、南北2.6、残高0.9米，与L9间距5.9米。

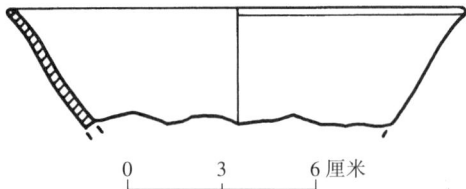

图三一三　大沟村2号敌台采集白釉碗
口沿残片（11QDD014采：1）

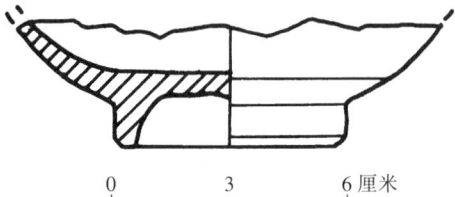

图三一四　大沟村2号敌台采集褐釉碗
底残片（11QDD014采：2）

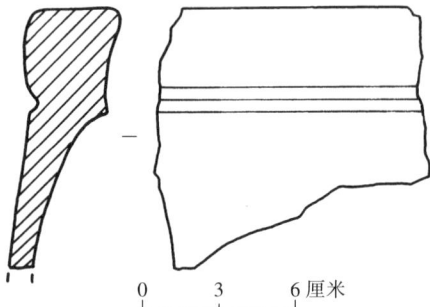

图三一五　大沟村2号敌台采集酱釉
缸口沿残片（11QDD014采：3）

周围地表散落有少量瓷片，器形有缸、罐、碗等，有褐釉、白釉等，残甚。采集3件。

（1）碗

2件。其中口沿、底部各1件。

11QDD014采：1，口沿。白釉。胎沙白，掺合物少，烧结度高。器壁较薄而规整，表面有轮制划痕。敞口、撇沿、尖唇，斜壁。通施釉，釉层晶莹透亮。口径15、残高3.6、壁厚0.3厘米（图三一三；彩图二〇二）。

11QDD014采：2，器底。褐釉。胎较粗，色白中略泛红，内含较多细沙粒，烧结度不甚高。鼓腹斜收、平底，宽圈足，足底挖足过肩。通施釉，釉层较厚而透亮。底部露胎，外表泛赭红色。内底有圈状细密划痕，有零落的釉滴。残高3、底径6、壁厚0.4、圈足厚0.7厘米（图三一四；彩图二〇三）。

（2）缸

1件。

11QDD014采：3，口沿。酱釉。胎地较粗，色土黄，内含小石粒较多，硬度不高。宽厚沿，颈内施一道凸弦棱，斜直壁，内壁表面有涡纹。沿露胎，表面较平、似经打磨。通均施釉，外侧釉较厚且光亮，色深褐；内壁釉较薄，色稍浅。口残长9.4、残高10、口沿厚3.3、壁厚0.9厘米（图三一五）。

第三节　三关口—大柳木皋段烽火台

三关口—大柳木皋段长城沿线的烽火台，调查计26座。多分布在长城两侧，其中长城西侧的属内蒙古阿拉善左旗巴润别立镇所辖，东侧则分别归宁夏永宁县、青铜峡市等所辖。

这些烽火台均属方台形实体建筑，有土筑、石砌两类，以前者数量较多。其选材并未有严格规定，一般属就地取材，在地势较低、周围黄沙土堆积较厚处多用黄沙土夯筑而成；在地势较高、取土不便但周围岩石较多的山上则多用石块垒砌。一些烽火台周围还有小墩等。按其位置由北向南分述如下。

1. 上海嘎查1号烽火台（工作编号：11BSF001）

位于三关口进沟约2.5千米的河道西岸、在三关口二道关与三道关之间的山体半山腰上，属内蒙古阿拉善左旗巴润别立镇上海嘎查所辖。东北距三道关2号敌台824米，东距永宁县40.66、北距阿拉善左旗54.22千米。

烽火台位于山体向东伸出的一道山梁上，山体高耸陡峭，坡度近60°，斜距沟底达152米。夯土台体，方台形。方向140°（东壁）。保存较好。四壁底部均有不同程度的坍塌土堆积，呈斜坡状，表面

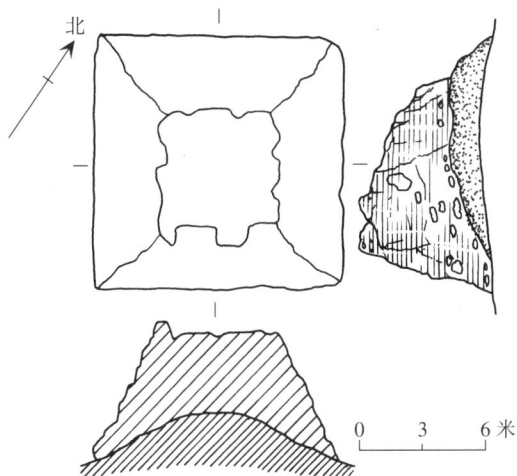

图三一六　上海嘎查1号烽火台平、立、剖面图

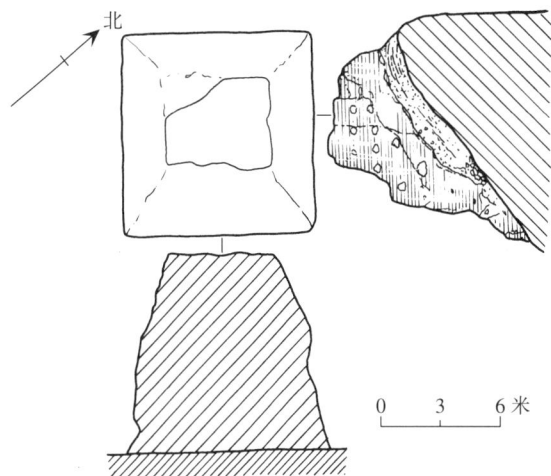

图三一七　上海嘎查2号烽火台平、立、剖面图

生长有较茂密的蒿草等。壁面较陡，东、北壁保存较好，南、西壁则保存一般。壁面均有片状剥离和粉状脱落，呈斑驳皴裂状；北壁有茂密的黑色苔斑，南壁中部有一道明显的冲沟发育，而东壁壁面则遍布风蚀洞；顶部较平，未发现铺舍等。台体底部边长12、顶部边长6、残高南侧6.5、北侧3.5米（图三一六；彩图二〇四）。夯层较清晰，厚0.15—0.20米。

2. 上海嘎查2号烽火台（工作编号：11BSF002）

位于贺兰山三关口头道关西侧，在河道西岸半山腰上，亦属上海嘎查所辖，东距永宁县40千米。乃是驻守高山、东扼三关口沟口，东、北与河道间的头道关等长城等相望，南面与黄羊滩长城等相邻。

夯土台体，方台形。方向230°（北壁）。土内夹杂小石块较多，表面较粗疏。保存较好。壁面较陡直，但风蚀、壁面片状剥离和粉状脱落等较明显。四壁中北壁保存最好，但表面有较多风蚀洞、黑色苔斑；西壁则保存最差，坍塌等残损较重，已暴露出夯土内芯，可见夯土内夹杂有较多石块；西壁保存一般，壁面版接缝较明显。顶部不甚平。台体底部边长10米，顶部东西5.5、南北2.5米，残高10米（图三一七；彩图二〇五）。夯层厚0.15—0.2米。

因所在山梁狭窄陡峭，烽火台夯筑时先将南面拓宽加高，等顶部与山梁顶持平后，再四面加夯而成。所用夯土原料并非就地取材（周围全为岩石，缺少大量黄土），可能是从山下搬运而来。

台体的残损主要为自然破坏，主要有风蚀、雨蚀等，人为破坏较少。但近年来山脚下已建成银巴高速公路，来往车辆行人较多；台体东南侧不远处还建有一座电信信号转播塔，必然会对台体保护带来一定影响。

3. 上海嘎查3号烽火台（工作编号：11BSF003）

位于红井沟沟口北侧山梁上，亦属上海嘎查所辖。南扼红井沟山口，东邻坡下的长城（斜距0.16千米），东南与沟口南侧的红井沟敌台等相望。

烽火台位于一道东西向陡峭山梁边，东、南、北三面临坡，南面斜距沟底约0.1千米。夯土台体，方台形。方向230°（东壁）。土内夹杂青灰色小石粒较多。台体十分高大，保存亦较好，但坍塌等残损较重，残存台体底边长12米，顶部无法攀援，具体尺寸不详，大致在边长6米，残高10米（图三一八；彩图二〇六）。夯层清晰，厚0.15—0.2米。

此座台体底部构筑较特别，是以狭窄山脊为准，南北两侧先依坡面加宽夯筑，等顶部与山脊持平后，再整体分段版筑。南北两侧底部均有大块青灰色垫石。北壁保存最好，壁面较陡，但壁面风蚀明

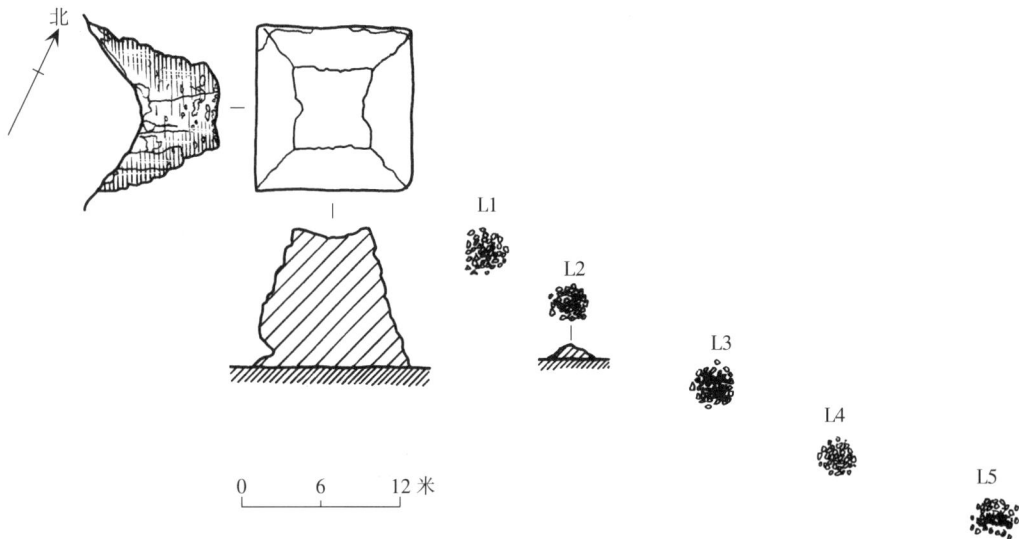

图三一八　上海嘎查 3 号烽火台平、立、剖面图

显，已呈斑驳皴裂状，风蚀凹槽残高 1、进深 0.5 米。西北角残存垫石规格不一，多长 4、宽 1、高 0.8 米。南壁保存最差，壁面多坍塌，已滑落在坡面上，但仍然斜依壁面。东北角垫石长 6、宽 1、残高 1 米。西壁保存一般，剥蚀较重，壁面上部有较多风蚀洞，底部有较厚的坍塌土堆积，呈斜坡状，两边裸露出的夯土底部有风蚀凹槽，偏南侧也整块坍塌。壁面上的版接缝较为清晰，可见其大致是由并列 3 版夯筑，每版长 5 米。东壁保存一般，中部有一道明显的冲沟发育，纵贯整个壁面中部，呈顶宽底窄的倒三角形，宽 0.6—1.2、进深 2 米。顶部较平，生长有零星的芨芨草、针叶茅草等，未见铺舍等。

东南侧一道由北向南逐渐下降的山梁上分布有 5 座小墩，石块垒砌而成，仅存残迹。方向 180°，两端落差约 5 米。由北向南分别编号为 L1—L5。

L1：东西 2.5、南北 2.3、残高 0.4 米，距烽火台 6 米；

L2：东西 2.8、南北 3.3、残高 0.7 米，与 L1 间距 4.7 米；

L3：东西 3、南北 3.2、残高 0.8 米，与 L2 间距 8.6 米；

L4：东西 2.6、南北 3、残高 0.6 米，与 L3 间距 7.9 米；

L5：东西 3、南北 3、残高 0.2 米，与 L4 间距 9 米。

周围的台地散落有少量瓷片，有缸、罐等，残甚。采集 2 件，均为罐底，质地缜密，胎地内包含物较少，烧结度高。

11BSF003 采：1，酱釉。胎色浅黄，烧结度稍差。斜壁，大平底，圈足，底部较薄。外壁施全釉，釉层较薄，气泡多；内底露胎，表面略泛白，有明显的轮制划痕。残底长 4.3、残高 5、壁厚 0.9、底厚 0.3 厘米（图三一九）。

11BSF003 采：2，青釉。胎地黄中略泛白。器形较粗重。斜壁，底部束收，大平底。外壁施青釉，较厚，但较灰暗，施釉不及底；内壁施褐釉，釉较厚，圈底部（含壁底部）垫有细密沙粒。残底长 11、残高 8、壁厚 1.5、底厚 2 厘米（图三二○）。

4. 黄羊滩 3 号烽火台（工作编号：11YHF004）

位于永宁县黄羊滩农场西北、红井沟以南约 1 千米处，西面 12 米即为长城；东面为高低起伏的山前台地。北距红井沟敌台 1.23、距上海嘎查 3 号烽火台 1.3、东距永宁县 36.3 千米。

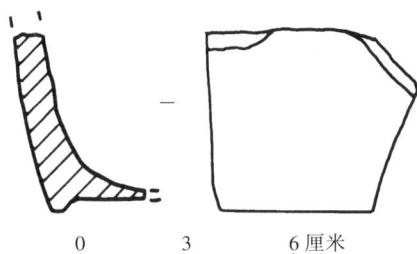

图三一九　上海嘎查 3 号烽火台采集酱釉罐底残片
（11BSF003 采：1）

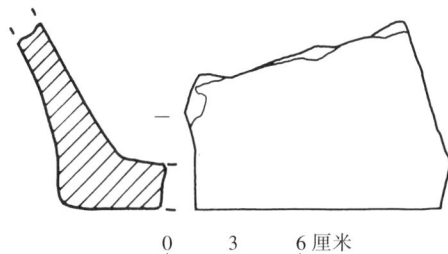

图三二〇　上海嘎查 3 号烽火台采集青釉罐底残片
（11BSF003 采：2）

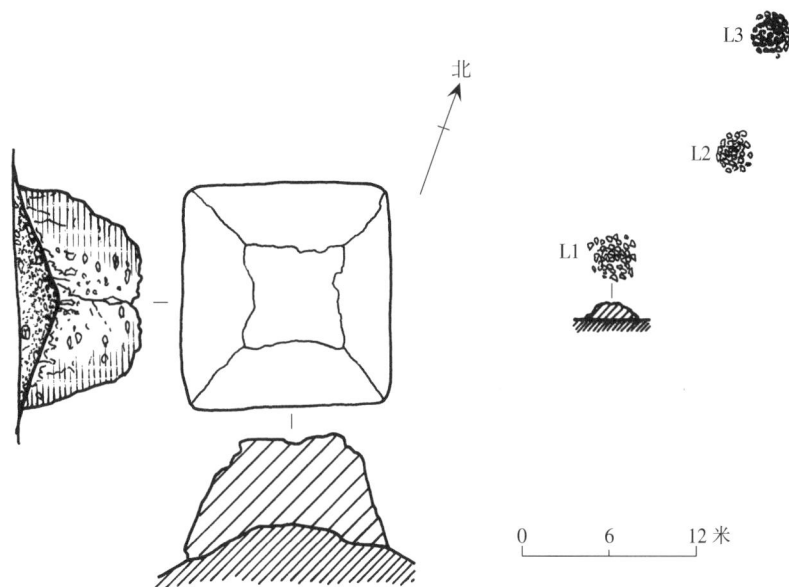

图三二一　黄羊滩 3 号烽火台平、立、剖面图

烽火台位于一凸起的小山丘顶部，四面临坡。夯土台体，方台形。方向 180°（西壁）。台体高大雄伟，保存较好。底部均有风蚀凹槽，以西壁最为明显，进深 0.5、残高 0.4 米；南壁保存最好，壁面上的版接缝较为清晰，可分为并列 3 版，每版长 5 米左右；西壁次之，中部有明显的冲沟发育；北壁稍差，表面生长有较密的黑色苔斑。顶部生长有稀疏的芨芨草等植物。底部边长 14、顶部边长 7、残高 8 米（图三二一；彩图二〇七）。夯层厚 0.15—0.2 米。

烽火台所在东北—西南向山梁上分布有 3 座小墩，方向 180°，均是用青灰色石块砌边、内填黄沙土与小石块，坍塌甚重，已呈圆锥状。由南向北分别编号为 L1—L3（彩图二〇八）。

L1：残甚，但东壁底部尚残存砌石。底边长 3、残高 0.9 米，距台体 15 米；

L2：东西 2.8、南北 3.2、残高 0.8 米，与 L1 间距 8 米；

L3：底边长 3、残高 0.6 米，与 L2 间距 5.7 米。

周围散落少量瓷片，有缸、罐等，有黑釉、酱釉、姜黄釉等，残甚。采集 2 件，均为缸口沿。夹砂质，胎较粗疏，内含较多细沙粒，但表面较光滑，似经打磨平整。器形较粗重，宽厚沿，沿上不施釉。

11YHF004 采：1，姜黄釉。胎土黄，高领、束颈，颈部内侧施一道宽凸棱，鼓腹。器壁通施釉，外壁釉较厚，均匀有光泽；内壁较薄，无光泽。沿表呈铁锈红色。残口长 7、残高 9、口沿厚 3.5、壁厚 1.4 厘米（图三二二）。

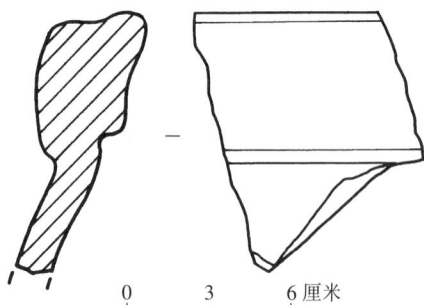

图三二二　黄羊滩3号烽火台采集姜黄釉缸口沿残片
（11YHF004 采：1）

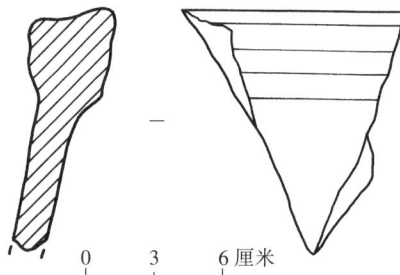

图三二三　黄羊滩3号烽火台采集酱釉缸口沿残片
（11YHF004 采：2）

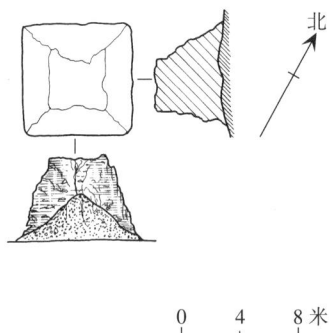

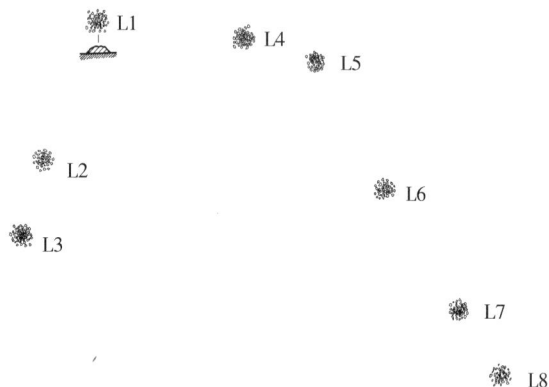

11YHF004 采：2，酱釉。胎色黄中略泛黑，内掺和物较多，质地稍粗。沿外有一道轮制凹弦纹，颈部束收，直壁。器壁均施釉，釉层均匀光亮，施釉已近口沿。口沿残长9.5、残高11.2、沿厚3.4、壁厚1.4厘米（图三二三）。

5. 黄羊滩4号烽火台（工作编号：11YHF005）

位于黄羊滩农场以西、夹子沟以北约1千米处，其周围环境等与3号烽火台相似，两者间距1.2、东距永宁县城35.4千米。

位于一道大致呈南北向山丘顶部，东西两面临坡。夯土台体，方台形。方向150°（西壁）。土内夹杂小石粒较多。保存较好，台体高大雄伟。四壁陡直，底部均有较厚的坍塌土与风淤沙土堆积，呈斜坡状，表面生长有稀疏的芨芨草等，尤以北壁堆积土最厚，其上沿已近台体中部。南壁、西壁裸露出的夯土上有风蚀凹槽，以南壁最为明显，呈八字形，横贯台底，凹槽进深0.5、残高0.4米；中心有一道上下贯通状水冲沟，呈倒三角形，进深0.9、宽1.2米。台体底部边长7.5、顶部边长4、残高5.4米（图三二四；彩图二〇九）。

东南侧"V"形山梁上分布有8座小墩，地势较台体所在山梁稍高（两者落差在8米左右），东

图三二四　黄羊滩4号烽火台平、立、剖面图

西两排，但不平行。均是用青灰色石块垒砌而成，残甚，仅存痕迹。其中西侧山梁上计3座，由北向南依次编号为L1—L3。

L1：东西2、南北2.2，残高0.2米，距烽火台33米；

L2：东西2.4、南北2，残高0.3米，与L1间距10米；

L3：东西2.2、南北3，残高0.5米，与L2间距5米。

偏东侧山梁上计5座，由北向南依次编为L4—L8。

L4：底边长3、残高0.4米，与L1间距9、距烽火台35米；

L5：东西 2.8、南北 3.2、残高 0.6 米，与 L4 间距 5 米；

L6：东西 3、南北 3、残高 0.5 米，与 L5 间距 10 米；

L7：东西 2.5、南北 3、残高 0.4 米，与 L6 间距 10 米；

L8：东西 2.8、南北 3.2、残高 0.6 米，与 L7 间距 5 米。

周围地表散落有少量瓷片，有缸、罐等，残甚。采集 1 件。

11YHF005 采：1，缸口沿。黑釉。胎较粗疏，内有较多细沙粒，色灰黄，烧结度稍高。宽厚沿，沿表粘有少量细沙，颈急收，直壁，壁与沿间施一道凸棱。器壁均施釉，内壁施釉至

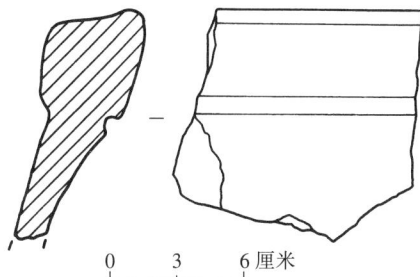

图三二五　黄羊滩 4 号烽火台采集黑釉缸口沿残片（11YHF005 采：1）

棱处，釉层较厚且均匀，色乌黑；外壁釉近口沿，釉层较薄，釉色不甚纯，局部泛褐色。残口长 9、残高 10、沿厚 4.3、壁厚 1.4 厘米（图三二五）。

6. 黄羊滩 5 号烽火台（工作编号：11YHF006）

俗称高石墩，位于黄羊滩农场以西、夹子沟以南约 1.5 千米的一南北向高山上，斜距沟底百余米。西面坡下为宽阔峡谷，有长城穿过，两者斜距 0.27 千米。北距黄羊滩 4 号烽火台约 2、东距永宁县城 33.7 千米。

夯土台体，方台形。方向 150°（东壁）。台体不甚高大。保存一般。底部有石基础，是将北面山体砌石加宽，等顶部与山脊持平时，再在基础上夯筑台体，所用石块均为青灰色砂岩，较大，形制不甚规整，似非特意精选，黄沙土勾缝，缝隙较大处还填以小石块。基础残长 4、残高 1.2 米。上部夯土台体较底部基础略有回收，壁面十分粗疏。其中北壁表面还生长有较多的黑色苔斑，东壁中部已内凹。顶部较平，顶上堆积有较厚的草木灰等。台体底部边长 10 米，顶部东西 5、南北 6 米，残高 3—5 米（图三二六；彩图二一〇）。

东南侧一南北向山脊上分布有 8 座小墩，连线方向 180°，石砌而成，残损甚重，多呈石堆状。由北向南分别编号为 L1—L8。

L1：东西 3、南北 3、残高 0.4 米，距烽火台 30 米；

L2：东西 2.8、南北 3.2、残高 0.6 米，与 L1 间距 5 米；

L3：底边长 3、残高 0.5 米，与 L2 间距 4 米；

L4：东西 2.5、南北 3、残高 0.4 米，与 L3 间距 3.4 米；

L5：东西 2.8、南北 3.2、残高 0.6 米，与 L4 间距 4 米；

L6：东西 2、南北 2.2、残高 0.2 米，与 L5 间距 3.5 米；

L7：东西 2.4、南北 2、残高 0.3 米，与 L6 间距 5 米；

L8：东西 2.2、南北 3、残高 0.5 米，与 L7 间距 4 米。

周围散落有少量瓷片，有黑釉、酱釉、姜黄釉等，器形有缸、罐等，采集 7 件，均残。夹砂质，质地较粗重，烧结度较高。其中缸 3 件，罐 4 件。

（1）缸

3 件。均为口沿。直口、宽平沿，沿不施釉，表面有一层薄薄的褐色胎衣。壁均施釉，有向口沿流釉。

11YHF006 采：1，茶叶末釉。胎色浅灰，内含少量细沙粒。宽厚沿，壁略束。沿粘有其他器物残片。外壁施茶叶末釉，釉较厚但不匀，有流釉、起泡等。内壁为姜黄釉，釉较薄且均匀，气泡较多。残口长 14.5、残高 7、沿厚 2.5、壁厚 1.2 厘米（图三二七）。

11YHF006 采：2，褐釉。胎土黄，内含较多黑色小石粒、稻壳等。器形稍显规整，沿较平滑，颈

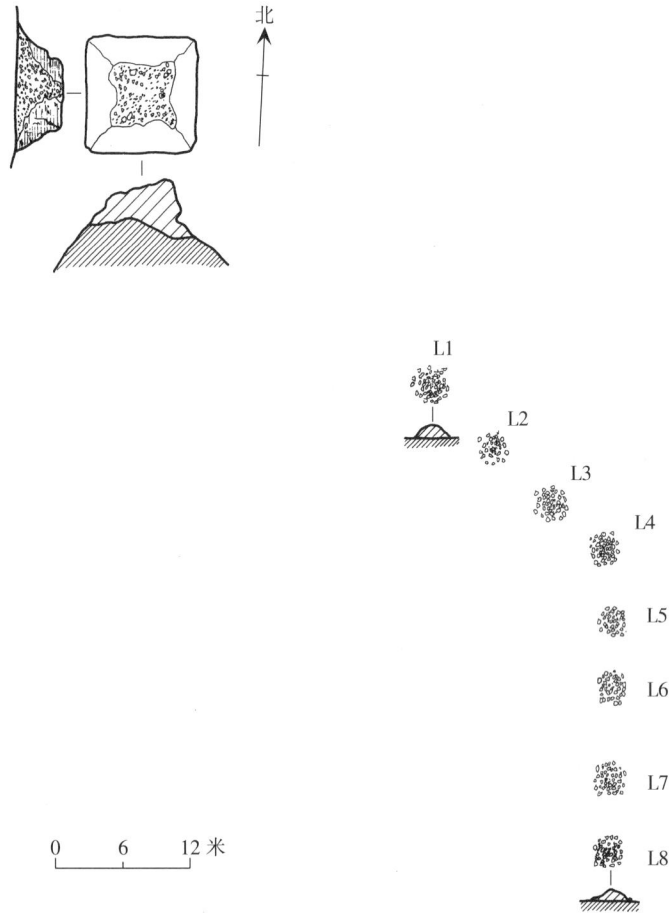

图三二六　黄羊滩5号烽火台平、立、剖面图

部呈外凹内凸状，器腹略外鼓。器壁均施釉，釉薄而均匀，其中外壁较光滑，施釉已近口沿；内壁沿部不施釉，器壁有不规则刻划痕。残口长11、残高9.5、沿厚3.5、壁厚1.4厘米（图三二八）。

11YHF006采：3，姜黄釉。胎色浅灰，内壁局部则呈铁锈红。胎较缜密细腻。宽平沿，沿上有粘连的细沙等物，颈略束，斜壁。外壁通施釉，釉层稍厚，有片状皴裂脱落。内壁施酱釉，口沿不施釉（局部有流釉），釉厚有光泽。残口长12.5、残高11.5、沿厚3.3、壁厚1.1厘米（图三二九）。

（2）罐

4件。口沿、底各2件。胎色青灰，内含少量小石粒。

11YHF006采：4，口沿。姜黄釉。直口，圆厚沿，平台唇，束颈，斜壁。壁通施釉，釉色不甚同一，但较光亮。残口长16.5、残高8.5、沿厚2.3、壁厚0.8厘米（图三三〇）。

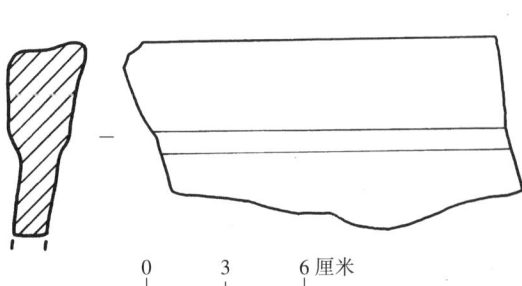

图三二七　黄羊滩5号烽火台采集茶叶末釉缸口沿残片
（11YHF006采：1）

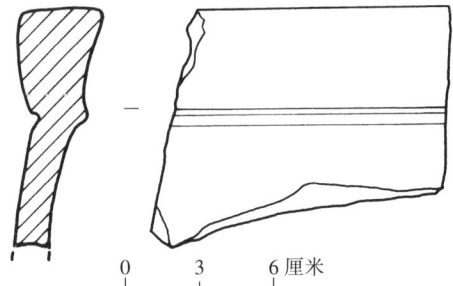

图三二八　黄羊滩5号烽火台采集褐釉缸口沿残片
（11YHF006采：2）

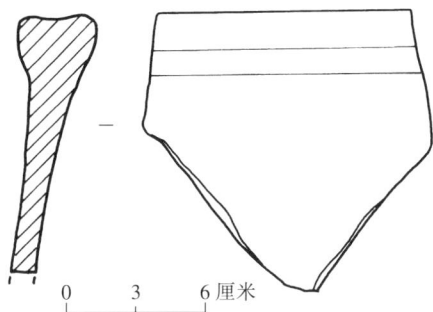

图三二九 黄羊滩5号烽火台采集姜黄釉缸口沿残片
(11YHF006 采：3)

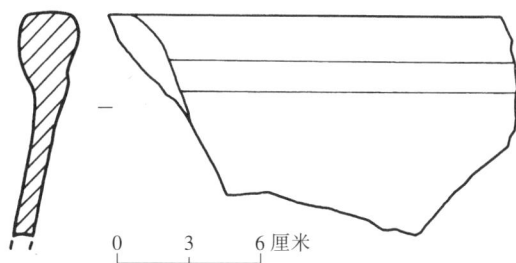

图三三〇 黄羊滩5号烽火台采集姜黄釉罐口沿残片
(11YHF006 采：4)

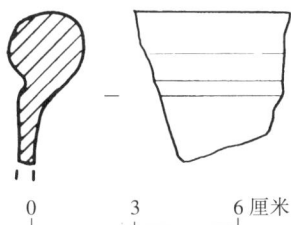

图三三一 黄羊滩5号烽火台采集褐釉罐口沿残片
(11YHF006 采：5)

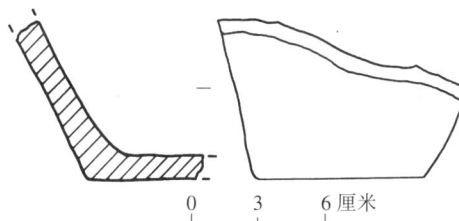

图三三二 黄羊滩5号烽火台采集酱釉罐底残片
(11YHF006 采：6)

11YHF006 采：5，口沿。褐釉。直口，沿外折，直壁。通体施釉，釉层均匀光亮。残长4.2、残高4、沿厚2、壁厚0.5厘米（图三三一）。

11YHF006 采：6，器底。酱釉。器形较粗，不甚规整。斜壁，小平底。外壁施酱釉，施釉不及底，局部有流釉；内底露胎，有轮制划痕。外底粘有细沙粒。残高6.8、残底径4.8、壁厚1.2、底厚1厘米（图三三二；彩图二一一）。

11YHF006 采：7，器底。姜黄釉。器形稍显规整，胎粗，胎色不一（内侧偏红而外侧沙黄）。斜壁，底略束，大平底，底有轮制涡状划痕。外壁施姜黄釉，釉较薄，施釉不及底（近底部有流釉）；内壁通施褐釉，釉层较厚，较光滑。残高8、残底径12、壁厚1.2、底厚1.8厘米。

7. 上海嘎查4号烽火台（工作编号：11BSF007）

位于夹子沟与柳石沟中间一较为陡峭的山脊上，属上海嘎查所辖。其东面山坡下是一处十分宽广的、平面呈"C"形的山前洼地，长城从此处经过，再东台地上还有夹子堡。斜距坡底长城0.14千米，南距柳渠沟0.65千米，东北距高石墩1.2、东距永宁县城约34千米。

夯土台体，方台形。方向230°（西壁）。保存一般。台体不甚高，但夯筑坚实，土内所含小石块不多，土色沙白。底部均有风蚀凹槽，呈带状横贯底部一周，凹槽进深0.4、残高0.3米。壁面较陡，但坍塌等残损较重，尤其以东壁最为严重，壁已呈犬牙突兀状；南部保存较好，壁面较规整，但亦有片状剥离与粉状脱落。壁面版接缝清晰，可见台体系用并列4版夯筑而成，每版宽3米左右；顶部较平，生长有稀疏的沙蒿等。台体底部边长12、顶部边长7、残高4—8米（图三三三；彩图二一二）。夯层厚0.15—0.2米。

北壁底部有夯土基础，是在较狭窄的坡上先增夯一个方形基础，等与山脊持平后再夯筑台体。基础与台体间无论从土质土色、夯打硬度等方面均存在差异，高4米，由底向上逐渐收分，表面生长有较密的黑色苔斑。台体较基础边缘略有收分。

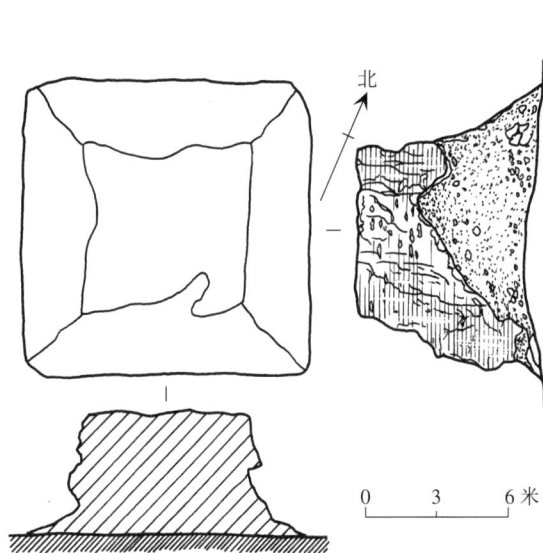

图三三三　上海嘎查 4 号烽火台平、立、剖面图　　　　图三三四　上海嘎查 5 号烽火台平、立、剖面图

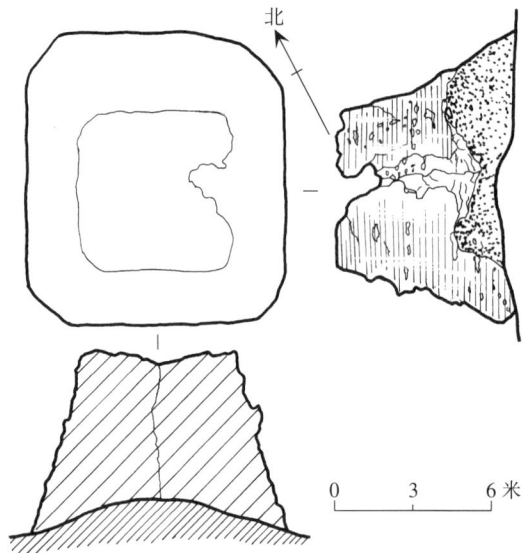

8. 上海嘎查 5 号烽火台（工作编号：11BSF008）

位于磨石沟沟口东侧的山梁上，属上海嘎查所辖。东面山脚下即为西长城，东南侧有磨石沟敌台，两者斜距 51 米；再东滩地上还有磨石沟烽火台，相距 235 米；西侧坡下有从沟口敌台处延伸而来的另一道分叉长城，磨石沟西岸还有上海嘎查 6 号烽火台，相距 151 米。东距永宁县城 35.9 千米。

夯土台体，方台形，方向 200°（东壁）。保存较好，台体高大敦实。底部坍塌土较少。四壁较陡，南壁保存最好，壁面较规整，但风蚀较严重，底部有带状风蚀凹槽，进深 0.3、残高 0.2 米。中部版接缝清晰，可见此台体是由并列两版夯筑而成的，每版长 5 米；东壁保存一般，壁面中部有一道冲沟发育，从顶部一直贯通至底部；北壁保存最差，坍塌等较为严重，壁面上生长有较多的黑色苔斑。顶部较平，顶上尚残存铺舍，因无法登顶，具体不详。台体底部东西 10、南北 11 米，顶部边长 6 米左右，残高 7 米（图三三四；彩图二一三）。

周围地表散落有少量瓷片，有缸、碗等，釉色有黑釉、酱釉等，残甚。采集 2 件，其中碗、缸各 1 件。

11BSF008 采：1，碗底。酱釉。胎地细腻，色浅白，质地坚硬。器形规整，斜壁，下腹折收，平底，宽圈足。壁均施釉，釉较厚、有光泽。外壁施釉不及底，内底有环状涩圈。残高 3.5、底径 6、壁厚 0.3、圈足厚 0.7 厘米（图三三五；彩图二一四）。

11BSF008 采：2，缸口沿。黄釉。胎色土黄，质地坚硬，包含物极少。器形稍粗且不甚规整。直口、宽厚沿、微鼓腹。腹施一道凸棱。壁一道细裂纹有被用白色乳状物修补痕迹。口沿多露胎，表面略泛红。壁均施釉。外侧釉甚薄，局部尚存烟炱痕。施釉已至口沿；内壁釉稍厚，有气泡，釉无光泽。残口长 5.9、残高 7、沿厚 4、壁厚 1.1 厘米（图三三六；彩图二一五）。

9. 黄羊滩 6 号烽火台（工作编号：11YHF009）

位于青铜峡市邵岗镇玉西村西北、磨石沟沟口前的冲积滩地上。西距磨石沟敌台 192 米，北距小沟敌台 813 米，东距永宁县城 35.73 千米。

夯土台体，方台形。方向 220°（东壁）。保存较好，台体高大坚实，土色泛白，小石粒等包含物较少。底部均有坍塌土堆积，但较薄。四壁均有不同程度坍塌，西壁保存最好，壁面陡直，但底部坍

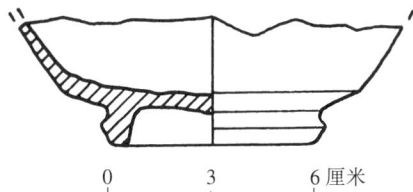

图三三五　上海嘎查 5 号烽火台采集酱釉碗底残片
（11BSF008 采：1）

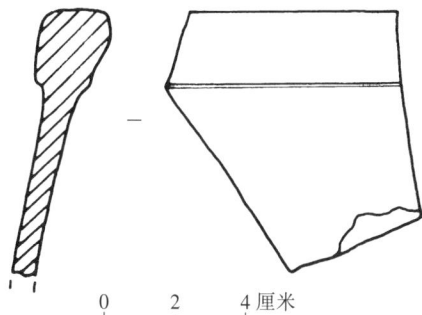

图三三六　上海嘎查 5 号烽火台采集黄釉缸口沿残片
（11BSF008 采：2）

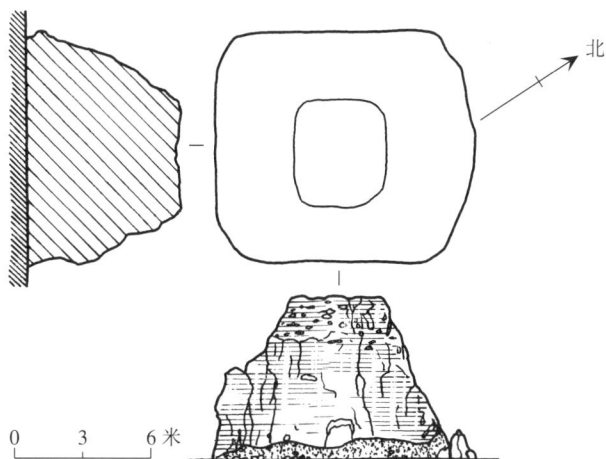

图三三七　黄羊滩 6 号烽火台平、立、剖面图

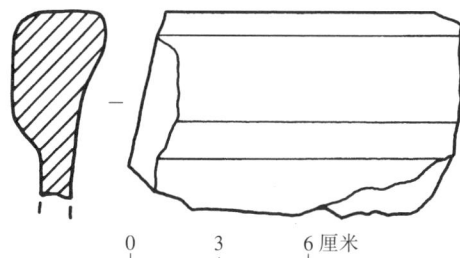

图三三八　黄羊滩 6 号烽火台采集酱釉缸口沿残片
（11YHF009 采：1）

塌较明显，壁面遍布风蚀洞，还有稀疏的黑色苔斑；北壁保存尚可，壁面有数道冲沟发育，亦有稀疏的黑色苔斑；南壁坍塌最重，已呈凹凸状，东南角夯土已整体滑落、斜依台体；东壁残损较重，底部坍塌土有被后人掏挖取走而成土坑，壁面有人为掏挖出的浅洞。顶部较平，因无法登顶，具体不明。台体底部东西 10、南北 11.5 米，顶部东西 4.5、南北 4 米，残高 7 米（图三三七；彩图二一六）。

此座烽火台人为破坏较重。北临进出磨石沟山间的重要道路，来往车辆、行人众多；台体上还残留有人为掏挖的痕迹。

周围地表散落有少量瓷片，有缸、罐等，采集 3 件，均为缸口沿。烧结度较高。直口，宽厚沿，平台唇，直壁。内外壁均施釉，但口沿多露胎。

11YHF009 采：1，酱釉。胎地较细，色浅灰，掺合料少。沿略内凸，顶粘有釉，色乌黑；内壁釉较薄而有光泽，局部向口沿流釉。口沿残长 10、残高 6.5、沿厚 3、壁厚 1 厘米（图三三八）。

11YHF009 采：2，姜黄釉。胎地较细，色灰白，掺合料少。沿较圆滑，外壁施姜黄釉，釉层较厚，但无光泽，气泡多，釉不匀，有堆釉；内施褐釉，釉较厚且光泽度高。残口长 14、残高 6.3、沿厚 3.2、壁厚 1.3 厘米（图三三九）。

11YHF009 采：3，黑釉。器胎较粗，掺合物较多，色沙白。平沿，束颈，颈部成外凹内凸状，斜腹。口沿露胎，外表呈乌黑色，局部粘有细砂。腹均施釉，釉均较厚有光泽，施釉到口沿下。残口长 10.5、残高 8.7、壁厚 0.9 厘米（图三四〇）。

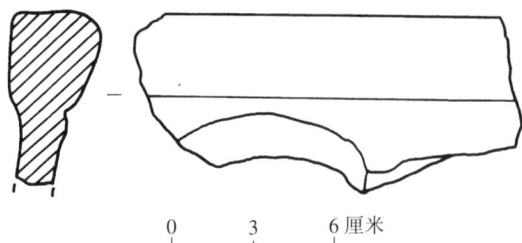

图三三九　黄羊滩 6 号烽火台采集姜黄釉缸口沿残片
（11YHF009 采：2）

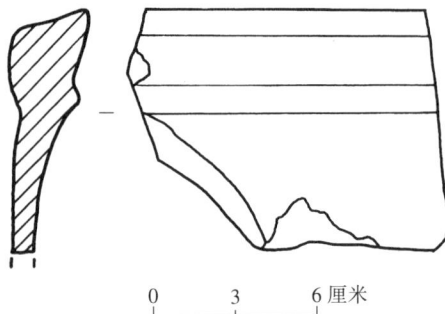

图三四〇　黄羊滩 6 号烽火台采集黑釉缸口沿残片
（11YHF009 采：3）

10. 上海嘎查 6 号烽火台（工作编号：11BSF012）

位于磨石沟沟口西岸，在进沟约 0.18 千米的山上，属上海嘎查所辖。这里北扼磨石沟河道，北面半坡处有分叉长城从沟口经过、辗转深入山间腹地，东距沟口处的上海嘎查 5 号烽火台 151 米、距磨石沟敌台 185 米。东北距永宁县城 36.07、南距青铜峡市 32.29 千米。

夯土台体，方台形。方向 200°（东壁）。保存较好。台体高大敦实，壁面陡直，但剥蚀、坍塌等稍重。底部堆积土较薄，四壁中南壁保存最好，壁面较规整，中部有一道版接缝，可见台体系由并列两版夯筑而成，每版长 5 米。底部有一道带状风蚀凹槽，进深 0.8、高 0.6 米；东壁保存稍差，壁面不平，中部已呈凹窝状；北壁临坡，底有成块坍塌，上部有较密的黑色苔斑；西壁保存一般，已呈凹凸状。顶部较平，因无法登顶，具体不详。台体底部东西 10、南北 10.2 米，顶部边长 5 米左右，残高 7.6 米（图三四一；彩图二一七）。

东侧山梁上有 10 座小墩，是用夹杂青灰色小石块的黄沙土堆砌而成，质地较粗疏，似未经夯打。多残损，从保存稍好者来看原还是为方台形。由西向东编号为 L1—L10，其中前 5 座基本呈一排，方

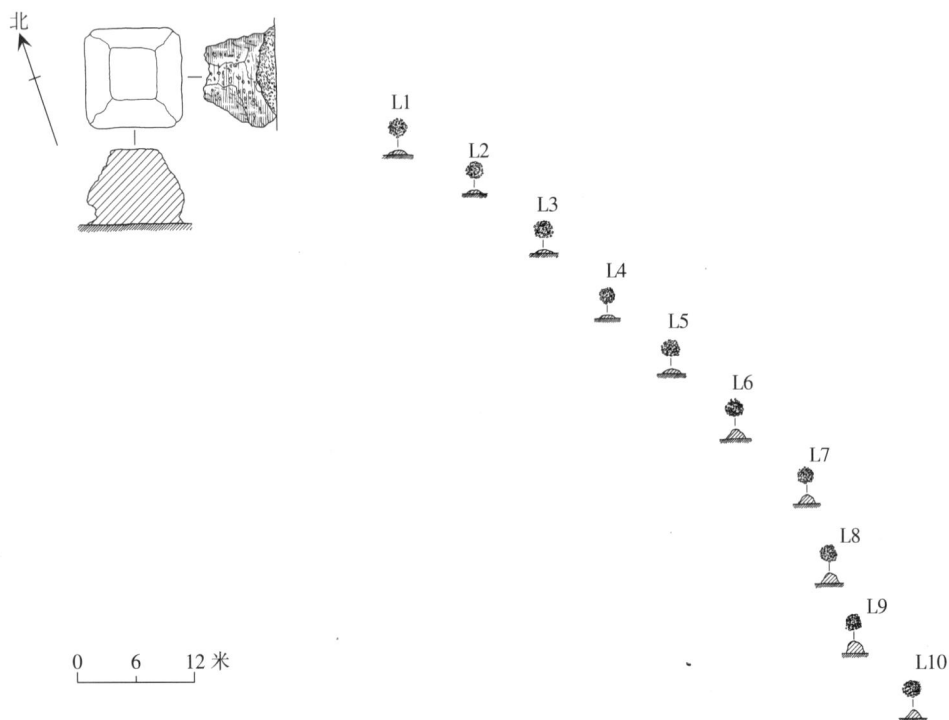

图三四一　上海嘎查 6 号烽火台平、立、剖面图

向 320°；后 5 座随山梁略向东南折，方向 330°。

L1：东西 1.6、南北 1.1、残高 0.4 米，西距烽火台 22 米；

L2：残甚。东西 4、南北 2.5、残高 0.3 米，与 L1 间距 7 米；

L3：东西 3.9、南北 2.1、残高 0.2 米，与 L2 间距 7.9 米；

L4：残甚。东西 1.4、南北 0.9、残高 0.4 米，与 L3 间距 7.2 米；

L5：东西 1.7、南北 1.3、残高 0.4 米，与 L4 间距 6.8 米；

L6：保存最好。东西 1.7、南北 1.5、残高 1 米，与 L5 间距 6.7 米；

L7：东西 2、南北 1.3、残高 0.9 米，与 L6 间距 8.4 米；

L8：东西 1.7、南北 1.4、残高 1.1 米，与 L7 间距 6.5 米；

L9：东西 2.3、南北 1.3、残高 1.2 米，与 L8 间距 6 米；

L10：东西 1.6、南北 1.8、残高 0.9 米，与 L9 间距 6.7 米。

周围散落有少量瓷片，有酱釉、白釉等，器形有碗、罐等，残甚，未采集。

11. 黄羊滩 7 号烽火台（工作编号：11YHF010）

俗称小井泉墩，位于永宁县闽宁镇黄羊滩农场西北、三关口沟口东南侧山梁上，在两道"L"形山梁相交处，斜距坡底近百米。东面坡下为三关口冲沟，过冲沟与三关口诸长城及敌台、烽火台等相望；南面坡上有黄羊滩壕堑。西距三关口头道关 3 号敌台 4.41、东距永宁县城 33.69 千米。

石砌台体，保存较高，但残损较重，已呈圆锥状，仅局部尚存砌石，方向 210°（东壁）。四壁均呈斜坡状，顶部不平，中心有一小石堆。偏北侧有一处人为掏挖的长方形凹槽，已挖至底部岩石上，凹槽长 7、宽 2.5—3 米。从凹槽壁面可见台内夹有柽木。为带枝柠条，分层平置，残存 3 层，间距 1.4—1.5 米。台体底部东西 16、南北 18 米，顶部东西 10、南北 9 米，残高 7.3 米（图三四二）。

东、北两道山梁上各分布有 5 座、计 10 座小墩，石块与黄沙土堆砌而成，残损较重，多已呈石堆状。其中东侧山脊上 5 座由西向东分别编号为 L1—L5，方向 290°，地势随山脊由西向东逐渐降低。

L1：东西 1.5、南北 1.6、残高 0.4 米，西距烽火台 10 米；

L2：东西 1.5、南北 1.6、残高 0.7 米，与 L1 间距 5 米；

L3：东西 1.5、南北 1.6、残高 0.5 米，与 L2 间距 8 米；

L4：东西 1.5、南北 1.6、残高 0.6 米，与 L3 间距 7 米；

L5：残甚。东西 1、南北 1.4、残高 0.2 米，与 L4 间距 11.6 米。

北侧山梁上的 5 座小墩，方向 210°。由南向北分别编号为 L6—L10。

L6：残甚。东西 1.2、南北 1.3、残高 0.2 米，南距烽火台 26 米；

L7：东西 1.5、南北 1.4、残高 0.5 米，与 L6 间距 11 米；

L8：残甚。东西 1.2、南北 1.1、残高 0.3 米，与 L7 间距 8 米；

L9：东西 1.5、南北 1.4、残高 0.5 米，与 L8 间距 7.5 米；

L10：东西 1.5、南北 1.4、残高 0.4 米，与 L9 间距 10.5 米。

12. 福宁村烽火台（工作编号：11YHF011）

位于闽宁镇福宁村 5 组村落内，西侧原有黄羊滩壕堑，今已损毁无存。西北距黄羊滩 7 号烽火台（小井泉墩）15.99、东距永宁县城 24.69 千米。

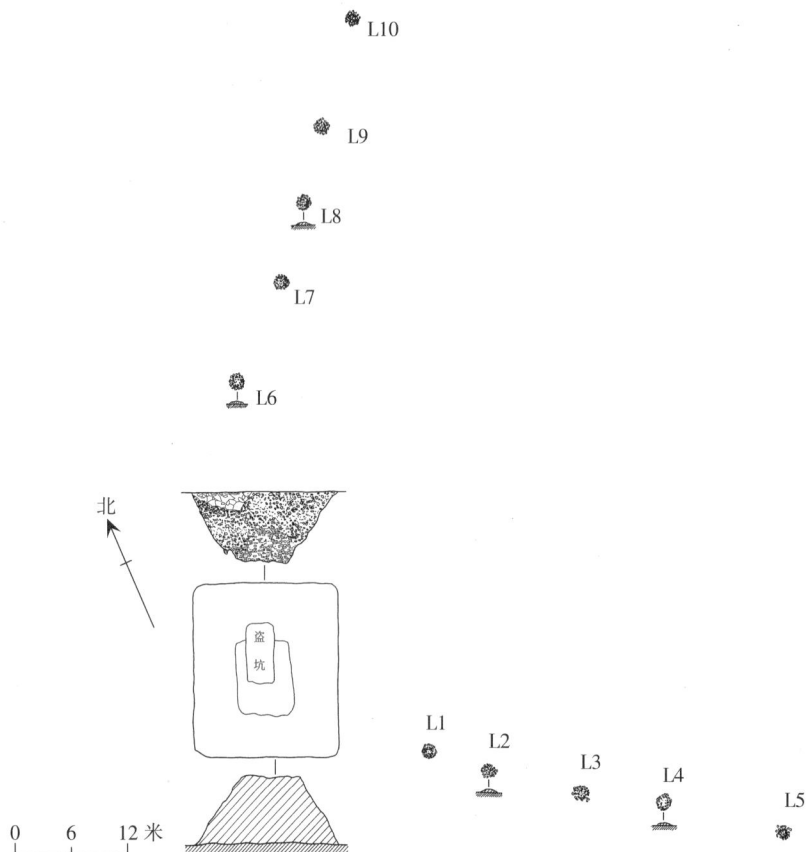

图三四二　黄羊滩 7 号烽火台平、立、剖面图

此烽火台地处平原，周围地势平坦开阔，今已被开辟为村落农田，西侧十余米便是新修的灌溉水渠，已将壕堑损毁，过此水渠约百米便是 201 省道。而烽火台今已位于一户村民院落内，其东面距民房不足 10 米，人为破坏十分严重。

夯土台体，方向 180°（东壁）。台体高大敦实，但保存一般，残损较重，形状已不规整。南北两侧底部已被辟为道路，表面已无堆积土；东壁底成农家摆放杂物之处，还修建有犬舍等。四壁均斑驳突兀，南壁保存稍好，壁面较陡直，中部有带状风蚀凹槽，进深 1、残高 0.8 米，壁面片状剥离与粉状脱落明显；东壁中部有一道明显的冲沟发育；北壁坍塌较重。顶部不甚平整。台体底部东西 12.9、南北 13.9 米，顶部东西 6.1、南北 6 米，残高 9 米（图三四三；彩图二一八）。

13. 武河村烽火台（工作编号：11YMF013）

俗称石窑子烽火台，位于闽宁镇武河村。地处山前冲积平原上，地势平坦宽广，现已成为村落聚居区，周围分布有众多的民房。西距 201 国道约 0.2，北距闽宁镇约 7、南距青铜峡市约 9 千米。

夯土台体，近圆台状。保存差。台体较低矮，残存较重。底部四周坍塌土堆积，裸露的底部有带状风蚀凹槽。壁不规整，剥蚀、坍塌明显。上部略束。顶部较平整。台体底部直径 8、顶部直径 3.5、残高 4 米。夯层厚 0.2 米左右（图三四四；彩图二一九）。

14. 木兰村烽火台（工作编号：11YMF014）

俗称古石窑烽火台，位于闽宁镇木兰村以西、一道大致呈东西向横山梁上。东面坡下即为山前冲积平原，现已开发为农田区；南面是两道山梁之间的冲沟，有土路从此经过、通往西侧的磨石沟等处。西距西长城约 6、东距 110 国道约 6 千米。

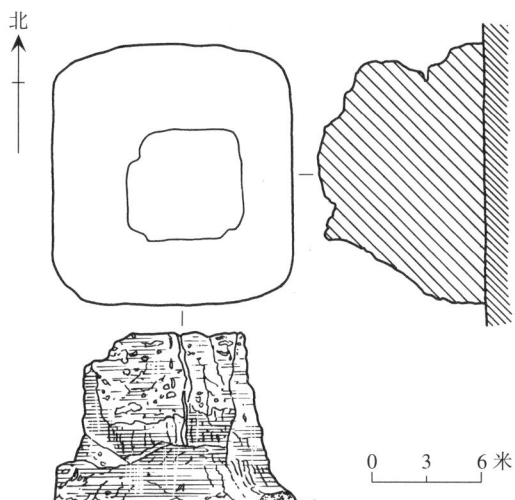

图三四三 福宁村烽火台平、立、剖面图

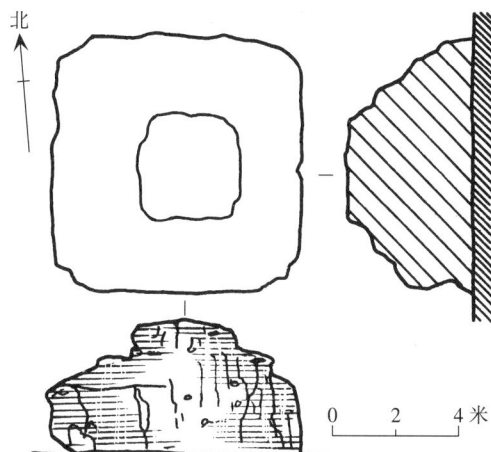

图三四四 武河村烽火台平、立、剖面图

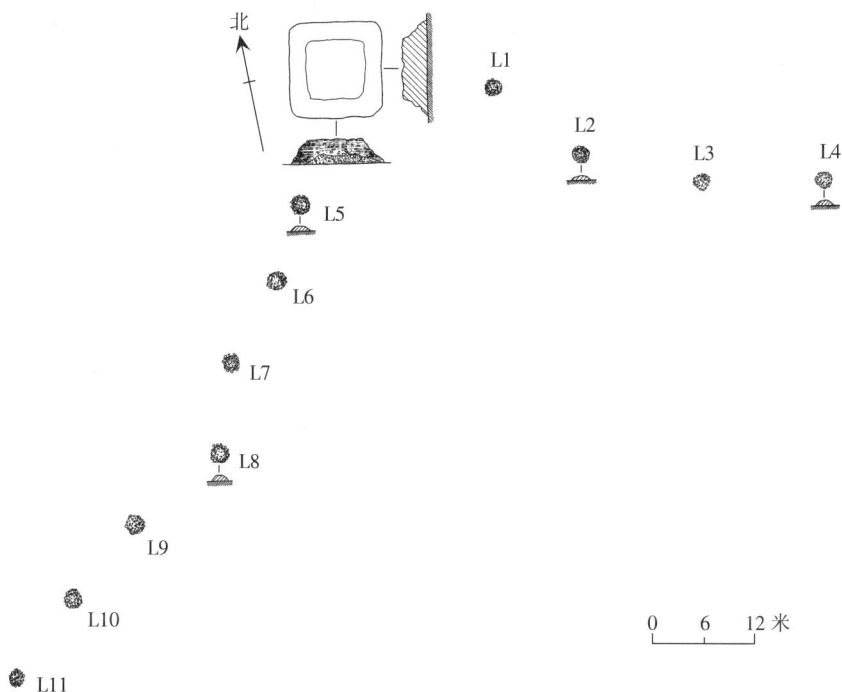

图三四五 木兰村烽火台平、立、剖面图

夯土台体，方台形，内夹少量小石粒。台体不高。保存一般。底部均有坍塌土与风淤沙土堆积，呈斜坡状。壁面较陡直，表面已呈斑驳突兀状，西壁偏南侧有一道掏挖出的斜坡，可辗转登顶。顶部较平，包括西壁顶部等有用石块后期增补的情况，是用较大块沙砾石垒砌而成，石质较疏松。台体底部边长 11、顶部边长 7、残高 2.8、顶部砌石残高 0.5 米（图三四五；彩图二二〇）。夯层厚0.15—0.2 米。

台体东、东南两道山梁上分布着 11 座小墩。残损甚重，多呈石堆状，是用石块混杂黄沙土堆砌而成。其中东侧计 4 座，由西向东分别编号为 L1—L4，连线方向 280°。地势由西向东逐渐下降，但降幅不甚大。

L1：已临近山坡边，底径 2.5、残高 0.6 米，西距烽火台 12.4 米；

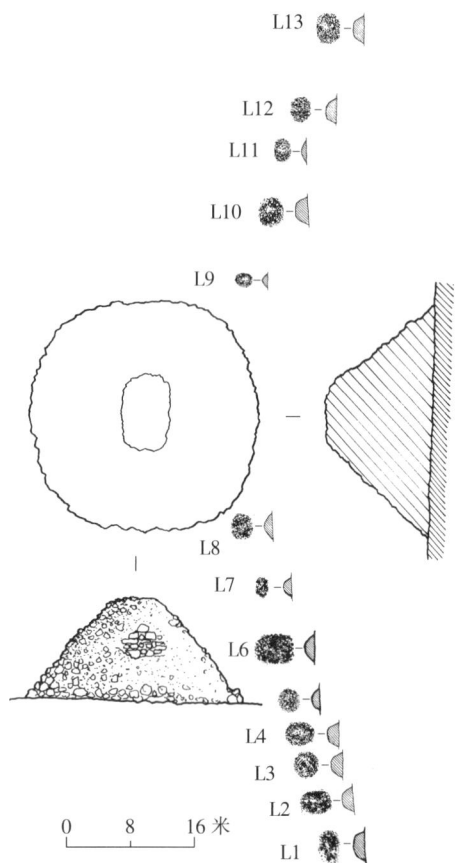

图三四六　上海嘎查 7 号烽火台平、立、剖面图

L2：底径 2.2、残高 0.5 米，西与 L1 间距 11 米；

L3：底径 2.8、残高 0.8 米，西与 L2 间距 12.8 米；

L4：底径 2、残高 0.4 米，西与 L3 间距 3.5 米。

东南侧计 7 座，由北向南分别编号为 L5—L11，方向 350°，地势略有下降。

L5：底径 2.3、残高 0.5 米，北与烽火台相距 2.5 米；

L6：底径 2.1、残高 0.3 米，与 L5 间距 7 米；

L7：底径 2.1、残高 0.3 米，与 L6 间距 8.5 米；

L8：底径 2、残高 0.3 米，与 L7 间距 8.4 米；

L9：底径 2.1、残高 0.3 米，与 L8 间距 8.3 米；

L10：底径 1.8、残高 0.4 米，与 L9 间距 10.4 米；

L11：底径 2.5、残高 0.6 米，与 L10 间距 9 米。

15. 上海嘎查 7 号烽火台（工作编号：11BSF015）

位于北岔口以北的营子山山顶上，属上海嘎查所辖。南面约百米便是北岔口两道长城交汇处，西侧 0.05 千米即为北岔口两道长城向北延伸段，再西的山沟便是北岔口石灰厂作业区。东南距玉西村 5 号敌台约 0.8 千米，距青铜峡市 33.83 千米。

石砌台体，十分高大，但保存较差，已呈圆锥状。仅北壁底部尚存部分砌石面。均为青灰色石灰岩。台体底部东西 28、南北 27 米，顶部东西 5、南北 9 米，斜高 16 米（图三四六；彩图二二一）。

台体南北两侧分布有 13 座小墩，其中南侧 8 座、北侧 5 座，均位于山顶平台偏东侧，地势由南向北逐渐抬升，升幅稍大。小墩连线不甚直，基本呈南北向。均是用青灰色小石块混杂少量黄沙土堆砌而成，残甚，多呈石堆状，从保存稍好者来看还是为方台形。由南向北分别编号为 L1—L13。

L1：东西 2、南北 2.8、残高 1.4 米；

L2：东西 2.1、南北 2.7、残高 1.4 米，与 L1 间距 2 米；

L3：东西 2.9、南北 3、残高 1.4 米，与 L2 间距 1.2 米；

L4：东西 2.5、南北 3、残高 1.4 米，与 L3 间距 0.7 米；

L5：东西 2.4、南北 2.3、残高 1.2 米，与 L4 间距 1.2 米；

L6：东西 3、南北 4.5、残高 1.4 米，与 L5 间距 3.3 米；

L7：东西 2、南北 1.3、残高 0.9 米，与 L6 间距 4.5 米；

L8：在敌台的东侧底部，距敌台坍塌的石块仅 0.1 米。底边长 3、残高 1.2 米，与 L7 间距 4.5 米；

L9：位于敌台东北角，东西 1.4、南北 2、残高 0.4 米，距敌台 4 米；

L10：东西 2.7、南北 3、残高 1.3 米，与 L9 间距 6 米；

L11：东西 2.8、南北 2、残高 0.5 米，与 L10 间距 4.3 米；

L12：东西 2、南北 2.7、残高 1.2 米，与 L11 间距 2 米；

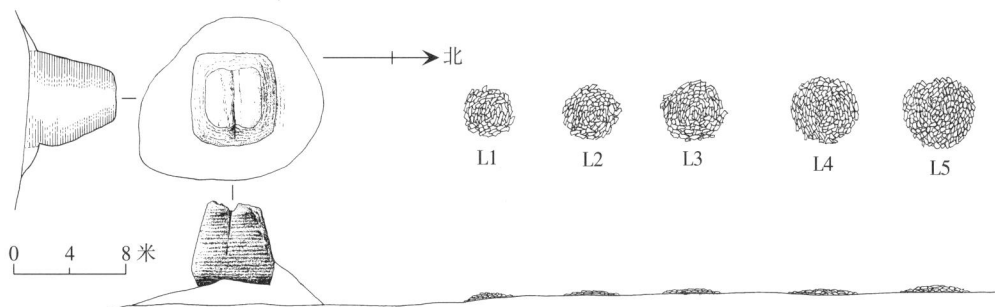

图三四七　莲湖农场烽火台平、立、剖面图

L13：东西 2.7、南北 2.4、残高 1.1 米，与 L12 间距 6.2 米。

16. 莲湖农场烽火台（编码：6403813531170010，工作编号：07QLF001）

位于青铜峡市邵刚镇莲湖农场分场东北的戈壁荒滩上，在一条大致呈南北向山梁上。北面约 0.3 千米为西干渠灌溉水渠，南面不远处即为莲湖农场分场场部。西距北岔口长城 19.4、东南距东方红 1 号烽火台 1.62 千米。

夯土台体，方台形。保存较差，表面较粗糙，色泛红。底部均有较厚的坍塌土及风淤土堆积，表面散落有较多白色小石粒；裸露出的台体较陡，由底向上略有收分，收分度较大；壁面风蚀、雨蚀、坍塌等较明显，四壁中北壁保存较差，东壁稍好。壁面夯层较明显，厚 0.18 米；顶部较平。台体底部东西 6.3、南北 5.8 米，顶边长 4 米，残高 6 米（图三四七；彩图二二二）。

烽火台北侧同一山梁上、南北向分布着 5 座小墩，是由黄土与小石块混杂堆积而成，残损甚重，均呈圆锥状。由南向北分别编号为 L1—L5：

L1：底径 3.5、残高 0.4 米，距烽火台 25 米；

L2：底径 4、残高 0.7 米，与 L1 间距 23 米；

L3：底径 4.5、残高 0.6 米，与 L2 间距 28 米；

L4：底径 5、残高 0.5 米，与 L3 间距 31 米；

L5：底径 5、残高 0.7 米，与 L4 间距 30 米。

17. 玉西村 1 号烽火台（编码：6403813531170011，工作编号：07QYF002）

位于邵刚镇玉西村以西、贺兰山山前冲积扇台地上。周围地势宽广、起伏不大。地表以原生砾石堆积为主，生长有稀疏的沙蒿等植物。西面不远处是贺兰山天净风电厂厂部，南面有一条通往风电厂的土路。西距北岔口长城约 2 千米。

夯土台体，方台形。方向 168°（西壁）。保存一般。底部有较厚的坍塌土及风淤土堆积，呈斜坡状；裸露出的台体较陡，由底向上略有收分。夯层厚 0.16—0.2 米。四壁中南壁保存尚可，但底部风蚀凹槽十分明显，进深 0.32、残高 0.25—0.6 米。壁面片状剥离和粉状脱落较明显，呈斑驳皴裂状。西壁保存一般，表面上有鸟窝、蜂穴等；北壁则坍塌略重，壁面已不规则；东壁坍塌最重，中部有一处凹形坍塌面。顶部不平。残存台体底部东西 6.6、南北 7.8 米，顶部东西 5.2、南北 5.6 米，残高 6.2 米（图三四八；彩图二二三）。

台体东面有一长方形围墙，是用黄沙土夹杂碎石块夯筑而成，北、东、南三面夯筑墙垣，西垣则直接利用台体。残甚，仅存底部。围院东西 10.8、南北 10.5、残高 2.5 米。东垣中心辟门，门道宽 2.5 米。

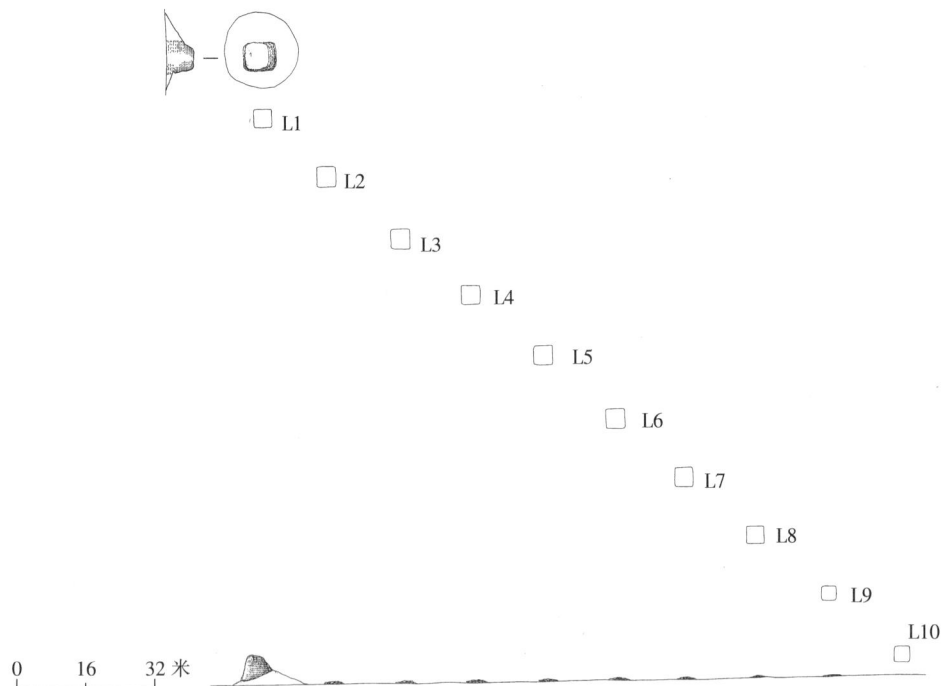

图三四八　玉西村 1 号烽火台平、立、剖面图

在烽火台南侧另一山丘上，东西向分布有 10 座小墩，以黄沙土与小石块堆积而成，地势随台地由西向东逐渐降低，均呈圆锥状。由西向东分别编号为 L1—L10。

L1：底径 4.3、残高 0.8 米，与烽火台间距 48.4 米。

L2：底径 4.6、残高 0.6 米，与 L1 间距 17.4 米；顶部建有一座三角形水泥支架，顶上有一根木棍，上书"国防设施""严禁破坏"等。

L3：底径 4.7、残高 0.6 米，与 L2 间距 20 米；

L4：底径 4.4、残高 0.5 米，与 L3 间距 18 米；

L5：底径 4.4、残高 0.6 米，与 L4 间距 18.6 米；

L6：底径 4.5、残高 0.4 米，与 L5 间距 19.5 米；

L7：底径 4.4、残高 0.6 米，与 L6 间距 19 米；

L8：底径 4.1、残高 0.5 米，与 L7 间距 19.2 米；

L9：底径 3.4、残高 0.5 米，与 L8 间距 19.5 米；

L10：底径 3.6、残高 0.2 米，与烽火台间距 187 米。

18. 东方红村 1 号烽火台（编码：6403813531170012，工作编号：07QDF003）

位于邵刚镇东方红村 6 组，地处山前冲积平原上，周围地势宽漫、起伏不大，已被开辟为农田、村落，住户密集。西距北岔口长城 20、东距玉泉营堡 2.6 千米。

烽火台位于现代村落内，北面是农田，西南近一养殖场，其院墙距台体已不及 1 米；东侧紧邻灌溉水渠；西侧台体上有明显的挖掘机取土掏挖的痕迹。

夯土台体，保存较差，形状已不规则。土质纯净，色沙黄，夯层等不清。底部东西 17.4、南北 14.2 米，顶部东西 4.2、南北 7 米，残高 5.8 米（图三四九）。

19. 玉西村 2 号烽火台（编码：6403813531170013，工作编号：07QDF004）

位于玉西村 3 组以南、今 201 国道西侧一较低矮的台地上。北面紧邻一土路，再北不远处还有一

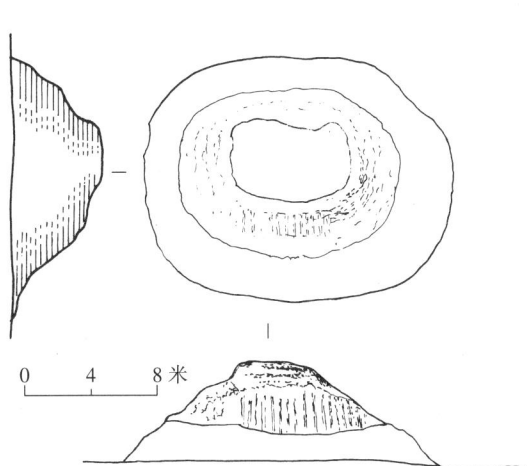

图三四九 东方红村1号烽火台平、立、剖面图

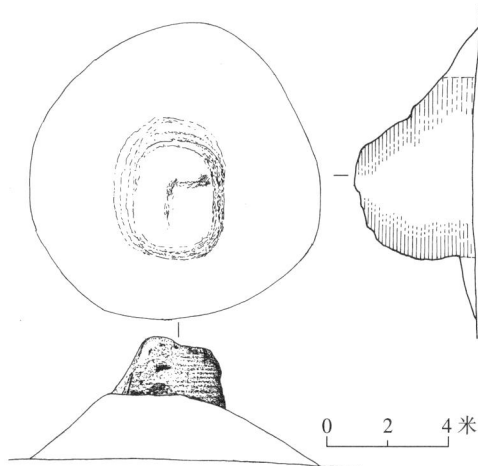

图三五〇 玉西村2号烽火台平、立、剖面图

座高压线塔，是西侧风电厂传输线路之一；东侧是邵刚乡人民公墓区。西距201国道0.35、西北距北岔口长城15.4、东北距玉泉营堡4.44千米。

此烽火台虽近现代村落，但周围还未开发，地表以原生砾石堆积为主，地势高低起伏，落差较大；地表生长较多沙蒿等。

夯土台体，方台形，土内夹杂小石粒较少。保存一般，形状已不规整。底部被坍塌土及风淤沙土掩盖，呈斜坡状。裸露出的台体较高，但坍塌等破坏较重。四壁中南壁保存略好，但风蚀较重，中部有明显的冲沟发育；北壁坍塌最重，已呈斜坡状；其他两壁保存一般。顶部不甚平。台体底部东西7.6、南北8，顶部东西4.5、南北5米，残高5.8米（图三五〇；彩图二二四）。夯层厚0.2米。

20. 东方红村2号烽火台（编码：6403813531170014，工作编号：07QDF005）

位于东方红村1组以西，在一道低矮的、大致呈东北—西南向山梁上，东邻玉泉营堡，间距0.53、西距北岔口长城18.9千米。

此烽火台也位于现代村落内，周围地势宽漫，视野开阔，已全部辟为水田。农田已逐渐逼近烽火台，已将北侧几座小墩损毁。东侧紧邻一土路。

夯土台体，方台形。方向150°（西壁）。保存一般。石块含量较少，色灰黄。底部被坍塌土及黄沙土堆积所覆盖，呈斜坡状，表面生长有沙笈等植物。裸露的台体较高大，四壁中西壁保存一般，坍塌、壁面剥蚀及鼠类掏挖等较明显；南壁坍塌甚重，中部成凹槽状，底部还有明显的风蚀凹槽；东壁保存一般，壁面上的剥蚀较重，底部有一窑洞，宽1.1、高0.6、进深2.8米；北壁保存最好，壁面较陡。顶部不甚规整。底部东西4.4、南北7.5米，顶部东西3.5、南北2.2米，残高6.4米（图三五一；彩图二二五）。

烽火台北侧分布有2座小墩，石块与黄沙土混杂堆积而成，残损甚重，仅存残迹。

21. 甘城子村烽火台（工作编号：11QGF016）

位于邵刚镇甘城子村以西、北岔口长城东侧，西与甘城子5号敌台相邻，相距304米，东南距青铜峡市30.25千米。

此烽火台地处山前冲积扇台地上，周围地势开阔，起伏不大。地表以原生沙砾堆积为主，生长有较密的沙蒿、芨芨草等野生沙地植物。

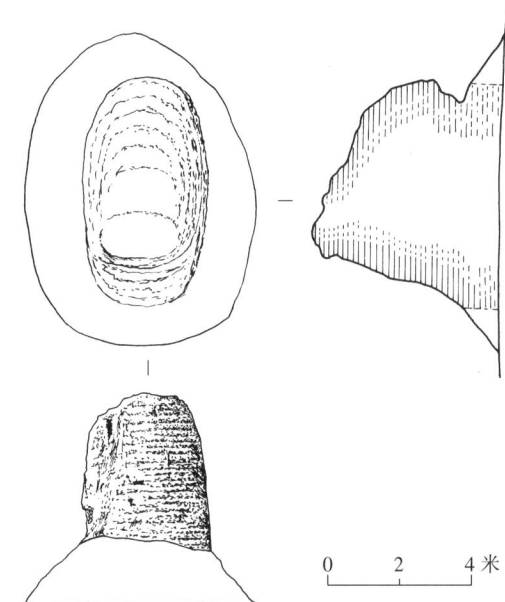

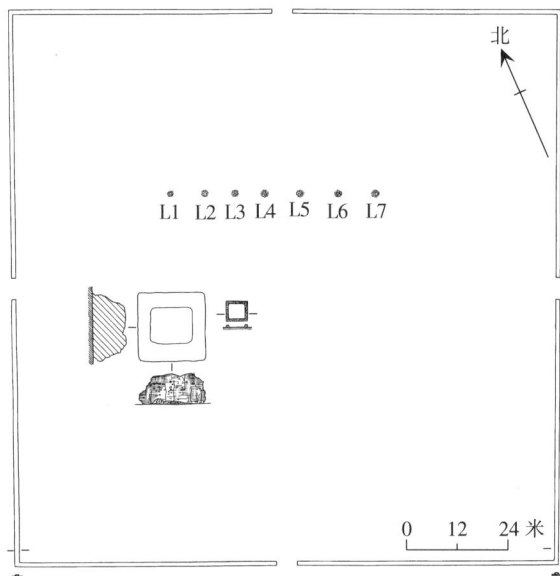

图三五一　东方红村2号烽火台平、立、剖面图　　　　图三五二　甘城子村烽火台平、立、剖面图

　　夯土台体，方台形。方向200°（东壁）。土色沙黄，夯打坚实，小石粒等包含物较少。保存较好，是西长城沿线保存较好的烽火台之一。底部坍塌土不甚厚。四壁陡直，由底向上逐渐收分，收分度不大。壁面版接缝清晰，可见其是由5版夯筑而成，每版长3—4米，以中间3版较宽而两侧2版稍窄。顶部较平整，因无法攀登，具体不详。台体底部东西17、南北16米，顶部约东西10、南北8米，残高7.5米（图三五二；彩图二二六）。夯层厚0.15米。

　　四壁中北壁保存最好，壁面规整，但外表较粗糙。东壁保存亦较好，但底部有带状风蚀凹槽，中部有一道贯通状冲沟发育，还有少量风蚀洞；南壁、西壁保存稍逊，其中南壁底部风蚀凹槽较明显，壁面遍布风蚀洞。西壁中部也有一道冲沟发育。

　　台体东侧紧贴壁面有一石砌基址，方形，是用赭红色石块垒砌而成，残甚，仅存底部。东西5.5、南北5、残高0.5米。

　　北侧台地上并列分布着7座小墩，方向280°。是用黄沙土混杂小石块堆砌而成，残甚，仅存痕迹。由西向东分别编号为L1—L7。

　　L1：东西1.5、南北1.4、残高0.2米，距烽火台23米；

　　L2：底边长1、残高0.2米，与L1间距6.8米；

　　L3：东西1.5、南北1.6、残高0.3米，与L2间距5米；

　　I4：东西1.6、南北1.5、残高0.3米，与L3间距5米；

　　L5：东西1.5、南北1.4、残高0.3米，与L4间距6米；

　　L6：东西1.4、南北1.3、残高0.2米，与L5间距6.5米；

　　L7：东西1.5、南北1.4、残高0.3米，与L6间距6.9米。

　　周围还有一道方形围墙，将台体、小墩等直接包围在内。残甚，仅存痕迹，边长130米，但宽度、残高等均不清。四垣中部均辟门，门宽5米左右。东、南两侧墙垣外还有壕沟，沟宽1米左右，今已被黄沙填平。

　　周围地表散落有较多瓷片，有罐、缸、碗等，釉色有黑釉、酱釉、白釉等，残甚。采集4件，其中碗 2 件、罐 1 件、缸 1 件。

（1）碗

2 件。白釉。口沿、底各 1 件。胎细腻，掺合物极少，烧结度高。器形薄、轻且规整，轮制痕迹明显。

11QGF016 采：1，口沿。胎色浅白。敞口，沿微外奢，尖唇，斜壁，下腹微鼓。施釉较薄，光洁度不甚高，釉色略发乌。外底露胎。残高 5、壁厚 0.3 厘米（图三五三；彩图二二七）。

11QGF016 采：2，器底。胎色赭红，局部略泛青。斜壁，下腹急收，下腹施一道凸弦棱，大平底，宽圈足。足底有较多釉滴。内外壁（包括外侧圈足内）通施釉，仅足底露胎。釉层较厚，釉色白亮。底径 6、残高 2.3、壁厚 0.5 厘米（图三五四）。

（2）罐

1 件。

11QGF016 采：3，口沿。黑釉。胎较细，色浅白，质纯。器形较规整，直口，厚沿，颈部呈内凹外凸状，外壁施凸弦棱。通施釉，釉层较匀，光泽度不甚高。口径 18、残高 4.5、壁厚 0.4 厘米（图三五五）。

（2）缸

1 件。

11QGF016 采：4，口沿。青釉。器胎较粗，色灰白。直口、厚沿、圆台唇，颈部略束，直壁。口沿露胎，有流釉。通施釉，内壁釉较厚均匀，但气泡较多，光泽度不高，表面泛乌；外壁釉较浅，脱落严重，多露黑色胎。残口长 5.3、残高 6.4、沿厚 3.7、壁厚 1.1 厘米（图三五六）。

22. 木井子嘎查 1 号烽火台（工作编号：11BMF017）

位于阿拉善左旗巴润别立镇木井子嘎查东北、北岔口长城西侧约 0.2 千米处。地处北岔口南侧广袤的冲积台地上，西侧不远处是大沟河道。周围以原生沙砾堆积为主，生长有较稀疏的沙蒿等。

残损甚重，已呈圆锥状，是以黄沙土为主堆积而成，已无夯筑痕迹，外壁残留有大量的细砂、石块等物，石块较小，有青灰、浅白等色。顶部较平。台体底部东西 28、南北 19.5 米，顶部 4.5 米见

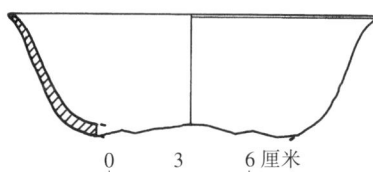

图三五三　甘城子村烽火台采集白釉碗口沿残片
（11QGF016 采：1）

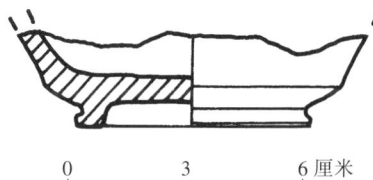

图三五四　甘城子村烽火台采集白釉碗底残片
（11QGF016 采：2）

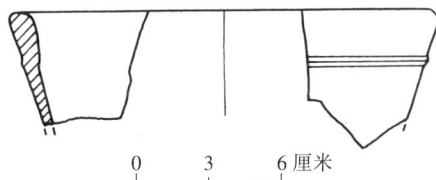

图三五五　甘城子村烽火台采集黑釉罐口沿残片
（11QGF016 采：3）

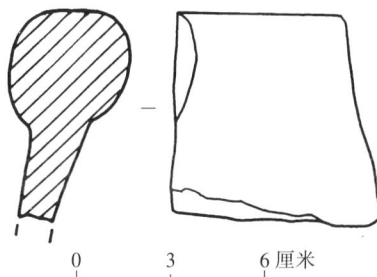

图三五六　甘城子村烽火台采集青釉缸口沿残片
（11QGF016 采：4）

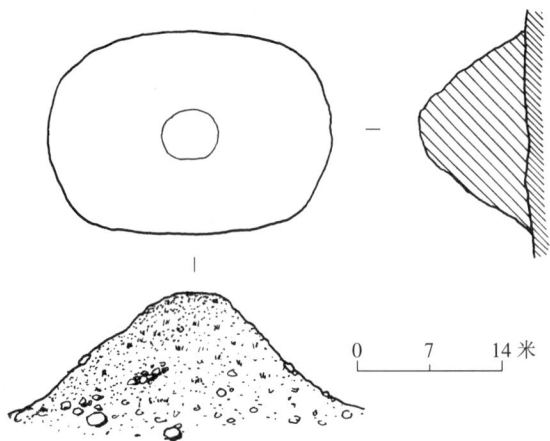

图三五七　木井子嘎查1号烽火台平、立、剖面图

方，斜高14.5米（图三五七；彩图二二八）。

南侧另一道山梁上似有几堆石块，已被流沙淤埋多半，不辨其是否属烽火台附带的小墩。

23. 木井子嘎查2号烽火台（工作编号：11BMF018）

位于木井子嘎查东北、北岔口南面山脊上，北面坡下即为大沟河道，西南面与高山上的小柳木皋墩相望，东距北岔口长城约0.35千米。

石砌台体，方台形。砌石为青灰色条石，砌筑较规整，由底向上逐渐收分。保存较好。四壁中北壁保存最好，但底部有较厚的倒塌石块堆积；南壁

坍塌最甚，已呈斜坡状，外侧砌石无存。西壁亦多坍塌，壁面呈斜坡状。顶部不平，偏北侧有一小石堆。台体底部东西10、南北9.1米，顶部东西7.4、南北6.5米，残高5.5米（图三五八；彩图二二九）。砌石规格在长0.5、宽0.3、厚0.2米。

24. 木井子嘎查3号烽火台（工作编号：11BMF019）

即小柳木皋墩，属木井子嘎查所辖。位于北岔口南端、一大致呈南北向的高山脊上，东西两面临坡。西面坡下是贺兰山一处十分宽阔的豁口；北面坡下是大沟河道，过河道即为北岔口台地。东北距木井子嘎查2号烽火台3.05、距甘城子烽火台3.65千米。

石砌台体，方台形。方向165°（西壁）。砌石为方形，较大，多在长0.55、宽0.6、厚0.35米左右，属砂岩，色泽不纯，硬度较低。壁面砌筑规整，外侧砌石缝隙线较直。四壁均保存较好，仅个别处（如东北、西南两角处）有坍塌。顶部不甚平整，中部有铺舍。底部东西17、南北20.6米，顶部东西9、南北15米，残高12.5米（图三五九；彩图二三〇）。

顶部铺舍多已残，内宽4.2米。是以大石块垒砌的方形墙垣，边缘并未沿台顶边垒砌，有明显回收（如东壁回收2.3米）。铺舍内壁砌石较规整，但外侧多坍塌成石堆状，碎石块与黄沙土堆积较厚。铺舍内侧地表倒塌堆积相对较少。四垣中以东垣残存较多，残长6.4、残高0.8米。西垣仅西北角残留4.2米。

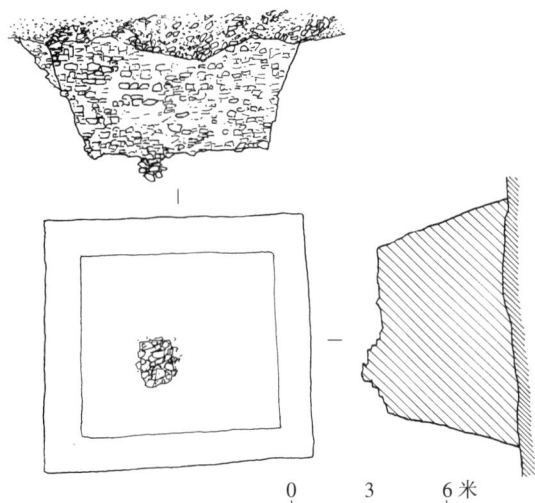

图三五八　木井子嘎查2号烽火台平、立、剖面图

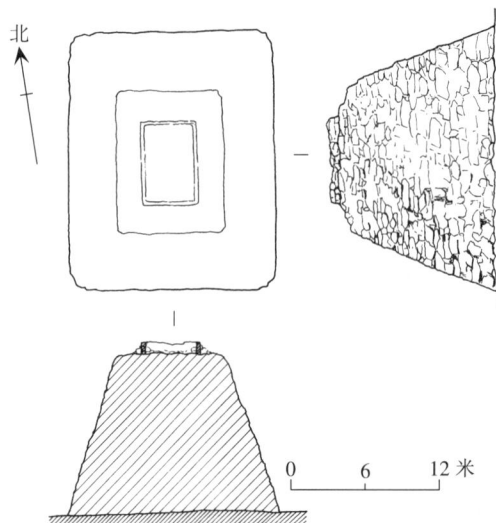

图三五九　木井子嘎查3号烽火台平、立、剖面图

台体中夹有桩木，有柠条与圆木两类，均分层平置，端部不出壁面。其中圆木计2层，距地表分别为1.4、3.4米，为柳木，径15厘米左右，底层仅见于地势较低的西北侧，而上层则基本成环状遍布台体；柠条直径0.2—0.4厘米，带枝条，密集铺在台体中，厚0.03—0.11米，由底向上计4层，其中最低层距下层圆木1.7米。

25. 木井子嘎查4号烽火台（工作编号：11BMF020）

位于贺兰山大口子沟南面半坡处，亦属木井子嘎查所辖。西面即为贺兰山主脉，今已成为石灰厂采石作业区；北面坡下即为大口子沟，有道路可穿越山体，直达山外。今也成为采砂区；东面坡下即为西长城，斜距约0.1千米。

位于半山腰几道山梁的交汇处，四面临坡。夯土台体，方台形。土中含石量极大，两者比例近乎1：1。所用石料均为块状石灰岩。台表十分粗疏，略泛赭红。保存一般，较低矮。底部均散落有较多大石块。四面壁中西壁保存略好，壁面较陡，但底部有明显的带状风蚀凹槽，残高0.5、进深0.4米；南壁保存最差，中部坍塌较重；其余两壁保存相对一般；顶部不甚平整。台体底部东西10、南北6米，顶部东西8.1、南北3.5米，残高6米。夯层厚0.24米（图三六〇；彩图二三一）。

周围地表散落有少量瓷片，有黑釉、褐釉等，器形有罐、碗等，残甚，未采集。

26. 木井子嘎查5号烽火台（编码：1529213531170001，工作编号：07BMF001）

俗称大柳木皋墩，位于木井子嘎查东北的贺兰山山顶上，是周围贺兰山最高处。东侧0.03千米有部队修建的三间砖房，东南有一座高架观测塔。东面坡下即为西长城，斜距约0.5千米。

石砌台体，方台形。方向为115°（东壁）。砌石为白色石灰岩，较大，大致在长0.6、宽0.5、厚0.4米左右。保存较好。壁面较陡，四壁中南壁坍塌略重、底部散落有较多的坍塌石块，呈斜坡状；其余三面均保存较好（仅个别地方有坍塌痕迹）。底部东西18.8、南北23米，顶部东西10、南北12.5米，残高13.9米（图三六一；彩图二三二）。

台体内夹有桩木，有柠条、圆木两类，层状平置，一端向外，端部不出壁面，由底向上计4层，其中底层距地表1.8米，间距分别为2.3、2.6、2.6米。圆木为柳木质，直径在15厘米左右，间距0.35—0.6米；柠条均带枝，与圆木混杂平铺，厚0.05米左右。

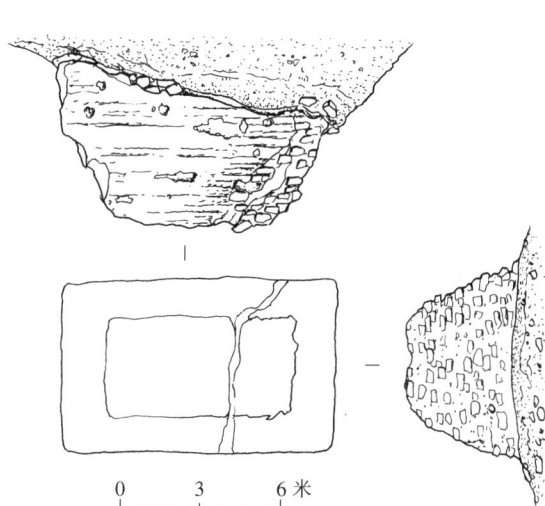

图三六〇　木井子嘎查4号烽火台平、立、剖面图

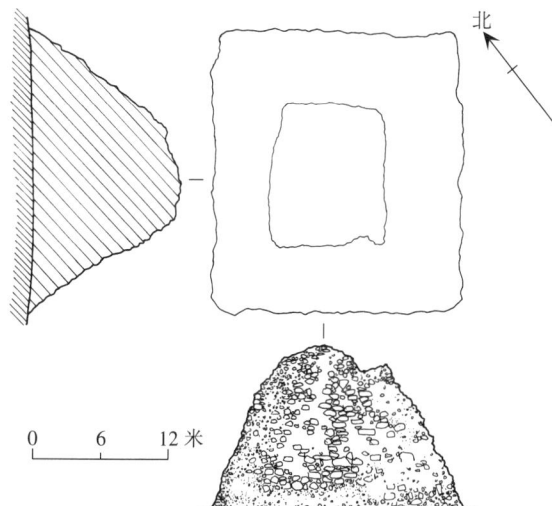

图三六一　木井子嘎查5号烽火台平、立、剖面图

第四节　三关口—大柳木皋段关堡

三关口至大柳木皋段长城沿线的关堡较多。其中见诸文献的"关"有赤木关及贺兰山沿线十座南路隘口[①]等，只是由于残损，这些关址多已无存。而堡不下10处，重要的如玉泉营、邵刚堡等，但存留至今的除了玉泉营等几处外，多已无存。本文在重点记录玉泉营之外，将此段沿线见诸文献、且前些年尚有遗迹可寻的附记于后。另外，调查中还发现一些不见文献记载的堡如烂营盘堡、汝龙堡、小沟堡等，一并记录如下。

1. 烂营盘堡（工作编号：11YHP004）

位于永宁县闽宁镇黄羊滩农场西北、贺兰山三关口东南侧的山前洪积扇台地上，西面紧贴黄羊滩壕堑。东距201国道约8、距永宁县城33.3千米，西北距山脊上的黄羊滩7号烽火台（小井泉墩）487米。

此堡史籍无载，始建年代亦无考，今从地面上散落的少量的建筑材料及生活用具等来推测可能属明代。其名称暂采用当地俗称。可能是宁夏中路管辖的、戍守壕堑的一处兵营。

此堡西面邻近黄羊滩壕堑，是用黄沙土夯筑而成的方形围墙，墙内偏西侧有一处夯土高台。东西44、南北45米。规格较小，方向340°（东垣）。残损较重，除了西垣保存略好外，其余三面多已残断，残留部分不多，包括门道等已不清（图三六二；彩图二三三）。

堡四垣中，西垣基本是以中部高台为界，向北、南分别延伸出10、11米，其中西北侧墙垣保存略好，墙体底宽1.3、顶宽1、残高1.5米，西南侧则坍塌较重；北垣立面略呈山字形，仅两角及中部一小段保存略好，其余均坍塌成土垄状。中部残留部分长6、底宽1.3、顶宽0.6、残高2.2米；东垣仅东北侧12米残存较好，底宽1.3、顶宽0.3、残高0.8—1米，其余多呈土垄状；南垣立面亦呈山字形，仅两角处及中部等几处保存稍好，其余均已呈土垄状。其中两角处墙垣残长2、中部残长6米。

墙垣内偏西侧修筑有一处高台，是用黄沙土夯筑而成的实体建筑，夯打坚实，壁面较陡，顶部不甚平。顶部中心一道东西通贯状凹槽，深1—2.2米；偏东侧还有一处椭圆形盗洞，已挖至台底，洞东西1.5、南北1、深3米。从洞内壁面可见台体内夹杂有大量青灰色石块；偏南侧还有一处水泥桩，直接植入台体内，桩顶有数字编号，可能是测绘部门埋植的测控点。台底部东西21、南北25.5米，顶部东西15、南北18米，残高4.5米。夯层厚0.10米（彩图二三四）。

此堡的西垣外、在高台与壕堑之间还有一处方形围墙，东面紧贴高台，西垣则直接夯筑在壕堑堆石堆上。残损较重，除了北垣保存略好外，多已呈土垄状。东西10、南北25米，墙垣底宽1、残高0.5米。

此堡周围地表上散落有少量砖瓦等建筑构件，亦有少量黑釉、酱釉、青花等瓷片等物，残甚，未采集。

[①]　"南路隘口"《万历朔方新志》中虽载为十处，但名称仅有九处"哈剌木、林泉、双山南、磨山、独树儿、赤木、双山、灵武、金塔"，《万历朔方新志》卷2，第88页；在《银川小志》中增补了"峡口"，遂成十处。只是《银》志将《万》志中提到的"林泉"改为"材泉"，"磨山"更名为"磨石"这两处改动，前者可能属笔误，应为林泉，而后者当为磨石。（清）汪绎辰编修，张钟和、许怀然校注：《银川小志》"关隘"，第249页，宁夏人民出版社，2000年。

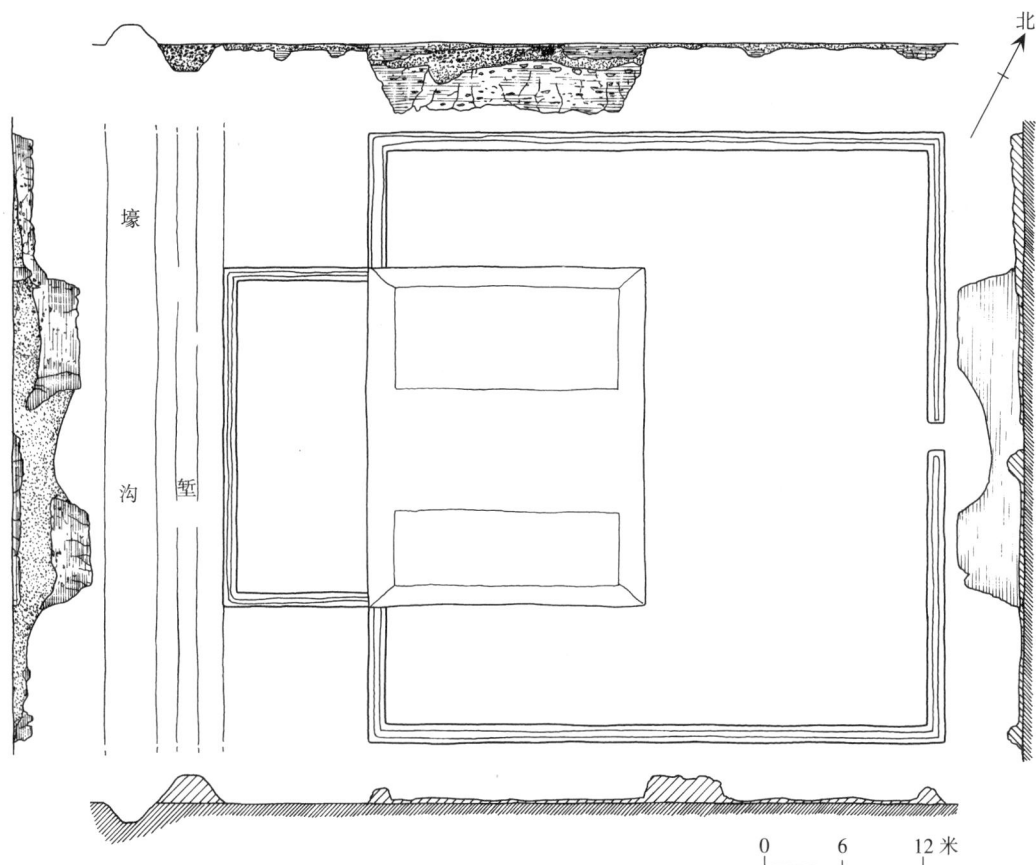

图三六二 烂营盘堡平、立、剖面图

2. 夹子沟堡（工作编号：11YHP001）

位于永宁县黄羊滩农场西北、在贺兰山夹子沟以南、柳渠沟以北之间宽阔的山前箕形台地上，西面与长城相邻，相距 0.15 千米；北面与高山顶上的高石墩相望，西侧与山脊上的上海嘎查 4 号烽火台相望，相距 376 米，东距永宁县 33.66 千米。

此堡亦是史籍无载，今以其地近夹子沟而命名。周围现为原生戈壁荒滩，地表生长有茂密的沙蒿等。地形平坦，起伏不大。是用黄沙土夹杂大量青灰色小石粒堆积而成，残损甚重，仅存底部痕迹。平面略呈长方形。方向 180°（东垣）。墙垣外掏挖的壕堑痕迹十分明显，随墙体走向分布，方向不直，随地形略有起伏和曲折。残存堡东西 130、南北 200 米，墙垣残基宽 3、残高 0.5—0.9 米，壕沟宽 1—1.5、深 0.5 米。南侧中部有缺口，可能是门道遗迹，宽 2 米（图三六三；彩图二三五）。

在此堡南垣中部、东墙内侧各有一道水冲沟贯通全堡，沟宽 10、深 1.5—2 米。

在此堡的周围台地上散落有少量瓷片，器形主要有缸、碗等，有姜黄釉、褐釉等，均属生活用具类。残甚，无可复原者。重点采集 1 件。

11YHP001 采：1，缸口沿。姜黄釉。胎地较粗疏，内含较少细沙粒，色赭红，烧结度稍高。宽厚沿，沿边较圆滑，颈部内外侧斜收，直壁。器物内外壁均施釉，其中外侧施姜黄釉，釉料颗粒较粗，釉层较薄，釉面灰暗无光泽；内壁施褐釉，釉层甚薄，釉色不甚纯，局部泛黑褐色。口沿顶部及内壁处直接露胎，表面泛红。残口长 14.5、残高 8、口沿厚 3.2、壁厚 1.3 厘米（图三六四）。

3. 汝龙沟堡（工作编号：11YHP002）

位于青铜峡市玉西村西北、贺兰山大汝龙沟东南侧的山前台地上，西面与长城为邻，相距 276 米，

图三六三　夹子堡平、剖面图

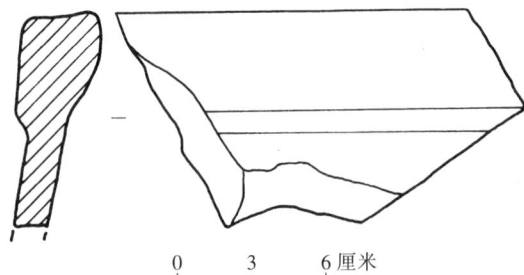

图三六四　夹子沟堡采集姜黄釉缸口沿残片
（11YHP001 采：1）

北距大汝龙沟敌台 0.5 千米，东距永宁县 34.73 千米。

此堡亦是史籍无载，其地近大汝龙沟，故暂以此命名之。位于地势较低平的山前台地上，是用黄沙土夹杂大量青灰色小石粒堆积而成，方向 200°（西垣）。平面呈方形，残甚，仅存底部。东西 159、南北 169 米，墙垣残底宽 3、顶宽 1、残高 0.4—0.6 米（图三六五）。

此堡四垣中部均有缺口，可能是门道遗迹，残甚，仅存痕迹。其中东门在距北墙 77.7 米处，宽 6 米；南门在距东墙 75.4 米处，宽 9 米；西门在距南墙 76.8 米处，宽 9.6 米；北门在距西墙 82.6 米处，宽 9.8 米。

此堡的东南角有一处受洪水冲刷出的缺口，东西 2、南北 2 米。另外，在南垣外侧残存一段壕沟，壕底宽 1、深 0.5 米。

4. 小沟堡（工作编号：11YHP003）

位于青铜峡市玉西村西北、贺兰山小沟沟口东北侧的山前冲积台地上，西面与长城相邻，东北距汝龙沟堡 0.63 千米，东距永宁县 35.3 千米。

此堡史籍无载，也是因距离小沟附近，故暂以之命名。长方形，堡内空旷，未发现有其他建筑，仅存以黄沙土夹杂大量青灰色小石粒堆积而成的墙垣。残甚，仅存底部，方向 220°（西垣）。东西 130、南北 214 米，墙垣底部残宽 8、残高 0.5—0.8 米（图三六六；彩图二三六）。

堡四垣中，西垣是沿一道山凹边缘分布，方向受其影响，平面不甚直；南垣有南北两道壕沟，沟底宽 1、深 0.5 米，壕沟中间形成一道宽 8 米的堑，但无夯筑或垒砌痕迹。中部未发现门道痕迹，但中部一处冲沟南侧堆砌有大量青灰色石块；东垣基本沿一道大致呈南北向横山梁顶分布，在山梁的东侧亦有壕沟，向北一直到山梁最北端；北垣也是两面开壕沟，中间形成高堑。但痕迹较浅，尤其是偏西段不甚明显，在东侧偏东垣处有一道水冲沟。

5. 玉泉营堡（编码：640381353102170003，工作编号：07GSP003）

位于青铜峡市邵刚镇东方红村一组村落内，周围地势平坦，视野开阔。现已辟为农田和农村聚居区，城址中部被叶北公路东西向横穿。东南距青铜峡市 18、西至贺兰山 15 千米。

玉泉营史籍记载较详备，其始建年代早期文献无载，而较晚的《乾隆宁夏府志》则载其"城周围三里，万历十五年（1587 年）筑"①。但此堡至晚在明弘治年间便出现了其名称，"玉泉营，有官

————————
① 《乾隆宁夏府志》卷 5·建置（一）·城池，第 126 页。

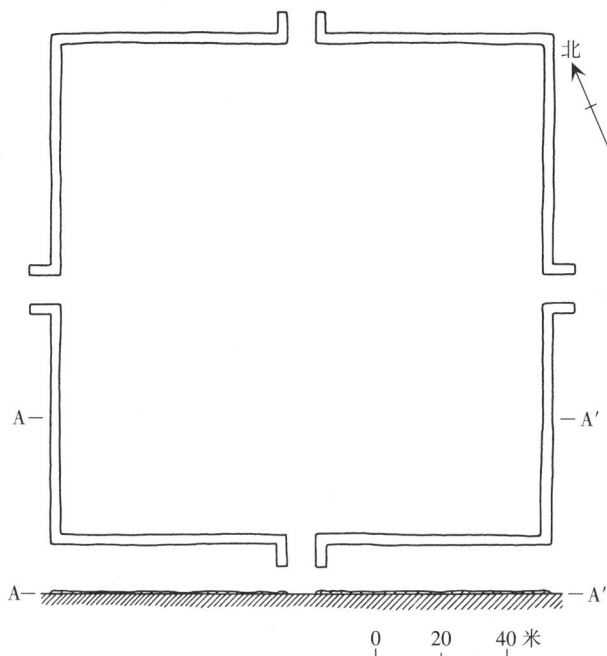

图三六五　汝龙堡平、剖面图

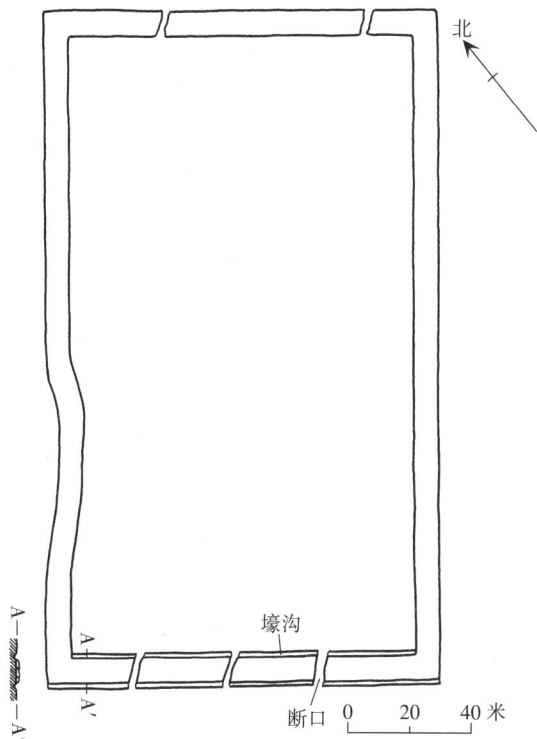

图三六六　小沟堡平、剖面图

军、仓场"①。到嘉靖年间属南路邵刚堡管辖，"旗军二百名，把总官一员"②；到万历年间"始设守备，题改游击"③。驻扎"旗军九百六十五，家丁三百二十三，备御军二百名"，马匹"五百八十一"（图三六七）④。

此堡残损较重，现仅存夯土墙垣残段，平面基本呈方形。其中北墙保存相对较好，西墙则部分保存，南墙、东墙则直接不存。墙垣内现已成为村落聚居区和农家菜地，种植有玉米、土豆、烤烟等作物（图三六八；彩图二三七）。

北垣：保存相对一般，细部残损甚多，全长262.5米，按其保存状况大致分为3段（彩图二三八）。

第1段：从残垣东端起，向西78.7米，整体保存一般。此段因临近村落，村民的房屋、牛圈以及新修的王母娘娘庙宇等建筑就直接倚墙而建，对墙体的破坏作用明显。现存墙垣的东侧不是原墙垣的东北角，而是残断成一道豁口，再东墙体损毁无存。顶宽6.4～12.2、残高5.6～7.8、底厚5.5—21.2米左右。

在此段起点的墙顶上，有青铜峡市政府于1986年竖立的一块保护碑。

第2段：第1段再向西9米。消失段。此段是东方红村1队开挖的一条南北向土路，直接贯穿墙体，从而形成一道宽阔的断口。

第3段：第2段再向西183.8米至西北角角阙处。保存一般。墙垣在此段无倚墙而建的民房等建筑，周围是老百姓种植的蔬菜田地。墙垣保存一般，坍塌等破坏较多，底部有较多的坍塌土堆积。底宽8、顶宽2、残高1.5～7.5米。此段偏西侧有一道南北向横贯墙垣的灌溉水渠，宽7.8米。

① （明）王珣：《弘治宁夏新志》（影印本）卷1，第39页。
② 《嘉靖宁夏新志》卷1·宁夏总镇·十八·南路邵刚堡，第84页。
③ 《万历朔方新志》（影印本）卷2，第51页。
④ 《万历朔方新志》（影印本）卷2，第58、60页。

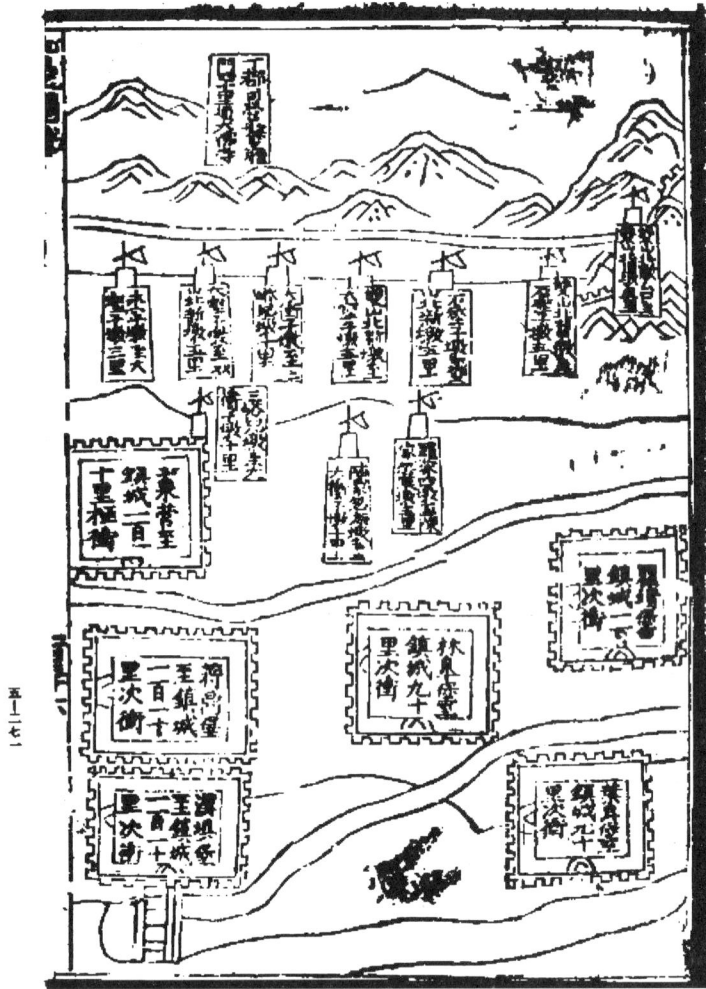

图三六七　玉泉营位置及形势图（摘自《九边图说》）

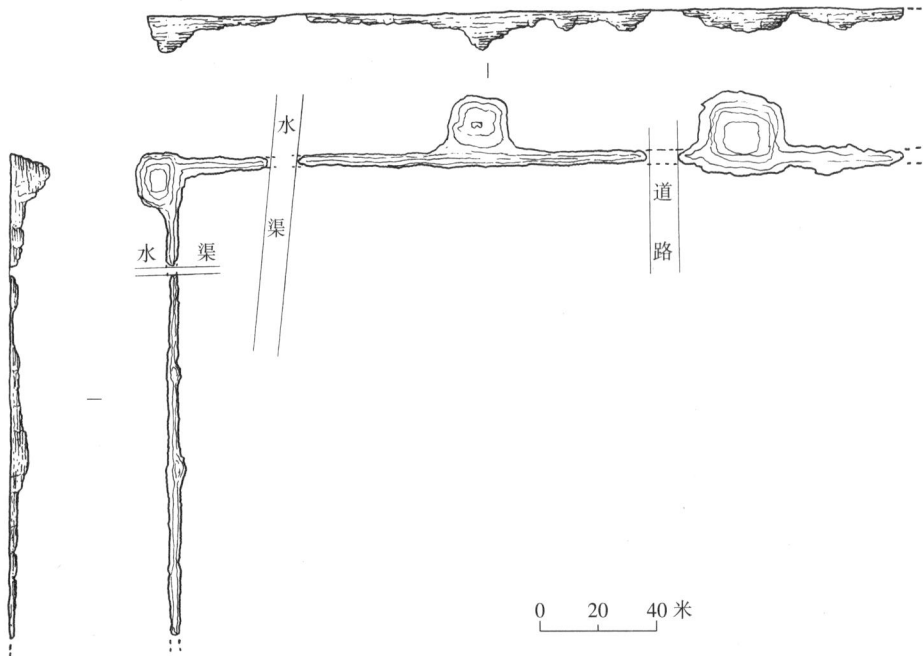

图三六八　玉泉营堡平、立面图

北墙中部有一处马面遗址，主体突出墙体北侧之外，仅西面保存较好，东侧则坍塌甚重，底部东西 20、南北 20、残高 13 米；顶部不甚平整，东西 3、南北 1.5 米。

西垣：保存较差，仅西北侧部分墙垣残存，其余部分则损毁无存（彩图二三九）。残长 162.7 米。按其保存状况大致分为 4 段。

第 1 段：为西北角处的角阙遗址，平面呈圆弧状，主体突出于墙体外。十分高大，壁面不甚平整，由底向上略有收分。壁面坍塌情况较重。底部东西 16.5（其中西南侧突出墙垣外 11.6 米）、南北 15、残高 12.8 米；顶部不甚平整，大致在 2 米见方（彩图二四〇）。

第 2 段：第 1 段向南 20 米。保存一般，墙垣坍塌损毁较重，残高 5.2 米。

第 3 段：第 2 段向南 2.7 米。消失段。此段有一道现代挖掘的灌溉水渠东西向贯通墙垣，形成一道不大的断口。

第 4 段：第 3 段再向南 125 米。保存相对较好。墙垣底宽 2.4~6、顶宽 0.8~4.2、残高 1~5.8 米。

第 4 段向南，墙体今已无存。

此堡的残损破坏中，除了自然坍塌、雨蚀等自然破坏外，人为破坏占主导因素。如堡南段（包括东垣）无存，今已成为农田；中部有叶北公路东西向横穿；残存的北垣上有两道贯通的豁口，一道今已被踩踏成道路，另一条为灌溉水渠。墙垣两侧农田不断蚕食已使中部的马面等不断缩小；西垣也有穿墙水渠。北垣东段已被民房占据，最近的民房距离墙体不足 3 米，畜牲圈搭建在墙体上。墙垣顶部建有两间现代庙宇，顶部为玉皇庙，底部为娘娘庙，有石板道路供上下通行。另外，西北角阙南侧底部还有一处人为掏挖的圆洞，进深约 1 米。

附记：三关口—大柳木皋段沿线消失的几处重要关堡

1. 三关口

三关口，位于今永宁县西北、黄羊滩农场西北约 18 千米处，是内蒙古阿拉善高原进入宁夏平原的咽喉要道，今有银巴公路（银川—巴彦浩特，即 301 国道）和银巴高速公路途经此处，是连接宁夏与内蒙古的重要地点之一。

三关口即古之赤木口，是宁夏明代长城的重要关隘之一。山口宽阔易于大部队通行，自然便成为蒙古游骑兵南侵的重要通道之一，于是在嘉靖十八年（1539 年，一说嘉靖十九年）由巡抚都御史杨守礼、总兵任杰主持修筑关隘，历时三月有余最终建成。

史载三道关隘"关口石砌，长一十八丈；高二丈三尺，女墙高七尺；下阔三丈，上阔一丈八尺。其北斩山长五百九十七丈，其南斩山长七十六丈。又南石基土筑墙长四十八丈八尺，高二丈，女墙高五尺；下阔三丈四尺，上阔一丈七尺。又南石基土筑墙长一千三百八十五丈四尺，高二丈，女墙高五尺；下阔二丈二尺，上阔一丈二尺。又南斩山长六百七十九丈；高二丈，女墙高四尺。比他关为最固焉。"[1] 明确记载了其规模、尺寸等，规模之宏伟不难想象。

这三道关隘当在河道平坦、易守难攻之处，连同周围依山修建的长城墙体、敌台、烽火台等共同扼守此河谷险地。只是这三道关隘今均已无存，仅周围长城、墩台等尚存。其址仅头道关关隘有人推

---

① 孟彬：《赤木关口记》，《嘉靖宁夏新志》，第 86 页。

测在今 301 国道横穿墙体处①，结合地域、周围环境等，此说可信；二道关因早年资料中包括长城均失载，更遑论其关隘位置。此隘口当初若建，其址当在关墙中段、今银巴公路断口处似应合理；三道关关隘（时记为二道关）早年资料中曾推测其无隘口，不知何由②。

2. 邵刚堡

邵刚堡位于青铜峡市邵刚镇。《嘉靖宁夏新志》载："本国初，左屯卫居屯种军余者，领之以千、百户。北虏数犯宁化、李俊诸堡。正德五年（1510 年），总制、右都御史杨一清奏设守备，辐凑五卫。有马官军五百员名，驻扎大坝，为宁夏南路。守备雍彬以邵刚视大坝为适中，守御实便，故驻扎焉……领玉泉营，自镇城迤南屯堡皆属之"，堡内驻扎有"守备一员，管堡官一员，军五百名，马五百匹"③，是宁夏镇城南侧、贺兰山沿线重要的堡寨之一。只是此堡重要性在明嘉靖以后逐渐式微，到万历年间就基本等同于一般堡寨，重要性已不如玉泉营④（图三六九）。

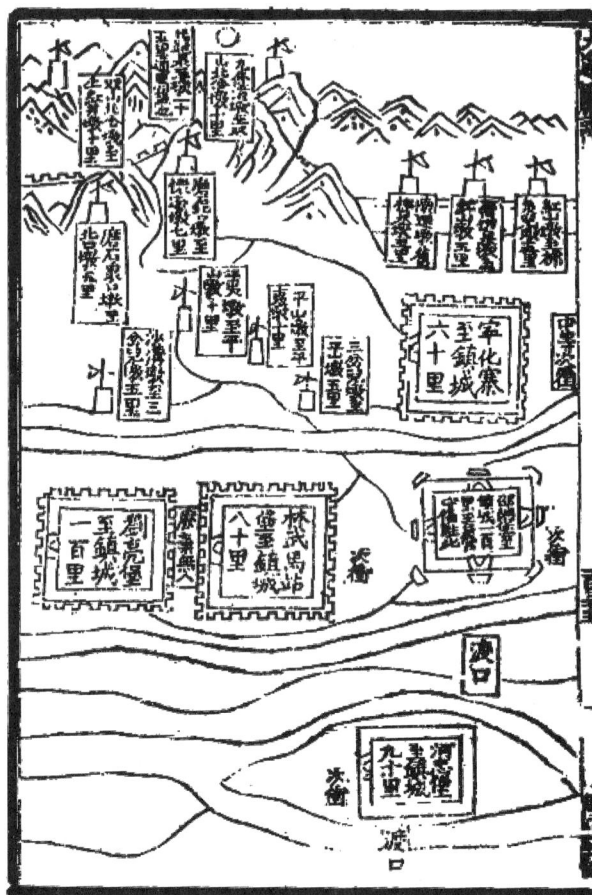

图三六九　邵刚堡位置及形势图（摘自《九边图说》）

---

① "关墙南北与长城连接，正障银（川）巴（音）公路之口，中间的关门久已塌毁不存，只有一个大缺口。其北侧关墙，顺山梁向西北延伸，长约 2 里与山峰连接。南侧的关墙，向东南延伸，与长城相衔"。许成等：《宁夏境内明代长城遗迹》，《宁夏社会科学》1983 年第 4 期。

② "二道关……亦为银巴公路的贯通处。二道关似原无关门，在关口（公路）的东北侧，高山峭壁……紧靠公路的西南侧，有 20 多米高的一座山头。山顶上筑有墩台一座……这样，在危崖与墩台之间，仅有一线之路可通，形成关卡"，许成等：《宁夏境内明代长城遗迹》，《宁夏社会科学》1983 年第 4 期。

③ 《嘉靖宁夏新志》卷 1·宁夏总镇·十八·南路邵刚堡，第 84 页。

④ 《万历朔方新志》中所载的南路守备营成了"玉泉营"，邵刚堡未见记载。

此堡据《嘉靖宁夏新志》载："城因其旧东门一，上建振武楼。"[1] 清代属宁朔县所辖的二十三堡寨之一，"在城西南九十里"[2]，说明当时此堡尚在使用。而《中国文物地图集·宁夏回族自治区分册》中载："堡平面呈长方形，东西长约500米，南北宽约300米。墙基宽7米，存高约4米，黄土夯筑。东面辟门，上建振武楼，已不存"[3]，此次调查中未发现。

第五节　三关口—大柳木皋段壕堑

三关口—大柳木皋段长城沿线壕堑计2道，其中一道位于永宁县黄羊滩农场，暂命名为黄羊滩壕堑；另一道位于贺兰山北岔口处，属内蒙古阿拉善左旗巴润别立镇上海嘎查所辖，暂命名为北岔口壕堑。

这两道壕堑的分布特点是壕、垒共存，即先在较为平坦的地面上下挖成壕沟，掏挖出的土直接堆放在壕沟一侧边缘而成高垒。需要注意的是，这两道壕堑位于山梁处、掏挖壕沟不便的端部均有用石块垒砌成石墙段，两者直接相连，应属同一道防御设施，今将这两类同归于壕堑。墙体类型及保存状况见下表（表三）。

表三　三关口—大柳木皋段长城沿线壕堑保存状况统计表　（单位：米）

	较好	一般	较差	差	消失	合计
壕堑1	818	9865	1765	1264	2125	15837
壕堑2	279	3423	3422	0	2105	9229
石墙	128	132	391	115	0	766
合计	1225	13420	5578	1379	4230	25832

一　黄羊滩壕堑

位于永宁县闽宁镇黄羊滩农场西北，是从三关口沟口东侧约4.41千米的小井泉墩处开始，沿此处广袤平坦的山前冲积台地向东南，途经烂营盘堡，以及大井子、牛头山、红井沟、夹子沟、鹦鹉山、柳渠沟等诸冲沟，最后到今福宁村村落内，全长15837米。此壕堑可能便是见诸史籍所载的、由金事齐之鸾奏请修筑的"边防西关门"[4]。

壕堑是从三关口开始，沿山前较为平坦的冲积扇台地向东南。这里周围多未开发，地表以原生砾石堆积为主，生长有较茂密的沙蒿、芨芨草等。是在砾石地表上直接下挖、并将挖出的土堆砌在壕沟东南侧。因所在地势较平，壕堑方向较直，中间拐折不多。但因受风沙淤积、山洪冲刷以及人为推挖等，残损较重，多残断，残留壕沟多较浅，而堆砌的垒亦不高。其南端进入村落后，痕迹无存，具体止点不清。按其保存特征等，由北向南分为31小段（图三七〇~三七二）。

① 《嘉靖宁夏新志》卷1·宁夏总镇·十八·南路邵刚堡，第84页。
② 《乾隆宁夏府志》卷5·建置（一）·堡寨，第136页。
③ 《中国文物地图集·宁夏回族自治区分册》，第299页。
④ 《嘉靖宁夏新志》载："西关门者，北自赤木口，南抵大坝堡，八十余里。嘉靖十年，金事齐之鸾建议于总制王琼，奏役夫丁万人，费内币万金而为之堑者"，《嘉靖宁夏新志》卷1·宁夏总镇·十八·南路邵刚堡，第85页。只是其实际使用时间并不长，因此段风沙较重，"随挑随淤，民苦不堪言"，逐渐被废弃。

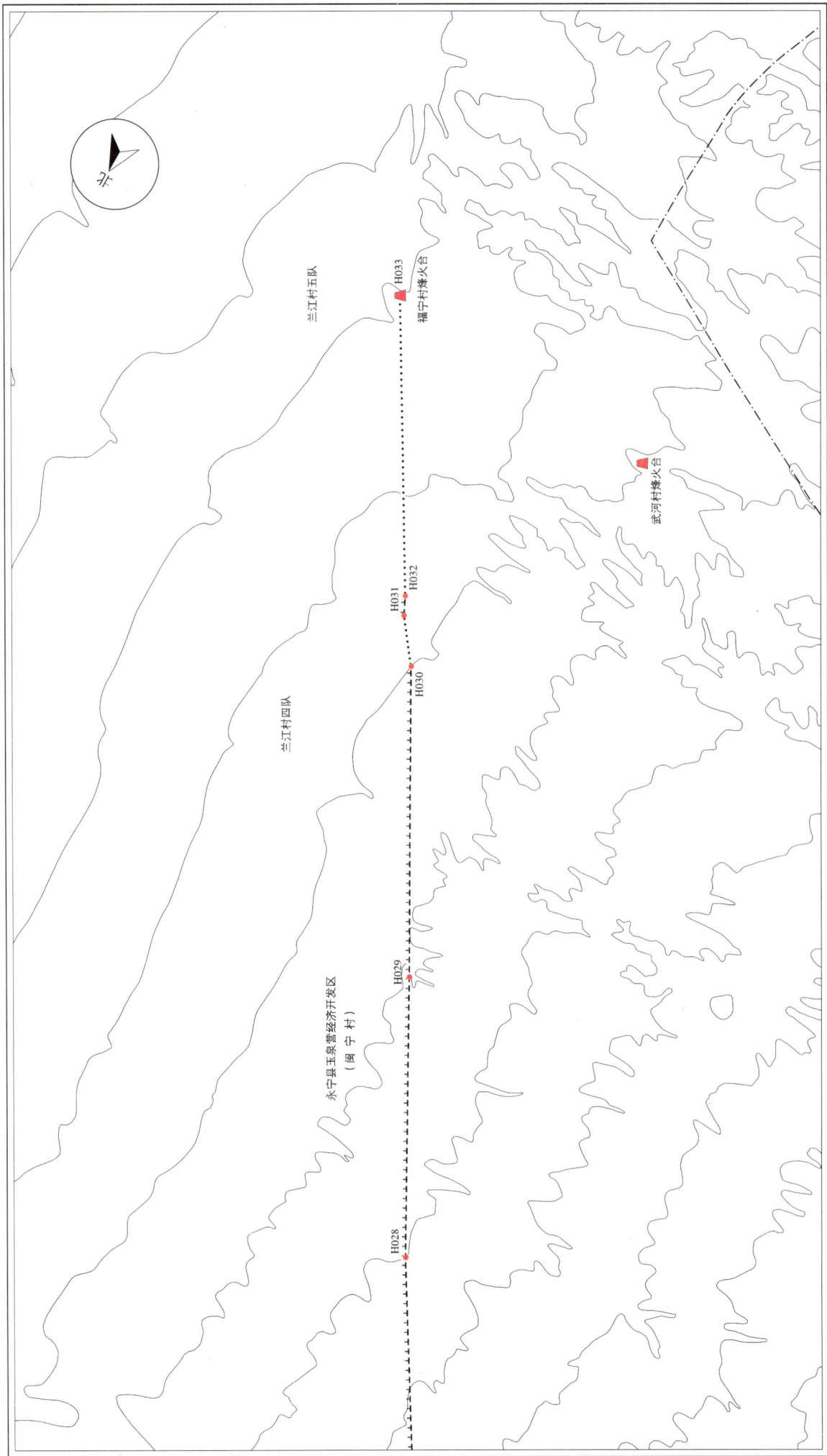

图三七二　黄羊滩壕堑走向图-3

第1段：H001—H002，长74米。方向150°。保存一般。此段位于小井泉墩所在山脊的南面坡上，是从山坡近顶部的陡崖处开始，随坡面而下，到半坡保存特征点处。此段因所在山体相对较为舒缓，地表土层堆积较薄，故此段掏挖的壕沟较浅。沟顶宽4、残深0.8—2米（彩图二四一）。

此段起点处的东侧，除了将掏挖出的沙土直接堆砌在斜坡面上而成垄之外，还用青灰色石块垒砌成石墙增高。其砌法是用较大块石块砌边、内用小石块与黄沙土混杂填塞而成，石块间不施粘结料，近乎毛石干垒，只是在缝隙稍大处用小石块填塞。石墙整体保存一般，坍塌等残损较重，保存不高。残存石墙底宽3、顶宽2、残高0.5米。

此段起点斜距小井泉墩119米，末段周围分布有较多的现代坟冢。

第2段：H002—H004，长185米。方向150°。保存较差。此段从半山坡处开始，继续沿坡面而下，过底部小冲沟，再沿小冲沟的南坡而上，到南面宽阔的冲积台地后，继续向东南，最后到一道横穿壕堑的石子路边，地势基本呈中间低而两边高的"﹀"形，但落差不大。此段壕、垄均保存不佳，壕沟较浅，顶部宽4、深0.8—2米；垄亦不高，底宽4.2、顶宽0.8、斜高2米。

从此段开始，壕堑东侧的垄不见石墙。而壕、堑在小冲沟两岸的斜坡面上亦有分布，且痕迹十分明显。在冲沟底部有长17米的断口。

第3段：H004—H005，长13米。消失段。此段是土路横穿壕堑处，壕堑已被推挖填平。两侧断面上的壕堑痕迹十分明显。

第4段：H005—H006，长101米。方向150°。保存较差。此段从土路断口边开始，继续沿台地向东南，到烂营盘堡西侧，地势较为低平。此段壕堑保存较差，残存壕沟宽4、深0.8—1.5米，垄底宽4.2、顶宽0.8、斜高2米。

此段起点处垄的断面特征十分明显，是用混杂有大量碎石粒的黄沙土整体堆砌而成，质地较为疏松，无夯打痕迹，断面不见分层现象。所选石块多为鹅卵石，直径在3厘米左右，均较小，相比以顶部石块略小、两侧底部石块稍大。另外，此段止点处连接着烂营盘堡。

第5段：H006—H007，长196米。方向150°。保存差。此段从烂营盘堡西侧开始，继续向东南，到一处冲沟断口边。地势随台地略有起伏，但落差不大。此段中南段有数道从西侧等处而来的洪水汇入壕沟，向南注入南侧干涸河道内。受其影响，此段壕沟剥蚀较深，且由北向南逐渐加大。但东侧的垄则因剥蚀而坍塌较多。残存壕沟口宽4、残深1.5—9.6米；垄底宽5、顶宽1.4、斜高2米。

第6段：H007—H008，长51米。消失段。此段是一处山洪断口，有从西侧汇集而来的几道洪流穿越壕堑，受其影响，此段壕、垄均无存。

第7段：H008—H009，长244米。方向150°。保存较差。此段从山洪断口南边开始，随冲沟南面坡而上，到坡顶后，再继续沿台地向东南，最后到南侧另一处小山洪断口边，地势随台地略有起伏。此段壕堑保存较差，壕沟稍浅，垄亦较低（彩图二四二）。

此段地处荒野之上，周围分布有较多的现代坟冢，在中部还有一处横穿壕堑的土路，只是过往车辆不多，也是直接碾压过高垄、并未将其铲挖推平。

第8段：H009—H010，长67米。消失段。此段也是一处山洪断口，是西侧汇集的洪流穿越壕堑之处，壕堑无存。

此段壕堑在沟南北两面斜坡上仍然存在，仅在今河道底部处缺失。

第9段：H010—H011，长70米。方向180°。保存差。此段位于一道较宽的干涸河道北面斜坡上，地势北高南低，但落差不大。壕堑虽一直保存，但痕迹更趋浅显。

此段北面在爬升上小冲沟坡面后，方向随地势略向西折，呈南北向。两侧台地上也分布有较多的现代坟冢。

第10段：H011—H012，长97米。消失段。此段位于一处较宽的干涸冲沟处，是从河道北岸近底部处开始，过冲沟底部，再沿南岸而上，到南岸边，平面方向较直、但立面略呈"U"形。壕堑痕迹无存。

第11段：H012—H013，长496米。方向140°。保存较差。此段从冲沟南岸边开始，方向略向东南折，到银巴高速公路北侧，地势较平。除了中部有两处小的山洪断口（长度在5米左右）外，其余部分保存较差（彩图二四三）。

此段东西两侧台地上，今已成为宁夏神鹏新能源发电基地，竖立有上百座风力发电机组。

第12段：H013—H014，长84米。消失段。此段是银巴高速公路横穿壕堑处，痕迹无存。

第13段：H014—H015，长2330米。方向140°。保存一般。此段从银巴高速公路南侧开始，继续沿台地向东南，到一处干涸冲沟边，地势由西向东略有降低。此段壕堑保存一般，壕、垄痕迹分明，且基本连续。其中西侧的壕沟因长期受山洪冲刷剥蚀影响，已逐渐成为一道不宽的泄洪渠，特别是越往南，剥蚀的痕迹越深。残存壕沟顶宽10、深2米，垄底宽5、顶宽1、斜高3米（彩图二四四）。

第14段：H015—H016，长108米。消失段。此段是西侧山间汇集的洪水冲刷出的断口，壕、垄俱无存。

第15段：H016—H017，长170米。方向140°。保存一般。此段从断口南起，继续向东南，到石子路北边。壕堑特征与第13段基本相似（彩图二四五、二四六）。

第16段：H017—H018，长30米。消失段。此段属公路断口，有一道东西向横穿壕堑、通往西北侧夹子沟等处的石子路，壕、堑被推挖垫平。

第17段：H018—H019，长50米。方向150°。保存差。此段从公路断口南开始，继续向东南，到南侧一处冲沟边。壕堑保存甚差，尤其是壕沟已被修筑公路时推挖填平。

第18段：H019—H020，长238米。消失段。此段是从西北侧夹子沟内汇集的季节性洪水横穿壕堑之地，壕堑无存。

第19段：H020—H021，长1540米。方向150°。保存一般。此段从冲沟断口南起，继续向东南，最后到另一处山洪断口边。此段壕堑保存一般，壕沟两侧呈斜坡状，口宽6、深1.2—1.5米；垄底宽5、顶宽1、斜高3米。

此段壕堑并不连续，中部有两处小的山洪冲沟，宽度分别为5、10米。

第20段：H021—H022，长195米。消失段。此段也是从西北侧山间汇集的季节性洪水穿越壕堑之地，痕迹无存。

第21段：H022—H023，长209米。方向150°。保存差。此段壕堑破坏甚重，整体已基本呈断断续续状。

此段临近兰州军区某训练基地，调查时正好有部队驻守，依壕修建有较多的临时营房、哨所、厕所等。

第22段：H023—H024，长399米。方向150°。保存较好。此段保存稍好，壕、垄基本连续。其中垄底宽5、顶宽1.2、斜高3米；壕沟口宽5、深2.5米（彩图二四七）。

第23段：H024—H025，长219米。消失段。此段也是从西北侧山间汇集的季节性洪水穿越壕堑之地，痕迹无存。

第24段：H025—H026，长419米。方向150°。保存较好。此段从冲沟断口南起，继续向东南，到南侧公路断口边。此段壕堑保存较好，其特征与第22段基本相似（彩图二四八、二四九）。

第25段：H026—H027，长191米。消失段。此段属公路断口，有一道新修的东西向石子路横穿壕堑，壕、垄无存。

第26段：H027—H028，长5700米。方向150°。保存一般。此段从石子路断口南缘开始，继续向东南，最后到今109国道北侧的闽宁镇福宁村4组村落内。此段壕堑保存一般，个别地段已呈断断续续状，残存壕沟宽5、深0.8—2米；垄底宽5、顶宽1、斜高3米左右（彩图二五〇）。

此段因位置已到山前平原区，周围现已被开辟为农田、村落及小型工矿企业区。其中偏北段自然破坏比例稍大，但越到南面人为破坏越严重。沿线建有采石场、养鸡场等，有些直接依壕堑修建，来往车辆行人众多，对壕堑影响巨大。

第27段：H028—H029，长739米。保存较差。此段壕堑残损较重，其中垄顶已被推平，已成为新修的防洪坝的一部分，壕沟亦近于填平，基本呈断断续续状。残存垄底宽10、顶宽5、斜高5米；壕沟底宽4、深1.2米。

此段东侧亦属村落聚居区，民房众多，错落分布在其间，一些小的企业如废品收购场等基本紧贴壕堑；西面则成为农田区。

第28段：H029—H030，长739米。保存差。此段从中部的一处保存特征点处开始，继续向东南，到今109国道断口北边。此段壕堑保存更差，其中垄东壁已被用石块垒砌成防洪斜坡堤坝，而西侧的壕沟已基本无存（彩图二五一）。

第29段：H030—H031，长38米。消失段。此段属公路断口，是今201国道穿越壕堑之地，壕、堑均已无存。

第30段：H031—H032，长51米。保存一般。此段是从今109国道南边开始，继续向东南，最后到壕堑断口处。整体保存一般，堑、壕痕迹尚存，残存垄底宽5、顶宽1.2、斜高3米；壕沟顶宽5、深0.8—2米（彩图二五二）。

此段位于福宁村5组村落内，周围全为民房。因此段基本位于村间土路边，故壕堑痕迹尚存，但人为破坏十分明显，调查时就发现有人直接在堑上掏挖石子。

第31段：H032—H033，长794米。消失段。此段是从壕堑今存消失点处开始，继续向东南，最后到今福宁村烽火台西侧，壕堑痕迹无存。

此段在2010年第三次文物普查时，当地文物保管部门调查时尚存，只是到一年后，随着新修的灌溉水渠的建成，以及村民掏挖石子、垫平壕沟等，使得此段壕堑已彻底无存（个别水渠堤坝上还残留一小段，但已不连续）。

此段再向南，壕堑痕迹已无存（据当地老百姓讲，此段向南壕堑还向南延伸10余千米，只是后来被推田整地、建房等破坏）。

二 北岔口壕堑与石墙

位于贺兰山北岔口以南宽阔平坦的山前冲积台地上，分属阿拉善左旗巴润别立镇上海嘎查和木井子嘎查所辖。是从北岔口两道长城交汇处开始，随此处一道山梁向南，经南侧平坦的山前冲积台地，最后延伸到台地南面山梁上，全长9995米。

这里属贺兰山一处箕形山口处，高耸连绵的山体在此拐折成"C"形大弯，在山前形成一处开阔平坦的冲积带，地势基本呈两端略高、中间略低之势，但落差不甚大。壕堑与长城墙体便是在此冲积台地上取直、横跨南北山体间。两者并列而行，方向亦较直。

壕堑东面与长城墙体相邻，属墙体外侧（西面）的另一道防御线路。是在砾石地表上直接下挖而成。从保存较好处来看，壕沟壁面陡直，且掏挖较深；将沟内掏挖出的泥土、碎石块等物直接堆砌在壕沟的东面边缘而成高垄，垄断面处不见夯打加固等痕迹。其南北两侧直接与贺兰山山体相连，在地势较高、且土层堆积较薄的山梁上不再掏挖壕堑，而是直接用石块垒砌石墙，两者类型虽异，但属同一道防御屏障。今将此段壕堑与石墙归并一起进行记录。按其类型分为三大段，每段再根据其保存状况等再细分为若干小段（图三七三）。

（一）北段石墙段

此段位于北岔口山坡上，是从两道长城墙体交汇处开始，沿此处一道大致呈南北向山梁西缘而下，最后到山脚下，全长 245 米。地势由北向南逐渐下降，降幅较大；方向亦随山梁略向西拐折，整体呈 200°。

需要补充的是，此段石墙的起点并不在本文所记录的两道长城交汇处，而是继续向北，辗转经北岔口山梁深入山间，其长度不下数千米。

此段石墙，按其保存特征等可分为 2 小段。

第 1 段：H034—H035，长 115 米。保存差。此段是从两道长城交汇点处开始，沿此处横山梁西缘向南，到南面半坡处，地势由北向南略有下降，但降幅相对较缓。石墙整体保存差，坍塌等残损较重，顶部已被土墙坍塌土及风淤沙土掩埋。其砌法是紧依山梁西侧，只用较大块石块垒砌西侧，紧贴山体一侧则直接用小石块与黄沙土填充。石色青灰，规格不一，一般在长 30—50、宽 20—30、厚 10—20 米左右。墙体顶宽 0.9、残高 1.2 米（彩图二五三）。

此段石墙基本紧贴土墙，两者间距在 5 米左右。

第 2 段：H035—H036，长 130 米。保存较差。此段是从山梁南面半坡开始，随此处较陡的坡面而下，最后到山脚下，地势由北向南显著下降，降幅较大。此段石墙保存较差，坍塌等残损较重，整体已呈石堆状。其砌法属在斜坡面上直接找平，两侧砌石，中填小石块与黄沙土。残存石墙底宽 3、顶宽 0.5、残高 1.5 米（彩图二五四）。

此段从起点处开始，石墙逐渐远离土墙，到止点处，两者间距已达 23 米。另外，此段止点处、在山脚下的平地上今有一道运石土路横穿墙体，已将石墙推出一道宽 6 米的豁口。

（二）壕堑段

此段是从北岔口处的山脚下开始，沿此处十分宽阔的冲积台地向南，经中部若干处山洪冲沟后，最后到南面山脚下，全长 9229 米。地势基本呈两端略高而中部稍低，但落差不大。

此段东面与北岔口段长城并列而行。因受西侧山间汇集的洪水冲刷、人为破坏等影响，壕堑残损较重，已呈断断续续状，按其保存状况等由北向南可分为 19 小段（彩图二五五）。

第 1 段：H036—H037，长 65 米。消失段。此段是壕堑的起始段，是从北岔口山脚下的石墙截止点处起，向南到今存壕堑的起点处，受西北侧汇集的季节性洪水冲刷影响，此段已成为一处剥蚀宽而深的断口。

第 2 段：H037—H038，长 279 米。方向 190°。保存较好。此段是从今存壕堑起点处开始，向南一直到一处山洪断口北边，地势由北向南略有下降。此段壕堑保存较好，是本道壕堑中形制较规整、且保存最好的地段之一。西侧壕沟较深，两侧壁面陡直，剥蚀坍塌等程度稍弱；而东侧垄除了个别地段受壕沟内洪水剥蚀而有少量坍塌外，大多数保存较好，堆积较高，是用青灰色小沙石堆积而成，分布连续，从其断面来看无夯筑等加固痕迹。垄与墙体相距28—50米（北侧较近，向南逐渐远离），底宽10、顶宽1—2、斜高4米。西侧壕沟宽10—16、深2—7米。

此段壕沟深度不一，基本呈北深南浅之势。此沟今已成为天然泄洪渠，有从北面山间汇集而来的诸道洪水从此处向南流去，受其长期冲刷、淤积影响，此段壕沟东西两壁均有不同程度地剥蚀坍塌；底部不甚平，有洪水长期冲刷出的干涸河床，地表有较多的小块鹅卵石等物。

此道壕堑的西侧台地今已成为贺兰山天净风电公司所在地，有数量众多的风电机组矗立在地表上，并有一条大致与壕堑并行的土路通往北面山间。

第3段：H038—H039，长86米。消失段。此段是一处山洪断口，是西北侧山间汇集的洪水穿越壕堑与东侧长城墙体之地，受其影响，此段壕沟几乎被淤平，而垄已无存（东侧墙体亦出现一处小断口）。

第4段：H039—H040，长330米。方向190°。保存较差。此段是从山洪断口南缘开始，继续向南，到另一处山洪断口边，地势由北向南略有下降。保存较差，壕沟已被底部淤积的沙石等物近于淤平，垄则因受壕沟内洪水剥蚀基础等影响，出现了多处坍塌，有的地段仅存一小半堆石。垄距墙体50米，底宽8、顶宽1—2、斜高3米。西侧壕沟宽6、深0.8—1.5米（彩图二五六）。

第5段：H040—H041，长100米。消失段。此段也是西北侧山间汇集的洪水穿越之地，壕堑（包括东侧长城墙体）均被冲刷出一道断口。

第6段：H041—H042，长2320米。方向190°。保存一般。此段从山洪断口南缘开始，向南一直到南侧另一处山洪断口边。壕堑保存一般，壕沟更趋窄浅，但垄基本连续，因底部剥蚀不甚严重，坍塌较少，故基本保留原貌。底宽8、顶宽1—1.5、斜高4米；壕沟宽6—10、深1—2.5米（彩图二五七）。

此段壕沟两侧壁面不甚陡峭，沟内仍然作为西北侧汇集而来的洪水泄洪渠道，沟内淤积的青灰色鹅卵石等十分丰富。中部沟内有2眼水窖。

第7段：H042—H043，长782米。消失段。此段也是山洪断口，壕堑无存。

此段正处在冲积台地中部地势最低洼处，是西面山间汇集而来的诸多洪水穿越壕堑、长城墙体最主要的通道，有南北两道洪流横穿。其东面长城墙体仅中部尚残留一段，而壕堑则痕迹无存。

此段西侧0.25千米处便是"贺兰山天净风电公司"总部，有新修的防洪堤位于原壕堑所在地，还有一条水泥马路东西向横穿，道路宽6米。

第8段：H043—H044，长304米。方向190°。保存较差。此段从断口南侧开始，继续向南，到南侧一处山洪断口北边。此段壕堑保存较差，其中垄基本呈时断时续状，而壕沟底部已被淤平，已与周围地表持平，表面也无痕迹。垄与墙体相距30米，底宽8、顶宽1—1.5、斜高3米。

此段已过冲积台地中部最低洼处，但地势还是较低平。南面止点处有新修的一道水泥防洪堤，从风电公司总部驻地南面而来，东西向横穿壕堑与长城墙体。

第9段：H044—H045，长172米。消失段。此段是从西侧（风电公司总部驻地南面等处）汇集而来的洪水穿越壕堑（亦包括东面长城墙体）之地，壕堑无存。

第10段：H045—H046，长483米。方向190°。保存较差。此段从断口南缘开始，继续向南，到南侧一处保存特征点处，地势亦较低平，落差不大。壕堑保存较差，其中壕沟虽不甚深，但因有从北面断口等处分流而来的洪水冲刷影响，使得其底部较宽，壕内淤积有较厚的细沙，两侧壁面较陡直；但垄基本无存（仅个别地段尚存残迹，如起点以南残存20米）。此段垄与墙体相距30米，壕沟底宽

8、深 0.8—1.5 米（彩图二五八）。

第 11 段：H046—H047，长 2060 米。方向 200°。保存较差。此段从保存特征点处起，继续沿台地向南，到南侧一处山洪断口北边，地势随台地略有起伏。此段壕堑与前段基本相似，保存亦较差，不同的是此段是垄部分尚存，但壕沟却近于淤平。只是壕沟所在位置略低，表面以细黄沙堆积为主，生长有较茂盛的沙蒿等。垄与墙体相距 30 米，底宽 8、顶宽 1—1.5、斜高 3 米。

第 12 段：H047—H048，长 41 米。消失段。此段是西侧山间汇集的洪水穿越壕堑与东面长城墙体之处，壕堑无存。

第 13 段：H048—H049，长 245 米。方向 200°。保存较差。此段特征、保存状况等与第 11 段基本相似，均是垄尚存但壕沟不见。垄与墙体相距 40 米，底宽 8、顶宽 1—1.5、斜高 3 米。

第 14 段：H049—H050，长 75 米。消失段。此段也是一处山洪断口，壕堑无存。

第 15 段：H050—H051，长 677 米。方向 200°。保存一般。此段是从山洪断口南边开始，继续向南，到大沟断口北边。壕堑保存一般，其中垄基本连续，保存亦较高，但壕沟仅在止点以北残存 50 米，其余均已无存。垄与墙体相距 40 米，底宽 8、顶宽 1—1.5、斜高 3 米。壕沟残宽 5、深 1—1.5 米（彩图二五九）。

在此段的中部，有一条 6 米宽的便道，东西向横穿壕堑、墙体，通往大沟采沙场，已将此处的壕堑推平。另外，此段南侧残留的壕沟较浅，今已成为一处天然泄洪渠，西面的洪水汇集于此、向南注入大沟。

第 16 段：H051—H052，长 719 米。消失段。此段南北纵跨大沟干涸冲沟，壕堑均已无存。

此段断口十分宽阔，中部还残留有一处面积不大、位置稍高的环岛状台地，其上面的夯土长城尚有残留，但壕堑痕迹全无。

第 17 段：H052—H053，长 351 米。方向 200°。保存一般。此段从大沟南面起，继续向南，地势随之略有抬升，最后到南侧另一处山洪断口边。此段壕堑保存较好，壕、垄痕迹十分清晰，其中壕沟较浅，沟内以黄沙土堆积为主，生长有较茂盛的沙蒿等杂草；垄则堆积较高。其中垄与墙体相距 40 米，底宽 8、顶宽 1—1.5、斜高 4 米；壕沟宽 5、深 0.5—1 米。

第 18 段：H053—H054，长 65 米。消失段。此段也是一道山洪断口，是西侧山间汇集的洪水穿越壕堑与长城墙体之处，壕堑无存。

第 19 段：H054—H055，长 75 米。方向 200°。保存一般。此段从山洪断口南边开始，沿台地向南，最后到南侧山脚下的壕堑止点处，地势由北向南略有抬升。此段壕堑保存一般，壕沟仅存痕迹，但垄则保存较高，且基本连续。垄与墙体相距 40 米，底宽 8、顶宽 1—1.5、斜高 4 米（彩二六〇）。

（三）南段石墙段

此段位于北岔口南面山上，这里山体较低矮，坡度亦较缓，攀援较便捷，加之表面土层较薄，不便直接利用山险、或直接掏挖壕沟，故此段在斜坡面上直接用石块垒砌成石墙。所用石块色泽不纯，多为赭红色，另外还有少量青灰等色。其外侧砌石规格不一，大致在长 30—50、宽 20—30、厚 10—20 米。

此处长城类型众多，除了石墙外，还有山险墙、挡马墙等，合计长度 521 米。

1. 石墙

全长 271 米。此段石墙并非单独一道，在此道大致呈南北向的主道石墙外，还有一道沿西侧另一道山梁延伸出的一叉道石墙，两者在山凹处相交，平面基本呈"Y"形，因随山梁分布，其方向较为曲折（彩图二六一）。

主道石墙：是从山脚下壕堑止点处开始，沿此处较为陡峭的山坡而上，到此座凸起的山丘顶部后，再向东南，绕过两道山丘之间的马鞍形山凹，最后延伸到南面主峰顶部，全长211米。按其保存状况等，由北向南可分为3小段。

第1段：H055—H056，长51米。保存较差。石墙是从山体北面山脚下的壕堑止点处开始，沿此山体而上，最后到半山坡墙体保存特征点处，地势由北向南逐渐抬升，升幅较大。其砌法属在原生砾石地表上直接用较大块石块砌边、内用小石块与黄沙土混杂填塞。保存较差，坍塌甚重，整体已呈石堆状。残存石墙底宽1.8、顶宽0.4、残高0.6米（彩图二六二）。

此段起点处，有一道紧沿山脚分布的土路，东西向横穿石墙，已将石墙推挖出宽6米的豁口。

第2段：H056—H057，长128米。保存较好。此段是从半山坡石墙保存特征点处开始，继续沿坡面而上，到山丘顶部后，再平行向南，绕过南面两道山丘之间的马鞍形山凹，方向亦略向东折，最后到南面山梁半坡拐点处，地势随山体有上下起伏，落差稍大。石墙除了个别处有坍塌外，多数地段保存较好，垒砌较规整，一些地段甚至顶部的垛墙尚有残留。其砌法与第1小段类似，残存石墙底宽1.8、顶宽0.8、残高1.7米。顶部残存的垛墙底宽0.6、残高0.5米。女墙无存（彩图二六三、二六四）。

此段东面半坡上有一座高压电线传输塔。

第3段：H057—H058，长32米。方向130°。保存一般。此段位于山体的北面坡上，是从半坡石墙拐点处开始，方向略向东折，继续沿坡面而上，最后到山体顶部截止，地势由北向南逐渐抬升。石墙保存一般，坍塌稍重，塌落的石块散落在坡面上。残存石墙底宽1.8、顶宽0.4、残高0.6米（彩图二六五）。

在此段东南侧的山脊顶部、距石墙止点84米处有木井子嘎查敌台。

叉道石墙：位于主道石墙西侧，与主道石墙在H057点处相交。是从相交点处开始、沿另一道山梁顶部偏北侧坡边辗转向西北，最后到山梁半山坡较陡处，全长60米。因随山梁分布，方向较为曲折，大致呈东南—西北向（彩图二六六）。

此段石墙的砌法也是在山梁顶部直接找平，用较大块石块砌边、内填小石块与黄沙土。石墙整体保存稍差，保存不高，除了个别地段保存稍好外，多数地段坍塌甚重。值得注意的是，此段石墙位置偏于山梁北侧，其底部直接将山体砍削成山险。其中山险高1.5米，石墙底宽1.5、顶宽0.7、残高0.5米。

2. 挡马墙

位于山体西南面山体半山腰处，属叉道石墙之外的另一道防御设施。是从东南侧陡崖处开始，随此处较为舒缓、易于攀爬的坡面辗转向西北，最后延伸到西北侧山梁处（在叉道石墙止点附近），全长150米。

此段亦属石墙类，其砌法属在山体相对较缓的坡面上直接找平，外侧用较大块石块垒砌、内侧则直接以小石块与黄沙土填充，顶部较平。石墙整体保存较差，基本呈断断续续状，保存较好处石墙残高1.6米（彩图二六七）。

3. 山险墙

位于山体东北侧近顶部半坡上，是从山体马鞍形山凹东侧附近起，向东南辗转延伸至山顶处，全长计100米。此段是将山体直接砍削成陡峭的山险，顶部再用石块垒砌成石墙，其砌法也是只砌外侧一面，顶部与山体持平。这里山体陡峭，底部形成一道小平台，台面上已无黄土堆积等。山险墙斜高3、底部小平台宽2米左右（彩图二六八）。

宁夏文物考古研究所丛刊之三十七

宁夏明代长城
西长城调查报告

宁夏文物考古研究所　编著

中　册

文物出版社

第四章 大柳木皋—胜金关段长城 墙体及其相关设施

第一节 大柳木皋—胜金关段墙体

大柳木皋至胜金关段长城，北起青铜峡市邵刚镇甘泉村以西、大柳木皋东南侧山脚下两道长城交汇处，沿贺兰山东麓的山前台地向南，到中宁县渠口农场西北的南湖子沟沟口后，进入贺兰山山间，几经辗转后，从中宁石空大佛寺沟出山，再沿北山台地向西，最后到中宁与中卫市交界处的胜金关，全长104950.5米。

此段长城起点至南湖子沟沟口段地处山前台地上，地表虽有起伏，但相对较平整，墙体用黄沙土夯筑而成；南湖子沟以南，长城延伸入山间，地势起伏，落差较大。墙体则多用石块垒砌，一些地势较高、攀爬不便处则直接利用山险，而一些山势稍缓处还将底部砍削成山险、顶部再筑墙加高；从大佛寺沟出山之后至胜金关段，墙体则平地用土墙，高山处用石墙、山险等。这样便构成了此段选材因地制宜、多种类型并用的特点。

此段以西，还有与西长城并行的、沿贺兰山山脊一线分布的一道长城。此道长城多是直接利用山险，在一些重要地段，如大口子沟处还沿山口修筑墙体；到柳石沟以南，随着山体趋于低矮，开始在个别地段的山梁上加砌石墙。到沙沟附近后，随着山体逐渐转为台地，此道长城逐渐不存。

需要补充的是，此段墙体从起点开始，向南一直到口子门沟依然是宁夏与内蒙古两省区的分界线，而过了口子门沟以后，此道长城便全部位于宁夏境内。而此段长城以东多数地段还是属于兰州军区训练基地，今暂将其就近归于附近村落内。

此段墙体按其所处位置、类型等，可分为三大段，每段以下又可细分为若干小段。墙体类型及保存状况见下表（表四）。

表四　大柳木皋—胜金关段长城墙体保存状况统计表　　　　　　（单位：米）

	较好	一般	较差	差	消失	合计
山险	0	23775	0	0	0	23775
山险墙	0	1793.5	0	0	0	1793.5
石墙	6111	6477.7	4688.5	5335.3	1015.2	23627.7
土墙	9669.2	19415.3	4317.7	15329	7023.1	55754.3
合计	15780.2	51461.5	9006.2	20664.3	8038.3	104950.5

一　青铜峡市邵刚镇甘泉村至中宁县渠口农场段夯土长城

此段北起大柳木皋东南侧山脚下的两道长城交汇处，沿山前台地向东南，到沙沟南侧后向西南拐折，辗转经多处山口，最后到中宁县渠口农场西北的南湖子沟沟口处，全长45630.5米。跨过了青铜峡、中宁两个市县、8个村落。

此段地处山前台地上，地势虽有高低起伏，但落差不甚大。墙体是用夹杂小砾石的黄沙土夯筑而成，从一些保存较好的地段来看，其夯筑同样属分次版筑，即先夯中心主墙，然后以中心主墙为准，两面再加筑附墙。同时为了使主墙、附墙两者更好的结合，还将主墙壁面每隔2.2米左右掏挖出浅槽。这样便使墙体夯筑得更趋厚重稳固。一些地段顶部尚残留垛墙和女墙。

从残损成因方面来看，此段多地处荒漠偏远地带，周围无长期定居居民，人为破坏相对较少，其残损主要是自然破坏，如风蚀、雨蚀、山洪冲刷、壁面片状剥离和粉状脱落、野草生长、啮齿类动物掏挖等，尤其以山洪冲刷最为严重，今存墙体上有大大小小近百处山洪断口。按其所在村落分为8段。

（一）青铜峡市邵刚镇甘泉村段长城（编码：640381382101170002—640381382101170003，工作编号：08QGG002—08QGG003）

此段位于邵刚镇甘泉村以西、是从大柳木皋东南侧山脚下此道长城起点处开始，向东南一直到柳石沟断口南侧，全长1976.7米（图三七四）。

此段基本紧贴山体分布，受山洪冲刷十分严重，沿线有大小9处山洪断口。墙体上还有7处水门遗迹。按其特征及保存状况等，由北向南可分为24小段。

第1段：G0519—G0518点，长70米。保存较差。此段位于山坡上，是从西北面山体半山腰陡崖处开始，沿坡面而下，到底部的两道长城交汇处，地势由西北向东南降低，落差较大。此段保存较差，尤其是西南侧半壁已呈斜坡状，底部有较厚的坍塌土与风淤土堆积，残留底部亦有明显的带状风蚀凹槽，凹槽残高0.58、进深0.3米；东北侧壁面则保存稍好，壁面较高且陡，风蚀痕不明显，壁面上有较茂密的黑色霉斑。其起点并未完全与山体直接相连，两者间有宽1米的断口。底部残宽2.25米；顶部残缺甚重，已基本成线条状，残宽0.2米；残高1.1—4.15米（彩图二六九）。

此段是南面另外一道长城的起始段，其起点并不在两道长城的交汇点处，而是在其西北侧的山体半山腰陡崖处。

此段中部、距两道墙体交汇点25.6米处是一处水门。西南侧山体上汇集而来的洪水从此处穿过墙体，向东流去，在墙体底部留下一道贯通的水门。呈拱形，上部夯土尚存。此门虽不甚宽大，但底部剥蚀较深，底部用大块石块垒砌，只是今存砌石不甚规整，原貌已不辨。残存水门底宽3、残高1.7米。

第2段：G0518—G0521点，长120米。保存一般。此段从两道墙体交汇点开始，沿山体东北侧台地向东南，到一处山洪断口边，地势由西北向东南略有下降，但降幅不大。保存较高且连续，但壁面坍塌等残损较多，两侧底部均有坍塌土与风淤沙土堆积；裸露出的壁面底部有带状风蚀凹槽，槽残高0.3、进深0.5米，壁面亦有片状剥离与粉状脱落等病害；顶部较平。底宽3.5—4.5、顶宽0.7—1.8、残高1.5—5米（彩图二七〇）。

此段起点东面直接与由东北面而来的北道长城墙体相连，两道墙体接缝十分明显。止点附近的墙体东侧有一处羊圈，是在墙体前的台地上掏挖修建的，已废弃。

第 3 段：G0521—G0522 点，长 30 米。消失段。此段横跨一山洪冲沟，墙体无存。

此处是西侧山间汇集的洪水穿越墙体之处，断口虽不甚宽大，但底部剥蚀较深，地表以黄沙砾石堆积为主。因其上部墙体残断，是否有水门等今已不辨。

第 4 段：G0522—G0523 点，长 80 米。保存较好。此段从断口南起，继续向东南到另一处断口边。墙体壁面陡直，顶部较平。底宽 4.5、顶宽 1.8、残高 5.5 米。

此段起点处夯筑痕迹明显，即先筑中部主墙，再在主墙两侧加筑附墙，主墙底宽 2.4、顶宽 1.8 米；附墙底残宽 0.7 米，上部残甚，宽约 0.3 米（图三七五）。

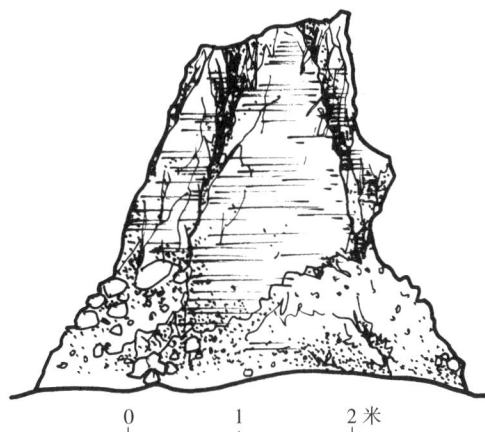

图三七五　G0522 点处墙体立面图

第 5 段：G0523—G0524 点，长 14 米。消失段。此段也是一次小的山洪断口，墙体无存。其特征与第 3 段相似，但断口较窄，而底部剥蚀却更深。

第 6 段：G0524—G0527 点，长 246.8 米。保存较好。此段从断口南边起，继续向东南，中部略向南折，到另一山洪断口边。此段保存较好，墙体连续，壁面高耸，顶部较平。但剥落坍塌等稍重，两侧底部均有风蚀凹槽，尤其是西侧最为明显，呈带状，凹槽残高 0.45、进深 0.3 米。底宽 4.5、顶宽 1.3—2.6、高 4.5 米。

此段中部有两处水门，均是在墙体底部留出一个拱形洞，而上部墙体仍存，底部有用大块石块垒砌，今存石块摆放不规整。底部有洪水冲刷出的深槽。水门顶部已坍塌成不规则半圆形，原貌已不存。其中一处位于 G0525 点处，上部的长城墙体西侧仅存中心主墙、不见外侧附墙（东侧墙体亦因坍塌等，形制难辨）。水门顶部夯层厚达 0.18 米，底部两侧有以石块垒砌的通水槽。底宽 4.5、残高 2.1 米。一处位于 G0526 点处，底部亦有垒砌的大石块，顶部墙体亦不见附墙。顶部夯层厚 0.15—0.2 米，质地十分坚实。残底宽 2.8、残高 1.9 米。

第 7 段：G0527—G0528 点，长 29.5 米。消失段。此段横跨一山洪冲沟，墙体不存。

第 8 段：G0528—G0530 点，长 129.9 米。保存较好。墙体特征等与第 6 段基本相似。底宽 4.5、顶宽 0.8—2.6、残高 4.5 米。

此段中部 G0529 点处也有一处水门，保存略好，立面呈三角形，底部两边以大块石块垒砌，石块规格较大，大致在长 50、宽 40、厚 50 厘米。砌石中间留出通水槽。底宽 3.2、残高 2 米。

此段水门处的整堵墙体只存中心主墙而不见外侧附墙，但主墙壁面上有数道明显的浅槽痕，由底一直延伸至墙顶部。槽横宽 0.4、深 0.2、间距 2.2 米。

第 9 段：G0530—G0531 点，长 20 米。消失段。此段位于一山洪冲沟处，墙体不存。

第 10 段：G0531—G0533 点，长 78.9 米。保存较差。此段从断口南开始，继续向南，到另一山洪断口边。保存较差，坍塌较多，已呈断断续续状。壁面两侧堆积土较厚，呈斜坡状。底宽 3.8、顶宽 0.6—1.2、残高 3.5 米。

此段中部 G0532 点处有一处水门，底宽 3.2、残高 2.2 米（彩图二七一）。

第 11 段：G0533—G0534 点，长 20.6 米。消失段。此段横跨一山洪冲沟，墙体无存。

第 12 段：G0534—G0535 点，长 53.9 米。保存一般。此段从山洪断口南起，继续向南，到另一处山洪断口边。墙体保存一般，坍塌等残损略重，除个别地段保存稍好外，多已呈断断续续状。底宽

4.3、顶宽1.5、残高4.8米。

此段起点处有一处水门，保存较差，上部墙体已无存，但底部砌石尚在。砌石底宽3、残高1.6米。

第13段：G0535—G0536点，长12.6米。消失段。此段横跨一山洪冲沟，墙体无存。

第14段：G0536—G0537点，长247.2米。保存较好。此段从小断口南起，继续向南，到一处墙体保存特征点处。此段保存较好，墙体高耸，基本连续，但壁面上的风蚀等痕迹较为明显。底宽3.9、顶宽1.6、残高5.4米。

此段止点以东的台地上有一处羊圈，已废弃。

第15段：G0537—G0538点，长53.8米。保存差。此段从墙体保存特征点处起，向南一直到南侧一处山洪断口处。墙体保存甚差，现仅存墙基，两侧已坍塌呈斜坡状，底宽3.6米。

第16段：G0538—G0539点，长34.2米。消失段。此段横跨一山洪冲沟，墙体无存。

此处断口稍宽，底部剥蚀较深，尤其是墙体南侧底部已被剥蚀成斜断面，地表以白色鹅卵石堆积为主。

第17段：G0539—G0540点，长57.5米。保存较差。此段从山洪断口南起，到另一处小断口边。此段整体保存较差，墙体两侧均已坍塌呈斜坡状。底宽4.5、顶宽0.5、残高1.5米。一些地段的西侧底部还有风蚀凹槽，槽残高0.5、进深0.3米（彩图二七二）。

第18段：G0540—G0541点，长20米。消失段。此段位于一处小的山洪冲沟处，是西侧山间汇集的小股洪水穿越墙体之处，墙体无存。

第19段：G0541—G0542点，长60.3米。保存较差。此段从小山洪断口南起，方向随地势略向东折，继续向东南，到一处墙体保存特征点处。此段保存较差，两侧均已坍塌呈斜坡状。底宽4.5、顶宽0.8、残高1—2.2米。西侧残存风蚀凹槽，残高0.4、进深0.2米。

此段止点处有一处水门，仅底部砌石尚存，上部的墙体无存。砌石底宽3、残高1.5米。

第20段：G0542—G0543点，长185.5米。保存一般。墙体基本连续，但坍塌、残断等残损较多。底宽4.5、顶宽1.3、残高1.5—3.5米。

此段止点东侧、距墙体50米左右的台地上有一处羊圈，现已废弃。

第21段：G0543—G0544点，长83.6米。保存较好。墙体较高，但壁面剥蚀等残损亦较重。底宽4.5、顶宽1.5、高5.1米。

第22段：G0544—G0545点，长204.1米。保存差。墙体坍塌等严重，两侧已呈斜坡状，现仅存墙基，残宽3.2米（彩图二七三）。

此段止点附近的东侧台地上有甘泉村1号烽火台，相距约20米。

第23段：G0545—G0546点，长80.2米。保存一般。此段从墙体保存特征点处开始，向东南到柳石沟断口边。此段保存稍好，墙体较高，但坍塌、剥蚀等较重。底宽4.5、顶宽1.2、残高3米。两侧有风蚀凹槽，残高0.55、进深0.3米。

第24段：G0546—G0547点，长44.1米。消失段。此段位于柳石沟山洪河道处，墙体无存。

柳石沟是一处较为宽阔的山沟，可贯穿贺兰山体，今已成为一道穿越贺兰山的简易通道。此沟也是青铜峡市邵刚镇与瞿靖镇两地的分界线，其北属邵刚镇，南面则属瞿靖镇。

（二）青铜峡市瞿靖镇蒋西村段（编码：640381382101170004—640381382101170011，工作编号：08QGG003—08QGG011）

此段位于瞿靖镇蒋西村以西，北起柳石沟边，向南经双河子沟等，到大沙沟与大坝镇滑石沟段长城相接，全长 7910.6 米。按其特征及保存状况可分为 59 段（图三七六、参见图三七四）。

第 1 段：G0547—G0549 点，长 197.2 米。保存一般。此段从柳石沟断口南起，继续沿台地向东南，中间方向略有转折，到一处墙体保存特征点处。此段保存一般，墙体虽较高，但坍塌、残断等残损较重，已呈断断续续状。两侧均有较厚的坍塌土与风淤沙土堆积，呈斜坡状；裸露出的两侧底部均有风蚀凹槽，尤其以西侧底部最为明显，呈贯通状；壁面均有不同程度的坍塌及片状剥离、粉状脱落等。顶部较平，但多已残成豁牙状，未见垛墙、女墙等。底宽 4.5、顶宽 1.2、残高 3.5 米。

此段中部 G0548 点有一处山洪断口，长 14 米。

第 2 段：G0549—G0550 点，长 45.8 米。保存差。此段保存不佳，已坍塌成土垄状，仅中部尚残存夯土，两侧底部堆积土较厚，残宽 3.6、残高 1.5 米。

第 3 段：G0550—G0551 点，长 26.7 米。保存一般。墙体特征与第 1 段基本相似，底宽 4、顶宽 0.8、残高 2.5 米。

此段在止点处有一道水门，残损较重，立面呈不规则五边形，顶部横长 1.63 米，两侧斜直，底部偏北侧堆有较多的坍塌土块，南侧底部则有明显的带状风蚀洞。底部中心有一道浅渠，渠内堆积有较多的青灰色石块。底宽 3.3、残高 1.6 米。

第 4 段：G0551—G0552 点，长 33.3 米。保存较好。墙体较高大，且连续，但壁面剥蚀、坍塌等破坏亦较多。底宽 4.5、顶宽 1.5、残高 4 米。

第 5 段：G0552—G0553 点，长 25.6 米。保存差。此段残存甚重，上部夯土已全部坍塌，仅存底部墙基，两侧有较厚的坍塌土堆积，呈斜坡状。墙基残宽 3.2 米。

第 6 段：G0553—G0557 点，长 382.7 米。保存较好。保存较高且连续，但两侧壁面均有不同程度的斑驳脱落。底部均有风蚀凹槽，尤其以西侧最明显，呈带状，槽高 0.5、进深 0.4 米。底宽 4.6、顶宽 1.6、残高 5.4 米。

此段中部还有 1 处墙体断口和 2 处水门。其中断口位于 G0554 点处，残宽 10.5 米。断口两侧壁面均十分陡直，底部剥蚀出的水渠较深，近墙体一侧堆积有较多的青灰色石块，可能当时也建有水门，只是到后来上部墙体坍塌而形成了断口。水渠内淤积有较厚的细沙等。

2 处水门分别位于 G0555 点和 G0556 点处，均坍塌较重，形状已不规整。其中顶部偏北侧坍塌出一处豁口。残存水门顶部略呈尖顶状，上部土墙仅存主墙、外侧附墙无存。残留的壁面以东侧保存较好，西壁则坍塌较重。裸露出的壁面上有数道条形浅槽，由底部向上纵贯墙体壁面，槽宽 0.65、深 0.3、间距 2.7 米左右。底部水渠近墙体侧堆有较多大石块，西侧亦有较厚的黄沙。水门底宽 3.2、残高 1.7 米。后者则较为宽大，形制略圆，顶部略平，西壁亦有明显的条形槽。底部亦较平，以碎石子堆积为主，石块直径在 5 厘米左右。底宽 5.6、顶宽 3.32、残高 1.7 米（彩图二七四）。

此段墙体中间有一段仅存主墙，外侧附墙等基本无存。在主墙的壁面上有明显的条形浅槽，尤其在西侧壁面最为明显，由底斜向直达顶部，槽内有残留的夯土，但质地较疏松，与周围土质土色区别较明显。槽宽 0.5、间距 2 米左右（图三七七；彩图二七五）。

第 7 段：G0557—G0558 点，长 47.2 米。保存差。此段上部已全部坍塌，仅存底基部，两侧有较厚的坍塌土堆积，呈斜坡状。底宽 3.5 米。

第 8 段：G0558—G0559 点，长 54.8 米。保存一般。墙体连续，但两侧坍塌较多，底部均有风蚀凹槽。底宽 4.5、顶宽 1.6、残高 3.5 米。

第 9 段：G0559—G0560 点，长 225.6 米。保存差。此段从墙体保存特征点处起，继续沿台地向东

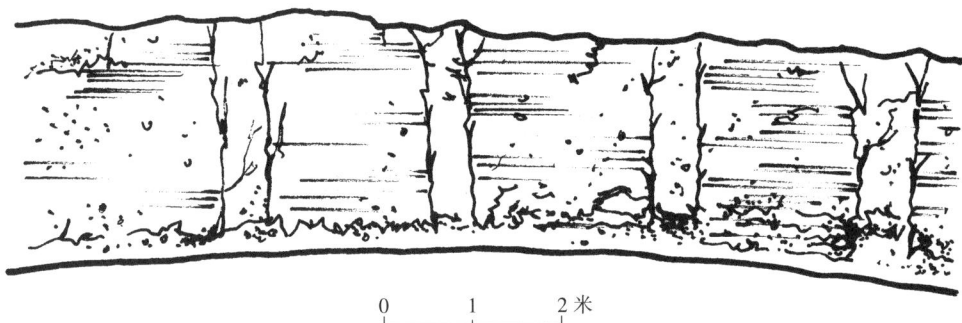

0　　　1　　　2 米

图三七七　墙体西壁上的楔形槽立面图

南，地势随之略有下降，到双河子沟断口边。此段保存甚差，上部夯土墙已全部坍塌，仅存底基部，两侧有较厚的坍塌土堆积，呈斜坡状。墙基残宽 4.5 米。

此段止点附近，因距离双河子沟居民点较近，人为破坏逐渐加重，在此段止点处的墙体偏西侧有人为依墙掏挖出一个放置杂物的方形窖穴。

此段止点西面的山梁上分布着土井子嘎查 1 号烽火台。

第 10 段：G0560—G0561 点，长 134.5 米。消失段。此段位于双河子沟冲积河道处，墙体无存（彩图二七六）。

双河子沟又称芦沟，是贺兰山一处虽不甚高大险峻、但较为宽阔的山口，有道路可辗转进入山间。在沟口台地上有两户蒙古族牧民长期驻守，有平房、羊圈等。

此段墙体无存，其主因当属山洪冲刷。此段墙体至今尚有一道涓涓细流从沟内流出，经长城断口偏南侧向东流去。河道沿岸小草茂密，但盐渍较重；人为破坏亦较重，沟口处牧民长期定居，已将断口中部踩踏出一道土路，土路两侧平坦处则被辟为农田。

此沟是内蒙古阿拉善左旗巴润别立镇与嘉尔嘎勒赛汉镇之间的分界线，沟北属巴镇，过沟则属嘉镇所辖。

第 11 段：G0561—G0562 点，长 188.2 米。保存差。此段从双河子沟断口南起，继续向东南，到一处墙体保存特征点处，地势逐渐抬升，但幅度不甚大。此段保存甚差，多已坍塌成土垄状。个别地段墙体虽较高，但壁面坍塌等残损较重，两侧均成斜坡状，残存墙体底宽 3.5、残高 1—2.5 米。

此段起点处濒临双河子沟溪流，受其不断冲刷剥蚀影响，坍塌较重，已露出夯土底部的原生沙石基础。从断面来看，墙体底部夹杂有大量赭红色砂石，只是摆放不规整。

此段西距山体稍远，墙体与山体间形成一处较为宽阔的冲积平台。在近墙体处有从山上汇集的洪水长期冲刷形成的一道天然泄洪渠，由东南向西北逐渐延伸，最后注入双河子沟内。此道沟渠由东南向西北剥蚀逐渐加深，最深处可达 1.5 米左右。

第 12 段：G0562—G0563 点，长 66.8 米。保存一般。地势亦逐渐抬升。墙体保存较高，但坍塌较重，两侧有较厚的坍塌土与风淤沙土堆积。底宽 4、顶宽 0.9、残高 3.2 米。

第 13 段：G0563—G0564 点，长 190.2 米。保存差。此段从墙体保存特征点处开始，继续向东南，到一处横山梁上，地势逐渐抬升。保存甚差，上部夯土墙体除了个别段尚存外，多数已坍塌，呈犬牙状，两侧底部堆积有较厚的坍塌土与风淤沙土，呈斜坡状。墙基残宽 4.5 米。

此段止点处的山梁上分布着蒋西村 1 号敌台。

第 14 段：G0564—G0565 点，长 38.8 米。保存较好。此段从山梁顶起，继续向东南，到一处墙体保存特征点处，地势由西北向东南逐渐下降，但降幅不甚大。保存较好，墙体较高，且基本连续，但残损略重，壁面上的风蚀残损等较明显。其中西壁底部的风蚀凹槽已呈带状，残高0.45、进深0.3米。底宽5.8、顶宽1.6、残高5.5米。

第15段：G0565—G0566点，长54.9米。保存较差。此段从墙体保存特征点处开始，继续向东南，到一处墙体断口边，地势由西北向东南逐渐下降。此段保存较差，上部土墙已基本全部坍塌，已呈土垄状，两侧底部堆积有较厚的坍塌土与风淤沙土。底宽3.3米。

第16段：G0566—G0567点，长34.5米。消失段。此段基本位于周围地势最低洼处，西侧有从南北两面汇集而来的山洪从此处横穿墙体，受其影响，此段墙体无存。

第17段：G0567—G0568点，长193.7米。保存差。此段从墙体小断口南缘开始，继续向东南，到南侧另一处小断口边，地势随台地有高低起伏，但落差不大。保存甚差，墙体已呈土垄状，表面生长有稀疏的沙蒿等。残存墙体底宽3.2米。

此段西侧一些地段，有与墙体并行的壕沟，但不连续，系山洪长期冲刷形成的天然沟槽。

第18段：G0568—G0569点，长22.5米。消失段。此段横跨一山洪冲沟，墙体无存。

此处断口虽不甚宽大，但底部剥蚀较深。河道内至今尚有涓涓细流自西面而来，穿越墙体后向东流去。河道内野草繁茂，但盐渍较重，地表多盐碱。

第19段：G0569—G0570点，长165米。保存差。此段从小断口南缘开始，继续沿台地向东南，最后到一处小山洪断口边，地势有高低起伏，但落差不大。保存差，特征与第17段基本相似，残存墙体底宽4.2米。

此段止点处有一处小的墙体断口，亦属小股山洪冲刷所致，宽5米。

第20段：G0570—G0571点，长68.5米。保存较差。此段从断口处开始，继续向东南，到一处墙体断口边。此段保存较差，其特征与第15段基本相似。底宽4.5、顶宽0.5、残高1.5米。部分保存较好的地段西侧底部有带状风蚀凹槽，残高0.3、进深0.2米。

第21段：G0571—G0572点，长32.8米。消失段。此段也是横跨一处山洪冲沟，墙体无存。底部剥蚀较深，今仍有一小股溪流，渠内野草较密，但盐碱亦重。

第22段：G0572—G0574点，长129.3米。保存差。此段从小的山洪断口南缘开始，继续沿台地向东南，今中部的另一处小的山洪断口后，地势随台地逐渐略有抬升，最后到东南侧一处小的山洪断口边。保存甚差，两侧均已坍塌呈斜坡状，残存墙体底宽4.5—5.5、残高1.5米左右。

此段中部G0573点处有一处长26.1米的山洪断口。另外，墙体基本以此点为界，南北两段特征略有不同：北段长23.5米，基本地处两道山洪断口之间的低洼地带，地势较低平；南段长105.8米，地势由西北向东南略有抬升，但升幅不大。此段西侧有一道山洪冲刷出的天然泄洪沟，规模不大。

第23段：G0574—G0575点，长17.5米。消失段。此段也是一处山洪断口，墙体无存。断口虽不宽，但底部剥蚀较深。

第24段：G0575—G0576点，长134.5米。保存一般。此段从小断口南起，继续向东南，到张布勒沟断口北岸。保存一般，墙体基本连续，保存亦较高，但坍塌、残断等破坏较重，两侧均有较厚的坍塌土与风淤沙土堆积。裸露出的夯土底部均有不同程度的风蚀痕，尤其以西侧最为明显，呈带状凹槽。东壁则坍塌稍重。底宽3.8、顶宽1.5、残高5.6米。

此段止点处，在墙体东侧的台地上有一处废弃的房址，长方形。最近处距墙体仅5.5米。东西9.5、南北14.5米，仅存底部基础。其原始地表与长城墙体地表基本相同。从保存较好的东北角来看，是用大块石块垒砌而成的，残高 0.9 米，西壁被长城坍塌土所掩埋，南侧中部有一宽 1.8 米的缺口，可能系门道。地表周围散落有少量瓷片，有白釉、青花等。

第 25 段：G0576—G0577 点，长 100 米。消失段。此段横跨张布勒沟山洪冲沟，墙体无存。

张布勒沟是此段贺兰山一处较宽的山口，沟口前的冲沟十分宽阔，地表已成为河滩漫地，有较茂密的野草生长，盐渍亦较重。断口北侧、南侧各有一道碾压出的土路，向西深入贺兰山腹地。断口偏南侧至今仍有一小股溪流。

第 26 段：G0577—G0578 点，长 119.5 米。保存差。此段从断口南起，继续向东南，到一处墙体保存特征点处，地势随台地略有起伏，但总体呈略有抬升。保存甚差，特征与第 5 段基本相似，残存墙体底宽 4.2 米。

第 27 段：G0578—G0579 点，长 292.6 米。保存一般。此段从墙体保存特征点处开始，继续向东南，到一处小断口边，地势与前段基本相似，总体逐渐抬升。保存一般，墙体较高，但坍塌等破坏较明显。西侧有风蚀凹槽，残高 0.5、进深 0.4 米。今存墙体底宽 3、顶宽 1、残高 3 米。

第 28 段：G0579—G0580 点，长 10.5 米。消失段。此段是一处山洪断口，墙体无存。

第 29 段：G0580—G0581 点，长 179.7 米。保存一般。此段从小断口南起，继续向东南，到一处墙体保存特征点处，地势亦总体略有抬升。此段保存一般，墙体较高，但坍塌、残断等破坏较明显，已呈断断续续状。一些保存较好段西侧底部有带状风蚀凹槽，残高 0.3、进深 0.2 米。东壁则残留有浓密的黑色霉斑。底宽 3.5、顶宽 1.3、残高 2.1—3.3 米。

第 30 段：G0581—G0582 点，长 103.7 米。保存差。此段墙体坍塌甚重，整体已呈土垄状，两侧底部均有较厚的坍塌土与风淤沙土堆积，呈斜坡状，表面生长有稀疏的野草。残存墙体底宽 3 米（彩图二七七）。

此段所在台地地势略高，方向不直，中间几次转折。

第 31 段：G0582—G0583 点，长 90.2 米。保存一般。此段从墙体保存特征点处起，向东南经中间一道横山梁后，到一处小断口边，地势基本呈中间高而两侧低的凸字形。此段保存一般，墙体虽较高，但坍塌、残断等破坏较多，整体已呈断断续续状。底宽 3.5、顶宽 1.2—1.5、残高 2.6 米，墙体西侧有带状风蚀凹槽，残高 0.5、进深 0.3 米。

此段中部的山梁上分布着蒋西村 1 号烽火台，西距墙体 60 米。止点处还有一处水门，较窄，立面已呈梯形，拱形顶。底部有一道小股洪水冲刷出的浅槽，近墙体处堆积有较多的青灰色石块。底部残宽 2.8、残高 2.5 米。

第 32 段：G0583—G0584 点，长 87.7 米。保存较差。此段从断口边开始，继续向东南，到一处小断口边，地势有高低起伏，但总体由西北向东南逐渐下降。保存较差，多数地段已坍塌成土垄状。残留的墙体不多，壁面剥蚀较严重，两侧有较多坍塌土堆积，呈斜坡状。底宽 3、顶宽 0.8、残高 4.2 米。

第 33 段：G0584—G0585 点，长 14.5 米。消失段。此段也是一处小的山洪断口，墙体无存。

第 34 段：G0585—G0586 点，长 154.4 米。保存较好。此段从小断口南起，向东南，到另一处山洪断口边，地势逐渐下降，但降幅不大。此段整体保存较好，墙体较高、顶部较平，但壁面坍塌亦较重，个别地段甚至有断裂，壁面上的霉斑较多，两侧底部均有较厚的坍塌土与风淤沙土堆积，表面（包括顶部）生长有稀疏的野草。底宽 4.2、顶宽 1.2—1.5、残高 3 米（彩图二七八）。

第 34 段：G0586—G0587 点，长 87.7 米。消失段。此段位于一处较为宽阔的山洪冲沟处，墙体无存。

此断口地势低矮平坦，从西侧山凹间汇集来的较强洪水在长城西侧分成南北两道，分别冲断墙体向东流去，所形成的断口均较宽阔。在南北两道断口之间地势稍高的平台上尚残留有一段残长 40 米的长城墙体，残甚，仅存痕迹。

第 35 段：G0587—G0588 点，长 117.5 米。保存一般。此段从断口南起，继续向东南，到一处墙体保存特征点处，地势有高低起伏。此段墙体整体保存一般，墙体较高，且基本连续，但坍塌、残断等残损稍重。两侧壁面均有不同程度坍塌，西侧底部还有一道贯通状风蚀凹槽，残高 0.4、进深 0.2 米。底宽 4.6、顶宽 1.5、残高 6.4 米。

第 36 段：G0588—G0589 点，长 69.5 米。保存差。此段从墙体保存特征点处起，继续向东南，到一处小的山洪断口边。保存甚差，整体已呈土垄状。两侧堆积有较厚的坍塌土与风淤沙土，呈斜坡状，表面生长有稀疏的野草。残存墙体底宽 3.4 米。

第 37 段：G0589—G0590 点，长 10.5 米。消失段。此段位于一处小的山洪冲沟处，墙体无存。断口虽不宽，但底部剥蚀较深。

第 38 段：G0590—G0591 点，长 93.4 米。保存差。此段从小断口南缘开始，继续向东南，到一处墙体保存特征点处。此段整体已呈土垄状，仅中部尚残留部分夯土，两侧均有较厚的坍塌土与风淤沙土堆积，呈斜坡状，表面生长有稀疏的野草。残存墙体底宽 3.1 米。

此段止点处有一处小山洪断口，长 10 米。

第 39 段：G0591—G0592 点，长 190.5 米。保存一般。此段墙体从墙体保存特征点处开始，继续向东南，到一处山洪断口边。墙体保存一般，一些地段夯土墙体虽保存较高，但坍塌、残断等残损较重，整体已呈断断续续状。两侧均有不同程度的坍塌及粉状脱落，西侧墙体底部因长期受风沙侵蚀而形成一道带状风蚀凹槽，残高 0.6、进深 0.4 米。保存稍好的东侧壁面生长有较浓密的黑色霉斑。底宽 4.5、顶宽 1.3、残高 3.6 米。

此段墙体方向不直，中部略向南拐，方向由 130°折成 150°。

第 40 段：G0592—G0593 点，长 20.5 米。消失段，此段也是一处山洪断口，墙体无存。

第 41 段：G0593—G0594 点，长 49.4 米。保存一般。此段从断口南缘起，继续向东南，到一处墙体保存特征点处。墙体基本连续，但坍塌等残损较重，两侧底部均有较厚的坍塌土与风淤沙土堆积，呈斜坡状。残留壁面上的风蚀、片状剥离和粉状脱落等十分明显。底宽 4.5、顶宽 1.3、残高 3.6 米。

第 42 段：G0594—G0595 点，长 117.5 米。保存差。此段从墙体保存特征点处开始，继续向东南，到一处山洪断口边。墙体保存差，坍塌严重，上部的夯土墙垣多已不存，两侧有较厚的坍塌土堆积，呈斜坡状。残存墙体底宽 3.8 米。

此段在止点以北 10 米左右，在墙体的东侧有一处石砌基址，是在墙体东壁坍塌斜坡面上以赭红、青灰等色石块毛石干垒而成，计 3 间，均为方形。其中一间自成一体，位置略偏南，紧贴墙体而建，规模较小；另外两间连接在一起。残存高度在 0.5 米左右，今已废弃。此遗址与长城墙体并非同时期所建，可能系后期修建的羊圈。

第 43 段：G0595—G0596 点，长 21 米。消失段。此段也是一处山洪断口，墙体无存。断口中间的地表较平，以小块鹅卵石堆积为主。

第 44 段：G0596—G0597 点，长 281.8 米。保存一般。此段从断口南缘开始，继续沿台地向东南，到东南侧一处墙体断口处，地势基本呈两端低而中间略高的"N"形。墙体基本连续，但坍塌等破坏较重，两侧有较厚的坍塌土与风淤沙土堆积，表面生长有稀疏的沙蒿、沙茨等。底宽4.3、顶宽1.2、残高2.8米。

此段中部的山梁上分布着蒋西村2号烽火台。

第45段：G0597—G0598点，长15.5米。消失段，此段为山洪断口，墙体无存。

第46段：G0598—G0600点，长105.3米。保存一般。此段从小断口南缘开始，继续向东南，到另一处小断口边，地势逐渐下降。墙体整体保存一般，坍塌等残损较重。底宽3.1—3.5、顶宽0.7—0.9、残高2.4—3米。西侧底部有带状风蚀凹槽，残高0.4、进深0.3米。

此段中有两处小的山洪断口，一处位于G0599点处，另一处位于止点处。两者均是西侧山间汇集的一股洪流，在墙体西侧一分为二，分别从两个断口处穿过，向东又汇合成一股。这两道断口均不大，宽分别为9、10.5米，但底部剥蚀甚深。

第47段：G0600—G0601点，长176.5米，保存较差。此段从小断口处开始，继续向东南，到南侧另一处墙体断口边，地势逐渐下降。保存较差，上部夯土已全部坍塌，仅存底基。两侧有较厚的坍塌土堆积，呈斜坡状。底宽3.1、顶宽0.7、高2.4米。

第48段：G0601—G0602点，长23.6米。消失段，此段也是一处山洪断口，墙体无存。

第49段：G0602—G0603点，长106.2米。保存较差。此段位于两处小断口之间，地势亦逐渐下降。墙体保存较差，多数地段已坍塌，仅个别地段尚残留夯体。裸露出的底部尚残留有风蚀凹槽，残高0.5、进深0.4米。底宽2.3、顶宽1、高1.7米。

此段止点处有处小的山洪断口，长13.5米。断口虽不甚宽阔，但底部剥蚀甚深（深度可达3米）。由于西侧汇集而来的山洪经过长城后，在墙体东面淤积，逐渐将此处剥蚀出一个大凹坑，墙基受其影响而出现了多处坍塌。

第50段：G0603—G0604点，长360.4米。保存一般。此段从小断口起，继续向东南，到一处小断口边。此段地处台地低洼处，地势较为低平。墙体基本连续，整体保存一般。残存墙体虽较高，但坍塌等残损稍重，裸露出的墙体西侧底部有十分明显的风蚀凹槽，呈带状，槽残高0.3、进深0.2米。底宽3.2、顶宽1.2、残高2.8米。

此段止点处西侧有一处羊圈，今已废弃。是将墙体西侧挖成浅壕，周边再用黄沙土夯筑成方形围墙，墙垣边长30米。另外，此段西侧的贺兰山山顶上，分布着土井子嘎查2号、3号两座烽火台。

第51段：G0604—G0605点，长25.6米。消失段。此段也是一处山洪断口，墙体无存。

此段基本位于周围台地最低洼处。长城墙体过此断口后，开始沿南面台地逐渐抬升。在断口附近的墙体顶部埋植有一块小的方形界碑，是1988年竖立的宁蒙两区的省界线。

第52段：G0605—G0606点，长203.9米。保存较好。此段从断口南边起，向东南，到一处山洪断口边，地势逐渐抬升。此段除了北段保存稍差外，其余部分均保存较好，墙体基本连续，且保存较高，坍塌等破坏较少。底宽3.4、顶宽1.2、残高3米。

此段西侧，在贺兰山山脊顶部分布着土井子嘎查3号烽火台。

第53段：G0606—G0608点，长680.9米。保存较差。此段从一处小断口边开始，继续向东南，到一处稍宽的山洪断口边，地势有高低起伏。保存较差，整体已呈土垄状，两侧坍塌土堆积较厚。底宽3.5、顶宽1.2、残高2.9米。

此段有两处小断口，其中一处位于起点处，断口宽16.3米。底部较为平坦，地表以碎石块、黄沙土堆积为主；另一处位于G0607点处，是墙体西北、西南几处山洪汇集、穿越墙体之处，断口宽9.8米。

此段止点以北 28 米处分布着蒋西村 2 号敌台。

第 54 段：G0608—G0609 点，长 60.5 米。消失段，此段位于一处较宽阔的山洪冲沟处，墙体无存。断口较宽阔，但底部较平坦，地表以碎石块堆积为主。

第 55 段：G0609—G0610 点，长 393.6 米。保存一般。此段从断口南边开始，继续沿台地向东南，到另一处墙体小断口边，地势随台地有高低起伏。此段墙体较高，但残断稍多，整体已呈断断续续状，坍塌、风蚀凹槽等破坏亦较重，两侧均有较厚的坍塌土与风淤沙土堆积。底宽 3.9、顶宽 1.5、残高 3.5—4 米。

第 56 段：G0610—G0611 点，长 24.4 米。消失段。此段亦属山洪断口，墙体无存。

第 57 段：G0611—G0614 点，长 592.8 米。保存差。此段从小断口南缘开始，继续向东南，到南侧一处断口边，地势有高低起伏，但落差不大。此段墙体上部夯土已全部坍塌，仅存底部，两侧有较厚的坍塌土与风淤沙土堆积，表面生长有稀疏的野草。残基宽 3.2—3.6 米。

此段中部有两处小断口，分别位于 G0612 点和 G0613 点处，均属西侧小股山洪冲刷形成，断口均不宽，其中前者宽 6 米，断口底部剥蚀稍甚；后者 7.5 米，断口地表较为平坦。

在 G0612—G0613 点的墙体西侧有两间羊圈，今已废弃。是在台地上下挖成方形浅坑，中间再用黄沙土夯筑成墙垣，其边缘已接近长城墙体。

第 58 段：G0614—G0615 点，长 20.5 米。消失段。此段横跨山洪冲沟，墙体无存。

第 59 段：G0615—G0616 点，长 398.2 米。保存差。此段从小断口南缘开始，继续向东南，到沙沟断口北边。此段墙体除了个别地段尚有残留外，绝大多数地段已坍塌成土垄状，残存墙体底宽 2.6 米。

此段西侧的贺兰山由北向南渐趋平缓，至此段止点处已基本成为丘状台地。以前沿贺兰山分布的另一道长城到此段后已基本消失。

此段以西约 3 千米的台地上（当地称石墩子山）分布着土井子嘎查 4 号烽火台。

（三）青铜峡市大坝镇滑石沟村段长城（编码：64038138210117 0012—6403813821011170014，工作编号：08QGG012—08QGG014）

此段位于大坝镇滑石沟村以西，是从大沙沟开始，东南经滑石沟 1 号敌台后，再随台地向西南折，到西南侧与大坝镇高桥村段墙体相接，全长 4651 米（图三七八）。

此段西侧的贺兰山在过大沙沟以后，山体渐趋平缓，已呈低矮起伏的丘状山峦。地表起伏虽较多，但高差不大。由于地势渐趋宽漫平坦，其间汇集的洪水显著减少，因而此段墙体上的洪水断口明显减少，墙体基本连续。但因地势低矮，西侧而来的细沙等对墙体的冲刷掩埋破坏明显增加。按照其保存状况等可分为 10 段。

第 1 段：G0616—G0617 点，长 124 米。消失段。此段横跨大沙沟山洪沟，墙体无存。

大沙沟是一处十分宽阔的山洪冲沟，是此地西侧山间汇集的洪水的一个重要泄洪口。沟底宽阔平坦，地表以小块鹅卵石堆积为主，沿沟底可深入贺兰山西侧腹地。沟内有一处采石场，采挖河道间的河沙。有一条长期碾压出的道路，通往沟内风电厂机组基地等，行人车辆通行较为频繁。

第 2 段：G0617—G0618 点，长 72.4 米。保存较好。此段从大沙沟断口南缘开始，沿台地继续向东南，最后到一处墙体保存特征点处，地势略有上升，但升幅不大。墙体较高且连续，顶部较平，但壁面坍塌、风蚀等较重，呈犬牙斑驳状。底宽 7.5、顶宽 1.5、残高 5.5 米。西侧底部有一道带状风蚀凹槽，残高 0.45、进深 0.3 米（图三七九）。

第 3 段：G0618—G0620 点，长 813 米。保存差。此段从墙体保存特征点处起，继续向东南，经 G0619 点后向西折，方向改为东北—西南向，最后到西南侧墙体一处弧形拐弯处，地势随台地略有起伏。此段已呈土垄状，两侧坍塌土堆积较厚。残底宽 2.9 米（彩图二七九）。

此段中部的 G0619 点处有滑石沟村 1 号敌台，在敌台南侧有一处面积较大的居址，已废弃。系直接在墙体东侧台地上掏挖而成，中间再用黄沙土夯筑成围墙。部分挖断长城墙体。墙多已坍塌，附近尚残留有饮水槽、水井等，可能是晚期的一处羊圈。

第 4 段：G0620—G0623 点，长 64 米。保存一般。此段是墙体中构筑较为特殊的一段，是从东北侧处开始，随地势略向西侧弧状弯折，经中部的一处山洪断口后，再沿西南侧折回，最后到墙体西南边，平面呈"C"形。除了中部有一断口外，其余保存一般，残留墙体较高，但坍塌等破坏较重，西侧底部有较厚的坍塌土与风淤沙土堆积（彩图二八〇）。

此段地势低矮，西面有分别从西北、西南而来的大小四股洪水在此汇集，在墙体东面形成一处宽阔的冲积滩地（今已干涸，地表有堆积有较厚的细沙等）。墙体若取直修建势必刚好要经过此处，于修筑、戍守均不利。故此段墙体在修筑时，并未刻意取直，而是沿西侧地势稍高的台地边略作曲折，以避开洪水冲刷。

此段按其特征等，大致又可再分为 3 小段。

（1）G0620—G0621 点，长 25 米，此段属北侧一小段，地势由东北向西南略有下降。此段墙体坍塌略重，尤其是东壁底部被淤积的洪水剥蚀甚重，已出现多处凹洞，塌落的墙体壁面较陡。底宽 2.4、顶宽 1.1、残高 2.9 米。

此段起点处的断面上，墙体夯筑特征清晰可辨，即以中心主墙为准，两侧各加夯附墙。其中主墙色浅黄，含石量十分稀少，底宽 2 米。而附墙西侧因连接墙体，特征不甚明显，但偏东侧则较为清楚，计分 2 层，其中内侧一层色浅灰，质地较疏松，底宽 1.5 米；外层色更显深灰，含石量较大，底宽 4 米，两者间的界限十分明显（图三八〇；彩图二八一）。

（2）G0621—G0622 点，长 16 米。这是此段中部的一处山洪断口，墙体无存。

（3）G0622—G0623 点，长 23 米。这是西南侧的一段，是从中部的断口边开始，随地势略向东折，又连接于墙体主线上，地势由西北向东南略有抬升。保存较第（1）小段稍好，但西壁及断口处坍塌等残损较重。底宽 4.6、顶宽 2.1、残高 3.6 米。

第 5 段：G0623—G0624 点，长 164.7 米。保存较差。此段从"C"形墙体拐弯南缘开始，继续向

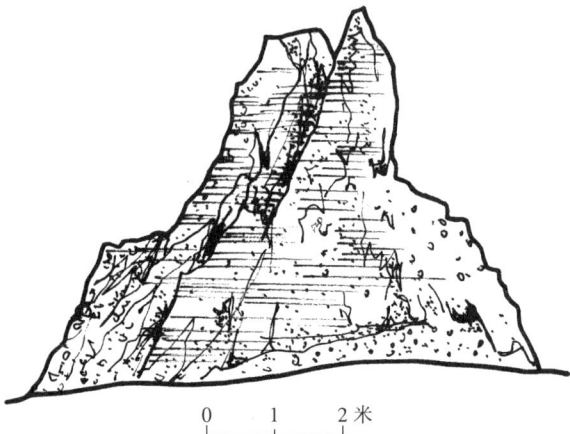

图三七九　G0617 点处墙体立面图

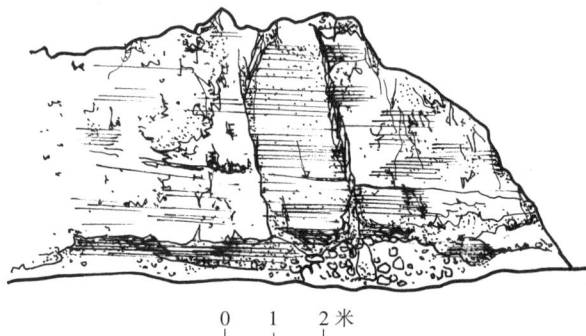

图三八〇　G0620 点处墙体立面图

西南，到一处墙体保存特征点处。墙体保存较差，坍塌等残损较重，上部夯土残留不多，基本呈断断续续状，多数地段坍塌成土垄状。底宽2.8、顶宽0.5、残高1.2米。

第6段：G0624—G0625点，长178.1米。保存差。此段从墙体保存特征点处开始，继续向西南，到一断口处，方向中间略有拐折。墙体保存差，整体已呈土垄状，仅存墙体底部，两侧有较厚的坍塌土与风淤沙土堆积，表面生长有稀疏的野草。残存墙体底宽3.2米。

第7段：G0625—G0626点，长36.4米。消失段。此段横跨一山洪冲沟，是西侧汇集的山洪穿越长城之处，受其影响，此段墙体无存，底部亦剥蚀较深。

第8段：G0626—G0627点，长2579.4米。保存差。此段从断口南起，向西南到另一处断口边，方向较直。此段坍塌等残损甚重，残留夯土段不多，绝大多数已坍塌，呈土垄状。两侧堆积有大量的坍塌土及沙土，表面生长有较多沙蒿等，但顶部夯土墙上则很少有植物生长。一些保存稍好处墙体底宽3.2、顶宽0.4—1、残高0.6—1.5米。

此段起点处，有从西南侧汇集而来的冲沟紧贴长城向东北而行、最后到北侧断口处穿越长城。受其影响，此段西侧剥蚀坍塌较重，多已呈陡崖状。

此段中部连接着滑石沟2号敌台。敌台的北侧不远处有一处墙体断口，长4米，底部较平，地表散落有较多的碎石块等物。

第9段：G0627—G0628点，长22.8米。消失段。此段也是一处山洪断口，墙体无存。

第10段：G0628—G0630点，长596.2米。保存差。此段从小断口边开始，继续向西南，到另一处断口处。此段墙体特征与第8段相似。残存墙体底宽3.4米。

此段墙体沙化掩埋情况较为突出，特别是南段，墙体已被黄沙掩埋多半。在止点以北约150米处有两处断口，是人工挖出的通往西侧风电厂基地的便捷通道，底部较平，地表以小石块铺砌成石子路。其中北侧一道宽4米，南侧一道宽15米。

止点北侧连接着滑石沟3号敌台。

（四）青铜峡市大坝镇高桥村段长城（编码：6403813821011700015—640381382101170016，工作编号：08QGG015—08QGG016）

此段长城位于大坝镇高桥村以西，是从一处小山洪断口边起，沿台地向西南，经红井沟等，到井沟以北的双墩西侧，全长2369.6米（参见图三七八）。

此段地处丘状台地间，地势开阔，起伏稍多，但落差不大。其西侧为丘陵地带，东侧不远处是由西南而来的井沟干涸的冲积河道，地势西高东低。按照其特征及保存状况等，可分为14段。

第1段：G0630—G0631点，长28.5米。消失段。此段是一处山洪断口，墙体无存。

第2段：G0631—G0632点，长986.9米。保存差。此段从小断口南缘开始，继续向西南，到另一处小断口边。此段墙体方向较直，但保存差，坍塌等残损甚重，整体已呈土垄状，上部夯土基本无存，仅存底部。两侧堆积有大量的坍塌土及淤沙，表面生长有茂密的沙蒿等，但夯土墙上则很少见植物生长。残存墙体底宽3.4、顶宽0.3、残高1米。

此段起点以南、墙体西侧受山洪剥蚀，有局部坍塌等，但程度不大；止点西北侧不远处有一处废弃的羊圈，是用黄沙土夯筑而成的方形墙垣。

第3段：G0632—G0633点，长13.4米。消失段。此段也是一处山洪断口，墙体无存。断口较窄，但地表下陷较深。

第 4 段：G0633—G0634 点，长 81.4 米。保存差。此段位于两处小断口中间，墙体特征与第 2 段基本相似，残存墙体底宽 3.4 米。

第 5 段：G0634—G0635 点，长 40.8 米。消失段。此段位于一处较为宽阔的山洪冲沟处，墙体无存。断口的北侧今已被辟为一条通往长城西侧的土路。

第 6 段：G0635—G0636 点，长 222.7 米。保存差。此段从小断口南起，继续向西南，到红井沟边，地势略有起伏。此段方向较直，但墙体保存差，绝大多数地段已坍塌成土垄状，仅个别地段尚保留一点夯土墙。残底宽 4.6 米。

此段起点处，在墙体的东侧有一段的墙体，直接依附于墙体上。底部长 3.2、宽 1.7、残高 4.9 米。是用夹杂较多小石块的黄沙土夯筑而成，与西侧长城主体土色有别。风蚀、坍塌等残损甚重，尤其是东侧底部坍塌堆积较厚，裸露出的夯土底部有风蚀洞，残高 1.6、进深 0.75 米。其是否属残存的敌台遗迹尚无法判定。另外，起点南侧不远处还有一处羊圈，紧贴墙体东壁而建。止点东北 88 米处还有高桥村敌台。

第 7 段：G0636—G0637 点，长 327.2 米。消失段。此段位于红井沟的山洪冲沟处，墙体无存（彩图二八二）。

红井沟冲沟宽漫，底部剥蚀甚深，地表以小块鹅卵石堆积为主。是西北面汇集而来的大股季节性山洪汇聚、东流之道。沟内有一条长期碾压出的石子路蜿转深入山间。

红井沟以南至井沟之间，因有宽大高耸的山丘横亘，而其东面突出较远，且台地处还有从井沟而来的宽阔冲刷河道，绕山梁筑墙不易，故此段长城改沿山丘坡面而建。方向亦受地势等影响而十分曲折。

第 8 段：G0637—G0638 点，长 155.3 米。保存差。此段基本地处红井沟南岸的漫滩上，是从河道南岸边开始，沿漫滩处一道略微凸起的坡面向南，到一处墙体保存特征点处，地势略有抬升。此段墙体断面处墙体较高大，但两侧今已被黄沙土等掩埋，整体已呈土垄状。残存墙体底宽 5.2 米。

第 9 段：G0638—G0639 点，长 282.8 米。保存较差。此段从墙体保存特征点处开始，沿此处一道横山梁而上，辗转至近山梁高处的保存特征点处，地势随山梁逐渐爬升，升幅较大。方向十分曲折，中间几经转折，平面略呈"S"形。此段整体保存较差，坍塌、残断等破坏十分严重，整体已呈犬牙突兀状。一些地段虽然墙体保存较高，但壁面剥蚀坍塌甚重，尤其是东侧壁面已出现多处半壁坍塌，底部堆积有较厚的坍塌土，裸露出的夯土底部有风蚀凹槽。西壁保存略好，壁面较高，表面生长有较浓密的黑色霉斑。底宽 3—3.3、顶宽 1.1—1.2、残高 1.3—1.5 米。

第 10 段：G0639—G0640 点，长 38.4 米。保存较好。此段地处山梁的最高处，是从北侧墙体保存特征点处开始，继续沿山梁向南，到山梁上的一处断口边。地势由北向南逐渐抬升。此段墙体较高，壁面较陡，顶部较平，但壁面仍有坍塌等残损，尤其以东壁坍塌最甚。底宽 4.5、顶宽 1.8、残高 5.4 米。

第 11 段：G0640—G0641 点，长 9.7 米。消失段。此段是山梁上的一处小断口，墙体无存。

第 12 段：G0641—G0642 点，长 80.2 米。保存较好。此段从小断口边开始，沿山梁南面坡向南，到一处墙体保存特征点处，地势虽有起伏，但总体逐渐攀升。此段保存较好，其特征与第 10 段相似。底宽 3.3、顶宽 0.5、残高东侧 2.5、西侧 3.3 米。

第 13 段：G0642—G0643 点，长 20.3 米。保存差。此段坍塌甚重，整体已呈土垄状，残存墙体底宽 3 米。

第 14 段：G0643—G0644 点，长 82 米。保存较好。此段从墙体保存特征点处开始，沿山丘南面坡而下，至半坡一处拐点处，地势由北向南略有下降。此段保存较好，特征与第 10 段相似。底宽 3.2、顶宽 0.9、残高 5.5 米，东侧底部有风蚀凹槽，残高 0.4、进深 0.2 米。

（五）青铜峡市青铜峡镇段长城（编码：640381382101170017—640381382101170020，工作编号：08QGG017—08QGG020）

此段位于青铜峡镇以西，是从双墩西侧起，沿台地向南，过井沟，再沿南侧台地向西南，最后到石墩子沟断口边，全长 6420.8 米（图三八一）。

此段长城除了井沟以北部分位于凸起的山丘上以外，其他地段多位于台地间，周围地势开阔，地表以原生砾石堆积为主，分布有很多固定、半固定的沙丘，地表上生长有稀疏的沙蒿等。墙体高低起伏，但落差不甚大。整体保存较差，残断、剥蚀乃至沙化掩埋等破坏较重。因多数地段地处荒野僻壤间，其残损主要属自然破坏。按照其特征及保存状况等，可分为 26 段。

第 1 段：G0644—G0645 点，长 251.6 米。保存较好。此段从双墩西侧的墙体拐点处开始，继续沿丘状山脊向南，到南侧一处墙体保存特征点处，地势由北向南逐渐下降，但降幅不大。此段墙体方向较曲折，中间几经转折，总体呈南北向。墙体整体较高，壁面较陡，但壁面上的风蚀、坍塌等病害较明显。底宽 4.5、顶宽 0.9—1.2、残高 4 米，其东侧底部有一道贯通状风蚀凹槽，残高 0.5、进深 0.3 米。

第 2 段：G0645—G0646 点，长 82.3 米。保存较差。此段墙体残断、坍塌等破坏较重，整体已呈断断续续状，保存较好处壁面剥蚀坍塌较重，呈犬牙状。两侧底部均有坍塌土与风淤沙土堆积。裸露出的夯土底部均有风蚀凹槽，尤其以西侧最为明显，呈带状，残高 0.6、进深 0.3 米。底宽 2.1—3.4、顶宽 0.4—0.9、残高 1.6—1.8 米（彩图二八三）。

此段东面的台地顶部分布有青铜峡镇 1 号、2 号两座烽火台，俗称双墩。

第 3 段：G0646—G0647 点，长 118.5 米。保存差。此段从墙体保存特征点处起，继续沿山丘南面坡而下，到一处小的断口边，地势随山体逐渐下降，方向亦有拐折。此段除了北面数米墙体保存稍高外，其余保存甚差，残损甚重，上部夯土已几乎全部坍塌，仅存底部基础，两侧堆积有较厚的坍塌土与风淤沙土。残存墙体底宽 3.4 米。

第 4 段：G0647—G0648 点，长 13.2 米。消失段。此段是一处小山洪断口，墙体无存。

此断口位于山丘斜坡面上的一处马鞍形山凹处，地势较低洼。是由东北、东南几处山体表面汇集而来的山洪流经之地，受其影响，此段墙体无存。

第 5 段：G0648—G0649 点，长 85.8 米。保存差。此段从小断口南边开始，继续沿山丘南面坡而下，到一处墙体保存特征点处，地势由北向南逐渐下降。此段整体已呈土垄状。两侧堆积有较厚的坍塌土与风淤土，墙体残底宽 2.6 米（彩图二八四）。

此段西侧，有从北面断口而来的洪水基本与墙体并行向南，其形成的干涸河道虽不甚宽阔，但剥蚀亦较深。只是此河道距离墙体底部稍远，对墙基破坏作用尚不明显。

第 6 段：G0649—G0650 点，长 15.7 米。保存一般。此段从墙体特征保存点处，继续沿山丘南面坡向南，到另一处墙体保存特征点处，其特征与前段基本相似，保存一般，墙体较高，但壁面坍塌等残损较多，有的地段甚至出现大段坍塌，呈犬牙突兀状。底宽 2.4、顶宽 0.5—1、残高 2 米，西侧底部有风蚀凹槽，残高 0.3、进深 0.2 米。

第 7 段：G0650—G0651 点，长 66.7 米。保存差。此段从墙体保存特征点处起，继续沿坡面向南，最后到南侧墙体断口边，地势继续由北向南逐渐下降，但降幅不大。保存差，其特征与第 5 段基本相似，残底宽 2.6 米。

第 8 段：G0651—G0652 点，长 28.2 米。消失段。此段也是一处小山洪断口，墙体无存。

此段也是山丘上汇集的洪水穿越墙体之地，前段随墙体西侧延伸的洪水从此口穿过墙体后，改沿墙体东侧与墙体并行延伸。

第 9 段：G0652—G0653 点，长 156.8 米。保存差。此段从小断口南边开始，继续沿坡面而下，到南侧另一处断口边。此段绝大部分墙体已坍塌，呈土垄状，仅个别地方尚保留小段夯土，两侧有较厚的坍塌土与风淤沙土堆积。底宽 3、顶宽 0.4—0.8、残高 1.4 米。

此段东侧有小冲沟与墙体并行，间距较近。

第 10 段：G0653—G0654 点，长 34.9 米。消失段。此段是一处稍宽的山洪冲沟，墙体无存。

此段地处山体低洼处，前段与墙体并行的洪水与东南侧而来的洪水在此汇聚、穿过墙体，改沿墙体西侧向南，冲沟位置由北向南逐渐远离墙体，最后注入南面井沟。

第 11 段：G0654—G0655 点，长 473.4 米。保存差。此段从断口南边开始，沿坡面略向东南折，延伸到山丘南面半坡一墙体保存特征点处，地势由北向南略有抬升，但幅度不大。此段墙体已呈土垄状，残留夯土不多，残底宽 2.6 米（彩图二八五）。

此段基本地处山丘半山腰处，其夯筑属直接在坡面上找平、两端起夯而成，其中西侧夯筑稍高，东壁外侧今已被细黄沙掩埋多半。

第 12 段：G0655—G0656 点，长 78.5 米。保存一般。此段位于山丘南面坡上，从墙体保存特征点处开始，继续沿半山坡向东南，到半坡墙体拐点处，地势较平。此段墙体特征与前段基本相似，仅保存略好，墙体较高，但壁面坍塌等残损较重，壁面呈犬牙突兀状。墙体西侧底部有带状风蚀凹槽，残高 0.3、进深 0.2 米。墙体底宽 1.5—2.6、顶宽 0.4、残高 1.7—2.5 米。

第 13 段：G0656—G0657 点，长 117.3 米。保存差。此段是从半坡墙体拐点处开始，沿坡面而下，最后到底部断口边，地势由北向南逐渐下降，降幅较大，方向呈南北向。此段墙体整体已呈土垄状，两侧都有较厚的坍塌土与风淤土堆积。残底宽 2.6 米。

第 14 段：G0657—G0658 点，长 730.7 米。消失段。此段位于井沟山洪冲沟处，墙体无存。

井沟是此段长城中十分重要的一处山洪冲沟，这里山口宽阔平坦，底部有南北两道干涸的河床，地表以细沙堆积为主。西侧山间洪水在此汇集、穿越墙体后，随地势向东北折，改沿东北侧河道向北辗转延伸而去。在沟底今有一处较大型的采沙场，将南侧河道底部河沙掏挖成几处大坑，在中部平台上还有一处平房；另外，此沟内还有一道柏油路，通往西侧的新井煤矿，来往车辆行人十分频繁。

第 15 段：G0658—G0659 点，长 15.7 米。保存较好。位于井沟南岸的陡坡上，是从井沟南岸断口边起，随坡面而上，到半山腰陡坡边，地势逐渐抬升，升幅较大。此段墙体较高且陡，顶部较平，但壁面上的坍塌、风蚀等较明显，尤其是西壁。底部有较厚的坍塌土及风淤土堆积。底宽 5.6、顶宽 3.2、残高 5 米。

此段墙体敦厚结实，起点处断面陡直，其夯筑特点十分清晰：也是采用分次夯筑法，先夯中心主墙，然后以主墙为准，两侧再加夯附墙，今存主墙底宽 1.6、东侧附墙底宽 2.2、西侧附墙底宽 1.8 米。

第 16 段：G0659—G0660 点，长 14.5 米。山险段。此段从井沟南岸半山腰起，继续沿陡坡而上，到南侧近顶部，此段坡面十分陡峭，东侧有一道天然的斜坡冲沟，故此段不筑墙体，直接利用山险。

第17段：G0660—G0661点，长75.3米。保存较好。此段从井沟南岸近顶部处起，继续沿坡面而上，到坡顶后，再沿台地向南，到一墙体保存特征点处。此段墙体高耸，壁面较陡，但局部风蚀、片状剥离与粉状脱落等较明显。底宽5.6、顶宽3.2、残高5米。

此段东侧的河岸边分布着青铜峡镇3号烽火台，即井沟墩。

第18段：G0661—G0663点，长1039米。保存一般。此段地势随台地高低起伏，落差不甚大，方向亦不直。墙体较高且基本连续，但风蚀、坍塌等破坏较重，两侧底部均有较厚的坍塌土与风淤沙土堆积，呈斜坡状。底宽4.2、顶宽1.8—2.3、残高1.5—3.8米（彩图二八六）。

此段中部（G0662点处）有一处宽3.5米的小断口，是人为挖断。

第19段：G0663—G0664点，长87.2米。保存较好。此段墙体高耸，夯土内夹杂较多的深色小石粒，表面较粗糙。其中东壁较陡，夯层清晰，厚0.13米，壁面蚁穴密集；西壁残损略重，底部有较厚的坍塌土及风淤的沙土堆积。底宽4.8、顶宽1.5—2.2、东壁高5.5、西壁高3米。

第20段：G0664—G0665点，长713.9米。保存一般。特征与第18段相似，底宽3.9、顶宽1.5、残高3.5—4米（彩图二八七）。

第21段：G0665—G0666点，长339.8米。保存差。此段墙体坍塌甚重，上部夯土基本无存，仅存底部，呈土垄状，两侧均有较厚的坍塌土及风淤的沙土堆积。残底宽5米。

第22段：G0666—G0667点，长321.3米。保存较差。此段上部夯土尚有部分残存，但坍塌、残断等残损较重，呈断断续续状。两侧均堆积有较厚的坍塌土及风淤沙土，尤其以西侧堆积最厚，呈斜坡状。底宽5、顶宽1.2—1.5、残高1.5—2.5米。

此段西侧即红湾梁。贺兰山在此向西拐出一个"C"形弯，一直到南侧的G0672点附近，从而在其东面形成一个较宽广的箕形山前冲积台地，今地表堆积有较厚的细黄沙。此段墙体便是位于这个台地的北段。

第23段：G0667—G0668点，长150米。保存一般。墙体较高，特征与第18段基本相似，底宽5.5、残顶宽0.8、残高1.5—2米。

第24段：G0668—G0669点，长652.4米。保存较差。墙体特征与第22段基本相似，底宽5、残顶宽0.5—1、残高1.5米（彩图二八八）。

第25段：G0669—G0670点，长328.1米。保存差。墙体特征与第21段相似，残底宽4.5米。

此段止点处东侧的台地上分布着旋风槽1号烽火台（石墩子），西距墙体约0.04千米。

第26段：G0670—G0671点，长430米。保存较差。此段从烽火台西侧墙体保存特征点处开始，继续向东南，到石墩子沟断口处，地势略有下降，但降幅不大。墙体已被金黄色细沙掩埋，仅存一道棱脊。底宽5、残顶宽1.2—1.5、残高1.8米。

此段周围地表上的细沙堆积较厚，蒿草等生长较少。

（六）青铜峡市青铜峡镇旋风槽村段长城（编码：6403813821011700021—640381382101170025，工作编号：08QGG021—08QGG025）

此段位于青铜峡镇旋风槽村以西约10千米处，是从石墩子沟断口处开始，继续向南，经红湾墩、阴湾沟、木头子门及双疙瘩沟等地，最后到一较宽的断口处，全长8058.1米（图三八二、三八三）。

　　此段地势南北有别：北段地处荒野，距离贺兰山山体较远，地势高低不平，但落差不大。周围分布较多半固定沙丘，地表上生长有稀疏的沙蒿等植物；南段则基本紧依贺兰山山体，地势较平坦，但山洪断口明显增加。按保存状况等分为37段。

　　第1段：G0671—G0672点，长93.8米。消失段。此段位于石墩子沟山洪冲沟处，墙体无存。地表以细沙堆积为主。

　　第2段：G0672—G0673点，长1038.6米。保存差。此段从断口南开始，继续向东南，到另一断口边，地势随台地有高低起伏。此段上部夯土基本坍塌殆尽，仅存底部，两侧均有较厚的坍塌土及风淤沙土堆积，呈斜坡状。底部残宽3.4米。

　　此段从起点起，已过红湾梁山前箕形冲积台地，开始沿贺兰山东面台地向南延伸，西侧基本紧邻贺兰山。

　　第3段：G0673—G0674点，长29米。消失段。此段横跨一山洪冲沟，墙体无存。

　　此断口不甚宽大，地表以黄沙土堆积为主，中部塌陷成深渠。

　　第4段：G0674—G0675点，长551.4米。保存较差。此段从断口南起，继续向东南，到一处小断口边。此段已呈土垄状，两侧堆积有较厚的坍塌土与风淤沙土。底残宽3.4、残高在1.5米左右。

　　此段中部、在墙体东侧的台地上分布着旋风槽2号烽火台（红湾墩）。

　　第5段：G0675—G0676点，长16米。消失段。此段横跨一山洪冲沟，墙体无存。

　　第6段：G0676—G0677点，长622米。保存一般。此段从断口南起，继续向南，到阴湾沟北面的分叉冲沟断口边，地势随台地略有起伏，总体由北向南略有下降，但降幅不大。此段墙体较高，两壁较陡，但坍塌等残损较重，呈斑驳皴裂状。底部均有较厚的坍塌土与风淤沙土堆积。底宽4.5、顶宽0.5—1.2、斜高6米。

　　第7段：G0677—G0678点，长51米。消失段。此段位于阴湾沟北侧分叉冲沟处，墙体无存。

　　第8段：G0678—G0679点，长112米。保存一般。此段位于阴湾沟分叉冲沟与主冲沟间的台地上，墙体特征与第6段基本相似，底宽10.2、顶宽0.5—1.2、斜高7.2米。

　　第9段：G0679—G0680点，长80.2米。消失段。此段横跨阴湾沟主冲沟，墙体无存。

　　阴湾沟是此段贺兰山的一道较为宽阔的山沟，沿此可穿越山体进入腹地。冲沟十分宽阔，地表较平，以夹杂小砾石的黄沙土堆积为主。

　　第10段：G0680—G0681点，长758.4米。保存一般。此段从阴湾沟断口南起，随台地向南，中部方向略向东折，到西南侧一处断口处。此段墙体较高，壁面较陡，但坍塌等残损较重，呈斑驳皴裂状。两侧底部均有较厚的坍塌土及风淤沙土堆积，顶部较平。底宽4.2、顶宽0.5—1.1、斜高6.5米。

　　此段中部，在墙体东侧的丘状台地上分布着旋风槽3号烽火台，两者间距0.55千米。

　　第11段：G0681—G0682点，长40米。消失段。此段横跨一山洪冲沟，墙体无存。

　　此段是墙体西侧南北不同方向汇集而来的山洪冲刷出的断口，地表不甚平整，中部略高而两侧稍低。地表堆积有较多石块。

　　第12段：G0682—G0683点，长415.2米。保存一般。此段从断口南起，继续向南，到另一山洪断口边，墙体特征与第10段相似。底宽8.5、顶宽0.8—1.5、斜高4米。

　　第13段：G0683—G0684点，长30米。消失段。此段横跨一山洪冲沟，墙体无存。

　　断口中部下陷较深，地表以砂石堆积为主。另外，在断口北侧竖立有一块宁、蒙两省区水泥界碑，直接栽在墙体上。

第 14 段：G0684—G0685 点，长 588.3 米。保存一般。此段从小断口南面开始，到西南侧另一处山洪断口边。墙体特征与第 10 段相似，底宽 7.5、顶宽 0.5—1.2、斜高 4.5 米。

此段起点处有一依墙而建的羊圈，现已废弃。

第 15 段：G0685—G0686 点，长 16 米。消失段。此段也是一处小山洪断口，墙体无存。断口虽较窄，但底部下陷较深（达 1.5 米左右）。

第 16 段：G0686—G0687 点，长 526.8 米。保存一般。此段从小断口南缘开始，继续向南，方向略向西折，到另一断口边。墙体特征与第 10 段基本相似，底宽 7.5、顶宽 0.6—1.2、斜高 4.8 米（彩图二八九）。

此段中部，在墙体的东侧 45 米处分布着旋风槽 4 号烽火台；西侧距墙体约 2.5 千米的贺兰山山顶上（俗称肩膀墩）分布着查汗艾木 1 号、2 号烽火台。

第 17 段：G0687—G0688 点，长 24 米。消失段。此段也是一处山洪断口，墙体无存。底部下陷亦较重。

第 18 段：G0688—G0689 点，长 162.6 米。保存一般。此段从断口边开始，沿贺兰山山脚下向西南，到另一山洪断口边，地势略有起伏，落差不大。墙体特征等与第 10 段基本相似，底宽 7.5、顶宽 0.6—1.2、斜高 4.2 米。

第 19 段：G0689—G0690 点，长 17 米。消失段。此段横跨一山洪断口，墙体无存。

第 20 段：G0690—G0691 点，长 376.6 米。保存一般。此段从断口边开始，继续向西南，中部略向西南折，到另一断口边，地表随地略有起伏，但落差不大。墙体特征等与第 10 段基本相似，底宽 7.5、顶宽 0.6—1.2、斜高 4.2 米（彩图二九〇）。

第 21 段：G0691—G0692 点，长 11 米。消失段。此段也是一山洪断口，墙体无存。

此断口是墙体南北两面汇集而来的山洪汇集、穿越长城之处。西面紧贴墙体处形成一处较宽阔的坍塌坑，受其影响，墙体底部剥蚀甚深。

第 22 段：G0692—G0693 点，长 398.2 米。方向 215°。保存一般。此段从断口南开始，继续沿台地向西南，到一墙体拐点处，墙体特征等与第 10 段相似，底宽 7.5、顶宽 0.6、斜高 5.2 米。

第 23 段：G0693—G0694 点，长 25.6 米。方向 285°。保存一般。此段从墙体拐点处开始，随地势向西折，到一山洪断口边，地势由东向西略有抬升，但升幅不大。保存一般，其特点与第 10 段基本相似，底宽 7.5、顶宽 0.8、斜高 4.8 米。

此段是木头子门北侧的一处墙体拐折的起点段。贺兰山体在这里略向东凸出，其东面又属十分宽阔平坦的河滩漫地，故此段长城墙体修筑时，因地制宜地略向西折，避开东面基本不牢固、易受山洪冲刷的河滩，改沿山体近底部坡面处向南延伸。经过此处南北两侧汇集的山洪断口后，又随地势向东回折，从而形成一处平面呈"〔"形拐折。

第 24 段：G0694—G0695 点，长 19 米。消失段。此段位于长城"〔"形拐折中北侧的一处山洪冲沟处，是山间汇集的洪水向南穿越墙体之地，墙体无存。

第 25 段：G0695—G0696 点，长 142 米。方向 230°。保存一般。此段是长城"〔"形拐折中残留的中间一段，是从北面小断口边开始，继续沿山体半坡向南，到南侧断口边，地势较平，墙体整体保存一般，其特征等与第 10 段相似，底宽 8、顶宽 0.8—1.2、斜高 6.5 米。

此段东面凸起的山丘上分布着旋风槽 5 号烽火台。

第 26 段：G0696—G0697 点，长 49 米。消失段。此段位于长城"〔"形拐折中的南侧，是从半山腰处开始，随地势向东折，过底部河道，再到东面台地处。此段是由南面双疙瘩沟内而来的一道分支洪水汇集、由西南向东北穿越墙体之地，墙体无存。

此段是墙体"〔"形拐折的末段，断口两面墙体有错位。

第 27 段：G0697—G0698 点，长 137.8 米。方向 225°。保存一般。此段是双疙瘩沟北侧台地上残留的一段墙体。是从断口南起，向西南，到双疙瘩沟山洪断口北边。此段整体保存一般，墙体特征等与第 10 段基本相似。底宽 7.5、顶宽 0.5—1.1、斜高 6.4 米。

第 28 段：G0698—G0699 点，长 120 米。消失段。此段横跨双疙瘩沟北面断口，墙体无存。

此段是双疙瘩沟北面一处较宽的山洪断口，地表较平，以黄沙土堆积为主。西面山间汇集的洪水在此处穿越长城墙体，向东注入双疙瘩沟宽阔的冲积河道内。

第 29 段：G0699—G0700 点，长 45.7 米。保存一般。此段是双疙瘩沟冲积漫滩上残留的两段墙体之一，地势较低平。墙体保存一般，其特征等与第 10 段相似，但坍塌等略重，两侧均呈斜坡状。残存墙体底宽 6.5、顶宽 0.8—1.2、斜高 4.5 米。

第 30 段：G0700—G0701 点，长 125.8 米。消失段。此段位于双疙瘩沟宽阔的冲积漫滩处，墙体无存。

第 31 段：G0701—G0702 点，长 20.7 米。保存差。此段是双疙瘩沟宽阔漫滩上残存的另一段墙体，地势低平。墙体保存差，上部夯土已坍塌殆尽，仅存底部，整体呈土垄状。两侧有较厚的坍塌土及风淤沙土堆积。底部残宽 4.5 米。

第 32 段：G0702—G0703 点，长 356 米。消失段。此段位于双疙瘩沟宽阔的山洪冲沟处，墙体无存。

双疙瘩沟是贺兰山一处十分宽阔的山沟，山前台地较平缓，由山间汇集的大股洪水穿越墙体之后，随地势向北折，沿墙体东侧向北延伸，在此段形成了一处十分宽阔的河滩漫地，墙体受其影响而出现了多处较宽大的断口。

此沟有石子路可辗转深入贺兰山腹地。在断口处还有内蒙古阿左旗所立的长城保护碑，断口北侧还有兰州军区训练基地所设立的场界碑。

第 33 段：G0703—G0704 点，长 360.1 米。方向 220°。保存一般。此段从双疙瘩沟断口南起，继续向西南，到一处山洪断口边。保存一般，其特征等与第 10 段相似，底宽 6.5、顶宽 0.5—1.1、斜高 5.5 米。

第 34 段：G0704—G0705 点，长 41 米。消失段。此段也是一处山洪断口，墙体无存。西北侧山间汇集而来的小股洪水在此穿过墙体、向东南注入远处的河道中。断口地表较平，以黄沙土堆积为主。

第 35 段：G0705—G0706 点，长 475.4 米。方向 220°。保存一般。此段从断口边开始，继续向西南，到另一处山洪断口边。保存一般，其特征等与第 10 段相似，底宽 6.4、顶宽 0.8—1.2、斜高 5.5 米。

第 36 段：G0706—G0707 点，长 43 米。消失段。此段也是一处山洪断口，墙体无存。

第 37 段：G0707—G0708 点，长 138.9 米。方向 220°。保存一般。此段从山洪断口边开始，继续向西南，到另一处较为宽阔的山洪断口边。保存一般，其体特征等与第 10 段相似，底宽 4.5、顶宽 0.5—1.4、斜高 5.5 米。

（七）青铜峡市青铜峡镇三趟墩村段长城（编码：640381382101170026—640381382101
170032，工作编号：08QGG021—08QGG032）

此段位于青铜峡镇三趟墩村以西约10千米处，是从山洪断口边开始，继续沿山前台地向西南，经
水泉沟、口子门沟后，随地势向东折，再经四眼井、芦沟湖等地，最后到青铜峡与中宁县交界处，全
长12333.8（图三八四、三八五）。

此段长城基本以口子门沟为界，北段墙体基本还是沿山前台地延伸，这里西依高山，东望山前台
地，两端落差较大，墙体地势亦随台地有高低起伏。同时其残损中山洪冲刷破坏占很大比重；南段则
逐渐脱离开山前台地，改沿平原地带分布，地势较平坦，但山洪冲断及人为破坏较多。

此段长城按照其特征及保存状况等，可分为54段。

第1段：G0708—G0709点，长64米。消失段。此段也是一处山洪断口，墙体无存。

第2段：G0709—G0710点，长65米。方向225°。保存一般。此段基本位于山洪冲积形成的漫滩
上，是从东北侧一处断口边开始，继续沿台地向西南，到另一处断口边，地势较低平。保存一般，墙
体虽较高，但两侧底部均有较厚的坍塌土及风淤沙土堆积，呈斜坡状，表面生长有较茂密的沙蒿等野
草；裸露的壁面较陡，但风蚀剥落等较重，呈犬牙突兀状；顶部较平。底宽4.8、顶宽0.5—1、斜高
4.2米。

第3段：G0710—G0711点，长75.2米。消失段。此段横跨一山洪冲沟，墙体无存。

第4段：G0711—G0712点，长787.6米，方向220°。保存一般。此段从断口南起，继续向西南，
到另一山洪断口边，墙体特征等与第2段相似，底宽4.8、顶宽0.6—1.2、斜高4.2米。

此段中部，在长城东侧台地上分布着三趟墩1号烽火台，西距墙体75米。

第5段：G0712—G0713点，长15米。消失段。此段位于一山洪冲沟处，墙体无存。

第6段：G0713—G0714点，长224米。方向210°。保存一般。此段从山洪断口南缘开始，向西南
到另一山洪断口边。墙体东壁坍塌甚重，多数已呈斜坡状。但西壁保存略好，壁面较陡直，一些地段
壁面尚存黑色苔斑等。底宽4.8、顶宽0.5—1.2、斜高4.5米。

第7段：G0714—G0715点，长18米。消失段。此段横跨一小山洪冲沟，墙体无存。

此段西侧有一处紧贴长城修建的羊圈，今已废弃。有方形墙垣，东面直接掏挖墙基而建。

第8段：G0715—G0716点，长630米。方向210°。保存一般。此段从山洪断口南缘开始，继续向
西南，到南侧水泉沟断口边，地势随台地略有起伏，总体由北向南略有降低。保存一般，仅个别处保
存较好，西侧底部有明显的风蚀凹槽。底宽4.8、顶宽0.8—1.2、斜高5米。

此段中部有两处小山洪断口，长度均在5米左右。另外，在止点西侧的贺兰山东面坡半坡平台上
还分布着查汉艾木3号烽火台，东距墙体0.87千米。

第9段：G0716—G0717点，长195.7米。消失段。此段横跨水泉沟，墙体无存。

此段西侧的水泉沟也是贺兰山一处较为宽阔的山口，有长期碾压的土路沿山口可辗转深入山间。
山间汇集的大股洪流在此处形成一道十分宽阔的漫滩。地表以夹杂小砾石的黄沙土堆积为主。

第10段：G0717—G0718点，长440.7米。方向215°。保存一般。此段从水泉沟南起，继续向西
南，沿此处一道山梁坡面而上，到半坡墙体保存特征点处，地势略有抬升。保存一般，特征与第2段
基本相似，底宽3.4、顶宽1.4、残高3.2米。东壁底部有明显的风蚀凹槽，残高0.6、进深0.3米
（彩图二九一）。

第 11 段：G0718—G0719 点，长 117 米。方向 210°。保存较好。此段从保存特征点处开始，继续沿坡面缓慢爬升，到一处小断口处。墙体保存较好，墙体高耸，其中西壁较陡，壁上生长有较浓密的黑色霉斑；东壁则坍塌略重，顶部较平，表面有黑色霉斑等，但未发现垛墙、女墙等。底宽 2.9、顶宽 1.6、残高 4.2 米。

此段中部，在墙体东侧平台上分布着三趟墩 2 号烽火台。

第 12 段：G0719—G0720 点，长 185.5 米。方向 180°。保存一般。此段从墙体小断口边开始，继续沿台地向西南而上，到山丘高点后，再沿其南面坡缓慢而下，到南侧一处墙体断口边，地势中间高而两侧低。墙体保存一般，其特征等与第 2 段相似，底宽 3.8、顶宽 0.5—1.2、斜高 5.4 米。

此段起点处有一处小断口，宽 4 米。断口两侧断面较齐整，今有一道土路穿过。

第 13 段：G0720—G0721 点，长 18 米。消失段。此段是一处小山洪断口，墙体无存。

第 14 段：G0721—G0722 点，长 467.1 米。方向 195°。保存一般。此段从小断口南边起，继续向南，到一处墙体保存特征点处，地势略有起伏，总体由北向南略有下降。此段墙体方向较为曲折，中间几经辗转。墙体特征等与第 2 段基本相似，底宽 3.4、顶宽 0.4—0.8、斜高 3.8 米（彩图二九二）。

第 15 段：G0722—G0723 点，长 70.4 米。保存较好。此段是碳井子湾北侧残留的一段保存较好的段落，是从墙体保存特征点处开始，继续向东南，到碳井子湾北侧的山凹边，地势总体由北向南略有降低。墙体特征与第 11 段相似，但壁面脱落严重，西侧底部有一道贯通状风蚀凹槽。底宽 3.8、顶宽 1.8、残高 4.5 米。

第 16 段：G0723—G0724 点，长 141.6 米。保存一般。此段从山凹边开始，沿坡面而下，到碳井子湾断口边，地势由北向南逐渐下降，降幅略大。方向亦略向西折。保存一般，特征等与第 2 段相似，底宽 5.3、顶宽 0.4、斜高 4.2 米。

此段止点处墙体断面特征较为明显，墙体也有主墙、附墙之分，其中主墙底宽 4.5、西侧附墙底宽 3.5、东侧附墙底宽 4、顶宽 1.5 米（图三八六）。

第 17 段：G0724—G0725 点，长 61.6 米。消失段。此段是碳井子湾西侧山间汇集的山洪北侧断口，墙体无存。今有便道穿过此断口、通往西侧碳井子湾采石区。

第 18 段：G0725—G0726 点，长 62.8 米。保存一般。此段是碳井子湾宽阔冲积河道上残留的一段墙体，地势十分低平。墙体整体保存一般，两侧底部均有较厚的坍塌土及风淤沙土堆积，裸露出的夯土壁面较陡，只是坍塌等残损较重，呈犬牙突兀状，顶部较平。底宽 5.3、顶宽 0.4、斜高 4.2 米。

第 19 段：G0726—G0727 点，长 42 米。消失段。此段是碳井子湾沟冲积河道上偏南侧的一处断

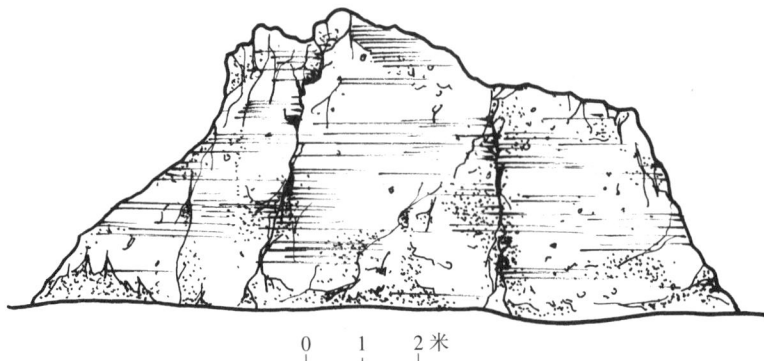

图三八六　G0723 点处墙体立面图

口，墙体无存。

第20段：G0727—G0728点，长180米。方向170°。保存一般。此段从碳井子湾断口开始，沿西侧山体山脚下较为平坦处向南，到南侧另一处断口边，地势较为低平。墙体特征等与第2段相似，底宽4.2、顶宽0.8、斜高4.2米。

第21段：G0728—G0729点，长96.2米。消失段。此段是一处山洪断口，墙体无存。

第22段：G0729—G0730点，长31.6米。保存一般。此段从断口南起，继续向南，到一处墙体保存特征点处，地势由北向南略有下降。此段墙体两侧堆积有厚厚的坍塌土与风淤土，上部基本与墙顶持平，残留出的夯土不多，且多呈断断续续状。底宽2.8、顶宽0.6、斜高3.2米。

第23段：G0730—G0731点，长13.5米。保存差。此段上部夯土已全部坍塌，仅存底部，两侧有较厚的坍塌土及风淤沙土堆积。残存墙体底宽3.4米。

第24段：G0731—G0732点，长109.9米。保存较好。此段是残留的保存较好的一段，除了中部有一小段稍有坍塌外，其余均保存较好，墙体高耸，壁面较陡，但壁面上的坍塌、风蚀等破坏较明显；顶部较平。墙体底宽4.8、顶宽0.8—1.4、残高4.5米。西侧底部有一贯通状风蚀凹槽，残高0.4、进深0.2米。

第25段：G0732—G0733点，长128米。保存一般。此段与第22段特征等较为相似，底宽4、顶宽0.8—1、斜高3.2米。

第26段：G0733—G0734点，长155.7米。保存较好。此段与第24段特征等基本相似，只是两侧底部堆积较厚，已呈斜坡状。底宽4.4、顶宽0.9—1.2、残高2.2—3.2米。西侧底部有一贯通状风蚀凹槽，残高0.6、进深0.4米。

第27段：G0734—G0735点，长1120米。保存差。此段从墙体保存特征点处开始，继续沿山前较为平坦的台地向南，到口子断口边，地势较平。墙体整体已呈土垄状，其特征等与第23段相似，底部残宽5米。

此段中部连接着三趟墩1号敌台，东侧50米的平地上还有三趟墩3号烽火台。另外，在止点附近的墙体西侧，有内蒙古阿左旗阿拉善文物管理站2006年立的长城保护碑。

第28段：G0735—G0736点，长128.2米。消失段。此段位于口子门沟河道处，墙体无存。

口子门沟也是贺兰山一处较为宽阔的山口，山间汇集的洪水蜿蜒而来，在墙体周围形成一处宽阔平坦的冲积滩地，底部今以沙土堆积为主。这里山口曲折幽深，有道路沿此断口可辗转深入山体西侧。在进沟约1.2千米的南侧山脊上分布三趟墩4号烽火台。此沟是内蒙古阿拉善左旗与宁夏青铜峡市分界线，沟以北属阿左旗辖地，以南则归青铜峡所辖。

第29段：G0736—G0737点，长211.6米。方向195°。保存差。此段从口子门沟断口南起，继续沿台地向西南，到一处墙体保存特征点处，地势逐渐抬升，但升幅不大。墙体保存差，上部夯土已全部坍塌，仅存底部，两侧有较厚的坍塌土及风淤沙土堆积，呈斜坡状，表面生长有较茂密的蒿草、骆驼刺、芨芨草等。残存墙体底宽2.4米。

此段起点向南36米、在河道南岸一处台地上有一处方形基址，其东垣紧贴长城墙体、不筑墙体，其余三面用黄土夯筑成墙垣，夯土土色略泛红，小石粒含量较丰富。此基址形制较小，但四壁十分清晰，东西15、南北21、残高0.9米。其北面临近河道，南面中部辟门，门道宽3米。残损甚重，内侧较平，今已被黄沙覆盖。

第30段：G0737—G0738点，长183.2米。保存一般。地势由北向南继续略有抬升。保存较高，但两侧底部均有较厚的坍塌土及风淤沙土堆积；壁面较陡，但坍塌等残损较重，呈斑犬牙突兀状；顶部较平。底宽3.4、顶宽0.6、斜高1.5—2.2米。

第31段：G0738—G0739点，长348米。保存差。此段从墙体保存特征点处开始，继续沿山前台地向西南，到一处小断口边，地势较平。此段方向不直，特别是止点附近随地势略向东折。墙体保存差，其特征等与第29段基本相似，底部残宽3.4米（彩图二九三）。

此段止点以东有一座规模较大的半圆形丘状台地，台地上有三趟墩5号烽火台。

第32段：G0739—G0740点，长48米。消失段。此段是一处断口，墙体无存。断口今已成为通往南侧四眼井的土路所经之地。

第33段：G0740—G0741点，长131米。保存差。此段从断口南起，方向向东折，到一处墙体保存特征点处，地势由北向南逐渐抬升，升幅稍大。墙体保存差，其特征与第2段基本相似，底部残宽3.4米。

此段西侧的贺兰山又向西拐折出一个大"C"形弯，绵延十多千米，向南一直到芦沟湖。而此段长城并未继续沿其山前台地分布，而是删减取直、改沿平地向南。墙体地势较平，方向亦较直。

第34段：G0741—G0742点，长449.5米。保存一般。其特征与第30段基本相似，底宽3.4、顶宽0.6—1.2、斜高4.5米。

第35段：G0742—G0744点，长1419.5米。方向170°。保存差。此段仅个别地段尚存残垣，其特点与第29段等基本相似，残存墙体底宽3.4米。

此段中部的G0743点处，墙体被西面而来的山洪冲刷剥蚀出一处半圆形坍塌面（仅东侧部分壁面尚存），底部剥蚀较深（彩图二九四）。

第36段：G0744—G0745点，长163米。消失段。此段位于四眼井原村落聚居点东北侧，是西面山间汇集而来的山洪穿越墙体之地，墙体无存。

第37段：G0745—G0746点，长59.1米。方向165°。保存较好。此段是山洪冲刷河道之间残留的一段墙体，整体保存较好，墙体高耸，壁面较陡，但壁面上的坍塌、风蚀等较明显，顶部较平。底宽4.4、顶宽0.8—1.4、残高3—4.5米。

第38段：G0746—G0747点，长180米。消失段。此段是西侧汇集的山洪冲刷形成的南面断口，墙体无存。

此段西侧是原四眼井村，原有居民十余户，今已全部搬迁。

第39段：G0747—G0748点，长231.3米。方向170°。保存一般。此段从山洪断口南起，向南到另一处山洪断口边。此段保存一般。其特征与第30段基本相似，底宽5.1、顶宽0.4—1.1、斜高4.5米。

此段墙体中部连接着三趟墩2号敌台；西侧贺兰山山脊上还分布着三趟墩6号烽火台。

第40段：G0748—G0749点，长64米。消失段。此段也是一处山洪断口，墙体无存。

第41段：G0749—G0750点，长440.2米。方向165°。保存一般。此段从断口边起，向南到另一处断口边。墙体特征等与第30段相似。底宽4.5、顶宽0.8、斜高3.5米。

第42段：G0750—G0751点，长36.6米。消失段。此段是一处山洪断口，墙体无存。今地表堆积有较厚的细沙，偏北侧有一道长期踩踏出的土路横穿长城。

第43段：G0751—G0752点，长1038.5米。方向165°。保存一般。此段从断口边起，向南到另一处墙体断口边。墙体特征等与第30段相似，底宽5、顶宽0.6、斜高3.5米（彩图二九五）。

此段止点附近有三趟墩 3 号敌台。

第 44 段：G0752—G0753 点，长 163.8 米。消失段。此段是一处宽阔的山洪断口，墙体无存。

第 45 段：G0753—G0754 点，长 46.7 米。保存较好。此段从断口边起，继续向南到一处墙体保存特征点处。此段墙体高耸，壁面较陡，但壁面上的坍塌、风蚀等较明显，壁面版接缝、夯层等痕迹十分清晰，版接缝长 4.5 米左右，夯层厚 0.15—0.2 米，尤其是底部夯层较薄；顶部较平。底宽 4.8、顶宽 1.8、残高 5.3 米。

第 46 段：G0754—G0755 点，长 24 米。保存差。此段上部夯土虽已坍塌殆尽，但地基尚存，两侧均有坍塌土与风淤土堆积。

第 47 段：G0755—G0756 点，长 181 米。方向 160°。保存较好。此段墙体较高，但两侧堆积有较厚的坍塌土与风淤沙土，已将两侧壁面包裹严实，裸露出的夯土不高。底宽 5.8、顶宽 1.2、残高 3.2 米。

第 48 段：G0756—G0757 点，长 210.3 米。消失段。此段位于芦沟湖北侧一道十分宽阔的山洪冲沟处，墙体无存。

第 49 段：G0757—G0758 点，长 159.8 米。保存差。此段从断口南起，向南到今芦沟湖断口边。墙体保存甚差，上部夯土已全部坍塌，仅存底部，两侧有较厚的坍塌土及风淤沙土堆积，呈斜坡状。底部残宽 2.8 米。

第 50 段：G0758—G0759 点，长 255 米。消失段。此段位于芦沟湖宽阔的断口处，墙体无存。

此段原属芦沟湖湖泊地带，只是湖水多已干涸，成为一处面积广阔的盐碱滩。另外，原与墙体位置距离较远的贺兰山山体在此段止点处附近逐渐又折回到墙体西侧，所以南段墙体又开始逐渐沿起伏较大的山前台地处延伸。

第 51 段：G0759—G0760 点，长 101 米。方向 160°。保存差。此段从芦沟湖断口南起，开始沿山前台地向南，到一处墙体保存特征点处，地势逐渐抬升，但升幅不大。此段墙体整体已呈土垄状，其特征等与第 48 段基本相似，残底宽 4.8 米。

第 52 段：G0760—G0761 点，长 380 米。方向 170°。保存一般。此段从墙体保存特征点处开始，向南到一处山洪断口边。保存一般。墙体特征等与第 30 段基本相似，底宽 5.4、顶宽 0.8—1.2、斜高 3.2 米（彩图二九六）。

第 53 段：G0761—G0762 点，长 50.4 米。消失段。此段是一处山洪断口，墙体无存。

第 54 段：G0762—G0763 点，长 114 米。方向 170°。保存一般。此段从断口南起，继续沿山前台地向南，到今青铜峡市与中宁县分界碑西侧。墙体保存一般。其特征等与第 30 段基本相似，底宽 5.4、顶宽 0.8—1.2、斜高 3.2 米。

此段止点东侧 10 余米的台地上有青铜峡市与中宁县的界碑。

（八）中宁县渠口农场段（编码：640521382101170001—640521382101170002，工作编号：08ZGG001—08ZGG002）

此段北起青铜峡市与中宁县交界处，继续沿山前台地向西南，到中宁县渠口农场西北的南湖子沟沟口处（土墙截止点处），全长 1909.9 米（图三八七）。

此段墙体特征等与前段基本相似，仅因辖地不同而另分行分段。因距离西侧贺兰山较近，受山间山洪冲刷较重。按其保存特征等可分为 17 小段。

第 1 段：G0763—G0765 点，长 365.3 米。方向 170°。保存一般。此段从县界碑西侧起，继续沿山

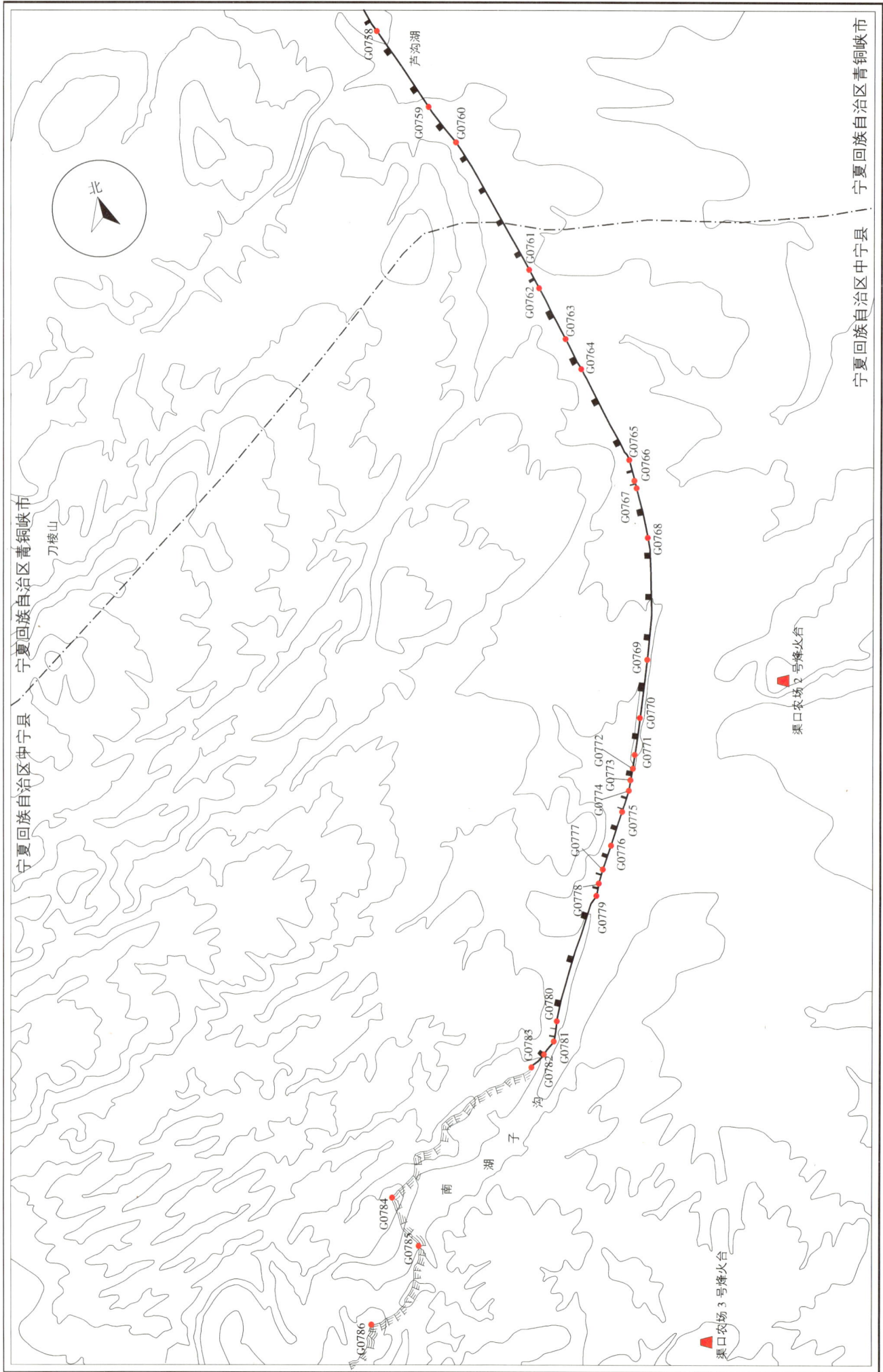

图三八七　中宁县渠口农场段长城走向图-1

前台地向南，到南侧一道略凸起的山丘顶。地势有高低起伏，落差稍大，方向亦不甚直。此段残存墙体较高，但坍塌等残损较重，两侧均已呈斜坡状。墙体底宽5.4、顶宽0.6—1.1、斜高3.2米。

此段中部，在今G0764点处有一处山洪断口，宽19米；另外，在此段西侧的贺兰山山脊上分布着渠口农场1号烽火台，距长城墙体1.89千米。

第2段：G0765—G0766点，长66.3米。方向180°。保存一般。此段从山丘顶部开始，沿山丘南面坡而下，到南侧一处小山洪断口边。地势由北向南逐渐下降，但降幅不大。此段墙体虽较高，但残损较重，两侧均有坍塌、粉状脱落等，西侧底部有一道贯通状风蚀凹槽，残高0.6、进深0.3米。底宽5、顶宽1.8、残高4.8米。

第3段：G0766—G0767点，长15.3米。消失段。此段也是一处山洪断口，墙体无存。

墙体自此段起点处起，方向略向西折，呈东北—西南向。

第4段：G0767—G0768点，长120.9米。方向195°。保存较好。此段从小断口南侧开始，向东南到一处墙体保存特征点处。地势有高低起伏，总体略有抬升，方向不甚直。保存较好，其特征与第2段基本相似，底宽5.5、顶宽1.8、残高4.8米（彩图二九七）。

此段起点处的墙体断面较陡直，其横截面呈梯形，底宽4.5、顶宽2、残高4.5米，墙体版接缝十分清楚，每版长2.5—3米，夯层厚0.18—0.2米；止点处有一处小山洪断口，长5米，底部剥蚀甚深。

第5段：G0768—G0769点，长398.5米。方向210°。保存一般。此段墙体虽连续，但坍塌等破坏较重，两侧已呈斜坡状。墙体底宽4.5、顶宽0.2—0.6、斜高3.5米（彩图二九八）。

第6段：G0769—G0770点，长119米。方向210°。保存较好。墙体特征与第2段基本相似，底宽4、顶宽1.2—1.8、残高4.2米。

此段东面的山丘顶上分布着渠口农场2号烽火台，西距长城墙体365米。

第7段：G0770—G0771点，长88.2米。方向210°。保存一般。此段两侧坍塌甚重，呈斜坡状，其特征与第1段基本相似。底宽5.4、顶宽0.6—1.1、残高4.2米。

第8段：G0771—G0772点，长41米。方向210°。保存较好。此段从墙体保存特征点处开始，继续向西南，到一处山洪断口边。墙体保存较好，其特征与第2段基本相似。底宽4.8、顶宽1.4、残高4.2米。

第9段：G0772—G0773点，长30米。消失段。此段也是一处山洪断口，墙体无存。

第10段：G0773—G0774点，长31.6米。方向220°。保存一般。此段从山洪断口南起，向西南到另一处山洪断口边。墙体保存一般，其特征与第1段基本相似。底宽4.5、顶宽0.6—1.2、残高4.2米。

第11段：G0774—G0775点，长63.6米。消失段。此段横跨一山洪断口，墙体无存。

第12段：G0775—G0776点，长113米。方向220°。保存较好。此段从山洪断口南起，向西南到一墙体保存特征点处。墙体保存较好，壁面较高，其特征与第2段基本相似。底宽5.2、顶宽0.9—1.2、残高5.6米。

第13段：G0776—G0777点，长30米。方向220°。保存一般。此段从墙体保存特征点处开始，向西南到一山洪断口边。墙体虽较高，但坍塌甚重，已呈断断续续状，两侧均有坍塌堆积土。底宽4.2、顶宽0.4—0.9、斜高3.2米。

第14段：G0777—G0778点，长32米。消失段。此段也是一处山洪断口，墙体无存。

第 15 段：G0778—G0779 点，长 358.5 米。方向 195°。保存一般。此段从山洪断口边起，向西南到另一处山洪断口边。墙体保存一般，其特征与第 13 段基本相似。底宽 5、顶宽 0.6—0.9、斜高 5.4 米。

第 16 段：G0779—G0780 点，长 15 米。消失段。也是一处山洪断口，墙体无存。断口虽不甚宽阔，但底部剥蚀较深。

第 17 段：G0780—G0781 点，长 21.7 米。方向 205°。保存一般。此段从小断口南起，向西南到南湖子沟沟口处的土石墙交汇处。墙体保存一般，坍塌等残损较重，其特征与第 13 段基本相似。底宽 5.1、顶宽 0.4—0.8、斜高 5.2 米。

二　中宁县渠口农场—金沙村段长城

此段长城，北起南湖子沟沟口，沿贺兰山山间辗转向西南，辗转经过小水沟、小沙沟、雨水井沟、新寺沟、大河子沟、三柱庆沟、黄家沟、苦水沟、平唐湖沟、大佛寺沟等山沟，最后到石空大佛寺西侧，全长 46967.4 米。沿途经过中宁县渠口农场、高山寺、枣园、王营、太平、张台、金沙 7 个村镇。

此段墙体多位于贺兰山山间，是沿山间较为低矮的山体辗转向西南延伸的。墙体随山体上下起伏，落差较大，方向亦十分曲折。此段墙体类型十分复杂，即在一些山体陡峭、不便攀爬的地段直接利用山险；在地势相对较为平缓的地段则以垒砌石墙；在地势稍缓的山间则上部建石墙、底部再砍削山体成山险墙；而在一些地势较低矮、取土较方便处亦夯筑土墙。这样便形成了此段山险、石墙、土墙、山险墙类型多样、交相使用的特点。需要说明的是，此段墙体也不是单独的一道，在一些山沟内（如小沙沟、大佛寺沟等）还有分支叉出的、长短不一的附墙。按其所属行政区划先分为八段。

（一）渠口农场段（编码：640521382102170003—640521382102170021，工作编号：07ZQ003—07ZQ021）

此段位于渠口农场以西，是从南湖子沟沟口处开始，沿贺兰山山间辗转向西南，经小水沟等山沟，到红疙瘩湾北侧山沟内与高山寺段长城相连，全长 4563.4 米（图三八八）。

此段按墙体类型分为 18 段，每段再根据保存状况等又细分为若干小段。

1. 渠口农场 1 段石墙（编码：640521382102170003，工作编号：07ZQ003）

此段位于南湖子沟沟口北侧，是从土石墙交汇点处开始，沿沟口北岸山体向西南，地势随之逐渐上升，到山体近顶部后略向南折，再沿陡岸边向西南到山顶处，全长 111 米。地势东低西高，落差较大；方向亦不直，大致呈东北—西南向。

此段石墙保存一般，坍塌较重，均已呈石堆状。按其构筑方式分为 2 小段。

第 1 段：G0781—G0782 点，长 86 米。方向 240°。此段是从南湖子沟沟口土、石墙交汇点处开始，沿沟口北岸山梁而上，到西侧近底部陡岸边。此段筑法属两面垒砌、中部填塞碎石沙土。残留砌石虽稍高，但坍塌甚重，已呈斜坡状。底宽 2.4、顶宽 0.4—0.8、残高 1.5 米（彩图二九九）。

第 2 段：G0782—G0783 点，长 25 米。方向 215°。此段位于地势相对较高的陡岸边。石墙是沿山体坡面而建，只用石块垒砌南侧壁面，北面一侧则直接用小块石块及黄沙土填塞充实，顶部较平。坍塌甚重，仅存痕迹。

2. 渠口农场 1 段山险（编码：640521382102170004，工作编号：07ZQ004）

此段位于南湖子沟沟口北岸，是从石墙止点处（G0783 点）起，沿河道北岸边辗转向西南，至沟

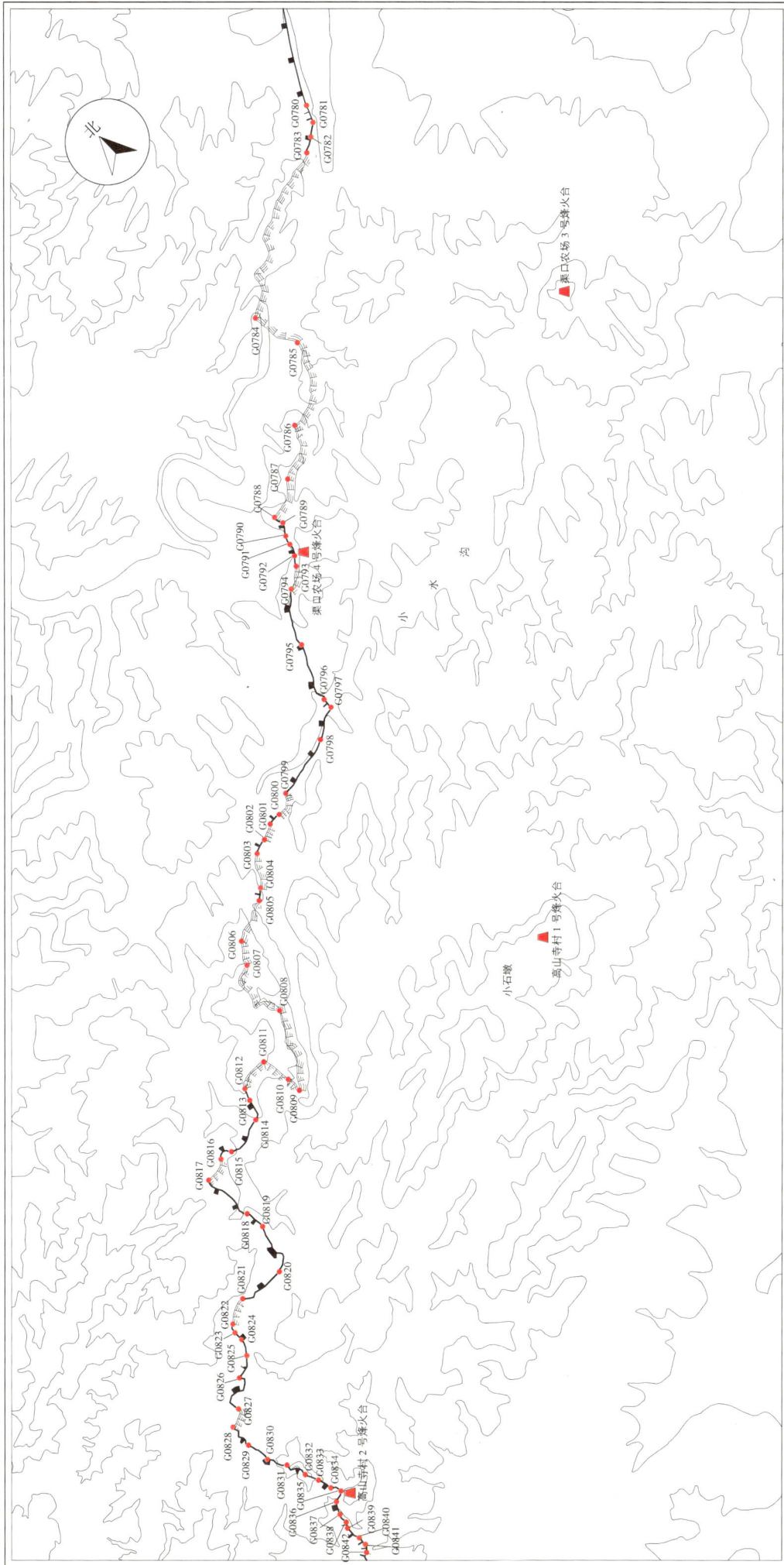

图三八八　中宁县渠口农场段长城走向图-2

内石墙起点处（G0784点），长827米。

该段直接利用山体，不砌墙体。方向呈东北—西南向。

3. 渠口农场2段石墙（编码：640521382102170005，工作编号：07ZQ005）

此段长城位于南湖子沟进沟约1千米处，属封闭山沟的一段墙体。是从河道北侧陡崖下开始，向南过底部干涸河道，再延伸到西南侧陡崖处，全长89.4米。地势以两侧略高而中部稍低，立面基本呈"U"形，但落差不大。方向较直。墙体是用较大块青灰色岩石垒砌而成，残损较重。按其特征及保存状况等可分3段。

第1段：G0784—G0785点，长12米。保存一般。此段墙体自北侧陡崖边开始，向东南至河道断口处。地势略有下降，但降幅不大。墙体坍塌较重，已呈石堆状。底宽2.4、顶宽0.4—0.8、残高1.5米。

第2段：G0785—G0786点，长9.6米。消失段。此段位于干涸河道处，墙体无存。

第3段：G0786—G0787点，长67.8米。保存一般。此段从河道南侧断口边起，沿南侧一道缓坡而上，至沟南陡崖半坡处，地势由北向南略有抬升，但升幅不大。墙体残损较重，已坍塌成石堆状。残存墙体底宽1、顶宽0.7、残高1.3米。

4. 渠口农场2段山险（编码：640521382102170006，工作编号：07ZQ006）

此段位于南湖子沟进沟约1千米的河道南岸，是从南岸陡崖处（G0787点）起，向西南到一个山凹处（G0788点），直线距离68米。方向较曲折。此段山体连续，距沟底达10余米，且坡度近80°。故不砌墙体，直接利用山体。

5. 渠口农场3段石墙、山险（编码：640521382102170007，工作编号：07ZQ007）

此段位于南湖子沟进沟约1千米、河道南岸半山洼处，是从半坡较缓的斜坡面处起，沿山体向西，过一道突出的几字形山梁后，方向向南折，到西南侧缓坡处，全长331米（含山险176米）。地势有高低起伏，落差较大。方向亦不直，总体呈东北—西南向。

此段石墙、山险基本各占一半，按照其特征及保存状况等可分5小段。

第1段：G0788—G0790点，长77米。石墙段。保存差。此段墙体从半山腰地势稍缓处开始，向西南经过斜坡面上的一个小山凹，再沿此处突出的山梁坡面而上，到山梁脊部，立面基本呈"√"形。此段墙体坍塌等残损严重，现仅存痕迹。其北面则紧邻南湖子沟河道，相距底部河道在3米左右，坡面十分陡峭。

此段中部的小山凹受从南面斜坡上汇集而来的洪水冲刷影响，已形成一处宽8米的断口。

第2段：G0790—G0791点，长27米。石墙段。保存一般。此段是从山梁东边起，方向向南折，过山梁中部一个低洼处，到山梁西面陡坡处。地势以东侧略高而西侧稍低，但落差不大。墙体是以赭红色片状石块两侧垒砌、中间填以黄土与碎石，石色略泛黑，石缝间垫有黄沙土。此段石墙保存一般，北侧多已坍塌。底宽1.8、顶宽1、残高1.2米。

此段墙体南面山顶上分布着渠口农场3号烽火台。

第3段：G0791—G0792点，长51米。山险段。此段位于几字形山梁的左侧，因此段山体高耸陡峭，坡度近乎垂直，故此段直接利用山险，不砌墙体。

第4段：G0792—G0793点，长51米。石墙段。保存较差。此段位于几字形山梁西南侧半山腰一处低洼处，是将这低洼处用赭红色石片垒砌加高成墙体。石片为页岩，质地较疏松，规格均较小。其砌法是只砌外侧一面，紧依山体一面则直接以黄土混杂碎石填塞，顶部较平。墙体保存较差，尤其是迎坡面多坍塌，顶宽 0.5、残高 1 米。

第 5 段：G0793—G0794 点，长 125 米。山险段。此段从低洼西南侧起，沿此处拐折成反 "C" 形山体向西，到山体西南侧缓坡处。此段山体高耸，坡度较陡且基本连续，不便攀爬，故直接利用山险，不砌墙体。

6. 渠口农场 4 段石墙（编码：640521382102170008，工作编号：07ZQ008）

此段石墙，自南湖子沟南岸、山体西南边起，逐渐远离南湖子沟河道，改沿南侧另一道山体向南，过南侧的小水沟，最后到小水沟河道南岸一处断点边，全长 426.7 米。此段墙体基本连续，方向总体呈东北—西南向。按其保存状况等可分 4 小段。

第 1 段：G0794—G0795 点，长 42 米。保存差。此段墙体自南湖子沟南岸半坡处开始，沿山体向南，中间随山体略向东南折，最后到南面半山腰，与另一道山体之间马鞍形山凹处平面呈 "C" 形。此段多位于山体半山腰，地势由北向南逐渐抬升。其砌法是紧依山体，只将外侧以石块垒砌，内侧则以黄土混杂小石块填塞。墙体整体保存差，坍塌等残损甚重，多数地段仅存痕迹。

此段所在山体与前两段在同一道山体上，只因这里山体趋缓，故开始沿半山腰垒砌赭红色石块加高。其末端向南逐渐远离南湖子沟河道。

第 2 段：G0795—G0796 点，长 65 米。保存较好。此段从两道山相接的马鞍形山凹处开始，沿南侧另一道山体坡面而上，到山体较高点后，再沿此处一道向南突出的山梁顶部向南（仅止点处有一小段位于一道凸起的山丘西面半坡处），地势逐渐降低，最后到南侧一处不宽的干涸冲沟——小水沟岸边，地势基本呈中部高而两侧偏低之势，方向较曲折，中部有一处近乎直角的拐折点。保存较好，墙体较高，但部分地段坍塌略重。底宽 2.3、顶宽 1.5、残高 2.5 米（彩图三〇〇）。

此段因所处山体地势较低矮，故石墙砌法采用两侧用大块赭红色片状石块垒砌、中间再用黄沙土与小石粒混杂填塞，横断面呈梯形。所选石块色泽不甚纯，呈色中有泛白、泛黑者，形状以条形石居多。墙体南段的西侧底部山体较为陡峭、似经砍削成山险墙。

第 3 段：G0796—G0797 点，长 54.5 米。保存较差。此段墙体自小水沟东北侧陡崖边开始，随山体坡面而下，过底部冲沟，再沿南侧山坡而上，最后到半坡处的墙体拐点处，地势基本呈中间低而两侧高的 "U" 形，两端落差大致在 2 米左右。

此段墙体按其特点可分为三部分。

北段：从陡崖处开始，到底部冲沟边，全长 9.5 米，地势由北向南显著下降。此段墙体是在山体斜坡面上，用赭红色页岩石块两侧砌筑、中间填塞以小石块与黄沙土，墙体坍塌较重，多数地段呈斜坡状。底宽 3、顶宽 0.5、残高 1.5 米。

中段：底部冲沟处，长 31 米。这里地势低矮平坦，是西侧小水沟内汇集的山间洪水穿越墙体之地，墙体形成一道较为宽阔的断口。

南段：是从冲沟南岸开始，随南面山坡而上，最后到半坡陡崖下，全长 14 米，地势由北向南逐渐抬升，升幅稍大。此段墙体特征与北段基本相似。

第 4 段：G0797—G0798 点，长 45.5 米。消失段。此段位于小水沟冲沟南岸，是从半山腰墙体拐点处开始，随山体向西北折，最后到西北侧一处山凹处。此段墙体残损甚重，墙体近乎无存，仅在个别地段尚有不多的砌石残留。

长城从此段起，始沿小水沟河道向西辗转延伸。而此段墙体紧依一道大致呈西北—东南向的山梁，山体较高，且坡度较陡，但其西侧逐渐出现一道较窄的小平台。

第 5 段：G0798—G0799 点，长 219.7 米。保存较差。此段位于小水沟南岸的一处不甚宽阔的山凹处，是从东面山体开始，过小山凹，再沿半坡处继续向西绕过山嘴，最后到西侧陡崖边，平面略呈反"C"形。地势以中部稍低而两侧稍高，但落差不大。墙体整体保存较差，坍塌等较多。底宽 1.9、顶宽 1、残高 1.6 米。

此段中部的小山凹，有从山间汇集的雨水携带泥沙长期冲刷、淤积，在墙体南侧淤积出一处不甚宽阔的小平台，使得墙体南北两侧底部落差在 1 米左右。雨水冲刷使得此段墙体中部断裂稍重。

7. 渠口农场 3 段山险（编码：640521382102170009，工作编号：07ZQ009）

此段位于小水沟南岸，是从前段石墙止点处（G0799 点）开始，沿河岸陡崖到西南侧另一处小山凹边（G0800 点），直线距离为 68 米。大致呈东北—西南向。

此段所在的小水沟底部冲沟虽不甚宽阔（宽 2—5 米），但剥蚀较深。河谷狭窄深邃，两岸石壁高耸陡峭，不便攀爬，故此段直接利用山险，不砌墙体。

8. 渠口农场 5 段石墙（编码：640521382102170010，工作编号：07ZQ010）

此段也是位于小水沟河道东南侧，在斜坡面上的一小山凹处。是沿山凹东北侧陡崖边开始，随山凹边缘向西南，过山凹底部、一直延伸至山凹西南侧陡崖处，从而形成一个两侧连接两道山梁、立面成"V"形的墙体。平面方向较直，方向 53°。此段特征基本相似。

G0800—G0801 点，长 42 米。保存差。是用较大块赭红色块状砂岩垒砌而成，石缝间以黄沙土填塞。石色呈色不一，有少量青色、白色等。坍塌甚重，整体已呈石堆状。底宽 4.3、顶宽 1.9、残高 0.9 米。

此段东南侧有一道从山体表面汇集而来的小股洪水冲刷出的冲沟，从墙体底部穿越墙体、注入小水沟内。此冲沟不大，但底部剥蚀较深，尤其在墙体东南侧深度可达 1 米，受其影响，石墙在此段有较明显的坍塌断裂。

9. 渠口农场 4 段山险（编码：640521382102170011，工作编号：07ZQ011）

此段山险也是位于小水沟东南岸，是从小山凹处石墙止点（G0801 点）处起，继续随小水沟陡崖向西南，到西南侧另一处小山凹边（G0802 点），直线距离为 55 米。方向呈东北—西南向。此段也是充分利用山体，不筑墙体。

10. 渠口农场 6 段石墙（编码：640521382102170012，工作编号：07ZQ012）

此段也是位于小水沟河道南岸、在斜坡上的一个小山凹处，距沟底达 35 米。是从东北侧陡崖边开始，随山凹坡面而下，过山凹底部，再沿西南侧山坡而上，最后到半坡陡崖边，平面方向较直，大致呈东北—西南向。但立面则基本呈"U"形。墙体特征基本相同。

G0802—G0803 点，长 39 米。保存差。此段是用赭红色片状石块垒砌而成，石缝间以黄沙土填塞。石色不一，有少量青、白色。墙体整体保存差，坍塌甚重，基本已呈石堆状。尤其是山凹底部、受东南侧山间汇集而来的小股洪水冲刷影响，坍塌断裂较为明显（断口较小，塌落的石块多堆砌在北侧坡面上）。残存墙体底宽 1.2、残高 0.5 米左右。

11. 渠口农场 5 段山险（编码：640521382102170013，工作编号：07ZQ013）

此段也是位于小水沟南岸，从前段石墙止点（G0803 点）处起，随小水沟陡崖向西南，到另一山凹边（G0804 点），直线距离为 115 米。其方向不直，大致呈东北—西南向。此段也是充分利用陡崖、不砌墙体。

12. 渠口农场 7 段石墙（编码：640521382102170014，工作编号：07ZQ014）

此段也是位于小水沟南岸，在陡崖中间的一个山凹处。是沿山凹东北侧陡崖边开始，随山凹边缘向西南，过山凹底部、再到山凹西南侧陡崖处。平面方向较直，方向53°，但立面成"U"形，落差稍大。墙体特征基本相似（彩图三〇一）。

G0804—G0805 点，长 26 米，保存较差。此段石墙体坍塌甚重，基本已呈石堆状，尤其是墙体位于山凹底部，受东南侧山凹间汇集而来的小股洪水冲刷影响，形成一处小豁口。底宽2.3、顶宽1.3、残高0.5 米。

此段东侧、基本紧贴墙体处淤积有较厚的金黄色细沙等，顶部基本与墙体平齐。

13. 渠口农场 6 段山险、石墙（编码：640521382102170015，工作编号：07ZQ015）

此段长城从前段石墙止点开始，继续随小水沟南侧陡崖向西南，到小水沟西南端一个较大的拐点（河道在此有一处落差达10 米的断崖）后，横过河道，再改沿山体北侧陡岸向西北，最后到一个突出的小山嘴边，全长 641.1 米（含石墙 34.1 米）。地势起伏较大，方向亦几经转折。此段山体高耸，坡度较大，且基本呈连续状，故此段多直接利用山体。但该段山险中还残存 4 小段石墙，均是紧依山体、用赭红色石片垒砌、只砌一面，紧贴山体一侧则直接用小石块与黄沙土混杂填塞而成，因其长度极短，且分布零散。其位置、长度、特征等如下。

（1）G0806 点西南，长 4 米。此段位于河道南岸半坡上的一处小的天然断口处。此段砌石较为规整。底宽1.5、残高3.7 米。

（2）G0807 点西北，长 4.1 米。此段位于小水沟河道断崖南侧半山腰的一处凹状缓坡处，保存较好，砌石较规整，坍塌等残损不多。石墙顶宽0.3、残高2.9 米。

（3）G0808 点以西，长 11 米。此段位于河道北岸半坡处，是在此段陡崖中部一段较平缓处。石墙坍塌稍重，一些壁面已露出内侧石块。顶宽2、残高3.5 米。

（4）G0810 点以西，长 15 米。此段与（3）段石墙位置、分布特征等基本相似，但保存稍好。顶宽2.2、残高3.6 米（彩图三〇二）。

14. 渠口农场 8 段石墙（编码：640521382102170016—640521382102170017，工作编号：07ZQ016—07ZQ017）

此段位于小水沟进沟约3.5 千米的河道北岸半坡上，是从一道凸出的小山嘴边开始，过山坡上的一处箕形山凹，再向西到陡崖处，全长 690.4 米。按其特征及保存状况等，可分 9 小段。

第 1 段：G0812—G0813 点，长 55 米。保存差。此段位于小水沟北岸、一条突出的小山嘴上，是从山嘴的东南侧半坡处开始，绕过山嘴，到山嘴西面半坡处，平面呈"U"形。此段因所在山体稍陡，墙体只砌外侧一面，紧贴山体的一面则直接用小石块与黄沙土混杂填塞。坍塌十分严重，现仅存痕迹。保存稍好处顶宽0.2、残高2.1 米。

第 2 段：G0813—G0814 点，长 15.7 米。保存较好。此段位于小山嘴西面坡上，是从半坡处开始，向西折，从坡面而下，到山凹底部。此段是在相对较平缓的坡面上，两侧以赭红色石块垒砌成外边，中填黄土和碎石。砌石间以黄沙土勾缝，缝隙较大处再以小石块填塞。墙体保存较好，墙体较高大，但局部坍塌等残损亦较重。底宽3.9、顶宽1.1、残高3.1 米。

第 3 段：G0814—G0815 点，长 8.4 米。消失段。此段位于箕形小山凹底部，受从北面山上汇聚而来的山洪冲刷影响，此段墙体无存。

此断口底部有当初修建墙体时预留的过水道，是以较大块石块平垒两侧、中间以石板平铺而成，惜顶部墙体无存。石块长 9.5、宽 3.36、厚 0.4 米左右。

第 4 段：G0815—G0816 点，长 105 米。保存较好。此段是从小山凹底部断口起，沿西侧山坡近河岸边向西到陡崖边。地势略有抬升，但落差较小。此段墙体较高，但南面则坍塌较重，有些地段已露出内侧填土，塌落的石块散落在斜坡面上。保存较好处砌石较规整，石间黄土含量丰富。其砌筑特征等与第 2 段相似，底宽 2.8、顶宽 1、残高 4.1 米（彩图三〇三）。

第 5 段：G0816—G0817 点，长 147.5 米。保存差。此段位于陡崖半坡处，是从陡崖边起，沿山坡向西，到西北侧山体斜坡上的小山凹边，方向几经拐折。其砌筑特征等与第 1 段基本相似，保存亦甚差，坍塌等十分严重，已呈断断续续状。保存较好处底宽 3.5、顶宽 0.8、残高 1.1 米。

第 6 段：G0817—G0818 点，长 32.5 米。保存较差。此段横跨山体半坡上的一处小山凹。平面方向较直，方向 165°，但立面呈"U"形。是用较大块石块两侧垒砌、中间填以黄土及碎石块。整体保存较差，坍塌等破坏较重，尤其是迎坡面处多坍塌，在山凹底有一道小断口。底宽 2.6、顶宽 1.2、残高 1.5 米。

此段以小断口为界，其中东北侧残长 15.4、西南侧残长 17、中部断口长 2.6 米。

第 7 段：G0818—G0819 点，长 143 米。保存差。此段从小山凹西南侧边开始，继续向西南，最后到山体半坡的拐点处，地势逐渐提升，升幅较大。墙体也是在相对较为舒缓的坡面上，以石块垒砌两侧、中部填以黄土和碎石。整体保存差，坍塌甚重，已呈石堆状。顶宽 1、残高 1.3 米。

此段因所在山体狭窄不平，砌筑较为费力，故此段除了垒砌石墙外，还将墙体底部山体砍削成陡崖成山险墙，底部形成一道宽约 0.5 米的平台，痕迹不甚明显，但基本连续。

第 8 段：G0819—G0820 点，长 161.7 米。保存差。此段继续沿山体半坡向西南，中部随山体拐折成"S"形，到拐弯末端山体稍缓处。此段保存亦差，坍塌甚重，局部甚至出现大段的坍塌。其砌法属在较陡的坡面上依山而建、只砌外侧，紧贴山体一面直接以黄土和碎石填塞，顶部较平。保存较好处残高 3.2、顶宽 1 米。

第 9 段：G0820—G0821 点，长 21.6 米。保存差。此段过河道"S"形拐弯后、方向随山体向西北折，继续沿半山坡延伸，到山体较高处的陡崖边，地势逐渐抬升，落差在 5 米左右。此段石墙保存差，墙体坍塌较重，外侧地表散落有大量倒塌的石块，其砌法与第 7 段相似。墙体顶宽 0.9、残高 1.7 米。

此段墙体位置较高，如止点处距离沟底已达 42.3 米。

15. 渠口农场 7 段山险（编码：640521382102170018，工作编号：07ZQ018）

此段位于也是位于小水沟北岸，是从前段石墙止点（G0821 点）起，向西南到河道北岸陡崖下（G0822 点），直线距离 110.5 米。方向呈东北—西南向。此段山体高耸连续，坡度较陡（大致 70°），不便攀爬，故此段直接利用山险，未砌墙体。

16. 渠口农场 9 段石墙（编码：640521382102170019，工作编号：07ZQ019）

此段位于小水沟进沟约 5.5 千米处，是从小水沟河道北侧的陡崖边开始，向南过河道、延伸到河道南岸陡崖边后，向西南折，沿河道南岸辗转延伸到一处陡崖边，全长 290.3 米。

此段墙体是以片状砂岩垒砌而成，属砂石质，质地细密坚硬，石色多为赭红色，色泽不甚纯，个别表层略泛黑、白。其砌筑方法随墙体所在位置等不同而有所区别，按其特征及保存状况等，可分为 5 小段。

第 1 段：G0822—G0823 点，长 19.7 米。方向 320°。保存一般。此段位于小水沟底部河道北侧，是从河道北面陡崖底部开始，沿斜坡而下，到河道断口边，地势北高南低，落差近 15 米。墙体是在坡面上两侧垒砌，中间填以黄土及碎石。整体保存一般，石墙虽高，但坍塌甚重，多呈石堆状，石缝间生长有稀疏的沙蒿等。底宽 3.4、顶宽 2.2、残高 1.3 米（彩图三〇四）。

第 2 段：G0823—G0824 点。长 11.6 米。消失段。此段位于小水沟底部河道处，受西南侧而来的山洪冲刷影响，墙体无存。底部剥蚀较重，地表有黄沙土与小块赭红色岩块堆积。

第 3 段：G0824—G0825 点，长 160 米。保存较差。此段起点已近小水沟河道南岸。墙体到南岸半坡后，方向向西折，沿河道南岸坡边延伸，中间几经拐折，最后到西南侧两道山梁之间的小山凹边。此段保存较差，坍塌等较重，个别处甚至出现大段塌落。其砌法属依山而建，只用石块垒砌北侧壁面，南侧近山体处则直接用黄土及碎石填塞，顶部较平。保存较好处石墙底宽 2.9、顶宽 1.1、残高 1.7 米。

第 4 段：G0825—G0826 点，长 45.6 米，保存较好。此段位于小水沟南岸半山腰、两道山梁之间的小山凹处，是从东面山梁坡面而下，过山凹，再沿西面山梁坡面而上，至半坡墙体拐点处。立面基本呈 "U" 形，平面方向 213°。此段保存较好，墙体较高，其砌法与第 1 段相同。今存墙体底宽 3.5、顶宽 1.9、残高 3.1 米（彩图三〇五）。

此段以中部小断口为界，可细分为 3 小段。

东段：长 8 米，位于东面山坡上，地势东高西低，保存稍差，坍塌等较多。

中段：长 3.1 米，是小山凹底部，有从西南侧山体上汇集而来的山洪从此处穿越墙体，向北注入小水沟河道处，此段墙体无存。其底部有平铺的石块，但形状不规整，地表以黄沙土堆积为主。

西段：长 34.5 米，位于西面坡上，地势西高东低，两端落差在 13 米左右。保存稍好，尤其是起点尚基本保存了其砌石原貌，其余部分则多坍塌呈斜坡状。

第 5 段：G0826—G0827 点，长 53.4 米。保存一般。此段墙体从小山凹西侧半坡处开始，随山体略向北折，继续沿河道南岸、山体半坡处向西南，中间随山体有拐折，最后至小水沟西南侧一个较大的 "U" 形拐弯边。保存亦一般，坍塌等破坏较重。其砌法与第 3 小段相似。顶宽 0.5、残高 1.2 米。

17. 渠口农场 8 段山险（编码：640521382102170020，工作编号：07ZQ020）

此段位于小水沟沟内一处较大的 "U" 形河道拐弯处，是从河道东侧断崖处（G0827 点）开始，随山体向南折，再回折到西侧的一处突出的山嘴上（G0828 点），直线距离 65.6 米。

此段山体较高（距沟底达 50 米以上），坡度亦较陡（大致在 70°左右），不便攀爬，故此段不砌墙体，直接利用山体。

18. 渠口农场 10 段石墙（编码：640521382102170021，工作编号：07ZQ021）

此段从小水沟 "U" 形拐弯的河道西侧岸边开始，逐渐离开小水沟河岸，改沿山间向南，辗转至红疙瘩湾北面山间，全长 567.4 米。按照其特征及保存状况等可分 7 小段。

第 1 段：G0828—G0829 点，长 60.1 米。保存较好。此段自小水沟南岸、河道 "U" 形拐弯西侧突出的一道山嘴边开始，向西离开河岸边，中间随山体向南折，辗转到南侧两山梁结合处，平面大致呈 "V" 形。该段石墙体保存较好，壁面砌筑得十分规整。底宽 3.1、顶宽 1.3、残高 4.2 米。

此段所在山体相对较为平缓，石墙先在墙体外侧砌石加高、近山体一面则以黄土及碎石填塞而成石砌基础，然后在此基础上再用石块两侧垒砌而成。

第 2 段：G0829—G0830 点，长 141.4 米。保存一般。此段从东西两道山梁结合处开始，沿东面山梁半坡向南，地势逐渐爬升，最后到山体近顶部（已到山体顶部西南角）。此段墙体基本连续，但保存一般，坍塌等残损较重，有的段落甚至出现了大段坍塌。其砌法与第 1 小段基本相似。底宽 3.3、顶宽1、残高4.4米。

第3段：G0830—G0831点，长142.6米。保存较好。此段石墙从山顶南面坡边起，向东折，辗转到山体东侧后，再沿山体的东南面坡而下，最后到半山腰处（东坡上的两道山梁相交处）。此段墙体垒筑方式等与第1段类似。墙体整体保存较好，但个别地段坍塌仍很明显。顶宽1.2、残高3.8米（彩图三○六）。

第4段：G0831—G0832点，长127.5米。保存一般。此段从半山腰两道山梁相接处开始，沿东面山坡而下，到半坡陡崖处。地势显著下降，落差达20米。此段所在山体较陡，墙体只砌外侧，紧贴山体一侧则以黄土碎石混杂填塞，顶部较平。此段虽稍高，但坍塌等较重，有的段落甚至出现大段坍塌。顶宽0.8、残高2.2米。

第5段：G0832—G0833点，长12.5米。消失段。此段位于山体半坡陡崖处，是从半坡陡崖处开始，继续沿山体辗转而下，到东南侧地势稍缓处。此段山体陡峭，石墙痕迹无存。

第6段：G0833—G0834点，长61.8米。保存较差。此段墙体从山体稍缓处开始，继续沿山坡而下，到近底部半坡处。保存较差，砌石几乎全部坍塌，其砌法与第4小段基本相似。残存墙体底宽2、残高0.8米。

第7段：G0834—G0835点，长21.5米。方向235°。保存较好。此段是从近底部山沟的北面半坡处开始，方向折向南，直接沿坡面而下至沟底，过底部冲沟，再与南侧另一山体相连，从而形成了一道立面呈"U"形的石墙。此段砌石较高，但中部有一处小的冲沟。是在较平缓的坡面上，用赭红色砂岩及少量白色花岗岩垒砌两边，中间填以黄沙土与小石块。按其特征等可细分为3小段（彩图三○七）。

北段：长7.7米。是从半坡拐点处开始，随坡面而下，至底部断口处。此段保存稍差，坍塌稍重，两侧有大量黄沙土堆积。底宽2.9、顶宽1.9、残高1.6米。

中段：长7.8米。位于山凹底部，是西侧山间汇集的洪水穿越墙体之处，墙体无存。底部剥蚀较深，两侧尚残存有砌石，可能系预留的过水道。

南段：长6米。位于山凹底部，是从断口南边开始，向南到南侧山体上，地势较低平。墙体保存较好，坍塌等残损较轻。残存墙体底宽3.7、顶宽1.2、残高5米。

此段墙体中南段有后期修补痕迹，即底部在石墙垒砌的基础上，顶部及石墙外侧再增夯土墙。其中底部石墙是在裸露的岩体上直接找平，以较大块赭红色石片逐层垒砌，中间以黄沙土与石块混杂填塞。在石缝间夹有桩木，主要为带枝条的柠条，直接平铺在石层间。从断面上来看，这些柠条由下向上计5层，间距0.3—0.5、厚0.1米（图三八九）。

石墙的底部两侧还用黄沙土夯筑而成的附墙，现存夯土较为疏松，夯层亦不清晰，包含有少量小石块等，其顶部较平，表面生长有少量沙蒿等植物。附墙以西侧保存较好，残存底部宽3.2、残高2.2米。东侧因基本接近于山体，同时受外侧坍塌土堆积影响等，具体尺寸不详。另外，在此段石墙的顶部亦有用黄沙土夯筑而成的土墙，宽度与底部附墙相同，残高0.6米。保存相对较好，顶部较平。土色深灰，

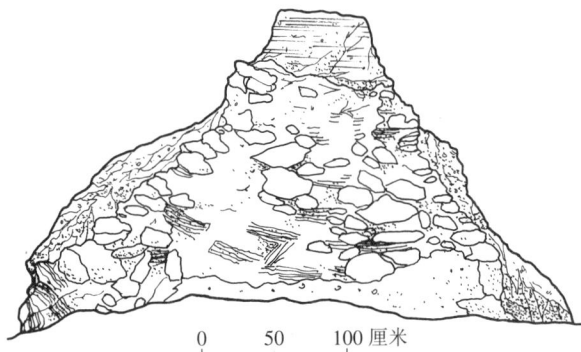

0　50　100厘米

图三八九　G0834点处墙体立面图

表面呈乌黑色。

（二）高山寺段长城（编码：640521382102170022—640521382102170048，工作编号：07ZQ022—07ZQ048）

此段位于中宁县高山寺村以西，是从红疙瘩湾北面的一座小沟沟底开始，沿贺兰山东面山体间辗转向西南，最后到高山枣园村西北、边墙湾北侧的山沟边，全长7897.2米。按墙体类型等分为18段（图三九○、三九一）。

1. 高山寺村1段石墙、山险（编码：640521382102170022—640521382102170024，工作编号：07ZQ022—07ZQ024）

此段从红疙瘩湾北面小山沟底部开始，沿坡面爬升到南侧山顶，再辗转向西南，最后到红疙瘩湾西南面一处陡崖边，全长1315.5米。此段主要属石墙，但局部尚有山险，按照其特征及保存状况等，可分为22小段。

第1段：G0835—G0836点，长35.2米。保存较差。此段从小山沟底部南侧开始，沿沟南山坡而上，方向随山体拐折成反"C"形，最后到半山坡处。地势随山体显著抬升。此段是在半坡上依山而建，只砌外侧，近山体一面则直接填土及碎石，顶部较平。墙体坍塌甚重，已呈断断续续状。顶宽0.3、残高0.5米。

第2段：G0836—G0837点，长35.7米。山险段。此段地处反"C"形山体半山腰，这里山体高耸陡峭，坡度近70°，筑墙不便，故此段直接利用山体。

此段东面山脊上分布着高山寺1号烽火台。

第3段：G0837—G0838点，长39.8米。保存较差。此段从半山坡处起，继续向西，攀升到山脊上后，再延伸到西面另一山体的半坡处。此段山体稍缓，故又开始砌石加高。墙体砌法与第1段类似。坍塌甚重，尤其是迎坡面多坍塌，呈断断续续状。顶宽1.1、残高2.6米。

第4段：G0838—G0839点，长101米。保存较好。此段从半坡开始，随山体向南折，至山体南面坡处，地势略有下降。此段墙体是在较平缓的坡面上先砌石找平，然后再在其顶部两侧砌石、中间填以黄土及碎石。保存较好，墙体较高大，近山体的西侧处淤积有较厚的黄沙土。今存墙体底宽3.3、顶宽1.2、残高3.9米（彩图三○八）。

第5段：G0839—G0840点，长36.3米。方向345°。保存较好。此段从山体南侧开始，向西过一处小山凹，再连接在西侧半坡处，地势以中部低而两侧较高，立面呈"U"形。其砌法直接在较为平缓的坡面上，两侧以较大块赭红色石块垒砌、中间夹以黄土及小石块。总体保存较好，墙体高大，但底部中间有被西北侧汇集的洪水冲刷出小断口。底宽3.5、顶宽1、残高2.8米。底部小断口长2.6米。

第6段：G0840—G0841点，长29米。保存较好。此段是从小山凹西侧半坡处起，沿此处一道大致呈西北—东南向横山梁向西南，到山梁中部一座凸起的山丘边，地势继续抬升。此段砌法与第4段类似。墙体较高大，顶部平整。顶宽0.6、残高北侧1.9、南侧0.8米左右。

第7段：G0841—G0842点，长24.9米。山险段。此段位于山丘的西面半坡处，这里山势陡峭，坡度近80°，故不砌墙体，直接利用山体为险。

第8段：G0842—G0843点，长34.5米。保存一般。此段从山丘西侧开始，继续沿山梁向西南，最后到山梁西端。地势较平缓，墙体砌筑较规整，其砌法与第5段类似。保存一般，北面坍塌较重，

北

G0817 G0818 G0819 G0816 G0815

G0823 G0822 G0821 G0820 G0824 G0826 G0825 G0827 G0830 G0828 G0829 G0831 G0832 G0833 G0834 G0835

高山寺村2号烽火台

G0836 G0837 G0838 G0839 G0840 G0841 G0842 G0844 G0843 G0845 G0846 G0847 G0848 G0849 G0850 G0851 G0852 G0853 G0854 G0857 G0855 G0856 G0858 G0859 G0860 G0861

高山寺村3号烽火台

G0862 G0863 G0864 G0865 G0866 G0867 G0868 G0869 G0870 G0871 G0872 G0873 G0874 G0875 G0876

小水 小水

采石 采石

高山寺村4号烽火台 烽

榆材山 榆材山

小水沟 采石

G0877 G0878

高山寺村5号烽火台

G0879 G0880 G0881 G0882 G0883 G0884 G0885 G0886 G0887 G0888 G0889 G0890 G0891 G0892 G0896

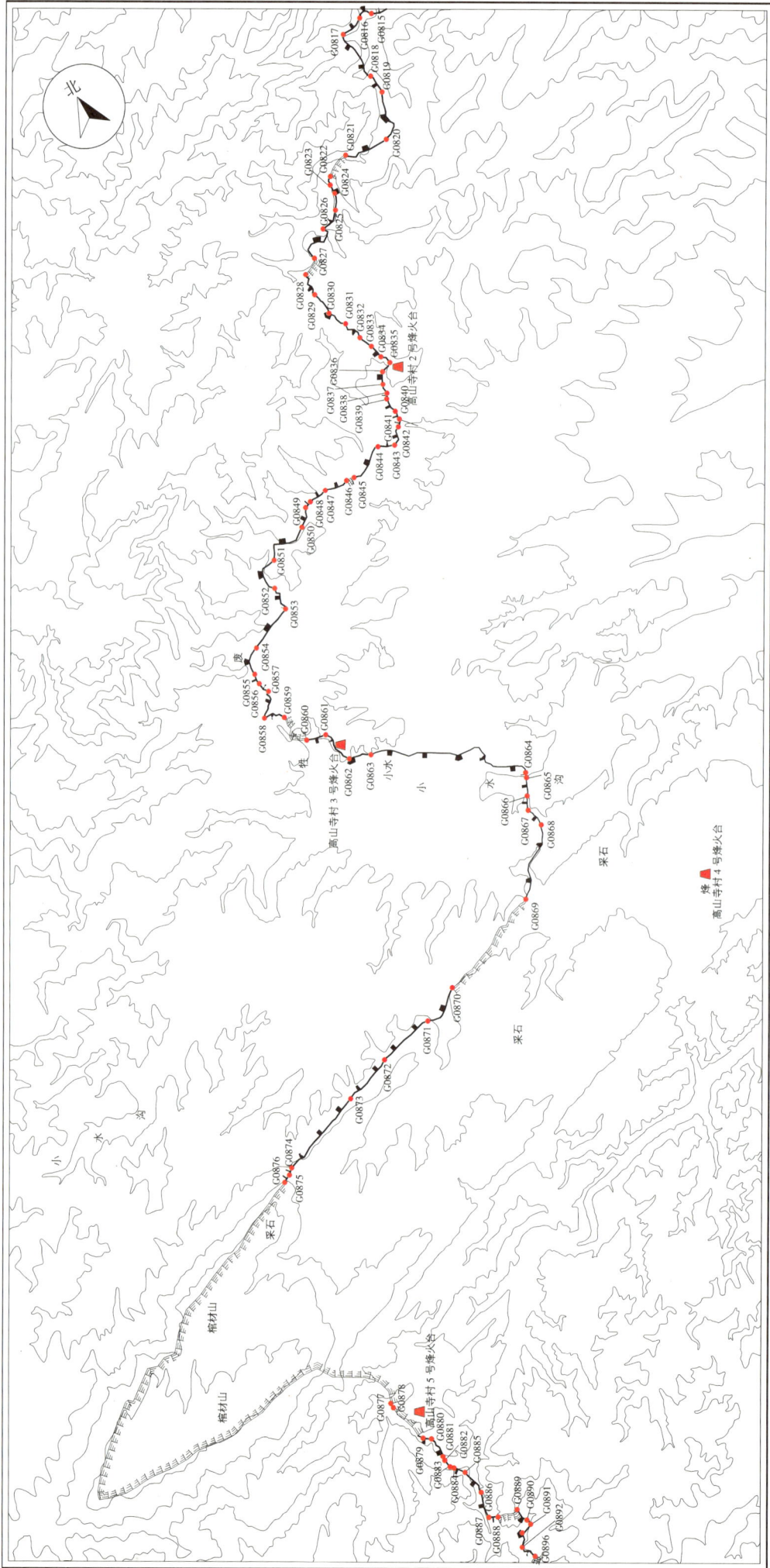

图三九〇　中宁县高山寺段长城走向图-1

但南面保存尚可。底宽2.2、顶宽0.8、残高1.3米。

第9段：G0843—G0844点，长60.9米。保存较好。此段从山梁止点处起，始沿山体南面坡而下，中间略经拐折，最后到近沟底处，地势东高西低，落差较大。其砌法与第5段类似。保存较好，但坍塌较多，尤其是近底部处坍塌较重，塌落的石块散落在坡面上。底宽3.4、顶宽1.7、残高3.2米（彩图三〇九）。

第10段：G0844—G0845点，长17.4米。方向240°。保存较好。此段位于底部冲沟处，是从东北侧山坡近底部处开始，继续沿坡面而下，过沟底，最后连接在西南侧山体上，立面基本呈中间低而两侧高的"U"形，落差较大。墙体砌法与第5段相似。所用石块为赭红色砂岩，石色不纯，表面略泛白色斑点。此段墙体较高，但中部有缺损。可分为东、中、西3小段。

东段：位于冲沟东面山坡上，长10米。是从半坡处开始，几乎垂直而下，到底部断口处，此段墙体虽保存较高，但因落差较大，坍塌稍重；

中段：位于冲沟底部山凹间，长4米。此段是西南侧山间汇集的山洪穿越墙体之处，受其影响，墙体无存，底部剥蚀亦较深；

西段：位于冲沟西侧平地上，长3.4米。是从断口南起，到西南侧山脚下，地势较平。此段北壁砌石规整，南壁则坍塌稍重。底宽4.2、顶宽1.2、残高3.7米。

第11段：G0845—G0846点，长45.5米。保存较好。此段石墙从山脚下起，沿一道突出的山梁顶部辗转而上，到半山腰陡坡边，地势随山坡显著抬升，两端落差达10米。此段墙体所在山体相对较缓，其砌法与第4段相似。墙体保存较好，砌石较规整，坍塌等较少，顶部较平。顶宽1.2、残高东南侧1.3、西北侧3.5米。

第12段：G0846—G0847点，长119米。保存差。此段位于山体西北侧陡坡处，是从半坡处起，继续沿山体攀升，到西南侧两山体相交的山凹处。此段山体较陡，墙体砌法与第1段相似。墙体保存差，尤其是迎坡面，现已坍塌成斜坡状。

第13段：G0847—G0849点，长34.8米。保存较好。此段石墙过山凹处，再随西南侧另一道山体的半坡而上，方向随之略向北折，到山脊部后，又沿此道山体西面坡而下，方向又折向西南，最后到半坡的一个拐点处。因此段山体较陡，墙体砌法基本与第1段相同，有些地段（如拐折处）还发现在底部基础上还有两侧砌石加高的痕迹。壁面较高，但个别地段仍有坍塌等残损。顶宽1.2、残高3.4米。

第14段：G0849—G0850点，长71.3米。保存差。此段位于山体西侧的陡坡上，是从半山腰一处拐点处开始，继续沿坡面而下，到半山坡一个突兀的岩石处，地势随山体逐渐下降，落差较大。其砌法与第1段相似，但保存甚差，特别是迎坡面已呈断断续续状。

第15段：G0850—G0851点，长138.8米。保存一般。此段从半坡处起，随山体折向东南，继续沿坡面下降，到近底部山沟边。保存一般，临坡面坍塌较多。顶宽0.7、残高3.2米。

第16段：G0851—G0852点，长61米。方向252°。保存较好。此段位于山体底部山凹处，是从山体北面半坡处起，随坡面而下，过底部小冲沟，再沿南面山坡而上，最后到南面山体半坡处。平面方向较直，但立面呈"U"形。墙体较高，但坍塌等较重，冲沟底部有一处小的山洪断口。其砌筑属直接在山坡面两侧垒砌石块，中间填以黄土及小石块。按其位置与保存状况等大致分为3小段。

东北段：保存较好。长21米。此段位于冲沟北侧，是从半山坡处开始，方向向南折，随山坡而下，至沟底断口边，地势逐渐下降。底宽6.5、顶宽1.5、残高9米。

中段：消失段。长 6 米。此段位于山凹底部，受西北侧山洪冲刷影响，墙体成一断口。

西南段：保存较好。长 40 米。此段从断口南边起，沿南侧山坡而上，到山脊顶部。地势逐渐抬升。墙体较高大，砌筑较规整，顶部较平，但一些地段（如南段墙体）坍塌等较严重。底宽 2.5、顶宽 0.7、残高 3.6 米。

第 17 段：G0852—G0853 点，长 81 米。保存一般。墙体从山脊上开始，沿坡面继续向西南，到西侧小山凹处，地势逐渐下降，两端落差较大。此段所在山体较缓，其砌筑与第 4 段相似。保存一般，坍塌等残损较重，有的地段甚至出现大段坍塌。顶宽 0.6、残高 1.3 米。

第 18 段：G0853—G0854 点，长 16.8 米。消失段。此段横跨一小山凹，墙体无存。

此段底部有一道东西向较深的冲沟，是西面而来的山洪冲刷所致。在墙体西侧，有一处后期修建的羊圈，石块垒砌而成，有圈舍 2 间、居址 1 间，今已废弃。

第 19 段：G0854—G0856 点，长 74.2 米。保存一般。此段从小山凹断口南起，沿南侧山梁而上，到其顶上后，再随南面一道小冲沟边缘辗转而下，方向亦随之折向东南，最后到半坡处。此段因山体相对较缓，墙体砌筑与第 4 段相似。保存一般，坍塌等残损较重，有的甚至出现大段坍塌。底宽 3.3、顶宽 1.9、残高 0.7 米。

第 20 段：G0856—G0857 点，长 22.3 米，保存较好。此段自半坡处起，继续沿山体的坡面辗转而下，过一个箕形弯，最后到南侧拐点处，此段砌法等与前段相似，但保存较好，坍塌等残损稍轻。底宽 4.3、顶宽 1.6、残高 3.1 米。

此段继续沿山坡上的一道小冲沟边缘分布，只是由于此段冲沟岸边地势较平缓，故此段墙体砌筑较高大。

第 21 段：G0857—G0858 点，长 132.8 米。保存一般。此段自半坡处开始，继续沿小山沟边缘辗转而下，最后到下端一道山梁处。地势逐渐下降，但降幅不甚大。此段砌法与前段相似，但保存一般，坍塌等较重，有些地段甚至出现大面积坍塌。顶宽 1.2、残高西侧 2.1、东侧 1.4 米（彩图三一〇）。

第 22 段：G0858—G0859 点，长 103.3 米。保存一般。此段自此处一道东西向山梁西侧开始，方向向东折，沿山梁向东，到山梁的东端。此段砌筑属依山而建，只砌一面，北面近山体处则直接以黄土及小石块填塞，顶部较平。保存一般，坍塌稍重。顶宽 1.1、残高西侧 3.4、东侧 0.6 米（彩图三一一）。

此段南面底部即为山坡上的小冲沟，其止点临近红疙瘩湾河道。而石墙至此逐渐离开贺兰山山体，改沿山前冲积扇台地分布。

2. 高山寺村 1 段山险（编码：640521382102170025，工作编号：07ZQ025）

位于红疙瘩湾西侧、小水沟北岸的一处陡崖处，是从前段缓坡底部的石墙止点（G0859 点）开始，向东到红疙瘩湾西端平台边（G0860 点），直线距离 31.3 米。此段地势虽不高，但坡度较陡（大约 70°），且连续，表面赭红色页岩岩体裸露。故直接利用山体，不砌墙体。

3. 高山寺村段土墙（编码：640521382102170026—640521382102170027，工作编号：07ZQ026—07ZQ027）

位于红疙瘩湾平台南边、小水沟河道北岸边，是从红疙瘩湾平台西端起，沿红疙瘩湾南边、小水沟北岸辗转向东，到东面地势较低平处之后，向南过小水沟河道，再辗转延伸至南侧老疙瘩梁坡边的陡崖处，全长 1121.8 米。方向几经拐折，平面呈反"√"形。此段地势平坦，地表黄沙土堆积较厚，故直接用黄沙土夯筑成土墙。只是残损甚重，除了河道等处保存较好外，多数地段保存不佳。按其特征及保存状况等可分 9 小段。

第 1 段：G0860—G0861 点，长 126.3 米。保存一般。此段土墙位于红疙瘩湾平台西端、一条大致成呈西北—东南向小冲沟边，其南面即为小水沟河道。是从西北侧陡崖边起，过沟底，再沿冲沟东北面坡逐渐爬升至台地边缘，立面呈 "U" 形，落差稍大。保存一般，除了冲沟底部有两道不大的断口外，其余墙体尚存，但坍塌等破坏亦较重，整体呈土堆状。黄土中包含有较多的石块，石色较杂，有赭红、铁锈红等色。底宽 3.5、顶宽 1.2、残高 1 米。

第 2 段：G0861—G0862 点，长 103.7 米。保存差。此段从小冲沟边起，沿平台南边、小水沟北岸边辗转向东，到一处墙体保存特征点处。此段残损甚重，多仅存痕迹。

此段北面平台上分布着高山寺 2 号烽火台（俗称红疙瘩湾墩），距墙体 10 余米。南侧小水沟河道处还有几处羊圈。

第 3 段：G0862—G0863 点，长 53.1 米。保存一般。此段是河道北岸残留的一段土墙，保存虽连续，但较低矮，残断较重。底宽 2.5、顶宽 0.5、残高 0.8 米。

第 4 段：G0863—G0864 点，长 451.1 米。消失段。此段地表已无存，其原因可能是受底部河道剥蚀掏挖等影响，河岸坍塌较重，从而引起土墙塌毁。

第 5 段：G0864—G0865 点，长 20 米。方向 205°。保存较好。此段位于小水沟底部处，是从河道北岸边开始，向南斜穿底部河道，到河道中部的断口边，地势由北向南略有下降。此段保存较好，整体较高，但坍塌等残损较重，两侧均呈斜坡状，坍塌土内含有较多石块。断面处墙体底宽 7.9、顶宽 1.4、残高 2.9 米。夯层厚 0.18 米。

第 6 段：G0865—G0866 点，长 49.3 米。消失段。此段位于小水沟河道中部，墙体无存。

此处是小水沟西面汇集而来的山洪穿越墙体之地，断口十分宽阔，今已干涸，地表较平坦，生长有较茂密的野草。偏北侧有一条土路横穿墙体。

第 7 段：G0866—G0867 点，长 47 米。保存较好。此段位于小水沟河道南侧，是从断口南起，沿干涸的河道底部向西南，到老疙瘩梁山脚下，地势由北向南略有抬升，但升幅不大。保存较好，整体较高大，但两侧皆坍塌成斜坡状。底宽 9、顶宽 1.6、残高 5.4 米。夯层等不清。

第 8 段：G0867—G0868 点，长 56 米。保存一般。此段位于老疙瘩梁西北侧缓坡上，是从小水沟河道南侧岸边开始，沿一道小冲沟边缘向东南，中间几经拐折，最后到一处墙体保存特征点处，地势随坡面缓慢抬升。此段方向较曲折，平面基本呈反 "C" 形。墙体保存一般，坍塌等较为严重。底宽 4、顶宽 0.9、残高 1.8 米。

第 9 段：G0868—G0869 点，长 215.3 米。保存差。此段从缓坡上的一处墙体保存特征点处开始，继续沿小冲沟边缘向西南，中间略向南折，最后连接于老疙瘩梁北侧的山体陡崖边，地势逐渐抬升。保存甚差，现仅存痕迹（彩图三一二）。

此段南侧顶部台地即为老疙瘩梁，分布着高山寺 3 号烽火台（俗称老疙瘩梁墩）。

4. 高山寺村 2 段山险（编码：6405213821021 70028，工作编号：07ZQ028）

此段位于老疙瘩梁台地北边。是从前段土墙的止点（G0869 点）处起，沿台地北边陡坡向西南，一直到台地中部一处豁口边（G0870 点），直线距离 324 米。地势由东北向西南逐渐抬升，但幅度不大。方向较直，大致呈东北—西南向。

此段山体坡度较大，一般在 60° 以上。山体岩石裸露，呈赭红色，斜坡最高可达 37 米，最矮亦有 4.7 米，且连续。故此段直接利用山体，不筑墙体。

此段山体中的一些地段，壁面较陡、岩石裸露，与周围其他位置的岩石外表被黄沙土等覆盖有较大区别，且底部坡下堆积有较多的碎石块，推测此段山体可能经过粗略砍削。

5. 高山寺村 2 段石墙（编码：640521382102170029—640521382102170030，工作编号：07ZQ029—07ZQ030）

此段是从老疙瘩梁中部的一处大的山体豁口东北侧边缘开始，继续沿老疙瘩梁的西北面坡陡崖边向西南，最后到棺材山北面陡崖处，全长758.4米，此地势逐渐攀升，升幅较大。方向不直，总体呈东北—西南向。按照其特征及保存状况等，可分为6小段。

第 1 段：G0870—G0871 点，长 114 米。消失段。此段原是山梁上的一处自然冲沟，现沟内已被辟为一家采石场，已无墙体等遗存。

第 2 段：G0871—G0872 点，长 167.9 米。保存一般。此段从冲沟西南侧边缘开始，沿山体半坡向西南，至一处墙体保存特征点处。此段因山坡相对较平缓，故在山坡近顶部处砌石加高。是用铁锈红色大块石块垒砌，只砌外侧、内侧直接以黄土及小石块填塞。墙体保存一般，已呈断断续续状。顶宽0.7、残高4.3 米。

第 3 段：G0872 点—G0873 点，长 120 米。保存差。此段墙体特征等基本与第 2 小段相似，但保存更差，仅存痕迹。

第 4 段：G0873—G0874 点，长 264.5 米。保存差。此段从一处墙体保存特征点处起，继续沿陡崖边向西南，最后到一处小冲沟边。此段山坡较陡，墙体多是利用陡峭山体，仅局部低矮处用石块垒砌加高。

第 5 段：G0874—G0875 点，长 42 米。保存较好。此段位于坡面上的一个小冲沟处，是从小冲沟东北侧边开始，随冲沟边缘向西南，过冲沟，最后延伸到西南侧棺材山山脚下。此段地势稍缓，石墙在此段保存较好，墙体较高，但局部处仍有坍塌等残损，其砌法与第 2 小段基本相同。顶宽0.9、残高1.9 米。

第 6 段：G0875—G0876 点，长 50 米。保存差。此段从棺材山山脚下开始，随其坡面而上，中部略向南折，最后连接于半坡陡崖处。保存甚差，多数地段仅存痕迹，仅止点处一段砌石保存稍好，残长4.1、底宽1.5、顶宽1、残高0.8 米。

6. 高山寺村 3 段山险（编码：640521382102170031，工作编号：07ZQ031）

此段位于棺材山处。是从棺材山北面陡崖处的石墙止点处（G0876 点）起，向西绕过山体，再到山体南面近沟底、车往沟沟北处的石墙起点处（G0877 点）。直线距离为760 米。此段山体较高，崖面几成直角，故未砌石墙，直接利用陡崖。

7. 高山寺村 3 段石墙、山险（编码：640521382102170032—640521382102170033，工作编号：07ZQ032—07ZQ033）

此段位于棺材山南侧的车往沟内，在进沟约2千米一个较大的河道"U"形弯处。是冲沟北岸近底部半坡处开始，沿陡崖边向东南，过底部冲沟，再沿冲沟南侧一条南北向小冲沟沟边向东南，最后连接在一处陡崖边，全长526.4米。地势总体呈"U"形，方向十分曲折，总体呈西北—东南向。除了中间有一段山险外，其余均属石墙，按照其特征及保存状况等，可分为10小段。

第 1 段：G0877—G0878 点，长 11.6 米。保存差。此段位于车往沟北岸边，是从近底部陡崖边开始，随山体向南，过此一座小的箕形山凹后，连接在南侧小山丘上。墙体直接依靠陡峭山体，外侧砌石加高，内侧则用黄土及小石块填塞。保存不佳，呈断断续续状，顶宽0.5、残高1.3 米。

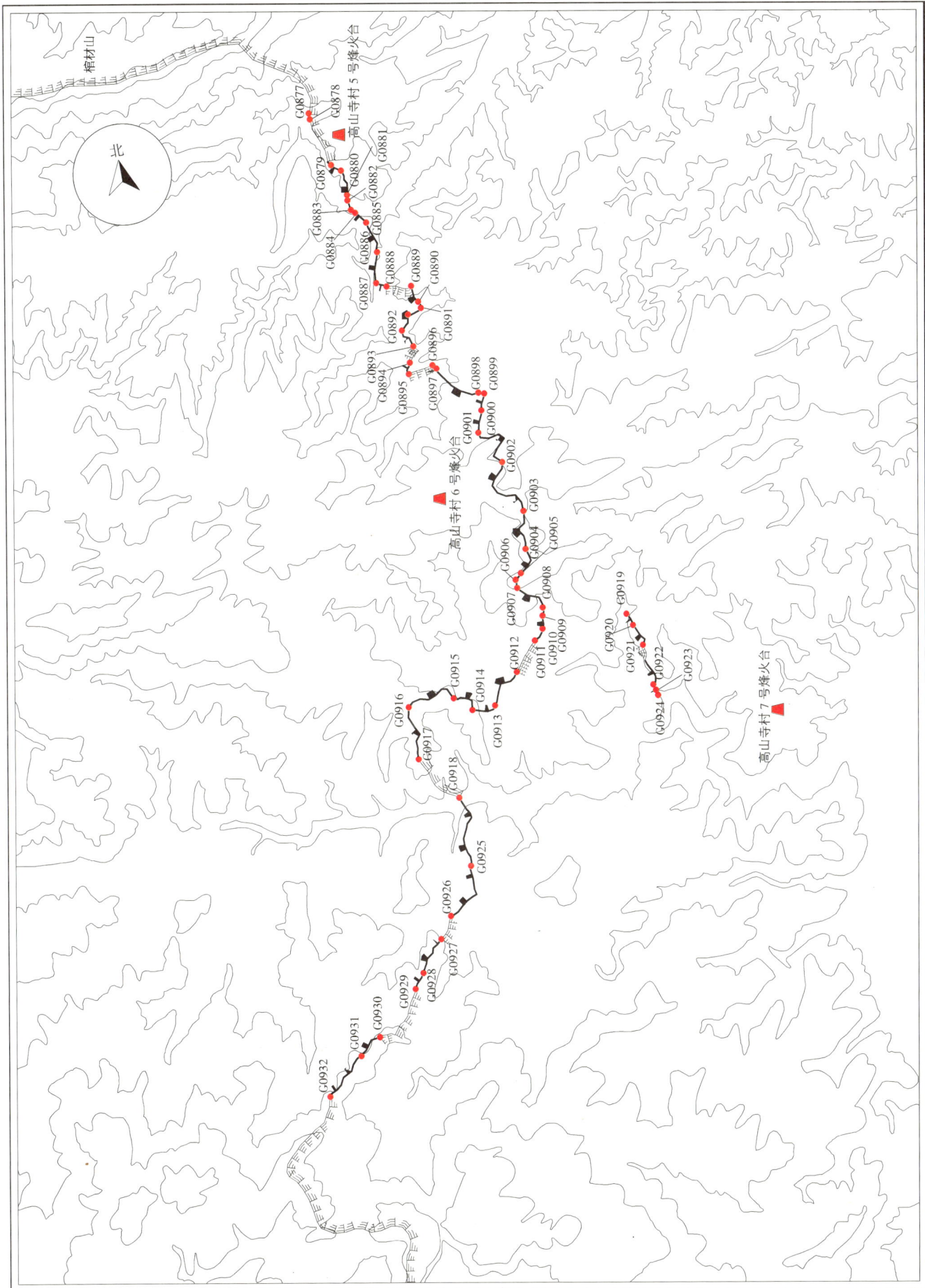

图三九一 中宁县高山寺段长城走向图-2

此段止点处的山丘顶部分布着高山寺4号烽火台。

第2段：G0878—G0879点，长137米，山险段。此段是从冲沟北岸的小山丘边开始，沿"U"形河道拐弯处陡崖向东南，到山体缓坡处。此段山体高耸陡峭，距沟底达8米以上，坡度亦达70°左右，故此段不砌墙体，直接利用山险。

第3段：G0879—G0880点，长27米。保存一般。此段墙体位于冲沟东北侧岸边一处地势稍缓处，其砌法与第1段相似。保存一般，坍塌甚重，整体已呈石堆状。顶宽0.3、残高2.5米。

第4段：G0880—G0881点，长66.3米。保存差。是从冲沟北岸缓坡处起，向东南绕过山梁，到半坡处的墙体拐点处，平面基本呈"C"形，此段墙体特征、砌法等与前段相似，但保存甚差，现仅存痕迹。

第5段：G0881—G0882点，长9.6米。保存一般。此段从冲沟北岸半坡处起，沿坡面拐折而下，到车往沟沟底断口边，地势由北向南显著下降，降幅较大。此段保存一般，坍塌等残损较重。底宽4、顶宽1.8、残高6.1米。

第6段：G0882—G0883点，长42.7米。消失段。此段横跨车往沟底部冲沟，墙体无存。

此道冲沟较为宽阔，底部较平，是西面山间汇集而来的洪水所经之地。地表以黄沙土堆积为主，生长有较茂密的野草等植物，今已无溪流。

第7段：G0883—G0885点，长20.3米。保存较好。此段从车往沟断口南起，沿南面山坡坡面逐渐爬升，到半坡陡崖处后再向南折，过一个小冲沟，最后到小冲沟东侧半山腰处。保存较好，墙体基本连续。仅中部小冲沟底部有断口（断口处墙体基础尚存）。底宽4.1、顶宽3.2、残高3米，中间的小断口宽8.7米。

第8段：G0885—G0886点，长76.6米。保存差。此段位于小冲沟东侧半坡处，是从小冲沟东岸边起，向东南到一个墙体保存特征点处，方向随山体有转折。因山体较陡，墙体坍塌等残损甚重，现仅存痕迹。

第9段：G0886—G0887点，长96.9米。保存一般。此段也是位于小冲沟东岸的半坡处，只是所在山体稍缓。砌法亦属只砌西面，紧依山体的东面则直接以黄土及小石粒填塞。此段砌石残存稍多，但坍塌亦较重，多已呈石堆状，塌落的石块散落在坡面上。顶宽0.5、残高东侧0.8、西侧5米。

第10段：G0887—G0888点，长38.4米。保存差。此段继续沿山体半山腰向南，到南侧山体陡崖边。保存甚差，现仅存痕迹。

8. 高山寺村4段山险（编码：6405213821021170034，工作编号：07ZQ034）

此段位于车往沟南侧山坡上，是从前段石墙止点（G0888点）起，随山体略向西南折，到半山腰地势稍缓处（G0889点），直线距离为54米。此段山体较高且连续，山崖距沟底达10余米，崖面几成直角，故不砌石墙，直接利用陡崖。

9. 高山寺村4段石墙（编码：6405213821021170035，工作编号：07ZQ035）

此段位于车往沟南面半山腰缓坡处，是两段陡崖之间存留的一段墙体。从近底部一处陡崖边开始，沿山体向南，经山坡上的几处小冲沟，最后到东南侧另一处陡崖边截止，全长77.5米。地势逐渐攀升。按照其特征及保存状况等，可分为4小段。

第1段：G0889—G0890点，长8.4米。保存较差。此段位于半山腰一个小山凹处，立面基本呈"V"形。保持较差，墙体坍塌等残损较重，多数地段仅存残迹。其砌法基本属两侧起砌、中间填塞黄土碎石。保存较好处墙体底宽3.5、顶宽1.5、残高3.9米。

此道由北向南可分为3小段，其中北段长2、底部断口长3.3、南段长3.1米。

第2段：G0890—G0891点，长9.6米。消失段。此段墙体无存。

第3段：G0891—G0892点，长16.5米。保存一般。此段只砌外侧，内侧则直接用黄土及碎石混杂填塞。整体保存一般，坍塌等残损甚重，已呈断断续续状。底宽2.2、顶宽0.6米。

第4段：G0892—G0893点，长43米。保存差。此段从墙体保存特征点处开始，方向略向南折，到南侧陡崖边。墙体坍塌甚重，现仅存痕迹。

10. 高山寺村5段山险（编码：640521382102170036，工作编号：07ZQ036）

此段位于车往沟南侧半坡陡崖处，是从前段石墙止点（G0893点）起，随山体向西南，到石墙重新起点处（G0894点），直线距离为61米。方向呈东北—西南向。此段山体较高且连续，山崖距沟底约7米，崖面几成直角，故直接利用陡崖，不砌石墙。

11. 高山寺村5段石墙（编码：640521382102170037—640521382102170039，工作编号：07ZQ037—07ZQ039）

此段已到车往沟南侧的山坡上，是从北面半坡上的一处陡崖边开始，随山体辗转向南，到山顶处后，再沿南面坡而下，最后到西南侧一处陡崖边，全长1012.8米，方向总体呈东北—西南向。按照其特征及保存状况等，可分为11小段。

第1段：G0894—G0895点，长26米。方向195°。保存较好。此段位于山顶北面一处山凹处，是从陡崖西侧起，过山凹底部，再到山凹西南侧坡边，平面方向较直、但立面呈"U"形，其东面墙体处淤积有较厚的黄沙土等。其砌筑是在山凹斜坡上两侧起砌，中间填塞黄土和小石块。墙体保存较好，砌筑较高且规整，坍塌等残损不甚严重。按其位置、特征等又可细分为3小段。

东北侧：长5米，是从山凹边开始，到底部断口处，地势由北向南显著下降，降幅较大。残存墙体底宽1.5、顶宽0.6、残高1米；

中间：即山凹低洼处，有从东面山体上汇集而来的山洪冲刷出的一道断口，宽1米，底部砌石尚有残留。

西南侧：长20米，是从底部山凹断口边开始，随坡面向西南逐渐爬升，升幅较前段略缓，保存较好，残存墙体底宽2.1、顶宽0.7、残高1.4米。

第2段：G0895—G0896点，长117米。保存差。此段从小山凹西南侧开始，继续向西南，中间随山体略向东折，到南侧另一处小山凹边。此段山体较陡，墙体属依山而建、只砌一面型。保存甚差，整体已呈断断续续状。

第3段：G0896—G0897点，长19.2米。方向180°。保存较好。此段也是位于一处小山凹处。平面方向较直、但立面呈"U"形。其砌筑也是在山凹斜坡上两边起砌，中间填塞黄土和小石块。墙体东侧淤积有较厚的黄沙土，地表较平，表面生长有较茂密的蒿草等。按其位置、特征等分为3小段。

北段：坍塌略重，长7、底宽2.8、顶宽1.1、残高1.8米；

中段：基本无断口，但东面淤积了较厚的一层沙土；

南段：保存较好，长12.2、底宽3.5、顶宽0.8、残高西侧4.1、东侧2米。

第4段：G0897—G0898点，长136.6米。保存差。此段从小山凹南边开始，继续向南，中间略向东折，到东南侧一处墙体保存特征点处。地势逐渐抬升，方向亦较曲折。此段坍塌较重，仅存痕迹。

第5段：G0898—G0899点，长28.7米。保存较好。此段已近山顶，地势较缓。是从缓坡边开始，沿山体继续向南，中间方向随山体略向西折，最后到西南侧一处凸起的山丘边。此段墙体整体保存较好，墙体较高，但壁面坍塌稍重，其砌筑是先依山体砌石做基础，然后在基础上再两侧砌石、中间以黄土及石块填塞。顶宽 1.1、残南壁高 1.2、北壁 6.7 米。

第 6 段：G0899—G0900 点，长 50 米。保存差。此段位于半坡一个凸起的山丘周围，是从山丘北面半坡处起，沿坡面向东折，绕过山丘后，再略向南，到山丘东面的墙体保存特征点处，平面基本成反 "C" 形。此段墙体整体保存差，坍塌甚重，仅存痕迹。

第 7 段：G0900—G0901 点，长 127 米，保存较好。此段从山丘东面半坡处起，沿山体半山腰继续向西南，至一处较陡坡边后，略向东北折，最后到一处墙体拐点处，平面拐折成 "C" 形。此段山体相对较缓，墙体是先依山砌石作基础，然后再在其上两侧砌墙，中间以黄土及小石块填塞。墙体保存较好，底宽 3.5、顶宽 1.2、残高 3.1 米（彩图三一三）。

第 8 段：G0901—G0902 点，长 75 米。保存差。此段从半山腰一处拐点开始，继续向西南，到近山顶一个山凹边。此段因山坡较陡，石墙基础不牢固，故坍塌较重，现仅存痕迹。

第 9 段：G0902—G0903 点，长 157 米。保存一般。此段已到山顶，在山脊上的一处马鞍形豁口处。是从北面拐点处起，向南穿过山脊豁口，到山脊南面坡边。保存一般，坍塌等残损较重，顶宽 1.3、残高 3.3 米。

此段西侧山脊上分布着高山寺村 5 号烽火台，俗称小沙沟墩。

第 10 段：G0903—G0904 点，长 139 米。保存较好。此段从山脊顶部的豁口南边起，沿山体南面坡而下，中间几经辗转，最后到南侧半山腰一座凸起的山丘处，平面方向基本呈 "S" 形。保存较好，是用片状页岩垒砌而成，石质较脆，硬度不高，且风化严重，色泽以赭红、青灰两种。其砌法除了紧贴山丘处依山砌石外，多属两侧砌石、内填黄土与碎石。底宽 3、顶宽 1.3、高 3.8 米（彩图三一四）。

第 11 段：G0904—G0905 点，137.3 米。保存一般。此段从山丘北坡起，沿山坡坡面向东折，绕过山丘后，方向再向西南折，再沿山丘南面坡辗转而下，最后到半山坡的一处陡崖边，平面基本呈反 "C" 形。其砌法属紧依山体，只砌外侧，紧贴山体的一面则以黄沙土与小石块填塞，顶部较平。此段整体保存一般，坍塌较重，尤其是南侧坡面处已出现大段的坍塌。顶宽 1.7、残高 2.7 米。

12. 高山寺村 6 段山险（编码：640521382102170040，工作编号：07ZQ040）

此段位于小沙沟北面半坡上，是从前段石墙止点（G0905 点）起，随山体向西南，到另一段石墙重新起点处（G0906 点），直线距离为 26 米。方向总体呈东北—西南向。此段山体陡峭连续，未砌墙体，直接利用山体。

13. 高山寺村 6 段石墙、山险墙（编码：640521382102170041—640521382102170043，工作编号：07ZQ041—07ZQ043）

此段在小沙沟北侧山坡上。是从半坡陡崖边开始，向西南，经半山腰一处山凹后，到近底部的一处陡坡边，全长 754.3 米。地势逐渐下降，方向总体呈东北—西南向。

此段墙体，除了中部有一段长 48 米将山体底部砍削成山险墙外，其余均为石墙。按照其特征及保存状况等，可分为 11 小段。

第 1 段：G0906—G0907 点，长 38 米。保存差。此段从陡崖西侧开始，随山体略向西折，到西南侧墙体拐弯处，方向基本呈东西向。因所在的山体相比前段较缓，故此段开始沿半山腰坡面处垒砌石墙加高。石墙砌法属紧依山体、只砌外侧一面，内侧则直接以黄沙土与小石块填塞充实。但因坍塌破坏严重，现已仅存痕迹。

第 2 段：G0907—G0908 点，长 67 米。保存一般。此段是从半山腰起，沿斜坡向东南折，中部又随山体再折向西南，最后到南侧斜坡与另一道山梁之间的小山凹边，地势显著下降，平面略呈反"C"形。此段保存一般，东壁多出现大面积坍塌。其砌法与第 1 段基本相似，顶宽 1.2、残高 4.1 米。

第 3 段：G0908—G0909 点，长 21.2 米。保存较好。此道位于两道山梁之间的小山凹处，是从北侧山梁边起，过小山凹底部，再沿南侧山梁而上，最后到山体半山腰处，地势基本呈两端高而中间低的"U"形，尤其是南端最高。其砌法属直接在较平的地表上找平、两面砌石、中间填以小石块与黄沙土。保存较好，墙体较高，坍塌等残损较轻。顶宽 0.9、残高 2 米。

第 4 段：G0909—G0910 点，长 34.5 米。保存差。此段从山梁半山腰处起，改沿其西面坡向西南折，到中部陡坡边，地势略有下降，但降幅不大。墙体保存差，坍塌甚重，仅存砌筑痕迹。

第 5 段：G0910—G0911 点，长 48 米。山险墙。此段位于山梁西侧，是从山梁中部石墙止点处开始，继续沿山梁西面坡而下，最后到西南侧坡边（石墙重新起点处），此段山坡陡峭连续，不便砌石，直接利用山体。不筑墙体。但因此段山体较为平缓，修筑时将底部砍削成陡坡而成山险墙。其底部外有一道平台，台面宽度在 1 米左右。

第 6 段：G0911—G0912 点，长 58.6 米。方向 225°。保存较好。此段是从东北侧山体半坡处起，随坡面而下，过底部小冲沟，再沿西南侧山坡而上，到半坡拐点处，地势呈中间低而两侧高的"U"形，但平面方向较直。是用赭红色石块直接在山体上找平、两侧垒砌、中间填以黄土及小石块。整体保存较好，除了中部有一小段断口外，墙体连续。且砌石较规整，壁面坍塌等残损较轻，顶部较平（彩图三一五）。

此段位于小沙沟北面半坡一处较平坦的山凹间，这里地势相对较平缓，周围地表上堆积有较厚的黄沙，已将此段墙体底部掩埋多半。

此段墙体按其位置及保存状况等又可细分为 3 小段。

东北段：长 22.6 米。是从东北面半坡处起，随坡面而下，到底部山凹边断口处，地势由东北向西南显著下降，降幅稍大。底宽 4.9、顶宽 2、残高 3.2 米。

中段：长 5 米。消失段。此处是山凹底部的一处山洪断口，是西北侧山体斜坡上的两道山洪汇集、穿越墙体之地，墙体无存。断口处堆积有较厚的黄沙。

西南段：长 31 米。此段是从山凹处墙体断口南边起，沿西南侧的一道凸起的山坡向西南，最后延伸到半山坡处，地势由东北向西南逐渐抬升，升幅相对较缓。底宽 6、顶宽 2.7、高 2.6 米。此段受黄沙影响较重，黄沙不但掩埋了整段墙体的两侧底部，包括石缝间及顶部亦堆积有薄薄的细沙。

第 7 段：G0912—G0913 点，长 110 米。保存差，此段是从半山腰处起，沿山体辗转向南，到半山腰墙体拐点处，方向拐折成"C"形。其砌法属直接依山而砌、只砌外侧。保持差，坍塌破坏严重，仅存痕迹。其西面山体较陡，似有砍削痕迹。

第 8 段：G0913—G0914 点，长 134.6 米。保存较好。此段从山体半山腰处开始，随山体向南，到下侧一凸起的山嘴北坡处，平面拐折成"S"形。保存较好，尤其是山凹处，砌石较高，但其他地段则坍塌较重。底宽 2.8、顶宽 1.8、残高 1.7 米。

第 9 段：G0914—G0915 点，长 73.2 米。保存较差。此段从半坡处的山嘴北边起，方向略向西北折，绕过到此山嘴后，向南到西南侧两道山梁的交汇处。保存较差，整体已呈断断续续状，底宽 1.2、顶宽 0.2、残高 3.2 米。

第 10 段：G0915—G0916 点，长 101.2 米，保存较差。此段从两道山梁交汇处起，过山凹，到西侧山梁的半坡后，再折向西南，最后到该山梁的顶上。此段基本成断断续续状。墙体多坍塌，仅个别地段保存稍好。墙体顶宽 1.1、残高 3.2 米。

第 11 段：G0916—G0917 点，长 68 米。保存差。此段从山梁顶部起，继续沿山坡向下，最后到近底部一处陡坡边。地势显著下降，降幅较大。此段石墙保存甚差，现仅存残迹。

14. 高山寺村 7 段山险（编码：640521382102170044，工作编号：07ZQ044）

此段位于小沙沟北侧近底部陡坡上。是从半山坡处的石墙止点处（G0917 点）起，沿山坡而下，到小沙沟北岸边（G0918 点），直线距离 147 米，呈东北—西南向。此处山体较高，坡度亦较陡，山体连续，不便攀爬，故不砌石墙，直接利用陡崖为险。

15. 高山寺村 7 段石墙（编码：640521382102170045，工作编号：07ZQ045）

此段位于小沙沟沟口附近处，是独立于主线长城墙体之外的一段附墙，西距主墙 703 米。是从小沙沟沟口北侧的一处较陡峭的半山腰处起，沿山体辗转向南，过小沙沟底部冲沟，最后连接到冲沟南侧陡崖边，全长 219.5 米。总体呈北—南向。按其特征及保存状况等，可分为 5 小段。

第 1 段：G0919—G0920 点，长 18.8 米。保存差。此段是从小沙沟北面半山腰起，沿坡面而下，到南侧斜坡面上的一处小山凹边。坍塌严重，现仅存痕迹。

第 2 段：G0920—G0921 点，长 41.8 米。保存较好。此段从小山凹边开始，过此小山凹，向南到一山梁西侧半坡后，再沿坡向南，最后至一处墙体保存特征点处，方向亦随山体拐折成"S"形。此段因所在山体较缓，墙体先用石块沿山体垒砌成石基础，然后再在基础上两面砌石加高。保存较好，砌石较规则，除个别地段有坍塌外，大部分保存尚可，顶部较平。今存墙体顶宽 1、残高西侧 1.4、东侧 0.5 米。

第 3 段：G0921—G0922 点，长 125 米。保存差。此段从墙体保存特征点处开始，继续随山梁西面半坡向南，到小沙沟北岸边。此段因山体较高，且坡面较陡，故墙体在此段不连续，仅在局部低洼处砌石加高。

此段东面，在小沙沟沟口北侧的山顶上分布着高山寺 6 号烽火台。

第 4 段：G0922—G0923 点，长 19.1 米。消失段。此段位于小沙沟沟底，地势低平。是西侧沟内汇集而来的山洪穿越墙体之地，墙体无存。

第 5 段：G0923—G0924 点，长 14.8 米。方向 165°。保存一般。此段位于小沙沟底部南侧，是从河道南侧断口始，沿一道突出的小山嘴向南而上，最后到半坡陡崖处，方向较直。保存一般，坍塌甚重，已呈石堆状。其砌法属在坡面上直接找平，以赭红、青灰等色石块砌边、内侧以黄土等填塞而成，石料色泽不纯，但硬度较高，形状有片状、块状等，大小不一。底宽 7.0、顶宽 3.4、残高 3.6 米。

在此段墙体断面处还发现内夹有椊木，是用带枝条的柠条间隔平铺于砌石层内，由底向上共计 4 层，每层厚度在 0.05—0.1 米。

16. 高山寺村 8 段石墙（编码：640521382102170046，工作编号：07ZQ046）

此段位于小沙沟进沟约 0.8 米处，是从北岸边的墙体断点处开始，斜向过小沙沟沟底，再沿南侧一道小冲沟向南，到半山坡上的一处陡坡边，全长 487.7 米，总体呈北—南向。按照其特征及保存状况等，可分为 5 小段。

第 1 段：G0918—G0925 点，长 112 米。消失段。此段位于小沙沟沟底。墙体无存。

第 2 段：G0925—G0926 点，长 260.6 米。保存差。此段从小冲沟沟口西岸边起，沿山体半坡辗转向南，到一处小山凹边。此段山体较陡，石墙并不连续，仅在山体坡度较平缓处砌石加高。其砌法是在较陡峭的山坡上、只将外侧迎坡面以石块垒砌加高，紧依山体的一面则以黄土及碎石填塞，顶部不再砌筑墙体，横断面大致呈三角形。砌石今多已坍塌，保存较好处墙体顶宽1.2、残高1.7米。

此段基本按一道连续的陡崖半坡处分布，墙体所在位置距沟底9.9、距山顶20.3米。

第3段：G0926—G0927点，长29.8米。方向165°。保存一般。此段位于两道山体之间的山凹处，平面较直、但立面呈"U"形。是在砾石地表上直接用赭红色条石砌边、内侧以黄土填塞而成。整体保存较好，但细部略有差别，大致可细分为3小段：

北段：长3.7米。此段从山体半山腰开始，沿山坡向南而下，最后到沟底断口处。此段保存较好，宽2.9、残高1.4米。

中段：长2.6米。此段地处小冲沟中间，受西侧山间汇集而来的山洪冲刷影响，此段形成一道剥蚀较深的水冲沟，墙体无存。

南段：长23.5米。此段从底部断口边，沿山体斜坡向南，地势逐渐攀升，最后至山体半山腰陡坡处。此段墙体坍塌较多，多成石堆状。

此段是原分布在墙体东侧、基本与墙体并行分布的小冲沟向西拐折处（此道小冲沟是从西侧而来，在此位置向北折，最后注入北侧小沙沟），墙体至此不再沿小冲沟边延伸，而是跨过小冲沟，改沿南面山坡而上。

第4段：G0927—G0928点，长31.3米。保存一般。此段从小冲沟南面山体半坡处起，略向东折，继续沿山体坡面而上，到半山腰一个凸起的山丘处。此段山体较缓，墙体也是先在山体上砌石找平、然后再两侧砌石、中填黄土。此段墙体连续，但壁面，尤其是迎坡的东面坍塌较多，西面一侧则保存较好。残顶宽1.4、残高1.4米。

第5段：G0928—G0929点，长54米。保存较差。此段从半山腰小山丘处起，绕过山丘，继续攀升到山脊部后，转向西南，最后延伸到南侧断崖边。此段墙体先在底部依山体砌石找平，然后在顶部再用石块两侧垒砌、石块间填以黄土及碎石。保存较差，已呈断断续续状。顶宽0.4、残高1.4米。

17. 高山寺村8段山险（编码：6405213821021700047，工作编号：07ZQ047）

此段位于小沙沟南侧近山顶处，是从前段石墙止点（G0929点）起，随此处山体向东伸出的一道山梁向南，到山梁南端（G0930点），直线距离为109米，方向基本呈东北—西南向。此段山体陡峭险峻，故此段未砌墙体，直接利用山体为险。

18. 高山寺村9段石墙（编码：6405213821021700048，工作编号：07ZQ048）

此段从山梁止点开始，沿山体继续向西南到山顶后，再到南面断崖边，全长111米。方向总体呈东北—西南向。按照其特征及保存状况等，大致可2小段。

第1段：G0930—G0931点，长68米。保存差。此段自陡山梁止点起，随山体向南，过一处小山凹后，再沿山体继续向西南，地势亦逐渐攀升，最后至山顶部。此段墙体坍塌甚重，多已呈石堆状。顶宽0.8、残高2.0米。

第2段：G0931—G0932点，长43米。保存较好。此段已基本到山顶，继续沿山体表面至南面断崖处。此段地势较缓，石墙砌筑较高，保存亦较好，尤其是止点处砌石十分清晰。残存顶宽1.5、残高1.6米。

此段南面是山体间的一处较大的箕形山沟，山大沟深，地势险峻。再南便是边墙湾。

（三）石空镇枣园村段（编码：640521382102170049—640521382102170060，工作编号：07ZQ049—07ZQ060）

此段位于中宁县石空镇枣园村西北，是从边墙湾北侧一处较宽阔的箕形山沟边开始，向西南经边墙湾等地，最后到雨水井沟与王营村段长城相连，全长4092米。按墙体类型分为8段（图三九二）：

1. 枣园村1段山险（编码：640521382102170049，工作编号：07ZQ049）

此段位于石空镇枣园村西北、贺兰山东侧一道较短的、东西向的箕形山沟。是从山沟北面陡崖边（前段石墙止点，G0932点）起，绕过此山沟，最后连接在沟口东南侧半坡处（G0933点），直线距离为981米。方向呈西北—东南向。

此处山沟平面大致呈"E"形（即中间跨越了两道彼此相连的山沟），山势峻险，崖面陡峭且基本连续，西侧末端封闭，沟底狭窄不便通行，故此段未筑墙体，直接利用陡崖为险。

2. 枣园村1段石墙（编码：640521382102170050—640521382102170053，工作编号：07ZQ050—07ZQ053）

此段位于边墙湾北侧山坡上。是从箕形山沟东南侧半坡起，向西南辗转到一处横山梁后，改沿山梁而下，最后到底部一道山梁边，全长1280.3米。方向总体呈东北—西南向。此段位置已出贺兰山间，改沿山前台地分布。北侧山顶上分布着高山寺村8号烽火台。

此段墙体，按照其特征及保存状况等，可分为19段。

第1段：G0933—G0934点，长27.8米。保存差。此段是从沟口东南角半山腰处开始，沿山体坡面向西折，到一处墙体保存特征点处，地势随坡面略有下降。此段山体十分陡峭，壁面似经砍削，故此段多是直接利用山体，仅在个别低凹处砌石加高。

第2段：G0934—G0935点，长52.1米。保存一般。此段从半山腰墙体保存特征点处起，继续向西南，辗转到一处陡坡边，此段山体相对稍缓，石墙在山体斜坡上直接找平起砌，只砌一面，近山体处则直接以黄土与小石块混杂填塞。保存一般，坍塌等较多。顶宽1、残高2.5米（彩图三一六）。

第3段：G0935—G0936点，长133.4米。保存差。此段位于一段较陡的坡面上，石墙在此段多是直接利用山体，仅在局部较低矮处砌石加高。保存较好处墙体顶宽0.9、残高2米。

第4段：G0936—G0937点，长42.9米。保存较好。此段石墙特征、砌法等与第2段相似，但保存较好，墙体连续，砌石面坍塌较少。顶宽1、残高2.3米。

第5段：G0937—G0938点，长64.6米。保存差。此段位于山体斜坡上的一处山凹处，是从山凹东边开始，随山坡向西北折，绕过山凹，最后到山凹西边墙体保存特征点处，平面成反"V"形。此段山体相对较陡，石墙保存甚差，现仅存痕迹。

第6段：G0938—G0939点，长142.6米。保存一般。此段从半山腰山凹西侧开始，继续沿山坡向西南，到一个凸出的山嘴处。此段墙体基本连续，但保存较一般，坍塌等较重。其砌法与第1段相似，顶宽1.1、残高2.1米。

此段石崖较陡，局部有用石块将断崖底部凹洞垒砌填塞成石墙，但较短，与上部石墙不在一条线上。

第7段：G0939—G0940点，长27.2米。保存较好。此段绕过山嘴，方向略向北折，到西侧另一处山凹处。保存较好，砌石较高，其砌法与第1段相似。顶宽1.5、残高2.2米。

第8段：G0940—G0941点，长168.2米。保存较差。此段墙体从山凹处起，继续辗转向西南，至山体上的一处拐点。此段山体较陡峭，石墙多直接利用山体，仅在较低凹处用石块垒砌，呈断断续续状。保存较好处墙体顶宽0.9、残高1.9米。

第9段：G0941—G0942点，长39.4米。保存一般。此段山体相对较缓，墙体基本连续，但坍塌等残损较重，壁面多已呈斜坡状，其砌法与第1段相似。顶宽0.8、残高1.1米。

第10段：G0942—G0943点，长87.2米。保存差。此段石墙所在山体相对较陡，石墙多数直接利用陡峭山体，仅在局部较低凹处用石块垒砌，呈断断续续状。残存墙体亦坍塌甚重，多仅存痕迹。

第11段：G0943—G0944点，长56.4米。保存较差。此段山坡相对稍缓，石墙也是依山而建，基本呈断断续续状，坍塌等破坏较重。顶宽1、残高1.4米。

第12段：G0944—G0945点，长49.8米。保存较好。此段位于半坡上的一处凸起是山嘴处，是从山嘴东侧开始，绕过山嘴，再沿山嘴西面坡向西北，到其西侧山凹处。此段地势稍缓，石墙垒砌较规整，保存亦较好。顶宽1.3、高1.9米。

第13段：G0945—G0946点，长71.2米。保存差。此段过山凹、继续向西南，方向略向南折，地势亦随之逐渐下降，至西侧一处墙体保存特征点处，此段坍塌较重，仅存痕迹。

第14段：G0946—G0947点，长44.4米。保存较差。此段从墙体保存特征点处起，继续向西南，到西侧半坡上凸起的一道山梁边。此段山体较陡，石墙多直接利用山体，仅在局部低凹处用石块垒砌，呈断断续续状。墙体顶宽0.7、残高1.4米。

第15段：G0947—G0948点，长53.1米。保存差。此段从半坡横山梁处起，向南折，开始沿山梁而下，最后到山梁南端（山体底部缓坡处），地势由北向南显著逐渐下降。此段石墙在陡坡坡面上找平，外侧砌石、内侧则以黄土等填塞而成。墙体坍塌甚重，仅存痕迹。

第16段：G0948—G0949点，长62.9米。保存较差。此段从底部缓坡边起，折向西南，延伸至一处保存特征点处。此段山体因趋于平缓，墙体先在缓坡上砌石找平，然后在石基础上再两侧砌石加高。保存较差，坍塌较重，特别是迎坡面多已坍塌成斜坡状。顶宽0.7、残高1.4米。

第17段：G0949—G0950点，长71.8米。保存较好。此段从墙体保存特征点处开始，继续向西，到西侧一处拐点处。此段石墙特征基本与第16段相似，但保存较好，墙体较高，砌石较佳，但临坡的一面亦有少量坍塌。顶宽1.2、残高2.7米（彩图三一七）。

第18段：G0950—G0951点，长64.1米。保存一般。此段从拐点处开始，继续向西南，到西侧半山坡上的一处小山凹边。此段保存一般，墙体坍塌较重，尤其是迎坡面多已坍塌。顶宽1.2、残高1.7米。

此段墙体的南面底部山体较为陡直，壁面似经砍削。

第19段：G0951—G0952点，长21.2米。消失段。此段位于山坡上的一处小山凹处，墙体无存。此山凹是西北侧山体表面汇集的洪水下泄之处，下距今地表在2米左右。

3. 枣园村2段山险（编码：640521382102170054，工作编号：07ZQ054）

此段位于边墙湾沟口处，在沟底一道大致呈东西向凸起的小山梁上。是从山梁东面的小山凹（G0952点）起，沿山梁向西，到西端近冲沟边（G0953点），直线距离为107米。方向基本呈东—西向。此道山梁较直且连续，南面坡较峻险（壁面似经砍削，底部半坡处似有砍削出的缓坡平台，但痕迹不甚明显），故未砌石墙，直接利用山体。

4. 枣园村2段石墙（编码：640521382102170055，工作编号：07ZQ055）

此段位于边墙湾沟内，地处山前台地上。是从沟底小山梁处起，过其西面小冲沟，再沿西侧较为平缓的山坡而上，到一座低矮山梁的南侧陡崖边，全长 122.4 米。大致呈东—西向。按照其特征及保存状况等，可分为 5 小段。

第 1 段：G0953—G0954 点，长 18.8 米。保存差。此段位于冲沟东侧的小山梁上（即为前段山险所在山梁），是先将其南面半坡处用石块垒砌一段石墙进行加高，向西一直到山梁西端半坡处，地势基本持平。保存甚差，墙体坍塌较重，已呈斜坡状。

第 2 段：G0954—G0955 点，长 18 米。方向 272°。保存差。此段位于小山梁西面坡上，是从半坡处开始，随坡面向下，到底部小冲沟边，地势由东向西显著下降，降幅较大。此段石墙坍塌甚重，已呈斜坡状，顶宽 1.7、残高 2.1 米。

第 3 段：G0955—G0956 点，长 9 米。消失段。此段位于冲沟底部，是西北侧山间汇集而来的山洪所经之地，墙体无存。

第 4 段：G0956—G0957 点，长 58.6 米。保存一般。此段从冲沟西侧断口边起，沿西侧缓坡而上，到西侧一道东西向凸起的低矮山梁上。地势由东向西逐渐抬升，升幅较大。此段是在缓坡上、用大块石块两侧垒砌、中间以黄土及小石块混杂填塞而成。墙体保存一般，坍塌等破坏较重，多已呈石堆状。底宽 10.1、顶宽 4、残高 2 米。

第 5 段：G0957—G0958 点，长 18 米。保存差。此段从山梁半山腰处开始，略向南折，绕过山嘴，再沿山梁南侧坡面向西，至山梁中部的陡坡边，地势基本持平。石墙是在较陡的山坡上、紧依山体，外侧以石块垒砌，近山体一侧则直接以黄土及小石块填塞而成。墙体保存甚差，坍塌等破坏甚重，已呈斜坡状，表面生长有野草等。顶宽 1.7、残高 4.8 米。

5. 枣园村 3 段山险（编码：640521382102170056，工作编号：07ZQ056）

此段位于前段止点所在的山梁上。是从其南面半山腰处的前段石墙止点（G0958 点）起，向西到山梁中部（G0959 点），直线距离为 140 米。地势由东向西逐渐略有抬升，方向基本呈东—西向。此段直接利用连续陡峭的山梁，未砌石墙。

6. 枣园村 3 段石墙（编码：640521382102170057，工作编号：07ZQ057）

此段起始于前段所在的山梁，是从山梁中部起，继续沿山梁南面坡向西，方向略向南折，延伸到西南侧另一山梁后，沿此山梁北面坡继续向西，最后到一处陡坡边，全长 431.7 米。方向基本呈东北—西南向。按照其特征及保存状况等，可分为 5 小段。

第 1 段：G0959—G0960 点，长 89 米。保存一般。此段从山梁中部开始，继续沿其南面坡向西，到一处墙体保存特征点处，地势随山体逐渐抬升，但升幅不大。该段因所在山坡趋于平缓，且近于山梁顶，遂开始沿此南面砌石加高。墙体较高大，且分布连续。但保存不佳，坍塌等残损较重，有的地段甚至出现了大段的坍塌，塌落的石块散落于坡面上。顶宽 1.9、残高 2.6 米。

此段底部山体十分陡峭、似经砍削，外侧形成一处随墙体延伸的平台，宽约 5 米。

第 2 段：G0960—G0961 点，长 110.8 米。保存较差。此段墙体特征基本与第 1 段相同，区别在于其坍塌较重，已呈斜坡状。顶宽 1.6、残高 1.8 米。

第 3 段：G0961—G0962 点，长 50.7 米。保存差。此段从保存特征点开始，继续向西，到该条山梁西端，地势由东向西逐渐抬升。此段墙体顶部已基本与山顶持平，墙体整体保存差，坍塌破坏十分严重，现已仅存痕迹。

第 4 段：G0962—G0963 点，长 124.1 米。保存较好。此段位于此道山梁与西南侧另一道山梁之间交汇的山凹处，地势以中部稍低而两侧较高，但落差不大。此段保存较好，一些地段甚至原貌保存。

墙体十分高大，是在砂石地表上直接用赭红色砂岩两侧砌边、内填黄土，由底向上逐渐收分。墙底宽3.9、顶宽1.8、高3.3米（彩图三一八）。

此段墙体的中部有后期增筑加厚的痕迹，是在墙体的东北侧再用石块垒砌一层，此层厚0.8米，随墙体由底向上略有收分，与内侧石墙间并不压茬，石块间不施粘结料，近似毛石干垒（彩图三一九）。

第5段：G0963—G0964点，长57.1米。保存较好。此段位于另一道山梁的北面坡上，是从两山梁交汇的山凹边开始，虽山梁向西南，最后到西南侧一处陡坡边，地势由东向西略有下降，但降幅不大。此段是在山体北侧坡面上直接找平，先砌基础，然后在此基础上再两侧砌石加高。墙体保存较好，但局部处仍有坍塌等。底宽2.9、顶宽1.7、残高2.1米。

7. 枣园村4段山险（编码：640521382102170058，工作编号：07ZQ058）

此段在边墙湾以西、雨水井沟东面的一道大致呈东西向山梁上（与前段同处一道山梁）。是从前段石墙止点（G0964点）处起，沿此山梁北面坡向西，到西侧陡坡边（G0965点），直线距离为69.5米。方向基本呈东—西向。这里南依山梁，北面为低矮崎岖的山间洼地，山坡陡峭连续，不便通行，故此段未砌石墙，直接利用山体。

8. 枣园村4段石墙、山险（编码：640521382102170059—640521382102170060，工作编号：07ZQ059—07ZQ060）

此段位于雨水井沟东面的丘状台地上。是从山梁中部的陡坡边起，继续沿山梁北面坡向西，绕过山梁西面坡，再沿西面坡面而下，过底部雨水井沟沟底，最后连接在沟西侧墙体断口处，全长960.1米，大致呈东北—西南向。除了中间有3小段直接利用山险外，其余均是石墙。按照其特征及保存状况等可分11小段。

第1段：G0965—G0967点，长410.7米。保存一般。此段是从山梁中部的陡坡西边起，继续沿半坡向西，地势随之逐渐提升，到山梁顶部后又沿坡面逐渐下降，方向亦随山体几经转折，最后到西侧一处山凹处。此段山势较缓，墙体先依山建石基础，然后再在基础上两侧砌石加高。整体保存一般，砌石坍塌较重，尤其是迎坡面多已坍塌成斜坡状，仅个别地段砌石保存尚可。顶宽1.6—2、残高1.9—3.5米（彩图三二〇）。

第2段：G0967—G0968点，长77.4米。保存较差。此段从山凹北侧开始，继续沿北面坡辗转向西，最后到西侧"U"形山凹处，墙体地势又重新抬升，但升幅不大。其特征等与前段基本相似，但保存较差，坍塌甚重，尤其是迎坡面已全部坍塌成斜坡状。顶宽2、残高3.5米。

第3段：G0968—G0969点，长19.4米。山险段。此段位于山坡上的一处不大的"U"字形山凹处，是从山凹东侧开始，方向随山体向西南折，最后到山凹中部。此段因山体十分陡峭、不便攀援，故不再砌石，直接利用山体为险。

第4段：G0969—G0970点，长32.8米。保存一般。此段位于"U"形山凹的西半部，是从山凹中部起，弧形绕出山凹，到山凹西边。该段山体相对较平缓，石墙只砌外侧，近山体一侧的南面则直接以黄土等填塞充实。石墙相对较薄，北壁垒砌较好，但个别处仍有坍塌。顶宽1.7、残高2.4米。

第5段：G0970—G0971点，长39.4米。山险段。此段位于山体两处"U"形山凹之间的弓背处，地势相对较陡，故此段直接利用山体为险，不砌石墙。

第6段：G0971—G0972点，长18.8米。保存较差。此段位于西侧另一处"U"形山凹间，是从此山凹的东边起，方向随山凹向西南折，过山凹后再向西北折，最后到西侧另一处较大的山凹边。石墙特征与第4段相似，但保存较差，坍塌甚重，尤其是北侧已几乎全部坍塌，呈斜坡状。

第7段：G0972—G0973点，长83.7米。山险段。此段位于山坡上一处较大的"U"形山凹间，是从山凹东侧开始，随山体绕过山凹，最后到山凹西边。此段地势较陡，也是直接利用山体为险，不砌石墙。

此段止点已到山体的西北角。南侧山顶上分布着王营村1号烽火台。

第8段：G0973—G0974点，长49.1米。保存一般。此段是从山体西北拐角处开始，改沿山体西面坡向南，到南侧一处保存特征点处。此段山体相对稍缓，故此段又开始用石块垒砌成墙体。其砌法与第1段基本相似。保存一般，坍塌等较重。0.7、残高2.2米。

第9段：G0974—G0975点，长142.5米，保存较差。此段继续沿山体西面半坡向南，到近底部拐弯处，此段墙体坍塌甚重，已呈斜坡状。顶宽0.7、残高1.8米（彩图三二一）。

第10段：G0975—G0976点，长51.3米。方向260°。保存较好。此段从山体近底部处起，随山体折而向西，沿山坡而下，最后到雨水井沟东岸边。此段地势较缓，墙体是在斜坡表面上直接找平，用赭红色石块两侧垒砌、内填黄土及小石块。整体保存较好，墙体高大，但坍塌等亦较多。石墙底宽3.8、顶宽2.1、残高4.2米。

第11段：G0976—G0977点，长35米。消失段。此段位于雨水井沟沟底，是北面山间汇集而来的山洪穿越墙体之处，墙体无存。

（四）王营村段（编码：640521382102170061—640521382102170078，工作编号：07ZQ061—07ZQ078）

此段位于王营村以北的台地上，是从雨水井沟西岸开始，辗转向西南，经新市沟、大河子沟等山沟，最后到岗岗子沟西侧与太平村段长城相连，全长4338.2米。按墙体类型分为13段（图三九三、参见图三九二）。

1. 王营村1段石墙、山险（编码：640521382102170061—640521382102170062，工作编号：07ZQ061—07ZQ062）

此段位于雨水井沟东侧，是从雨水井沟断口西起，向西辗转至一处陡坡边，全长1002.2米，这里山体低矮，起伏较多。方向几经拐折，大致呈东—西向。除了中间有一段98.3米直接利用山险外，其余均是用石块垒砌而成的石墙。按照其特征及保存状况等，可分为13小段。

第1段：G0977—G0978点，长30米。保存较好。此段从雨水井沟断口西起，沿缓坡而上，到西侧一处凸起的山丘边。此段墙体是在缓坡上直接找平，以赭红色石块两侧垒砌、中间填塞黄土及小石块，保存较好，但坍塌较多，尤其是墙体南壁，多已呈斜坡状，但北壁则保存完整。底宽3.2、顶宽1.6、残高2米。

第2段：G0978—G0979点，长98.3米。山险段。此段位于一处凸起的山丘处，是随山丘南面坡向西，方向略向北折，到西侧两低矮山丘之间的山凹处。此段因山丘坡面较陡，故直接利用山体，不砌石墙。

第3段：G0979—G0980点，长45.5米。消失段。此段位于两座山丘间的山凹处，墙体无存。

在此山凹间有一处石砌的羊圈，面阔3间，进深1间，已废弃。

第4段：G0980—G0981点，长45米。保存差。此段过山凹后，开始沿西侧山丘坡面而上，至山丘顶部，地势随之逐渐抬升。此段保存甚差，仅存痕迹。

第 5 段：G0981—G0982 点，长 313.1 米。保存较好。此段从山丘顶部开始，向北折，过一处马鞍形山凹，最后到西侧另一座山丘突出的山嘴上。此段地表宽漫平坦，墙体直接在平地上两侧砌石、中填黄土。保存较好，砌石壁面清晰规整，但局部仍有坍塌等残损。底宽 4、顶宽 1.8、残高 3 米（彩图三二二、三二三）。

第 6 段：G0982—G0984 点，长 110.6 米。保存一般。此段从凸出的山嘴处开始，绕过山嘴，再向西，过一个小山凹，最后连接于西侧另一座山丘的半坡处。保存一般，坍塌等破坏较重，顶宽 0.7、残高 3 米。

第 7 段：G0984—G0985 点，长 62.3 米。保存较好。此段墙体位于山丘的南面坡处，是在缓坡上先依坡面用石块垒砌出一个石基础，然后在基础上再两侧砌石加高，中填黄土等。此段墙体高耸、壁面清晰，顶部较平，但局部处仍有坍塌，尤其是南壁坍塌较多。底宽 1.9、顶宽 1.1、残高 3.6 米（彩图三二四）。

第 8 段：G0985—G0986 点，长 37.5 米。保存差。此段从山丘南面半坡处起，向西绕过山丘，到西侧一处墙体保存特征点处。其特征及构筑方式等与第 7 小段相似，但保存甚差，坍塌甚重，仅存残迹。墙体塌落的石块散落在斜坡上，呈石堆状。

此段山体较平缓，底部被砍削成陡崖，然后再在崖上砌石。因而此段长城较之前段石墙地势略有抬升，升幅达 2.5 米。

第 9 段：G0986—G0987 点，长 108.2 米。保存较好。此段从小山丘西侧墙体保存特征点处起，继续沿坡面向西，过两座山丘间的马鞍形山凹，再绕过西侧山丘，最后到新寺沟半坡拐点处。此段砌石十分高大，砌筑较规整，顶部较平，但坍塌较重，尤其是南壁坍塌较多，其特征、砌筑方式等与第 7 段基本相同。底宽 2.8、顶宽 0.9—1.2、残高 4.5—6 米。

第 10 段：G0987—G0988 点，长 79.5 米。方向 245°。保存较好。此段位于新寺沟的东侧山坡上，是从半坡处起，随坡面而下，一直到沟底断口边，地势由东向西显著下降，降幅较大。保存较好，墙体虽不甚高，但保存尚佳，坍塌等残损不甚严重，顶部亦较平。底宽 2.9—3.5、残高 3.3—5 米（彩图三二五）。

第 11 段：G0988—G0989 点，长 11.9 米。消失段。此段位于新寺沟河道底部，是西北侧辗转而来的山间洪流穿越墙体之地，墙体无存。

第 12 段：G0989—G0990 点，长 39.1 米。保存一般。此段位于新寺沟西侧的山坡上，是从沟底断口开始，随坡面而上，最后到半山坡拐点处，地势由东向西显著上升，升幅较大。墙体保存一般，墙体较高，但坍塌较重，多已呈斜坡状。底宽 6.3、顶宽 3.8、残高 3.6 米。

第 13 段：G0990—G0991 点，长 21.2 米。保存较好。此段墙体位于新寺沟西岸坡顶上，是从半山腰拐点处开始，随山体向北折，到西侧陡崖边上。此段山体较陡，石墙砌筑时只砌东侧一面，紧邻西侧的一面则以黄土等混杂填塞，顶部与山体顶相平。墙体保存较好，壁面砌石规整，坍塌等残损稍轻。墙顶宽 0.7、残高 3 米。

此段紧贴山体坡边，其底部山体十分陡峭，可能经砍削，底部有一道窄平台。

2. 王营村 1 段山险（编码：640521382102170063，工作编号：07ZQ063）

此段位于新寺沟西侧山坡顶上，是从前段石墙止点（G0991 点）开始，随陡崖向西北，到陡崖北侧（G0992 点），直线距离为 63.4 米。方向呈东南—西北向。此段坡面极陡，坡度近 80°，且距沟底高达 28 米，故不砌墙体，直接利用山险。

3. 王营村 2 段石墙、山险（编码：640521382102170064—640521382102170067，工作编号：07ZQ064—07ZQ067）

此段是从新寺沟西侧陡坡边起，辗转向西北，过王营村敌台后再向南，最后到一处陡坡边，全长1627.6 米。方向十分曲折，大致呈东北—西南向。除了中间一段直接利用山体外，其余均是石墙。按照其特征及保存状况等，可分为 24 小段。

第 1 段：G0992—G0993 点，长 55.3 米。保存较好。此段位于新寺沟的西岸边，是从陡坡北边起，继续沿坡顶向西北，至北段拐点处。此段因冲沟坡度趋于平缓，故在山坡近顶部先以石块垒砌成基础，然后在基础上再两面砌石、中间填塞黄土及碎石。墙体保存较好，壁面规整，坍塌等残损稍轻，顶部较平。顶宽 1、残高 1.7 米。

第 2 段：G0993—G0994 点，长 41.5 米。消失段。此段随山体向西折，逐渐脱离冲沟岸边，方向亦改为东—西向。此段石墙多不存，仅个别地段尚残留痕迹。

第 3 段：G0994—G0995 点，长 72.4 米，保存较差。此段继续沿山体北面坡向西，辗转至西侧一处小山凹边。此段石墙砌筑时紧依山体北面坡，只砌北侧一面、紧贴山体一面则直接以黄沙土及碎石块填塞。墙体坍塌较重，多已呈石堆状。现存残墙顶宽 0.8、残高 2 米。

第 4 段：G0995—G0996 点，长 63.8 米。保存差。此段从小山凹边起，沿山体的北面坡逐渐向西南，到西侧山顶部后，石墙再沿山体向西南折，一直延伸到西侧山体一处大的山凹处。此段墙体因坍塌破坏甚重，仅存痕迹。

第 5 段：G0996—G0997 点，长 62.3 米。保存较好。此段从小山凹处开始，基本沿山顶向西，到王营村敌台的东壁处。墙体是在山顶上以石块两面垒砌、中间填以黄沙土及小石块，顶部较平整。墙体保存较好，壁面砌筑较规整，临坡的北壁虽仍有坍塌，但程度较轻，顶部较平，顶部尚存有垛墙痕迹。垛墙是用石块沿顶部北壁边缘继续垒砌而成，高 0.15 米。顶宽 2.2、高 3.9 米（彩图三二六）。

此段止点处的山顶平台上分布着王营村敌台。

第 6 段：G0997—G0998 点，长 84.8 米。保存一般。此段自王营村敌台的西北侧开始，改沿山体的北侧坡边向西，方向基本成东北—西南向。墙体是在山坡上，北面砌石加高，紧贴山体的南面则直接以黄沙土及小石块填塞而成，顶部与山顶持平。此段保存一般，后期坍塌等较多。顶宽 2、残高 3 米。

第 7 段：G0998—G0999 点，长 47.6 米。保存差。此段石墙位于王营村敌台西北侧，在山体近顶部半坡处。是从西侧山体半坡处起，继续沿坡面向西，到一处横山梁边。其砌筑是只砌北侧一面，紧贴山体一面则直接以黄土等填塞而成。整体保存甚差，仅存痕迹。

第 8 段：G0999—G1001 点，长 140.8 米。保存较好。此段石墙从横山梁边起，沿山梁向西，过此处两道山梁间狭长的马鞍形山凹后，向西南折，最后接于南侧山体陡崖处。此段保存较好，墙体较高，砌石较规整，但局部处仍有坍塌等破坏。底宽 2.8、顶宽 2.2、残高 4.3 米（彩图三二七）。

此段前后两段特征略有不同：前段位于山梁处的石墙并不连续，个别段落有直接利用陡峭山体的现象，而一些山梁较低矮处还有砌石加高；后段位于两道山梁交汇间的马鞍形山梁上的墙体则连续。其中部有后期增补的痕迹，即在石墙东壁外扩、增筑一段石墙。此石墙也是外侧以石块垒砌，但内侧以黄土等填塞，顶部平整。形状基本呈半月形，高度上较之原墙体略低。此段墙残长 15、残高 2.8、顶宽 5 米。

第 9 段：G1001—G1002 点，长 18.3 米。消失段。此段位于山凹南侧的陡崖上，是从山凹南侧开始，随山体向西至山体的西面坡半坡处，此段山体十分陡峭，墙体无存。

第 10 段：G1002—G1003 点，长 207.1 米。保存较好。此段基本沿一道大致呈南北向、由北向南逐渐下降的山梁西面半坡延伸。是从其西北角开始，向南过一个小山凹，到山凹南侧，平面形状呈"C"形。此段山体较缓，墙体先在半坡上砌成一个石基础，然后再在基础上砌石两面砌石、中间填以黄沙土及小石块。保存较好，但坍塌等较多，尤其是西壁坍塌十分明显。底宽 2.6、顶宽 1.5、残高 2.1 米。

第 11 段：G1003—G1004 点，长 63.8 米。保存差。此段从小山凹南起，继续向南而下，到南侧的一个拐点处，平面形状呈反"C"形。此段山体较陡，墙体依山坡西侧直接砌石加高，紧贴山体的东侧则直接以黄土等填塞。墙体总体保存甚差，现仅存残迹。

第 12 段：G1004—G1005 点，长 74 米。保存较好。此段石墙拐点处开始，继续向南而下，到该山梁的南端一处较宽的山凹边。石墙砌法与第 8 小段相同，保存亦较好，个别地段甚至原状保存。底宽 2.1、顶宽 1.1、残高 3.9 米。

第 13 段：G1005—G1006 点，长 52 米。保存一般。此段位于山体中间一个山凹北部（此山凹较宽，底部不平，有朝南向箕形洼地），是从北面山梁西壁处起，向南到山凹中部，方向略向东折，基本呈西北—东南向。保存一般，坍塌等残损较重，多数地段坍塌成斜坡状。其砌法与第 8 小段相同。底宽 2.1、顶宽 1.8、残高 3.9 米（彩图三二八）。

第 14 段：G1006—G1007 点，长 56 米。保存差。此段位于山凹南侧，是从山凹中部西侧起，沿底部箕形洼地边向东折，到东面半坡处。方向基本呈东—西向，地势略有下降。该段山体相对较陡，墙体只砌外侧，内侧以黄土等填塞。坍塌甚重，仅存痕迹。

第 15 段：G1007—G1008 点，长 20.6 米。保存较好。此段位于山体的东面半坡处，是从山凹的东南侧半坡处开始，向南折，到南侧一处墙体保存特征点处。此段山体相对较缓，墙体砌法上采用先在斜坡上砌石找平、然后再两面砌石、中间填以黄土及小石块，顶部较平。顶宽 1.5、残高 2.8 米。

此段西壁上也有一段后期加固增厚墙，即在原墙体的西侧再用石块外扩垒砌一层，该石墙与原墙体之间并不压茬，而是直接垒砌加高。此段长仅 5、宽 0.2 米。

第 16 段：G1008—G1009 点，长 79.7 米。保存较差。此段沿山体东面半坡继续向南，辗转到山体南端的大河子沟岸边，地势随山坡略有抬升，方向亦略向西南折，墙体砌法上与第 15 段基本相同，但保存较差，坍塌甚重，有些地段甚至出现了大段的坍塌。顶宽 1.5、残高 2.8 米。

第 17 段：G1009—G1010 点，全长 106.7 米。保存差。此段位于大河子沟东北面坡上，是从半山腰开始，随山坡而下，到沟底断口边。地势显著下降。墙体是在山梁上直接找平、两侧垒砌而成。残损甚重，已呈斜坡状，墙体顶宽 1.2、残高 3.6 米。

第 18 段：G1010—G1011 点，长 16.2 米。消失段。此段位于大河子沟底部冲沟处，是西侧山间汇集的季节性洪水东西横穿之处，墙体无存。

第 19 段：G1011—G1012 点，长 10 米。保存较好。此段位于大河子沟南侧沟边，是从沟底断口南起，随南面坡而上，到半坡拐点处，地势略有抬升。此段保存较好，墙体高耸，顶部较平，但局部处仍有坍塌等残损。其砌法与第 17 段基本相似。底宽 5.5、顶宽 2.2、残高 3.4 米。

第 20 段：G1012—G1013 点，长 56.7 米。保存较差。此段自大河子沟南侧拐点处开始，向西折，逐渐远离沟岸，改沿一道大致呈西北—东南向山梁北坡而行，最后到西北侧一处较高的山梁处。此段山体相对较陡，墙体依山而建，只砌一面、紧贴山体的一面则直接以黄土等填塞。坍塌等较重，顶宽

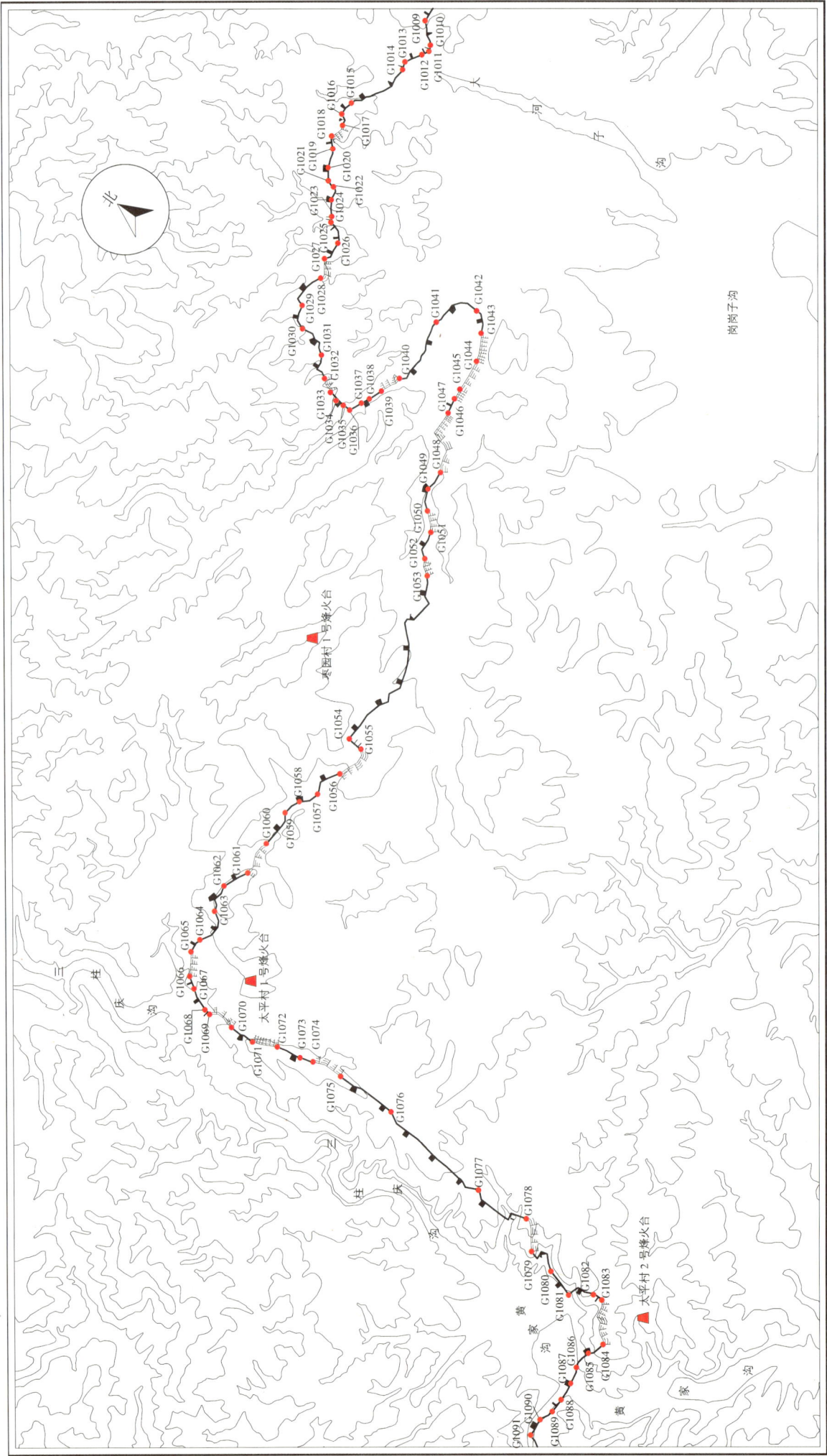

图三九三　中宁县王营村段长城走向图-2和太平村段长城走向图

1.1、残高 3.8 米。

第 21 段：G1013—G1014 点，长 22.9 米。山险段。此段位于一处高耸横山梁边，其坡面较陡，故能直接利用，不砌墙体。

第 22 段：G1014—G1015 点，长 186.6 米。保存差。此段从山梁西侧开始，继续沿山坡向西北，到一处更高的山梁底部。墙体依山而建、只砌一面，紧贴山体的一面直接以黄土等填塞。坍塌等严重，现仅存痕迹。

第 23 段：G1015—G1016 点，长 62.5 米。保存较好。此段从山梁东南角开始，随山坡辗转向西北，地势随之逐渐上升，到山梁南面近顶部。此段地势相对较平缓，墙体直接在山体上两侧砌石、中间填塞以黄土等。保存一般，坍塌较多。底宽 2.7、顶宽 1.4、残高 4.3 米。

第 24 段：G1016—G1017 点，长 26 米。保存差。此段位于山梁南壁处，向西折，延伸到南侧陡崖边。墙体是在山体坡面上外侧砌石、内侧则直接以黄土等填塞而成。坍塌严重，已呈石堆状。

4. 王营村 1 段山险墙（编码：640521382102170068，工作编号：07ZQ068）

此段与前段末段同处一道的山梁上，是从山梁东南角（G1017 点）起，沿其南壁向西，到西侧小冲沟岸边（G1018 点），直线距离为 43 米。大致呈东—西向。此段山体较高，南壁极陡，坡度近乎 80°，石壁陡峭凌立，可能经砍削成山险墙，不砌石墙。

5. 王营村 3 段石墙（编码：640521382102170069—640521382102170070，工作编号：07ZQ069—07ZQ070）

此段从山梁西侧起，过其西面的一处小冲沟，再沿冲沟西岸台地辗转向西南，再过此小冲沟，最后连接在冲沟西北侧陡坡边，全长 477.1 米。方向总体呈东北—西南向。按照其特征及保存状况等，可分为 9 小段。

第 1 段：G1018—G1019 点，长 33.6 米。消失段。此段位于山梁西侧的小冲沟处，墙体无存。

此地原是一处天然的泄洪沟，因后期有人在底部周围开山炸石、开挖石料，将此处已挖出一道深达 2 米的深坑，致使此段墙体不存。

第 2 段：G1019—G1020 点，长 86.4 米。保存较好。此段从小冲沟断口西边起，沿冲沟的西面坡而上，到坡顶后，改向西，到台地西侧一处横山梁边。此段山体相对较缓，墙体砌法属直接在较为平缓的台地表面两侧砌石加高，中间以黄土等填塞。保存较好，石墙砌石高大，除了个别地段有坍塌等残损外，大多数地段保存较规整。底宽 3、顶宽 1.4、残高 4.3 米（彩图三二九）。

第 3 段：G1020—G1021 点，长 61.4 米。保存一般。此段位于山梁南面半坡处，是从山梁东侧起，略向西南折，经山梁中部的一处山凹，再绕山梁到西侧坡面拐点处，平面略呈"C"形。此段保存一般，坍塌等残损稍重，尤其是迎坡面的南壁已出现多处大段地坍塌。其砌法属依山而建、只砌外侧，紧贴山体的一面则直接填以小石块与黄沙土，顶部与山体表面持平。底宽 3、残顶宽 1.2、残高 4 米（彩图三三〇）。

第 4 段：G1021—G1022 点，长 35.1 米。保存一般。此段位于山梁西面坡上，是从半坡拐点处开始，沿坡面而下，到近底部拐点处，地势由东向西显著下降，降幅较大。此段保存一般，除了少数地段保存尚可外，多数地段坍塌等残损较重。其砌法与第 3 小段基本相似，但因所在山体相对较缓，石墙砌筑时有意识在底部砌石的基础上再加高一段，顶部要高于山体。顶宽 0.8、残高 3.8 米。

第 5 段：G1022—G1023 点，长 49 米。方向 245°。保存较差。此段跨越一道小冲沟，是从小冲沟东侧坡面开始，随坡面而下，过底部冲沟，再沿西侧坡面而上，最后到半坡墙体拐点处，平面较直、但立面略呈"U"形。保存较差，坍塌等残损甚重，已呈斜坡状。按其位置、特点等大致可细分为3小段。

东段：长24.6米。是从半山坡石墙拐点处起，随山坡而下，到沟底断口处，地势由东向西显著下降，落差较大。底宽1.4、顶宽0.7、残高1.7米。

中段：长9米。位于小冲沟底部，是西南侧山间汇集而来的洪水所经之处，墙体无存。

此道小冲沟与第1小段的小冲沟属同一道，它是此段西南侧山间汇集的洪水从此处穿越墙体之后，向北拐成一道大致成"N"形弯，再沿第1小段断口向南流去。

西段：长15.4米。是从小冲沟底部断口开始，随山坡而上，到半山坡拐点处，地势由东向西显著抬升，升幅较大。底宽2.4、顶宽1.1、残高0.9米。

第6段：G1023—G1024点，长108.8米，保存较好。此段是从小冲沟西岸半坡处起，略向南折，向西南到一道山梁顶部后，又沿其西面坡而下，最后到半坡拐点处。该段山体较缓，石墙属依山而建、先在山坡上用石块垒砌一个石基础，然后在基础上再两面垒砌、中间填以黄土。保存较好，尤其是此段止点附近，壁面较规整，甚至墙体北面顶部的垛墙等尚有部分残留。底宽2.3、顶宽1.7、残高3.4米（彩图三三一）。

第7段：G1024—G1025点，长25.5米。保存差。此段从山梁半坡处起，略向北折，斜向而下，到半山腰两道山梁之间的一个小山凹边。此段保存差，仅存痕迹。

第8段：G1025—G1026点，长48.7米。保存较好。此段位于小山凹处，是从东北侧山梁边开始，过底部山凹，连接在西南侧山体上，地势较低平。是在地表上直接找平、用赭红色块石两面垒砌，中填黄土及小石块。除了南侧壁面有局部坍塌外，总体保存较好，墙体高耸，相比以南侧墙体较高而北侧略低，北侧紧贴墙体处有长期淤积的泥土堆积。顶宽2.2、高4.2米（彩图三三二）。

此段墙体顶部宽平，其中北侧尚残留有垛墙痕迹，但女墙等无存。其中垛墙是用赭红色石块垒砌而成，石缝间夹有黄土。边缘与墙面相平，由底向上亦略有收分。垛墙厚0.5米、残高0.7米。墙体底部中心有一处水门遗迹，方形，贯穿墙底，边缘用大块条石垒砌而成，水门宽0.8、高0.95米。

第9段：G1026—G1027点，长28.6米。保存一般。此段从山凹西南侧山体处开始，随山坡逐渐而上，方向随之略向西南折，到一处陡崖边。此段山体相对较缓，石墙砌法与第6段相似，但保存一般，尤其是南壁，整体已呈斜坡状。顶宽2.2、残高4.2米。

此段止点处有一处方形石砌基址，规格较小，已废弃。

6. 王营村2段山险（编码：640521382102170071，工作编号：07ZQ071）

此段位一座较高的、大致呈西北—东南向山梁上，是从山梁东南侧（G1027点）起，随陡坡向西北，到山梁西北侧山凹处（G1028点），直线距离为29.3米。此处山体较高且连续，坡度极陡，故此段不砌石墙，直接利用陡崖为险。

7. 王营村4段石墙（编码：640521382102170072，工作编号：07ZQ072）

此段是从一处山体陡崖边开始，辗转向南，中间翻越数道山坡，最后至西南侧一处陡崖边，全长347.3米，方向总体呈北—南向。按其特征及保存状况等可分3小段：

第1段：G1028—G1030点，长79.9米。保存一般。此段自陡崖西侧开始，沿山体半坡辗转向西南，过两道山梁之间的一处小山凹后，再随西南侧另一道山梁坡面向南折，地势随之逐渐攀升，最后抵达山梁脊部。此段山体较陡，石墙是在陡坡面上外侧砌石、只砌一面，紧贴墙体一侧则直接用黄土等填塞，顶部较平。保存较差，坍塌等情况十分普遍，多已呈斜坡状。底宽3.8、顶宽1、残高 4.3 米。

第 2 段：G1030—G1031 点，长 204.4 米。保存较差。此段自山梁脊部开始，沿南侧两道山梁辗转向南，过两道小山凹，最后到南侧一道山脊部。此段砌法上与第 1 段相同，但总体保存较差，除了个别山凹处石墙保存稍好外，其余部分均坍塌成石堆状。

此段在第一道小山凹沟底有两间石砌基址，可能是后期修筑的羊圈，今已废弃。

第 3 段：G1031—G1032 点，长 63 米。保存一般。此段从山脊处开始，继续沿山体的南面坡向西，过南侧一座小山凹，再沿山凹南侧山体向东南，最后到山体陡崖边。此段石墙砌法与第 1 段相同，总体保存一般，坍塌甚重，有些地段甚至出现了大段的坍塌。顶宽 1、残高 1.1 米。

此段起点北侧、在山凹处亦有一处石砌基址，规模较大，有居址、围墙各一处，今已废弃。此座围墙西、南面直接利用山体，北面用石块垒砌而成，其砌法与长城石墙基本一致。北垣残长 10.7、残高 1.8 米；东垣仅偏北侧砌墙，中部留门道，偏南侧再砌筑居址。东垣北段残长 4.4、残高 0.6 米，门道宽 1.7 米。居址位于围墙东南角，属单间居室，也是用石块垒砌而成，主体突出墙垣东面之外，东西 3.2、南北 5 米。室内西北角有一处烟囱，东西 1、南北 0.8、残高 0.5 米；南面则有一处土炕，东西 2.9、南北 1.7、残高 0.5 米（彩图三三三）。

8. 王营村 2 段山险墙（编码：640521382102170073，工作编号：07ZQ073）

此段位于一道小冲沟北侧高山顶上，是从前段石墙止点（G1032 点）起，随山体向南，到南侧缓坡处（G1033 点）截止，直线距离为 30 米。方向基本呈北—南向。

此段山体较高，尤其是其东壁险峻陡峭，高近 5 米，壁面似经砍削而成的山险墙，故多直接利用山体，只是在中部山体较缓处用石块垒砌 3 米。

9. 王营村 5 段石墙（编码：640521382102170074，工作编号：07ZQ074）

此段位于一道小冲沟处，是从沟口北侧开始，向南过底部冲沟，到冲沟南面半坡后，再随坡面向东折，最后至半山坡陡坡边，全长 193.6 米。方向呈北—南向。按照其特征及保存状况等，可分为 6 小段。

第 1 段：G1033—G1034 点，长 23.5 米。保存一般。此段从陡崖南边起，绕过一处小山凹，再向南辗转延伸至小冲沟岸边。是在山体近顶部依山而建、只砌外侧，紧贴山体一面则直接以黄土等填塞。保存一般，坍塌等破坏十分普遍，尤其是迎坡面坍塌甚重。顶宽 1.1、残高 1.8 米（彩图三三四）。

第 2 段：G1034—G1035 点，长 50.7 米。保存较差。此段位于一道小冲沟北面坡上，是从北面近顶部开始，随山坡而下，到半坡近底部一处拐点处。地势北高南低，落差较大。此段保存较差，已呈石堆状。顶宽 1.1、残高 1.3 米。

第 3 段：G1035—G1036 点，长 62.8 米。方向 190°。保存差。此段从小冲沟的北面半坡拐点处起，继续沿坡面而下，到沟底断口边。此段特征、砌法等与第 2 段基本相同，但保存甚差，石墙已全部坍塌，成石堆状。底宽 2.8、顶宽 1.5、残高 0.9 米。

第 4 段：G1036—G1037 点，长 9.3 米。消失段。此段位于小冲沟的底部，是西侧山间汇集的季节性山洪水所经之地，墙体无存。冲沟虽不甚宽大，但曲折幽深，底部剥蚀较深。

第 5 段：G1037—G1038 点，长 11.3 米。保存较好。此段小冲沟的南边，是从小冲沟的沟底断口处开始，随南侧山坡而上，最后到半山坡拐点处。石墙砌法与第 2 段相似，保存较好，墙体高耸，顶部较平。底宽 4、顶宽 0.9、残高 3.5 米。

第 6 段：G1038—G1039 点，长 36 米。保存差。此段位于小冲沟的南面半坡上，是从半坡拐点开始，随山坡向东折，地势上亦随之逐渐上升，最后到东侧陡坡边。砌法与第 1 段相似，保存甚差，墙体坍塌甚重，多数甚至出现了大段地坍塌。顶宽 0.8、残高 2.5 米。

10. 王营村 3 段山险（编码：640521382102170075，工作编号：07ZQ075）

此段与前段末段位于同一道山坡上，是从半山腰前段石墙止点（G1039 点）起，继续随陡体向东，地势随之逐渐抬升，最后到该山体的东北角半坡处（G1040 点），直线距离为 67 米，方向呈西—东向。此处山体高而连续，坡度极陡，故未砌石墙，直接利用陡崖。

11. 王营村 6 段石墙（编码：640521382102170076，工作编号：07ZQ076）

此段是从小冲沟南侧、山体的东北角半山腰处开始，沿山体东坡向南折，经南侧一个小凹沟，最后到小凹沟南侧的陡坡边，全长 229.6 米。方向北—南向。按照其特征及保存状况等，可分为 3 小段。

第 1 段：G1040—G1041 点，长 125.7 米。保存一般。此段从半山腰山梁处起，沿坡面向南折，辗转至南侧坡面上一处小冲沟边，地势由北向南略有下降。此段山势较缓，墙体先在斜坡面上用石块垒砌找平、然后再两侧垒砌、中间填以黄土。整体保存一般，坍塌等破坏较重，出现了多处断口。底宽 2、顶宽 0.8、残高 3.3 米。

第 2 段：G1041—G1042 点，长 44.9 米。方向 175°。保存较差。此段横跨小冲沟，平面方向较直、但立面极为狭窄陡峭、形状呈"U"形。是直接在山体上两侧砌石、中间填以黄土。保存较差，坍塌甚重，多已呈石堆状。按其保存特征等再分为 3 小段。

北段：长 20 米。是从小冲沟北岸开始，随坡面而下，最后到底部断口处，地势由北向南逐渐下降，降幅较大。底宽 2、顶宽 0.6、残高 3.7 米。

中段：长 4.4 米。消失段。位于小冲沟的底部，是西侧山体上汇集的雨水所经之地，墙体无存。

南段：长 20.5 米。位于小冲沟的南面坡上，是从沟底断口处开始，随山体而上，至半山腰拐点处。地势由北向南逐渐抬升，升幅较大。底宽 4.6、顶宽 1.4、残高 1.5 米。

第 3 段：G1042—G1043 点，长 59 米。保存较好。此段位于小冲沟的南侧一道大致呈东西向的山梁上，是从山梁的东面坡边开始，沿山梁南面坡向西，地势随之逐渐抬升，到山梁中部的陡崖边。此段山体较陡，墙体直接紧依山体表面、将稍远离山体的南面砌石加高，而紧贴山体的一面则用黄土及小石块等填塞。保存较好，墙体较高，顶部较平，壁面清晰，坍塌等破坏较少。底宽 2.8、顶宽 0.9、残高 3.8 米。

12. 王营村 4 段山险（编码：640521382102170077，工作编号：07ZQ077）

此段是从山梁中部的石墙止点（G1043 点）起，继续沿山体辗转向西南，到西南侧缓坡处（G1045 点），直线距离为 172.6 米。方向总体呈东北—西南向。此段山体地势险峻，特别是近顶部处山体十分陡峭，坡度近 90°，故多直接利用山险，仅是在中部一处岩体稍缓处（G1044 点）进行局部砌石加高。此段石墙残长 1.5、顶宽 1、残高 1.7 米，顶部与岩石顶持平。

13. 王营村 7 段石墙（编码：640521382102170078，工作编号：07ZQ078）

此段是夹在两段山险段之间的一小段石墙，是从山体陡崖南边起，继续沿山体坡面向西南，几经辗转，最后连接在西南侧陡崖边，全长 55.5 米。按照其特征及保存状况等，可分为 2 小段。

第 1 段：G1045—G1046 点，长 37.5 米。保存较好。此段从山体较缓处的台地边起，折向西北，到一座凸起的山丘顶部，地势由东南向西北缓慢抬升，升幅稍大。此段保存较好，墙体较高，砌筑较规整，但后期坍塌等破坏稍重。属直接在坡面上找平。两面用石块垒砌，中填黄土与小石块。底宽 2.6、顶宽 1.5、残高 1.6 米。

第 2 段：G1046—G1047 点，长 18 米。保存较好。此段从山丘顶起，改沿台地南缘辗转向西，到西侧陡崖处，地势较平。此段石墙保存亦较好，其特征与第 1 小段基本相似，但砌法略有不同，此段是以紫红色砂岩紧依山体南面坡边缘而砌，仅砌南壁，顶部与山顶持平。顶宽 1.8、残高 2 米。

此段东面稍远处即是岗岗子沟。

（五）太平村段（编码：640521382102170079—640521382102170100，工作编号：07ZQ079—07ZQ100）

此段位于中宁县太平村北侧，是从贺兰山岗岗子沟西侧陡崖处起，沿山前台地间辗转向西南，经三柱庆沟等山沟，最后到黄家沟与张台村段长城相连，全长 3962.8 米。按墙体类型分为 20 段（参见图三九三）。

1. 太平村 1 段山险（编码：640521382102170079，工作编号：07ZQ079）

此段位于岗岗子沟西侧，是从前段石墙止点（G1047 点）起，继续随山体陡崖而行，到西南侧一道大致呈东西向山梁边（G1048 点），直线距离为 166.9 米。总体呈东北—西南向。

此段地势险峻，特别是近顶部山体十分陡峭，坡度近 90°，落差较大。故该段直接利用山体。需要补充的是，此段中间还有 3 处有用石块垒砌的石墙段，均是位于岩石顶部坡面较缓或豁口处，紧依坡顶、用紫红色砂岩垒砌外侧，紧贴山体的一面则直接用小石块与黄沙土填塞充实，顶部与山体持平。这几段均不长。残长 1—2.5、残高 1.6—2 米。

2. 太平村 1 段石墙（编码：640521382102170080，工作编号：07ZQ080）

此段石墙位于两道山险之间，是从山梁东端起，沿半坡处向西，过此山梁与南侧另一道山梁相交的山凹后，再沿南侧山坡而上，到山顶部，全长 145 米。方向总体呈东北—西南向。按照其特征及保存状况等，可分为 2 小段。

第 1 段：G1048—G1049 点，长 70.8 米。保存一般。此段从山梁东端起，沿此山梁南侧半坡向西，到此道山梁与另一道山梁之间的山凹处，此段地处山梁半山腰处，是在较陡的坡面上、将远离坡面的南侧砌石加高，紧贴山体的一面则直接用黄土及小石块等填塞，顶部较平。墙体保存一般，除了个别地段砌石面较为清晰外，多数地段坍塌较重，底部散落有较多的坍塌石块。顶宽 0.6、残高 3 米。

第 2 段：G1049—G1050 点，长 74.2 米。保存较差。此段从山凹处起，开始随南面山梁的坡面而上，到山梁的脊部。此段坍塌甚重，整体已呈石堆状。底宽 1.7、顶宽 0.9、残高 2.1 米。

3. 太平村 2 段山险（编码：640521382102170081，工作编号：07ZQ081）

此段位于一道大致呈西南—东北向山梁上，是从山梁的东北侧山脊处（G1050 点）起，沿山顶辗转向西南，到此道山梁与另一道山梁交汇处（G1051 点），直线距离为 213.4 米。此段地势险峻，特别是近顶部十分陡峭，落差较大。

此段也是在充分利用陡峭山崖的基础上，中部个别地势较缓或山凹处还残留有不长的石墙，其砌法属紧依山体、只砌一面。计 2 小段，其中北段位于山崖上的一处半圆状豁口处，残长 1.1、残高 2.5 米；南段则位于斜坡上的一处小山凹处，平面呈"V"形，长 12、顶宽 1.1、残高 3.7 米。

4. 太平村 2 段石墙（编码：640521382102170084，工作编号：07ZQ084）

此段从两道山梁交汇处起，随西南侧山梁水平向南，过半坡上的一处小山凹，再沿缓坡向西，再过一处小冲沟，最后至冲沟南侧的断崖边，全长 542.9 米。方向总体呈东北—西南向。按照其特征及保存状况等，可分为 4 小段。

第 1 段：G1051—G1052 点，长 130 米。保存较好。此段从两道山梁交汇处起，沿西面另一道山梁斜向西南，到斜坡上的山凹处。此段山体较缓，墙体依坡面先砌一个石基础，然后在基础上再两面砌石、中间填以黄土及小石块，顶部平整。墙体较高，但坍塌较多，尤其是迎坡面的砌石多已坍塌成斜坡状。墙体底宽 2.2、顶宽 1.1、残高 4.4 米。

此段北面的台地顶部分布着太平村 1 号烽火台，距墙体 0.12 千米。

第 2 段：G1052—G1053 点，长 71 米。保存较差。此段从半山坡山凹处起，向东折，延伸到山体东面一个突出的山嘴处。此段山体稍陡，墙体紧依山体，只砌外侧、紧贴山体的一面直接以黄沙土等填塞而成。保存较差，几乎整段已坍塌。保存较好处石墙顶宽 1.1、残高 3.2 米。

第 3 段：G1053—G1054 点，全长 284 米。保存较好。此段从半坡突出的山嘴处起，绕过山嘴，向南过两道山梁交汇处后，延伸到南侧另一座山梁上，再沿此道山梁南而下，最后到沟底边。方向十分曲折。可分为前后两段。

前段：73 米。从起点起，到西南侧两道山梁交汇处。此段山坡相对较陡，石墙只砌外侧、紧贴山体的一面则直接用黄沙土与小石块填塞，顶部较平。墙体坍塌等较少，但因底部山体高低不同，石墙高度并不一致，保存较好处顶宽 1.7、残高 3.2 米。

后段：211 米。从山体交汇处起，到底部山沟边。此段山体相对稍缓，墙体是紧依山体、先砌一个石基础，然后在基础上再两面砌石、中填黄土等，顶部不平。墙体保存较高大，但局部坍塌等较重，底宽 3.5、顶宽 0.9、残高 3.5 米（彩图三三五）。

第 4 段：G1054—G1055 点，长 57.9 米。方向 245°。保存较好。此段跨越底部小冲沟。平面较直、但立面呈 "V" 形。墙体是直接在坡面上两侧砌石、中填黄土。此段除了中部的冲沟底部有断口外，其余部分保存较好，墙体较高，砌石较规整，但个别处仍有坍塌等残损。按其位置、特征等大致分为 3 小段。

东北段：长 13 米。是从东北面半山坡拐点处开始，随坡面而下，到底部断口边，地势上由东北向西南逐渐下降，降幅不甚大。底宽 2.7、顶宽 0.4、残高 3.6 米。

中段：长 15.1 米。消失段。位于底部小冲沟处，受西北面而来的山洪冲刷，墙体无存。

西南段：长 29.8 米。保存较差。此段是从沟底部断口处起，随山坡而上，到西南侧山崖边，地势逐渐抬升，升幅稍大。底宽 3.3、顶宽 1.2、残高 2.5 米。

5. 太平村 3 段山险（编码：6405213821 02170085，工作编号：07ZQ085）

此段是从小冲沟的西边（G1055 点）起，绕过一座凸出的山体，到其西侧（G1056 点），直线距离为 75 米。方向呈东—西向。此处山体较高且连续，地势险峻，坡度极陡，周围交通极为不便，故此段未筑墙体，直接利用陡崖为险。

6. 太平村 3 段石墙（编码：6405213821 02170086，工作编号：07ZQ086）

此段是从山体西侧起，继续向西，方向几经转折，最后至西侧山体陡崖处，全长 351.6 米。方向总体呈东—西向。按照其特征及保存状况等，可分为 4 小段。

第 1 段：G1056—G1057 点，长 153.8 米。保存较好。此段从山体西面半坡处开始，沿山凹辗转向西南，到一处拐点处。此段基本位于山凹间，先在坡面上用石砌成一个基础，然后在基础上再两面砌石、中间填以黄土及小石块。墙体较高大，但保存稍差，多处有坍塌等破坏。底宽 2.3、顶宽 1.2、残高 1.7 米。

第 2 段：G1057—G1058 点，长 62.5 米。保存差。此段从拐点处起，继续向西，辗转到一处山凹处，地势上随山坡缓慢抬升。此段保存甚差，坍塌严重，现仅存痕迹。

第3段：G1058—G1059点，长37.1米。保存一般。此段石墙位于一座凸起的山体东面坡上，是从山凹处起，沿坡面向南，到山体东南角，地势基本持平。此段坡面较陡，石墙紧依山体、外侧（东侧）用大石块砌石加高，紧贴山体的西侧则直接用黄土及小石块等混杂填塞而成。保存一般，坍塌较重。顶宽1.3、残高2.1米。

第4段：G1059—G1060点，长98.2米，保存较好。此段从东南角起，方向向西南折，沿山坡而上，快到山顶后，再绕过坡面上的一处U形弯，最后到西侧陡崖边，地势逐渐抬升。墙体较高，但坍塌稍重。底宽3.2、顶宽0.9、残高3.3米。

7. 太平村1段山险墙（编码：640521382102170087，工作编号：07ZQ087）

此段位于三柱庆沟东面的一道山脊上。是从山脊东北侧石墙止点（G1060点）起，沿山脊向西南绕行，到山体西南侧（G1061点），直线距离为87.3米。平面大致成"C"形，方向呈东北—西南向。此处山体较高，坡度极陡，周围交通极为不便，且山体连续，故不砌石墙。其南面山体被砍削出高度在3米左右的陡崖，成山险墙（彩图三三六）。

8. 太平村4段石墙（编码：640521382102170088，工作编号：07ZQ088）

此段从前段"C"形山险墙西南侧起，辗转沿山坡而下，最后到西侧三柱庆沟陡坡边，全长350.9米，平面拐折成"S"形。按照其特征及保存状况等，可分为4小段。

第1段：G1061—G1062点，长128.8米。保存一般。此段从山险墙止点处起，沿山体坡边向东南，地势随坡面缓慢下降，到山体南面坡边后，向西南折，过半坡一处浅山凹后，到西南侧一道山梁上。此段保存一般，坍塌较重，有些地方甚至出现了大段坍塌。顶宽1.5、残高2.3米（彩图三三七）。

此段石墙使用的石块色泽不一，有赭红色、浅黄色等，两者混杂使用。另外，此段南侧的山梁上还分布着太平村2号烽火台，与墙体间相距0.12千米。

第2段：G1062—G1063点，长37.1米。保存较差。此段位于半山坡一道山梁上，是从石墙拐点处开始，方向向西北折，随山梁而上，到一座凸起的山丘西北角。此段坍塌甚重，多已呈斜坡状。保存较好处石墙底宽2.1、顶宽0.8、残高2.2米。

第3段：G1063—G1064点，长89米。保存较好。此段是从山丘西北角起，向西南折，随坡面而下，到半坡墙体保存特征点处。地势随坡面逐渐下降，且降幅较大。保存较好，尤其是南段墙体保存较高，砌石较规整，坍塌等残损相对较少，但北段紧贴山丘部分则坍塌稍重。底宽2.1、顶宽0.8、残高2.2米。

第4段：G1064—G1065点，长96米。保存较差。此段石墙从半坡墙体保存特征点处开始，继续沿坡面而下，方向略向南折，最后到三柱庆沟东岸边，地势亦是缓慢下降。此段石墙保存较差，坍塌等严重，已呈斜坡状。

9. 太平村4段山险（编码：640521382102170089，工作编号：07ZQ089）

此段位于三柱庆沟东岸，是从北侧的石墙止点（G1065点）起，沿岸边陡崖向南，到南侧地势稍缓处（G1066点），长46米，方向为北—南向。此段陡崖高达30米，且连续，坡度亦极陡，故不砌石墙，直接利用陡崖。

10. 太平村5段石墙（编码：640521382102170090，工作编号：07ZQ090）

此段位于三柱庆沟的东岸较缓的岸边，是从缓坡处起，向南过半山腰一处小山凹，最后连接在南侧一道大致呈西北—东南向山脊上，全长 111.6 米。此段地势基本相同，方向亦较直，基本呈北—南向。按照其特征及保存状况等，可分为 3 小段。

第 1 段：G1066—G1067 点，长 42 米。保存较差。此段位于三柱庆沟的东岸较缓处，是从陡坡南边起，向南到斜坡岸边一处墙体保存特征点处。此段坍塌较重，多已呈斜坡状。顶宽 1.1、残高 4 米。

第 2 段：G1067—G1068 点，长 56.8 米。保存差。此段从墙体保存特征点处开始，继续沿岸边缓坡向南，到半坡上的一个小山凹中部。此段坍塌甚重，现仅存痕迹。

第 3 段：G1068—G1069 点，长 12.8 米。保存一般。此段从小山凹中部开始，向南到南侧一道大致呈西北—东南向山梁西北角。此段地势较平，石墙砌法是直接在平台上找平，两侧起砌、中填黄土。墙体保存一般，坍塌等较重。顶宽 1、残高 3.7 米。

11. 太平村 5 段山险（编码：640521382102170091，工作编号：07ZQ091）

此段山险是位于三柱庆沟东岸边一道大致呈西北—东南向山梁上，是从山梁西北角（G1069 点）起，沿山梁向东南，最后到其中部一处山凹处（G1070 点），长为 56 米。方向较直。此段山梁高耸陡峭，脊部狭窄，不便攀爬通行，故直接利用山体，不砌墙体。

12. 太平村 6 段石墙（编码：640521382102170092，工作编号：07ZQ092）

此段位于山梁北段的马鞍形山凹处，其墙体特征、保存状况等基本相似。

G1070—G1071 点，长 41.5 米。保存较好。是从山梁西北侧低矮处起，向东南到陡崖处，地势逐渐上升。是直接在山体表面上找平、以大块石块两侧垒砌、中间以黄沙土及小石块等填塞而成。保存较好，墙体高耸，但此个别处坍塌较重，尤其是墙体东壁坍塌较多，西壁则保存相对较好，壁面基本完整。顶宽 1、残高 4.1 米（彩图三三八）。

13. 太平村 6 段山险（编码：640521382102170093，工作编号：07ZQ093）

此段与前段山险、石墙同处一道山梁上，是从山凹南边（G1071 点）起，继续沿此山梁向东南，最后到东南侧山梁稍缓处（G1072 点），长 73 米，方向较直。此段也是直接利用山体，不砌墙体。

此段位置过山梁的最高点处，建有一座输电铁塔。

14. 太平村 7 段石墙（编码：640521382102170094，工作编号：07ZQ094）

此段与前几段同处一道山梁上，是从山梁中部起，沿其东侧坡面向西南，到一处陡坡边，全长 111.8 米。除了个别地段随山体略有升降外，基本处于同一高度上，方向较直。

此段因山梁渐趋低矮，其东面原与山梁并行的小冲沟亦逐渐不存。故此段开始沿山梁的东面半坡砌石加高成石墙，其砌法属依山而建、只砌东侧一面，紧贴山体一侧则直接以黄土等混杂填塞，顶部较平。按照其特征及保存状况等，可分为 2 段。

第 1 段：G1072—G1073 点，长 66 米。保存一般。此段墙体坍塌较重，顶宽 1.1、残高 2.8 米（彩图三三九）。

第 2 段：G1073—G1074 点，长 45.8 米。保存较差。此段墙体坍塌等十分严重，壁面已呈斜坡状。保存较好处墙体顶宽 1、残高 2.6 米。

15. 太平村 2 段山险墙（编码：640521382102170095，工作编号：07ZQ095）

此段山险与前几段山险、石墙同处一道山梁上，位于山梁中部的一处山凹处，是从前段石墙止点（G1074 点）起，继续沿山梁东面半坡向南，绕过坡面上的山凹，再向东折，最后到东南侧石墙重新起点（G1075 点）处，平面基本呈"C"形，长 86.7 米。

此段山体虽不甚高大，但壁面较陡，山梁狭窄，不便砌石，仅将其东侧底部砍削成陡坡，高度在

2 米左右，底部有一道随坡面延伸的平台，宽 1—3 米。

16. 太平村 8 段石墙（编码：640521382102170096，工作编号：07ZQ096）

此段墙体与前几段山险、石墙同处一道山梁，位于此山梁的南半部分。是从缓坡边起，沿山梁东面半坡向南，到山梁最南端（黄家沟河岸边）附近后，随坡面向东折，过东侧一道小山凹，最后到东侧陡坡边，全长 743 米。方向呈西北—东南向。按照其特征及保存状况等，可分为 3 小段。

第 1 段：G1075—G1076 点，长 258.1 米。保存较好。此段从陡崖止点起，随山梁东面坡向南，至一处小山凹边。此段山梁坡面较缓，石墙是在坡面上直接找平，外侧（东）砌石、紧贴山体一面则直接砌石加高，顶部较平。此段地势基本持平。墙体保存尚可，但坍塌较重，特别是东壁坍塌较多。顶宽 1.4、残高 2.8 米（彩图三四〇）。

此段所在山体较前段稍显舒缓，故开始沿东面半坡进行砌石。石墙底部与前段山险段相似，也是将山体底部壁面砍削成陡坡，坡下修成一道随墙延伸的小平台，陡坡高度受山体限制并不甚高大，高度多在 1 米左右；小平台亦较窄小，宽 1 米，且不连续。

第 2 段：G1076—G1077 点，长 462 米。保存一般。此段从山梁中部的小山凹边起，过小山凹，方向略向东折，到此道山梁南端。地势随之略有下降，此段山体特征、砌法等与第 1 段相似，但保存略差，坍塌较重，多呈斜坡状。顶宽 1.1—1.7、残高 1.4—2.8 米。

第 3 段：G1077—G1078 点，长 22.9 米。方向 230°。保存一般。此段从山梁南端起，略向东折，过小冲沟，再延伸到东侧陡崖边，立面略呈“V”形。此段是直接在山体表面上找平、两侧砌石加高，中填黄土及碎石块。保存一般，坍塌较重。按其位置及保存状况等可细分为 3 小段。

西北段：长 17.1 米。此段位于西侧坡面上，是从半坡拐点处开始，随坡面而下，到底部断口边，地势由西北向东南缓慢下降，降幅稍轻。底宽 3.8、顶宽 1.1、残高 2.6 米。

中段：长 3.2 米。位于冲沟底部，是一处较窄的山洪断口，墙体无存。

东南段：长 2.6 米。此段是东南侧半山腰陡崖上砌筑的一小段石墙，残损较重。底宽 3.7、顶宽 1.5、残高 3.1 米。

17. 太平村 7 段山险（编码：640521382102170097，工作编号：07ZQ097）

此段位于黄家沟东岸边，是从前段石墙止点（G1078 点）起，沿岸边陡崖向东南，到东南侧缓坡处（G1079 点），长 33.4 米。此段方向较直，大致呈西北—东南向。此段山体十分陡峭，高度达 10 米左右，故不砌墙体，直接利用山体。

18. 太平村 9 段石墙（编码：640521382102170098，工作编号：07ZQ098）

此段位于黄家沟东岸边，是从陡崖边起，沿河岸边向南，过南侧一处山凹，到南侧陡崖边，全长 166.2 米。此段地势较平，地表虽有起伏，但落差不甚大；方向略有曲折，总体呈北—南向。按照其特征及保存状况等，可分为 4 小段。

第 1 段：G1079—G1080 点，长 27.5 米。保存较好。此段从陡崖止点处起，向东南，到一处拐弯处。此段位于岸边台地上，是直接在台地上两侧砌石、中填黄土。保存较好，坍塌较少。顶宽 1.1、残高 3.1 米。

第 2 段：G1080—G1081 点，长 79 米。保存一般。此段从拐点处开始，随此处一道低矮的山梁顶略向南折，到山梁南端坡边，地势之逐渐下降，此段砌法与第 1 小段基本相似，但保存一般，坍塌等破坏较重，现保存墙体顶宽 1.2、残高 2.8 米。

第 3 段：G1081—G1082 点，长 20.3 米。保存一般。方向 330°。此段从山梁南端起，沿此道山梁的东面坡而下，方向随之向东折，最后到此山梁与东面另一道山梁交汇处的小山凹边。此段保存一般，坍塌较重。墙体底宽 2.5、顶宽 1.2、残高 1.3 米。

第 4 段：G1082—G1083 点，长 39.4 米。消失段。此段位于小山凹处，地势较低平，南面临近黄家沟河道，今地表已被推土机推平、且堆积有部分废弃的石料，墙体无存。

19. 太平村 8 段山险（编码：640521382102170099，工作编号：07ZQ099）

此段位于黄家沟东岸边、是从前段石墙止点处（G1083 点）起，沿一道南北向山梁西面坡边向南，到南侧缓坡处（G1084 点），全长 138 米。方向较直，呈北—南向。此段直接利用陡峭山体，不砌墙体。

20. 太平村 10 段石墙（编码：640521382102170100，工作编号：07ZQ100）

此段横跨黄家沟东西两侧，是从陡坡南侧起，辗转过黄家沟底部冲沟，最后到冲沟西岸陡坡边，全长 422.6 米。方向总体呈东北—西南向。按照其特征及保存状况等，可分为 6 小段。

第 1 段：G1084—G1085 点，长 14.8 米。保存差。此段从陡崖南边起，绕过山梁西侧边缘向南，到一处拐点处。此段保存差，坍塌等破坏严重，现仅存痕迹。

此段墙体与前段山险所处位置基本相同，但因此段山体坡面趋于舒缓，故此段开始在近山顶边用石块垒砌成石墙。

第 2 段：G1085—G1086 点，长 55.9 米。保存较差。此段从拐点处开始，随山坡向东折，到东侧石墙拐点处，地势较平。此段砌法与第 1 段基本相似，但保存较差，墙体已呈石堆状。顶宽 1.2、残高 2.1 米。

第 3 段：G1086—G1087 点，长 123 米。保存差。此段石墙从拐点处开始，随山体向南，过坡面上的一处山凹后，再向西折，最后到河岸边，平面略呈反 "C" 形。墙体特征、砌法等与第 1 段基本相似，坍塌严重，现仅存痕迹。

此段墙体的东面山梁顶上分布着太平村 4 号烽火台。

第 4 段：G1087—G1088 点，长 50 米。方向 268°。保存一般。此段位于黄家沟东岸的斜坡上，是从山梁边起，随坡面而下，到黄家沟东侧断口处。墙体保存一般，坍塌等较重，有些地段甚至出现大段坍塌。底宽 3.4、顶宽 1.2、残高 2 米。

第 5 段：G1088—G1089 点，长 70.2 米。消失段。此段位于黄家沟底部冲沟处，墙体无存。

第 6 段：G1089—G1090 点，长 108.7 米。保存一般。此段位于黄家沟西侧岸边，是从沟底西侧断口边起，随山坡逐渐而上，最后到西侧陡坡边，方向基本呈东—西向。此段保存一般，坍塌成斜坡状。底宽 3.4、顶宽 1.2、残高 2 米。

（六）张台村段（编码：640521382102170101—640521382102170114，工作编号：07ZQ101—07ZQ114）

此段位于张台村北侧，是从黄家沟西岸起，沿山间台地辗转向西，经苦水沟等山沟，最后到平唐湖沟与时庄村段长城相连，全长 3999.6 米。按墙体类型分为 13 段（图三九四）。

1. 张台村 1 段石墙（编码：640521382102170101，工作编号：07ZQ101）

此段位于黄家沟西岸，是从河岸边起，逐渐远离低矮的河岸边，到西面较高的半山坡后略向北折，最后到一处陡崖边，全长 318.8 米。大致呈东—西向。按其特征及保存状况等可分为 4 段。

第 1 段：G1090—G1091 点，长 33 米。保存较差。此段墙体自黄家沟西岸半坡处起，继续沿山坡上到半坡处。此段石墙保存较差，现多已坍塌，尤其北壁，已呈斜坡状。

第 2 段：G1091—G1092 点，长 39.4 米。保存差。此段位于半坡一处的面东的箕形坡面上，是沿山体向南折，绕过山凹，最后到西侧半坡处，平面略成反 "C" 形。此段坍塌甚重，现仅存痕迹。

第 3 段：G1092—G1093 点，长 158 米。保存较差。此段从山凹西边起，继续向西，到此山体的顶部，地势逐渐抬升。此段墙体的特征、砌法等与第 2 段相似，但局部保存略高。顶宽 0.6、残高 3.1 米。

第 4 段：G1093—G1094 点，长 88.4 米。保存差。此段从山顶处起，沿西北侧山坡而下，过底部山凹，再沿西侧坡面上隆起的一道山脊而上，到西侧陡坡边。此段石墙仅存痕迹。尤其是山凹处，地表堆积有较厚的黄沙，已将石墙掩埋多半。

2. 张台村 1 段山险（编码：640521382102170102，工作编号：07ZQ102）

此段位于黄家沟的支流苦水河南岸边。是从东面前段石墙止点处（G1094 点）起，沿河岸向西，到西北侧山凹处（G1095 点），长 302 米。方向较直，大致呈东—西向。此段直接利用此高耸连续的陡岸，不砌墙体。

3. 张台村 2 段石墙（编码：640521382102170103，工作编号：07ZQ103）

此段是从苦水沟西南侧岸边一道凸起的、平面形状呈反 "7" 形山梁上，是从东面低洼处起，沿山梁而上，到顶部后，再向南回折，最后到此道山梁中部，全长 235.7 米。总体呈东北—西南向。

此段北面紧邻苦水沟岸边，这里山高沟深，距沟底在 20 米以上；南面则为自然形成的一处箕形山凹，地表生长有稀疏的沙蒿等植物，今已被金黄色的流沙覆盖。

保存状况基本相似，但砌法有别，可分 2 小段。

第 1 段：G1095—G1096 点，长 127 米。保存较差。此段从低洼处起，沿山梁而上，到山梁拐弯处，地势逐渐抬升，升幅稍大，方向基本呈东—西向。此段墙体是在山梁的南面坡半坡处垒砌而成，多是直接依附山体、外侧砌石，紧贴山体的一面则直接用黄土等填塞而成。整体保存较差，坍塌较重，顶宽 1.2、残高 1.8 米。

第 2 段：G1096—G1097 点，长 108.7 米。保存较差。此段是从山梁拐点处开始，随山体向南折，到山梁中部。墙体保存较差，坍塌甚重，已呈斜坡状。其砌法是在山梁顶部直接找平、两侧砌石，中间填以黄土等。顶宽 1.1、残高 1.2 米。

4. 张台村 2 段山险（编码：640521382102170104，工作编号：07ZQ104）

此段位于苦水沟西南岸边，在两道平面呈倒 "H" 形相连的山梁上，是从前一道山梁中部（G1097 点）起，向南到东西向另一道山梁处后，再沿此山梁向东折，最后到山梁东北角处（G1098 点），长 55.1 米。此段直接利用陡峭山脊，未砌石墙。大致呈西北—东南向。

5. 张台村 3 段石墙（编码：640521382102170105，工作编号：07ZQ105）

此段位于前段末端所在的东西向山梁上，是从山梁东北角陡崖边开始，随山梁向东，绕过山梁，再随山梁的南面坡向西，最后到一个陡坡处，全长 110.5 米。平面呈反 "C" 形，方向呈东北—西南向。按照其特征及保存状况等可分 2 小段。

第 1 段：G1098—G1099 点，长 63.5 米。保存一般。此段位于此道山梁的北面半坡上，是从山梁东北角开始，沿山梁向北延伸出 9 米后，再沿山梁北侧缓坡处向东，最后到山梁东面山嘴处，地势由西向东略有下降。此段是在山体表面上找平、两侧砌石加高，中间填以黄沙土等砌筑而成。保存一般，局部处坍塌较重。顶宽 0.6、残高 2.7 米。

第2段：G1099—G1100点，长47米。保存差。此段是从山梁东面山嘴处开始，绕过此山嘴，再沿山梁南侧半坡向西折，最后再略向北折、连接在山梁上，地势由东向西逐渐抬升。此段石墙保存甚差，整体已坍塌，仅存痕迹。

6. 张台村3段山险（编码：640521382102170106，工作编号：07ZQ106）

此段与前段同处一道山梁。是从东段的石墙止点处（G1100点）起，沿山梁向西，到其西端（G1101点），长1060米。地势较平，方向不甚直，大致呈东—西向。

此段逐渐远离苦水河岸，地处台地间。这里山峦起伏，位置偏远不便通行，故未砌石墙，直接利用山梁。南侧相邻的另一道山梁上分布着张台村1号烽火台。

7. 张台村4段石墙（编码：640521382102170107，工作编号：07ZQ107）

此段位于两道相邻山梁之间的山凹处，是从东面山梁边起，沿坡面而下，过底部小冲沟，再沿西侧坡面而上，最后到山体陡坡处，全长89.3米。平面方向较直但立面呈两端高、中间低的"V"形。按照其特征及保存状况等可分4小段。

第1段：G1101—G1102点，长26.1米。保存较差。此段从山顶坡边起，随坡面而下，到断口处。此段山坡十分陡峭，上下高差近40米。石墙是在陡峭山坡上直接垒砌而成，保存甚差，坍塌等十分严重。保存较好处底宽2.9、顶宽1、残高2.9米。

第2段：G1102—G1103点，长7米。消失段。此段位于沟底处，是北面山间汇集而来的山洪所经之处，墙体无存。

在此段北侧、紧贴西北侧山体底部有两座废弃的方形石基址，南北向并列，两者并不相连，而是各自独立，间距0.8米。西侧均紧依山体，东面辟门。其中北面基址规格较小，东西3.3、南北3、残高0.5—1.6、石墙厚0.45、门道宽0.8米，室内有火房痕迹；南面基址规格略大，东西3.4、南北6.1、残高2.2、石墙厚0.6、门道宽1.5米，室内偏南侧有一处火炕遗迹。

另外，此断口南侧约0.5千米处有一处小型采石场；山体上还有深挖山石取样所留下的深坑，其中有2处便在石基址的西侧。

第3段：G1103—G1104点，长34.5米。保存一般。此段从沟底西侧断口处起，随西面坡而上，到半山坡处。此段保存一般，坍塌等较为严重，已呈斜坡状。其砌法与第1段相似。底宽3.4、顶宽0.9、残高4.2米。

第4段：G1104—G1105点，长21.7米。保存差。此段从半山坡处起，略向北折，继续沿坡面而上，最后到近顶部陡崖边。墙体坍塌甚重，已呈石堆状。

8. 张台村4段山险（编码：640521382102170108，工作编号：07ZQ108）

此段位于前段末端所在的那道东西向山梁上，是从山梁的东端（G1105点）起，沿山梁向西，到山梁中部地势稍缓处（G1106点），长99米。地势由东向西略有抬升，但升幅不甚大；方向亦不直，大致呈东—西向。此段直接利用山梁，未砌墙体。

9. 张台村5段石墙（编码：640521382102170109，工作编号：07ZQ109）

此段石墙与前段山险同处一道山梁上，在山梁中部地势稍缓处。从缓坡边起，随山梁略向西北折，沿山梁的南面半坡处向西，到西侧陡崖处，全长217米。地势逐渐抬升，升幅稍大，方向基本呈东南—西北向。因所在山梁趋于平缓，且南北两侧临近其他山体、相对高度不大，故此段砌筑石墙。按其特征及保存状况等分为3小段：

第1段：G1106—G1107点，长56米。保存较差。此段横跨山梁南面一处洼地。是直接在地表上找平、两面砌石，中填黄土。整体保存较差，墙体虽较高，但坍塌等残损严重，已呈石堆状。

此段南侧底部山体较为陡峭，似经砍削。底部有一道与墙体并行的小平台，宽约 1 米。

第 2 段：G1107—G1108 点，长 95.4 米。保存差。此段位于山体南面坡半坡上，是从洼地西侧开始，沿山梁南面坡向西北，到山梁一处马鞍形山凹边，墙体坍塌甚重，现仅存痕迹。

第 3 段：G1108—G1109 点，长 65.6 米。保存较差。此段横跨山梁中部一处马鞍形山凹。是在山凹上两面砌石、中间填以黄土。整体保存较差，坍塌甚重，顶宽 1.1、残高 1.7 米。

10. 张台村 5 段山险（编码：640521382102170110，工作编号：07ZQ110）

此段与前段山险、石墙同处一道山梁上，是从山梁中部的山凹边（G1109 点）起，继续沿山梁向西，到西侧一处马鞍形山凹边（G1110 点），长 241 米。地势较平，大致呈东—西向。此段直接利用连续山梁，不砌墙体。南侧坡面上仍然有砍削的痕迹，底部亦有随山体并行分布的小平台。

11. 张台村 6 段石墙（编码：640521382102170111—640521382102170112，工作编号：07ZQ111—07ZQ112）

此段起点也在前几段所在的同一道山梁上，是从其一处马鞍形山凹边起，继续向西，到山梁西端后，向西北几经拐折，最后到北面高山上，全长 959.4 米。此段地势高低不平，落差较大；方向总体呈东南—西北向。按其特征及保存状况等分为 7 小段。

第 1 段：G1110—G1111 点，长 331.2 米。此段石墙从山梁陡坡的西边开始，继续沿山梁南面坡向西，到凸起的一个高点处。按保存特征及砌筑特点等，可分为东西两段。

东段：长 49.6 米。此段位于山梁上的一个马鞍形山凹处，地势由东向西逐渐抬升，升幅稍大。此段墙体砌法属直接在山体顶部两侧砌石、中填黄沙土与小石块。保存较好，墙体较高，但局部处坍塌较重。顶宽 1.1、残高 3.8 米（彩图三四一）。

西段：长 281.6 米。此段从马鞍形山凹西起，到山梁凸起的高点处。石墙砌筑时直接利用山梁较为陡峭的南侧壁面，只砌南侧，紧贴山体的北侧则直接用黄沙土与小石块填塞，顶部与山体顶持平。此段保存较差，已呈断断续续状，保存较好处顶宽 1.1、残高 4 米。

第 2 段：G1111—G1112 点，长 39.1 米。保存差。此段从山梁较高处起，继续沿南面半坡向西，地势随之逐渐下降，一直到山梁西端。此段墙体因所在山体逐渐趋于低矮，故石墙砌筑时除了先在南面半坡用石块砌石加高、紧贴山体的一侧则直接用黄土等填塞而成石基础外、顶部再用石块两面砌筑加高，其高度要高出今山梁顶部。坍塌甚重，多已呈斜坡状。

第 3 段：G1112—G1113 点，长 126.1 米。保存一般。此段从山梁最西端开始，向北折，过两山梁之间的小凹地，到北侧另一道山梁上，基本呈南—北向，地势呈中间低而两端高的马鞍形，两端落差稍大。此段是在相对较平缓的台地上直接两面砌石、中间加以黄土等。保存一般，坍塌等残损较重，顶宽 1.7、残高 2.8 米。

此段中部有一 4 米断口，有道路从此处经过、通往北侧白土岗子采石场。偏北侧墙体东壁部分也有被推挖痕迹。

第 4 段：G1113—G1114 点，长 131 米，保存较好。此段位于北面另一道大致呈东西向山梁上，是从山梁中部起，沿山梁顶部向西，到山梁最西端，地势上由东向西略有下降。是在山梁上直接两侧砌石加高、中填黄土。砌石较清晰，但南壁坍塌稍重。顶宽 1.7、残高 3.8 米。

此段北面山体被砍削成陡崖，底部还有一道壕沟，深 0.8、宽 3.6、长 110.8 米。另外，此段东北不远处便是白土岗子采石场。

第 5 段：G1114—G1115 点，长 27.5 米。保存一般。方向 190°。此段从山梁西端起，向北折，随坡面而下，最后到此山梁与北侧另一山梁间的山凹底部断口处，地势南高北低。是在山体表面上直接找平、两面砌石，中填黄土等。保存一般，坍塌等残损较重。顶宽 1.7、残高 2.8 米。

第 6 段：G1115—G1116 点，长 23.8 米。消失段。此段位于山凹底部，墙体无存。

此断口较宽，地表已被推平，成为白土岗子采石场进出的又一处通道。

第 7 段：G1116—G1120 点，长 280.7 米。保存一般。此段从山凹断口北起，向北到一道东西向山梁顶部后，沿此山梁向西折，到山梁中部后，再向北折，过山凹，再沿北面山坡而上，最后到北面较高的山脊顶部，方向多转折，平面略呈"S"形。此段墙体整体保存一般，墙体较高，但坍塌等残损稍重，是在山体上直接找平、两侧垒砌，中填黄土。按其位置等又可细分为 3 小段。

（1）G1116—G1117 点，长 26.1 米。方向 190°。此段从山凹北边断口起，沿坡面而上，到山梁顶部，地势由南向北逐渐抬升，升幅稍大。此段已呈斜坡状，外表已不见砌石，黄沙土含量十分丰富。顶宽 1.3、残高 3.1 米。

（2）G1117—G1118 点，长 136 米。此段位于一道大致呈东西向的山梁顶部，是充分利用此道山梁的基础上，再在其上砌石加高而成石墙。此段石墙不甚高大，砌筑亦不甚规整，但其两侧山体十分陡峭，似经砍削。石墙残高 2.1 米。

此段山梁北面即为通往白土岗子采石场主要道路，有并排数间房屋，是采石场生活区。

（3）G1118—G1120 点，长 118.6 米。此段从山梁中部开始，向北折，过小山凹，再沿北面高山坡而上，最后到北面较高的山脊上，地势中部低而两端高、尤其是北面最高。墙体坍塌等残损较重，已呈斜坡状，两侧砌石残存不多，墙体中黄沙土含量亦十分丰富。残存墙体底宽 4.1、顶宽 1.2、残高 2.1 米（彩图三四二）。

此段中部山凹处有一处断口，长 13.6 米，今地表已被推平，成为通往东北侧采石场的主要道路。另外，此段的止点的山脊上还分布有张台村敌台。

12. 张台村 6 段山险（编码：640521382102170113，工作编号：07ZQ113）

此段位于平唐湖沟东侧一道大致呈东西向的高山脊上，是从山脊东侧的石墙止点处（G1120 点）起，沿山脊向西，到山脊西端、平唐湖沟边（G1121 点），长 230 米。此段直接利用陡峭山脊，不砌墙体。

13. 张台村 7 段石墙（编码：640521382102170114，工作编号：07ZQ114）

此段横跨平唐湖沟河道（此河道北面称罗家沟，南面称平唐湖沟），全长 81.8 米，方向呈东西向。这里两岸山体高耸，河道宽阔，曲折幽深，地表仍有涓涓细流，沿沟可深入贺兰山间，是一处重要的山口，至今仍为进出山间的重要通道。因破坏较重，地表已无关隘等遗迹，今姑且将其暂归于消失段。

此段北侧，在罗家沟东岸边的山顶上分布着张台村 2 号烽火台。

（七）时庄村段（编码：640521382102170115—640521382102170143，工作编号：07 ZQ115—07ZQ143）

此段位于中宁县时庄村北侧，是从平唐湖沟西侧开始，沿贺兰山山间辗转向西，经碱沟等山沟，最后到榆树峡沟与金沙村段长城相连，全长 6823.1 米。按其类型由东向西可分为 29 段（图三九五、参见图三九四）：

1. 时庄村1段山险（编码：640521382102170115，工作编号：07ZQ115）

此段位于平唐湖沟西侧一道大致东西向的山脊上，是从平唐湖沟西侧断崖边（G1122点）开始，沿山脊向西，到西侧一处山凹边（G1124点），全长939米。其东邻平唐湖河道，南北两侧均为连绵不断的山峦，山体高耸连续，攀爬等十分不便，故直接利用山体，不砌墙体。

此段山脊中部一处小山凹处（G1123点）还残留一小段石墙。是用石块将山体偏南侧砌石加高，顶部与山顶持平。石墙残长2、顶宽1米。另外，此段山体的南面半坡处有人工砍削的痕迹，是直接将半山腰壁面砍削成较陡的坡面，在底部形成一道随山体分布的小平台，平台最宽6、窄处不足1米，表面较平，以黄沙土堆积为主，生长有较茂盛的野草。

2. 时庄村1段石墙（编码：640521382102170116，工作编号：07ZQ116）

此段位于前段山险所在山脊的西端，是从山脊顶部一处面南的箕形山凹边起，过山凹，再沿山凹西面坡而上，方向略向北折，到西北侧一处山坡边后，随坡而下，最后到坡底一处陡崖边，全长134.5米。平面基本呈"Z"形，总体呈东南—西北向。

此段墙体过箕形山凹后，并未继续沿此山脊向西延伸，而是改向北折，沿西侧一处斜坡状小沟而下。其原因是此山脊向西虽还能延伸一段，但其再西是一处低矮的山谷，距离西侧山体较远，不利于筑墙（费工费料）；而长城向北拐，沿北侧山坡向西，则可直接利用山体延伸到西面山脊上，避开了平坦低洼的山谷地带。

此段墙体按照其特征及保存状况等可分3小段。

第1段：G1124—G1125点，长54.5米。保存一般。此段位于山脊顶部一处面南的箕形山凹处，是从山凹东面陡坡开始，随山凹南侧边缘向西，到山凹的西面，地势呈两侧高而中间低的马鞍形。其砌法上属先依照南侧坡面砌筑一个石基础，待顶部与山体顶部持平后、再两面砌石、中填黄土与小石块。保存一般，尤其是最底部处坍塌甚重。顶宽1.6、残高2.4米（彩图三四三）。

第2段：G1125—G1126点，长22.6米。保存较差。此段位于山凹西面的山脊上，是从山脊南面坡边起，略向东北折，到北面小沟边，方向基本呈西南—东北向。此段属直接在山脊顶部找平、两侧砌石，中填以黄土及小石块。墙体坍塌较重，多已呈石堆状。顶宽1.2、残高1.6米。

此段起点与前段止点并未直接相连（前段止点位于山凹处，而此段起点位于山脊上），两者间高低错位在2米左右。

第3段：G1126—G1127点，长57.4米。保存较差。此段位于一道斜坡状小沟北边，是从小沟东面顶部起，向西折，随此由东向西逐渐下降的小沟北岸边而下，到近底部陡崖处。此段砌法与第1段基本相似。但保存较差，已呈斜坡状。底宽2.1、顶宽0.9米。

3. 时庄村2段山险（编码：640521382102170117，工作编号：07ZQ117）

此段位于斜坡上的小沟北侧，是从前段石墙止点处（G1127点）起，沿此陡坡向西，到西侧的山凹处（G1128点），长43米。方向呈东—西向。此段南壁十分陡峭，坡度几近直角，故不砌石墙，直接利用山体。

4. 时庄村2段石墙（编码：640521382102170118，工作编号：07ZQ118）

此段横跨两道山体间的小山凹，全长70.1米，立面呈中间低而两侧高的马鞍形，落差较大；方向不甚直，总体呈东—西向。按照其特征及保存状况等，可分为2小段。

第1段：G1128—G1129点，长45.5米。保存一般。此段位于小山凹东面斜坡上，是从半坡处起，沿坡面而下，到近底部半坡处。墙体属依山而建、只砌外侧，紧贴山体的一侧则直接用黄土等填塞。

保存一般，坍塌等较重。顶宽 0.9 米、残高 1.2 米。

第 2 段：G1129—G1130 点，长 24.6 米。保存较好。方向 240°。此段是从山凹东侧近底部处起，继续随坡面而下，过底部山凹，再沿西面山坡而上，最后到西侧半坡处，立面呈两端高而中间低的"U"形，平面较直。此段除了中部有一小段断口外，整体保存较好，墙体较高。其砌法属直接在山体上找平、两侧砌石、中填黄土等。按其位置、保存状况等又可细分为 3 小段（彩图三四四）：

东段：长 9.3 米。位于小山凹东面陡坡上，地势由东向西逐渐下降，但降幅不大。保存尚佳，两侧壁面砌石规整，顶部的女墙和垛墙尚有部分残存。底宽 4.9、顶宽 2.8、残高 4 米。顶部垛墙残宽 0.7、残高 0.5 米。女墙则仅存痕迹。

此段南侧紧贴墙体处生长有一株酸枣树。

中段：长 3.3 米。位于小山凹的最底部，受北面山间汇集而来的雨水冲刷影响，此段形成一个小断口。

西段：长 12 米。位于小山凹的西侧，地势随山体逐渐上升。此段保存稍逊，坍塌稍重，尤其是东侧近断口处砌石多已坍塌。顶宽 1.4、残高 2.7 米。

5. 时庄村 3 段山险（编码：640521382102170119，工作编号：07ZQ119）

此段位于小断口以西，是从前段石墙止点处（G1130 点）起，沿一道大致呈东—西向的山脊向西，最后到一山凹处（G1131 点），长 338 米。方向较直，呈东—西向。

此段位于一道独立的山脊上，地势高耸，壁面陡峭，故直接利用山体，不砌石墙。南面半坡处有一小平台，与山体并行向西，地势有高低起伏，表面生长有大量蒿草等植物。

6. 时庄村 3 段石墙（编码：640521382102170120，工作编号：07ZQ120）

此段位于两道山脊交汇的马鞍形山凹处，是从北侧山脊半坡开始，随山凹向南折，最后延伸到南侧另一道山脊上，全长 31.5 米。地势基本呈南北两端高而中间低的马鞍形，但落差不大。平面方向较直，基本呈北—南向。特征、保存状况基本相似。

G1131—G1132 点，长 31.5 米。方向 178°。保存较好。壁面砌筑较规整，但局部处（尤其东侧迎坡面）仍有坍塌等。顶部较平，西侧顶部的垛墙仍有残存，但女墙无存。其砌法是在山体上直接找平、两面砌石、中填黄土等。底宽 3.7、顶宽 2.4、残高 4.1 米。垛墙宽 0.5、残高 1 米（彩图三四五）。

7. 时庄村 4 段山险（编码：640521382102170121，工作编号：07ZQ121）

此段位于碱沟东北侧的山间一道独立的山脊上，是从东北侧山凹处（G1132 点）起，沿此道大致呈东北—西南向山脊向西南，最后到山脊中部一处小山凹处（G1133 点），长 101 米。此段直接利用山脊，未砌石墙。

8. 时庄村 4 段石墙（编码：640521382102170122，工作编号：07ZQ122）

此段与前段山险位于同一道山脊上，在此山脊中部一个马鞍形山凹处。墙体特征、保存状况基本一致。

G1133—G1134 点，长 29.2 米。保存较好。砌石较高，尤其是西侧保存较好，顶部尚有垛墙痕迹，东侧则局部有坍塌。顶宽 1.1、残高 2.8 米。垛墙厚 0.5、残高 0.6 米。

9. 时庄村 5 段山险（编码：640521382102170123，工作编号：07ZQ123）

此段与前文中的山险、石墙同处一道山脊上，只是位置偏西南，是从山脊中部的石墙止点处（G1134 点）起，继续沿山脊向西南，最后到一处山凹边（G1135 点），全长 81 米。地势较平。此段也是直接利用山脊，不砌墙体。

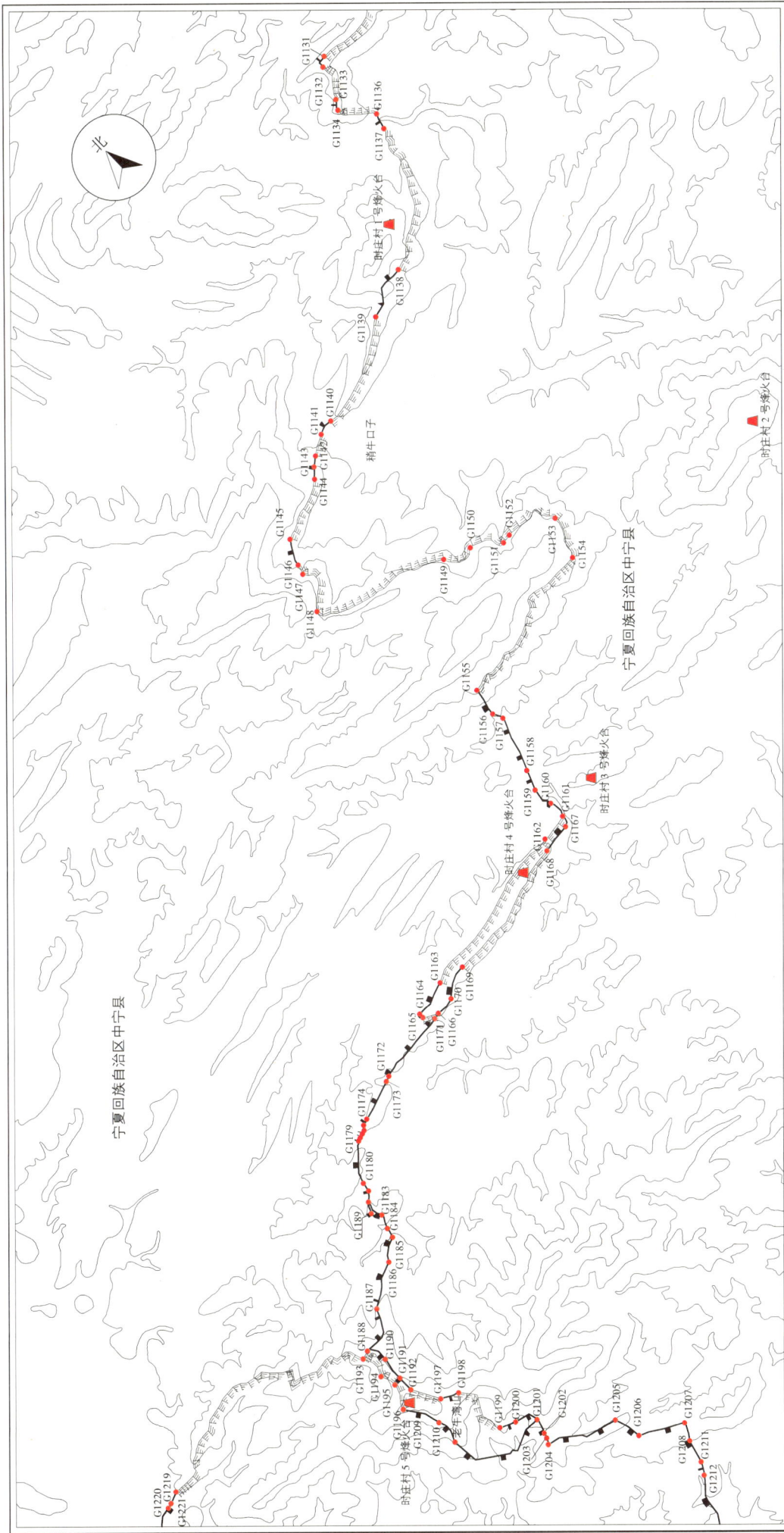

图三九五　中宁县时庄村段长城、金沙村段长城走向图

10. 时庄村 5 段石墙（编码：640521382102170124，工作编号：07ZQ124）

此段位于两道山脊间的山凹处，是从前段山险所在山脊西南端起，沿坡面而下，过底部小冲沟，再沿南侧坡面而上，最后到南面半坡陡崖处，全长 69.6 米。立面呈两端高而中间低的马鞍形，落差较大；方向较直，呈东北—西南向。按照其特征及保存状况等可分 2 小段。

第 1 段：G1135—G1136 点，长 17.1 米。保存差。此段位于北面山脊上，是从山脊较缓处起，沿其偏东侧坡面向西南，到山脊南端。地势上随山体逐渐下降，降幅较大。其砌法上属依山而建、只砌外侧，内侧则直接用黄土等填塞。墙体整体保存差，现仅存痕迹。

第 2 段：G1136—G1137 点，长 52.5 米。保存较好。方向 206°。此段位于两道山脊之间的山凹处，是从北面半坡处起，过底部山凹，到南面半坡处。此段除了底部山凹处有一小段断口外，其余保存较好，墙体较高。其砌法属直接在山体上找平、两侧砌石、中填黄土等，顶部较平。按其位置及保存状况等大致分为 3 小段。

北段：长 15.6 米。保存较好。此段位于北面山坡上，地势由北向南逐渐下降，降幅较大。墙体整体保存尚可，但坍塌稍重，尤其是东侧壁面坍塌较多，多已呈斜坡状。底宽 4.3、顶宽 1.5、残高 3.6 米。

中段：长 9.6 米。此段位于山凹底部，是西侧山间汇集的山洪所经之处，石墙无存。

南段：长 27.3 米。此段位于南侧坡面上，地势由北向南逐渐上升，落差较大。保存尚佳，壁面较规整，包括西侧顶部的垛墙等基本原状保留。底宽 6.5、顶宽 2.2、残高 3.6 米。西侧垛墙厚 0.5、残高 0.8 米。

11. 时庄村 6 段山险（编码：640521382102170125，工作编号：07ZQ125）

此段位于碱沟东北、在一道基本连续的、方向呈东北—西南向的山脊上，是从此道山脊的东北端（G1137 点）起，沿山脊辗转向西南，到山脊一处小山凹处（G1138 点），长 447.8 米。方向十分曲折，总体呈东北—西南向。

此段多直接利用该处陡峭的山体，但在一些地势相对稍缓的山顶上还有用石块垒砌的石墙，这些石墙均不长，其砌法均属紧依山体、只砌外侧，紧贴山体的一侧则直接以小石块与黄沙土填塞，顶部与山顶持平。此类石墙计 2 处，均位于此段中部烽火台所在山脊以南，其中一段位于烽火台南侧附近。保存一般，坍塌等残损较重，石墙残长 9、顶宽 1.5、残高 1.6 米；另一处位置更偏南，位于山体南面拐弯处，保存不佳，仅存痕迹。

此段东南侧半坡处有一道小平台，随山体并行延伸；中部山脊上有时庄村 1 号烽火台。

12. 时庄村 6 段石墙（编码：640521382102170126，工作编号：07ZQ126）

此段与前段山险位于同一道山脊上，在山脊中部的小山凹处，是从小山凹北侧较缓处起，辗转过山凹，到南侧陡崖处，墙体几经拐折，其特征、保存状况等基本一致。

G1138—G1139 点，长 94.5 米，保存较差。此段墙体基本连续，但保存不佳，坍塌等残损甚重（但痕迹尚存），其砌法属依山而建、只砌外侧，内侧则直接用黄土等填塞而成。石料均青灰色，色泽不纯，内含赭红色斑块。顶宽 1.5、残高 2.3 米。

13. 时庄村 1 段山险墙（编码：640521382102170127，工作编号：07ZQ127）

此段与前段山险、石墙位于同一道山脊上，是从山脊中部的小山凹南边（G1139 点）起，继续沿山脊向西南，到山脊稍缓处（G1140 点），长 300 米，呈东北—西南向。

此段地处独立的、呈带状的山脊上，这里地势较高，山脊较陡，故直接利用山体，不砌石墙。但其东面坡有人为砍削的痕迹，壁面较陡，半坡处有一道随山体延伸的小平台，宽3.3米左右，表面堆积有较厚的黄沙土，生长有较茂密的野草。

14. 时庄村7段石墙（编码：640521382102170128，工作编号：07ZQ128）

此段也是与前段山险、石墙位于同一道山脊上，在山脊西南侧一处缓坡处。是从缓坡北侧开始，沿山体的东面半坡向西南，最后到南侧陡崖处，地势逐渐下降，降幅不甚大，方向呈东北—西南向。墙体特征、保存状况等基本一致。

G1140—G1141点，长50米。保存较好。此段墙体的砌法属依山而建、只砌外侧，内侧直接用黄土等填塞而成。保存较好，壁面较规整，顶部较平，坍塌等残损不甚重。顶宽1.2、残高2.5米。

前段山险段东面的小平台在此段仍然存在，继续随山体向西南延伸。

15. 时庄村2段山险墙（编码：640521382102170129，工作编号：07ZQ129）

此段也是与前段山险、石墙位于同一道山脊上，只是位置更偏西南、已到山脊南端。是从中部缓坡边（G1141点）起，向西南，到今石碱公路东北，长54.8米，方向有拐折，大致呈东北—西南向。直接利用山体，不砌墙体。

此段东侧半坡处仍有小平台，沿山体一直延伸到山体南端止点处。

16. 时庄村1段土墙（编码：640521382102170130，工作编号：07ZQ130）

此段横跨碱沟冲沟（此处俗称稍牛口子），是从今石碱公路东北侧的山体半坡处开始，随山坡而下，过今石碱公路，最后连接在西南侧陡崖处，全长96.8米，地势两侧高而中间低，立面呈"U"形，方向略直，呈东北—西南向。

此段地势相对较低，墙体是在较缓的坡面上、用夹杂较多小石粒的黄沙土夯筑而成。按照其特征及保存状况等可分为2小段。

第1段：G1142—G1143点，长57.4米。保存较好，方向265°。此段是从碱沟东北半坡处开始，沿坡面而下，到沟底断口处，地势逐渐降低，降幅稍大。保存尚可，但坍塌、尤其是西壁坍塌甚重，已呈斜坡状。底宽6.6、顶宽1、残高2.1米。

第2段：G1143—G1144点，长39.4米。消失段。此段位于碱沟沟底处，是从碱沟东北断口开始，过石碱公路及底部冲沟，最后到西南侧突出的山嘴上，墙体无存（土墙在冲沟西南侧尚存部分残迹）。

此段的残损原因有别：东北侧属石碱公路所在地，墙体可能被修建公路时推平破坏；西南侧则属碱沟冲沟，底部剥蚀较深（沟底距现公路约1米），是西北侧山间汇集而来的洪水流经之地，墙体可能受山洪冲刷而残损。

17. 时庄村3段山险墙（编码：640521382102170131，工作编号：07ZQ131）

此段位于碱沟西南侧，是从碱沟西岸山嘴处（G1144点）起，绕过山嘴，到南侧山凹处（G1145点），长270.5米。此段山体较陡，不便筑墙，故直接将山体砍削成陡崖。其南侧山凹今已被金黄色流沙覆盖。

18. 时庄村8段石墙（编码：640521382102170132，工作编号：07ZQ132）

此段位于碱沟西南侧的山间台地上，在西侧高山延伸出的两道山梁之间的箕形山凹处，是从北面山梁边起，过小山凹，到南侧陡崖，地势基本呈两端高、中间低的"U"形，但落差不大；方向较直，总体呈北—南向。此段墙体特征、保存状况等基本一致。

G1145—G1146点，长47.8米。保存较好。方向186°。除个别地段有坍塌（尤其是临坡的东面）、中部小山凹有一小段断口外，保存较好，砌石较规整。是用青灰色砂岩砌边、内侧以黄沙土与小石块填塞而成。石色不纯，含有红色斑块。按其位置又可细分为 3 小段。

北段：长 16.1 米。此段从北面山梁起，沿台地向南到断口处。地势上基本呈北高南低之势，但落差不大。顶宽 1.3、残高 4.5 米。

中段：长 5.3 米。消失段。位于山凹最低处，墙体受西侧山体上汇集而来的洪水冲刷影响，石墙无存。

南段：长 26.4 米。此段从断口南侧起，向南一直到陡崖边，地势由北向南逐渐抬升，但幅度不大。底宽 4.2、顶宽 1.6 米、残高 4.7 米。

此段墙体东面一山脊上分布着时庄村 2 号烽火台。

19. 时庄村 7 段山险、石墙（编码：640521382102170133，工作编号：07ZQ133）

位于碱沟西南侧的山间，是从前段石墙止点处（G1146 点）起，沿一道高耸的山体南面坡向西南，最后到山体中部（G1154 点），全长 1635.7 米。方向较曲折，大致呈东北—西南向。此段北依高山，南临台地，地势崎岖陡峭，故多能依山为险。

此段山体底部依然有一道随山体走向分布的小平台，宽 5—5.5 米，地表以黄沙堆积为主，表面生长有较茂盛的蒿草，这与周围地表以裸露的岩石为主区别较明显。

此段主体为山险，但中间在一些山体较为舒缓或低矮处筑有石墙。石墙合计长 75.2 米，分布零散，计 6 处。

（1）G1147 点处，北距此段起点 49.6 米。此段位于山体近底部向东突出的一处山嘴上，石墙属依山而建，只砌外侧，紧贴山体一侧则直接砌石加高，顶部与山体持平。保存不佳，坍塌等残损甚重。残长 3.2、顶宽 0.8、残高 2.3 米。

（2）G1148 点处，北距 G1147 点 190 米。此段位于山体半山腰两道山梁相交的小山凹处，是在山凹间直接两侧砌石、中填小石块及黄沙土。保存甚差，已呈石堆状，残长 5 米。

（3）G1149 点处，北距 G1148 点 381 米。此段也是位于一个小山凹处。石墙在此沿山凹半坡辗转成"C"形，绕过山凹，再向东到东面陡崖边。这里底部仍然是陡崖，只是将顶部小山凹处砌石加高，残存 2 处，两者之间并不相连，其砌筑方式与第（2）小段基本相似，但保存较好，石墙较规整，只是局部处有坍塌。其中一处石墙残长 10、顶宽 1.1、残高 3.1 米；另一处残长 7.4、顶宽 1.2、残高 2.5 米。

此段山体底部因地处山凹处，其底部原随山体分布的小平台不存，有一段较长的断口。

（4）G1150 点处，北距 G1149 点 45 米。位于突出的一山嘴上，砌法与第（1）小段基本相似。石墙保存较差，坍塌较重，残长 10、顶宽 1.2、残高 1.5 米。

此段底部随山体分布的小平台重新出现，宽度在 5.5 米左右。

（5）G1151—G1152 点，此段起点北距 G1150 点 111.8 米，石墙全长 31.6 米。位于一较宽的山凹南侧，是从山凹底部起，过山凹、向东到陡坡边，平面略呈"C"形。砌法与第（1）小段相似。保存一般，石墙顶宽 1.2、残高 2.7 米。

（6）G1153 点处，北距 G1152 点 149 米。位于山体东南面一较缓处，石墙砌法是先在缓坡上找平、然后两侧砌石，中填小石块与黄沙土。保存一般。残长 8、顶宽 1.1、残高 3.4 米。

此段从中部开始，底部随山体延伸的小平台逐渐消失。

20. 时庄村 9 段石墙（编码：640521382102170134，工作编号：07ZQ134）

位于榆树峡沟北面的山间台地上，是从碱沟西南侧缓坡处（G1154 点）起，继续沿山体辗转向西南，中部向南折，改沿缓坡而下，最后到底部台地处的土石交界处，全长 211.2 米。按照其特征及保存状况等，可分为 3 小段。

第 1 段：G1154—G1155 点，长 105.6 米。保存较差。位于山体缓坡上，是用含红斑块的青灰色砂岩垒砌而成。其砌法属依山而建、只砌一侧。保存不佳，坍塌较多，已呈断断续续状。顶宽 1.1、残高 3.1 米。

第 2 段：G1155—G1156 点，长 82.1 米。保存较差。此段是从山体缓坡处开始，方向向南折，随坡面而下，最后至近底部的沟边。此段地势北高南低，降幅较大。方向较直，呈180°。墙体是在山坡表面上找平，以赭红色、青灰色石块直接垒砌而成，保存不佳，均坍塌成斜坡状。顶宽 0.5、残高 1.3 米。

第 3 段：G1156—G1157 点，长 23.5 米。保存较好。位于山坡底部台地上，是从沟边开始，向南到土石交界处。保存较好，是以赭红色砂石砌边、内侧以黄土及青灰色石屑等混杂填塞而成，墙内夹有柠条等。顶宽 1.3、残高 3.5 米。

21. 时庄村 2 段土墙（编码：640521382102170135，工作编号：07ZQ135）

位于榆树峡沟北面的山间台地上，是从北面土石交界处开始，随山间低洼地表向南，到沟边，全长 189.1 米。方向较直，呈北—南向。

此段地处山间，周围地势低矮，起伏较多，但绝对落差不大，地表以黄沙土堆积为主。此段墙体较为特殊，从断面处来看，其中心为石墙，外侧再夯成土墙，其中土墙已将石墙包砌在内部，土墙较内侧石墙增厚达 1 米左右，其东侧底部尚残留有砌石（西侧则不见）。其特征、保存状况等大致相同。

G1157—G1158 点，长 189.1 米。保存一般。墙体坍塌较多，多呈斜坡状，表面有黑斑。底宽 1.8、顶宽 0.8、残高 2.6 米。

22. 时庄村 10 段石墙（编码：640521382102170136，工作编号：07ZQ136）

此段横跨榆树峡沟，全长 145.1 米。立面呈两端略高而中间较低的"U"字形，平面方向较直，方向190°。按其特征及保存状况等可分 3 小段。

第 1 段：G1158—G1159 点，长 47.1 米。保存较好。此段位于沟北侧，是从沟北岸边的土石交界处开始，沿坡面而下，到底部断口。地势由北向南显著下降，降幅较大。砌法上属直接在砾石地表上找平，用石块两侧垒砌，中填黄土与小石块。保存较好，墙体较高，但残损亦较重，两侧堆积有大量细沙，呈斜坡状。底宽 2、顶宽 1.1、残高 2.8 米。

此段东面、距墙体 130 米的低矮山梁上分布着时庄村 3 号烽火台。

第 2 段：G1159—G1160 点，长 25.8 米。消失段。此段地处榆树峡沟底，墙体无存。

第 3 段：G1160—G1161 点，长 72.2 米。此段位于冲沟的南侧，是从沟底断口边开始，沿南面山坡而上，到一东西向山梁东北角，地势由北向南略有抬升，升幅较小。此段砌法、特征等与第 1 段基本相似，但保存稍差，坍塌较重。底宽 2.4、顶宽 1.3、残高 3 米。

23. 时庄村 3 段土墙（编码：640521382102170137，工作编号：07ZQ137）

位于榆树峡沟西岸、一道大致呈东西向山梁上。是从山坡东北角起，沿其北半坡而上，到中部陡坡处，全长 78.3 米，地势西高东低，落差稍大；方向较直，呈东—西向。此段墙体特征、保存状况等基本相似。

G1161—G1162 点，长 78.3 米。保存一般。此段是在山梁相对较缓的坡面上、用夹杂大量小石粒的黄沙土夯筑而成，土色沙黄，表面不生杂草。墙体保存一般，坍塌甚重，已呈斜坡状。底宽 3.4、顶宽 0.5、残高 2.3 米。

此段墙体底部、在山体北坡底有一道小平台，与墙体并行向西，宽在 5 米左右。

另外，地段长城所在的山梁，大致呈东西向，较为低矮。其周围地势较低、山体起伏较大，无戍守之地利优势。故此段长城在修建时，并非单独一道，而是沿此山梁的南北面坡各修一道，基本呈环状围绕此道山梁，其中一道在山梁的北面，主要为土墙；另一道在山梁南面，主要为石墙。两侧在一些地势相对较陡处直接利用山体为险。底部山体均砍削成陡坡，底部外尚有并行平台。

24. 时庄村 8 段山险（编码：640521382102170138，工作编号：07ZQ138）

此段与前段土墙同处一道山梁北面坡上，在山梁中间。是从土墙止点（G1162 点）起，继续沿北面坡向西，经过山梁最高处后，到其西北侧（G1163 点），全长 479.4 米。地势险要，壁面陡峭，且山体连续，故不筑墙体，直接利用陡崖。

此段北面陡崖下、随山体延伸的小平台仍然存在，并继续随山体向西。此处陡崖高 3 米，小平台宽 6.4 米。另外，在此段中部的山梁顶上分布有时庄村 4 号烽火台。

25. 时庄村 4 段土墙（编码：640521382102170139，工作编号：07ZQ139）

此段也在山梁的北面坡上，只是位置偏西。是从山梁西边起，向西绕过山梁山嘴，再向东南折，最后到山体西南面陡崖边，全长 167.2 米。地势逐渐降低。按其特征及保存状况等可分为 2 小段。

第 1 段：G1163—G1164 点，长 145.4 米。保存一般。此段墙体自山梁北面陡坡的西缘边开始，随山体继续向西，最后到山梁西面突出的山嘴处。此段保存一般，坍塌甚重，已呈斜坡状。现存土墙顶宽 1.2、残高 3.8 米。

此段北面原随山体陡坡延伸的小平台继续存在，向西一直到山体西北角处截止。

第 2 段：G1164—G1165 点，长 21.8 米。保存差。此段自山梁西面山嘴处开始，绕过山嘴，向东南延伸至山体西南面陡崖边。此段残损甚重，仅存痕迹。

26. 时庄村 9 段山险（编码：640521382102170140，工作编号：07ZQ140）

位于山梁西南角，是从前段土墙止点处（G1165 点）起，向东南到山体半坡石墙相交（G1166 点），长 41.2 米。大致呈西北—东南向。该段山体十分陡峭，故直接利用山体，不筑墙体。

27. 时庄村 11 段石墙（编码：640521382102170141，工作编号：07ZQ141）

此段石墙与前文几段土墙、山险同处一道山梁上，只是位于山梁南面坡上，是此道石墙的起始段。是从山梁东北角起，绕过山梁东面坡，再沿其南面坡向西，到陡坡处，全长 114.2 米。按其特征及保存状况等可分为 2 小段。

第 1 段：G1161—G1167 点，长 20 米。保存差。此段从土、石墙相交处开始，沿山梁的东面山嘴向南，绕过山嘴，再延伸到南面山坡上。此段墙体残损严重，仅存残迹。

第 2 段：G1167—G1168 点，长 94.2 米。保存较好。此段从山梁东南面半坡处起，向西折，开始沿山梁南面半坡向西，一直到西侧陡崖边，地势随之逐渐抬升。此段墙体整体保存尚可，墙体较高，但多已坍塌较。墙体砌法上属依山而建，只砌外侧（南侧），紧贴山体的北面则直接以黄沙土等填塞充实。墙顶宽 1、残高 4 米。

此段墙体的底部也有一道小平台，随山体辗转向西延伸，平台宽 6.4 米。

28. 时庄村 10 段山险（编码：640521382102170142，工作编号：07ZQ142）

此段与前段同处一道山梁上，在山梁南侧。东起前段石墙止点处（G1168 点），沿山梁南面坡向西，最后到西侧缓坡处（G1169 点），长 406.1 米。地势上逐渐抬升。

该段山体坡面较高且陡，壁面似经砍削，故此段直接利用山体，不砌墙体。底部半坡处的平台继续沿山体向西延伸。

29. 时庄村 12 段石墙（编码：640521382102170143，工作编号：07ZQ143）

此段在同一道山梁的西南侧，是从山梁西南侧陡坡止点起，随山体向西，最后到山梁西南角处的土、石墙相接处，全长 156.5 米。方向较直，呈东—西向。

此段南面半坡处、随山体延伸的小平台继续并行向西，一直到西侧小山凹边。按照其特征及保存状况等可分为 2 小段。

第 1 段：G1169—G1170 点，长 62.3 米。保存差。此段自山梁南侧陡崖边起，沿南面坡向西，到西侧一个马鞍形山凹边。此段墙体残损严重，仅存残迹。

第 2 段：G1170—G1166 点，长 94.2 米，保存较差。此段从马鞍形山凹边起，继续向西，一直到西侧两道墙体相交处。砌法上属依山而建，只砌外侧（南侧），紧贴山体的北面则直接以黄沙土等填塞充实。保存较差，已坍塌成斜坡状。残墙顶宽 1、残高 1.5 米。

（八）金沙村段（编码：640521382102170143—640521382102170167，工作编号：07ZQ143—07ZQ167）

此段位于中宁县金沙村北侧，是从榆树峡沟西侧开始，继续沿贺兰山山间辗转向西，过老牛湾山后出贺兰山，再沿山前台地向西南，最后到石空大佛寺西侧与余丁村段长城相连，全长 11291.1 米（图三九六～三九八、参见三九五）。

此段地势相对较低矮，故此段长城墙体基本连续，直接利用山险的段落甚少，墙体类型较复杂，其中地处贺兰山山间的以石墙为主，而地处台地上的多为土墙，一些地段还根据地形增筑有附墙等。按其特征由东向西可分为 18 段。

1. 金沙村 1 段石墙、山险（编码：640521382102170144—640521382102170145，工作编号：07ZQ144—07ZQ145）

此段石墙位于榆树峡沟以西、大佛寺沟东侧，是从两道墙体交汇处起，沿山间继续向西南，几经拐折，到西南侧半山腰另一处两道墙体的交汇处，全长 1250.8 米。地势高低起伏，落差较大；方向亦十分曲折，总体呈东北—西南向。

此段墙体基本以石墙为主，中间尚有一段长 31.3 米的山险段。另外，此段个别地段有用夯筑土墙增补。按照其特征及保存状况等可分为 18 小段。

第 1 段：G1166—G1171 点，长 30 米。保存较好。此段是从东北侧两道土、石墙体交汇处开始，沿一处小洼地向西，到洼地西边。此段墙体较高，砌石清晰，其砌法是在较平缓的砾石地表上两面以较大的青灰色、赭红色石块垒砌、中填黄土与小石块。较特别的是，该段墙体的北面还存在一段土墙，可能系后期增补。是在石墙基础上再用黄土夯筑而成，两道墙体相互紧依，其中土墙顶部较石墙顶高出约半米。顶宽 2、残高 3.8 米，其中石墙底宽 3.2、顶宽 0.6 米，土墙底宽 1.9 米。

第 2 段：G1171—G1172 点，长 219.7 米。保存一般。此段从洼地西边起，沿一道山梁向西南折，过一处小山凹后，到西侧另一道山梁上，地势较低平，起伏不甚大。保存一般，墙体（尤其是南壁）等坍塌较多，但个别地段，如此段近止点处墙体保存稍好，顶部的垛墙等尚有残留。顶宽 1.2、残高 4.1 米。

此段石墙北面基本不见增补的土墙，但在止点附近的小山凹东西两侧仍有部分残留，均不长，直接附在石墙北壁上。另外，此段过东北侧小洼地后，原随山体延伸的近底部小平台重新出现，随墙体向西南，一直到此段止点附近的小山凹处。

第3段：G1172—G1173点，长13.4米。保存差。此段从山梁处开始，随山体的东南面坡而上，最后到半坡拐点处，地势由北向南逐渐抬升，升幅不甚大，方向基本呈北—南向。其砌法属直接依照陡峭的山体而建、只砌外侧，内侧则直接以小石块与黄沙土填塞充实，顶部与山体持平。墙体保存甚差，坍塌等破坏甚重，已仅存痕迹。

此段底部仍有随山体延伸的小平台。

第4段：G1173—G1174点，长120米。保存较差。此段是从半坡拐点处开始，继续沿坡面向西南，到一处陡坡边后，向北折，最后连接于山体陡崖上，地势基本持平。保存较差，多已呈斜坡状。墙体砌法与第3小段基本相似。顶宽0.9、残高1.3、止点向北拐折段长5.8米。

第5段：G1174—G1175点，长31.3米。山险段。此段因山体较陡，墙体直接利用山险，不砌墙体。

此段底部随山体延伸的小平台仍然存在，向西一直到此段止点附近（陡崖西南侧），再向西不再出现。

第6段：G1175—G1176点，长10.1米。保存较好。此段是从陡崖西侧起，继续沿近底部半坡向西，最后到西侧一处小断口边，地势基本持平。此段墙体较高，南壁较直，顶部较平。其砌法与第3小段相似，顶宽1、残高1.9米。

第7段：G1176—G1177点，长17.7米。保存一般。方向270°。此段位于山体一处小山凹的东面坡上，属横跨小山凹的、立面呈"U"形墙体的东面一段。是从半坡处起，随坡面而下，到底部断口边，地势由东向西逐渐下降，降幅较大。墙体保存一般，坍塌等较重，尤其是南壁几乎坍塌殆尽呈斜坡状，但北壁保存略好。其砌法与第1小段基本相似，底宽5、顶宽1.4、残高3.9米。

此段石墙的北壁还有用土墙增补的情况，是以石墙为基础再加夯筑，两类墙体间紧密相连，只是此段土墙残损较重，仅存痕迹。

第8段：G1177—G1178点，长17.1米。消失段。此段位于小山凹的底部，属此段"U"形墙体的中段，是北面山间汇集而来的山洪穿越墙体之处，墙体无存。

此段已成为进出山间、通往南侧采石区的道路。断口可分东、西两小段：偏东侧有一处自然水冲沟，是山洪自然冲刷所致；西侧则为一道现代修建的运石土路，石墙被修路石推挖破坏痕迹明显，部分砌石被推到东侧冲沟内，以垫平道路。

第9段：G1178—G1179点，长13.3米。保存较好。此段位于小山凹的西面，是从底部断口西边起，随山坡而上，到半山腰石墙拐点处，地势由东向西逐渐抬升，升幅稍小。此段保存较好，砌筑较规整，其砌法与第1小段相似，也是两侧以含红斑的青灰色石块垒砌、中填黄土与小石块，内侧还夹有柠条。顶宽1.2、残高3.4米。

此段石墙的北侧仍然用土墙增补，土墙坍塌甚重，外表多有黑色霉斑等。

第10段：G1179—G1180点，长123.6米。保存一般。此段从山沟西侧半山坡处起，略向西南折，继续沿山坡向上爬升，至半坡稍高处后再平行向西，最后到一处小山凹边，地势随坡面有起伏。此段保存一般，坍塌略重。残墙顶宽1.2、残高3.4米。

此段石墙北侧仍存增补的土墙，只是土墙坍塌甚重，外表多有黑色霉斑。

第11段：G1180—G1181点，长39.5米。保存较好。方向200°。此段横跨一处小山凹，是从小山

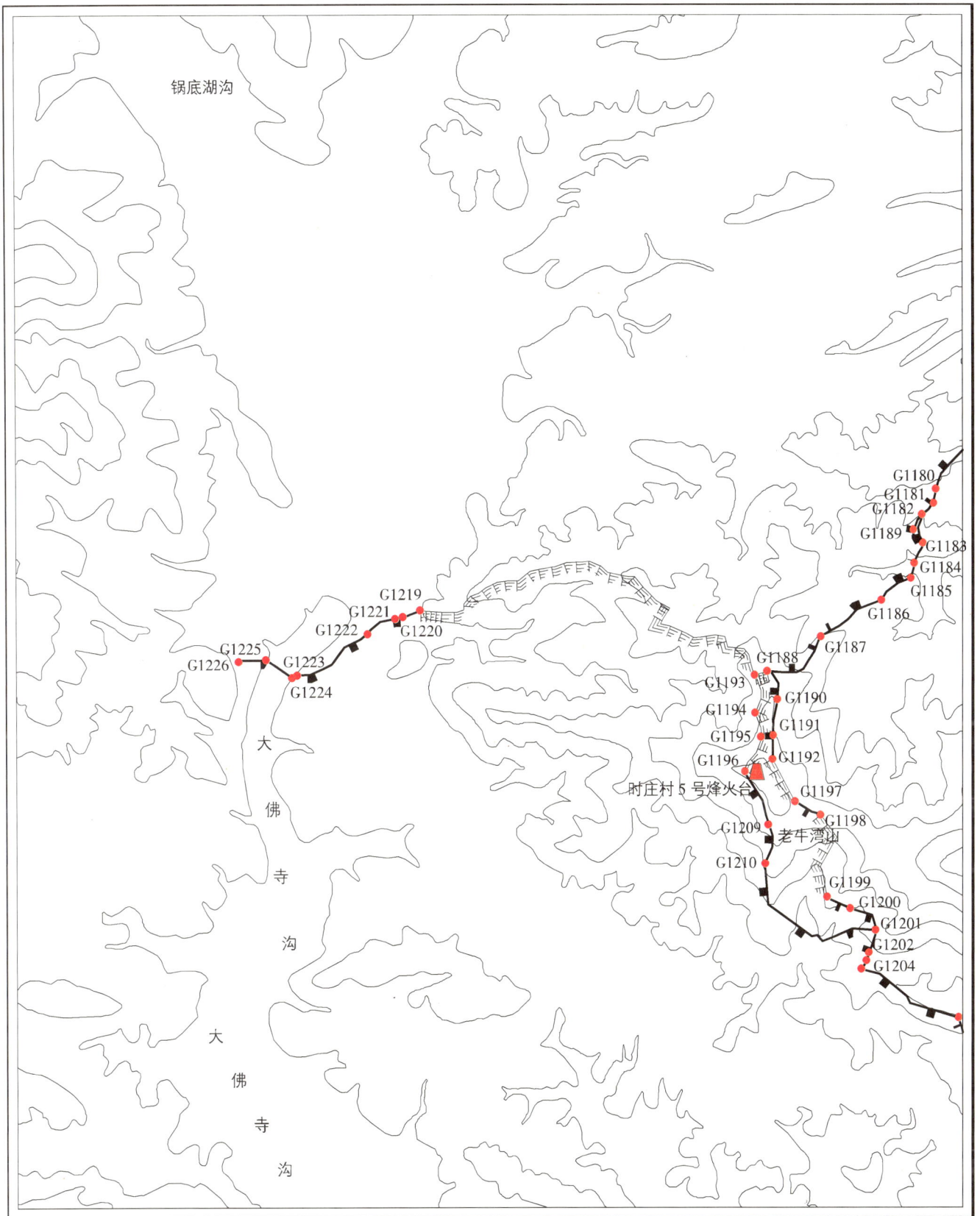

锅底湖沟

G1180
G1181
G1182
G1189
G1183
G1184
G1185
G1186
G1187
G1188
G1190
G1191
G1192
G1193
G1194
G1195
G1196
G1197
G1198
G1199
G1200
G1201
G1202
G1204
G1209
G1210

时庄村 5 号烽火台
老牛湾山

G1219
G1221
G1222
G1220
G1223
G1224
G1225
G1226

大佛寺沟

大佛寺沟

图三九七　中宁县金沙村段长城走向图-2

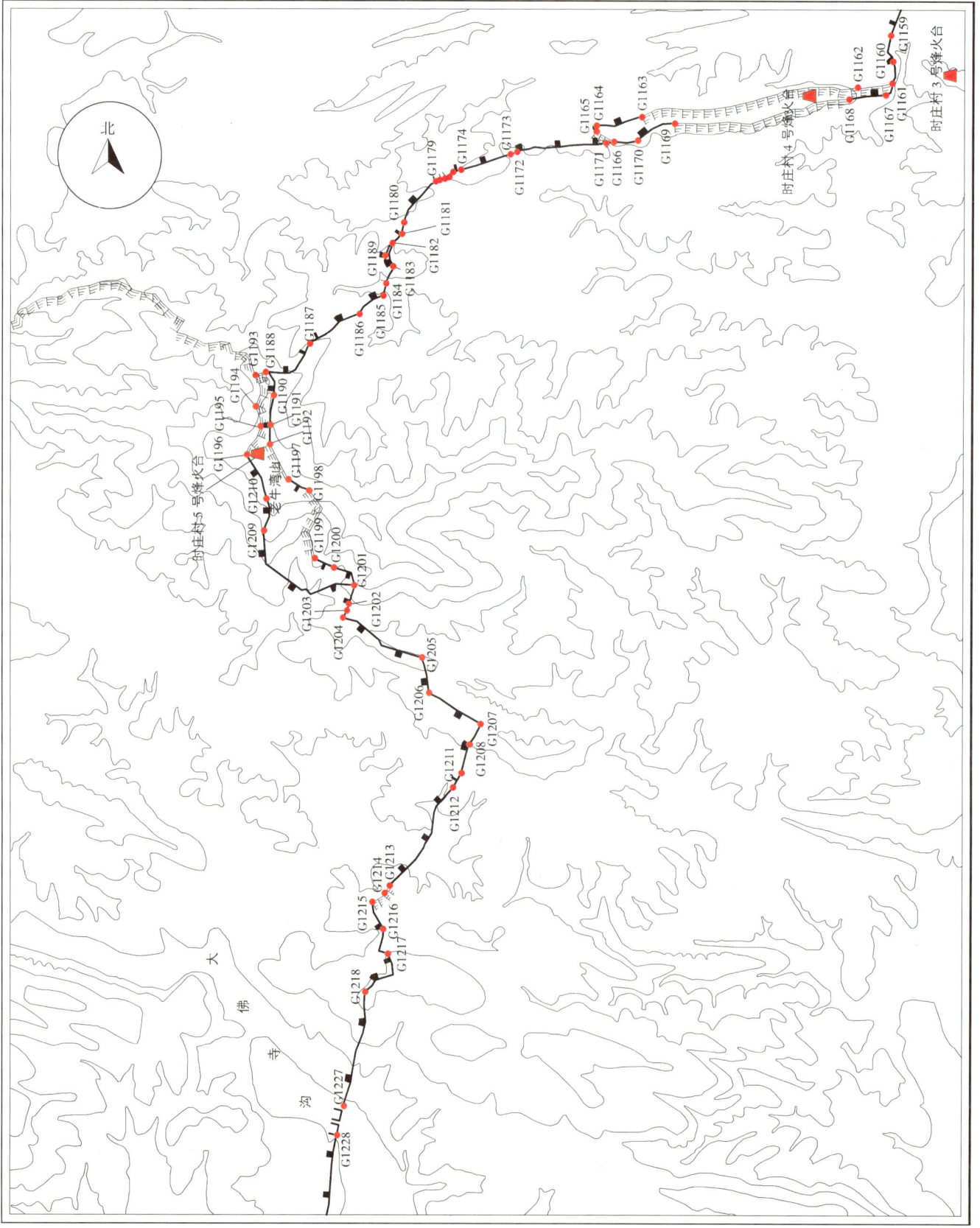

图三九八　中宁县金沙村段长城走向图-3

凹东北侧边缘起，沿坡面而下，过底部，再沿西南侧山坡而上，最后到半山坡拐点处，平面方向较直、但立面基本呈"V"形。此段除了小山凹底部有一处宽3.4米的断口外，其余部分保存较好，墙体高耸，砌石规整，其北面附加的土墙仍断断续续尚存，底部有较厚的坍塌土堆积。其砌法与第3小段相似，底宽4、顶宽1.4、残高3.5米。

第12段：G1181—G1182点，长18.3米。保存较好。此段从小山凹半坡拐点处起，继续向西南，地势上逐渐抬升，最后到半山坡两道长城分叉处。保存较好，其特征与第11段基本相似，但该段砌法上属依山而建、只砌一面。残墙顶宽1.2、残高2.6米。

第13段：G1182—G1183点，长130.7米。保存一般。此段从半坡两道长城相交处开始，沿山体的东面坡而上，到山梁顶后，再辗转沿南面坡而下，最后到南面半坡处两道墙体的汇合点。此段山体较低而平缓，石墙砌法上属依山而建，先砌一个平台，然后再在平台上两侧起砌，顶部较平。保存一般，坍塌等较严重。顶宽1—1.3、残高2.3—4.5米。

此段石墙外侧不见增补的土墙（石墙增补的土墙自此段后不再出现）。其西侧，在山体的西面坡上还有一道附墙，南北两端与此段石墙相接。

第14段：G1183—G1184点，长53.9米。方向195°。保存较好。此段石墙自半山腰两道墙体交汇处开始，沿山坡而下，过沟底宽2.8米的小断口后，再沿南侧坡面而上，最后到南侧半坡处一条土路边。此段除了中部有一处小断口、局部处有坍塌外，总体保存较好，墙体十分高大。其砌法与第3小段基本相似，底宽4、顶宽1.1、残高4.2米。

第15段：G1184—G1185点，长18.8米。保存差。此段横穿土路，向南连接到一处突出的山嘴上，地势由北向南略有抬升。墙体保存甚差，其中上部已不存，仅存底部残迹。

此段可分两小段：北面3.8米是新开凿的运石土路，是将石墙的石块推平、堆放在路面两侧充当垫路石，表面已无墙体痕迹；其余部分砌石尚存，但仅存底部。

第16段：G1185—G1186点，长84.4米。保存较差。此段从半山坡一处突出的山嘴处起，沿坡面辗转而上，到半山一处拐点处。此段山体相对较陡，墙体保存较差，坍塌等残损甚重。其砌法与第1小段基本相似，顶宽1.4、残高1.5米。

此段南侧山沟内有一处废弃的、规模较大的采石场，沟口处有几处砖砌房址。

第17段：G1186—G1187点，长119米。保存差，此段继续沿山体半坡而上，到半山坡一处保存特征点处。墙体特征与第16段基本相似，但保存更差，现仅存痕迹。

第18段：G1187—G1188点，长190米。保存较差。此段继续沿半坡而上，到半坡两道墙体分叉点处。墙体特征与第16段相似，顶宽1.4、残高1.5米。

2. 金沙村1段土墙（编码：6405213821021701 46，工作编号：07ZQ146）

此段是前段石墙西面的一道附墙，位于一道相对独立的、大致呈南北向的小山梁西侧，其起点、止点均与石墙相接。是从小山梁北侧半坡开始，沿小山梁的西面半坡（近顶部）向南而上，到山梁最高处后，再沿山梁南坡逐渐下降，最后连接在南面半坡石墙上，全长83.5米。平面基本呈"C"形。按其保存状况可分2小段。

第1段：G1182—G1189点，长51米。保存较好。此段土墙是从起点处起，到山梁最高点处，地势由北向南逐渐抬升，升幅较大。墙体保存尚可，顶部平整，此段是在岩石地表上直接夯筑而成，墙体含石量较大，壁面十分粗糙。顶宽1、残高2.3米。

此段止点属小山梁的最高处，东面距石墙12.8米。

第 2 段：G1189—G1183 点，长 32.5 米。保存差。此段从小山梁最高点处起，绕过山梁西南角，随南面坡而下，到止点处，地势由北向南逐渐降低，降幅稍大。此段土墙保存甚差，已坍塌成土垄状。

3. 金沙村 2 段石墙（编码：640521382102170147，工作编号：07ZQ147）

此段位于大佛寺沟东侧、老牛湾山北面坡上。是从山坡东北侧坡面处（长城墙体与山险墙段的交界点）开始，继续沿山坡辗转而上，至老牛湾山脊上，全长 199.9 米。地势由北向南逐渐抬升，升幅较大；方向不直，总体呈北—南向。按照其特征及保存状况等，可分为 3 小段。

第 1 段：G1188—G1190 点，长 58.3 米。保存一般。此段墙体自石墙与西侧山险墙交汇处开始，继续沿山坡而上，到半山坡石子路边。保存一般，坍塌等破坏较多。顶宽 1.3、残高 2.1 米。

此段东面的山凹处原是一处规模较大的采石场，有砖砌房屋等，今已废弃。有一道沿北面山坡修建的盘旋石子路，辗转延伸至高山顶部，对沿线长城破坏甚重。

第 2 段：G1190—G1191 点，长 75.1 米。保存差。此段基本与石子路相邻而行，两者几经穿绕。受其影响，墙体残损严重，已出现多处断口，残留者亦是仅存痕迹。

第 3 段：G1191—G1192 点，长 66.5 米。保存较差。此段从石子路边开始，继续沿山梁东面坡而上，方向略向东南折，最后到南面山脊上。此段位于石子路的西面半坡处，受其破坏略有减轻，但残损亦较重。顶宽 1.2、残高 2.4 米。

此段止点的西侧山脊上分布着时庄村 5 号烽火台。

4. 金沙村 1 段山险墙、石墙（编码：640521382102170148，工作编号：07ZQ148）

此段山险墙与前段石墙基本并列、同处老牛湾山北面一道山梁上，只是前段位于山梁东面坡，此段位于山梁西面坡上，属石墙之外的一道附墙。是从半坡处石墙与山险墙相交处（G1188 点）开始，绕过此处突出的山嘴、到山梁西面坡后，再沿坡面而上，最后到南侧高山脊顶部（G1196 点），全长 349.6 米。地势由北向南逐渐抬升，上升幅度较大；方向较曲折，总体呈北—南向。

此段是直接在山体坡面上砍削出一道陡崖，底部形成一处平台。台上散落有较多的石块，表面生长有较茂密的沙蒿等。山险墙石面残高 3.5、底部平台宽 4—5 米。

此段山险墙在部分山体较低矮处还将壁面砌石增补，均不长，分布亦零散，合计长 12 米。均属依山而建、只砌外侧一面，顶部与山梁顶部基本持平。计 3 处。

（1）G1193 点处：东距 G1188 点 65.3 米。石墙残长 5.5、顶宽 1.1、残高 1.2 米；

（2）G1194 点处：北距 G1193 点 72.5 米。石墙残损甚重，仅存痕迹，残长 3 米。

（3）G1195 点处：北距 G1194 点 50.6 米。石墙残长 3.5、顶宽 1、残高 1.2 米；

此段止点处已将山脊凿挖出一道深渠。其东面山脊上即为时庄村 5 号烽火台。

5. 金沙村 1 段山险（编码：640521382102170149，工作编号：07ZQ149）

此段山险位于大佛寺沟沟口以北、老牛湾山南面坡上。是从山脊顶部（G1192 点）起，沿南面坡而下，到半坡稍缓处（G1197 点），长 31 米。地势显著下降，方向呈西北—东南向。此段位于高山顶部，地势较高，坡面亦较陡，不便攀爬，故直接利用山体，不砌墙体。

6. 金沙村 3 段石墙（编码：640521382102170150，工作编号：07ZQ150）

此段石墙位于老牛湾山南面坡上，是从近顶部地势稍缓处（G1197 点）开始，辗转向东南而下，最后至半坡陡崖处（G1198 点），地势由北高南低显著下降。方向不直，大致呈西北—东南向。其砌法属依山而建型，即在相对较为陡峭的山坡上找平、只砌外侧（西侧）一面，紧贴山体的一面则直接以黄沙土及碎石块等填塞。全长 65.7 米。根据其特征及保存状况等，可分为前后 2 段。

前段：长 39.7 米。保存较好。此段墙体基本呈西—东向，是从起点处起，沿坡面向东，到墙体拐点处。保存较好，墙体较高，坍塌等残损相对较少，顶部亦较平。顶宽 0.9、残高 2.7 米。

后段：长 26 米。保存较差。此段是从近顶部半坡处开始，沿坡面辗转而下，最后到半坡陡崖处。墙体保存较差，坍塌等破坏较重，今多已呈条状石堆。顶宽 0.8、残高 1.6 米。

此段石墙的西侧，在同一坡面偏底部山凹位置还有一道与该道石墙基本并列的石墙，是该道石墙之外的另一道附墙。

7. 金沙村 2 段山险（编码：640521382102170151，工作编号：07ZQ151）

此段山险与前段山险、石墙同处老牛湾山南面坡上，只是此道位置近底部。是从前段石墙止点处（G1198 点）开始，沿坡面向东南而下，到半坡近底部处（G1199 点），长 287.7 米。大致呈北—南向。此段山体十分陡峭，不便攀爬，故此段直接利用山体，不砌墙体。

另外，此段西侧与墙体并行的石墙仍然存在，继续沿斜坡上的山凹向南延伸。

8. 金沙村 4 段石墙（编码：640521382102170152，工作编号：07ZQ152）

此段位于老牛湾山南侧山脚下、大佛寺沟沟口北面坡上，是从半山坡地势稍缓处起，继续沿山坡而下，辗转到底部一山梁边后，再沿山梁向东，辗转到西南侧台地上的土石墙交汇处，全长 649.2 米。按照其特征及保存状况等可分为 9 小段。

第 1 段：G1199—G1200 点，长 10.8 米。保存较差。此段自半坡陡崖边开始，继续沿坡面斜向而下，到东南侧倾斜状山梁上。此段山坡较陡，墙体依山而建、只砌一面，紧贴山体一侧则直接以黄沙土等填充而成。保存较差，砌石多坍塌，塌落的石块散落在坡面上，顶宽 0.6、残高 1.7 米。

第 2 段：G1200—G1201 点，长 15.6 米。保存一般。此段位于斜坡山梁上，是从山梁处起，方向向南折，沿脊部而下，最后到此道墙体与西侧而来的附墙两道墙体交汇处。保存一般，坍塌较重，尤其是墙体西侧砌石多已坍塌无存。其砌法是直接在山梁上找平、两侧以较大块石块垒砌、中填黄土与小石块。底宽 2.1、顶宽 0.5、残高 1.4 米。

第 3 段：G1201—G1202 点，长 44.9 米。方向 205°。保存较好。此段是从两道石墙交汇点开始，继续沿山坡而下，到底部一处小冲沟的北侧，地势由北向南逐渐降低。保存较好，墙体较高，但坍塌等残损稍重。墙顶较平，垛墙、女墙等尚有残留，顶上生长有蒿草等物；东壁基本完整，壁面较光滑，西壁则部分坍塌。其砌法与第 2 小段相似，底宽 4.3、顶宽 2、残高 4.1 米。垛墙宽 0.6、残高 0.7 米。女墙坍塌较重，厚 0.5、残高 0.3 米。

第 4 段：G1202—G1203 点，长 8.1 米。消失段。此段为小冲沟底部，是山体东面汇集的洪水必经之地，墙体无存。

第 5 段：G1203—G1204 点，长 7 米。保存一般。此段是从小冲沟断口南起，沿斜坡面而上，到南侧一道大致呈东西向山梁上。保存一般，坍塌等较明显，已呈斜坡状。其砌法上与第 2 小段相似，底宽 4.6、顶宽 1、残高 4.2 米。

第 6 段：G1204—G1205 点，长 327 米。保存一般。此段是从小山梁起，绕过其西山嘴，再沿其南壁向东，到东南侧此道山梁与南侧另一道山梁之间的马鞍形山凹边。此段保存一般，坍塌（尤其是处于迎坡面的南壁）等较重，局部甚至出现了大段坍塌。其砌法是依山而砌，先在坡面上砌成一个石平台后，再在此石基础上两侧砌石加高。顶宽 1.2、残高 2.9 米。

此段石墙底部十分陡峭，山石嶙峋，似经砍削，底部外侧有一道明显的小平台与墙体随行，宽度在 1 米左右。

第 7 段：G1205—G1206 点，长 57.8 米。方向 170°。保存较好。此段位于两道山梁之间的马鞍形山凹处，是从北面山梁半坡处开始，过山凹，到东南侧山梁上，平面较直、但立面呈"V"形。此段保存较好，墙体较高，顶部较平，个别地段的垛墙仍残留。其砌法与第 2 小段基本相似，顶宽 1.2、残高 2.9 米，残存垛墙长 3.2、顶宽 0.5、残高 0.8 米（彩图三四六）。

此段石墙偏北侧，墙体随地势略向东突出。墙内夹有柠条，呈束状、平置于墙内。另外，此段止点处的山嘴壁面十分陡峭，成断崖状，底部有一宽约 1 米的平台，可能经人为砍削。

第 8 段：G1206—G1207 点，长 128 米。保存较好。此段从马鞍形山凹南边起，绕过山嘴，再沿山梁的南面坡向西，到山体中部。此段墙体整体保存较好，壁面清晰，坍塌等破坏不多。墙体砌法上与第 6 段相似，也是在山体顶部再砌石加高。底宽 3.9、顶宽 1、残高 2.9 米（彩图三四七）。

此段石墙底部山体亦十分陡峭，壁面似经砍削，但外侧小平台并未连续。

第 9 段：G1207—G1208 点，长 50 米。保存较好。此段是从山梁中部起，向南折，开始沿山体南面坡而下，到坡底处的土石墙交界处。此段石墙保存较好，壁面规整，但坍塌等较重。其砌法与第 2 小段基本相似，顶宽 1、残高 3.9 米。

9. 金沙村 5 段石墙（编码：640521382102170153，工作编号：07ZQ153）

此段位于老牛湾山南侧、大佛寺沟口西北面山坡上。是从顶部山脊处（即山险墙止点）起，沿坡面辗转而下，到近底部两道墙体的交汇处，全长 371.5 米。其位置北连山险墙、南接石墙，是主墙之外的一道附墙（也是山险墙南侧延伸段）。

此段东侧同一坡面上还分布着主道石墙。与之相比，此段基本位于斜坡面上的小冲沟边，地势较低，但砌石较高，且基本连续。其砌法均属依山而建、只砌外侧一面，紧贴山体的一面则直接以黄沙土等填充而成。按其特征及保存现状等，可分为 3 小段。

第 1 段：G1196—G1209 点，长 137.6 米。保存差。此段从山脊顶起，沿坡面向东南，到半坡拐点处，地势由西北向东南逐渐下降，降幅较大。保存甚差，坍塌等残损甚重，多存痕迹。保存较好处墙体顶宽 0.8、残高 1.6 米。

第 2 段：G1209—G1210 点，长 90.6 米。保存一般。此段自半山腰石墙的一个拐点处开始，向西南折，沿山坡而下，到坡面上的小冲沟边。此段保存较好，砌石较规整，顶部较平，但坍塌等较多。顶宽 1.1、残高 1.4 米。

第 3 段：G1210—G1201 点，长 143.3 米。保存差。此段位于小冲沟东岸，是沿其岸边辗转向东南，最后到两道长城交汇处，地势随坡面显著下降，降幅较大。此段多已坍塌，仅存残迹。

10. 金沙村 2 段土墙（编码：640521382102170154，工作编号：07ZQ154）

此段土墙位于大佛寺沟沟口以北、老牛湾山东面一处十分宽阔的山间台地上，是从山梁的底部的土、石墙交界处起，沿台地向南，到一座凸起的山丘边。地势北高南低，落差稍大；方向较直，呈北—南向。此段墙体特征、保存状况等基本相同。

G1208—G1211 点，长 116 米。保存一般。此段属以夹杂大量杂色小石块的黄沙土夯筑而成的，土质较疏松。墙体基本连续。整体保存一般，两侧壁面均已呈斜坡状，局部处有小的断口，外表顶部生长有较茂密的沙蒿等植物，表面泛黑。底宽 4.2、顶宽 0.5、残高 3.5 米（彩图三四八）。

11. 金沙村 6 段石墙（编码：640521382102170155，工作编号：07ZQ155）

此段与前段土墙同处一座山间台地上，位于此台地的中部，是夹在两段土墙之间的一小段石墙。其东侧有一座凸起的、不高的山丘，石墙就是从山丘北面开始，从西面绕过山丘，最后到南侧土石墙交界点，地势较平。此段墙体特征、保存状况等基本相同。

G1211—G1212 点，长 56 米。保存一般。此段是以赭红色石块为主、夹杂有少量青灰等色石块垒砌而成，整体保存一般，墙体虽稍高，但坍塌等残损较重，壁面多已呈斜坡状。其砌法属紧依山丘坡面，先在底部砌出石基础，然后再在此基础上砌石加高。顶宽 0.9、残高 3.3 米。

12. 金沙村 3 段土墙（编码：640521382102170156，工作编号：07ZQ156）

此段与前段土墙、石墙同处一处山间台地上，只是此段位置偏南，已到台地的南面。是从台地中部石墙止点处起，继续向南，经两处小冲沟后，到台地南侧的山嘴上。地势有高低起伏，但落差不大，总体由北向南略有抬升；方向较直，呈北—南向。墙体特征、保存状况等基本相同。

G1212—G1213 点，长 231.5 米。保存一般。此段坍塌等残损较重，已呈斜坡状，壁面上生长有较茂密的沙蒿等植物。底宽 5、顶宽 0.5、残高 3.8 米。

此段中间有两处小断口，均是台地表面由东向西汇集而来的洪水冲刷所致。断口宽在 5 米左右。其中一处位于起点处，另一处位于距起点 50 米处。

13. 金沙村 2 段山险墙（编码：640521382102170157，工作编号：07ZQ157）

此段位于台地南面山梁上，是从该山梁西面突出的山嘴处起，沿其南面坡向东，到东侧此山梁与南侧另一道山梁之间的小山凹处，全长 82.1 米。地势由西向东略有下降，方向较直，呈西北—东南向。按照其特征及保存状况等可分 2 小段（彩图三四九）。

第 1 段：G1213—G1214 点，长 26.6 米。此段从山梁西端山嘴处（土墙与山险墙交汇处）起，沿其南坡向东，到山梁中部。此段是直接在山体南坡上砍削出一道陡崖，断面十分规整。底部形成一处平台，凿石面高 3.8、底部平台宽 5 米。

此段在山体较缓的凿石面顶部还砌筑有石墙，较短，坍塌亦较重，其砌法属依山而建、只砌一面，紧贴山体的一面则直接以黄土等填充。石墙顶宽 0.3、残高 1.4 米左右。底部平台上散落有较多的塌落石块，表面生长有较茂密的沙蒿等。

第 2 段：G1214—G1215 点，长 55.5 米。此段从山梁中间起，继续沿山梁南面坡向西，最后到山梁东侧的小山凹边，此段直接利用陡峭山体，顶部不再砌石。凿石面高 12.6、底部平台宽 7 米。

14. 金沙村 7 段石墙（编码：640521382102170158，工作编号：07ZQ158）

此段从西北侧一道山梁半坡处开始，过两道山梁之间的马鞍形山凹，向东南，辗转到大佛寺沟北面坡边后，沿坡而下，最后到半坡处的土石墙交汇点处，全长 358.7 米。方向较曲折，总体呈西北—东南向。按照其特征及保存状况等可分为 3 小段。

第 1 段：G1215—G1216 点，长 80 米。方向 175°。保存一般。此段横跨马鞍形山凹，地势呈两端略高而中部偏低的"U"形。保存一般，坍塌等较重。其砌法是直接在山体上找平，以青灰、赭红、粉白等杂色石块砌边，中填黄土等。残存底宽 2.8、顶宽 1、残高 1 米。

第 2 段：G1216—G1217 点，长 78.2 米。保存差。此段从山凹南侧山嘴处起，反"C"形绕过山嘴，到东南侧一处箕形山凹中部，地势逐渐抬升。保存甚差，除了个别处砌石较规整外，多已仅存痕迹。

此段末段墙体底部被砍削出陡崖，底部有一道平台。陡崖高 2.5、平台宽 4 米。

第 3 段：G1217—G1218 点，长 200.5 米。保存较好。此段石墙自箕形山凹中部起，绕过山凹，辗转到大佛寺沟北面陡坡边后，再沿坡而下，最后到半坡土石墙交界点。此段保存尚可，墙体较高，但坍塌等残损较重，其中一段石墙顶部垛墙尚存。石墙顶宽 1.1—1.3、残高 1.3—2.9 米。垛墙宽 0.4、残高 0.8 米（彩图三五〇）。

此段起点处一小段、在墙体的西侧底部还有一段砍削的陡崖，底部也有平台。陡崖残高2、底部平台宽2.6米。

长城至此出了贺兰山山间，改沿山前台地延伸。

15. 金沙村3段山险（编码：640521382102170159，工作编号：07ZQ159）

此段位于大佛寺沟进沟约0.5千米的河道东岸、老牛湾山向西延伸出的一道山梁上，在河道"C"形拐弯的北面。此段与下文的金沙村8段石墙相连，属长城主墙之外、封闭大佛寺沟的一道附墙，其中此段是该道附墙的起始段。是从东面的金沙1段山险墙拐点处（G1193点）开始，随一道大致呈东西向山梁向西，一直延伸至山梁西面坡边（G1219点），全长649.4米。地势由东向西随山体逐渐下降，降幅较大；大致呈东—西向。此段直接利用山体，不砌墙体。

16. 金沙村8段石墙（编码：640521382102170160，工作编号：07ZQ160）

此段石墙位于大佛寺沟内，在进沟约0.5千米、今碱沟煤矿征稽站附近。是从河道东侧一道山梁边开始，沿其西面坡而下，辗转过大佛寺沟河道，再延伸到河道西岸半坡处，全长389.2米。方向较曲折，总体呈东南—西北向。按照其特征及保存状况等可分为7小段。

第1段：G1219—G1220点，长46.6米。保存较好。方向240°。此段石墙位于河道东岸一道较高的山梁坡面上，是从山梁坡边开始，随此道较陡的坡面而下，最后至底部小冲沟边。此段石墙保存较好，砌石较高且规整，但局部处仍有坍塌等破坏。墙体砌法上属直接在山坡上找平、两侧砌石，中填黄土等。石墙底宽1.5、顶宽0.7、残高1.4米（彩图三五一）。

第2段：G1220—G1221点，长4.8米。消失段。此段地处小冲沟的底部，是东面山间洪水所经之处，墙体无存。

第3段：G1221—G1222点，长60.1米。保存差。此段自小冲沟西岸顶起，随较缓的山坡向西，到一处山凹边。保存甚差，墙体多已坍塌，仅局部处尚存。底宽4.8、顶宽0.8、残高0.4米。

第4段：G1222—G1223点，长155.7米。保存较差。此段是沿山凹边缘开始，继续向西，到大佛寺沟东岸边，地势总体由东向西逐渐下降，但降幅不甚大。其砌法属依山而建，先紧依山坡砌出一个石平台，然后再在石平台顶部两侧砌石，中填黄土等。墙体保存较差，坍塌甚重，多已呈石堆状。底宽1.5、顶宽0.6、残高0.7米。

第5段：G1223—G1224点，长15.1米。保存一般。方向297°。此段是从大佛寺沟东岸边开始，沿河岸略向西北折，最后到沟底断口处。地势由东向西逐渐下降，整体保存一般，坍塌等较重。其砌法与第1小段基本相似。底宽3.6、顶宽0.8、残高1.6米。

第6段：G1224—G1225点，长53.9米。消失段。此段位于大佛寺沟底河道间，墙体无存。

此河道十分宽阔，沟底已干涸，今已成为进出山间的一道重要道路，来往大型运输车辆较多。北侧20米左右有碱沟煤矿征稽站，有固定房屋数间，有人长期值守。

此处可能是见诸文献记载的大佛寺里口关隘所在地①，惜今痕迹无存。

第7段：G1225—G1226点，长53米。保存较差。此段位于大佛寺沟西岸，是从岸边起，沿山坡而上，中间随山体略有拐折，最后到陡坡顶部，地势由东南向西北逐渐抬升，升幅稍大。保存较差，坍塌等较重，石墙已呈石堆状。其砌法与第1小段基本相似。残存石墙底宽2.4、残高0.6米。

---

① "（大佛寺口）有二：一名大佛寺北里口，在卫城东北一百九十里；一名大佛寺北外口，在卫城东北二百一十里"，（明）李贤等奉敕撰：《大明一统志》卷37·宁夏卫，第646页，三秦出版社，1990年。

17. 金沙村 4 段土墙（编码：640521382102170161—640521382102170166，工作编号：07ZQ161—07ZQ166）

此段位于余丁乡金沙村以北，是从大佛寺沟沟口北岸半山坡的土石墙交汇点（G1218 点）开始，沿山坡而下，再辗转沿山前台地向南，中间与大佛寺沟河道几次相互穿越，最后到山前平地边缘、今石空大佛寺附近的土墙截止点处，全长 5689.1 米，地势有略高低起伏，但落差不甚大；总体呈由北向南逐渐下降之势；方向呈东北—西南向。

此段地处山前台地上，地势较低平，落差不大。周围地表以原生沙石堆积为主，生长有稀疏的沙蒿、芨芨草等。墙体直接用夹杂少量青灰色小石粒的黄土夯筑而成，方向亦不似前段山间墙体那样千转百折，而是夯筑得较为笔直，拐折不多。

此段墙体残损原因南北有别，北段多是自然破坏，尤其是山洪冲刷十分严重。这里地处山前台地上，受北面山间而来的山洪冲刷破坏十分严重，已出现多处山洪断口；南段除了山洪冲刷等破坏以外，人为破坏明显加剧。这里逐渐临近现代村落，人为取土、依墙搭建等破坏十分明显，对墙体保存影响较大。

此段按其特征及保存状况等可分 30 小段。

第 1 段：G1218—G1227 点，长 150 米。保存较好。此段墙体位于大佛寺沟口北岸半坡上，是从半坡处的土石墙交汇处起，沿山坡而下，至大佛寺沟东北侧岸边，地势北高南低。此段保存较好，墙体较高，但坍塌等较重，两侧均有较明显的坍塌土堆积，呈斜坡状，表面生长有较茂密的蒿草等；壁面东壁等处有明显的风蚀凹槽。底宽 5、顶宽 1、残高 6 米（彩图三五二）。

第 2 段：G1227—G1228 点，长 61.5 米。消失段。此段位于大佛寺沟干涸河道处，是大佛寺沟干涸河道向东横穿长城之处，墙体无存。

第 3 段：G1228—G1229 点，长 566 米。保存较好。此段从大佛寺沟西南侧断口边起，沿山前丘状台地向南，到南侧一处墙体保存特征点处。此段两侧堆积有很厚的风淤沙土，已将墙体围成土垄状，但内部夯土保存尚佳，墙体较高，夯筑较坚实，表面不生野草，其特征与第 1 段基本相似。底宽 9、顶宽 1.1、残高 4.5 米。

第 4 段：G1229—G1230 点，长 41.2 米。保存一般。此段位于两段保存较好的墙体中间的一段。保存一般，尤其是其东侧壁面有较明显的坍塌，但西壁基本保存。底宽 5、顶宽 0.8、残高 4.5 米。

此段东面底部有大佛寺河道分流而来的一处干涸小溪流，在此段长城墙基处拐了一处平面呈"C"形弯，其西岸已迫近长城墙基，受河道长期的剥蚀影响，此段墙体壁面坍塌较重，已出现多处坍塌。

第 5 段：G1230—G1231 点，长 53 米。保存较好。此段是从墙体受山洪剥蚀的南侧起，向南一直到大佛寺沟断口边。保存较好，其特征等与第 3 小段相似。底宽 11、顶宽 1.2、残高 5 米。

第 6 段：G1231—G1232 点，长 134 米。消失段。此段是大佛寺沟河道向西横穿长城之处，墙体无存。

第 7 段：G1232—G1233 点，长 765.7 米。保存较好。此段从大佛寺沟南侧断口边起，继续向南，中间方向略向东折，辗转到南面一处拐点处，此段墙体基本连续，地表随台地略有起伏。其特征等与第 3 段基本相似，底宽 11、顶宽 1.3、残高 3 米（彩图三五三）。

此段中部连接有金沙村敌台。

第 8 段：G1233—G1234 点，长 609.8 米。保存较好。此段是从拐点处开始，方向略向西南折，继续向南，最后到大佛寺沟断口边，地势北高南低，起伏较多，总体呈逐渐下降之势，但落差不大。保存较好，墙体连续，其特征与第 3 小段基本相似。底宽 7.5、顶宽 1.4、高 4.3 米。

此段东侧、在距长城 0.37 千米的台地上分布着金沙村 2 号烽火台。

第 9 段：G1234—G1235 点，长 170.7 米。消失段。此段是大佛寺沟河道向东穿越长城之处，墙体无存。

此处是大佛寺沟三次与长城墙体相互穿越中最南的一道，过此断口后，长城不再与大佛寺沟相互穿越，而是改沿河道西面台地上向南，两者基本并行，距离稍远。

第 10 段：G1235—G1236 点，长 650.2 米。保存较好。此段从大佛寺沟西南侧断口边缘开始，继续向南，到一处冲沟断口边。墙体特征等与第 3 小段相似。底宽 6.3、顶宽 0.9、残高 3.3 米。

第 11 段：G1236—G1237 点，长 44.5 米。消失段。此段是西侧台地间汇集而来的山洪穿越之地，墙体无存。

此山洪主要来自于墙体西北侧，紧贴墙体西壁向南延伸一段后，再经此处断口穿越墙体，注入东面大佛寺河道内。

第 12 段：G1237—G1238 点，长 150 米。保存较好。此段从冲沟断口南起，向西南到另一冲沟边。特征等与第 3 段基本相似。底宽 10.7、顶宽 1.2、残高 6.5 米。

此段西侧、距墙体 0.35 千米的台地上分布着金沙村 3 号烽火台。

第 13 段：G1238—G1239 点，长 13.9 米。消失段。此段位于大佛寺沟西侧台地间、一道由西向东汇集而来的小支流冲沟处，受其冲刷等影响，此段墙体无存。

此道小冲沟较窄，呈西北—东南向斜穿长城、最后注入东面大佛寺河道内。

第 14 段：G1239—G1240 点，长 191.1 米。保存较好。此道位于两道小冲沟之间，墙体特征等与第 3 段基本相似。底宽 11.9、顶宽 1.1、残高 6.5 米。

此段墙体东侧底部迫近大佛寺河道。

第 15 段：G1240—G1241 点，长 20.3 米。消失段。此段也是一处小的山洪断口，墙体无存。

第 16 段：G1241—G1242 点，长 145.8 米。保存较好。此段也是位于两道小山洪断口间，其特征等与第 3 段基本相似。底宽 9、顶宽 1.1、残高 5 米。

第 17 段：G1242—G1243 点，长 13.6 米。消失段。此段也是一处小的山洪断口，墙体无存（彩图三五四）。

此处断口两侧的长城略有错缝，即南段长城起点并未位于北面长城止点的延线上，而是避开此处低矮的山凹，略向西偏，方向亦随之向西南折。

第 18 段：G1243—G1244 点，长 85 米。保存较好。墙体特征等与第 3 段相似。底宽 10、顶宽 1.3、残高 6 米。

第 19 段：G1244—G1245 点，长 18.6 米。消失段。此段也是一处小山洪断口，墙体无存。墙亦有错位，南段墙体起点略向西偏。

第 20 段：G1245—G1246 点，长 190 米。保存较好。墙体特征等与第 3 段相似。底宽 7.8、顶宽 1.1、残高 4.5 米。

第 21 段：G1246—G1247 点，长 20 米。消失段。此段横跨一小冲沟，墙体无存。

此断口地表堆积有薄薄的细沙。在此段西侧的台地上，今已建起一处石油钻井塔，有人员值守，来往车辆人员较多。

第 22 段：G1247—G1248 点，长 370 米。保存较好。此段从小断口南起，继续向西南，到一小断口边，此段墙体连续，其特征等与第 3 段基本相似. 底宽 9、顶宽 1.4、残高 3 米。

此段东西两侧堆积有较厚的黄沙，尤其是西侧，已基本将墙体覆盖。

第 23 段：G1248—G1249 点，长 42 米。消失段。此段也是一处洪水断口，墙体无存。此处已成为通往西侧石油钻井队的道路。

第 24 段：G1249—G1250 点，长 420 米。保存较好。此段是从小断口南起，继续向西南，到牙石沟断口北边。此段保存较好，墙体特征等与第 3 段相似。底宽 7、顶宽 1.5、残高 4.0 米。

第 25 段：G1250—G1251 点，长 40.2 米。消失段。此段横跨牙石沟冲沟，墙体无存。

此段西侧约 1 千米、在牙石沟河道南岸山梁上分布着金沙村 4 号烽火台。

第 26 段：G1251—G1252 点，长 130 米。保存较好。此段从牙石沟断口南起始，继续向南，最后到一处煤厂断口边。此段保存亦较好，墙体特征与第 3 段相似。底宽 8.0、顶宽 1.3、残高 4.6 米。

第 27 段：G1252—G1253 点，长 170 米。消失段。此断口不属山洪冲刷，而属人为破坏所致。西侧基本紧贴墙体处建有一家小型煤场，南面已近村民院落。墙体被大段推平建房修路等。

第 28 段：G1253—G1254 点，长 198 米。保存较差。此段从断口南开始，继续向东南，到一处小冲沟边，地势逐渐抬升，升幅不甚大。保存较差，破坏严重，多数地段呈犬牙断裂状。底宽 2.8、顶宽 1、残高 2.5 米。

第 29 段：G1254—G1255 点，长 22 米。消失段。此段横跨一山洪冲沟，墙体无存。

此处是从西南侧台地上汇集而来的洪水所经之地，断口虽不甚宽大，但底部剥蚀较深。

第 30 段：G1255—G1256 点，长 202 米。保存一般。此段从小冲沟南起，沿台地边缘略向西南折，到石空寺北侧断崖边，地势逐渐抬升。保存一般，坍塌、断裂等较重，形状多已不规整。底宽 2、顶宽 1、残高 2.6 米。

从此段起，长城东面原先基本与墙体并行的大佛寺河道向东折，逐渐远离长城。在山前台地东侧山脚下出现跃进渠灌溉水渠，基本与此道长城并行向南。

18. 金沙村 4 段山险（编码：640521382102170167，工作编号：07ZQ167）

此段位于金沙村 3 组以北、石空寺所在的陡崖上。是从北侧断崖边（G1256 点）起，沿陡崖向南，过石空寺，到南侧山顶处（G1257 点），长 430.2 米。此段地势较平，大致呈北—南向。山体较陡，高度在 10 米左右。此段未见墙体。

此段北部、在今石空寺西北侧的台地上分布着金沙村 5 号烽火台。

三　中宁余丁村—中卫胜金关段长城（编码：640521382102170168—640521382102170177，工作编号：07ZQ168—07ZQ177）

此段是从余丁村以北、石空寺西侧开始，向西经永兴村等，最后到西侧中宁与中卫市交界处的胜金关，全长 12352.6 米。此段多沿山前台地或山边分布，墙体类型较复杂，即在台地上多是土墙，而在山体较陡峭处直接利用山险，个别地段还有石墙。按其所属行政区划可分为余丁、永兴两段。

（一）余丁村段（编码：640521382102170168—640521382102170170，工作编号：07ZQ 168—07ZQ170）

此段位于余丁村北侧、贺兰山山前台地上，在山前台地与冲积平原交汇处。西面为丘状台地，东面则为黄河冲积平原。是从石空寺南侧开始，沿台地东缘辗转向南，最后到刘庄村北断崖边，全长 2155 米。地势较低矮，起伏不大。均是在台地表面直接找平、用夹杂较多小石粒的黄沙土夯筑而成的土墙，沿线还分布有数座烽火台等（图三九九）。

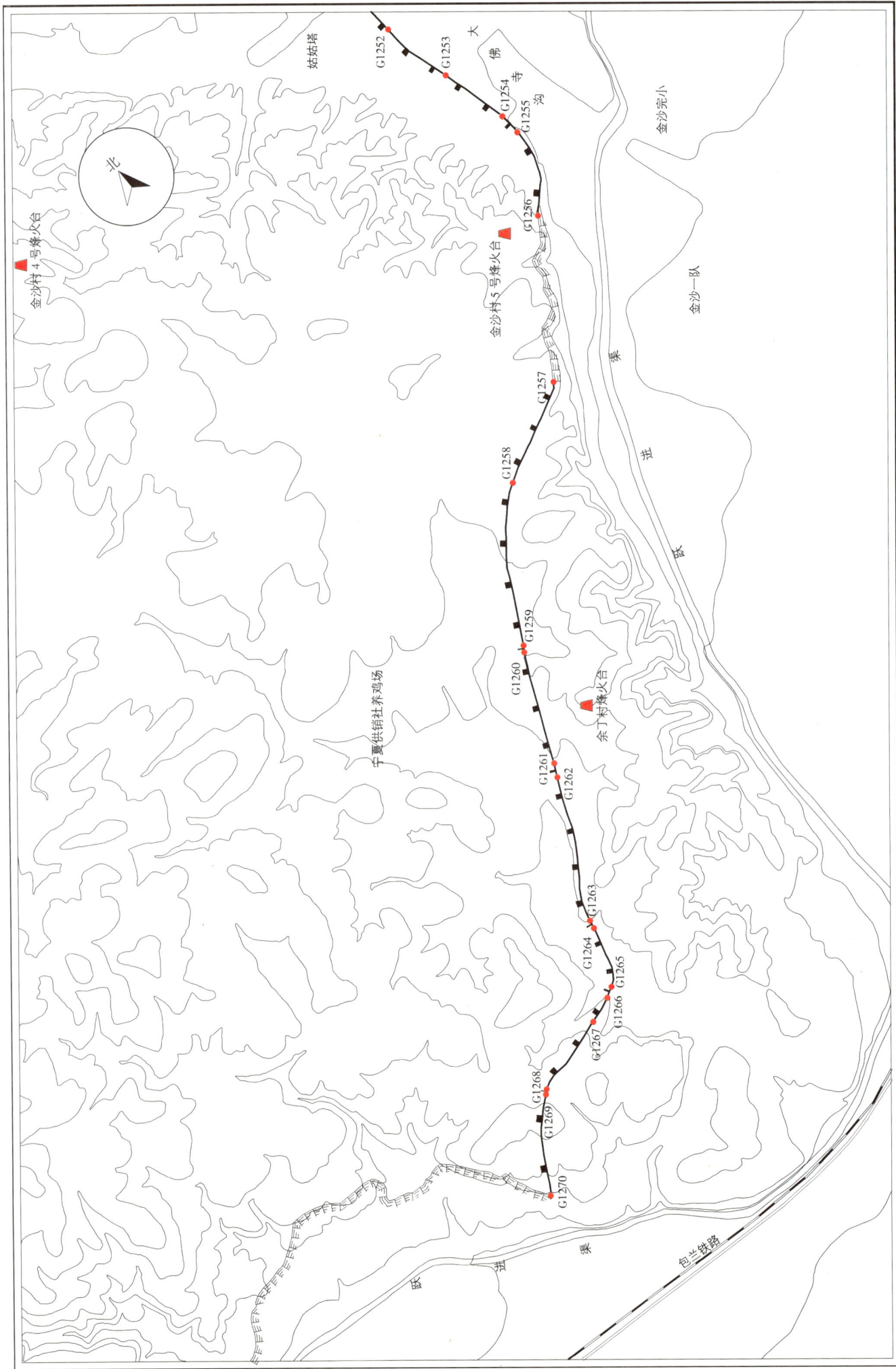

北

姑姑塔

大佛寺沟

金沙完小

金沙一队

金沙村 4 号烽火台

金沙村 5 号烽火台

余丁村烽火台

宁夏供销社养鸡场

跃进渠

G1252
G1253
G1254
G1255
G1256
G1257
G1258
G1259
G1260
G1261
G1262
G1263
G1264
G1265
G1266
G1267
G1268
G1269
G1270

跃进渠

包兰铁路

图三九九　中宁县余丁村段长城走向图

此段土墙保存不佳，残损较重。其残损原因除了风蚀、雨蚀、片状剥离和粉状脱落等自然破坏以外，人为破坏显著上升。这是因为此段距离村落较近，周围分布有养鸡、养猪等多家企业，往来行人车辆众多，这些均对此段墙体影响较大。

此段长城基本连续，且性质同一（均为土墙），可归为一大段。按照其特征及保存状况等，又分为 12 小段。

第 1 段：G1257—G1258 点，长 268.8 米。保存一般。此段位于今石空寺南侧的台地上。是从石空寺南侧陡崖边开始，不再继续沿陡崖边向南，而是改沿一道西南至东北向的小山沟西岸进入台地间，方向向西南折，到一处墙体保存特征点处。此段保存一般，坍塌等十分严重，尤其是墙体的东壁，已呈斜坡状。壁面片状剥离、粉状脱落等亦较明显。底宽 2、顶宽 1、残高 2.6 米。

第 2 段：G1258—G1259 点，长 396 米。保存较好。此段从墙体保存特征点处起，略向南折，到一处小断口边，地势略有起伏。此段墙体较高，但坍塌、风蚀以及流水冲刷等破坏较明显。墙体两侧均堆积有较厚的坍塌土堆积，呈斜坡状，表面上生长有稀疏的沙蒿等。底宽 4.3、顶宽 1.3、残高 5.5 米（彩图三五五）。

第 3 段：G1259—G1260 点，长 17.4 米。消失段。此段位于一处山凹间，墙体无存。

第 4 段：G1260—G1261 点，长 284 米。保存较好。此段从小断口南起，沿两山丘之间的低洼处向西南，地势略有下降，到另一处断口边。此段保存较好，但坍塌、断裂等较多。壁面两侧均有较厚的坍塌土堆积，呈斜坡状。底宽 4.5、顶宽 2.4、残高 4.7 米。

此段两侧分布有几处工厂，西侧不远处有一家大型养鸡厂（全名为"宁夏回族自治区供销联社机械化养鸡场"），东侧紧贴墙体修建有一家养猪厂，对墙体保护影响较大。

此段东面的台地上分布有余丁村烽火台，距墙体 116 米。

第 5 段：G1261—G1262 点，长 30.2 米。消失段。此段位于台地中间一处相对较低洼处，墙体无存。

此断口非山洪冲刷所致，今已成为一道横穿墙体、通往西侧养鸡场的土路。

第 6 段：G1262—G1263 点，长 355.8 米。保存较好。此段从道路南起，到南侧土路断口边。此段墙保存较好，墙体较高，但坍塌等残损较重，两侧均有较厚的坍塌堆积，残留夯土壁面呈犬牙突兀状。底宽 6.4、顶宽 1.1、残高 4.2 米。

此段起点处的墙体断面特征十分清晰，可见其夯筑亦是分主墙与两侧的附墙，其中中部主墙较为规整，断面基本呈梯形，但夯筑似不甚坚实，而两侧附墙则较为坚实，夯层十分清晰。

第 7 段：G1263—G1264 点，长 40.6 米。消失段。此段是一道人为推挖出的断口，有一道通往西侧取土场的土路横穿长城。

第 8 段：G1264—G1265 点，长 171 米。保存较差。此段坍塌甚重，已呈土垄状。墙体周围堆积有较多的石块，壁面亦有多处掏挖的凹坑。其残损多属人为破坏。底宽 4.2、顶宽 0.9、残高 1.5 米。

第 9 段：G1265—G1266 点，长 33.9 米。消失段。此段断口也是人为推挖所致，有道路过此口、通往西侧采石场。

第 10 段：G1266—G1268 点，长 282.8 米。保存较好。此段位于南侧台地上，是从断口边起，沿台地继续向西南，经中部一处山丘后，再沿其南侧坡面而下，到一处小冲沟边，方向随台地略有拐折。此段整体保存尚可，但坍塌等破坏仍然较明显，其特征与第 1 段基本相似。底宽 4.2—6、顶宽 0.8—1.2、残高 2.5—4.2 米。

此段中部有一处小断口，长 3.5 米，是人为掏挖所致。另外，墙体从此段起，逐渐远离小型企业及道路，人为破坏显著减少，墙体保存相对较好。

第 11 段：G1268—G1269 点，长 13 米。消失段。此段墙体位于两道山丘间的小冲沟处，墙体无存。

第 12 段：G1269—G1270 点，长 261.5 米。保存较好。此段是从小冲沟南边起，过南侧山丘，到山丘西南面陡崖边，地势基本呈中间高而两端低，但落差不大。此段保存尚佳，墙体较高，顶部较平，但两侧壁面的坍塌、风蚀、片状剥离和粉状脱落等仍然较明显。底宽 9.6、顶宽 1.8、残高 7.6 米。

此段止点已近陡崖，崖下即为冲积平原。西侧山梁上分布着刘庄村烽火台（直隶墩）。

（二）永兴村段（编码：640521382102170171—640521382102170177，工作编号：07ZQ171—07ZQ177）

此段位于永兴村北侧的台地上，从刘庄村北土墙截止点开始，沿山体辗转向西，经东湾、贺家湾等地，最后到中宁与中卫市交界处的胜金关，全长 10197.6 米（图四〇〇~四〇二）。

此段多是直接利用山体为险，仅是在一些地势较低矮的山梁上或山口之间修筑有较短的石墙、土墙，沿线分布有较多的烽火台。因这里村落密集，残留墙体、烽火台等人为破坏较重。由东向西按墙体类别等分为 7 段。

1. 永兴村 1 段山险（编码：640521382102170171，工作编号：07ZQ171）

此段是从刘庄村北的土墙截止点（G1270 点）起，随山体辗转向西，经黄羊湾、东湾及贺家湾等，最后到永兴十队北侧（G1271 点），长 3120 米，大致呈东—西向。

此段直接利用山体，不砌墙体。沿途修筑有两座烽火台，其中一座位于黄羊湾村 4 组北侧（永兴村 1 号烽火台），另一座位于永兴村 10 组东北侧（永兴村 2 号烽火台）。

2. 永兴村 1 段石墙、山险（编码：640521382102170172，工作编号：07ZQ172）

此段位于永兴村十组北面一道西南—东北突出的山嘴顶上。北面坡下有一处中型的石灰厂；南面坡下为跃进渠，渠东即为永兴村十组村落。石墙是从山梁顶部起，向东南过一处小山凹后，再向南折，继续沿山坡面而下，到两道山梁相交的山凹处，全长 172.1 米，方向总体呈西北—东南向。是在坡面上用青灰色石块砌边，内用小石块与黄沙土填塞而成，整体保存尚可，但垒砌不高，墙体亦较薄。

此段除中间一段属山险外，余皆石墙。按其特征及保存状况等可分为 4 小段。

第 1 段：G1271—G1272 点，长 34.5 米。保存一般。此段从起点起，沿山梁向东南，到山凹边。此段石墙较低矮，保存一般，坍塌等较重。石墙顶宽 0.8、残高 1.1 米。

此段西北山顶分布着永兴 3 号烽火台。

第 2 段：G1272—G1273 点，长 47.6 米。山险段。此段从山凹边起，沿山梁向东南，到坡面地势稍缓处，此段坡面较陡，故直接利用山体，不砌石墙。

第 3 段：G1273—G1274 点，长 50 米。保存一般。此段从陡坡边起，向南折，随山坡而下，至近坡底处。此段石墙砌石较规整，但较为低矮，坍塌亦较重。顶宽 0.7、残高 1.1 米（彩图三五六）。

第 4 段：G1274—G1275 点，长 40 米。消失段。此段位于两道山梁间的山凹处，可能受西北侧汇集的雨水冲刷等影响，墙体无存，但坡面上散落有较多的石块。

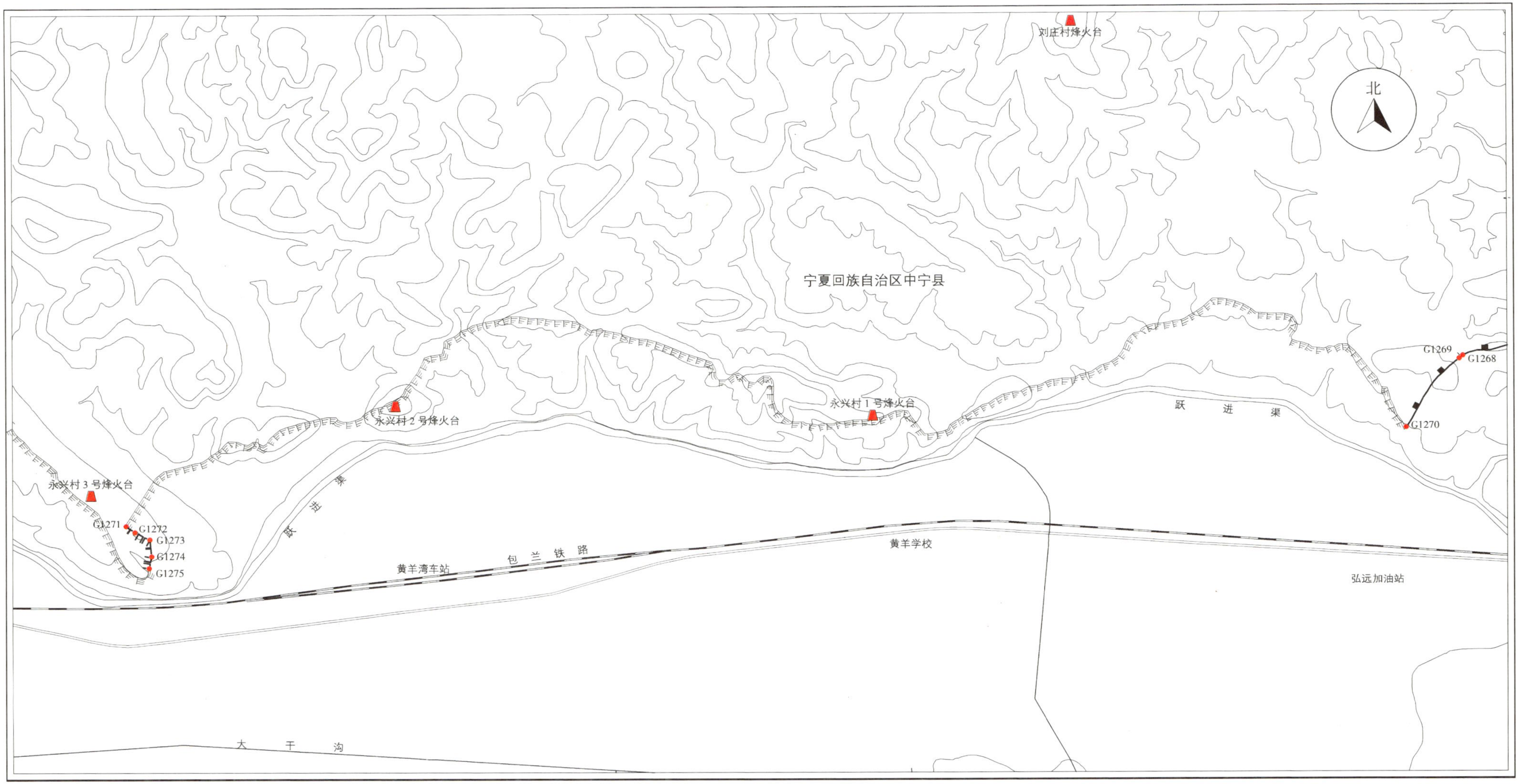

北

G1268
G1269
G1270

刘庄村烽火台

跃进渠

弘远加油站

宁夏回族自治区中宁县

永兴村1号烽火台

黄丰学校

永兴村2号烽火台

黄丰寨车站

包兰铁路

永兴村3号烽火台
G1271
G1272
G1273
G1274
G1275

黄荆渠

大干沟

图四○○ 中宁县永兴村段长城走向图-1

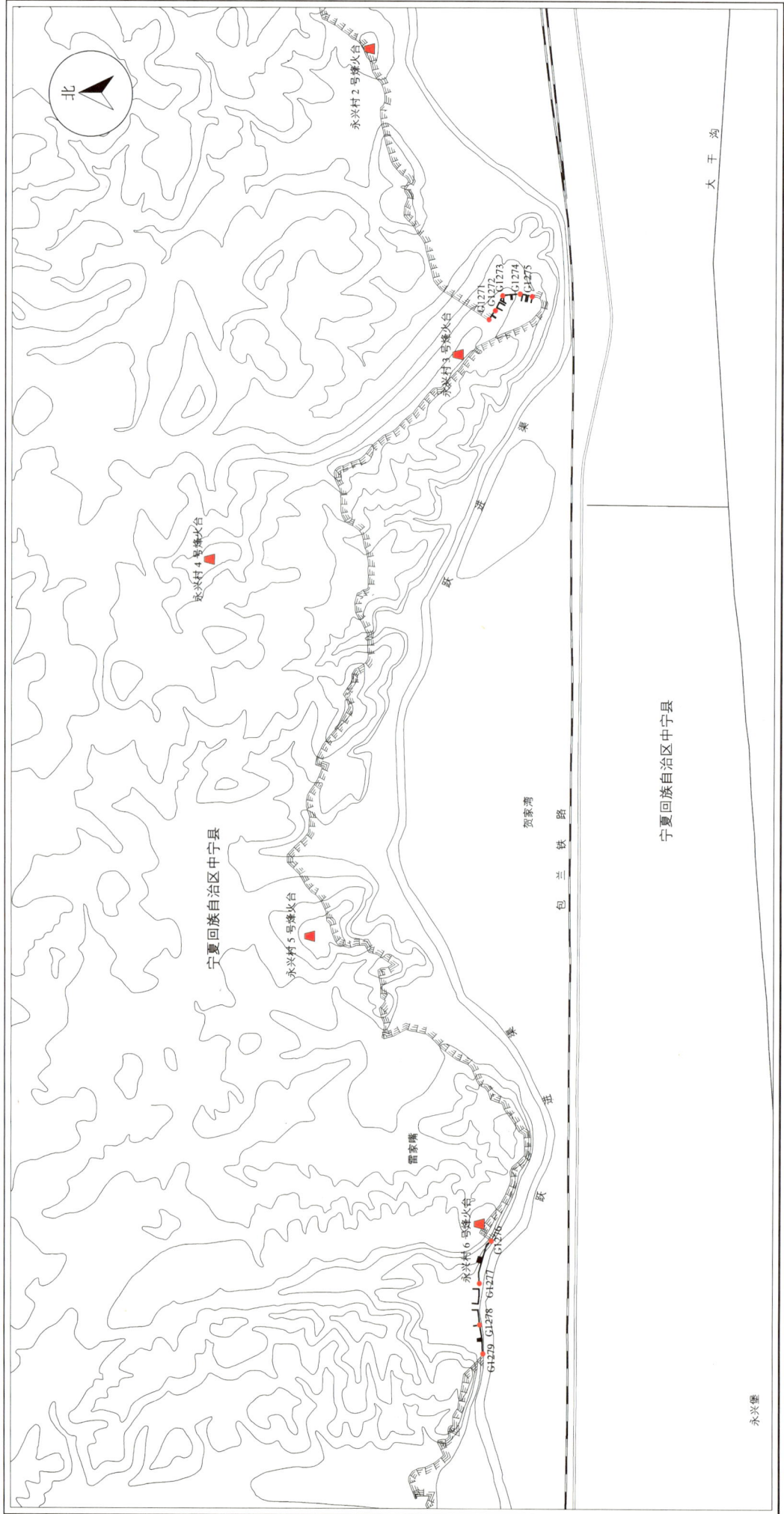

北

永兴村2号烽火台

G1271 G1272 G1273 G1274 G1275

永兴村3号烽火台

永兴村4号烽火台

宁夏回族自治区中宁县

渠

汪

跃

渠

贺家湾

包 兰 铁 路

宁夏回族自治区中宁县

大 干 沟

永兴村5号烽火台

渠

汪

跃

雷家湾

渠

汪

跃

永兴村6号烽火台

G1276

G1277

G1278

G1279

永兴堡

图四〇一 中宁县永兴村段长城走向图-2

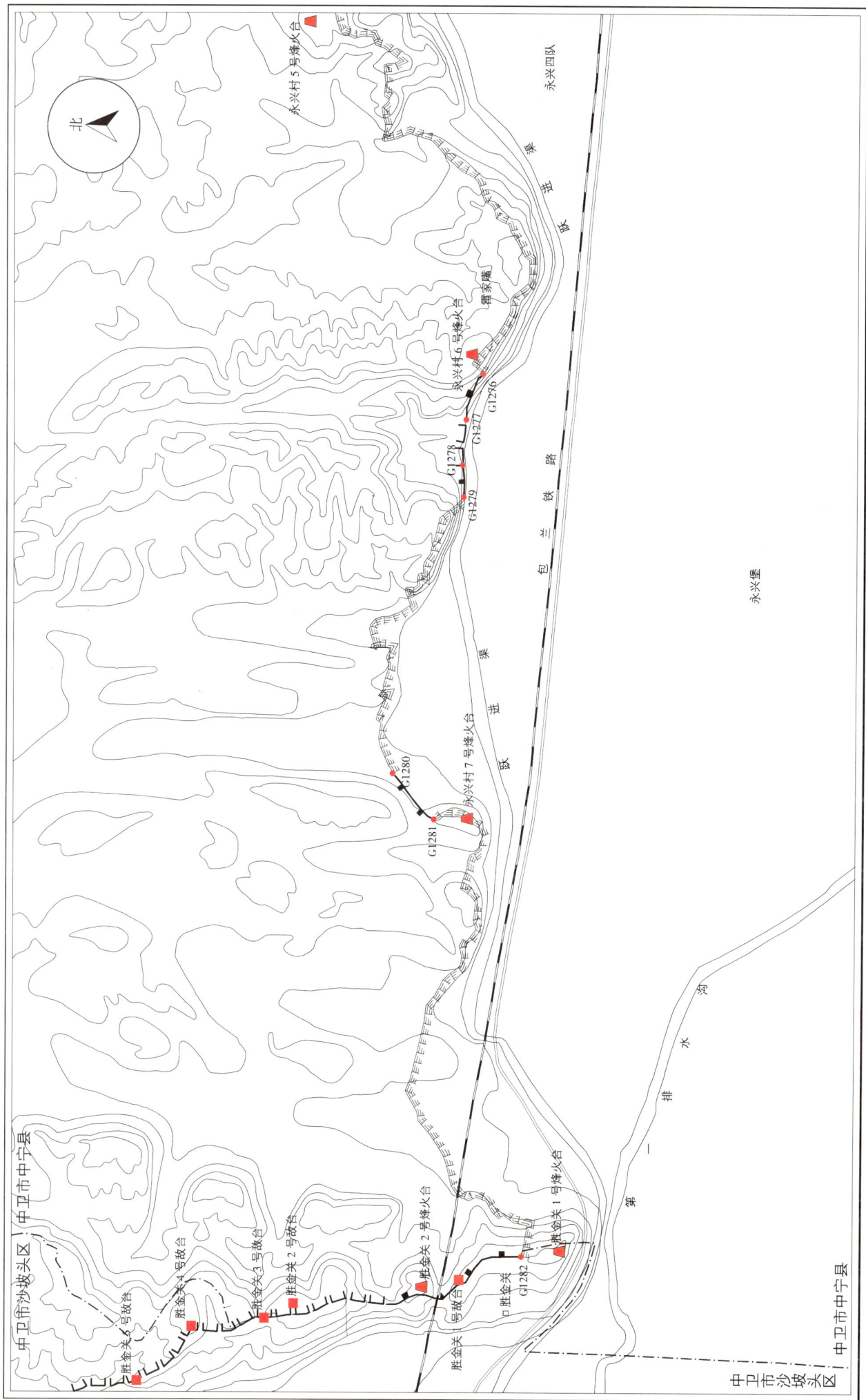

图四〇二 中宁县永兴村段长城走向图-3

3. 永兴村 2 段山险（编码：640521382102170173，工作编号：07ZQ173）

此段是从永兴村十组的石墙止点（G1275 点）起，随山体辗转向西，到永兴一组北侧（G1276 点），长 3230 米，方向较曲折，大致呈东北—西南向。

此段直接利用山体，未见墙体。沿线山梁有两座烽火台，其中一座位于永兴村十组北侧（永兴村 4 号烽火台），另一座位于永兴村六组东北侧（永兴村 5 号烽火台）。

4. 永兴村 1 段土墙（编码：640521382102170174，工作编号：07ZQ174）

此段位于永兴村一组北一山凹处，两端与陡峭山体相连。南面坡下即为跃进渠。墙体全长 170.4 米。平面方向较直，但立面呈两侧高、中间低的"U"形，落差较大。是用黄土夹杂小石粒夯筑而成，保存较差，坍塌、断裂等十分严重。按照其特征及保存状况等，可分为 3 段。

第 1 段：G1276—G1277 点，长 22.4 米。保存较差。此段从东侧陡坡处起，沿坡面而下，至底部断口边。地势由东向西逐渐下降，降幅较大。墙体基本连续，但坍塌等残损较重，尤其是南侧迎坡面，已呈斜坡状。底宽 3.5、顶宽 1.2、残高 1.8 米。

此段东侧山顶部平台上分布着永兴村 6 号烽火台。

第 2 段：G1277—G1278 点，长 62.8 米。消失段。此段位于山凹中间，可能受西侧山坡上汇集而来的雨水冲刷影响，墙体无存。

第 3 段：G1278—G1279 点，长 85.2 米。保存差。此段从断口西起，沿山坡而上，到陡坡边。坍塌更重，已呈土垄状。底宽 1.5、顶宽 0.5、残高 1.2 米。

5. 永兴村 3 段山险（编码：640521382102170175，工作编号：07ZQ175）

此段位于永兴村 1 组以北，是从永兴村 1 段土墙的止点（G1279 点）起，绕过西侧突出的山嘴，过山嘴西侧一处较宽的山凹，再到西北侧半坡处（G1280 点），长 1800 米。大致呈东南—西北向。

此段不见墙体。其情况有别：东段可能直接利用山体；西段位于两山之间的山凹处，今有一条较宽的道路在此分布，止点附近还有一户居民，是否因后期破坏而导致此段无墙体，尚存疑议。

6. 永兴村 2 段土墙（编码：640521382102170176，工作编号：07ZQ176）

此段位于永兴村一组以北的一处宽广山凹间，是从西侧山坡边（今存土路西边）起，沿山坡而上，到一道横山梁处，全长 25.1 米。是用黄土夹杂小石粒夯筑而成，距离较短，保存特征等基本相同。

G1280—G1281 点，长 25.1 米。保存一般。此段墙体坍塌严重，整体已呈土垄状，两侧坍塌土上生长有较多的沙蒿等。底宽 7.5、顶宽 0.6、残高 3.6 米。

此段墙体的北面，基本紧贴墙基处一道土路，与墙体并行延伸。另外，在此段止点所在的山梁东面坡上分布着永兴村 7 号烽火台。

7. 永兴村 4 段山险（编码：640521382102170177，工作编号：07ZQ177）

此段位于永兴村 1 组以北，是从前段土墙的止点（G1281 点）起，随山体辗转向西，到中宁县与中卫市交界处的胜金关（G1282 点），长 1680 米。大致呈东—西向。此段山体较高，坡面较陡且基本连续，故直接利用山体，未筑墙体。

第二节　大柳木皋—胜金关段敌台

大柳木皋至胜金关段长城沿线分布的敌台计 12 座，数量不多。均为实体建筑，从构筑材质来看，绝大多数属以黄沙土夹杂小石粒夯筑而成，仅是在个别地势较高处有少量以石块垒砌而成。形状多为方台形，由底向上逐渐收分，壁面较陡，未见登顶的台阶；顶部较平，一些保存较好的顶部尚残留有铺舍。按其所处位置由北向南分述如下。

1. **蒋西村 1 号敌台**（编码：640381352101170001，工作编号：08GD001）

位于青铜峡市瞿靖镇蒋西村以西约 17 千米、贺兰山东麓的山前台地上。其西侧为高耸连绵的山脉，东侧则为广袤平坦、起伏不大的山前台地。地势由西向东下降，落差较大。周围以半荒漠化戈壁沙滩为主，沟壑纵横，地表上生长有沙棘、骆驼刺等低矮的沙地植物。

夯土台体，方台形。方向215°（东壁）。底部被倒塌土及风淤沙土所覆盖，底部界限不清。壁面多已呈斜坡状；四壁中西壁坍塌最重，已呈犬牙斑驳状；南壁亦坍塌较重，底部有明显的带状凹槽；东壁中部有明显的冲沟发育，呈倒三角形，由顶部一直延伸至底，系顶部汇集的雨水长期流淌、冲刷所致。顶部不甚平整，生长有少量野草。底部东西 12、南北 15.2 米；顶部坍塌较重，已不规则，东西 3.8、南北 2.6；残高 8.2 米。夯层厚 0.15 米（图四〇三；彩图三五七）。

敌台东侧台地上，东西向并列分布有 10 座小墩，是以较大石块为主堆砌而成，坍塌甚重，多成石堆状。除个别位于低洼、半坡处外，多分布在台地上，间距较大。由西向东分别编号为 L1—L10。

L1：位于敌台东侧台地上，保存略好，周边是以大石块垒砌，中填沙土小石块。底部东西 1.6、南北 1.1、残高 0.4 米，距烽火台 22 米；

L2：位于敌台东面另一座台地半坡处，残甚。底部东西 4、南北 2.5、残高 0.3 米，与 L1 间距 19 米；

L3：位于台地上，残甚。东西 3.9、南北 2.1、残高 0.2 米，与 L2 间距 20 米；

L4：残甚。东西 1.4、南北 0.9、残高 0.4 米，与 L3 间距 21 米；

L5：位于台地东侧坡上，东西 1.7、南北 1.3、残高 0.4 米，与 L4 间距 23 米；

L6：位于山凹处，保存较好。东西 1.7、南北 1.5、残高 1 米，与 L5 间距 23 米；

L7：残甚，已呈石堆状。东西 2、南北 1.3、残高 0.9 米，与 L6 间距 19 米；

L8：同 L7。东西 1.7、南北 1.4、残高 1.1 米，与 L7 间距 20 米；

L9：同 L7。东西 2.3、南北 1.3、残高 1.2 米，与 L8 间距 20 米；

L10：同 L7。东西 1.6、南北 1.8、残高 0.9 米，与 L9 间距 24 米。

2. **蒋西村 2 号敌台**（编码：640381352101170002，工作编号：08GD002）

位于蒋西村以西约 12.7 千米、贺兰山东麓的一处台地上，西与长城相连。北距蒋西村 1 号敌台 0.52 千米，其所在位置、周围环境等亦与之基本相似。

残损较重，已呈不规则方台形。底部被坍塌土及风淤沙土所覆盖，壁面呈犬牙突兀状，顶部局部也有坍塌。壁面上普遍有片状剥离、粉状脱落等。南壁中部有一道倒三角形的小冲沟，从顶部一直延伸至底部，壁面上还有几处鼠类掏挖的圆形小洞。底部东西长 16、南北宽 13 米，顶部东西 3.6、南北 2.8 米，高 8.8 米。夯层厚 0.2 米（图四〇四；彩图三五八）。

敌台南北两侧台地已成为现代坟地，坟冢众多，其中有一座坟墓距敌台仅 5 米左右。

3. **滑石沟 1 号敌台**（编码：640381352101170003，工作编号：08GD003）

位于青铜峡市大坝镇滑石沟以西约 10.5 千米的山前台地上，西与长城相连。北面不远处为沙沟，西侧为相对低矮的贺兰山低矮山地，东侧为山前台地。

夯土台体，残损较重，形状已不规整。底部被倒塌土及风淤沙土所覆盖，呈斜坡状；裸露出的夯土保存不佳，坍塌、风蚀等较重，呈犬牙突兀状。四壁均有风蚀洞，南壁底部还有带状凹槽。北壁、

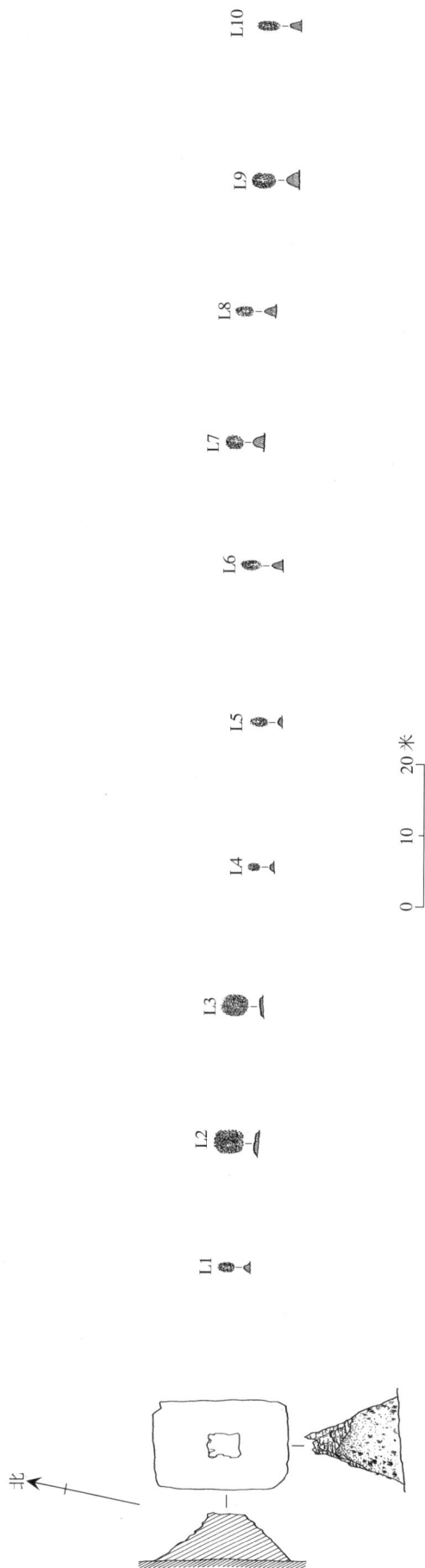

图四〇三　蒋西村1号敌台平、立、剖面图

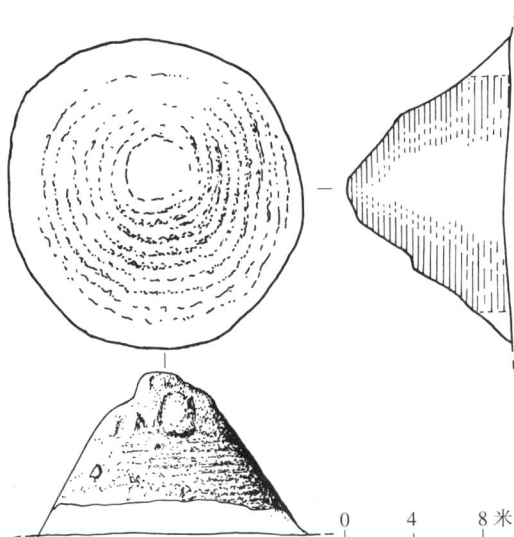

图四〇四　蒋西村2号敌台平、立、剖面图

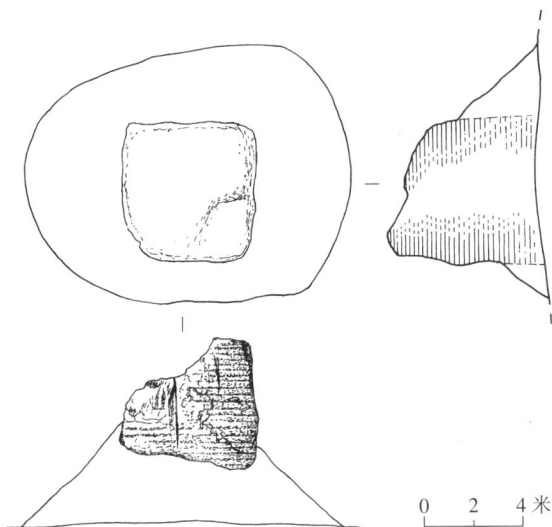

图四〇五　滑石沟1号敌台平、立、剖面图

东壁等还有鼠类掏挖的小洞；顶部不平，呈尖顶状，堆有较多大石块，生长有少量野草。底部东西10.5、南北11.4米，顶部不甚平整，东西4.5、南北2.6米，高12米。夯层厚0.2米（图四〇五；彩图三五九）。

敌台南侧有一处范围较大的现代羊圈，西垣紧依长城搭建、北侧已近敌台底部。

4. 滑石沟2号敌台（编码：64038135210117 0004，工作编号：08GD004）

位于滑石沟村西以西约11千米、贺兰山山前台地上，西与长城相连。周围全为宽广的丘状台地，地势绵延起伏，但落差不大。地表生长有较茂密的蒿草。

夯土台体，残损甚重，形状已不规则。底部被倒塌土及风沙淤积土所覆盖，呈斜坡状；裸露出的壁面已不规整，南壁底部有明显的带状风蚀凹槽。顶部成尖顶状。底部东西15、南北13米，顶部东西6.2、南北7.3米，高10米（图四〇六；彩图三六〇）。夯层厚0.2—0.25米。

周围地表散落有少量瓷片，皆残碎，无可复原者。采集1件。

08GD004采：1，盆底。黑釉。胎地较粗，胎内夹杂灰、白色小石粒。色浅黄，壁施釉，内壁晶莹光亮，外壁及底部露胎。直壁、平底、假圈足，残径8.4、残高2.6、壁厚1.4、底厚1厘米。

5. 滑石沟3号敌台（编码：640381352101170005，工作编号：08GD005）

位于滑石沟村以西约11.8千米、一个稍凸起的台地顶上，其位置、周围环境等与前一座基本相同。

夯土台体，不规则方台形。底部有大量的金黄色细沙，与台体倒塌土等混杂在一块、已将台体掩埋多半，表面生长有稀疏的沙蒿等。裸露的壁面较陡，坍塌等残损较明显，壁面突兀，壁上夯层较清晰，厚0.2—0.24米；四壁中南壁、西壁坍塌较为明显，南壁底部有带状凹槽；顶部较平。底部东西8、南北7米，顶部东西4.4、南北1.5米，高10.1米（图四〇七；彩图三六一）。

敌台东面台地上分布有10座小墩，呈南北2排。其中北侧3座，南侧7座，是用赭红色石块垒砌而成，残损较重，表面积有黄沙。

北侧，3座。位于敌台东北侧，由西向东分别编号为L1—L3，保存稍好，残存较高。

L1：底径5、残高0.9米，距敌台33米；

L2：底径4.8、残高1米，与L1间距11米；

L3：底径4.6、残高0.8米，与L2间距10米。

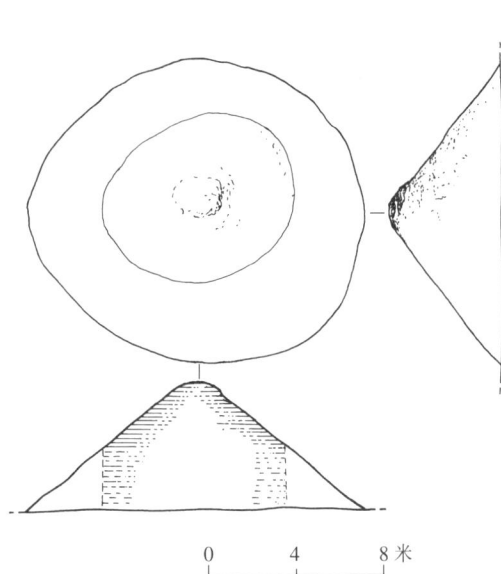

图四〇六　滑石沟 2 号敌台平、立、剖面图

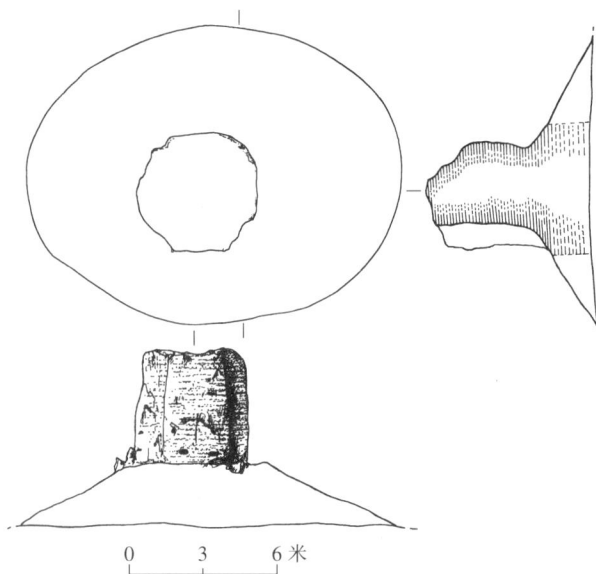

图四〇七　滑石沟 3 号敌台平、立、剖面图

南侧，7 座。位于敌台东侧，排列较规整。但保存较差，多仅存残迹。由西向东分别编号为 L4—L10。

L4：与 L3 大致成南北向。底径 4.5、残高 0.6 米，西距敌台 54 米；

L5：底径 4.6、残高 0.8 米，与 L4 间距 11 米；

L5：底径 4.8、残高 0.6 米，与 L5 间距 15 米；

L7：底径 4.8、残高 0.7 米，与 L6 间距 20 米；

L8：底径 4.6、残高 0.8 米，与 L7 间距 18 米；

L9：底径 5、残高 0.7 米，与 L8 间距 25 米；

L10：底径 4.6、残高 0.8 米，与 L9 间距 31 米，顶部被一座现代墓打破。

6. 高桥村敌台（编码：640381352101170006，工作编号：08GD006）

位于青铜峡市大坝镇高桥村西北约 15 千米、红井沟沟口北侧的山前台地上，西与长城相连，南距红井沟 88 米。其周围地势宽广，起伏较大，地表以原生砾石堆积为主，有大量黄沙分布。南面过红井沟与山脊上的青铜峡镇双墩相望。

夯土台体，方台形。保存尚可，底部有较厚的坍塌土及黄沙堆积；裸露出的台体较高，壁面较陡，但坍塌较明显，尤其以南壁、西壁最为严重，壁面呈犬牙突兀状。东壁等处壁面上有蜂窝状风蚀洞；四周裸露的底部均有风蚀凹槽，尤其以南壁最为明显，呈带状横贯台体。东壁等壁面有少量啮齿类动物掏挖出的圆形小洞。顶部较平，局部有坍塌。底部东西 5.4、南北 5 米，顶部东西 4、南北 4.1 米，残高 6.6 米。夯层厚 0.2—0.24 米（图四〇八；彩图三六二）。

7. 三趟墩 1 号敌台（编码：640381352101170007，工作编号：08GD007）

位于青铜峡市青铜峡镇三趟墩村西北、碳井子湾南侧台地上，西接长城，东临三趟墩 3 号烽火台，两者相距 50 米。南面不远处即为口子门沟，地势西高东低，落差较大。地表以原生砾石堆积为主，生长有茂密的蒿草等。

夯土台体，方台形。方向 105°（北壁），土内夹杂较多小石块。保存一般，残损较重，形状已不规则。底部被倒塌土及风淤沙土混合堆积所覆盖，表面生长有稀疏的沙蒿，周围散布有残瓦片、石块

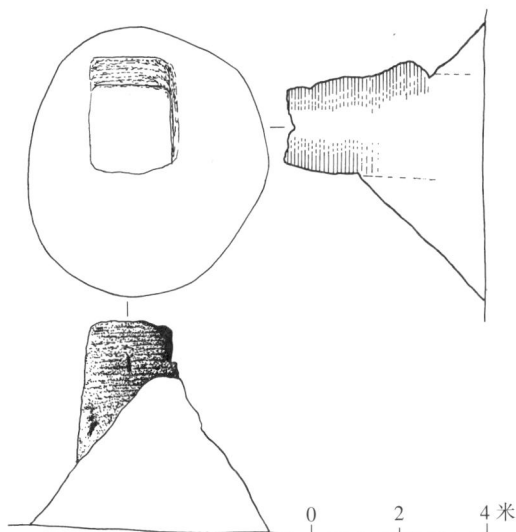

图四〇八　高桥村敌台平、立、剖面图

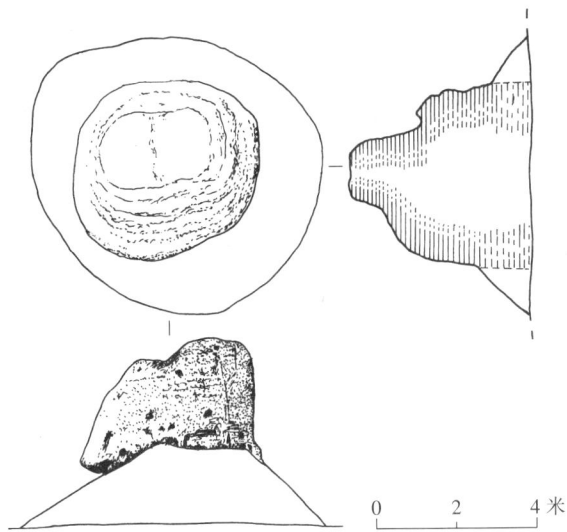

图四〇九　三趟墩1号敌台平、立、剖面图

等。其中石块皆为赭红色，片状，质地较硬。裸露的壁面较陡，但坍塌、风蚀等十分明显，四壁中北壁保存尚可，壁面较规整，但坍塌亦稍重，夯层不甚清晰，厚度在0.2米左右。坍塌土上埋植有兰州军区训练基地标志牌；西壁坍塌最重，已呈斜坡状；东壁底部风蚀凹槽明显，呈带状横贯壁面；顶部不平，顶上有较多赭红色石块。底部东西6.4、南北6.8米，顶部东西5、南北6.4米，残高6.6米（图四〇九；彩图三六三）。

周围地表上散落有少量陶、瓷片，皆残碎，无可复原者。采集3件，其中瓷器2件，陶器1件。

瓷器，2件，均为罐口沿。胎地较细，胎内夹杂白色小石粒，器壁通施釉，釉晶莹光亮。

08GD007采：1，酱釉，胎色浅黄，内壁上有少量气泡，外壁有拉坯纹，口沿露胎。圆平口，鼓腹。残径8.1、残高10.3、壁厚0.7厘米。

08GD007采：2，带耳罐口沿，褐釉，胎色泛红。敛口、尖唇，鼓腹，腹带小圆耳。残口径8.5、残高5.2、口沿厚1.4、壁厚0.6厘米。

陶器，1件，罐口沿。08GD007采：3，夹砂质，胎地较粗，胎地内夹杂有灰色小石粒。色浅灰。内壁较粗糙，外壁有轮制弦纹。直口、小平唇、圆鼓腹。残口径9.4、残高7.3、沿厚2、壁厚0.5厘米。

8. 三趟墩2号敌台（编码：640381352101170008，工作编号：08GD008）

位于三趟墩村以西的贺兰山山前台地上，周围地势宽平，起伏较小。西面原是四眼井村居民点，现已废弃，再西稍远处为贺兰山山脉，东面为半荒漠化沙滩，有少量流沙分布，地表生长有较茂密的沙蒿等。

夯土台体、残成不规则圆锥状。底部有较厚的坍塌土及风淤沙土堆积，散落有较多的石片、砖块等。四壁皆呈斜坡状，仅个别地段尚保留夯土。顶部不平，堆积有少量残砖、沙土及筒瓦等。底部东西长8、南北宽7米，顶部东西长4、南北宽4.1，残高5.6米。夯层厚0.2米（图四一〇；彩图三六四）。

周围地表上散落有少量陶瓷片，残甚，无可复原者。采集6件，其中瓷器5件，陶器1件。

瓷器，5件，釉色有褐釉、酱釉等，器形有缸、罐、盆、碗等。

缸，1件。08GD008采：1，底部。褐釉，胎地较粗，胎内夹杂灰、白色小石粒。色浅黄，壁通施釉，釉层较厚，内外壁粗糙，底部露胎、有炙烧痕，内壁底部有少量气泡。平底、斜壁。残口径

18.5、残高7.2、底厚2.6、壁厚2.4厘米。

　　盆，1件。08GD008采：2，口沿。褐釉，胎较粗，内夹杂灰、白色小石粒。壁通施釉，釉色莹润，外壁有轮制弦纹，内壁较光滑。直壁。残径10.7、残高12.1、壁厚1.5厘米。

　　罐，1件。08GD008采：3，口沿。酱釉，胎地较细，内夹杂灰、白色小石粒，色浅灰。壁通施釉，口沿露胎。内壁晶莹光亮，外壁有轮制弦纹和炙烧痕，有少量气泡。小直口，圆台唇。残口径12.1、残高6.6、口沿厚2.2、壁厚0.9厘米。

　　碗，2件，底部。胎地较细，内夹杂白色小石粒。色浅黄，壁通施釉，外底及圈足露胎，器表不甚光滑，内壁有涩圈，圈足。

　　08GD008采：4，褐釉，底径8.9、残高3.5、壁厚0.5、圈足厚0.9厘米。

　　08GD008采：5，酱釉，底径8、残高2.2、壁厚0.8、圈足厚0.8厘米。

　　陶器，1件。08GD008采：6，为铭文砖残块。砖上带字，字迹漫漶不清，疑为繁体"××沟"三字。残长19、残宽13.5、厚5.5厘米（图四一一；彩图三六五）。

　　9. 三趟墩3号敌台（编码：640381352101170009，工作编号：08GD009）

　　位于三趟村以西约9.7千米的山前台地上，西距贺兰山山体约2千米，西北距原四眼井村约2千米。其位置、周围环境等与三趟墩2号敌台基本相似。

　　夯土台体，方台形。底部有较厚的坍塌土及黄沙土堆积，呈斜坡状，表面生长有稀疏的沙蒿。裸露的四壁均不直，坍塌等较重，四壁中北壁保存略好，但坍塌稍多；南壁坍塌最重，壁面突兀，底部有风蚀凹槽，残高0.5、进深0.3米；东壁亦坍塌较重，壁面夯层较清晰，厚0.2米；北壁有较多啮齿类动物掏挖的小洞穴。顶部较平，顶堆积土中有灰烬。底部东西12、南北13米，顶部东西5.3、南北3.6米，高6米（图四一二；彩图三六六）。

　　敌台的东南侧平地上东西向分布有10座小墩，方向248°。残损较重，已呈圆锥状，是由黄沙土堆积而成，外表散落有较多大石块。由西向东分别编号为L1—L10。

　　L1：底径3.9、残高0.8米，距敌台24.3米，已被破坏大半；

　　L2：底径4.4、残高1.2米，与L1间距7米；

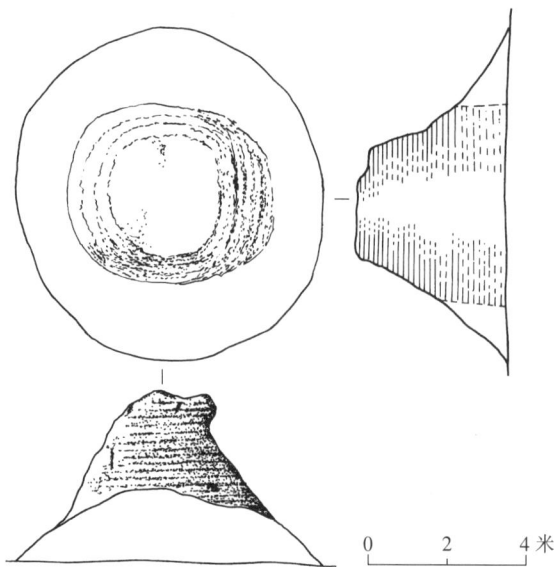

图四一〇　三趟墩2号敌台平、立、剖面图

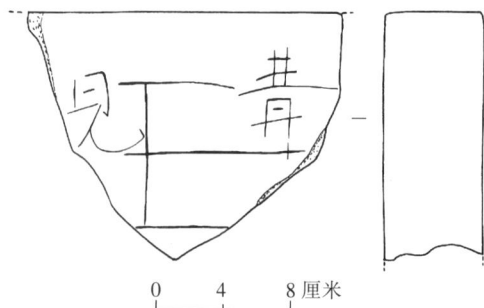

图四一一　三趟墩2号敌台采集陶铭文砖（08GD008采：6）

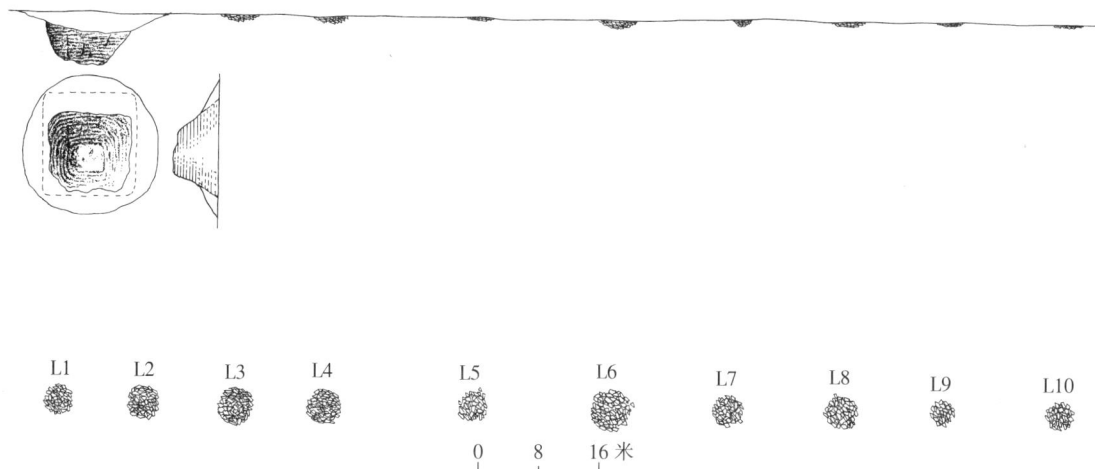

图四一二　三趟墩 3 号敌台平、立、剖面图

L3：底径 4.9、残高 1 米，与 L2 间距 7.6 米；

L4：底径 4.6、残高 1 米，与 L3 间距 7 米；

L5：底径 4、残高 0.5 米，与 L4 间距 15.2 米；

L6：保存最好。底径 5.7、残高 1.2 米，与 L5 间距 13.8 米；

L7：底径 4、残高 1.1 米，与 L6 间距 10.4 米；

L8：底径 4.4、残高 0.8 米，与 L7 间距 10.6 米；

L9：底径 3、残高 0.4 米，与 L8 间距 10 米；

L10：底径 3.7、残高 0.3 米，与 L9 间距 11.8 米。残甚，仅存底部残迹。

敌台周围散落有瓷片、筒瓦，残甚，无可复原者。采集 1 件，08GD009 采∶1，碗底，褐釉，胎地较细，胎内夹杂白色小石粒，色浅黄。壁通施釉，外底及圈足露胎，器表不甚光滑，内壁有涩圈，圈足。残径 7、残高 2.6、壁厚 0.4、底厚 0.8、圈足厚 0.7 厘米。

10. 王营村敌台（编码：640521352101170001，工作编号：07ZWD001）

位于中宁县石空镇王营村西北、雨水井沟西侧的一山丘顶，北面临坡，坡边有长城石墙，坡下是一道小冲沟。这里地处台地间，地表起伏较大。周围以原生砾石堆积为主，生长有较茂密的沙蒿等。

石砌台体，方台形。方向 244°（东壁）。保存较好，仅四个拐角有不同程度坍塌。砌石为紫红色、赭红色片状页岩，大小不一，似非精选。顶部较平，顶上有方形铺舍，是沿台体顶部边缘再用砌石加高成方形中空墙垣，西、北两垣保存较好，尤其是西北角保存最高；东、南两侧则不存。铺舍东西 7.8、南北 8.5 米，墙厚 0.85、残高 1.35 米。敌台底部东西 13.9、南北 13.9 米，顶部东西 7.8、南北 8.5 米，残高 9 米（图四一三；彩图三六七）。

南侧底部有石基础。这里正好在山丘低洼处，是先在底部垒砌一个方形基础，等顶部与山丘顶持平后、向内收分 1.2—1.9 米后再砌筑敌台。基础保存较好，砌石较规整，坍塌等残损较少，长 16.4、残高 1 米。

从坍塌的东壁可见台体内夹有柠条层，呈层状分布，每层厚约 0.1 米，分布十分密集，间距在 0.3—0.9 米，由底向上计 5 层。其中底层距地表 0.9 米，间距分别为 0.75、0.3、0.5、0.7 米。

东侧山丘上分布着 8 座小墩，大致呈东—西向。均为方台形，是用紫红色石块砌边，内以黄沙土与石块混杂填充而成。由西向东分别编为 L1—L8。

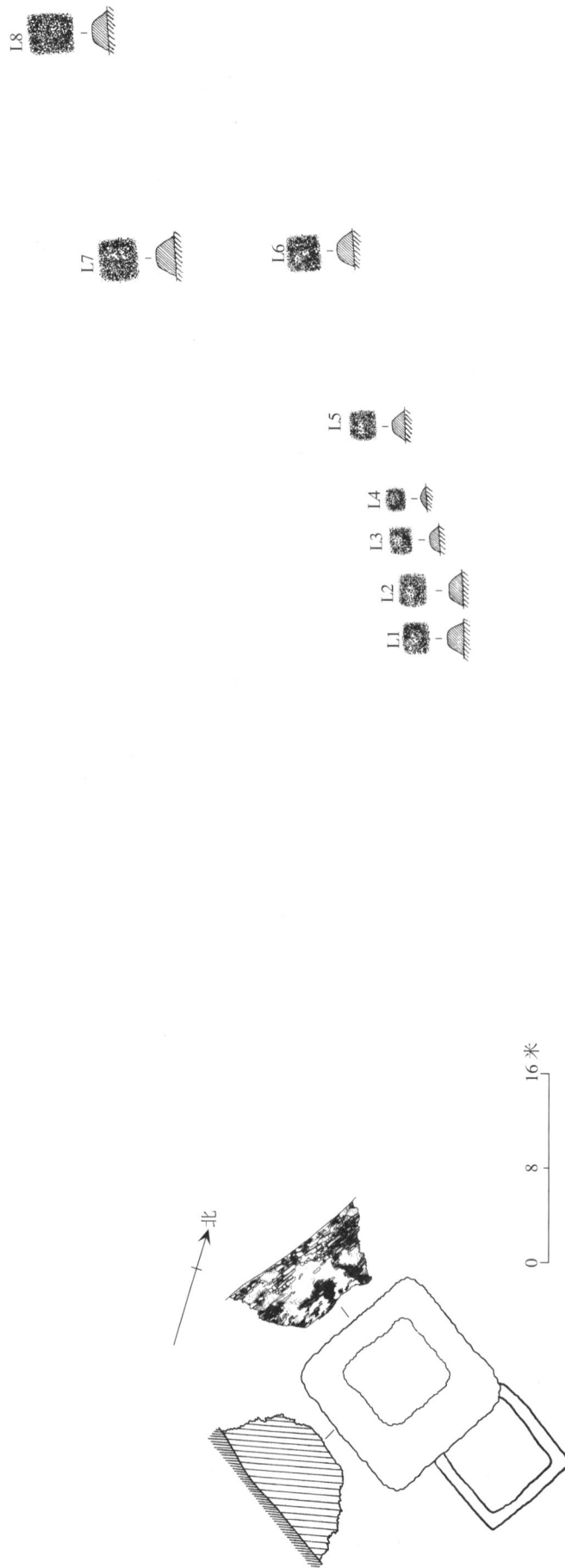

图四一三　王营村敌台平、立、剖面图

L1：东西2.7、南北2.3、残高1.4米，距敌台57.4米；

L2：东西2.8、南北2.4、残高1.2米，与L1间距0.5米；

L3：东西2.3、南北1.9、残高0.7米，与L2间距1.4米；

L4：东西2.1、南北1.7、残高0.5米，与L3间距1米；

L5：东西2.6、南北2.3、残高1.1米，与L4间距4.4米；

L6：东西3.2、南北3、残高1.3米，与L5间距11.3米；

L7：东西3.6、南北3.5、残高1.6米，与L6间距14.8米；

L8：东西3.4、南北3.8、残高1.3米，与L7间距6.2米。

敌台顶部及周围地表上散落有较多的陶瓷片，皆残碎，无可复原者。采集6件。

陶器，3件，皆为盆，夹砂灰陶质，胎质粗疏，色灰黑。

07ZWD001采：1，口沿。沿端微内敛，平台唇，高直颈，颈外施一道附加堆纹。残口径6.7、残高5.3、壁厚0.9、附加堆纹宽1.5厘米。

07ZWD001采：2，口沿。敛口，尖唇，颈外施一道刻划纹，直壁。残口径8.9、残高6、壁厚0.8厘米。

另外1件为盆身残片。

瓷器，数量较多，釉色有黑釉、酱釉、姜黄釉等，器形有罐、缸等。采集3件，均为罐。胎地灰白，质较粗，壁通施釉。

07ZWD001采：3，口沿。黑釉。沿顶露胎。釉层内壁较厚，呈色均匀光亮；外壁较薄，表面有褐色斑点。圆台唇，高领，腹微鼓。残口径7.0、残高7.2、沿宽1.4、壁厚0.7厘米（图四一四；彩图三六八）。

07ZWD001采：4，器耳。黑釉，特征同上。残高2.8、残宽5.2厘米。

07ZWD001采：5，器底。酱釉。外壁施釉不及底。斜壁，假圈足，大平底。残底径6.1、残高3.5、圈足宽1.7、壁厚0.85厘米（图四一五）。

11. 张台村敌台（编码：640521352101170002，工作编号：07ZZD002）

位于石空镇张台村以北约8.4千米、平唐湖沟东岸一道较高的山脊上。南与石砌长城相连，西侧坡下即为平唐湖沟河道。

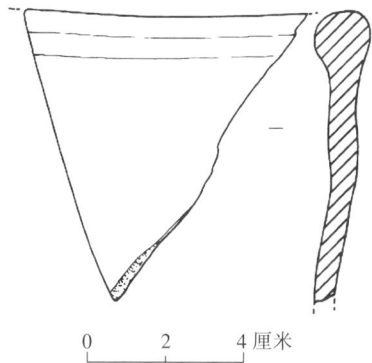

图四一四 王营村敌台采集黑釉罐口沿残片
（07ZWD001采：3）

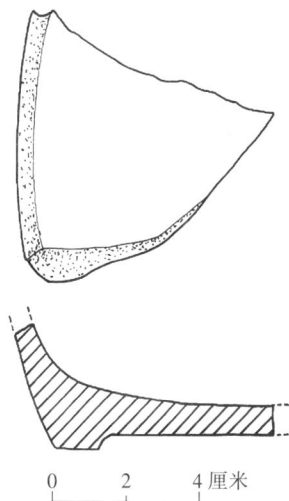

图四一五 王营村敌台采集酱釉罐底残片
（07ZWD001采：5）

石砌台体。保存较差。除南壁、北壁底部尚存部分砌石外，多已坍塌成斜坡状，石缝间生长有较茂密的蒿草等。砌石大小不一，似非精选。顶部不甚平，亦有蒿草生长。敌台底部东西15.9、南北10.4米、顶部东西8、南北4.7米、残高2.1米（图四一六；彩图三六九）。

东侧山脊上分布有9座小墩，分为两排。是用青灰色石块与黄沙土混杂堆积而成，已呈不规则圆锥状，残损较重，体积均不大，由西向东分别编为L1—L9。其中L1—L4为一排，位置偏南，方向280°，地势由西向东逐渐攀升。

L1：东西1.7、南北1.7、残高0.5米，距敌台15.4米；

L2：东西2.8、南北2.8、残高1.1米，与L1间距3.2米；

L3：东西1.7、南北1.6、残高1米，与L2间距7.2米；

L4：东西1.2、南北2.4、残高0.7米，与L3间距6米；

L5—L9位置略偏北，地势较前4座高4米左右，方向275°。

L5：东西1.7、南北1.5、残高0.5米，与L4间距8.2、距敌台36.8米；

L6：东西2、南北2、残高0.3米，与L5间距4.5米；

L7：东西2.1、南北1.6、残高0.4米，与L6间距3.1米；

L8：东西2.1、南北1.5、残高0.6米，与L7间距9.7米；

L9：东西2.4、南北2.4、残高0.2米，与L8间距13米。

12. 金沙村敌台（编码：640521352101170003，工作编号：07ZJD003）

位于中宁县余丁乡金沙村北约4.2千米、大佛寺沟东岸的山前台地上，西与长城相接。北面为贺兰山山脉，南面为开阔平坦的山前台地，地势北高南低，落差较大。地表属半荒漠化沙滩地，生长有较茂密的沙蒿等。

夯土台体，方台形。方向275°（北壁）。保存较差。坍塌较重，四壁均斜坡状，底部堆积有较厚的坍塌土及风淤沙土堆积，表面生长有较茂密的沙蒿等。裸露的台体不高，四壁中西壁保存略好，壁面较陡；南壁则坍塌最重。壁面上夯层较为明显，夯层厚0.25米左右。顶部略尖。底部东西15.1、南北13.6米，顶部东西3.9、南北5、斜高7米（图四一七；彩图三七○）。

敌台东侧有一方形基址，西侧紧依台体，其余三面以黄沙土夹杂碎石块垒砌而成，呈缓坡状，东面中部有门道。残损甚重，仅存痕迹。基址东西8、南北11.4米，墙垣底宽2、残高0.9、门道宽4米。

东侧的台地上分布有10座小墩，均呈圆锥形，是由青灰色石块与黄沙土混杂堆积而成。可分南北2排，每排各5座：

L1—L5位于敌台东南侧，与台体同在一道山梁上，地势平坦，方向270°。

L1：底径5、顶径1.5、残高1.1米，距敌台18.6米；

L2：底径4.6、顶径1.5、残高0.9米，与L1间距21.2米；

L3：坍塌甚重，仅存残迹。底径3.8、残高0.2米，与L2间距15.7米；

L4：底径4.5、顶径1.8、残高1.2米，与L3间距8米；

L5：底径5、顶径1.5、残高0.9米，与L4间距11.9米；

L6—L10位于敌台东北侧的另一道东西向山梁上，方向268°。

L6：底径5、顶径2.9、残高1米，距敌台88.2米；

L7：底径4.6、顶径1.8、残高1.1米，与L6间距20.6米；

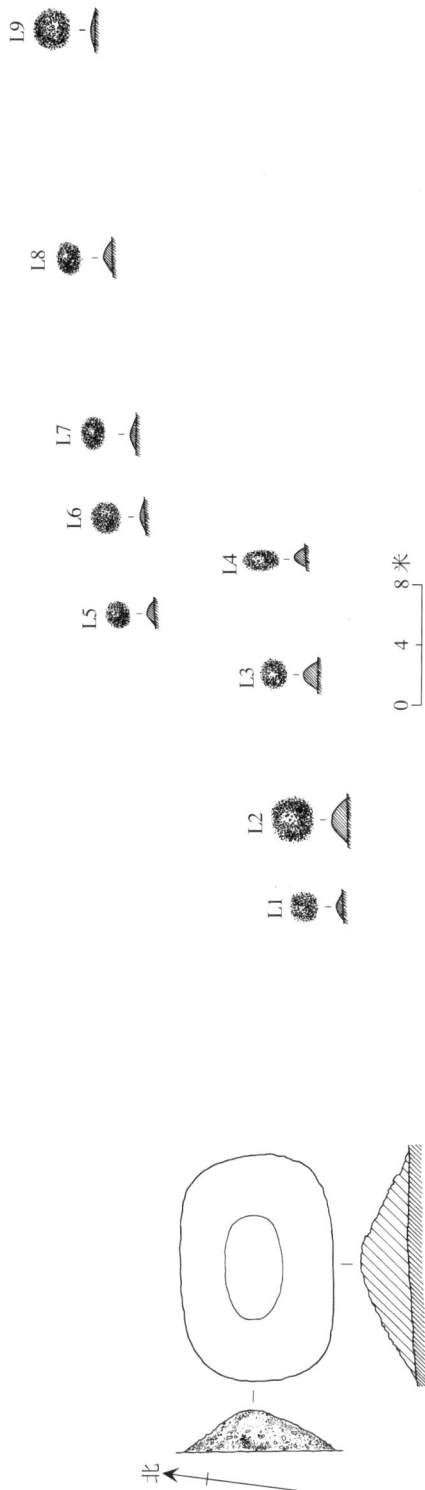

图四一六　张台村敌台、平、立、剖面图

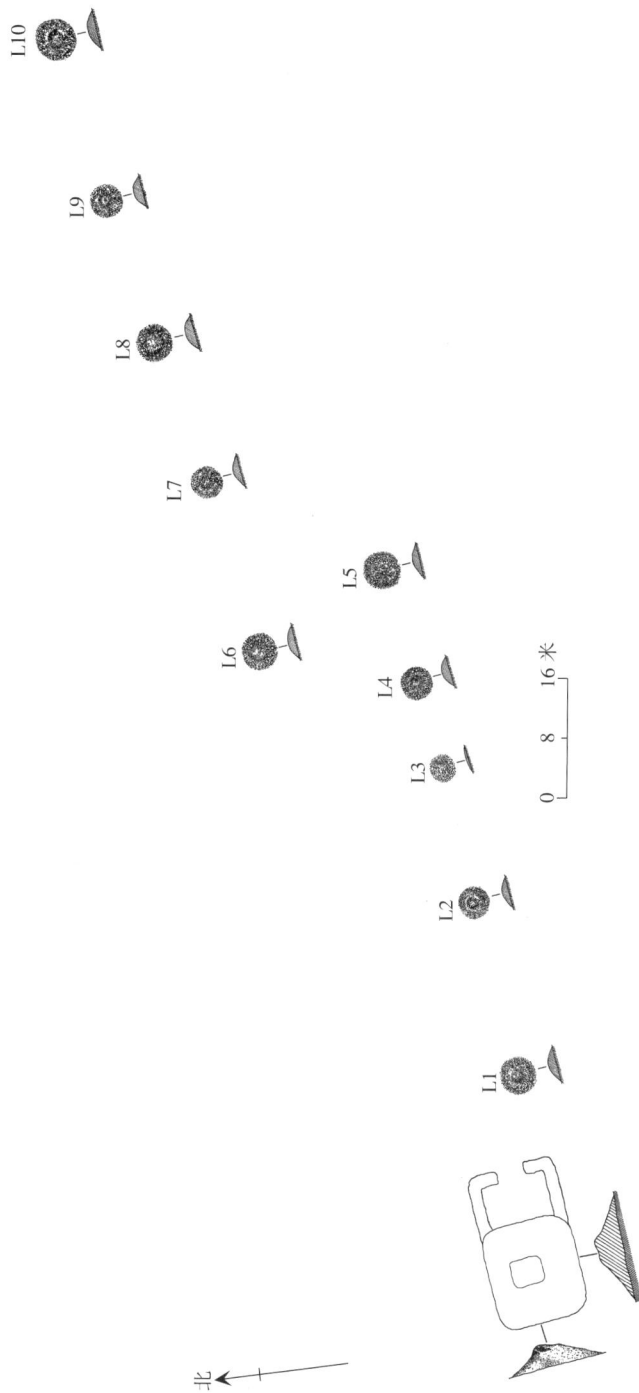

图四一七　金沙村敌台平、立、剖面图

L8：底径 5、顶径 2.7、残高 1.3 米，与 L7 间距 16.2 米；

L9：底径 4.7、顶径 2.1、残高 1.3 米，与 L8 间距 16.2 米；

L10：底径 5.5、顶径 2.2、残高 1.2 米，与 L9 间距 18.3 米。

第三节　大柳木皋—胜金关段烽火台

大柳木皋至胜金关段长城沿线的烽火台，目前尚存 70 座（北段长城西侧尚有今属内蒙古阿拉善左旗所辖的 9 座，暂归另一章）。多位于长城沿线，属驻守要地、传递警情的边防哨所；少数位于距离长城较远的台地上，其性质除了接引传递警讯外，可能也有驿传、路标等，今姑且归于此进行叙述。

这些烽火台均属实体建筑，有石砌、土筑及土坯垒砌三类，其中以夯土类数量较多。石砌类次之，土坯垒砌类仅发现 1 例，按其所在位置等由北向南分述如下。

1. 甘泉村 1 号烽火台（编码：640381353201170015，工作编号：08QGF006）

位于青铜峡市邵岗镇甘泉村西南约 13.2 千米、柳石沟沟口北侧台地上，西距长城约 20 米。过长城不远即为高耸巍峨的贺兰山，东面为广袤平坦的山前冲积扇台地，有纵横交错的大小冲沟分列其间；南侧 10 米即为柳石沟。周围地势宽广，山丘起伏不大，地表以原生砾石堆积为主，生长有沙蒿等植物。

夯土台体，方台形。残损较多，形状已不规整。底部堆积有较厚的坍塌土及风淤土；裸露的台体较陡，但均有不同程度坍塌。四壁中北壁保存略好，中部有一道凹槽；西壁底部风蚀凹槽十分明显，壁面有少量小洞穴；南壁坍塌较重，底部亦有风蚀凹槽；东壁保存一般，壁上有浓密的霉斑；顶部不规整，散落有较多石块。台体底部东西 8、南北 11 米，顶部东西 6、南北 5.5 米，残高 5 米。夯层厚 0.2 米左右（图四一八；彩图三七一）。

周围地表散落有少量陶、瓷片等，皆残碎，无可复原者，有缸、罐、盆等，采集 1 件。

08QGF006 采：1，盆口沿。黑釉。胎较粗，内夹杂灰色小石粒，色浅灰。壁通施釉，口沿露胎。壁较粗糙，内壁有少量气泡。圆台唇，宽厚沿，直壁。残口径 9、残高 7、沿厚 3.7、壁厚 1.3 厘米。

2. 甘泉村 2 号烽火台（编码：640381353201170016，工作编号：08QGF007）

位于甘泉村南约 5 千米、今 201 国道以西 0.53 千米的一道山梁上，属青铜峡市树新林场辖地。这里地势宽漫，山丘起伏较大，地表以原生砾石堆积为主，生长有沙蒿等植物。周围已成为青铜峡市公墓区，墓冢众多。

夯土台体，方台形。土内夹杂白色料姜石等碎石块。版接缝、夯层十分清晰，计 4 版，版宽 3—3.1 米，夯层厚 0.1—0.14 米。底部坍塌土堆积不多。四壁较陡，北壁保存最好，南壁残损最重。其中东、南、西壁的底部均分布有风蚀凹槽，以西壁最为明显，残高 1.6、进深 0.5 米。北壁中部版接缝处有一道水冲沟。顶部不甚平整，散落有较多石块。底部东西 9.6、南北 8.7 米，顶部 6.4 米见方，残高 6.1 米（图四一九；彩图三七二）。

周围地表散落有少量瓷片，皆残碎。采集 3 件，器形有缸、盆、蒺藜等。

08QGF007 采：1，缸口沿。褐釉。胎地较粗，内夹杂灰色小石粒，色浅黄。通施釉，有脱釉。平直口，宽口沿，直壁。残口径 10.5、残高 11.8、口沿厚 3.8、壁厚 1.2 厘米。

08QGF007 采：2，盆底。酱釉。胎地较粗，胎内夹杂灰、白色小石粒。色浅灰，壁通施釉，外底露胎。壁上有轮制弦纹，圈足。残底径 6.3、残高 4.8、壁厚 1 厘米。

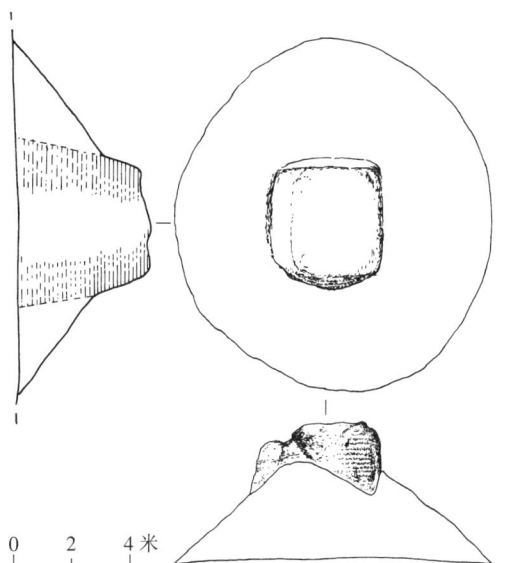

图四一八　甘泉村 1 号烽火台平、立、剖面图

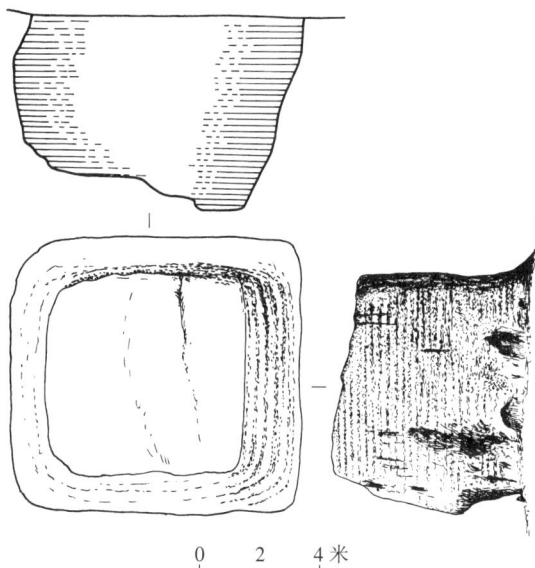

图四一九　甘泉村 2 号烽火台平、立、剖面图

08QGF007 采：3，蒺藜。褐釉。胎地较粗，色浅黄，内壁露胎，外壁施褐釉，釉色较浅。器表有小乳钉，个别有残缺。圆球状，残半。残径 8.6、壁厚 1.7 厘米。

3. 蒋西村 1 号烽火台（编码：640381353201170017，工作编号：08QJF008）

位于青铜峡市瞿靖镇蒋西村以西约 13.5 千米、贺兰山山前一丘状台地上。西距长城约 60 米，过长城不远即为贺兰山。东面为山前冲积扇台地。周围地势宽阔，起伏较大，地表以原生砾石堆积为主，生长有较茂密的蒿草等。

夯土台体，方台形。石块含量较多，台体十分粗糙，土色略泛红。底部有较厚的坍塌土及风淤沙土堆积，土上生长有稀疏的野草。四壁较陡，壁面收分较大。北壁保存最好，壁面夯层较清晰；西壁坍塌甚重，尤其是上部，已露出夯土内芯，内夹有砾石块（但边缘少见），直径 5 厘米左右；东壁保存亦较好，中部有砌石痕，壁面有鼠洞等；南壁保存一般，底部有明显的风蚀凹槽，中部亦有垒砌的石块；顶部不甚平整，堆砌有较多石块。底部东西 14、南北 9.5 米，顶部东西 4.8、南北 5.3 米，斜高 9.7 米。夯层厚 0.2 米（图四二○；彩图三七三）。

东南侧约 0.2 千米的另一道山梁上，东西向分布有 10 座小墩，残损甚重，均呈圆锥状，黄沙土夹杂石块堆积而成。由西向东依次编号为 L1—L10。

L1：底径 5.8、残高 0.6 米；

L2：底径 4.5、残高 1 米，与 L1 间距 30 米；

L3：底径 5、残高 0.6 米，与 L2 间距 30 米；

L4：底径 5、残高 0.9 米，与 L3 间距 31 米；

L5：底径 5.5、残高 0.6 米，与 L4 间距 30 米；

L6：底径 5、残高 0.8 米，与 L5 间距 28 米；

L7：底径 3.5、残高 0.4 米，与 L6 间距 29 米；

L8：底径 4.6、残高 0.7 米，与 L7 间距 30 米；

L9：底径 4.5、残高 0.6 米，与 L8 间距 27 米；

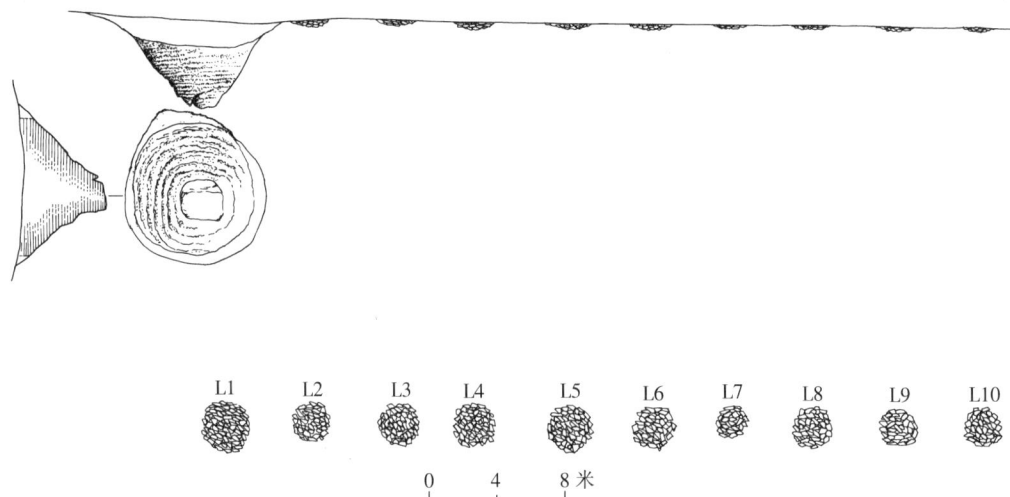

图四二〇　蒋西村 1 号烽火台平、立、剖面图

L10：底径 4.5、残高 0.5 米，与 L9 间距 29 米。

周围地表上散落有少量陶瓷片，有酱釉缸、红陶壶等，残甚，未采集。

4. 蒋西村 2 号烽火台（编码：640381353201170018，工作编号：08QJF009）

位于蒋西村以西约 13 千米、贺兰山山前台地上，西距长城约 50 米。其位置、周围环境等与蒋西村 1 号烽火台基本相似。

夯土台体，方台形。表面十分粗糙。四周底部有较厚的坍塌土及风淤沙土堆积，表面生长有茂密的沙蒿等。裸露的台体较高大，但残损较重，四壁中西壁保存较好，但底部有明显的风蚀凹槽，壁面片状剥离和粉状脱落等较明显；北壁保存最好，但局部仍有坍塌；东壁中部有一道水冲沟，从顶部一直延伸至底；南壁坍塌最重，呈斜坡状，中部亦有一处水冲沟，但较东壁浅；顶部较平，有较多石块，蒿草生长较茂盛。底部东西 30、南北 22 米，顶部东西 7、南北 8 米，斜高 18 米（图四二一；彩图三七四）。

东侧台地上分布着 13 座小墩，其间距较规律，但并不在一条直线上，而是根据台地走向大致呈南北 2 排，平面略呈 "V" 形，其中北面 10 座，南面 3 座。

北面 10 座大致成一排。除了个别保存较好、形状呈方台形外，多数保存一般。是以赭红色石块砌边、内以小石块及黄沙土填充而成。由西向东依次编号为 L1、L2、L6—L13。

L1：残损较重，已呈圆锥状，底边长 4、残高 1.2 米，距烽火台 8 米；

L2：底边长 3.4、残高 1 米，与 L1 间距 19 米，外侧岩石多呈乌黑色；

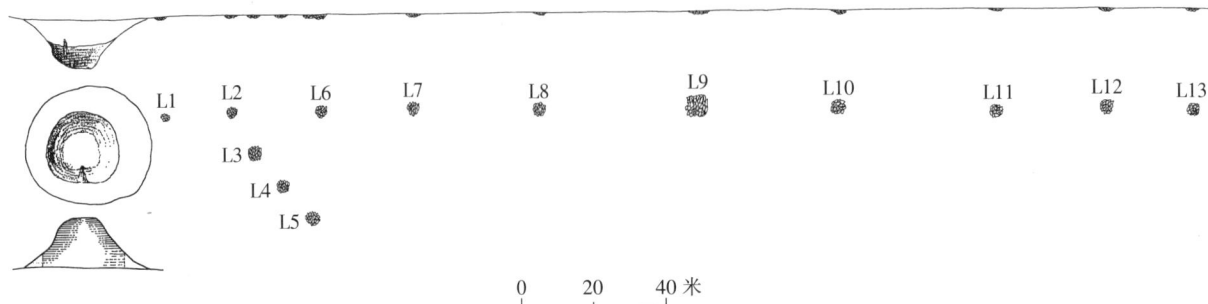

图四二一　蒋西村 2 号烽火台平、立、剖面图

L6：底边长 3.8、残高 1.5 米，与 L2 间距 25 米；

L7：底边长 4.5、残高 1 米，与 L6 间距 26 米；

L8：底边长 4、残高 0.6 米，与 L7 间距 37 米；

L9：残甚，仅存底部。底边长 7、残高 0.3 米，与 L8 间距 45 米；

L10：底边长 4.2、残高 0.8 米，与 L9 间距 40 米；

L11：保存较好，大块沙石砌成，方台形。底边长 4、残高 1.1 米，与 L10 间距 46 米；

L12：底边长 4.5、残高 1.1 米，与 L11 间距 31 米；

L13：底边长 3.8、残高 1 米，与 L12 间距 24 米。

南侧 3 座呈西北—东南向，是从 L2 东南侧开始，沿台地南侧坡向东南。间距较近，残损甚重，已呈沙堆状。由西向东依次编为 L3—L5。

L3：底边长 4.6、残高 0.9 米，与 L2 间距 10 米；

L4：底边长 4.3、残高 0.9 米，与 L3 间距 8 米；

L5：顶部较平，顶置一岩石。底边长 4.5、残高 1.4 米，与 L4 间距 8 米。

周围地表散落有少量陶瓷片，皆残碎，无可复原者，未采集。

5. 高桥村 1 号烽火台（编码：640381353201170019，工作编号：08QGF010）

位于青铜峡市青铜峡镇高桥村 6 组西约 10 千米处，北面有天净风电厂发电机组及厂房，相距 466 米；西面不远处即今青铜峡铝厂排污池，过排污池即为 201 国道，相距约 5 千米。台体位于贺兰山山前台地处，是在台地脊部较平处修建而成。周围地势宽漫，起伏不大。地表以原生砾石堆积为主，生长有沙蒿等。此座烽火台距西长城较远。

夯土台体，方台形。方向 185°（东壁）。夯打较坚实，石块含量较少，色灰黄。台体十分高大，保存亦较好，是西长城沿线保存最好的烽火台之一。底部有坍塌土及风淤沙土堆积，但较薄。四壁陡峭，西壁保存基本完整；北壁则坍塌稍重，壁面遍布乌黑色霉斑；南壁底部裸露处有带状风蚀凹槽，残高 0.4、进深 0.25 米。台顶较平，堆积有倒塌土和石块，顶上有铺舍，方形、中空，是沿台体顶部边缘再用黄沙土夯筑加高而成，其中以南垣保存最好，底宽 2、顶宽 0.7、残高 1.5 米；西垣次之，底宽 1.2、顶宽 0.5、残高 0.8 米；东垣仅存残迹，底宽 0.7、残高 0.3 米；北垣无存。台体底部东西 14.2、南北 15.5 米，顶部东西 9、南北 8.5 米，高 11.6 米（图四二二；彩图三七五、三七六）。夯层厚 0.22—0.3 米。

台体壁面分布有较多的圆形柱洞，呈排状，其中近底部的柱洞直径为 10 厘米，进深不详，洞壁十分光滑，个别内尚存木屑，可能系夯筑时支架所留。

6. 青铜峡镇 1 号烽火台（编码：6403813 5320 1170020，工作编号：08QQF011）

位于青铜峡镇西北约 24.6 千米、山井沟以北一座较高的山梁上（俗称双墩），西与长城相邻，间距 35 米；东南侧与另一山丘上的青铜峡镇 2 号烽火台相邻，间距 113 米，再南约 2 千米为井沟。周围以原生砾石堆积为主，生长有较茂密的沙蒿等（彩图三七七）。

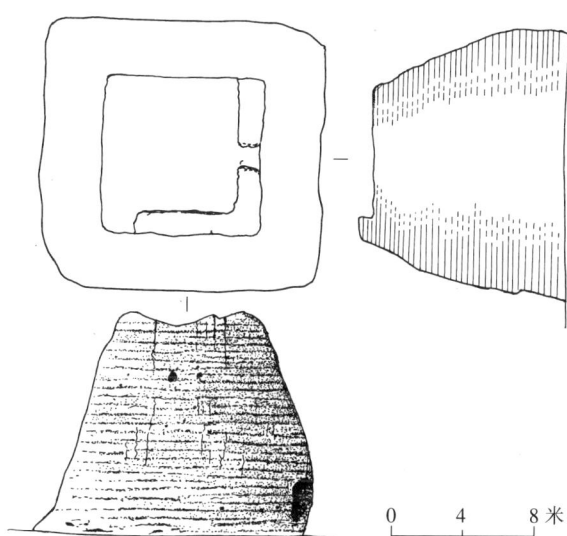

图四二二　高桥村 1 号烽火台平、立、剖面图

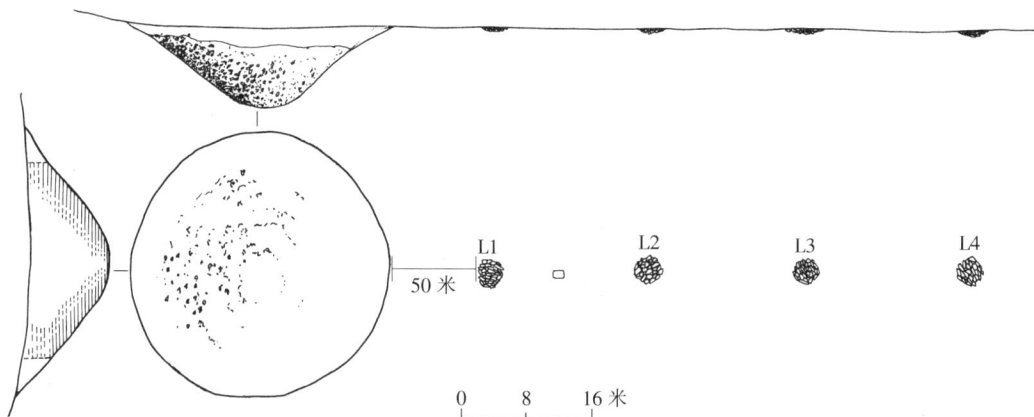

图四二三　青铜峡镇1号烽火台平、立、剖面图

石砌台体，砌石较大。台体十分高大，但残损较重，四壁均已呈斜坡状，仅北壁等处尚保留有砌石，可见该烽火台原为方台形，收分度较大。所用石块大小不一，垒砌较为粗糙，表面凹凸不平。石色不纯，有青灰、赭红等几种，属砂岩。坡面生长有少量蒿草；顶部较平，顶部有东西向并列两处方形浅坑，边缘以大石块垒砌，其中东侧的边长0.8米见方，西侧的边长1米左右，深度在0.2米左右。台体底部东西31、南北23.6米，顶部东西11、南北7米，斜高17米（图四二三）。

此座烽火台的人为破坏十分严重。台体东北侧被人掏挖出的一处大坑，深至底部山体下，东面第一座小墩也被人挖开。更让人痛心的是，此台体顶部2007年调查时还较平整，2008年复查时就被掏挖出一个大坑。另外，此台体的南壁上有行人长期踩踏出的道路，直通台顶。

烽火台东侧、沿山坡东西向分布有4座小墩（南面另一山坡上还有6座小墩，与此处4座小墩位置相连，总体呈"V"形，现将这4座划入青铜峡镇1号烽火台内，而将另外6座划归2号烽火台内），地势由西向东逐渐下降，是由赭红色石块与沙土混杂堆积而成，均较高大，但残损较重，已呈圆锥形。由西向东分别编号为L1—L4。

L1：底径5、残高1米，距烽火台50米；

L2：底径4.8、残高0.9米，与L1间距24米；

L3：底径4.5、残高0.8米，与L2间距26米；

L4：底径5、残高0.9米，与L3间距25米。

另外，烽火台东侧，今编号为L1、L2两座小墩中间有一处长方形基址，边缘以大块石块垒砌，底部较平。基址东西1.5、南北1.9、深0.6米。

周围地表散落有少量陶瓷片，皆残碎，器形有缸、罐、盆等。采集2件，其中缸、盆各1件。胎地较粗，胎内夹杂灰、白色小石粒，壁面较粗糙。

08QQF011采：1，缸底部。褐釉，胎色泛红。壁通施釉，底露胎，内底有少量气泡。平底、斜壁。残口径23.5、残高4.1、底厚2.3、壁厚1.8厘米。

08QQF011采：2，盆底部。褐釉，胎色浅黄。内壁施釉，釉较光滑，釉面有少量气泡；外壁及底部露胎，平底、鼓腹、圈足。底径13、残高4.4、底厚1.1、壁厚0.9厘米。

7. 青铜峡镇2号烽火台（编码：640381353201170021，工作编号：08QQF012）

此座是双墩中另一座，在一个凸起的台地顶上，西北与青铜峡镇1号烽火台比邻而居，相距113米。两者在位置、周围环境等基本相似（参见彩图三七七）。

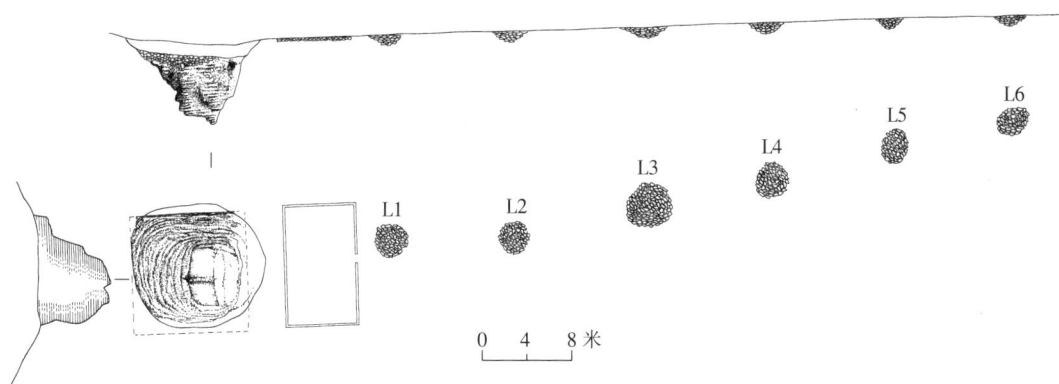

图四二四　青铜峡镇2号烽火台平、立、剖面图

　　夯土台体，不规则方台形。台体较高，但保存一般，残损甚重，四壁均有不同程度的坍塌。其中南壁保存最差，已呈突兀状，底部有带状风蚀凹槽；西壁亦坍塌较重，壁面有较多动物洞穴；东壁保存一般，呈斜坡状，有踩踏出的通道，壁面生长有沙蒿；北壁保存较好，底部有砌石，是以赭红色、青灰色等色石块垒砌而成，石缝间以黄沙土填塞，缝隙较大处再填以小石块。砌石残高1.15、厚0.5米。台体底部东西8.5、南北7.3米，顶部东西2.3、南北2米，残高6米。夯层厚0.16米（图四二四；彩图三七八）。

　　烽火台东侧3.3米处，有一方形基址，较规整，东面已与小墩相连。仅存底部，是以石块垒砌而成，内侧已被淤土填平。东西6.5、南北10.7、残高0.35米。

　　东北侧坡面上分布有6座小墩（北面另一山坡上还有4座小墩，与该6座小墩位置相连，总体呈"V"形，现将此4座划入青铜峡镇1号烽火台内），地势由西南向东北逐渐下降。其连线不直（紧邻烽火台的2座基本呈东西向，其余4座则随坡面略向北折），石块与黄沙土堆砌而成，残损甚重。由西向东分别编号为L1—L6。

　　L1：底径3.5、残高1米，距烽火台50米；

　　L2：底径4、残高0.9米，与L1间距11米；

　　L3：底径4.5、残高0.8米，与L2间距17米；

　　L4：底径4.8、残高0.9米，与L3间距15米；

　　L5：底径5、残高1米，与L4间距13米；

　　L6：底径3、残高0.9米，与L5间距14米。

8. 高桥村2号烽火台（编码：6403813532011700 22，工作编号：08QGF013）

　　位于高桥村六组以西一丘状台地上，西距201国道944米，西北距大坝电厂1.2千米。台体位于三条山梁交汇处，东西两面临坡，坡面上均散落有较多坍塌的石块和黄土。周围地势宽广，起伏较大。地表多沙砾，生长有较茂密的蒿草等。

　　此座构筑较为复杂：内由黄土坯垒砌、外包石块。方台形，台体较高大。底部被坍塌土及黄沙土混合堆积所覆盖，呈斜坡状，表面生长有沙蒿等；顶部较平。底部东西13.4、南北16.8米，顶部东西8.5、南北10米，残高10米（图四二五；彩图三七九、三八〇）。

　　四壁中东壁底部有明显的风蚀凹槽，壁面上有一道纵向冲沟，沟宽0.4—0.7、进深0.4米。还有一人为掏挖的半圆形洞，宽0.6、进深1、残高0.6米。洞内可见台体用方形土坯一排平置、一排竖向而置，两层砌法交替使用，土坯间以黄泥勾缝。土坯长43、宽18、厚8厘米。另外，在壁面偏北侧还

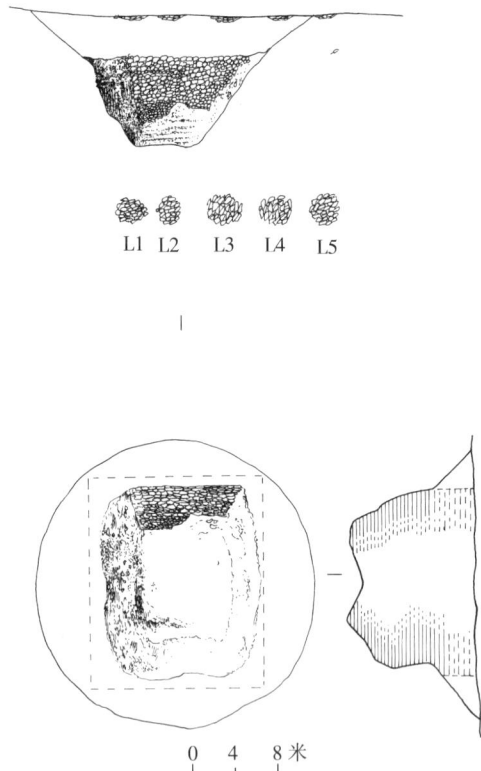

图四二五　高桥村 2 号烽火台平、立、剖面图

残存一小段外侧砌石，坍塌的台面内夹有桩木，为松木质，直径 16 厘米左右，呈排状、平置，一端向外，发现 2 层，底部一层距地表 1.1、间距 1.9 米。北壁保存最好，外侧有砌石，残高 2.7—4.7、厚 0.4 米。石色不一，以青灰色和杂色石居多。其中杂色石多为砂岩，质地较疏松，硬度不高；青灰色石则为花岗岩，质地坚硬。砌石不甚规整，石块大小不一，壁面略显粗糙。从断面上来看，砌石并没有紧贴内侧土坯台体，两者间距 0.2 米左右，被用黄沙土与石块混杂填塞。南壁坍塌较重，壁面已呈犬牙突兀状，但台体上部较直，土坯痕迹十分明显，壁面上有较多的鼠洞。西壁坍塌最重，已呈斜坡状，中部也有一道较深的凹槽。

北侧山梁上东西向分布 5 座小墩。保存较差，但个别底部尚存砌石。是用大块砂石砌边、内以黄沙土及小石块填充而成。方台形。顶部较平。间距较近，由西向东依次编号为 L1—L5。

L1：东西 2.8、南北 2.7、残高 0.4 米，距烽火台 24.4 米；

L2：东西 2.2、南北 2.6、残高 0.6 米，与 L1 间距 1.1 米；

L3：东西 3.4、南北 2.8、残高 0.5 米，与 L2 间距 2.2 米；

L4：东西 3、南北 2.9、残高 0.4 米，与 L3 间距 1.6 米；

L5：东西 2.4、南北 3.1、残高 0.5 米，与 L4 间距 1.7 米。

周围地表散落有较多瓷片，皆残碎，有酱、褐、黑釉等，器形有缸、盆、蒺藜等。采集 3 件，其中缸、盆、蒺藜各 1 件。

08QGF013 采：1，缸底部。褐釉。胎地较细，胎内夹杂灰、白色小石粒。色浅灰，壁通施釉，釉层较厚，内壁较粗糙，外壁釉层莹润光亮，有轮制弦纹，底部留有炙烧痕。平底、斜壁。残底径 12.5、残高 10.4、壁厚 1.8、底厚 1.9 厘米。

08QGF013 采：2，盆口沿。褐釉。胎地较细，胎内夹杂灰、白色小石粒。色浅黄，壁通施釉，口沿局部脱釉、有炙烧痕，内壁较粗糙，外壁晶莹光亮。平直口，宽沿，直壁。残口径 5.2、残高 8.1、口沿厚 3.4、壁厚 1.1 厘米。

08QGF013 采：3，蒺藜。褐釉。胎地较粗，色浅黄，内壁露胎，外壁施浅褐釉。器表有少量气泡，表面有小乳钉，有个别残缺。圆球状，残半。残径 7.4、壁厚 2.1 厘米。

9. 青铜峡镇 3 号烽火台（编码：640381 353201170023，工作编号：08QGF014）

此座即见诸文献的"井沟墩"，位于青铜峡镇西北、井沟沟口南岸边，西与长城相邻，北面坡下即为宽阔平坦的井沟，过沟山梁上有青铜峡镇 1 号、2 号烽火台（双墩）；南面是丘状台地，起伏较多。地表以原生砾石堆积为主，生长有较茂密的沙蒿等，有少量流沙。

夯土台体，方台形。方向 149°（东壁）。底部有少量坍塌土堆积，表面生长有稀疏的蒿草；壁面较陡，由底向上逐渐收分；顶部较平。底部东西 11.7、南北 8.4 米，顶部东西约 5、南北约 4 米，残

高 8 米（图四二六；彩图三八一）。夯层厚
0.2—0.25 米。

四壁中北壁保存较好，壁面清晰，夯层明
显，但壁面上的片状剥离、粉状脱落等较明显。
中部有一道较浅的水冲沟；东壁保存一般，坍
塌较多，呈犬牙突兀状，上有较多动物掏挖的
洞穴；西壁坍塌最重，底部有风蚀凹槽，呈带
状，残高 0.15、进深 0.26 米，凹槽处片状剥
离和粉状脱落十分明显，也有较多鼠洞、蜂巢
蚁穴等；南壁坍塌亦较多，壁面有较多的风蚀
洞。底边以石块垒砌，石块较大，呈圆角块
状，有赭红、青灰两种，石缝间不施胶结料。
砌石仅西南角尚存，残长 7.6、厚 0.4、残高
2.3 米。

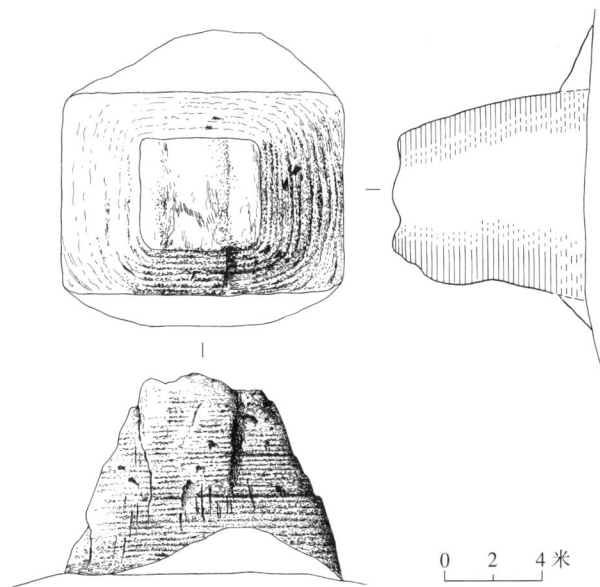

图四二六　青铜峡镇 3 号烽火台平、立、剖面图

周围地表散落有少量陶瓷片，皆残碎。采集 2 件，其中盆、碗各 1 件。

08QGF014 采：1，盆底。褐釉。胎地较粗，胎内夹杂灰、白色小石粒，色浅黄，壁通施釉，外底
露胎。内壁有轮制弦纹，平底，圆壁，假圈足，残径 11.8、残高 5、壁厚 0.9、底厚 0.9 厘米。

08QGF014 采：2，碗底。青釉。胎地较细，色浅灰，壁通施釉，内底有炙烧痕，外底露胎，圈足，
残底径 5.9、残高 2.4、壁厚 0.6、圈足厚 0.7 厘米。

10. 高桥村 3 号烽火台（编码：640381353201170024，工作编号：08QGF015）

位于高桥村三组以南约 1 千米、今青铜峡火车站以东的台地上，地处现代村镇内。南面不远处是
长庆石油中转站，相距仅 194 米；过中转站即为通往青铜峡市火车站的公路；西侧紧贴台体底部原建
有一座半地下油库（现已废弃），北侧 1 米处有一座高压铁塔。

夯土台体，方台形。方向 245°（北壁）。台体十分高大，除局部有残损外，保存较好，是青铜峡
市保存较好的单体建筑之一。底部坍塌土甚少；四壁较陡，顶部因无法攀援，具体不详。底部边长 11
米，顶部东西 9、南北 8 米，残高 8.7 米（图四二七；彩图三八二）。

四壁中北壁残损最重，壁面凹凸不平，中部呈凹槽状，有较多的鼠洞；东壁风蚀明显，呈斑驳皴
裂状，底部也有风蚀凹槽。偏南侧有一人为掏挖的洞穴，内壁有烟怠痕。中部有一道上下贯通状水冲
沟；南壁保存较好，但壁面、底部仍有风蚀痕，较东壁略轻；西壁保存一般，底部堆积土稍厚，裸露
的台体处有一道带状风蚀凹槽，残高 0.24、进深 0.4 米。

烽火台北侧有一方形基址，黄沙土夯筑而成，其中东、北、西三面夯筑墙垣，南侧则紧依台体、
不筑墙垣。残损甚重，仅存底部。方向为 240°（北垣），今基址内侧已被一座电线塔占据。墙垣东西
15、南北 9.5、残高 0.7 米。

北侧一道山梁上南北向分布有 9 座小墩，基本呈东西两排，其中西面 5 座，东面 4 座。地势由南
向北逐渐下降。残损甚重，多呈圆锥状，从个别保存较好的小墩来看还是方台形，外侧有砌石，是以
大块砂岩砌边、内以黄土及小石块填充而成。

西侧计 5 座，间距略大，最北一座已近坡边。由南向北分别编号为 L1—L5。

L1：底径 3.5、残高 0.9 米，距烽火台 14 米；

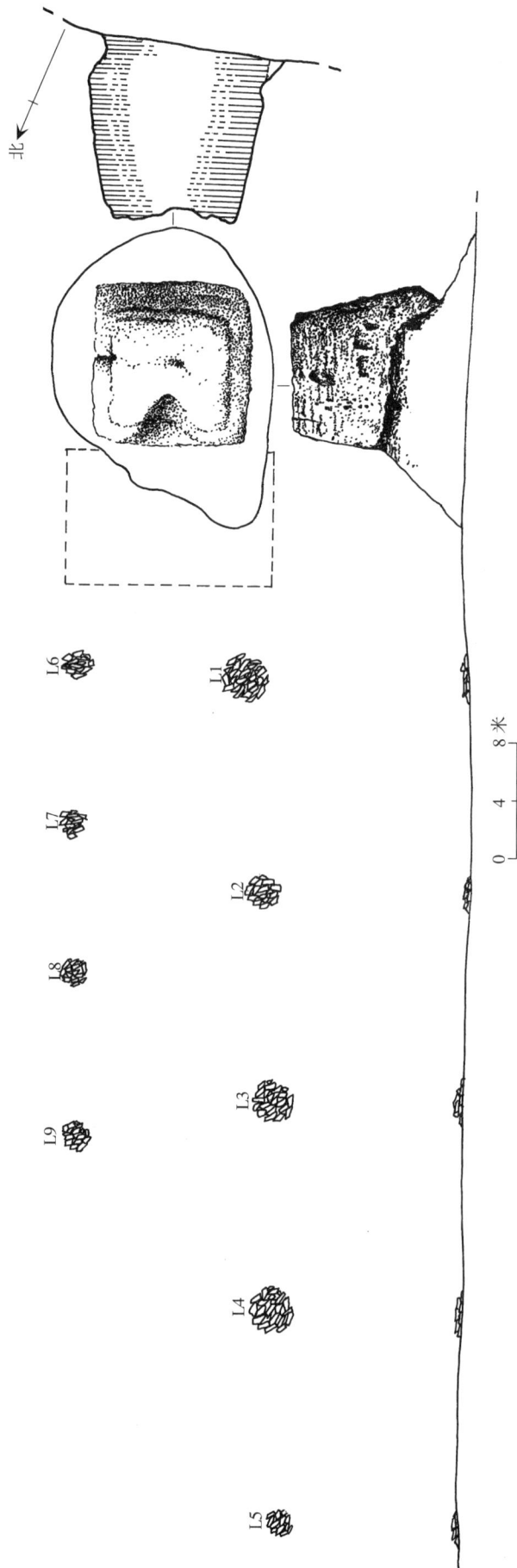

图四二七　高桥村 3 号烽火台平、立、剖面图

L2：底径 2.5、残高 0.6 米，与 L1 间距 12.2 米；

L3：底径 3.1、残高 1 米，与 L2 间距 12 米；

L4：底径 3.2、残高 0.8 米，与 L3 间距 11.5 米；

L5：底径 2.1、残高 0.7 米，与 L4 间距 12.5 米。

东侧计 4 座，间距较近，最北一座亦近坡边。由南向北分别编号为 L6—L9。

L6：底径 2、残高 0.3 米，距烽火台 14 米；

L7：底径 2、残高 0.4 米，与 L6 间距 9.3 米。

L8：底径 2、残高 0.5 米，与 L7 间距 8.4 米。

L9：底径 2、残高 0.6 米，与 L8 间距 9.3 米。

11. 旋风槽 1 号烽火台（编码：640381353201170025，工作编号：08QXF016）

俗称石墩子，位于青铜峡镇旋风槽村西北的山前台地上，周围全部为丘状台地，地势宽漫，起伏较大。地表生长有沙蒿、骆驼刺等，有较薄的流沙分布于低洼处。西侧有长城经过，相距约 40 米。

石砌台体，石色不一，有赭红、铁锈红、青灰等，属砂岩类，硬度较高。坍塌严重，四壁均呈斜坡状。底部已被倒塌的石块、黄沙土和细沙等覆盖，表面生长有稀疏的沙蒿。从西壁等处来看，形状还属方台形。顶部不平。底部东西 22、南北 22.5 米，顶部东西 4.5、南北 5.5 米，斜高 17 米（图四二八；彩图三八三）。

烽火台东南侧、距烽火台 5 米的山凹处，有一处方形石砌基址，面阔 2 间，进深 1 间，方向（南垣）为 230°。残甚，仅存底部，内侧已被流沙淤平。东西 34、南北 24 米。墙厚 1.3、残高 0.2—0.3 米。南面中部辟门，门宽 2.4 米。

东面山梁上分布着 10 座小墩，可分为南北两排。残损甚重，均呈圆锥状，是以石块混杂黄沙土等堆积而成。由西向东分别编号为 L1—L10。其中 L1—L5 位于烽火台以东，与台体处于同一山梁上，保存甚差。

L1：底径 4、残高 0.6 米，距烽火台 11 米；

L2：底径 4.4、残高 0.5 米，与 L1 间距 10 米；

L3：底径 4、残高 0.5 米，与 L2 间距 11 米；

L4：底径 3.8、残高 0.3 米，与 L3 间距 10 米；

L5：底径 3.8、残高 0.3 米，与 L4 间距 12 米。

L6—L10 位置略偏北，位于另一山梁上，保存稍好。

L6：底径 4.5、残高 0.6 米，位于 L5 的北侧，与 L5 间距 40 米；

L7：底径 4、残高 0.6 米，与 L6 间距 19 米；

L8：底径 5、残高 0.6 米，与 L7 间距 21 米；

L9：底径 4、残高 0.7 米，与 L8 间距 21 米；

L10：底径 4、残高 0.7 米，与 L9 间距 21 米。其东侧已近台地边缘。

周围地表散落有少量瓷片，有酱釉、褐釉等，器形有缸、罐、碗等。皆残碎，无可复原者。采集 4 件，其中缸 1 件，罐 1 件，碗 2 件。

（1）缸

1 件。

08QXF016 采：1，口沿。酱釉。胎地较细，胎内夹杂少量白色小石粒，色浅黄。壁通施釉，釉

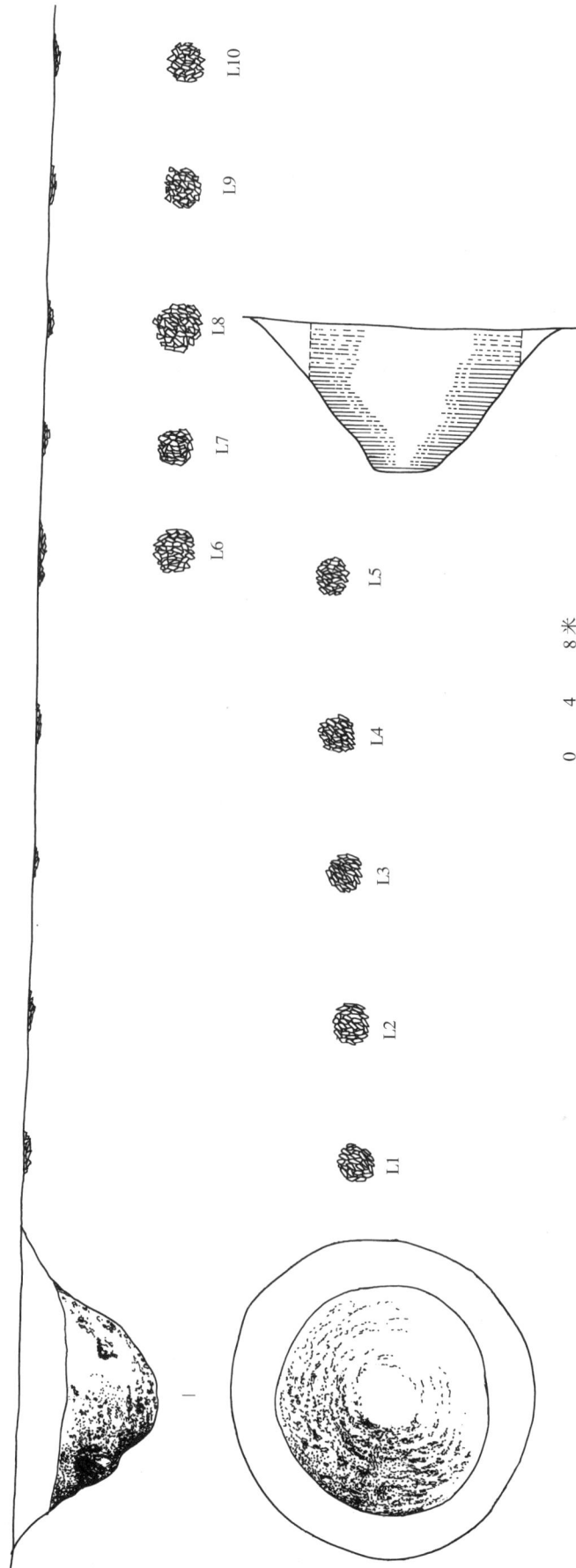

图四二八　旋风槽 1 号烽火台平、立、剖面图

层晶莹光亮，口沿露胎。平直口，宽口沿，直壁。残口径9.4、残高8.7、口沿厚2.8、壁厚1.3厘米。

（2）罐

1件。

08QXF016采：2，口沿。酱釉。胎地较细，色浅黄，壁通施釉，内壁有轮制弦纹，外壁带双耳、圆鼓腹。残径5.3、残高8.1、壁厚0.5厘米。

（3）碗

2件。均为底部。褐釉。胎地较细，胎地内夹杂白色小石粒。色浅黄，壁通施釉，底部及圈足露胎，表面不甚光滑，内壁有涩圈。圈足。

08QXF016采：3，外壁底部有轮制弦纹，残径7.5、残高2.4、壁厚0.7、底厚0.7、圈足厚0.6厘米。

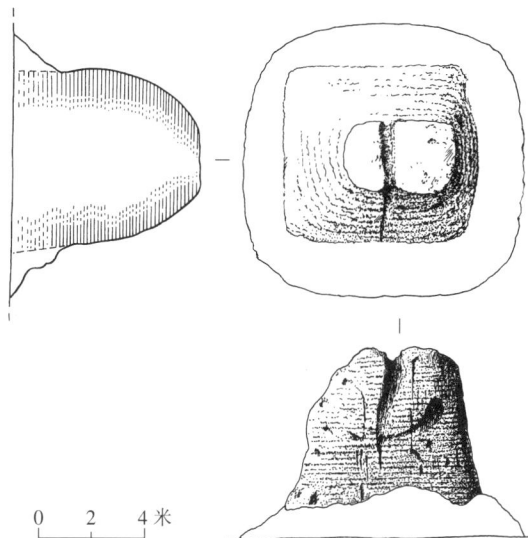

图四二九　青铜峡镇4号烽火台平、立、剖面图

08QXF016采：4，残径5.7、残高2、壁厚0.8、底厚0.8、圈足厚0.8厘米。

12. 青铜峡镇4号烽火台（编码：6403813532011 70026，工作编号：08QQF017）

位于青铜峡镇河西区西北、青铜峡火车站东侧一山丘上。西距109国道175米，东北距大坝营4.06千米。周围有几处废弃的蓄水池，台体正好位于两池之间，北、西侧山脚下即国道。

夯土台体，残损较重，呈不规则方台形。四周底部有较厚的坍塌土堆积，呈斜坡状，表面生长有沙笈等。四壁较陡，但残损甚重，坍塌、风蚀及片状剥离粉状脱落等均较明显。相比以西壁保存最差，壁面呈犬牙突兀状；北壁则略好，壁面夯层较清晰，厚0.12—0.16米；东壁风蚀洞较多，呈蜂窝状，底部有带状风蚀凹槽；顶部不甚平整，散落有少量石块。台体底部东西7.8、南北6.4米，顶部边长2米，残高7米（图四二九；彩图三八四）。

此烽火台邻近青铜峡镇，周围有几道公路经过；台地顶部既有废弃的几座水泥蓄水池和小住房，也有高压电线传输塔。另外，台体东壁有行人攀爬踩踏出的台阶，直通顶部，破坏甚重。

13. 旋风槽2号烽火台（编码：6403813532011 70026，工作编号：08QXF018）

俗称红湾墩，位于旋风槽村西北约13.2千米、贺兰山山前一较宽平的台地上，西距长城77米。地处丘陵地带，地势高低起伏，但落差不大。地表以半荒漠化滩地为主，生长有沙蒿、骆驼刺等植物。

夯土台体，不规则方台形。坍塌等较多，保存一般。底部四周有较厚的坍塌土堆积，呈斜坡状，表面上散落有较多的石块（多为圆形，砂石质，直径在0.1米左右，有赭红、青灰等色）。四壁较陡，由底向上逐渐收分；顶部较平，偏北侧有一处方形凹坑，可能系后期掏挖的、用于上下攀爬的踏道。台体底部东西13.5、南北24.5米，顶部东西3.3、南北3米，斜高13米（图四三〇；彩图三八五）。

四壁中西壁坍塌较重，壁面已呈突兀状，坍塌、风蚀等较多，尤其是西北侧坍塌较重，底部裸露处有一道明显的带状风蚀凹槽；南壁保存一般，壁面较陡，但壁面上的片状剥离、粉状脱落等十分明显，中部的版接缝较清晰，底部亦有带状风蚀凹槽；北壁坍塌等最重，已呈犬牙突兀状，壁面有多处鼠洞。

南侧有一方形基址，黄沙土夯筑而成。基址东、西、南三面有墙垣，北面则直接紧贴台体、不筑墙垣。残损甚重，仅存底部，内侧较平，表面不生杂草。南垣中部辟门，门道处有一处明显的水冲沟。基址方向160°（西垣），墙垣12米见方，残高1.1米，门道残宽2米。

L10

L9

L8

L7

L6

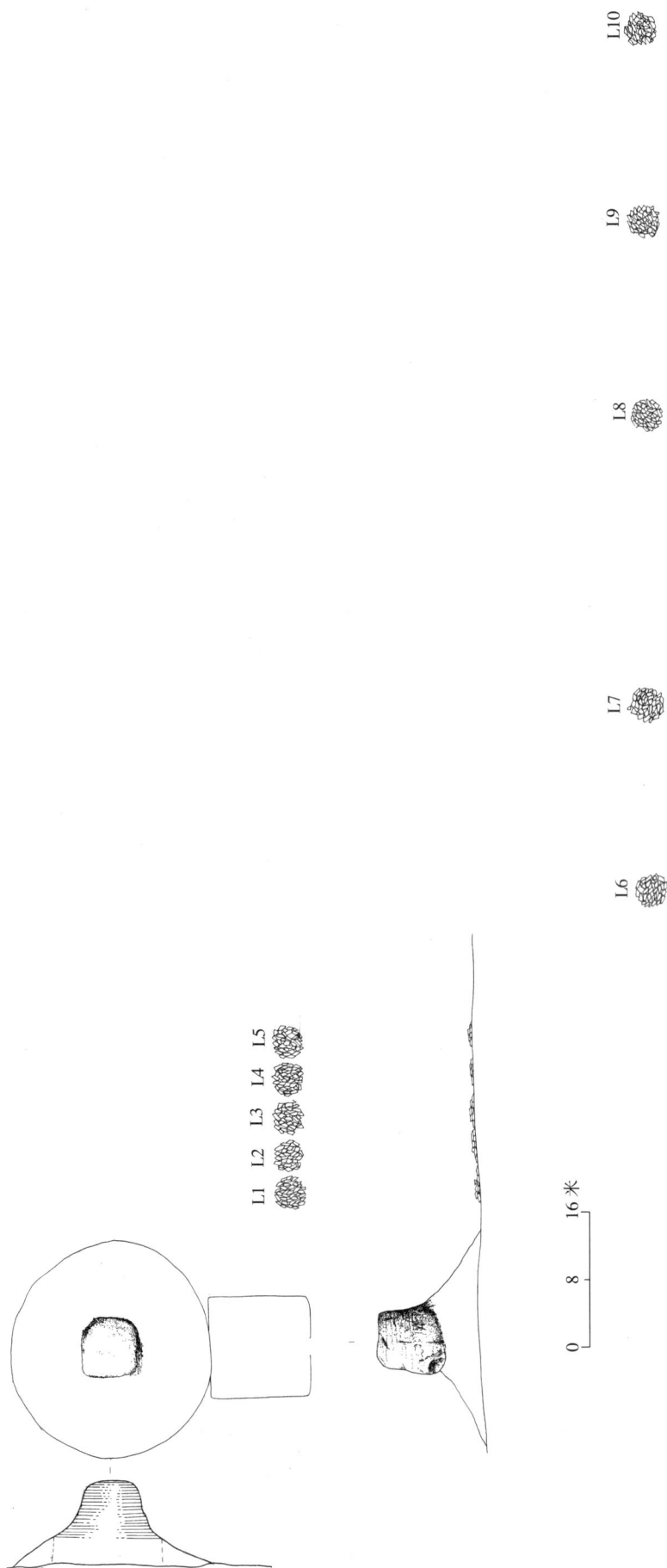

图四三〇　旋风槽2号烽火台平、立、剖面图

L1 L2 L3 L4 L5

0　　8　　16 米

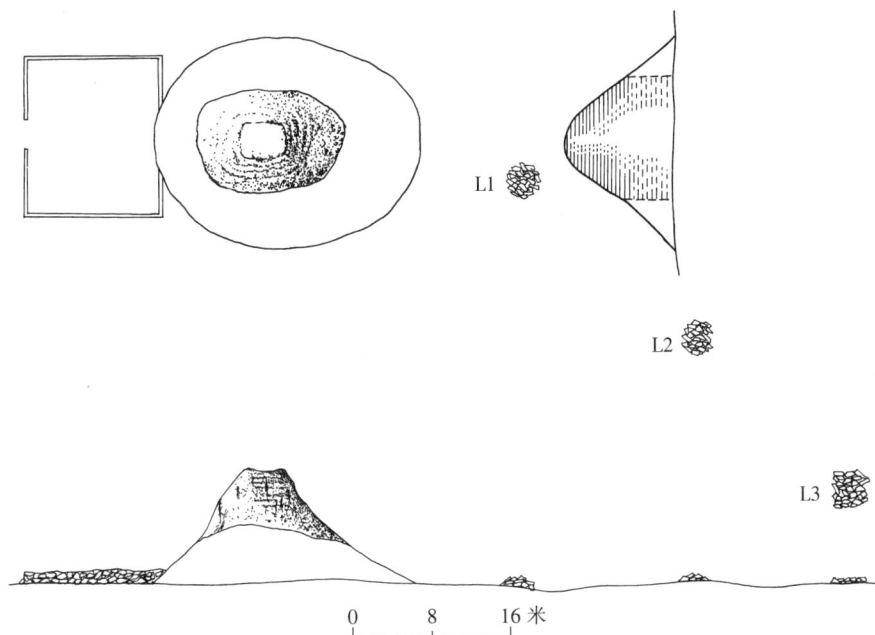

图四三一　青铜峡镇 5 号烽火台平、立、剖面图

烽火台东南侧台地上有 10 座小墩。大致呈东西向两排分布，均呈圆锥状，石块和黄沙土堆积而成。由西向东分别编号为 L1—L10。

L1—L5 为一排，距烽火台 10 米，地势由西向东略有下降。5 座小墩间距较小，底部已坍塌成一线，仅顶部尚可分清。总长为 20 米，单个规格为底径 4、残高 0.8—1 米。

L6—L10 位于东南侧另一台地上，间距较大，地势基本相当。

L6：底径 4、残高 0.9 米，与 L5 大致呈南北向，间距 43 米；

L7：底径 4、残高 1 米，与 L6 间距 18 米；

L8：底径 4、残高 1.3 米，与 L7 间距 31 米；

L9：底径 4、残高 1.3 米，与 L8 间距 19 米；

L10：底径 4、残高 0.8 米，与 L9 间距 19 米。

地表散落有少量碎瓷片，有酱釉、黑釉、褐釉等，残甚，未采集。

14. 青铜峡镇 5 号烽火台（编码：640381353201170028，工作编号：08QQF019）

俗称红石墩，位于青铜峡镇铝厂居委会四组以南一处较高的、大致呈西北—东南向的丘状台地上，北、东、西三面临坡。周围地势宽广，起伏较大，地表以原生砾石堆积为主，生长有沙蒿等植物。

红胶泥土夯筑而成，土色赤红，包含物少，表面较疏松。残损甚重，已呈圆锥状。底部有较厚的坍塌土堆积，呈斜坡状；南壁中部有两道水冲沟；顶部不平，已呈尖顶状。台体底部东西 14.5、南北 11.6、斜高 12.5 米（图四三一；彩图三八六）。

该台体表层被后期培土加高加厚，在台体南侧倒塌土上，有用石块围成的一个圆形石圈，圈内用石块摆成一个阿拉伯数字 "1"，应是部队练习射击用的目标点。台体东南侧已成为一处大型的取土场，挖掘出的深坑边缘已迫近台体底部。

烽火台西侧、紧贴台体有一处方形基址，黄沙土夹杂碎石块垒砌而成，断面上尚夹杂有草木灰等物。基址的北、西、南三面尚存，东面直接与烽火台相接、不筑墙垣，方向 180°（西垣）。残甚，仅

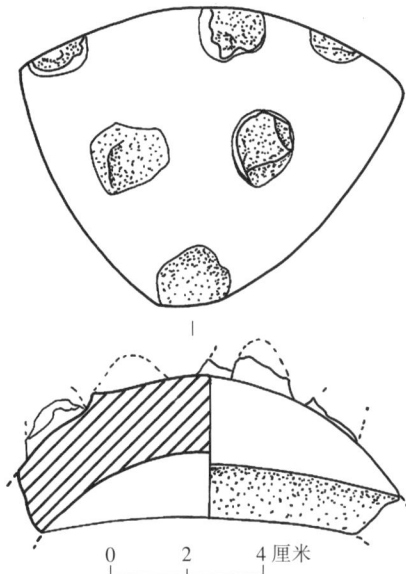

图四三二　青铜峡镇5号烽火台采集
褐釉蒺藜残片（08QQF019采：4）

存底基。东西13.6、南北15.9、残高1.1米。

东南侧台地上分布有小墩，仅存3座，方向130°。黄土与小石块混杂堆积而成。由北向南分别编号为L1—L3，其中L3已近台地边缘。

L1：圆锥形。底径3.5、残高0.8米，距烽火台15.9米；

L2：圆锥形。底径3.5、残高0.8米，L1间距20.3米；

L3：方台形，底边有大块砌石。边长3.5、残高0.6米，与L2间距19.1米。

周围地表上散落有少量陶、瓷片等，皆残碎，无可复原者。器形有缸、碗、蒺藜等。采集4件，其中缸1件、蒺藜1件、碗2件。

（1）缸

1件。

08QQF019采：1，口沿。褐釉。胎地较细，胎内夹杂灰、白色小石粒，色浅灰。壁通施釉，釉层较厚，外壁有大量气泡，沿有炙烧痕。内壁较光滑，外壁较粗糙。圆直口，宽口沿，直壁。残口径13、残高8.5、沿厚3.5、壁厚1.6厘米。

（2）碗

2件。均为碗底。胎地细腻，胎质较纯。壁通施釉。釉层晶莹光亮。

08QQF019采：2，青釉。胎色浅灰，外底有炙烧痕，底部露胎，圈足。残底径3.5、残高2.2、壁厚0.4、底厚0.3、圈足厚0.4厘米。

08QQF019采：3，酱釉。胎色浅黄，壁通施釉，外底露胎、有轮制弦纹，内底有涩圈，圈足。残底径5.2、残高2、壁厚0.4、底厚0.6、圈足厚0.8厘米。

（3）蒺藜

1件。

08QQF019：4，褐釉。胎地较粗，色浅黄，内壁露胎，外壁施褐釉，釉层较浅，局部处有气泡。器表有大小不同的乳钉。圆球状，残甚。残径9.3、壁厚2.1厘米（图四三二；彩图三八七）。

15. 青铜峡镇6号烽火台（编码：640381353201170 029，工作编号：08QQF020）

位于青铜峡铝厂居委会以西约2千米一独立的山丘顶上。西面坡下是青铜峡驾校，再西0.27千米即为109国道。台体四面临坡，其东面为连绵的山体，西面则为较平缓的山间台地。

夯土台体，呈方台形。方向220°（西壁）。夯土内夹杂石块较多，石色以白色居多，另有青、赭红等色。保存较好，底部坍塌土堆积较少，表面生长有稀疏的沙蒿；四壁较陡，壁面十分粗糙，表面生长有少量苔藓、蒿草等。顶部不甚平整，有铺舍，仅北侧残留一段，是沿壁面边缘再夯筑加高而成。台体底部东西15.8、南北14.5米，顶部东西10、南北8米，残高11米。夯层厚0.2米。铺舍残长10、残高0.8、厚1米（图四三三；彩图三八八）。

四壁中北壁残损最重，底部坍塌土较厚，呈斜坡状。底部偏东侧残存一小段外侧砌石，是用赭红、青灰等色石块沿夯土壁面垒砌而成，残甚，砌石残长1.4、残高1.2、厚0.2米。壁面中部有一道纵向凹槽，槽宽3.3、进深3.5米，今已成为人们登顶的踏道；西壁保存较好，壁面清晰，但底部有带状风

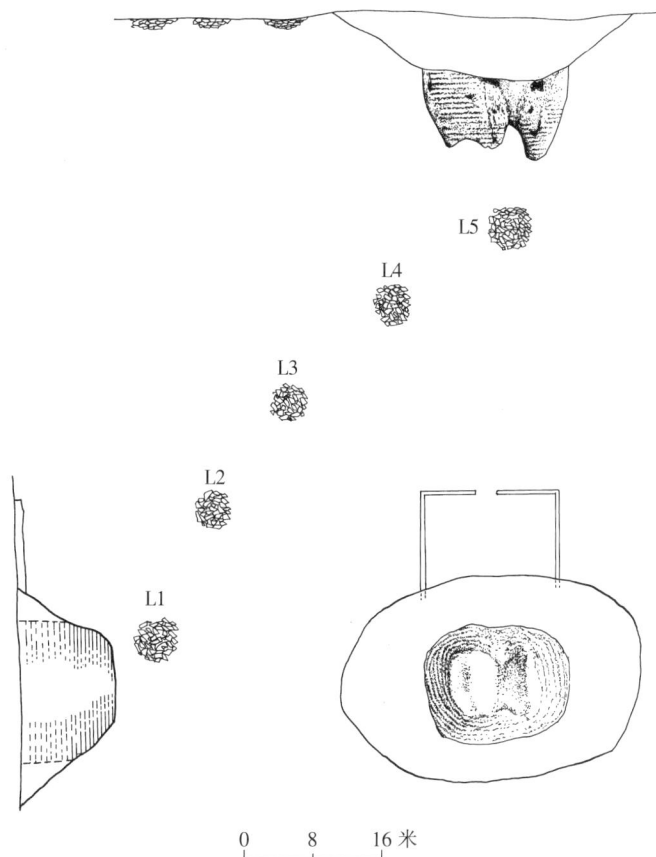

图四三三　青铜峡镇6号烽火台平、立、剖面图

蚀凹槽，残高0.45、进深0.9米；南壁坍塌较重，底部坍塌土堆积较厚。裸露出的台体底部偏西侧有
风蚀凹槽。中部也有一道凹槽，从顶部一直延伸至底部坍塌土上，亦成为人们登顶的踏道，横宽1、
进深0.8米；东壁保存一般，壁面上风蚀洞较多。底部亦有风蚀凹槽，残高0.7、进深0.9米。

台体北壁底部有一基址，残甚，顶部已被壁面坍塌土掩埋，仅残存北面一段，是用夹杂碎石块的
黄沙土夯筑而成，中部有一道冲沟，残长16、残高1.5米。

北侧另一东北—西南向的山梁上并列分布有5座小墩，是用黄土与小石块混杂堆积而成，均较高
大，圆锥状，由南向北分别编号为L1—L5（彩图三八九）。

L1：底径5、残高1.8米，距烽火台28米；

L2：底径4.2、残高1.6米，与L1间距11米；

L3：底径4.2、残高1.9米，与L2间距11米；

L4：底径4.5、残高1.5米，与L3间距13米；

L5：底径5、残高1.6米，与L4间距11米。

周围地表上散落有少量陶瓷片，皆残碎。采集2件，均为缸底部，胎地较粗，胎内夹杂灰、白色
小石粒，色浅黄，平底，斜壁。

08QQF020采：1，黑釉。外壁脱釉，壁面较粗糙。内壁晶莹光亮，底部有炙烧痕。残底径13.3、
残高6.5、壁厚2.1、底厚1.8厘米。

08QQF020采：2，褐釉。外壁较粗糙，底部露胎，内壁较光滑。残底径11.1、残高6.5、壁厚2、
底厚2.7厘米。

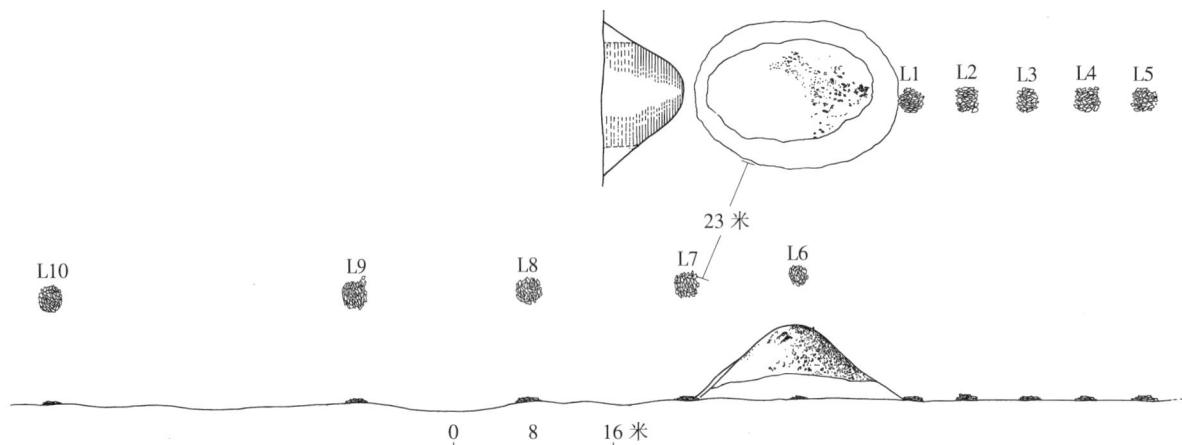

图四三四　旋风槽 3 号烽火台平、立、剖面图

16. 旋风槽 3 号烽火台（编码：640381353201170030，工作编号：08QXF021）

位于旋风槽村西北约 11.8 千米、阴湾沟南侧一较宽平的山丘顶上，西与长城相邻，相距约 0.55 千米；北距阴湾沟约 0.7 千米。西侧山凹处有一处废弃的羊圈。其所在位置、周围环境等与旋风槽 2 号烽火台等相似。

夯土台体，残损甚重，已呈圆锥状。周围地表被金黄色流沙所掩盖，但台体底部流沙堆积不甚厚；四壁均有不同程度坍塌，裸露出的台体上分布有较多的风蚀洞等；顶部也坍塌较重，表面不甚平整。底部东西 19、南北 13 米，顶部东西 5.5、南北 6 米，斜高 13 米（图四三四）。

台体的东侧、西南侧分布有 10 座小墩。均呈圆锥状，是由黄沙土混杂小石块堆积而成。

东侧：与烽火台在同一山丘上，地势较平。东西向并列，由西向东分别编号为 L1—L5。间距较近，底部已连成一体，仅上部可分开，总长 25、间距 1 米左右，底径 4、残高 0.8—1 米；

西南侧：也是东西向并列。由西向东分别编为 L6—L10，其中前 4 座与烽火台位于同一道山丘上，而 L10 则位于西侧相邻的另一山丘上。除 L6 仅存底基外，其余几座保存尚可。

L6：底径 3、残高 0.5 米；

L7：底径 4、残高 0.6 米，与 L6 间距 14 米，距烽火台 23 米；

L8：底径 4.1、残高 0.7 米，与 L7 间距 21 米；

L9：底径 4.3、残高 0.6 米，与 L8 间距 24 米；

L10：底径 4、残高 0.6 米，与 L9 间距 44 米。

周围地表上散落有少量陶、瓷片，皆残碎。釉色有酱、褐、青釉等，器形有缸、盆、碗等。采集 5 件，其中缸 2 件，盆 1 件，碗 2 件。

（1）缸

2 件。均为口沿。胎地较细。胎内夹杂灰、白色小石粒，色浅黄。平直口，宽口沿，直壁。两者釉色略有差异。

08QXF021 采：1，酱釉。壁通施釉，口沿露胎，釉层晶莹光亮，残口径 12、残高 11.5、口沿厚 3.4、壁厚 1 厘米。

08QXF021 采：2，内壁施酱釉，外壁施青釉，口沿局部脱釉，外壁较光滑，内壁较粗，釉层较厚。残口径 11.5、残高 9.4、口沿厚 3、壁厚 1.2 厘米。

（2）罐

1件。

08QXF021采：3，底部。黑釉。胎地较细，胎内夹杂白色小石粒，色浅黄。壁通施釉，内底有轮制弦纹，外底露胎。平底，直壁，假圈足。残径5.3、残高3.3、壁厚0.8、底厚1.1厘米。

（3）碗

2件。均为口沿。胎地细腻，器形较薄而规整，壁通施釉。圆唇，直壁。

08QXF021采：4，黄釉。胎色浅黄，壁面较光滑，外壁有轮制弦纹，下部露胎。残口径3.2、残高5.4、壁厚0.4厘米。

08QXF021采：5，白釉。胎色浅白，壁面光滑。残口径3.1、残高2.9、壁厚0.3厘米。

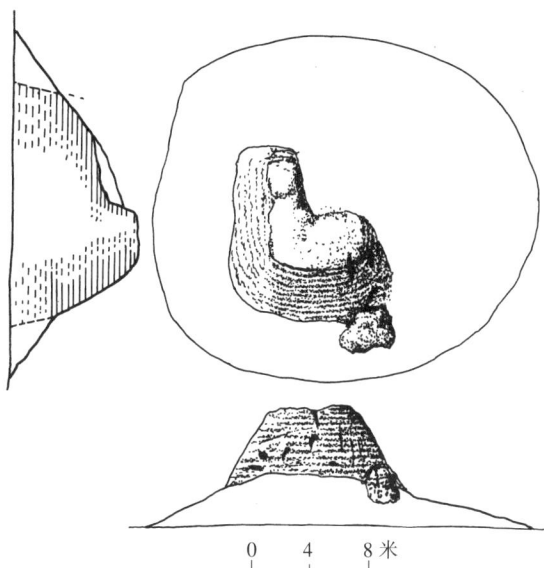

图四三五　青铜峡镇7号烽火台平、立、剖面图

17. 青铜峡镇7号烽火台（编码：640381353201170031，工作编号：08QQF022）

位于青铜峡铝厂厂部南侧一处较低矮的山丘上，向北600米过109国道即为青铜峡铝厂厂部，东北距青铜峡水泥厂600米。东侧分布着较多的现代墓葬。其位置、周围环境等与青铜峡镇6号烽火台基本相似。

夯土台体，不规则方台形。方向235°（北壁）。土内夹杂少量白色小石块。保存较差，坍塌等较多。底部有较厚的坍塌土堆积，呈斜坡状，表面生长有较茂密的沙蒿等。四壁较陡，壁面多呈突兀状。顶部坍塌甚重，仅南侧、西侧尚部分保留。底部东西17、南北16米，顶部东西1.5、南北4米，残高8米（图四三五；彩图三九〇）。夯层厚0.12—0.18米。

四壁中北壁保存稍好，但坍塌等较重，底部残留有砌石，是用赭红色为主的石块沿夯土面垒砌而成，黄土勾缝，残损甚重，已不规整。残长3.5、残高2.8、厚0.5米；东壁已坍塌呈斜坡状；南壁坍塌，偏东侧也坍塌呈斜坡状，仅偏西侧尚保留部分夯土面，裸露出的台体底部还有风蚀凹槽；西壁保存一般，壁面上有较多的鼠洞、黑斑等。

此台体周围分布有较多现代坟冢，有的甚至埋在台体坍塌土处。另外，在台体周围地表上还散落有少量的瓷片，有黑、褐等色，器形有缸、碗等，残甚，未采集。

18. 旋风槽4号烽火台（编码：64038135320 1170032，工作编号：08QXF023）

位于旋风槽村西北约10千米、双疙瘩沟北侧山前冲积扇台地上，西邻长城，东侧不远处有兰州军区的训练靶场。其位置、周围环境等与旋风槽3号烽火台等基本相似。

夯土台体，残损较重，已呈圆锥状。底部堆积有较厚的坍塌土及风淤沙土，表面散落有较多石块，生长有沙蒿等。四壁均呈斜坡状，相比以西壁保存略好，壁面夯层较清晰，底部有风蚀凹槽；东壁有一处人为掏挖的凹坑；顶部不平，已呈尖顶状。底部东西16.5、南北14米，顶部东西5、南北3米，斜高15米（图四三六）。

烽火台南壁外有一方形基址，紧贴烽火台南壁、其余三面外扩成方形，也是以黄沙土夯筑而成。残损甚重，仅存底部残迹。南面中部较低，似有门道。东西8、南北10、残高1.6米。

东侧的平地上分布有9座小墩。大致呈东西向并列，地势由东向西略有下降。是用石块和黄沙土

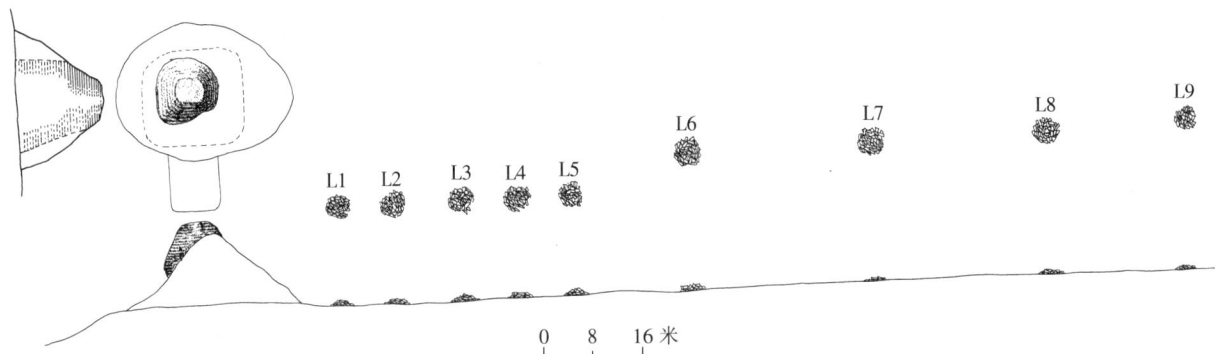

图四三六　旋风槽4号烽火台平、立、剖面图

混杂堆积而成，呈圆锥状。由西向东分别编号为 L1—L9。其中 L1—L5 间距较近；其余 4 座位置上略向北折，间距较大。另外 L8 和 L9 之间的间距较大，中部有一条土路经过，疑此处可能被破坏一座小墩。

L1：底径 4、残高 1.2 米，距烽火台 15 米；

L2：底径 4.2、残高 1.1 米，与 L1 间距 5 米；

L3：底径 4.1、残高 1.3 米，与 L2 间距 7 米；

L4：底径 4.2、残高 1 米，与 L3 间距 5 米；

L5：底径 4、残高 1.1 米，与 L4 间距 5 米；

L6：底径 4.3、残高 1.3 米，与 L5 间距 16 米；

L7：底径 4.2、残高 1.1 米，与 L6 间距 25 米；

L8：底径 4、残高 1 米，与 L7 间距 24 米；

L9：底径 3.8、残高 0.8 米，与 L8 间距 50 米。

周围地表上散落有少量陶、瓷片，器形有盆、罐等。皆残碎。采集 3 件，其中盆 2 件，罐 1 件。

（1）罐

1 件。

08QXF023 采：1，器身。黑釉。胎地较粗，胎地内夹杂白色小石粒。色浅黄。壁通施釉，釉晶莹光亮，器身有一孔，外壁有轮制弦纹。残高 9.7、壁厚 1.6 厘米。

（2）盆。

2 件。均为底部。褐釉。胎地较粗，色浅黄，壁通施釉，底部露胎，内壁有轮制弦纹，平底。

08QXF023 采：2，胎内夹杂白色小石粒，斜壁，圈足。残底径 9.9、残高 5.4、壁厚 1.2、底厚 1.5 厘米。

08QXF023 采：3，胎内夹杂灰、白色小石粒。直壁，假圈足。残径 5、残高 2.5、壁厚 0.9、底厚 1.1 厘米。

19. 旋风槽 5 号烽火台（编码：6403813532011 70033，工作编号：08QXF024）

位于旋风槽村西北约 9.2 千米、双疙瘩沟沟口前一大致呈南北向的丘状台地上，西侧坡下是双疙瘩沟干涸河道，其位置、周围环境等与旋风槽 3 号烽火台等基本相似。

夯土台体，不规则方台形。保存一般，残损甚重。底部有较厚的坍塌土及风淤沙土堆积，表面散落有较多石块，生长有稀疏的沙蒿。四壁不甚陡直，壁面均呈犬牙状；顶部较平，顶上堆有较多大石块等。台体底部边长 14 米，顶部东西 8、南北 5 米，残高 6 米（图四三七；彩图三九一）。夯层厚 0.18—0.25 米。

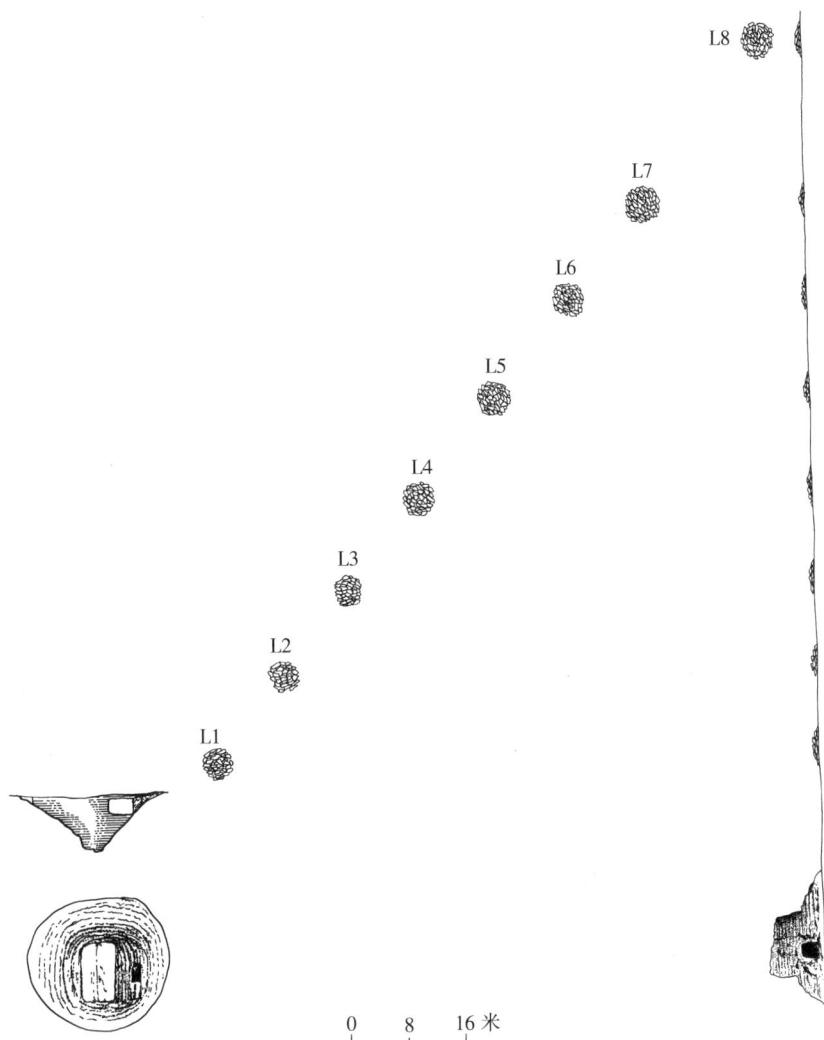

图四三七　旋风槽5号烽火台平、立、剖面图

　　四壁中南壁坍塌甚重，底部坍塌土堆积较厚，裸露的壁面风蚀洞众多，呈蜂窝状，片状剥离、粉状脱落亦较明显；东壁较陡，但风蚀十分严重，呈斑驳皴裂状。底部有一处掏挖出的窑洞，洞内以秸秆铺地，有灶台等，洞壁烟炱较厚。洞口宽2.5、进深5、高1.7米；北壁坍塌较重，中部有一道较宽的凹槽，已成为人登高的台阶；西壁坍塌亦较重，壁面有较多的鼠洞等。

　　东北侧山梁上分布有8座小墩，地势由西南向东北渐次下降，大致呈排状分布。是由黄沙土夹杂小石块混杂堆积而成，黄沙土含量较大，而石块则较少。残损甚重，多仅存底部。由南向北依次编号为L1—L8。

　　L1：底径4.5、残高0.8米，距烽火台13米；

　　L2：底径5、残高0.7米，与L1间距10米；

　　L3：底径4.6、残高0.5米，与L2间距10米，上部已被盗挖处一个方形坑；

　　L4：底径5.3、残高0.6米，与L3间距11米；

　　L5：底径5.2、残高0.6米，与L4间距12米，上部已被挖出一个方形坑；

　　L6：底径5、残高0.7米，与L5间距12米；

　　L7：底径5.3、残高0.7米，与L6间距12米；

　　L8：底径5.2、残高0.8米，与L7间距22米。

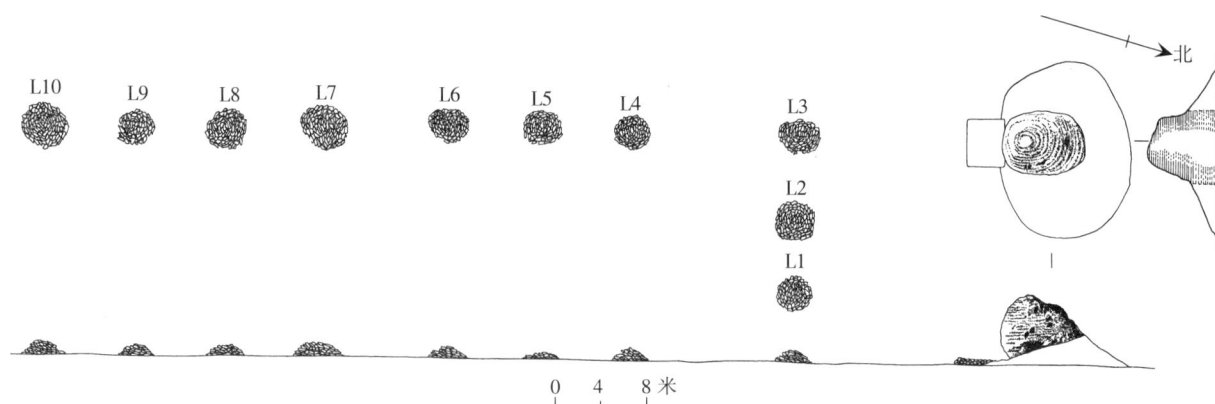

图四三八　三趟墩 1 号烽火台平、立、剖面图

台体周围地表上散落有少量残瓷片，器形有缸等，残甚，未采集。

20. 三趟墩 1 号烽火台（编码：640381353201170034，工作编号：08QSF025）

位于青铜峡镇三趟墩村西北约 13.8 千米、一大致呈南北向小山梁上。西面与长城相邻，相距 75 米；北面有一道宽阔冲沟，相距约 200 米；东侧有一道土路。也是位于山前台地上，西依贺兰山，东望台地，地表以半荒漠化滩地为主。

夯土台体，不规则方台形。方向 165°（东壁）。台体较小，保存较差。底部坍塌堆积较厚，呈斜坡状。四壁均保存不佳，坍塌等甚重；顶部不平，已不规整。台体底部东西 6.5、南北 5 米，顶部东西 4、南北 4 米，残高 6 米（图四三八；彩图三九二）。夯层厚 0.3 米。

四壁中南壁保存略好，壁面较陡，底部带状风蚀凹槽，由西向东略有倾斜；东壁保存一般，底部风蚀凹槽，由北向南逐渐倾斜。凹槽残高 0.5、进深 0.45 米。壁面上的鼠洞较多；北壁坍塌最重，已呈斜坡状，生长有稀疏的沙蒿等；西壁坍塌较重，尤其是偏北侧。

南侧有一方形基址，北面紧依台体不筑墙垣，其余三面以赭红色石块垒砌而成，仅存残迹，顶部被坍塌土等掩埋。墙垣东西 4、南北 3.2、残高 0.6 米。

南侧同一山梁上分布有 10 座小墩，平面呈"V"形，除了个别坍塌成圆锥状外，多保存尚可，是以大块石块砌边、内以黄沙土等填充而成的方台形。由北向南分别编号为 L1—L10。其中 L1、L4—L10 均位于山梁上，L2、L3 则位于东面坡上。

L1—L3 基本成一线，方向 290°，是从山梁上的 L1 开始，随东面坡而下，地势随之逐渐下降，间距较近。除了 L1 保存尚可、形状呈圆角方形外，其余 2 座残损较重，已呈圆锥状。

L1：东西 2.8、南北 3.6、残高 1.3 米，北距烽火台 16 米；

L2：底边长 3.3、残高 1.1 米，与 L1 间距 4 米；

L3：底边长 3、残高 1 米，与 L2 间距 3 米。

L1、L4—L10 均沿山梁分布，方向 195°，地势基本相当，间距相对较大。除了 L4 残损较重、已呈圆锥状外，其余保存稍好，形状呈圆角方形。

L4：底边长 3、残高 1 米，与 L1 间距 11 米；

L5：东西 3、南北 3.4、残高 0.9 米，与 L4 间距 9 米；

L6：东西 3、南北 3.6、残高 1.2 米，与 L5 间距 9 米；

L7：东西 3.8、南北 4.2、残高 1.3 米，与 L6 间距 14 米；

L8：东西 3.6、南北 3.6、残高 1 米，与 L7 间距 9 米；

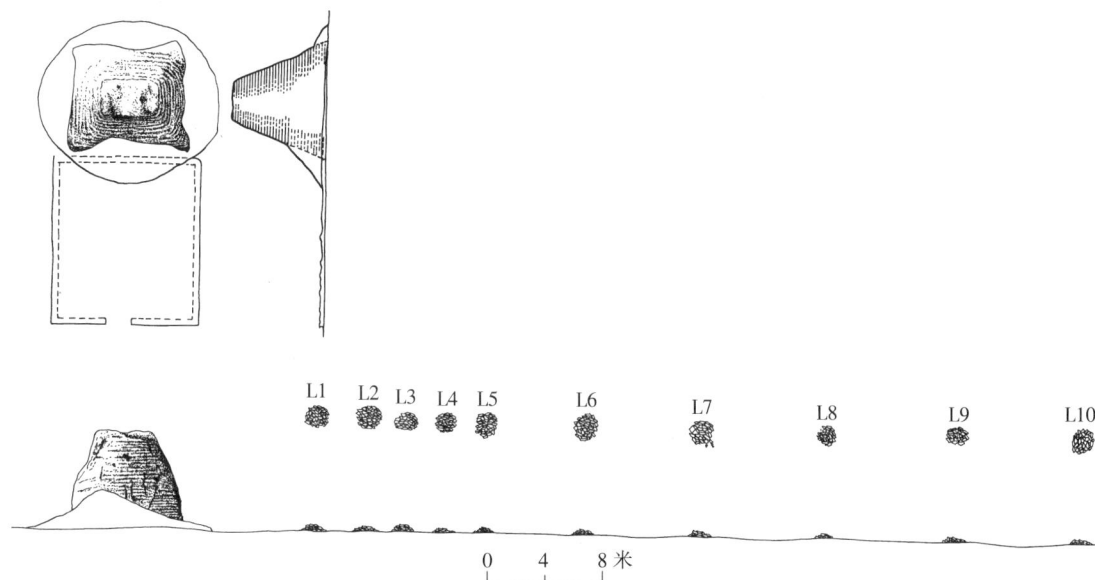

图四三九　三趟墩2号烽火台平、立、剖面图

L9：东西3、南北3、残高1.2米，与L8间距9米；

L10：东西3.8、南北4、残高1.3米，与L9间距9米。

21. 三趟墩2号烽火台（编码：640381353201170035，工作编号：08QSF026）

位于三趟墩村西北约13.2千米、水泉沟南侧一较宽大的台地上，西侧距长城150米，其位置、周围环境等与三趟墩1号烽火台等基本相似。

夯土台体，不规则方台形。方向195°（西壁）。土色沙黄，表面略泛红。台体较高大，但残损较重。底部有较厚的坍塌土堆积，表面有较多石块、茂密的沙蒿。四壁较陡，但形状已不规整，顶部不甚平整，散落有较多的石块等。台体底部东西8.7、南北8米，顶部东西4、南北2.5米，残高6.5米（图四三九；彩图三九三）。夯层厚0.2米左右。

四壁均坍塌较重，南壁保存一般，底部风蚀凹槽较深，已呈凹窝状；东壁底部风蚀凹槽较深，壁面有较多鼠洞；西壁片状剥离、粉状脱落十分明显；北壁保存较好，壁面较陡，底部有较厚的坍塌堆积。

烽火台南侧有一长方形基址，北面紧依烽火台不筑墙垣，其余三面则用赭红色、青色砂岩堆砌而成，残损甚重，仅存底部。东面辟门。基址东西10.2、南北11.3、残高0.5米。门道宽1.8米。

南侧台地上东西向排列的10座小墩，保存较好，石块砌边、内以黄沙土及小石块混杂堆积而成，形状呈圆角方形，顶部较平。其中前5座间距较近，后5座间距则稍远，由西向东依次编号为L1—L10。

L1：东西3.4、南北2.9、残高1.2米，距烽火台75米；

L2：东西3.2、南北3、残高1米，与L1间距3.3米；

L3：东西3.4、南北2.5、残高1.5米，与L2间距1.7米；

L4：保存较差，北面已被掏挖出一个方形盗洞、直抵底部。东西3.2、南北2.5、残高0.9米，与L3间距1.9米；

L5：东西3、南北3.3、残高1.1米，与L4间距2.5米；

L6：东西3.4、南北3.7、残高0.9米，与L5间距10.5米；

L7：东西3.6、南北3.3、残高0.9米，与L6间距12.5米；

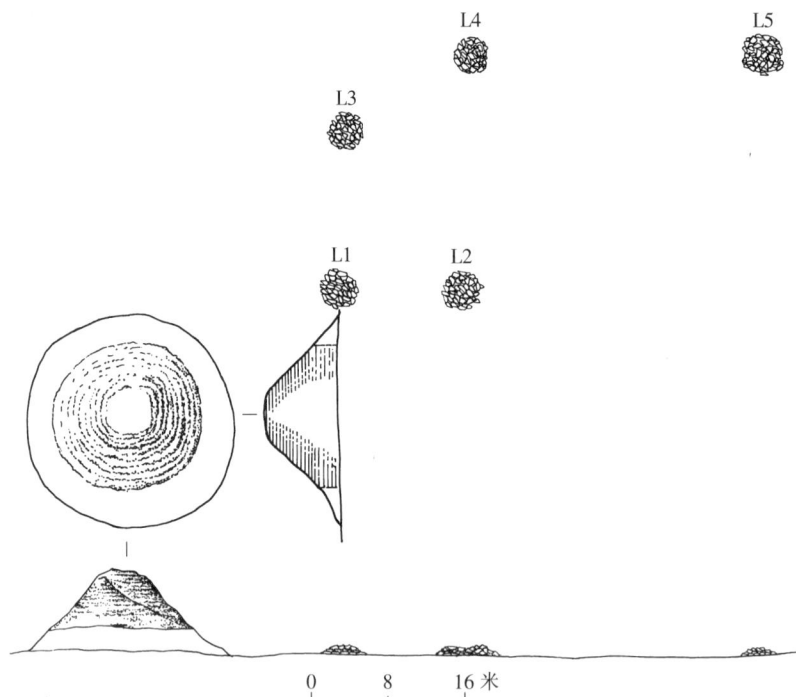

图四四〇　三趟墩 3 号烽火台平、立、剖面图

L8：东西 2.5、南北 2.9、残高 0.8 米，与 L7 间距 14.2 米；

L9：东西 3.3、南北 3.3、残高 0.6 米，与 L8 间距 15.2 米；

L10：东西 3、南北 3.2、残高 0.7 米，与 L9 间距 14.4 米。

22. 三趟墩 3 号烽火台（编码：640381353201170036，工作编号：08QSF027）

位于三趟墩村西北约 13 千米、炭井子湾以南的山前台地上，西距长城 20 米。西与三趟墩 1 号敌台相邻。其位置、周围环境等与三趟墩 2 号烽火台等基本相似。

夯土台体，土色略泛红。保存较差，已呈圆锥状。四壁底部均有较厚的坍塌土堆积，呈斜坡状，坡面上散落有较多的赭红色石块。顶部也不规整。底部东西 15、南北 12 米，顶部东西 4.4、南北 3.5 米，斜高 9.5 米（图四四〇）。

烽火台东北侧分布有 5 座小墩，可分为南北两排，其中北面 3 座，南面 2 座。均是以黄沙土夹杂石块堆积而成，形状呈圆锥状。坍塌较重。南面两座由西向东分别编号为 L1、L2，北面 3 座由西向东分别编为 L3—L5。

L1：底径 4、残高 1 米，西南距烽火台 15 米，残损多半；

L2：底径 4、残高 1.1 米，西与 L1 间距 37 米，东侧有一处方形盗坑；

L3：底径 3.8、残高 0.8 米。位于 L1 的北面，与 L1 间距 12 米；

L4：底径 4、残高 1.2 米，位于 L2 的北面，与 L2 间距 22 米；

L5：底径 4.4、残高 1 米，西与 L4 间距 39 米。

23. 三趟墩 4 号烽火台（编码：640381353201170037，工作编号：08QSF028）

位于三趟墩村西北 14.4 千米、口子门沟进沟约 1 千米的南岸高山顶上，南北两侧临坡。东距长城约 1.2 千米。

石砌台体，方台形。方向 142°（西壁）。保存较好。台体十分高大，壁面较光滑规整、陡直，砌石为赭红色条石，砌筑十分精细，但也有坍塌等。顶部较平，未发现铺舍。底部东西 17、南北 15 米，

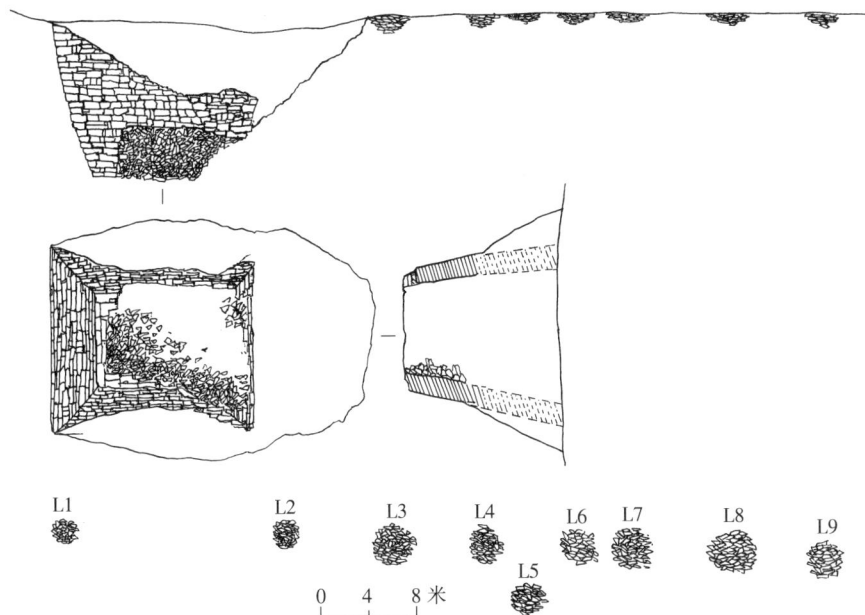

图四四一　三趟墩 4 号烽火台平、立、剖面图

顶部东西 7.2、南北 6.5 米，高 10 米（图四四一；彩图三九四）。

四壁中西壁保存最好，壁面基本完整，上有数处游人涂鸦；南壁保存一般，其中偏西侧保存尚好，壁面较清晰，但偏东侧多已坍塌；东壁坍塌较多，壁面呈斜坡状；北壁保存较好，仅东侧及上部砌石有局部坍塌。

烽火台南侧山体较陡直，壁面有明显的砍削痕迹，这里不属重点戍守方向，不属砍山为险的山险墙，而可能是采凿山石以供垒砌烽火台的采石场。

东南侧山梁上、东西向分布着 9 座小墩，大致成一条直线，方向 235°。地势由西向东逐渐下降。是以赭红色条石砌边，内以黄沙土和小石块填充而成，方台形，石缝间不施黄土等胶结材料，保存均较好。由西向东分别编号为 L1—L9。

L1：位于烽火台南侧一山凹处，北侧被烽火台坍塌石块所掩埋。底边长 2.2、残高 1.4 米，北距烽火台 7.4 米。

L2—L4 位于烽火台东南侧山梁上，地势基本相当，坍塌稍重。至 L4 后已至山梁东侧边缘。

L2：东西 2.6、南北 3.2、残高 1.5 米，西与 L1 间距 16 米；

L3：东西 3.7、南北 3.6、残高 1.5 米，西与 L2 间距 6 米；

L4：东西 3.2、南北 2.8、残高 1.2 米，西与 L3 间距 4.3 米；

L5：位于烽火台东面半坡一平台上，与其余几座不在一条线上，而是略偏南，主要是避开此处凸出的山嘴而就近修建。东西 2.7、南北 2.8、残高 1.4 米，西与 L4 间距 2 米。

L6—L9 是随山梁分布，地势逐渐下降。

L6：东西 3.1、南北 3.2、残高 1.2 米，西与 L5 间距 3 米；

L7：残甚，已呈石堆状。东西 3.5、南北 3.5、残高 1 米，西与 L6 间距 1 米；

L8：东西 3.6、南北 4、残高 1.5 米，西与 L7 间距 4.5 米；

L9：东西 3.1、南北 2.8、残高 1.5 米，西与 L8 间距 4.5 米。

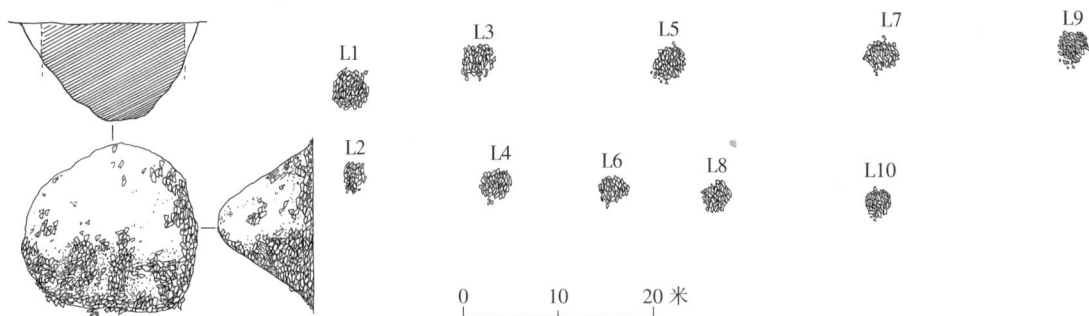

图四四二　三趟墩 5 号烽火台平、立、剖面图

24. 三趟墩 5 号烽火台（编码：640381353201170038，工作编号：08QSF029）

位于三趟墩村西北约 12 千米、口子门沟东南侧一较宽广的高台上，西侧台地下有长城经过；西面与口子门沟高山顶上的三趟墩 4 号烽火台相望。其位置、周围环境等与三趟墩 3 号烽火台等基本相似。

夯土台体，残损甚重，已呈圆锥状，但从其上部残留的夯土来看还是为方台形。底部被上侧倒塌石块及黄沙土混合堆积所覆盖，呈斜坡状，外表散落有较多赭红色条形岩石。台体底部东西 18、南北 17.6 米；顶呈尖顶状，中心有一圆形盗洞，已挖至砾石层上，东西 3.4、南北 3.4 米；斜高 14 米（图四四二；彩图三九五）。

在烽火台的东侧分布有 10 座小墩，与烽火台位于同一高台上。地势较平，是以赭红色条石砌边，内侧以黄沙土及小石块填塞，保存尚可，墩体较高大，但多呈圆锥状，南北向两排，每排各 5 座，呈梅花状错落分布（彩图三九六）。

北侧：方向 277°。按其位置由西向东按奇数分别编号为 L1、L3、L5、L7、L9，间距较远。

L1：底径 4.8、残高 1.5 米，西南距烽火台 21.4 米；

L3：底径 4、残高 1.6 米，西与 L1 间距 12 米；

L5：底径 4、残高 1.4 米，西与 L3 间距 20 米；

L7：底径 4.4、残高 1.4 米，西与 L5 间距 22 米；

L9：底径 4、残高 1.5 米，西与 L7 间距 20、南与 L10 间距 30 米。

南侧：由西向东分别按偶数编号为 L2、L4、L6、L8、10，间距较近。

L2：北侧被盗挖过半。底径 3.3、残高 1.4 米，西距烽火台 20 米；

L4：底径 4、残高 1.5 米，西与 L2 间距 14.3 米；

L6：底径 3.4、残高 1.5 米，西与 L4 间距 11 米；

L8：底径 4.1、残高 1.5 米，西与 L6 间距 9 米；

L10：底径 3.6、残高 1.2 米，西与 L8 间距 16.4 米。

烽火台南侧有两处方形基址，东西向并列，均是用赭红色石块垒砌而成，其中偏西侧一处规模较大，北垣紧贴烽火台，其余三面另行砌石为墙。西垣、南垣保存尚可，墙体较高，砌石亦较规整。但东垣仅存痕迹，东南角有进出的门道。东西 17.2、南北 12 米。门道 1.5 米。其中南垣宽 1、残高 0.5—0.9 米。偏东侧规模较小，为一处单间、方形墙垣，其西壁、北壁分别与西侧基址和烽火台紧贴，东西 3.3、南北 2.6 米，墙宽 0.8 米。其南垣偏东侧似有门道，但因今地表堆积有较多石块（此处石块较其他处石块稍低），其规模、形制等不辨。

另外，在烽火台东面、L8 南侧 15 米处，还有一处石堆，残损甚重，形状已不规整。

烽火台所在平台四边，有一处随地势分布的、平面呈不规则方形的壕沟，将烽火台圈在台地中间。其中壕宽 2 米，地表已与周围基本相同，但沟内以风积的黄沙土堆积为主，与周围以砾石混杂黄土堆积的地表界限十分明显，堑残高 0.5 米，两端堆有石块。

周围散落有少量瓷片，有黑釉、酱釉等，器形有罐、盆、缸等，残甚，无可复原者。采集 3 件，其中罐、盆、缸各 1 件。

（1）缸

1 件。

08QSF029 采：1，口沿。褐釉。胎地粗厚，色浅黄，胎地内夹杂有白、灰色小石粒。口沿及内外壁均施釉。釉层较厚，外壁釉有少量气泡，亦有轮制弦纹。直口，圆台唇，直壁，残口径 9.8、残高 8、壁厚 1.2、口沿厚 3.8 厘米。

（2）盆

1 件。

08QSF029 采：2，底部。黄釉。胎较粗，色黄中泛红，内夹杂少量灰褐色小石粒。内表粘有少量小石粒，外底有灼烧痕。直壁，圆鼓腹，小平底。残底径 9.3、残高 3.3、壁厚 1.5、底厚 1.6 厘米。

（3）罐

08QSF029 采：3，器身。酱黑釉。胎地较粗，胎内夹杂灰、白色小石粒。通施釉，釉层较灰暗，不甚光滑。残长 8.5、残高 6、壁厚 1.5 厘米。

25. 三趟墩 6 号烽火台（编码：640381353201170039，工作编号：08QSF030）

位于三趟墩村以西约 15 千米、望沟东南岸一条大致呈南北向的山脊上，西北侧坡下即为望沟干涸河道。东面约 1 千米台地上为四眼井村，东距长城约 1.5 千米。

石砌台体，方台形。台体较低矮，是在较陡峭的山脊上找平、以赭红色岩石垒砌而成。所选石块石质坚硬，色赭红，属砂岩类。较特别的是，该烽火台不施黄土，几乎全用毛石干垒。四壁中南壁保存最好，壁面平整；西壁近南侧保存较好，其余均坍塌成斜坡状。台体底部东西 6、南北 6.4 米；顶不甚平整，东西 3、南北 2.5 米；残高 3.5 米（图四四三；彩图三九七）。

在烽火台的南北两侧，各分布有 5 座小墩，均位于同一陡峭山脊上，方向不甚直。也是用赭红色条形石垒砌而成。保存较差，个别保存稍好者可见其形状为方形。由南向北、北向南分别编号为 L1—L10。

L1：方形，底部有一道南北向贯通状洞，宽 0.3 米，可能是进风的风洞。底部东西 2.5、南北 1.5、残高 0.5 米，距烽火台 8.5 米；

L2：东西 1.5、南北 1.5、残高 0.3 米，与 L1 间距 5.2 米；

L3：东西 3.3、南北 3.5、残高 0.7 米，与 L2 间距 11 米；

L4：东西 1.6、南北 1.5、残高 0.2 米，与 L3 间距 14.6 米；

L5：方形，底部也有进风洞。东西 2.1、南北 3、残高 0.5 米，与 L4 间距 10.8 米；

L6：东西 2.7、南北 2.7、残高 0.7 米，距烽火台 6.4 米；

L7：东西 3、南北 3、残高 0.4 米，与 L6 间距 7 米；

L8：东西 2、南北 2.7、残高 0.5 米，与 L7 间距 20 米；

L9：东西 2.2、南北 3、残高 0.4 米，与 L8 间距 13.7 米；

L10：东西 2.7、南北 3.2、残高 0.6 米，与 L9 间距 17.8 米。

北侧有一石砌基址，较小。位于山脊东侧，面东辟门，背依山体，四边以条石垒砌成方形墙垣，南距烽火台 6.4 米，边长 2.7、残高 0.7、墙厚 0.6 米。

26. 三趟墩 7 号烽火台（编码：640381353201170040，工作编号：08QSF031）

位于三趟墩村五组村落内，地处贺兰山山前冲积扇台地最东缘、一个丁字形山梁交汇处，东面坡下即为 109 国道，相距 90 米。过国道即为黄河冲积平原区。西距长城约 10 千米。南面坡下就是居民点。西北面坡下是一处小型的取土场，掏挖的大坑已迫近台体所在山梁。

夯土台体，不规则方台形，残损较为严重，保存较低矮，四壁均有不同程度的坍塌，壁面突兀不平，相比以北壁保存略好外，其余三面均较差。底部被倒塌土及黄沙土堆积覆盖，呈斜坡状。底部东西 10.4、南北 8.7 米，顶部东西 2.5、南北 3 米，斜高 6 米（图四四四）。

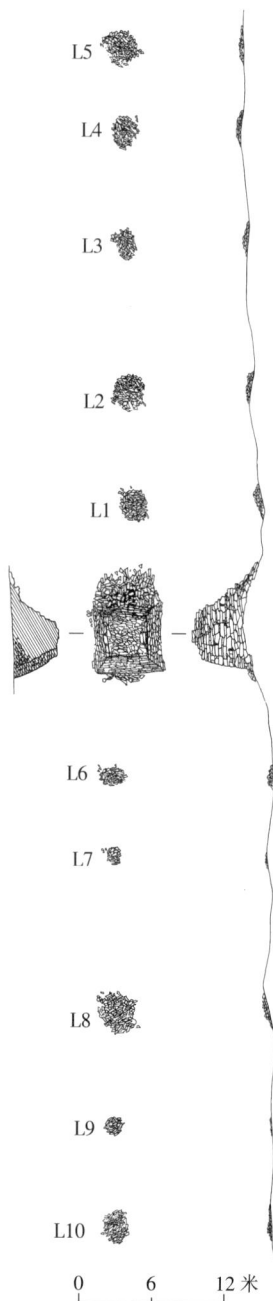

图四四三　三趟墩 6 号烽火台平、立、剖面图　　　　图四四四　三趟墩 7 号烽火台平、立、剖面图

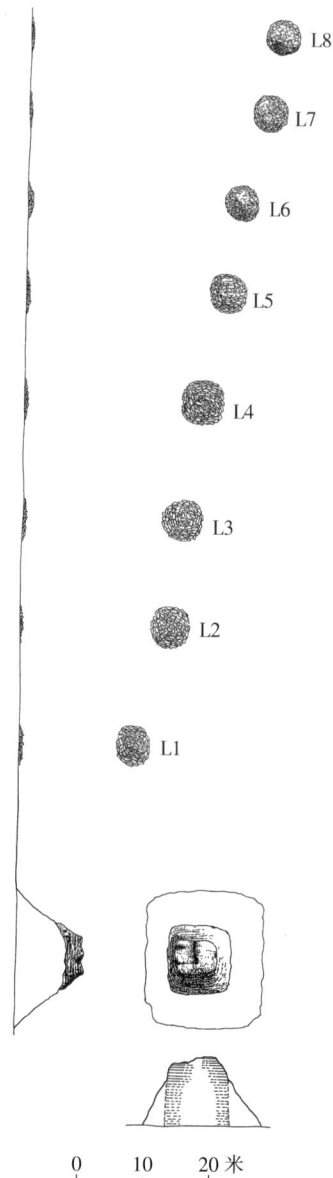

台体同一山梁上南北向分布有 8 座小墩，黄土与小石块混杂堆积而成，残损较重，多呈圆锥状，由南向北依次编号为 L1—L8。

L1：略呈方形，东西 3、南北 2.5、残高 0.3 米，距烽火台 18.6 米。顶部中心有一水泥桩，可能是航测控制标点；

L2：底径 3、残高 0.2 米，与 L1 间距 12.2 米；

L3：底径 3、残高 0.2 米，与 L2 间距 5 米；

L4：底径 3.2、残高 0.3 米，与 L3 间距 11.3 米；

L5：底径 2.8、残高 0.2 米，与 L4 间距 5 米；

L6：底径 2.5、残高 0.4 米，与 L5 间距 4 米，中部被掏挖出一个凹洞；

L7：底径 2.6、残高 0.2 米，与 L6 间距 4 米；

L8：底径 2.5、残高 0.2 米，与 L7 间距 3 米。

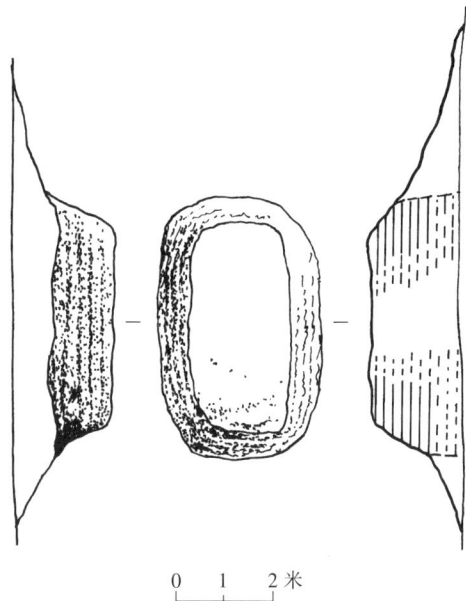

图四四五 三趟墩 8 号烽火台平、立、剖面图

27. 三趟墩 8 号烽火台（编码：64038135320117 0041，工作编号：08QSF032）

位于三趟墩村七组一户居民家的院落西侧。其所在位置、周围环境等与三趟墩 7 号烽火台基本相似，北距三趟墩 7 号烽火台 3.28 千米，西距长城约 8.6 千米。

夯土台体，不规则方形。残损甚重，仅存底部。底部东西 3.2、南北 5、残高 0.5 米（图四四五）。夯层较清晰，厚 0.12 米。

28. 渠口农场 1 号烽火台（编码：64052135320 1170004，工作编号：07ZQF001）

位于中宁县石空镇渠口农场西北约 10 千米、芦沟湖西侧的贺兰山山脊上，西面为高耸连绵的贺兰山山脉，东面坡下为低矮宽广的山前冲积扇台地，地势高亢，视野极为开阔。

石砌台体，方台形。保存较好，但局部仍有坍塌。台体底部边长 20、顶部边长 12、残高 12.5 米（图四四六；彩图三九八）。

台体四壁较陡，砌石均为赭红色砂岩，质地坚硬，规格不一，最大者长 0.8、宽 0.7、厚 0.6 米左右，砌筑较规整，石缝间不施胶结料，缝隙较大而粗疏。四壁中西、北壁基本原状保存，南壁有少量坍塌，东壁坍塌稍重，中南部已坍塌成斜坡状，底部堆积有大量的坍塌石块。裸露的台体内加有桩木，可见 2 层。皆松木质，平置，一端朝外，直径 0.15 米左右，桩木间距 0.4—0.6 米。其中底层桩木距地表 3 米，两层间距 3 米。

顶部不甚平整，残存有铺舍，坍塌甚重，仅存底部砌石，平面呈方形墙垣，墙宽 2、残高 1.5 米。是沿台体顶部边缘再砌石加高而成。除东面砌石无存外，其余三面均有保留，内侧散落有较多石块等。

北侧山体已被砍削成陡崖，高 0.5 米左右，地表散落有较多的小石块。可能是烽火台取石场。

东侧台地上分布有 10 座小墩，是用较大块石块砌边，内以黄沙土与小石块混杂填充而成，方台形，石色以赭红色为主，表面生长有沙蒿等。其中 L1—L7 东西向，方向 270°，间距较近，底部基本连成一线；L8—L10 则位于东侧另一山梁上，大致呈南北向，间距较大。

L1：东西 3.3、南北 3.8、残高 0.9 米，距烽火台 7 米；

L2：东西 3.6、南北 3.8、残高 0.9 米，与 L1 间距 7 米；

L3：东西 3.8、南北 3.7、残高 1 米，与 L2 间距 8 米；

基址

北

L1 L2 L3 L4 L5 L6 L7

L8 L9 L10

0　20　40 米

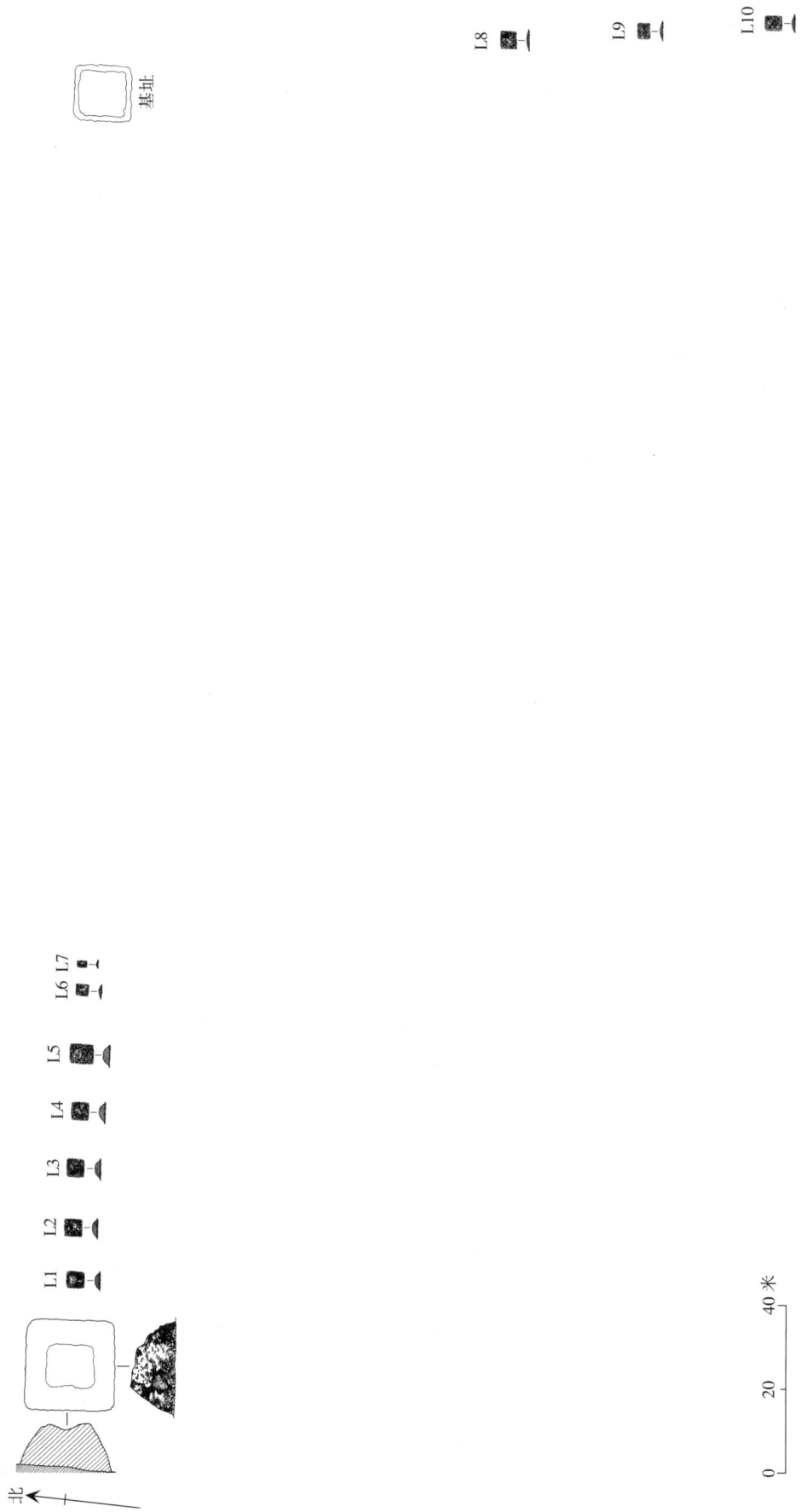

图四四六　渠口农场 1 号烽火台平、立、剖面图

L4：东西3.8、南北3.8、残高1.1米，与L3间距8米；

L5：东西4、南北5、残高1.1米，与L4间距7.7米；

L6：东西2.4、南北2.8、残高0.4米，与L5间距9.4米，残损较重；

L7：东西1.5、南北2.3、残高0.3米，与L6间距3米，残损较重；

L8：东西3.6、南北3.5、残高0.3米，与L7间距207米；

L9：东西3.2、南北2.8、残高0.4米，与L8间距25.5米；

L10：东西3.1、南北3.7、残高0.4米，与L9间距24.4米。

L7东侧台地上残存一方形基址，石块垒砌而成，西距L7约170米，东西11.6、南北11.9、残高1.2米。残甚，仅存底部，方向170°（东壁）。

29. 渠口农场2号烽火台（编码：640521353201170005，工作编号：07ZQF002）

位于渠口农场西北约8.22千米、南湖子沟沟口前一较高的山前台地上，西与长城相邻，斜距365米，过长城不远处即为贺兰山山脉；西南侧是南湖子沟干涸冲沟；东面为宽广的山前台地，地势西高东低，落差较大。

夯土台体，方台形。土色泛红，保存一般。底部有较厚的坍塌土与风淤沙土堆积，表面散落有较多石块。四壁中除北壁保存略好外，余均呈斜坡状。夯层较清晰，厚0.16—0.22米。东壁底部有一处盗洞，呈方形，东西1、南北1.5、残深0.6米；南壁、西壁裸露的夯土上风蚀、片状剥离和粉状脱落十分明显。顶部不甚平整，散落有较多砾石块。底部东西13、南北12.5米，顶部东西5、南北4.8米，残高6.2米（图四四七）。

烽火台东侧有一方形基址，西面紧贴烽火台、不筑墙垣，其余三面均是用黄沙土夯筑而成，较规整。残甚，仅存底部。东西10.7、南北13、残高1米。

东侧台地上分布有10座小墩，是用较大石块砌边，内以黄沙土与小块石块混杂填充而成。较高大，但残损较重，已呈圆锥状。由西向东分别编号为L1—L10，其中L1—16大致成一排，方向250°，间距较近，底部基本连成一线；另外4座位置上略向北折，间距较大。

L1：东西3.6、南北3.6、残高1.4米，距烽火台75米；

L2：东西3.6、南北4、残高1.8米，与L1间距4米；

L3：东西5、南北3.8、残高1.3米，与L2间距4.6米；

L4：东西3.5、南北3.5、残高1米，与L3间距5米；

L5：东西4.5、南北4.2、残高1.4米，与L4间距9米；

L6：东西4、南北3.5、残高1.5米，与L5间距7.8米；

L7：东西4.3、南北3.9、残高1.5米，与L6间距29米；

L8：东西4.5、南北3.8、残高1.8米，与L7间距33米；

L9：东西3.9、南北3.7、残高1.9米，与L8间距25米；

L10：东西4.4、南北3.8、残高1.8你，与L9间距16.5米。

周围地表散落有少量瓷片，有黑、青釉等，器形有缸、罐等，残甚，未采集。

30. 渠口农场3号烽火台（编码：640521353201170006，工作编号：07ZQF003）

俗称破石墩，位于渠口农场以西约4.16千米、张家烂山北侧的山前台地上，周围地势较平，已成为石空镇吊庄移民的农田，种植有水稻、玉米等作物。

夯土台体，方台形。保存较好，台体较高大，但残损较多。四壁较陡，夯层较明显，厚0.2米左

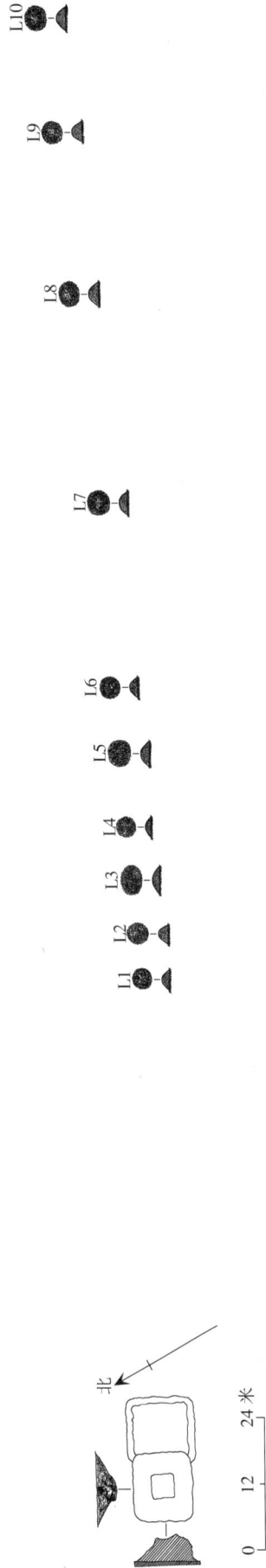

图四四七　渠口农场 2 号烽火台平、立、剖面图

右。壁面已不规整，多呈犬牙突兀状。底部东西6.5、南北5米，顶部东西4、南北3.4米，残高9米（图四四八；彩图三九九）。

四壁中东壁保存最差，底部有较厚的坍塌土堆积；上部坍塌较重，底部风蚀凹槽明显，残高0.5、进深0.4米；凹槽上有较多蜂窝状风蚀洞；中部还有一道水冲沟。南壁保存一般，底部风蚀凹槽残高0.3、进深0.2米。西壁保存略好，但南北两拐角处坍塌略重，壁面片状剥离和粉状脱落、风蚀等较多，底部也有风蚀凹槽，但痕迹较浅。北壁保存一般，底部有较厚的坍塌土堆积；上部遍布风蚀洞，中部有一道人为掏挖的脚窝，从坍塌土顶部一直延伸至台体顶部。

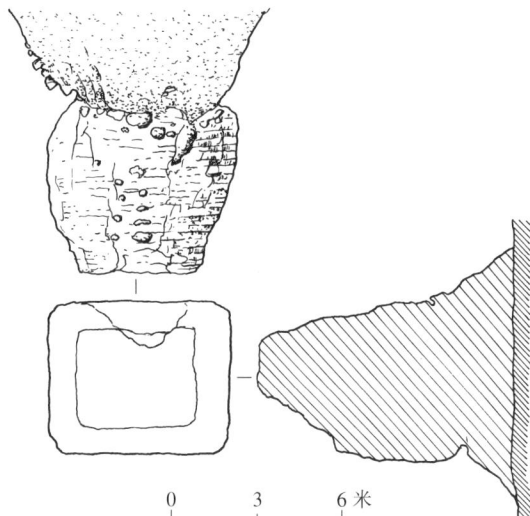

图四四八　渠口农场3号烽火台平、立、剖面图

31. 渠口农场4号烽火台（编码：640521353201170007，工作编号：07ZQF004）

位于渠口农场西北、南湖子沟进沟约1千米处，在河道南岸一大致呈东西向的山梁顶部。北面坡边有长城经过，坡下即为南湖子沟干涸河道。周围山峦起伏，落差较大。地表以原生砾石堆积为主，生长有稀疏的沙蒿等。

石砌台体，方台形。方向135°（北壁）。外侧砌石较大，多为长条形，大小不一，似非精选。规格较大者长120、宽30、厚10厘米左右，石缝间不施胶结料。保存一般，残损较重，四壁均有不同程度坍塌，其中东壁偏北侧已整体坍塌，底部堆积有较厚的坍塌石块，呈斜坡状；偏南侧则保存较好，砌石较规整，砌石面长5.2米。西壁坍塌甚重，外侧砌石已全部坍塌，已露出内侧的碎石层。南壁亦可分东西两侧，其中偏东侧2.3米保存较好，壁面较平整。偏西侧则整体坍塌，裸露的台体内夹有柠条，是用带枝柠条直接平铺在石块间，可见2层，其中底层距地表1.3、厚0.07米；顶层与底层间距1.1、厚0.05米。北壁保存一般，仅底部高1.9米处尚存外侧砌石，其上全部坍塌。顶部较平，东西两侧坍塌较多，其余两侧保存稍好，表面散落有较多的石块等，未发现铺舍。底部东西6.4、南北9.1米，顶部东西3.7、南北3.3米，残高6米（图四四九；彩图四○○）。

东北侧台地上分布有10座小墩。是用较大块赭红色石块砌边，内以黄沙土与小块石块混杂填充而成，方台形，除个别残损较重外，多数保存较好。较高大，砌筑亦较规整。由西向东分别编号为L1—L10。其中L1—L5呈东西向，方向为265°，间距较近，底部基本连成一线；L6—L10略向南折，方向为290°，间距较远。

L1：东西2.6、南北3、残高1.8米，距烽火台51米；

L2：东西3、南北2.3、残高1.8米，与L1间距2.9米；

L3：东西2.5、南北2.6、残高1.9米，与L2间距2.7米；

L4：东西2.6、南北2.8、残高1.8米，与L3间距2.5米；

L5：东西2.9、南北2.7、残高1.8米米，与L4间距3.6米；

L6：东西3、南北1.8、残高0.7米，与L5间距7.3米；

L7：东西3.2、南北3.1、残高1米，与L6间距15.2米；

图四四九　渠口农场 4 号烽火台平、立、剖面图

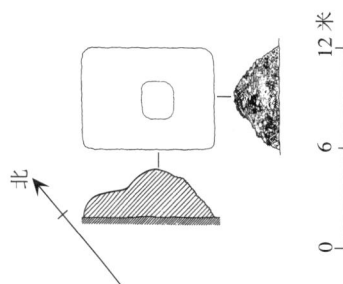

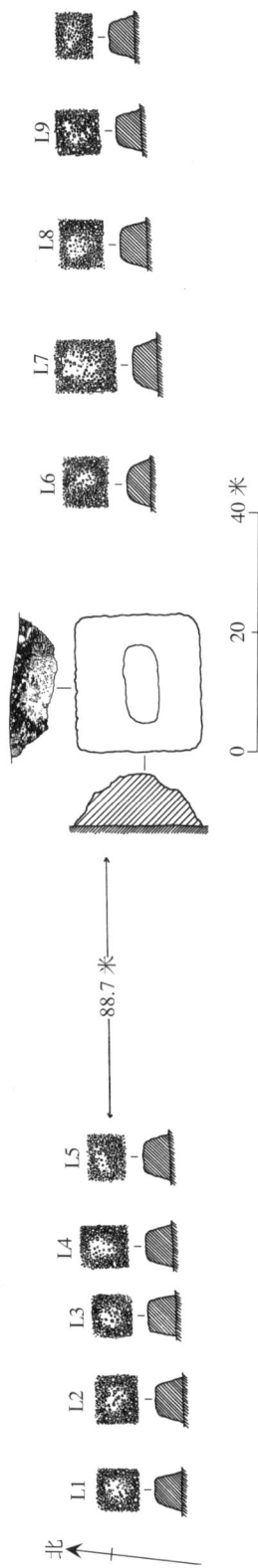

图四五〇　高山寺村 1 号烽火台平、立、剖面图

L8：东西 2.2、南北 3.1、残高 0.2 米，与 L7 间距 16.8 米，残甚，仅存痕迹；

L9：东西 3.2、南北 3.4、残高 1.1 米，与 L8 间距 15.4 米；

L10：东西 3.7、南北 4、残高 1 米，与 L9 间距 14.2 米。

32. 高山寺村 1 号烽火台（编码：6405213532011700008，工作编号：07ZGF005）

俗称小石墩，位于石空镇高山寺村西北约 13 千米、小水沟以南一大致呈东西向的高山上，东面临坡，坡下即为山前台地。地表以原生砾石堆积为主，生长有沙蒿等。

石砌台体，方台形。方向 187°（东壁）。壁面收分较大，垒砌较规整，黄泥勾缝，缝隙较大处再垫以小石块。外侧砌石多为赭红色，长条形，大小不一，最大者长 1.1、宽 0.7、厚 0.6 米，似非精选。台体底部边长 21 米，顶部东西 13、南北 7 米，残高 12 米（图四五〇；彩图四〇一）。

保存较好，台体高大敦实，但局部仍有残损。四壁中东、南、北三面壁中部均坍塌成斜坡状，底部有较厚的石块堆积。其中东壁裸露的台体内夹有拧条，呈层状，仅发现一层，距顶部 2 米，厚 0.05 米。两边处砌石保存略好，但有错位。西壁保存最好，除了顶部南北两侧略有坍塌外，基本完好。壁面的石块上有多处涂鸦。顶不规则，南北两侧坍塌较多，顶上散落有较多石块及黄沙土，生长有较多的沙蒿等。

烽火台西南侧岩石表面上有明显的取石痕迹，是沿岩石表面缝隙进行凿取，只取表层，断面十分齐整。

在烽火台东西两侧各分布着 5 座小墩台，与烽火台同处一道山脊上，基本沿山脊的北面坡边分布，是由较大块赭红色砂岩砌边，内以黄沙土与石块混杂填充而成，方台形。其内侧黄土含量十分丰富，有的顶部中心还有圆形石堆。保存较好，是宁夏西长城沿线目前发现的小墩中保存最好的一处。由西向东依次编号为 L1—L10。

L1—L5 位于烽火台的西侧，方向为 275°。基本位于山脊中部，间距较近。地势上以 L1 最高，向东逐渐略有下降，落差在 0.3 米左右（彩图四〇二）。

L1：保存较好，仅西北侧略有坍塌。顶部有一个不规则的石堆。东西 3.2、南北 3.4、残高 2.2 米；

L2：除了北壁略有坍塌外，其余保存较好，顶部亦有石堆。东西 3.8、南北 3.4、残高 2.2 米，西与 L1 间距 3.1 米；

L3：西北、东南角有坍塌，顶部亦有一个圆锥状石堆。东西 3.3、南北 3.2、残高 2.2 米，与 L2 间距 2.8 米。顶部石堆东西 2.5、南北 2.3 米；

L4：保存最好，但西北角略有坍塌。坍塌面上可见其台体内夹有拧条，呈层状，距顶部 0.3 米。东西 3.4、南北 3.8、残高 2.2 米，西与 L3 间距 1.8 米；

L5：保存最差，四面均有坍塌。东西 3.8、南北 3.1、残高 2.2 米，西与 L4 间距 3.2 米，东距烽火台 88.7 米。

L6—L10 位于烽火台东侧，基本沿北坡边分布，间距稍远，总体保存不佳，石块含量较大。

L6：保存尚可，但四边均有不同程度坍塌，顶部圆锥状石堆。东西 4、南北 3.6、残高 1.9 米，顶石堆边长 2.6 米，西距烽火台 15 米；

L7：坍塌稍重，位置略偏南。东西 4.2、南北 4.8、残高 1.9 米，西与 L6 间距 9 米；

L8：保存一般，除了东壁保存较完整外，其余三面均有坍塌。东西 3.8、南北 3.4、残高 2.1 米，西与 L7 间距 10 米。

L9：除了东壁有坍塌外，其余三面保存较好。东西 3.5、南北 3.4、残高 2 米，西与 L8 间距 10 米；

L10：保存较差，台体较小，四面均有坍塌。东西 3.6、南北 2.8、残高 2.1 米，西与 L9 间距 6 米。

33. 高山寺村 2 号烽火台（编码：640521353201170009，工作编号：07ZGF006）

位于高山寺村西北约 12 千米、红疙瘩湾北侧一大致呈东北—西南走向的狭窄山脊上，西距沟底 37.7 米。东西临坡，西面半坡处有长城经过，相距 29 米；东面坡下即红疙瘩湾。

构造较为复杂：内侧以黄土夯筑、外侧再以赭红色页岩垒砌而成，方台形。方向 230°（东壁）。残损甚重，保存较差。内侧夯土质地较为黏细、纯净，表面略泛黑，因剥蚀坍塌较重，壁面裸露部分未发现夯层等痕迹，但较坚硬，表面野草生长不多。四壁底部、尤其是台体底部四角的垒石多有保留。壁面坍塌甚重，东、南、北三面底部均被坍塌的黄沙土及石块混合堆积所覆盖，呈斜坡状，尤其以近陡坡处的东面坍塌最重，已呈斜坡状。西壁则保存较好，砌石清晰，壁面较陡；顶呈尖顶状。台体底部东西 6、南北 5.5 米，顶部东西 2.6、南北 2.7 米，残高 2.1 米（图四五一；彩图四〇三）。

东北侧有一方形基址，地处地势较缓的山凹处。残损甚重，残存墙垣不高，包括南半部墙垣及内侧已被烽火台坍塌的石块、泥土等填平，仅东北角残存。西依山体不砌墙垣，赭红色页岩垒砌而成，石块间以黄泥勾缝，局部处以小块石块填塞。东西 5.2、南北 3.9、残高 1.4、墙厚 0.6 米。

东北侧山脚下台地上分布有 5 座小墩，方向 345°，是用黄沙土混杂赭红色小石块堆砌而成，土色略泛红，表面生长有苔藓等。形状均呈圆锥状。由西北向东南分别编号为 L1—L5，这几座小墩间距基本相当，其中前 3 座均较高大，后 2 座则残损较重，形状较小。

L1：保存最好，位置略偏北。底径 3.8、残高 1.5 米，斜距烽火台 141.6 米；

L2：保存一般。底径 3.9、残高 1.6 米，与 L1 间距 17.4 米；

L3：保存一般。底径 3.2、残高 1.4 米，与 L2 间距 17.2 米；

L4：保存较差。底径 2.7、残高 0.7 米，与 L3 间距 16.8 米；

L5：保存最差。底径 3、残高 0.7，与 L4 间距 16.6 米。

周围地表上还散落有少量碎瓷片，主要是黑釉，器类有罐等，残甚，未采集。

34. 高山寺村 3 号烽火台（编码：640521353201170010，工作编号：07ZGF007）

俗称红疙瘩湾墩，位于高山寺村以北约 11 千米、红疙瘩湾山前台地上，南侧为小水沟宽阔冲沟。有长城沿河岸经过，最近距离 20 米；西北与山顶处的高山寺 2 号烽火台相邻，相距 867 米；南面与老疙瘩梁上的高山寺 4 号烽火台相望，相距 1.12 千米。

夯土台体，残损甚重，形状已不规整，从保存略好处来看，其仍属方台形，底部有较厚的坍塌土及风淤沙土堆积，呈斜坡状，表面散落有较多的赭红色砂岩石块。夯土土质黏细，包含物少，较坚实，但表面未见夯筑痕迹。壁面均呈斜坡状，顶部不平，呈尖顶状。台体底部东西 14.8、南北 16.2 米，顶部边长 2.7 米，斜高 8.9 米（图四五二；彩图四〇四）。

底部东侧有一方形基址，西面紧贴台体，其余三面以黄沙土夹杂碎石粒堆积而成，表面略泛黑。残损甚重，内侧较平，方向为 260°（南垣）。东西 8.8、南北 10、残高约 1 米。

基址东还有 10 座小墩，地势与烽火台相当。平面呈丁字形，按其位置由西向东分别编号为 L1—L10，其中 L1—L5 基本成一排（彩图四〇五），L6—L10 基本成一排。

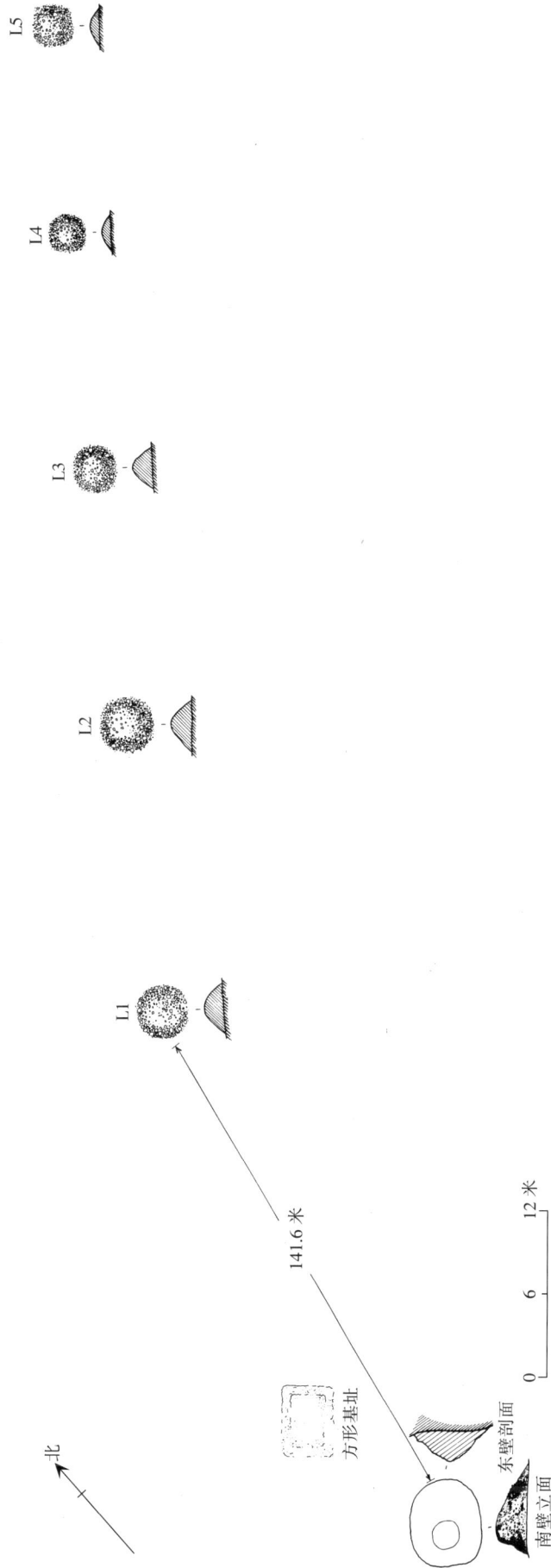

图四五一 高山寺村 2 号烽火台平、立、剖面图

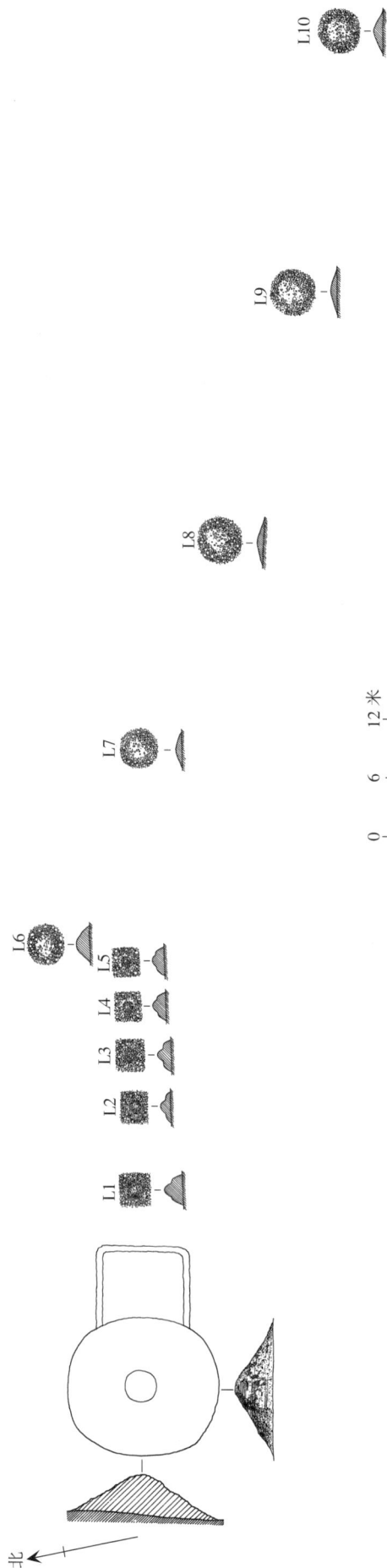

图四五二　高山寺村 3 号烽火台平、立、剖面图

0　　6　　12 米

L1—L5，方向 280°，间距较近。其构筑分上下两层：下层为朱红石片砌边，内填充黄沙土与小块石块混杂堆积成方形，上层是用朱红石片干垒而成的圆形实体，石片较薄，厚 0.1 米左右。

L1：底边长 3.4、残高 1.2 米，顶部直径 1.4、残高 0.8 米，距烽火台 11 米，北侧有一盗洞，直径 0.8 米；

L2：底部东西 3.4、南北 3、残高 0.5 米，顶部直径 1.2、残高 0.6 米，与 L1 间距 5 米。

L3：底部东西 3.4、南北 3.2、残高 0.8 米，顶部直径 1、残高 0.7 米，与 L2 间距 1.8 米；

L4：底部东西 3、南北 3、残高 0.9 米，顶部直径 1.2、残高 0.5 米，与 L3 间距 1.8 米；

L5：底部东西 3.1、南北 3、残高 0.9 米，顶部直径 1.2、残高 0.4 米，与 L4 间距 1.7 米。

L6—L10 位于 L5 以东，方向 150°。均是以黄沙土混杂小石块堆积而成，保存较差，形状均呈圆锥状。间距较远。

L6：底径 4、残高 1.4 米，与 L5 间距 5 米，

L7：底径 4、残高 0.7 米，与 L6 间距 18.3 米，

L8：底径 4.7、残高 0.6 米，与 L7 间距 18.8 米。中部有一处人为掏挖的方形坑；

L9：底径 4.7、残高 0.6 米，与 L8 间距 22.3 米。坍塌较重；

L10：底径 4.4、残高 1 米，与 L9 间距 22.9 米。坍塌较重，位置已近小水沟西北岸。

周围地表上散落有少量陶、瓷片，均残甚，无可复原者。有黑釉、酱釉等，器形有罐、碗等，采集 3 件，其中陶器 1 件、瓷器 2 件。

（1）陶器

1 件。

07ZGF007 采：1，罐底。夹砂质，质地较细，烧结度高，胎色泛白，平底，器形十分规整。底径 7.6、底厚 1.15、残高 3.8、壁厚 0.5 厘米。

（2）瓷器

2 件。缸口沿。褐釉，釉层较厚，釉面光亮，局部有流釉现象。夹砂质，胎地较为粗疏，器形厚重，皆平沿、台唇。

07ZGF007 采：2，口沿部露胎。釉层厚而均匀，釉色略泛暗。胎地坚实，露胎处呈窑红色。沿残径 12.4、残高 7.5、沿宽 3.7、壁厚 1.4 厘米。

07ZGF007 采：3，器形较薄，胎地十分粗疏，含小石粒多；釉层较薄，釉面不甚平整，局部有细小气泡。釉色泛黄，内壁通施釉，外壁口沿露胎。残宽 10.6、残高 7.0、沿厚 3.2、壁厚 0.8 厘米。

35. 高山寺村 4 号烽火台（编码：640521353201170011，工作编号：07ZGF008）

俗称老疙瘩梁墩，位于高山寺村西北的老疙瘩梁上，此处地表宽广平坦，地势由西向东逐渐下降。北面为小水沟及红疙瘩湾，南面为车往沟，西侧为高耸凸起的棺材山，东侧则为广袤的山前台地，地表为半荒漠化沙滩地，生长有较茂密的沙蒿等。

夯土台体，方台形。方向 275°（北壁）。石块含量较少，土色浅黄，保存一般，形状已不规整，底部堆积有较厚坍塌土，呈斜坡状；外壁尚存赭红色砂岩垒砌的砌石，但存留的不多；上部夯土表面略泛黑，夯层不清，厚 0.18 米左右。土十分干燥，表面很少长草；东壁有 2 处人为掏挖的方形坑，直接掏挖至台体底部；顶部不甚平整。台体底部东西 13.6、南北 9.9 米，顶部不平，大致 4 米见方，斜高 8.5 米（图四五三；彩图四〇六）。

外侧有一圈方形围墙，将烽火台直接围在中间，东垣中部辟门。是用小石块及黄沙土堆积而成，

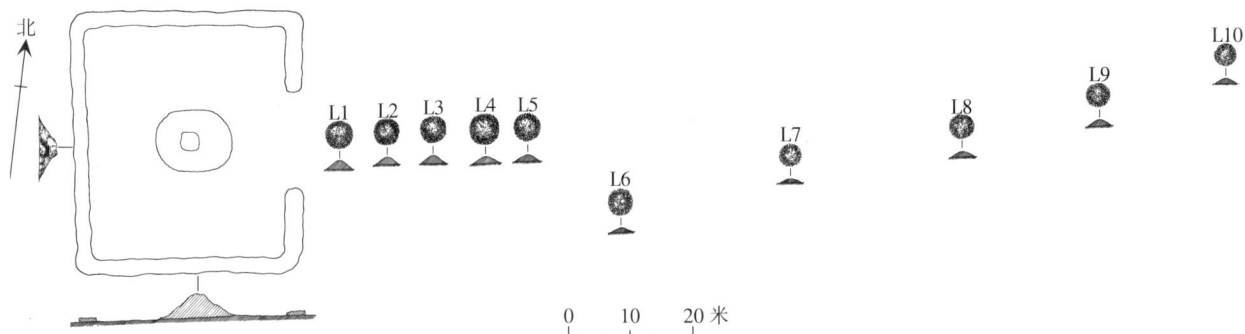

图四五三　高山寺村 4 号烽火台平、立、剖面图

形状较为规整，但残损甚重，仅存残迹。墙垣外侧与地表基本持平，内侧则掏挖出一道与墙体走向相同的凹槽。今凹槽内已被流沙淤平，但其以黄沙土堆积为主、与周围原生地表以黄沙土与石块堆积为主的特点有别。东西 37.5、南北 41.5 米，墙厚 2.5、残高 0.7 米。东面门道宽 15.7 米。

东侧台地上还分布有 10 座小墩，是用赭红色石块砌边，内以黄沙土与小石块混杂填充而成，平面大致呈丁字形，残损较重，形状呈不规则圆锥状。按其位置由西向东分别编号为 L1—L0。

L1—L5，方向 265°，保存较好，间距较近。

L1：底径 4.3、残高 1.4 米，距烽火台 15 米；

L2：底径 4、残高 1.2 米，与 L1 间距 3.2 米；

L3：底径 4.2、残高 1.3 米，与 L2 间距 3.4 米；

L4：底径 4.7、残高 1.1 米，与 L3 间距 3.3 米；

L5：底径 4.3、残高 1.2 米，与 L4 间距 2.2 米。

L6—L10 位置略偏东，且略有错位，方向 251°。间距较大，保存较差。

L6：底径 4、残高 0.8 米，与 L5 间距 15.7 米，中部已被盗挖成洞；

L7：底径 3.7、残高 0.7 米，与 L6 间距 24.6 米；

L8：底径 3.8、残高 0.8 米，与 L7 间距 24.4 米；

L9：底径 3.8、残高 1 米，与 L8 间距 18.3 米；

L10：底径 3.6、残高 0.8 米，·与 L9 间距 17.4 米。

周围地表散落较多残瓷片，有缸、罐等，皆残碎，无可复原者。采集 3 件。其中罐 1 件、缸 2 件。

（1）罐

07ZGF008 采：1，底部。褐釉。粗胎，烧结度高，色略泛红。内壁通施釉，釉层较薄且不匀；外壁釉较厚，釉面光亮，有细微气泡及流釉现象，施釉不及底。圆鼓腹，壁有明显轮制划痕，平底，假圈足。残底径 14.5、残高 6.1、壁厚 0.7 厘米。

（2）缸

2 件。口沿，胎粗厚，厚沿。

07ZGF008 采：2，姜黄釉。圆台唇，黑灰胎，外沿下施一道凹弦纹。内壁通施釉，釉层较薄，外壁露胎，表面呈黑色，似施黑陶衣。残口径 11、残高 8.5、壁厚 1.0、口沿宽 3.2 厘米。

07ZGF008 采：3，外壁褐釉，内壁姜黄釉。台唇，直腹。壁通施釉，仅沿顶露胎。残口径 10.8、残高 8.3、沿厚 3.2、壁厚 1.1 厘米。

36. 高山寺村 5 号烽火台（编码：64052135320117 0012，工作编号：07ZGF009）

位于高山寺村西北约 10.2 千米、车往沟进沟约 2.5 千米的河道北岸。北侧为高耸的棺材山，西北侧为老疙瘩梁，南侧有逶迤而来的车往沟，东面同一道山梁上有长城经过，相距 91 米。这里南扼河道，西北与 4 号烽火台相望，相距 1.73 千米。

石砌台体，残成圆锥状，从北壁等残存砌石面来看还是方台形，方向 270°（北壁）。砌石呈赭红色、较大。台体底部东西 6.7、南北 7.6 米，顶部东西 2.6、南北 3.8 米，残高 5.5 米（图四五四）。

四壁中北、西壁是在山体上砌石加高而建，其中以北壁保存略好，山体高 8 米，顶部的砌石高 1.2 米，石缝间蒿草较为茂密；南壁则坍塌甚重，底部石块高 1.1 米，上部的砌石则已呈斜坡状；其余两壁保存较差。

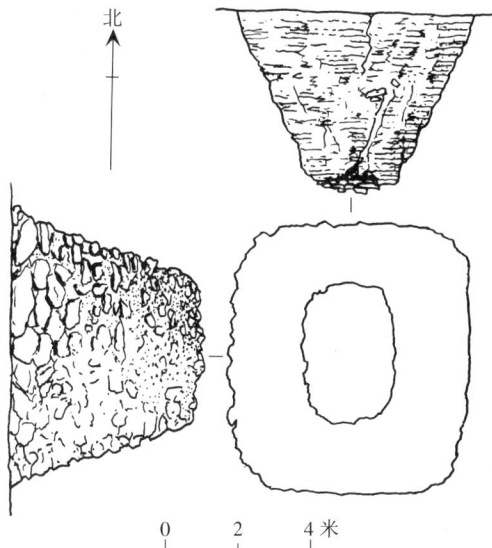

图四五四　高山寺村 5 号烽火台平、立面图

周围地表上散落有少量残瓷片，主要为褐釉，有缸、罐等。采集 1 件。

07ZGF009 采：1，缸口沿。褐釉。较粗疏，灰白胎，烧结度较高。厚沿、圆台唇，直壁微鼓。通施釉，外壁有向口沿流釉。残口径 26.5、残高 16、沿宽 3.5、壁厚 0.9 厘米（彩图四〇七）。

37. 高山寺村 6 号烽火台（编码：640521353201170013，工作编号：07ZGF010）

俗称小沙沟墩，位于石空镇高山寺以西约 10.8 千米、车往沟和小沙沟之间的狭窄山脊上，南北两面临坡，东面山凹处有长城经过，相距 173 米；北距高山寺村 5 号烽火台 894 米。地表以原生砾石堆积为主，生长有少量蒿草等。

石砌台体，方台形。方向 182°（西壁）。砌石属砂岩类，硬度不甚高。石色不一，以铁锈色为主，另有少量青灰、浅白等。大小亦不一，最大者长 60、宽 40、厚 20 米，似非精心挑选。台体保存较好，但残损较重。四壁底部均有坍塌的石块堆积，呈斜坡状。壁面平整，石缝间不施胶结料，缝隙较大而粗疏。顶部较平，堆积有较多碎石块和黄沙土，局部生长有稀疏的杂草，未发现铺舍。底部东西 10.5、南北 7.6 米，顶部东西 6.4、南北 2.6 米，残高 6.2 米（图四五五；彩图四〇八）。

四壁中西壁保存最好，砌石面较直，其中偏北侧已出现斜状裂缝；北壁两拐角保存较好，但中部壁面坍塌较重；东壁尤其是东北侧坍塌较多，坍塌面处可见台内夹有柠条，是用带枝柠条层状平铺在石块间，柠条层中还发现有扎系用的草绳（彩图四〇九）。计 9 层，每层厚 0.1 米左右，分布较为密集。其中最底层距地表 1.6 米，由下及上间距分别为 0.6、0.4、0.3、0.25、0.20、0.4、0.3、0.8 米，最上层距顶部 1.5 米；南壁坍塌最重，已呈斜坡状，坍塌的石块、黄土等沿山坡面散落。

烽火台东西两侧分布有 10 座小墩，与烽火台同处一山脊，地势相当。为朱红石片砌边，内填充黄沙土与小块石块混杂填充而成的方台形，石片较薄，厚 0.1 米左右。按其位置由西向东分别编号为 L1—L10，其中 L1—L5 分布在烽火台西侧，方向 265°。

L1：位置近山脊西侧低洼处，是 10 座小墩中地势最低、也是残存最小的一座，底边长 1、残高 0.6 米；

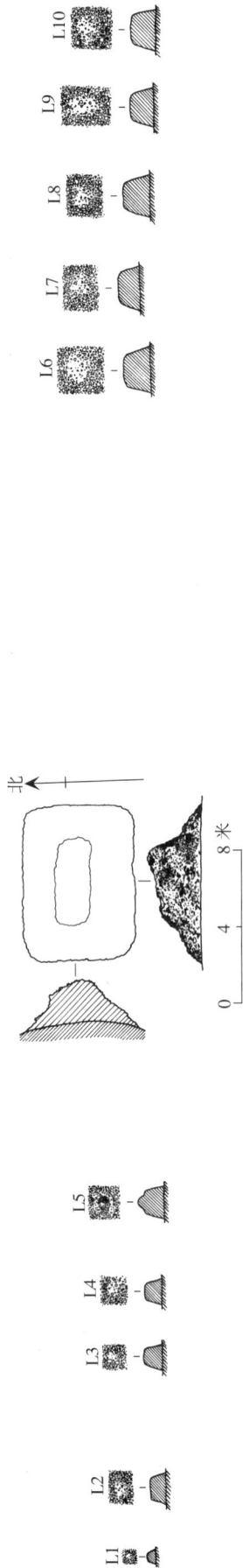

图四五五 高山寺村6号烽火台平、立、剖面图

L2：保存稍差，壁面除局部保存略好外多坍塌。东西 2.2、南北 1.6、残高 1.1 米，与 L1 间距 3.1 米；

L3：除西南角有坍塌外保存较好，呈圆角方形，东西 1.7、南北 1.6、残高 1.2 米，与 L2 间距 6.7 米；

L4：顶部较高，呈馒头状，除南侧偏东有坍塌外，保存较好，呈圆角方形。东西 1.7、南北 1.8、残高 1.3 米，与 L3 间距 2.6 米；

L5：保存较好，仅西南角略有坍塌，圆角方形，顶部中心有一个圆形石砌台，东西 2.2、南北 2.2、残高 1.5 米，石砌台直径 1、高 0.4 米。与 L4 间距 3.9、距烽火台 15 米。

L6—L10 位于烽火台以东，方向 265°。均较高大，方台形，但坍塌等亦较多。

L6：东西 3.2、南北 3.2、残高 1.8 米，距烽火台 27 米；

L7：东西 3、南北 2.4、残高 1.5 米，与 L6 间距 2.2 米；

L8：东西 2.8、南北 2.5、残高 1.9 米，与 L7 间距 3.1 米；

L9：东西 2.6、南北 3.4、残高 1.6 米，与 L8 间距 3.1 米；

L10：位置已近山脊东面凹洼处，地势稍低。东西 2.8、南北 2.8、残高 1.7 米，与 L9 间距 2.5 米。

38. 高山寺村 7 号烽火台（编码：640521353201170014，工作编号：07ZGF011）

位于高山寺村以西约 10.2 千米、小沙沟沟口北岸，在一大致呈西南—东北向的山脊上。南面为小沙沟，东面为山前冲积扇台地，西面与台地上的长城附墙相邻，相距约 200 米。再西与山脊顶上的高山寺 6 号烽火台相望，相距 961 米。

夯土台体，方台形。方向 226°（北壁）。残损甚重，形状已不规整。土质较疏松，色略泛红，表面有黑色霉斑。四壁除北壁保存较好、壁面较陡外，其他三面均坍塌甚重，尤其是东壁，已呈斜坡状（仅底部尚存部分砌石）。顶呈条形。底部东西 12.2、南北 15.4 米，顶部东西 1.5、南北 11 米，残高 7.2 米（图四五六）。

烽火台东南山脊上分布有 10 座小墩，均是以赭红色石片砌边，内以黄沙土与小石块混杂填充而成的方台形，随几道山脊走向分布，按其位置由南向北分别编号为 L1—L10。可分为 4 组，其中 L1—L3 可分为一组，L4—L7 为一组，L8 单独为一组，L9、L10 为一组。

（1）L1—L3，位于小沙沟河道北岸一个突出的山嘴上，地势由南向北逐渐上升，基本成一排，方向 180°。地势以 L3 最高，L1 最低。

L1：位于河道北面平台上，南近坡边。保存较好，南北两侧砌石坍塌较多，但东西两侧则保存较好，中部填土略高，顶部较平，顶上生长有蒿草等。底部东西 3.4、南北 3.8 米，顶部东西 2.8、南北 2.4 米，残高 1.4 米；

L2：坍塌甚重，东西 3.7、南北 2.9、残高 1.4 米，与 L1 间距 33.3 米；

L3：较高大，但外侧砌石坍塌殆尽，顶部生长有蒿草等。底部东西 4.2、南北 3.2 米，顶部东西 1.6、南北 1.5 米，残高 1.5 米，与 L2 间距 18.3 米；

（2）L4—L7，与前 3 座小墩并不在同一条直线上，而是沿山脊走向略向西北折，保存不佳，形体较小。

L4：坍塌严重，顶部有石堆，是用赭红色片石垒砌而成。东西 1.9、南北 2.2、残高 1.1 米，与 L3 间距 41.5 米；

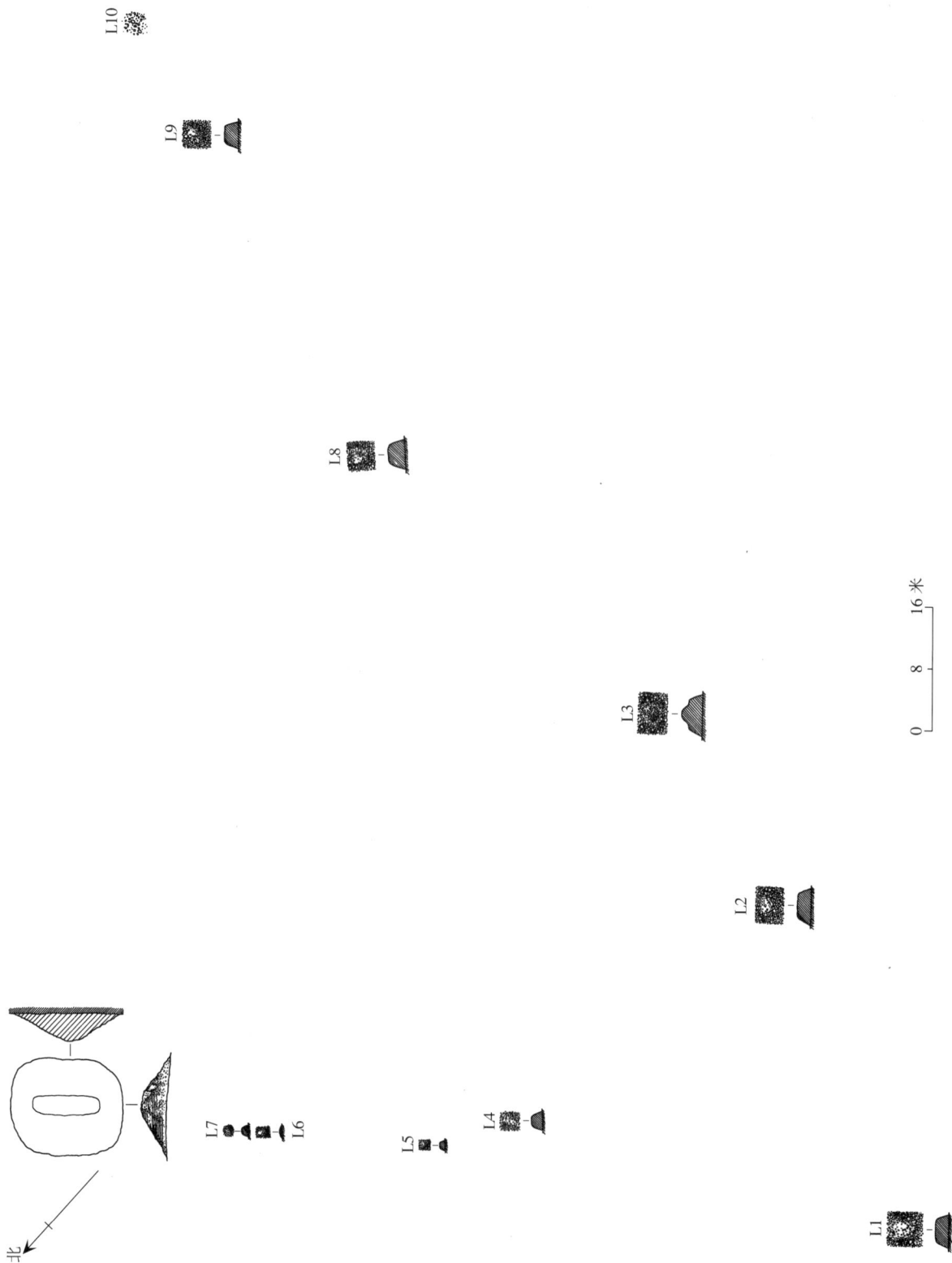

图四五六　高山寺村7号烽火台平、立、剖面图

L5：较小，似毛石干垒。东西1.1、南北1.4、残高0.6米，与L4间距7.2米；

L6：残甚，仅存底部。东西1.2、南北1.5、残高0.2米，与L5间距15.7米；

L7：残甚，东西1.2、南北1.2、残高0.7米，与L6间距2.3米；

（3）仅1座，L8，单独位于L3北面一山丘顶，较大，正方体，尖顶，顶部垒石块。东西2.9、南北2.9、残高1.8米，南与L3间距52.5米；

（4）L9、L10，位于L8东侧另一山脊上，地势以前者略高而后者稍低，保存不佳。

L9：东西2.9、南北3、残高1.4米，与L8间距34.5米，与L3间距74.2米；

L10：残甚，仅存痕迹，南与L9相距10米。

39. 高山寺村8号烽火台（编码：640521353201170015，工作编号：07ZGF012）

位于高山寺村以西12.04千米、边墙湾东北侧山顶上，在一南北向山梁上，东西临坡，东面坡下即为山前台地。这里山体较宽广，地表略有起伏，以原生砾石堆积为主，生长有较茂密的沙蒿等。南侧约5千米即为中宁电厂。

石砌台体，方台形。方向210°（西壁）。外侧砌石多为长条形，十分巨大，规格不一，最大者长80、宽60、厚33厘米，似非精选。砌筑十分规整，但内侧填土较少，近乎干垒。台体十分高大，但坍塌较重，四壁中仅西、北壁尚存少量砌石面，其他均坍塌成斜坡状，底部有较厚的石块堆积；顶部较平，生长有少量野草。底部东西23.3、南北16.1米，顶部东西10.1、南北15.7米，斜高19.4米（图四五七；彩图四一〇）。

周围分布有16座小墩，均是以赭红石块砌边，内以石块和黄沙土填充而成，分3处。

（1）位于烽火台所在山顶的北面坡边，6座，较小，方向110°。地势由西向东逐渐降低，落差在1.5米左右。由西南向东北分别编号为L1—L6，其中L1、L2坍塌甚重，塌落的石块混杂堆砌在一起，

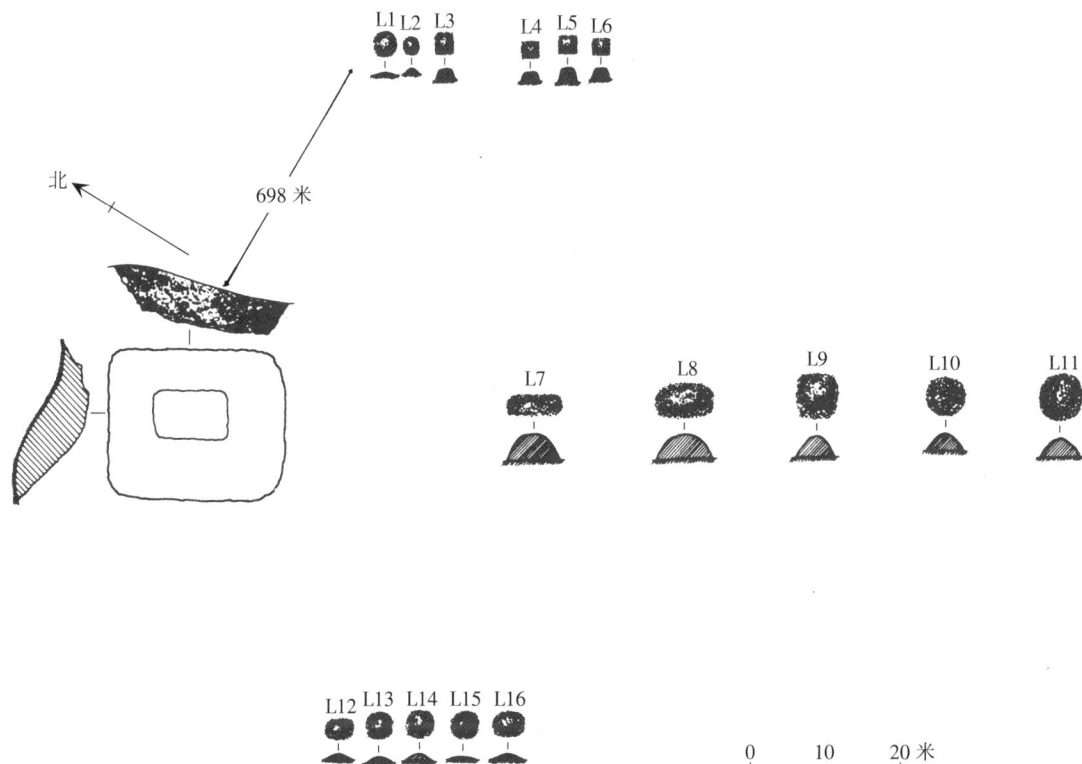

图四五七　高山寺村8号烽火台平、立、剖面图

呈圆锥状，其余几座保存尚可，方台形。

L1：东西1.8、南北2、残高0.2米，距烽火台698米；

L2：东西1.4、南北1.5、残高0.5米，与L1间距0.6米；

L3：保存最好。东西1.5、南北1.7、残高0.8米，与L2间距1.5米；

L4：东西1.4、南北1.4、残高0.8米，与L3间距5米；

L5：东西1.6、南北1.5、残高1.1米，与L4间距1.4米；

L6：东西1.4、南北1.4、残高0.9米，与L5间距1.5米；

（2）位于烽火台东侧，5座。方向210°。较高大，但坍塌略重，由东北向西南分别编号为L7—L11。

L7：东西4.3、南北1.7、残高2米，距烽火台21.7米；

L8：东西4.5、南北2.6、残高1.8米，与L7间距7.2米；

L9：东西3.2、南北3.5、残高1.6米，与L8间距6.3米；

L10：坍塌成圆锥状。东西2.8、南北2.8、残高1.3米，与L9间距7米；

L11：东西3.3、南北3.5、残高1.4米，与L10间距6、距烽火台5.7米；

（3）位于烽火台东南侧，5座。方向210°，由西南向东北分别编号为L12—L16，间距较近。

L12：残甚，仅存底部。东西2.2、南北1.7、残高0.5米，距烽火台24.6米；

L13：东西2、南北2、残高0.5米，与L12间距1米；

L14：东西2.1、南北2.1、残高0.6米，与L13间距1米；

L15：东西2.1、南北2.1、残高0.2米，与L14间距1.6米；

L16：东西2.4、南北1.9、残高0.5米，与L15间距1.6米。

烽火台西北侧洼地处有一方形基址，相距111.6米。是在较为平坦的地表上修筑而成，残甚，仅存痕迹，基址东西22.3、南北25.8米，墙底宽0.2、残高0.3米。方向210°（北壁）。基址内有一间房址，赭红色石块垒砌而成，分底、顶两部分，其中底部为石砌基础，东西3.3、南北3.5、残高0.4米；顶层内收0.2米后、再用石块垒砌成方形房址，边长2.8、残高1.1、墙厚0.4米，方向107°（北壁）。

周围地表上散落有少量瓷片，有缸、罐、碗等，釉色有黑、褐、白和青花等，采集7件，其中缸2件。罐3件、碗2件。

（1）缸

2件，均褐釉，胎粗厚。

07ZGF012采：7，口沿。通施釉，釉层光亮，釉色内外不一，内褐釉，外釉略泛青。卷沿，直壁。残口径5.6、残高10.7、壁厚1.3厘米。

07ZGF012采：5，底部。烧结度略低。通施釉，器底露胎。斜壁，大平底。残底径9.0、残高7.2、壁厚2.0、底厚2.0厘米。

（2）罐

3件。其中口沿2件，底部1件。

07ZGF012采：2，口沿。黑釉。胎地较细腻，通施釉，釉面晶莹有光泽，沿露胎。矮束颈，圆台唇，鼓腹。残口径4.1、残高3.1、壁厚0.5、口沿宽0.8厘米。

07ZGF012采：4，口沿。酱釉。胎略粗疏。施釉较薄，釉色内外不一，外壁略泛褐，内壁则深黑。

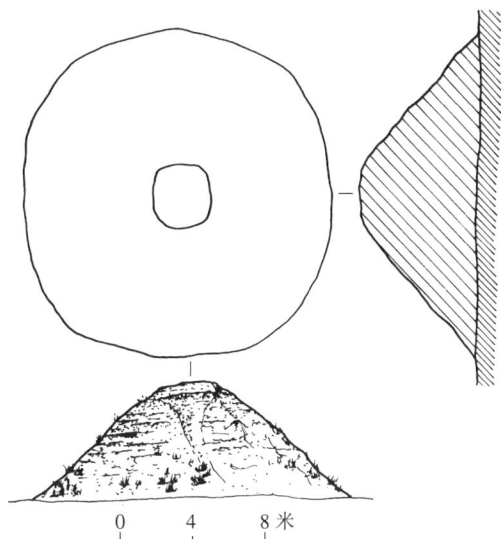

图四五八　高山寺村9号烽火台平、立、剖面图

釉面有气泡，口沿露胎。高颈，圆唇微外卷，鼓腹。残口径4.1、残高4.4、壁厚0.8、口沿宽1.2厘米。

07ZGF012采：6，底部。褐釉。粗胎，色泛青，内壁通施褐釉，外底露胎，器表有明显轮制刻划痕。直腹，假圈足。残底径7、残高3.8、壁厚0.8、底厚1.3厘米。

（3）碗

2件。

07ZGF012采：1，底部。褐釉。较粗重，胎泛红。宽圈足，内底有圆形褐釉层，周围有涩圈，外底露胎。底径6.2、残高2、壁厚0.6厘米。

07ZGF012采：3，口沿。白釉。灰白胎，通施釉，釉色莹润光洁。直壁，撇沿。残口径2、残高3.2、壁厚0.4厘米。

另外还发现少量青花瓷片，皆碗类，残甚，未采集。

40. 高山寺村9号烽火台（编码：64052135320117 0016，工作编号：07ZGF013）

位于高山寺村八组村落内，在今跃进渠南岸。地处贺兰山山前冲积扇台地上，东面有包兰铁路及109国道经过，相距448米。周围地势平坦，视野开阔，已被辟为村落及农田。

夯土台体。保存较差，残损严重，形状已呈不规则圆锥状。底部被坍塌土等所覆盖，表面生长有较多蒿草等；上部裸露出约1米高的夯土，十分坚实，表面上的夯打痕迹较明显，夯层厚0.19米。土色略泛红，表面不生野草。南壁有一掏挖的条形盗洞；顶部较平。今存台体底部直径17.9、顶部直径2.9、斜高9米（图四五八；彩图四一一）。

周围地表上散落有少量黑釉瓷片等，皆残碎，未采集。

41. 王营村1号烽火台（编码：640521353201170 017，工作编号：07ZWF014）

位于石空镇王营村西北约9.6千米、雨水井沟东岸一东西向狭窄山脊之上，西、北临坡，坡下即为雨水井沟干涸河道，南侧不远处为中宁火电厂。东与高山寺6号烽火台相望，相距1.67千米；北侧半山腰处有长城经过，斜距56米。

石砌台体，方台形。方向155°（东壁）。砌石多赭红色，大小不一。台体较低矮，保存不佳，坍塌严重，四壁中除东壁偏北侧保存稍好外，其余均坍塌成斜坡状。底部被坍塌石块所覆盖，石缝间生长有沙蒿等。砌筑不甚规整；顶部不平，略呈尖顶状。顶上亦生长有沙蒿等。底部东西14.8、南北10.7米，顶部东西5、南北4.2米，残高3米（图四五九）。

在山脊的东侧分布有9座小墩，方向260°。也是以赭红色岩石砌边，内填黄沙土及石块。方台形。连线不直，间距较近，地势上随山脊有起伏。根据其位置由西向东分别编号为L1—L9，其中L1—L6地势逐渐上升，两端落差在0.3米左右，间距相对较近；L7—L9地势沿山脊又渐次下降。间距较远。

L1：保存较好，东西2.2、南北2.2、残高1.2米，距烽火台11米；

L2：坍塌较多，东西2.1、南北1.7、残高0.7米，与L1间距1.1米；

L3：坍塌较多，东西2.2、南北2、残高0.9米，与L2间距1.2米；

L4：东西2.7、南北2.5、残高1.2米，与L3间距1.1米；

L5：东西2.6、南北2.6、残高1.2米，与L4间距1.7米；

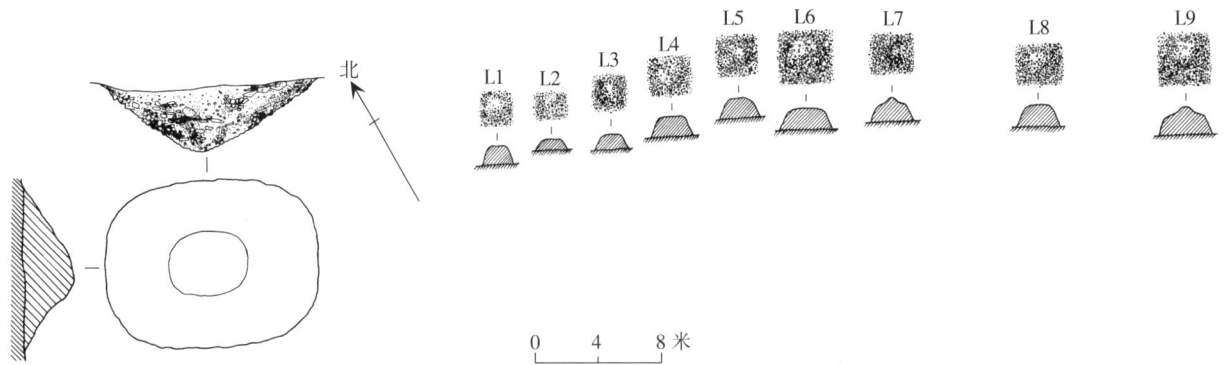

图四五九　王营村1号烽火台平、立、剖面图

L6：东西3.4、南北3.3、残高1.3米，与L5间距1米；

L7：完整，尖顶，顶有圆形石堆。东西2.7、南北2.5、残高1.4米，与L6间距2米；

L8：东西2.9、南北2.5、残高1.4米，与L7间距6.5米；

L9：顶部亦有石堆，圆形、中空。东西3.2、南北3.2、残高1.5米，与L8间距6米。

周围地表散落有较多瓷片等，皆残碎，无可复原者。器形有缸、罐、碗等。采集9件，其中缸2件、罐5件、碗2件。

（1）缸

2件。沿、底各1件。酱釉，胎较粗。

07ZWF014采：1，口沿。胎色泛红，内夹杂有灰、白小石粒。沿露胎，沿下施釉，釉层较厚而灰暗，内壁较粗而外壁略显光滑。直口，宽厚沿，平唇，直壁。残口径14.2、残高9.2、口沿厚3.3、壁厚1.3厘米。

07ZWF014采：2，底部。胎色浅黄，内夹少量灰色小石粒。外底露胎，器表不甚光滑，表面略泛红，内通施釉，釉层较厚，有小乳钉，不甚光滑。斜直壁，大平底。残底径13.8、残高7.5、壁厚2.0、底厚2.9厘米。

（2）罐

5件。皆口沿。有褐釉、黑釉等。

07ZWF014采：3，褐釉。胎较细，色浅灰，内夹少量灰、白色小石粒。通施釉，外壁较粗、内壁较细、有拉胚旋纹。圆鼓腹。残口径6.1、残高8.9、壁厚0.9、沿厚1.3厘米（图四六〇）。

07ZWF014采：4，酱釉。胎地较细，色浅黄，内夹灰、白色小石粒。沿露胎，壁通施釉，釉层较厚而明亮，内壁较光滑而外壁略显粗糙。外壁沿下带扳耳，残口径8.9、残高6.3、壁厚1.0、沿厚1.5厘米。

07ZWF014采：5，黑釉。胎较细，色浅灰，内夹灰、黄色小石粒。沿露胎，壁通施釉，局部泛红，釉层较厚而明亮，内壁较粗，外侧光滑。圆唇，鼓腹。残口径3.5、残高4.0、壁厚0.6、口沿厚1.5厘米。

07ZWF014采：6，褐釉。胎较粗，色浅白，内夹灰、白色小石粒。沿露胎，通施褐釉，沿顶有粘烧痕。釉层较厚而明亮，壁较光滑，圆唇，鼓腹。残口径6.4、残高4.5、壁厚0.9、沿厚2厘米。

07ZWF014采：7，黑釉。胎较粗，色浅灰，内夹灰、白色小石粒。壁通施釉，釉层较厚而光滑细腻，肩有带状露胎，圆唇，鼓腹。残口径7.8、残高6.7、壁厚0.9、沿厚0.7厘米。

（3）碗

2件。均为底部。釉色有白釉、黑釉等。胎较细，色浅黄。外底露胎，通施釉。足跟有拉胚弦纹。

07ZWF014采：8，白釉。胎内夹灰、黄色小石粒。残底径5.9、残高1.4、壁厚0.5、底厚0.4厘米。

07ZWF014采：9，黑釉。胎内夹杂黄、白色小石粒。内底有涩圈，涩圈内釉色深黑。残底径8.5、残高2.9、壁厚0.5、底厚0.6、足厚0.9厘米。

42. 枣园村1号烽火台（编码：640521353201170018，工作编号：07ZZF015）

位于中宁县石空镇枣园村以北、贺兰山东麓的山前冲积扇台地上，地处两道低矮的"V"形山丘交汇处。地表以原生沙土堆积为主，生长有稀疏的沙蒿等。北面与山顶上的高山寺1号烽火台（小石墩）相望，相距7.84千米，南面与台地上的枣园村2号烽火台相望，相距3.51千米。西距贺兰山约4、西南距石空镇13.07千米。

夯土台体，已呈圆锥状。土色泛白，表层土则略泛红，含水量极少。底部有较厚的坍塌土及风淤沙土堆积，生长有沙笈等，仅顶部裸露约1米夯土台体，夯层明显，厚0.25米，夯打较为坚实。底部直径15米，顶部东西3、南北2.2米，斜高9.3米（图四六一）。

43. 枣园村2号烽火台（编码：640521353201170019，工作编号：07ZZF016）

位于枣园村2组西南的山前冲积扇台地上，地处山前台地的东南侧边缘，这里地势宽广，地表起伏不大。东南面坡下即为黄河冲积平原，周围现已成为村落区。西距石空镇10.35千米，西北距贺兰山约5.5千米。

夯土台体，已呈圆锥状。土质黏细，色沙黄，极为干燥，孔隙较大，质地稍显疏松。底部堆积有较厚的坍塌土及风淤沙土堆积，呈斜坡状。壁面生长有较密的沙蒿等，散落有较多赭红色石块。东南壁有一圆形盗坑。夯层不甚清晰，厚度在0.2米左右；顶部较平。底部直径15、顶部直径2.8、斜高13.6米（图四六二）。

台体北面有一半环状泄洪沟，东西两侧与台地两边的断口相连，沟北以小石粒及黄沙土堆积加高成一道土垄状围堰。沟内已被黄沙土淤平，土层上生长有较多沙蒿等。沟全长47.9、宽2.3、残深0.5

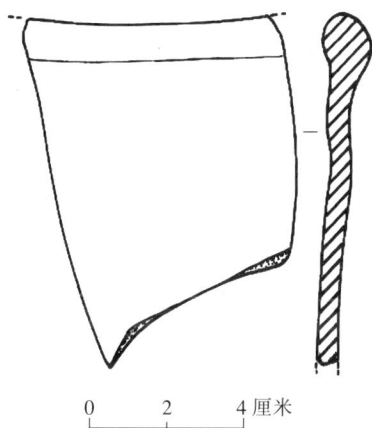

图四六〇　王营村1号烽火台采集褐釉罐口沿残片
（07ZWF014采：3）

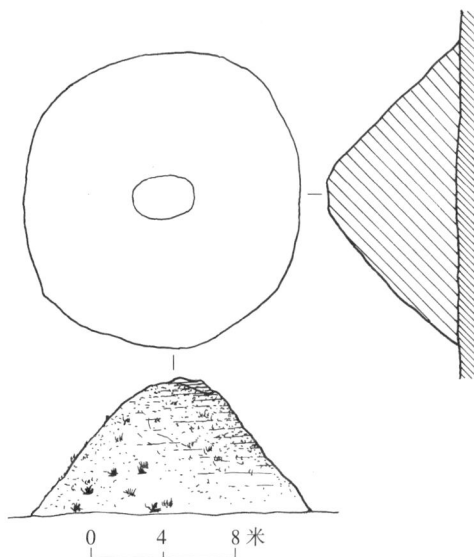

图四六一　枣园村1号烽火台平、立、剖面图

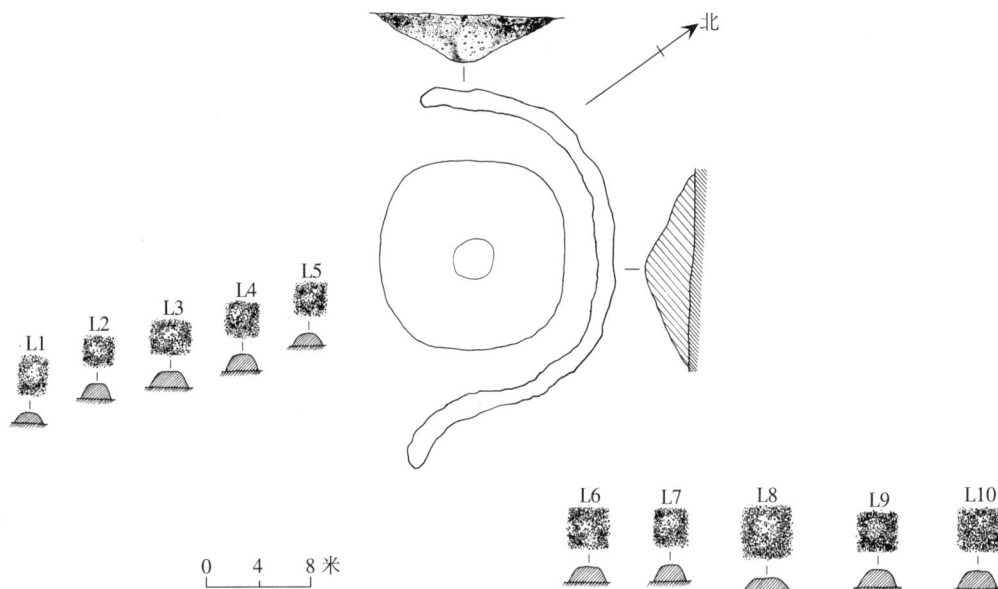

图四六二　枣园村2号烽火台平、立、剖面图

米。沟北面的围堰底宽1.1、残高1米。

东北侧、南侧分布着10座小墩。与台体同处一座平台上。是以石块砌边，内填黄沙土，多坍塌成堆状，从个别保存较好的来看还是方台形，顶部较尖。由南向北分别编号为L1—L10。

L1—L5分布于台体南侧，是沿向南延伸的一道山梁顶分布，方向155°。保存不佳，坍塌等较严重。

L1：东西2.2、南北3、残高0.7米。其位置已近山缘。

L2：东西2.5、南北2.3、残高1.1米，与L1间距2.3米；

L3：东西3、南北2.6、残高1米，与L2间距2.3米；

L4：东西2.6、南北2.6、残高1.1米，与L3间2.6米；

L5：东西2.4、南北2.4、残高0.8米，与L4间距4、北距烽火台4米；

L6—L10分布于烽火台东北侧平台上，方向185°，间距较远。

L6：东西3、南北3、残高1.1米，与L5间距24.1米；

L7：东西2.6、南北2.7、残高1.1米，与L6间距3米；

L8：东西3.5、南北3.8、残高0.9米，与L7间距3.8米；

L9：保存稍好，东西3、南北3.1、残高1.3米，与L8间距4.8米；

L10：东西3.2、南北3.6、残高1.3米，与L9间距4.5米。

周围地表上散落有较多陶、瓷器残片，残甚。采集13件，其中陶器2件、瓷器11件。

（1）陶器

2件。

07ZZF016采：1，陶钵口沿。红陶质，质地较细腻，色暗红。敛口，腹微鼓。残口径6.5、残高5.4、壁厚0.7厘米。

另一件为灰陶带耳罐的耳部残片，残甚。

（2）瓷器

11件。有酱釉、青釉、白釉及青花等，器形有缸、罐、碗等。

①缸。3件，其中口沿2件，底1件。

07ZZF016采：2，底部。青釉。胎地十分粗疏，含砂量大，器壁较粗糙，外壁有明显的轮制痕迹，通体均施青色釉，釉层较厚而光亮；外底部露胎。斜壁，大平底。残底径11.5、残高12.4、底厚2.0、壁厚1.1厘米。

07ZZF016采：3，口沿。酱釉。胎较细，烧结度高，色浅白。通施釉，沿顶刮釉。釉层厚而光亮。厚台唇，斜壁。残口径8.8、残高9.0、口沿宽2.9、壁厚0.7厘米。

另一件为酱釉缸口沿残片，残甚。

②罐。3件。皆罐底。

07ZZF016采：4，青釉。胎较粗，烧结度略低，色泛黄。壁通施釉，足底刮釉。内壁施酱釉、外壁施青釉。直壁，圈足，大平底。残底径11、残高4.9、壁厚0.9厘米。

07ZZF016采：5，酱釉。胎略粗，色泛红，烧结度较高。壁通施釉，外底露胎。器形较规整，斜壁，内凹底，假圈足。残底径9.7、残高5.9、壁厚0.6厘米。

07ZZF016采：6，褐釉。胎十分粗糙，含砂量大，外壁施半釉，釉层较薄；内壁露胎。斜壁，大平底。残底径10.6、残高3.8、壁厚1.0、底厚0.9厘米。

③碗。5件，其中口沿1件，底3件，器身1件。

07ZZF016采：7，底部。白釉。器厚重粗糙，壁施白釉，外底露胎。斜壁，宽圈足，平底。底径6.8、残高2.4、壁厚0.6厘米。

07ZZF016采：10，口沿。白釉。胎细腻坚实，釉色莹润光亮。直口，圆尖唇，斜壁。残口径3.4、残高3.5、壁厚0.4厘米。

07ZZF016采：8，器底。黑釉。器胎较细腻，烧结度较高，施釉较厚，内底有涩圈，外底露胎。斜壁，圈足，平底，足底挖足过肩。残底径5.4、残高1.9、壁厚0.6厘米。

07ZZF016采：9，器底。黑釉。胎色青灰，釉面光滑平整，内外壁底部不施釉。下腹外鼓，内侧底部成圜底，外侧平底，器足挖足过肩。残底径5、残高3.1、壁厚0.4、底宽0.7厘米。

另外还有青花碗1件，残甚。

44. 太平村1号烽火台（编码：640521353201170020，工作编号：07ZTF017）

位于石空镇太平村以北约9千米、新寺沟西南侧一东北—西南向山脊上。西北为山丘，南侧为较低矮的山前冲积扇台地，山坡边有长城经过，相距123.5米，西南距石空镇约8.03千米。周围山峦广布，地势起伏较大。地表以原生砾石堆积为主，生长有较茂密的沙蒿等。

石砌台体，方台形。方向333°（西壁）。石色多为赭红色砂岩，较大。内侧黄沙土含量十分丰富，但质地较疏松，未经夯筑。土石含量比例近于2:1，呈暗红色。保存较差，形状已不规整，底部有较厚的坍塌土及石块堆积。四壁均呈斜坡状，壁面除了西南角、东南角尚有部分砌石外，其余均坍塌。其中西南侧砌石长4.4、宽0.6、高3.7米。壁面上有较多鼠洞等。顶部较平，顶上有较多石块。中心有一石砌小平台，残高0.7米。台体底部东西11.3、南北11.6米，顶部东西1.8、南北3.3米，斜高8.3米（图四六三）。

烽火台东北侧沿山脊东西向分布有15座小墩，连线不直。是以赭红色石块砌边，内以黄沙土及小石块混杂填塞而成，多呈圆锥状，从保存较好的小墩来看还是为方台形，尖顶。由西向东分别编号为L1—L15。

L1—L5位于烽火台所在山丘与东侧另一山丘之间的山凹处，L1、L5地势略高，从L1逐渐下降，

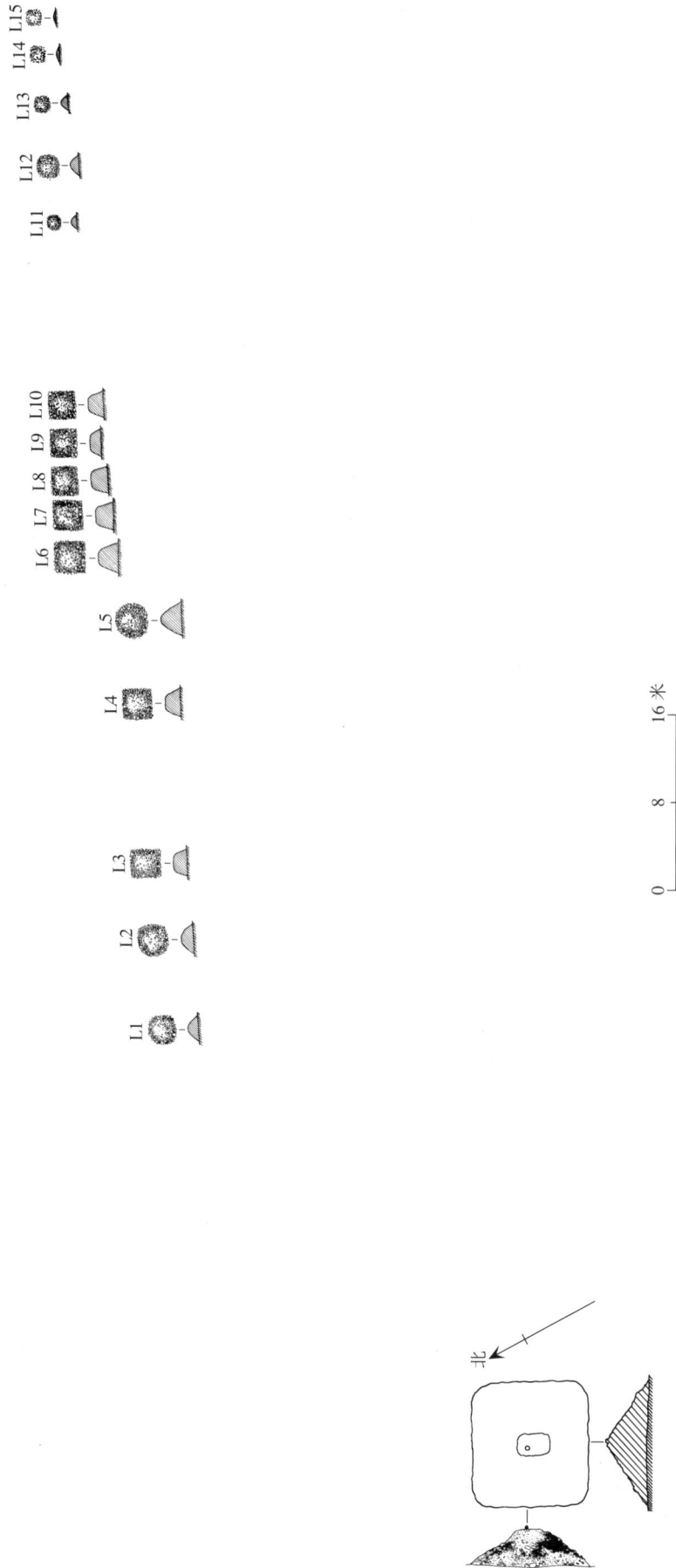

图四六三　太平村 1 号烽火台平、立、剖面图

到 L4 后又沿东面另一山丘的坡面逐渐上升。

L1：底部边长 2.6、残高 1.1 米，距烽火台 44.7 米；

L2：底部边长 3、残高 1.3 米，与 L1 间距 5 米；

L3：东西 2.7、南北 2.9、残高 1.4 米，与 L2 间距 4.4 米；

L4：东西 2.9、南北 2.9、残高 1.6 米，与 L3 间距 12.2 米；

L5：底部边长 3.3、残高 2 米，与 L4 间距 4.4 米；

L6—L10 分布在东面山丘上，位置上较之前 5 座略偏北，方向 120°。除了 L10 保存最差、仅存底部外，其余均保存尚可，方台形。间距较近。

L6：底部边长 3、残高 2 米，与 L5 间距 4.6 米；

L7：底部边长 2.9、残高 1.7 米，与 L6 间距 0.8 米；

L8：底部边长 2.7、残高 1.6 米，与 L7 间距 0.2 米；

L9：底部边长 2.7、残高 1 米，与 L8 间距 0.6 米；

L10：底部边长 2.7、残高 1.5 米，与 L9 间距 0.6 米；

L11—L15 分布在山丘东侧坡下的平台处，方向为 110°。均较小，保存亦较差，多已呈堆状。地势由西向东略有下降，间距较近。

L11：底部边长 1.4、残高 0.6 米，与 L10 间距 14.8 米；

L12：底部边长 2.2、残高 0.9 米，与 L11 间距 3.1 米；

L13：底部边长 1.6、残高 0.7 米，与 L12 间距 3.6 米；

L14：底部边长 1.6、残高 0.3 米，与 L13 间距 2.8 米；

L15：底部边长 1.6、残高 0.2 米，与 L14 间距 1.8 米。

周围地表上散落有较多瓷片，有酱釉、黑釉、姜黄釉等，器形有罐、缸、碗等。皆残甚，无可复原者。采集 7 件。

（1）罐

4 件。其中底部 3、口沿 1 件。

07ZTF017 采：1，底部。姜黄釉，色泛红。胎较粗，内夹有白色小石粒，外底露胎，内壁通施釉，釉层较薄，釉色不匀。内圜底，外底略束，大平底，假圈足。残底径 8.1、残高 3.4、壁厚 0.8 厘米。

07ZTF017 采：2，底部。酱釉。胎质较粗，烧结度高，壁施酱釉，外壁底部有流釉现象，内外壁底部露胎，胎色泛红。斜壁，大平底，底部中心有一圆形小凹窝，假圈足。残底径 11.6、残高 3.3、壁厚 0.8、底厚 1.1 厘米。

07ZTF017 采：3，底部。黑釉。胎地较粗，内夹杂白色小石粒，色略泛青。外壁施黑釉，釉层较厚但不均匀，局部有流釉现象。外壁底部及内壁露胎。斜壁，大平底，假圈足。残底径 7.5、残高 4.5、壁厚 0.7、底厚 1.1 厘米。

07ZTF017 采：5，口沿。黑釉。胎地略粗，色略泛青。器物通施黑釉，仅口沿顶部露胎，釉色莹润光亮，局部处有细微气泡。直口，圆唇，高领，腹微外鼓。残口径 5.3、残高 6、沿宽 1.2、壁厚 0.8 厘米。

（2）缸

1 件。口沿。

07ZTF017 采：4，酱釉。胎地较粗，色浅白。器壁内外施酱釉，釉层光亮匀称，口沿露胎。宽厚沿，台唇，斜壁微鼓。残口径 3.8、残高 11.7、沿宽 2.5、壁厚 1.0 厘米。

（3）碗

2 件。均为碗底。

07ZTF017 采：6，胎质细腻，色浅白，烧结度高。器物外壁施黑釉，釉层较厚，下底部露胎；内壁则施白釉，底部边缘有涩圈。斜壁，平底，圈足。残底径 5.9、残高 2.3、足高 0.9、壁厚 0.5 厘米。

07ZTF017 采：7，酱釉。残甚，器胎较粗笨，色略泛红。内壁底部边缘有涩圈，中心留有酱釉，外壁露胎。平底，底部挖足过肩。残底径 6.2、残高 1.8、足高 1.2 厘米。

45. 太平村 2 号烽火台（编码：640521353201170021，工作编号：07ZTF018）

位于太平村以北、三柱庆沟东北侧一道西南—东北向山丘顶，北、西、南三面临坡，南距石空镇 7 千米。东北过小冲沟与长城相邻，相距 120.3 米；南面为较低矮的山前冲积扇台地。

石砌台体、方台形。方向 233°（西壁）。是以赭红色夹杂少量浅黄色砂岩砌成，砌石大小不一，在长 80、宽 35、厚 30 厘米左右。台体不高，底部有较厚的坍塌石块及黄沙土堆积，呈斜坡状；四壁中除了北壁、西壁偏南侧及东南角处尚保留有原砌石面外，其余均坍塌成斜坡状，石缝间生长有沙蒿等。北壁残存砌石高 4、长 3.9、厚 0.7 米；顶部坍塌亦较重，形状已不规则，散落有较多的黄沙土、石块及瓷片等。底部东西 11.3、南北 10.7 米，顶部东西 5.1、南北 4.5 米，斜高 6.9 米（图四六四）。

烽火台东北侧山脊上分布着 10 座小墩，基本呈东西向，平面连线成"S"形，地势亦有高低落差。方台形，是由赭红色、浅黄色石块砌边，内填黄沙土及小石块，保存不佳。按其位置由西向东分别编号为 L1—L10。

L1—L3 位于烽火台所在山体与东北侧山体相接的山凹间，地势上大致相当，残损甚重，台体均较小。三座连线不直，其中 L3 略向南折，L1—L2 方向 105°，L2—L3 方向 140°。

L1：东西 1.9、南北 2.1、残高 1.2 米，距烽火台 32.2 米；

L2：东西 2.1、南北 1.4、残高 1.1 米，与 L1 间距 1.9 米；

L3：东西 2.3、南北 2.4、残高 1.1 米，与 L2 间距 5 米；

L4—L8 位于东南侧山丘顶部，方向 135°，地势上由西向东逐渐上升，至 L8 到山丘最高点处，两端落差大致在 0.5 米。小墩较大，保存略好。

L4：东西 1.5、南北 1.4、残高 0.9 米，距烽火台 42.9 米，与 L3 间距 15.7 米；

L5：东西 1.7、南北 2、残高 1.1 米，与 L4 间距 0.6 米；

L6：东西 2、南北 1.9、残高 1.3 米，与 L5 间距 1.3 米；

L7：东西 2、南北 2.2、残高 1 米，与 L6 间距 1.3 米；

L8：东西 2.3、南北 2.5、残高 1.1 米，与 L7 间距 1.6 米。

L9、L10 位于山丘东南侧坡面下，方向 255°，保存较差。

L9：底边长 2、残高 1.5 米，与 L8 间距 15.1 米；

L10：东西 2.3、南北 2.5、残高 1.5 米，与 L9 间距 5 米。

周围地表上散落有少量瓷片，有缸、盆、罐等，皆残碎，无可复原者。采集 4 件，其中缸 1 件、盆 1 件、罐 2 件。

（1）缸

07ZTF018 采：1，底部。酱釉。胎较粗厚，色浅黄。内夹有少量灰、白色小石粒。器表不甚光滑。外壁施半釉，釉层较厚而光亮，有少量气泡。内壁及外底露胎。斜直壁，大平底。残底径 13.0、残高

图四六四　太平村 2 号烽火台平、立、剖面图

5.6、壁厚1.1、底厚1.3厘米。

（2）盆

07ZTF018采：2，底部。黑釉。胎较粗。内夹有少量灰、白色小石粒，色浅白。壁通施釉，外底露胎，器底有轮制弦纹。假圈足，小平底。残底径9.9、残高6.1、壁厚0.6、底厚0.6厘米（彩图四一二）。

（3）罐

2件。皆口沿。胎较细，内夹灰、白色小石粒。口沿露胎，沿下施釉，釉较厚而明亮，内壁较光滑而外壁略显粗糙，外釉有少量气泡。圆鼓腹。

07ZTF018采：3，黑釉。胎色浅白。残口径4.1、残高6.0、沿厚1.2、壁厚0.6厘米。

07ZTF018采：4，褐釉。胎色深灰。残口径4.0、残高3.7、沿厚1.3、壁厚0.7厘米。

46. 童庄村烽火台（编码：640521353201170022，工作编号：07ZTF019）

位于石空镇枣园村童庄组西北约3.5千米、贺兰山山前一座独立的、大致呈东北—西南向高山上，斜距沟底达146米，西、北临坡。西南距石空镇7.49千米。西北过镇堡子沟与贺兰山相望，再北约2千米有一处浅湖区，浅湖以东即为童庄村。

石砌台体，方台形。方向195°（西壁）。是由赭红色砂岩砌成，台体不高，坍塌较重，底部有较厚的坍塌石块堆积，呈斜坡状，石缝间生长有稀疏的沙蒿；四壁坍塌较多，除西壁底部保存较好，东、北壁部分保存外，其余多已坍塌，尤其以近陡坡边的南面坍塌最厉害，已呈斜坡状。东壁砌石高1.1、长3、宽0.7米；北壁高0.8、长2.2、宽0.5米；西壁高0.8、长1.2、宽0.5米。西壁坍塌面可见台体内夹有柠条，带枝，平铺于石层间，厚0.05米。可见两层，上层距顶0.7米，下层距底部1.1米；顶部不规整，呈尖顶状，散落有较多石块。底部东西12、南北13.3米，顶部东西5.5、南北3.8米，斜高6米（图四六五）。

在烽火台东侧分布有10座小墩，大致成2排、每排计5座，均是以赭红色、青灰色石块砌边，内以黄沙土与小块混杂填充而成，方台形。按其位置由西向东分别编号为L1—L10。地势由西向东逐渐下降。

L1—L5位于烽火台东侧山脊上，方向285°。形体略小。

L1：东西2.8、南北1.7、残高1.3米，距烽火台15.9米；

L2：东西2.9、南北2.5、残高0.3米，与L1间距1.4米；

L3：底边长2、残高1.4米，与L2间距4.4米；

L4：东西3.1、南北2.1、残高1.1米，与L3间距11.4米；

L5：东西2.1、南北2.4、残高0.6米，与L4间距15米；

L6—L10位于烽火台东南侧的山坡上，方向270°。位置上较前5座要低，除了L10保存较差外，其余均保存较好，台体较高大。

L6：东西3.7、南北3.2、残高1.7米，与L5间距18、距烽火台66.7米。

L7：底边长3、残高1.3米，与L6间距21.5米；

L8：东西2.2、南北2.6、残高1.6米，与L7间距6.2米；

L9：东西2.6、南北2.8、残高1.7米，与L8间距5米；

L10：东西2、南北2.5、残高0.8米，与L9间距11米。

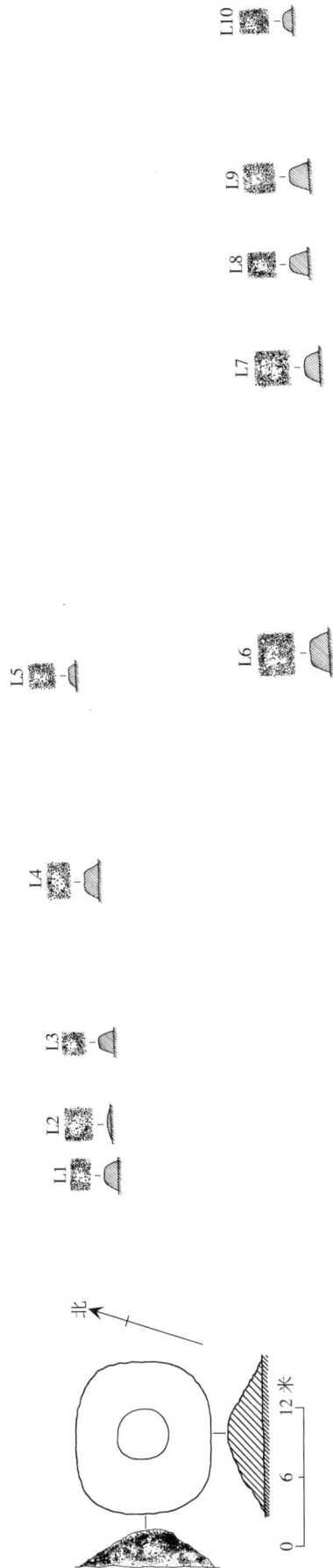

图四六五　童庄村烽火台平、立、剖面图

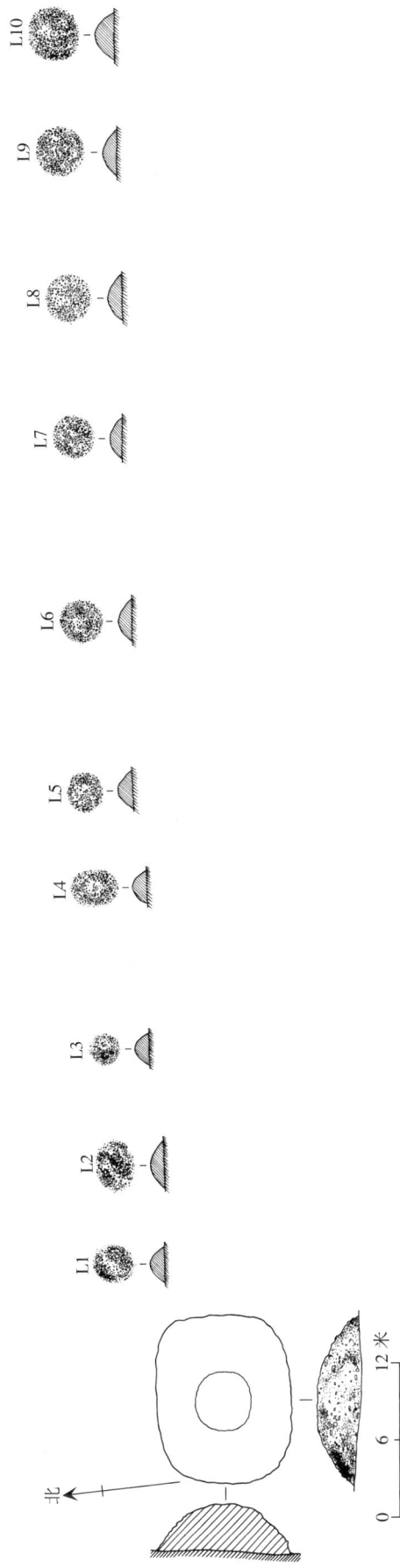

图四六六　王营村2号烽火台平、立、剖面图

47. 王营村 2 号烽火台（编码：640521353201170023，工作编号：07ZWF020）

位于王营村以北约 3 千米、新市沟东侧山前台地上，东北—西南向的山梁偏西侧。西南距石空镇 5.69 千米。西南临坡，坡下即为新市沟干涸河道（两者落差近 100 米），现为中宁火电厂，西北侧过山前低矮台地与贺兰山相望，东南侧为平坦的黄河冲积平原，东北与同一山脊上的童庄村烽火台相望，相距 1.8 千米。

石砌台体，方台形。方向 175°（西壁）。较小，但基本规整，四壁坍塌幅度不大。石色有姜黄、青灰等色，呈色较杂。底部坍塌堆积不多；西壁底部尚留部分砌石，壁面上分布有鼠洞等。四壁及顶部生长有较多的蒿草等；顶部圆尖。底部东西 12.8、南北 10.4 米，顶部 4.7 米见方，残高 6.2 米（图四六六）。

烽火台东略偏北处、与台体同一道山梁上分布有 10 座小墩，地势相当，方向 110°。是以黄沙土与小石块混杂堆积而成，残损甚重，多呈圆锥状。由西向东分别编号为 L1—L10。

L1：东西 2.8、南北 3.3、残高 1.2 米，距烽火台 5.2 米；

L2：东西 3.9、南北 3.1、残高 1.1 米，与 L1 间距 4.1 米；

L3：东西 2.6、南北 2.3、残高 1.1 米，与 L2 间距 5.8 米；

L4：东西 2.6、南北 3.6、残高 1 米，与 L3 间距 10 米；

L5：东西 3.1、南北 2.8、残高 1.1 米，与 L4 间距 4.3 米；

L6：东西 3.3、南北 3.5、残高 1 米，与 L5 间距 10 米；

L7：东西 3.3、南北 3.3、残高 1.1 米，与 L6 间距 11 米；

L8：东西 3.7、南北 3.5、残高 1.1 米，与 L7 间距 7 米；

L9：东西 3.7、南北 3.6、残高 1 米，与 L8 间距 7.6 米；

L10：东西 3.9、南北 3.9、残高 1.5 米，与 L9 间距 5 米。

周围地表上散落有少量瓷片，皆残碎，有缸、罐、碗等。采集 6 件，其中缸 3、罐 1、碗 2 件。

（1）缸

3 件。其中口沿 1 件、器底 2 件。

07ZWF020 采：1，器底。黑釉。胎粗厚，内夹少量小石粒，色青灰。通施釉。内壁较粗糙而外壁略光滑，外壁施一道凸弦棱。残底径 7.1、残高 5.6、壁厚 1.2、底厚 1.3 厘米（图四六七）。

07ZWF020 采：2，器底。酱釉。胎较粗厚，内夹少量灰、白色小石粒，色浅黄。通施釉，釉层较厚，外壁较粗糙、有流釉痕。残底径 10、残高 9.3、壁厚 1.9、底厚 1.8 厘米。

07ZWF020 采：3，口沿。青釉。胎较粗，色浅灰，内夹青灰色小石粒。通施釉，釉较厚而灰暗，表面多气泡，直口。残口径 3.3、残高 7.8、沿厚 3.1、壁厚 1.8 厘米。

（2）罐

1 件。

07ZWF020 采：4，器底。褐釉。胎较粗，内夹少量青灰色、白色小石粒，色泛红。内通施褐釉，釉层较厚，色略泛黑、不匀；外露胎。圆鼓腹，底部略束，假圈足。残底径 8.1、残高 3.5、底厚 1.8、壁厚 0.8 厘米。

（3）碗

2 件。底、口沿各 1 件。

07ZWF020 采：5，底部。褐釉。质细腻，色泛红。内底露胎，外釉略灰暗。圈足。残底径 4.9、残高 2.1、壁厚 0.5、底厚 0.4 厘米。

07ZWF020 采：6，口沿。胎细腻，黑釉，通施釉，沿略弧。残口径 3.6、残高 2、壁厚 0.3 厘米。

48. 太平村 3 号烽火台（编码：640521353201170024，工作编号：07ZTF021）

位于太平村以北约 3 千米、黄家沟东岸山前丘状台地上。西近黄家沟岸边，沟内有一处采砂厂，沟口处为中宁化肥厂；东侧为新市沟，沟内有中宁火电厂。

位于。夯土台体，方台形。方向 270°（北壁）。质地较粗，色浅黄。壁面上的夯层、版筑痕迹较明显，如南壁计 4 版，中间两版每版长 3 米，夯层厚 0.16 米。保存不佳，坍塌稍重，底部均有坍塌土与风淤沙土堆积，表面生长有野草；壁面残损较多，尤其是东、西两侧坍塌较重。顶部较平，中心有一水泥桩，是测绘部门埋植的测绘控制点。底部东西 6.9、南北 4.6 米，顶部东西 4.4、南北 4.6 米，残高 5.7 米（图四六八；彩图四一三）。

四壁中东壁中心有一凹形槽，壁面分布有较多的鼠洞、鸟粪等；南壁保存最好，壁面较规整，但片状剥离和粉状脱落十分明显，几乎遍布整个壁面，底部亦有风蚀凹槽，残高 0.1、进深 0.15 米；西壁坍塌最重，底部堆积最厚，壁面已不规则，中部有贯通状冲沟发育；北壁亦有坍塌。

底部四周有一方形围墙，将烽火台直接圈其中，是用夹杂小石粒的黄沙土分段版筑而成。北垣紧贴烽火台北壁，东西 27.8、南北 13 米，方向 265°（北壁）。南、西垣保存稍好（尤其是东南角保存较好），其余多坍塌成土堆状，保存较好处墙垣长 11.3、底宽 3、顶宽 1.4、残高 2.8 米。墙垣的版接缝较清楚，每版长 2.5 米，夯层厚 0.2 米。南垣中部辟门，门宽 11.6 米，现门道处被流水冲刷较深。

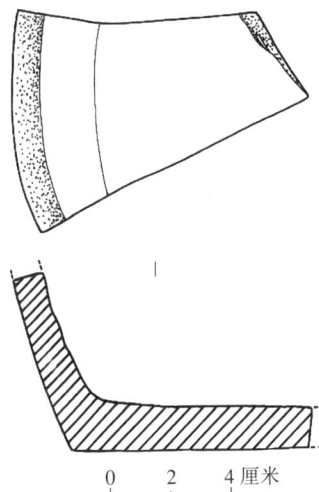

图四六七　王营村 2 号烽火台采集黑釉缸底残片（07ZWF020 采：1）

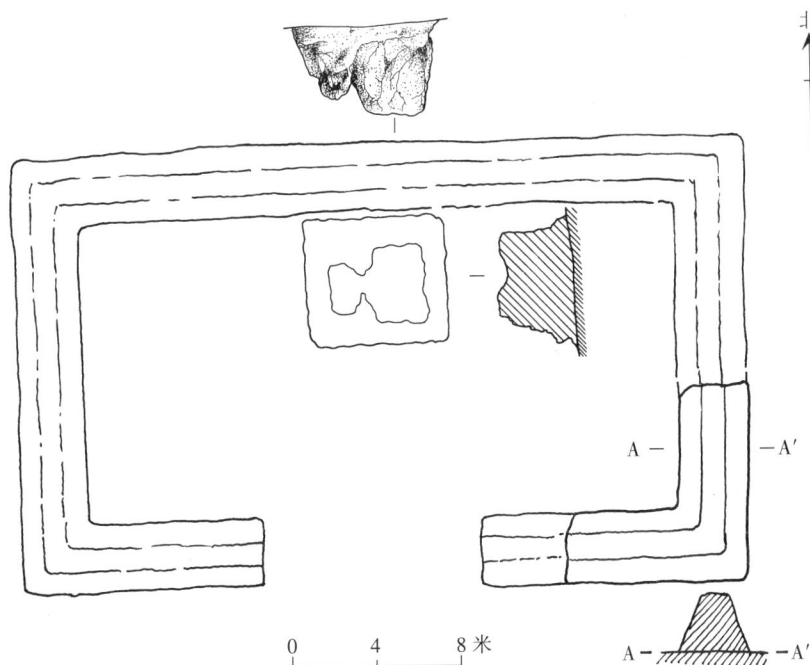

图四六八　太平村 3 号烽火台平、立、剖面图

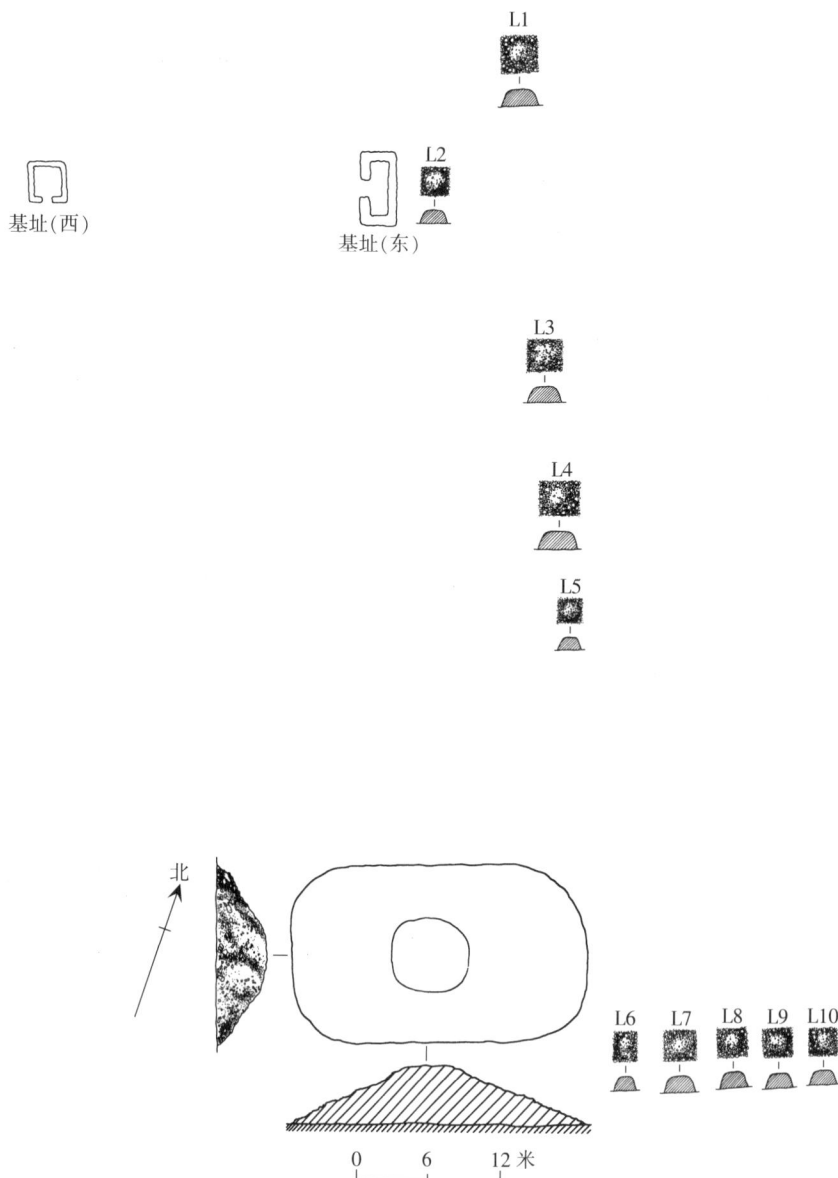

图四六九　太平村 4 号烽火台平、立、剖面图

49. 太平村 4 号烽火台（编码：640521353201170025，工作编号：07ZTF022）

位于太平村西北约 7 千米、黄家沟东岸边，在黄家沟与三柱庆沟交汇处的山前冲积扇台地上，地处两道十字形交汇的山梁上，四面临坡。北为连绵高耸的贺兰山，南为低矮的山丘，地势上由北向南逐渐降低；西侧河岸边有长城经过，相距仅 10 米。

石砌台体，方台形。方向 110°（北壁）。台体十分庞大，但保存一般，坍塌等较重，外侧砌石以大块青灰色、赭红色条形石为主。四周底部均有坍塌的石块堆积，呈斜坡状；四壁中除了北壁及南壁保存较好外，其余多已坍塌。西南角砌石残长 3、残高 5、厚 0.5 米。内侧黄土含量较多，但不见夯筑痕迹。顶部不规整，基本呈尖顶状。底部东西 24.5、南北 14.5 米，顶部东西 6.5、南北 5.7 米，残高 5.1 米（图四六九；彩图四一四）。

烽火台北侧有两座方形基址，东西并列，间距 24.9 米。是以赭红色、青灰色石块垒砌而成，黄沙土勾缝。残损甚重，仅存底部。其中偏东侧基址位于一向西延伸出的山梁上，方向 255°（北壁），东西 3.3、南北 3.1 米，墙宽 0.5、残高 0.7 米。西面正中辟门，门宽 0.9 米；偏西侧基址位于台地西面半坡处，东南距烽火台22米，方向248°（北壁），东西6、南北3.1米，墙宽0.8、残高0.7米。南面辟门，门宽1.2米。

烽火台东、北两侧分布有10座小墩，与烽火台处于同一山梁上，地势基本相当。是由青灰、赭红等色石块砌边、内以黄沙土等填充而成，方台形，保存不佳，多已坍塌。由北向南依次编号为L1—L10。

L1—15分布于台体北侧，随山梁分布，连线不甚直，相比之下以L1、L3—L5基本成一线，而L2位置则略偏西。方向为265°，间距相对较远。

L1：东西3.2、南北3.1、残高1.3米，距烽火台41.3米；

L2：东西2.4、南北2.4、残高1米，与L3间距14.2米；

L3：东西3、南北2.6、残高1.3米，与L4间距9米；

L4：东西3.4、南北2.8、残高1.4米，与L5间距7米；

L5：底部边长2、残高1米，南与烽火台相距22米；

L6—L10位于烽火台东南侧，沿一向东南延伸出的山梁分布，连线较直，方向150°，地势由西北向东南逐渐下降，保存尚可，间距较近。

L6：东西2、南北2.5、残高1.2米，西距烽火台3米，与L5间距33.6米；

L7：东西2.9、南北2.6、残高1.3米，与L6间距2.2米；

L8：东西2.6、南北2.4、残高1.3米，与L7间距1.8米；

L9：东西2.6、南北2.4、残高1.2米，与L8间距1.2米；

L10：东西2.5、南北2.3、残高1.2米，与L9间距1.2米。

周围地表上散落有较多瓷片，皆残碎，无可复原者。有罐、壶、碗等，采集5件，其中罐1件，壶1件，碗3件。

（1）罐

07ZTF022采：1，底部。酱釉。胎较粗，色泛红，烧结度略低。内壁通施釉，釉层较薄，外底露胎。器形较规整，斜壁，假圈足，大平底。残底径8.3、残高4.8、足宽1、壁厚0.9厘米。

（2）壶

07ZTF022采：2，口沿。酱釉。胎十分粗糙，色灰白，烧结度较低。内壁通施釉，外壁仅颈部以上施釉。釉层厚而光滑，釉色莹润。撇沿，圆唇，束颈，鼓腹。残口径3.2、残高4.4、沿宽0.6、壁厚0.8厘米。

（3）碗

3件。

07ZTF022采：3，底部。黑釉。胎较粗厚，色泛青，烧结度较高。内底有涩圈，外底部露胎。釉层厚而光亮，尤其是底部釉厚达0.15厘米。器形较规整，斜壁，平底，圈足，足底挖足过肩。底径5.5、残高2.5、足宽0.8、壁厚0.4厘米。

07ZTF022采：4，底部。酱釉。胎粗厚，色泛红。内外施釉不及底。器形较规整，斜壁，圈足，足底略束，平底。底径6.1、残高2.1、足宽1、壁厚0.6厘米。

07ZTF022采：5，口沿。白釉。胎较薄细，色青灰，烧结度较高。内壁满釉，外底露胎，釉层较薄，釉面光滑平整。器形较规整，外壁有明显轮制划痕。敞口，斜壁。残口径2.4、残高7.2、壁厚0.4厘米。

50. 张台村 1 号烽火台（编码：640521353201170026，工作编号：07ZZF023）

位于石空镇张台村以北约 7.5 千米、贺兰山南面一座山梁上，地处两道丁字形山梁交汇处。东南距石空镇 6.38 千米。北为贺兰山山脉，北面过一道小冲沟与另一道山梁上的长城相邻，再北便是黄家沟河道；南面坡下即为低矮的山前台地。

石砌台体，方台形。方向 185°（西壁）。含石量极大，土石比例近乎 1∶3，近乎毛石干垒。石色不一，有青灰、赭红等，其中青石表面多有赭红色斑点。砌石规格较大，一般在长 90、宽 60、厚 30 厘米左右，砌石厚 0.7 米。台体十分庞大，但保存不佳。四壁砌石中除了南壁保存稍好，北、东壁底部部分保留外，其余多已坍塌，尤其以西壁坍塌最重，已呈斜坡状；顶部较平，堆积有较多黄沙土及碎石块，生长有少量梭草、蒿草等。底部东西 20、南北 19 米，顶部东西 7.6、南北 7.5 米，斜高 11 米（图四七〇；彩图四一五）。

在坍塌的北壁、东南角等处发现台体内夹有桩木，分柠条和圆木两类。均平置于台体内。其中北壁坍塌面内仅发现一层柠条层，是直接用主干直径在 1 厘米左右的带枝柠条平铺而成，较厚，距底部 3 米，厚 0.1 米；东南角坍塌的斜面处计发现柠条层、桩木各一层，柠条层与北壁柠条层并不在一层；柠条层底部还发现有圆木，上距柠条层 1.7 米，发现 2 根，均松木质，一端朝外，尖端未露出台体，直径 0.15 米，两者间距 1.1 米。

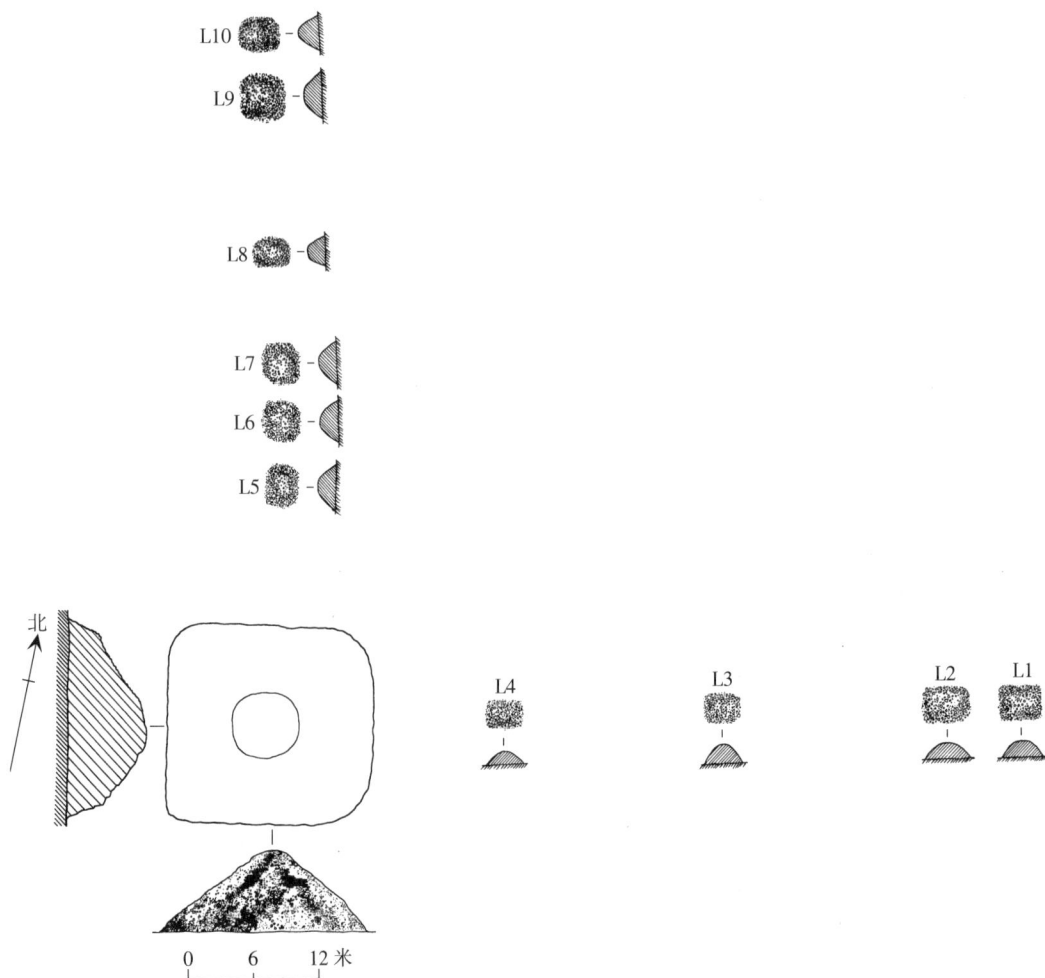

图四七〇　张台村 1 号烽火台平、立、剖面图

台体北侧、东侧山梁上分布着 10 座小墩。方台形，尖顶。除个别保存稍好外，多坍塌较重。是以青灰色岩石砌边，内以黄沙土和小石块混杂填塞而成。

东侧 4 座，方向 285°。由东向西分别编号为 L1—L4。地势随山梁由东向西逐渐上升，落差在 2 米左右，间距较远。

L1：保存较好。东西 3、南北 2.3、残高 1.1 米，与 L2 间距 2 米；

L2：东西 3.3、南北 2.4、残高 1 米，与 L3 间距 13 米；

L3：东西 2.6、南北 2、残高 1.3 米，与 L4 间距 12.8 米；

L4：东西 2.6、南北 1.8、残高 0.9 米，距烽火台 8 米；

北侧 6 座，方向 180°。基本位于一条直线上，由南向北分别编为 L5—L10。地势除了 L8、L10 位于凸起的山梁上、位置稍高之外，其余基本相同，间距较近。

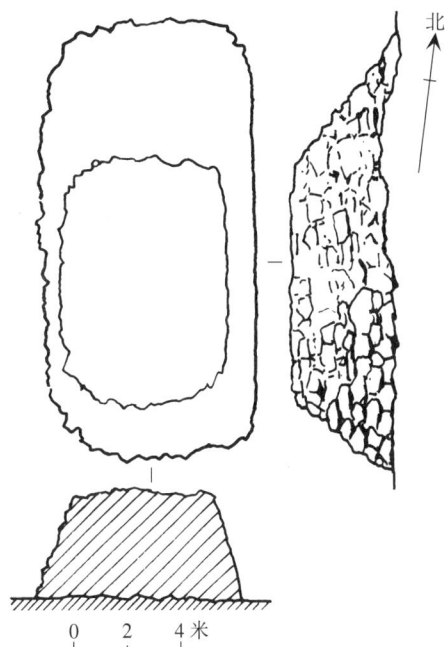

图四七一　张台村 2 号烽火台平、立、剖面图

L5：东西 2.9、南北 2.3、残高 1.3 米，距烽火台 8 米；

L6：东西 2.8、南北 2.7、残高 1.3 米，与 L5 间距 1.2 米；

L7：东西 2.8、南北 2.6、残高 1.3 米，与 L6 间距 1 米；

L8：东西 2、南北 2.6、残高 1.3 米，与 L7 间距 4.8 米；

L9：东西 3.2、南北 3、残高 1.3 米，与 L8 间距 7.8 米；

L10：东西 2.4、南北 2.9、残高 1.5 米，与 L9 间距 1.4 米。

51. 张台村 2 号烽火台（编码：640521353201 170027，工作编号：07ZZF024）

位于张台村以北约 9 千米、黄家沟东岸一"V"形山梁交汇处，东西两面临坡。西面坡下即为黄家沟干涸河道，南面不远处即为平唐湖沟，南侧一山脊上有张台村敌台和长城。

石砌台体，方台形。方向 274°（北壁）。砌石有青灰、赭红色等，石量极为丰富，黄土较少，近似毛石干垒。台体形状已不规整，底部堆积有较厚的坍塌石块；四壁中除东壁砌石尚有保留外，其余均坍塌成斜坡状，尤其以南北两侧坍塌最重。底部东西 7.5、南北 15.9 米，顶部东西 6.4、南北 7.9 米，残高 3.6 米（图四七一）。

周围地表上散落有少量瓷片等，有白釉等，器形有碗等，残甚，未采集。

52. 时庄村 1 号烽火台（编码：6405213 53201 170028，工作编号：07ZSF025）

位于中宁县余丁乡时庄村东北约 9.25 千米、碱沟东侧一东北—西南向十分的狭窄山脊（最窄处不足 1 米）上，东西两侧临坡，西南侧为石碱柏油路，相距约 0.3 千米；南侧有长城经过，相距 70 米。南面与另一山脊上的时庄村 2 号烽火台相望，相距 1.18 千米。

石砌台体，方台形。方向 225°（西壁）。砌石为青灰色砂岩，除东北、西北侧残留小段砌石外，余多已坍塌，尤其以西北侧坍塌较明显，半坡处散落有较多石块。内侧的黄沙土含量十分丰富，较疏松，无夯打痕迹。台体底部东西 7.5、南北 17 米，顶部东西 2.2、南北 10.5 米，残高 6.5 米（图四七二）。

在烽火台东北、西南两侧山脊上分布有 10 座小墩。均是以青灰色、赭红色石块砌边，内填石块黄沙土。方台形。保存尚可。由西南向东北依次编号为 L1—L10。

L1—L5 位于烽火台西南侧，在此道山脊的最高点处，方向为250°。

L1：东西2.9、南北1.9、残高1.1米，与L2间距2.9米；

L2：东西2.7、南北1.6、残高1.3米，与L3间距2.3米；

L3：东西2.7、南北2.3、残高1.1米，与L4间距3.7米；

L4：东西2.8、南北2.1、残高0.8米，与L5间距3.9米；

L5：东西2.1、南北1.8、残高0.6米，距烽火台东南壁50米。

L6—L10位于烽火台西北，与烽火台在同一道山脊上，连线较直，方向为205°。地势南高北低，落差在2米左右。

L6：东西2.5、南北3.1、残高1.5米，距烽火台12米；

L7：东西2.3、南北2.7、残高1.2米，与L6间距1.5米；

L8：东西2.1、南北2.3、残高1.4米，与L7间距1.4米；

L9：东西1.3、南北1.9、残高1.1米，与L8间距1米；

L10：东西1.1、南北1.7、残高0.6米，与L9间距0.8米。

53. 时庄村2号烽火台（编码：6405213 53201170029，工作编号：07ZSF026）

位于时庄村东北约8.4千米、碱沟南侧一东西向山脊顶上，为周围山体最高处，南北两侧临坡，北侧山坡下为石碱柏油路，北侧约1.2千米的山脊上有长城经过。

已呈圆锥状，但从底部残存的砌石来看还是方台形。方向285°（北壁）。石色不纯，多有赭红色斑块；石质较软。台体底部有堆积较多坍塌石块；四壁中南北两侧底部尚保留砌石，均是采用方块状石块垒砌而成，石缝间不施胶结料，局部缝隙较大处以小石块填塞，砌筑较规整。其中以南壁保存最好，砌石横长15、高6.5、厚0.7米，砌石较大者长100、宽70、厚40厘米左右；北壁残存砌石长3.7、高3.7、厚0.5米；东西两侧则多已坍塌，砌石无存；顶部基本呈尖顶状，堆积有较多石块。台体底部东西17、南北15.1米，顶部东西4.9、南北4.4米，残高6.5米（图四七三；彩图四一六、四一七）。

烽火台东西两侧分布有10座小墩，与烽火台同处一道山脊上，地势基本相当。均是以赭红、青灰

图四七二　时庄村1号烽火台平、立、剖面图

0　6　12米

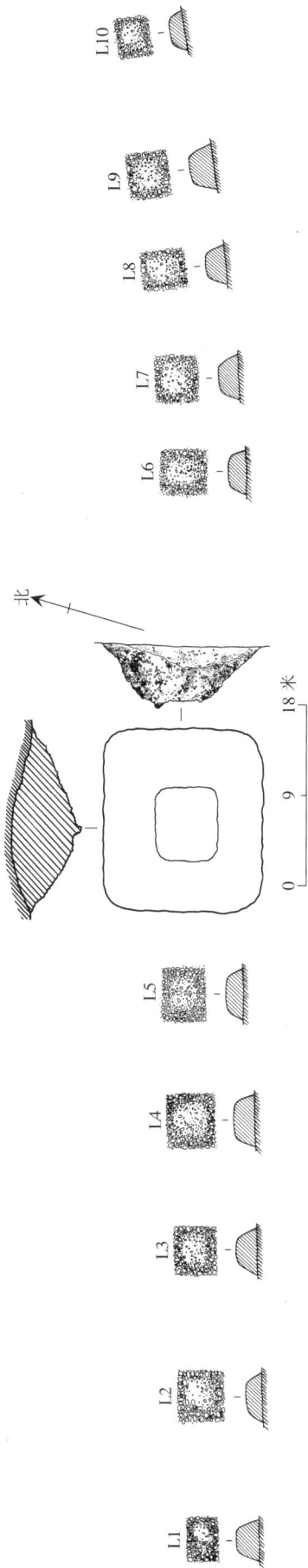

图四七三　时庄村2号烽火台平、立、剖面图

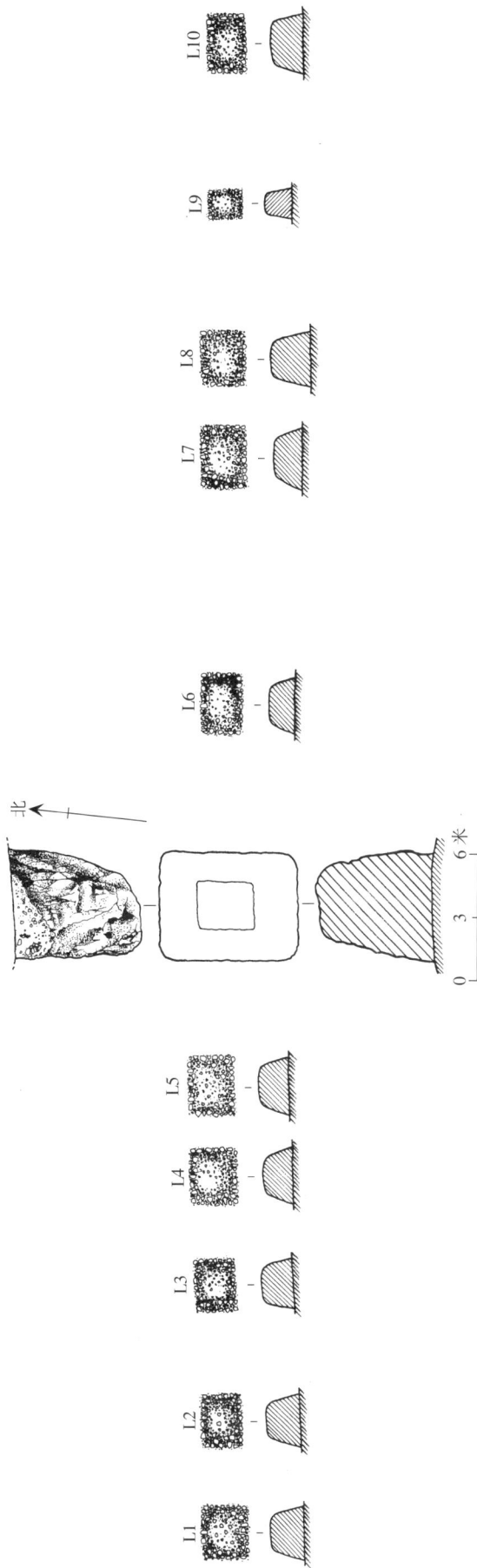

图四七五　时庄村3号烽火台平、立、剖面图

等色石块砌边，内填黄沙土及小石块。方台形。保存较好。按其位置由西向东分别编号为 L1—L10。其中 L1—L5 分布在烽火台西侧。方向 284°。间距较近。

L1：东西 3、南北 2.2、残高 1.6 米；

L2：东西 3.5、南北 3.3、残高 1.2 米，与 L1 间距 6.3 米；

L3：东西 3.4、南北 3、残高 1.5 米，与 L2 间距 5 米；

L4：东西 3.7、南北 3.4、残高 1.5 米，与 L3 间距 4.7 米；

L5：东西 3.7、南北 3.1、残高 1.2 米，与 L4 间距 3.1 米，东距烽火台 3.5 米。

L6—L10 分布在烽火台东侧，方向 286°。

L6：东西 3.1、南北 3.3、残高 1.3 米，西距烽火台 15.4 米；

L7：东西 3.3、南北 3.1、残高 1.4 米，与 L6 间距 2.7 米；

L8：东西 2.8、南北 3.2、残高 1.4 米，与 L7 间距 4.1 米；

L9：东西 3.3、南北 3、残高 1.7 米，与 L8 间距 3.2 米；

L10：东西 2.8、南北 2.4、残高 1 米，与 L9 间距 5.8 米。

周围地表上散落有较多瓷片，皆残碎，无可复原者。有缸、盆、碗等。采集 8 件，其中缸 5 件、盆 1 件、碗 2 件。

（1）缸

5 件。其中口沿 3 件，器底 2 件。

07ZSF026 采：1，口沿。酱釉。胎较粗，色浅灰。内夹有灰色、白色小石粒。口沿亦施釉，釉层较厚而明亮，内壁较光滑而外壁略显粗糙。宽厚沿略内敛，直壁，外壁偏上施一道凸弦棱。残口径 19.5、残高 6.5、沿厚 4.2、壁厚 1.7 厘米（彩图四一八）。

07ZSF026 采：2，底部。酱釉。胎地较粗，内夹少量灰、白色小石粒，色浅褐。外底露胎。器表不甚光滑，表面略泛红。平底，假圈足。残底径 9.5、残高 3.4、壁厚 1.3、底厚 2.3 厘米。

07ZSF026 采：3，口沿。酱釉。胎较粗，内夹白色小石粒，色略泛红。口沿露胎，沿下施釉，釉层较厚而明亮，内壁较光滑而外壁略显粗糙。敛口，宽厚沿。残口径 6.9、残高 9.7、沿厚 4.2、壁厚 2.0 厘米。

07ZSF026 采：4，口沿。青釉。胎较粗，内夹白色小石粒。色浅白。通施釉，釉层较厚而明亮。敛口、宽厚沿。残口径 11.8、残高 7.8、沿厚 3.1、壁厚 1.5 厘米。

07ZSF026 采：5，口沿。褐釉。胎较粗，色浅灰。内夹杂青灰、白色小石粒。口沿露胎，沿下施釉，釉层较厚而灰暗。敛口沿，宽厚沿。残口径 6.5、残高 5.7、沿厚 3.4、壁厚 1.1 厘米（图四七四）。

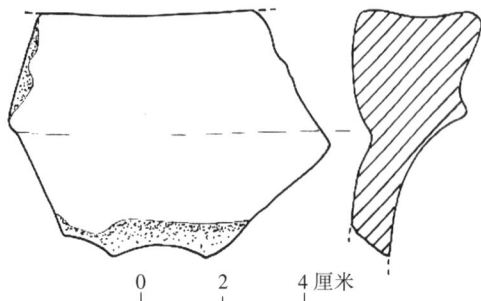

图四七四 时庄村 2 号烽火台采集褐釉缸口沿残片（07ZSF026 采：5）

（2）盆

1 件。底部。

07ZSF026 采：6，褐釉。胎较粗，内夹少量青灰色小石粒，色浅红。通施釉，局部略泛红褐，圆鼓腹，圈足。残底径 12.5、残高 4.7、壁厚 0.9、底厚 1.3 厘米。

（3）碗

2 件。其中底、沿各 1 件。胎较细。

07ZSF026 采：7，底部。酱釉。色浅灰，外壁施釉，底露胎，圈足。残底径 6.9、残高 1.8、壁厚 0.6、底厚

0.3 厘米。

07ZSF026 采：8，口沿。釉浅黄。内夹少量青白色小石粒。侈口。残口径 1.6、残高 4.9、壁厚 0.3 厘米。

54. 时庄村 3 号烽火台（编码：6405213532 01170030，工作编号：07ZSF027）

位于时庄村西北约 6.6 千米、榆树峡沟东侧一东西向山梁上，南北临坡。西侧有长城经过。

夯土台体，方台形。方向 275°（北壁）。土内夹有少量青灰色小石粒。土色灰白，质地黏细，表面略泛红。台体较高大，局部有黑色霉斑。壁面较陡，壁面夯层十分清晰，厚 0.16 米左右。壁面均有不同程度的坍塌，但坍塌幅度较小，相比以北壁坍塌稍重，壁面不甚规整，底部有较明显风蚀凹槽，残高 0.3、进深 0.4 米；南壁保存最好，壁面规整，残损不多；东壁壁面有十分密集的蚁穴，版接缝十分明显，可分三版，中间一版宽 3.3 米，南北两版各 1 米。顶部较平整，顶上有较厚的石块及坍塌土堆积。台体底部东西 4.6、南北 5、残高 6.2 米。顶部因不便攀爬，具体尺寸未测量（图四七五）。

东西两侧分布有 10 座小墩，与烽火台位于同一山梁上，地势由东向西逐渐下降。是以赭红色、青灰色石块砌边，内以黄沙土等填充而成。方台形。保存较好，但个别坍塌稍多。由西向东分别编号为 L1—L10。

L1—L5 位于烽火台西侧，方向 300°。保存较好。

L1：底部东西 2.7、南北 2.4、残高 1.7 米，顶部已坍塌。与 L2 间距 2.6 米；

L2：底部东西 2.7、南北 2.1 米，顶部东西 2.3、南北 1.5 米，残高 1.7 米。与 L3 间距 4 米；

L3：底部东西 2.6、南北 2.2 米，顶部东西 2.3、南北 1.5 米，残高 1.6 米。与 L4 间距 2.4 米；

L4：底部东西 2.8、南北 2.5 米，顶部东西 2.3、南北 1.8 米，残高 1.5 米。与 L5 间距 1.2 米；

L5：底部东西 3、南北 2.4 米，顶部东西 2.2、南北 1.7 米，残高 1.5 米。距烽火台 4.7 米；

L6—L10 位于烽火台以东，方向 300°。保存稍差。

L6：东西 3.1、南北 2.2、残高 1.2 米，距烽火台 5.5 米；

L7：东西 3.1、南北 2.4、残高 1.4 米，与 L6 间距 8.8 米；

L8：东西 2.8、南北 2.3、残高 1.9 米，与 L7 间距 1.8 米；

L9：东西 1.5、南北 1.8、残高 1.4 米，与 L8 间距 5.3 米；

L10：东西 3、南北 1.9、残高 1.5 米，与 L9 间距 5.4 米。

周围地表上散落有少量陶、瓷片，皆残碎，无可复原者。有缸、罐、碗等。采集 10 件，其中缸 1 件、罐 6 件、碗 3 件。

（1）缸

07ZSF027 采：2，口沿。褐釉。胎较粗疏，色泛红，内夹褐、白小石粒。沿局部露胎，沿下施釉。圆口，宽厚沿。残口径 11.9、残高 6.5、沿厚 3.8、壁厚 1.5 厘米（图四七六）。

（2）罐

6 件。其中底部 4 件、口沿 2 件。

07ZSF027 采：1，底部。黑釉。胎较粗，色浅黄，内夹少量灰、白色小石粒。内壁通施釉，外壁

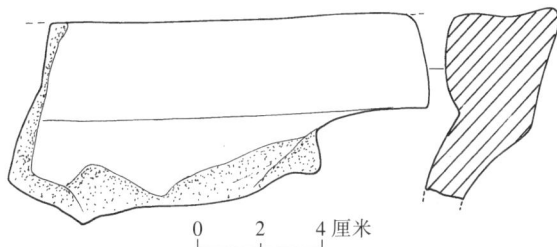

图四七六　时庄村 3 号烽火台采集褐釉缸口沿残片
（07ZSF027 采：2）

施釉不及底。圆鼓腹，底略束，假圈足。残底径12.5、残高5.0、壁厚0.7、底厚0.6厘米。

07ZSF027 采：3，底部。褐釉。胎较粗，色浅灰，内夹少量灰、白小石粒。内壁通施釉，外壁施釉不及底。内底有拉胚施纹，圈足，足跟有灼烧痕。残底径8.6、残高4.1、壁厚1.2、底厚1.2厘米。

07ZSF027 采：4，底部。酱釉。胎较粗，色浅黄，内夹少量灰、褐色小石粒。壁通施釉，仅足底露胎，圈足。残底径9.6、残高4.6、壁厚0.8、底厚1.5厘米。

07ZSF027 采：5，口沿。酱釉。胎较粗，色浅灰，内夹少量白色小石粒。壁通施釉，沿露胎，器表光滑明亮。圆鼓腹，斜直壁，圆台唇。残口径4.4、残高3.1、沿厚1.4、壁厚0.6厘米。

07ZSF027 采：6，口沿。黑釉。胎较粗，色浅白，内夹少量白、灰色小石粒。壁通施釉，仅沿露胎，釉光滑明亮。圆口，圆台唇。残口径4.1、残高4.1、沿厚1.4、壁厚0.6厘米。

07ZSF027 采：7，底部。黑釉。胎较粗，色浅白，内夹少量灰、白色小石粒。壁通施釉，仅外底露胎。外表光滑，内壁较粗。假圈足。残底径5.4、残高4.7、壁厚0.7、底厚0.7厘米。

（3）碗

3件。均为碗底。

07ZSF027 采：8，褐釉。胎较细，色浅黄，内夹少量灰、白色小石粒。壁通施釉，外底露胎。残底径5.6、残高2.3、壁厚0.5、底厚0.9厘米。

07ZSF027 采：9，白釉。胎细腻，色浅白，内有少量砂眼。壁通施釉，外底露胎。内外壁光滑，鼓腹，圈足。残底径4.8、残高3.5、壁厚0.5、底厚0.4厘米。

07ZSF027 采：10，黄釉。胎细腻，色浅黄，内夹少量细砂粒。内壁施黄釉，底露胎。釉光滑细腻；外壁无釉。圈足，内壁足底有轮制痕。残底径5.9、残高2.7、壁厚0.5、底厚0.3厘米。

55. 时庄村4号烽火台（编码：640521353201170031，工作编号：07ZSF028）

位于时庄村以北约6.6千米、榆树峡沟进沟约2千米的河道东岸，在一东西向山梁上，南北临坡，两侧均有长城经过。周围全为高低起伏的山间台地，地表以原生砾石堆积为主，生长有沙蒿等植物。

残损甚重，已呈圆锥状，但从底部残留的砌石来看原形制还是为方台形。方向176°（西壁）。外侧砌石均不大，色泽不一，多为青灰色，内含较多赭红色斑块。台体底部均有较厚的石块堆积。四壁除西壁底部尚保留有部分砌石外，多成斜坡状，生长有较多的沙蒿等植物；顶部亦不平，有较多小洞穴。底部东西9.3、南北10.4米，顶部东西6、南北3.4米，斜高6.7米。西壁底部砌石残高1.8、厚0.6米（图四七七）。

在烽火台东西两侧分布有8座小墩，与烽火台同处一道山脊上，地势由西向东逐渐下降。是以青灰色石块砌边、内以黄沙土等填充而成。方台形。整体保存较差，坍塌等较重，多已不高。按其位置由西向东分别编号为L1—L8。其中L1—L5分布在烽火台西侧，方向265°。

L1：东西2、南北1.5、残高0.9米，与L2间距3.9米；

L2：东西2.7、南北1.9、残高0.6米，与L3间距9.5米；

L3：东西2.2、南北1.9、残高0.8米，与L4间距2.9米；

L4：东西2.9、南北2.2、残高0.5米，与L5间距3.9米；

L5：东西2.4、南北2.2、残高0.8米，距烽火台10米；

L6—L8分布在烽火台东侧，方向245°。

L6：东西2.5、南北2.3、残高1.3米，距烽火台8.4米；

L7：东西3.6、南北3.4、残高1.5米，与L6间距7.3米；

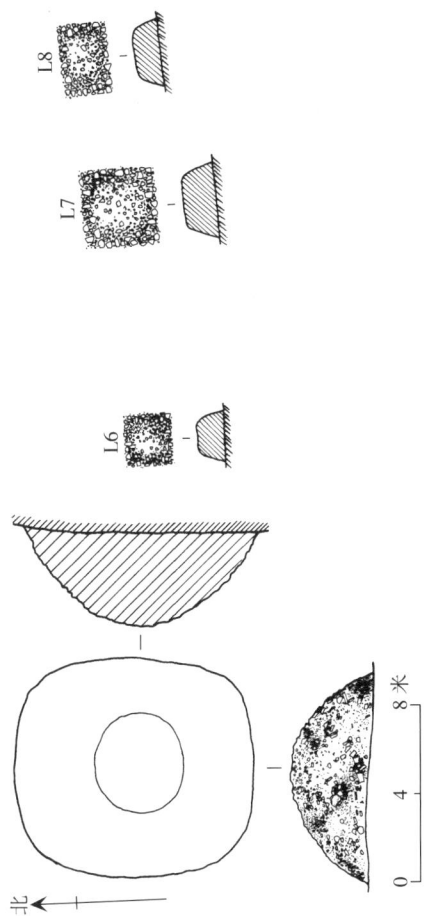

图四七七　时庄村4号烽火台平、立、剖面图

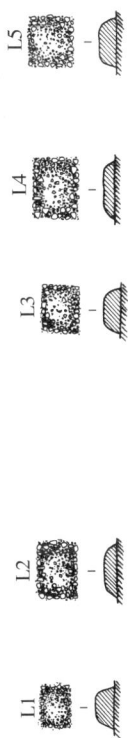

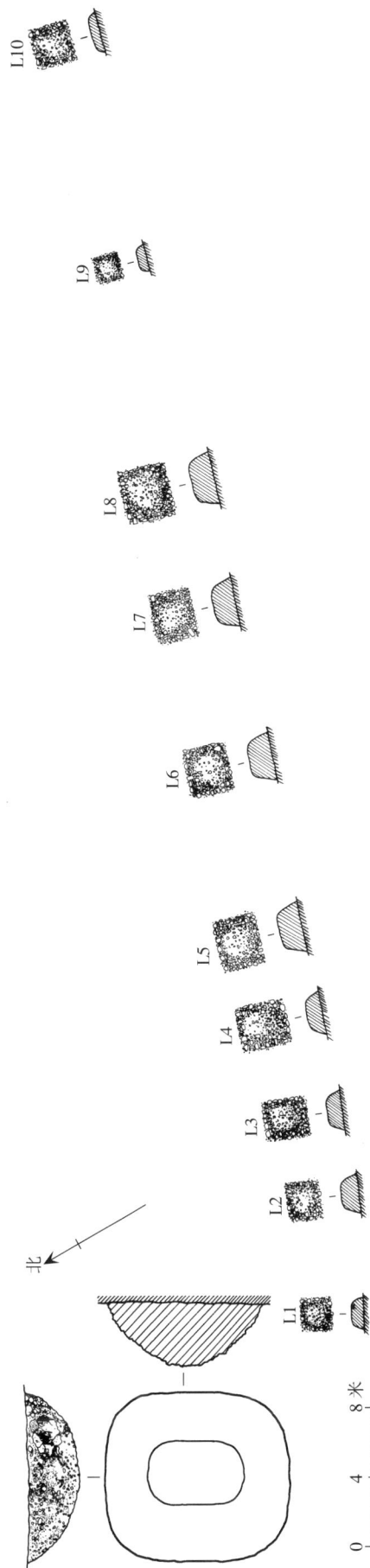

图四七八　时庄村5号烽火台平、立、剖面图

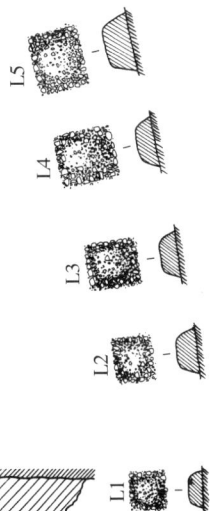

L8：东西 3.4、南北 2.3、残高 1.1 米，与 L7 间距 3 米。

周围地表上散落有少量瓷片，有罐、碗等，残甚，未采集。

56. 时庄村 5 号烽火台（编码：640521353201170032，工作编号：07ZSF029）

位于时庄村西北约 6 千米、大佛寺沟东岸的老牛湾山顶，地处一西北—东南向"V"形走向的山脊上，属周围山脊的最高点，东、南、西三面临坡，其中东、南面坡底即为大佛寺沟，四周坡面上均有长城分布。

石砌台体，已不规整，但从残留的砌石来看还是方台形。方向 245°（东壁）。石色较杂，表面多颗粒。质地粗疏，硬度不高。台体不甚高大，是直接在南北狭长、东西窄短的山脊上建成。四壁除东壁底部尚保留部分砌石外，多坍塌成斜坡状，壁面生长有较茂密的沙蒿等。顶部不甚平整，散落有较多石块。台体底部东西 8、南北 13 米，顶部东西 3.7、南北 6 米，斜高 7.3 米。东壁砌石残高 0.8、厚 0.3、残长 2.3 米（图四七八）。

烽火台东南侧马鞍形山凹处分布有 10 座小墩，地势较烽火台低约 30 米，由西向东逐渐降低。均是以杂色砂石砌边，内填充黄沙土与小块石块。方台形，形体较小。坍塌等残损严重。按其位置由西向东分别编号为 L1—L10。其中 L1—L6 基本成一排，方向 290°。

L1：东西 2、南北 2、残高 0.8 米，距烽火台 7 米；

L2：东西 2.4、南北 2.2、残高 1 米，与 L1 间距 6 米；

L3：东西 2.5、南北 2.8、残高 0.9 米，与 L2 间距 2.2 米；

L4：东西 2.8、南北 3.2、残高 0.9 米，与 L3 间距 2.6 米；

L5：东西 3.2、南北 2.8、残高 1.4 米，与 L4 间距 1.9 米；

L6：东西 3、南北 2.7、残高 1.5 米，与 L5 间距 7 米；

L7—L10 随山脊略向北折，间距较大。

L7：东西 3、南北 2.6、残高 1.4 米，与 L6 间距 6 米；

L8：东西 3.3、南北 3.1、残高 1.4 米，与 L7 间距 4 米；

L9：残甚，仅存底部痕迹。东西 1.7、南北 1.7、残高 0.5 米，与 L8 间距 11 米；

L10：残甚，东西 2.5、南北 2.5、残高 0.5 米，与 L9 间距 11 米。

57. 金沙村 1 号烽火台（编码：640521353201170033，工作编号：07ZJF030）

位于余丁乡金沙村以北约 6 千米、小灌口子沟东北侧山顶，一丁字形的山脊上，北近山脊坡边。东南距石空镇 9.94 千米。北、东、西三面均为贺兰山山脊，南侧则为低矮的山前台地，东面台地上有长城经过。

夯土台体，方台形。方向 265°（北壁）。土内含石量较大，土石含量比例近乎 3：1，土色黄中泛青。保存较好，四壁均有坍塌，但幅度不大。底部均有坍塌土与风淤土堆积，但较薄；壁面略显粗糙，收分度较大，表面不生野草。夯层十分清晰，厚 0.10—0.15 米。顶部较平整，散落有石块等。台体底部东西 12.1、南北 16.5 米，顶部东西 4.5、南北 6.2 米，残高 6.1 米（图四七九；彩图四一九）。

四壁中东壁保存最差，中部已坍塌出一处较大的豁口，由底部一直延伸至顶；南壁保存一般，底部有一道明显的风蚀凹槽，槽外壁被坍塌堆积所掩盖。进深 0.2、残高 0.25 米；北壁保存最好，壁面较规整，但中部亦有一道较浅的凹槽；西壁保存一般，壁面较规整，但底部坍塌土堆积较厚。

烽火台南侧、基本紧贴南壁分布着 10 座小墩，地势基本相当。是由青灰、赭红色石块砌边，内填黄沙土及小石块而成，方台形。按其位置由北向南分别编号为 L1—L10。大致成 2 排，其中 L2—L10

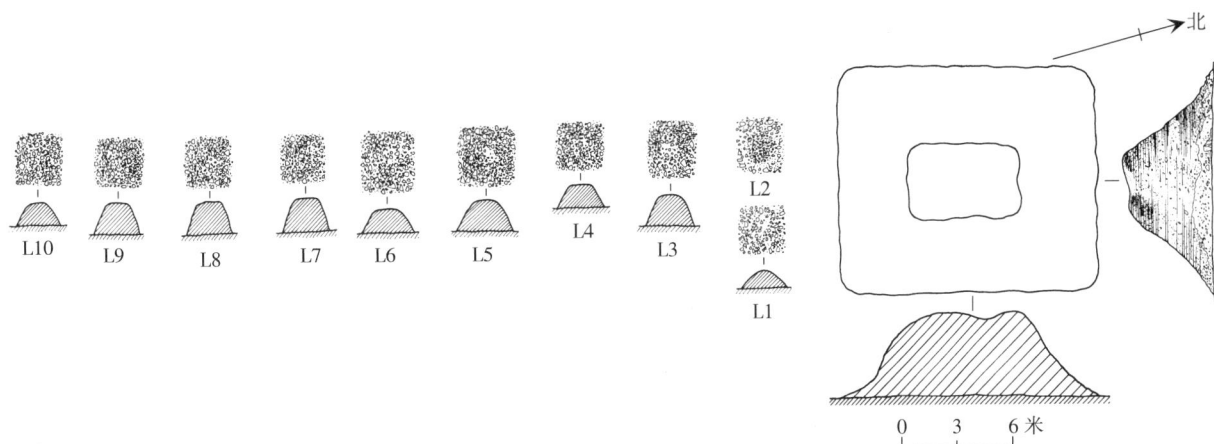

图四七九　金沙村1号烽火台平、立、剖面图

成一排，方向185°，L1单独位于L2的东面。除个别保存不佳外，多保存较好。

L1：残损严重，台体较小，底部2.5米见方、残高0.9米，距烽火台3.2米；

L2：残损甚重，顶部已被人掏挖出一个形坑，已将小墩挖掉大半。东西2.9、南北2.6、残高0.9米，与L1间距1.6米；

L3：东西2.6、南北2.9、残高1.6米，与L2间距2.1米；

L4：东西2.5、南北2.6、残高1.2米，与L3间距2.4米；

L5：东西3.1、南北3.2、残高1.5米，与L4间距2.1米；

L6：东西2.8、南北3.2、残高1.2米，与L5间距2.3米；

L7：东西2.5、南北2.5、残高1.7米，与L6间距1.9米；

L8：东西2.5、南北2.6、残高1.6米，与L7间距2.6米；

L9：东西2.6、南北2.6、残高1.5米，与L8间距1.9米；

L10：东西2.5、南北2.9、残高1.2米，与L9间距1.5米。

周围地表上散落有少量瓷片，有黑釉、酱釉等，器形有缸、罐、碗等，残甚。采集3件，其中缸、罐、碗各1件，胎内夹少量白色小石粒，色浅黄。

（1）缸

1件。口沿。

07ZJF030采：1，酱釉。胎较粗，通施釉，釉晶莹光亮，沿露胎。直口，宽沿，直壁。残口径9.4、残高8.7、沿厚2.8、壁厚1.3厘米。

（2）罐

1件。口沿。

07ZJF030采：2，酱釉。胎较粗，通施釉。内壁有轮制弦纹，外壁带双耳，圆鼓腹。残径5.3、残高8.1、壁厚0.5厘米。

（3）碗

1件。底部。

07ZJF030采：3，褐釉。胎较细。外底施釉不及底，内底有涩圈。器表不甚光滑，外底有轮制痕，圈足。残径7.5、残高2.4、壁厚0.7、底厚0.7厘米。

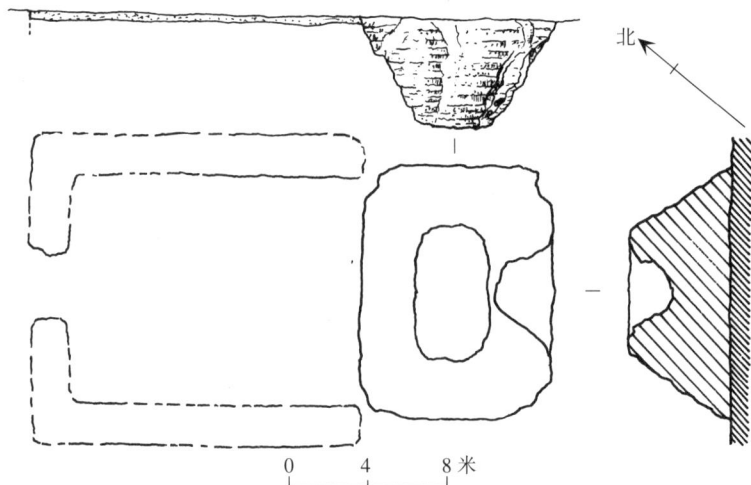

图四八〇　金沙村 2 号烽火台平、立、剖面图

58. 金沙村 2 号烽火台（编码：640521353201170034，工作编号：07ZJF031）

位于金沙村北约 3.6 千米、大佛寺沟东侧的山前较宽阔的丘状台地上，东距石空镇 8.22 千米。西与长城相邻，相距 395 米。周围地势平坦开阔，地表以原生沙石堆积为主，生长有较茂密的沙蒿等。

夯土台体，方台形。方向 225°（北壁）。土内夹杂青灰色小石粒，色灰白，质地较疏松、黏细，含水量极少。台体较高大，但保存一般，坍塌等残损较重。底部有较厚的坍塌土及风淤沙土堆积，呈斜坡状，生长有较多的蒿草等；四壁均有不同程度坍塌，相比以北壁保留略好，而东南两壁坍塌略重，东壁中部坍塌出一个凹槽，东西 3.5、南北 3.7、深 2.5 米；南壁风蚀、片状剥离和粉状脱落等较明显；顶部较平，局部坍塌较重。台体底部东西 10、南北 12.3 米，顶部东西 3.9、南北 6.5 米，残高 6米（图四八〇）。夯层厚 0.25 米。

台体西侧有一方形基址，紧贴烽火台西壁（两边略有外扩），其余三面另筑墙垣，方向 223°（北壁）。残甚，仅存残迹，是用黄沙土与小石块混杂堆积而成，形状较规整，顶部较平，表面野草十分稀少。墙垣东西 17.1、南北 15.9、残高 0.3 米。西面中部有门道，门宽 3.2 米。

59. 金沙村 3 号烽火台（编码：640521353201170035，工作编号：07ZJF032）

位于金沙村 3 组以北约 3 千米、大佛寺沟西侧的山前台地上，一丁字形山丘交汇处。东距长城 350米。其所在位置、周围环境等与金沙村 2 号烽火台基本相似。

夯土台体，方台形。方向 193°（西壁）。土中含石量较少，色灰白。台体残损严重，形状已不规整。底部均有坍塌土堆积，但不厚；四壁较陡。顶部较平整，有较多的石块等，生长有较茂密的沙蒿等。台体底部东西 8.4、南北 8.7 米，顶部东西 4.6、南北 6 米，残高 5 米（图四八一；彩图四二〇）。夯层厚 0.2—0.25 米。

四壁中西壁保存最差，壁面已呈犬牙突兀状，生长有较密的黑斑，也有几处鼠洞等；南壁保存一般，壁面较陡，但片状剥离和粉状脱落、风蚀凹槽及蜂巢蚁穴等分布较多；东壁保存最好，壁面上亦有片状剥离和粉状脱落等，动物洞穴较多，主要在近底部；北壁保存一般，壁面较陡，但风蚀较重，风蚀洞呈蜂窝状，底部的风蚀凹槽亦较深，还有较明显的片状剥离、粉状脱落等。

烽火台东北、东南侧山梁上分布着 10 座小墩。基本呈东西向，是由青灰、赭红色石块砌边，内填黄沙土及小石块，保存较好者成方台形。其中东南侧 5 座，由西向东分别编号为 L1—L5，方向 305°。与台体在同一山丘上，地势由西向东逐渐降低。

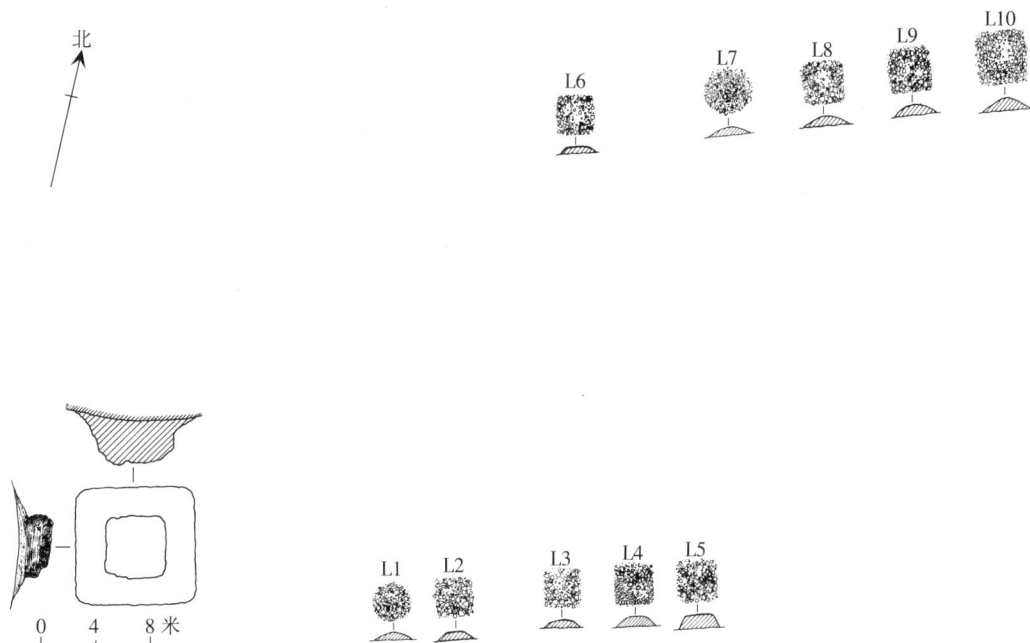

图四八一　金沙村3号烽火台平、立、剖面图

L1：保存最差，基本成石堆状。底部2.8米见方、残高0.5米，距烽火台12.9米；

L2：东西2.8、南北3、残高0.7米，与L1间距1.6米；

L3：东西2.8、南北2.9、残高0.7米，与L2间距5米；

L4：东西2.9、南北3.3、残高0.8米，与L3间距2.4米；

L5：保存较好。东西3、南北3.2、残高1米，与L4间距1.7米；

东北侧5座位于烽火台北面另一山丘上，地势由西向东逐渐降低。由西向东分别编为L6—L10，方向293°。

L6：东西3.4、南北2.8米、残高0.6米，距烽火台38米；

L7：残成石堆状，底部3.6米见方、残高0.6米，与L6间距7米；

L8：东西3.1、南北3.2、残高0.8米，与L7间距3.8米；

L9：东西3.2、南北3.3、残高0.7米，与L8间距3.2米；

L10：底部3.8米见方、残高0.9米，与L9间距3.5米。

周围地表上散落有较多瓷片，有黑、酱釉等，器形有缸、罐等，残甚。采集2件，均为缸底。胎较粗，内夹灰、白色小石粒。色浅黄，通施釉，内壁较光滑，外壁较粗糙。平底、斜壁。

07ZJF032采：1，黑釉。外壁脱釉，底部有炙烧痕。残底径13.3、残高6.5、壁厚2.1、底厚1.8厘米。

07ZJF032采：2，褐釉。外底露胎。残径11.1、残高6、壁厚2、底厚2.7厘米。

60. 金沙村4号烽火台（编码：640521353201170036，工作编号：07ZJF033）

位于金沙村3组以北、牙石沟西南侧岸边，一处较宽平的台地上。其所在位置、周围环境等与金沙村3号烽火台等基本相似，仅位置偏南、地近村落。

夯土台体，方台形。方向320°（北壁）。土中小石粒含量较少，色灰白。台体保存较好，较高大，但残损较多，底部均有少量坍塌土堆积，表面散落有少量赭红色石块；四壁较陡，壁面略泛红，片状剥离和粉状脱落等十分明显，夯层十分清晰，厚0.25米左右；顶部较平整，生长有较多沙蒿等。台体底部东西13、南北14.2米，顶部6.5米见方，残高6.5米（图四八二；彩图四二一）。

四壁中东壁保存较好，但风蚀洞较多，底部有多处鼠洞，底部坍塌土较厚。裸露出的夯土底部风蚀凹槽较深，进深0.2、高0.6米。版接缝较清晰，可分为并列5版，由南向北分别为1.9、3.4、2.6、2.1、1.3米。其中偏北侧一版夯土已整体滑落，与夯土主体分离；南壁保存较差，底部坍塌土堆积较厚，裸露出的风蚀凹槽较明显。中部还有一道明显的凹槽状冲沟，从顶部一直贯穿至底；北壁保存一般，壁面中部亦有一道冲沟，风蚀洞及风蚀凹槽亦较明显，凹槽进深0.9、高0.2米；西壁保存最好，壁面坍塌相对较少。

烽火台东侧、东北侧两道山梁上分布着10座小墩，基本呈东西向，是由青灰、黑色石块砌边、内填黄沙土及小石块而成的方台形实体建筑，保存较好。

东南侧5座，与烽火台同处一道山梁，方向308°。地势由西向东逐渐降低，落差在0.5米左右。由西向东分别编号为L1—L5。5座中除了L4保存较好外，其余砌石均已无存，被后人拆取、在山梁的北面坡上摆成几处图案和文字。

L1：保存最差，仅存底部残迹。底径3米见方、残高0.7米，距烽火台6米；

L2：保存一般。东西3.7、南北3.4、残高1.1米，与L1间距4.9米；

L3：保存一般。东西3.9、南北3.7、残高1.3米，与L2间距5米；

L4：保存最好。东西3.6、南北3.8、残高1.3米，与L3间距3.7米；

L5：保存尚可。东西3.3、南北3.5、残高1米，与L4间距3米；

东北侧5座，位于烽火台东北侧另一道山梁上，方向320°，由西向东分别编为L6—L10。地势基本相同，保存一般。也有人将外侧砌石拆取下、在台体南面坡上摆成几处文字。

L6：东西3.7、南北3.6、残高1.6米，距烽火台68.1米；

L7：东西3.5、南北3.4、残高1.5米，与L6间距4.3米；

L8：东西3.4、南北3.5、残高1.6米，与L7间距5米；

L9：东西3、南北3.4、残高1.4米，与L8间距5米；

L10：东西3.7、南北3.9、残高1.7米，与L9间距4.7米。

周围地表上散落有较多瓷片，皆残碎，无可复原者，有缸、盆、罐、碗等。采集8件，其中缸、盆、罐、碗各2件。

（1）缸

2件。均为口沿。褐釉。胎较粗，色浅黄，内夹灰、白色小石粒。沿露胎，沿下施釉，釉层较厚而灰暗。直口，宽厚沿，平台唇，直壁。

07ZJF033采：1，残口径7.8、残高6.8、口沿厚2.9、壁厚1.0厘米。

07ZJF033采：2，内壁较粗糙，有轮制弦纹，外壁略显光滑。残口径9.3、残高8.4、口沿厚3.5、壁厚1.2厘米。

（2）盆

2件。均为底部，胎较粗。

07ZJF033采：3，褐釉。内夹灰、白色小石粒，色浅黄，内壁通施釉，外底露胎，底部轮制弦纹。假圈足。残底径12.0、残高3.3、壁厚1.1、底厚1.2厘米。

07ZJF033采：4，黑釉。胎色浅白，内夹黑、白色小石粒。内底露胎，外壁釉不及底。内壁较粗

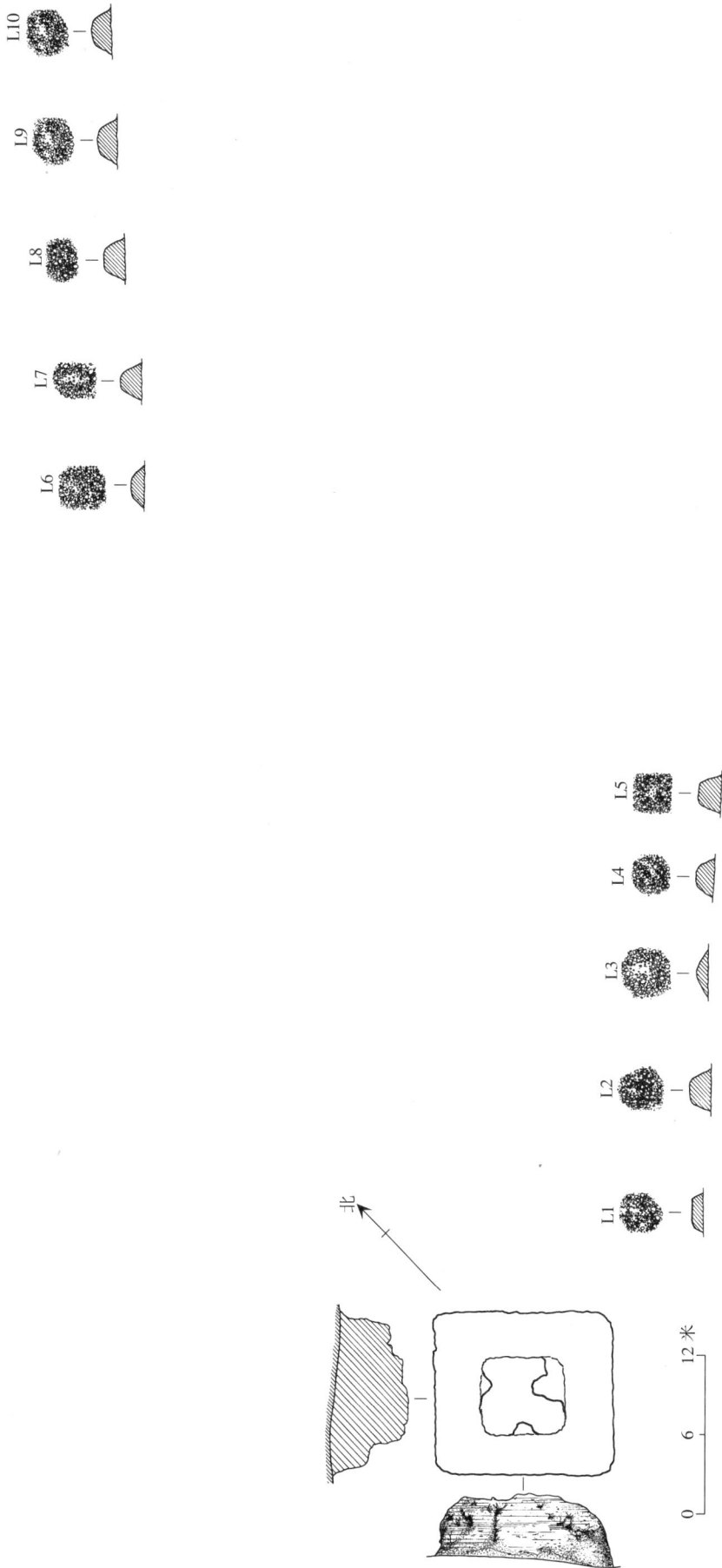

图四八二 金沙村 4 号烽火台平、立、剖面图

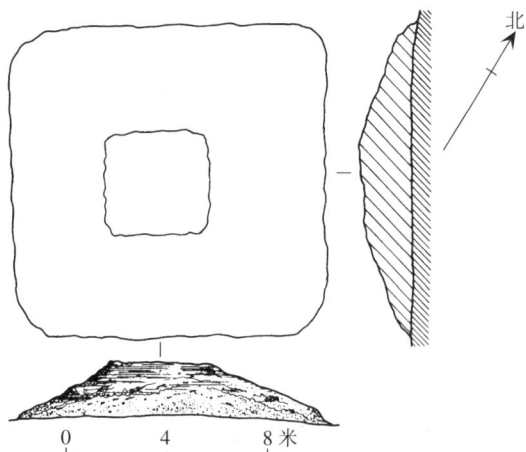

图四八三　金沙村5号烽火台平、立、剖面图

糙，外壁较光滑，有轮制弦纹。圆鼓腹，底部略束，假圈足。残底径8.2、残高8.6、壁厚0.8、底厚1.1厘米。

（3）罐

2件。均为口沿。褐釉。内夹灰、白色小石粒，色浅黄。通施釉。

07ZJF033采：5，胎较细，内壁较光滑明亮，外壁有轮制弦纹。残口径5.3、残高4.7、壁厚0.7、口沿厚1.1厘米。

07ZJF033采：6，胎较粗，壁较光滑。内壁有轮制弦纹，颈带一宽扳残耳。残口径4.7、残高2.9、壁厚0.6、口沿厚1.2厘米。

（4）碗

2件。均为碗底。胎较细，色浅黄。

07ZJF033采：7，黑釉。外底露胎，内底中心施釉，圈足。残底径4.4、残高1.9、壁厚0.6、底厚0.7、足厚0.5厘米。

07ZJF033采：8，褐釉。内外底露胎，内壁有灼烧痕，小圈足。残底径6.3、残高3.3、壁厚0.4、底厚0.6、圈足厚0.7厘米。

61. 金沙村5号烽火台（编码：640521353201170037，工作编号：07ZJF034）

位于金沙村3组以北、石空寺寺庙东北侧一较宽平的丘状台地东南边。东距石空镇9.07千米，北距金沙村4号烽火台1.23千米。南侧坡边有长城经过，相距81米，坡下为黄河冲积平原，今已成为石空寺庙宇及村落民房区；东北侧有大佛寺沟干涸河道。

夯土台体、残损甚重，形状已不规则，但从保存稍好的北壁等来看还是为方台形。方向300°（北壁）。土质灰白，质地坚硬。底部有较厚的坍塌土及风淤沙土堆积，斜坡面上生长有稀疏的沙蒿等；裸露出的夯土上不生野草，壁面已呈犬牙突兀状，但夯层较清晰，厚0.22米；顶部不平。台体底部东西12.5、南北11.9米，顶部东西5.5、南北4.1米，残高2.5米（图四八三）。

在台体底部西侧、紧贴台体有一不规则方形基址，呈平台状，边缘略凸起，残甚。表面生长有较茂盛的野草。东西3.5、南北8、残高0.2米。

周围还散落有少量瓷片，有酱釉、黑釉等，器形有罐等，未采集。

62. 刘庄村烽火台（编码：6405213532011700 38，工作编号：07ZLF035）

俗称直隶墩，位于余丁乡刘庄村以北约1.2千米、贺兰山一较高的台地顶上，东距石空镇11.54千米。北面为高耸连绵的丘状山峦，南面坡下的台地上有长城，相距1.46千米，再南便是黄河冲积平原。东南面与台地上的余丁村烽火台相望，相距1.86千米。地表以半荒漠沙滩为主，生长有稀疏的蒿草。

石砌台体，方台形。方向275°（北壁）。台体十分高大，保存较好，砌石为赭红色砂岩，土石比例1∶3，近似毛石干垒。垒砌十分规整，石块规格大致在长90、宽75、厚35厘米左右，是中宁县保存最好的单体建筑之一。壁面仅东北、东南角略坍塌外其余基本原状保存。顶部十分平整，未发现铺舍。堆积有较多碎石块，石缝间生长有较多的蒿草等。底部东西18.6、南北17.7米，顶部东西11、南北10.2米，残高11.6米（图四八四；彩图四二二）。

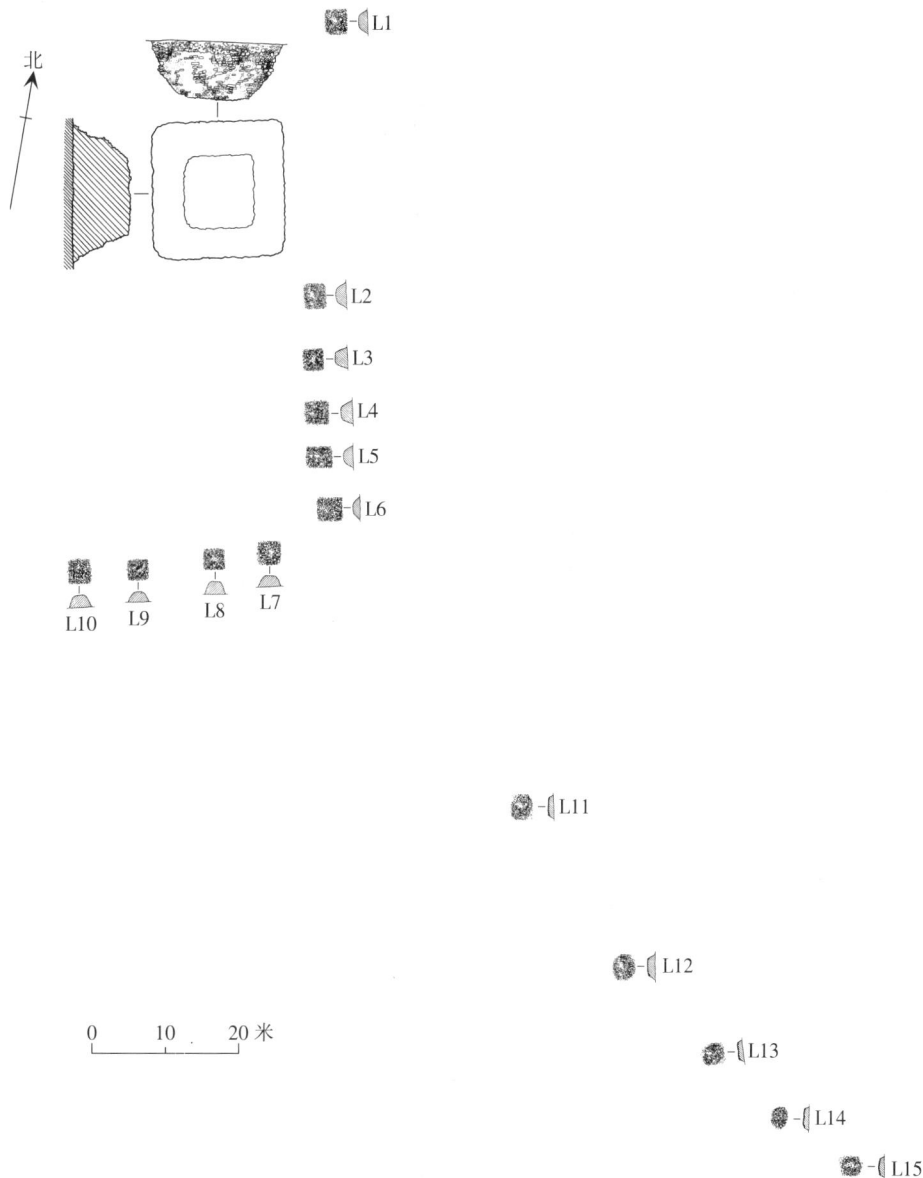

图四八四 刘庄村烽火台平、立、剖面图

此地是中宁县黄羊湾岩画分布区，在烽火台东南侧约5米处的石块上便有几处岩画，更特别的是在台体东南角砌石上亦有岩画图案。另外，在烽火台东面坍塌石块堆积的坡面处，发现一块利用烽火台砌石面錾刻的文字，字数较多，但多已漫灭不清，隐见"乾隆四十年"等（彩图四二三）。

在烽火台东南侧的山梁上分布着15座小墩，随山脊分布，平面基本呈"Y"形，是由赭红色石块砌边，内填黄沙土及小石块，方台形，保存较好。按其位置由北向南分别编号为L1—L15。按其分布位置等大致可分为3类。

L1 位于烽火台北侧。东西3.6、南北3.1、残高1.4米，南距烽火台13.9米；

L2—L10 位于烽火台南侧，方向215°。与烽火台同处一座山梁上，地势相当，其中L2—L6大致呈南北向，L7—L10则随山梁略向西折，呈东—西向。

L2：东西2.9、南北3.8、残高1.3米，北距烽火台5米；

L3：东西3.4、南北3.2、残高1.3米，与L2间距5.2米；

L4：东西 2.7、南北 3.6、残高 1.6 米，与 L3 间距 3.7 米；

L5：东西 3.3、南北 3.5、残高 1 米，与 L4 间距 3 米；

L6：东西 3.3、南北 2.6、残高 1.6 米，与 L5 间距 3.6 米；

L7：底部 3 米见方、残高 1.4 米，与 L6 间距 3.8 米；

L8：东西 3.2、南北 3.4、残高 1.8 米，与 L7 间距 3 米；

L9：底部 3 米见方、残高 1.8 米，与 L8 间距 5 米；

L10：东西 3.2、南北 3.3、残高 1.6 米，与 L9 间距 2.7 米。

L11—L15 位于烽火台东南侧，是随另一道山梁向东南延伸，地势由西北向东南逐渐下降，较前 10 座要低，落差在 1.5 米左右，方向 315°。保存不佳，较低矮，是以黄沙土与石块混杂堆积而成，基本呈圆锥状。

L11：东西 2.6、南北 2、残高 0.6 米，与 L6 间距 47.3 米；

L12：东西 1.7、南北 1.9、残高 1.1 米，与 L11 间距 26.4 米；

L13：东西 1.6、南北 2.1、残高 0.7 米，与 L12 间距 16.5 米；

L14：东西 1.6、南北 2.1、残高 0.7 米，与 L13 间距 13.6 米；

L15：东西 1.5、南北 1.9、残高 0.8 米，与 L14 间距 6 米。

周围地表上散落有较多瓷片，皆残碎，无可复原者。器形有缸、盆、碗及蒺藜等。采集 4 件，其中缸 2 件、盆 1 件、碗 1 件。

（1）缸

沿、底各 1 件。

07ZLF035 采：1，口沿。黑釉。胎粗厚，色浅白，内夹白色小石粒。沿露胎，壁通施釉，釉层较厚而明亮，外釉有气泡。直口，宽厚沿，平台唇，直壁。残口径 12.6、残高 6.8、壁厚 1.9、沿厚 3.9 厘米。

07ZLF035 采：2，缸底。褐釉。胎较粗重厚实，色浅灰，内夹少量灰、褐色小石粒。壁通施釉，釉较厚，有少量气泡。器表不甚光滑，外壁无釉处呈窑红色，底有火烧痕。直壁，大平底。残底径 7.8、残高 11.4、壁厚 2.3、底厚 3.1 厘米。

（2）盆

1 件。

07ZLF035 采：3，口沿。褐釉。胎较粗，内夹灰、白色小石粒。沿露胎，沿下施釉，釉较厚而明亮，内壁较光滑而外壁略显粗糙。直口，宽厚沿，平台唇，圆鼓腹。残口径 12.1、残高 8.6、口沿厚 2.8、壁厚 1.0 厘米。

（3）碗

1 件。

07ZLF035 采：4，碗底。白釉。胎较细，内夹少量白色小石粒。色浅黄，底露胎，壁有轮制弦纹，圈足。残底径 5.6、残高 1.3、壁厚 0.6、底厚 0.7、足厚 0.7 厘米。

63. 余丁村烽火台（编码：640521353201170039，工作编号：07ZYF036）

位于余丁乡余丁村以西约 0.3 千米贺兰山山前台地上，四面环坡。东距石空镇 9.94 千米。南面坡下即为黄河冲积平原，北面是较宽阔的山间洼地，有长城沿此经过，相距 116 米；东北与金沙村 5 号烽火台相望，相距 1.17 千米。

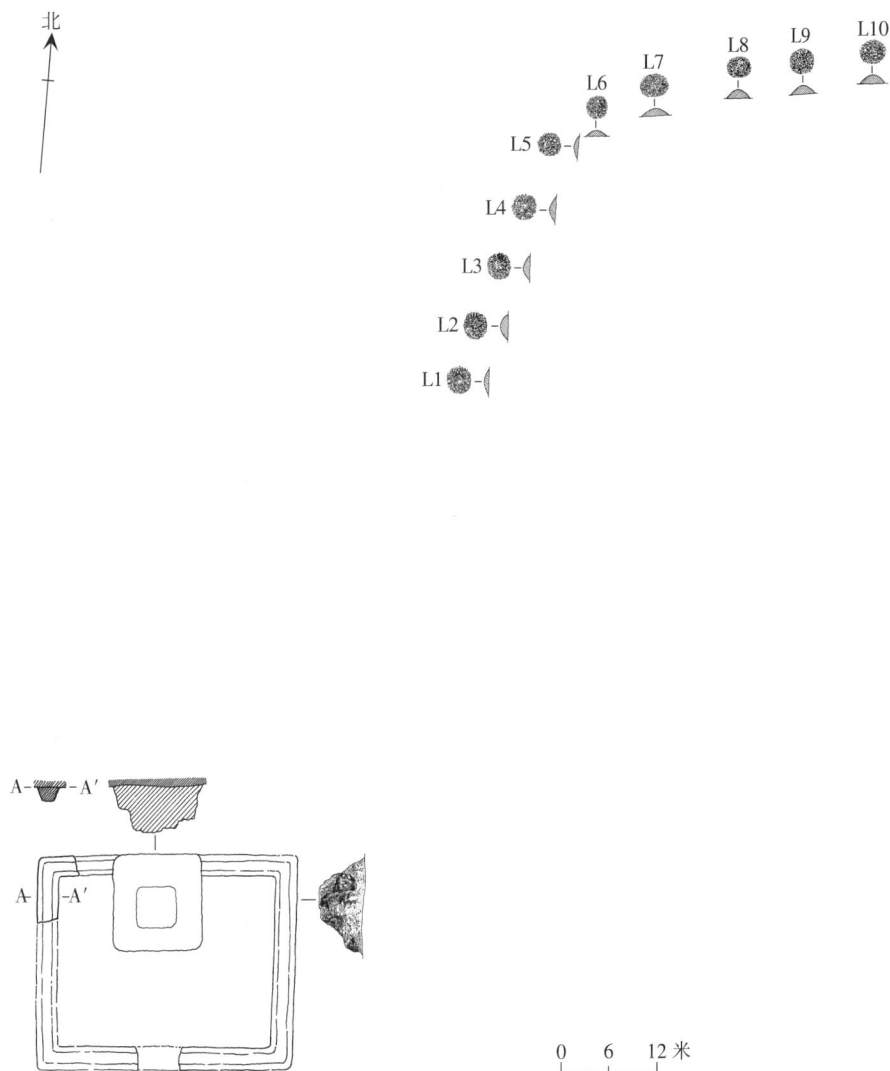

图四八五　余丁村烽火台平、立、剖面图

夯土台体，方台形。方向275°（北壁）。土色灰白，表面略泛红。夯打十分坚实，表面不生野草。台体较高大，但残损较重，底部堆积有较厚的坍塌土，表面生长有较多沙蒿等；四壁多不规整。多成突兀状。顶部较平整，有3处圆形浅坑，坑内生长有较多的野草。底部东西10.4、南北11.6米，顶部东西5.2、南北5米，残高5.8米。夯层厚0.2米（图四八五；彩图四二四）。

四壁中北壁保存最好，较陡直，但壁面遍布黑色霉斑，底部风蚀十分明显，风蚀凹槽进深0.7、高0.6米，上部有几处动物洞穴；西壁保存一般，壁面不平，底部偏南侧有风蚀凹槽；南壁保存最差，底部有较厚的坍塌土堆积，片状剥离、粉状脱落等较明显；东壁保存较差，底部坍塌土堆积较厚，壁面上的鼠洞、风蚀等较明显。

台体底部有一方形围墙，将烽火台包裹在内。其北垣紧贴烽火台北壁、两端分别外延，其余三面用黄沙土夯筑而成，局部保存尚好，内侧地表较平，生长有较茂密的野草，但其门道不清。方向190°（西壁）。其中北垣长19.7、南垣长24.1、东垣长19.4米，保存较好处残高1.6米。

在烽火台东北侧、另一西南—东北向的山梁上分布着10座小墩，地势基本相当。是由黄沙土与小石粒混杂堆积而成，残损甚重，多成圆锥状，个别保存较好的外侧尚有砌石。按其位置由西向东分别编号为L1—L10。其中L1—L7基本成一条线，方向248°；L8—L10则随山脊走向略南折，方向为270°；

L1：东西 3.1、南北 2.9、残高 0.6 米，距烽火台 47 米；

L2：东西 3、南北 2.9、残高 0.9 米，与 L1 间距 3.3 米；

L3：东西 3、南北 2.7、残高 0.8 米，与 L2 间距 4.5 米；

L4：东西 2.9、南北 2.8、残高 0.8 米，与 L3 间距 4.1 米；

L5：东西 2.8、南北 2.7、残高 0.6 米，与 L4 间距 5 米；

L6：东西 2.6、南北 2.8、残高 0.7 米，与 L5 间距 4.5 米；

L7：东西 3.4、南北 2.6、残高 0.9 米，与 L6 间距 4.3 米；

L8：东西 2.8、南北 2.4、残高 1 米，与 L7 间距 7.1 米；

L9：东西 3.1、南北 2.8、残高 1.1 米，与 L8 间距 4.7 米；

L10：东西 3.2、南北 2.7、残高 1.1 米，与 L9 间距 5.5 米。

周围地表上散落有较多瓷片，皆残碎，无可复原者，有缸、罐、碗等。采集 6 件，其中缸 1 件、罐 5 件。

（1）缸

1 件。

07ZYF036 采：1，口沿。酱釉。胎较粗，色浅白，内夹白色小石粒。沿露胎，沿下施釉，釉较厚而明亮，内侧较为光滑而外侧略显粗糙。直口，宽厚沿，平台唇，直壁。残口径 7.7、残高 8.0、沿厚 3.1、壁厚 1.4 厘米（图四八六；彩图四二五）。

（2）罐

口沿 3 件、底 2 件。

07ZYF036 采：2，口沿。黑釉。胎粗重，色浅黄，内夹少量小石粒。沿上多露胎，壁通施釉，内侧较光滑而外侧略显粗糙。敛口，尖唇，沿施一圈凸弦棱，直壁。口残长 6.4、残高 4.0、壁厚 0.4 厘米。

07ZYF036 采：3，口沿，褐釉。胎较粗，内夹少量黑色小石粒，色浅褐。壁通施釉，内壁釉较薄，外壁较厚。圆鼓腹。口沿残长 7.9、残高 4.2、壁厚 0.8 厘米。

07ZYF036 采：4，口沿，褐釉。胎较粗，内夹少量黑色小石粒，色浅褐。通施釉，釉有少量气泡。侈口。沿残长 4.3、残高 5.2、壁厚 0.9 厘米。

07ZYF036 采：5，底部。胎较粗疏，烧结度不甚高，内含较多细沙粒。外壁施褐釉，釉层较薄，施釉不及底，露胎处略呈窑红色；内壁施姜黄釉，釉层较厚。内壁较光滑。底略束。残底径 2.8、残高 3.1、壁厚 0.9、底厚 0.7 厘米（图四八七）。

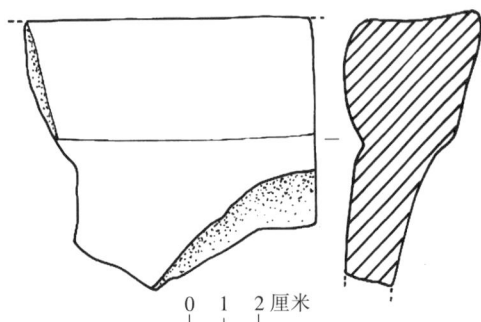

图四八六 余丁村烽火台采集酱釉缸口沿残片（07ZYF036 采：1）

07ZYF036 采：6，底部。黑釉。胎较粗，内夹少量小石粒，色深褐。内施全釉，外壁施釉不及底，较粗糙。圆鼓腹，底部略束，矮圈足。残底径 6.4、残高 5.2、壁厚 0.7、底厚 0.65 厘米（图四八八）。

64. 永兴村 1 号烽火台（编码：640521353201170040，工作编号：07ZYF037）

位于余丁乡永兴村 4 组村北约 0.2 千米，贺兰山山前台地南缘一东西向山脊上，南北临坡。东距石空镇 12.45 千米。北侧为山前台地，南面坡下为跃进渠，过渠即为黄

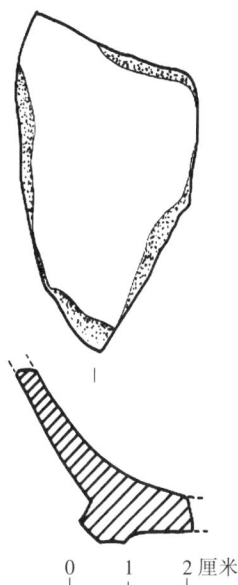

图四八七　余丁村烽火台采集褐釉罐底残片
（07ZYF036 采：5）

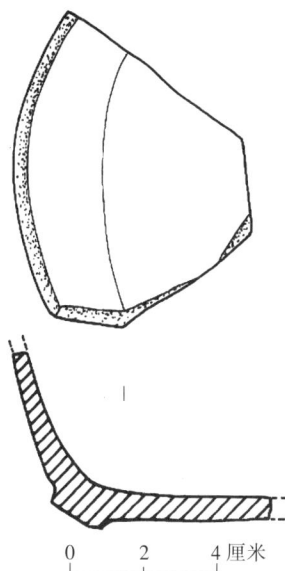

图四八八　余丁村烽火台采集黑釉罐底残片
（07ZYF036 采：6）

河冲积平原。周围地表以半荒漠化滩地为主，生长有蒿草等植物。

石砌台体，已呈圆锥状，但从北壁等来看还是为方台形。方向 276°（北壁）。石色有青灰、赭红、浅黄等，土石比例匀称，近于 1∶1。底部有较多的坍塌土堆积，呈斜坡状。壁面有较多沙蒿等。东南两侧有半环状壕沟，深 3.9、宽 2.4 米。其中南侧壕沟直接紧贴烽火台开凿，已将台体损毁近半；顶部较平。底部东西 16.2、南北 10.1 米，顶部东西 5.5、南北 3.7 米，残高 3.9 米（图四八九；彩图四二六）。

东西两侧的山脊上分布着 7 座小墩，是以石块砌边，内填黄沙土及小石块，多为方台形，个别保存较好者底部尚有砌石。由西向东分别编号为 L1—L7。

L1—L5 位于烽火台西侧，方向 305°，保存略好。地势由东向西略有抬升，其中 L2、L3 基本位于山梁最高处，地势最高；L4、L5 则相对较低。

L1：被壕沟破坏半边，东西 2.7、南北 2.1、残高 1.1 米，与 L2 间距 14.2 米；

L2：保存较好。底部 2.9 米见方、残高 1.3 米，与 L3 间距 7 米；

L3：保存较好。底部 3.5 米见方、残高 1.6 米，与 L4 间距 19 米；

L4：东西 2.9、南北 3.2、残高 1.4 米，与 L5 间距 13.6 米；

L5：底部 2.8 米见方、残高 1.4 米，距烽火台 23.5 米；

L6—L7 位于烽火台东侧，受壕沟影响，仅存 2 座，方向 275°。保存较差。

L6：位于壕沟西侧，东西 2.2、南北 2.1、残高 0.7 米，距烽火台 3 米；

L7：位于壕沟东侧，东西 3.9、南北 2.9、残高 1.6 米，与 L6 间距 29.3 米。

65. 永兴村 2 号烽火台（编码：640521353201170041，工作编号：07ZYF038）

位于永兴村十组村北、贺兰山山前台地的最南端—东西向山梁上，南、北两面临坡。东距石空镇 13.68 千米。南面坡下为跃进渠灌溉水渠，相距 75 米；再南便是为黄河冲积平原，平地上有黄羊湾火车站，相距约 400 米。其所在位置、周围环境等与永兴村 1 号烽火台基本相似。

夯土台体，方台形。方向 260°（北壁）。夯土中石粒含量不大。土色灰白，质地较疏松。保存一

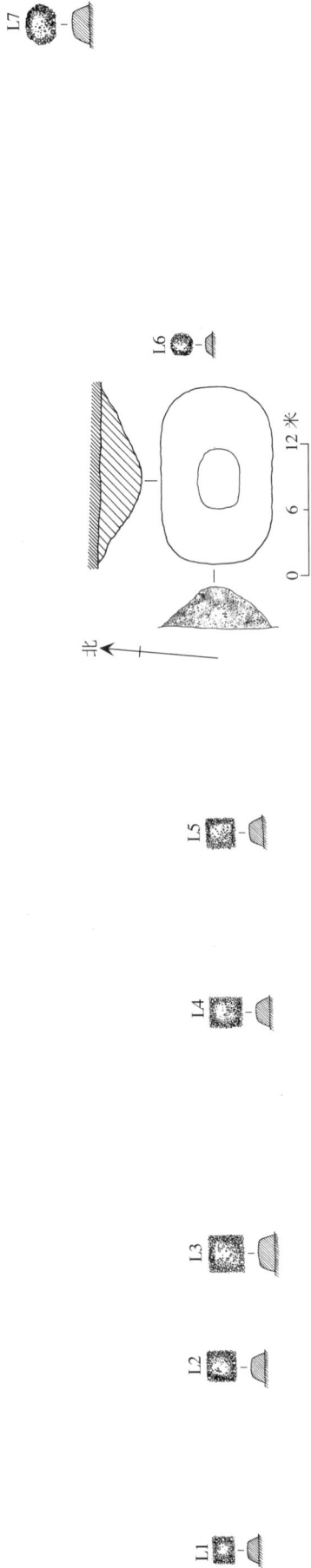

图四八九　永兴村 1 号烽火台平、立、剖面图

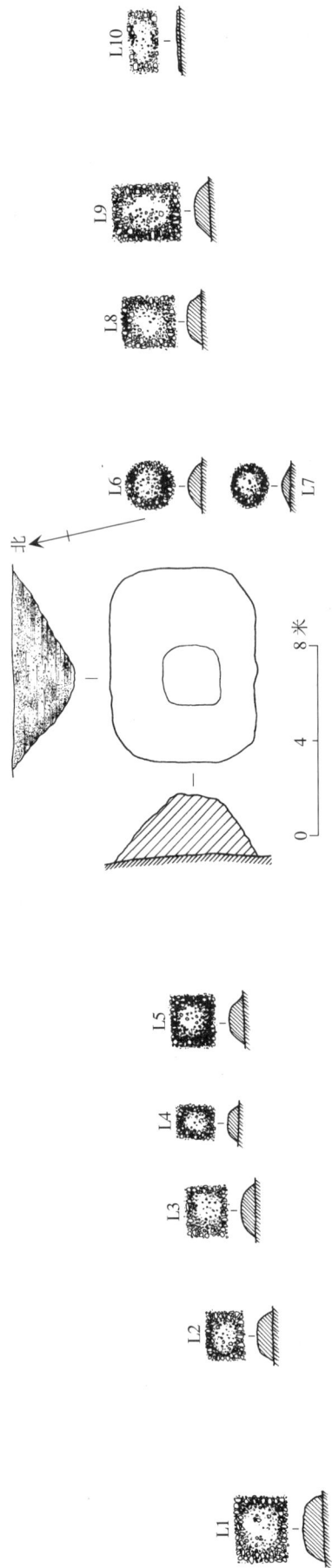

图四九〇　永兴村 2 号烽火台平、立、剖面图

般。坍塌甚重，底部均有坍塌土堆积，壁面生长有较多蒿草；四壁中除北壁保存较好、壁面较陡外，其余三面均有不同残损，壁面呈豁牙状，夯层不甚清晰。南、西壁中部有水冲沟；顶部较平。底部东西8.5、南北7.7米，顶部东西2.7、南北3.5米，残高4.5米（图四九〇；彩图四二七）。

烽火台东西两侧山梁上分布着10座小墩，是由带白色斑点的青灰色石块砌边，内以黄沙土及小石块填充而成。其中西侧5座，大致呈东西向并列，方向275°。地势由东向西逐渐下降，间距较近，保存尚可。由西向东分别编号为L1—L5。

L1：位于山梁的西边。东西3.9、南北3、残高1.1米，与L2间距7.7米；

L2：东西2.8、南北2.2、残高0.8米，与L3间距4米；

L3：东西3、南北2.4、残高0.8米，与L4间距2.4米；

L4：东西2、南北2.3、残高0.6米，与L5间距3.1米；

L5：东西3、南北2.6、残高0.6米，距烽火台13米；

东侧5座，大致成2排，其中北面4座，由西向东分别编为L6、L8—L10，这4座基本在一条直线上，方向280°。地势由西向东逐渐下降。台体较大，但破坏较重；南面仅1座，编为L7，位于L6的南面，西侧与烽火台相邻。

L6：保存较差，呈圆锥状，外侧砌石不存。东西2.7、南北2.9、残高0.7米，距烽火台3.6米；

L7：与L6南北向排列，保存较差，亦呈圆锥状。东西2.5、南北2.3、残高0.5米，与L6间距2.3米；

L8：残半。东西3、南北3.1、残高0.9米，与L6间距6米；

L9：残半。东西3.3、南北3.9、残高0.8米，与L8间距2.9米；

L10：已近坡边，残甚，仅存底部。东西3.5、南北1.7、残高0.2米，与L9间距6.2米。

66. 永兴村3号烽火台（编码：640521353201170042，工作编号：07ZYF039）

也是位于永兴村十组北侧的贺兰山台地上，地处一丁字形山梁交汇处，北面临坡，坡下有一石灰场，东南为永兴村十组居民区。东距石空镇14.56千米，距永兴村2号烽火台872米，东侧山梁上有一段石墙，相距105米。其所在位置基本与永兴村2号烽火台相似。

石砌台体，十分高大，但坍塌甚重，已呈圆锥状，但从北壁等残存的砌石来看还是为方台形。方向300°（北壁）。砌石以青灰色石灰岩为主、夹杂少量赭红色砂岩。四壁多已呈斜坡状，底部有较多的石块堆积，石缝间生长有较茂密的野草。东北侧坍塌面可见内夹柠条，成层状平铺，仅发现一层，厚4厘米。尖顶。底部东西11.3、南北19.1米，顶部东西3.2、南北2.6米，斜高8.7米（图四九一；彩图四二八）。

烽火台西、东南两侧的山梁上分布着9座小墩，除个别有坍塌外，多保存较好。方台形，台体较高大。是由青灰、赭红色石块砌边，内填黄沙土及小石块。按其位置由西向东分别编号为L1—L9。其中L1—L4位于烽火台西侧的山脊上，连线较直，方向300°。地势基本相当。间距较近，顶部多生长有蒿草。其中L1西侧有一道新挖的凹槽。

L1：东西4.4、南北4.2、残高1.6米，距烽火台14.8米；

L2：东西3.7、南北3.4、残高1.7米，与L1间距6米；

L3：东西3.7、南北3.5、残高1.4米，与L2间距16.5米；

L4：东西3.5、南北3、残高1.3米，与L3间距5.5米。

L5—L9位于烽火台东南侧山脊上，方向不直，总体成310°。其中L7—L9随山脊略向南折。

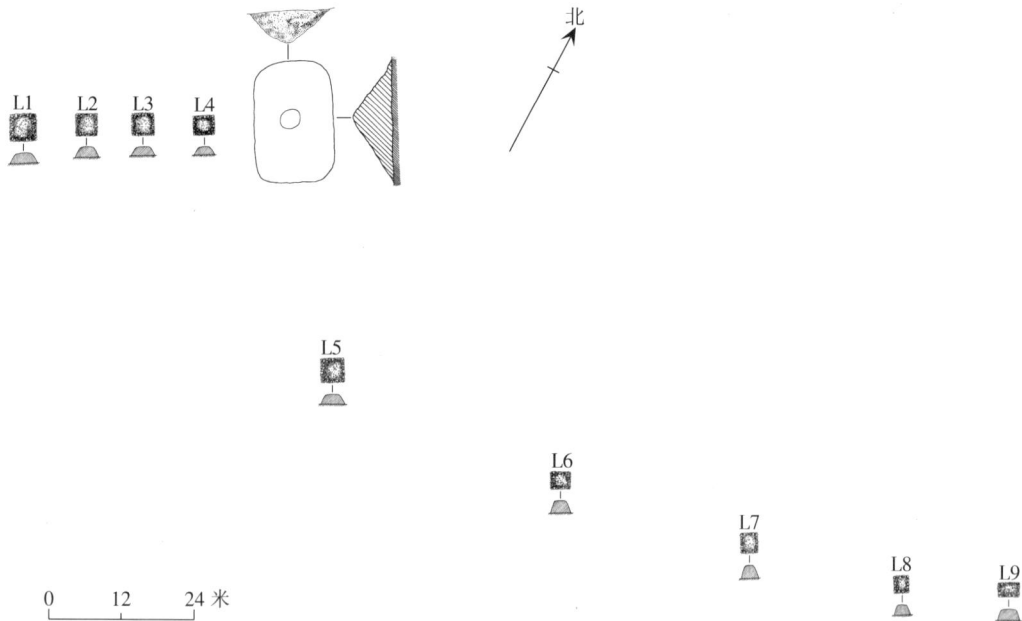

图四九一　永兴村 3 号烽火台平、立、剖面图

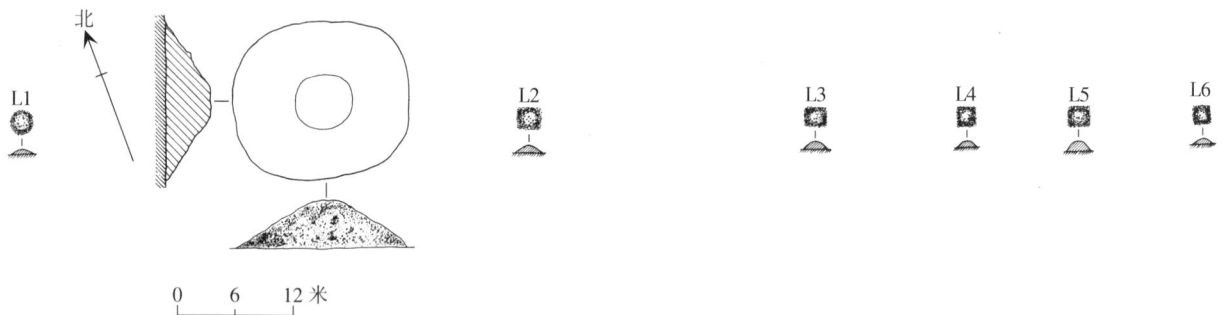

图四九二　永兴村 4 号烽火台平、立、剖面图

L5：底部 3.8 米见方、残高 1.5 米，距烽火台 27 米；

L6：东西 3.2、南北 2.7、残高 1.9 米，与 L5 间距 34.5 米；

L7：东西 2.9、南北 3.2、残高 2 米，与 L6 间距 27.3 米；

L8：东西 2.5、南北 2.7、残高 1.6 米，与 L7 间距 21.2 米；

L9：东西 3.5、南北 2.2、残高 1.7 米，与 L8 间距 13.3 米。

67. 永兴村 4 号烽火台（编码：640521353201170043，工作编号：07ZYF040）

位于永兴村十组以北、贺兰山山前台地一东南—西北向山梁上，南、北两面临坡。南距山边近 1 千米，东距石空镇 14.93 千米，东南距永兴村 3 号烽火台 950 米。周围多为连绵不绝的山峦。地表以半荒漠化沙地为主，多被黄沙掩盖，生长有沙蒿等。东侧山沟内有一石灰厂。

石砌台体，方台形。方向 260°（北壁）。砌石以青灰色为主，另有少量赭红、浅黄等色。较高大，但坍塌等较重，保存一般。壁面除了西、北两侧底部尚有砌石外，多呈斜坡状，石缝间生长有较多沙蒿、柠条等。底部东西 18、南北 16 米，顶部东西 6、南北 6.2 米，残高 10.5 米。北壁砌石残高 1.6、厚 0.45 米；北壁残长 6、残高 1.9、厚 0.5 米（图四九二；彩图四二九）。

烽火台东西两侧的山梁上分布着 6 座小墩，由西向东分别编号为 L1—L6。

L1 位于烽火台西侧，仅存 1 座，与烽火台位于同一山梁上，残甚，仅存底部，圆锥状。底径 2.5、残高 0.5 米，东距烽火台 10 米；

L2—L6 位于烽火台东侧，地势基本相当，方向 185°。方台形，是由青灰色石块砌边，内填黄沙土及小石块，保存尚可。

L2：东西 3、南北 2.4、残高 0.9 米，距烽火台 14 米；

L3：东西 2.6、南北 2.2、残高 0.9 米，与 L2 间距 19.1 米；

L4：底部 2.2 米见方、残高 0.8 米，与 L3 间距 9.3 米；

L5：底部 2.4 米见方、残高 1.1 米，与 L4 间距 6.7 米；

L6：东西 2.2、南北 2、残高 0.6 米，与 L5 间距 7.4 米。

68. 永兴村 5 号烽火台（编码：640521353201170044，工作编号：07ZYF041）

位于永兴村 6 组以北、贺兰山山前台地南端，一东西向、顶部较宽平的山梁东缘，东、北两侧临坡。东距石空镇 16.01 千米，距永兴村 4 号烽火台 1.08 千米。南面约 250 米即到山边，山下有跃进渠，再南为黄河冲积平原。东面有一处较宽的山谷，已被流沙所覆盖。

石砌台体，方台形。方向 246°（北壁）。砌石多为深灰色石灰岩。保存尚可，底部有较厚的坍塌石块堆积；四壁除了北壁、西壁尚部分保留了砌石面外，多已坍塌。其中北壁砌石残高 0.8、厚 0.40 米；西壁残高 0.8 米，石缝间有较多的流沙。南壁砌石无存，裸露的台体中夹有柠条，呈层状，厚 0.1 米左右。由底向上共 8 层，其中最底层距地表 0.9 米，由此向上每层间距分别为 0.2、0.25、0.3、0.26、0.25、0.2、0.3 米，最顶层距烽火台顶部 0.4 米。顶部不甚平整，基本呈东高西低状，表面散落有较多小石块、黄沙等，有茂密的蒿草。底部东西 14.5、南北 14.2 米，顶部东西 9、南北 9.6 米，残高 6 米（图四九三；彩图四三○）。

烽火台南侧另一丁字形山梁上分布着 10 座小墩，平面基本呈"V"形。保存较好，是由石块砌边，内填黄沙土及小石块，方台形。按其位置由北向南再向东分别编号为 L1—L10。其中 L1—L5 位于烽火台南侧，方向 335°。沿山梁分布，地势基本相当。

L1：东西 3.3、南北 2.8、残高 0.9，距烽火台 31 米；

L2：东西 4、南北 3.8、残高 1.5 米，与 L1 间距 4.5 米；

L3：东西 3.1、南北 3、残高 1.3 米，与 L2 间距 2.5 米；

L4：东西 3.6、南北 3.4、残高 1.6 米，与 L3 间距 1.5 米；

L5：东西 4.3、南北 3.7、残高 1.7 米，与 L4 间距 6 米；

L6—L10 位于 L5 向西的另一山梁上，方向向西北折，方向 240°。地势由东向西逐渐下降，至 L10 已至山梁西侧边缘。

L6：东西 3.6、南北 3.1、残高 1.5 米，与 L5 间距 9 米；

L7：东西 3.6、南北 3、残高 1.5 米，与 L6 间距 14.5 米；

L8：东西 4、南北 3.8、残高 1.7 米，与 L7 间距 9.7 米；

L9：底部 4 米见方、残高 1.8 米，与 L8 间距 12.3 米；

L10：东西 3.9、南北 3.2、残高 1.5 米，与 L9 间距 9 米。

周围地表上散落有少量瓷片，皆残碎，无可复原者，采集 8 件，其中缸 3 件、瓷蒺藜 1、碗 4 件。

（1）缸

3 件。皆口沿部。青釉。胎地较粗。

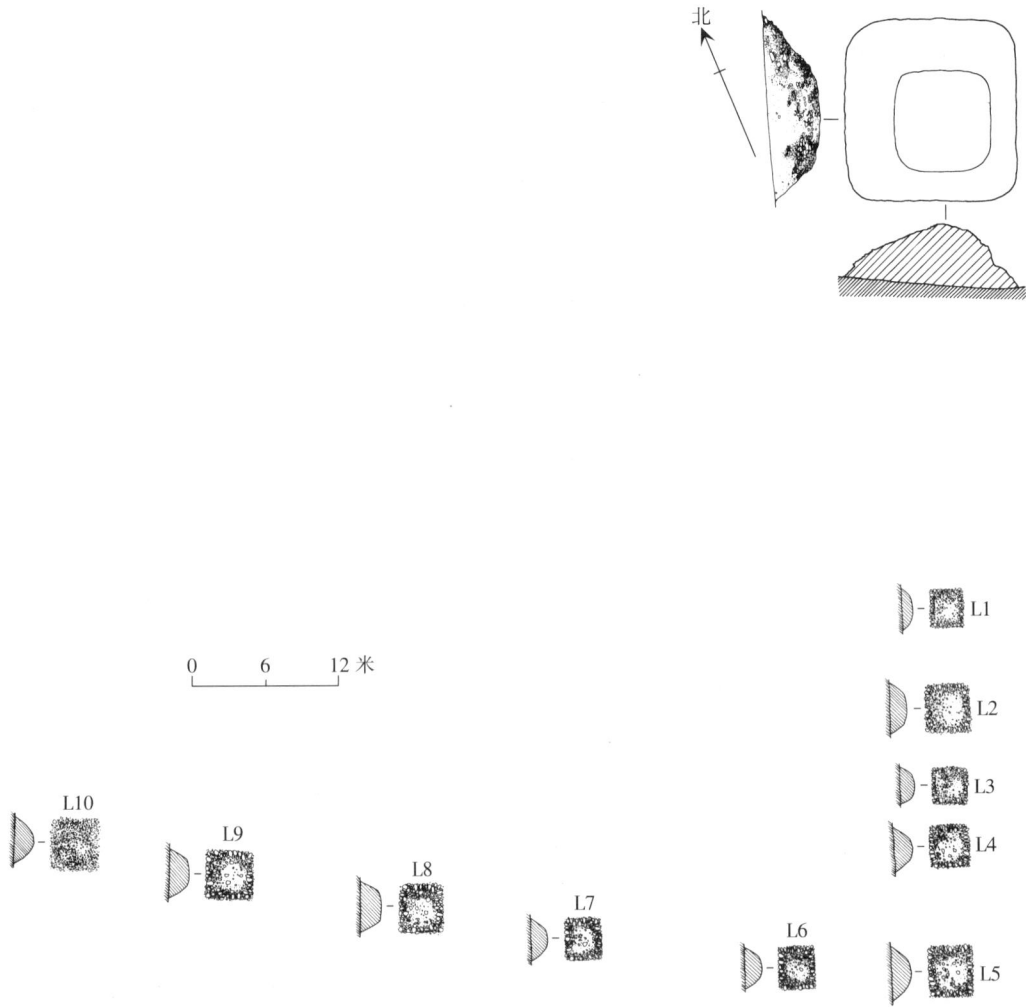

图四九三　永兴村5号烽火台平、立、剖面图

07ZYF041采：1，胎色青中略带浅黄。内夹灰色小石粒。沿露胎，壁通施釉，釉层较厚，但脱釉严重，有少量气泡。斜直壁。残口径9.3、残高7、壁厚2.6厘米（图四九四）。

07ZYF041采：2，胎色深灰，内夹灰褐色小石粒。壁通施釉，釉层较薄而粗糙，宽厚沿，圆鼓腹，残口径8.2、残高7.8、壁厚2.8、口沿厚3.3厘米。

07ZYF041采：3，胎色浅白，内夹灰褐色小石粒。沿外多脱釉，直口，内壁较粗糙，残口径10.8、残高6.2、口沿厚2.8、壁厚1.0厘米。

（2）瓷蒺藜

1件。

07ZYF041采：4，残，青釉。胎较粗而厚，色浅灰。圆球状，中空，外壁顶部有三乳钉，外壁通施釉，内壁露胎，残径7.6、残高12、壁厚0.9—2.2厘米（图四九五；彩图四三一）。

（3）碗

4件。均为碗底。胎地较细，釉层较薄。圈足。

07ZYF041采：5，褐釉。胎浅褐。底露胎，器表不甚光滑，表面略泛红。残底径5.6、残高2.5、壁厚0.3、底厚0.4厘米。

07ZYF041采：6，黑釉。胎浅褐。底露胎，器表不甚光滑，表面略泛红。残底径5.0、残高1.8、壁厚 0.4、底厚 0.2 厘米。

07ZYF041 采：7，黑釉。胎浅黄。外壁通施釉，内壁露胎，器表不甚光滑，表面略泛黄。残底径 5.6、残高 2.1、壁厚 0.4、底厚 0.5 厘米。

07ZYF041 采：8，黑釉。胎较细，表面略泛青灰色，内壁通施釉，外壁露胎，较粗糙；内壁光滑。残底径 5.6、残高 2.8、壁厚 0.7、底厚 0.7 厘米。

69. 永兴村 6 号烽火台（编码：6405213532011700 45，工作编号：07ZYF042）

位于永兴村二组北侧一处较高的山丘顶，地处较宽阔的台地南边。东距石空镇 16.92 千米。北为山前台地，南为黄河冲积平原，坡下有跃进渠灌溉水渠；西面与半山洼处的永兴村 1 段长城相邻，斜距 145 米；东面距永兴村 5 号烽火台 945 米；西面距永兴村 7 号烽火台 1.18 千米。

半圆台形。底部直径 18、中部直径 10.2、顶部直径 4、斜高 16 米（图四九六；彩图四三二）。

此座台体的形状、构筑方式较特殊，在宁夏西长城沿线发现的烽火台中并不多见。由底向上大致可分为两部分。

底部：以赭红、青灰等色垒砌而成，半圆形（沿坡边的南侧呈直边，其余几面成圆形）。坍塌等较重，壁面除了局部尚有砌石面外，多呈斜坡状。残高 4.4 米。

上部：以含少量小石块的黄沙土夯筑而成，形状亦呈圆形。边缘与底部砌石顶一致，两者间界限十分明显。保存尚可，但局部坍塌较重。残高 1.8 米。

烽火台外侧有一呈半圆状围墙，其南面、西面基本与台体壁面相邻，其余几面略呈环状围绕台体。是用赭红青灰等色石块垒砌而成，内侧堆积有较厚的台体坍塌土、石等。保存不佳，仅台体西侧的三角形墙垣保存尚好，东侧墙垣残长 15、残高 1.3、厚 0.7 米；南侧墙垣残长 8、残高 1.1、厚 0.9 米。

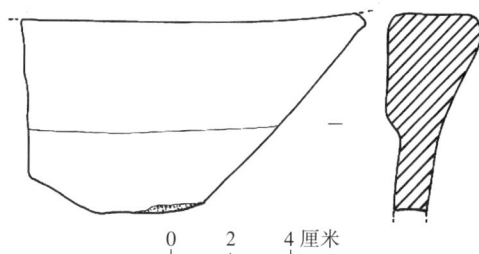

图四九四　永兴村 5 号烽火台采集青釉缸口沿残片（07ZYF041 采：1）

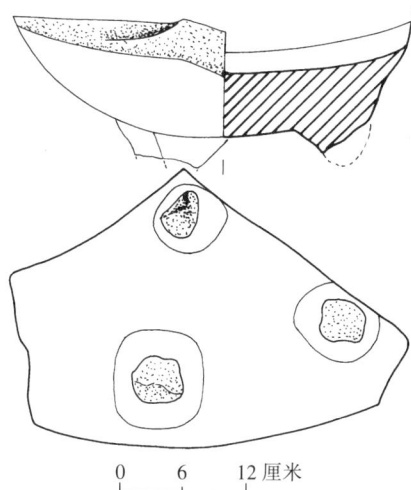

图四九五　永兴村 5 号烽火台采集青釉蒺藜残片（07ZYF041 采：4）

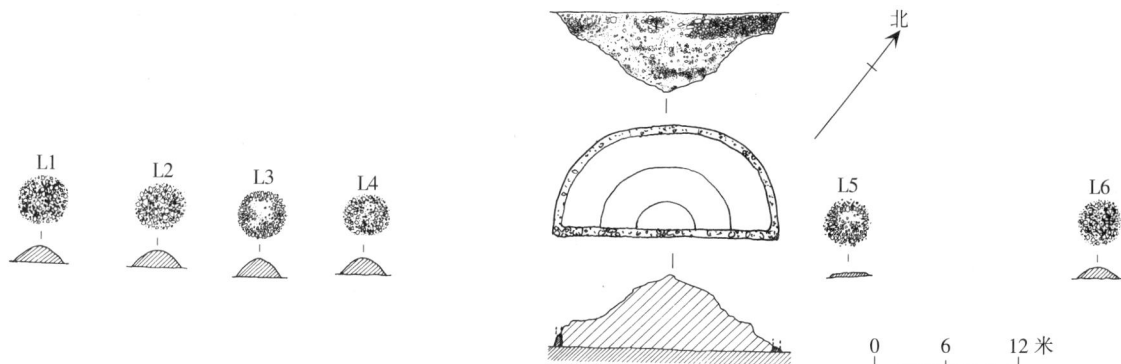

图四九六　永兴村 6 号烽火台平、立、剖面图

烽火台东、西两侧平台上分布着6座小墩，基本呈东西向并列。按其位置由西向东分别编号为L1—L6。

L1—L4位于烽火台西侧，是以石块与黄沙土混杂堆积而成，保存较差，呈圆锥状。

L1：底径3.8、残高1.2米，与L2间距5.2米；

L2：底径3.6、残高1.1米，与L3间距4.1米；

L3：底径3.6、残高1.2米，与L4间距4.5米；

L4：底径3.6、残高1.2米，距烽火台18米。

L5—L6位于烽火台东侧，方向305°。是以石块砌边、内以黄土等填充而成，方台形，保存较差。

L5：东西3、南北2.5、残高0.2米，距烽火台3.8米；

L6：东西3.6、南北2.5、残高0.9米，与L5间距16.5米。

周围地表上散落有较多瓷片，皆残碎，无可复原者，有缸、盆、罐、碗等。采集7件，其中缸2件、盆2件、罐2件、碗1件。

（1）缸

口沿、器底各1件。

07ZYF042采：1，口沿。酱釉。胎较粗厚，色浅灰，内夹灰色小石粒。沿露胎，壁通施釉，釉较厚而灰暗。内壁较粗、有轮制弦纹，外壁略显光滑。直口，宽厚沿，平台唇，直壁。残口径12.9、残高10.2、口沿厚3.7、壁厚1.3厘米。

07ZYF042采：2，缸底。褐釉。胎较粗，色浅黄。壁多脱釉，内壁有流釉，底露胎，器表不甚光滑，内表略泛红，外表略泛白。斜直壁，大平底。残底径11.3、残高3.7、壁厚2.2、底厚2.1厘米。

（2）盆

均为口沿。

07ZYF042采：3，黄釉。胎较粗厚，色浅灰，内夹灰、褐色小石粒。壁通施釉，外壁较粗糙、大片脱釉，内壁较细而平整。直口，宽厚沿，平台唇，直壁。残口径5.5、残高10.0、壁厚1.0、口沿厚3.0厘米。

07ZYF042采：4，黑釉。胎较粗，色浅黄，内夹灰色小石粒，沿露胎，通施釉，釉层较厚而晶莹光亮，多气泡。斜直壁，宽口沿，平台唇。残口径9.5、残高5.6、壁厚0.6、口沿厚2.8厘米。

（3）罐

底、沿各1件。

07ZYF042采：5，罐底。褐釉。胎较细，内夹少量小石粒，色浅黑。壁通施釉，外底露胎，内壁釉较粗糙。圆鼓腹，底略束，假圈足。残底径5.0、残高2.7、壁厚0.7、底厚0.6厘米。

07ZYF042采：6，双耳罐口沿。黑釉。胎较粗，内夹白色小石粒，色浅黄。顶露胎，壁通施釉，器壁光滑。圆鼓腹。残口径6.4、残高4.6、壁厚0.8、沿厚1.4厘米。

（4）碗

07ZYF042采：7，碗底。褐釉。胎较细，内夹少量白色小石粒，色浅黄。施釉较均匀。底部露胎，圈足，外底有轮制弦纹。残底径6.5、残高1.8、壁厚0.4、底厚0.6厘米。

70. 永兴村7号烽火台（编码：640521353201170046，工作编号：07ZNF043）

位于永兴村1组西北约1.2千米、贺兰山山前台地最南侧的山丘上。东距石空镇18.08千米。其

图四九七 永兴村 7 号烽火台平、立、剖面图

北面为贺兰山台地，南面为黄河冲积平原，坡下有跃进渠灌溉水渠，不远处有包兰铁路及 201 国道；西面约 1.2 千米处即为中宁县与中卫市交界处的胜金关沟口。

夯土台体，残损甚重，已呈圆锥状。土色灰白，质地坚硬。壁面夯层较清晰，厚 0.18—0.2 米。台体甚小，除北壁保存略好外，多已残损。尤其是南侧、东侧壁面，因底部山体早年被炸掉，已坍塌多半。西侧底部有较厚的坍塌土，呈斜坡状。底部东西 5.5、南北 6.5 米，顶部东西 2.3、南北 4.5米，残高 4.2 米。方向（北壁）265°（图四九七；彩图四三三）。

在此座烽火台的西南侧半坡处，残留有两座小墩，基本成东西向并列，残甚，已呈圆锥状。由东向西分别编号为 L1、L2。

L1：底边长 2、残高 0.8 米，东北距烽火台 7.8 米；

L2：底边长 1.6、残高 0.5 米，东与 L1 间距 4.5 米。

第四节 大柳木皋—胜金关段关堡

大柳木皋至胜金关段长城沿线的关，见诸文献的有灵武、大佛寺等①，这些关隘，分属宁夏西路、南路所管辖。但调查中未发现（胜金关今划归中卫段，此处暂不表），而堡仅存甘城子堡和大坝堡 2 座，其他均已不存。今在重点记录调查发现的这 2 座堡之外，将见诸文献的一些重要堡一并附录如下。

1. 甘城子堡（编码：640381353102170002，工作编号：07QGB002）

位于今青铜峡镇甘泉村，东距沿山公路 1.2 千米，西距贺兰山山脚下长城约 8 千米。属贺兰山山前冲积扇台地，地表较平坦，起伏较小，视野开阔。周围已被辟为灌溉农田区，种植葡萄、西瓜、玉米等作物，堡内亦成葡萄园。

此堡史籍无载，今从地面上散落的建筑材料及生活用具等来看，其时代当属明代。可能属宁夏南路管辖的一处小营堡。方形，较规整。保存较差，仅存四面墙垣，东西 203、南北 201 米（图四九八；

---

① "南路隘口十：哈剌木、林泉……灵武……，西路隘口四：黑山嘴，观音、大佛寺、黄沙"，《万历朔方新志》卷2，第88页。

图四九八　甘城子堡平、立面图

彩图四三四）。

　　南垣保存较好，墙垣连续，但两侧均有后期的灌溉水渠。按保存状况大致可分为3段。

　　第1段：从东南角起，向西30米。此段坍塌较重，已呈斜坡状，顶部有一座长城保护碑。

　　第2段：第1段止点再向西126米，保存较好，墙体高耸，但两侧底部均有风蚀凹槽，壁面上有较多蜂巢。底宽6、顶宽1.5、残高4.7米。

　　第3段：第2段止点再向西47米至墙垣西南角，保存一般，墙体坍塌较重。

　　西垣保存最好，土墙高耸连续，底宽4.4、顶宽1.3、残高4.7米。

　　墙垣中部有一处加厚痕迹，其西面紧贴墙垣、向内侧再增厚一层，顶部与墙顶持平。残损甚重，其形制已难辨，平面成半圆形，半径5米（彩图四三五）。

　　北垣保存一般，按其保存现状分为3段。

　　第1段：从西北角起向东38米，保存较好，墙体高耸，底宽5、顶宽3.2、残高5米；

　　第2段：第1段止点再向东22米，已成一豁口，但底基尚存；

　　第3段：第2段止点再向东138米至东北角，保存一般。墙垣不甚高，坍塌较重，壁上有一处人为掏挖的贯通状圆洞。

　　东垣保存较差，坍塌等残损甚重。根据其保存现状可分为3段。

　　第1段：从东北角起，向南93.5米，保存一般，墙垣底宽8、顶宽3.4、残高4.7米；

　　第2段：第1段止点向南47米，残成豁口，墙垣无存；

　　第3段：第2段止点再向南58.6米至东南角处，保存较差，墙上有2处掏挖出的贯通洞穴，壁有烟炱痕；外侧有依墙而建的后期土墙。

　　东垣外有瓮城遗迹，紧依堡东垣、向东外扩而成，方形，也是以黄沙土夯筑而成，较堡墙略薄。残损甚重，仅存南、北两道残墙，间距60米，东墙无存。其中北墙距城东北角2.9米，残长11.6、残高2.4、墙厚2.2米；南墙残长17.7、残高2、墙厚2.2米。

2. 大坝堡（编码：640381353102170001，工作编号：07QDB001）

大坝堡是明代银南地区重要的屯堡之一，始建年代不详，属宁夏右屯卫所辖的十八屯堡之一①。设有官军仓场。万历年前后，这里成为宁夏南路守备官厅驻扎之地，驻官军四百五十二名、马骡二百六匹②。万历十八年（1590年）巡抚都御史党馨奏设守备，属南路玉泉营管辖。清乾隆三年地震塌毁，乾隆五年重修。

此堡位于今青铜峡市大坝镇韦桥村1组村落内，在今唐徕渠的西岸边。这里属银川平原区，周围地势平坦，视野开阔。地表已被开发为农田及果园，种植有苹果、梨树等。

此堡据《中国文物地图集·宁夏回族自治区分册》载："堡平面呈方形，边长约400米，墙高6.5米，基宽10米，顶宽5米，黄土夯筑，东面辟门。原城内建有城隍庙、苏武庙等，今已不存"③，但保存至今的仅有一段墙体，其他均已无存。是以黄土夹杂小砾石分段版筑而成。方向195°。残长29.3米。壁面较为陡直。版接缝已难辨，夯层较为明晰，厚0.16—0.20米，夯打十分结实。夯土中小砾石块含量较少，土色深灰，表面略泛赭红色。底宽20、残高11米；顶部不甚齐整，残宽3.5、南北残长12.5米（彩图四三六）。

附：大柳木皋至胜金关段消失关堡举例

大柳木皋至胜金关一线，史籍记载尚有哈剌木、峡石、观音、大佛寺等隘口④，但这些隘口文献并未明确记载其是否建有关隘等，调查中亦未发现，今暂不表。而沿线城堡不下数十处⑤，见诸《九边图说》标注的有大坝堡、广武营、枣园城、威武堡、石空寺堡等⑥，还有后期修建的如永兴堡、张义堡（两者均修筑于明万历十四年，1586年）、铁桶堡（天启七年，1627年）等，数量较多。这些堡多位于平地上，其性质多属屯堡。

1. 广武营

广武营，《大明一统志》载其"在卫城东一百九十里，正统九年（1444年）建"⑦。《嘉靖宁夏新志》载其"本伪夏（即西夏）兴州地。正统九年，巡抚、都御史金濂以其地当西路适中，平衍无据，

---

① "（右屯卫）……领屯堡一十八：大坝堡，有仓场。旗军二百名，把总官一员，守堡官一员。"《嘉靖宁夏新志》卷1·宁夏总镇，第74页。

② "南路守备官厅，在大坝堡"，"大坝堡，军丁四百五十二"，《万历朔方新志》（影印本）卷2，第78、58页。

③ 国家文物局主编：《中国文物地图集·宁夏回族自治区分册》，第299页，文物出版社，2010年。

④ "南路隘口十：哈剌木、林泉、双山南、磨山、独树儿、赤木、硖口、双山、灵武、金塔"，"西路隘口四：黑山嘴、观音、大佛寺、黄沙"（《万历朔方新志》卷2，第88页）。这十四处隘口中，哈剌木、硖石、黄沙、观音、大佛寺等有人考证在今中宁县境内（鲁人勇等：《宁夏历史地理考》卷14·明朝，第269-270页，宁夏人民出版社，1993年），当在此道长城范围内。

⑤ 《万历朔方新志》载："西路参将分守边城一百五十七里，自西南镇关墩起，至崇庆墩，接广武界止，有城障十有四；石空寺堡守备分边五十里，新立古水井堡守备分边二百一十九里。西路游击分守边城一百三十里，自西黄沙外接中卫崇庆墩起，至沙沟墩，接玉泉营界止，有城障四；南路游击分守边城一百二十四里，自广武沙沟墩起，至大山根止，有城障二十八；又分山隘八十三里，自西长城哨马营墩起，至打砲里口止，内大坝堡守备分边三十五里"，卷2，第84页。

⑥ （明）兵部编（隆庆刻本）：《九边图说》（影印本），第5-273~5-276页。

⑦ （明）李贤等奉敕撰：《大明一统志》卷37·宁夏卫，第646页，三秦出版社，1990年。

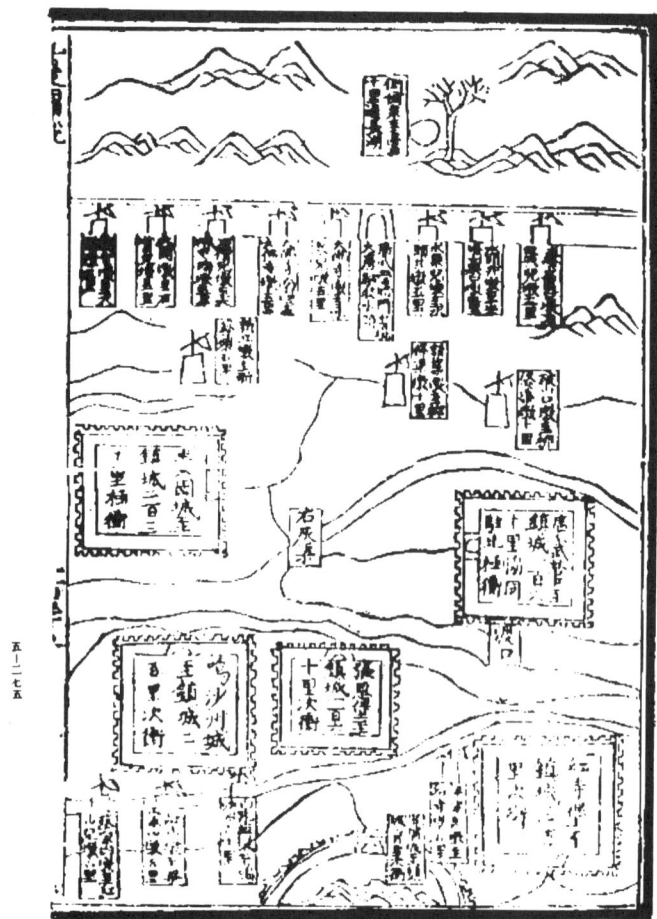

图四九九　广武营位置及形势图（摘自《九边图说·宁夏镇总图》）

兵欠联络，始奏筑城。摘中护卫（即后来的中屯卫）并右屯卫官军居之以都指挥守备。成化五年（1469 年），改守备为协同分守西路。又调西安、宁羌、凤翔等卫官军轮班备御。城周回二里，成化九年（1473 年），协同陈连拓之为三里。弘治十三年（1500 年），巡抚、都御史王珣又拓之为四里，高二丈五尺，池深一丈五尺，阔四丈。南门一，上有楼。"领枣园堡及大关小墩等烽堠二十六座，是明代宁夏重要属地之一①（图四九九）。

此堡后来还经过多次修葺②，其址在今青铜峡市青铜峡镇广武村东侧的平原上，在 1967 年修建青铜峡市水利枢纽工程时被淹没于库区之中，今已不存。

2. 枣园堡

枣园堡，《大明一统志》载："枣园营：在卫城东一百二十里，正统四年（1439 年）建"③，早年

---

① 《嘉靖宁夏新志》卷 3·所属各地·五·西路广武营，第 236～238 页。需要补充的是，广武营管辖的烽燧到《万历朔方新志》中已增至 59 处。《万历朔方新志》卷 2·广武营墩，第 89 页。

② 广武营后来的修葺主要有如嘉靖四十年（1561 年）夏六月十四日巳刻的宁夏地震之后，城舍倾颓十之八九，协同李世威统官军四百起工修筑，增高女墙，四正四隅，俱有城楼，耗时刻月余，于七月十二日完工，"城高三丈二尺，池深一丈五尺，阔四丈"；乾隆四年（1739 年）重修，周回五百七十丈，门楼城堞增筑皆较旧制有加；光绪十七年（1891 年）再次修复，城门洞三个，甃以砖石，等等。

③ 《大明一统志》卷 37·宁夏卫，第 646 页。

是宁夏中卫所领的十一座屯堡之一。"枣园初隶中卫。其广武营岁采秋青草湖滩则在其地。枣园人恣意牧取，广武军余困于陪补，官不能禁。嘉靖十八年（1539年），奏割其地辖广武，人始知惧，略舒陪补之困矣。"① 领"军丁一百八十"②。清乾隆四年（1739年）曾得以修葺。

枣园堡据《中国文物地图集·宁夏回族自治区分册》中载："城周长1414米，南门原有城楼、瓮城，均以砖石筑构成。现存堡墙高约2米，堡内原有高庙，城外有东岳庙、高山寺等遗址，现均毁。"③ 其址在今中宁县石空镇枣园村西南600米处，这里已成为繁华的村落聚居区和农田，故址无存。

3. 石空寺堡

亦属宁夏中卫所领的十一座屯堡之一，《大明一统志》载："石空寺营：在卫城东八十里，永乐二十二年（1424年）建"④，是明代协同西路参将分边守备的屯堡之一⑤，有"军丁三百九十一"⑥。清乾隆四年（1739年）重修（图五〇〇）。

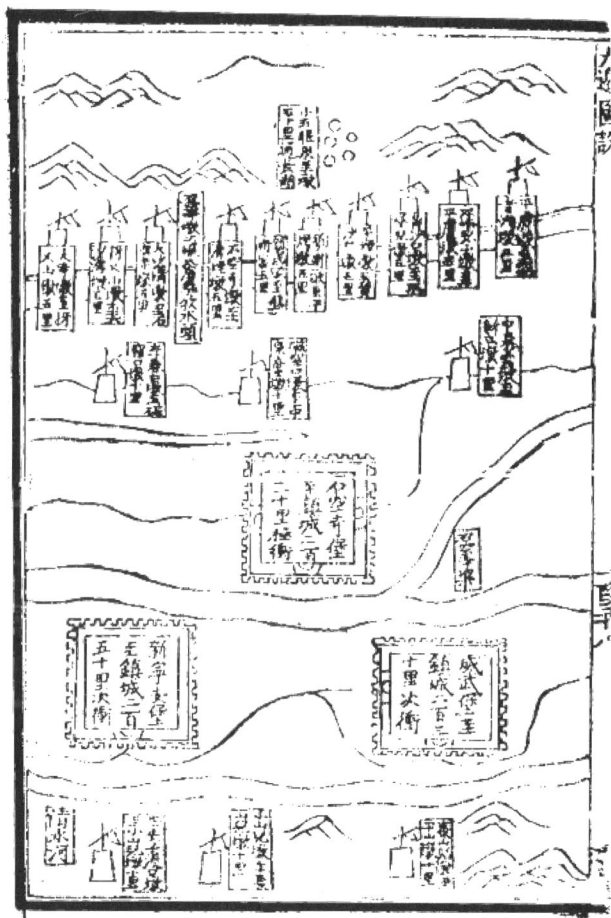

图五〇〇　石空寺堡位置及形势图（摘自《九边图说·宁夏镇总图）

---

① 《嘉靖宁夏新志》卷3·所属各地·五·西路广武营，第237—238页。

② 《万历朔方新志》（影印本）卷2，第58页。

③ 《中国文物地图集·宁夏回族自治区分册》，第351页。

④ 《大明一统志》卷37·宁夏卫，第646页。

⑤ "西路参将分守边城一百五十七，……石空寺堡守备分边五十里"，《万历朔方新志》卷2，第84页。

⑥ 《万历朔方新志》（影印本）卷2，第58页。

　　此堡在今中宁县石空镇东南约 700 米处,据《中国文物地图集·宁夏回族自治区分册》中载:"城周长 1500 米,原有瓮城,均以砖石筑砌筑。有城门 3 座、角楼 4 座,城北建有高庙、玉皇阁,后遭火焚,现颓毁为遗址,残墙高 1—2 米。"①

---

①　《中国文物地图集·宁夏回族自治区分册》,第 351 页。

第五章 西长城西侧的部分长城

在西长城以西如磨石沟内、北岔口以北以及北岔口南—沙沟等地，还分布着一些长城墙体、敌台、烽火台等。这些长城建筑虽属自成一体、彼此之间并不相连，但也同西长城一样属于贺兰山沿线的防御设施，其与西长城共同构成一道立体式防御体系。

这几处长城段，行政区划均属内蒙古阿拉善左旗所辖，其中以贺兰山双河子沟为界，北面属巴润别立镇，南面属嘉德尔格勒赛汉镇。限于调查范围等，本文只记录经过我们调查的、距离西长城相对较近的北岔口南至沙沟段长城。其他地方，如磨石沟、北岔口以北等地因其深入内蒙境内较长、本文中未收录。另外，本文亦将我们调查的、今属阿左旗管辖的大柳木皋以南诸座烽火台一并归在此章进行叙述。

第一节 北岔口南—沙沟段墙体

此段长城，是从北岔口南面贺兰山山顶上、北岔口壕堑南段石墙止点开始，沿高耸连绵的山脊向南，经大口子、柳石沟、双河子沟等山口，最后到大沙沟，全长14857.9米。

此段以山险为主，即充分利用此段山体高耸连绵的特点，直接用山体为险，仅在一些山口或地势稍低矮处修筑土墙或石墙。现根据其墙体类别由北向南分为五段，每段下再根据其保存状况等进行细分（参见图二三〇、三七三）。墙体类型及保存状况见下表（表五）。

表五 北岔口南—沙沟段墙体保存状况统计表 （单位：米）

	较好	一般	较差	差	消失	合计
山险		14541.9				14541.9
土墙		43	60	40	173	316
合计		14584.9	60	40	173	14857.9

一 北岔口南—大口子山险段（H058—G1283点）

此段位于巴润别立镇巴彦朝格图嘎查（木井子嘎查）东侧的贺兰山山脊上，是从北岔口南面的石墙止点（此点编号为H058点）处开始，沿高耸陡峭的贺兰山山脊向南，最后到大口子断口北面（G1283点），全长2635.76米。

此段山体基本连续，绝对高度在百米左右，两侧山坡陡峭，不便攀爬。故不筑墙体，直接利用山险。起点处有木井子嘎查敌台。

此段山体人为破坏非常严重，今有数家石灰场在山体东面坡上采挖岩石、烧制石灰，多年持续不断的采挖已将山体破坏了多半。

另外，此段止点以北的东面半山坡上，有一道明显的人为砍削的山险段，长百余米，其高度与南段土墙起点基本一致，向北一直到陡崖处。保存不佳，底部淤积有较多黄沙等。残存断崖高 3、底部小平台宽约 2 米（彩图四三七）。

二 大口子土墙段（G1283—G1287 点）

此段位于大口子沟沟口处，是从沟口北面半坡处开始，沿坡面而下，过沟底，再沿南面坡逐渐而上，最后到半坡陡崖处，全长 316 米。是在原生地表上找平、用夹杂少量小石粒的黄沙土夯筑而成。受山洪冲刷、人为开发等影响，保存不佳。按其保存状况等分为 4 小段（彩图四三八）。

第 1 段：G1283—G1284 点，长 60 米。保存较差。方向 320°。此段是从大口子沟北面陡坡半坡处开始，随山体东面斜坡而下，到沟底墙体断点处，地势由北向南逐渐下降，降幅稍大。保存较差，坍塌等残损较重，已呈土垄状，两侧堆积有较厚的风淤沙土等，已将墙基包裹严实，表面生长有稀疏的沙蒿等。底宽 2、顶宽 0.5、残高 1.5 米，夯层、夯窝等不清。

此段墙体并未随沟口北面陡峭的山体直接而下，而是略向东折，在坡面相对稍缓、且地表相对较平整的斜坡面上，东距西长城 622 米。

第 2 段：G1284—G1285 点，长 173 米。消失段。此段位于大口子沟底部冲沟处，是西侧山间汇集而来的洪水穿越山口之地，墙体无存。

此段断口十分宽阔，底部以鹅卵石堆积为主，有一条土路穿越此口、通往西侧山外。此处今已成为一处规模较大的采石作业区，地表已被掏挖出多处大坑。

第 3 段：G1285—G1286 点，长 43 米。保存一般。方向 320°。此段位于大口子沟南面山脚下，是从断口南边起，沿沟底平地向东南，到山脚下，地势由北向南略有抬升，但升幅较小。墙体除了山脚下长 6 米的一小段保存较好外，多保存一般，坍塌等残损稍重。保存较好处墙体底宽 6、顶宽 1.4、残高 5.5 米，夯层较清晰，厚 0.15—0.20 米。

从保存较好处来看，此段墙体属单墙，即直接用夹板两面夹夯而成，外侧未夯筑附墙，墙体较单薄（彩图四三九）。

此段因远离采砂作业区，人为破坏稍轻。但其西面不远处有一条新修的盘山路，可辗转上到半山腰处的采石作业区。另外，此段北面有一山洪断口，宽 6 米，是南面山间汇集的洪水穿越墙体之处。

第 4 段：G1286—G1287 点，长 40 米。保存差。此段位于大口子沟南面半山坡上，是从近山脚下起，随坡面而上，中间略向东折，最后到斜坡面上的陡崖边。地势由北向南显著抬升，升幅较大。保存甚差，基本成断断续续状。可分为南、北两段。

北段：30 米。此段基本紧贴坡面西侧分布。土墙并不连续，而是在一些岩石较高处直接利用山体为险，仅在诸如两块岩石之间的山凹处再夯筑土墙加高。其底部岩石十分陡峭，高度在 10 米左右，似经砍削成山险。

南段：10 米。此段位于较陡的坡面上，是从西侧坡边开始，方向略向东折，斜向跨过坡面，最后连接在东面陡崖边。土墙基本连续，但保存甚差，仅存痕迹。

此段止点南面的半山腰平台上有木井子嘎查 4 号烽火台。

三 大口子南—大柳木皋山险段（G1287—G1288 点）

此段是从大口子土墙止点处（G1287 点）起，继续沿贺兰山山脉向南，到大柳木皋（G1288 点），全长 1749.14 米。方向随山体有拐折，大致呈西北—东南向。此段山脉高耸陡峭，无可贯穿山体的缺口，故直接利用山体，不筑墙体。

此段沿线遍布石灰厂，已将山体东面掏挖过半。止点处有木井子嘎查 5 号烽火台（大柳木皋墩）。

四　大柳木皋—双河子沟山险段（编码：152921382106170001，工作编号：07BMG001）

此段位于巴润别立镇巴彦朝格图嘎查东侧的贺兰山山脊上，北起大柳木皋（G1288 点），向南经柳石沟等山口，到巴润别立镇与嘉尔嘎勒赛汉镇交界处的双河子沟沟口（G1289 点），全长 2490 米。此段直接利用山险，不砌墙体。

此段山体基本连续，但高度逐渐下降，在起点在处尚有百余米，到止点附近已不足 20 米。沿线分布有土井子嘎查 1 号烽火台。另外，此段已不见采石企业，山体原貌基本保留。

五　双河子沟—沙沟山险段（编码：152921382106170002，工作编号：07BMG002）

此段位于嘉尔嘎勒赛汉镇巴兴图嘎查（上根达赖嘎查）东北的贺兰山山脊上，是从双河子沟沟口处（G1289 点）起，沿贺兰山山脊向东南，经张布勒沟等山口，最后至沙沟沟口处（G1290 点），全长 7667 米，呈西北—东南向。

此段山体继续降低，到止点已成台地。地势较低平、无险可守，故暂时将此山险段在此处截止。

此段在今张布勒沟以南的山体东面半坡上还有一小段石砌墙体，长度仅有数十米（可能属早期长城），是直接采集周围山石垒砌而成，保存不佳，多已呈断断续续状（彩图四四〇）。

第二节　大柳木皋以南沿线烽火台

此段烽火台，北起大柳木皋，沿贺兰山山脊辗转向南，最后到碳井子湾北侧，计 9 座，多属石块垒砌而成。是建于西长城外侧、扼守山脊以居高侦缉的一道防御设施。因其多位于此道长城沿线，且属内蒙古阿拉善左旗管辖，故暂将其归于此章节统一进行叙述。

1. 木井子嘎查 5 号烽火台（编码：152921353201170001，工作编号：07AMF001）

俗称大柳木皋墩，位于内蒙古阿拉善左旗巴润别立镇木井子嘎查东北约 15.4 千米、大口子南侧较为平坦开阔的山顶平台上。属此段山体最高点。东面山坡下有西长城经过，斜距 592 米，南面与磨石沟南岸边的土井子嘎查 1 号烽火台相望，相距约 2.5 千米。地势高亢，视野开阔，今有小道可辗转登顶，在烽火台东侧 30 米处有三间固定板房，东南侧还有一座高架观测塔。

石砌台体，方台形。方向为 115°（东壁）。保存较好，是西长城沿线保存较好的石砌烽火台之一。四壁中除南壁坍塌略重外，其余三面均保存较好（仅个别地方有坍塌痕迹）。底部，尤其是南壁处散落有较多坍塌石块，呈斜坡状；壁面较平整，个别地方尚留有桩木，顶部不甚平整。底部东西 18.8、南北 23 米，顶部因无法攀援，具体不详，大致在东西 10、南北 12.5 米，残高 13.9 米（图五〇一；彩图四四一）。

外侧砌石多为不规则条形或圆形，但其砌筑较为规整，层次较分明，规格大小不一，大者在长 60、宽 50、厚 40 厘米左右，小者直径在 5 厘米左右。以白色为主，色泽斑驳不纯，质地较软。石缝间不施胶结料，缝隙相对较粗疏。台体内以桩木作拉筋，有柠条和圆木两类，基本混杂、平置于台体内，其中柠条厚 5 厘米左右，由底向上计 4 层，其中第一层距地表 1.8 米；间距分别为 2.3、2.6、2.6 米。

圆木均为柳木质、端部基本与壁面平齐、未超出壁面外。直径0.15、间距0.35—0.6米。

周围地表上散落有少量瓷片，皆残碎，无可复原者，有罐、盆等，釉色有褐釉、白釉等，采集1件，为盆口沿。07AMF001采：1，胎较粗，内夹灰色小石粒，色浅灰。壁通施釉，仅沿露胎。壁较粗糙，内壁有少量气泡。宽厚沿，圆台唇，直壁。残口径9、残高7、沿厚3.7、壁厚1.3厘米。

2. 土井子嘎查1号烽火台（编码：152921353201170002，工作编号：07ATF002）

位于嘉尔嘎勒赛汉镇土井子嘎查东南、贺兰山一较低矮的山梁上，一个丁字形山梁交汇处，东西两侧临坡。东面山下有西长城经过，斜距628米，东北侧不远处为柳石沟，东南侧为双河子沟。

石砌台体，较高大，但坍塌甚重，已呈圆锥状，但从残存的砌石来看还是为方台形。砌石多为大块赭红色、青灰色砂岩。底部堆积有厚厚的石块；壁面除了东壁、北壁残存一点砌石外，其余均呈斜坡状，顶部较小，已不甚平整，表面亦有石块等。底部东西26.4、南北21.2米，顶部东西2.3、南北7.5米，斜高18.8米（图五〇二；彩图四四二）。

在烽火台的东北侧、与台体同一山梁上分布有5座小墩，连线方向165°。是用大块赭红色、青灰色砂岩石块砌边，内以小块石块等混杂填充而成，保存较好者形状呈方台形。由南向北分别编号为L1—L5。

L1：在山梁西面坡处，保存较差，仅存底部。东西2.4、南北3.2、残高0.4米；

L2：保存最好，南面已近烽火台倒塌的石堆，东西2.5、南北2.8、残高0.9米，与L1间距0.8米；

L3：已被烽火台东侧倒塌的石块掩埋，仅存东面一小部分。底部1.7见方、残高1.1米，与L2间距1.5米；

L4、L5紧贴烽火台东壁，已被台体坍塌的石块掩埋大半，仅露出少许壁面。

周围地表上散落有少量瓷片，有褐釉、黄釉等，器形有碗、罐等，残甚，未采集。

3. 土井子嘎查2号烽火台（编码：152921353201170003，工作编号：07ATF003）

位于土井子嘎查东南20.3千米、张布勒沟南侧山顶平台上，地处三道山梁的交汇处，西面临坡，坡下不远处有三户牧民住所。西南侧与同一山梁上的土井子嘎查3号烽火台相邻，相距71.6米；东面山脚下有西长城经过，斜距1.9千米，过长城即为山前丘状台地，西面为连绵起伏的低矮山丘。

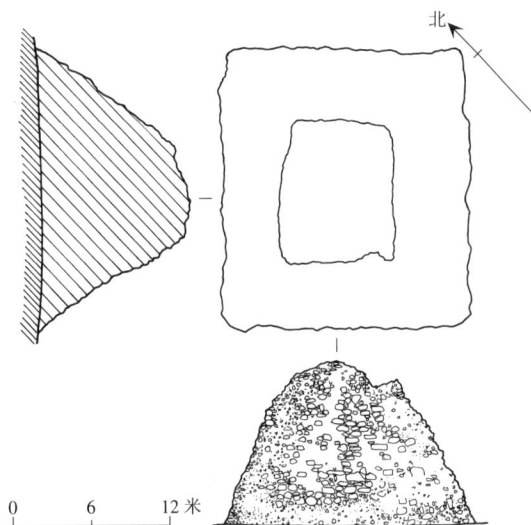

图五〇一　木井子嘎查5号烽火台平、立、剖面图

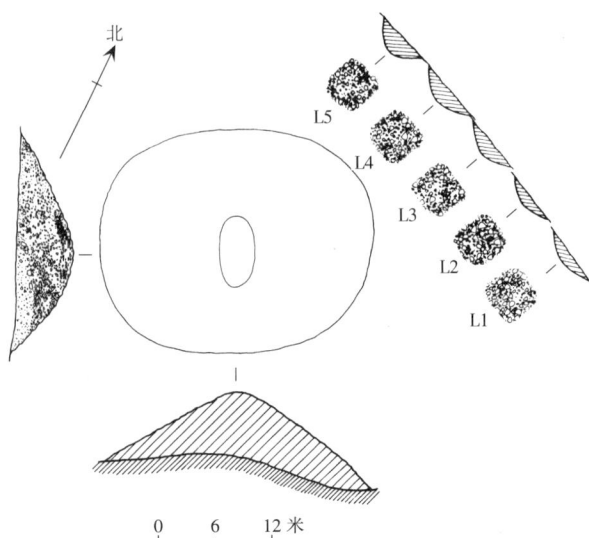

图五〇二　土井子嘎查1号烽火台平、立、剖面图

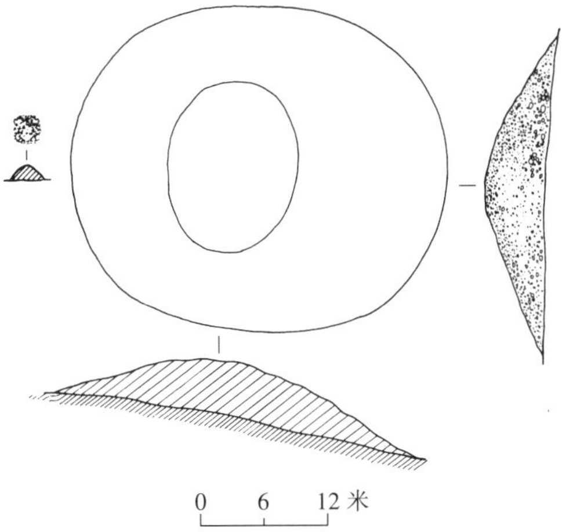

图五〇三　土井子嘎查2号烽火台平、立、剖面图

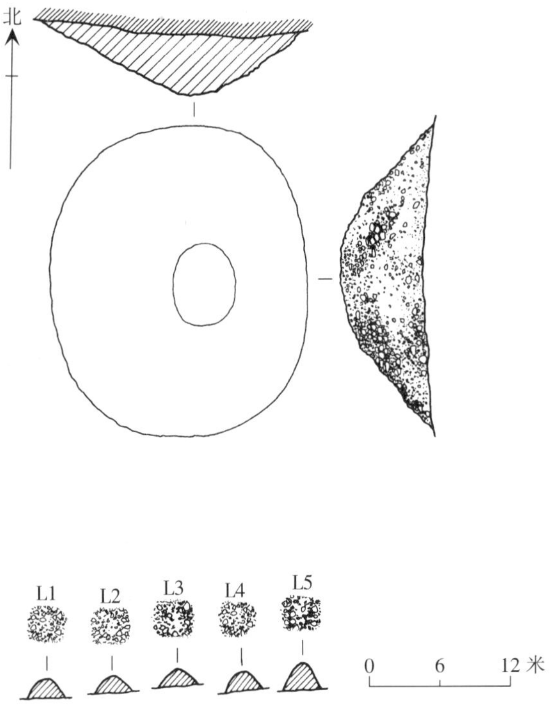

图五〇四　土井子嘎查3号烽火台平、立、剖面图

石砌台体，十分庞大，形状呈圆角方形。砌石为青灰色、赭红色砂岩。壁面均呈斜坡状，底部堆积有大量坍塌石块及黄土等；顶部不甚平整。底部东西33.5、南北29米，顶部东西11.2、南北16米，斜高16.2米（图五〇三）。

烽火台西侧台地上，残留有小墩痕迹，仅存一座，距烽火台3米，底边2.1米见方、残高0.6米。是由较大块赭红色石块砌边，内侧以黄沙土、碎石块填充而成，方台形。坍塌较重，其北面已成乱石堆，是否还有小墩已难以辨别。

4. 土井子嘎查3号烽火台（编码：152921353201170004，工作编号：07ATF004）

此座与土井子嘎查2号烽火台位于同一山顶上，相距71.6米。只是其位置更偏西南，已位于山顶的西面坡边。两者位置、周围环境等基本相似。

石砌台体，形状已不规则，但从保存较好处来看原形制还是方台形。方向180°（西壁）。砌石为大块赭红色、青灰色砂岩。石缝间以黄沙填塞、较大处再垫以小石块。四壁以北壁保存最好，表面垒砌较规整；西侧底部尚有部分砌石保留，其余均坍塌成斜坡状；顶部已成尖顶状，顶有黄沙、小石粒及石块堆积，质地较疏松，生长有沙蒿等。底部东西21.2、南北24.6米，顶部东西5、南北6.6米，斜高17米（图五〇四；彩图四四三）。

从西壁断面处可见台内夹有柾木。有松木和柠条两类，分层、平置于台体内。其中柠条层较多，计发现3层，每层间距0.5、厚0.03米；松木较少，一端朝外，今已略露出台体斜坡面，木直径0.15米左右。

南侧一东西向山梁上并列分布有5座小墩，方向270°。是用赭红色、青灰色砂岩石块砌边，内填以黄沙、小石块，均呈方台形，保存尚可。由西向东分别编号为L1—L5，间距较近（彩图四四四）。

L1：东西2.3、南北1.7、残高0.3米，距烽火台12.8米；

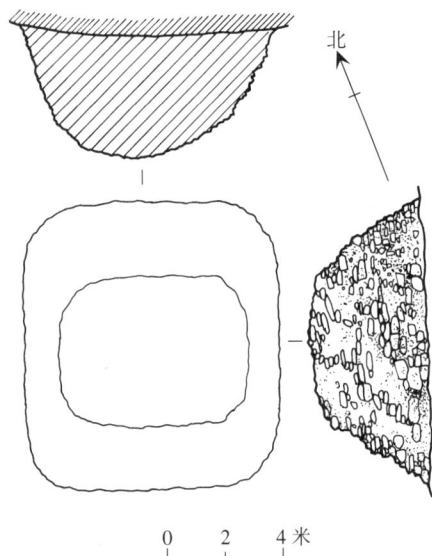

图五〇五　土井子嘎查 4 号烽火台
平、立、剖面图

L2：东西 2.3、南北 2.4、残高 0.6 米，与 L1 间距 1.6 米；

L3：东西 3.6、南北 2.4、残高 0.5 米，与 L2 间距 1.4 米；

L4：东西 2.4、南北 2.3、残高 0.7 米，与 L3 间距 1.2 米；

L5：东西 3.4、南北 2.1、残高 0.6 米，与 L4 间距 1.6 米。

周围地表上散落有少量瓷片，器形主要有缸等，残碎，未采集。

5. 土井子嘎查 4 号烽火台（编码：1529213532011700 05，工作编号：07ATF005）

位于土井子嘎查东南约 16.8 千米、贺兰山红墩凹山顶上。西面为山间丘陵地带，地势起伏；东面临坡，坡下为山前冲积扇台地，西长城从山脚下经过。

石砌台体，方台形。方向为 160°（东壁）。黄沙土含量较少，近似毛石干垒。台体不甚高大，但垒砌较为规整。砌石多为青灰色砂岩、方条形，规格在长 20—50、宽 40、厚 10—30 厘米；内侧石块则不甚规范，石块大小不一，显得较为凌乱。石色不纯，色泛铁锈红，硬度亦不高。保存较好，四壁较陡。除南壁坍塌较重、壁面多呈斜坡状外，其他三面保存较完整（仅个别地方有坍塌痕迹），尤其以东壁保存最好，壁面基本原貌保存；顶部不甚平整，顶上以风化的赭红色岩屑堆积为主。底部 8.5 米见方，顶部东西 6.7、南北 5 米，残高 4 米（图五〇五；彩图四四五）。

周围地表上散落有少量瓷片，有酱釉、黑釉等，器形有罐等，残甚、未采集。

在烽火台所在山体的西面坡处，发现多处人为凿石的痕迹，岩体断面十分齐整，人为砍凿的痕迹十分明显，估计此处便是此烽火台的采石场。采石位置并不固定，分布较零碎，范围大约在 1 千米左右。多是只揭取岩石的表层，这种取石方法还将山体主要戍守的西侧山体砍削成陡崖，起到了在取石的同时又修筑山险的作用。

另外，在此座烽火台的东面山体上亦有零星的取石痕迹，但较西侧少。

6. 土井子嘎查 5 号烽火台（编码：1529213532011700 06，工作编号：07ATF006）

位于土井子嘎查上根达赖六队东南约 16.5 千米的石墩山上，一处较宽的山梁东缘，距大沙沟河岸约 50 米。北面坡下即为大沙沟；南侧、西侧则为"天净风电厂"发电机组，最近的发电机架距离烽火台仅 30 米。

石砌台体，方台形。方向 265°（北壁）。外侧砌石以较方正的花岗岩为主，质地细密结实，硬度较高，石色多为青灰色，少量有赭红色等杂色。保存较好，四壁中除南壁坍塌稍重、壁面多已露出内芯外，其余三面相对较好（仅东北、东南等折角处坍塌稍多，其中东北角今已成为上下台体的通道），垒砌较规整，壁面较平。顶部较平整，堆积有少量石块。底部东西 10.5、南北 12.2 米，顶部 7.6 米见方，残高 7.2 米（图五〇六；彩图四四六）。砌石厚 0.25 米左右。

从南侧坍塌面可见此台体中还夹有桩木，有圆木和柠条两种，其中柠条均带枝条、平铺在石层间，计发现四层，每层间距 0.7—1.3 米；圆木为松木质，直径 15 厘米左右，目前仅发现 1 根。与

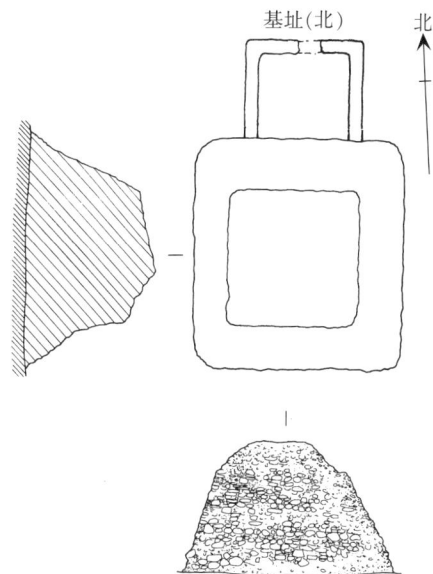

图五〇六　土井子嘎查 5 号烽火台平、立、剖面图

其他台体内所夹桩木不同的是，此处发现的圆木是竖向置于台体内，上部还有横向的榫卯（彩图四四七）。

在此烽火台的周围有两处附属设施，一处位于烽火台北侧，是以台体的壁面为边、另外三面再用石块垒砌成长方形墙垣。残甚，仅存底部，但边界清晰，内部较平。东西 6.8、南北 5.2、残高 0.3 米。墙厚 0.4 米。

另一处位于台体西南侧、距台体 44 米的山凹处，是依台地山势、将此处山凹下挖约 0.5 米、再修建墙垣等。大块石头垒砌而成，石缝间夹有柠条。砌筑方式与烽火台十分相似。可分两处，其中北侧一处为居住址，西面辟门。计 2 间，北面一间内筑有火坑，北面墙基上还有烟囱。中部还有一处方形石砌方龛（可能为灯龛）；南面一间偏西角有一处灶台，西壁中部亦有一个方形石龛。东西 6.5、南北

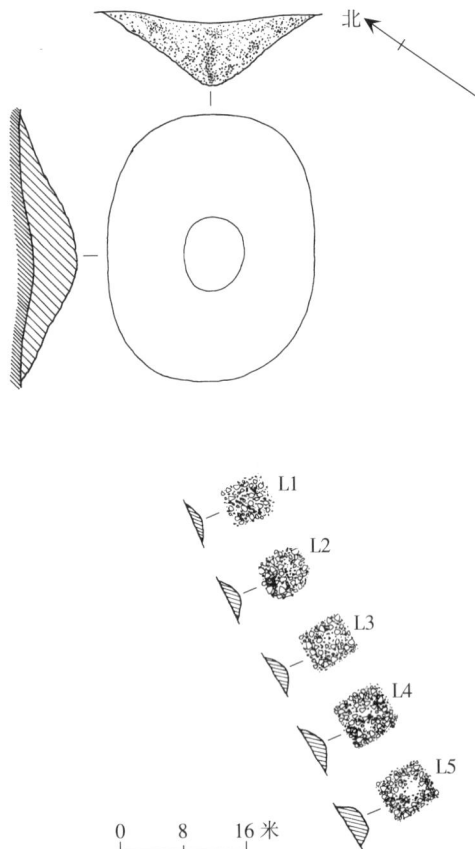

图五〇七　查汉艾木1号烽火台
平、立、剖面图

3.2米。石墙墙体底宽0.9、顶宽0.6、残高1.1—1.7米；另一座偏南侧，为一处长方形石砌墙垣，西南侧辟门，内侧现已被黄沙掩埋大半。可能属羊圈或马厩之类。东西19.5、南北11.1米。墙体底宽1.1、顶宽0.6、残高0.7—1.4米（彩图四四八）。

7. 查汉艾木1号烽火台（编码：152921353201170007，工作编号：07AJF007）

位于阿拉善左旗嘉尔格勒赛汉镇查汉艾木以东约21.6千米、山水泉沟南侧的肩膀墩山上，地处三道山梁交汇处。东南侧与同一山脊上的查汉艾木2号烽火台为邻，相距120米；西侧为低矮宽阔的山间台地，东面坡下有长城经过，相距2.5千米。

石砌台体。砌石为不规则块状砂岩，色不纯，以赭红色为主，另有青灰色等，杂质含量较多，石内颗粒较粗，质地粗糙，硬度较低。台体十分高大，但保存较差，四壁除了西壁偏北侧尚残留一小段砌石外，余多已呈斜坡状。西北、西南两侧坡面上散落有较多大石块。顶部较平整，顶上有一个以三根水泥桩支撑的支架，可能是航标测控点。底部东西27、南北32米，顶部东西7、南北9米，斜高15米（图五〇七；彩图四四九）。

南侧一西北一东南向山梁上分布有5座小墩，方向113°。是用大块朱红色、青灰色砂岩砌边，内填以小石块，方台形。保存尚可。由北向南分别编号为L1—L5。其中L5位置已迫近查汉艾木2号烽火台。

L1：残甚，仅存底部，底部东西3.2、南北3.4、残高0.6米，距烽火台21米；

L2：残损较重，顶部生长有沙蒿。底部东西3.2、南北3.7、残高0.5米；

L3：保存尚可，底部东西3.9、南北4、残高1.2米；

L4：残损最重，仅存底部残迹。底部东西3、南北3.5、残高0.2米；

L5：保存最好，底部东西3.9、南北4.4、残高1.2米。

8. 查汉艾木2号烽火台（编码：152921353201170008，工作编号：07AJF008）

此座与上文查汉艾木1号烽火台地处同一山脊上，两者所在位置、周围环境等方面基本相同，只是位置稍偏南，相距120米。地处一个凸起的山丘顶，四面临坡。

夯土台体，方台形。方向122°（东壁）。保存尚可。底部东西10.3、南北10米，顶部5米见方，残高7.5米（图五〇八）。

四周底部坍塌堆积土不多；壁面多已呈犬牙突兀状，其中东壁较陡直，但局部处坍塌较重，上部的风蚀洞、动物掏挖的穴洞较多；南壁坍塌最重，壁面中部已呈凹槽状，风蚀洞、鼠洞、片状剥离和粉状脱落等十分明显，壁面夯层十分清晰，厚0.18米左右；西壁保存尚可，壁面局部仍有坍塌及鼠洞等破坏；北壁保存最好，但表面有黑色霉斑，中部有一道贯通壁面上下的凹槽，有一道掏挖出的脚窝直抵顶部。

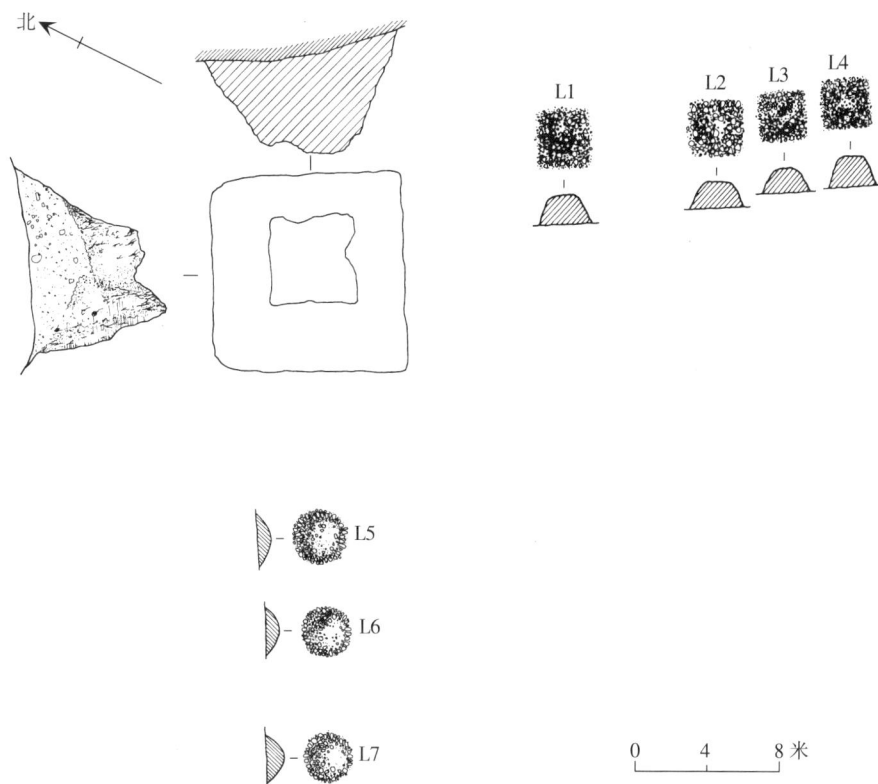

图五〇八 查汉艾木2号烽火台平、立、剖面图

烽火台外侧有一圈多边形石围墙、将台体包裹在内。是在烽火台周边较陡的坡面上直接找平、用大块赭红色石块垒砌而成,顶部与山梁持平。此墙垣并未四面闭合,而是根据地势垒砌,在东北、西南等地势较高处不砌墙垣,方向亦随地势几处转折。东北、西南侧开口。其中东垣较直、长20、残高0.6米,距烽火台8.4米;南垣平面基本呈"V"形,东面与东垣相连,可分三段,其中东南侧残长7、残高0.7米,距烽火台6.5米,中部一段残存2、残高0.6米,西南侧则不存;北、西侧墙垣基本是围绕烽火台经过4次拐折,由北向西各段长度分别为:东北角一段与东垣间不砌石墙,北面一段残长10、残高0.6米;西北角一段残长12、残高0.6米,距烽火台6.3米;西侧一段残长6.5、残高0.6米,西南角一段残长4、残高0.7米(彩图四五〇)。

台体的东北、南侧两面分布着7座小墩,石砌而成。

东北侧:4座,沿山梁分布。方形。方向250°。保存较好。由西向东分别编号为L1—L4。地势基本相当,其中L1到L2之间距离相对稍远,怀疑其中间应还有一座,只是受后期残损破坏等影响,痕迹不存;L2—L4之间的间距非常近,其倒塌的石块已塌落到一块,L4时已近山体东面坡边。

L1:保存较好,砌筑较规整。方向346°(东壁)。底部东西3、南北2.8、残高0.9米,距烽火台8.5米;

L2:保存较好。底部东西2.5、南北2.2、残高0.7米,与L1间距5.8米;

L3:保存一般。底部东西2.4、南北2.3、残高1.2米,与L2间距1米;

L4:保存一般。底部东西2.2、南北2.3、残高1.1米,与L3间距1米;

南侧:3座,也是沿山梁分布,地势由北向南逐渐下降。方形。但残损甚重,仅存底部。由北向南分别编为L5—L7。

L5:底部东西2.1、南北2.4、残高0.8米,距烽火台8米;

L6：底部东西2.3、南北2.4、残高0.3米，与L5间距2.4米；

L7：底部东西边长3、残高0.7米，与L6间距4.3米。

周围地表散落有少量陶、瓷片，器形有缸、盆、瓷蒺藜等，皆残碎，无可复原者，采集5件，其中瓷器4件、陶器1件。

Ⅰ．瓷器

4件。其中缸1件、盆1件、蒺藜2件。

（1）缸

1件。

07AJF008采：1，口沿。青褐釉。胎较粗厚，内夹灰、白色小石粒，色浅黄。壁及口沿通施釉。斜直壁，平台唇。残口径10.3、残高5.3、壁厚2、沿厚3.5厘米。

（2）盆

1件。

07AJF008采：2，底部。酱釉。胎较细，内夹浅白色小石粒，色浅黄。外壁大片脱釉。小平底，斜直壁。残底径6.5、残高4.2、壁厚0.8、底厚1厘米。

（3）蒺藜

2件。胎较粗。圆球状，外表通施釉，表面有乳状凸起；腹内中空、露胎。

07AJF008采：3，青褐釉。胎色浅灰。釉层有大量气泡。残径10.3、壁厚1.7厘米。

07AJF008采：4，浅褐釉。色浅黄，器表脱釉多，小乳钉有残缺。残径8.3、壁厚1.6厘米。

Ⅱ．陶器

1件。

07AJF008采：5，盆口沿。夹砂灰陶质，质粗疏，器表较粗糙。圆鼓腹，沿施一圈附加堆纹。残口径8.6、残高3.2、壁厚0.9厘米。

9. 查汉艾木3号烽火台（编码：152921353201170009，工作编号：07AJF009）

位于查汉艾木以东约20.6千米、水泉沟北侧，东距长城870米。西面紧贴贺兰山山脉，东望山前冲积扇台地。地表以原生砾石堆积为主，生长有较茂密的沙蒿等。

位于贺兰山东麓山体向山前台地过渡的一个半山腰缓坡处，地势西高东低。南面距水泉沟约100米。台体形状已不甚规则，但从保存较好的北壁来看还是为方台形。方向110°（北壁）。保存一般，台体较高。底部东西17、南北17.5米，顶部东西4.5、南北4米，残高18.8米（图五〇九；彩图四五一）。

此座台体的构造较为复杂，其底部属石砌台体，而顶部则属黄土夯筑而成。

底部：以较大石块砌边，内以黄沙土夹杂小砾石混杂填充而成。外侧砌石大小不一，似非特意精选；石色不一，以铁锈红居多，另有青灰色等，石块颗粒较大，质地粗疏，硬度不高。底部堆积有较厚的石块堆积；四壁均有不同程度的坍塌，以临坡的南侧坍塌较多，壁面已呈斜坡状，其余三面坍塌较少。东壁坍

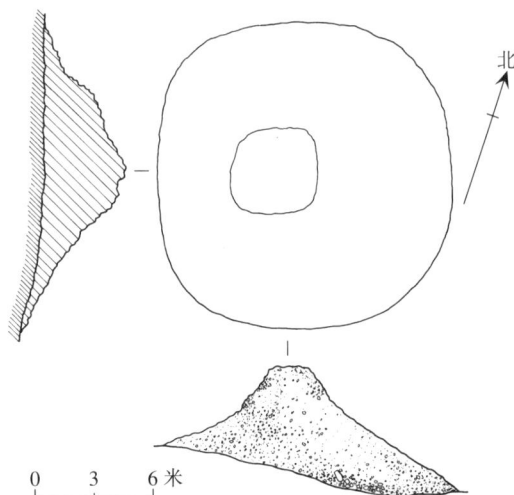

图五〇九　查汉艾木3号烽火台平、立、剖面图

0　　3　　6米

塌面上可见台体中夹有桩木，分柠条和圆木两类，皆分层、平置于台体内。端部略露出台体外壁。其中柠条皆带枝条，主枝直径在2厘米左右，呈束状；圆木皆为松木质，直径在10厘米左右，两者混杂摆放。仅发现3层，间距1.8、厚0.05米。

上部：以夹杂少量小石粒的黄土夯筑而成，土质黏细，夯打较坚实。方台形，四边与石砌台顶大小相同，坍塌亦甚重，壁面已不甚规整，表面的夯层不清。残高1.8米，台体顶部以黄沙土堆积为主，质地较疏松，土内夹杂有灰烬、残瓷片等。

烽火台南侧底部，正好位于一处山凹处，此处有用石块垒砌出一道条形平台，其作用有垫平山凹、扩大山顶以供砌筑烽火台等作用。平台长10、宽2.3、残高0.3—1.2米。

烽火台顶部以及周围地表上散落有少量陶、瓷片等。台体顶部的土层内采集1件，白釉碗。

07AJF009采：1，残半，修复完整。胎较细，内夹少量白色小石粒，色灰白，烧结度较高。内壁通施釉，外底露胎，釉层较薄而莹润，光亮度高。直口，尖唇，斜直壁，大圈足底。口径15、底径5、高7.5、壁厚0.4、底厚0.6、圈足厚0.6厘米。

第六章　中宁县黄河以南沿河长城设施

在中宁县黄河以南，在长约数十千米的台地上，分布着数座明代城堡、烽火台等，这些城堡、烽火台与位于黄河以北贺兰山一带的西长城较远，加之台体形制、规模等与之有较大差别，可能不属于西长城沿线的附属建筑，今在此暂将其另归一章节进行描述。

这一道沿线上未发现长城墙体、敌台、壕堑等，仅发现烽火台13座，而城堡至今已无存。今先将这些烽火台做以叙述，后文再附记此段消失的几座城堡。

第一节　中宁县黄河以南沿河烽火台

这一带烽火台，北起白马乡三道湖、南至舟塔乡铁渠村，基本是沿今黄河南岸的滩涂地分布，方向随黄河走向基本呈东北—西南向，计13座，均属黄土夯筑而成，形制均较小，亦不全属夯土实体建筑（有个别尚属高台上修建的围墙状空心型建筑），有的壁面上还有明显的登顶踏道。从这些特点来看，此处的烽火台自身防御功能相对较弱，可能只是传递警情，或沿黄河岸边陈设、具有驿传、路标性质。按其位置由东北向西南分述如下。

1. 三道湖村烽火台（编码：640521353201170047，工作编号：07ZSF044）

位于白马乡三道湖村以东、石峡沟西北侧的台地上，西南距中宁县34.1千米。台体四周为连绵不绝的山峦，地表以原生砾石堆积为主，生长有较茂密的沙蒿等植物。

方台形。方向285°（南壁）。壁面夯层十分清晰，厚0.18米。保存一般，坍塌等残损较重。四周底部均有较厚的坍塌土及风淤沙土堆积，呈斜坡状，表面堆积有较多的赭红色条形石，生长有较茂盛的沙蒿等；四壁除南壁保存略好、壁面较陡外，其余三面均坍塌成斜坡状，尤其以东壁坍塌最重。顶部较平，散落有较多的石块。底部东西10、南北9米，顶部东西7、南北6.5米，斜高7米（图五一〇）。

烽火台西南台地上分布有12座小墩。沿山梁分布，大致成一排，方向225°。是由青灰、赭红色石块垒砌而成，方台形，坍塌严重。按其位置由西南向东北分别编号为L1—L12。

L1：东西2.2、南北2.4、残高0.2米，距烽火台99米；

L2：底边长2.5、残高0.3米，与L1间距7.5米；

L3：底边长2.5、残高0.4米，与L2间距2.5米；

L4：东西3、南北2.6、残高0.4米，与L3间距2.2米；

L5：东西3.1、南北2.6、残高0.3米，与L4间距7.5米；

L6：底边长3、残高0.2米，与L5间距8米；

L7：底边长1.5、残高0.3米，与L6间距2.6米，已被掏挖出一个深约1.5米方坑。

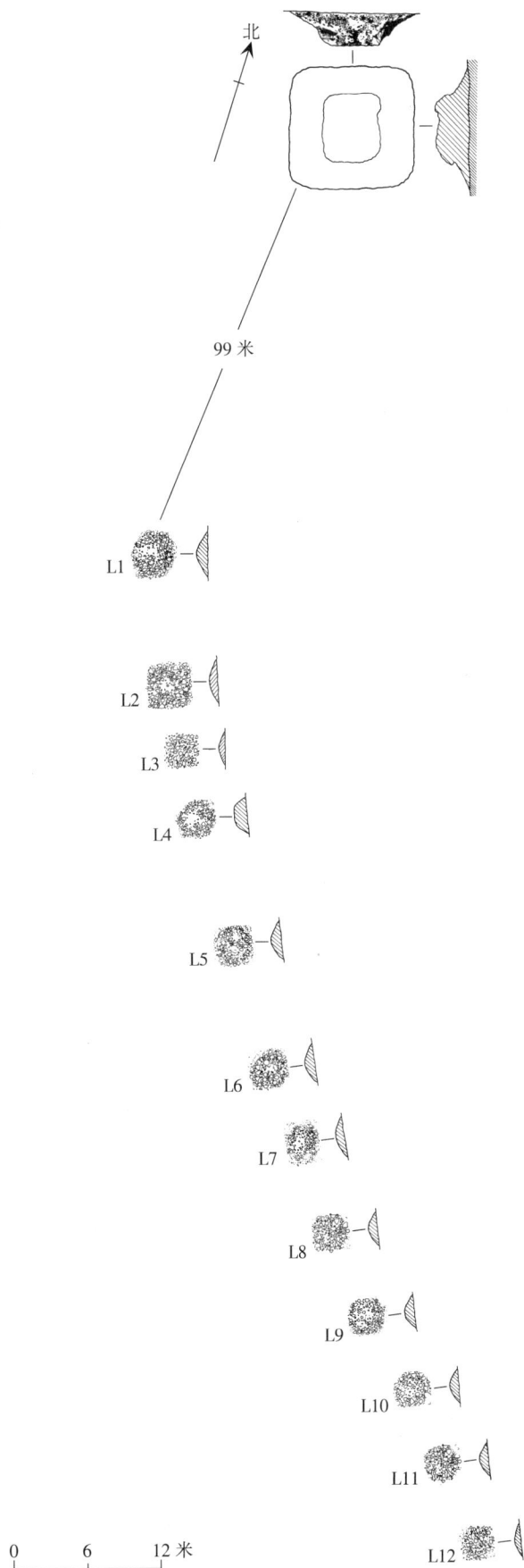

北

99 米

L1

L2

L3

L4

L5

L6

L7

L8

L9

L10

L11

L12

0　　6　　12 米

图五一〇　三道湖烽火台平、立、剖面图

L8：底边长 2.2、残高 0.2 米，与 L7 间距 6 米；

L9：东西 2.2、南北 2.1、残高 0.2 米，与 L8 间距 4.5 米；

L10：底边长 2.2、残高 0.2 米，与 L9 间距 4 米；

L11：东西 2.4、南北 2.2、残高 0.2 米，与 L10 间距 4.3 米；

L12：底边长 2、残高 0.2 米，与 L11 间距 5 米。

2. 徐路村烽火台（编码：640521353201170048，工作编号：07ZXF045）

位于白马乡徐路村以东的山前台地上，西南距中宁县 31.03 千米，北距三道湖村烽火台 6.09 千米。其周围环境等与三道湖村烽火台基本相似。

方台形。方向 190°（东壁）。土色沙黄，夯打坚实，壁面夯层清晰，厚 0.18—0.20 米。保存较差。底部均有较厚的坍塌土及风淤沙土堆积，呈斜坡状，表面生长有较茂密的沙蒿等；裸露出的四壁不高，表面不生野草。南壁底部有一窑洞，门高 1、横宽 0.7 米，洞内东西 2.8、南北 2 米，内高 1.8、进深 5 米。东壁底部还有一方形坑；顶部较平，亦生长有少量野草。台体底部东西 16、南北 15 米，顶部 5 米见方，斜高 11.5 米（图五一一）。

周围地表上散落有瓷片，皆残碎，无可复原者。有罐、碗、盆、缸等。采集 7 件，其中缸 1 件、盆 1 件、碗 2 件、罐 3 件。

（1）缸

1 件。口沿。

07ZXF045 采：1，黑釉。胎较细密，内夹灰色小石粒，色浅黄。通施釉，仅沿露胎，釉晶莹光亮。平直口，宽口沿，平台唇，直壁。残口径 8、残高 6.7、沿厚 3.1、壁厚 1.4 厘米。

（2）盆

1 件。底部。

07ZXF045 采：2，黑釉。胎较粗，内夹灰、白色小石粒，色浅黄。内壁通施釉，外底露胎，内壁粗糙，外壁晶莹光亮。平底、斜壁。残底径 10.3、残高 6.5、壁厚 1、底厚 1.2 厘米。

（3）罐

3 件。均为口沿，胎内夹杂白色小石粒，壁通施釉。

07ZXF045 采：3，酱釉。胎较粗，色浅灰。外壁略显光亮，内壁有少量气泡，釉色晶莹光亮。窄沿，圆鼓腹。残口径 9.6、残高 4.3、口沿厚 2.1、壁厚 0.6 厘米。

07ZXF045 采：4，青釉。胎较细，壁较光滑明亮。窄沿，圆鼓腹，圆台唇。残口径 9、残高 3.5、沿厚 1.2、壁厚 0.7 厘米。

07ZXF045 采：5，褐釉。胎较细，色浅灰。施釉较厚，釉色莹润。圆鼓腹，圆台唇。残口径 5.8、残高 5.3、沿厚 0.7、壁厚 1.2 厘米。

（4）碗

2 件。沿、底各 1 件。白釉，胎细腻。

07ZXF045 采：6，底。胎内夹少量白色小石粒。色浅灰。外底露胎，内壁不甚光滑，外壁有轮制弦纹。鼓腹，圈足。残底径 5.7、残高 1.5、壁厚 0.6、底厚 0.5 厘米。

07ZXF045 采：7，沿。胎色浅白，釉色晶莹光亮。圆唇、直壁。残口径 3.1、残高 3.5、壁厚 0.3 厘米。

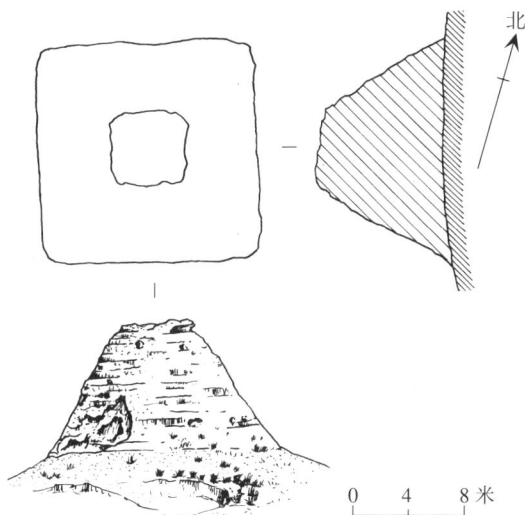

图五一一　徐路村烽火台平、立、剖面图

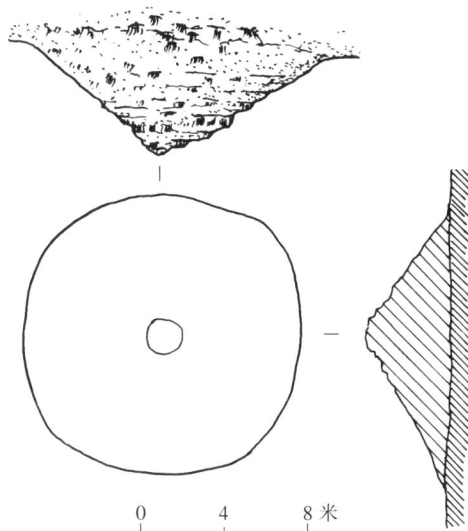

图五一二　养马村烽火台平、立、剖面图

3. 养马村烽火台（编码：640521353201170049，工作编号：07ZYF046）

位于鸣沙镇养马村东南一较高的台地上，西南距中宁县 21.03 千米，东北距徐路村烽火台 10.4 千米。其周围环境等与徐路村烽火台等基本相似。

残损甚重，已呈圆锥状。土质黏细，夯打较坚实。夯层较窄，厚度在 0.12 米左右。底部有较厚的坍塌土及风淤沙土堆积，呈斜坡状，表面生长有较茂密的沙蒿等。裸露的台体不高，不生野草，局部处尚有黑色霉斑。东壁顶部有明显的风蚀洞。尖顶，偏北侧有一处不规则深坑。台体底部直径 13、顶部直径 1、斜高 6 米（图五一二）。

4. 朱台村烽火台（编码：640521353201170050，工作编号：07ZZF047）

位于恩和镇朱台村东南的低矮台地上，西南距中宁县 14.64 米，东北距养马村烽火台 7.85 千米。其周围环境等与养马村烽火台等基本相似。

不规则方台形。方向 225°（北壁）。土质较粗，色灰黄，内含小石粒较多。夯层较窄，厚 0.10 米左右，夯打较坚实。台体较低矮，保存差，坍塌等甚重。四周底部有较厚的坍塌土及风淤沙土堆积，表面生长有较茂密的沙蒿等；裸露出的夯土台体不高，其中东壁有明显的风蚀凹槽。南壁底部有一处人为掏挖的洞穴，已将台体半边壁面挖毁、底部还掏挖出一个深坑，所挖出的沙石等直接堆砌在台体外，坑直径 1.5、深达 2.5 米。顶部不甚平，中心有一处掏挖出的圆形洞，壁面有明显的锹痕，洞壁上有烟炱痕。洞直径 2、深 1.8 米。台体底部东西 7、南北 6 米，顶部东西 4.2、南北 3.46 米，残高 4 米（图五一三）。

5. 刘营村烽火台（编码：640521353201170051，工作编号：07ZLF048）

位于新堡镇刘营村以南低矮山丘上，西北距中宁县 5.75 千米，北距朱台村烽火台 12.83 千米。其周围环境等与三道湖村烽火台等基本相似。

不规则方台形。方向 190°（西壁）。夯土属沙土质，土质黏细，色灰白，粘结度差，故其夯筑稍显疏松。壁面夯层清晰，厚 0.15 米左右。土内所含的石块大小不一，大者直径约 5 厘米，小者在 1 厘米左右。台体残损甚重，底部有较多的坍塌土及风淤沙土堆积，呈斜坡状，表面生长有较密的沙蒿等；裸露出的夯土台体多呈斜坡状，其中以西壁保存略好，底部尚有黑色霉斑；南壁底部有一处掏挖出的方形坑，口宽 0.5 米见方、深达 1 米。顶部较平，表面生长有稀疏的沙蒿等。台体底部边长 7.7、顶部边长 3、残高 2.7 米（图五一四）。

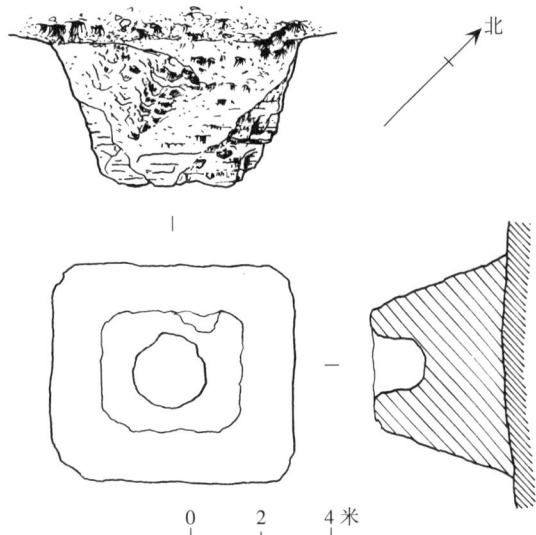

图五一三　朱台村烽火台平、立、剖面图

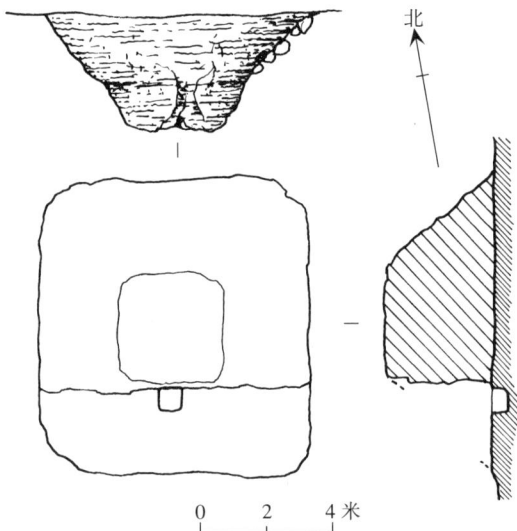

图五一四　刘营村烽火台平、立、剖面图

6. 创业村 1 号烽火台（编码：640521353201170052，工作编号：07ZCF049）

位于新堡镇创业村以南的台地上，北距中宁县 8.16 千米，东北距刘营村烽火台 3.58 千米。周围已成为中宁县工业区。

位于一凸起的山丘上，东、北、南三面临坡。方向 188°（西壁）。夯土中小石粒含量较多，台体较粗糙。

台体分上下两层。

底层：黄沙土夯筑而成的方台形，较低矮，石块含量较大。壁面上生长有稀疏的蒿草等。北壁中部有一道与顶层铺舍门道相通的凹状踏步。东西 10.2、南北 11、残高 1.5 米，上部 8 米见方（图五一五；彩图四五二）。

顶层：黄沙土夯筑而成的方形墙垣，保存基本完整。是在夯土台体顶部（不是沿台体边沿而建，而是上较台体边缘要收分 0.9 米）夯筑而成，北面正中辟门。夯层厚 0.08—0.10 米，版接缝较清晰，每版长 2.5 米左右。南壁外侧有明显的风蚀凹槽，呈带状，横贯壁面，残高 0.25、进深 0.4 米；北壁、西壁均有黑色苔斑。墙垣东西 6.4、南北 5.6、底宽 1.3、顶宽 0.7、残高 2.1 米。北垣门宽 1 米。

7. 创业村 2 号烽火台（编码：640521353201170053，工作编号：07ZCF050）

位于创业村以南的台地上，北距中宁县城 7.74 千米，北距创业村 1 号烽火台 420 米。四周均为低矮的山丘台地，现已成为中宁工业区，厂区密布。

方台形。方向 325°（北壁）。石块含量较多，壁面较粗糙。台体较低矮，底部均有坍塌土堆积，表面生长有沙蒿等。四壁较陡，夯层清晰，厚 0.15 米左右。西壁保存较好，壁面布满黑色苔斑。外侧有一踏道，从底部斜向上至顶，踏道长 7、宽 1 米，坡度在 45°左右；南壁已呈突兀状；顶部不平，西侧有一人为掏挖的方形凹槽，边长 0.4 米。台体底部东西 6.2、南北 5.2 米，顶部东西 4.2、南北 3.5 米，残高 2.9 米（图五一六；彩图四五三）。

8. 创业村 3 号烽火台（编码：640521353201170054，工作编号：07ZCF051）

位于中宁县新堡镇创业村以南，一山丘顶部。北距中宁县 7.7 千米，东距创业村 2 号烽火台 534 米。也位于中宁工业区内，周围厂房众多。

方台形。方向 210°（西壁）。保存一般。坍塌等残损较重，四周底部有较厚的坍塌土堆积，呈斜

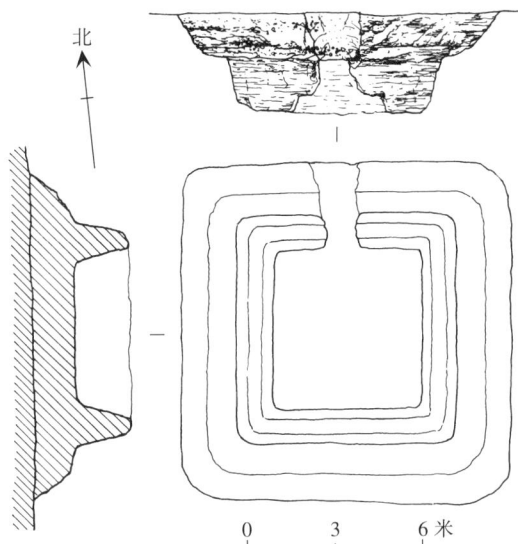

图五一五　创业村1号烽火台平、立、剖面图

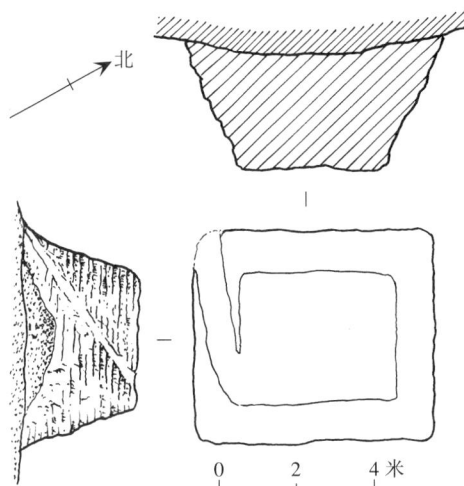

图五一六　创业村2号烽火台平、立、剖面图

坡状；四壁中北壁、西壁保存较好，壁面较陡，表面生长有黑色苔斑。北壁夯层中还夹有芨芨草，呈束状、平置于夯层间，外侧与夯土边缘平齐、不露出壁面外，发现4层，层间距0.15米，草厚0.02米；西壁有一斜坡状踏道，从西北角底开始，一直延伸至顶，踏道长7.6、宽1.1米，坡面倾角约40°；东壁坍塌最重，已呈斜坡状；南壁受雨水冲刷明显，壁面凹凸不平。顶部不甚平整，生长有稀疏的沙蒿等。台体底部东西6、南北5.2米，顶部东西2.5、南北3.5米，残高3.4米（图五一七；彩图四五四）。夯层厚0.12米。

烽火台外侧有一方形基址，将烽火台包裹在内。是用夹杂小石粒的黄沙土堆砌而成，较规整，内侧较平，堆积有较厚的黄沙土，与台体周围原生的以夹杂小砾石的黄沙土堆积截然有别。基址北、西两侧紧贴烽火台底部，东、南两侧则向外扩1.2米左右。残甚，顶部与今地表持平。东西6、南北5.2、底宽0.7、残高1.2米。

9. 创业村4号烽火台（编码：640521353201170055，工作编号：07ZCF052）

位于创业村以南，北侧为绵延不绝的低矮山丘，南面为两道山丘间的小冲沟，东西两侧已成工业区。东北距创业村3号烽火台443米，北距中宁县7.92千米。

位于一较宽平的台地上。方向190°（西壁）。土色沙黄，质地略粗疏。壁面夯层厚0.12米左右。保存较好，形制较规整，可分为上下两层（图五一八；彩图四五五）。

底部：方台形。由底向上分2层，逐级收分。壁面较陡，突兀不平，表面不生杂草。其中北壁中部有一道倾斜状登顶踏道，坡度大致在40°左右。底部东西10、南北10.8米，上层8米见方，台高底层1.3、上层0.7米。台阶下层宽0.6、上层高0.7、宽0.6米。

顶部：方形墙垣，是沿台体顶部中心（不在台顶边缘，有内收）再夯筑而成。北面中心辟门，其余三面保存尚可。南壁版接缝较清晰，为并列两版，夯层中加有芨芨草。西壁黑色霉斑较多，东壁、西壁上的鼠洞较多。垣内不平，淤积有较多的坍塌土、沙土等，表面生长有较多的蒿草等。东西6、南北5.3米。墙垣底宽1.2、顶宽0.6、残高1.1—1.3米。北壁中部门道宽1.9米，中部的踏道长8.5、宽1.9米。

10. 创业村5号烽火台（编码：640521353201170056，工作编号：07ZCF053）

也是位于创业村以南低矮的台地上，地处中宁工业园区内。北距中宁县7.64千米，东南距创业村

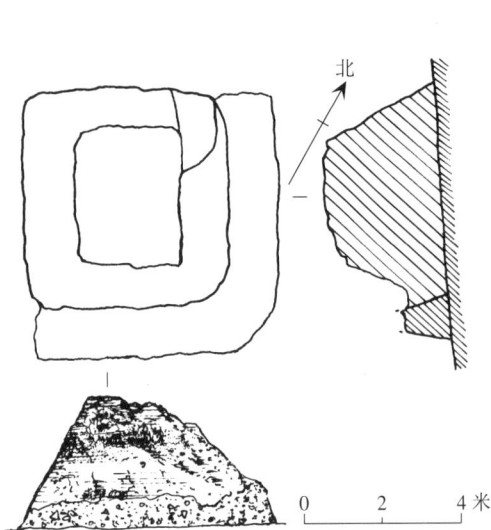

图五一七　创业村 3 号烽火台平、立、剖面图

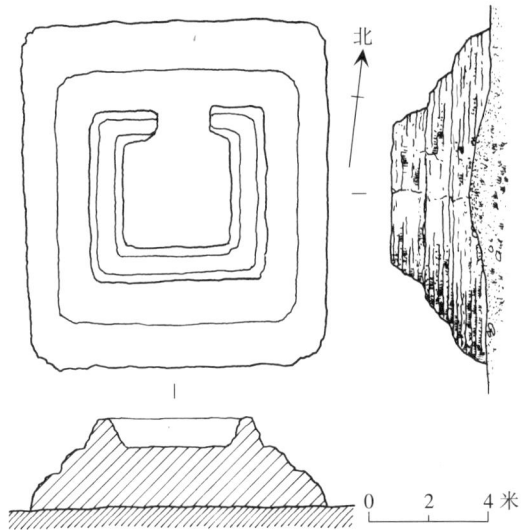

图五一八　创业村 4 号烽火台平、立、剖面图

4 号烽火台 320 米。周围为低矮连绵、起伏不断的山丘。地表以原生砾石堆积为主,生长有沙蒿等植物。

方台形。方向 230°(北壁)。保存一般。壁面夯层清晰,厚 0.10—0.15 米。四壁中北壁保存最好,壁面较规整,但有较多黑斑;西壁亦保存较好,但因雨水冲刷等影响,壁面凹凸不平;东壁南段坍塌甚多,表面亦分布有黑色苔斑。壁有一道登顶的踏道,从底部一直延伸至顶,踏道坡度大致 40°,宽 1.2、残长 6 米;南壁坍塌最重,尤其是东南角,壁面已不存,底部仅存约 2 米。夯层中夹有芨芨草,呈层状,厚 0.02 米;顶部较平,顶上有铺舍。台体底部东西 10、南北 8.5 米,顶部东西 4.2、南北 4.3 米,残高 4.7 米(图五一九;彩图四五六、四五七)。

台体顶部的铺舍仅存底部残垣,是以黄沙土沿台体顶部边缘再夯筑加高而成。除了东南角坍塌外,其余部分尚有保留。其中南墙残长 1、东墙残长 2.2 米,墙垣顶宽 0.6、残高 0.6 米。

11. 创业村 6 号烽火台(编码:640521353201170057,工作编号:07ZCF054)

位于创业村以南、烽趟子沟西北侧岸边的丘状台地上,地处山丘最南缘,东、南、西三面临坡。东北距中宁县 7.12、距创业村 5 号烽火台 1.42 千米。

方台形。方向 265°(北壁)。土色沙黄,质地略粗。夯层厚 0.18 米左右。四壁中北壁保存较好,壁面陡直,表面有较多的黑斑;东壁保存稍差,壁面上有一道登顶的踏道,从北侧底部斜向延伸至顶,中部有一处不规则坍塌,呈豁口状;南壁亦保存较好,中部有一处人为掏挖的小洞,底部风蚀凹槽较明显。壁面夯层中夹有芨芨草(其余三面未发现),呈层状平铺于夯层间,基本是一层夯土、一层芨芨草,两者交替分布,草厚 5 厘米,目前计发现 25 层;西壁保存亦较好,壁面清晰。顶部不平,顶上堆积有较厚的坍塌土,表面生长有较茂密的沙蒿。台体底部东西 16.8、南北 19.2 米,顶部东西 7、南北 8.6 米,残高 9.6 米(图五二〇;彩图四五八)。

烽火台外侧有一处方形墙垣,直接将此烽火台包裹在中间。是以黄沙土夹杂粗沙粒夯筑而成,正方形,边长 37 米,方向 245°(北壁),但夯层不明显。围墙底宽 3、顶宽 1.2、残高 1.2 米,北墙中部辟门,门道宽 4 米(彩图四五九)。

12. 黄桥村烽火台(编码:640521353201170058,工作编号:07ZHF055)

位于舟塔乡黄桥村以南、高干渠灌溉水渠南侧的台地上,周围全为低矮的山丘,东侧 50 米处有一处小冲沟。已被开辟为农田。东北距中宁县 6.95 千米,北距高干渠 172 米。

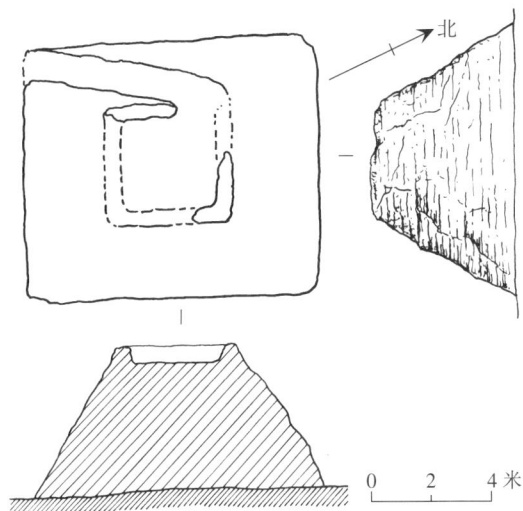

图五一九　创业村5号烽火台平、立、剖面图

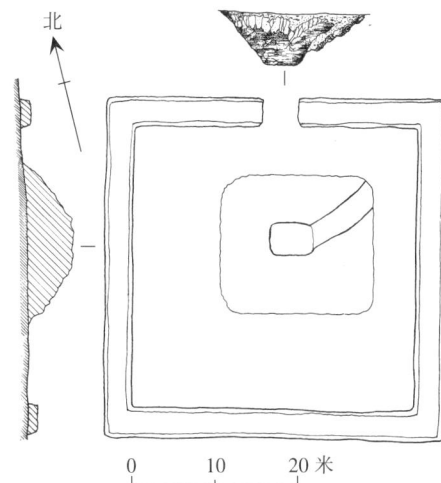

图五二〇　创业村6号烽火台平、立、剖面图

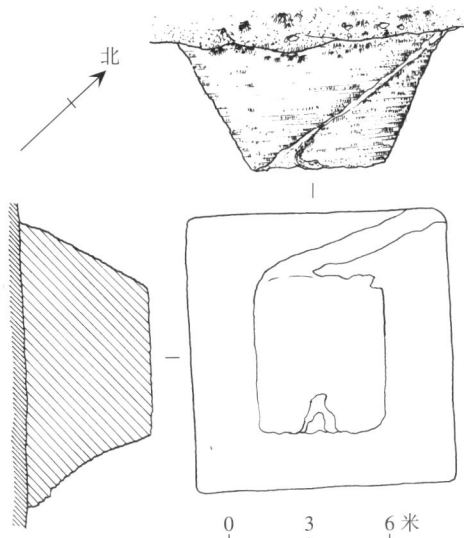

图五二一　黄桥村烽火台平、立、剖面图

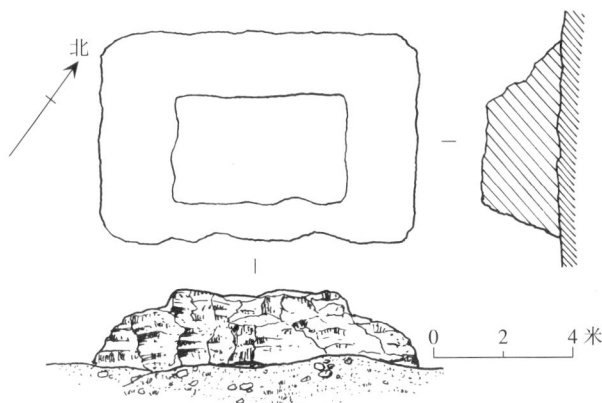

图五二二　铁渠村烽火台平、立、剖面图

位于一个山丘上。方台形。方向315°（北壁）。夯土质地较粗，土色泛白。台体底部10米见方，顶部东西5、南北6米，残高5米（图五二一；彩图四六〇）。

此台体保存较好，形制较规整，自然、人为破坏相对较少，是此道沿线烽火台中保存较好的一座。底部坍塌堆积土不多；壁面较陡，夯层清晰，厚0.15米。东壁版接缝十分清晰，为并列两版，每版长5米。壁面上布满白色斑点；南壁中部有一道凹形冲沟，从顶部一直贯穿及底，横宽0.5、深0.6米；北壁外侧有一道斜坡状登顶踏道，沿壁面偏东侧半坡处斜向上至顶，底部不到壁面底部，其起点距今地表高0.2米。坡度大致30°，宽1米。西壁表面生长有较多黑色苔斑；东壁夯层中还夹有柠条，是直接采用带枝柠条、分层、平置于夯层间，厚0.05米，由底向上计11层，底层柠条距现存地表0.6米，间距除了下部稍宽（下部两层间隔分别为0.3、0.4米）外，多为0.15米。顶部较平，表面不生野草。

13. 铁渠村烽火台（编码：640521353201170059，工作编号：07ZTF056）

位于舟塔乡铁渠村以南、高干渠灌溉水渠南侧的一凸起小山丘上，其西、北两面为农田区，东侧为连绵不断的山丘。东北距中宁县6.95千米，西北距高干渠215米。

方台形。方向 295°（北壁）。夯层较坚实，土色灰白。夯层清晰，夯层厚 0.2 米。台体残损甚重，保存较差，底部有较厚的坍塌土及风淤沙土堆积，呈斜坡状，表面生长有沙笈等。西、北壁底部以赭红石片砌边，残损甚重，均不高。南壁被后期取土所破坏，壁面几乎无存。顶部不甚平整。台体底部东西 9.6、南北 6 米，顶部东西 5、南北 2.8 米，残高 1.9 米（图五二二）。

第二节　中宁县黄河以南沿河关堡

中宁县黄河以南的关堡，见诸文献记载的有鸣沙州城、张恩堡、宁安堡、宁安新堡、威武堡等，这些城堡除了鸣沙州城有行政管辖职能外，多属屯堡性质。因多位于今村落内，其址均已不存。

1. 鸣沙州城

鸣沙，汉代灵州县鸣沙镇，后周移置会州于此，后废，随置鸣沙县。明正统九年（1444 年），"都御史金濂奏葺故城，仍名鸣沙。谪调宁夏中屯卫官军操守。其形胜：东南则据沙山，西北则阻大河。城周三里七分，高三丈二尺。南北二门，上皆有楼。堑深一丈，阔二丈。"设操守官一员、管堡官一员，原设马、步官军四百九员、走递马五十一匹，领杨柳泉墩、红山口墩等烽堠一十三座[1]，后来其驻军增至"旗军七百七十三、家丁一百五十九、备卫军二百有六"[2]，是宁夏西面一处重要的行政管理中心之一。其址在今中宁县鸣沙镇，早已不存（图五二三）。

2. 张恩堡

张恩堡修筑于明隆庆元年（1567 年），其址在今中宁县鸣沙镇彰恩村、距黄河 1 千米的牛首山西麓。其名据传是为纪念捐献祖田、筑堡以供人居住的张姓将军，号堡为张恩堡。民国年间改名为彰恩。此堡在 1967 年修建青铜峡水库后被淹没，具体尺寸不详（图五二四）。

---

① 《嘉靖宁夏新志》卷 3·所属各地·四·鸣沙州城，第 234～235 页。
② 《万历朔方新志》（影印本）卷 2，第 57 页。

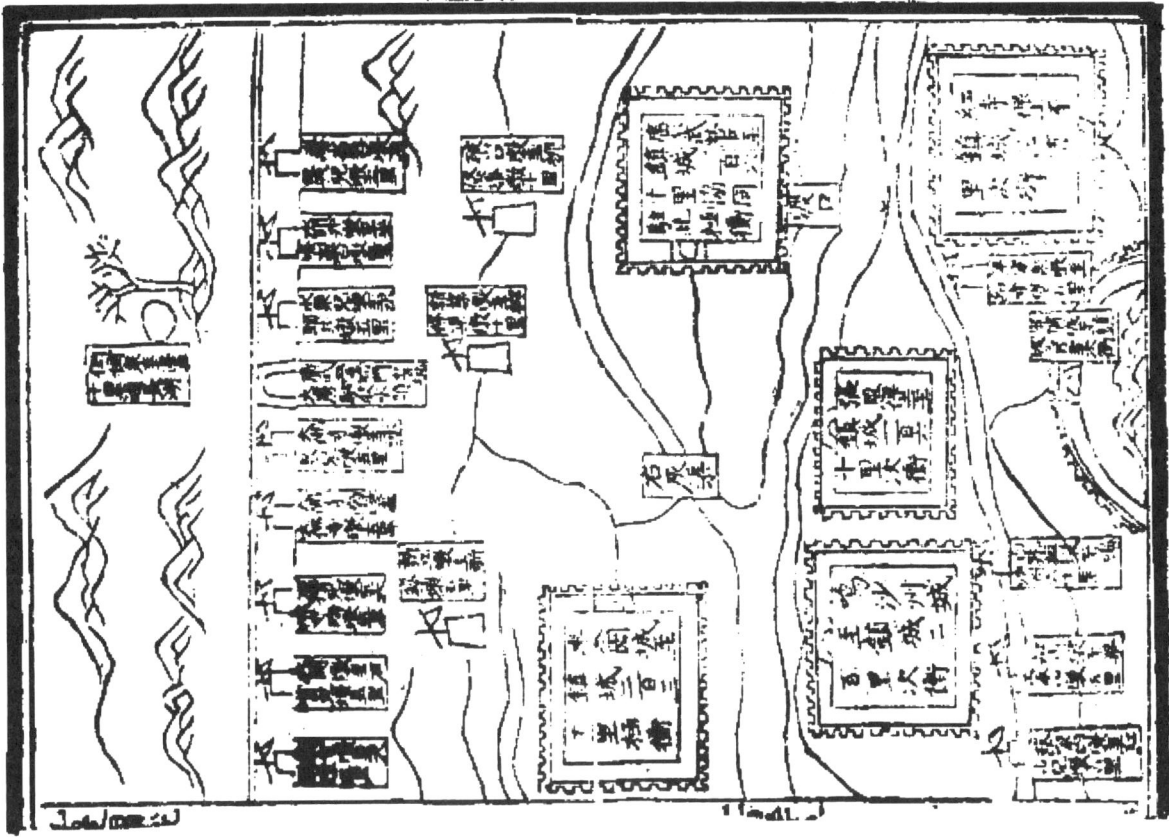

图五二四　张恩堡位置及形势图（摘自《九边图说》）

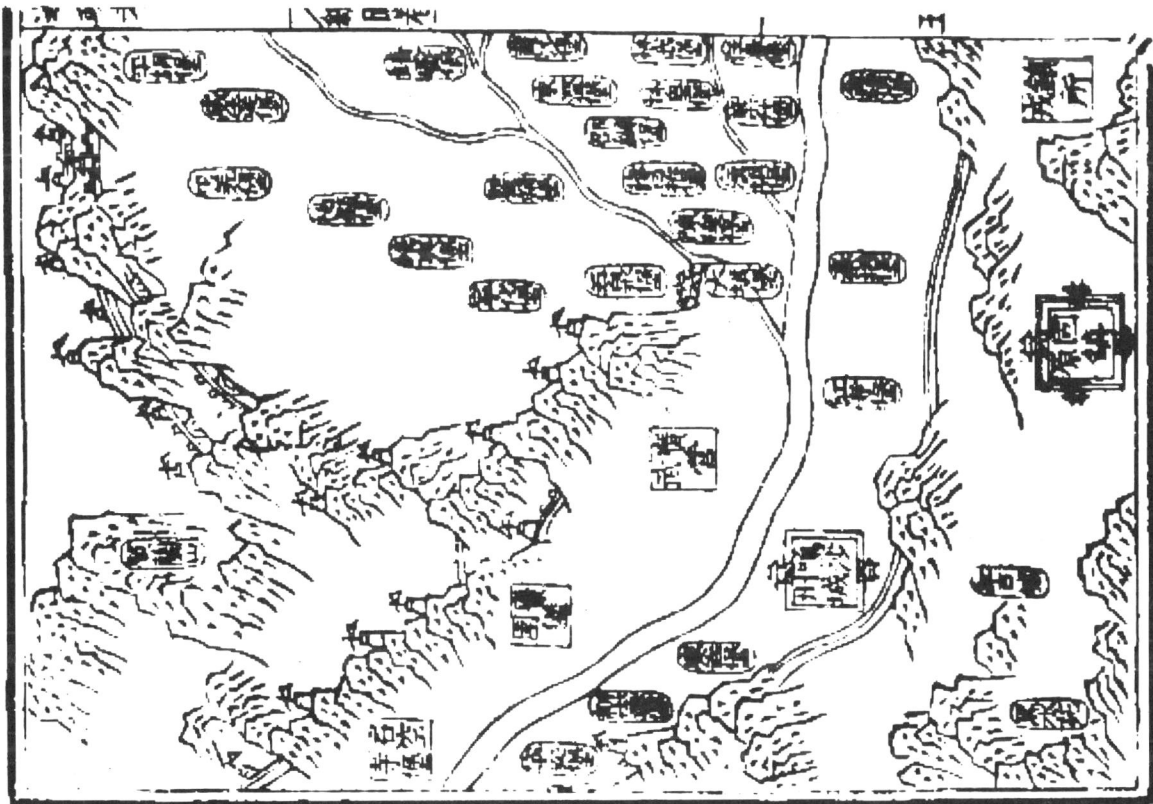

图五二三　鸣沙州城位置与形势图（摘自《边政考》）

第七章　中卫城军事建制与防御

第一节　中卫城历史沿革及修筑长城的时代背景

　　中卫地处黄河前套之首,山川齐备,地势险要,历史上由于边防战乱,屯垦军民和西北游牧民族部落交互迁徙居住,地方政权兴废析合多变,其建置是因历代军事需要而发展起来的西北边陲重镇。黄河哺育了这一地区的文明,根据中华人民共和国成立初考古发现的长流水、一碗泉新石器文化遗址及大麦地古代岩画等遗迹表明,自古以来人类就在此繁衍生息。春秋时为羌族和戎族聚居地。战国后期,秦始皇逐霸匈奴,移民于此,属北地郡富平县,始将中卫纳入秦中央集权统治的版图,沿河置障塞,设边戍守,成为抵御匈奴主南下和少数民族首领扩张争夺的重镇,自此有 10 代王朝设郡建县。秦统一后不断扩大移民政策,汉族比较先进的生产技术和文化的传入,更促进了当地经济文化的发展。汉武帝元鼎三年(前 114 年),置安定郡、设呴卷县,辖属今中卫地(治在今中宁县南古城);宣帝五凤二年(前 56 年),境内安置降汉匈奴部族,筑麦田城(今常乐站马营),驻护羌校尉,境内出现东西沿河城障相连的边防运行路线;东汉永初五年(111 年),北地、安定郡发生羌族起义,郡县内迁而废,又为羌族游牧地。历经三国、两晋、南北朝均无建置,历属虽有变更,但军事重镇的地位未变。隋开皇十年(590 年),在灵州黄河外(黄河以西、卫宁黄河北)180 里置丰安县,隶灵武郡,此为中卫境内第一个县级行政建置。唐在灵州西黄河外建置丰安县、丰安军后,逐渐形成朔方节度使驻地自灵州西至丰安接凉州的边防大道通往西域,唐安史之乱之后,渭河流域及六盘山区被吐蕃所占,长安至凉州南北两道不通,"丝绸之路"受阻,此时,便由长安经环庆大道入灵州,又从灵州过黄河西经丰安达凉州,当时的灵州大道演变成使臣往来、僧侣商贾不断的"北丝绸之路"段,通往西域的边防大道派兵驻军防守,成为游牧民族部落和中央政权争夺对垒的军事要塞。五代后唐置雄州,后晋改昌化军、昌化镇;西夏置力吉里寨;元朝设甘肃行中书省下之宁夏府路,下领灵州、鸣沙、应理(治今中卫县城)三州,《元史·地理志》载:"应理州东据大河,西据沙山"。明洪武初年废州,朱元璋进军西北,夺取宁夏后,在洪武二十四年(1602 年)封十六子朱㮵为庆王,并将宁夏西路辖中卫香山草场划归庆王,封属王府牧马场,旧称香山有七十二水头(泉水),庆靖王朱㮵称其地"地土高凉,人少疾病,地宜畜牧"。至永乐元年(1403 年)由宁夏右护卫合鸣沙、应理两州改置宁夏中卫,隶陕西都司,以 5600 名军卒守之。中卫之名由此而始。清初沿明制,并辖香山地域。康熙三十三年(1694 年),增设中卫驿丞,由宁夏西路同知兼。雍正二年(1724 年),清政府议准置宁夏府,改宁夏中卫为县,隶甘肃省宁夏府。宁夏西路同知及中卫营副将协署仍驻中卫。清雍正二年裁卫置县,改称中卫县,属宁夏府。1933 年将中卫县胜金关、山河桥以东各堡分置中宁县管辖(图五二五~五二七)。

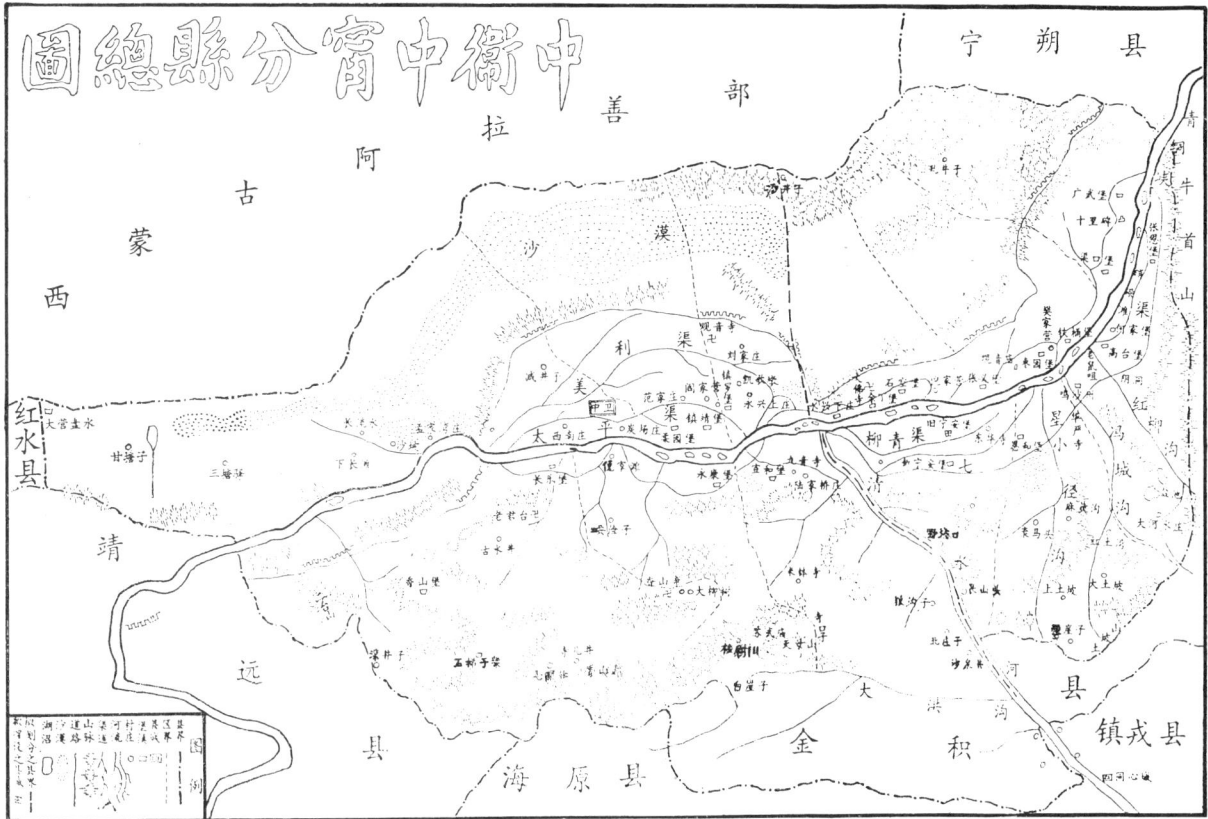

图五二五　民国时期中卫中宁分县总图（源自宁夏档案馆）

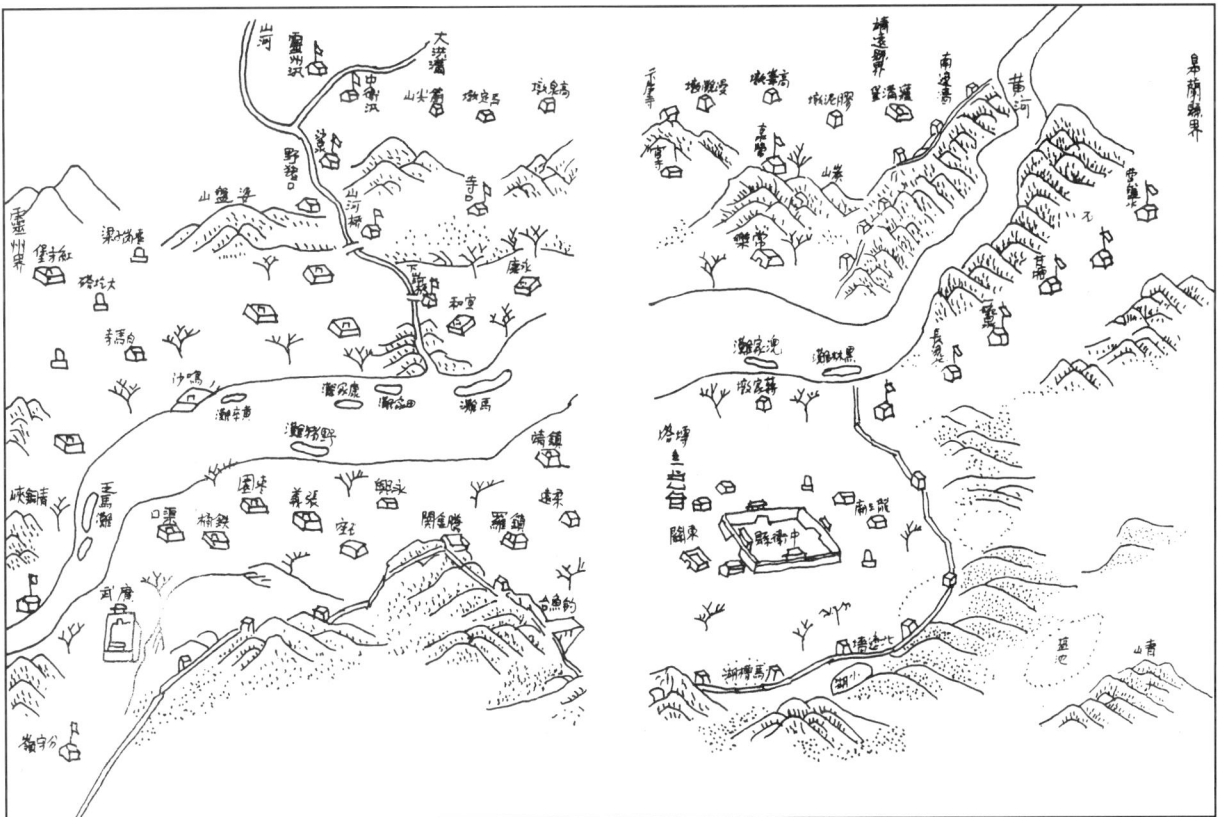

图五二六　民国时期中卫城周边形势图（源自宁夏档案馆）

图五二七　清乾隆中卫县全图（选自《乾隆·中卫县志》）

　　从军垦文化看，明永乐元年（1403 年）改置宁夏中卫，都司卫署下分置 5 个千户所、50 个百户所为基层屯垦单位，分布在今中卫、中宁两县及青铜峡广武和渠口农场地，形成卫辖中卫、广武、鸣沙 3 城及柔远、镇靖、镇房、石空、枣园、威武、宁安、新宁安、宣和、永康和常乐 11 堡寨的基层区划单位。天顺至万历年间，又增设镇房、古水营守备城及渠口、铁桶、张义 3 堡，共辖 18 城堡[①]。正统八年（1443 年）中卫守备改设为西路左参将分守，时隔十六年，又以宁夏副总兵协守，城置副将协署。万历三十二年（1602 年），又增设为宁夏西路同知及副将，遂为河西重地，并辖广武城及属城堡。

　　从战略地位考证，明置宁夏西路中卫设边防要塞，军事位置非常重要，被誉为"左联宁夏，右通庄浪，东阻大河，西据沙山，后接贺兰之固，前有黄河之险"[①] 的边陲重镇。明初，鞑靼、瓦剌等部崛起，南下侵扰扩张，作为西北边陲之咽喉要地的宁夏中卫，以其险要的地理位置和军事战略要地成为漠北蒙古各部攻掠的主要目标，边关防务始终处于阻击鞑靼、瓦剌侵扰的最前沿，素有"关中屏障，河陇咽喉"之称。为抗御外敌，保疆安境，明王朝在这里"增筑保障，广布耕屯，以强防务"，"号为雄边"[②]。先后修筑数百里的长城加强防御，同时在长城沿线和黄河南北两岸的交通要冲之地、口隘增筑许多关堡、兵营及烽燧等相关设施加强边备。明成化八年（1472 年），任王越兑制各路兵马，调整官军部署，统一指挥。扩军备战，布防边塞，加强防务。弘治十一年（1498 年）七月，王越率师北袭贺兰山后鞑靼，兵六千，分三路进击，大胜而还，有力地对蒙古各部进行了抗击和征讨，有效地维护了宁夏镇边防的安定。直至明隆庆五年（1571 年），明穆宗诏封俺答汗为顺义王，对蒙古各部采取安抚

---

①　（明）魏焕：《皇明九边考》卷 8·宁夏镇，第 17 页。
②　（清）黄恩锡纂修：《乾隆中卫县志》卷 4·边防，第 127 页。

政策，在沿边要镇允许通商互市。万历二年（1574年）十一月，鞑靼与中卫互市贸易开始，在一定程度上改善了边境民族关系。明代中期以后，中卫屯田连年丰收，"仓储充裕，有余卫者，足支十年，无者直可支百"形成了"一方之赋尽出于屯"的富饶景象①。

从战略防御看，明代中卫为宁夏镇西路重要屏障，修筑的各种军事工程因其扼守宁夏西大门，统称之为宁夏"西长城"。隶属宁夏中卫和宁夏左屯卫管辖。据《万历朔方新志》记载："西长城，起自靖虏芦沟（即芦沟堡，甘肃省靖远县与中卫市交界地）界，迤北接贺兰山。山迤北接北长城至大河。河迤而南，逾河而东，有东长城至定边界。凡周一千一百七十里。""西长城四百一十一里，迤北接贺兰山。"其中"由甘肃靖虏卫进入宁夏中卫的西长城，迤北接贺兰山，自西南镇关墩（今中卫北约8千米）至崇庆墩接广武界止，有城障14，西路游击分守边城130里，石空堡守备分边50里。"同时"宁夏镇所辖地方，万历年间共设烟墩596座，其中，中卫营所属104座"②。乾隆《中卫县志》"塞垣"条记述中卫境内的宁夏西长城在"县城迤北有边墙一道，自宁朔县大坝交界起，至西南越黄河，抵芦沟堡山，沿长四百八十二里。边口二十九处………"。史书所说的西长城基本上了涵盖中卫境内黄河南北两岸的长城。宁夏研究长城和历史地理的著述中沿袭旧史，也将中卫地区黄河北岸卫宁北山及贺兰山东麓及诸沟口修筑的长城防御设施（亦称城西南墙和河西长城）和中卫黄河之南一线长城通称为西长城。这道长城是逐步分段修筑的，但在《明实录》《明史》等方志史籍中均无西长城始筑年代的准确记载，《乾隆宁夏府志》考证后说"西长城，旧志不载修筑年岁"③。

明成化初年，宁夏边事聚增，居住在贺兰山以西阿拉善荒漠草原上的蒙古人，时常越过贺兰山到卫宁平原上抢掠、放牧进行骚扰，当时，卫宁北山沿线并无长城。据《读史方舆纪要》载，中卫倚贺兰之险，阻黄河，左连宁夏，右接庄浪，实为边陲要地。然而贺兰虽称天险，而通城隘口甚多。自镇关墩（今中卫北约8千米）至胜金关（今中卫与中宁交界地）之九十余里，俱朔骑出没处。若修观音口、镇关墩至黄河180里的边墙，则广武、玉泉、大坝等地就能御守无恙。实施修筑西长城最早有文献记载的，见于成化九年（1473年）九月在"靖虏连接宁夏黄河两岸各修筑阨塞，使虏不得过河"④。成化十五年（1479年）十一月，"命筑宁夏沿河边墙，镇守宁夏太监龚荣奏：宁夏东路自花马池至黄河，东至平山墩，西至黑山营，中间相去几百里，虏所出没。说着以为前有黄河可恃，然春夏之时河可恃也，如冬月冻合，实为可忧。今欲沿河修筑边墙，使东西相接。其西路永安墩（今中卫县城之东，中宁石空镇西，与今中卫胜金关毗邻）至西沙嘴（今中卫迎水镇黑林村西），旧墙低薄颓坏，欲改筑高厚，庶可保障地方。事下，兵部覆奏以为便。遂役一万人筑之。"⑤ 对这道边墙，顾祖禹亦有考证："卫西有西沙嘴。成化十三年。镇臣请修宁夏西路永安墩至西沙嘴一带边墙是也"⑥。据此可认为中卫胜金关走向西南黄河岸边西沙嘴的边墙，应是在成化十三年以后修筑。嘉靖《宁夏新志》载："城西南墙（西长城），自双山南起，至广武界止，长一百余里。成化间巡抚都御史贾俊奏筑，今圮坏不堪。"⑦ 双山在今中宁县石空乡永兴村，广武在今青铜峡市，两地均靠近贺兰山。实际上这道边墙不止

---

① （明）胡汝砺：《嘉靖宁夏新志》卷1·宁夏总镇，第82页。

② 杨寿：《万历朔方新志》卷2·边防，第84页。

③ （清）张金城修：《乾隆宁夏府志》卷2·边防，第167页。

④ 《明宪宗纯皇帝实录》卷120"成化九年壬子"，第8～10页，台湾"中研院"历史语言研究所《明实录》影印本。

⑤ 《明宪宗纯皇帝实录》卷197"成化十五年丁未"，第5～6页。

⑥ 贺君次、施和金点校：《读史方舆纪要》卷62·陕西十八·宁夏镇，第2863页，中华书局，2005年。

⑦ 《嘉靖宁夏新志》卷1·宁夏总镇，第20页。

于此，后来，它由青铜峡市向北，经永宁县进入银川市郊区，止于赤木隘口（又名三关口）。这一带的贺兰山比较低矮，山口易于穿越，故而在各山口都修筑了城墙，以防止蒙古人的侵扰。与此同时，又把这道边墙向西南延伸，经胜金关进入中卫境内，经镇罗林场、东园、迎水桥、黑林，至西园乡黄河岸边的西沙嘴。《弘治宁夏新志》记载，宁夏中卫在弘治年间所管辖的长城范围，"自镇关墩起至大关墩止，长二百一十里。"《嘉靖宁夏新志》又载，中卫这段"边墙：镇关墩起，至天关墩（大关墩）止。长二百十里。今亦倾圮，不堪保障。"查阅明代史料，弘治执政18年期间，从未在中卫修筑过边墙。此前的成化时期23年中，为了加强卫宁北山一线的防御，始施修筑边墙，有明确文献记载的共两次。第一次是成化年间修筑的双山南至广武界边墙，长100余里。第二次是成化十五年修筑的永安墩至西沙嘴边墙，长100余里。这两段边墙都是贾俊任宁夏巡抚期间（成化十三年八月至成化十九年八月）修筑的，两段边墙西自中卫西沙嘴起，东至广武分守岭，总长200余里。这道边墙将镇关墩（今中卫以北）至天关墩（在今中卫西与甘肃靖远的交界处）边墙应包含在内。结合明代文献记载与实地调查所见，宁夏西长城西段的走向，由东向西，即贺兰山段所接的中卫境内卫宁北山段长城均在黄河北岸。

考察黄河南岸长城的具体修筑年代，史无明载。成化二十一年（1485年）五月，巡抚宁夏右佥都御史崔让等奏："请于平虏城枣儿沟增筑边墙一道、寨堡一座、墩台三座。广武营移筑墩台一座，中卫河南增筑墩台三座，移筑三座。兵部请从其奏。报可。"① 时隔两年至二十三年，在修筑甘肃靖虏等处边墙时，因"宁夏中卫野鹊沟等处边墙与芦沟、深井等处营堡、墩台亦系要害之地，宜别令守臣议修筑之宜。事下，兵部以其言宜之。诏可。"② 此为黄河南岸修筑长城较早的历史记载。当时修筑这段长城的目的有二：一是成化末期，鞑靼南下西进，兵逼河套，盘踞其地，"镇番、中卫因之断隔，贼遂得以窥我两河矣。"为了防御大小松山（今甘肃景泰、天祝、庄浪境内）的"达子"从靖远卫西北境越河侵扰，威逼固原，压迫关中。二是"遏住胡寇出入要地"，改变中卫西南裴家川一带的万顷腴田"军民岁以寇患，不得田作"③ 的状况。嘉靖以后，对中卫境内的边墙"依山形，随地势，或铲削山崖，或垒筑，或筑墙，绵引相接，以成边墙。"进行了多次修缮和利用。据《皇明九边考》载："宁夏北贺兰山黄河之间，外有旧边墙一道，嘉靖十年，总制王琼于内复筑边墙一道，官军遂弃外边不守，以致边内田地荒芜。十五年，总制刘天和修复外边防守，黄河东与外边对岸处修筑长堤一道，顺河直抵横城大边墙，以截套虏自东过河以入宁夏之路。"④ 隆庆五年（1571年），"总督陕西三边右都御史王之诰，请于宁夏扯木峡旧堡（疑今中卫下河沿一带）河口至五方寺、塔儿湾、白草川墩（均在今甘肃靖远境内）增筑边墙、墩台、大小堡寨，设守备一员驻裴家川，以扼犬虏出入要路，并筑东西大小隘口。"⑤ 万历九年（1581年），"陕西宁夏督抚郜光先等奏呈四事……广武边界抵中卫至镇关墩原筑边墙高低不齐，难恃防守，应加高厚……部覆。从之。"⑥ 直到清代王之诰修的黄河南岸边墙还曾加以修复、增补和利用。据《甘肃通志》载："康熙三十三年（1694年），总督佛伦提请丈量，应修一万二百八十四丈。四十一年，黄河犯涨，冲外边墙三百一十八丈，接年修筑。"清时所修长城并非用于

---

① 《明宪宗纯皇帝实录》卷266 "成化二十一年丙子"，第7页。

② 《明宪宗纯皇帝实录》卷293 "成化二十三年癸未"，第5页。

③ 《明穆宗庄皇帝实录》卷64 "隆庆五年甲午"，第2页。

④ （明）魏焕：《皇明九边考》卷8 "宁夏镇经略考"，第13页。

⑤ 《明穆宗庄皇帝实录》卷56 "隆庆五年辛亥"，第5~6页。

⑥ 《明神宗显皇帝实录》卷109 "万历九年丁未"，第5页。

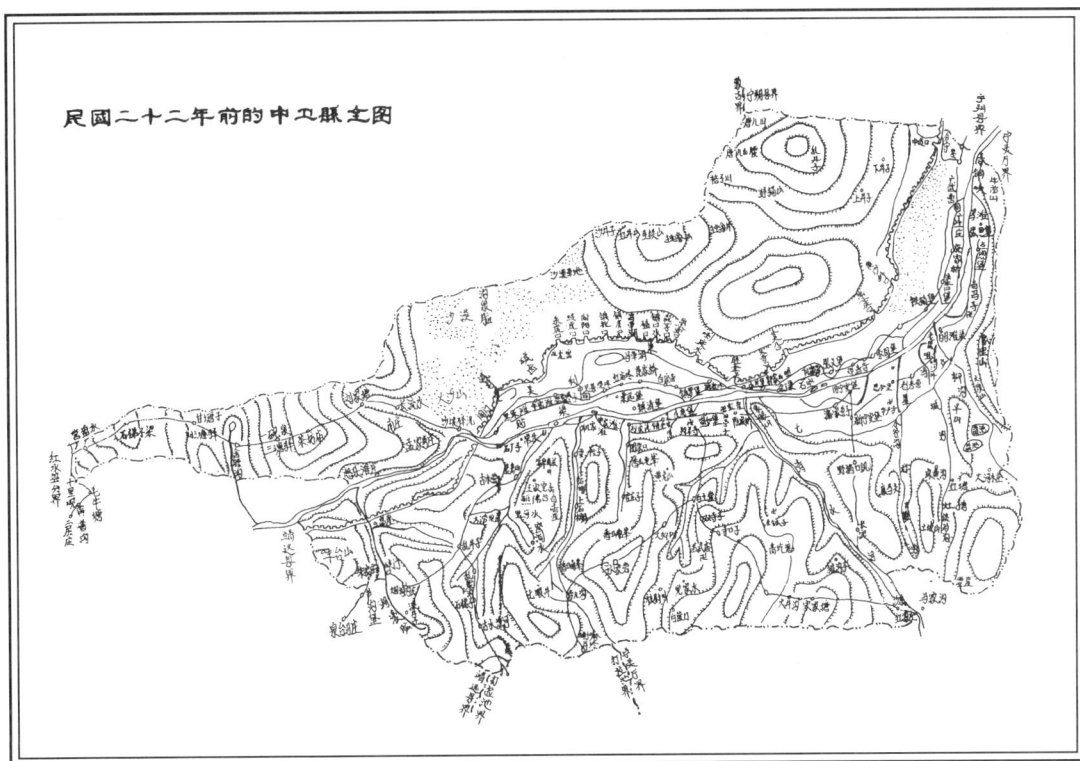

图五二八　民国22年前中卫县全图（源自宁夏档案馆）

军事防御目的，而是将其用于游牧民族与农耕民族互不侵越的分界线了，长城的功能已从军事作用演变为农耕民族和游牧民族和睦相处的界碑。时至民国，边界功能逐渐消失，交通日益废塞（图五二八）。

第二节　明代中卫城的建制与公共建筑设施

中卫城　位于今市内城关镇，城垣始修年代失考。据《嘉靖宁夏新志》卷三记载，明永乐元年（1403年）设立宁夏中卫，治所于元应理州城，旧址狭隘，属宁夏府路，为宁夏西路、指挥使司、西协参将、西路副将及中卫通判同知驻地。

明正统二年（1437年），中卫最高军事长官仇廉奏请将原应理州治所中卫城增筑为周长五里八分。天顺四年（1460年），参将朱荣复请将城增建并修浚护城河，周七里三分，高三丈五尺，浚池深一丈，阔七丈八尺。开东西城门，东曰"振威"，西曰"镇远"。至嘉靖二年（1523年），参将周尚文始辟南门一处，命名为"永安门"。各门皆筑有城楼。万历二年（1574年），参将张梦登始奏请采用青砖包砌城墙，遂为宁夏西路的边陲要衢，其坚固程度大于其他要塞，军事位置极为重要，据银川门户，关中屏障，昔马之地。此外，在城垣东关明万历初年巡抚罗凤翔奏建一座周长二百四十八丈的瓮城。万历十一年（1583年），巡抚张一元题请用砖包砌，开东西二门。瓮城内多设车马大店。至此，城垣修筑完善。后经康熙四十八年（1709年）九月及乾隆三年（1738年）十一月两次大地震，致使城垣、衙署官厅及民房倒塌愈甚。前陕西督部党鄂、抚都院元，因灾情严重奏请重建中卫县城，新城仍沿用故城旧址重修，东西长，南北宽，形制若舟形。扩建城垣周长为五里七分，高二丈四尺，女墙五尺九寸，外围护城壕长六里三分。开东、西、南三面城门，沿用旧名，其上各建门楼，外护瓮城（月城），壕内种植菱芰，堤岸植杨柳，葱绿花香，风景宜然。环城壕直通城门有三桥，东曰"大通桥"；西曰"镇远桥"；南曰"绿杨桥"。在城东北、西北、西北增设角楼；东南建三层文昌阁楼。城垣上建敌楼八座、门台六座、炮台十四座，成为宁夏西路最坚固的城池。城平面为长方形，内分东、西两街，有粮草、布匹等两处露天交易市场，乡民以赶集形式进行交易，随着集市的逐渐繁荣，成为宁夏设立边口互市贸易的主要场所之一。道光二年（1822年），知县李棣通在东、西、南城外护城河桥上各建两座木牌坊。东方一处名曰"紫气朝来"，另一名曰"银川门户"；西坊曰"爽挹沙山"，另一名曰"鸣沙保障"；南坊一名曰"襟带河流"，另一名曰"晌卷古邑"。

明清时期，城内由卫治、副将、都司守备署、儒学、文庙、应理仓库、杂造局（军械制作工厂）、教育署堂、训导署堂、明伦堂、应理书院和私宅建筑组成东西两街及多条巷道。新、旧鼓楼建在东西大街通衢处。至清末城垣失去军事边防功能后，各项设施逐渐倾废。后经民国年间军阀战乱沧桑，祸及边城，城邑设防凋敝。城垣瓮城多有倾塌破损，城内街道狭窄，大片空地积水成泽。至1949年整个城垣颓废，护城壕沟淤平，三桥、牌坊及东关瓮城早无踪影。城内南北侧空旷地域变为沼泽碱滩、杂草蚊蝇孳生之地。东西关贸易市场已废弃，唯有通衢街道人口密居，维持每日清晨的米粮、骡马市场，作为乡民每日晓以交易的小集市，故称为"露水集"。中午集散人离，转瞬萧条、冷清，完全失去昔日繁荣热闹之景象。中华人民共和国成立后，随着经济的恢复，县城日渐复苏。历经40多年不断改造扩建，尤其自20世纪80年代以后，城市经济建设迅速发展，现代化高大建筑群落不断沿街矗立成片，机关、学校、商店、厂房及住宅相继代替昔日的破庙废墟、空地平房。

从明永乐年间开始，中卫城内陆续修建了大量的公共建筑设施。20世纪70年代以来，在旧城改造、规划建设中，城垣旧庙宇等大部分公共建筑改建为机关、工厂和民房，唯有高庙、鼓楼及少量的宗教建筑尚存。

高庙　现为自治区文物保护单位。坐落在旧北城垣上，占地面积4100平方米，有殿堂楼阁260多间，通高约29米。所有建筑相互对称，重楼叠阁，次第伸展增高，形似凤凰展翅，属典型的三教同源建筑群。其始建于明永乐年间，初称新庙，清初改名为玉皇阁，民国至今称高庙。清康熙四十八年中卫地震，上层建筑全毁，后经道光二年（1822年）、咸丰三年（1853年）、光绪八年（1942年）屡次修葺和增建，规模扩大，庙建有保安寺、魁星楼（山门）、大雄宝殿、中楼、天王殿、南天门、钟鼓楼、文武楼、砖牌楼等。整个建筑群布局对称紧凑，巍峨壮观，是宁夏境内一处重要的儒、释、道三教合一的古建筑群。1966年前期，高庙塑像约有170多尊，有的出自明清两代雕塑师之手，神态各异，造型别致，艺术价值较高，"文革"期间神像皆毁。1976年以后陆续进行了保护与维修（彩图四六一、四六二）。

鼓楼　现为自治区文物保护单位。民国时期，县城有旧新鼓楼各一座。旧鼓楼于20世纪60年代被拆除。新鼓楼，清初名为"文昌阁"，居县城中央，底基呈长方形，开四拱门，通联东西南北。新鼓楼建于明崇祯四年（1631年），清嘉庆二十二年（1817年）失火被焚，仅存楼基。道光十二年（1832年）重修，并于四面拱门上依县治所在地不同方位镶刻横额，东曰"锁扼青铜"（依地势而言，中卫处在青铜峡前哨），南曰"香岩对峙"（指香岩山为县城屏障），西曰"爽挹沙山"（言指沙漠广丘），北曰"控制边陲"（指中卫是防御外蒙入侵的边塞重镇）（彩图四六三、四六四）。

香岩寺　为市级文物保护单位。位于香山主峰之上，始修年代失考。现据残碑记载"重修于雍正十二年（1734年），扩建于乾隆三年（1738年）。"原有大殿、偏殿、厢房、山门，其势雄伟壮观，为中卫、灵州、海原等地佛教信徒朝拜之胜地。"文革"中被毁，1991年重修，该寺坐北朝南，中轴线上依次为山门、韦驮殿、大雄宝殿、三霄殿、地藏殿等。在山门东南建有砖砌牌坊一座，其上有横匾一方，上镌"松风照晚"四字，右上角题刻"康熙癸未秋月"，两侧门框镌刻"云空共我为至友，山水同吾作一家"对联（彩图四六五、四六六）。

老君台 此为道教全真派道观，建于兴龙山之上。位于香山北麓西侧，四面环山，中间一峰突起，老君台（别名全真观）建其上，创建年代失考，据传唐代尉迟敬德监工修缮。清代曾三焚三建。有大殿、偏殿、中楼、祠堂及道院、斋房60余间。"文革"期间被焚。1987年重修，现为全区唯一开放道观。1990年于地基中出土汉、唐钱币500余枚（彩图四六七）。

第三节 中卫市境内黄河两岸长城墙体的分布与走向

贺兰山东麓至卫宁北山一线修筑的长城防御设施，明代称之为宁夏"西长城"，亦称河西长城。该段长城系不同时期分段修筑，依据修筑时间及区段位置，史书又有"西边墙""城西南墙""边防西关门墙"等不同称谓。由于系逐步分段筑成，依修筑年代及地域不同全线西长城由东北向西南共分四大段。其中在中卫市沙坡头区境内的"西长城"以黄河为界分为南北两段，基本呈东—西走向（彩图四六八）。

第一段：胜金关—黑林，即黄河北段。主要位于中卫市沙坡头区的镇罗、东园、迎水桥镇。该段边墙最早分两次修筑，第一次大致在成化九年（1473年）修筑，第二次是成化十五年（1479年）修筑的永安墩至西沙嘴边墙，这两段边墙都是贾俊任宁夏巡抚期间修筑的。在成化年以后又进行了多次增补、修缮和利用。

该段墙体东起与中宁县交界的镇罗镇胜金村胜金关隘进入中卫市境，胜金关地处黄河北岸高地，傍山临河，路通一线，地势险要。此处长城墙体渐近消失，唯存关墙遗迹。长城遗迹盘桓于胜金关以北由东向西延伸至凯歌村，在凯歌以西上九塘，蜿蜒向北经李园、关庄、郑口、金沙，沿卫宁北山西行进入东园镇的郭滩、新星、黑山、柔新、红武、新滩，穿农林牧场抵达迎水桥镇的姚滩村，沿腾格里沙漠的东部边缘转折向西南行进至夹道村，包兰铁路在此东西横穿而过，此后长城继续复由东向西延伸经过黑林村，最终至迎水桥镇黑林村位于黄河北岸之边的分水岭——西沙嘴。

黄河北段长城调查墙体15段，全长50939.9米，其中保存较好的9245米，消失的墙体26465米，除393米保存较差的石墙外，其余皆为土墙，墙体底宽5—10、顶宽0.8—5、残高1—8米。墙体基础多为自然基础，以黄土夹杂砂粒、砾石夯筑而成，大部分墙体采取分段版筑，夯层平均厚度约0.12—0.2米。石墙墙体以毛石干垒，缝隙间夹杂粗砂石粒、碎石块及黄土，壁面不规整。北岸长城沿线相关设施调查敌台17座、烽火台11座、关堡4座。

第二段：下河沿—南长滩，即黄河南段。地处中卫市沙坡头区的常乐镇和迎水桥镇。该段边墙及相关设施，其始施修筑年代史无明载，文献中有明确记载的修筑年代是在成化二十一年（1486年）和成化二十三年有涉及黄河南岸边墙的防御措施。此段边墙在嘉靖以后也进行了多次修缮和利用。关于西长城的西端起点，历史文献及现代著述中均认为，明代宁夏西长城"起自黄河南岸的芦沟堡（今甘肃省靖远县境内），北跨黄河接镇关墩"；实际上中卫段西长城的基本走向大体是一致的，即由东向西推进。黄河南岸长城由于地处基岩裸露的侵蚀性构造山地，地势复杂多变，长城走向多依山势地形环绕，部分段落方向虽有改变，但整体主线仍为东北—西南走向。所以，倘若从宁夏"西长城"全线分布与走向判断，黄河南岸长城应为"西长城"的终端，而不是起点。

　　黄河南岸墙体东起中卫市沙坡头区常乐镇下河沿村煤矿厂区，沿黄河向西经上河沿村折南而行，穿大湾村烟洞沟、小湾村冰沟，蜿蜒曲折盘旋下山至大柳村下园子，又由大柳村上园子西行进入上游村，此处的山险墙盘桓起伏于上游村岔河口大钻洞子、小钻洞子、岔沟、风石湾、米粮营子达迎水桥镇下滩村黄石漩。然后南折西行经下滩村榆树台子、鱼咀沟、河对坝子、榆树沟、高崖沟、下木头沟、上木头沟，继而穿越上滩村沟口子、苇子坑，经北长滩茶树沟继续沿黄河西行至南长滩枣刺沟、夹巴沟，最终抵于甘肃省靖远县与中卫的交界点——观音崖（又名小观音台），开始进入甘肃境内的黑山峡。

　　黄河南段调查墙体 52 段，总长度为 74959.7 米。墙体由土墙、短墙（亦称山口墙、当路塞）、山险墙三类组成，其中土墙长 6671.6 米，当路塞 55 处（见附表六），山险墙长 68288.1 米。黄河南岸长城地形复杂，山峦叠嶂，修筑因地制宜，就地取材，首先利用黄河之阻为天然屏障，有在临河一面山势缓坡之处劈山削石形成峭壁；有在山口关隘、峡谷跨越处采用山石垒砌形成短墙；平缓的山岗则就地取材，利用黄沙土夹杂碎石夯筑墙体。墙体残存底宽 4—10、顶宽 1.5—5、高 2—12 米。夯层厚 0.12—0.2 米。南岸长城沿线相关设施调查关堡 3 座、敌台 5 座、烽火台 4 座。

第八章　卫宁北山胜金关—黑林段长城墙体及相关设施

第一节　卫宁北山胜金关—黑林段长城墙体

卫宁北山长城起自中卫市沙坡头区镇罗镇胜金村与中宁县交界的胜金关，沿腾格里沙漠东南缘及卫宁北山南缘而行，由东向西经过镇罗、东园、迎水桥 3 个乡镇 23 个行政自然村，6 个农牧林场；总长约 51 千米。

北段长城总体走向呈半圆弧状，东北扼守贺兰山系，西南屏障中卫城区。所处环境分山地、丘陵台地和沙漠平原。

北段长城整体呈东—西走向。此次调查也由东向西行进，共调查墙体 15 段，结构大体一致。墙体基本以自然地表为基础，采用黄沙土掺白硝土、碎石粒夯筑而成，大部分墙体能够看出分段版筑的痕迹，夯层平均厚度约 0.12—0.2 米。现存墙体除 393 米保存一般的石墙以外，余者皆为夯筑土墙。因雨水冲刷、自然风化、山体滑波、水土流失、风沙侵蚀、沙土掩埋、虫鼠病害等自然因素及人类生产生活中的建设取土、垦地拓路、攀爬踩踏等人为因素，该段长城大部分受到严重的破坏，保存较好的墙体较少。北段长城有部分是在腾格里沙漠的东南边缘修筑的，因时代变迁，腾格里沙漠逐渐向南侵移，致使长城主体很多地方被沙尘掩盖，不露痕迹，归入消失墙体不符合实际情况，归入可见墙体，又难以着手调查，有些较为突显的地段只要挖开沙土，长城反而保存相对较好。因此，在描述长城保存现状时只能以自然地表显现为准。此段长城由东向西可分为 15 大段，每段下又依其保存状况等划分为不同小段，墙体类型及保存状况见下表（表六）。

表六　西长城胜金关—黑林段墙体类型及保存状况统计表　　　　（单位：米）

类别 ＼ 现状	较好	一般	较差	差	消失	合计
土墙	9245	6417	5723	3530.4	24618	49533.4
石墙	0	393	0		1013	1406
总计	9245	6810	5723	3530.9	25631	50939.4

1. 胜金 1 段石墙（编码：640501382102170001；工作编号：ZHWQ001）

即北段长城之首段，地处中卫市城区以东约 25 千米，起点位于镇罗镇胜金村东南约 2 千米。该段墙体依东西走向的山脊为起点构筑，东与中宁县永兴段山险及胜金 1 号烽火台相接，西与胜金土墙相连，形成一道重要屏障。周围地势傍山临河，南有黄河天险，北依贺兰山南麓山脉，中部有敌台、烽火台遥相呼应。地形狭窄，地势险要，居高临下，视野开阔，南北两侧方园数十千米可尽收眼底。银兰公路紧靠其南侧山体脚下东西相通，包兰铁路由此横穿隧道而行，对部分墙体造成破坏（图五二九；彩图四六八）。

该段墙体为黄河北岸保存唯一的一段石墙，全长1406米。因所处地势南高北低，与山体底部落差较大，受山体滑坡、水土流失、风沙侵蚀的自然影响，以及人们从事农业生产、修筑铁路等人为因素的破坏，长城墙体多已不复存在，依保存现状，可分为2个自然段。

第一段，G001—G002点，长393米。保存较差。以自然山体为基础，因地制宜，就地取材，采用较大的石料垒筑（毛石干垒），石色以青灰、褚红为主，少量石料有粗加工凿痕；石块缝隙间夹杂粗砂石粒、碎石块及少量沙土，不含泥土。墙体坍塌较多，现存墙体壁面不规整，断面呈锥状。墙体底宽0.9—1.5、顶宽0.7—1.2、残高约0.5—0.85米。

第二段，G002—G003点，长1013米。已消失。该段石墙因山体滑坡和附近修筑包兰铁路的破坏业已损毁，地面仅散见少量石块。

2. 胜金2段土墙（编码：640501382101170002；工作编号：ZHWQ002）

该段长城起点位于镇罗镇胜金村养殖园区东北约500米，为东—西走向。终点止于镇罗镇凯歌村八组。该段长城起自胜金关西山坡，沿胜金村北农耕田东西向延伸，南临胜金养殖园区、胜金砖厂；北依低矮延绵不绝的山峦，经过小湖山、上脑勺湾山、张家山，止于凯歌村，全长2573.4米。墙体现呈土垄状，土质以沙土掺合白礓土为主，质地坚硬，底宽4—10.8、顶宽0.65—1.2、残高0.4—3.8米。夯层厚约0.08—0.22米（参见图五二九；彩图四六九、四七〇）。

该段长城大多分布于地势开阔的沙丘平原地带，墙体两侧均被黄沙土覆盖，表面夯层风化严重。地表土质疏松，植被稀少，一部分墙体虽保存较好，但大部分地段因山洪冲毁、风沙侵蚀、地表鼠害及垦地拓路、封山禁牧围桩、踩踏攀爬等破坏严重。依保存现状，可划分为5个自然段。

第一段，G003—G004点，为黄河北岸土筑墙体的起点，长348.3米。保存状况较好。此段墙体处于地势平坦的开阔地带，南侧20米处种植大面积沙枣树，墙体表面长有稀疏的蒿草、柠条等草本植物，两侧黄沙土覆盖，南壁面坍塌较多；北壁露出地表的壁面长满了黑色苔藓，墙体纵面分版夯筑的接缝清晰，长分别为2.2、2.3、3.7米。墙体横断面呈梯形，底宽5、顶宽1.1、最高处为3.8、最低处为0.4米。墙体内侧树立保护标志碑一通，上书"自治区文物保护单位：长城（墙体、烽火台、关堡），中卫市人民政府2008年5月立"。碑通高1.3、宽1、厚0.1米，碑座高0.3、宽1.3、厚0.5米。

第二段，G004—G005点，位于小湖沟，长114.5米，消失。2001年封山禁牧围拦时，从墙体南北穿越，在墙体两侧栽桩拉网，导致雨水冲涤、山洪、地表泉眼渗水，水源由南向北流向村庄，致使该段墙体全部冲毁。

第三段，G005—G006点，北邻胜金3号烽火台。长152.5米。保存一般。此段墙体底宽4、顶宽0.65、高1.3—2.3米。墙体纵面分版夯筑，每版长分别为1.6、2.6、3.7米。2001年封山禁牧时在墙体两侧栽桩拉铁丝网，南北向横穿墙体，造成破坏。

第四段，G006—G007点，北邻胜金4号烽火台。内侧为耕地，外侧为乡村公路，长1475.6米。基本消失。该段墙体除分段处有82米墙体坍塌严重，现仅存底部残迹，残高0.2—0.4米。其余墙体均在50年代初，取土压碱、开荒垦地时挖毁，现为耕地，种植玉米、水稻、枸杞等。

第五段，G007—G008点，北邻凯歌村，南靠排水沟，长482.5米。保存较好。墙体横断面夯层清晰，呈梯形，分3版夯筑，分版接缝明显，中间为主墙，壁面陡直，宽1.4米；主墙两侧为护墙（附

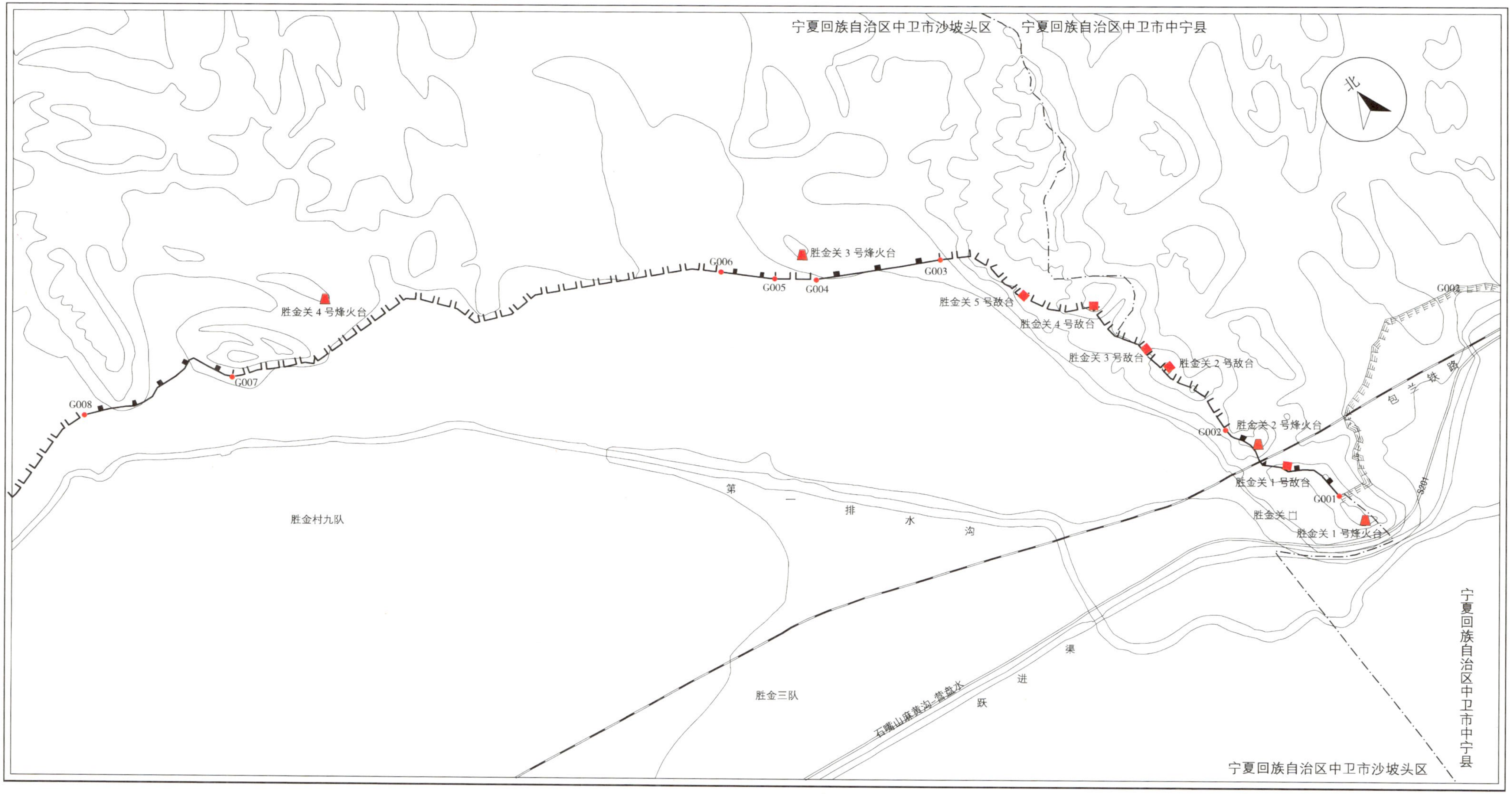

图五二九 中卫黄河北岸胜金1段石墙、胜金2段土墙走向图

宁夏回族自治区中卫市中宁县
宁夏回族自治区中卫市沙坡头区

宁夏回族自治区中卫市中宁县
宁夏回族自治区中卫市沙坡头区
宁夏回族自治区中卫市中宁县

北

G008

胜金关4号烽火台

G007

胜金村九队

G006
G005
G004

胜金关3号烽火台

G003

胜金关5号敌台

胜金关4号敌台

胜金关3号敌台

胜金关3号烽火台

胜金关2号敌台

G002

胜金关2号烽火台

胜金关1号敌台

胜金关口

胜金关1号烽火台

G001

S201

G009

第 一 排 水 沟

胜金三队

引黄灌溉清水河跃进渠
跃 进 渠

包兰铁路

墙），南护墙底宽顶窄，两侧壁呈斜坡状，底宽 4.8 米，北护墙底宽 4.65 米，外壁呈斜坡状。该段墙体底宽 10.85、顶宽 1.1、残高 2.5 米（彩图四七一）。在墙体末端树立明代长城保护标志碑一通，上书"中卫县文物保护单位明代长城，中卫县人民政府 1990 年 2 月立"，碑石通高 0.78、宽 0.43、厚 0.1 米。

3. 凯歌土墙（编码：640501382101170003；工作编号：ZHWQ003）

凯歌长城起点位于镇罗镇凯歌村八组东北 200 米处，其东端与胜金土墙相接，西端止点接九塘土墙，整体呈东—西走向。该段全长 2225.7 米，其中有豁口 4 处，消失墙体比例较大。残存墙体采用黄沙土、白硇土混合夯筑而成，底宽 4—8.7、顶宽 1.1—1.5、残高 0.4—2.5 米。夯层厚 0.08—0.2 米（图五三〇；彩图四七二）。

凯歌土墙是胜金土墙的延伸，多分布于田间耕地内，因临近村落，村民取土压碱、开荒造田、修建圈舍、耕种、放牧、修路等人为损毁以及水土流失、风沙侵蚀对墙体破坏较为严重。消失墙体现辟为耕地，种植玉米；残存墙体两侧均为农田，北干渠由北向南穿越墙体西端，包兰铁路从墙体南侧经过（彩图四七三）。依其走向及保存现状，可划分 4 个自然段。

第一段，G008—G009 点，与胜金土墙相接的大部分墙体早年被毁之殆尽，长达 875.3 米，现仅存 75 米。保存较差。墙体两侧坍塌较甚，横断面呈梯形，三版夯筑，分版接缝明晰，主墙宽 0.7 米，主墙陡直；南北为护墙（附墙），南侧护墙坍塌，北侧护墙底宽 6.4 米，外壁呈斜坡状。该段墙体底宽 8.5、顶宽 2.3、残高 1—1.6 米。墙体南侧 12 米处建居民住宅院一处。

第二段，G009—G010 点，全长 894.8 米。保存现状一般。东端与第一段连接的部分墙体因平整梯田、开垦耕地、人为取土等因素，有 214 米墙体消失；西端因色金沟常年流水形成豁口，现为泄洪排水沟，有 61 米墙体消失。中间残存墙体长 162 米。保存较好。该段墙体底宽 8.7、顶宽 1.5、残高 1.5—2.5 米。东北 5 米处建临时用房一间，色金沟处树立长城保护标志碑一通，上书"自治区文物保护单位 长城（墙体、烽火台、关堡），中卫市人民政府 2008 年 5 月立"。碑高 0.8、宽 1、厚 0.1、通高 1.3 米，碑座高 0.5、宽 1.2、厚 0.5 米。

第三段，G010—G011 点，起自色金沟断崖，长 160.7 米。保存一般。该段墙体底宽 4.8、顶宽 1.5、残高 2.3 米。横断面呈梯形，分 5 版夯筑，分版接缝明显，中间为主墙，主墙收分较小，壁面呈陡坡状；两侧设护墙（附墙），5 版从南向北分别为 0.5、1、1.5、1、0.8 米，外壁收分较大，均呈斜坡状。墙体起点依西筑敌台一座（凯歌敌台）。

第四段，G011—G012 点，东西两端墙体因农耕生产毁之殆尽，现种植玉米、枸杞等农作物，被损毁墙体长 294.9 米，唯存中部一段残墙，长 131 米。保存一般。墙体横断面夯层清晰，断面呈梯形，分 3 版夯筑，分版接缝明显，主墙宽 1.6 米，主墙陡直；南北为护墙（附墙），护墙宽各 1.3 米，外壁呈斜坡状。墙体底宽 4.2、顶宽 1.8、残高 1.5—3.3 米。夯层厚 0.12—0.18 米。墙体两侧种植玉米、枸杞、葡萄园。位于葡萄园内的长城，墙体南壁被人为削去一半建临时用房一间，墙体顶部人工铲平堆放杂草，修建猪圈，使墙体遭受破坏较为严重，濒临坍毁。

4. 九塘土墙（编码：640501382101170004；工作编号：ZHWQ004）

九塘长城起点位于镇罗镇九塘村东北约 100 米处，止点在镇罗镇李园村北新华铁厂西 50 米处，呈东南—西北走向。该断墙体起自镇罗机砖厂南侧的农耕地，向西穿越赛金塘万亩林场南缘，折北依北干渠爬上李园村境内，全长 5672.6 米。墙体为黄土夯筑，土质以沙土、白硇土为主，质地坚硬，底宽 7.7、顶宽 2.6、残高 1.4—3.1 米。夯层厚约 0.15—0.2 米（图五三一；彩图四七四、四七五）。

北

胜金夹4号烽火台

G007

胜金村九队

北 干 渠

G008

第 一 排 水 沟

G009

凯歌村七队

G010

G011

凯歌敌台

G012

包兰铁路

柳家庄火车站

刘庄村小学

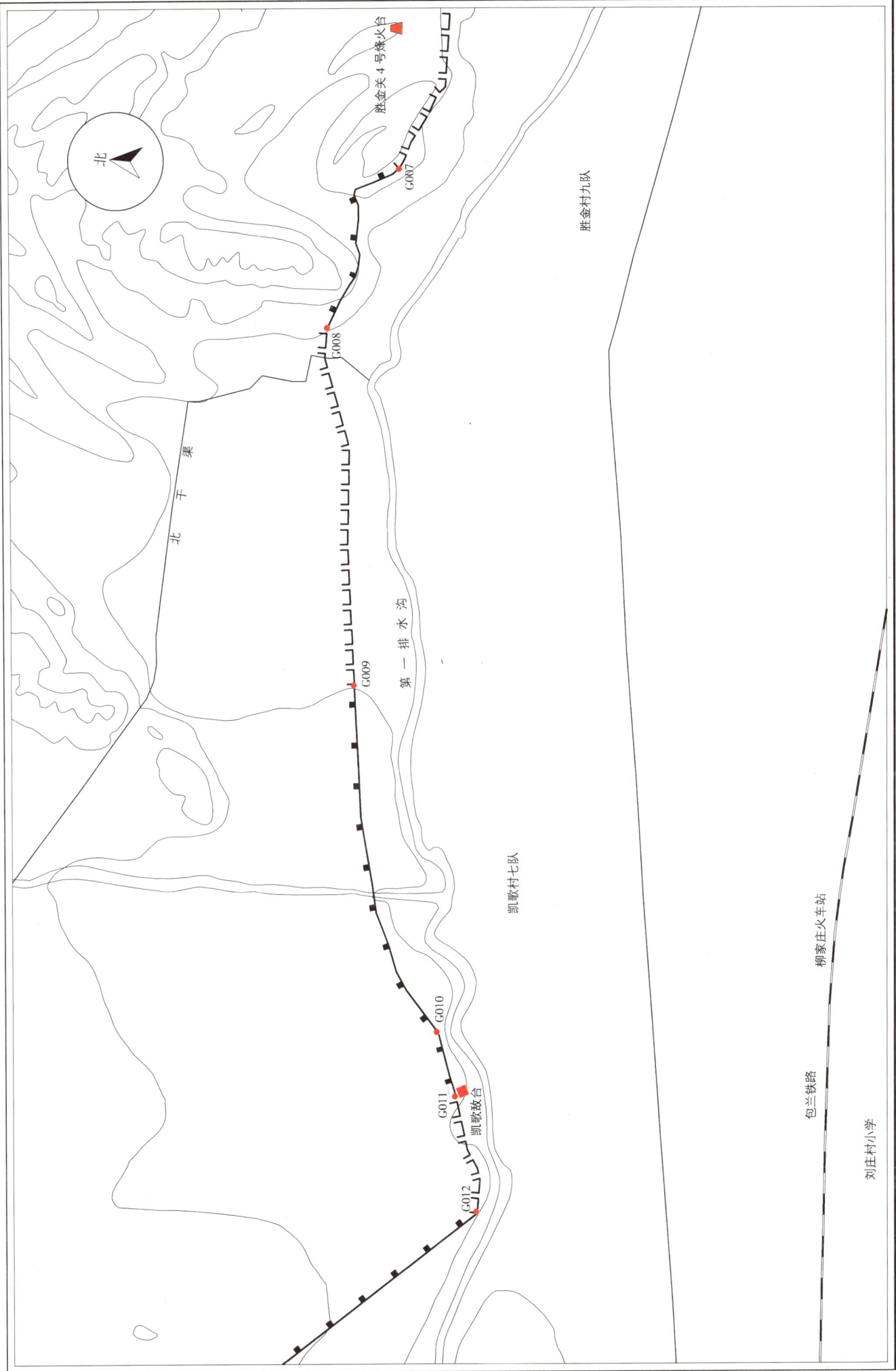

图五三〇 中卫黄河北岸凯歌土墙走向图

九塘长城大多地处黄河冲积平原和台地，平缓地带均被开垦为耕地，因水土流失和北干渠的冲击以及人们开垦耕地，修整道路，使这一带的长城基本上损毁殆尽，但从地势和沿途暴露出的墙体痕迹来看，其东西走向是清晰的。根据走向及保存现状，大致可分2个自然段。

第一段，G012—G013点，是凯歌土墙的延伸部分，长638.7米。呈东—西走向。保存一般。此段墙体人为取土破坏严重，致使墙体北壁护墙坍塌，长达28米。坍塌纵面分版夯筑明显，长度分别为1.7、2.7、3.8米。横断面呈梯形，三版接缝清晰，主墙宽2.2米，壁面收分小；两侧护墙收分较大，外壁面呈斜坡状，南护墙宽2.7米，北护墙坍塌处宽2.8米。墙体底宽7.7、顶宽2.6、残高3.1米。夯层厚0.15—0.19米。大段墙体顶部被居民铲平当生产便道，墙体南侧被沙尘掩埋，北侧均为农耕田，并建临时民房一间；紧靠墙体两侧种植沙枣树。自该段墙体起点处，树立明代长城保护标志碑一通，上书"中卫县文物保护单位明代长城，中卫县人民政府1990年2月立"。通高0.78、宽0.43、厚0.1米；止点南侧树立长城保护标志碑一通，上书"自治区文物保护单位 长城（墙体、烽火台、关堡），中卫市人民政府2008年5月立"。通高1.3、碑高0.8、宽1、厚0.1米，碑座高0.5、宽1.2、厚0.5米。

第二段，G013—G014点，自20世纪五六十年代附近居民取土压碱、开垦荒地，将墙体挖毁造田，加之地表因水土流失而改变，故长达5033.9米的墙体由此消失。该地段现为赛金塘万亩林场，部分荒地辟为农田，种植玉米、水稻、枸杞等农作物。

5. 李园土墙（编码：640501382101170005；工作编号：ZHWQ005）

李园长城起点位于镇罗镇李园村新华铁厂西50米处，止点在镇罗镇郑口村北约2千米，该断墙体起自李园村北约1千米处穿越，经过李园、关庄，地势随之逐渐上升至郑口村北结束，全长2202.8米，大致呈东南—西北走向。墙体是在原生地表上，以夹杂少量粗沙石粒的黄沙土分段版筑而成，底宽8.7—9.5、顶宽1.3—2.3、残高1.2—3.3米。夯层厚0.08—0.2米之间（图五三二；彩图四七六）。

李园长城是九塘长城的延伸部分，西与金沙长城相接，其北侧为乡村便道，南侧有北干渠环绕，这里植被茂盛，墙体上杂草丛生。依保存现状可分3个自然段。

第一段，G014—G015点，南临李园村和北干渠，北侧为耕地，种植水稻，东侧为石磨子沟。由于河道洪水冲刷和人为开荒种地等因素破坏，导致墙体大部分倒塌，成为残垣断壁，保存较差，残长233.6米。墙体之上长满了蒿草，底宽6.4、顶宽2.3、残高1—2米。在墙体起点北侧5米处树立长城保护标志碑一通。上书"自治区文物保护单位 长城（墙体、烽火台、关堡），中卫市人民政府2008年5月立"。碑高0.8、宽1、厚0.1、通高1.3米，碑座高0.5、宽1.2、厚0.5米。

第二段，G015—G016点，走向由东南向西北转折，周边是耕地、乡间沙石便道和涧渠，墙体倒塌、剥落，布满草类和黑苔藓，破坏较甚，残长609.9米。保存一般。墙体坍塌处底宽3—9.5、顶宽1.2—1.4、残高2.1米。夯层厚0.1—0.18米。墙体裸露处纵面分段夯筑接缝明显，版长为1.6、3.7米。

第三段，G016—G017点，墙体北靠老龙湾山，南临堂屋台子。长1359.3米。保存较好。该段墙体沿山体南侧台地向西延伸，地势较平坦，墙体两侧是近现代坟墓。墙体底宽8.7、顶宽1.3、残高1.7—3.3米。夯层厚0.1—0.15米。墙体坍塌处纵面分段夯筑接缝明显，宽分别为1.9、2.7、2.9米。自该段起点西132.5米处紧倚墙体北侧修筑敌台一座（李园敌台），黄沙土夹粗沙石夯筑。止点南53米处的山巅之上修建烽火台（李园烽火台）一座，黄沙土夯筑。在李园敌台北侧树立明代长城保护标志碑一通，上书"中卫县文物保护单位明代长城，中卫县人民政府 1990 年 2 月立"。通高 0.78、宽 0.43、厚 0.1 米。

6. 金沙土墙（编码：640501382101170006；工作编号：ZHWQ006）

金沙长城起点位于东园镇金沙村东北约 3 千米处，止点在东园镇郭滩村东北约 1 千米，该段墙体起自郑口水沟向西从金沙村北山脊南缘蜿蜒延伸穿过农田，经金沙 1 号、2 号敌台，行至郭滩村北，大致呈东北—西南走向，全长 3644.8 米。其中有豁口 3 处，合计长度为 749 米墙体消失。长城建于自然地表之上，以黄沙土、白礓土夹杂少量碎石粒混合分段版筑而成，底宽 5—7.8、顶宽 2.1—3.5、残高 1.4—2.5 米。夯层厚 0.12—0.26 米（参见图五三二；彩图四七七）。

金沙土墙是李园土墙的延伸断，由东向西南转折与郭滩土墙相接，两侧为农耕地与抛荒地，地势北高南低，地表凹凸不平，墙体内侧沙土湮埋，其上长满蒿草，保存程度较好。依走向可分 4 个自然段。

第一段，G017—G018 点，起自郑口水沟以东，因常年泄洪流水将此段墙体冲毁达 56 米，残留墙体呈东—西走向，长 1042.2 米。保存较好。此段墙体北临腾格里大沙漠，墙体两侧被黄沙掩埋，顶部由于风沙侵蚀，表层覆盖一层粗砂粒，长有稀疏的蒿草。部分地段墙体纵剖面夯筑接缝痕迹明显，长分别为 2.5、2.8、3.1、5.8 米。底宽 5、顶宽 2.4、残高 1.2—2.5 米。夯层厚 0.15—0.2 米。自该段起点往北 723 米处，有黄沙土夯筑的烽火台一座（金沙烽火台），往西 63 米处树立长城保护标志碑一通，上书"自治区文物保护单位 长城（墙体、烽火台、关堡），中卫市人民政府 2008 年 5 月立"。通高 1.3、碑高 0.8、宽 1、厚 0.1 米，碑座高 0.5、宽 1.2、厚 0.5 米。

第二段，G018—G019 点，墙体由金沙村北山脊南缘转向西北延伸，全长 370 米。保存较好。墙体北 220 米处为山体，地势高峻，沟壑纵横，南 260 米处临农田，墙体两侧黄沙土覆盖，蒿草丛生，顶部呈土垄状，凸凹不平。底宽 5.4—7.8 米、顶宽 1.3—2.1、残高 0.5—1.1 米。夯层厚 0.12—0.2 米。自该段止点以西有黄沙土夯筑敌台一座（金沙 1 号敌台）。

第三段，G019—G020 点，现被开垦为耕地，消失墙体长 633.3 米，地表因水土流失而形成断崖和沟壑，故不见长城遗迹。周边农田种植玉米、小麦等。

第四段，G020—G021 点，全长 1599.3 米。北临腾格里大沙漠边缘，地势复杂多变，山脊、台地处长城保存状况较好（彩图四七八）；至金沙 2 号敌台往西，地处山坡地带，地势较陡，地表黄沙土覆盖，植被稀少，土质极为疏松，水土流失严重，地表变化较大，加之村民在此过渡开垦耕地，长城墙体有 204 米毁之无存。残存墙体整体保存较好，墙体起点处两侧掩埋有黄沙，经人为清理，裸露出墙体，现存夯土有 17 层；南壁纵面分段版筑接缝明显，长分别为 2.95、3.61、4.3 米。底宽 5.2 米、顶宽 3.5、残高 2.1—3.6 米。夯层厚 0.2—0.26 米。起点向西 20 米处墙基底部人为挖通，形成南北向水渠一条。向西 331 米处墙体顶部树立长城标志碑一通，上书"军民共建，绿色长城，宁夏大通高新农业开发有限公司、中国人民解放军八四八五四部队，二〇〇一年十月立"。碑高 1.5 米、宽 0.8 米、厚 0.01 米，碑座高 0.4 米、宽 1.05 米、厚 0.4 米。向西 569 米处墙体南壁有黄土夯筑的敌台一座（金沙 2 号敌台）。

7. 郭滩土墙（编码：640501382101170007；工作编号：ZHWQ007）

郭滩长城起点位于东园镇郭滩村东北约 1 千米，止点在东园镇新星村内。该段墙体从郭滩村北沿腾格里沙漠南缘延伸，基本呈东—西走向，全长 2610.4 米。墙体系黄沙土掺白礓土夯筑而成，墙底宽 5—8.4、顶宽 1.5—4.7、残高 2—4.8 米。夯层厚 0.15—0.25 米（图五三三；彩图四七九）。

石墩水

北

大水坑农场

郭滩村一队

新星二队

北 干 渠

G021

G022

G023

G024

G026

G025

郭滩烽火台

G027

G028

图五三三 中卫黄河北岸郭滩土墙、新星土墙走向图

郭滩土墙地处荒滩沟坡地带，南侧为北干渠、大水坑农场；北侧为沙漠，地势复杂多变，因雨水冲刷，水土流失严重，形成许多自然冲沟；受腾格里沙漠的侵蚀，长城被大量的黄沙湮埋，但挖开两侧的沙土，墙体依然保存较好。依其走向及保存现状，可划分7段。

第一段，G021—G022 点，是金沙土墙的延伸部分，长 332.2 米。保存一般。此段墙体东临山水冲沟形成横断面，断面底部砌水泥护坡（近年修砌），高 1.1 米。剖面呈梯形，墙体分版夯筑接缝明显，共分4版，墙体自下而上内侧壁面收分较小，外侧壁面收分较大；墙体顶端剖面由南向北宽分别为 1.5、1.7、1.2、1.7 米；底部从南向北宽分别为 2.2、2.4、1.4、2.4 米。残高 4.6 米。夯层厚 0.2—0.25 米。墙体南 46 米处种植水稻，北为腾格里大沙漠边缘。

第二段，G022—G023 点，依山脊由东北向西南转折，长 601.2 米。保存较好。此段墙体两侧黄沙覆盖保存较好，顶部分段夯筑接缝明显，长分别为 1.8、3.1、4.1 米。底宽 5.2、顶宽 2、残高 4 米。

第三段，G023—G024 点，该段墙体因受地势高低不平限制，形成两道长城。此小段长 353.9 米。保存较好。该段墙体自起点向西分为头道边、二道边两段墙体；头道边从起点向南山坡底部延伸 400 米后折北上山 200 米处与二道边交汇呈菱形状。头道边保存现状较差；二道边从交汇点向北沿山脊向西北延伸，两侧黄沙覆盖，保存较好。底宽 6.8、顶宽 1.7、残高 3.5 米。从修筑痕迹看，头道边早于二道边，因地处沟坡地带，地势低洼，早年遇山水冲毁，故而二道边应为后期增修。此段为二道边东部。

第四段，G024—G025 点，长 298.4 米。保存较好。该段为二道边墙西段，衔接二道边墙东段沿山脊向西南延伸与头道边墙交汇。现存墙体两侧黄沙覆盖，保存较好。断面呈梯形，底宽 7.9、顶宽 2.4、残高 3.5 米。夯层厚 0.14—0.2 米。在坍塌的土块中发现夯窝痕迹，夯窝直径 0.08—0.1 米，夯窝分布密集，部分重叠。

第五段，G023—G026 点，长 357.3 米。保存较差。该段墙体为头道边交汇处的东段，自然坍塌、水土流失及人为破坏严重，部分墙体南壁被当地居民作圈舍利用。顶宽 1、残高 2.2 米。

第六段，G025—G026 点，长 377.4 米。保存差。该段墙体为头道边墙西段，向西北沿山脊与二道边墙交汇。顶宽 2.1、残高 2.7 米。夯层厚 0.15 米。墙体两侧基本被黄沙覆盖。

第七段，G025—G027 点，全长 290 米。保存差。该段墙体由两道边墙交汇处沿山脊顶部向西延伸。起点南 33 米处有黄土夯筑的烽火台一座（郭滩烽火台）。2004 年当地村民取土修舍、拓路、开荒垦地等人为破坏，将墙体挖毁长达 106 米。残存墙体两侧多已坍塌，壁面陡直。断面呈梯形，分三版夯筑，版宽主墙 1.9、南护墙 1.8、北护墙 1.6 米。残高 3.2 米。夯层厚 0.15—0.2 米。止点附近现利用墙体南壁建民用住房及牲畜圈舍。在此段墙体西端（柔石路口）树立长城保护标志碑一通，上书"自治区文物保护单位 长城（墙体、烽火台、关堡），中卫市人民政府 2008 年 5 月立"。通高 1.3、碑高 0.8、宽 1、厚 0.1 米，碑座高 0.5、宽 1.2、厚 0.5 米。

8. 新星土墙（编码：640501382101170008；工作编号：ZHWQ008）

新星长城起点位于东园镇新星村中，止点在东园镇黑山村北 900 米处。该段墙体起点往西从新星村北侧农耕田中穿过，基本呈东—西走向，全长 3137.8 米，其中有豁口 2 处，长达 1401 米墙体消失。长城是在原生地表上，以掺杂白礓土及碎石粒的黄沙土分段版筑而成，质地坚硬。墙体底宽 4.8—8.7、顶宽 1.5—5.5、残高 2—4.8 米。夯层厚 0.12—0.2 米（图五三四、参见图五三三；彩图四八〇）。

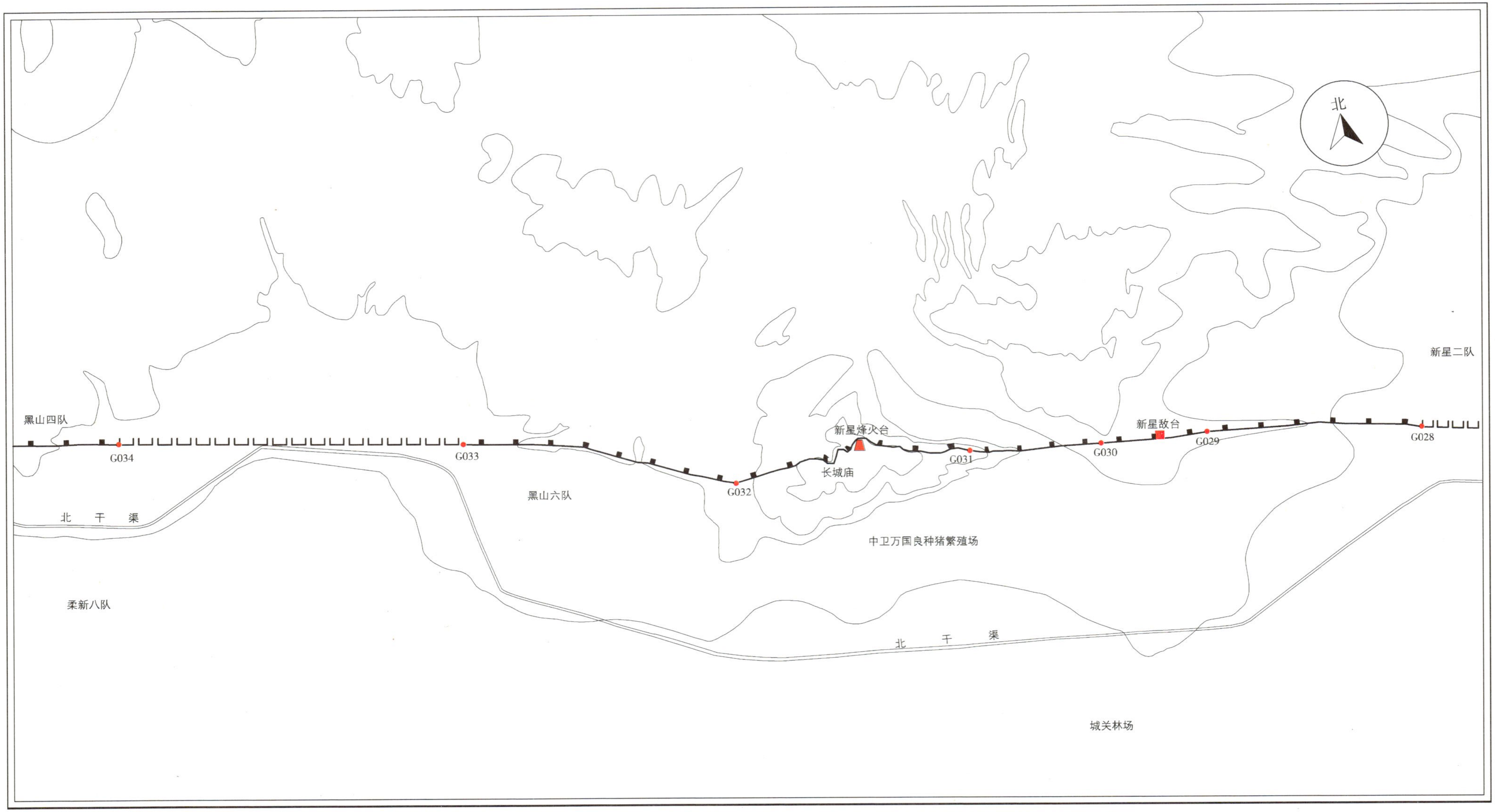

图五三四 中卫黄河北岸新星土墙、黑山土墙走向图

新星土墙地处沙丘平原和山地，地势东低西高，山顶多呈棱状，山坡陡峭；长城遗迹由平原耕地逐渐向西北山体延伸。墙体南侧为农耕地和东西向北干渠，北侧沙漠边缘也辟为农田。依其走向和保存现状，可划分为5个自然段。

第一段，G027—G028点，是郭滩长城的延伸部分，长1184.6米。周边是耕地与抛荒地、麦场和居民区，20世纪六七十年代由于附近居民开荒种地、挖沙取土及水土流失等原因，造成该段长城损毁殆尽，现地表大多辟为农田，种植玉米。长城遗迹已荡然无存。

第二段，G028—G029点，长586.7米。此段土墙保存现状较差。墙体上蒿草及毛刺树生长茂盛，其根系将墙体穿透，形成许多裂缝，两侧墙体由于雨水冲刷多已坍塌，在起点南侧墙体顶部当地居民建临时民房一间，止点处人为取土形成横断面，呈梯形。分三版夯筑，分版接缝明显，中间为主墙，底宽3.7、顶宽1.7米，主墙壁面陡直；南北为护墙（附墙），南护墙底宽2.5、顶宽2米，北护墙底宽2.5、顶宽1.5米，两侧壁面收分较大呈斜坡状。残高3.6—4.1米。夯层厚0.14—0.2米。止点墙体北壁树立长城保护标志碑一通。上书"中卫市文物管理所2006年立"，碑高0.63、宽0.34、厚0.12米。

第三段，G029—G030点，墙体长290.8米。保存较好。墙体沿腾格里沙漠南缘向西北方向延伸，常年风沙将墙体覆盖，个别地段因风吹沙移，露出墙体顶部，保存较好。顶宽5.5、残高4.8米。该段起点以西118米处，在墙体北侧有黄土夯筑敌台一座（新星敌台）。

第四段，G030—G031点，墙体长358.5米。起点位于泄洪沟断崖，由于常年流水将221米墙体冲毁，残存墙体长137.5米，地处居民区，自然坍塌及人为取土，致保存现状较差。底宽5、顶宽1.5、残高3.4米。夯层0.1—0.15米。该段墙体以西逐渐地势增高向山体延伸。

第五段，G031—G032点，长717.2米。保存差。该段墙体沿山脊北缘绕行，地面落差约65米，山坡陡直，地势凸凹不平。墙体可能因雨水冲刷、山体滑坡而损毁，仅存部分残基。在山体顶部有黄土夯筑的烽火台一座（新星烽火台），烽火台西侧110米处为近代寺庙建筑（长城寺）（彩图四八一）。

9. 黑山土墙（编码：640501382101170009；工作编号：ZHWQ009）

黑山长城起点位于东园镇黑山村北1.2千米，止点在东园镇柔兴村九组北3千米处。该段墙体长1691.3米。呈东—西走向。整体保存差，消失墙体较多。墙体为黄沙土夹碎砂粒夯筑而成，底宽7.2、顶宽4、残高1.2米。夯层厚0.15—0.2米（参见图五三四）。

黑山土墙地处荒滩耕地，地势低洼开阔，南侧为北干渠及居民区，北侧为乡村便道，西邻涧河，地形支零破碎，因雨水冲刷，水土流失严重，地表凸凹不平。开荒耕地、取土修舍等人为因素，对墙体破坏较为严重。依保存现状可分2个自然段。

第一段，G032—G033点，是新星土墙的延伸部分，长754.1米。保存差。墙体南北两侧均为农耕田和居民区。现存墙体低矮，呈土垄状，人为破坏严重。墙体底宽7.2、顶宽4、残高1.2米。夯层厚0.15—0.2米。该段起点处树立长城保护标志碑一通，上书"自治区文物保护单位 长城（墙体、烽火台、关堡） 中卫市人民政府2008年5月立"。通高1.3、碑高0.8、宽1、厚0.1米，碑座高0.5、宽1.2、厚0.5米。

第二段，G033—G034点，长937.2米，墙体消失。此段墙体20世纪50—70年代当地农民取土修舍、开荒造田将墙体挖毁，现均辟为农田，种植玉米、小麦等。

10. 柔兴土墙（编码：640501382101170010；工作编号：ZHWQ010）

柔兴长城起自东园镇柔兴村九组北2.6千米，止点在东园镇红武养殖园区东北500米处。该段墙体从柔兴村九组由东北向西北从农田中穿过，延伸至红武养殖园区与红武土墙相接。整体呈东南—西北走向，全长3392.6米，其中有豁口2处，长705米墙体消失。墙体为黄沙土掺白礓土夯筑而成，墙体底宽4—7.6、顶宽1.1—4、残高0.5—2米。夯层厚0.15—0.2米（图五三五；彩图四八二）。

柔兴土墙地处黄河冲击平原，地势平坦开阔，南临北干渠，北靠腾格里沙漠边缘，墙体两侧为农耕地。根据走向及保存现状，可划分为4个自然段。

第一段，G034—G035点，为黑山土墙的延伸部分，长974米。保存较差。此段墙体两侧均为农田、民房，墙体上长满了杂草，北壁密布黑色苔藓。起点坍塌暴露出墙体横断面夯层，顶部分版夯筑接缝明显，版筑长分别为1.4、1.6、1.8米。底宽6.1、顶宽1.75、残高2.4—3.1米。夯层厚0.15—0.2米。该段止点南75米处为近代佛教建筑新安寺。

第二段，G035—G036点，长639.8米。保存差。此段墙体大部分因耕地蚕食、建设取土、人为攀爬等因素坍塌严重，现残存墙基，当地村民利用墙基修成生产便道来往穿行。残底宽7.6、残高0.5—1米。该段起点以西35米处有黄土夯筑敌台一座（柔兴敌台），柔兴敌台南侧树立长城保护标志碑一通，上书"自治区文物保护单位 长城（墙体、烽火台、关堡） 中卫市人民政府2008年5月立"。通高1.3、碑高0.8、宽1、厚0.1米，碑座高0.5、宽1.2、厚0.5米。

第三段，G036—G037点，全长805.5米。该段墙体起点和止点处有两段墙体因20世纪70年代当地村民开荒垦地、取土修舍及其水土流失而不复存在，消失墙体长达705米，均为农耕田，种植玉米。现唯存中部一段由东北向西南转向的残墙，长96米。保存较差。底宽6.7、顶宽4、残高1.2米。夯层厚0.15—0.18米。此段墙体起点处建一座堤水坝，其南北向横跨墙体，往西24米处建临时民房2间。

第四段，G037—G038点，地处山坡地带，长973.3米。保存一般。此段墙体被大量的黄沙湮埋，仅可辨识痕迹，呈东北—西南走向，墙体原貌不详。两侧均为农田，红武村养殖园区紧临南侧。在起点墙体北侧树立长城保护标志碑一通，上书"中卫市文物管理所2006年立"，碑高1、宽0.7、厚0.08米。

11. 红武土墙（编码：640501382101170011；工作编号：ZHWQ011）

红武长城起点位于东园镇红武养殖园区东北500米，止点在迎水镇姚滩村北约2.7千米处。该段墙体起点向西从红武村北穿过，北临美利纸业工业园区，基本呈东—西走向，全长3573.5米。墙体以黄沙土掺入白礓土夯筑而成，质地坚硬。底宽6.7—7.5、顶宽1.6—3.2、残高3.3—5.4米。夯层厚0.17—0.3米（图五三六；彩图四八三、四八四）。

红武土墙地处沙丘平原、盆地，多为沙漠侵蚀类型构造，地表发育为质地较粗的淡灰钙、风沙夹砾石土层。由于土质较差，干旱荒芜沙化，植被破坏较稀少，水土流失严重。该段墙体南侧为耕地和居民区，北干渠由北向南经过，北临沙漠和千岛湖。依走向及保存现状可分4个自然段。

第一段，G038—G039点，为柔兴土墙的延伸部分，长1413.6米。保存较好。起点向西400米处有料礓土夯筑的敌台一座（红武1号敌台）。敌台西171米处因当地村民临近挖沙取土利用，将墙体南壁全部暴露，由此可以看出墙体依然保存较好，纵面版筑接缝明显，长分别为5.2、7.2、8.5米。残底宽7.4、顶宽1.9、高4.1米。夯层厚0.17—0.25米，现存14层黄土夯层。北侧34米处东西向与墙体平行修筑柏油路一条。敌台西南450米处树立长城保护标志碑一通，上书"中卫市文物管理所2006年立"，碑高0.82、宽0.6、厚0.1米。

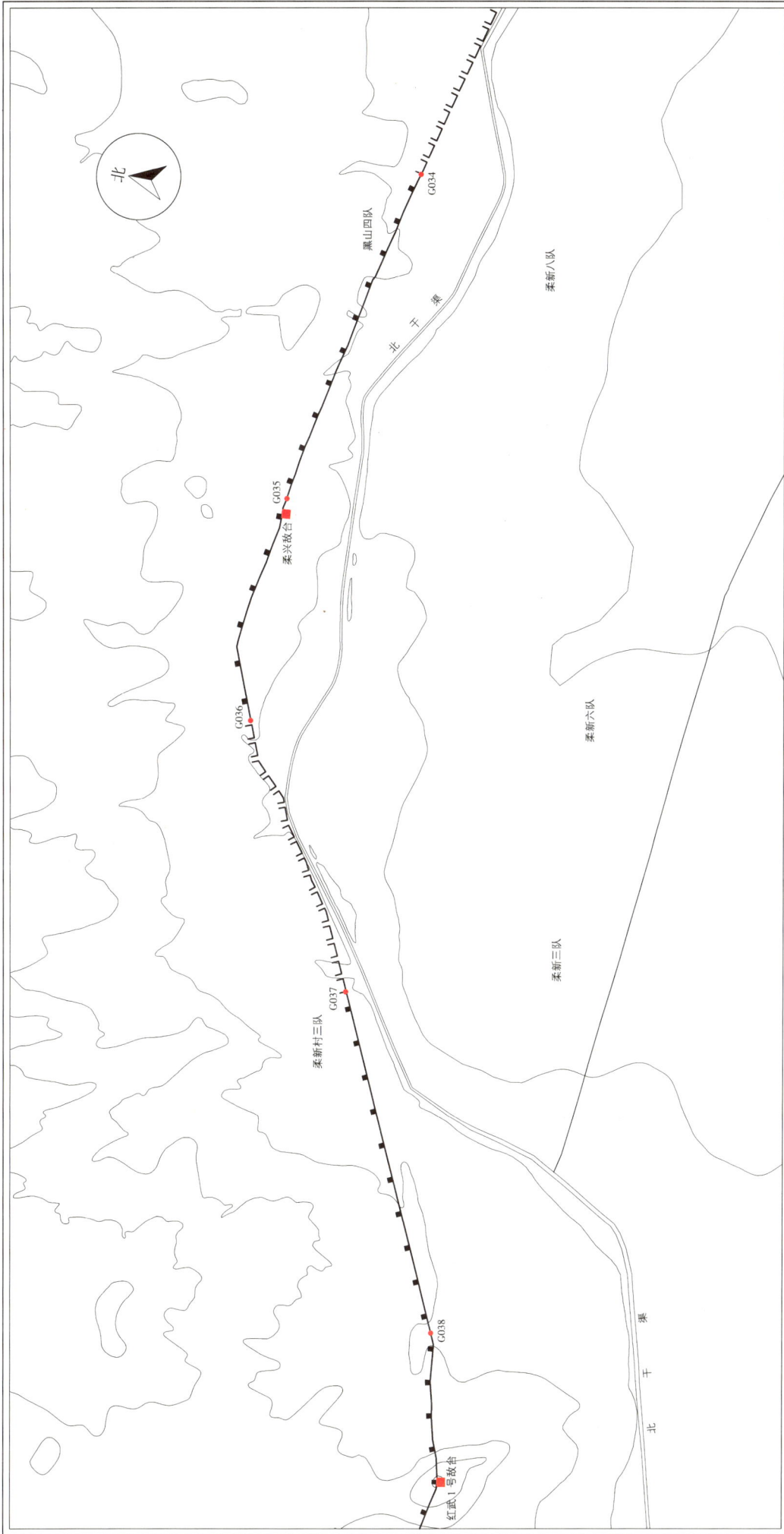

图五三五 中卫黄河北岸柔兴土墙走向图

图五三六 中卫黄河北岸红武土墙走向图

北

沙坡头自然保护区

红武1号敌台

G038

红武2号敌台

G039

G040

G041

G042

饶滩1号敌台

G043

北干渠

红武村五队

第二段，G039—G040 点，长 1737.3 米。保存一般。自该段起点向西 245 米处黄土夯筑敌台一座（红武 2 号敌台）。墙体两侧均为美利工业园区植树造林带，即沙坡头自然保护区。北侧 30 米处东西向与墙体平行修筑柏油路一条。敌台以北 8.36 千米处有一座采用石块及碎石粒垒砌的烽火台，编号红武烽火台（俗称葡萄墩）。该段现存墙体横断面分三版夯筑，中心主墙底宽 2.9、顶宽 1.2 米；南北两侧为护墙，北护墙底宽 2.1、顶宽 1.3 米；南护墙底宽 2.5、顶宽 0.7、残高 5.4 米，外侧壁面坍塌成坡状堆积。夯层厚 0.25—0.3 米。墙体顶部分段夯筑明显，版筑长分别为 3.8、4.3、6.3 米。

第三段，G040—G041 点，长 273.9 米。保存较好。该段墙体均被黄沙覆盖，顶部沙丘延绵呈驴脊梁状，蒿草丛生，残高 3.3 米。墙体南侧 50 米处为防护林带，北侧 40 米处为千岛湖。

第四段，G041—G042 点，往西与姚滩段土墙相接。长 148.7 米。保存较好。该段墙体底宽 6.7、顶宽 1.6、残高 3.3 米。墙体止点南 5 米处树立长城保护标志碑一通，上书"全国重点文物保护单位 中华人民共和国国务院二〇〇一年六月二十五日公布　宁夏回族自治区人民政府制立"，碑高 0.83、宽 1.2、厚 0.12 米，碑座高 0.28、宽 1.5、厚 0.35 米。

12. 姚滩土墙（编码：640501382101170012；工作编号：ZHWQ012）

姚滩长城起点位于迎水桥镇姚滩村北约 3.2 千米，止点在迎水桥镇河滩村西北约 900 米。该段墙体由西南从姚滩村北农田中穿过，北临美利纸业工业园区，呈东北—西南走向，全长 4688.9 米。其中有豁口 3 处，合计长 3168 米墙体消失。残存墙体系黄沙土掺合白碱土夯筑而成。墙体底宽 4.7、顶宽 1.2—2.3、残高 2.4—4.5 米。夯层厚 0.12—0.2 米（图五三七；彩图四八五～四八七）。

姚滩土墙地处沙漠盆地，多为抛荒地，地表发育为质地较粗的淡灰钙、风沙夹砾石土层。由于土质较差，干旱荒芜沙化，流动的沙丘链对植被生长破坏较甚，水土流失严重。近现代修渠、拓路、开荒垦田、封山育林防护林带的建设等人为因素的破坏，造成大部分长城墙体损毁殆尽。依保存现状可分 7 个自然段。

第一段，G042—G043 点，长 364.3 米。此段墙体起点处与红武土墙终端相接的部分，于 2004 年千岛小湖决堤泄洪，冲毁墙体 124.3 米。残存墙体长 240 米。保存一般。此段墙体由东南向西北方向延伸，两侧均被黄沙土覆盖，长满杂草。墙体向西 67 米处有黄土夯筑敌台一座（姚滩 1 号敌台）。敌台东 31 米处为千岛湖东大门（南北向）；西 6 米处在墙体底部挖洞埋排水管道将千岛湖内水向南排放。紧靠墙体北侧植树，东西向有一条乡村公路与墙体平行（彩图四八八）。

第二段，G043—G044 点，长 504.4 米。保存较好。该段墙体部分被黄沙掩盖，暴露出的墙体残高 3—4.5 米。顶部分段夯筑接缝明显，长度规格为 2.5、3.1、3.5 米。墙体北侧 5 米处，东西向有一乡村公路与墙体平行。

第三段，G044—G045 点，长 423.5 米。保存较差。该段墙体较低矮，两侧多被淤沙湮埋，顶部呈土垄状，并被沙土淤盖，部分墙体排洪泄灌，造成墙体南壁浸泡坍塌。

第四段，G045—G046 点，长 79.1 米。保存一般。该段墙体较低矮，仅存墙基，沙土覆盖。自起点向西 40 米处墙体之上有黄土夯筑敌台一座（姚滩 2 号敌台，即四方墩）。向北为城堡（姚滩 1 号堡），该城池南墙直接利用此段长城作为城墙，由此推测城址修建应晚于长城。在敌台东南 60 米处为另一城堡（姚滩 2 号堡）。

第五段，G046—G047 点，长 51.5 米。保存一般。该段墙体向西南延伸，东距姚滩 2 号敌台 40 米。墙体两侧沙土淤盖，顶宽 2.3 米，顶部分段接缝明显，版筑长度规格为 2.5、2.7、4.1 米。

第六段，G047—G048 点，长 512.7 米。由此段长城开始，方向由西南逐渐向南偏移。起点处有一段墙体在 20 世纪 70 年代开荒造田，将墙体挖毁，长 323 米，现辟为林场。残存墙体长 189.7 米。保存较差。底宽 4.7、顶宽 1.2、残高 2.4 米。夯层厚 0.12 米。墙体两侧种植杨树，均在沙坡头自然保护区范围。

第七段，G048—G049 点，长 2753.4 米，墙体消失。此段墙体向南延伸，70 年代开荒造田及防护林带建设中将墙体挖毁，现辟为林场。自该段起点向西南 586 米处墙体南侧有黄土夯筑敌台一座（姚滩 3 号敌台）。

13. 夹道 1 段土墙（编码：640501382101170013；工作编号：ZHWQ013）

夹道 1 段长城起点位于迎水桥镇河滩村西北约 1.2 千米，止点在迎水镇夹道村永安寺北。该段墙体起自姚滩村西北，从农田、鱼塘中穿过，延伸至夹道村永安寺，基本呈北—南走向，全长 3182.9 米。其中有豁口 3 处，消失墙体共计 1279 米。残存墙体为黄土夹粗沙夯筑而成，墙底宽 4.2—12、顶宽 2.3—5.2、残高 1.9—6.3 米。夯层厚 0.12—0.3 米（图五三八；彩图四八九）。

该段墙体地处腾格里沙漠东南缘的浮沙盆地，北临高墩湖，地势平缓，为古河道谷地积水形成，大部地表被浮沙湮埋，现建为县鱼种场，四周有固沙防护林和居民；东南侧有美利渠（原名蜘蛛渠）支系北干渠、杨渠。周边基本为沙漠覆盖区，地貌形成盆地、草丛、沙地和弯月形沙丘链，草原化荒漠植被覆盖率低，水土流失、风沙侵蚀、雨水冲刷等对墙体造成一定破坏（彩图四九〇、四九一）。依保存现状可分 5 个自然段。

第一段，G049—G050 点，是姚滩土墙止点的延伸部分，长 266.9 米。保存较差。此段墙体穿过农田、鱼池（常德江鱼塘）向西南方向延伸，顶宽 3.1、残高 2.2 米。夯层厚 0.2 米。紧临墙体南侧有灌溉水渠一条，墙体北侧种植水稻。自起点向南 262 米墙体以北 18 米处有黄土夯筑烽火台一座（夹道 1 号烽火台）。该段起点（常德江鱼塘）处树立长城保护标志碑一通，上书"自治区文物保护单位 长城（墙体、烽火台、关堡）　中卫市人民政府 2008 年 5 月立"。碑通高 1.3、碑高 0.8、宽 1、厚 0.1 米，碑座高 0.5、宽 1.2、厚 0.5 米。

第二段，G050—G051 点，长 170.9 米，墙体消失。此段墙体现为抛荒滩和沙地，不见长城踪迹，疑其被黄沙湮埋。

第三段，G051—G052 点，长 547.1 米。保存差。此段墙体两侧为农田、鱼塘，常年有水浸泡，坍塌严重，现存墙体低矮不平。底宽 4.3、顶宽 2.7、残高 0.8—1.9 米。夯层厚 0.2 米。因风沙、雨水侵蚀，墙体均布满了黑色苔藓、风蚀蚕洞。顶部分段夯筑接缝明显，墙体长度规格为 1.4、1.8、2.7、3.2 米。横断面呈梯形，分 3 版夯筑，分版接缝明显，中间主墙，宽 1.2 米，壁面陡直；南北两侧为护墙，南护墙宽 1.6、北护墙宽 1.7 米，外壁收分较大呈斜坡状（彩图四九二）。

第四段，G052—G053 点，全长 1374.9 米。保存较差。该段墙体起点处有一大的豁口，长 313.5 米，其成因为附近大面积开挖鱼塘，常年有水浸泡，导致墙体坍塌无存。其余残存墙体长 1026.9 米，底宽 4.2—9.7、顶宽 2.6、残高 1.9 米。夯层厚 0.1—0.2 米。自该段起点向南 430 米处墙体东侧有黄土夯筑的敌台一座（夹道敌台）。北侧树立长城保护标志碑一通，上书"中卫市文物管理所 2006 年立"。碑高 0.8、宽 1、厚 0.09 米，碑座高 0.12、宽 0.33、厚 0.83 米；止点南侧也有树立长城保护标志碑一通，上书"中卫县人民政府 1990 年 2 月 17 日立"。碑高 1.04、宽 0.44、厚 0.10 米。

第五段，G053—G054 点，长 823.1 米，墙体消失。此段墙体 20 世纪 50—70 年代开荒造田、修渠、拓路时挖毁，现辟为鱼池、农田，向西南经过永安寺、县鱼种厂、正通饲料公司。走访当地群众得知永安寺内原有烽火台一座，建寺时作为地基掩埋（彩图四九三）。

14. 夹道 2 段土墙（编码：640501382101170014；工作编号：ZHWQ014）

夹道长城 2 段起点位于迎水桥镇夹道村永安寺北，止点在迎水桥镇迎水编组站北 500 米处。该段墙体起自永安寺由东北向西南延伸至工兵团部队，大致呈东北—西南走向。全长 3991.9 米，其中有豁口 3 处，消失段达 2701 米。残存墙体以黄沙土夹碎石粒夯筑而成，墙底宽 4.5—11、顶宽 2—5.2、残高 1.9—6.5 米。夯土层厚 0.2—0.3 米（参见图五三八；彩图四九四）。

此段地理环境与夹道土墙 1 段大体相似。此段地势开阔，较为平坦，周边居民、厂矿、火车站旧址、纵横道路、鱼塘及耕地较繁杂，由于环境变迁，城市扩建，地表后期变化大，植被破坏，土壤退化（沙化、碱化）等因素，致该段长城损毁严重。依其走向及保存现状可分 7 个自然段。

第一段，G054—G055 点，为夹道土墙 1 段的延伸部分，长 327.7 米。保存较差。此段墙体两侧为农田、鱼池，常年有水浸泡，坍塌严重，现存墙体高低不一，底宽 8、顶宽 4.7、残高 0.8—2.4 米。夯层厚 0.25—0.3 米。断面呈梯形，接缝明显，分 3 版夯筑，宽规格为 0.65、1.4、1 米，外侧壁面收分较大呈斜坡状。顶部纵面分段夯筑接缝清晰，长度规格为 3.7、4.1、4.9、5 米。

第二段，G055—G056 点，北临马场湖，南靠鱼塘，全长 813.7 米。有豁口 2 处，起点豁口长 53 米，墙体消失。此段墙体人为挖毁，开辟为乡村道路。止点豁口长 62 米，墙体被当地村民因拓宽鱼塘而人为损毁。中部残存墙体长 698.7 米。保存一般。该段墙体两侧为农田、鱼池，墙体顶部被黄沙覆盖。底宽 7.4、顶宽 2.5、残高 1.5—4.8 米。夯层厚 0.2 米。顶部风吹沙移自然损毁严重，墙体部分版夯筑接缝明显，长度规格为 1.6、2.5、3.8 米。

第三段，G056—G057 点，北侧为鱼塘，西南接夹道堡，长 76.6 米。保存较好。此段墙体西接夹道堡北墙，底宽 12、顶宽 2.4—5.2、残高 6.3 米。顶部分段夯筑接缝明显，长度规格为 2、2.5、3.9 米。

第四段，G057—G058 点，长 57.2 米。保存较好。此段墙体为夹道堡北墙（即堡墙直接利用长城墙体合二为一），向西南方向折行。顶宽 2.4、残高 4.1 米。夯层厚 0.2 米。顶部分版夯筑接缝明显，长度规格为 2.1、2.3、3.3 米。堡内侧树立长城保护标志碑一通，上书"自治区文物保护单位　长城（墙体、烽火台、关堡）　中卫市人民政府 2008 年 5 月立"。通高 1.3、碑高 0.8、宽 1、厚 0.1 米，碑座高 0.5、宽 1.2、厚 0.5 米。

第五段，G058—G059 点，长 68.4 米。保存较好。此段墙体由北向南穿越夹道堡西墙。底宽 7.8、顶宽 4.5、残高 2.6 米。夯层厚 0.2 米。

第六段，G059—G060 点，长 62.3 米。保存较好。该段墙体向西南延伸，南侧 200 米处宝中铁路东西向经过。现存墙体底宽 9、顶宽 1.9、残高 3.6 米。夯层厚 0.2 米。

第七段，G060—G061 点，长 2586 米。墙体消失。该段墙体仅在起点处残存部分痕迹，若隐若现，时断时续向西南方向延伸，消失部分走向依村民反映，早年大致经过包兰铁路、工兵团部队、农牧机械厂到电石厂西门口。据考证农牧厂附近原有敌台一座，后期工厂扩建时已夷为平地。

15. 黑林土墙（编码：640501382101170015；工作编号：ZHWQ015）

黑林长城起点位于迎水桥镇迎水编组站北 500 米，止点在迎水桥镇黑林村五组西南约 1.1 千米处。该段墙体起点与夹道 2 段长城相接，从迎水工兵团部队向西南延伸，最终至迎水桥镇黑林村下河沿水文站，其北侧即为黄河北岸之边的分水岭——西沙咀。基本呈东北—西南走向，全长 6944.5 米。墙体多已消失，仅在黑林村五组居民区中，发现残存长 8 米的墙体遗迹，以黄沙土夹碎石粒夯筑而成，底宽 2.1、顶宽 1.3、残高 0.9 米。其余长城均损毁殆尽（图五三九）。

黑林土墙是黄河以北长城的终点。地处黄河冲积平原，地势开阔，较为平坦，南临黄河，北依腾格里沙漠南缘，东侧为美利渠之首段，周边为黑林村1—5村组居民区，营盘水南北向横穿。因墙体走向多处在耕地、厂矿、乡村便道、居民区内，故而人为破坏尤为突出。依其走向可分2个自然段。

第一段，G061—G062点，墙体北与夹道2段长城相接，向西南方向延伸，经过黑林村1—5组，全长4243.4米。除在黑林村五组发现8米墙基以外，其余墙体均已消失。为了验证墙体走向，调查人员多次走访勘查，据当地村民讲早年在黑林村4组原有一座烽火台，五组有一段60余米长的墙体，现已挖毁不复存在；在黑林村5组果树园内调查发现残存黄土夯筑烽火台一座（黑林烽火台）。

第二段，G062—G063点，长2701.1米点，墙体全部消失。依地表迹象及走访调查，该段墙体应向西南方向延伸止黄河北岸之边的分水岭——西沙咀，波涛汹涌的黄河在此由西向东流淌，至此中卫市境内黄河北岸的长城依黄河之天险，视为终端。隔河眺望，隐约可见黄河南岸的长城蜿蜒盘踞在下河沿一带。

第二节　卫宁北山胜金关—黑林段长城墙体沿线敌台

中卫市境内长城沿线调查发现敌台共22座，其中在黄河北段发现17座，南段发现5座，均分布在墙体或山险墙的外侧，实体建筑多倚长城墙体而建，且突出于长城墙体。形状有矩形或方形14座、圆形5座、不规则形3座；结构分夯土实心（个别有围墙）、石砌空心。敌台与敌台之间的距离最短者为40米左右，最长者距离在1千米左右，保存较差。损毁因素有风雨侵蚀、沙尘覆盖、壁面夯土剥落、台体裂隙、坍塌等自然因素及人为破坏。

1. 胜金1号敌台（编码：640501352101170016；工作编号：ZHWD001）

位于镇罗镇胜金村东1.5千米处的山巅之上，该敌台地处中卫北部的胜金关山，山体石峰横峙，东西向由多支梁脊坳谷排列组成，地势险峻，起伏较大，长城在此以自然地貌形成山险；地表黄沙覆盖，形成多道沙丘链蜿蜒绵亘，植被稀少，山之南北为黄河冲积平原。宝中铁路和201省道从敌台南侧通过（彩图四九五）。

1号敌台建在以山险为长城的险要之处，由空心台体、围墙、门道、台阶组成。整体采用大小不等的毛石干垒而成，敌台和围墙平面均呈圆形，内部为空心，立面呈矩形。保存较好，形制轮廓清楚。受风沙侵蚀，台体1/3以上围墙坍塌，顶部结构不详，内外侧均有倒塌的石块被黄沙土覆盖，围墙内壁东南部设有进入敌台内的门道，在敌台和围墙之间有一台阶，平面形状略呈凸字形，台阶台面与敌台内侧现存地面基本相平。敌台东西两壁均内弧，南壁略直。敌台和围墙均由直径15—50厘米的青石块垒砌，墙体内外侧较为规整，缝隙间不夹泥土，仅填有片状小石块，起到稳定墙体的作用。围墙内侧与敌台之间的台阶及门道，同采用较大、较平整的石块铺垫，使地面趋于平整。

石砌敌台筑造所使用的材料均为就地取材，所处胜金关山体为岩石（灰岩和砂岩），岩石多裸露，土壤瘠薄，黄沙遍野。选用的青石块大小、长短、薄厚不均，四面则修整较平，有人为粗加工凿痕。敌台内径3.2、外径4.9米。墙体宽0.80、外高0.6—0.98、内高0.5米（图五四〇）。进入敌台的门道内窄外宽，门外宽0.85、内宽0.7米。围墙和敌台之间的台阶东西两侧均内弧，形状略呈亚字形，西边与围墙内壁相连，台阶东侧有一缺口，底部为斜坡状，进深0.4、口宽0.6米，台阶南北（即敌台与围墙间距）1.75、东西外宽3.10、内宽2.2、残高0.6米；围墙外径11、内径9.8外、外宽0.80—1.1、残高0.20—0.6米。围墙四周未设门道，通向敌台内部直接利用台阶，其功能疑为防风沙、山体滑坡、保护敌台墙体而增筑。

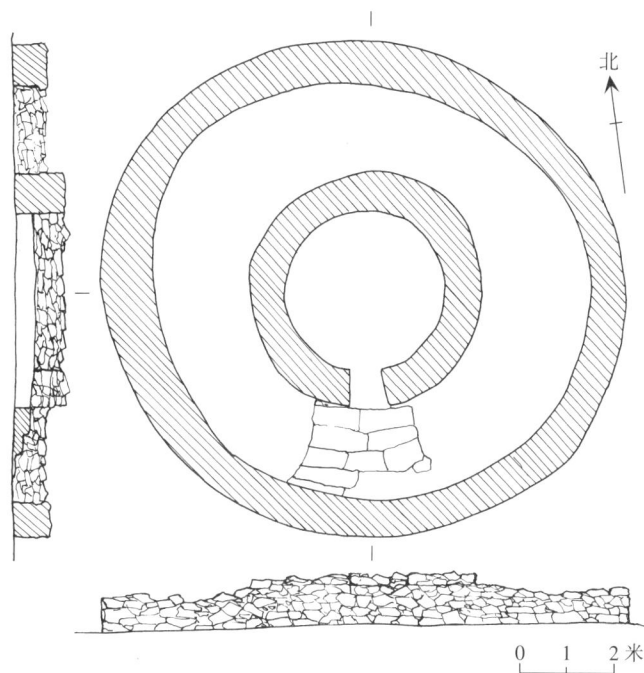

图五四〇　胜金 1 号敌台平、立、剖面图

2. 胜金 2 号敌台（编码：640501352101170017；工作编号：ZHWD002）

位于镇罗镇胜金村东 1.54 千米处的胜金关山巅之上，所处环境与 1 号敌台地势相同。南距胜金 2 号烽火台 277 米，西距 3 号敌台 68 米，南北与 1 号敌台遥相呼应，宝中铁路和 201 省道从敌台南部通过。台体为石料砌筑的空心建筑（彩图四九六）。

2 号敌台倚山险而筑建。整体保存一般。形制轮廓清楚。敌台外围是毛石干垒的墙体，中间为空心，平面呈圆形。因受风沙侵蚀，顶部塌陷残损，墙体内有浮沙尘和坍塌的石块，东部残缺，黄沙土堆积较厚，形成西高东低的流沙，外围有坍塌的石块被黄沙覆盖。墙体采用较规整和较大的石块垒砌而成，缝隙间由小石块支垫，垒砌过程中在敌台墙体不同方向修筑三个瞭望孔，保存较好。西南部留有进入敌台内的门道，保存一般。门的两侧均采用较平整的石头垒砌而成，壁面较为规整。

台体形制为圆形，外径为 5.4、内径 3.6 米，墙体宽 0.9、外高 1.2—1.5、内高 0.95—1.2 米（图五四一）。西南部进入敌台内的门道基本与墙体底部相平，内宽 0.7、外宽 0.8、进深 0.90、残高 0.4—0.8 米。在敌台南、北、东方向设有 3 个瞭望孔，北向瞭望孔内宽 0.35、外宽 0.2、高 0.2、进深 0.9、距墙体内底 0.78 米；东向瞭望孔距北瞭望孔 1.5、距南侧瞭望孔 1.1 米，内口宽 0.2、外口宽 0.45、进深 0.9、距墙体内底高 0.45 米；南侧瞭望孔内口宽 0.2、外口宽 0.3、进深 0.9、距墙体内底高 0.5 米。其余部位坍塌无存。

3. 胜金 3 号敌台（编码：640501352101170018；工作编号：ZHWD003）

位于镇罗镇胜金关山险梁脊最高处，西、南临沟壑，地势险峻；北距胜金关砖厂约 500 米，东南距 2 号敌台 68 米，南距 1 号烽火台 276 米。台体为石料砌筑的空心建筑（彩图四九七、四九八）。

整体保存一般，轮廓清楚。敌台外围是石墙，中间为空心，平面形制呈六边形。台体顶部残损，墙体残留底部微内收，仍采用较规整和较大的毛石块砌筑而成，缝隙间多用片状小石块支垫，墙体外围壁面较为规整，南部设有进入敌台内的门道，保存一般。门的两侧均为较规整的石头垒砌而成。在台体北部设有两个瞭望孔，保存较好。空心敌台周围布满坍塌的石块多被黄沙覆盖，地表蒿草丛生。

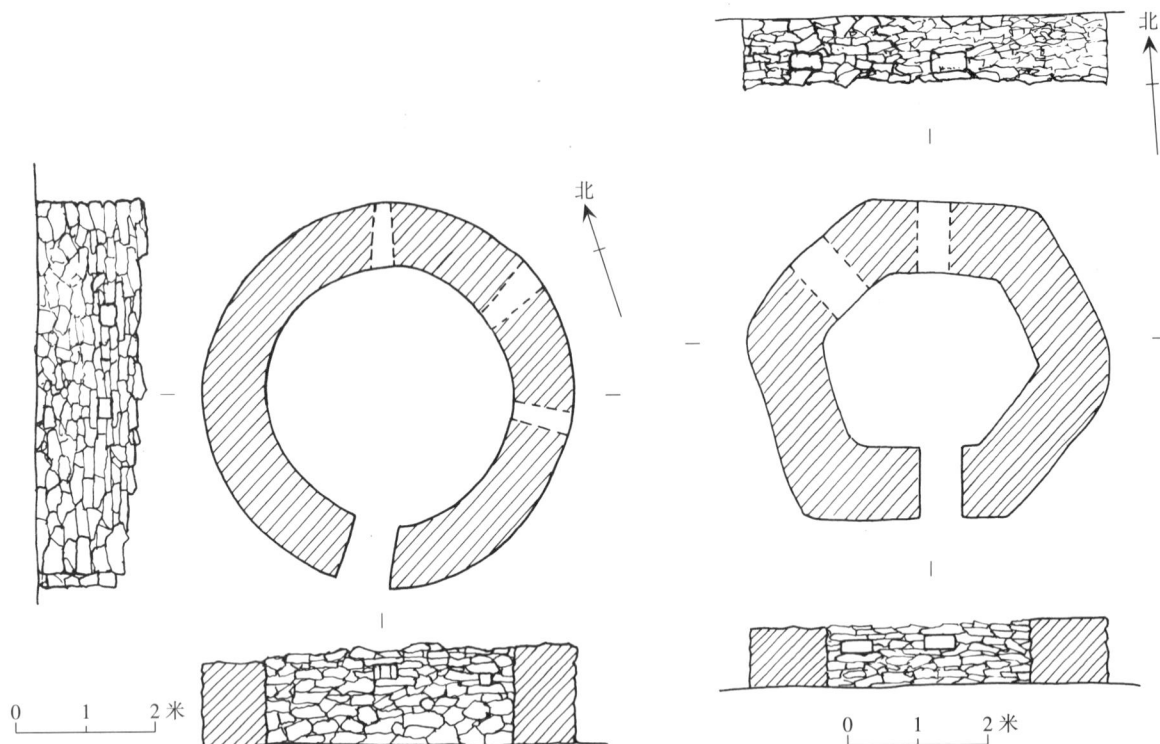

图五四一　胜金2号敌台平、立、剖面图

图五四二　胜金3号敌台平、立、剖面图

　　该敌台为多边形，坍塌仅存底部，墙体宽度相同，为1米，台体外径4.5—5.2、内径2.4—3.2、残高0.85—0.9米（图五四二）；在敌台南墙体设有进入敌台内的门道，门偏东，门左侧墙体外宽1.5、内宽0.95米；右侧墙体外宽0.6、内宽0.25米。门平面呈长方形，宽0.6、进深1、残高0.6米。在西北墙体上残留嘹望孔一个，平面呈梯形，外宽0.7、内宽0.6、高0.2、进深1米。敌台内因沙土覆盖较甚，嘹望孔底部距敌台内底残高0.45米。东北墙体上设有嘹望孔一个，形制相同，外宽0.5、内宽0.45、高0.2、底部距敌台内底高0.5米。其余部位全部坍塌。

　　4. 胜金4号敌台（编码：640501352101170019；工作编号：ZHWD004）

　　位于镇罗镇胜金关村东1.8千米处的胜金关山坡上，东、南扼沟壑，西临陡峭山险，南与3号敌台相望，间距100米，西北距5号敌台215米。台体为石料砌筑的空心建筑（彩图四九九）。

　　4号敌台整体保存一般，形制轮廓清楚。敌台外围是石墙，中间为空心，平面呈圆形。受山体滑坡影响，顶部残损形制不详，墙体残留底部微内收，周边坍塌的石块多被沙尘掩埋，东部黄沙堆积较厚，形成东高西低的流沙丘，墙体是由较规整和较大的毛石块垒砌而成，缝隙间多由片状小石块铺垫，起到稳定墙体的作用，墙体外围壁面较为规整。嘹望孔坍塌无存，西南部设有进入敌台内的门道。保存一般。门两侧用较平整的长方形石块砌筑而成，壁面甚为规整。筑造所使用的材料均为就地取材而建，所处胜金关山体为岩石（灰岩和砂岩），岩石多裸露，土壤瘠薄，黄沙遍野。选用的青石块长0.15—0.5、宽0.12—0.8、厚0.1—0.45米，四周均修整较平，有人为粗加工凿痕。敌台外径6.25—6.8、内径4.6米，墙体宽0.8—1、外壁残高0.50—1.6、内残高0.3—1.4米（图五四三）。敌台西南部有进入敌台内的门道，宽0.7、残高0.3、进深1米。

　　5. 胜金5号敌台（编码：640501352101170020；工作编号：ZHWD005）

　　位于镇罗镇胜金关山险梁脊之巅峰，距胜金关村东北约1.9千米，北靠沙漠，南临黄河冲积平原，与胜金关1号烽火台占据东西山脉至高点，遥相呼应，山势险峻，视野开阔。台体同属石料砌筑的空

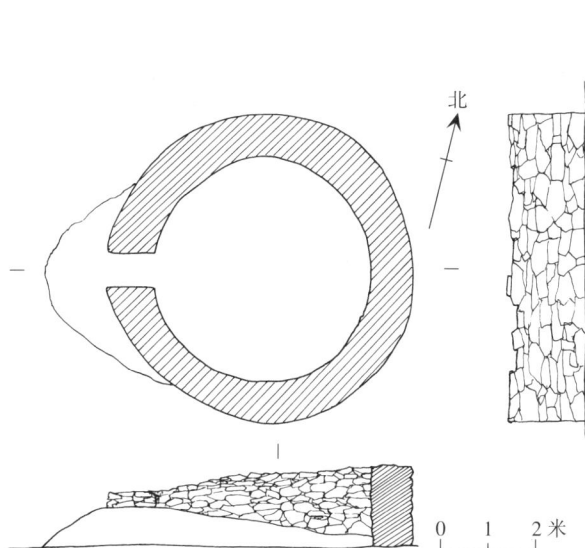

图五四三　胜金 4 号敌台平、立、剖面图

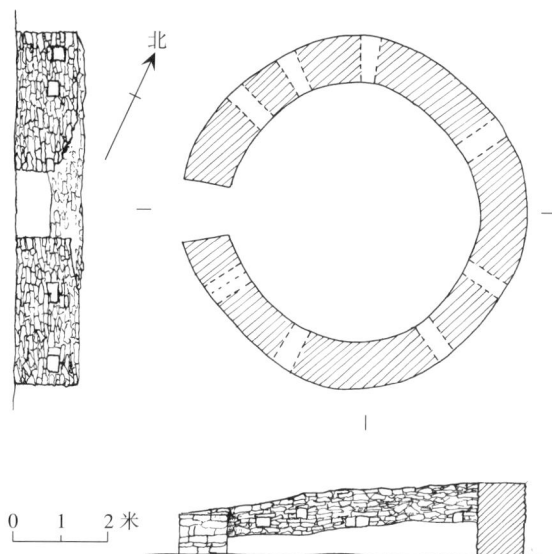

图五四四　胜金 5 号敌台平、立、剖面图

心建筑（彩图五〇〇、五〇一）。

5 号敌台修筑于西端山险制高点，整体采用大小不等的毛石块砌筑而成，平面形制呈圆形。壁面保留有嘹望孔 8 个，保存现状较好，形制轮廓清楚。受风雨侵蚀，顶部残损，东北壁部分墙体坍塌至嘹望孔下部，其余保存尚好。西南部设有通向敌台内的门道，保存一般，平面略呈梯形，上部均已坍塌，残存底部。门右侧的嘹望孔内立放两块石头，把此孔一分为二。墙体外围底部采有小石子绕敌台一周铺垫呈坡状，作为护坡既加固了敌台底部，又可作便道使用。外围底面均被沙尘覆盖，杂草丛生，敌台内部结构几乎被沙土掩埋，形成北高南低。

台体形制为圆形，外径 7.2、内径 5.3 米，墙体宽 0.80—1、外残高 0.85—1.50、内残高 0.50—0.8 米（图五四四）。西南部进入敌台内的门道，宽 1—1.3、进深 1、残高 0.8 米。绕墙体一周的小石子路面，厚 0.3 米。

在敌台墙体上有 8 个嘹望孔，为了便于了解，由门的左侧向右依次分别编号为 1—8 号嘹望孔。现分别介绍如下。

1 号嘹望孔平面略呈长方形，宽 0.40—0.42、高 0.20、进深 1 米，位于门左侧 1.25 米处，敌台内因沙土覆盖较甚，嘹望孔内底部距敌台现存内底部高 0.2 米，嘹望孔外底距外围地表残高 1.1 米。

2 号嘹望孔距 1 号嘹望孔 0.70 米，距 3 号嘹望孔 1.05 米。平面呈梯形，内宽 0.25、外宽 0.5、高 0.2、进深 0.95 米，嘹望孔内底距敌台现存内底 0.05、外底距现地表残高 1.2 米。

3 号嘹望孔距 2 号嘹望孔 1.05 米，距 4 号嘹望孔 2.15 米。平面呈梯形，内宽 0.25、外宽 0.48、高 0.25、进深 1 米，嘹望孔内底部与敌台现存内底相平，嘹望孔外底部距现地表残高 1.2 米。

4 号嘹望孔距 3 号嘹望孔 1.05 米，距 5 号嘹望孔 1.95 米。平面略呈长方形，宽 0.43 米—0.45、高 0.2、进深 1 米，嘹望孔内底部与敌台现存内底相平，嘹望孔外底距部现地表残高 0.90 米。

5 号嘹望孔距 6 号嘹望孔 1.1 米，距 4 号嘹望孔 1.95 米。平面略呈长方形。已残，只残留墙体内侧小部分，外部坍塌，内宽 0.3、高 0.2、残进深 0.35 米，嘹望孔内底部距台现存内底高 0.25、外底部距现地表残高 0.9 米。

6 号嘹望孔距距 5 号嘹望孔 1.1，7 号嘹望孔 2.2 米。平面略呈长方形。已残，只残留墙体内侧小部分，外部坍塌，内宽 0.34、高 0.25、残进深 0.4 米，嘹望孔内底部距敌台现存内底高 0.4、外底距现地表残高 0.8 米。

7 号嘹望孔距 6 号嘹望孔 2.2、距 8 号嘹望孔 1.26 米。平面呈梯形，内宽 0.38、外宽 0.5、高 0.15、进深 0.9 米，嘹望孔内底部距敌台现存内底高 0.15、外底部距现地表残高 0.8 米。

8 号嘹望孔距 7 号嘹望孔 1.26，距门右侧 0.6 米。平面呈长方形，宽 0.45、高 0.28、进深 0.8 米，嘹望孔内底距敌台现存内底高 0.20、外底距现地表残高 0.7 米。在 8 号嘹望孔内竖立两块石头把嘹望孔一分为二，东部孔宽 0.15、西部孔宽 0.2 米。

6. 凯歌敌台（编码：640501352101170021；工作编号 ZHWD006）

位于镇罗镇凯歌村北 850 米处，南倚长城墙体，西与凯歌长城第三自然段相接，地处平原地带，东北部为胜金关山脉，南距宝中铁路和 201 省道约 2.5 千米，东临一季节性排水沟，北侧为乡村便道，均打破长城墙体，在敌台西侧 10 米处的堆土高台上建有现代民房一间。周边视野开阔，地表生长有芨芨草、野蒿子类草本植物（彩图五〇二）。

该敌台修建于凯歌长城南壁，与墙体相连，由台体、南围墙、门道组成。保存一般。台体为实体建筑，用黄沙土夹杂少许碎石粒夯筑而成，平面形制上部损毁略呈方形，下部呈圆形，立面呈梯形。底部直径为 16.5—16.9 米，顶部东西 4、南北 4.8 米，残高 4.2 米（图五四五）。台体壁面坍塌较甚，均呈坡状堆积，长有稀疏蒿草。围墙位于台体南部，仅残留东、西、南墙底部，呈土垄状，夯层不清，平面形制近似正方形。围墙北部与敌台为一体，可能是敌台坍塌滑坡形成，南墙偏西设有门道；围墙东西 15.9、南北 16 米，墙体宽 1.2—1.4、残高 0.7—1.10 米。夯土层厚 0.15—0.2。门道宽 3.8、进深 1.2、残高 0.5 米，门左侧距西墙 5、右侧距东墙 7.2 米，围墙内沙尘掩埋，杂草丛生。

7. 李园敌台（编码：640501352101170022；工作编号：ZHWD007）

位于镇罗镇李园村北 1.3 千米处，南倚李园长城墙体北壁，并突出长城墙体，东西侧与李园土墙第三自然段相连。地处沙漠台地，北靠山脉，南临坳谷，周边地势东南高西北低，地表植被稀少。西南距李园 1 号烽火台 1.05 千米，宝中铁路和 201 省道从敌台南约 5 千米处通过。敌台南 2 千米处有乡级公路通过，敌台东南 1.1 千米处有村级土路通过（彩图五〇三）。

该敌台建在李园长城南垄之上，为黄沙土掺入碎石料夯筑而成。呈覆斗形，顶小底大。遭自然风蚀、雨水冲刷严重，南、北、西壁坍塌成坡状堆积，西壁较陡，东壁坍塌形成断面，截面呈梯形，保存一般。顶部受风雨侵蚀，南高北低，中心有一处小土包呈馒头状，高 0.5 米，台体表层有风蚀凹槽和水冲沟，底部现呈椭圆形。台体底部东西 15.2、南北 19.7 米，顶部东西 4.6、南北 8.5 米，残高 2.8 米（图五四六）。东壁断面夯层厚 0.16—0.22 米。敌台突出长城墙体北端高约 1.7 米。

8. 金沙 1 号敌台（编码：640501352101170023；工作编号：ZHWD008）

位于东园镇金沙村西北约 500 米处，南倚金沙长城北壁，并突出长城墙体，东西与金沙土墙第二自然段相连，东北距金沙 1 号烽火台 1.09 千米。地势北高南低，敌台北部为山坡地，南侧为耕地，种植玉米、水稻，有一乡村土路由此通过，东西侧周边地势较平缓，地表生长有蒿草、柠条、沙篙、黑刺等植物（彩图五〇四）。

该敌台建在金沙长城南垄之上，为黄沙土夹杂碎石块及少量料礓石夯筑而成。顶小底大，平面形状呈圆形，剖面呈梯形。中心台体之外，南侧增设有两组 10 个小墩台作为附属设施，整体保存一般。

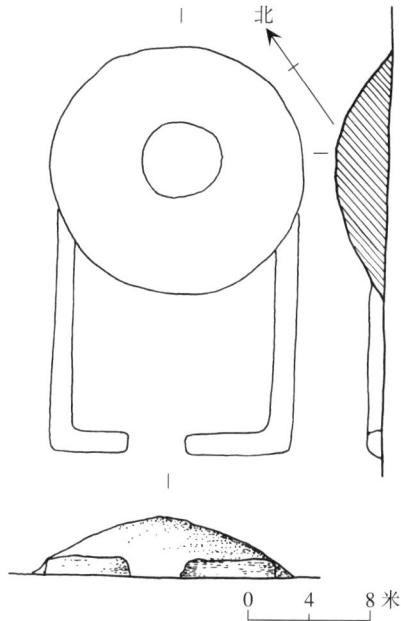

图五四五　凯哥敌台平、立、剖面图

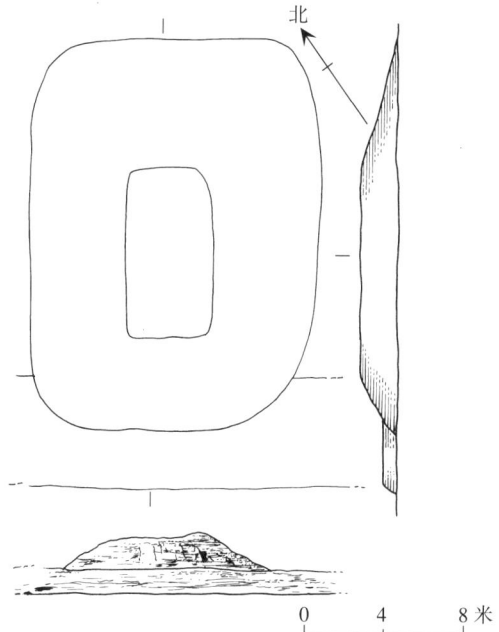

图五四六　李园敌台平、立、剖面图

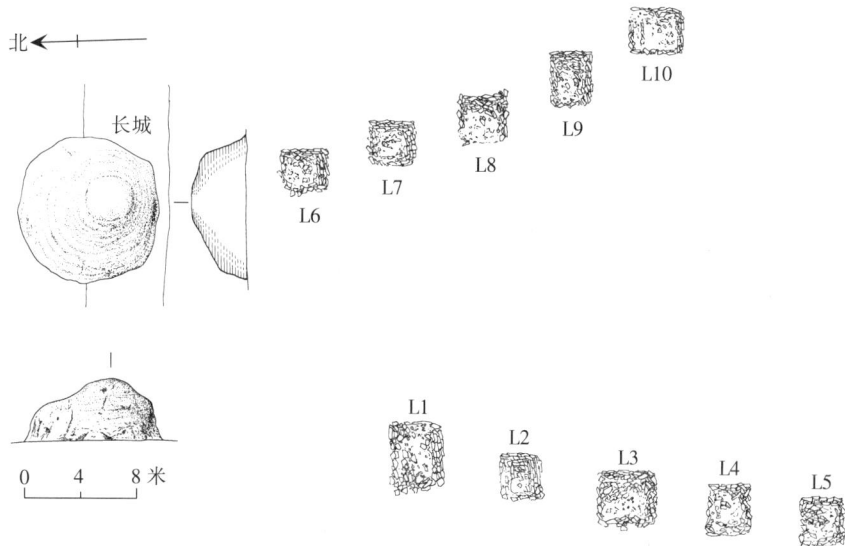

图五四七　金沙1号敌台平、立、剖面图

受风雨侵蚀，顶部坍塌成斜坡，北高南低，生长有杂草，底部周围布满乱石，多为鹅卵石和沙岩石；台体北侧有人为破坏的凹坑，东西2.3、南北1.15、深0.6米。台体表层覆盖一层风化土，各壁均坍塌为斜坡状，西部和北部坡度较大，东部和南部坡度较小，敌台底部南距长城墙体南端3米，凸出长城土墙体5.2米，敌台底径10、顶部直径1.8、残高2.50—4.1米（图五四七）。夯土厚0.1—0.18米，登台情况不清。敌台南部东西两侧各有一排附属小墩（俗称狼烟台），每排5个，共10个，东侧小墩距敌台9米，西侧小墩距敌台21.6米，两排小墩分布略呈八字形。

　　敌台南侧即长城内侧增设的附属小墩，均为南北向排列。其修筑方法为包石砌法，先用石块垒砌一长方形空间，剖面呈梯形，现残高0.3—0.8米，在梯形空间内填满黄沙土，最后在黄沙土上覆盖一层石块形成一整体，现顶部多已残损，顶小底大，周围蒿草丛生，料石遍野。西侧小墩台排列长度为

33 米，均向西倾斜，为了便于区分由北向南依次编号为 L1—L5（彩图五〇五）。

L1：北侧距敌台南侧 21.6、距 L2 4.2 米。底部东西 4.62、南北 4 米，顶部东西 3.1、南北 2.5 米，高 0.65 米；

L2：距 L3 3.8 米。底部东西 3.3、南北 3.2 米，顶部东西 2.4、南北 1.5 米，残高 0.7 米；

L3：距 L4 3.5 米，底部东西 4、南北 4.5 米，顶部东西 2.9、南北 3.05 米，现残高 0.6 米；

L4：距 L5 3.7 米，底部东西 3.6、南北 3.4 米，顶部东西 2.7、南北 3.2 米，现残高 0.7 米；

L5：距敌台 54.6 米，底部东西 3.5、南北 3.3 米，顶部东西 3.20、南北 3.20 米，残高 0.8 米。

东侧小墩台共 5 个，长 30.8 米，均向东倾斜，为了便于介绍，由北向南依次编号为 L6—L10。

L6：北侧距敌台南侧 9、距 L7 2.8 米。底部东西 3.1、南北长 3.5 米，顶部东西 2.30、南北 2.1 米，残高 0.55 米；

L7：距 L8 3.2 米，底部东西 3.2、南北 3.4 米，顶部东西 2、南北 2.1 米，残高 0.5 米；

L8：距 L9 3.1 米，底部东西 3.5、南北 3.4 米，顶部东西 2.34、南北 2.32 米，残高 0.8 米；

L9：距 L10 2.9 米，底部东西 3.9、南北 3.3 米，顶部东西 2.85、南北 2.3 米，残高 0.6 米；

L10：距敌台 39.8 米，底部东西 3.3、南北 4 米，顶部东西 2.5、南北 2.6 米，残高 0.7 米。

9. 金沙 2 号敌台（编码：640501352101170024；工作编号：ZHWD009）

位于东园镇金沙村西北约 1.6 千米处，与金沙土墙第四自然段长城相连，并突出长城墙体。地处腾格里沙漠地带，周围地势北高南低较为平缓，敌台建在制北高点，视野开阔，防御性强。东距金沙 1 号敌台 1.67 千米，南侧为长城农林场和水渠，农场内修筑一条宽 4 米的便道，横向穿越长城，东距农场防沙林业带 220 米，外围有封山禁牧围栏由东南向西北延伸。敌台周边为抛荒沙滩，布满碎石沙粒，伴有稀疏蒿草等植物（彩图五〇六）。

该敌台平面呈方形，剖面呈梯形，顶小底大，使用黄沙土和灰褐色河床土分层次夯筑而成。整体保存一般。受风雨侵蚀，表层风化剥落，顶部西北角塌陷，凸凹不平，凹槽下有一条贯通上下的裂缝，台体各壁较陡，东北壁表层坍塌的夯土与台体相连，两壁中部向内凹进，底部堆积土残高 0.8 米，台体底部周围有淤沙土和沙石粒，其上生长蒿草，台体西北壁面有风蚀槽、蜂洞、鼠洞及登台脚窝延伸至顶部。

从台体接缝和断面观察，现残存台体分为 4 版墙体组成。其修筑方法为先用黄沙土夯筑东西两侧各 2 版墙体组合成整体，推测可能由于黄沙土用量不够，又采用河床灰褐色沙石土继续向上夯筑完成，由此形成台体下部为黄沙土夯筑，上部则用河床土夯筑。台体底部东西 8.6、南北 8.3 米，顶部东西 4.7、南北 6 米，南侧残高 6.80、北侧残高 5.3 米（图五四八）。台体断面显示，西南壁下部残存黄沙土夯土 16 层，上部有河床土夯土 24 层，共 40 层夯土，上部夯层厚 0.12—0.14 米，下部黄沙土夯层厚 0.14—0.16 米。底部黄沙土高 2.4 米，河床土向上夯筑至顶部。

10. 新星敌台（编码：640501352101170025；工作编号：ZHWD010）

位于东园镇新星村二队南 600 米处，北倚长城墙体，与新星土墙第三自然段相连，西距新星 1 号烽火台 818 米。地处腾格里沙漠边缘地带，以抛荒地、沙丘为主，台体周围地形高低不平，大部分为新月形沙丘链，相对东南侧较平缓，地表有稀疏蒿草，此处长城土墙风沙覆盖较为严重，时断时续，若隐若现分辨出墙体走向（彩图五〇七）。

该敌台平面呈长方形，顶小底大，剖面呈梯形，黄沙土夯筑。台体多处塌陷，四壁底部有高约近 2 米的坍塌土及沙堆土，造成现存敌台平面呈不规则形，但可分辨出原来应是方形。现存四壁拐角多已损

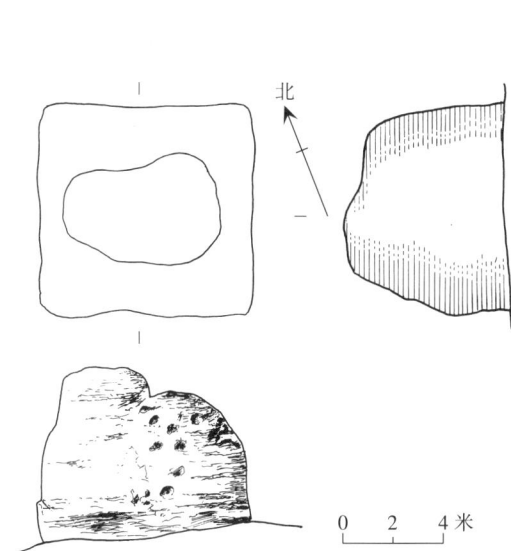

图五四八　金沙2号敌台平、立、剖面图

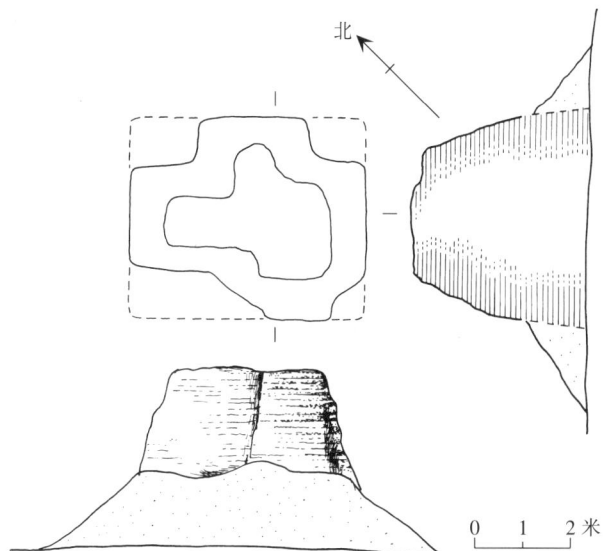

图五四九　新星敌台平、立、剖面图

毁，南壁坍塌较甚，东壁保存较好，西、北壁中部较好，两侧坍塌无存，顶部南北角塌陷形成0.25—0.3米的裂缝上下贯通，台体表面风雨剥蚀，夯土层风化呈阶梯式裸露，凹凸不平。整体保存一般。

从台体裂缝看，敌台是由多版墙体组成，现存5版墙体，中部3版，南北两侧各1版。墙体大小基本相同，呈方形，边长2—2.1米。由于坍塌剥落，有3版墙体各自分离，现残存底部东西4.8、南北4.5米，顶部东西3.5、南北2.75米，残高为3.8米（图五四九）。夯层厚0.2—0.25米。

11. 柔兴敌台（编码：640501352101170026；工作编号：ZHWD011）

位于东园镇柔兴村北，南倚长城墙体，西与柔兴土墙第二自然段相连。地处腾格里沙漠边缘地带，敌台周边地形平坦，多为农耕地，东南侧为柔兴村民居住区，在东、南、北方向均有乡间小路从台体附近穿越。东侧长城土墙连接敌台的部分，因取土修舍、开拓便道业已损毁。东北180米处有一私营机砖厂，东南侧为新安寺；台体西侧16米处有一东西向水渠，宽1.40米。南侧2米处树立长城保护标志碑一通，上书"自治区文物保护单位　长城（墙体、烽火台、关堡）　中卫市人民政府2008年5月立"。碑通高1.3、高0.8、宽1、厚0.1米，碑座高0.5、宽1.2、厚0.5米（彩图五〇八、五〇九）。

该敌台修筑于长城墙体南侧与长城相连，并凸出长城墙体。平面略呈方形，剖面呈梯形，顶小底大，台体较为高大，为黄沙土夹杂小石粒夯筑而成。整体保存一般。表层夯土剥落，底部均有坍塌形成的堆土，顶部受风雨侵蚀及人为破坏，已残损，高低不平，平面呈小长方形；台壁雨水冲刷严重，形成多道水沟及人为破坏的坑窝，凹凸不平，各台壁除东壁较陡直外，其余均为斜坡状，塌陷的滑坡形成坡度较大。北壁有一裂缝上下贯通，底部有坍塌的夯土块及剥落的夯土，使台体底部略呈圆形，西壁顶端有人为挖毁的坑槽，高0.7、宽0.5、进深0.45米；南壁有登台脚窝呈盘旋状延伸至台体顶部，东部有蜂洞、鼠洞及风蚀凹槽，表层剥落严重，夯层均不清晰。由于坍塌、滑坡，顶部残存较小，平面与敌台底部平面呈对角形，底部东西12.5、南北11米，顶部东西5、南北2.1米，残高5.6米（图五五〇）。夯土层厚0.16—0.25米。

12. 红武1号敌台（编码：640501352101170027；工作编号：ZHWD012）

位于东园镇红武村东北1.4千米处的高台地，筑建在长城墙体中部，与长城基本同宽，整个台体高出长城土墙体，轮廓清楚，当地人俗称高鸟墩。东西与红武土墙第一段相连，西距红武2号敌台

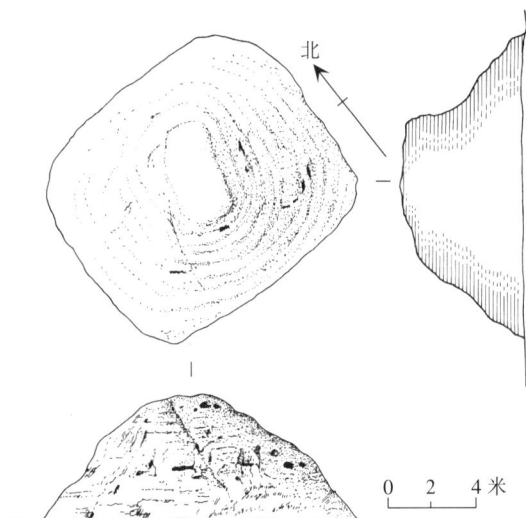

图五五〇　柔兴敌台平、立、剖面图

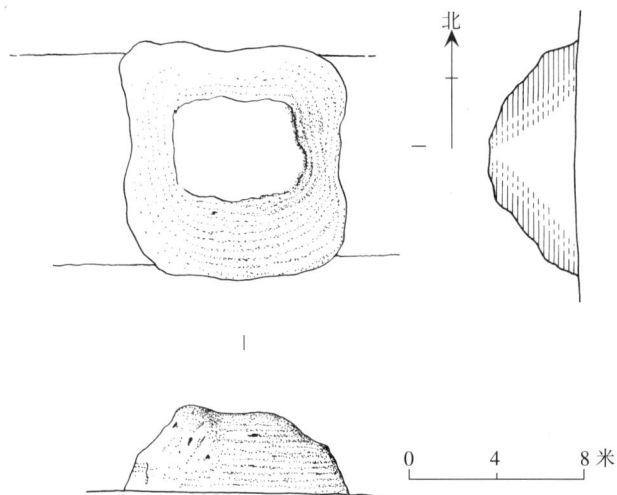

图五五一　红武1号敌台平、立、剖面图

1.295 千米。其地处腾格里沙漠南缘，地表为沙地覆盖层，生长有荒漠草原植被野蒿、柠条、冰草等；敌台处于台地高端，视野宽阔，周围地势较低，且凸凹不平；西南为红武村民居住房，东北拓展为美利纸业的公路，公路与长城土墙体基本平行，东侧墙体被沿边公路破坏，东南侧有一私营取石场，西南为养牛场（彩图五一〇）。

该敌台平面呈方形，剖面呈梯形，顶小底大，用白料礓土夹少量砾石夯筑而成，土质疏松，料礓土应来源于附近山脉底部采集。受风雨侵蚀及人为破坏，台体表层风化，剥落严重，顶部残损，台体壁面凹凸不平，呈蜂窝状，西壁为缓坡，其他壁较陡，南壁坍塌无存，东壁和北壁中部受风雨侵蚀，略显内凹，致使台体有坍塌危险，台体壁面有风蚀凹槽和鼠洞，底部有坍塌土和料礓石呈坡状堆积。保存差。现底部边长 8.2—8.8 米，顶部呈长方形，东西 4.9、南北 3.8 米，残高为 3.3 米（图五五一）。夯层厚 0.25 米。敌台北壁中部坍塌内凹 0.9、宽 4、残高 2.9 米；东壁中部坍塌内凹 0.8、宽 7、残高 3.1 米；南壁整体塌陷内凹，进深 0.35、残高 0.2—0.65 米；东壁最底部南北两侧内凹，南侧内凹进深 0.45、宽 1.45、高 0.5 米；北侧内凹进深 0.6、宽 1.2、高 0.95 米。

13. 红武 2 号敌台（编码：640501352101170028；工作编号：ZHWD013）

位于东园镇红武村西北 750 米处，南倚长城墙体北侧，并突出长城墙体，与红武土墙第二自然段相连，东距红武 1 号敌台 1.295、北距红武 1 号烽火台 8.36 千米。其地处腾格里沙漠南缘，风沙覆盖严重，地表生长有沙地草原植被蒿草、黑刺、柠条等；台体周围地势较低缓，凹凸不平形成沙丘链，外围耕地种植玉米、水稻。北侧距工业园区公路约 28 米，公路两侧为杨树防护林带，西侧为一南北向水渠，破坏长城土墙约 20 米，南侧栽一通讯电杆，对台体底部造成破坏。站在台体顶部可与红武 1 号敌台遥相对望，周边视野开阔（彩图五一一）。

该敌台平面略呈长方形，剖面呈梯形，用黄沙土夹杂料礓石夯筑而成。整体保存一般，轮廓清楚。顶部受风雨侵蚀、自然坍塌，西部和北部台体壁面形成多个小台阶，东壁坍塌断面内弧，南壁和东壁布满蜂洞和鼠洞，近顶部有两道呈纵向贯通的水冲沟。台体最底部有风雨侵蚀的凹槽，大小不等。南壁东侧有人为掏挖的避风洞，其内顶有火烧痕迹。台体顶部略呈长方形，底部东西 15.8、南北 10 米，顶部东西 2.9—3.4、南北 4.4 米，残高 2.05—5.1 米（图五五二）。夯层厚 0.15—0.2 米。

由于多次塌陷，顶部高低不平，形成多个台阶。由西向东 1.8 米有一台阶，高 0.5、台面宽 1.5

米，此台阶呈南北向贯穿整个台体顶部，南部较低，由南向北 0.8 米有一台阶，高 0.4、台面宽 1 米。西侧壁面坍塌，底部也呈台阶状，上部较陡，距台顶高 2.1、台面宽 1.1 米。东侧壁面底部有一凹槽，宽 2.8、进深 0.3—0.55、高 0.8 米。南壁中部有一凹槽，宽 1.5、进深最大为 0.25、高 0.75 米；南壁东侧有人工掏挖的凹洞，宽 1.50、进深 1.4、高 0.75 米，对台体造成破坏。

14. 姚滩 1 号敌台（编码：640501352101170029；工作编号：ZHWD014）

位于迎水桥镇姚滩村西北 300 米处，南倚长城北侧，与姚滩土墙第一自然段相连，东距红武 2 号敌台 2.1 千米。地处腾格里沙漠南缘盆地，有台地和抛耕地南北交错，台体周围地势平坦，西侧有一灌溉渠从长城墙体横向贯穿，东侧为南北向道路横向穿越长城，南侧为水泥管道及防护林，北侧为千岛湖旅游开发区，承建的千岛湖东门牌坊破坏了敌台底部。敌台东侧长城破坏处树立保护碑一块，上书："全国重点文物保护单位　中华人民共和国国务院 2001 年 6 月 25 日公布　宁夏回族自治区人民政府制立"。碑高 0.83、宽 1.2、厚 0.12 米，碑座宽 1.5、高 .28、厚 0.25 米（彩图五一二、五一三）。

该敌台平面呈长方形，顶小底大，剖面呈梯形，采用棕褐色、浅灰色、黄灰色沙土夹杂料礓石、碎石块混筑而成。台体高大，四壁较直，四周棱角因风雨侵蚀已风化剥落，但夯土之间有一层棕褐色土相隔，使得夯层清晰可见。夯层土质土色较杂，排列无序，应源于取土的方位不同，形成质色有所差异。敌台整体是由 16 版墙体组成，每排 4 版，共 4 排，每版墙体厚 1.7、宽 3.7 米，轮廓清楚，保存一般。东、北壁上部陡直，近底部风雨侵蚀内凹成弧形，弧高 0.2—0.7、凹进 0.4—0.6 米，壁面上分布许多鸟窝状风蚀洞；西、南壁风蚀剥落及自然坍塌，墙体接合部形成裂缝，壁面自上而下有多道水冲凹槽，内凹 0.6—1 米，坍塌堆土与地面形成斜坡状，其上杂草丛生；台体顶部因塌陷形成阶梯状，东北高西南低，落差近 0.9 米。

平面呈长方形，底部东西 10.4、南北 13 米，顶部东西 7.5、南北 9.9 米，东北壁残高 8.8、西南壁残高 7.6 米（图五五三）。夯层厚 0.18—0.22 米。

15. 姚滩 2 号敌台（四方墩）（编码：640501352101170030；工作编号：ZHWD015）

位于迎水桥镇姚滩村北 600 米处，北倚长城墙体南侧，与姚滩土墙第四自然段和姚滩 1 号堡南墙相连，东南距姚滩 2 号堡西墙 45 米，东北距姚滩 1 号敌台 970 米，该台体当地人俗称"四方墩"。其

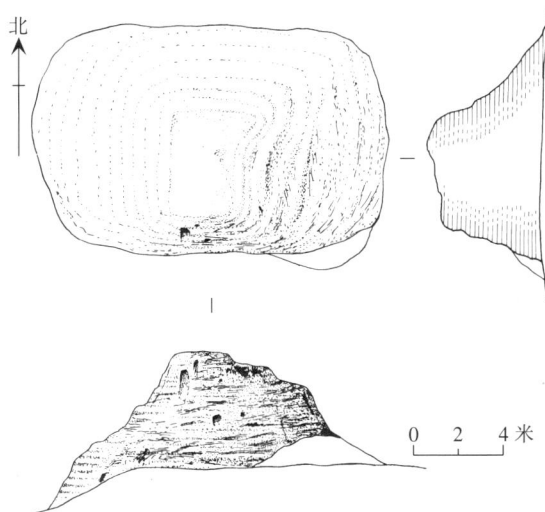

图五五二　红武 2 号敌台平、立、剖面图

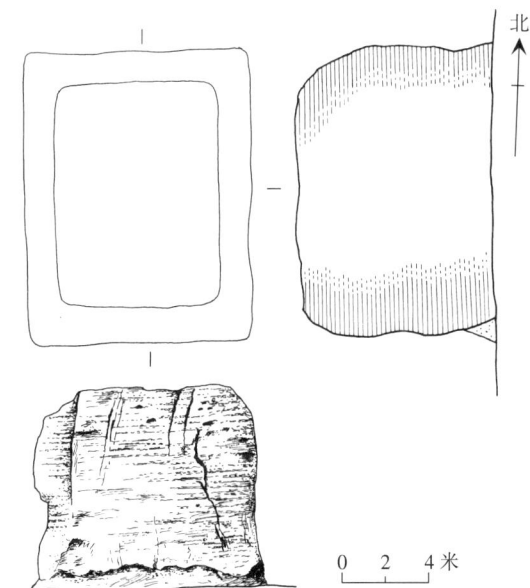

图五五三　姚滩 1 号敌台平、立、剖面图

地处腾格里沙漠南缘，为沙尘覆盖区，周围地势较平坦，多为沙地和沙丘链蜿蜒绵亘，地表生长有草原化荒漠植被蒿草、沙蓬、芨芨等；台体南、北向各有一关堡相互对应，以长城走向为界分为南城（2号堡）和北城（1号堡）。台体北壁建在北城池内，北城外围为千岛湖，南侧有一座现代建筑龙宫庙。中心敌台高大雄伟，站在台顶居高临下，视野开阔，长城沿线若干烽火台、敌台及周边盆地、荒原沙滩尽收眼底，防御功能非常重要。台体顶部及周围零星散布少量明代及现代砖瓦残片（彩图五一四～五一六）。

该敌台平面呈长方形，顶小底大，剖面呈梯形。其规模、结构是中卫市境内与长城有关的附属设施中现存最大的一座防御设施。整个台体由30版墙体组合而成，东西横排5组墙，每组6版，南北竖排6组，每组5版，每版墙体边长6米。夯层厚0.2—0.25米，采用黄沙土夹杂料礓石夯筑而成。整体保存现状较好。台体顶部人为破坏形成坑状，台面凸凹不平，四壁壁面较陡，由底向上逐渐收分，收分度大致在0.05米左右。东北角原有自下而上的登台痕迹，但由于当地乡镇开发旅游业，人为在此处修建了攀登的铁梯，从而破坏了登台的原始面貌。南壁和西壁局部塌陷，壁面风蚀雨侵有多处纵向水冲凹槽，墙体组合接缝处多形成裂缝上下贯通，宽0.15—0.35米；台体底部有坍塌土呈坡状堆积；东、北壁自然残损较为严重，有风雨侵蚀，蜂虫、鼠类蚕食形成的坑窝布满壁面，局部风蚀剥落和雨水冲刷的凹槽呈贯通状分布。在台体顶部、底部均生长有蒿草、沙蓬等植物。

该敌台底部东西29、南北36米，顶部东西22、南北26米，现残高10.5米（图五五四）。由于雨水冲刷，台体壁面凹凸不平，北壁西端有一水冲沟，宽1.6、进深1.7、高1.4米，中部有一水冲沟宽1.78、进深2.6、高3.2米。东壁东北角有一登台铁梯，壁面破坏成凹槽，上宽3.60、底部宽1.4、进深0.6—1.4、高10米；中部有一水冲沟，上宽5、底宽0.4、进深5.3米；南部水冲沟宽2.50、进深5.6米；南壁中部水冲沟上宽1.5、底宽0.6、进深4.5米，西侧水沟宽7.4、进深7.2米。西壁偏北处水沟宽3.7、进深2.5、高4米。南壁坍塌进深1.40米，西壁坍塌进深0.5—0.8米。东壁底部全部内凹成带状，进深0.8—1.2、高0.6—2.2米，西壁底部东南角内凹宽2.30、进深1.3、高1.8米，西南角底内凹宽3、进深1、高0.5米。北壁西北角底内凹0.3—1、高0.15—1.15米。

16. 姚滩3号敌台（编码：640501352101170031；工作编号：ZHWD016）

位于迎水桥镇姚滩村东4千米处的县林业厂房内，南倚长城墙体北侧，与姚滩土墙第七自然段相连，西南距夹道村1号烽火台2.4千米，东北距姚滩2号敌台1.131千米。地处黄河冲积平原地带，地势平坦开阔，周边近1.5千米的范围全部被县林厂杨树防护林带覆盖，地表草木丛生，植被茂盛（彩图五一七）。

该敌台由于多处坍塌，致版墙与中心台体局部分离，平面呈不规则形，但从台体基础看，早期形制应为长方形，顶小底大，剖面呈梯形，采用黄沙土夹杂料礓石夯筑而成。台体受风雨侵蚀，损毁严重，保存较差。顶部坍塌成不规则形，平面东高西低呈斜坡状，中部塌陷形成凹槽纵向延伸。台体壁面风化剥落，布满黑苔藓和鼠洞，东壁塌陷与台体脱离，底部有坍塌风化的夯土块，坡状堆积至台体中上部；南壁壁面残留一层草拌泥抹于台体表面，厚约0.01米。台体底部风雨蚕食凹进0.15—0.3米，登台迹象不明。

该敌台底部东西7.4、南北7米；顶部残缺，东西5.4、南北4.9—5.1米；残高2.3—2.5米（图五五五）。夯层厚0.18—0.20米。由于塌陷西壁北侧夯土墙上部与台体分离，底部相连，此墙体东西3.6、南北1.4、残高2.4米。南侧墙体与中部台体有宽0.2米的裂缝，残高1.85米。北壁墙体与中部台体有宽0.4米的裂缝，坍塌风化堆积土高1.5米，南壁西南角有一墙体裂缝宽0.8米。

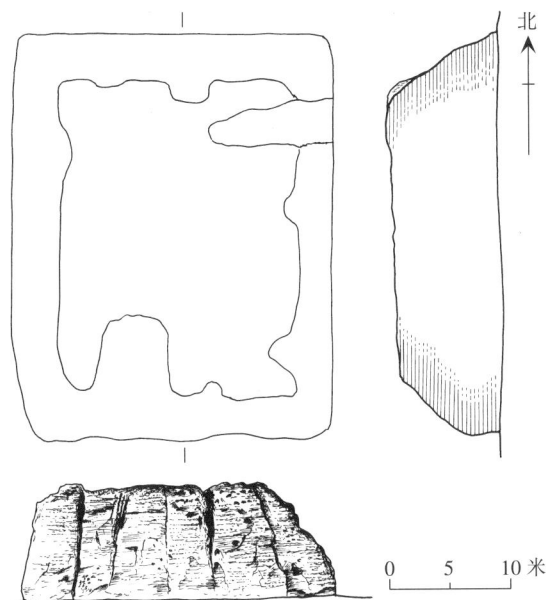

图五五四 姚滩 2 号敌台平、立、剖面图

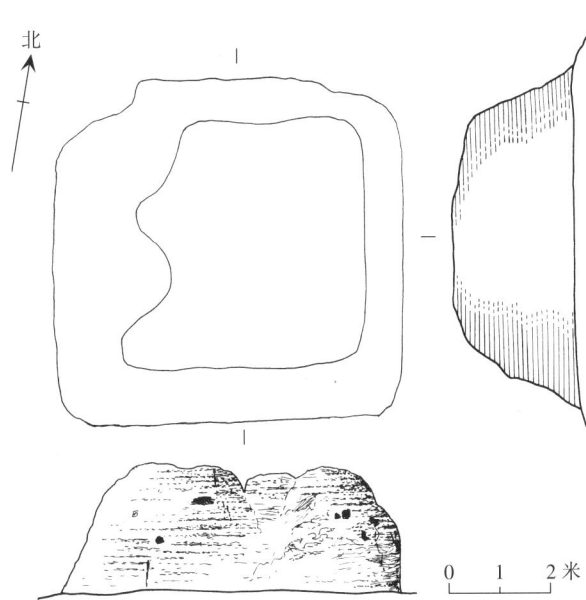

图五五五 姚滩 3 号敌台平、立、剖面图

17. 夹道敌台（编码：640501352101170 032；工作编号：ZHWD017）

位于迎水桥镇夹道村东 1 千米处，东倚长城墙体西侧与夹道土墙 1 段中第四自然段相连，并突出长城墙体。北距夹道烽火台 1.25 千米，南距姚滩 1 号关堡 2.68 千米。地处腾格里沙漠南缘和古河道冲积平原交汇处，形成草原化荒漠植被，周围地势平坦，视野开阔，多为耕地和鱼塘。该地域鱼业养殖发达，耕地内多开辟为鱼塘，对长城及敌台造成不同程度破坏。台体东、南、北侧均有鱼塘和乡村便道，长城墙体多已损毁。在敌台东侧树立长城保护标志碑一通，上书"中卫市文物管理所 2006 年立"。碑通高 0.92 米，碑身高 0.8、宽 1、厚 0.09 米，碑座高 0.12、长 0.83、厚 0.33 米（彩图五一八～五二〇）。

该敌台平面原为长方形，现由于坍塌呈不规则形，顶小底大，剖面呈梯形，用黄沙土夹杂料疆石夯筑而成。台顶中部电信部门以此为基点坐标栽置石桩，破坏了顶部结构，顶部南侧有一塌陷台阶，北壁西北角有坍塌和水冲凹槽，南壁西侧坍塌较宽，东壁中部墙体滑坡，塌陷土依附台体呈陡坡状；台体各壁较陡，壁面因风蚀雨侵、蜂虫蚕食、鼠害、日晒表层片状和粉状剥落等因素，使壁面形成大小不等的坑窝点和凹槽，整体保存一般。登台迹象不明。

该敌台顶部破坏成不规则形，底部残损部分除外，东西 13、南北 14.5 米，顶部东西 3.2—9.1、南北 9.5—10.5 米，南壁残高 4.8、北壁残高 4.5、西壁残高 4.7、东壁残高 4.1 米（图五五六）。夯土层厚 0.18—0.22 米。西壁顶部南侧塌陷有一台阶，东西 1.5、南北 2.7、高 0.6 米；北壁西北角塌

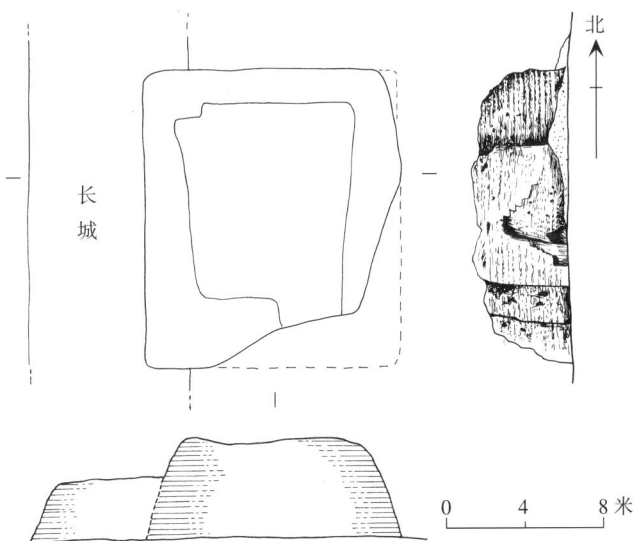

图五五六 夹道敌台平、立、剖面图

陷，进深 0.6、宽 1.5、高 1.6 米，坍塌土堆积高 2 米，中部有风雨侵蚀凹槽，进深 0.6、宽 1.5、高 1.6 米；南壁西端坍塌形成豁口，进深 1.3、宽 3.9 米，底部有风雨侵蚀的凹槽，内凹 0.6、宽 0.4、高 1.1 米。

第三节　卫宁北山胜金关—黑林段长城墙体沿线烽火台

黄河南北两岸调查明代烽火台共 15 座。其中黄河北段发现 11 座，黄河南段发现 4 座。均位于墙体或关堡以外，沿线的烽火台大多建在长城墙体外侧 20—500 米之间，也有建在长城内侧的。个别台体周围有围墙，台体或圆或方，多坍塌，直径或边长一般 8—20、高只有 3—10 米。保存形制有四种：圆形、覆斗方形、长方形和不规则形。立体呈圆锥状或馒头状，纵剖面多呈梯形，其类别除两座采用石块掺砟石土堆砌外，余者均采用黄沙土夹杂碎石块夯筑而成，部分夯层极为清晰。少数墩台因所处地势较高，在单位区域内均处于制高点，当地村民多利用其祭山乞雨在墩台之上进行附加堆积，现呈锥状顶。

1. 胜金 1 号烽火台（编码：640501353201170001；工作编号：ZHWF001）

位于镇罗镇胜金村东 1.6 千米处的山巅之上，系卫宁北山至此突出一山嘴，既作为与中宁县东西长城走向的分界点，又是中卫市境内宁夏西长城的起点，明长城山险盘桓其东西两侧，西南距胜金关隘 192 米。这里地处中卫北部山脉的胜金关山，山脉岩体石峰横峙，东西向由多支梁脊坳谷排列组成，台体巍然矗立在东端突出山嘴之至高点，地势十分险峻，南临黄河，北依低山、盆地；东侧借山坡之势，经人工铲削而成绝壁，南侧从缓冲的山坡中部起，沿山势筑胜金关墙至山脚下，形成一道重要屏障。宝中铁路和 201 省道于此通过（彩图五二一、五二二）。

该烽火台是在自然岩石上直接找平，用黄沙土夹杂料礓石夯筑而成，整体由中心台体、四周围墙及外围场地组成。保存较好。台体平面呈圆锥形实体，顶小底大，剖面呈梯形，周围各壁面保存基本完整，顶部坍塌，台面有风雨侵蚀冲刷的水沟、裂缝及鼠类洞穴，东侧残留两排大小不等的登台脚窝由底盘旋至台顶。四周圆形围墙采用土石混筑，现存围墙底部以上 2/3 处用赭红色片状及块状石块垒砌，石砌以上墙体使用材料与台体一致，为黄沙土夹碎石粒夯筑；围墙东、南墙体因临近断崖陡壁，塌陷较为严重，现存墙体呈坡状堆积几乎与台体底面相平；西、北部墙体保存较好，但土筑部分墙体多已坍塌，使壁面残缺不全。从围墙残留情况看，东南部坍塌围墙的底部有一夯土台，长 1、宽 0.6 米，南北连接中心台体和围墙，推测可能是由围墙进入敌台的门道。在围墙西北侧有一略呈长方形的场地，采用毛石干垒砌筑，墙体多已坍塌，只残留墙体底部，保存一般。墙体内外两侧用较大及规整的石块砌筑，缝隙间填有片状小石块稳定墙体，中间则采用较小的块石垒筑，其用途疑为戍卒屯积军需物资或练兵活动的场所。

覆钵形烽火台底部直径 4.5、顶部直径 3.4、残高 3.3 米。圆形围墙，直径为 6.5 米，墙体宽 0.6、残高 1.4—1.9 米（图五五七）。围墙底部低于烽火台底部 0.8 米，围墙下部残高 1.2—1.6 米，为石头垒砌而成，上部为夯土，部分已破坏，残高 0.2—0.5 米，夯土厚 0.20 米，东侧登台脚窝间距 0.35—0.4、进深 0.05—0.10、宽 0.15—0.2、高 0.06—0.12 米；西北侧外围场地东西 29—31、南北 14.5—16 米，其依山势平缓处而建。墙体均为石块垒砌，宽 1 米，南墙破坏较甚，墙体微外弧，残长 31、残高 0.8—1.2 米，西墙壁较直，残长 16、残高 0.8—1 米，北墙长 28 米，墙体内弧，弧度为 0.6、残高 1 米。

2. 胜金 2 号烽火台（编码：640501353201170002；工作编号：ZHWF002）

位于镇罗镇胜金村三组东 1.55 千米处的西山梁脊最高处，南距胜金关 1 号敌台 92 米，比 1 号敌台略偏西，北距胜金关 2 号敌台 277 米。这里地势险峻，山体起伏较大，长城在此以天然地势形成山险；地表黄沙覆盖，形成多道沙丘链蜿蜒绵亘，山之南北向为黄河冲积平原。宝中铁路和 201 省道从烽火台南部通过（彩图五二三）。

该烽火台利用山势之险要，在山体最高处采用石块掺合砾石土垒筑而成实体建筑，平面呈覆斗形，剖面略呈三角形，顶部较小，台壁坡度较大，表层有人为踩踏过的痕迹，整体保存较差。所使用的材料均为就地取材，所处胜金关山体为岩石（灰岩和砂岩），岩石多裸露，土壤瘠薄，黄沙遍野，选用的青石块大小、长短、薄厚不均，似乎为乱石堆筑，由下向上逐渐收缩，形如蒙古包，未见有具体

图五五七　胜金 1 号烽火台平、立、剖面图

登台之坡道。顶部损毁，直径仅为 0.5 米，底部直径 13、残高 8 米（图五五八）。台体周围布满坍塌的石块和蒿草，流沙侵蚀较为严重。

3. 胜金 3 号烽火台（编码：640501353201170003；工作编号：ZHWF003）

位于镇罗镇胜金村砖厂北 1.24 千米处之山巅，南距长城土墙 95 米。地处胜金关山体梁脊，北侧为山坡和坳谷，西侧为季节性排水沟和乡村公路，南为胜金长城土墙和胜金砖厂，地势平缓，东侧为蜿蜒起伏的山脉（彩图五二四）。

该烽火台由台体及其南侧大小不等的 6 个附属小墩台（狼烟台）组成。现存台体损毁较小，平面呈方形，立面呈梯形。台体是用黄沙土夹杂碎石粒夯筑而成，小墩台则用石块垒砌，形制基本完整，整体保存状况较好。台体因风雨侵蚀，形制由大变小，顶部残损，壁面表层剥落，有多道纵向水冲凹槽及坑窝，西、南壁部分坍塌，壁面凸凹不平，塌陷土呈斜坡状堆积底部，北壁自下而上保存两排登台脚窝，呈圆形，排列较规整，每排 10 个，脚窝大小基本相同，形状一致。左右之间距为 0.3、脚窝之间上下距离 0.35 米，脚窝宽 0.3、高 0.25、进深 0.08—0.15 米。该烽火台顶部残损，平面呈长方形，底部略呈正方形，边长 10 米，顶部东西 5、南北 3 米，高 6 米（图五五九）。

台体南壁东西两侧均有小墩，西侧 1 个，东侧 5 个，大致呈一字形排列，其采用大小、薄厚不均的青石块砌筑，平面形制呈圆形，剖面呈梯形。

小墩修筑方法为先用石块垒砌一圆形空间，现残高 0.70—1.1 米，在梯形空间内填满黄沙土，最后在黄沙土上覆盖一层石块形成一整体，现顶部多已残损，顶小底大，周围蒿草丛生，料石遍野。东侧小墩排列长度为 37 米，西侧小墩距台体 3.6 米。为了便于区分由西向东依次编号为 L1—L6，其中，L1 位于台体西侧，L2—L6 位于台体东侧。

L1：底部直径为 3、顶部直径 0.5、残高 1 米。L1 距 L2 15 米；

L2：底部直径 5、顶部直径 0.6、残高 0.7—1.1 米。L2 与 L3 间距 2.8 米；

L3：底部直径 3.2、顶部直径 0.5、残高 0.6—1.2 米。L3 与 L4 间距 3 米；

L4：底部直径 4.8、顶部直径 0.5、残高 1 米。L4 与 L5 间距 4.2 米；

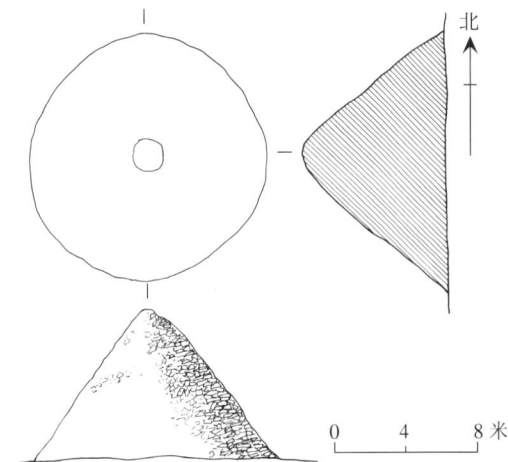

图五五八　胜金2号烽火台平、立、剖面图

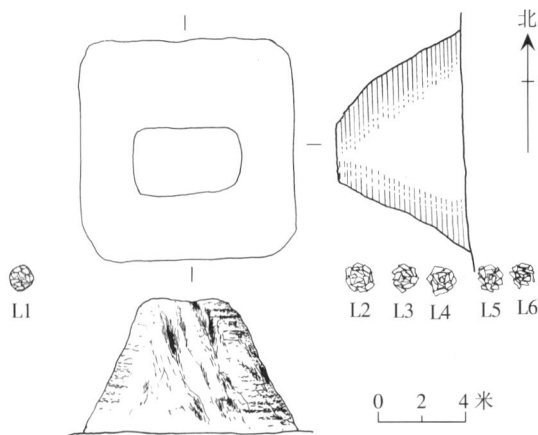

图五五九　胜金3号烽火台平、立、剖面图

L5：底部直径3.2、顶部直径0.6、残高0.8米。L5与L6间距2.2米；

L6：底部直径5、顶部直经0.55、残高0.8米。

4. 胜金4号烽火台（编码：640501353201170004；工作编号：ZHWF004）

位于镇罗镇胜金村九组北1千米处山坡上，西南距长城墙体150米，地处环境为缓坡状山体，地势起伏不平，周围有自然排水沟，北部为坳谷，分布有张家山汉墓群，东部和西部多为鱼脊梁山脉，南部为平原耕地（彩图五二五～五二七）。

该烽火台是在东高西低的缓坡地表上，依山体地势先铺垫一层碎石粒找平，其上采用黄沙土夯筑而成的方台形实体建筑。四周棱角因风雨侵蚀已剥落无存，现存平面略呈圆形，顶小底大，剖面呈梯形。台体因损毁保存形制较小，但轮廓清楚，东、西、北壁面倾斜坡度略小，裸露夯层清晰可见，底部均有坍塌土堆积；南壁上部塌陷形成断面较陡，坍塌土呈坡状堆积至中部，东壁部分坍塌，壁面微内凹，进深0.55、宽1.35、高0.85米。因表层风蚀剥落，登台迹象不明。底部直径为9.5米；顶部残损，平面呈不规则形，东西5.2、南北3.4米；残高4米（图五六〇）。夯土厚0.1—0.15米。

5. 李园烽火台（编码：640501353201170005；工作编号：ZHWF005）

位于李园村西北1.8千米处的北山梁脊，东北距李园敌台1.05千米，南距长城墙体53米，长城北侧为李园乡级公路和民用便道。地处沙漠丘陵，北靠山脉，南临坳谷，西侧有一季节性排水沟和人为挖掘取土形成的断崖，周边地势东南高西北低，在烽火台与长城墙体之间有一坳谷相隔，地表生长有沙嵩、沙蓬、芨芨草等植物。

该烽火台由台体及台体东侧南北向排列9座附属小墩组成（彩图五二八、五二九）。整体保存一般。台体呈覆斗形，顶部小于底部，立面呈梯形。用黄沙土夹杂碎石粒夯筑而成。小墩亦呈覆斗形，顶小底大，剖面呈梯形，保存较好。其修筑方法为包石砌法，先采用较规整的石块围砌成长方形，层层向上，

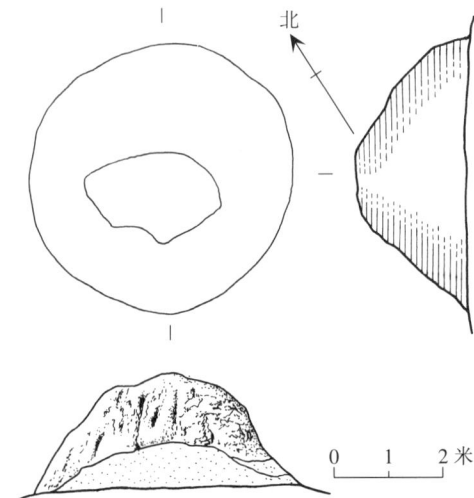

图五六〇　胜金4号烽火台平、立、剖面图

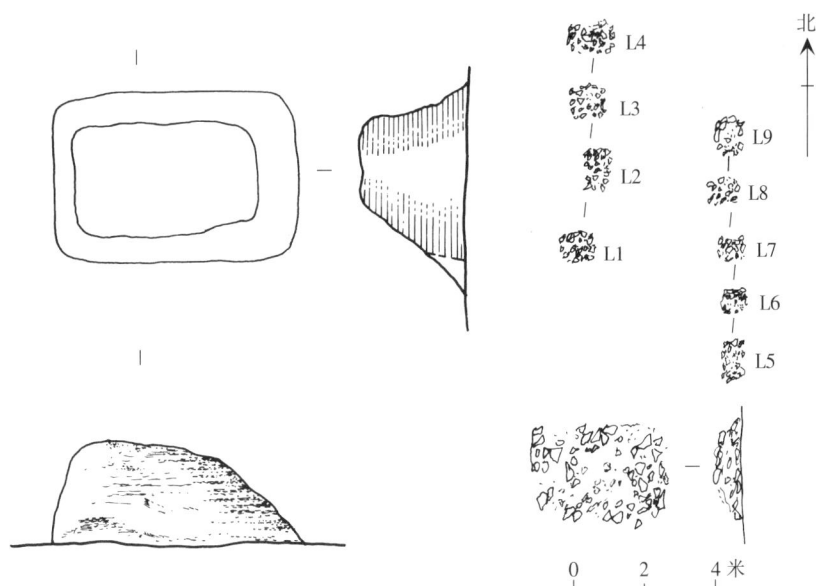

图五六一　李园烽火台平、立、剖面图

逐渐收分缩小，在立面梯形空间填充黄沙土（与台体土质相同）至顶部，最后在顶部铺垫一层平整石块形成包石狼烟台。如此砌法可能是为了减少石料的用量或防止塌陷。

小墩顶部坍塌风化严重，平面呈不规则形，高低不平。台体上有裂缝上下贯通，可看出台体由4版墙体组成；台体东壁有2排登台脚窝，每排各7个，脚窝大小、形状、尺寸基本相同。西壁塌陷，断面有风蚀凹槽，底部可见多个鼠类洞穴，台体和小墩周围布满野生蒿草和料石块。

烽火台底部东西7、南北4.6米，顶部东西5、南北3.2米，残高2.5—3米（图五六一）。夯层厚0.15—0.2米。整个台体由4版墙体组成，每版墙体东西3.2、南北2.7米；东壁登台脚窝上下间距0.2、左右间距0.35米，脚窝略呈长方形，宽0.2—0.23、进深0.15、高0.15米。

台体东侧有2排小墩，南侧纵列4座，由南向北编号L1—L4，总长度为21米；北侧纵列5座，由南向北编号L5—L9，总长23.5米。南北小墩间距26.6米。南侧第一座小墩与烽火台南壁位于同一水平线，两者间距为57米。两排小墩外包石墙厚均在0.12—0.20米。

L1：底部东西2.6、南北2.4米，顶部东西1.85、南北1.6米，残高1.05米。与L2间距1.7米。

L2：底部东西2.9、南北2.5米，顶部东西1.75、南北1.5米，残高1.1米。与L3间距1.5米；

L3：底部东西3.1、南北3.8米，顶部东西2.45、南北3米，残高1米。与L4间距1.6米；

L4：底部东西3.8、南北3.1米，顶部东西2.7、南北1.5米，残高1.1米。与L1间距15.8米。

北侧5座小墩偏北13.4米，其第一座小墩距长城墙体44米，第三座小墩与烽火台南壁大致呈水平线，两者间距为88米。编号为L5—L9。

L5：底部东西3.4、南北4米，顶部东西2.15、南北2.65米，残高1米。与L6间距1.3米；

L6：底部东西3.2、南北2.6米，顶部东西1.8、南北宽1.2米，残高1.2米。与L7间距2.7米；

L7：底部东西3.3、南北3米，顶部东西1.9、南北1.55米，残高1.2米。与L8间距1.9米；

L8：底部东西3.1、南北3.3米，顶部东西2、南北1.85米，残高1.1米。与L9间距2.1米；

L9：底部东西2.9、南北3.8米，顶部东西1.35、南北2.6米，残高1.2米。

6. 金沙烽火台（编码：640501353201170006；工作编号：ZHWF006）

位于东园镇金沙村北800米处西山梁之巅，南距长城墙体556米，东南距李园1号烽火台796米。

这里地处腾格里沙漠边缘地带，以丘陵盆地为主，台体周围地势西高东低，北临沟壑断崖，东南侧为平缓坡地，沙尘流失形成多处沙丘链，地表生长有稀疏蒿草（彩图五三〇）。

该烽火台平面呈覆斗形，顶小底大，立面为梯形。采用黄沙土和灰褐色沙土夹杂碎石料夯筑而成。保存一般。台体建在山梁自然砾石地表上，先铺垫一层灰褐色纯净土找平，基础厚0.06—0.12米，其上用灰褐色土夹杂碎石料夯筑至3.1米，从3.1米处又改用黄沙土夹杂碎石料夯筑至顶部。台体顶部东西两侧塌陷，从暴露出的墙体接缝看，烽火台是由4版墙体组成，墙体为南北向排列，共2排，每排2版，东西3.3、南北2.7米，各墙体的夯筑方法相同，下部为灰褐色土夯筑，上部为黄沙土夯筑。台体各壁面凹凸不平，南壁有后期人为挖的登台脚窝，破坏了台体壁面；东、西、南壁底部受风雨侵蚀，均有凹槽，致使台体有坍塌危险；台体东、南壁布满蜂洞和鼠洞，北壁西侧有塌陷夯土立于墙体底部。

烽火台底部东西7.2、南北5米；顶部东西4、南北2.6米，顶部由于坍塌，东西两侧比中部低1.1米；台体残高5.6、东西两侧残高4.5米（图五六二）。台体南壁底部凹槽进深0.6、高0.18—1.2米；东壁底部凹槽进深0.2、高0.2米；西壁北侧凹槽宽1、进深0.5、高0.3米。

7. 郭滩烽火台（编码：640501353201170007；工作编号：ZHWF007）

位于东园镇郭滩村西北和新星村东交界处，北距郭滩长城墙体32米，东南距金沙2号敌台1.715千米。地处山梁台地最西部，周围地势北高南低，北侧为山脉梁脊，南为沙漠平原，有东西向一条乡村便道从烽火台南侧通过，东侧为两道长城土墙交汇处，西侧为新星1队麦场和柔石公路（彩图五三一）。

该烽火台平面呈方形，顶小底大，立面呈梯形。用黄沙土夹杂少许碎石粒夯筑而成。台体高大，壁面风蚀剥落且多处坍塌，台顶和底部周围长满蒿草，塌陷土成坡状堆积，登台情况不详，整体保存一般。顶部塌陷残损，平面呈不规则形；西壁坍塌与台顶形成1.9米的高差；北壁坍塌，残留中底部，与顶部形成3米的高差；东、南壁坍塌与顶部形成1.1米的台阶；西壁近底部有人为取土掏挖的凹槽，宽4、进深3.9、高1.2米，壁面有风蚀、蜂虫、鼠类蚕食洞穴及人为涂抹的字样。从墙体接缝看，现存台体是由16版墙体组成，共4排，每排4版，东西向排列，每版墙体东西3.4、南北2.4米。各壁面夯土层清晰可见，南壁残留17、西壁残留20、北壁西端残留20、东端残留30层；东壁南端残留8、北端残留30层，夯层均厚0.2米。台体底部边长15.8米；顶部东西8.4—11米，南北西侧10.8、东侧8.8米；残高12—14米（图五六三）。

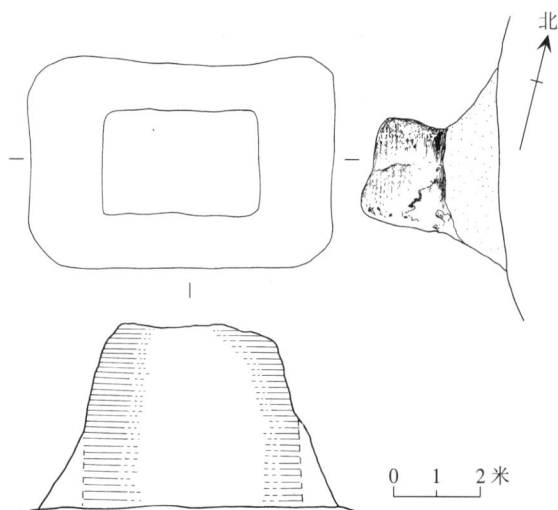

图五六二　金沙烽火台平、立、剖面图

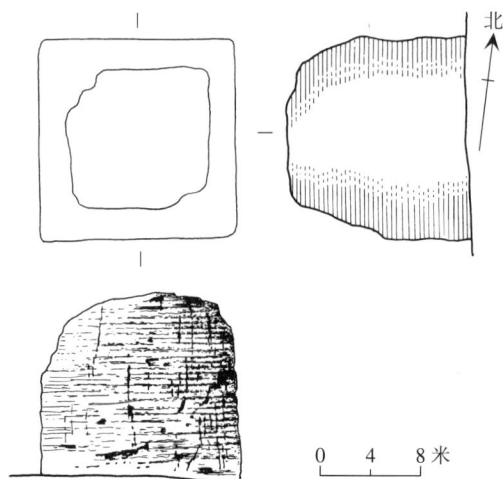

图五六三　郭滩烽火台平、立、剖面图

8. 新星烽火台（编码：640501353201170008；工作编号：ZHWF008）

位于东园镇新星村北 2 千米处山脉脊梁北部边缘，东侧为长城，东南距新星 1 号敌台 818 米。这里地处荒沙丘陵和山地，地势南低北高，山顶多呈楞状，山坡陡峭，台体偏北矗立于山巅之上，山势险要，视野宽阔，北侧有一大坳谷，现为排水沟，西临沟壑，南为山地平原，现代寺庙——长城寺建于烽火台西南 110 米处，其周边环绕乡村便道（彩图五三二）。

该烽火台由空心台体、南侧门道、嘹望孔及东西侧 2 排大小不等的 10 个附属小墩台（狼烟台）组成。空心台体平面呈长方形，顶小底大，立面呈梯形。四壁墙体用黄沙土夹杂少许碎石粒夯筑，顶部损毁结构不明，四壁墙体多已坍塌，仅存底部，南、东、西壁外围堆土呈斜坡状。北壁较陡，台体内底填满坍塌夯土，中部有人为挖毁的圆坑。从墙体接缝看，四面墙由 12 版小墙体组成，每面 3 版，每版墙体长 1.8—2.5、宽 1.3 米，南壁有人为破坏的断面，夯层及夯窝清晰可见，夯层厚 0.2—0.22 米，夯窝宽 0.08—0.1 米，夯窝密集，部分地方重叠；在南壁东侧开辟一进入烽火台的门道，平面呈长方形，宽 1、进深 1.3 米。在墙体东壁和北壁上有 3 个嘹望孔，均残留底部，平面呈梯形，其中北壁 1 个嘹望孔，内宽 0.5、外宽 1.1、进深 1.3、残高 0.15 米；东壁有 2 个嘹望孔，靠北侧嘹望孔内宽 0.7、外宽 1、进深 0.7、残高 0.1 米，南侧的内宽 0.4、外宽 0.6、进深 0.7、残高 0.07 米。整体烽火台底部外围东西 7、南北 7.8 米；顶部内东西 3.9—4、南北 2.7—3.6 米，外东西 5.9—6、南北 5.3—5.6 米；内底残高 0.7、外底残高 3.1 米（图五六四）。台体东、西墙宽 0.5—0.7 米，南、北墙宽 1.0—1.3 米。

在台体东西两侧各修筑 5 座附属小墩，呈人字形排列，平面形制为方形和长方形，顶小底大。顶部多已损毁，保存一般。其构筑形式为先用较规整的毛石块垒砌成空心方形，逐层向上收分至界定高度，再在立面梯形空间内填入黄沙土，最后在沙土之上铺垫一层石块，由此砌筑成包石小墩。第一排西侧小墩全长 37.5 米，由北向南编号为 L1—L5；第二排东侧小墩全长 57 米，由北向南编号为 L6—L10。

L1：底部东西 3.5、南北 3.6 米，顶部东西 2、南北 2.5 米，残高 0.8 米。距烽火台 70、距 L2 3.9 米；

L2：底部东西 2.5、南北 3.5 米，顶部东西 1.60、南北 2.55 米，残高 1.1 米。与 L3 间距 4.9 米；

L3：底部边长 2.5 米，顶部东西 1.5、

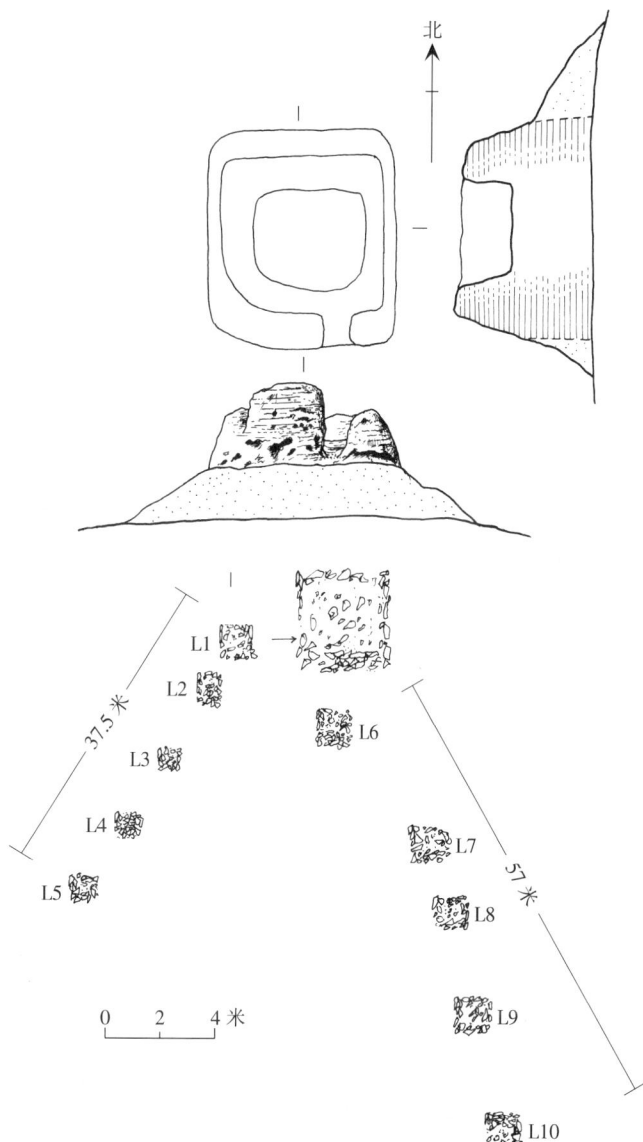

图五六四　新星烽火台平、立、剖面图

南北 1.4 米，残高 0.8 米。与 L4 间距 5 米；

L4：底部东西 2.9、南北 2.7 米，顶部边长 2.5 米，残高 0.9 米。与 L5 间距 4.4 米；

L5：底部东西 2.9、南北 2.6 米，顶部东西 1.6、南北 1.4 米，残高 0.6 米。与 L1 间距 37.5 米；

L6：底部边长 4 米，顶部东西 2.9、南北 3.2 米，残高 1.1 米。与 L1 间距 7.5、与 L7 间距 11.3 米；

L7：距 L8 7.4 米，底部东西 4.4、南北 4 米，顶部东西 3.2、南北 2.8 米，残高 0.9 米。与 L8 间距 7.4 米；

L8：距 L9 9.3 米，底部东西 3.7、南北 3.5 米，顶部东西 2.5、南北 2.05 米，残高 0.8 米。与 L9 间距 9.3 米；

L9：距 L10 8.5 米，底部边长 4 米，顶部东西 1.9、南北 2.8 米，残高 1.2 米。与 L10 间距 8.5 米；

L10：距 L6 57 米，底部东西 3.9、南北 4.1 米，顶部东西 2.5、南北 2.8 米，残高 0.6 米。与 L6 间距 57 米。

9. 红武烽火台（葡萄墩）（编码：640501353201170009；工作编号：ZHWF009）

位于东园镇红武村北 9 千米处的沙漠腹地，北与内蒙古自治区阿拉善左旗毗邻，南距红武 2 号敌台及长城墙体 8.36 千米，是现存烽火台中距长城外线最远的一座，当地人称"葡萄墩"。这里地处沙漠腹地，周边地势为低洼平缓的沙地，形成多道沙丘链蜿蜒绵亘，站在台顶视野开阔，大漠南北旷野尽收眼底，南与红武敌台遥相对望，地势非常险要（彩图五三三、五三四）。

该烽火台平面呈方形，顶小底大，立面呈梯形。保存较好。整体大致分两部分垒砌，先在原生砾石台地上，采用大小、薄厚、长短不均的赭红色石块错缝垒砌加高成一个较大的方形平台，方形空间内以碎石料夹沙土填充，石块缝隙间用红胶泥填抹，局部缝隙较大处以片状小石块填塞。为了稳固边墙的重心防止台体裂塌，在修至 1.7 米高时，在其上东西向不等距离平置一层椽木，往上垒砌至 3.9 米处，再同向平置一层椽木，由此为了平稳石墙的外倾张力，最后采用碎石料夹沙土直接堆积至顶部。现存台体顶部塌陷，平面略呈方形，西、南、北壁全为碎石料堆筑，看不到石墙痕迹，因人为踩踏及风雨侵蚀，现已呈斜坡状堆积至底部。东壁立面陡直，建筑结构清晰，中部隐约可见蓬木椽头外露。底部有人为破坏的洞穴，疑似原作为古墓葬被盗掘，附近有近现代墓葬移取了部分台体石料作坟头，顶部有测绘部门栽桩挖坑，均对台体造成不同程度破坏。壁面未发现早期登台痕迹，南壁只见现代人为上下踩踏形成的一条小路。

该烽火台底部直径 30.6 米；顶部边长 5.6 米；石墙体边长 16、宽 1.80 米；残高近 7.8 米（图五六五），其中石墙高 1.9、石墙之上碎石料堆积高 5.4 米。东壁人为破坏较为严重，挖掘的洞底宽 3、顶宽 8、高 1.7 米；第二层圆木处有人为挖毁进入台体的洞穴，宽 1.80、进深为 2.3、高 1.7 米。

东壁裸露有 2 层圆木，第一层距地表 1.7 米，可见 7 根圆木南北向平置，圆木直径均为 0.1 米，排列总宽 2.6 米，第一根圆木距第二根圆木 0.3 米，距破坏坑南壁 2.2 米，直径 0.1 米；第二个距第三个圆木间距 0.33 米；第三个距第四个圆木 0.3 米；第四个距第五个圆木 0.26 米；第五个距第六个圆木 0.23 米；第六个距第七个圆木 0.28 米；第七个距第一个圆木 2.6 米。

第二层圆木距现地表 3.9 米，可见共有 6 根圆木南北向平置，圆木东段均已残，直径 0.1 米，排列总宽 1.8 米。第一根圆木距第二根圆木 0.2 米；第二根距第三根 0.26 米；第三根距第四根圆木 0.28 米；第四根距第五根圆木 0.13 米；第五根距第六根圆木 0.17 米；第六根距第一根圆木 1.8 米。

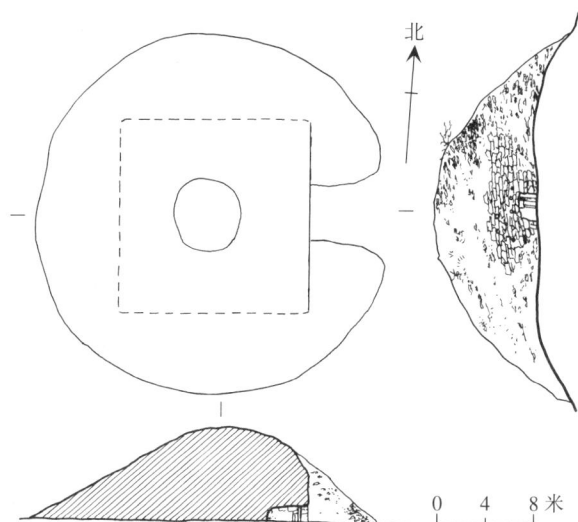

图五六五　红武烽火台平、立、剖面图

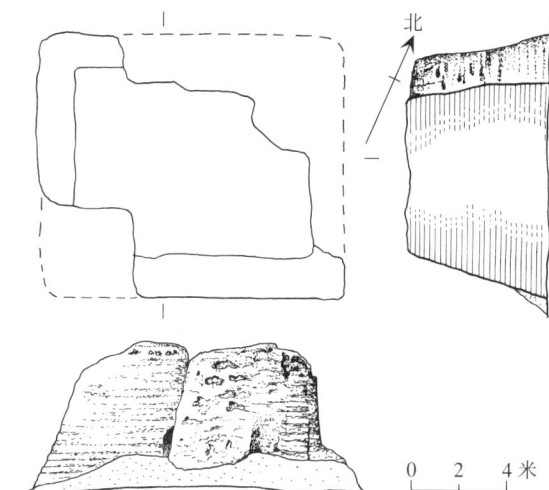

图五六六　夹道烽火台平、立、剖面图

10. 夹道烽火台（编码：640501353201170010；工作编号：ZHWF010）

位于迎水桥镇夹道村东南 900 米，距长城墙体东侧 18 米，东北距姚滩 3 号敌台 2.4 千米，西南距夹道 1 号敌台 1.25 千米。这里地处腾格里沙漠西南缘的浮沙盆地，北临高墩湖，四周有固沙防护林和居民；东南侧为养鱼场，周边基本为沙漠覆盖区，草原化荒漠植被覆盖率低，地表生长有沙蓬和蒿草等植物（彩图五三五、五三六）。

该烽火台由于坍塌平面呈不规则形，顶小底大，剖面呈梯形。是用黄沙土夹杂料礓石夯筑而成，整体保存较差。受风雨侵蚀、顶部南侧自然

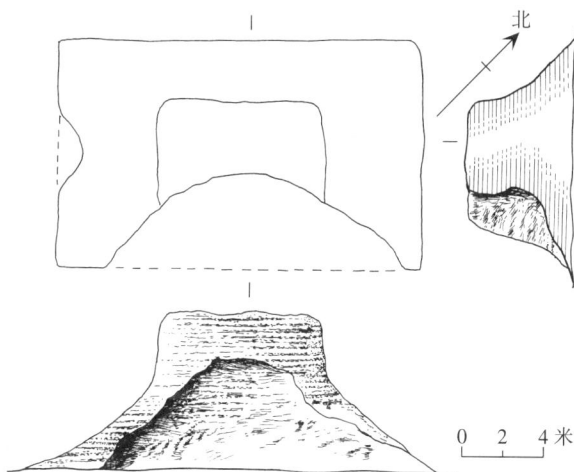

图五六七　黑林烽火台平、立、剖面图

垮塌，形成一豁口，呈北高南低阶梯状。台体壁面均有不同程度损毁，西南角坍塌上下同宽至底部；东壁北侧坍塌较为严重；北壁保存较好；南壁中部有两排自下而上的登台脚窝，台体表层风化剥落，有裂缝上下贯通，底部风蚀内凹。周围沙蓬蒿草丛生，西侧有人为堆积的沙土与台体同宽，东侧有一乡村便道绕台体而行。从剖面观察，烽火台是由 16 版墙体组成，共 4 排，每排 4 版，夯层较清晰，墙体残缺不全。底部东西 8.5—13、南北 11 米；顶部东西 4.3—7.7、南北 5.7—7.5 米，中部完整部分东西 10 米；残高 5.3—6 米（图五六六）。夯层厚 0.15—0.25 米。顶部南端缺口宽 1.10、进深 2、高 1.8 米。

11. 黑林烽火台（编码：640501353201170011；工作编号：ZHWF011）

位于迎水桥镇黑林村五组西 500 米，北距夹道关堡 7.04 千米，东距黑林长城墙体 741 米。这里地处黄河冲积平原，地势平坦开阔，南临黄河，北依腾格里沙漠南缘，东侧为美利渠之首段，东南侧为黑林村 5 组居民区，烽火台居于村民杨顺智开辟的果树园中，人为取土破坏较为严重（彩图五三七）。

该烽火台平面呈覆斗形，顶小底大，立面呈梯形，黄沙土夹杂少许碎石粒夯筑而成。台体壁面破坏严重，20 世纪 70 年代当地居民利用北壁建造了砖瓦窑，破坏了台体的原始风貌，顶部人为掏挖成

月牙形，东壁和南壁人为取土形成凹槽，西壁坍塌成坡状堆积至底部；由于挖取砖窑使台体中部悬空，加之周围有獾、兔及鼠类洞穴，导致残存台体随时有坍塌危险，夯土层不明晰，登台情况不详。现存台体底部东西17.8、南北10.8米；顶部东西8.1米，南北西端宽4.6、中部宽3.5、东端宽4.5米；残高7.5米（图五六七）。西壁坍塌斜坡距台顶高差5米；东壁中部凹槽，宽3.6、进深1.2、高2.85米；南壁底部内凹0.55米；修建砖窑破坏北壁东西长14.5米。

第四节　卫宁北山胜金关—黑林段长城墙体沿线关堡

此次调查发现明代关堡共7座。其中黄河北段发现4座，南段发现3座。依所处的自然地理环境可分五种类型：扼守山险型（如胜金关）、黄土塬顶型（如夹道关）、沙丘平原型（如姚滩1号、2号堡）、环山背水型（如下滩1号、2号堡）、临河而建型（如米粮营子堡）。平面形状多为长方形，梯形、不规则形（类似簸箕形状）各1座。关堡围墙均采用黄土夹杂少许碎石料夯筑而成，保存状况多较差，大部分墙体已不复存在，只能看出其大致的范围。

1. 胜金关（编码：640501353101170001；工作编号：ZHWGB001）

位于今卫宁两地交界处，镇罗镇胜金村东南约2千米，卫宁北山至此突出一山嘴，直抵黄河岸边，胜金1号烽火台屹立于山巅之上，如蛟龙探水之势扼守黄河岸边的隘口。胜金关借北高南低的北山坡之势，从缓冲的山腰起，沿山势筑关墙至山脚下，南有黄河天险，北依山崖，东眺卫宁山川盆地，西望中卫县城，视野开阔，地势险要，为天然关隘，明长城盘桓其上，形成重要屏障。

胜金关因其地势险要，"胜过金陵潼关"，故名胜金关。被誉为"山河相通，一线之路，以通往来，然一夫扼之，万夫莫过"之言，成为宁夏西长城"城防四险"之首关。《弘治宁夏新志》载："胜金关：在城东六十里，成化年间参将张翊筑。因山扼险，其下倚河为固，设兵防守。"万历四十一年（1613年）又重新修葺。明清时期均在此设兵驻守。清同治四年（1865年），灵武回民起义军攻陷胜金关，守关将领甘肃提督梁生岳与1500余名官兵及民团无一幸存，当时关隘被焚，设施破坏殆尽。

现存关隘由四面墙体及4座马面组成。整体保存现状较差。坐北朝南，原关城遗址为方形，现存平面形制不规则，略呈簸箕形，城垣采用黄土夹少许碎石粒夯筑而成。四面墙体东墙、南墙、北墙仅存墙基部分，西墙损毁无存；南、北墙体坍塌，东西两侧外弧内收，西墙消失处有多处土坑及机械取土痕迹，均人为所致；遗存马面4座，均突出墙体，分布于东墙中部和两端拐角处、南墙西端墙体消失处。除东墙中部马面保存较好，形状呈长方形，其余保存较差，其形状、大小不清。关内黄沙覆盖，地表凸凹不平，生长有蒿草、芨芨草等植物，201省道从关堡南侧通过。1956年，修筑包兰铁路在西侧穿山开凿隧道，对关墙原始风貌破坏较为严重。

关垣损毁程度不同，现存最高8、最低0.3米，夯土层厚0.1—0.15米。大致轮廓清晰，但关门倾圮无存，地势东北高西南低，形制南宽北窄，周长229米，占地面积约3500平方米（图五六八；彩图五三八）。

北墙残长47米。西端坍塌内弧与现地表相平；只残留东端，保存较差，仅存墙基。底宽2、顶宽0.7、残高0.3米。

东墙保存较好。墙体中部高大，两侧宽窄不一，壁较直。全长69米。底宽1.6—6.5、顶宽0.6、残高1.5—8米。墙垣有一豁口，为山洪冲刷形成，豁口上部宽4、下宽2.8米。

南墙残长 58 米。墙体略外弧，残留东部，西端已破坏消失。保存较差。隐约可见墙体走向，破坏的墙体断断续续根基无存。残存墙体底宽 2.45、顶宽 0.6、残高 0.8 米。南墙外侧 5 米处树立长城保护标志碑一通，上书"自治区文物保护单位 长城（墙体、烽火台、关堡）　中卫市人民政府 2008 年 5 月立"。碑通高 1.3、碑身高 0.8、宽 1、厚 0.1 米，碑座高 0.5、宽 1.2、厚 0.5 米。

北墙与东墙相接处马面大部分已被破坏，只残留基础部分，东西 4、南北 2、残高 0.85 米。

东墙中部马面保存较好，平面形状呈长方形，东西 10、南北 4.5 米，凸出墙体部分近 4 米，高 8 米。夯土层厚 0.08—0.18 米。马面顶部散布有残砖及石块。

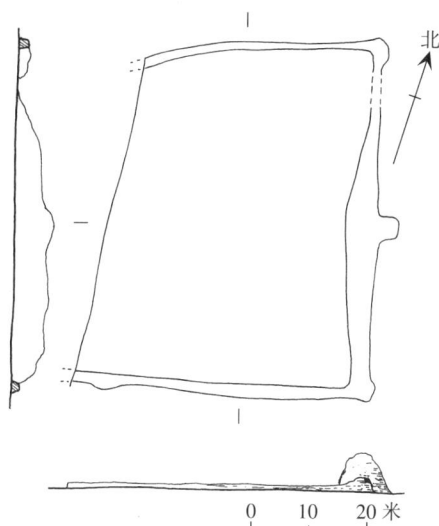

图五六八　胜金关平、立、剖面图

东墙与南墙相接处马面保存情况较差，只残留底部，东西 5、南北 4、残高 0.75 米。夯土厚 0.1—0.15 米。

南墙断口向东 4 米处马面保存情况差，仅存部分根基，略能看清为马面，东西 3.5、南北 3、残高 0.90 米。夯土厚 0.08—0.15 米。

2. 姚滩 1 号堡（镇关墩）（编码：640501353101170002；工作编号：ZHWGB002）

位于迎水桥镇姚滩村西北约 1.5 千米，堡城南墙与长城土墙体及姚滩 2 号敌台（俗称四方墩）相连成一线，东南距姚滩 2 号堡 28 米，当地人称"四方墩北城"。该关堡地处腾格里沙漠南缘盆地，周围地势平坦，黄沙覆盖，西南侧有小面积固定和半固定流动沙丘，东侧为南北向道路横向穿越长城，北侧为千岛湖旅游开发区，承建的千岛湖东门牌坊在城堡东侧。

此城始建年代史无明载，姚滩南北两城堡，从其修筑规模、布局特点和管辖的长城范围来看，四方墩敌台与两城堡应同是明时史料记载的镇关墩。《弘治宁夏新志》记载，宁夏中卫在弘治年间所管辖的长城范围："自镇关墩起至天关墩止，长二百一十里。"由此可认为镇关墩应创建于明弘治年以前。该工程结构严密，设施格局独特。从军事防御看，既能迅速传递军情，又能及时控制来敌架梯攻城，一旦兵临城下，便于指挥守城的兵士居高临下射击，这是"两城相应，左右相救"的兵法在军事战略上的运用。镇关墩为明代中卫北部重要关隘，也是当时管辖和调遣中卫长城沿线若干墩台及关堡的最高指挥部，为阻挡漠北鞑靼的入卫扰掠，发挥着十分重要的作用。

现存城堡由四面墙体、南城门、北楼台构成。坐北朝南。大致城廓清晰，整体保存一般。平面形制略呈方形，墙垣采用黄沙土夹杂碎料礓石夯筑而成。四面墙体唯东墙保存尚好，其余墙体坍塌严重，仅存根基且均被黄沙覆盖。城门开于南墙近中部，残留底部痕迹；北墙内侧近中央筑一墩台与墙体相连，突出部分顶部与墙体同高，南与姚滩 2 号敌台遥相对望，应为城堡设施的城楼，其主要功能用于观察敌情，传递信息。城堡内外近年开发旅游人为破坏较为严重，城池内随处可见大小不等的土坑及简易房基，东西向有一条水泥板铺垫的便道通向敌台。

该城堡墙体采用黄沙土夹杂料礓石夯筑而成，城门处夯土则为灰褐色夹杂料礓石，质地坚硬；现存墙体高低不等，最高 4.1、最低 0.5 米，夯土厚 0.15—0.2 米，关堡周长 542 米，占地面积 17684.5 平方米（图五六九；彩图五三九）。

北墙全长 124 米。保存一般。风沙覆盖严重。顶部残损，墙体顶部偏东多被风沙淤成沙丘，内侧

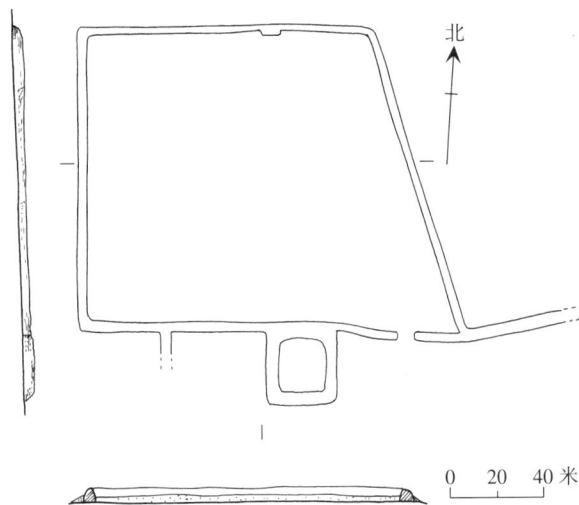

图五六九　姚滩1号堡城平、立、剖面图

墙体均有坍塌，墙体长满黑刺、蒿草。外侧沙尘覆盖至顶部，呈坡状堆积，坡度较小，生长有柠条；北墙顶部宽1.5—2、残高1.25—2.2米，底部黄沙淤积尺寸不详。近中部凸出一楼台，位于墙体内侧，平面呈长方形。保存一般。底部东西7.8、南北3.6米，残存顶部东西7.6、南北3.1米，现残高2.4米。顶部散布有零星的瓦片、残砖等建筑构件，其用途疑为城楼坍塌或为铺舍所遗留，楼台西侧被风沙覆盖，并高出墙体0.8米。残留的主墙（两侧护墙坍塌）是由3.6、6.5米等长度不等的分版墙体连接，墙体西端有坍塌的夯土块，从夯土块观察夯窝为圆形，直径0.1

米，夯窝较为密集，部分地方重叠。

东墙全长128米。保存较好。墙体整体向外倾斜较大，形成城堡平面呈南宽北窄的长方形。墙体外侧风沙覆盖至顶部，呈斜坡状，坡度较小；内侧风沙覆盖较少，只残留主墙体，内侧护墙基本已坍塌或滑坡，东墙顶部宽2.7、南部残高1.8、中部残高4.1米，夯土厚0.20米；墙体内侧护墙宽0.7米。主墙体纵面版筑接缝清晰，由3.7、4.5、5.7、5.8、6.3、7.3米宽度不等的墙体组成。顶部因受风雨侵蚀，略呈弧形。墙体内侧北部堆积有乱石块及人为挖掘的坑窝，南侧坑宽1.2、进深1.2、现高0.5米；中部坑宽1.5、进深0.8、现高0.9米；北侧坑宽0.80、进深0.9、现高0.3米。

南墙全长165米。总体保存较差，只残留墙基部分。西端保存相对较好，夯土厚0.15—0.2米，顶部宽4、残高0.9—3.4米；内侧墙体坍塌，主墙是由3.5、3.7、5.1、8.2米宽度不等的版筑墙体组成。在南墙西南拐角向东36米处，长城土墙由东向西于此折向南拐去，西南拐角向东76米处和姚滩2号敌台北壁相连，并在一条线上。由此该城堡南墙起到三个遗迹共享一面墙体的作用，即南墙利用了早期长城的墙体，并与敌台相连接，既可减少用土量，也可减少用工量。南墙东侧墙体与敌台东壁衔接处，墙体向外倾斜2米，形成与长城土墙体在一条线上，并在此开设城堡的南门，仅残存基础部分，顶部有坍塌的凹槽，宽2.3、进深0.4、残高0.75米。

西墙全长125米，风沙覆盖严重，保存一般。北端较差，墙体长满柠条、沙蓬、蒿草等植物，中部有坍塌夯土块，夯土厚0.15—0.2米，主墙体由2.8、4、6.7、8.2米长度不等的版筑墙体组成。墙体顶宽2.9、残高0.5—2.2米，内侧护墙均已坍塌，外侧风沙覆盖至顶部。

城门位于城堡南墙偏东，宽8、进深3.5、门两侧残高0.6米，仅存根基，结构不详。堡内有现代建筑基础部分，东西5.1、南北6.8米。北侧有机械取土掏挖的深坑，东西5、南北9、深1.4米。

3. 姚滩2号堡（镇关墩）（编码：640501353101170003；工作编号：ZHWGB003）

位于迎水桥镇姚滩村西北，西南距姚滩2号敌台34.5米，西北距姚滩1号堡28米（图五七〇），北墙距长城墙体32米，当地人称"四方墩南城"。城堡地处腾格里沙漠南缘盆地，周围地势较平坦，城池内外基本被流沙吞噬为沙地，墙体一侧多为沙丘梁脊，东南侧大面积的流沙呈斜坡状堆积，流沙外围种植防护林带，南墙外侧有一条通向龙宫庙的便道。城堡处在长城墙体内侧，高大雄伟的敌台巍然矗立在两城之间，中间以长城相隔，成为防御两城内外的前沿消所，其布局结构在宁夏明长城沿线军事设施中极为少见，说明当时的军事工程技术具有一定的先进性（彩图五四〇）。

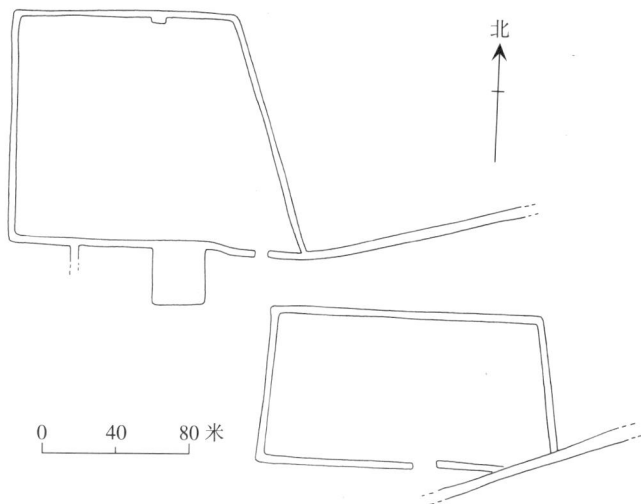

图五七〇　姚滩1号、2号关堡平面位置关系图

现存堡城由四面墙体及南城门组成。坐北朝南。大致城廓清晰，整体保存一般。平面呈长方形，城垣采用黄沙土夹杂碎料礓石夯筑而成。四面墙体均已坍塌成土垄状，其上多被黄沙覆盖，东西墙体走向基本与1号堡东西墙平行对应，墙体东南角已被开拓便道破坏消失，东北角、西北角有人为取土掏挖的坑窝，东墙近中部有一坍塌缺口，南墙沙尘覆盖严重。四面墙现能看清的全部是主墙体，两侧护墙体均坍塌被黄沙湮没，城门位于城堡南墙中部，仅残留底部痕迹（图五七一）。

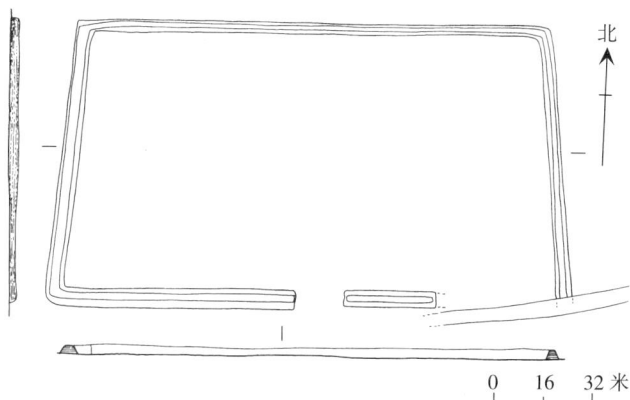

图五七一　姚滩2号关堡平、立、剖面图

该堡墙垣损毁较为严重，现存墙体最高3.6、最低0.5米，夯土厚0.15—0.2米；地势东南略高于西北，形制南宽北窄呈梯形，堡周长482米，占地面积13149.5平方米。

北墙全长149米。保存较好。墙体外侧黄沙覆盖至顶部，顶部残损，其上长满蒿草、柠条等植物。墙体内侧护墙体坍塌，墙体顶宽3.1、残高1.3米，夯土厚0.15—0.2米。由西向东40米处有一豁口，宽2、进深4、高0.4米。东部拐角有一缺口东西宽3.2、进深2.1、高0.3米，均为洪水冲刷形成。

东墙全长83米。保存一般。内侧护墙亦已坍塌，外侧黄沙覆盖至顶部，呈斜坡状，内侧黄沙覆盖较少，只残留主墙体和外侧护墙。东墙底宽5、顶宽2.1、残高3.2米。夯土厚0.2米。中部有一坍塌缺口至底部，宽1、进深0.6、高2.3米，南部墙体被路基破坏，长度不详。

南墙全长165米。保存一般。东部被便道破坏，只残留西部。墙体底宽6、顶宽2、残高3米。

西墙全长85米。保存一般。大部分被黄沙覆盖，只有北部墙体内侧裸露。墙体底部宽3、残高0.5米，顶部残损。

在南墙中部残存城门基础部分，宽15.4、进深4.2、两侧残高0.8米。墙体外侧长满蒿草、沙蓬等植物。

4. 夹道堡（编码：640501353101170004；工作编号：ZHWGB004）

位于迎水桥镇夹道村东300米台地之上，东北距夹道1号敌台2.68千米，南距黑林烽火台7.04千米，夹道关墙垣与长城土墙相连。该关地处腾格里沙漠南缘和高墩湖古河道侵蚀形成的台地之上，表层发育为质地较粗的淡灰钙、风沙夹砾石土层，周围地势平坦，视野开阔，多为耕地和鱼塘。此地

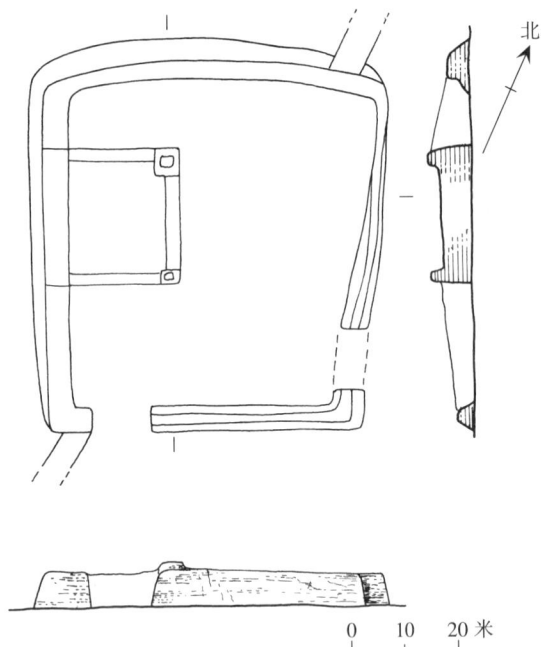

图五七二　夹道关堡平、立、剖面图

鱼业养殖发达，耕地内多开辟为鱼塘，对长城及关垣造成不同程度破坏。关东南侧为坳陷沉积构成的小盆地，当地村民多居住于此；西北侧为低山坳谷，此关正扼守于山川谷口处。关城始建年代不详（彩图五四一～五四五）。

现存关城由四面墙体、南城门、西楼台组成。坐北朝南。平面呈长方形。采用黄沙土夹杂碎石粒夯筑而成，整体保存一般。关垣北、西墙建于长城土墙体之间，并利用了部分长城墙体，与关墙合二为一。关墙是由南向北修建，残存西墙和南墙壁面较直。西墙内侧筑长方形楼台一座，台体坍塌，四个拐角处残墙较高，中部较低；南墙偏西开设城门，门两侧墙体业已损毁，北墙与长城土墙北端相连，南墙与长城土墙南端相连，由此将长城分为两段。关墙东南部、西南部受风雨侵蚀、人为取土破坏，

仅存墙基，部分墙体濒临消失（图五七二）。

残存关墙最高 7、最低 1.7 米，夯土层厚 0.15—0.2 米。城池规模较小，内外多被黄沙覆盖，地势西北略高于东南。关城周长 247 米，占地面积 3568 平方米。

北墙全长 62 米。保存较好。墙体略向外弧，两侧风沙覆盖较为严重。顶部宽 3.1、残高 1.5 米。墙体由宽 3.8、4.4 米不等版筑墙体组成，墙体内侧残留木板痕迹，木板长度不清，板宽 0.2 米。夯土厚 0.2 米。墙体上长有柠条、蒿草，表面有河床小石子。

西墙全长 64 米。保存一般。西北角坍塌，西南拐角处仅残留基础部分，依靠西墙内侧修筑楼台一座，楼台西墙与关堡西墙中部相连。西墙底宽 7.1、顶宽 4.3、残高 2.6—7 米。夯层厚 0.15—0.2 米。西墙是由 1.4、1.2、1.6 米宽度不等的版筑墙体组成，拐角处墙体加宽为 3.1 米。

南墙全长 58 米。保存一般。西侧向东 8 米处开设城门，只残留底部，形制不详，残宽 11 米，门两侧墙体多有损毁。南墙底宽 4.8、顶宽 1.8、残高 1.2—3.2 米。夯土厚 0.2 米。墙体内侧坍塌严重，立面接缝可见南墙由 3.1、3.5 米不等的版筑墙体组成。

东墙全长 63 米。保存一般。南部墙体损毁消失近 11 米，只残存北部，风沙覆盖严重。底宽 5.5、顶宽 1.5、残高 5 米。夯土厚 0.15 米。

楼台位于关堡西墙内侧，坐西向东，轮廓清楚，平面呈长方形，黄沙土夹碎石粒夯筑而成。楼台东西 20、南北 24、残高 0.5—3.3 米，楼台中部较低，南、北、西残墙较高，东部地势低洼呈斜坡向下延伸，地表沙尘覆盖，墙体遗迹不甚清晰。

楼台西墙全长 24 米。保存一般。顶部残损，部分墙体雨水冲刷形成冲沟，顶宽 4.5、高 1 米；与关堡西墙同宽，西墙两个拐角保存较高，西北角残高 1.3、西南角残高 1.6 米，墙体两侧黄沙覆盖呈坡状堆积。

北墙全长 20 米。保存较差。墙体西端保存 3.7 米残墙，宽 2、残高 1.1 米，中部基本与底面相平。北墙东端拐角处有一土台体，保存较好，平面呈方形，东西 4.5、南北 5、残高 3.3 米，顶部残损，高低不平，局部坍塌，但较小，底部有风雨侵蚀形成的凹槽，台体表面凹凸不平，有蜂蚀蚕

洞。此土台的形成有两种可能，一种是楼台东墙塌毁残存的拐角，另一种功能是作为嘹望台使用，便于观察敌情。

南墙保存较好，全长20米，墙体基本残留底部，宽2、残高1.2—3米，其中西南角残高1.6、中部残高1.2、东南角残高3米。南墙东端与北墙东端相同，均有一土台，但形制较小，东西3.5、南北2.5、残高3米，其形成原因同上。

第九章 中卫市黄河南岸下河沿—南长滩段长城墙体及其相关设施

第一节 黄河南岸下河沿—南长滩段长城墙体

南段长城位于黄河以南，东起下河沿，沿黄河西行，穿山越岭，经北长滩达南长滩，调查至观音崖，与甘肃省靖远县交界。黄河南段长城经过常乐、迎水桥、香山3个乡镇14个行政自然村，总长度近75千米。

南段长城所处环境多为沟壑丘陵区、山脉和台地。墙体材质分为土墙、山险墙（铲削墙、劈山墙）、石墙（亦称当路塞、短墙）。实地调查墙体52段（依保存现状细可划分为165小段）。该段长城防线是利用黄河之阻，扼守山势之险峻，凡在山势缓坡之险处临河劈山削石，形成峭壁；山沟峡谷跨越处，采用山石垒砌形成当路塞；平缓的山冈则就地取材，利用黄沙土夹杂碎砾石夯筑。黄土修筑的墙体总长度为6671.6米。夯层平均厚度约0.15—0.2米。此段长城在悬崖陡壁处多为山险墙，且保存一般，总长度达68288.1米。山险墙多利用险要经人为加工形成险阻，所处位置多依山势地形环绕，延绵不断；大部分铲削墙多位于山沟间或墙体险要（临河一面）地段的外侧，是长城沿线防御体系的一个重要补充。石墙基本以当路塞为主，距离多不长，黄河南岸山体高大险峻，山中沟谷尤多，凡在溪谷地带、黄河边能够入境的所有山谷、山沟及大小豁口均填以土石，或筑成短墙，封堵沟谷要害作为防御工事，所采用的材料基本为就地取材，选用较为规整的大小石块垒砌，缝隙间多填以片状石料或泥土加以稳固。

南段长城整体保存现状一般，唯有起点下河沿现为采煤矿区，在长城东西横贯穿越矿区住地向西南山梁延伸的一段墙体保存相对较好。长城主体虽呈东西向延伸，但因地理位置环境复杂，每段墙体的走向多依山势地形的变化而随之改变。黄土夯筑墙体的结构与北段墙体大体一致，但保存现状不如北段完整（表七）。

表七 西长城下河沿—南长滩段墙体类型及保存状况统计表 （单位：米）

类别 \ 现状	较好	一般	较差	差	消失	合计
土墙	1250.6	2340	1445	772	864	6671.6
山险墙	0	68288.1	0	0	0	68288.1
总计	1250.6	70628.1	1445	772	864	74959.7

下面依据实地调查情况将南段长城由起点自东向西依次介绍如下。

1. 下河沿 1 段土墙（编码：640501382101170016；工作编号：ZHWQ016）

下河沿 1 段长城起点位于常乐镇下河沿煤矿厂房北门口。呈东北—西南走向。终点止于下河沿村南 100 米，墙体向西南延伸，与下河沿 2 段长城相接。全长 1655.9 米。墙体以黄沙土为主，夹杂黄沙、砂石混合夯筑而成，质地较松软。底宽 5.4—8.5、顶宽 2.2—3.8、残高 2.2—8.2 米。夯层厚 0.1—0.25 米（图五七三；彩图五四六～五五二）。

该段墙体北临黄河南岸 380 米，隔河与黄河北岸长城遥相对应，为黄河南段长城起点。下河沿以黄河南岸方位而得名，聚落为带状，以采矿为业，是本地区开采烟煤矿区。该段墙体地处香山余脉北缘，地势平坦，两侧均为住房、农田。20 世纪五六十年代，当地农民建房、开荒、造田、取土、拓路等人为破坏形成豁口 5 处。风沙侵蚀、山洪冲刷、植物生长对墙体损毁较为严重。消失墙体长达 254 米，均辟为农田，种植杂粮农作物。北与迎大公路平行。依走向及保存现状可划分为 6 个自然段。

第一段，G064—G065 点，长 225.8 米。因黄河天险将长城分为河南、河北两段，此段墙体是黄河南段起点。保存一般。北临黄河，西北与北段长城止点西沙咀相距 1.394 千米。墙体向西南方向延伸，底宽 8.5、顶宽 2.1、残高 2.5—7.8 米。黄沙土夯筑，含沙量较大，土质松软，夯层厚 0.12—0.25 米。紧靠墙体北侧通柏油路一条（迎大公路），在墙体南侧煤矿建厂时将墙体削去三分之一砌成围墙，长达 80 米。自起点向西 51 米处墙体北侧树立长城保护标志碑一通，上书"中卫县人民政府 1990 年 2 月 17 日立"，碑高 0.76、宽 0.43、厚 0.11 米。自起点向西南 150 米处墙体有一豁口，豁口宽 6.1 米（通便道）。豁口以西墙体坍塌、人工掏洞较多，两侧均为农田。

第二段，G065—G066 点，长 163.5 米。墙体消失。此段墙体 20 世纪 50 年代，当地农民造田、建房、通路时挖毁，现辟为农田，种植玉米、小麦。

第三段，G066—G067 点，长 460.8 米。保存一般。此段墙体两侧为农田、民房，常年有水浸泡，加之人为掏挖窑洞，致使现存墙体坍塌较多。底宽 6.2、顶宽 2.4、残高 3.5—5.7 米。夯层厚 0.2—0.23 米。因风沙、雨水侵蚀，遍体布满了黑色苔藓、风蚀虫洞。南壁纵面分版夯筑接缝明显，长度分别为 1.45、1.6、1、1.1 米。横断面呈梯形，分 3 版夯筑，接缝清晰，中间为主墙，底宽 0.8 米，壁面陡直；南北为护墙，南护墙底宽 0.8、北护墙底宽 0.8 米，外壁均呈斜坡状。自起点向西 84 米处墙体有一豁口，豁口宽 10.1 米（通便道）；自起点向西南 190 米处墙体有一豁口，豁口宽 30 米（通水泥厂便道）。豁口以西墙体北侧 3—10 米为民房。自起点向西南 315 米处墙体有一豁口，豁口宽 22 米（通便道）。豁口以西残存墙体为黄土夹砂石粒夯筑，含砂石量较大。墙体裸露处分版夯筑接缝明显，纵面长度为 2.6、3.6、5 米。此段止点处墙体保存较好，横断面呈梯形，分三版夯筑，分版接缝明显，中间为主墙，底宽 5.4 米，壁面陡直；南北为护墙，南护墙底宽 1.9、北护墙底宽 1.6、残高 7.5 米。夯层厚 0.15 米，外壁均呈斜坡状。

第四段，G067—G068 点，长 85.7 米。保存差。该段墙体因当地农民建房时将顶部铲平，承作房屋地基（建房 10 间），现结构不详，基础尚存。

第五段，G068—G069 点，长 604.7 米。保存较好。该段墙体南临山体，北临民房。现存墙体较高，底宽 7.2、顶宽 2.2—3.8、残高 6.1—8.2 米。黄土夹砂石夯筑，含砂石粒较大，夯层厚 0.12—0.18 米。南壁纵面墙体分版夯筑接缝清晰，分别为 4.2、2.6、5.3、6 米。自该段起点向西南 372 米处墙体有一豁口，豁口宽 7.6 米。豁口以西墙体坍塌较多，在坍塌土中有夯窝遗存，夯窝分布密集，直径 0.11 米。

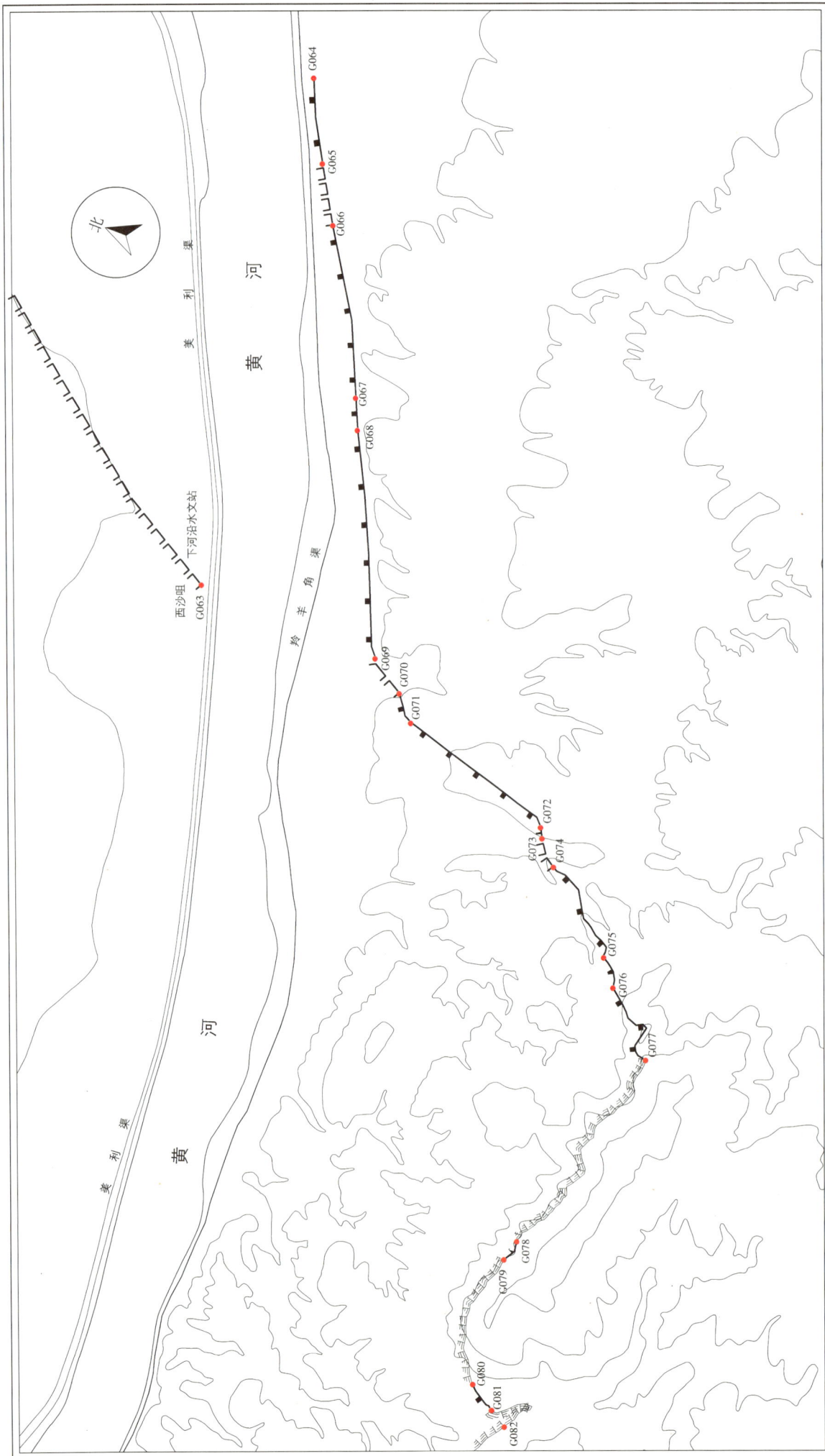

北

黄 河

美 利 渠

西沙咀

下河沿水文站

G063

G064

G065

G066

G067

G068

黄 河

羚 羊 角 渠

G069

G070

G071

G072

G073

G074

G075

G076

G077

G078

G079

G080

G081

G082

美 利 渠

黄 河

图五七三 中卫黄河南岸下河沿1段、2段土墙、上河沿长城走向图

第六段，G069—G070 点，长 115.4 米。墙体消失。此段墙体因山水沟（东沟）常年流水，墙体冲毁，现通砂石路出入山间。

2. 下河沿 2 段土墙（编码：640501382101170017；工作编号：ZHWQ017）

下河沿 2 段长城位于常乐镇下河沿村南 100 米，呈东北—西南走向。起点沿下河沿村南山体向西南延伸，终点止于上河沿村南约 3 千米。墙体东北与下河沿 1 段长城相接，向西南延伸与上河沿 1 段长城（山险墙）相接，全长 1296.5 米。该段墙体以黄土为主，夹杂黄沙、砂石分层夯筑而成。墙体底宽 4.7—10、顶宽 1.4—3.5、残高 1.4—8 米，黄土夯层厚 0.06—0.33 米；砂石层厚 0.05—0.1 米（参见图五七三；彩图五五三~五五五）。

该段墙体地处香山余脉北缘，地势平坦，东临下河沿煤矿，北侧均为住房、农田。20 世纪 50 年代，当地农民建房、开荒、造田、取土、通路等人为破坏形成豁口 2 处（彩图五五六~五五八）。风沙侵蚀、山洪冲刷、植物生长对墙体损毁较为严重。消失墙体长达 77 米，现辟为农田，种植农作物。墙体向西南延伸至上河沿村依山势修筑。西气东输天然气管道在豁口处，从地下打洞埋设管道通过；中营高速公路架桥东西向通过。依走向及保存现状分为 7 个自然段。

第一段，G070—G071 点，长 85.7 米。保存较差。墙体向西南方向延伸，黄沙土夯筑，含沙量较小，土质松软。底宽 4.7、顶宽 1.4、残高 5 米。夯层厚 0.15—0.20 米。墙体东接山水冲沟（东沟），西临 1 号井煤矿，北距黄河约 700 米。

第二段，G071—G072 点，长 451.3 米。保存较好。墙体向西南方向延伸，底宽 6.3、顶宽 1.3、残高 6.8 米。黄沙土夯筑，含沙量较小，土质较硬，夯层厚 0.13—0.2 米。墙体西侧底部有后期人为掏挖窑洞 3 处，1 号窑洞门高 1.5、宽 0.9、进深 2.7 米；2 号、3 号窑洞高 2.5、宽 3.25、进深 6.2 米。墙体东侧壁面分版夯筑接缝明显，长度分别为 3、1.7、3.8、2.5 米。墙体向南 185 米处有一豁口，豁口宽 3.9 米（通便道）。西气东输输油管道从豁口底部打洞穿过。

第三段，G072—G073 米点，长 32.9 米。保存一般。此段墙体西临 1 号矿井冲沟，常年流水导致墙体冲毁，现中营高速公路从 1 号井冲沟之上架桥东西向通过。该段止点处墙体底部修建高速公路时砌成护坡，高 3 米。墙体为黄土夹砂石土分层夯筑，断面夯层清晰可见，共 28 层。底宽 10、顶宽 2.3、残高 8 米。黄土夯层厚 0.16、砂石层厚 0.04—0.1 米。

第四段，G0073—G074 点，长 80.6 米。墙体消失。此段墙体被 1 号矿井旁的水冲沟常年流水冲毁，现中营高速公路架桥东西向通过。

第五段，G074—G075 点，长 297.2 米。保存一般。该段起点处墙体底部修建高速公路时砌成护坡，高 3 米。墙体为黄土夹砂石土分层夯筑，底宽 10、顶宽 3.1—3.5、残高 1.4 米。黄土夯层厚 0.06—0.1、砂石层厚 0.03—0.05 米。自该段起点向西 140 米处墙体有一豁口，豁口宽 5 米。该段起点向西南 230 米处墙体东侧有黄土夯筑敌台一座（下河沿敌台）。自该段起点东侧树立全国重点文物保护单位标志碑一通，上书"国务院 2001 年 6 月 25 日公布　自治区人民政府立"。碑高 0.8、宽 1.2、厚 0.12 米；碑座长 1.5、宽 0.36、高 0.26 米。

第六段，G075—G076 点，长 87.7 米。保存较差。墙体向西南方向延伸，底宽 7.4、顶宽 3.3、残高 2.1 米。墙体采用黄沙土夹砂石土分层夯筑而成，含沙量较大，土质松软，黄土夯层厚 0.15—0.33、砂层厚 0.05—0.13 米。

第七段，G076—G077 点，长 261.1 米。保存差。此段墙体向西依山体地势延伸，底宽 7.4、顶宽 3.2、残高 2.7 米。黄沙土夹砂石夯筑，含沙量较大，土质松软，夯层厚 0.08—0.16 米。

3. 上河沿 1 段山险墙（编码：640502382105170018；工作编号：ZHWQ018）

上河沿 1 段长城起点位于常乐镇上河沿村南约 3 千米，基本呈东南—西北走向。起点沿上河沿村南烟洞梁山脉向西依山势蜿蜒盘旋，终点止于上河沿村南山脉之上。东与下河沿 2 段长城（土墙）相接，向西延伸与上河沿 2 段土墙相接。该断墙体为铲削类山险墙，利用山势之险，临河一面险要处劈山削石，形成峭壁，作为防御（参见图五七三；彩图五五九）。

该段山险墙分布在烟洞梁山体之上，山体为褚红色石山，山脉岩体石峰横峙，沟壑纵横，荒无人烟。山险墙依山体走势划分为一段，G077—G078 点，长 651.4 米。保存一般。山险墙利用自然天体沿山势走向，利用水冲沟坡面，将临河山脊北缘半山腰，铲削出陡峭的壁面，壁面陡直，为褚红色石块，壁面高 3.8—7 米。山险墙北侧为水冲沟，距沟底落差约 75 米。

4. 上河沿 2 段土墙（编码：640501382101170019；工作编号：ZHWQ019）

上河沿 2 段长城起点位于常乐镇上河沿村南约 3.2 千米，基本呈东南—西北走向。该段是连接两山之间的短墙（亦称当路塞、山口墙），墙体东与上河沿 1 段长城（山险墙）相接，向西延伸与上河沿 3 段长城（山险墙）相连。墙体以自然地表为基础，采用黄土和砂石分层夯筑而成（参见图五七三；彩图五六○）。

该段墙体地处烟洞沟梁沟壑处，地势较高，南临下河沿煤矿，北临黄河。因山洪冲刷、植物生长对墙体损毁较为严重。依构筑材料及保存现状分为一段，G078—G079 点，长 62.2 米。保存一般。此段为土墙，采用黄土和砂石分层夯筑而成。墙体底宽 6.2、顶宽 3、残高 4.2—5.8 米。黄土夯层厚 0.2、砂土层厚 0.05 米。

5. 上河沿 3 段山险墙（编码：640502382105170020；工作编号：ZHWQ020）

上河沿 3 段长城起点位于常乐镇上河沿村南约 3 千米，基本呈东北—西南走向。起点沿上河沿村南烟洞梁向西南蜿蜒盘旋。墙体东北与上河沿 2 段长城（土墙）相接，西南与上河沿 4 段长城（土墙）相连。墙体为铲削类山险墙。依材质及走向划分为一段，G079—G080 点，长 367.4 米。保存现状一般。该段山险墙利用自然山体，将临河山体脊部北缘削为陡峭的壁面，壁面陡直，裸露出褚红色岩壁。高 4—7 米。山险墙沿山体走势向西 109 米盘旋上山顶后又转折由南下山（参见图五七三；彩图五六一）。

6. 上河沿 4 段土墙（编码：640501382101170021；工作编号：ZHWQ021）

上河沿 4 段长城起点位于常乐镇上河沿村南约 3.5 千米，呈东北—西南走向。该段墙体是连接两山之间的短墙（即山口墙），墙体东北与上河沿 3 段长城（山险墙）相接，向西南延伸与上河沿 5 段长城（山险墙）相接。墙体为土墙，依自然为基础，断面呈梯形，黄土夹砂石粒夯筑而成（参见图五七三）。

该段墙体地处烟洞梁沟壑处，地势较高，北临下河沿煤矿和沙坡头堤坝。因山洪冲刷，墙体冲毁长达 45 米，山洪水顺沟流入黄河。修桥铺路、植物生长、虫鼠类动物洞穴、放牧踩踏对墙体造成一定破坏（彩图五六二、五六三）。依材质及保存状况分为一段，G080—G081 点，长 86.4 米。保存较差。黄土夹砂石夯筑，底宽 7.5—10、顶宽 2.8、残高 4.2 米。夯层厚 0.12—0.18 米。该段起点处有一山水冲沟，冲沟宽 45 米（通便道）。

7. 上河沿 5 段山险墙（编码：640502382105170022；工作编号：ZHWQ022）

上河沿 5 段长城起点位于常乐镇上河沿村西南约 4 千米，基本呈东—西走向。起点沿上河沿村南烟洞梁山体向西蜿蜒延伸。墙体东与上河沿 4 段长城（土墙）相接，向西延伸与大湾烟洞沟 1 段长城

（土墙）相接，全长 1123.8 米。为劈山类山险墙，利用山势之险，劈山削石，形成峭壁，作为防御。
（图五七四；彩图五六四）

该段墙体地处烟洞梁山脉，地势较高，在崇山峻岭的山脊上，将临河山峰北壁劈削成高不可攀的石墙，工程艰险、浩大、奇特。山险墙南临下河沿煤矿，北临黄河、沙坡头堤坝，从沙坡头隔河远眺，山顶尖峰峭壁如墙，高耸云天。因植物生长、洪水冲击对墙体造成一定破坏。境内黄土夯筑敌台（上河沿敌台）一座。依其走向及保存现况划分为 7 个自然段。

第一段，G081—G082 点，长 221.6 米。保存较好。该段山险墙东与土墙连接向西延伸，随山体曲折迂回之走势将临河山脊北缘劈为陡峭的壁面，劈痕明显，壁面高 3.5 米。北约 3.8 千米处为沙坡头水利枢纽工程。

第二段，G082—G083 点，长 162.9 米。保存一般。沿山体向西南延伸，将山体脊部北缘劈为陡峭的壁面，壁面高 3.5 米。

第三段，G083—G084 点，长 116 米。保存一般。向西北延伸，将山体脊部东缘劈为陡峭的壁面，壁面高 4.2 米。

第四段，G084—G085 点，长 161 米。保存一般。向西延伸，将山体脊部北缘劈为陡峭的壁面，壁面高 6.4 米。

第五段，G085—G086 点，长 73.4 米。保存一般。向西南延伸，将山体脊部北缘劈为陡峭的壁面，壁面高 5.5 米。

第六段，G086—G087 点，长 121.3 米。保存一般。向西南延伸，将山体脊部北缘劈为陡峭的壁面，壁面高 2—3.6 米。自起点西南 48 米处敌台一座（上河沿敌台）。

第七段，G087—G088 点，长 267.6 米。保存一般。向西南延伸，将山体脊部北缘劈为陡峭的壁面，壁面高 5.3 米。

8. 大湾—烟洞沟 1 段土墙（编码：640501382101170023；工作编号：ZHWQ023）

大湾—烟洞沟 1 段长城起点位于常乐镇大湾村南 5 千米处，呈东南—西北走向。该段墙体为土墙，是连接两山间山水冲沟的短墙（山口墙），现存墙体保存较差。墙体东北与上河沿 5 段长城（山险墙）相接，西南与大湾烟洞沟 2 段长城（山险墙）相接。采用黄土和砂石土分层夯筑而成（参见图五七四；彩图五六五）。

大湾为上游村驻地。以黄河由北向东大转弯而得名，聚落为月牙湾形，以牧兼农业为主。该段墙体地处烟洞梁山脉之烟洞沟，地势较高，南临倪台煤矿，北临黄河。因山洪冲刷，墙体冲毁长达 27 米，山洪沿沟流入黄河。植物生长、虫鼠类动物洞穴、放牧踩踏对墙体造成破坏。依材质及保存状况分为一段，G088—G089 点，长 88.4 米。保存较差。墙体以自然地表为基础，采用黄土和砂石土分层夯筑。墙体底宽 6.7、顶宽 2.1、残高 6 米。黄土夯层厚 0.2、砂石土层厚 0.05 米。

9. 大湾—烟洞沟 2 段山险墙（编码：640502382105170024；工作编号：ZHWQ024）

大湾—烟洞沟 2 段长城起点位于常乐镇大湾村南 5 千米处，呈东—西走向。起点沿烟洞梁山体向西蜿蜒延伸，墙体东北与大湾—烟洞沟 1 段长城（土墙）相接，西南与大湾—烟洞沟 3 段长城（土墙）相接。该段墙体为铲削类山险墙。（参见图五七四；彩图五六六）

该段山险墙地处烟洞沟西南，地势较高，在崇山峻岭的山脊上，将临河山体北壁劈削成整体山险墙。墙体南临倪台煤矿，北临黄河、小口子煤矿。因洪水冲刷、植物生长，对墙体造成一定程度的破坏。按照材质及保存情况分为一段，G089—G090 点，长 55.8 米。保存一般。山险墙是将山体脊部北缘削为陡峭的壁面作为防御。铲削加工痕迹明显，壁高 4 米。

10. 大湾—烟洞沟 3 段土墙（编码：640501382101170025；工作编号：ZHWQ025）

大湾—烟洞沟 3 段长城起点位于常乐镇大湾村南 5.5 千米，呈东北—西南走向。该段墙体为土墙，是连接两山之间水冲沟及山势较低矮处设置的短墙（山口墙）。墙体东北与大湾—烟洞沟 2 段长城（山险墙）相接，西南与大湾烟洞沟 4 段长城（山险墙）相接（参见图五七四；彩图五六七）。

该段墙体地处山体沟壑中，地势较高，南临倪台煤矿，北临黄河、小口子煤矿。因山洪冲刷、植物生长、虫鼠类动物洞穴、放牧踩踏，对墙体造成一定破坏。依墙体材质及保存现状分为一段，G090—G091 点，长 118 米。保存一般。墙体以自然地表为基础，采用黄土和砂石土分层夯筑而成。底宽 7.8、顶宽 1.8、残高 4.6 米。黄土夯层厚 0.14、砂石层厚 0.04 米。

11. 大湾—烟洞沟 4 段山险墙（编码：640502382105170026；工作编号：ZHWQ026）

大湾—烟洞沟 4 段长城起点位于常乐镇大湾村南 6.2 千米，呈东北—西南方向。起点沿烟洞梁向西南蜿蜒盘旋延伸至关家沟口，全长 502.9 米。墙体东与大湾—烟洞沟 3 段长城（土墙）相接，向西南延伸与大湾—烟洞沟 5 段长城（土墙）相接。墙体为铲削类山险墙，壁高 1.5—8.5 米（参见图五七四；彩图五六八、五六九）。

该段山险墙地处烟洞沟西南，地势较高，在崇山峻岭的山脊上，将山体劈削成高不可攀的石墙。墙体北临黄河、小口子煤矿；迎大公路与长城、黄河平向相行。因山体滑坡，水土流失对墙体造成破坏。依走向及保存情况划分为 3 个自然段。

第一段，G091—G092 点，长 263 米。保存一般。该段山险墙东与土墙连接向西延伸，将山体脊部北缘削为陡峭的壁面作为险阻，南侧为斜坡，铲削加工痕迹明显，壁高 3.2—4.5 米。

第二段，G092—G093 点，长 126.5 米。保存一般。该段山险墙绕山势由西南盘旋下山，将山体脊部北缘削为陡峭的壁面，铲削加工痕迹明显，壁高 3—4.5 米。

第三段，G093—G094 点，长 113.4 米。保存一般。该段山险墙继续沿山势向山下延伸，将山体缓冲处铲削为陡峭壁面的同时，壁面底部保留有长约 70 米用于攀爬行走的羊肠小道，宽 0.8—1.7、山险墙壁面高 1.5—2.6 米。

12. 大湾—烟洞沟 5 段土墙（编码：640501382101170027；工作编号：ZHWQ027）

大湾—烟洞沟 5 段长城起点位于常乐镇大湾村关家沟口处，呈东北—西南走向。该段墙体为土墙，起点沿关家沟山体向西南延伸至小湾冰沟，全长 883.7 米。墙体北与大湾—烟洞沟 4 段长城（山险墙）相接，西南与大湾—烟洞沟 6 段长城（山险墙）相接。该段墙体依自然地表为基础，采用黄土夹杂砂石粒夯筑而成。墙体底宽 8—8.8、顶宽 2.2—3.1、残高 4—11.5 米。夯层厚 0.1—0.2 米。（参见图五七四；彩图五七〇~五七二）

该段墙体地处关家沟以西香山余脉北缘，地势较高，东北临小口子煤矿（常乐镇第二煤矿），北临迎大公路、黄河。由于风沙侵蚀、山洪冲刷、植物生长对墙体损毁较为严重。关家沟常年流水形成豁口，豁口宽 67 米。依走向及保存现状分为 3 个自然段。

第一段，G094—G095 点，长 168.4 米。保存较差。因关家沟常年流水形成豁口，豁口宽 67 米。墙体底宽 8、顶宽 2.2、残高 7 米。黄沙土夯筑，夯层厚 0.1—0.15 米。

第二段，G095—G096 点，长 374.2 米。东北—西南走向。保存一般。该段土墙沿山脊向西南上山，因雨水冲刷，坍塌较多。墙体底宽 8.8、顶宽 3.1、残高 4—11.5 米。采用黄土和砂石土分层夯筑，黄土夯层厚 0.2、砂石土夯层厚 0.05 米。

第三段，G096—G097 点，长 341.1 米。东—西走向。保存状况差。该段土墙沿山脊向西延伸，因雨水冲刷，坍塌严重，仅存残迹，结构不明。

13. 大湾—烟洞沟 6 段山险墙（编码：640502382105170028；工作编号：ZHWQ028）

大湾—烟洞沟 6 段长城起点位于常乐镇大湾村南约 2 千米，呈东北—西南走向。该段墙体为山险墙，起点沿烟洞梁由东北向西南延伸至冰沟。墙体东与大湾—烟洞沟 5 段长城（土墙）相接，西南与小湾—冰沟 1 段长城（土墙）相接。墙体为铲削类山险墙，是将山体北缘铲削为峭壁，可见削剥的石块、碎石堆积在顶部（参见图五七四；彩图五七三）。

该段山险墙地处关家沟与冰沟之间的山体脊梁处，地势较高，利用山体脊部，将山脊两边劈削成岩石壁面，削剥的石块、碎石堆积在顶部，以此加高了防御工事。山险墙北临黄河、小口子煤矿；迎大公路与长城、黄河平向相行。因山体滑坡，水土流失对墙体造成破坏。依走向及保存情况分为一段，G097—G098 点，长 268 米。保存一般。该段山险墙向西延伸下山，将山体脊部两侧削为陡峭的壁面，人为加工痕迹明显，高 3.5—5.6 米。碎石块堆积高 1.6—2.7 米。

14. 小湾—冰沟 1 段土墙（编码：640501382101170029；工作编号：ZHWQ029）

小湾—冰沟 1 段长城起点位于常乐镇小湾村南约 3.5 千米，基本呈东—西走向。该段墙体为土墙，是连接冰沟的短墙。起点沿冰沟向西与山体连接。墙体东与大湾—烟洞沟 6 段长城（山险墙）相接，西与小湾—冰沟 2 段长城（山险墙）相接。墙体以自然地表为基础，采用黄土夹砂石土混筑而成，断面呈梯形，底宽 8.2、顶宽 1.3—4.2、残高 4.7 米。夯层厚 0.12—0.15 米（参见图五七四；彩图五七四~五七七）。

小湾在上游村南，以黄河急流小转弯得名，聚落为带状，以牧兼农业为主。冰沟古称徐冰水，在常乐镇上游村境内，东南起站马营、西北至大柳树北边入黄河，长约 4800 米，是碳山西边较大的山洪沟，因徐冰水而得名冰沟。徐冰水之名在《大清一统志》《甘肃新通志》均载："嘉靖十六年总督刘天和修干沟、干涧六十余里，挑岩壕堤各一道，谓之横大边，复自徐冰水，迄鸣沙州黄河岸修一百二十五里，谓之梁家泉新边。"又云："徐冰水在西安所北一百余里，旧边在堡西南，新边在堡东北，为固原西路"。按其地理位置，古徐冰水即今常乐镇大柳树处冰沟水，也即冰沟。因黄河在大柳树峡谷结冰封冻时，冰凌积续截河水从沟内流入山间，故以续冰同音为徐冰水也。该段墙体地处冰沟，地势平坦，北临黄河。因山洪冲刷，墙体部分冲毁，山洪沿沟由南向北流入黄河。依墙体材质及保存状况划分为一段，G098—G099 点，长 324.7 米。保存较差。此段为连接两山之间冲沟（冰沟）的土墙，该段起点即为冰沟，墙体冲毁形成一大豁口，宽 68 米。残存墙体保存尚好，在止点墙体北侧 10 米处树立长城保护标志碑一通，上书"中卫市文物管理所 2006 年 9 月立"。碑高 0.84、宽 1、厚 0.1 米；碑座长 1.3、宽 0.18、高 0.25 米。紧靠南侧墙体有西气东输管道穿越，黄河工程在此修建了临时料场、居住工棚，对墙体的持续保护有一定影响。

15. 小湾—冰沟 2 段山险墙（编码：640502382105170030；工作编号：ZHWQ030）

小湾—冰沟 2 段长城起点位于常乐镇小湾村南约 3 千米，呈东北—西南走向。该段墙体起点沿冰沟以西马场梁山向西南蜿蜒盘旋延伸，全长 1932.8 米。墙体东北与小湾—冰沟 1 段长城（土墙）相接，西南与小湾—冰沟 3 段长城（土墙）相接。墙体为铲削类山险墙，是将山体北缘铲削为峭壁，壁面高 2—4 米。在山险墙底部外侧修整出一条羊肠小道，蜿蜒曲折顺山势自上而下盘旋；为了加宽和稳固通行便道，遂将铲削的土石铺垫其上，供戍卒、马匹通行。这种羊肠小道俗名称马道，宽度通常在 1.5—2.2 米之间（参见图五七四；彩图五七八~五八三）。

该段山险墙地处冰沟以西山脊顶部，地势较高，在崇山峻岭的山脊上，将山体劈削成峭壁，形成天然屏障；在高山豁口处，用石块垒砌短墙（山口墙），形成峡壁，成为一条险固的长城防线。墙体北临黄河，迎大公路与长城、黄河平向相行。因山体滑坡、洪水冲击对墙体造成破坏。墙体南侧，西气东输管道从黄河底部打洞南北向穿越黄河。按照走向及保存情况划分为4个自然段。

第一段，G099—G100点，长958.2米。保存较差。该段山险墙南与土墙连接向西延伸上山，将山体脊部北缘削为陡峭的壁面，壁面高3—5米。铲削碎石铺垫通道，供马匹、戍卒通行，通道宽1.5米左右。

第二段，G100—G101点，长266.9米。保存一般。该段山险墙将山体北缘半山腰削为陡峭的壁面，依山势蜿蜒盘旋作为屏障。自该段起点冲沟处采用石块垒砌短墙（山口墙）一处，短墙底宽1.1、顶宽2.5、高2.45米，是采用17层青灰石块垒砌而成，缝隙间填以泥土和片状石块；山险墙向西南73米后折南68米下山，在下山冲沟豁口处也用石块垒砌短墙一处，底宽1.5、顶宽6.8、高4.6米，形似倒梯形，采用14层青灰石块垒砌而成；再向西北延伸107米后向北207米盘旋下山，山险墙铲削壁面高2—4.5、通道宽1.5米左右。

第三段，G101—G102点，长386米。保存一般。该段山险墙将山体北缘半山腰削为陡峭的壁面，依山势蜿蜒盘旋向西南延伸85米后转向西北延伸80米下山，壁面高3—4.3、通道宽1.2—2米。

第四段，G102—G103点，长321.7米。保存一般。该段山险墙将山体北缘半山腰削为陡峭的壁面依山势左右盘旋。该段起点处有一小冲沟，用石块垒砌短墙一处，底宽1.9、顶宽3.5、高1.9米，是用10层赭红色石块垒砌而成，石块缝隙间填以泥土和片状石料；该段山险墙向东南134米盘旋上山至半山腰向西86米后又转向北126米下山，壁面高3.4—4、通道宽1.5米左右。

16. 小湾—冰沟3段山险墙（编码：640502382105170031；工作编号：ZHWQ031）

小湾—冰沟3段长城起点位于常乐镇小湾村南约5千米。该段墙体起点沿冰沟以西马场梁山向西南蜿蜒盘旋延伸，全长1456.3米，呈东北—西南走向。墙体东北与小湾—冰沟2段长城（山险墙）连接，西南延伸与小湾—冰沟4段长城（山险墙）相接。墙体为铲削类山险墙，是将山体西缘铲削为峭壁，壁面高3—5米。铲削土石铺垫通道，供戍卒、马匹通行，通道宽1.8—2米左右（参见图五七四；彩图五八四、五八五）

该段山险墙地处冰沟以西山脊顶部，地势较高，在崇山峻岭的山脊上，将山体劈削成陡峭的壁面，形成屏障；在峡谷豁口处，石块垒砌短墙，形成峡壁。墙体北临黄河，迎大公路与长城、黄河平向相行。因山体滑坡，洪水冲刷对墙体造成破坏。按照走向及保存现况划分为6个自然段。

第一段，G103—G104点，长261.4米。保存一般。该段山险墙将山体北缘半山腰临河一面削为陡峭的壁面依山势蜿蜒上下盘旋，山险墙向南165米延伸至山顶，再沿半山腰向西84米后向北92米下山，铲削壁面高3.6米，铲削土石铺垫通道，供戍马通行，通道宽2米左右。

第二段，G104—G105点，长233.3米。保存一般。该段山险墙将山体北缘半山腰临河一面削为陡峭的壁面，依山势蜿蜒盘旋，形成屏障。基本呈东—西走向，壁面高5.1、通道宽2米左右。

第三段，G105—G106点，长221.9米。保存一般。该段山险墙将山体北缘半山腰临河一面削为陡峭的壁面，依山势蜿蜒盘旋。自该段起点冲沟处用石块垒砌短墙（山口墙）一处，顶长43、底长29、残高1.4米（已坍塌）；山险墙向东南延伸95米至山顶后折北126米下山，壁面高4.4、通道宽2米左右。

第四段，G106—G107点，长226.1米。保存一般。该段山险墙将山体北缘半山腰临河一面削为陡峭的壁面，依山势蜿蜒上下盘旋，山险墙向南 50 米后向西南 76 米至山顶，沿半山腰又转向西北 100 米下山，壁面高 5、通道宽 1.8 米左右。

第五段，G107—G108 点，长 194.3 米。保存一般。该段山险墙将山体北缘半山腰临河一面削为陡峭的壁面，依山势上下盘旋。山险墙向东南 34 米后，向南延伸 132 米至山顶，再沿半山腰向东北 28 米下山，壁面高 5.8、通道宽 1.8 米左右。

第六段，G108—G109 点，长 319.3 米。保存一般。该段山险墙将山体北缘半山腰临河一面削为陡峭的壁面依山势上下盘旋。该段止点冲沟处用石块垒砌短墙一处，底宽 1、顶宽 1.4、高 1.3 米，是用 9 层朱红色石块垒砌而成，石块缝隙间填以泥土和片状石料。大柳树泄洪隧道从山险东侧穿越，山险墙沿山脊底部向北延伸 150 米后，折南 97 米至山顶后，又转向西北 72 米下山，壁面高 4.8—6.3、通道宽 1.8 米左右。

17. 小湾—冰沟 4 段山险墙（编码：640502382105170032；工作编号：ZHWQ032）

小湾—冰沟 4 段长城起点位于常乐镇小湾村南约 7.5 千米，该段墙体起点沿冰沟以西马场梁山向南蜿蜒盘旋延伸至大柳树上园子。墙体东北与小湾—冰沟 3 段长城（山险墙）连接，向西南延伸与大柳树上园子 1 段长城（土墙）相接。全长 1587.9 米。呈东北—西南走向。墙体为铲削类山险墙，是将山体西缘铲削为峭壁，形成屏障，壁面高 3—5 米。底部拓铲为便道，铲削土石铺垫通道，供戎马通行，通道宽 1.6—2.2 米（图五七五；彩图五八六～五八八）。

该段山险墙地处冰沟以西山脊顶部，地势较高，在崇山峻岭的山脊上，将山体劈削成峭壁，形成险阻。山险墙西临黄河，迎大公路与长城、黄河平向相行。按照走向及保存情况分为 7 段。

第一段，G109—G110 点，长 209.7 米。保存一般。该段山险墙将山体北缘半山腰削为陡峭的壁面，依山势上下盘旋。山险墙向西南 78 米至山顶，再沿半山腰向西北 122 米下山，铲削壁面高 6.8 米，铲削土石铺垫通道，供戎马通行，通道宽 2 米左右。

第二段，G110—G111 点，长 225.3 米。保存一般。该段山险墙将山体北缘半山腰削为陡峭的壁面，依山势上下盘旋。山险墙向西北 137 米后，沿半山腰向东北 88 米下山，壁面高 6、通道宽 1.8 米左右。

第三段，G111—G112 点，长 121.1 米。保存一般。该段山险墙地处沟壑，将山体北缘半山腰削为陡峭的壁面，依山势上下盘旋。山险墙向西南 67 米后至山底，再沿山坡向西北 54 米向山顶延伸，壁面高 3.7—5、通道宽 1.8 米左右。

第四段，G112—G113 点，长 410.2 米。保存一般。该段山险墙将山体北缘半山腰削为陡峭的壁面，依山势转折盘旋。山险墙向西南 267 米至山顶，再沿半山腰向西 143 米下山，壁面高 4.7、通道宽 2 米。

第五段，G113—G114 点，长 119 米。保存一般。该段山险墙将山体北缘半山腰削为陡峭的壁面，依山势上下左右盘旋。山险墙向西 36 米后向西南延 41 米至山坡，再沿半山腰转折向西北 42 米上山，壁面高 5.3、通道宽 1.8 米。

第六段，G114—G115 点，长 304.2 米。保存一般。该段山险墙将山体北缘半山腰削为陡峭的壁面，依山势由东北向西南延伸。壁面高 5、通道宽 2 米。

第七段，G115—G116 点，长 198.4 米。保存一般。该段山险墙将山体北缘半山腰削为陡峭的壁面，依山势由北向南延伸。壁面高 4.6—5.9、通道宽 2 米左右。

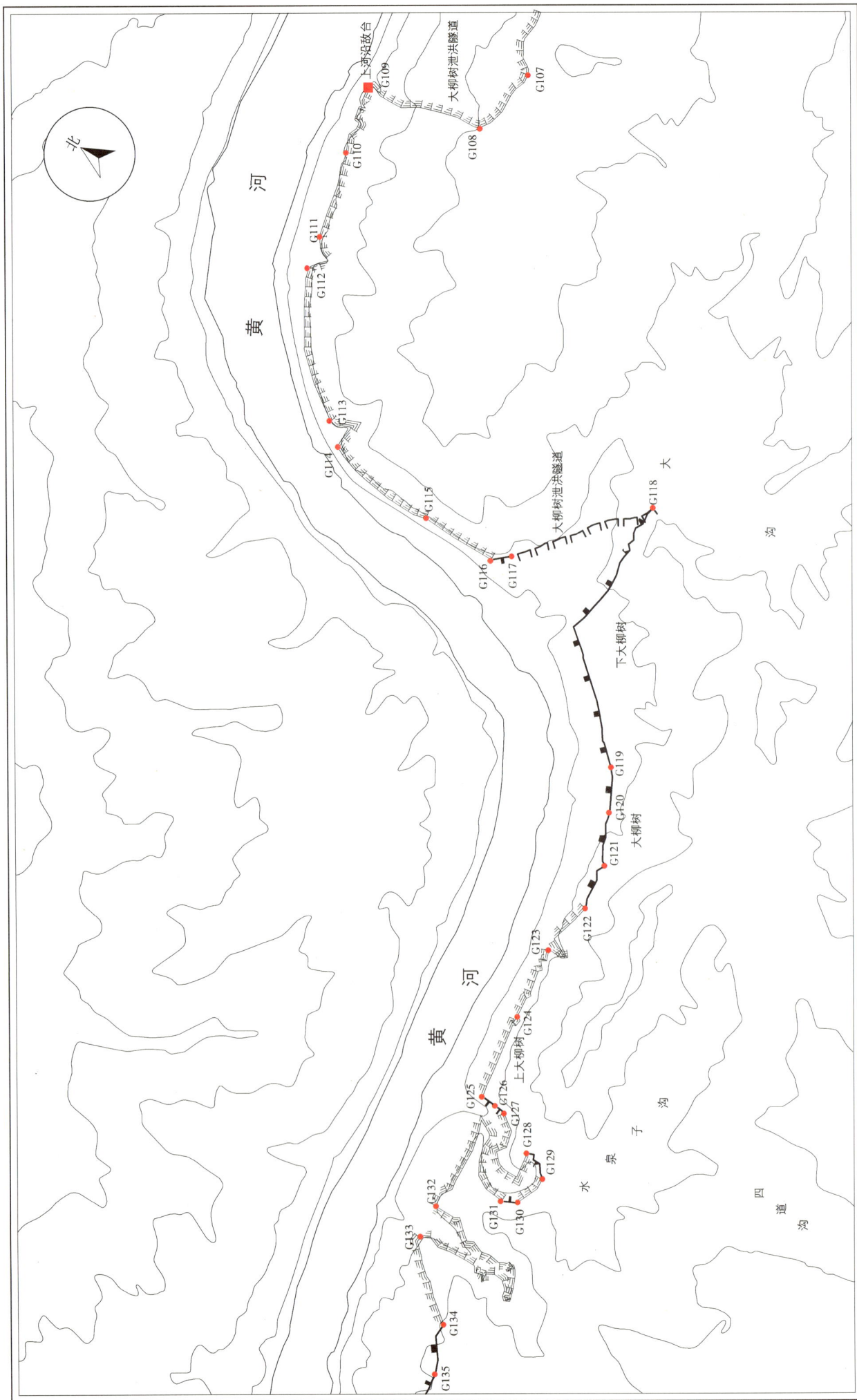

图五七五 中卫黄河南岸小湾—冰沟4段山险墙，大柳树—下园子长城、大柳树—上园子长城-1走向图

北

黄 河

黄 河

大

沟

下大柳树

大柳树

上大柳树

大柳树泄洪隧道

大柳树泄洪隧道

上游沿敌台

水 泉 子 沟

四 道 沟

G107
G108
G109
G110
G111
G112
G113
G114
G115
G116
G117
G118
G119
G120
G121
G122
G123
G124
G125
G126
G127
G128
G129
G130
G131
G132
G133
G134
G135

18. 大柳树—下园子1段土墙（编码：640501382101170033；工作编号：ZHWQ033）

大柳树—下园子1段长城起点位于常乐镇大柳树村南300米处下园子沟处，沿大柳树村南山体向南延伸，全长1291.9米，大致呈东北—西南走向。墙体北与小湾—冰沟4段长城（山险墙）相接，向南延伸与大柳树—下园子2段长城（山险墙）相接。该段墙体为土墙，以自然地表为基础，墙体采用黄土和砂石土分层夯筑而成。墙底宽4.7—10、顶宽1.4—3.5、残高1.4—8米。黄土夯层厚0.06—0.25、砂石土层厚0.05—0.1米（参见图五七五；彩图五八九～五九一）。

大柳树在大湾南6千米处的二道沟门南部，以山河湾有柳树得名，此处为黄河峡谷，有良好的拦河筑坝发电的有利条件。该段墙体东接马场梁山体，两侧为村民住房、农田，西距黄河120米，墙体整体保存较差。下园子沟常年流水将第二段墙体冲毁。因山洪冲刷、自然坍塌、风沙侵蚀、植物生长、虫鼠类洞穴等自然灾害，对墙体造成不同程度损毁。沿线有黄土夯筑烽火台（大柳树烽火台）一座。依走向及保存状况划分为6个自然段。

第一段，G116—G117点，长56.9米。保存较差。此段墙体系黄土夹砂石分层夯筑，底宽9.9、顶宽2.2、残高6.3米。黄土夯层厚0.2、砂石层厚0.04米。起点处墙体南侧建羊圈、临时住房等。北距黄河120米。

第二段，G117—G118点，长392.8米。墙体消失。此段墙体因下园子沟常年流水将墙体冲毁无存。

第三段，G118—G119点，长459.1米。保存一般。此段墙体东临下园子沟，西侧种植玉米，人为取土掏挖，致现存墙体坍塌较多。底宽8.8、顶宽1.7、残高3.9米。夯层厚0.2米。因风沙、雨水侵蚀，墙体多布满黑色苔藓、风蚀蚕洞。墙体横断面呈梯形，分4版夯筑，分版接缝明显，中间两版为主墙，宽1.25、2.2米，主墙收分较小，壁面稍陡直；南北为护墙，南护墙宽1.2、北护墙宽1.06、残高3.3米。夯层厚0.1—0.16米，外壁均呈斜坡状。自起点向西南90米处墙体有一豁口，豁口宽10米（山水冲沟），豁口西62米处有黄土夯筑烽火台（大柳树烽火台）一座；自起点向西南302米处墙体有一豁口，豁口宽33米（通便道）。

第四段，G119—G120点，长116.5米。保存较好。该段墙体起点处有一山水冲沟，冲沟宽16米。墙体底宽9.4、顶宽1.8、残高3.9米。夯层厚0.1—0.16米。

第五段，G120—G121点，长140米。保存较差。此段墙体从山前台地向南延伸逐渐上山，因地处山坡地带，山洪及风雨侵蚀致墙体大部分坍塌成斜坡状。底宽5.8、顶宽3.2、残高2.5米。夯层不明显。

第六段，G121—G122点，长126.6米。保存较差。黄土夹红砂石分层夯筑，底宽9、顶宽1.3、残高5.8米。黄土夯层厚0.8、砂层厚0.06米。

19. 大柳树—下园子2段山险墙（编码：640502382105170034；工作编号：ZHWQ034）

大柳树—下园子2段长城起点位于常乐镇大柳树村西南1.3千米，该段墙体为山险墙，起点沿大柳树村南山体向西南延伸，全长683米，基本呈东北—西南走向。墙体北与大柳树—下园子1段长城（土墙）相接，向西南延伸与大柳树—上园子1段长城（土墙）相接。墙体为铲削类山险墙，是将山体北缘铲削为峭壁，壁面高3—6米。底部拓铲为羊肠小道，遂将铲削土石铺垫在通道之上，供戎马通行，通道宽2米左右（参见图五七五；彩图五九二）。

该段山险墙地处马场梁山体以西的山脊顶部，地势较高，在崇山峻岭的山脊上，将山体劈削成峭壁，成为一条坚固的长城防线。墙体西临黄河，迎大公路与长城、黄河平向相行。依其走向及保存情况划分为3个自然段。

第一段，G122—G123点，长230.9米。保存一般。该段山险墙将山体北缘半山腰削为陡峭的壁面，依山势上下盘旋，山险墙向西延伸152米后折南40米后，又转向西北延伸38米上山，铲削壁面高3—5米。铲削土石铺垫通道，供戎马通行，通道宽2米左右。

第二段，G123—G124点，长213.3米。保存一般。该段山险墙将山体北缘半山腰削为陡峭的壁面，基本呈东—西走向，壁面高3.8米—5.4、通道宽2米左右。

第三段，G124—G125点，长238.8米。保存一般。该段山险墙将山体北缘半山腰削为陡峭的壁面，依山势向西延伸。壁面高5、通道宽2米左右。

20. 大柳树—上园子1段土墙（编码：640501382101170035；工作编号：ZHWQ035）

大柳树—上园子1段长城起点位于常乐镇大柳树村南上园子沟口，该段墙体是连接上园子沟的山口短墙，基本呈南—北走向，全长69.4米。墙体东与大柳树—下园子2段长城（山险墙）相接，向西延伸与大柳树—上园子2段长城（山险墙）相接。墙体为土墙，土质以黄土、砂石为主。墙体以自然地表为基础，采用黄土夹砂石分层夯筑而成。黄土夯层0.15、砂石层厚0.04米（参见图五七五；彩图五九三）。

该段墙体地处大柳树上园子沟口，地势平坦，北距黄河134米，与迎大公路、黄河平行。因山洪冲刷，墙体冲毁长达39米，山洪沿沟流入黄河。因风雨侵蚀、植物生长、虫鼠类洞穴及放牧踩踏对墙体造成一定破坏。依保存情况划分为2段。

第一段，G125—G126点，长38.6米。墙体消失。此段墙体因上园子沟常年流水将墙体冲毁。

第二段，G126—G127点，长30.8米。保存一般。此段墙体残底宽10、顶宽3.1、高6.2米，系黄土夹砂石层夯筑而成，黄土夯层厚0.15、砂石层厚0.04米。因风雨侵蚀，遍体布满了黑色苔藓、风蚀蚕洞。墙体横断面分4版夯筑，宽依次为2.3、2.5、3、2.2米；中间两版收分较小，壁面较陡直，两侧收分较大，呈斜坡状；南壁纵面分版夯筑接缝明显，长3.4—4米。北侧底部有风蚀凹槽，进深0.2、高0.25米。

21. 大柳树—上园子2段山险墙（编码：640502382105170036；工作编号：ZHWQ036）

大柳树—上园子2段长城起点位于常乐镇大柳树村南上园子沟口西处，沿大柳树上园子沟山体向西延伸，大致呈东南—西北走向。墙体东与大柳树—上园子1段长城（土墙）相接，向西南延伸与大柳树—上园子3段长城（土墙）相接。墙体为铲削类山险墙，是将山体北缘底部铲削为峭壁，连同自然山体石峰。墙底外侧拓铲为羊肠小道，遂将铲削土石铺垫在通道上，供戎马通行，通道宽1.6米左右（参见图五七五；彩图五九四）

该段山险墙地处大柳树上园子沟西山体山脊顶部，地势较高，利用山峰之险峻，将山体外侧临黄河岸边铲削成峭壁。按照墙体类别及走向划分为一段，G127—G128点，长274米。保存一般。该段山险墙由东沿山势盘旋向西南转折延伸至土墙，壁面高4—8、通道宽1.55—1.65米。

22. 大柳树—上园子3段土墙（编码：640501382101170037；工作编号：ZHWQ037）

大柳—上园子3段长城起点位于常乐镇大柳树村南上园子沟口西南300米处。该段墙体为土墙，是连接两山沟壑之间的短墙，基本呈东—西走向。墙体东与大柳树—上园子2段长城（山险墙）相接，向西延伸与大柳树—上园子4段长城（山险墙）相接。筑墙材料以黄土、砂石为主。依自然地表为基础，采用黄土夹砂石层夯筑而成。墙体底宽8.5、顶宽3.1、残高6.2米。黄土夯层厚0.15、砂石层厚0.05—0.1米（参见图五七五；彩图五九五、五九六）。

该段墙体地处大柳树上园子泉子沟沟口，因山洪冲刷，墙体冲毁长达 20 米，山洪沿沟流入黄河。植物生长、虫鼠类洞穴、放牧踩踏对墙体造成一定破坏。依其墙体类别及保存现状分为一段，G128—G129 点，长 92.7 米。保存一般。此段墙体连接两山间冲沟，因常年流水致墙体形成一豁口。现存墙体因风沙、雨水侵蚀，遍体布满了黑色苔藓、风蚀虫洞。南壁纵面分版夯筑接缝明显，长度分别为 3.5、1.6、3.2、4 米。横断面呈梯形，分 4 版夯筑，分版收缝明显，中间两版为主墙，宽度规格为 2.4、2 米，外壁收分较小，壁面较陡直；南北为护墙，南护墙底宽 2.1、北护墙底宽 2 米，外壁收分较大，均呈斜坡状。

23. 大柳树—上园子 4 段山险墙（编码：640502382105170038；工作编号：ZHWQ038）

大柳树—上园子 4 段长城起点位于常乐镇大柳树村南上园子沟口西南 600 米处。沿大柳树—上园子沟山体向西延伸，基本呈东—西走向。墙体东与大柳树—上园子 3 段长城（土墙）相接，向西延伸与大柳树—上园子 5 段长城（土墙）相接。墙体为铲削类山险墙，是将山体北缘铲削为峭壁，壁面高 4—8 米。铲削土石铺垫通道，供马匹、戎卒通行，通道宽 1.5—2 米（参见图五七五；彩图五九七）。

该段山险墙地处大柳树—上园子泉子沟西山体山脊顶部，地势较高，是将山脊外侧缓冲之地劈削成峭壁，作为防御工事。墙体北临黄河，迎大公路与长城、黄河平向相行。水土流失对墙体外侧通道造成一定破坏。按照筑墙材质及走向分为一段，G129—G130 点，长 91.5 米。保存一般。该段山险墙东与土墙连接，向西延伸，是将山体北缘铲削为峭壁，铲削痕迹明显，墙体外侧自下而上修整成羊肠小道，遂将铲削土石铺垫在通道之上，水土流失对墙体外侧通道造成一定破坏，部分段落消失。

24. 大柳树—上园子 5 段土墙（编码：640501382101170039；工作编号：ZHWQ039）

大柳树—上园子 5 段长城起点位于常乐镇大柳树村南上园子沟口西南 600 米处。此段墙体是连接两山之间冲沟的短墙，基本呈南北走向。墙体东与大柳树—上园子 4 段长城（山险墙）相接，向西延伸与大柳树—上园子 6 段长城（山险墙）相接。墙体以自然地表为基础，因地制宜，就地取材，直接采用黄土夯筑而成（参见图五七五；彩图五九八）。

该段墙体地处大柳树—上园子山水冲沟沟口，地势较平缓，因山洪冲刷、植物生长、虫鼠类洞穴、放牧踩踏对墙体造成一定破坏。依墙体类别及走向分为一段，G130—G131 点，长 42.5 米。保存一般。墙体底宽 6.8、顶宽 2.9、残高 5.6 米。夯土层厚 0.14 米。

25. 大柳树—上园子 6 段山险墙（编码：640502382105170040；工作编号：ZHWQ040）

大柳树—上园子 6 段长城起点位于常乐镇大柳树村南上园子沟口西南 600 米处。沿大柳树—上园子沟山体向西南延伸，基本呈东南—西北走向，全长 1477.3 米。墙体南与大柳树—上园子 5 段长城（土墙）相接，向西延伸与大柳树—上园子 7 段长城（土墙）相接。墙体为铲削类山险墙，是将山体北缘铲削为峭壁，壁面高 9—12 米。铲削土石铺垫通道，供马匹、戎卒通行，通道宽 1.3—2.2 米（参见图五七五）。

该段山险墙地处大柳树—上园子山体以西的山脊外侧，地势较高，在山脊上，将山体劈削为峭壁，在两山之间豁口处，则用石块垒砌短墙（彩图五九九、六〇〇），形成峡壁，成为一条坚固的长城防线。墙体北临黄河，迎大公路与长城、黄河平向相行。按照墙体类别及走向划分为 3 个自然段。

第一段，G131—G132 点，长 496 米。保存一般。该段山险墙东与土墙连接，由西南转折向西北延伸，是将山体石峰北缘削为陡峭的壁面作为防御工事。铲削壁面连同自然山险高 9—12 米，铲削土石铺垫通道，供戎马通行，通道宽 1.5—2.2 米。

第二段，G132—G133 点，长 744.6 米。保存一般。自该段起点冲沟山险处设防短墙一处，是用 17

层赭红色石块垒砌而成，石缝间填以片状石块和泥土，底宽5.25、顶宽3.7、高1.9米，形制呈倒梯形；短墙以东为山险墙，向西南延伸338米盘旋至山顶后，又转向西北406米蜿蜒下山。铲削壁面连同自然山险高9、通道宽1.5米左右。

第三段，G133—G134点，长236.7米。基本呈东—西走向。保存一般。该段山险墙沿半山腰向西南延伸，铲削壁面连同自然山险高9、通道宽1.3—2.2米左右。

26. 大柳树—上园子7段土墙（编码：640501382101170041；工作编号：ZHWQ041）

大柳树—上园子7段长城起点位于常乐镇大柳树村西南约2.2千米处。该段墙体起点沿大柳树村山体向南延伸至麻黄沟。基本呈东—西走向，全长217.2米。该段墙体北与大柳树—上园子6段长城（山险墙）连接，向南延伸与大柳树—上园子8段长城（山险墙）相接。墙体为土墙，依自然地表为基础，黄土夹砂石土分层夯筑而成，质地松软。墙体底宽4.7—10、顶宽1.4—3.5、残高1.4—8米。黄土夯层厚0.06—0.25、砂石层厚0.05—0.1米（图五七六）。

该段墙体地处大柳树、上园子麻黄沟沟口，地势平坦，北临黄河，土墙与迎大公路、黄河平行。因山洪冲刷，墙体冲毁长达57米，山洪沿沟流入黄河。因风雨侵蚀、虫鼠类洞穴及放牧踩踏，对墙体造成破坏。依墙体材质及保存现状划分为2段。

第一段，G134—G135点，长133.2米。保存一般。此段墙体连接两山之间的冲沟，因常年流水墙体冲一豁口，豁口宽8米。现存墙体底宽9.4、顶宽2.5、残高7米。黄土夹砂石粒夯筑，夯层厚0.18米。横断面呈梯形，分4版夯筑，版缝明显，中间两版为主墙，宽2.8、1.7米，两侧壁面陡直；南北为护墙，南护墙宽2.9、北护墙宽2米，外壁均呈斜坡状。

第二段，G135—G136点，长84米。保存差。此段同为连接麻黄沟的土墙，因常年流水墙体冲出一豁口，豁口宽57.1米。底宽6.5、顶宽3.2、残高6.8米，黄土夹砂石分层夯筑清晰，黄土夯层厚0.15、砂石层厚0.05—0.1米。

27. 大柳树—上园子8段山险墙（编码：640502382105170042；工作编号：ZHWQ042）

大柳树—上园子8段长城起点位于常乐镇大柳树村西南2.7千米处。该段墙体起点沿大柳树村南山体向西南延伸至大钻洞子沟，呈东北—西南走向。全长2160.4米。墙体东北与大柳树—上园子7段长城（土墙）连接，向西南延伸与岔河口—大钻洞子沟长城（山险墙）相接。墙体为铲削类山险墙，是将山体西北缘铲削为峭壁，壁面高7—10米。铲削土石铺垫通道，供戎马通行，通道宽1.5—2.5米（图五七六）。

该段山险墙地处大柳树—上园子麻黄沟山体以西山脊顶部，地势较高，在山脊外侧，将山体劈削成峭壁，在两山之间豁口处，则用石块垒砌短墙（山口墙），形成峡壁。墙体北临黄河，迎大公路与长城、黄河平向相行。因山体滑坡、洪水冲刷对墙体造成破坏。依其走向及保存状况分为4段。

第一段，G136—G137点，长244.3米。保存一般。该段山险墙是将山体北缘铲削为峭壁，铲削壁面连同自然山险高8米。铲削土石铺垫通道，供戎马通行，通道宽1.5—2米。在该段止点冲沟处，用石块垒砌短墙一处，底宽1.4、顶宽8、高3.5米，是采用21层青灰色较为规整的石块垒砌而成，石缝间填以片状石块和泥土。

第二段，G137—G138点，长890.4米。保存一般。该段山险墙沿半山腰蜿蜒曲折向西732米盘旋上山后，又转向西南158米下山，铲削壁面高7—9、通道宽1.5—2.2米。

第三段，G138—G139点，长393.7米。保存一般。该段山险墙沿半山腰向西南延伸，大致呈南—北走向，铲削壁面高7.6—9、通道宽1.5—2.5米。

第四段，G139—G140点，长632米。保存一般。自该段起点冲沟山险处，用石块垒砌短墙一处，底宽2.2、顶宽3.5、高1.6米，是采用10层赭红色较为规整的石块垒砌而成，石缝间填以片状石块；山险墙由东南260米处转弯曲折延伸至山顶后，又向西北盘旋372米下山，铲削壁面高7—10、通道宽1.5—2.2米。

28. 岔河口—大钻洞子山险墙（编码：640502382105170043；工作编号：ZHWQ043）

岔河口—大钻洞子长城起点位于常乐镇上游村岔河口大钻洞子沟口处。该段墙体为山险墙。起点沿大钻洞子沟向西南蜿蜒盘旋至小钻洞子沟，全长2001.4米。呈东北—西南走向。墙体东北与大柳树—上园子8段长城（山险墙）连接，向西南延伸与小钻洞子沟长城（山险墙）相接。墙体为铲削类山险墙，是将山体西北边缘铲削为峭壁，壁面高3—12米。铲削土石铺垫通道，供戎马通行，通道宽1—2.5米（参见图五七六；彩图六〇一～六〇二）。

岔河口在大柳树西南麻黄沟西边，以岔河出入口而得名，现无住户。该段山险墙地处岔河口大钻洞子沟与小钻洞子沟之间的山体梁脊，地势较高，在山脊外侧，将山体劈削成峭壁，在山谷大小豁口处，则用石块垒砌短墙，形成峡壁。墙体西临黄河，迎大公路与长城、黄河平向相行。因山体滑坡、放牧踩踏对墙体造成破坏。按照走向及保存现况划分为7个自然段。

第一段，G140—G141点，长273.6米。保存一般。该段山险墙将山体北缘半山腰削为陡峭的壁面，依山势上下蜿蜒盘旋。山险墙向西北59米后向西南延伸107米至山顶，再沿半山腰向西北行进107米。铲削壁面高3—5米。铲削土石铺垫通道，供戎马通行，通道宽1.7米左右。

第二段，G141—G142点，长119米。保存一般。自该段起点山谷豁口处，用石块垒砌的短墙一处，底长2.7、顶长6.5、高5米，是用10层大小不等的赭红色石块垒砌而成；山险墙向西北69米延伸至山顶后沿半山腰向西50米下山，铲削壁面高4—5、通道宽1.7米左右。

第三段，G142—G143点，长284.3米。保存一般。该段山险墙将山体北缘半山腰削为陡峭的壁面，依山势上下左右蜿蜒盘旋；山险墙向东北71米后向西延伸104米，再折东109米至山口，铲削壁面高3—5.5、通道宽2米左右。该段止点冲沟山险处有石块垒砌的短墙一处，因山洪冲毁坍塌仅存残迹，残长18、残高1—3.4米，是采用大小不等的赭红色石块垒砌而成。

第四段，G143—G144点，长376.3米。保存一般。自该段起点山谷豁口处，有石块垒砌的短墙一处，坍塌仅存残迹，长14、残高0.13—3米，是用朱红石块垒砌而成。山险墙由此转折向北延伸，铲削壁面高3—6、通道宽2米左右。

第五段，G144—G145点，长427.7米。保存一般。山险墙沿山体北缘向西延伸，铲削壁面高4—6.5、通道宽1.8、距沟底落差47米。

第六段，G145—G146点，长303.7米。保存一般。自该段起点冲沟山险处，有石块垒砌短墙一处，顶长4.1、底长1.5、高4.4米，是采用18层较为规整的青灰色石块垒砌而成。山险墙向南曲折延伸进入小钻洞子沟，铲削壁面高4—6、通道宽2、距沟底落差55米。

第七段，G146—G147点，长216.8米。保存一般。山险墙沿小钻洞子沟向西南132米下山后沿山体底部向东84米至沟底。铲削壁面高7—9.5、通道宽2.2、距沟底落差近9米。

29. 岔河口—小钻洞子山险墙（编码：640502382105170044；工作编号：ZHWQ044）

岔河口—小钻洞子长城起点位于常乐镇上游村岔河口小钻洞子沟口处。该段墙体为山险墙。起点沿小钻洞子沟依山势向西蜿蜒盘旋延伸至岔沟，全长2714.7米。基本呈东—西走向。墙体东与大钻洞子沟长城（山险墙）连接，向西延伸与岔沟1段长城（山险墙）相接。墙体为铲削类山险墙，是将山

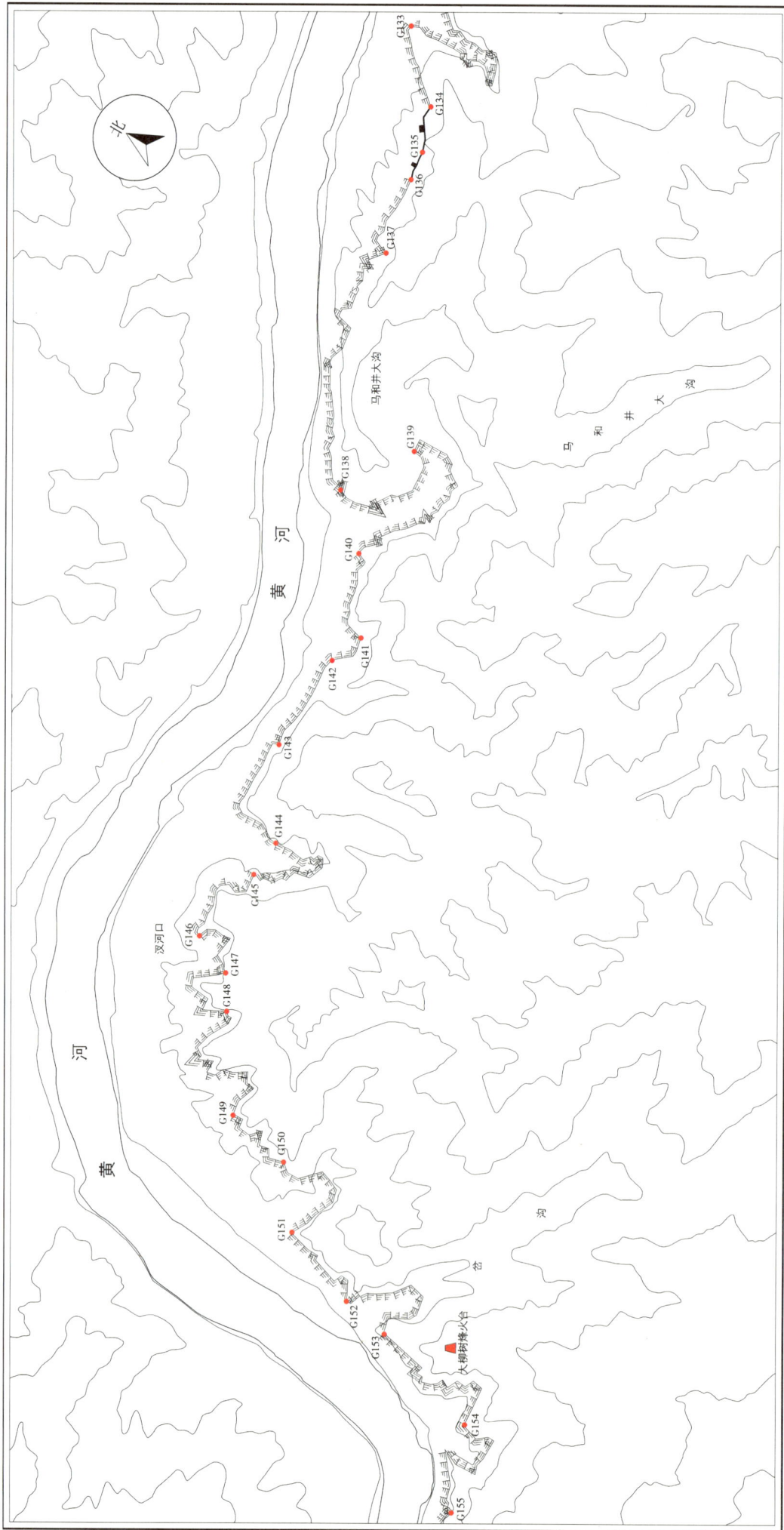

图五七六　中卫黄河南岸大柳树—上园子长城-2、岔河口—大钻洞子山险墙和岔河口—小钻洞子山险墙走向图

体北缘铲削为峭壁，壁面连同自然山险高6—11米。铲削土石铺垫通道，供戎马通行，通道宽1.5—2.5米（参见图五七六；彩图六〇三）。

该段山险墙地处岔河口—小钻洞子沟与岔沟之间的山体梁脊，地势较高，在山脊外侧，将山体劈削成峭壁，在山坡、峡谷大小豁口险要处，采用石块垒砌成短墙，形成峡壁。墙体北临黄河古道，迎大公路与长城、黄河平向相行。因山体滑坡、洪水冲刷、放牧踩踏对墙体造成破坏。依其走向及保存状况分划为7个自然段。

第一段，G147—G148点，长277米。保存一般。该段起点处为小钻洞子沟，沟内常年流水冲陷一豁口，豁口宽18米。原有短墙一处位于沟口，连接两端山险墙，因山水冲刷现已坍塌，仅残留石块垒砌痕迹，底长8、残高0.7米。山险墙将山体北缘半山腰削为陡峭的壁面，依山势上下左右盘旋，向南157米后向西南延伸37米至山顶，再向下沿半山腰向西南83米下山。铲削壁面连同自然山险高4—11米。铲削土石铺垫通道，供戎马通行，通道宽1.7米左右。

第二段，G148—G149点，长558.1米。保存一般。该段山险墙将山体北缘半山腰削为陡峭的壁面，依山势上下左右盘旋；山险墙向西北312米至山顶，折东南75米下山后，又向西南86米上山又折东85米下山。铲削壁面连同自然山险高6—9、通道宽1.8米左右。

第三段，G149—G150点，长273.8米。保存一般。该段山险墙将山体北缘半山腰削为陡峭的壁面，依山势上下盘旋，基本呈东—西南走向。铲削壁面高4.5—9、通道宽1.7—2.2米。

第四段，G150—G151点，长393米。保存一般。该段山险墙将山体北缘半山腰削为陡峭的壁面，依山势上下左右盘旋，山险墙向南143米后向东南87米上山，沿半山腰向西南延伸117米后又向西北46米下山。铲削壁面高7—11、通道宽2米左右。

第五段，G151—G152点，长300米。保存一般。自该段起点冲沟险要处，有石块垒砌短墙一处，局部塌陷，底长7、顶长13、高3.5、宽0.85米，青灰色石块垒砌而成。山险墙沿山体北缘向西北曲折延伸。铲削壁面高6—10、通道宽2、距沟底落差109米。

第六段，G152—G153点，长384米。保存一般。该段山险墙将山体北缘半山腰削为陡峭壁面，依山势上下左右盘旋，基本呈东—西南走向。铲削壁面高6—9、通道宽2、距沟底落差76米，北距迎大公路15米。

第七段，G153—G154点，长528.8米。保存一般。山险墙沿岔沟向南延伸。铲削壁面高6—10、通道宽2—2.5、距沟底落差9米。

30. 岔沟1段山险墙（编码：640502382105170045；工作编号：ZHWQ045）

岔沟1段长城起点位于常乐镇上游村岔沟沟口，该段墙体以山险墙为主。起点八沿岔沟向西沿鸽子崖山蜿蜒盘旋至西南延伸，全长1840.9米。基本呈东北—西南走向。墙体东北与岔河口—小钻洞子长城（山险墙）连接，向西南延伸与岔沟2段长城（山险墙）相接。墙体为铲削类山险墙，是将山体北缘铲削为峭壁，壁面连同自然山险高5—11米。铲削土石铺垫通道，供戎马通行，通道宽1—2.7米（图五七七；彩图六〇四）。

该段山险墙地处岔沟南山梁脊，地势较高，在崇山峻岭的山脊外侧，将山体劈削成高不可攀的悬壁，在高山豁口处，用石块垒砌短墙，形成峡壁。墙体西临黄河古道，迎大公路与长城、黄河平向相行。依其走向及保存现况划分为4个自然段。

第一段，G154—G155点，长518.9米。保存一般。自该段起点向东46米处为岔沟豁口，沟内常年流水，将墙体冲毁。在冲沟险要处，有石块垒砌的短墙一处，由于山体滑坡已坍塌，残长20、残高

1—5 米，采用赭红色石块垒砌而成；该段止点冲沟险要处，有石块垒砌短墙一处，业已坍塌，残长22、残高 2.3 米，用赭红色石块垒砌而成。山险墙向南 295 米后向西南延伸 129 米至山顶，后沿半山腰向东南 74 米上山。铲削壁面高 7—10 米。铲削土石铺垫通道，供戎马通行，通道宽 1—1.6 米。

第二段，G155—G156 点，长 221.3 米。保存一般。是将山体北缘半山腰削为陡峭的壁面，依山势走向左右盘旋，基本呈东—西走向。铲削壁面高 7—9、通道宽 1—2.2 米。该段至点冲沟险要处，有石块垒砌短墙一处，坍塌仅存残迹，长 28、残高 1—2 米，是采用赭红色石块垒砌而成。

第三段，G156—G157 点，长 530.1 米。保存一般。该段山险墙由东南向西北延伸，在起点往西 87 米冲沟险要处，有石块垒砌短墙一处，顶长 29、底长 20、残高 0.9—5.5 米，是采用 24 层大小不等的赭红色石块垒砌而成。铲削壁面高 7—11.8、通道宽 1—2.4 米。

第四段，G157—G158 点，长 570.6 米。保存一般。山险墙沿山体北缘顺黄河边岸向西南延伸，铲削壁面高 7—10、通道宽 1—2.6、距沟底落差近 206 米。

31. 岔沟 2 段山险墙（编码：640502382105170046；工作编号：ZHWQ046）

岔沟 2 段长城起点位于常乐镇上游村岔沟西南 2 千米，该段墙体为山险墙。起点沿岔沟向西蜿蜒盘旋延伸至风石湾，全长 905.4 米。基本呈东—西走向。墙体东与岔沟 1 段长城（山险墙）连接，向西延伸与风石湾长城（山险墙）相接。墙体为铲削类山险墙，是将山体北缘铲削为峭壁，壁面连同自然山险高 9—15 米。铲削土石铺垫通道，供戎马通行，通道宽 1—2.6 米（参见图五七七；彩图六〇五）。

该段山险墙地处岔沟与风石湾之间山体脊梁，地势较高，在崇山峻岭的山脊外侧，将山体劈削成高不可攀的峭壁，在山体大小豁口险要处，采用石块垒砌成短墙，形成峡壁。墙体北临黄河，迎大公路与长城、黄河平向相行。依其走向及保存现状划分为 4 个自然段。

第一段，G158—G159 点，长 340 米。保存一般。该段起点冲沟险要处，采用石块垒砌短墙一处，坍塌仅存残迹，长 3.6、残高 5.5 米，是用青灰石块垒砌而成。山险墙沿鸽子崖山向西南延伸，墙体为铲削类山险墙，是将山体北缘铲削为峭壁，壁面高 9 米。铲削土石铺垫通道，通道宽 1—2、距沟底落差 50 米。

第二段，G159—G160 点，长 108.3 米。保存一般。山险墙沿山体北缘向西南 53 米后折西北 55 米上山。山险墙壁面高 12、通道宽 1—2.2、距沟底落差 125 米。

第三段，G160—G161 点，长 190.2 米。保存一般。该段山险墙中间有一小冲沟，在此用石块垒砌短墙一处，保存较好，顶长 9、底长 2、高 5.5 米，形制呈倒梯形，是采用 27 层青灰石块垒砌而成，石缝间填以泥土。山险墙壁面高 8—11、通道宽 1—2.5、距沟底落差 110 米。

第四段，G161—G162 点，长 266.9 米。保存一般。山险墙沿鸽子崖山向西南延伸至风石湾。铲削壁面高 7、通道宽 1—2.5、距沟底落差 39 米。该段止点冲沟处，用石块垒砌短墙一处，坍塌仅存残迹，残长 25.7、残高 3.9 米，是采用青灰石块垒砌而成。

32. 风石湾山险墙（编码：640502382105170047；工作编号：ZHWQ047）

风石湾长城起点位于常乐镇上游村风石湾，该段墙体为山险墙。起点沿风石湾向西蜿蜒盘旋延伸至米粮营子，全长 1018.1 米，基本呈东—西走向。墙体东与岔沟 2 段长城（山险墙）连接，向西延伸与米粮营子长城（山险墙）相接。墙体为铲削类山险墙，是将山体北缘铲削为峭壁，铲削壁面连同自然山险高 8—12 米。铲削土石铺垫通道，供戎马通行，通道宽 1—2 米（参见图五七七；彩图六〇六）。

该段山险墙地处风石湾与米粮营子之间山体脊梁，地势较高，在崇山峻岭的山脊外侧，将山体劈削成高不可攀的峭壁，在山体豁口险要处，采用石块垒砌短墙，形成峡壁。墙体北临黄河，迎大公路与长城、黄河平向相行。沿线有用石块垒砌的烽火台一座（风石湾烽火台）。依其走向及保存状况划分为 5 个自然段。

第一段，G162—G163 点，长 241.7 米。保存一般。该段山险墙是将山体北缘半山腰削为陡峭的壁面，依山势左右盘旋；铲削壁面高 7 米—12 米。铲削土石铺垫通道，通道宽 1—2 米。该段起点冲沟险要处，有用石块垒砌的短墙一处，保存较好，顶长 10、底长 1、高 6.5、宽 1.4 米，形制呈倒梯形，是采用 15 层较规整的青灰色石块垒砌而成。

第二段，G163—G164 点，长 141.2 米。保存一般。山险墙是沿山体西缘向西南 67 米延伸至山顶后沿半山腰折向西北 74 米下山，铲削壁面高 10、通道宽 1—2 米。

第三段，G164—G165 点，长 220.1 米。保存一般。该段山险墙是将山体北缘半山腰削为陡峭的壁面，依山势蜿蜒盘旋；铲削壁面高 11、通道宽 1—1.7、距沟底落差 58 米。自起点至西南 144 米处有石块垒砌的烽火台一座（风石湾烽火台）。

第四段，G165—G166 点，长 198.1 米。保存一般。该段山险墙是将山体北缘半山腰削为陡峭的壁面，依山势左右盘旋；铲削壁面高 6.8、通道宽 1—1.7、距沟底落差 160 米。

第五段，G166—G167 点，长 217 米。保存一般。山险墙沿山体北缘向西延伸，铲削壁面高 9.8、通道宽 1—2、距沟底落差 115 米。

33. 米粮营子山险墙（编码：640502382105170048；工作编号：ZHWQ048）

米粮营子长城起点位于常乐镇上游村米粮营子，起点沿米粮营子沟向西蜿蜒盘旋延伸至黄石漩沟，全长 3236.5 米。基本呈东—西走向。墙体东与风石湾长城（山险墙）连接，向西延伸与黄石漩 1 段长城（土墙）相接。墙体为铲削类山险墙，是将山体北缘铲削为峭壁，人为铲削壁面连同自然山险高 4—15 米。铲削土石铺垫通道，供戎马通行，通道宽 2 米左右（参见图五七七；彩图六〇七—六一〇）。

米粮营子在上游村岔河口西南约 6 千米处，以营寨周围产粮多得名。该段山险墙地处米粮营子与黄石旋沟之间山体脊梁，地势较高，在崇山峻岭的山脊外侧，将山体劈削成高不可攀的峭壁，在山体豁口险要处，用石块垒砌短墙，形成峡壁。墙体北侧紧临黄河，迎大公路与长城、黄河平向相行。沿线有黄土夯筑关堡一座（米粮营子关堡）。依其走向及保存情况划分为 7 个自然段。

第一段，G167—G168 点，长 352 米。保存一般。该段起点冲沟（米粮营子沟）险要处，用石块垒砌短墙一处，底长 14、顶残长 9、顶宽 10、残高 1.9—8 米。山险墙是将山体北缘半山腰削为陡峭的壁面，依山势左右盘旋；山险墙向东南 168 米后向西沿半山腰下山。铲削壁面高 6—11 米。铲削土石铺垫通道，通道宽 2 米左右。

第二段，G168—G169 点，长 109.1 米。保存一般。该段山险墙将山体北缘半山腰削为陡峭的壁面，依山势向西南延伸，壁面高 4—6、通道宽 2 米左右。

第三段，G169—G170 点，长 1238.8 米。保存一般。该段山险墙与黄河基本平行，止点北距黄河 46 米。山险墙是将山体北缘半山腰削为陡峭的壁面，依山势走向蜿蜒向西延伸，铲削壁面高 7—12、通道宽 2 米左右。

第四段，G170—G171 点，长 189.9 米。保存一般。该段起点冲沟险要处，有用石块垒砌短墙一处，坍塌仅存残迹，残长 2.5、残高 1—7、宽 12 米，是采用 11 层青灰色石块垒砌而成。山险墙以此向西南延伸，铲削壁面高 3—10、通道宽 2、距沟底落差 17 米。

第五段，G171—G172 点，长 882.6 米。保存一般。该段起点冲沟险要处，有用石块垒砌的短墙一处，业已坍塌，顶长 17、底长 13、残高 4、宽 1.2 米，是用青灰色石块垒砌而成；该段止点冲沟险要处，有石块垒砌的短墙一处，保存较好，顶长 19、底长 2.5、残高 3、宽 0.7 米，是用 19 层较为规整的青灰色石块垒砌而成，石缝间夹以泥土和片状石块。山险墙沿山体北缘向西延伸，铲削壁面高 6—11、通道宽 2—2.5、距沟底落差 60 米。

第六段，G172—G173 点，长 246.8 米。保存一般。该段山险墙与黄河基本平行，将山体北缘半山腰削为陡峭的壁面，依山势蜿蜒向西南延伸，铲削壁面高 3—11、通道宽 2—2.5 米。自该段止点冲沟险要处，有石块垒砌的短墙一处，坍塌仅存残迹，残长 1.3、残高 0.5 米，采用青灰色石块垒砌而成。

第七段，G173—G174 点，长 217.3 米。保存一般。该段起点冲沟险要处，有石块垒砌的短墙一处，保存较好，顶长 4.5、底长 0.4、高 9、宽 1.1 米，是用 43 层青灰色石块垒砌而成，石缝间填以片状石块及泥土；在该段止点冲沟险要处也有一处青石块垒砌的短墙，业已坍塌，残长 21、残高 1.6—5、宽 0.7 米。山险墙沿小钻洞子沟向西南延伸，铲削壁面高 3—8、通道宽 2、距沟底落差 9—13 米。山险墙由此向西南延伸与黄河平行，北距黄河 75 米。

34. 下滩—黄石漩 1 段山险墙（编码：640502382105170049；工作编号：ZHWQ049）

下滩—黄石漩 1 段长城起点位于迎水桥镇下滩村黄石漩沟东处，起点以黄石漩沟口东沿山体向西南蜿蜒盘旋延伸至黄石漩沟口西，全长 1365 米。基本呈东南—西北走向。墙体东南与米粮营子山险墙连接，向西北延伸与下滩—黄石漩 2 段土墙相接。墙体为铲削类山险墙，是将山体西缘铲削为峭壁，人为铲削壁面连同自然山险高 5—12 米。铲削土石铺垫通道，供戎马通行，通道宽 1.5—2.3 米（参见图五七七；彩图六一一～六一四）。

该段山险墙地处黄石漩沟山体脊梁，地势较高，在高山峻岭的山脊外侧，将山体外侧劈削成高不可攀的峭壁，在高山峡谷豁口险要处，用石块垒砌短墙，形成峡壁。依墙体类别及走向划分为 6 个自然段。

第一段，G174—G175 点，长 340.6 米。保存一般。该段山险墙将山体西缘半山腰铲削为陡峭的壁面，依山势左右盘旋向西南延伸，铲削壁面高 6—10 米，铲削土石铺垫通道，供戎马通行，通道宽 1.6—2.3 米。

第二段，G175—G176 点，长 199.6 米。保存一般。该段山险墙是将山体西缘半山腰铲削成陡峭的壁面由东北向西南延伸。铲削壁面高 6—10 米，铲削土石铺垫通道，供戎马通行，通道宽 1.6—2 米。

第三段，G176—G177 点，长 227.9 米。保存一般。该段山险墙位于两山冲沟（黄石漩沟和拐子沟）处，沟内原有一段黄土夯筑的短墙，大致呈东—西走向，中部墙体被山洪冲击一豁口，长 34 米。东西两侧残墙连接山险墙。现存土墙多已坍塌，西侧墙体残高 3.6、顶宽 2.7、底宽 7 米，黄土夹砂石粒分层夯筑而成，黄土夯层厚 0.26、砂石层厚 0.12 米；东侧墙体残高 5—7.7、顶宽 4.1、底宽 8 米，夯层厚 0.16 米。土墙两端山险墙是将山体北缘半山腰削为陡峭的壁面，依山势盘旋向西延伸，壁面高 5—11、通道宽 1.5—2 米。

第四段，G177—G178 点，长 360.2 米。保存一般。该段山险墙将山体北缘半山腰削为陡峭的壁面，依山势蜿蜒向西北延伸，壁面高 11—12、通道宽 2 米左右。自该段起点冲沟险要处，采用大小不等、较为规整的石块垒砌短墙一处，坍塌仅存残迹，长 21、高 1.5—8 米，赭红色石块垒砌而成，部分石块两侧粘有黄泥。止点拐弯处有一水冲沟，此处用石块垒砌短墙一处，已坍塌，残长 1.3、残高 6.6、顶宽 0.6 米。

第五段，G178—G179 点，长 128.7 米。保存一般。该段起点处有一冲沟，用石块垒砌短墙 2 处，保存完整，上下两排并列，相互间距 4.5 米。上层侧面呈梯形，顶长 8.5、底长 2.1、高 4.8、顶宽 0.4 米；下层侧面呈梯形，顶长 7.8、底长 1.7、高 4.2、顶宽 0.8 米，短墙是由 20 多层青灰色石块垒砌而成，石缝间填抹黄泥土。下层中部留一方形排水孔，孔径约 0.15 米。山险墙由此向东北延伸，铲削壁面高 3—6 方形、通道宽 1.8 米左右。

第六段，G179—G180 点，长 108 米。保存一般。该段止点处有一冲沟，用石块垒砌挡路塞一处，业已坍塌，残长 31、残高 1.9、顶宽 1 米，是用 4 层青灰色石块夹黄泥土垒砌而成。山险墙向西北延伸至黄河边岸后又转向西南，北距黄河 35 米，铲削壁面高 6—10、通道宽 1.6 米。

35. 下滩—黄石漩 2 段土墙（编码：640501382101170050；工作编号：ZHWQ050）

下滩—黄石漩 2 段长城起点位于迎水桥镇下滩村黄石漩沟口处，起点沿黄石旋沟以西山体向西南延伸，是连接峡谷之间的短墙，大致呈东北—西南走向。该段墙体东北与下滩—黄石漩 1 段长城（山险墙）连接，向西南延伸与下滩—黄石漩沟 3 段长城（土墙）相接（参见图五七七；彩图六一五）。

黄石漩在北长滩下滩的最东边，因黄河中礁石引起水漩而得名。聚落为点状。以牧为主兼农业。该段墙体地处黄石旋沟沟口，地势平坦，北距黄河 50 米，与迎大公路、黄河平行。因山洪冲刷，墙体冲毁宽 4 米，山洪沿沟流入黄河。风雨侵蚀、植物生长、虫鼠类洞穴、放牧踩踏对墙体造成破坏。依墙体类别及走向分为一段，G180—G181 点，长 75 米。保存较差。现存墙体坍塌，仅存西端墙体，中部山水冲出豁口（宽 4 米），西墙残长 9.6、高 7.3、顶宽 5.3、底宽 9.6 米。墙体以自然地表为基础，采用黄土夹砂石土分层夯筑而成，黄土夯层厚 0.12—0.16、砂石夯层厚 0.05 米。豁口西壁横断面分 3 版夯筑，中间为主墙，底宽 2.5 米，外侧壁面收分较小；两侧南护墙底宽 4.6、北护墙底宽 3.5 米。外壁收分较大，均呈斜坡状。东墙坍塌仅存残迹。

36. 下滩—黄石漩 3 段土墙（编码：640501382101170051；工作编号：ZHWQ051）

下滩—黄石漩 3 段长城起点位于迎水桥镇下滩村黄石漩沟口西。该段墙体为土墙，是下滩—黄石旋 2 段短墙的延伸部分，呈东北—西南走向。墙体东北与下滩—黄石漩沟 2 段土墙连接，向西南延伸与下滩—榆树台子长城（山险墙）相接（参见图五七七；彩图六一六）。

该段墙体地处黄石旋沟沟口，地势平坦，北距黄河 50 米，与迎大公路、黄河平行。因山洪冲刷，墙体冲毁宽 42 米，山洪沿沟流入黄河。风雨侵蚀、植物生长、虫鼠类洞穴、放牧踩踏对墙体造成破坏。依墙体类别及保存现状分为一段，G181—G182 点，长 63.2 米。保存较差。现存墙体业已坍塌，仅存东西两端墙体，中部山水冲出豁口。该段墙体为土墙，土质以黄土、砂石为主。墙体以自然地表为基础，黄土夹砂石土夯筑而成。西端墙体残长 14.2、底宽 14.5、顶宽 3.4、高 5.7 米，夯层厚 0.16—0.2 米；东端墙体残长 10.6、残高 3.5、顶宽 8.5 米，夯层厚 0.15—0.20 米。

37. 下滩—榆树台子山险墙（编码：640502382105170052；工作编号：ZHWQ052）

下滩—榆树台子长城起点位于迎水桥镇下滩村榆树台子南 200 米。由起点沿旧房子阴湾向西蜿蜒盘旋延伸至鱼咀湾，全长 2513 米。基本呈东—西走向。墙体东与下滩—黄石漩 3 段长城（土墙）连接，向西延伸与下滩—鱼咀湾长城（山险墙）相接。墙体为铲削类山险墙，是将山体北缘铲削为峭壁，人为铲削壁面连同自然山险高 4—16 米。铲削土石铺垫通道，供戎马通行，通道宽 1.5—2.5 米（图五七八；彩图六一七~六一九）。

榆树台子在北长滩下滩和黄石漩中间，因河边山前台地上生长榆树而得名，聚落在山坡台地为长方形，以牧兼农为主。该段山险墙地处榆树台子与鱼嘴湾之间山体脊梁，地势较高，在蜿蜒起伏的山脊外侧临河一面，将山体铲削成高不可攀的峭壁，在高山、峡谷豁口处，用石块垒砌短墙，形成峡壁。墙体北临黄河，迎大公路向南直通景庄乡。因山体滑坡、山洪冲刷、放牧踩踏对部分墙体造成破坏。依其走向及保存现状划分为6个自然段。

第一段，G182—G183点，长234.5米。保存一般。该段山险墙沿黄河南岸旧房子阴湾山体，将山体北缘半山腰铲削为陡峭的壁面，依山势蜿蜒向西延伸，铲削壁面高4—12米。铲削土石铺垫通道，供戎马通行，通道宽1.5—2.2、北距黄河35米。

第二段，G183—G184点，长253米。保存一般。该段山险墙将山体北缘半山腰铲削为陡峭的壁面，依山势蜿蜒向西延伸，铲削壁面高4—6、通道宽2、北距黄河46米。

第三段，G184—G185点，长291.8，保存一般。该段起点处有一冲沟，用石块垒砌短墙一处，保存较好，立面呈倒梯形，顶长7、底长1.7、高3、顶宽0.9米。是用22层青灰色石块夹黄泥土垒砌而成。短墙中上部设排水孔一处，孔宽0.4、高0.3、进深.9米。排水孔距底2.1、距东壁0.9、距西壁0.1米。山险墙由此向西南延伸，大体与黄河平行，北距黄河55米。铲削壁面高8—14、通道宽1.8—2.5米。

第四段，G185—G186点，长573.9米。保存一般。该段起点处有一冲沟，用石块垒砌短墙一处，已坍塌，顶残长6、底残长1.6、顶宽0.5、高5米。是用青灰、赭红色石块夹黄泥土垒砌而成。山险墙由此沿拐子沟山体北缘向西延伸，铲削壁面高8—12、通道宽2—2.5米。止点处北距黄河18米。

第五段，G186—G187点，长697.2米。保存一般。该段起点峡谷处有一冲沟，用石块垒砌短墙一处。因洪水冲刷，已坍塌，顶残长4.8、底残长2.6、底宽2.1、顶宽1.5、高3.5米；在短墙中上部设排水孔一处，孔宽0.15、进深0.5、高0.2、距底2.2米。山险墙由此向西延伸，与黄河平行，北距黄河25米。铲削壁面高4—12、通道宽2.3米左右。

第六段，G187—G188点，长465.1米。保存一般。该段山险墙将山体北缘半山腰削为陡峭的壁面，依山势蜿蜒向西延伸至鱼嘴湾，铲削壁面高6—12、通道宽1.8—2.2米。北距黄河30米。在西北22米处为下滩鱼嘴烽火台。

38. 下滩—鱼咀湾山险墙（编码：640502382105170053；工作编号：ZHWQ053）

下滩—鱼咀长城起点位于迎水桥镇下滩村鱼咀湾。沿沙枣湾依山体走势分内边外边，呈弧状向南延伸，全长3225.1米，走向大致北—南。墙体北与下滩—榆树台子长城（山险墙）连接，向南延伸与下滩—对坝子长城（山险墙）相接。墙体为铲削类山险墙，是将山体外侧铲削为峭壁，人为加工壁面连同自然山险高8—14米。铲削土石铺垫通道，供戎马通行，通道宽1.3—2米（参见图五七八；彩图六二〇～六二六）。

该段山险墙地处鱼咀湾山前坡地沿沙枣湾向南延伸，鱼咀湾山体外侧呈鱼脊状分布，中间凸起，两侧为凹陷坳谷，为山体攀缓之要害；山险墙在此设内外两道防线，内外边墙因地制宜，就地取材，采用山险墙、毛石干垒石墙、短墙三者相接为一线设置成屏障，石墙及短墙底部设有排水孔。因山体滑坡，洪水冲刷，致使墙体多已损毁，残存部分断断续续，时隐时现。依其走向及保存状况分为内外2段。

内边段，G188—G189点，长1689米。保存较差。该段墙体多为山险墙，其次为石墙，石墙多处在坳谷险要之地，由于山体滑坡、山洪冲刷造成山险通道大部分埋没，在山峡冲沟处，用毛石干垒的石墙坍塌严重，现残存石墙断断续续共有7段，排水孔2处。起点向西69米处有一处短墙，底部设排水孔（1号排水孔），孔宽0.3、进深0.2、高0.4米。短墙坍塌，仅存底部。1号排水孔向东南25米

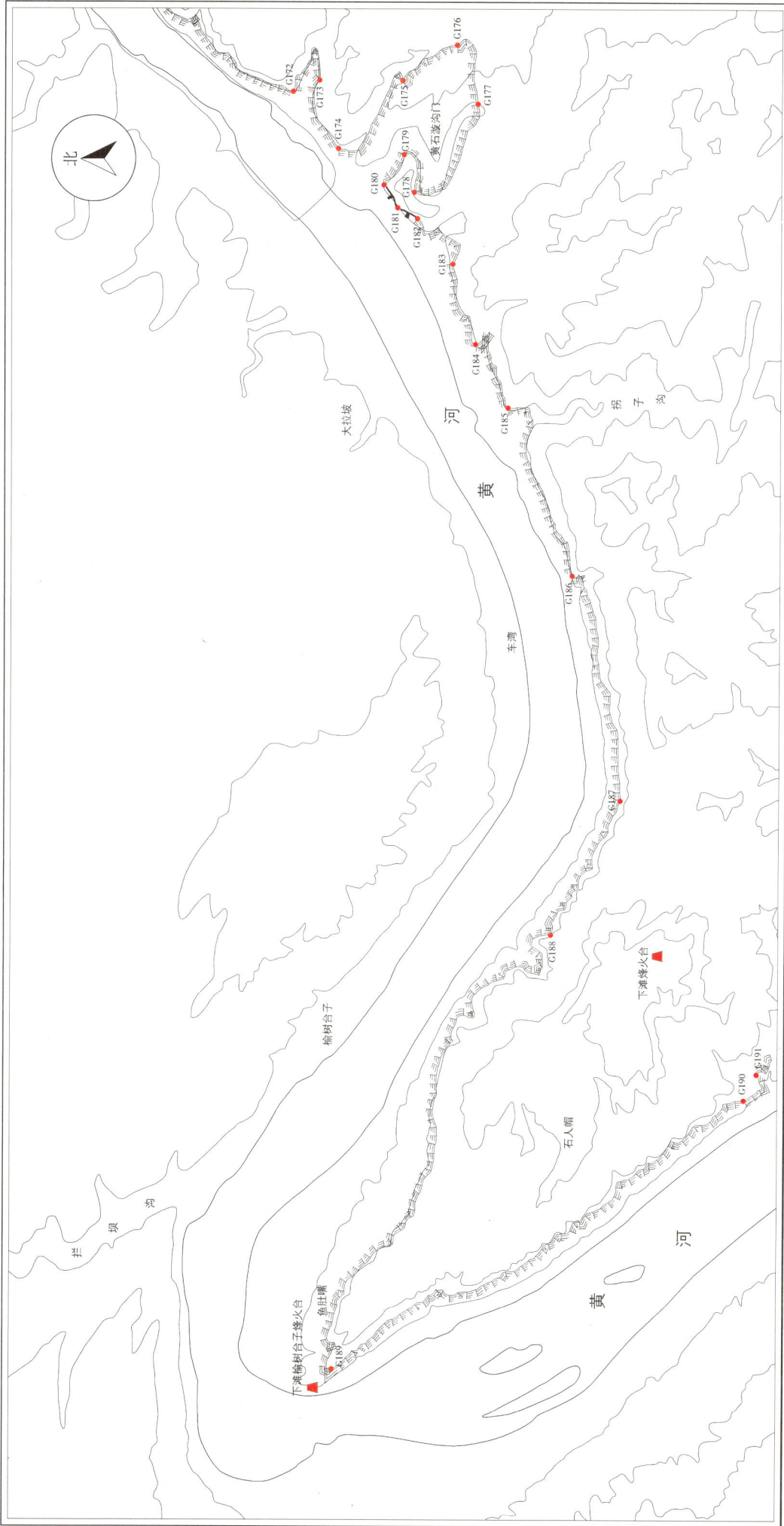

图五七八　中卫黄河南岸下滩—榆树台子山险墙和下滩—鱼咀湾山险墙走向图

处残存一段石墙（第一段），青灰石块干垒，残长8、残高1.2米；第一段向东南47米处残存石墙（第二段），残长28、残高1.7米（断续坍塌）；第二段向东南117米处残存石墙（第三段），残长3、残高1米（断续坍塌），东南方向为大沟门子；第三段向南166米处残存石墙（第四段），残长10、残高1.4米（断续坍塌）；第四段向北25米处设排水孔（2号排水孔），孔宽0.3、进深0.4、高0.25米。其石墙坍塌被土掩埋。第四段向东南93米处残存石墙（第五段），残长36、残高0.4—0.8米，大部分坍塌；第五段向东南231米处残存石墙（第六段），残长6、残高2.3米；第六段向东南157米处残存石墙（第七段），残长3.2、残高0.7米。石墙两端的山险墙是将山体北缘铲削为峭壁，壁面高4—12米。铲削土石铺垫通道，通道宽1.5—2.2米。

外边段，G189—G190点，长1536.1米。保存一般。该段大部分为山险墙，沿枣刺湾山体呈弧状向东南延伸，山险墙沿线峡谷险要处共有石砌短墙6处。山险墙向东南302米山洪冲刷凹槽处，用毛石干垒短墙一处（D1），D1坍塌与内边石墙平行，相距38米，顶残长3.5、底长1.1、宽1.1、残高3.7米；山险墙由此向东南40米山洪冲刷凹槽处，设毛石干垒的短墙（D2），已坍塌，顶残长2.1、底长3.7、宽0.6、残高5.3米；D2向东南17米山洪冲槽处，设毛石干垒短墙（D3），已坍塌，顶残长6.8、底残长2.9、宽0.6、残高3.2米；连接山险墙由此向东南80米峡谷险要处，设毛石干垒的短墙（D4），D4北壁保存较好，南壁坍塌。顶残长4、底残长1.7、宽0.3、残高5米。在西壁底部设排水孔两处，相距0.3米，孔宽0.28、0.36、进深2.5、高0.5米；D4连接山险墙向东南110米山洪冲槽处，设毛石干垒的短墙（D5），保存较好，顶残长14.5、底长1、宽0.4、高1.8—4.1米。在中部距南壁1.3、距底1.5米设排水孔一处，孔宽0.28、进深2.2、高0.28米；D5连接山险墙再向东南97米山洪冲槽处，设毛石干垒的短墙（D6），D6北壁坍塌不存，南壁残长4.5、宽0.9、高4.5米。在底部距南壁1.9、距北壁0.38、距底部1米处设排水孔一处，孔高0.3、宽0.25、进深1.4米。由此山险墙沿山体向西南延伸，铲削壁面高4—8米。铲削土石铺垫通道，通道宽1.5—2.0米。

39. 下滩—河对坝子山险墙夹土墙（编码：640502382105170054；工作编号：ZHWQ054）

下滩—河对坝子长城起点位于迎水桥镇下滩村南270米处，由起点沿山体向西南蜿蜒盘旋延伸至榆树沟，全长2003米。基本呈东北—西南走向。墙体东北与下滩—鱼咀湾长城（山险墙）连接，向西南延伸与下滩—榆树沟长城（山险墙）相接。为劈山类山险墙，是将山体西缘劈为峭壁，人为加工壁面连同自然山险高4—11米。劈山的土石铺垫通道，供戎马通行，通道宽1—2.5米（图五七九；彩图六二七~六二九）。

该段山险墙地处沙枣湾与榆树沟山体脊梁，地势较高，在蜿蜒起伏的山脊外侧，将山体劈削成高不可攀的石壁（形似石头长城），在高山峡谷处，采用黄土夯筑短墙，连接山险墙，形成屏障。山险墙沿线沟壑纵横，筑有短墙4处、烽火台1座（下滩烽火台）、关堡2座（下滩1、2号关堡）。墙体北临黄河，因洪水冲刷，植物生长、放牧踩踏对墙体造成破坏。依其走向及保存状况划分为6个自然段。

第一段，G190—G191点，长109.7米。该段山险墙起点向东南延伸87米有一洪水冲沟处采用短墙连接。沟内土墙冲毁，冲沟宽11米，现存东西两端墙体，黄土夹砂石土分层夯筑而成，西墙残长12、底宽5.7、顶宽4、残高2.5米；东墙残长4.2、底宽4.7、顶宽3.3、残高1.8米。黄土夯层厚0.2—0.3、砂石层厚0.05—0.1米。

第二段，G191—G192点，长230米。该段山险墙向东南延伸48米处有一峡谷，筑土墙封堵。沟内墙体冲毁，冲沟宽25米，现仅存西墙，黄土夹砂石夯筑，残长3、底宽6.9、顶宽5.3、残高2.8米；东墙圮毁无存。山险墙由此转向南延伸95米有一小冲沟筑土墙连接，冲沟宽13.5米，沟内墙体

北

下滩榆树台子
下滩烽火台
鱼旺嘴
G189
榆树台子
G188

下滩烽火台

G190
G191
G192

黄

下滩1号堡
G193
下滩2号堡
G194

中
石
沟

G195

东
湾
湾
沟

北长滩

河

G196

黄

G202
G201
G200

高
崖
沟

G199
G198
G197

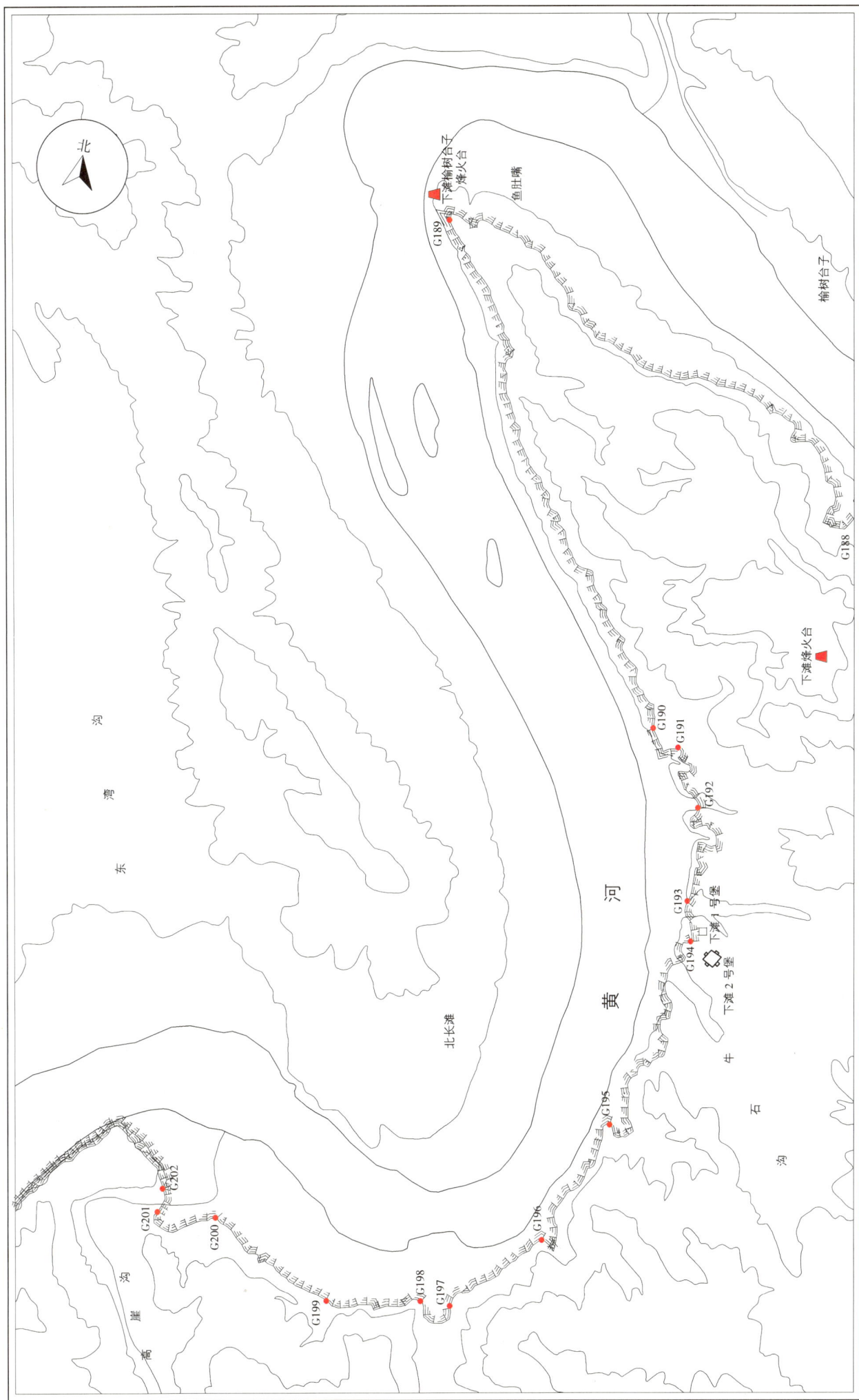

图五七九 中卫黄河南岸下滩—河对坝子山险墙夹土墙走向图

冲毁，现存南北两端残墙，黄土夹砂石夯筑，北端残长 3、残宽 5、残高 1.7 米；南端残长 3.5、残宽 5、残高 3.1 米。山险墙向南延伸 76 米接路子沟，劈削壁面高 5—7、通道宽 1—2.5 米。

第三段，G192—G193 点，长 381.1 米。该段起点为路子沟，沟内筑土墙连接。冲沟宽 38 米，现存南北两端墙体，黄土夹砂石夯筑，北墙残长 11.6、残宽 3.5、残高 2.8 米。南墙残长 8、残宽 4、残高 4.4 米。由此向东 55 米处为下滩 1 号关堡。

第四段，G193—G194 点，长 111.4 米。保存一般。该段起点为枣刺沟，沟内土墙连接，冲沟宽 23.8 米，大部分墙体损毁无存，现仅存北端墙体，黄土夹砂石夯筑，残长 28.2、底宽 9、顶宽 5.3、残高 2.8 米。由此向东 95 米处为下滩 2 号关堡。

第五段，G194—G195 点，长 731 米。保存一般。该段山险墙与黄河基本平行，将山体北缘半山腰劈削为陡峭的壁面，依山势蜿蜒向西延伸，劈削壁面高 8—12、通道宽 1—2 米。

第六段，G195—G196 点，长 437 米。保存一般。该段山险墙与黄河基本平行，两者相距 20 米。将山体北缘半山腰劈削为陡峭的壁面，依山势蜿蜒向西延伸，劈削壁面高 4—8、通道宽 1—2 米。山险墙沿山体向西南延伸至榆树沟。

40. 下滩—榆树沟山险墙（编码：640502382105170055；工作编号：ZHWQ055）

下滩—榆树沟长城起点位于迎水桥镇下滩村榆树沟沟口处，起点沿榆树沟向东南延伸至沟底后折西北，蜿蜒盘旋绕出榆树沟后向西南延伸至高崖沟，全长 1395.9 米。基本呈东—西走向。墙体东北与下滩—河对坝子长城（山险墙）连接，向西延伸与高崖沟长城（山险墙）相接。为劈山类山险墙，是将山体北缘劈为峭壁，壁面高 3—10 米。劈山土石铺垫通道，供戎马通行，通道宽 1—3 米（图五八〇；彩图六三〇、六三一）。

该段山险墙地处榆树沟与高崖沟山体脊梁，地势较高，在蜿蜒起伏的山脊外侧，将山体劈削成高不可攀了的石壁，在高山峡谷大小豁口处，用石块垒砌挡路塞；在自然冲沟处，则采用黄土夯筑短墙，连接山险墙，形成屏障。墙体北临黄河，因山洪冲刷、植物生长、放牧踩踏对墙体造成破坏。依其墙体类别、走向及保存状况划分为 6 个自然段。

第一段，G196—G197 点，长 314.4 米。保存一般。该段山险墙沿榆树沟将山体北缘半山腰劈削为陡峭的壁面，依山势蜿蜒盘旋向西南延伸，壁面高 3—8 米。劈山土石铺垫通道，通道宽 1—3 米。

第二段，G197—G198 点，长 146.7 米。保存一般。该段起点处有一豁口，用石块垒砌短墙一处，坍塌仅存残迹，残长 55 米，止点处保存较好，底残长 2.3、顶残长 9、残高 3.3、顶宽 2.2 米。在底部距顶 2.6、距西壁 3.2、距顶 0.1 米处，设一排水孔，孔宽 0.4、进深 6、高 0.5 米。是用青灰石块垒砌而成，石缝间填抹泥土。山险墙由此向西延伸，壁面高 3—6、通道宽 1—3 米。

第三段，G198—G199 点，长 277 米。保存一般。该段山险墙与黄河基本平行。山险墙沿山体向南 130 米上山，在沿线峡谷处，用石块垒砌短墙一道，由于洪水冲刷、山体滑坡导致石墙断续坍塌，现存墙体有 3 段：第一段残长 5、残高 3 米；第二段与第一段间隔 6 米，残墙顶长 2.3、底长 0.5、高 1.7 米；第三段与第二段间隔 10 米，残墙顶长 1.8、底长 0.3、高 1.8 米。山险墙由此依山势蜿蜒向西延伸，壁面高 3—5、通道宽 1—3 米。

第四段，G199—G200 点，长 380.7 米。该段山险墙保存较好。是将山脊外侧铲削成峭壁，削剥壁面平整、陡直。壁面高 3—7、通道宽 2 米左右。山险墙向西北延伸 50 米有 2 处凹陷槽，用石块垒砌将凹槽填补，形成险阻。第一处顶长 9.1、底长 1.9、高 3.8 米。中间设一排水孔，距底部 1.8、距顶部 1.45 米，孔宽 0.3、进深 1.1、高 0.35 米。是用青灰色石块夹黄泥土垒砌而成；第二处顶长 11、底长

1.9、高6.7米。中间设一排水孔，距底部4.4、距顶部2.1米，孔宽0.2、进深1.8、高0.24米。

第五段，G200—G201点，长214米。保存一般。该段山险墙与黄河基本平行，将山体北缘半山腰削为陡峭的壁面，依山势蜿蜒盘旋向西延伸至高崖沟口，铲削壁面高6—8、通道宽1—2.6米。

第六段，G201—G202点，长63.9米，起点处为高崖沟口东侧，沟内筑土墙连接两侧山体。墙体中部冲毁，现存南北两端残墙，黄土夹杂砂石夯筑，北墙残长5、底宽9、顶宽1.3、高9.5米；南墙残长8.7、底宽9、残高3.5米。

41. 下滩—高崖沟山险墙（编码：640502382105170056；工作编号：ZHWQ056）

下滩—高崖沟长城起点位于迎水桥镇下滩村高崖沟沟口，该段山险墙沿山体分内边、外边呈弧状向西南延伸至下滩下木头沟沟口，全长4034.5米。基本呈东北—西南走向。该段墙体东北与下滩—榆树沟长城（山险墙）连接，向西南延伸与下滩—小木头沟长城（山险墙）连接。为劈山类山险墙，是将山体北缘劈为峭壁，壁面高6—9米。劈山土石铺垫通道，供戎马通行，通道宽1—2米（参见图五八〇；彩图六三二、六三三）。

该段山险墙地处高崖沟与下木头沟山脊顶部，地势较高。外边段是从高崖沟交汇处向西延伸，在山脊外侧，利用高崖沟西劈经人为铲削形成悬壁，凡遇豁口山险处，石块垒砌短墙，形成峡壁；内边段地处较平缓的山坡，除山险墙外，同样在峪谷或山坡豁口处多采用毛石干垒的短墙作屏障，底部设排水孔，因山体滑坡，墙体断续尚存。墙体以西紧临黄河，黄河古道在此顺山势走向有一大的急转弯，形成险要，故此沿线设有石块垒砌的敌台2座。依其走向及保存情况分为内边、外边两道防线。

内边段，G202—G203点，长1983.1米。保存较差。该段山险墙沿山体半坡延伸过渡中有4处短墙，均分布在沿线大小豁口处；起点向西15米处残存石墙一段，青灰色石块干垒砌成，残长4、残高2米；由此向西南192米处残存石墙，毛石干垒，残长3、残高1.2米；再向西南562米处残存石墙，毛石干垒，残长7、残高1米；又向南236米处残存石墙一段，毛石干垒，残长10、残高1.4米。由此转折向西与外边相接。第四处石墙西南外侧为下滩高崖沟2号敌台，敌台南距外边山险墙20米。

外边段，G202—G203点，长2051.4米。保存一般。该段山险墙沿猴鸦巴山体外侧弧状向西北延伸，绕过山脊转弯处盘旋至黄河边。沿线有敌台1座、短墙1处。山险墙沿猴鸦巴山向西北延伸72米处有敌台一座（下滩高崖沟1号敌台）。山险墙由此向西南延伸168米处有毛石干垒的短墙一处，保存完整。顶长7.2、底长1、宽0.6、高4.2米。中部设排水孔，排水孔距底1.35、距东壁1.1、距西壁1.3米，孔宽0.2、进深0.7、高0.33米。山险墙向西南延伸至下滩村小木头沟口与内边段相接。山体北缘劈削壁面高7—8.5米，劈山土石铺垫通道，供戎马通行，通道宽1—2米。

42. 下滩—下木头沟山险墙（编码：640502382105170057；工作编号：ZHWQ057）

下滩—下木头沟长城起点位于迎水桥镇下滩村下木头沟沟口，该段山险墙沿山体底部向西南蜿蜒延伸，基本呈东—西走向。墙体东与下滩—高崖沟长城（山险墙）连接，向西延伸与下滩—上木头沟长城（山险墙）连接。为劈山类山险墙，是将山体北缘劈为峭壁，壁面高8—12米。劈山土石铺垫羊肠通道，供戎卒马匹通行，通道宽1米左右（参见图五八〇；彩图六三四、六三五）。

该段山险墙地处下木头沟与上木头沟山体脊梁，地势较高，在高山之巅的山脊外侧底部，将山体劈削成陡峭的悬崖，形成峡壁。墙体北临黄河。因山体滑坡、洪水冲刷、植物生长、放牧踩踏对墙体造成破坏。依其走向及保存情况分为一段，G203—G204点，长2120.8米。保存一般。该段山险墙与黄河基本平行，自起点下木头沟向西蜿蜒崎岖延伸至鹞子翻身山梁。东西向黄河古道由此急转向南，山险墙的走向也随之改变。

43. 下滩—上木头沟山险墙（编码：640502382105170058；工作编号：ZHWQ058）

下滩—上木头沟长城起点位于迎水桥镇下滩村上木头沟沟口，该段山险墙沿鹞子翻身山体南延伸1200米后向南延伸至堡子帽，全长3678米。基本呈北—南走向。墙体北与下滩—下木头沟长城（山险墙）连接，向南延伸与上滩沟口子长城（山险墙）连接。为劈山类山险墙，是将山体西缘劈为峭壁，人为加工壁面连同自然山险高6—15米。劈山土石铺垫通道，供戍卒通行，通道宽1米左右（图五八一；彩图六三六、六三七）。

该段山险墙地处上木头沟与沟口子山体脊梁，地势较高，在蜿蜒起伏的山脊外侧，将山体劈削成高不可攀的石壁（形似石头长城）。依其走向及保存状况划分为一段，G204—G205，全长3678.2米。保存一般。该段山险墙与黄河流向基本一致，黄河在此由北向南形成大转湾。山险墙将山体西缘半山腰削为陡峭的壁面，依山势蜿蜒盘旋向南经过大堑沟、石岔沟抵达堡子帽山。劈山壁面高6—14、通道宽1米左右。

44. 上滩—沟口子山险墙（编码：640502382105170059；工作编号：ZHWQ059）

上滩—沟口子长城起点位于迎水桥镇上滩村东南沟口子沟沟口处，该段山险墙沿山体向西延伸至下苇子坑，大体呈东—西走向。墙体东与下滩上木头沟长城（山险墙）连接，向西延伸与上滩苇子坑1段长城相接。为劈山类山险墙，是将山体北缘劈为峭壁，壁面高6—12米。劈山土石铺垫通道，供守边戍卒通行，通道宽1.3米左右（图五八二；彩图六三八~六四一）。

该段山险墙地处沟口子与苇子坑山体脊梁，地势较高，在蜿蜒起伏的山脊外侧，将山体铲削成高不可攀的峭壁，依其走向和保存状况划分为一段，G205—G206，全长2736.9米。保存一般。该段山险墙与黄河流向基本一致，依山势由东蜿蜒盘旋向西延伸，并将山体北缘劈为峭壁，形成险阻。

45. 上滩—苇子坑1段土墙（编码：640502382101170060；工作编号：ZHWQ060）

上滩—苇子坑1段长城起点位于迎水桥镇上滩村西南约2千米处的苇子坑处，该段墙体是连接苇子坑两山之间的豁口而修筑的短墙，基本呈东南—西北走向。该段墙体东南与上滩—沟口子长城（山险墙）连接，向西北延伸与苇子坑2段长城（山险墙）相接。墙体依自然地表为基础，采用黄沙土夹杂砂石夯筑而成（参见图五八二；彩图六四二、六四三）。

苇子坑在南长滩东北黄河边与北长滩隔河相望，以洼坑长芦苇得名。该段墙体地处黄河南岸阶地，地势空旷平坦，阶地背后山体低矮，山坡平缓，西南通半节沟峡谷。墙体位于阶地前沿，临河而建，东距黄河40米，与黄河平行。因山洪冲刷、风雨侵蚀及放牧踩踏对墙体造成破坏。依墙体类别及走向分为一段，G206—G207，全长257.9米。保存一般。该段墙体修筑于河边阶地上，土墙两端均与陡峭的山险墙相接，墙体由此向西北方向延伸。土墙立面呈梯形，底宽5—7、顶宽1.4—4.5、残高5—7.5米。黄沙土夯筑，含沙量较大，土质松软，夯层厚0.15米。墙体底部留有一石砌方形排水孔，0.5米见方，水孔两侧有石块砌护的水渠。墙体顶部因人为踩踏形成少许豁口，底部有风蚀洞穴，周围布满杂草。

46. 上滩—苇子坑2段山险墙（编码：640502382105170061；工作编号：ZHWQ061）

上滩—苇子坑2段长城起点位于迎水桥镇上滩村西南2.1千米处的苇子坑，该段山险墙沿山体向西南延伸至打浪沟梁，全长12227.8米。基本呈东北—西南走向。墙体东部与苇子坑1段长城（土墙）连接，向西南延伸与北长滩茶树沟长城（土墙）连接。为劈山类山险墙，是将山体北缘劈为峭壁，壁面高6—10米。劈山土石铺垫通道，供守边戍卒通行，通道宽1—1.5米（图五八三~五八五；彩图六四四~六四七）。

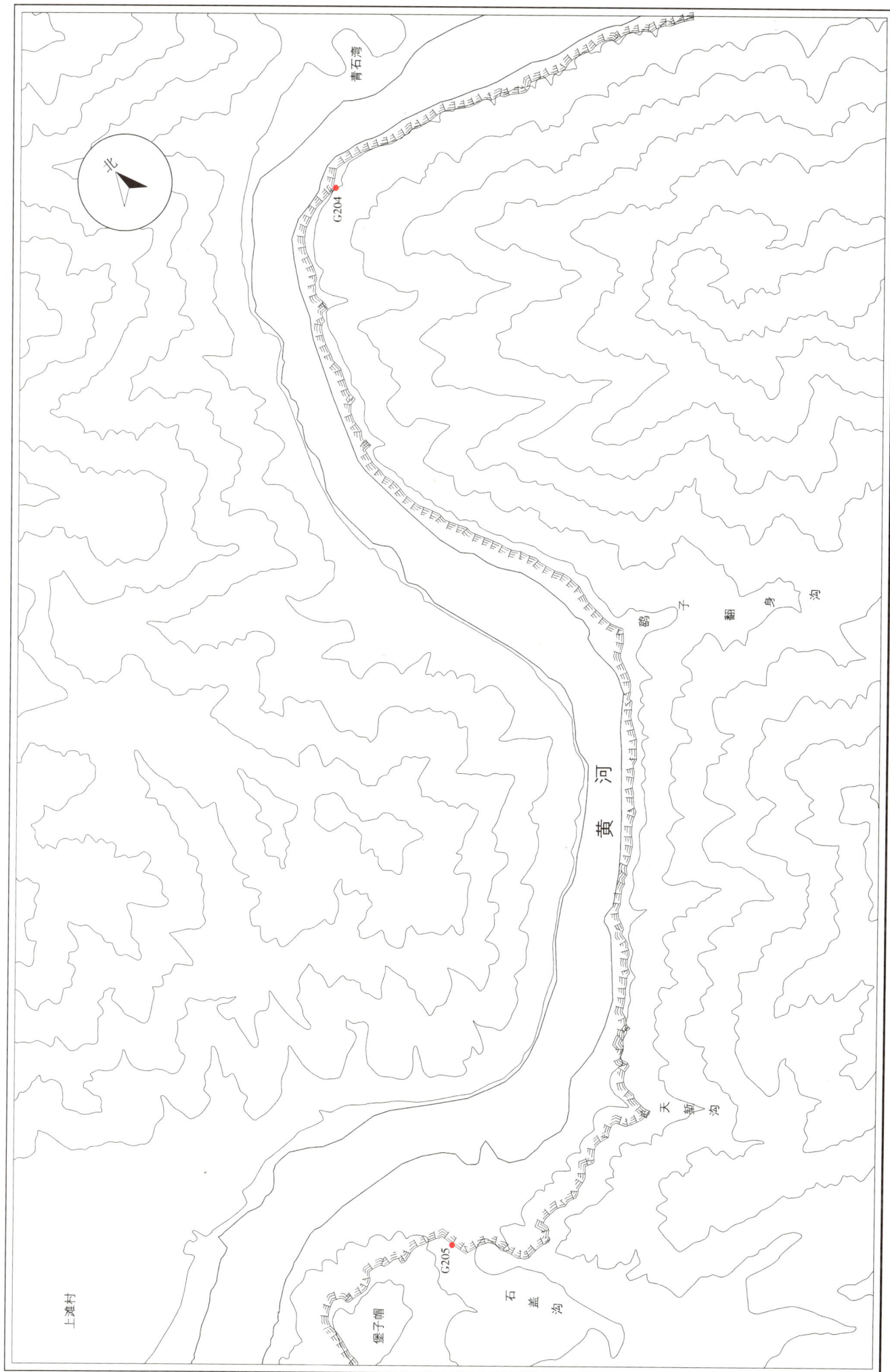

图五八— 中卫黄河南岸下滩—上木头沟山险墙走向图

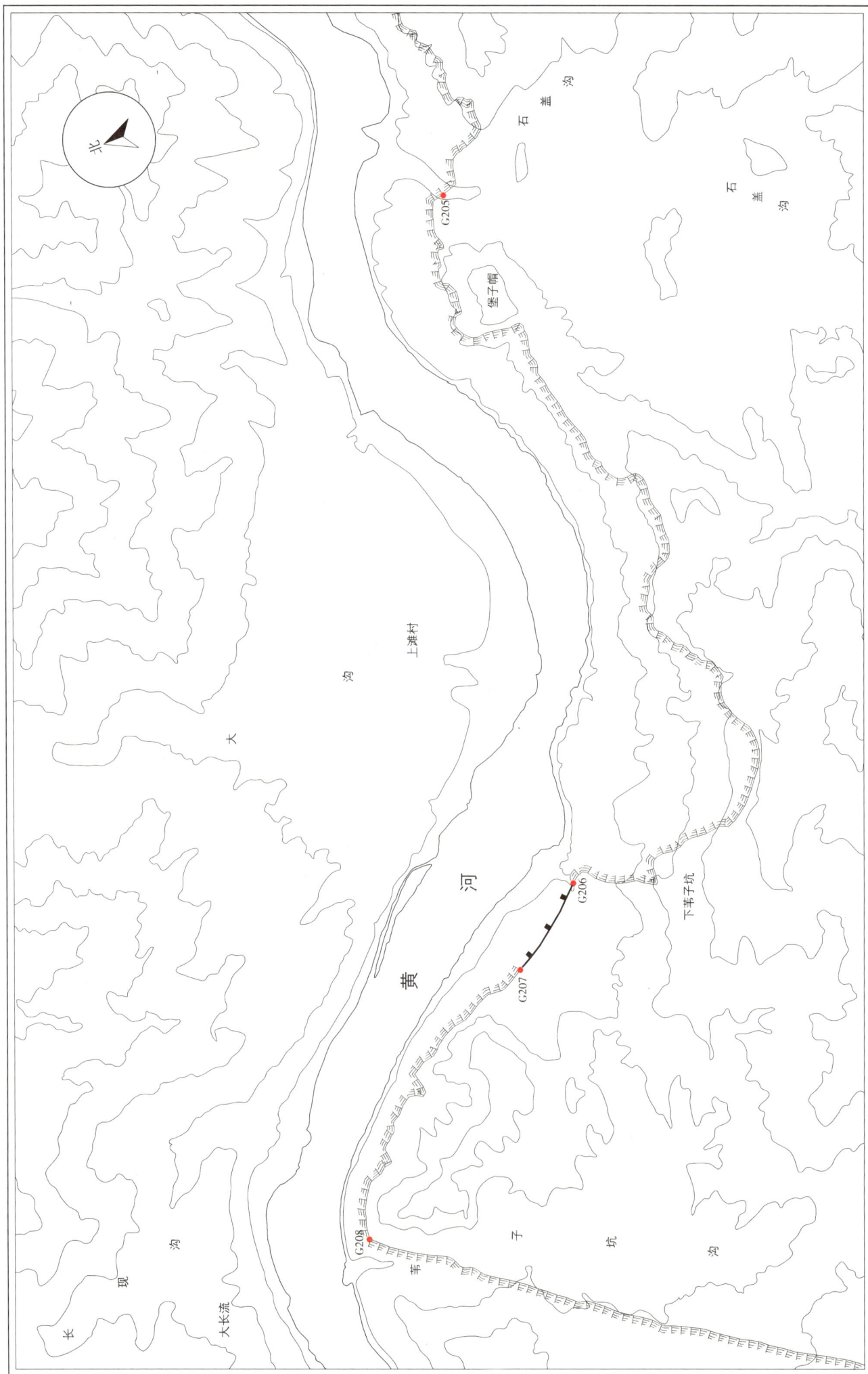

图五八二　中卫黄河南岸上滩—沟口子山险墙和上滩—苇子坑1段土墙走向图

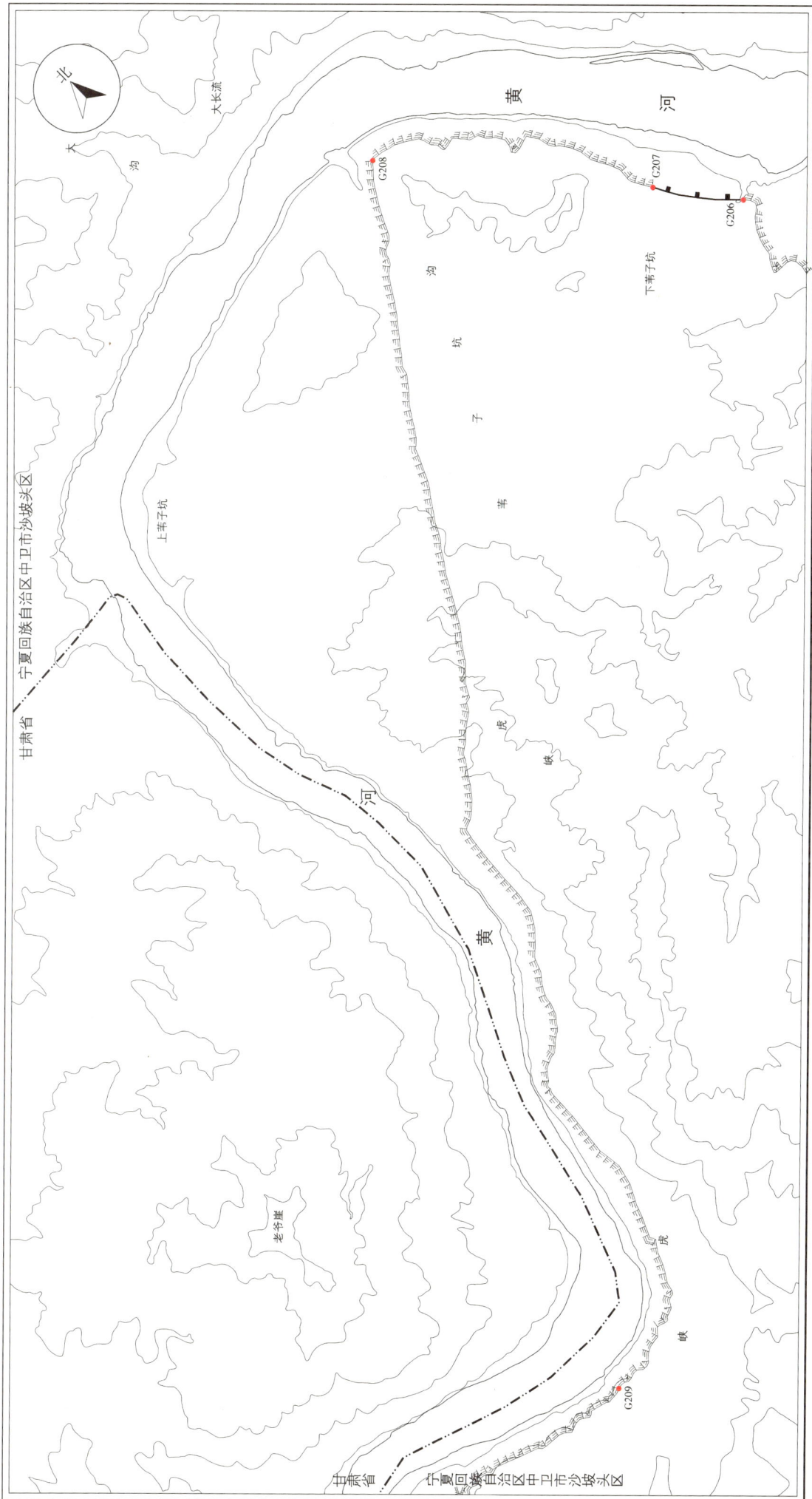

图五八三　中卫黄河南岸上滩—苇子坑2段山险墙走向图-1

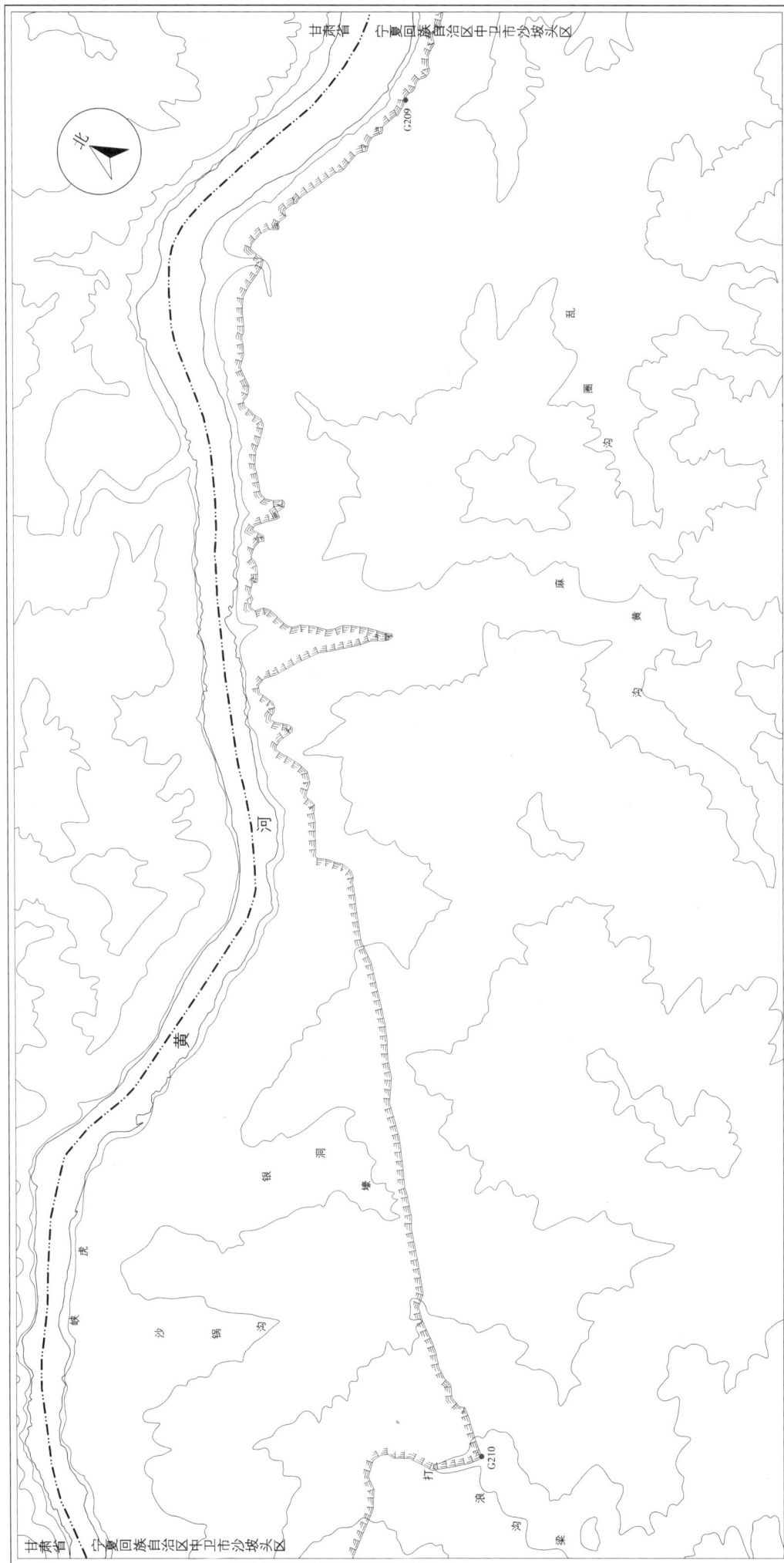

图五八四　中卫黄河南岸上滩—苇子坑2段山险墙走向图-2

该段山险墙地处苇子坑与茶树沟山体脊梁，地势险要，地形复杂多变，在蜿蜒起伏的山脊外侧，将山体铲、劈结合削成高不可攀的悬崖，形成峡壁。墙体北临黄河古道。依墙体类别及走向划分为 4 个自然段。

第一段，G207—G208 点，长 903.1 米。保存一般。该段山险墙与黄河流向基本一致。是将山体北缘半山腰铲削为陡峭的壁面，依山势上下左右蜿蜒盘旋向西南横穿苇子沟绕过虎峡延伸至黄河岸边。铲削壁面高 7—9、铺垫通道宽 1.3 米左右。

第二段，G208—G209 点，长 3652.8 米。保存一般。此段山险墙因山体紧挨着黄河，居高临下，滚滚黄河急流而下，沿岸山体延绵不断，山峰高低错落，蜿蜒曲折。铲削壁面高 6—9、铺垫通道宽 1.5 米。

第三段，G209—G210 点，长 5249 米。保存一般。该段山险墙沿黄河南岸山体延伸，经过麻黄沟、银沟壕抵达打浪沟沟垴。属劈山类山险墙，是沿山体脊梁劈为陡壁，形成屏障，劈削壁面高 6—9、铺垫通道宽 1.5 米。

第四段，G210—G211 点，长 2422.9 米。保存一般。该段山险墙沿打浪沟峡谷腹地向西南延伸至黄河岸边直达大虎道。属铲削类山险墙，是将黄河沿岸山体半坡铲削为悬壁，壁面高 4—7 米；铲削土石铺垫通道，由于山体滑坡及洪水冲刷，通道大部分已掩埋，形成斜坡，残留通道宽不足 0.5 米（参见图五八四）。

47. 北长滩—茶树沟土墙（编码：640502382101170062；工作编号：ZHWQ062）

北长滩—茶树沟长城起点位于香山乡北长滩村茶树沟沟口处，该段墙体起点沿红石沟沟口向西南延伸，至槐树石梁结束，全长 962.2 米。基本呈东北—西南走向。墙体东北与上滩—苇子坑 2 段长城（山险墙）相连，向西南延伸与北长滩长城（山险墙）相接。此段为土墙，土质以沙土、白碱土为主，质地坚硬。墙体底宽 8—10、顶宽 1.3—3.2、残高 1.5—6 米。夯层厚 0.1—0.25 米（参见图五八五；彩图六四八～六五〇）。

该段墙体地处北长滩茶树沟沟口，北临红石沟冲积台地，南岸地势平坦均为农田。因山洪冲刷，墙体冲毁，长达 51 米，整体保存一般。因风雨侵蚀、人为取土、水土流失等因素对墙体破坏较为严重。依其类别、走向及保存现状分为 7 个自然段。

第一段，G211—G212 点，长 76.3 米。保存一般。此段墙体断面呈梯形，底宽 9、顶宽 2.5、残高 3.5 米，夯层 0.15—0.2 米。墙体北距黄河 30 米。

第二段，G212—G213 点，长 298.9 米。墙体消失。此段墙体因茶树沟及红石沟山洪冲刷，现墙体不存。

第三段，G213—G214 点，长 143.4 米。保存差。此段墙体断续尚存，墙体断面呈梯形，底宽 10、顶宽 1.5、残高 3 米，夯层厚 0.15—0.2 米。

第四段，G214—G215 点，长 72.4 米。保存一般。此段墙体断面呈梯形，底宽 10、顶宽 1.5、残高 3 米，夯层厚 0.15—0.2 米。

第五段，G215—G216 点，长 78.4 米。保存较好。此段墙体向西南延伸，底宽 10、顶宽 1.8、残高 3.5 米。顶部分版夯筑接缝明显，长度规格为 2、2.5、3.9 米。

第六段，G216—G217 点，长 151.3 米。保存一般。此段墙体北壁塌陷，南壁紧靠槐树石梁。墙体起点处有一豁口，宽 6 米。墙体底宽 8、顶宽 1.5、残高 3.5—6 米，夯层厚 0.2 米。

第七段，G217—G218 点，长 141.5 米。保存较差。该段墙体沿槐树石梁向西南延伸至峡门。现存墙体坍塌严重，呈土垄状，残高 1.5 米。

48. 北长滩山险墙（编码：640502382105170063；工作编号：ZHWQ063）

北长滩长城起点位于香山乡北长滩村东槐树梁沟，该段山险墙沿槐树石梁山体向西延伸，经黑煤沟、墩墩沟至枣刺沟，全长 2901.4 米，基本呈东—西走向。墙体东与北长滩茶树沟长城（土墙）连接，向西延伸与南长滩枣刺沟长城（山险墙）连接。为劈山类山险墙，是将山体北缘劈为峭壁，壁面高 6—11 米。劈山土石铺垫通道，供守边戍卒通行，通道宽 1 米左右（参见图五八五；彩图六五一～六五四）。

北长滩以黄河北岸边河滩地形而得名，此地宜农宜牧，特产为宁夏滩羊皮毛及香水梨。该段山险墙地处茶树沟与枣刺沟山体之间，地势险峻，在山脊外侧，将山体劈削成高不可攀的悬崖，形成峡壁。墙体北临黄河。设有黄土夯筑敌台一座（北长滩敌台）。依其走向及保存状况分为 3 个自然段。

第一段，G218—G219 点，长 727.6 米。保存一般。山险墙沿槐树石梁依山势蜿蜒盘旋向西南延伸，将山体北缘半山腰劈削为陡峭的壁面，壁面高 6—10 米。劈山土石铺垫通道，通道宽 1 米左右。

第二段，G219—G220 点，长 1365.7 米。保存一般。山险墙沿墩墩沟东侧向西南延伸至山体脊梁。将山体外侧劈削为陡峭的壁面，壁面高 9—11、通道宽 1 米左右。止点处设有黄土夯筑敌台一座（北长滩敌台）。

第三段，G220—G221 点，长 808.1 米。保存一般。山险墙沿墩墩沟向北延伸至沟口。将山体外侧劈削为陡峭的壁面，壁面高 8—11、通道宽 1 米左右。北距黄河 30 米。

49. 南长滩—枣刺沟山险墙（编码：640502382105170064；工作编号：ZHWQ064）

南长滩—枣刺沟长城起点位于香山乡南长滩村南枣刺沟，该段山险墙沿黑煤沟山体西南延伸，经枣刺沟、大豁骆、架坝沟至夹巴沟，全长 2740.7 米。基本呈东北—西南走向。墙体东北与北长滩长城（山险墙）连接，向西南延伸与南长滩—夹巴沟 1 段长城（山险墙）连接。为铲削类山险墙，是将山体北缘削为峭壁，壁面高 5—9 米。劈山土石铺垫通道，供守边戍卒通行，通道宽 1 米左右（图五八六；彩图六五五、六五六）。

南长滩以河边地形得名，以牧兼农，盛产糜子、香水梨、大红枣及山羊。该段山险墙地处枣刺沟与夹巴沟山体之间，地势较高，在蜿蜒起伏的山脊外侧，将山体削成高不可攀的峡壁，形成险阻。依其走向及保存情况划分为 4 个自然段。

第一段，G221—G222 点，长 750.1 米。保存一般。山险墙沿枣刺沟东壁向南延伸至大豁骆顶部，是将山体北缘铲削为峭壁，壁面高 5—7 米。铲削土石铺垫通道，铺垫通道宽 1 米左右。

第二段，G222—G223 点，长 836 米。保存一般。山险墙沿枣刺沟西壁向西南延伸至架坝沟沟底，劈山壁面高 7、通道宽 1 米。

第三段，G223—G224 点，长 434.2 米。保存一般。山险墙沿架坝沟西壁向西北延伸至羊路沟底部，铲削壁面高 7—9、通道宽 0.7 米。

第四段，G224—G225 点，长 720.3 米。保存一般。山险墙沿羊路沟向西南延伸至夹巴沟，铲削壁面高 7—9、通道宽 0.5 米左右。

50. 南长滩—夹巴沟 1 段山险墙（编码：640502382105170065；工作编号：ZHWQ065）

南长滩—夹巴沟 1 段长城起点位于香山乡南长滩村西南夹巴沟，该段山险墙沿蝙蝠山体向西南延伸，经沙湾沟，全长 1273 米。基本呈东北—西南走向。墙体东北与南长滩枣刺沟长城（山险墙）连接，向西南延伸与南长滩—夹巴沟 2 段长城（山口墙）相接。该段为劈山类山险墙，是将山体北缘劈为峭壁，壁面高 6 米左右。劈山土石铺垫通道，供守边戍卒通行，通道宽 1—1.3 米（参见图

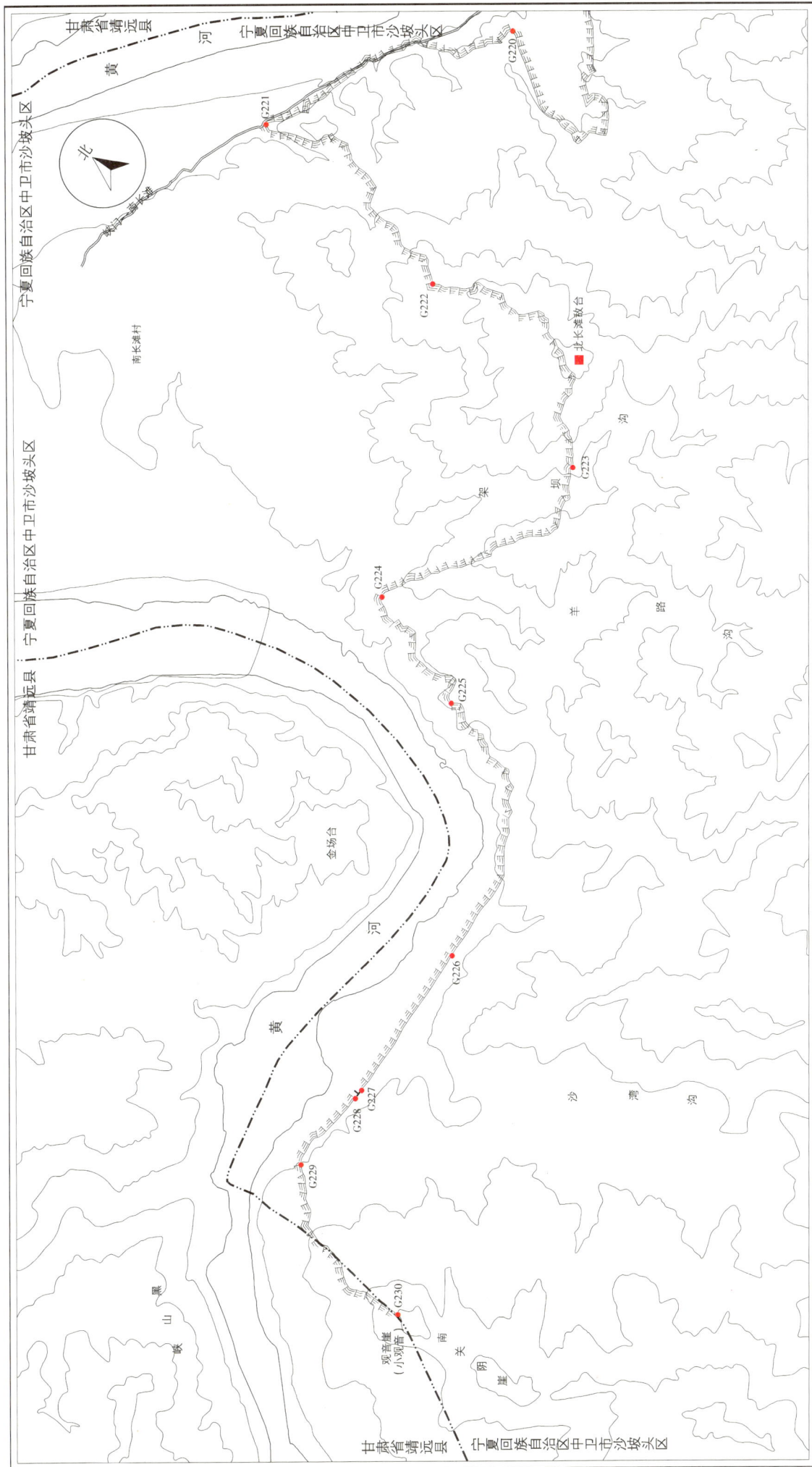

图五八六　中卫黄河南岸南长滩—枣刺沟山险墙和南长滩—夹巴沟1段、3段山险墙、2段土墙走向图

五八六；彩图六五七～六五九）。

该段山险墙地处夹巴沟以西山体脊梁，地势较高，沿线山体延绵不断，山峰高低错落，将临河一面的山坡劈削笔直，形成峡壁。墙体北临黄河。依其走向及保存情况划分为2个自然段。

第一段，G225—G226点，长831.4米。保存一般。山险墙沿缸子沟北缘向西南延伸至蝙蝠嘴子山，是将山体北缘缓坡劈为峭壁，壁面高6米左右。劈山土石铺垫通道，通道宽1—1.3米。

第二段，G226—G227点，长441.6米。保存一般。山险墙沿蝙蝠嘴子山北缘向西延伸至沙湾沟，是将山体北缘缓坡劈为峭壁，壁面高6米左右。劈山土石铺垫通道，通道宽1—1.3米。

51. 南长滩—夹巴沟2段土墙（编码：640502382101170066；工作编号：ZHWQ066）

南长滩—夹巴沟2段长城起点位于香山乡南长滩村西南夹巴沟西，该段为土墙，是连接沙湾沟两侧之间的山险墙，基本呈东—西走向。墙体东与南长滩—夹巴沟1段长城（山险墙）连接，向西延伸与南长滩夹巴沟3段长城（山险墙）相接。墙体为黄土夹砂石夯筑而成（参见图五八六）。

该段墙体地处沙湾沟沟口，地势平坦，北距黄河100米，与黄河平行。因山洪冲刷、风雨侵蚀、虫鼠类洞穴等因素对墙体造成不同程度损毁。依其走向及保存状况划分为一段，G227—G228，全长28米。保存一般。黄土夹砂石夯筑，含沙量较大，底宽7、顶宽4、高5米。夯层厚0.15米。黄河与墙体间修砂石便道，通向南长滩村。

52. 南长滩—夹巴沟3段山险墙（编码：640502382105170067；工作编号：ZHWQ067）

南长滩—夹巴沟3段长城起点位于香山乡南长滩村沙湾沟西，该段山险墙沿蝙蝠山体向西南延伸至观音崖，长778.7米，基本呈东—西走向。墙体东与南长滩—夹巴沟2段长城（山口墙）连接，向西延伸至黑山峡（小观音烽火台）。该段为劈山类山险墙，是将山体北缘劈为峭壁，壁面高2—4米。劈山土石铺垫通道，供守边戍卒通行，通道宽1米左右（参见图五八六；彩图六六○）。

该段山险墙地处夹巴沟至小观音山体之间，地势险峻，在山脊外侧，将临河一面的山体劈削成高不可攀的峭壁，形成险阻。墙体北临黄河。依其走向及保存状况划分为2个自然段。

第一段，G228—G229点，长238米。保存一般。沿沙湾沟向西延伸至沟口，山险墙是将山体北缘半山腰劈为峭壁，劈山土石铺垫通道，壁面高3—4、通道宽1米左右。北距黄河50米，在黄河与山险墙之间，修一条通向南长滩村的砂石路面。沙湾沟是黄河南岸自南向北流入黄河的一条大型排水沟，山险墙从沙湾沟沿黄河东流处，河中暴露出两处险峻怪石：一处有2块，俗称"老俩口"，另一处有3块，俗称"三兄弟"。以前木头筏子、羊皮筏子行使经此，俗谣说："老俩口，挂一挂"，"三兄弟，惹不下"，令行使者心惊肉跳。沿岸山峰更是高矮错落，险象环生。

第二段，G229—G230点，长540.7米。保存一般。该段山险墙向西延伸至观音崖，视为黄河南岸长城的终点，至此进入黑山峡，属于甘肃地界。山险墙是将山体北缘山坡劈为峭壁，劈山土石铺垫通道，壁面高2—4、通道宽0.5—1米。在观音崖，有一座高耸险峻的山峰拔地而起，倾斜的山峰扑向黄河，峰顶俯视河心，河水翻滚，这座山峰形似佛教中的观音，这就是著名的小观音。该处黄河中凸处富有传奇色彩的七块巨石，俗称"七姊妹"。

第二节 黄河南岸下河沿—南长滩段长城沿线敌台

1. 下河沿敌台（编码：640501352101170033；工作编号：ZHWD018）

位于常乐镇下河沿村南700米处的高山之巅，北倚长城墙体，西南距上河沿敌台1.94千米。这里

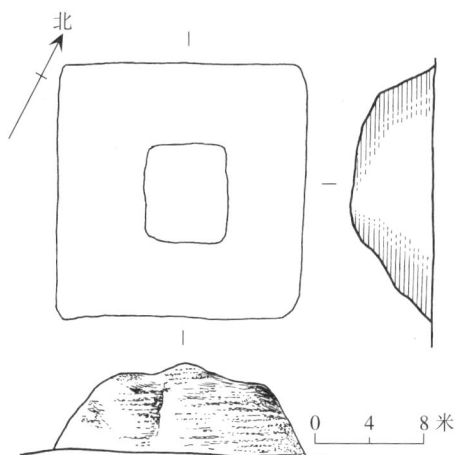

图五八七　下河沿敌台平、立、剖面图　　　　　图五八八　上河沿敌台平、立、剖面图

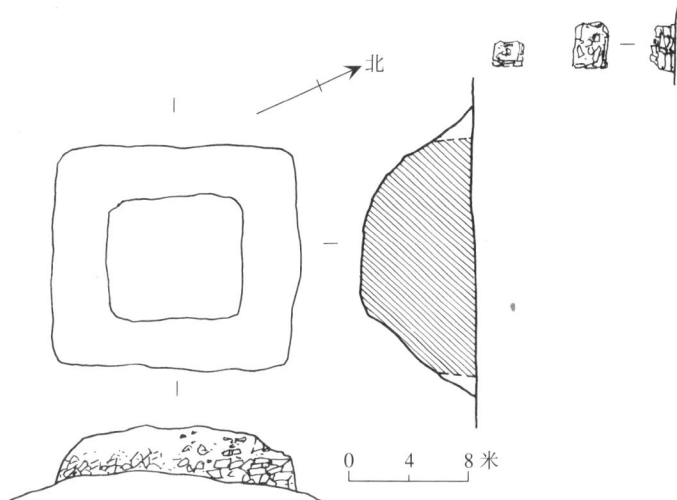

地处黄土丘陵与腾格里沙漠过渡地带，低山丘陵多由鱼脊状弧山峡谷组成，逶迤连绵，沟谷发育切割多呈"V"形，敌台东西两侧为坳谷，北临陡壁悬崖下有东西流淌的黄河，南靠山脉。立于台顶放眼望去，黄河两岸尽收眼底。敌台北侧有正在修建中的中营高速公路（彩图六六一）。

由于长城墙体在此破坏与现存台体基本分离，该敌台处在山脊突出一嘴，自然损毁较为严重。其平面呈覆斗形，顶小底大，立面呈梯形，用砾石土夹杂沙粒土夯筑而成。保存一般。受水土流失影响，台体顶部残损较小，底部塌陷略呈圆形，呈西高东低斜坡状，台体壁面由于坍塌均成斜坡状，表层有水冲沟凹凸不平，生长有稀疏的蒿草，东南侧有一自然土包与敌台相连，夯层不清，登台情况不详。台体底部东西18.4、南北18.6米，顶部东西6.2、南北7.2米，残高6.4米（图五八七）。南壁有风蚀凹槽，宽2.1、进深0.6、高0.55米。

2. 上河沿敌台（编码：640501352101170034；工作编号：ZHWD019）

位于常乐镇上河沿村南之山脊，北倚长城山险墙南侧，东北距下河沿敌台1.94千米。这里地势西高东低，山势较陡，南侧为自然冲沟，北侧为山前台阶地，山下2千米之外交错有两条常乐4#、5#煤矿的生产便道，正在修建的中营高速公路从其北侧通过。立于台顶视野开阔，黄河北岸尽收眼睑，据此扼守险要（彩图六六二）。

该敌台建在鱼脊状弧山之高峰，由台体、北侧2个附属小墩台（狼烟台）组成。平面形制近似方形，因多处坍塌现存台体顶部和底部形状均呈圆形，顶小底大，立面呈梯形。整体保存状况差。修筑材料因地制宜，利用所处山体的岩石砌筑而成，山体两侧岩石多裸露，土壤瘠薄，沙草遍野。敌台和小墩台构筑形式相似，先用较规整、大小薄厚不均的石块垒砌成空心方形，红色黏土粘缝，逐层向上收分至界定高度，再在立面梯形空间内填入较小的石块夹杂砾石土，由此砌筑成包石台体。台体顶部立一残缺的方形石柱，边长0.17、残高0.24米，中间有一圆形孔，孔径0.02米。遭自然风蚀、雨水冲刷严重，各壁坍塌均为斜坡状，东、西、南三壁台体顶部保存小部分石墙，北部坍塌覆盖。在敌台北侧较平缓的山地残存两个小墩，砌筑方法同上。南端小墩保存较好，北端小墩被牧羊人取石破坏，仅存底部，登台情况不详。残存台体底部东西16、南北15米，顶部边长为2.6米，南北两壁残高2.5、东西两壁残高3.4—7.8米。东北侧小墩距敌台14.8米，小墩两者间距3.2米，南端小墩平面形状呈方形，边长1.8、残高0.6米；北端小墩平面形状呈长方形，东西2.9、南北2.2、残高1.2米（图五八八）。

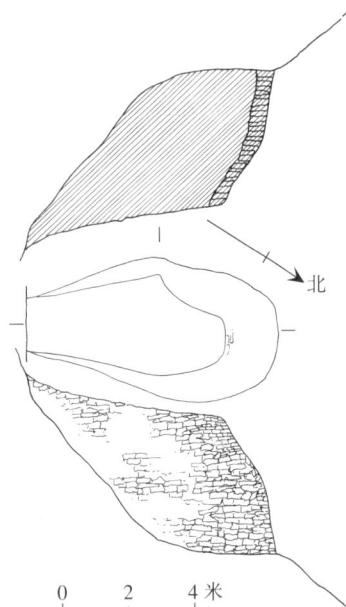

图五八九　下滩—高崖沟1号敌台平、立、剖面图　　　　　图五九〇　下滩—高崖沟2号敌台平、立、剖面图

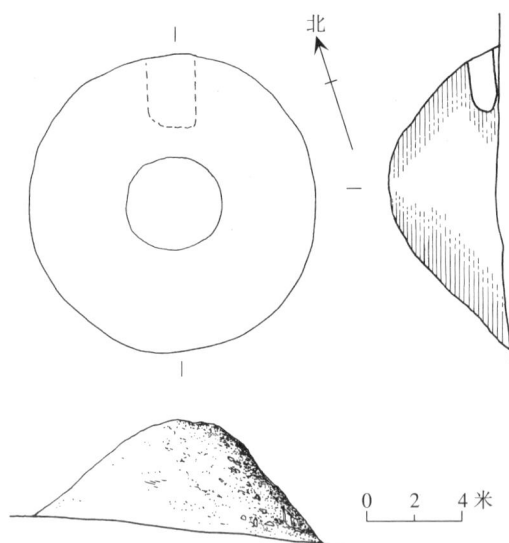

3. 下滩—高崖沟1号敌台（编码：640501352101170035；工作编号：ZHWD020）

位于迎水镇下滩村西南1千米处的南山坡地上，东西两侧与下滩高崖沟山险墙相连，东北距下滩2号关堡2.3千米，西距下滩—高崖沟2号敌台623米。这里地处黄河南岸沿边陡坡，山势南高北低，南倚陡壁悬崖间，北临黄河23米，敌台依山势建于黄河南岸拐弯处，河床狭窄，水流湍急，位置上扼守峡谷之险要，防御作用显而易见（彩图六六三）。

该敌台经长期风蚀、雨水及山洪冲刷，平面坍塌成不规则形，顶小底大，剖面呈梯形。台体由大小不等的灰褐色石块错缝垒砌而成，缝隙间填抹黄沙土及片状小石块。保存一般。构筑形式是依靠山势陡坡上的一处自然台地，先用较平整的石块沿北侧低洼处垒砌加高成一个较大的平台，然后在平台上砌筑敌台主体。顶部坍塌较平整，东、西壁较陡直，北壁依山势垒砌呈斜坡状，南壁直接倚靠山体而砌，在敌台北侧有一人为用砾石土修整的平台，未发现有铺舍遗迹，疑为戍边守卒的生活设施。现存台体底部东西4.5、南北7.6米，顶部东西1.5—3、南北长6米，高9.4米。人工垒砌石墙高4.6、台地高4.8米。敌台北侧平台东西16、南北6米（图五八九）。

4. 下滩—高崖沟2号敌台（编码：6405013521011700 36；工作编号：ZHWD021）

位于迎水镇下滩村西南1.5千米处的山坡地上，北倚下滩—高崖沟山险墙，东距下滩—高涯沟1号敌台623米。地处黄河南岸沿边斜坡地，山势南高北低，较为平缓，北临黄河10米，敌台依南山斜坡建于黄河南岸拐弯处，这里河谷深邃，河床狭窄，河水穿山激石急流而下，位置上扼守峡谷之险要，为重要隘口。周边黄河礁石耸立，植被稀少（彩图六六四）。

该敌台平面呈圆形，顶小底大，剖面呈梯形。用砾石土掺入黄沙土堆筑而成。保存一般。台体受风雨侵蚀、山洪冲刷坍塌较甚，四壁塌陷至底部均呈斜坡状堆积，西侧和北侧有人为掏挖的洞穴，其坑状堆积显示人们错把敌台当墓葬盗掘而造成的破坏。敌台底部直径为12、顶部直径4米。由于台体依南高北低的山势而建，致残存高度不统一，东高5.4、西高5.6、南高4.3、北高6.5米（图五八九）。后期人为破坏的竖穴坑平面呈长方形，宽2、进深3、高2.4米，西侧破坏的坑宽1.1、高0.7米。

5. 北长滩敌台（编码：640501352101170037；工作编号：ZHWD022）

位于香山乡北长滩村东南2千米处之山巅，东南距北长滩山险墙10、距下滩—高崖沟2号敌台4

千米。这里同处黄土丘陵与腾格里沙漠过渡地带，低山
丘陵多由鱼脊状弧山峡谷组成，荒漠草原植被，风吹沙
走，荒山多被沙尘覆盖，台体所在地势总体呈南高北低
之势，南为低山丘陵逶迤连绵，北视黄河居高临下，东
西两侧坳谷深邃，具有地势高耸、视野开阔之优势
（彩图六六五）。

　　该敌台依山形地势高峰为基座而建，由台体、西围
墙、门道组成。平面呈圆形，砾石土掺沙土夯筑而成。
整体保存一般。历经风蚀和雨水冲刷，台体壁面均坍塌

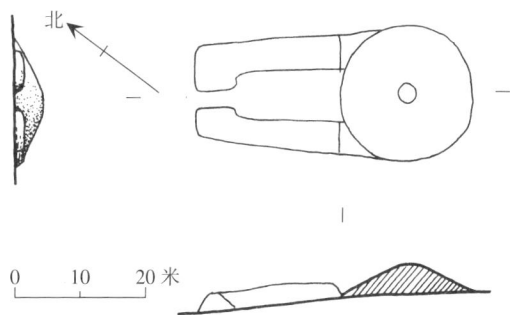

图五九一　北长滩敌台平、立、剖面图

成斜坡状，表面风化严重，夯层不清。东向依台体西侧筑一围墙，南、北、西三道围墙平面呈梯形，
东宽西窄，墙体顶小底大呈驴脊状，两侧壁面塌陷呈坡状堆积，在围墙西墙中部开设进入敌台内的门
道，保存较差。台体除自然风化，人们利用台体的高度，通讯部门在顶部栽有电线杆，东南侧盖简易
房作配电室。

　　该敌台底部直径20、顶部直径3、残高4.5米。西侧围墙东西22米、东部南北18米、西部南北
13米（图五九一）。南、北墙体底宽5、顶宽0.4—0.8、残高2.6米；西墙底宽6、顶宽0.8、残高
2.6米—3米；进入敌台门道宽1.87、进深4.7、残高0.3—0.6米。

第三节　黄河南岸下河沿—南长滩段长城沿线烽火台

1. 大柳树—下园子烽火台（编码：640501353201170012；工作编号：ZHWF012）

　　位于常乐镇大柳树下园子村西400米，大柳树长城段西侧62米处，西距黄河东岸86.5米，东南
距上河沿敌台5.52千米，当地人称"李望台"。地处黄河冲积平原，地势平缓，四面环山，这里河床
较宽，水势平稳，台体与黄河之间有一乡村便道，站于台体之上，视野开阔，黄河两岸景象尽收眼底
（彩图六六六、六六七）。

　　该烽火台平面形状略呈方形，顶小底大，立面呈梯形，用黄沙土夹杂碎石粒夯筑而成。整体保存
较差。受自然风蚀、雨水冲刷及人为取土破坏，台体坍塌仅残留北壁一半墙体，夯层、夯窝清晰可见，
南壁坍塌与北壁顶端形成较大的落差，残存台体壁面有蜂及鼠类蚕食洞穴，底部坍塌形成斜坡状堆积，
南侧有一生产便道取土将东南壁破坏，台体周边生长有蒿草、沙蓬等植物。烽火台底部边长8.3—8.5
米；残存顶部平面呈长方形，东西2.8、南北1.3米；北壁残高7.4、南壁残高6.4米（图五九二）。
夯土层厚0.18米，夯筑为平夯，夯宽0.12米，较为密集，局部重叠夯压。台体底部有风蚀凹槽，宽
1.7、进深0.25、高0.2米。

2. 风石湾烽火台（编码：640501353201170013；工作编号：ZHWF013）

　　位于常乐镇上游村风石湾西南之山巅，东南距大柳树下园子烽火台6.9千米，西北距米粮营子关
堡1.26千米。这里地处石山峡谷，黄河两岸悬崖峭壁相错，沟谷深邃，河床狭窄，烽火台耸立于山脉
顶部，居高临下，视野开阔，位置上东南依逶迤连绵的山体，西北扼黄河之险，隔河远眺，黄河北岸
之上蜿蜒起伏的山脉一览无余（彩图六六八）。

　　该烽火台由台体及东南两侧10座小墩台（狼烟台）组成。整体保存一般。台体平面呈长方形，顶
部小于底部，立面呈梯形。小墩平面呈方形，顶小底大，剖面呈梯形，保存较好。两者修筑方法相同，

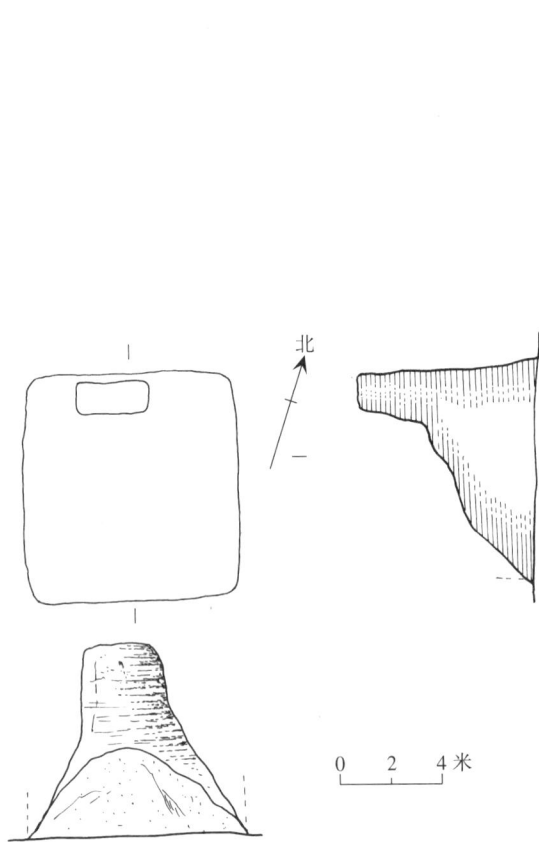

图五九二　大柳树—下园子烽火台平、立、剖面图

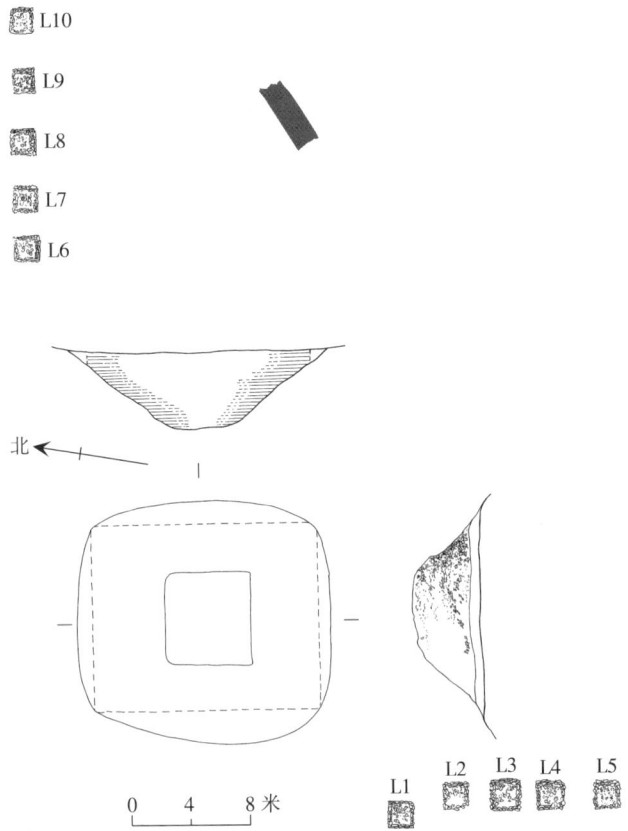

图五九三　风石湾烽火台平、立、剖面图

均为包石砌法，先采用较规整的石块围砌成长方形，层层向上，逐渐收分缩小，在立面梯形空间填充砾石土夹杂碎石块至顶部。受风雨侵蚀及人为破坏，台体顶部、包石外墙均已坍塌，损毁严重，各壁面人为踩踏成斜坡状，东壁坡度较大，保留了石墙体的根基部分，西壁被牧羊人长期踩踏形成上下路面，底部可见多个鼠类洞穴，台体和小墩周围布满坍塌的大小石块及野生蒿草。

烽火台底部东西12.5、南北15.5米，顶部东西6.3、南北5.8米，残高5.2米（图五九三）。顶部有人为挖的坑窝，平面略呈椭圆形，东西1.4、南北1.6、深1.05米；台体东壁有人为掏挖的深洞，宽1.2、进深1.5、高0.9米。

烽火台南侧和东侧各有5个小墩，平面呈"Γ"形排列，顶部已残损，石墙厚0.6—0.8米，多已坍塌。由北向南、由西向东依次编号L1—L5、L6—L10。

L1：北端第一个小墩距台体南壁7.5米，距L2 2米，底部边长1.8米，顶部东西1.4、南北1.3米，残高0.8米；

L2：距L3 1.5米，底部边长1.8米，顶部东西1.3、南北1.4米，残高0.8米；

L3：距L4 1米，底部边长2.1、顶部边长1.5、残高1.1米；

I4：距L5 2米，底部边长2、顶部边长1.4、残高0.9米；

L5：距L1 14.2米，距烽火台19.6米，底部边长1.9、顶部边长1.3、残高0.7米。

东侧小墩东西向排列，全长为17.1米。

L6：东侧西端第一个小墩距台体东壁18米，距L7 1.5米，底部边长1.8、顶部边长1.1、残高0.7米；

L7：距 L8 2 米，底部边长 1.8、顶部边长 1.1、残高 0.6 米；

L8：距 L9 2.6 米，底部边长 1.8、顶部边长 1、残高 0.6 米；

L9：距 L10 2.4 米，底部边长为 1.6、顶部边长 1.2、残高 0.8 米；

L10：距 L6 15.5 米，距烽火台 33.5 米，底部边长 1.6、顶部边长 1.2、残高 0.7 米。

3. 榆树台子烽火台（编码：640501353201170014；工作编号：ZHWF014）

位于迎水镇下滩榆树台子村东北 500 米处的山前台阶地，东南距下滩榆树台子山险墙 22 米、距下滩烽火台 1.9 千米，东北距米粮营子关堡 7.189 千米。这里地处黄河古道东岸山峡地貌，山势东高西低，东倚陡壁悬崖间，西临黄河 4 米为断崖峭壁，敌台依山势建在黄河拐弯处一突出平台上，河床狭窄，水流湍急，长城山险墙在此随黄河改道共同形成大的拐弯，烽火台在位置上扼守住峡谷两侧之险要，居高临下，防御性非常突出（彩图六六九、六七〇）。

该烽火台现存平面呈覆斗形，顶小底大，剖面呈梯形。砾石土夹杂碎石料夯筑而成，整体保存较差。台体受风雨侵蚀、山洪冲刷坍塌呈馒头状，顶部残损，中部高于周边，西壁和北壁坍塌致壁面陡直，北壁有风蚀凹槽及獾鼠洞穴，西壁夯层清晰，断面显示台体是由 4 版墙体组成，由东向西，第 1 版墙体宽 4.5 米，第 2 版墙体宽 1 米，第 3 版墙体宽 2.5 米，第 4 版墙体宽 2 米。台体底部东西 10、南北 6.4—7 米，顶部东西 4.5、南北 2.1—2.8 米，残高 4.8 米（图五九四）。夯层厚 0.14—0.2 米。

4. 下滩烽火台（编码：640501353201170015；工作编号：ZHWF015）

位于迎水桥镇下滩村东 1.2 千米处之山巅，西北距榆树台子烽火台 1.9 千米，西南距下滩 1 号关堡 782 米。地处黄河古道东岸石山峡谷地貌，沟谷陡壁，西侧临河，悬崖峭壁高耸险峻，北侧有一马鞍形坳谷，坳谷两侧有多道水冲沟汇集黄河，南侧连峦接峰，岩石多裸露，土壤瘠薄；急流涌进的黄河在此形成三道"S"形拐弯，立于台体之上视野宽阔，居高临下可见黄河弯道之全貌，其防御之险要十分突出（彩图六七一、六七二）。

该烽火台由台体及南侧 5 个小墩台（狼烟台）组成。台体、小墩平面略呈长方形，顶小底大，立面呈梯形，均采用较为规整的石块垒砌而成。整体保存一般。其两者构筑形式相同，均为包石砌法，先采用较规整的石块围砌成长方形，层层向上，逐渐收分缩小，最后在立面梯形空间填充砾石土夹杂碎石块至顶部。受风雨侵蚀及人为破坏，台体顶部、包石外墙均已坍塌，损毁严重，各壁面塌陷成斜坡状，北壁坡度较大，西、北壁保留了石墙体的根基部分，南壁有人为踩踏形成的上下路面，台体顶部踩踏成圆形，其上有牧羊人用石头垒砌的三个石墩，高 1.3 米，中底部东、西、南壁可见水冲凹槽及多个鼠类洞穴，台体和狼烟台周围布满坍塌的大小石块及野生蒿草。

烽火台底部现坍塌成长方形，东西 9.7、南北 12 米，顶部略呈圆形，东西 6、南北 6.7 米，残高 2.1—4 米；其中外围北石墙残高 1.2、西石墙残高 0.5、宽 0.3—0.5 米；台体南壁底部凹槽进深 0.6、高 0.18—1.2 米；东壁凹槽进深 0.2、高 0.2 米；西壁北侧凹槽宽 1、进深 0.5、高 0.3 米（图五九五）。

在台体南侧有小墩 5 个，仅残留底部 0.1 米，整体排列方向与烽火台一致，由北向南依次编号为 L1—L5。

L1：距烽火台 6.5 米，距 L2 2.3 米，平面呈方形，边长 1.2、残高 0.1 米；

L2：距 L3 1.5 米，平面呈长方形，东西 2、南北 1.1、残高 0.1 米；

L3：距 L4 1.5 米，平面呈长方形，东西 1.1、南北 1.7 米；

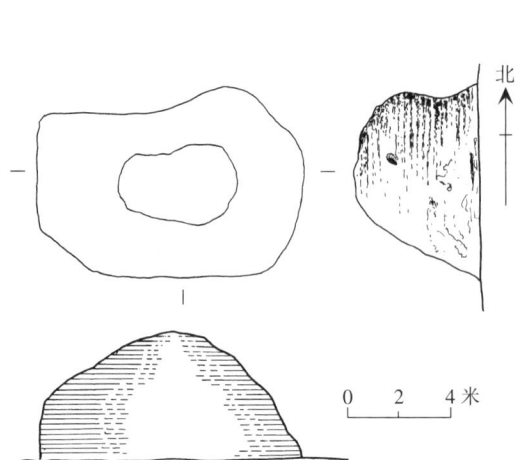

图五九四　榆树台子烽火台平、立、剖面图

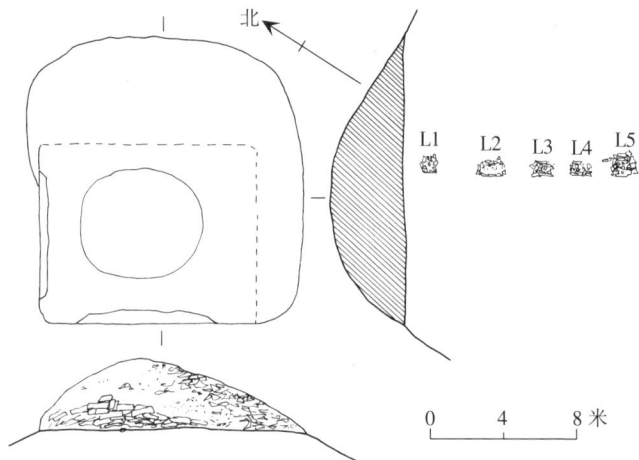

图五九五　下滩烽火台平、立、剖面图

L4：距 L5 1.6 米，平面呈长方形，东西 1.4、南北 1.2 米；

L5：平面呈长方形，东西 1.7、南北 1.8 米。

第四节　黄河南岸下河沿—南长滩段长城沿线关堡

1. 米粮营子堡（编码：640501353101170005；工作编号：ZHWGB005）

位于常乐镇上游村风石湾西南河畔，南距长城山险墙 95 米，东南距风石湾烽火台 1.26 千米。这里地处黄河古道南岸山峡地貌，山势南高北低，南靠山前台阶地，北距黄河岸边 20 米，东西两侧地势平缓，关堡临河建在黄河拐弯处一突出高岗之上，关堡南墙外侧紧邻东西向乡村土路，长城山险墙在南山之上随黄河改道共同形成大的拐弯。这里河床狭窄，水流湍急，城堡规模虽小，但在位置上扼守住山峡河谷两侧之险要。该城堡创建于明成化年间，在当时主要是管辖下河沿至南长滩若干墩台的兵营指挥部。从地理位置考证，筑城的目的主要是防御游牧民族南下对裴家川一带的侵扰（彩图图六七三、六七四）。

现存城堡由四面墙体和一座马面组成。坐东朝西，平面形状略呈长方形，墙体均为黄沙土夹杂小石粒夯筑而成。四面墙体唯南墙保存尚好，其他墙体受风雨侵蚀及人为破坏，大部分墙体坍塌，只残留底部。东墙近中部有一马面，保存较好，北墙和西墙外侧均有人为机械取土形成的凹槽，北墙基本破坏殆尽，西墙仅存根基。从地势及现存墙体观察，推测城门应开设于西墙，东墙外侧有人为掏挖的窑洞；残存墙体底部均有风蚀凹槽，内外两侧坍塌土呈坡状堆积，城池内外地势平坦，地表蒿草丛生（图五九六）。

该堡整体保存状况虽差，但城垣轮廓清楚。残墙最高 8.7、最低 1.6 米，夯土厚 0.12—0.2 米。关堡周长 111.3 米，占地面积 667.8 平方米。

北墙全长 26 米。保存差。仅存底部痕迹，宽 3.2、残高 0.8 米，夯土厚 0.15 米。西北拐角外侧有风蚀凹槽，进深 0.55、高 0.4 米，北墙外侧坍塌土成斜坡状。

东墙全长 29.8 米。保存一般。北部和南部残留底部，底宽 1.4—3、残高 1.6 米，夯土厚 0.14—0.2 米；中部有马面一座，保存较好，东墙南端外侧有现代牧羊人倚靠墙体用石头垒砌的简易陋室，现已塌毁。

南墙全长26.5米。保存较好。底宽3.2、顶宽0.8、残高3.7米，夯土厚0.12—0.2米。南墙东端有人为掏挖的洞穴，宽1.5、进深1.1、高1.3米，南墙由4.2、6.2、4.5、3米规格不等的版筑墙体组成，墙体两侧坍塌土呈坡状堆积，坡高1.3—1.8米。

西墙全长29米。保存较差。只残留南北两侧墙基，中部在机械取土时破坏。南侧墙体底部宽2.3—3.5、顶部宽2.1、残高3.2米；北侧底部宽3.6、残高1.3米。西墙南端保存墙体拐角宽3.8米，由此向北有两道缺口，宽3、13.8米，余者残留墙体底部，城门应位于西墙较为合理，由于破坏位置不详。

城堡东墙外侧有马面一座，平面呈长方形，顶小底大，底部东西9.8、南北10.5米，顶部西侧4.6、东侧4.9米，南北5.5米，凸出墙体外侧7.1、残高8.5米，夯土厚0.2米；马面是由3.6米×2.6米、4.2米×2.9米、4.2米×2.5米等大小不等的9版小墙体组成。马面东侧有人为掏挖的凹槽，南北宽3.7、进深3.5、高1.5米，壁面上有蜂、鼠蚕食洞穴，马面南部有人为用石头垒砌的窝棚，倚墙掏挖成壁龛，略呈椭圆形，东西1.4、南北1.05、深0.7米。

2. 下滩 1 号堡（编码：640501353102170006；工作编号：ZHWGB006）

位于迎水桥镇下滩村东500米处山前台阶地，南距下滩2号堡217米，东北距下滩烽火台782米，西距长城山险墙内侧5米，旧称迎水桥城址。其地处黄河古道东岸荒山峡谷地貌，周边山峦起伏，沟谷深邃，城堡建于山前台地之上，地势较平缓，东依山脉，西临黄河，南北两侧为季节性水冲沟，将城堡与山体分离。在城堡与黄河东岸之间宽约70米的阶地上种植有果树，南北向有一条生产便道。该城堡始建于明代，形制规模虽小，但深处于峡谷之间，隐蔽性强，其功能疑为用于储备军需物资的仓储及戍卒营盘之场所（彩图六七五、六七六）。

现存堡城保存状况差，城垣仅存墙体四角。隐约可见南墙开设城门。坐北朝南。平面略呈长方形，墙体由黄沙土、白灰及夹杂少许砾石粒混合夯筑而成。四面墙体拐角处残存最高2.2、最低0.8米，中部全部坍塌成斜坡状堆积外侧；城池内凹，四面突出，表层风蚀剥落。夯土层不清。关堡周长100米，占地面积约600平方米（图五九七）。

南墙和北墙相同，边长30米。保存现状差。拐角处保存较高，呈凹字形，墙体底宽近4、包括坡状堆积宽7.6、中部向下凹进0.9—1.2米。南墙除城门外基本与墙角同高。

东墙和西墙相同，边长20米。保存较差。残留墙角较高外，中部均向下凹。中部下凹0.4—1.2米，墙体底宽（包括坡状堆积）7.8、顶宽2.6—2.9、残高0.80—2.2米。

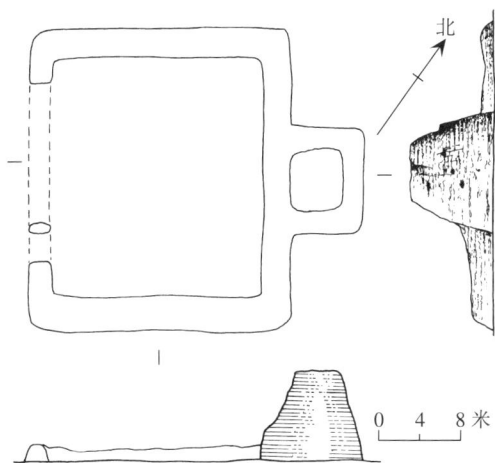

图五九六　米粮营子堡平、立、剖面图

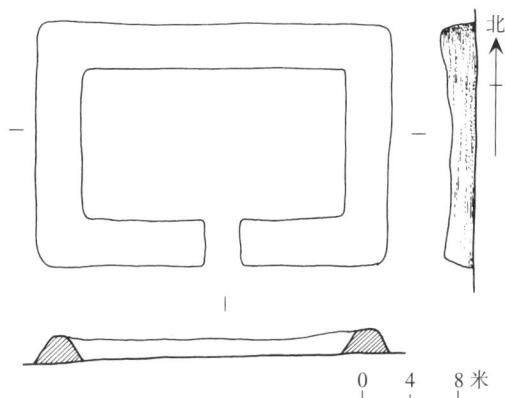

图五九七　下滩 1 号堡平、立、剖面图

南墙近中部有城门一座，东西宽 3、残高 0.6 米，只残留基础部分，立面可见城门现存底部高于城池底部。

3. 下滩 2 号堡（编码：640501353102170007；工作编号：ZHWGB007）

位于迎水桥镇下滩村东 700 米处山前台阶地，西距长城山险墙 50 米，北距下滩 1 号关堡 217 米。地处黄河古道东岸山峡地貌，四面环山，为鱼脊状低山丘陵，生长荒漠草原植被，荒山多被沙尘覆盖，土壤贫瘠；城堡建在东山前较为平缓的台地之上，南北两侧为坳谷，冲沟外侧为低山丘陵逶迤连绵，西临黄河，居高临下，具有地势高亢、视野开阔之优势。该城堡史无明载，应同始建于明代。其相对下滩 1 号城堡而言，规模较大，同处于峡谷之间，隐蔽性强，其功能疑为管辖黄河南岸该段长城的防务指挥所及戍卒的屯驻场所，筑城的目的同样是防御游牧民族南下对裴家川一带的侵扰（彩图六七七～六七九）。

现存城堡由四面墙体及南城门组成。坐北朝南。平面略呈方形。墙体采用黄沙土、白灰及夹杂少许砾石粒混合夯筑而成。整体保存一般。墙垣受自然风蚀和雨水冲刷，已坍塌成驴脊状。北墙中部人为取土形成豁口，把北墙分割为东西两段；东墙外侧人为掏挖了三个坑窝，濒临坍塌；南墙内侧人为破坏严重，偏东处开设城门，门西侧底部残存三块青石叠压，周围乱石堆积，由此可知最初门两侧应为石头垒砌而成，城内墙体底部均有风雨侵蚀的凹槽。城池内地表平整，遗有现代居民种栽的木桩及枣树。

该城堡轮廓清楚，且较为规整，残墙最高 5.6、最低 3.2 米。夯层不清。城堡周长 194 米，占地面积 2300 平方米（图五九八）。

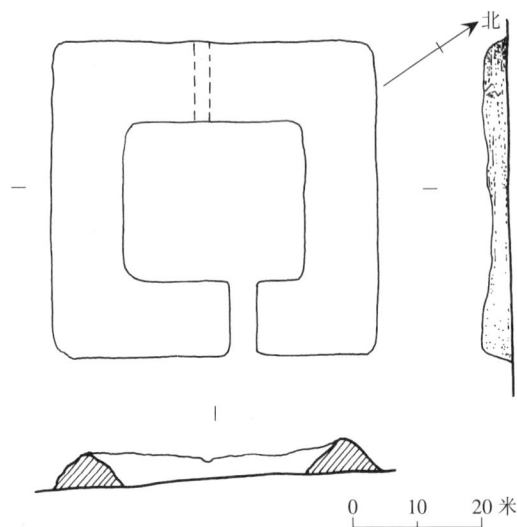

图五九八　下滩 2 号堡平、立、剖面图

南墙和北墙边长相同，长 50 米。南墙保存较好，北墙整体保存一般，墙体两侧为坍塌土成坡状堆积，表层风化剥落，凸凹不平，夯层不清，墙体底宽均为 11.5、残高 2.2—5.4 米；北墙偏东有一豁口，宽 1.8、高 2 米。

东墙和西墙边长相同，为 47 米。整体保存较差。墙体底宽 10.5—11.5、残高 1.95—5.20 米。西墙外侧有多处水冲凹槽及鼠类洞穴，东墙外侧人为破坏掏挖有 3 个坑窝，由南向北，第一个宽 3、进深 3.5、高 2.1 米；第二个宽 1.7、进深 3、高 1 米；第三个宽 2.、进深 5、高 1.3 米。

城门由于早年破坏，整体结构不详，现残宽 3.8、进深 11、高 3 米，门基高于堡内现存底部 2.6 米。

第十章　总结

第一节　西长城防御体系类型及其结构特征

明朝自建国之初，就参酌历代兵制，创卫所制度；为巩固北部边防，不仅加强了北方长城的修筑步伐，还在长城沿线先后设立了九个防守区，称为九镇。每镇设总兵、领辖。九镇之中宁夏有二，即宁夏镇与驻地固原的陕西镇。分布在宁夏的明长城有西长城、北长城、河东长城、固原内边，以及烽火台、关堡等建置，其各边墙防御体系从属宁夏镇城（巡抚都御史）镇守总官军以下到各卫、所、堡城系统。从单边防御功能上看，宁夏"黄河绕其东，贺兰耸其西。西北以山为固，东南以河为险"①，西长城作为宁夏总镇西路要塞，战略防御意义十分重要。其中西端的贺兰山"在卫城西六十里，丹崖翠峰，巍然峻大，盘踞数百里，宁夏依以为固"②，自古便有"宁夏西屏"之称，是明代朝廷与蒙古游骑对峙的天然屏障，也是明朝政府戍守的重点地区之一。这一带从贺兰山北面起点向南设立平虏守御千户所（今平罗县）、宁夏镇（今银川市）、中卫"千户所城"等防御重心，下辖关、堡数十座。在宁夏四处防御重心中独占三处③，位置十分重要。"贺兰山屹峙宁夏西北，实为屏障。正统以后，北人入套中，西犯甘、凉，多取道山后甚至阑入山南，视为通途"。"成化以前虏患多在河西，自虏居套以来，河东三百里间更为敌冲"④。据不完全统计，明代时期这一带发生的大大小小的战争达五十余次。单这一个地区发生的战事之频繁就超乎想象，特别是明代中期，这一带征战几乎到了"点集不逾岁"的程度，对宁夏当地的政治、经济与文化均产生了深远影响。

为了抵御蒙古铁骑的入侵，明政府多年以来一直沿边界修建边墙和城堡，调集重兵戍守，加强军事防御。西长城便是明代宁夏戍守西侧边防的重要举措之一，遂成为据银川的门户，关中屏障，昔戎马之地，边关防务始终处于阻击鞑靼、瓦剌侵扰的最前沿。

---

① 《嘉靖宁夏新志》卷1·宁夏总镇之三·形胜，第10页。

② （明）李贤等撰：《大明一统志》卷37，三秦出版社，1990年，第642页。

③ 宁夏四路防御中心分别为平虏、宁夏、中卫和花马池，"以平虏为一路，而其险在临山、新兴、灵武等处；以宁夏卫一路，而其险在赤水、宁化、玉泉、马炮泉等处；一中卫为一路，而其险在枣园堡、桑远堡、旧安塞等处；以花马池为一路，而其险在定边营、杨柳堡、清水、兴武、铁柱泉、灵州等处"。谭福瑜：《明代九边考》（内部资料），国立武汉大学第十一届毕业论文，第71页。

④ （明）许论：《九边论·宁夏》，第459～460页，《修攘通考》，（台湾）学生书局印行。

一　西长城墙体类型、修筑特点及成因

明长城是一个工程浩大、组织严密、行之有效的军事防御体系。这个体系是以垣墙为主体，包括了城障、关堡、敌台、烽火台等军事设施，具有战斗、指挥、观察、通讯、隐藏等综合功能，并配置有长期驻军守备的一种具有纵深防御能力的边防体系。这个军事防御工程是以因地制宜、据险置塞为原则而构筑的。所谓因地制宜，一是指根据所在地形条件巧妙地采用最为有效的路线来构筑防御工事；二是指充分利用当地的地貌环境选择合适的质材为建筑材料。所谓合理采用据险置塞的原则，是指利用天险御敌。这个体系的基本结构，以长城为主线，其附属设施大致可分关堡、敌台、烽火台三个部分。墩堡疏远，瞭望不及，有敌台以备守御，有关堡以相协助，有烽火台以便瞭望。长城主体与这三者之间互为依存，以点带线，布局合理，结构完善，由此组成一个完整的军事防御体系。

宁夏西长城，据《万历朔方新志》载："西长城，起自靖虏芦沟界（今甘肃靖远芦沟界），迤北接贺兰山，迤北接北长城，至大河……西长城，四百一十一里"[1]。《乾隆宁夏府志》亦有相似记载[2]。据实地调查，此道长城北起今石嘴山市惠农区红果子镇西北（与旧北长城交汇处），向南经惠农、大武口、平罗、贺兰、银川、永宁、青铜峡、中宁、中卫9个县、市、区（一些地段与内蒙古阿拉善左旗毗邻，或直属阿左旗管辖，此处暂按宁夏行政管辖范围划分），绵亘计400余千米，沿线计有重要关口37处[3]，实际可通步、骑者达50余处。

《宁夏古长城》一书曾将西长城划分为南长滩至下河沿、黑林至胜金关、胜金关至赤木关、赤木关至红果儿沟四段[4]。本报告在参照此类分段标准的同时，根据国家文物局要求的长城调查线路，并结合史籍文献等，将西长城由北向南重新进行了分段，即以地域为界，分为红果子—三关口段、三关口—大柳木皋段、大柳木皋—胜金关段、胜金关—黑林段、下河沿—南长滩段五大段。

根据地理条件和环境变化，不同地段，其构筑的材料和方法及保存状况各有不同，甚至在同一区域因地理、地貌的差异其修筑技术也不尽相同。西长城保存至今也显现出不同的墙体类型，其建筑结构依材质区分主要包括夯筑土墙、石墙、山险、山险墙四种墙体类型。各类墙体及每段调查数据参见下表（表八）。

表八　西长城墙体类型统计表（单位：米）

	段　落	类　别	山　险	土　墙	石　墙	山险墙	壕堑	合　计
1	红果子—三关口段	长度	144875.4	14738.5	1334.7			160948.6
		百分比（%）	90.01	9.16	0.83			100
2	三关口—柳木皋段	长度	1997.5	38045.5	1787.5		25066	66896.5
		百分比（%）	2.99	56.87	2.67		37.47	100
3	大柳木皋—胜金关段	长度	23775	55754.3	23627.7	1793.5		104950.5
		百分比（%）	22.65	53.12	22.51	1.72		100

[1] 《万历朔方新志》（影印本）卷2"边防"条，第84页。

[2] "西长城，自靖虏（今甘肃靖远）芦沟界迤北，接贺兰山。山四百一十一里，迤北接北长城。自西而东三十里，接黄河。河一百三十里，自北而南，逾岸接东长城，三百六十里接延绥界。凡周一千一百七十里"（清）张金城修、（清）杨浣雨纂，陈明猷点校《乾隆宁夏府志》卷2·地理（一）·边界，第68页，宁夏人民出版社，1992年。

[3] 《嘉靖宁夏新志》卷1，宁夏总镇，第92页。这一数字还有另一说法："贺兰山，宁夏西屏，袤五百里有奇，山口约四十"，（清）储大文：《贺兰山口记》。

[4] 许成：《宁夏古长城》，第20～27页，宁夏人民出版社，1988年。

续表

	段　落	类　别	山　险	土　墙	石　墙	山险墙	壕　堑	合　计
4	北岔口南—沙沟段	长度	14541.9	316				14857.9
		百分比	97.87%	2.13%				100%
5	胜金关—黑林	长度		49533.4	1406			50939.4
		百分比		97.24%	2.76%			100%
6	下河沿—南长滩	长度		6671.6		68288.1		74959.7
		百分比		8.9%		91.09%		100%
	合　计	长度	185189.8	165059.3	28155.9	70081.6	25066	473569.99
		百分比	39.11%	34.86%	5.94%	14.80%	5.29%	100%

从现存各类墙体的调查数据统计表来看，西长城全线结构较复杂，类型多样，其中以山险居多，所占比例较大；土墙次之；山险墙又次之，石墙相对较少。各段间的墙体类型依据地理环境，不同地段其构筑的材料和方法等又有明显区别。

1. 红果子—三关口段

此段北起今惠农区红果子镇西北、旧北长城与西长城交汇处，沿贺兰山山脉辗转向南，经今惠农、大武口、平罗、贺兰、银川、永宁等县、市、区，最后到永宁县西北的三关口处，全长160948.59米。此段墙体以山险占绝大多数，达90%以上，而土墙与石墙所占比例较小，两者合计尚不足10%。

从墙体所占比例来看，自然山险是该段长城的主要防御形式，这与该段贺兰山山体的特点等密切相关。此段属贺兰山山峰，高耸险峻，相对海拔在数百米乃至2000余米间，海拔3556米的贺兰山主峰敖包疙瘩（俗称沙锅洲）便是位于此段贺兰口附近。高耸连绵的山脉横亘开内蒙与银川平原，犹如一道天然防御屏障守卫着银川。使得蒙古游骑很难畅通无阻地进出侵扰。仅有几道基本贯穿山体的山口，如北面的大武口沟和南面的三关口等可资通行。于是明政府在此段修筑长城时便充分利用此段山体多连续、不便攀爬的特点，在山体陡峭连续处直接利用山体为险，不筑墙体。只是在山坡之上或者沿山诸口之前的山峰两侧，设立墩台守哨；而在一些内外可通步骑的山谷内堑山削壁，修筑成石砌或土筑的短墙，并设立墩台凭险成守。这样便构成了此段以山险为主、山口间修筑山口墙（俗称当路塞）及敌台、烽火台等长城设施为辅的特点。

2. 三关口—大柳木皋段

此段是从今永宁县西北的三关口开始，沿贺兰山东麓山前地带辗转向东南，经三关口、红井沟、夹子沟、柳渠沟、汝龙沟、小沟、磨石沟、北岔口等贺兰山隘口，再随山前宽阔的台地折向南，过北岔口南侧宽阔的山前冲积平地，再随山体向东南折，最后到青铜峡市邵刚镇以西、贺兰山大柳木皋东南侧山脚下的两道长城相交处，全长41021.3米。沿途经过今银川市、永宁县、青铜峡市等县、市、区（部分地段属内蒙古阿拉善左旗巴润别立镇上海嘎查）。

此道墙体有土墙、石墙和山险几类，其中土墙比重占92%以上，其他石墙、山险比重较少。这与此段贺兰山山体特征等有很大关系，贺兰山过三关口以后，山体逐渐变成低矮的丘状台地，地势平缓，且高矮起伏众多。这样依山成守之地利优势已不存，故此段长城不再继续沿贺兰山山体分布，而是改在贺兰山东麓的山前台地上修筑。这一地段周围沙土较多，取土十分便利，故多能夯筑土墙。仅在个别取土不方便或地势低洼易受山洪冲刷，或位于山梁上、周围土壤较少不易夯筑之处用石砌石墙；在山体高耸陡峭、不便筑墙之处直接利用山险。然后再在高山或低洼稍高处再筑墩台，用以瞭守或传递情报。

需要补充说明的是，此段长城并不是单一的一道，除了这道沿山前台地分布的墙体外，在一些重要的、能东西贯穿山体的山口间，或者山势高矮起伏较大、不便戍守之地，如三关口、磨石沟、北岔口等处，还有沿山口修筑的附墙、分叉墙等，这些墙体与山前主墙一道，共同构成一处立体式、多层次的防御体系。因这些墙体分布较曲折复杂，且多以所在山口为准，相互之间不连续，加之这些墙体今全部属内蒙阿左旗管辖，本文中除了三关口所在几道墙体外，其余部分未做详细分类调查登记，仅简要记录其长度等。

三关口即古之赤木口，是宁夏明代长城上的四处重要关隘①，属宁夏镇城（今银川市）"城防四险"之一。《嘉靖宁夏新志》载贺兰山"沿山诸口虽通虏骑，尚有险可凭，北侧惟打硝（即今大武口），南惟赤木，旷衍无碍……数遗重患"②。"（贺兰山）其蹊径可驰入者，五十余处，而赤木关口尤易入"③。于是到嘉靖十九年（1540年）④，都御史杨守礼与总兵任杰奏请明朝廷拨专款四万两修筑贺兰山沿山诸口，赤木隘口为当时重点工程之一。史载杨守礼"令人遍剖诸崖谷，忽得壤土数处"，解决了用土问题；又令作水车百辆，从"相去二十里"的金塔墩运水，又解决用水问题。然后"归令都指挥吕仲良督军夫四千往役……又令游击将军傅君，统千军以防之"，于"五月一日赴役，八月□日工毕，共费金□□两"⑤，历时三月有余，修筑了三道关隘。

这三道关隘，文献记载较为详细，《嘉靖宁夏新志》载："关口石砌，长一十八丈；高二丈三尺，女墙高七尺；下阔三丈，上阔一丈八尺。其北斩山长五百九十七丈，其南斩山长七十六丈。又南石基土筑墙长四十八丈八尺；高二丈，女墙高五尺；下阔三丈四尺，上阔一丈七尺。又南石基土筑墙长一千三百八十五丈四尺；高二丈，女墙高五尺；下阔二丈二尺，上阔一丈二尺。又南斩山长六百七十九丈；高二丈，女墙高四尺。比他关为最固焉。"⑥ 明确记载了关口的规模、尺寸等，其建筑之宏伟不难想象。

三关口诸道关隘的建成，成为明朝军士藉以扼险戍守的屏障，在抗御蒙古部族侵扰、保障关口以内诸堡安定等方面发挥了很大作用，此后蒙古骑兵自此口入侵的案例较为少见。只是费尽心血建成的此道关隘的实际使用年限似乎并不太久，在稍晚的《万历朔方新志》一书中载："口寔剧冲，可容千马。嘉靖十八年巡抚杨守礼扼险筑关，后废，止有石砌关墙一道、斩山一道"⑦，而成书更晚的《银川小志》⑧ 亦持此意见。考《万历朔方新志》，其编纂于万历四十一年（1613年）、刊行于万历四十五年

---

① 这四处关隘分别是长城关（在花马池城北，今盐池县）、北门关（镇远关，在今惠农区红果子镇）、赤木口、胜金关（在今中卫市东北的胜金关）。《万历朔方新志》（影印本）卷2，"关隘"条，第87～88页。

② 《嘉靖宁夏新志》卷1，宁夏总镇之十九"北路平虏城"，宁夏人民出版社，1985年，第93页。

③ 《嘉靖宁夏新志》卷1，宁夏总镇之十八"南路邵刚堡"之"赤木口关"，第85页。

④ 嘉靖十八年（1539年，《万历朔方新志》（影印本）卷2，"关隘"条，第88页，后来的清代文献如《乾隆宁夏府志》《银川小志》等均持此观点。考据时事，当以十九年为是。

⑤ 《嘉靖宁夏新志》卷1，宁夏总镇之十八"南路邵刚堡"之"赤木口关"，第86页。

⑥ 《嘉靖宁夏新志》卷1，宁夏总镇之十八"南路邵刚堡"之"赤木口关"，第86页。

⑦ 《万历朔方新志》（影印本）卷2"关隘"，第88页。

⑧ 《银川小志》记载："口寔剧冲，可容千马。嘉靖十八年巡抚杨守礼扼险筑关，后废，止有石砌关墙一道、斩山一道"，此语与《嘉靖宁夏新志》之词一字不差，可能系以讹传讹的原文照搬。（清）汪绎辰编修，张钟和、许怀然校注，宁夏人民出版社，2000年，第238页。

（1617 年），较之三关口建成亦不过 70 余年，则可见如此费尽心机、耗费大量人力物力修筑的此道关隘可能已遭废弃。需要补充的是，《万历朔方新志》所记载的赤木关之语，虽依旧肯定三关口处关隘的重要性，但其记载的修筑年代在嘉靖十八年（1539 年），比《嘉靖宁夏新志》等记载的嘉靖十九年要早一年，后来的文献如清代《乾隆宁夏府志》①《银川小志》等均持此看法。另外，此句中仅载两道关隘，这也为后来学术界的争论埋下了伏笔。

　　这三道关隘长城的位置、存废等在今宁夏学术界尚存争议，其焦点集中在二道关与三道关的位置上。较早如许成、牛达生著文曾称"二道关，由头道关循沟谷西进，入山 3 千米即为二道关，亦为银巴公路的贯通处……紧靠公路的西南侧，有 20 多米高的一座山头。山顶上筑有墩台一座……而墩台与西南面的山峰之间，却有一望之地较为平漫，因而筑有关墙一道，长约 1 千米。其筑法是在两山包之间，顺山势筑成墙段，残高现存有 2 米。"而"三道关，自二道关西去 2 千米，山谷至此越狭，两面危崖，中间一路，即所谓三道关……三道关附近没有发现筑墩、筑墙的痕迹。今虽已被辟为大路，亦尚不失险峻之姿。"②即将二道关定在赤木关里口墩（即本文中的三道关）位置，而将三道关定在此道长城以北（三关口峡谷最北端，这里在今公路边断崖上有一处题刻，上有"三关"两个大字以及"平羌堡"、两字蒙文等诸多小字），这种观点逐渐成为后来研究者的共识，后来出版的文章多均持此意见③。

　　此次调查时经我们现场确认，发现这里有三道墙体（在许成等人记录的头道关、二道关之间发现了一道独立的长城），均是横跨底部山沟、两端与高耸山体连接，且相互之间彼此独立，共同构成此处封闭山沟的三道关隘，故将其由南向北分别编为头道、二道和三道关④。其墙体类型、特征等见下表（表九）。

表九　三关口三道关隘特征统计表
（单位：米）

	分布位置	其它设施	墙体类型及比例			总长	备注
			土墙	石墙	山险		
头道关	沟口处	关隘已不存	1883.5	70		1953.5	
二道关	进沟约 1 千米处	关隘无存，西南侧山脊上有 1 座敌台（可能即赤木关中口墩）		876.5	379	1255.5	
三道关	进沟约 2.5 千米处	关隘无存，沿线分布有 3 座敌台，2 座位于西侧山脊上，而近河谷处的一座敌台可能即赤木关里口墩	817		1593.5	2410.5	

3. 大柳木皋—胜金关段

　　此段长城，北起青铜峡市邵刚镇以西、大柳木皋东南侧两道长城交汇处，随山前台地辗转向南，

① 《乾隆宁夏府志》载此事在嘉靖"己亥"年，即 1539 年。（清）张金城修，（清）杨浣雨纂，陈明猷点校，宁夏人民出版社，1992 年，第 717 页。

② 许成、牛达生：《宁夏境内明代长城遗迹》，原载于《宁夏社会科学》1983 年 4 期，后辑录于《宁夏考古史地研究论集》，宁夏人民出版社，1989 年，第 21 页。

③ 持此意见的可见许成：《宁夏古长城》，宁夏人民出版社，1988 年，第 30 页；牛达生、许成《贺兰山文物古迹考察与研究》，宁夏人民出版社，1988 年，第 69～70 页。

④ 有关此道关隘的性质等，可参见周赟、李晓丽：《宁夏明代三关口关墙考辨》，《宁夏社会科学》，2013 年第 5 期。

经沙沟、井沟、口子门沟等众多山沟，到中宁县渠口农场西北的南湖子沟后，随山体折向山间，再几经辗转后，从中宁县余丁乡时庄村北侧的大佛寺沟出山，再沿山前台地向西，最后到中宁与中卫市交界的胜金关处，全长104920.5米，途经今青铜峡、中宁两市县。

此段长城的北段可能便是《弘治宁夏新志》中记载的宁夏修建最早的长城之一的"城西南墙"，"自双山南起，至广武界止，长一百余里"①。修筑于明成化年间（1465—1487年），由巡抚都御史贾俊奏请修筑的，只是到嘉靖年间已"圮坏不堪"了②。今日所见的，应是其后期不断增筑修葺的墙体。

此道墙体有土墙、石墙、山险和山险墙几类，其中土墙比例占一半以上，石墙与山险亦占一定比例，而山险墙则相比较少。

如果从所在位置来看，此段墙体的构成亦有一定的特点，如下表（表一〇）。

表一〇　西长城大柳木皋—胜金关段墙体类型分段对比表　　　　（单位：米）

编号	段落	位置	墙体类型及其比例				合计
			土墙	石墙	山险	山险墙	
1	大柳木皋南—南湖子沟	山前台地上	45600.5				45600.5
			100%				100%
2	南湖子沟—大佛寺沟	贺兰山山间	962.4	24549.8	14426.1	1340	41278.3
			2.33%	59.47%	34.95%	3.25%	100%
3	大佛寺沟—胜金关	山前台地与平原交汇处	7869.2	342.5	9830		18041.7
			43.62%	1.90%	545.48%		100%

从此表我们不难看出，墙体类型、分布与其所在位置有很大关系：

（1）从柳木皋东南侧长城相交处起，向南沿山前台地一直到中宁渠口农场西北侧的南湖子沟口处止，全长45600.5米。此段全部位于山前台地上。这里地势宽漫，沙土含量丰富，故此段全部用沙土夯筑土墙，无其他类型。

（2）南湖子沟口向西南至余丁乡北侧大佛寺沟北侧，全长41278.3米。此段因所在贺兰山山体更趋低矮，相对落差多在数十米左右，易攻难守，故此段墙体直接深入山间，充分利用山体优势来砌筑墙体。

此段墙体类型以石墙为主，可占59.47%，而山险亦占到34.95%。其他类型如土墙、山险墙亦有，但所占比例不大。这与山间多石少土、可因地制宜的就地取材等特点有关。

（3）余丁乡北侧大佛寺沟向西至中卫胜金关，全长18041.7米。此段墙体再次脱离山体，基本沿山前台地或山边分布。此段墙体类型较复杂，即在地势较平坦处以夯土筑墙，而在山体陡峭处则直接利用山险，个别地段还有石墙。

---

① 《弘治宁夏新志》（影印本）卷1，第38页。"双山"一地今尚有异议。钟侃认为在"今中卫县境"（钟侃：《宁夏古代文物》，第89页）；牛达生等人认为双山即二龙山，在今中宁石空乡时庄村以北（牛达生、许成：《贺兰山文物古迹考察与研究》，第68页），后来的许成等人亦持此意见（许成：《宁夏古长城》，第24页）。另一说在青铜峡玉泉营以西（青铜峡军事编纂委员会：《青铜峡军事志》第七章：军事设施，第136页，宁夏人民出版社，2003年）。考据《九边图考》等书标注，当以后者为是。

② 《嘉靖宁夏新志》卷1·宁夏总镇，第20页。

西长城红果子至胜金关段由北向南所经重要山口名称、长城设施等情况可见下表（表一一）。

表一一　西长城红果子—胜金关段所经重要山口长城设施统计表

编号	今名	明代地名	长城设施	备注
1	扁沟		沟东侧有旧北长城1道、敌台2座、壕堑1道，不远处尚有镇远关1座	此段周围长城设施今归入宁夏旧北长城内
2	红果子沟	野马川口？	无	
3	王泉沟	王圮口	沟口前有土墙1道、敌台5座、烽火台3座	
4	大武口沟	打硙口	银川北都最主要的关隘之一，明初曾建有三道关隘，嘉靖年间颓废，嘉靖十九年重修。此墙20世纪50年代尚有痕迹，今已不存	另名大登沟口
5	大枣沟	枣儿沟	沟前有北长城1道、敌台1座、烽火台1座、关堡1座（临山堡，已不存）	此段除烽火台外，其余均归入宁夏北长城内
6	郑关沟	黄草坡口？	沟内有长城3道、敌台4座、烽火台5座	又名正义关口
7	韭菜沟	刺滩口？	沟内有长城2道、敌台2座、烽火台2座	
8	归德沟	归德口	沟内有长城2道、敌台5座、烽火台2座	又名龟头沟
9	大风沟	大风口	沟内有长城3道、敌台3座、烽火台2座	
10	小风沟	小风口	沟内有长城墙体1道、敌台1座、烽火台2座	
11	汝箕沟	汝箕口	沟内有长城墙体1道、敌台1座、烽火台1座	沟内原有题刻5方，今已不存
12	小水沟	小水口	沟口两岸有烽火台3座	
13	大水沟	大水口	沟内有长城墙体1道、敌台4座、烽火台2座	墙体保存尚佳
14	高沟		沟内有墙体1道、敌台1座	
15	大西峰沟	西番口	沟内有长城墙体1道，沟口前有烽火台1座	又名西伏口
16	白头沟		沟内有长城1道、敌台1座，沟口前有烽火台1座	又名白虎沟
17	插旗沟	塔峡口	无长城墙体，沟口前仅有烽火台1座	
18	小插旗沟		无长城墙体，沟口前仅有烽火台2座	
19	青石沟		无长城墙体，沟口前仅有烽火台1座	
20	贺兰口	贺兰口	无长城墙体，沟口有烽火台2座、题刻2方。另外，文献载此处有长城水关1处，今已不存。	
21	苏峪口	宿嵬口	无长城墙体，沟口处有烽火台4座	
22	拜寺口	百寺口	沟口前有墙体2道、敌台1座、烽火台1座	
23	镇木关沟	镇北口	沟口有烽火台1座	
24	大水渠沟	水吉口	沟口有烽火台2座	

续表

编号	今名	明代地名	长城设施	备注
25	黄旗沟	黄峡口	沟口有烽火台1座	又称黄渠口
26	大滚钟口	滚钟口	有烽火台2座，一在沟内，一在沟口	
27	独石沟	独树儿口	沟口前有烽火台1座	
28	青羊沟		沟口前有烽火台1座	
29	甘沟	干沟儿口	沟口前有烽火台2座	
30	山嘴沟	山嘴儿口	沟口前有烽火台1座	
31	榆树沟		沟口有烽火台1座	
32	三关口	赤木关口	贺兰山南面最重要的关隘之一，嘉靖十九年修筑，遗迹至今尚存。有长城墙体3道、敌台7座、烽火台2座	
33	红井沟		沟前长城经过；沟口有烽火台、敌台各1座	
34	柳渠沟		沟前长城经过；沟口有敌台1座	
35	汝龙沟		沟前长城经过；沟口前有关堡、敌台各1座	
36	小沟		沟前长城经过；沟口前有关堡、敌台各1座	
37	磨石沟	磨石口	银川南部重要沟口之一，沟前有长城经过，有敌台1座、烽火台4座；另有一道长城深入沟内	
38	北岔口	北岔口	两道长城交汇处，一道向北深入山间；山前有壕堑1道、敌台1座，山顶有烽火台1座	
39	大口子沟	灵武口?	银川南部重要沟口之一，沟口前有长城经过，沟口间有长城1道，南侧半山有烽火台1座	又称烽口子
40	柳石沟		沟前长城经过；沟口附近有烽火台2座	
41	大沙沟		沟前长城经过；沟口前有关堡、敌台各1座	
42	井沟	井沟	沟前有长城经过，亦有烽火台1座	
43	木头子门		沟前有长城经过，亦有烽火台1座	
44	口子门沟		沟前有长城经过，沟口处有烽火台1座	宁、蒙交界处
45	南湖子沟		长城深入山间，沟前有烽火台2座	西长城土石交界处
46	大佛寺沟	大佛寺口	中卫重要山隘之一，有长城数道、烽火台众多	

4. 胜金关—黑林段

该段墙体东起与中宁县交界的镇罗镇胜金村胜金关隘进入中卫市境，沿着腾格里沙漠的南缘，逶迤于卫宁北山，翻山越岭，穿过河谷、平原一路西行，直抵黄河北岸的分水岭——西沙咀，被黄河天堑所阻断。总体走向呈半圆弧状，东北扼守贺兰山系，西南屏障中卫城区。所处环境分山地、丘陵台地和沙漠平原。沿途经过镇罗、东园、迎水桥3个乡镇23个行政自然村，6个农牧林场，总长50939.4米（表一二）。

表一二 西长城胜金关—黑林段墙体类型及保存状况统计表 （单位：米）

类别 \ 现状	较好	一般	较差	差	消失	合计
土墙	9245	6417	5723	3530.4	24618	49533.4
石墙	0	393		0	1013	1406
总计	9245	6810	5723	3530.9	25631	50939.4

该段长城整体保存一般，消失墙体较多，走向明确。除1406米保存较差的石墙外，其余皆为夯筑土墙。石墙位于卫宁北山，山体多为岩石且裸露，土壤贫瘠，地表沙化，基本上无土可取，长城以自然山体为基础，因地制宜，就地取材，采用大小不等的石料垒筑，石块缝隙间夹杂粗砂石粒及碎石块，不含泥土，民间俗称毛石干垒石墙。夯筑土墙基本沿着腾格里沙漠的东南边缘修筑的，因时代变迁，腾格里沙漠逐渐向南侵移，致使大部分地段墙体被沙漠所掩埋，在茫茫沙漠中时隐时现，跨度较大。墙体在实施修筑过程中因受地理环境影响，地表黄土多被沙尘覆盖，单纯用沙土筑墙难成易坏，因而采用黄沙土为基本材料，掺入白礓土、碎砾石加湿夯筑后板结得较为致密。依实地调查墙体的横断面显示，墙体的宽度由1—5版墙体组成，其中三版墙体居多，四至五版墙体次之，一版墙体较少；全线调查中未发现有二版墙体。从墙身的纵剖面长度观察，每隔一大段墙体均由三至四版墙体组成，墙体之间有明显的收缩缝隙，从接缝可见每版墙体长度不等，调查数据显示一个共同点，每大段墙体的横纵剖面宽度与长度均不一致，由此推测长城在修筑过程中是采用分段包修的办法逐渐向前推进的，而且随意性较强，修筑草率，并未制定统一的规格。从部分坍塌墙体及人为掏挖窑洞形成的剖面观察，在墙体底部1—1.5米以下，夯层较密集，多在厚0.08—0.13米连续夯筑10余层，然后在其上夯层逐渐加厚至0.18—0.2米，这种修筑方法应为夯筑工匠为增强墙体坚固而特别加筑了基础，以此佐证了现存长城主体历经几百年沧桑，残损严重，虽仅存根基，但依然牢固坚硬的一个因素。大部分墙体多依山而建，在山梁、沟谷处逶迤而行，顺地势上下，在修建过程中并没有刻意去寻找地平后再夯筑，这种"依山形，随地势"的构筑特点，既符合实际，又是最有效的施工方法（图五九九）。

5. 下河沿—南长滩段

该段长城位于中卫黄河以南，东起下河沿，沿黄河南岸西行，穿山越岭，经北长滩达南长滩，调查至观音崖，与甘肃省靖远县交界。黄河南段长城经过常乐、迎水桥、香山3个乡镇14个行政自然村，总长74959.7米（表一三）。

此段墙体类型有土墙、山险墙（铲削墙、劈山墙）、短墙（亦称当路塞、山口墙）。其中山险墙占绝大多数，达90%以上，而利用黄沙土夹杂碎砾石夯筑的土墙长度仅为6671.6米，比例尚不足10%，黄土夯筑墙体的结构与北段墙体大体一致，但保存现状不如北段完整。山险墙是黄河南岸人工修筑墙体的主要类型。这里地处峡谷丘陵区、山地、盆地逶迤连绵，起伏不平，山外临河悬崖峭壁，山内沟壑相通，南段长城借此利用黄河之阻，扼守山势之险峻，但凡在山势不甚陡峭的险要之处劈山削岩，形成峭壁；山沟峡谷跨越处，采用山石垒砌成短墙；平缓的山冈或平地则就地取材，利用黄沙土夯筑。修筑此段长城充分巧妙地利用了这一带的地形，说明当时修筑长城的工匠正是遵循"因地形，随山就崖，用险制塞""因河为固"的原则在此得到印证。据我们实地调查所见，南段山险墙对山体的加工有两种形式。一是有些山体外坡平缓，跨越黄河人可以攀援而上，为了防止敌寇侵袭，采用凿山削岩

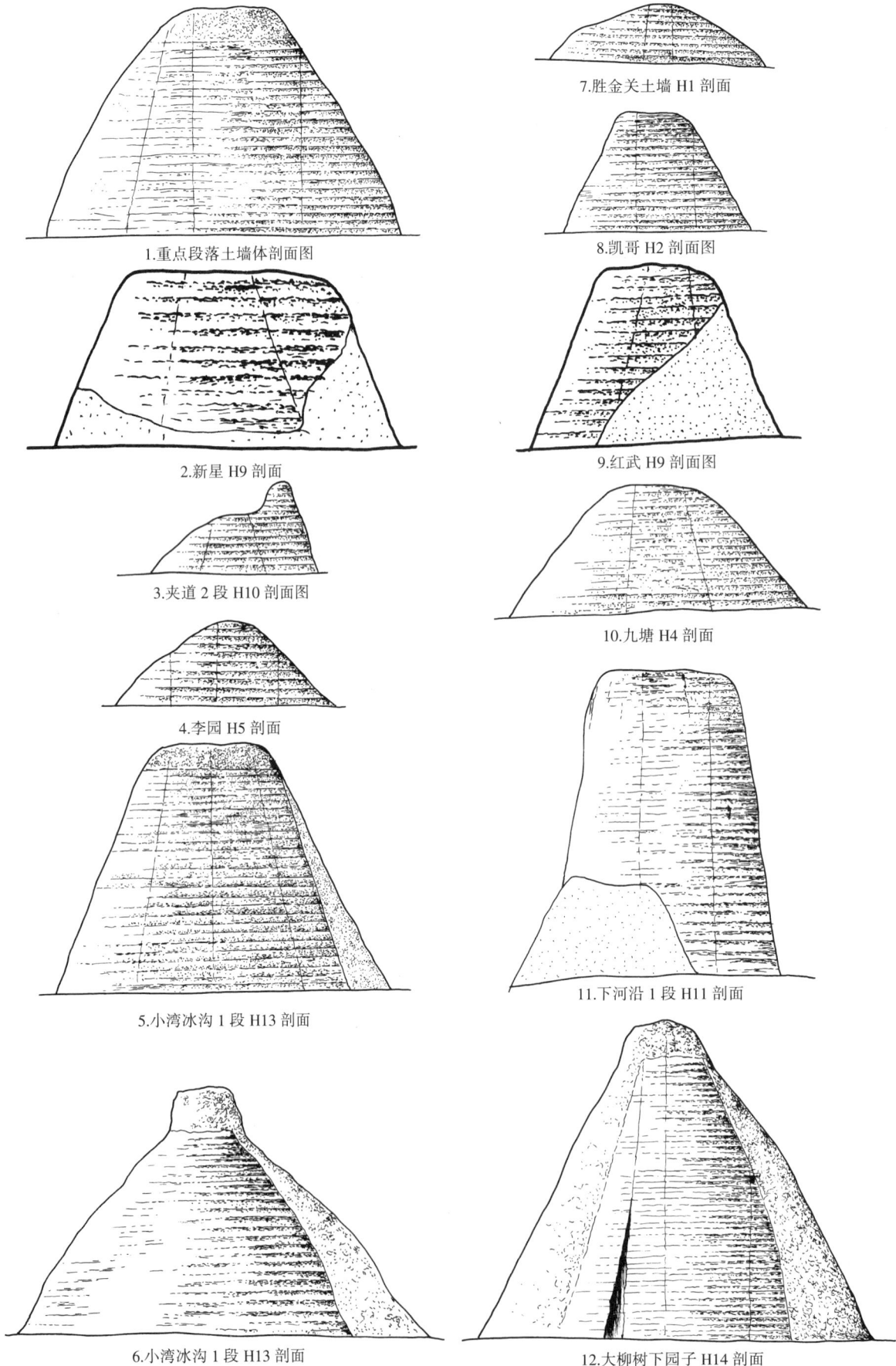

1.重点段落土墙墙体剖面图

2.新星 H9 剖面

3.夹道 2 段 H10 剖面图

4.李园 H5 剖面

5.小湾冰沟 1 段 H13 剖面

6.小湾冰沟 1 段 H13 剖面

7.胜金关土墙 H1 剖面

8.凯哥 H2 剖面图

9.红武 H9 剖面图

10.九塘 H4 剖面

11.下河沿 1 段 H11 剖面

12.大柳树下园子 H14 剖面

图五九九　西长城重点段落土墙墙体剖面图

表一三　　西长城下河沿—南长滩段墙体类型及保存状况统计表

（单位：米）

类别＼现状	较好	一般	较差	差	消失	合计
土墙	1250.6	2340	1445	772	864	6671.6
山险墙	0	68288.1	0	0	0	68288.1
总计	1250.6	70628.1	1445	772	864	74959.7

的办法，使缓坡变陡，称作"劈山墙"。二是大部分山体内坡、外坡都很陡峭，绝难攀登，为了便于驻守的士兵上山执行巡逻任务，也采用铲削山势和铲削险隘相结合的办法，在山体外侧修理出可以行走或攀援的羊肠小道，宽1—2.3米，这种供戎马通行的小道所处位置多依山势地形环绕，蜿蜒曲折，延绵不断。南岸长城调查所涉之地山体石峰横峙，高低错落，寻踪觅迹大多无路可循，因此，在调查过程中我们通常沿着这条羊肠小道向前行进。这两种加工山体的方式，并非在同一地点出现，南岸长城在选择山险墙走向的时侯，尽量选择外坡陡峭的山体与长城相连，对山体略作修整便可减少长城的修筑工事，多依托天然屏障御敌。只有在无可选择的条件下，才采取凿山削岩的办法。

除此以外，需要说明的是在黄河南岸沟谷中修筑有很多短墙（当路塞），依调查统计，此段长城共修筑了长短不一的短墙有55处（表一四）。短墙在黄河南岸分段中虽有详细描述，但由于其距离多不长，基本是一小段一小段地分散在不同的山坡或沟谷之中，它们并无关联，而是孤立、分散地存在，缺乏连续性和系统性。因此，它没有统计在长城主体长度范围内。当路塞故名思义是"直当道之塞"。集中分布于黄河南段长城，分土筑和石砌两种类型。采用夯土筑成的短墙均已坍塌，而采用大小不等、薄厚不均的山石块垒砌，缝隙间多填以片状石料或泥土加以稳固的短墙则依然存在。当路塞的功能在于高大陡峭的自然山体可以有效防御敌人的侵犯，然而山间的沟谷，却给敌寇留下了可通之路，成为山险墙防御中的薄弱环节。然而在沟谷或缓坡中修筑一道短墙，既可把整个山谷隔断，又可有效阻挡敌人。这种修筑在山谷中的短墙，早在汉代就出现了，司马迁在《史记·匈奴列传》中称之为"当路塞"。是长城沿线防御体系的一个重要补充。黄河南岸山体高大险峻，南坡陡峻，北坡缓冲，山中沟谷尤多；为了防止蒙古人的侵扰，主要以山险墙为防，同时将溪谷地带、黄河沿岸能够入境的所有山谷、山沟及大小豁口均填以土石，或筑成短墙，封堵沟谷要害作为防御工事（附表六；图六〇〇）。

综上所述，宁夏西长城边防，不仅有"西据贺兰山之雄，东据黄河之险"，再配上一道道长城，形成工程坚固、防御完善的体系。在实施修筑长城过程中，总结了前代的经验，在选择地形、使用材料、城墙构造以及工程技术方面都有很大的进步，长城建筑的构成形式和其所在地区的整个环境相适应，本着"利用自然、顺应自然、缔造自然"的原则形成自己的特点。全线西长城的构筑特征基本遵循因地制险、就地取材，全线布控、重点设防，分段包修、类型多样、修筑精细等原则。根据地理条件及环境，不同地段，其构筑的材料和方法及保存状况各有不同，甚至在同一区域因地理、地貌的差异其修筑技术也不尽相同，例如贺兰山东麓一线和黄河南岸段长城，正所谓"依山形，随地势，或铲削，或垒筑，绵引相接，以成边墙"符合实际情况。边墙是组成长城防御体系的主体部分，它是集阻碍、据守等功能于一身的军事防御建筑物。从实地调查资料看，在沙漠平原或靠河边的平地处，多为黄土掺白碱土夯筑，土色较纯，质地致密，墙面非常坚硬，山坡上的墙段则为黄沙土夹杂砾石混合夯筑，

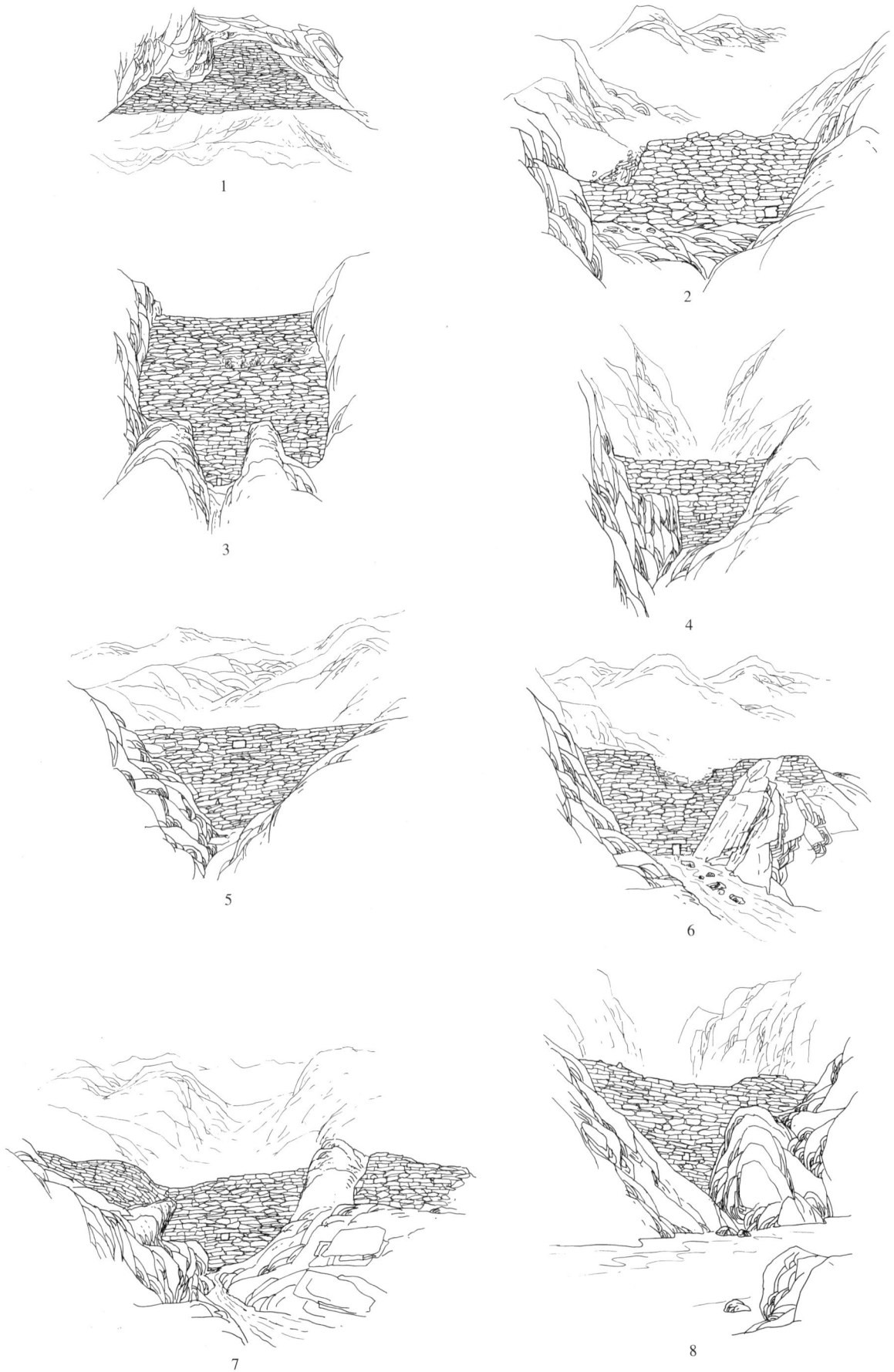

图六〇〇　西长城重点段落当路塞立面图

表一四 西长城中卫黄河南岸下河沿—南长滩段当路塞统计表 （单位：米）

序号	地点	顶长	底长	宽	高	保存状况
1	小湾冰沟 2 段长城第二段常乐镇小湾村南约 3 千米	2.5	1.1		2.45	保存一般
2	小湾冰沟 2 段长城第二段常乐镇小湾村南约 2.7 千米	6.8	1.5		4.6	保存一般
3	小湾冰沟 2 段长城第三段常乐镇小湾村南约 3 千米	3.5	1.9		1.9	保存一般
4	小湾冰沟 3 段长城第三段常乐镇小湾村南约 5 千米	43	29		1.4	保存较差
5	小湾冰沟 3 段长城第六段常乐镇小湾村南约 4.5 千米	1.4	1		1.3	保存一般
6	大柳树上园子 6 段第二小段，大柳树村南上园子沟口西南	3.7	1.6		1.9	保存一般
7	大柳树上园子 8 段长城第一段，常乐镇大柳树村西南	8	1.4		3.5	保存一般
8	大柳树上园子 8 段长城第四段，常乐镇大柳树村西南	3.5	2.2		1.6	保存一般
9	岔河口大钻洞子长城第二段上游村岔河口大钻洞子沟口	6.5	2.7		5	保存一般
10	岔河口大钻洞子长城第三段上游村岔河口大钻洞子沟口	18			1—3.4	保存较差
11	岔河口大钻洞子长城第四段上游村岔河口大钻洞子沟口	14			0.13—3	保存较差
12	岔河口大钻洞子长城第六段上游村岔河口大钻洞子沟口	4.1	1.5		4.4	保存一般
13	岔河口小钻洞子长城第五段上游村岔河口小钻洞子沟口	13	7	0.85	3.5	保存一般
14	岔沟 1 段长城第二段，常乐镇上游村岔沟沟口	20			1—5	坍塌
15	岔沟 1 段长城第二段，常乐镇上游村岔沟沟口	22			2.3	保存一般
16	岔沟 1 段长城第三段，常乐镇上游村岔沟沟口	28			1—2	仅存残迹
17	岔沟 1 段长城第四段，常乐镇上游村岔沟沟口	29	20		0.9—5.5	保存一般
18	岔沟 1 段长城第一段，常乐镇上游村岔沟西南 2.5 千米	3.6			5.5	仅存残迹

序号	地点	顶长	底长	宽	高	保存状况
19	岔沟 1 段长城第三段，常乐镇上游村岔沟西南 2 千米	9	2		5.5	保存较好
20	岔沟 1 段长城第一段，常乐镇上游村岔沟西南 1.8 千米	25.7			3.9	仅存残迹
21	风石湾长城第一段，常乐镇上游村风石湾	10	1	1.4	6.5	保存一般
22	米粮营子长城第一段，常乐镇上游村米粮营子	残长 9	14	10	1.9—8	保存较差
23	米粮营子长城第四段，常乐镇上游村米粮营子	残长 2.5		12	残高 1—7	仅存残迹
24	米粮营子长城第五段，常乐镇上游村米粮营子	17	13	12	4	坍塌
25	米粮营子长城第五段，常乐镇上游村米粮营子	19	2.5	0.7	残高 3	保存较好
26	米粮营子长城第六段，常乐镇上游村米粮营子	残长 1.3			残高 0.5	仅存残迹
27	米粮营子长城第七段，常乐镇上游村米粮营子	4.5	0.4	1.1	9	保存较好
28	米粮营子长城第八段，常乐镇上游村米粮营子	残长 21		0.7	残高 1.6—5	坍塌
29	下滩黄石漩 3 段长城第四段迎水桥镇下滩村黄石漩沟口	21			1.5—8	坍塌
30	下滩黄石漩 3 段长城第五段迎水桥镇下滩村黄石漩沟口	1.3		0.6	残高 6.6	坍塌
31	下滩黄石漩 3 段长城第六段迎水桥镇下滩村黄石漩沟口	8.5	2.1	0.4	4.8	保存较好
32	下滩黄石漩 3 段长城第六段迎水桥镇下滩村黄石漩沟口	7.8	1.7	0.8	4.2	保存较好
33	下滩黄石漩 3 段长城第八段迎水桥镇下滩村黄石漩沟口	残长 31		1	残高 1.9	坍塌
34	下滩榆树台子长城迎水桥镇第三段下滩村榆树台子南	7	1.7	0.9	3	保存较好
35	下滩榆树台子长城迎水桥镇第五段下滩村榆树台子南	残长 6	残长 1.6	0.5	5	坍塌
36	下滩榆树台子长城迎水桥镇第六段下滩村榆树台子南 20 米	残长 4.8	残长 2.6	顶 1.5 底 2.1	3.5	坍塌

序号	地点	顶长	底长	宽	高	保存状况
37	下滩榆树台子长城迎水桥镇第六段下滩村榆树台子南	残长1.3			残高3.8	坍塌
38	下滩鱼咀长城外边段迎水桥镇下滩村鱼咀湾	残长3.5	1.1	1.1	3.7	保存一般
39	下滩鱼咀长城外边段迎水桥镇下滩村鱼咀湾	残长2.1	3.7	0.6	5.3	坍塌
40	下滩鱼咀长城外边段迎水桥镇下滩村鱼咀湾	残长6.8	残长2.9	0.6	3.2	坍塌
41	下滩鱼咀长城外边段迎水桥镇下滩村鱼咀湾	残长4	1.7	0.3	5	坍塌
42	下滩鱼咀长城外边段迎水桥镇下滩村鱼咀湾	残长14.5	1	0.4	1.8—4.1	保存较好
43	下滩鱼咀长城外边段迎水桥镇下滩村鱼咀湾	残长4.5		0.9	4.5	坍塌
44	下滩榆树沟长城第二段迎水桥镇下滩村榆树沟沟口	55				坍塌
45	下滩榆树沟长城第二段迎水桥镇下滩村榆树沟沟口	残长9	残长2.3	2.2	残高3.3	保存较好
46	下滩榆树沟长城第四段迎水桥镇下滩村榆树沟沟口	残长5			残高3	坍塌
47	下滩榆树沟长城第四段迎水桥镇下滩村榆树沟沟口	2.3	0.5		1.7	保存较好
48	下滩榆树沟长城第四段迎水桥镇下滩村榆树沟沟口	1.8	0.3		1.8	保存较好
49	下滩榆树沟长城第五段迎水桥镇下滩村榆树沟沟口	9.1	1.9		3.8	保存较好
50	下滩榆树沟长城第屋段迎水桥镇下滩村榆树沟沟口	11	1.9		6.7	保存较好
51	下滩高崖沟长城内边段迎水桥镇下滩村高崖沟沟口	残长4			残高2	坍塌
52	下滩高崖沟长城内边段迎水桥镇下滩村高崖沟沟口	3			残高1.2	坍塌
53	下滩高崖沟长城内边段迎水桥镇下滩村高崖沟沟口	残长7			残高1	坍塌
54	下滩高崖沟长城内边段迎水桥镇下滩村高崖沟沟口	残长10			残高1.4	坍塌
55	下滩高崖沟长城外边段迎水桥镇下滩村高崖沟沟口	7.2	1	0.6	4.2	保存较好

592　　　宁夏明代长城·西长城调查报告

墙身较之平地黄土夯筑的相对松散。个别修筑于山峰之上的墙段，因取土困难，就开采山石，用石块垒筑；在高山峻岭之间，人马不可逾越的地段，一般是不修筑墙体的，只在险要地方稍加铲削即可。山势较为平缓或者人马可通行的沟谷，多是选择可利用的山岗修筑短墙（当路塞），并将短墙外侧的山坡铲削成陡壁，这样短墙内侧就比较低，外部比较高。重要的沟壑山谷通道，往往修筑有几道短墙，形成防御外敌的多重屏障。

二　西长城沿线关堡类型及构筑特点

关堡，是长城沿线关、堡两类建筑的合称。其中关亦称口，一般依托于墙体，是出入长城的重要通道，担当着防区边境关卡的职责，多位于交通要道、地势宽广险要及便于通行之处。宁夏西长城沿线重要的关口有赤木关（今永宁县三关口）、胜金关（今中卫市）、打硙口三道关（今大武口）等，其中只有胜金关尚有部分遗迹可寻。该关位于卫宁北山的咽喉要道，南临黄河天险，北依嵩山，东眺卫宁山川盆地，西望中卫县城，视野开阔，地势险要，为天然关隘，明长城盘桓其上，形成重要屏障。胜金关因其地势险要"胜过金陵潼关"，故名胜金关。故有"山河相通，一线之路，以通往来，然一夫扼之，万夫莫过"之言，成为宁夏西长城"城防四险"之首关。另外见诸于文献记载的还有北、南、西三路隘口共计31处①。遗憾的是这些关隘今已全部损毁无存，其形制、规格等特征不详。

堡，又称城障、城堡、寨、戍堡、边堡、军堡、屯堡、民堡等，其结构利于防战、屯兵、仓储械，有抵御、出击之功能，为长城防御系统的重要组成部分，与墙体不发生直接关联。宁夏西长城沿线的堡据《嘉靖宁夏新志》载，合计达60多座，分属宁夏五卫及属城中卫城等管辖②。到万历年间堡的数量、新筑废弃乃至辖属关系等变化不大，只是在军事戍防方面做了进一步明确，将这些堡划归西路参将、西路游击、南路游击、北路游击和参将等分地协守③（表一五）。

由此可见宁夏西长城沿线的堡数量还是挺多，只是由于后期大多与居民区较近，人们垦荒耕地、建房、修路、建庙宇等活动对其造成较为严重的破坏，存留至今的不多，此次调查仅发现14座堡。由于数量甚少，很难对其做全面深入的研究，下面就以现存的这些堡为基础，结合文献对西长城沿线的堡略作讨论。

首先，从行政管理机构来看，西长城地处宁夏西端，横跨银川平原的西缘，沿途经过宁夏镇城等重要地域，是宁夏戍守边防的重点地域之一，故其管理机构级别相对较高。是以宁夏镇城为中心，下辖平房等守御千户所、中卫等属城，洪广营、玉泉营、广武营等堡寨，以及众多的屯堡等，由上及下逐级进行管理，共同构成这道立体式的防御屏障。

宁夏镇城即今银川市，明代属"九边重镇"之一，它属明代宁夏地区（不含固原地区）的政治、经济中心，下辖宁夏卫及左屯、右屯、中屯卫及灵州、兴武、韦州、平房四个守御千户所；平房、中卫等则属分地管理机构，负责各辖地的事物；洪广营、玉泉营、广武营等则具体负责各地戍守事物；而更低级别的堡如镇北堡等，负责范围更小，职能更趋单一。

---

① "北路隘口十有七：滚钟、黄峡、水吉、镇北、白寺、宿嵬、新开、塔峡、西番、大水、汝箕、小风、大风、归德、打硙；南路隘口十：哈剌木、林泉、双山南、磨山、独树儿、赤木、双山、灵武、金塔；西路隘口四：黑山嘴、观音、大佛寺、黄沙"，《万历朔方新志》卷2"关隘"，第88页。

② 这些堡中宁夏卫领堡寨10座、左屯卫领屯堡14座、前卫领屯堡9、右屯卫领屯堡18、中屯卫领屯堡5、属城中卫领屯堡11，其中在今中宁县境的有石空寺堡、枣园堡等。参见表一五。

③ 这些堡中，西路参将辖14座，西路游击辖4座，南路游击辖28座，北路游击辖11座，参将辖13座。

表一五　西长城沿线关堡名称文献记载一览表①

序号	属地	名称	属性	今址	备注	存废
1	宁夏卫「领堡寨十一」	潘昶堡	屯堡	贺兰金贵镇潘昶乡	《一统志》载："在卫城东二十五里，自是而东南又有金贵、李祥、张济、魏敬、王信、王贵、叶诚，凡八堡，俱属宁夏卫"	佚
2		金贵堡	屯堡	贺兰县金贵镇	《嘉志》载："有草场"；《万志》载"置操守"	佚
3		李祥堡	屯堡	永宁县望远镇李桥村		佚
4		河西寨	寨	永宁县望远镇永清村	《一统志》载："在黄河西岸"，《嘉志》"有宁夏在城递运所"；《万志》"有递运所"	佚
5		杨和堡	屯堡	永宁县杨和镇		佚
6		王泰堡	屯堡	永宁县杨和镇王太村		佚
7		王鋐堡	屯堡	永宁县望洪镇		佚
8		任春堡	屯堡	永宁县李俊镇仁存村		佚
9		叶升堡	屯堡	青铜峡市叶升镇叶升村	《读史方舆纪要》书"叶诚"。《地图集》②载："平面呈方形，边长约200米，墙已颓圮。东西各辟一门，四角有角台"，今已不存	佚
10		汉坝堡	屯堡	青铜峡市小坝镇		佚
11		河中堡	屯堡	灵武市梧桐树乡河忠村		佚
12	左屯卫「领屯堡二十四」	蒋鼎堡	屯堡	青铜峡市瞿靖镇蒋鼎村	《嘉志》载："有仓场"	佚
13		陈俊堡	屯堡	青铜峡大坝镇陈俊村		佚
14		瞿靖堡	屯堡	青铜峡市瞿靖镇	《地图集》载："平面略呈方形，南北长约280米，东西宽约220米，墙基宽7米，存高4.8米，黄土夯筑。东、西各辟门，四角有角台"，今已不存	佚
15		林皋堡	屯堡	青铜峡小坝镇林皋村		佚
16		邵纲堡	屯堡	青铜峡市邵刚镇	《嘉志》载："南路守备驻扎于此，有仓场"。《地图集》载："堡平面呈长方形，东西长约500米，南北宽约300米。墙基宽7米，存高约4米，黄土夯筑。东面辟门，上建振武楼"，今已不存	佚
17		李俊堡	屯堡	永宁县李俊镇	始建年代不详，嘉靖十九年前已有。《地图集》载："城堡平面呈方形，边长300米，墙基宽5米，存高1.2米，东西两面辟门。墙以黄土夯筑，夯层厚10—18厘米，地面散布有砖、瓦和瓷片"，今已不存	佚
18		王佺堡	屯堡	永宁县杨和镇旺全村		佚

---

① 本表中《嘉志》即《嘉靖宁夏新志》；《万志》即《万历朔方新志》，《地图集》即《中国文物地图集·宁夏回族自治区分册》；《一统志》即《大明一统志》；《平罗纪》即《道光平罗纪略》。

② 国家文物局编：《中国文物地图集·宁夏回族自治区》，文物出版社，2010年。

续表

序号	属地	名称	属性	今址	备注	存废
19		林武马站堡	屯堡	待考	《宁夏历史地理考》考证此堡在"永宁县李俊镇马站村",但据《九边图考》标注此堡在邵刚堡以南,磨石沟以东,其址当在今青铜峡市境内。此堡与刘亮堡俱"废弃无人"	佚
20		刘亮堡	屯堡	待考	《万志》载:"今废"	佚
21		魏信堡	屯堡	永宁县望远镇魏家寨		佚
22		张政堡	屯堡	银川市掌政镇		佚
23		唐铎堡	屯堡	永宁县望洪镇唐家团庄		佚
24		许旺堡	屯堡	永宁县胜利乡许旺村		佚
25		王澄堡	屯堡	贺兰县金贵镇王澄村	《一统志》载:"在卫城东北三十五里,自是而东南又有张政、魏信二堡,俱属宁夏左屯卫"。《嘉志》"有仓场"	佚
26		谢保堡	屯堡	贺兰县习岗镇	《一统志》"在卫城北十五里,自是而东南又有张亮、李信、丁义、周澄,凡四堡,俱属宁夏前卫"。后改谢岗堡	佚
27		张亮堡	屯堡	贺兰县常信乡张亮村		佚
28		李纲堡	屯堡	贺兰县立岗镇	《万志》载:"隶宁夏前卫,置操守",《平罗纪》载:"在县南六十里"。此堡在镇城以北四十里、谢保堡北十里。《甘肃通志》载:"李纲堡,城周二里……嘉靖九年筑"	佚
29	前卫「领屯堡九(《万志》缺周澄堡)」	丁义堡	屯堡	贺兰县常信乡丁义村		佚
30		周澄堡	屯堡	平罗姚伏镇县周城村	《一统志》载:"隶宁夏前卫",《平罗纪》载:"在县南三十里"。《地图集》载;"平面呈正方形,面积约9000平方米,堡门朝东,四角均建有墩台",今已无存	佚
31		平虏城	军镇	平罗县城关镇	《嘉志》"北虏守备驻扎于此,有平虏城仓场";《万志》"置参将"	佚
32		威镇堡	军堡	平罗县高庄乡威镇村	嘉靖十二年筑,《嘉志》"有仓场。旗军二百名,守堡官一员领之,今属平虏城"。《万志》"置操守"。《平罗纪》载:"在县北十五里"。《甘肃通志》载:"威镇堡,城周一里,嘉靖九年筑"。《地图集》载:"堡平面呈长方形,东西长320米,南北宽270米。堡墙垣残高1—4米,基宽6米。门向南开,地面散布砖瓦甚多",其址今已不存	佚
33		宋澄堡	屯堡	永宁李俊镇宋澄村	《地图集》载:"嘉靖十九年前已建。堡平面呈方形,边长260米。墙以黄土夯筑,夯层厚15—20厘米,倾圮严重,存高0.5米。东西辟门,南、北墙各有一座马面。城内出土青花瓷盘、碗等",今已无存	佚
34		黄沙马寨堡	屯堡	待考	此堡《九边图考》无标注	佚

续表

序号	属地	名称	属性	今址	备注	存废
35	右屯卫『领屯堡二十八（《嘉志》中仅17座，缺周澄堡）』	大坝堡	屯堡	青铜峡大坝镇韦桥村	《嘉志》"有仓场。旗军二百名，把总官一员，守堡官一员"。《万志》"设守备"	存
36		靖夷堡	屯堡	永宁县望洪镇靖益村	《嘉志》"有官军、仓场"	佚
37		杨显堡	屯堡	永宁县胜利乡杨显村	《嘉志》载："有仓场"	佚
38		靖房堡	屯堡	待考	嘉靖十二年周唐督筑，其址当在今贺兰县境	佚
39		威远堡	屯堡	银川金凤区盈北村	嘉靖十二年王镗督筑，《万志》载："今改为丰乐"	佚
40		平胡堡	屯堡	银川金凤区平伏桥村	嘉靖十二年王轭督筑	佚
41		雷福堡	屯堡	银川金凤区丰登村	《万志》"今改为丰登"	佚
42		镇朔堡	屯堡	平罗县崇岗镇镇朔村	有仓场。旗军二百名，把总官一员，守堡官一员	佚
43		杨信堡	屯堡	待考	弘治十年巡抚都御史张祯叔所筑。正德八年为虏所陷，九年都御史冯清檄雍彬拓筑，其址当在银川市南30里	佚
44		高荣堡	屯堡	平罗姚伏镇高荣村，一说在贺兰洪广镇高荣村	《一统志》载："隶宁夏右屯卫"，《平罗纪》载"在县西五十四里"	佚
45		姚福堡	屯堡	平罗县姚伏镇西1千米	《一统志》载："隶宁夏左屯卫"，《平罗纪》载；"在县南四十里"。《地图集》载："平面呈正方形，东西长约300米，南北宽约250米。堡墙已不存"，今已无存	佚
46		桂文堡	屯堡	贺兰常信乡桂文村	《一统志》载："隶宁夏右屯卫"，《平罗纪》载为"桂文堡，在县西六十里"	佚
47		常信堡	屯堡	贺兰县常信乡		佚
48		洪广堡	屯堡	贺兰县洪广镇洪广村	《一统志》载："隶宁夏右屯卫"；《嘉志》"有仓场。旗军二百名，把总官一员，守堡官一员"。《万志》载："先设把总、操守，今改游击"。《地图集》载："平面呈方形，边长270米。乾隆三年地震被毁，四年重建。墙以黄土夯筑，平面方形，边长325米。墙存高7米，基宽11米，城四角各有一座角台。南墙辟门，门额嵌'宁塞'匾额一方"，今已无存	佚
49		镇北堡	屯堡	银川市镇北堡镇华西村	弘治十三年巡抚都御史王珣委指挥郑卺筑，《万志》"置操守"	存
50		平羌堡	屯堡	银川西夏区平吉堡镇	《嘉志》"有仓场。旗军二百名，把总官一员，守堡官一员"。《万志》"置操守"，后更名平吉堡	存
51		新兴堡	屯堡	平罗县姚伏镇东北12千米	嘉靖十五年巡抚都御史张文魁、总兵官王效委指挥吕仲良筑。《万志》载："久废"。《地图集》载："平面呈方形，面积约3000平方米。堡墙残高3.5米，基宽6米。东墙较完整，上残存女墙。地面散布砖瓦和陶瓷片甚多"，今已无存	佚

续表

序号	属地	名称	属性	今址	备注	存废
52	中屯卫『领屯堡五』	虞祥堡	屯堡	贺兰县常信乡于祥村	《平罗纪》载："在县西六十里"	佚
53		汉伯堡	屯堡	吴忠市东马家湖界	《嘉志》载为汉伯渠堡	佚
54		金积堡	屯堡	吴忠市金积镇西门村	《地图集》载："堡址平面呈长方形，东西长约 1500 米，南北宽约 800 米。墙已毁。"今已不存	佚
55		中营堡	屯堡	吴忠市高闸乡油粮桥村	《地图集》载："堡东、北、西三面临湖，面积 2 万平方米。平面呈方形，墙已毁。堡西北角散布砖瓦，出土'崇祯通宝'钱币"，今已不存	佚
56		镇河堡	屯堡	银川市掌政乡境	嘉靖十五年巡抚都御史吴铠委指挥吕仲良筑	佚
57	中卫『领屯堡十一』	石空寺堡	屯堡	中宁县石空镇	《万志》"设守备"。《地图集》载："城周长 1500 米，原有瓮城，均为砖石砌筑，有城门楼 3 座、角楼 4 座。"今已不存	佚
58		枣园堡	屯堡	中宁石空镇枣园村	《嘉志》载："嘉靖十八年，奏割属广武营辖。"《地图集》载："周长 1414 米，南门原有城楼、瓮城，均以砖石筑成，现存堡墙高约 2 米，堡内原有高庙，城外有东岳庙、高山寺等遗址，现均毁"	佚
59		宁安堡	屯堡	中宁县城关镇		佚
60		威武堡	屯堡	中宁县恩和乡		佚
61		宁安新堡	屯堡	中宁县新堡乡	嘉靖九年，巡抚都御史翟鹏据宁安堡居人刘仲逵奏筑	佚
62		柔远堡	屯堡	中卫市东园镇	乾隆《中卫县志》卷二《堡寨》载：在中卫县城东十里，俗称中所营	
63		镇靖堡	屯堡	中卫市迎水桥镇	乾隆《中卫县志》卷二《堡寨》载：在县东南二十里近河，宣德元年建，俗称前所营。	
64		常乐堡	屯堡	中卫市常乐镇	乾隆《中卫县志》卷二《堡寨》载：在县西南二十里苦水之东，堡近河，其西南接大涝坝	
65		宣和堡	屯堡	中卫市宣和镇	在县东南五十里，万历年间建，俗称七百户。《嘉靖志》载：嘉靖九年，巡抚、都御史翟鹏据宁安堡居人刘仲逵奏筑之者	
66		古水井堡	屯堡	中卫市迎水桥镇	万历四十一年巡抚崔景荣因旷远冲边题筑，设守备	
67		永康堡		中卫市迎水桥镇		
68	其他	宁夏镇城		银川市兴庆区		佚
69		玉泉营	军堡	青铜峡邵刚镇玉西村		存
70		广武营	军堡	青铜峡市广武村		佚
71		甘城子		青铜峡市青铜峡镇甘泉村		存

续表

序号	属地	名称	属性	今址	备注	存废
72	其他	临山堡	军堡	石嘴山市大武口区	嘉靖十年筑，十九年废。《地图集》载："平面呈方形，东西长约 100 米，南北宽 68 米。墙以黄土和碎石混合夯筑而成，高 3.2、基宽 3.3、顶宽 2.7 米，女墙高 0.37、宽 0.5 米。城四角有角台，东墙开门，门道宽 4.6 米。城内散布有砖瓦残片"，今已无存	佚
73		渠口堡	屯堡	中宁县石空镇渠口农场	万历三十九年筑，《地图集》载："平面呈方形，边长 450 米，堡墙存高 9、基宽 8 米。黄土夯筑。"	佚
74		张义堡	屯堡	中宁县石空镇张台村	万历十四年筑，《地图集》载："平面呈方形，边长 480 米，堡墙存高 10、基宽 10 米。黄土夯筑。"	佚
75		张恩堡	屯堡	中宁县鸣沙镇彰恩村	隆庆元年筑，1967 年被黄河淹没	佚
76		永兴堡	屯堡	中宁县余丁乡永兴村	万历十四年筑，清代时被北移黄河淹没	佚
77		铁桶堡	屯堡	中宁县渠口农场	天启七年始筑，崇祯三年筑成，历时三年，今已成农田	佚
78		惠威堡	屯堡	平罗县高庄乡惠威村	此堡先前文献无载，但《道光平罗纪略》中将其与洪广堡等归于同一"旧户"类	佚

从堡的规模上看，无疑是级别越高，其规模越大。通过实地考察，处在交通要道、地势险要或位置重要之处的堡，面积都比较大，分布也较密集；而依托天然屏障处在非主要防御的地段上，堡的面积相对较小，间隔距离也比较大。如宁夏镇城，史载其"周回一十八里，东西倍于南北……高三丈五尺"，正统年间"甃以砖石"，有城门六①；次级者如平虏城，史载其"周回共三里，东西倍于南北，高三丈五尺，池深一丈，阔倍之"②，万历三年（1575 年）"巡抚罗凤翱甃以砖石，参将祁栋董其成也。门有二，南北皆曰'平虏'"③；玉泉营，史载其万历十五年（1587 年）筑城，城周三里。此城虽残损较重，但北垣等保存较好，尚存马面等遗迹，面积可达 6 万多平方米。再次级的如镇北堡、姚滩堡、夹道堡等，实际调查面积均在 2 万平方米左右。规模及级别最小的堡如烂营盘堡、米粮营子堡、下滩堡等，合计面积均在 2000 平方米以内。

现存的这些堡，除了宁夏镇城平面形状"相传以为人形"④ 外，其余多为方形或长方形，基本上都建在长城沿线的内侧，其墙垣多为黄土直接夯筑而成，除了较高级别的如镇城、平虏城据文献载有包砖外，其他尚未发现。

从堡的选址等方面来看，西长城沿线的堡在选址上充分考虑交通、水源的便捷，一般均选在地势宽广、交通通畅且取水方便的平地或滩地处修建，尤其是级别较高的城堡，修筑时更是如此。而一些

① 《嘉靖宁夏新志》卷 1·宁夏总镇，第 9 页。

② 《嘉靖宁夏新志》卷 1·宁夏总镇之十九·北路平虏城，第 87 页。

③ 《万历朔方新志》卷 1·平虏城。

④ 《嘉靖宁夏新志》卷 1·宁夏总镇，第 9 页。

驻扎在山地、临河或驿传沿线、规模较小且功能单一的堡，选址方面虽不甚精细，但其地势险要或处交通要道。如米粮营子堡临河而建，且位于长城外侧，其以河为险，以岸为墙，但达到"一夫当关，万夫莫开"的目的。也有个别堡直接选在荒远偏僻的滩地或山地上，如烂营盘堡、下滩堡、夹道等堡，虽交通、取水等相对较为不便，但均处边陲要地，在此设堡与长城主体紧密联系互为支撑组成防御。

西长城沿线堡基本以宁夏镇城为中心，均匀分布，堡与堡之间的间距多5千米左右，布局十分合理。这与文献记载明代墩台、关堡建筑上"五里一墩，十里一堡"的特点基本相符。

从属性方面来看，西长城沿线的堡虽然都有防御外敌侵扰、保障军民生产生活的作用，但根据其主要功用可分为军堡、屯堡两种。其中军堡主要是建在长城戍守重点区域，驻扎兵士以侦测敌情、抗击侵扰等。这类堡数量甚少，主要有玉泉营、广武营等。屯堡分布于明政府戍守的长城内侧，属管辖周围军户、民户屯垦的堡寨①。这类堡数量最多，基本占全部堡的90%以上，此次调查的镇北堡、平羌堡、大坝堡、姚滩堡等均属此类。这类堡均分布于地势平坦、周围有良田可资屯垦的沃野之地。其职能主要是征稽敌情、保障周围屯户生命财产安全等。需要注意的是，这些屯堡并非单一的屯军驻守、保障生产，一些位于长城沿线的堡尚有守瞭墩台的任务，如镇朔堡拨军守瞭汝箕、桃柴、安定等11墩，平羌堡守瞭赤木关等7墩，大坝堡守瞭安定、临武等13墩等等。各路墩台"沿边星分棋布，塞冲据险"组成长达数百里的纵横通讯网络，一旦边关发现敌情，"边外立墩举火，腹里移文驰报"，执行着非常重要的边防任务。

三　西长城沿线敌台类型及特征

敌台亦称敌楼、墩台，是指构筑在墙体上，骑墙而建，并突出于城墙里或外侧，用于观察、防御、驻兵的墩台，可分为空心敌楼和实心墩台两种。敌台是为了消灭城防的军事死角而修建的。当敌人冲击到城墙根底下的时候，从城墙正面射击就出现了困难。如果从两旁射击，就克服了这种缺陷。它的出现，是军事城防上的一巨大进步。敌台的设置及功用，最早见于史载的是明朝名将戚继光针对当时依托长城墙体御敌不便而建议设立的。《明史》载："自嘉靖以来，边墙虽修，墩台未建。继光巡行塞上，议建敌台。略言：'蓟镇边垣，延袤二千里，一瑕则百坚皆瑕。比来岁修岁圮，徒劳无益。请跨墙为台，睥睨四达'"②。对此戚继光在《练兵实纪杂集》中对修建敌台的必要性做了充分诠释："先年边城低薄倾圮，间有砖石小台，与墙各峙，势不相救。军士暴立暑雨霜雪之下，无所籍庇。军火器具如临时起发则运送不前，如收贮墙上则无可藏处。敌势众大，乘高四射，守卒难立。一堵攻溃，相望奔走，大势突入，莫之能御"③。基于此，明政府开始在京畿等地试点设置敌台，随后才逐渐推广至各地。

宁夏境内的敌台，其具体始筑年代史无明载，《皇明九边考》中载："筑墙画守，始自巡抚徐廷章，此千载卓然之见也。而总制杨一清、王琼、唐龙、刘天和增筑，更益敌台，足御窃发矣"④。考这几位在宁夏的时间，早在成化，晚至嘉靖，则宁夏镇筑造敌台的时间大致应在这一时期。

---

① 明政府在长城沿线实施屯田耕战政策，"边地卫军，以三分守城，七分开屯耕种"，通过自给自足的方式解决粮草运输困难。屯田分军屯、民屯和商屯几种，通过田卒、募民和商户共同开发耕种，解决了上百万驻扎军队的给养问题。

② 《明史》卷212·列传第100，第5611页。

③ （明）戚继光：《练兵实纪》卷6"车步骑营阵解一·敌台解"，第325～327页，中华书局，2001年。

④ 《皇明九边考》（影印本）卷8·宁夏镇·经略考，第12页。

从实地调查情况看，西长城沿线共发现敌台计 89 座，均分布在墙体或山险墙的外侧，实体建筑多跨长城墙体而建，且高出城墙之上。现存形状有长方形、圆形、略呈方形或不规则形；结构分夯土实心（个别有围墙）、石砌实心和空心三种建筑类型。其中石砌空心敌楼仅 5 座，均为圆形，保存状况相对较好；余者皆为实心敌台，今多已倾圮不堪，仅可看到突出长城墙面，高于墙顶，中间是否空虚，其上建筑有无铺舍、垛口等设施均损毁难辨。调查发现凡在平地长城主体上的实心敌台，一般略呈方台形，高出城墙顶部约 2—4 米；在山巅深谷之上的险要地方，倚附城墙或山险墙筑建的敌台，则一般呈圆台形，高出墙顶 3—7 米。而方形实心台体居多且常见，这类敌台是宁夏西长城沿线的主要类型，其构筑特点是一般建于地势相对平缓的平原和丘陵台地，交通便利，取土方便，台体一面依托于长城墙体、地表找平，底基基本与长城墙体相同，三面夹板夯筑，每面均采用分版夯筑法，从现存的壁面来看，其分版情况不甚统一，有 2—6 版不等，每版长度亦不一。夯层厚 12—20 厘米，底部相对较薄而顶部稍厚，由底向上逐渐收分，壁面较为陡直，台顶平整且高于长城墙体。调查中未发现有原始的登台踏道、脚窝等设施，推测其登台方式与文献记载的烽火台一样，属"在台侧上下，用软梯，上收下垂"[1]。

石砌敌台一般位于地势较高的山峰和丘阜，因周围黄土贫瘠，但石料丰富便于开采，其垒砌台体所选材质，无论从色泽、质地、硬度等方面均与周围山体石材相似，应属就地取材。这类敌台数量相对较少，加之残损较重，能基本保存原貌的几乎少见，所以很难对其做全面综合的研究。下面就其个别保存较好的两种石砌敌台所反映的信息做简要总结。

石砌实心敌台平面呈方形，顶小底大，立面呈梯形。台体大致分两部分垒砌，先在原生砾石台地上，采用较大且平整的赭红色石块错缝垒砌加高成一个大的方形平台，方形空间内以碎石料夹黄沙土混合填充。而台体边墙则近乎用毛石干垒，缝隙较大处仅以片状小石块填塞。为了稳固边墙的重心防止台体裂塌，台体由底向上收分到一定高度时，在台体中间平置一层桄木作拉筋，这种情况在敌台坍塌的断面上较为常见。桄木有圆柱和柠条等几种，均平置于台体间，一端朝外与砌石面平齐，成排状分布，从下至上计有多层，由此平稳了石墙的外倾张力，最后采用碎石料夹沙土直接堆积至顶部。

石砌空心敌台均建于卫宁北山，周围黄沙遍野，土壤瘠薄，唯山体石峰横峙，东西向由多支梁脊坳谷排列组成，地势险峻，起伏较大，长城在此便以自然地貌形成山险；5 座石砌空心敌台以点连线占据山脉要塞，相互对望，视野开阔，南守中卫平原，北扼贺兰余脉，东接胜金关城，敌台间距 40—300 米，首尾与胜金 1 号、2 号烽火台遥相呼应，形成完整紧密的边界防线。这些空心敌台外围墙体呈圆形，采用较规整和较大的石块垒砌而成，缝隙间由片状小石块支垫，垒砌过程中在敌台墙体不同方向修筑多个嘹望孔（箭窗）。西南部留有进入敌台内的门道，门的两侧均采用较平整的石头垒砌而成。整体石墙内外壁面较为规整，其规格内径 3.6—5.3、外径 4.8—7.5、残高 0.6—1.5 米。在台体空心底面及外围墙体一周采用小石块铺垫有踩踏面。空心敌台的创建是明长城防御体系逐渐加强的重要标志，它的建筑规格与戍兵设置戚继光在《练兵实纪》中亦作了详尽说明，他先说以前的长城比较低薄，很容易倾圮，"今建空心敌台，尽将通人马处堵塞。凡冲处数十步或一百步一台；缓处五十步，或二百余步不等者为一台。两台相救，左右而立。"造台的方法，"下筑基与城墙平，外出一丈四五尺有余，内出五尺有余，中层空豁，四面箭窗，上层建楼橹，环以垛口，内卫战卒，下发火炮外击敌人。

① （唐）李筌：《太白阴经》卷 5 "烽燧台"篇，第 46 页。

敌矢不能及，敌骑不敢近。每台百总一名，专管调度攻打。五台一把总，十台一千总，节节而制之"①。据此分析，卫宁北山发现的这 5 座空心敌台建筑规格虽有差异，但其形制及功能大致与此相近。

敌台顶部，凡实心台体无论土筑或石砌，一般都建有铺舍。石砌敌台铺舍多已坍塌，仅从残迹来看，其形制是沿台体壁面向上继续垒砌成方形围墙，墙垣均不甚高，四角砌石虽残存，但中部多坍塌，整体形制难以辨明；土筑敌台保存相对稍好，一般是沿着敌台壁面边缘继续向上夯筑低矮的短墙（外侧沿敌台壁面夯筑，内侧另行加板起筑），从而构成一个方形墙垣。因现存墙垣局部均有损毁，目前对敌台的铺舍尚难以做到全面探讨，只能通过仅有的几个台例来看，铺舍的样式、尺寸等好像并无统一规格，多依据敌台顶部尺寸具体设计；其构造有四面均夯筑短墙者，但也有只夯筑三面、重点戍守瞭望的一面不筑者。再诸如大水沟 1 号敌台等处，尚可见其只保留四角的夯土、壁面中部挖成凹状瞭望孔等情况。一些铺舍内尚残存坍塌的石块、木柱、焚烧过的草木灰等物，说明其顶部可能还有遮风避雨等设施。

从西长城沿线敌台的空间分布情况看，前面文献提到"凡冲处，数十步或一百步一台，缓处或百四五十步或二百余步不等者为一台。"依实地调查可见，敌台分布的疏密远近，主要取决于环境因素制约及其承担的主要职能，同时也反映了沿线长城设防的要塞、戎马配置及敌寇犯境的路线等特点。以三关口—大柳木皋段为例，此段除三关口等处为险要外，可通步骑的山口不多，戍守的重要性相对不严谨，故敌台主要分布在一些山口之处，如白水泉子沟、红井沟、柳渠沟、汝龙沟、小沟、磨石沟等，即但凡一些重要的山谷基本都有敌台分布。其相互之间的距离不等，近的不足 1 千米，远的可到 4.6 千米；而下河沿至南长滩段长城地处峡谷丘陵区、山地、盆地逶迤连绵近 75 千米，现存仅有 5 座敌台，此段主要利用黄河之阻，因河为固，多倚托天然屏障御敌，只在河口、沟口戎马可通之薄弱环节修筑敌台，相互间距近则 600 余米，远则 4 千米不等；在黄河北岸及北岔口南侧广袤平坦的冲积扇台地上的敌台，间距则相对较近，近的 300 余米，远的在 2 千米左右。间距最近者诸如三关口重要关隘处，就分布有 5 座敌台，包括见诸于文献的赤木关里口墩、赤木关中口墩等。

从附属设施来看，西长城沿线个别敌台还带有小墩，这在分布位置相对偏远地带较为常见，小墩数量多为 10 座，说明其还兼有举烟放火的报警功能。由此调查发现西长城沿线附属设施存在一共同特征，即长城边防有敌台的地方，敌台就充作传递烽火信息的墩台，没有敌台的地方按传烽路线必建有烽火台。

四　西长城沿线烽火台类型及特征

烽火台古称亭燧、烽燧、烽堠、狼烟台等称谓，民间又有墩台、烟墩之称，均以土筑或石砌的高台得名。烽火台作为长城主体的耳目主要用于报警，是边塞体系中最基层的哨所，亦是边防候望系统的核心，地位十分重要。烽火台的主要作用是以烽烟、火光作为报警的信号，传递信息，以防备敌兵的骚扰和入侵。

明代历来对烽火台的设置十分重视，早在永乐十一年（1413 年），明成祖就下令"边境不可一日无备。于农隙而不图，猝遇寇至何以济事？其令诸处修筑烟墩，高五丈，必坚如铁石，庶几寇至，可

---

① （明）戚继光：《练兵实纪杂集》卷 6·车步骑营阵解一·敌台解，第 325—327 页，中华书局，2001 年。

以无患"①。且对其规格等做了较为详细的规划"高五丈有奇，四周城高一丈，外开壕堑吊桥。门道上置水柜，暖月盛水，寒月积水。墩置官军三十一人守瞭，以绳梯上下"②。同时对其管理亦十分严格，且赏罚严明。每座烽火台都配有戍卒把守，遇到敌情，白天煨烟，夜晚举火，点燃报警，传递消息，所燃烟火远在30里外都能看到。据明成化二年（1466年）法令规定："合设烟墩并看守墩夫，务必时加调整，须要广积秆草，昼夜轮流看望，遇有警急，昼则举烟，夜则举火，接递通报，毋致损坏，有误军情声息……传报得宜寇敌者，准奇功；违者处以军法。"烽燧的戍卒除了战时举烽报警、往来驰援外，平时则"走阵、哨探、守瞭、焚荒诸事，无敢惰。稍违制，辄按军法"③。在传递方式上还在前代燃烟放火基础上增加了鸣炮制度，与此同时在点火放烟时还加硫磺、硝石助燃。为便于防守和执行勤务，每座烽火台通常配备有旗帜、鼓、弩、软梯、炮石、火药、狼粪、牛粪、柴草等，根据入侵敌人的人数以及军情紧急程度，制定不同的传递方式："今边墩举放烽炮，若见敌一二人至百余人，举放一烽一炮；五百人二烽二炮；千人以上三烽三炮；五千人以上四烽四炮；万人以上五烽五炮"④。今藏于甘肃省博物馆的《明火炮号令》载："一见零贼十骑或五六骑，白日即烧烟柴一小堆，放炮一个；夜即举火一把，放炮一个，仍沿塘传火票一张；一见贼二三十骑，白日即烧烟柴二堆，放炮两个；夜即举火两把，放炮两个，仍传火票一张；一见贼一百骑以上，白日烧烟柴三堆，放炮三个；夜即举火三把，放炮三个，仍传火票一张；一见贼千骑以上，烟柴、火炮相连不绝，仍传报火票一张"，这样通过递次增加炮声和助燃，使传递的军情更加快速和准确。

从功能性质来看，明代烽火台的设置有四种：一是紧靠长城两侧，称"沿边墩台"；二是向长城以外延伸的，称"腹外接火墩"；三是向内地州府城伸展联系的，称"腹里接火墩台"；四是沿交通线排列的，称"加道墩台"。实地调查此四种功用均有涉及，只是主次有别。

宁夏境内的烽火台，较早的如《弘治宁夏新志》记载，合计200余座⑤；到《嘉靖宁夏新志》时，其数量增至400多座⑥，至万历年间已达"五路计五百九十有六"⑦，数量骤增，且名称、分布及其辖属等记载较为详细（表一六）。其中分布在西长城沿线的可达300余座，而本次调查仅发现190座，仅不达诸文献的三分之二，损毁消失的比例较大。究其材质分析，石筑实心烽火台保存相对较好，是

---

① 《明太宗文皇帝实录》卷141"永乐十一年冬七月甲辰"，第1695页。

② 《明太宗文皇帝实录》卷141"永乐十一年冬十月丁未朔"，第1709页。

③ 《明史》卷91《兵三》，第2243页。

④ （明）申时行等撰《明会典》卷132"兵部十五各镇通例"，第336页，中华书局，1989年。

⑤ 《弘治宁夏新志》中将宁夏境内的烽火台分别划分在各城堡、千户所所辖下，其中"河东城四周前后，旧设空塔儿等墩共一百一十四处。都御史王珣增河东墩十六处，靖虏渠墩二十二处"（卷1"斥候"，第37—38页）；而灵州守御千户所"城南北石灰口等墩三十一处"（卷3，第8页）；宁夏后卫（今盐池县）"城南北并外口、哈只儿等墩二十九处"（卷3，第25页）；兴武营守御千户所"沿边并外口红寺儿等墩二十四处"；宁夏中卫只载"城四围"，未载具体数据；广武营"城西北、西南大关等墩一十四处"；平虏城"城北平羌墩等一十七座"（卷3，第46页），合计数量267座。（明）胡汝砺编，（明）李端澄校：《弘治宁夏新志》（影印本）。需要补充的是，明代时敌台、烽火台的分类似乎并不十分严格，此数据内估计含部分敌台（编者注）。

⑥ 据《嘉靖宁夏新志》载宁夏境内的烽墩，其中由镇城五卫管辖的有宁夏卫42、左屯卫53、前卫45、右屯卫41、中屯卫7座，分属属城管辖的有盐池城35、清水营14、横城堡7、红山堡8、红寺堡15、中卫75、广武营26、宁夏后卫30、兴武营21座等，合计达419座。只是文献记载的这些名称中有明显的相互抵牾、重复统计等情况，尚需仔细辨别。

⑦ 《万历朔方新志》（影印本）卷2"烽燧"，第88页。

表一六　西长城沿线烽火台文献记载名称一览表①

	辖属	内容	备注
嘉靖墩名	宁夏卫"领烽堠四十二"	镇宁墩、柳门儿墩、瓦窑墩、双谷堆墩、硝池儿墩、望远墩、沿河七墩（以上俱平虏城迤北）、高台寺头墩、二墩、上三墩、下三墩、上四墩、下四墩、五墩、上六墩、下六墩（以上俱沿河）、平羌墩、虎尾渠墩、韩信营墩、定远墩、白沙岗墩、乾州墩、卞家岗墩、振武墩、常信墩、四十里店墩、保安墩、空塔儿墩、张政堡墩、李祥堡墩（以上俱平地）、沿河双庙儿墩、沿河沙嘴墩、五道渠墩、新渠墩（以上四墩俱嘉靖九年总兵官周尚文筑）、上头墩、退水渠墩、上五墩（以上俱嘉靖八年都御史翟鹏筑）、王八当步口墩、乾围墩、仇家步口墩、明沙儿墩、新七墩（以上俱嘉靖十七年都御史吴铠筑）	
	宁夏左屯卫"领烽堠五十三"	宁朔墩、常胜墩、武定墩、打砣外口墩、打砣里口墩、小枣儿沟墩、镇北墩、威远墩、韭菜沟墩、归德沟外口墩、归德沟中口墩、归德沟里口墩、大风外口墩、大风里口墩、小风口墩、宁靖墩、西番口墩、塔峡口墩、贺兰口墩、卢沟子墩、官音湖墩、淮安墩、独树儿墩、新兴墩、新筑墩、沙堃子墩、高渠稍墩、平湖墩、罗哥渠墩、雷家岗墩、白滩墩、沙井墩、镇平墩、德胜墩（以上三十四墩，镇城拨军瞭望）、汝箕外口墩、汝箕中口墩、桃柴口墩、安定墩、大水口墩、小水口墩、暖泉儿墩、李家渠墩、窑湾墩、擒胡墩（以上一十墩，镇朔堡拨军瞭望）、镇夷墩、永兴墩、平虏墩、靖夷墩、黑滩墩、沙湖墩、尖塔儿墩、蒋达沙窝墩（以上九墩，威镇堡拨军瞭望）	"北路平虏城"中载"领烽堠十三"，其中"打砣外口墩、打砣里口墩、韭菜沟墩、归德里口墩、归德中墩、归德外口墩、枣儿沟墩（以上七墩，俱左卫拨人守瞭）"
	宁夏前卫"领烽堠四十五"	双山北旧墩、双山南旧墩、茶泉墩、张通庄墩、平山墩、平夷墩、独树儿墩、三其营墩、马圈儿墩（正德七年，巡抚都御史冯清奏筑……）、五塔儿墩、沙沟墩、三岔儿墩、罗家洼墩、赤木里口墩、赤木中口墩、赤木新墩、红井儿墩、新柳泉墩、红山而墩、旧柳泉墩（以上七墩，平羌怀堡拨军瞭望）、怀远墩、磨石北口墩、磨石中墩、上红井儿墩、双山北岔墩、双山北岔新墩、永宁墩、双山南新墩、威武墩、三塔儿墩、大冲子墩、沙沟墩（以上一十二墩，玉泉拨军瞭望）、安定墩、临武墩、临泉墩、镇山墩、哈喇木墩、大沙沟墩、庙山墩、沙山儿墩、分水岭墩、峡口墩、嵬宁墩、骆家庄墩、张六闸墩（以上一十三墩，大坝拨军瞭望）	
	宁夏右屯卫"领烽堠四十一"	石关儿墩、宿嵬里口墩、马房墩、夏古墩、平地新立墩、卢花桥墩（平地、卢花二墩，嘉靖十二年，巡抚都御史杨志学筑）、乾渠儿墩、高渠儿墩、拜寺口墩、镇北关墩、镇靖墩（嘉靖十七年，巡抚都御史吴铠筑）、水吉口墩、黄峡外口墩、黄峡里口墩、镇北堡墩、甜水井墩、北沙城墩、平胡堡墩（嘉靖十三年，巡抚都御史杨志学筑）、滚钟口墩、青羊沟墩、石沟墩、平地高家闸墩、山嘴外口墩、山嘴里口墩、金塔口中墩、金塔里口墩、镇西墩、大方墩、板井墩、南沙城墩（正德七年，都御史冯清筑）、威远墩（嘉靖十二年，巡抚都御史杨志学筑）、张义湖墩、郑家桥墩、靖虏堡墩、羊房桥墩（以上三墩，俱嘉靖十二年都御史史杨志学筑）、陶荣堡墩、石灰窑墩、黑埂墩（嘉靖十八年，都御史吴铠筑。——以上四墩，俱瞭荒以备收敛人畜者）、	
	宁夏中屯卫"领烽堠七"	大沟墩、红井墩、北石沟墩、井沟墩、南石槽墩、北城墩、苦兴条沟墩	

① 注：本表中内容全部摘录于《嘉靖宁夏新志》与《万历朔方新志》。

辖属	内容	备注
中卫"领烽堠七十五"	广宁墩、定边墩、镇虏墩、沙沟墩、大寺墩、靖烟墩、镇戍墩、石空寺墩、平烟墩、镇羌墩、镇关墩、镇永台墩、永安墩、靖远墩、拒虏墩、安塞墩、宁安墩、黑山嘴墩、镇夷墩、西沙嘴墩、分水岭墩、平虏墩、观音口墩、磁窑口墩、柳条渠墩、三岔口墩、定羌墩、镇朔墩、寺塔儿墩、高崖墩、芦自沟墩、红寺儿墩、黄沙漩墩、绵柳沟墩、大柳树墩、冰沟墩、红柳沟墩、冰水泉墩、喇嘛寺墩、曹莽子墩等	
广武营"领烽堠二十六"	大关小墩、大关墩、石嘴儿墩、大佛寺南墩、大佛寺小墩、水泉儿墩、大佛寺里口墩、尖峰山里口墩、北城儿墩、南石槽墩、井沟小墩、井沟墩、北石槽墩、红井小墩、红井墩、大沟墩、渠口墩、红山儿墩（以上一十八墩，皆正统九年筑）、三塘墩、四塘墩（以上二墩，皆弘治十三年筑）、头塘墩、二塘墩、五塘墩、界首墩（以上二墩，皆正德七年筑）、木头井墩（嘉靖四年筑）、苦腥条墩（嘉靖十年筑）	
万历墩名 平房营"凡八十有四"	镇宁、瓦窑、敌门、曹圮口、双谷堆、长胜、黑滩、靖夷、武定、柳门儿（迤东接黄河堰）、新七、下六、大乾围、小乾围、平羌、虎尾渠、明沙儿、下五、上六、白沙岗、定远（上二十一墩前卫周澄堡段）、旧七、硝池儿、打硙外口、武定、平虏、望远、头铺楼、独树儿、宁朔、永兴、威镇、新高山（上十二墩前卫威镇堡段）、乾州、窟驼渠、四十里店、保安（前卫张亮堡段）、德胜（前卫谢保堡段）、仇家步口、上五、中五（右卫姚福堡段）、四颗树、方纯庄、上四、下四、新四、闸渠稍、俞家庙（前卫李纲堡段）、出水渠、榆树步口、下三、刘遇春、王八当步口（左卫潘昶堡段）、潘昶桥、上三、郭家步口、保宽滩、杨家步口、龙王、双庙儿、沿河二、曹家步口、皮家步口、沙嘴（宁夏卫金贵堡段）、石荣、下头、上头、曹湖滩、显圣庙（中屯卫镇河堡段）、新渠、减水闸、空塔儿、杨顺桥（左卫张政堡段）、王奉闸渠、双渠、古城、大路、新界牌、瓦子冈、小盐池湾、小新渠堰、大庙（上九墩万历四十年新增）	
洪广营"凡七十有九"	滚钟里口、黄峡里口、水吉口、白寺口、宿崀里口、贺兰口、新开、小塔峡口、大塔峡口、西番口、大水口、小水口、汝箕口、宁靖、安定、桃柴口、小风口、大风口、归德口、韭菜沟、威远、镇北口、小枣儿、打硙里口、长沙窝、高渠稍、李家渠、马兰、归德外口、大风外口、宁靖外口、汝箕外口、小水外口、大水外口、大水口中、怀安、观音湖、窑湾、芦沟子、暖泉儿、擒胡（汝箕外口以下右卫镇朔堡段）、沙井、柳沟儿、罗哥渠、平湖、尖塔儿、雷家岗、新兴（上七墩右卫洪广营段）、石沟、白滩（中屯卫虞祥堡段）、杨信、高家闸、甜水井、北沙城、卢花桥、三岔渠、马鞍桥、新立（右卫杨信堡段）、黄峡外口、黄峡敌台、宿崀口、庙儿、石关儿、高渠儿、宿崀、敌台、乾渠儿、镇靖、下古、马房（上十一墩，右卫镇北堡段）、坞谷堆、振武（前卫丁义堡段）、驼峰岭、双塔湖、靖夷湖、岔渠、宁远、黑埂、麻黄埂（上七墩万历四十新增）	

续表

辖属	内容	备注
玉泉营"凡一百有一"	大沙沟旧、新沙沟、哈剌木、林泉、杨柳泉、双山南旧、双山南新、安定（上八墩近大坝堡段）、永宁、大壅子、上红井、磨石里口、旧新泉、怀远（上八墩近玉泉营段）、红山儿、新柳泉、高山、红井儿、赤木中、哨马营、减井（上七墩近平羌堡段）、营后、刘亮高、大山根（三墩左卫邵纲堡段）、峡口、灵武高、分水岭、沙山儿、嵬宁、骆家庄、张六闸、庙山、茶泉（十墩右卫大坝堡段）、北新、白龙庙（二墩左卫蒋鼎堡段）、正闸、磨石中、九条沟、高山、北口、威武、三塔儿、大冲子、长山儿、羊房、红崖子、平山、平夷、双山北岔、沙嘴（上十五墩左卫玉泉营）、三岔渠、沙沟（二墩左卫瞿靖堡段）、镇西、罗家洼、出水渠、韭菜沟、赤木新、赤木里、大高崖、马路沟（上八墩左卫李俊堡、右卫宁化寨段）、大方、金塔中、黑龙泉、板井、石灰窑、山嘴外、高家闸、大沟檐、无名高、独树外口、青草沟、独树里口、山嘴里口、驼峰岭、红关（上十五墩右卫平羌堡段）、黑埂、古方、郭杨桥、张义湖、威远、陶荣、羊房桥、南沙城、靖房、盐池渠、海子湖、独树儿、平地（上十三墩右卫杨显堡段）、三旗营（右卫靖房堡段）、五塔儿、马圈儿（右卫宋澄堡段）、杏家庄（前卫黄沙马寨段）、七里、新渠（左卫许旺堡段）、果园（左卫王铨堡段）、李祥（宁夏卫李祥堡段）、小园湖、过寨儿	
广武营"凡五十有九"	黄沙外、双峰、三岔口、镇口、定羌、平房、镇边、观音口、镇贼（上九墩近枣园堡）、大关小、大关、红疙疸、红疙疸小、石嘴儿、石砌界、大佛寺南、寺儿井、大佛寺小、大佛寺里口、枣沟儿、水泉儿、木头井、尖峰里口、马路沟、北城儿、苦腥条、南石槽儿、井沟、北石槽儿、红井小、红井、沙沟（上二十三墩近广武）、北岔、大佛寺外口、尖峰外口、渠口、头塘、破山儿、二塘、三塘、四塘、长山儿、红山儿、界首、五墩、广武、大桥、瞳庄、沙梁、枣园、李春口、磁窑儿、中泉台、新立、新筑、新添、柳条渠、炭窑儿、张恩	
中卫营"凡一百有四"	广宁、定边、镇房、沙沟、大寺、杩楂山、靖烟、镇戍、崇幸、石空寺、镇羌、平烟、崇庆、镇关、镇永、永安、靖远、安塞、宁安、镇夷、西沙嘴、平房、观音口、三岔口、定羌、镇朔、高崖、红寺儿、黄石漩、大柳树、冰沟、红柳沟、冰水泉等	

由于取材多采用质地坚硬、不易风化的岩石，能长时间经受住自然因素的影响。而土筑烽火台，受自然和人为破坏的因素较为突出。

目前调查与西长城相关的烽火台均为实体建筑，尚未发现有空心类。依形制划分除少数为圆形台体外，多为底大顶小的覆斗方形，有个别因损毁坍塌呈不规则形。这些烽火台性质多属"沿边墩台"和"加道墩台"，前者多建于长城外侧30—850米之间的山巅之上，也有个别建于长城线内侧的；后者则多建于易于瞭望的丘阜或道路转折处，间距虽大，但恰好都在人的视力所及范围内。按建筑材质等归类可分为黄沙土夯筑、石砌和土坯垒砌三大类。

黄沙土夯筑类110座。是现存烽火台中数量较多的一类，多分布在长城线外围地势相对平坦的沙地、平原、荒滩、河道、台地等取土方便之处。个别台体周围有围墙，现存大部分台体坍塌或圆或方，直径或边长一般在8—20、高3—12米。形制有四种：圆形、覆斗方形、长方形和不规则形，其中保存较好的多以实心覆斗形为主。立体呈圆锥状或馒头状，纵剖面多呈梯形。该类台体形制大体一致，修建时依地势先铺垫一层碎石粒或沙土在原生地表上找平，基础厚0.8—15厘米，其上采用黄土或沙土夹杂碎石粒四面夯筑加高而成。也有个别烽火台由于取料致密度不同，为了增强台体的强度，而采用黄、红或灰褐色土分版垒筑，一般而言台体中部以下材质致密且夯层较薄，中部至顶以上叠筑夯层渐厚。从墙体横断面来看，台体夯筑时分版情况不甚统一，有2—6版不等，每版长度亦不一致，一般在2—6米。夯层在0.12—0.2米；四壁由底向上逐渐收分，顶小底大形制相同。由于现存土筑烽火台坍塌严重，其顶上建筑结构多荡然无存，唯个别保存较好的烽火台顶部尚有铺舍痕迹，其建筑之法与敌台顶部铺舍相似，也是沿台体壁面继续向上修筑出一个方形低矮围墙，其墙垣底部宽2、残高不足1米。铺舍顶部是否搭有顶棚等设施，限于资料局限尚不清楚。关于烽火台的登台方式，据调查发现大致有三种：①常见应该采用用绳梯攀爬，凡用绳梯上下的烽火台，其台体壁面留有较浅而窄的磨损痕迹。②用绳索上下，在台体的一面多留有一道或数道深深的凹槽，绳槽两边还留有供上下蹬踏的脚窝。③攀爬上下，个别台体壁面陡直，发现有人为掏挖出自下盘旋而上的脚窝，此种登台方法不属原始遗存而应为近现代人为所致。

石筑类79座。多分布于地势相对较高、取土不便但采石较便利之处。这类烽火台数量相对较少，加之残损较重，能基本保存原貌的较为少见。现存石砌台体大体可分两种类型：一类是先在原生砾石台地上铺垫找平，采用较大且平整的石块错缝垒砌加高成一个大的圆形或方形石墙，直径约12—33、砌高约1.2—2.6米，包石墙体空间内以碎石料夹黄沙土混合填充，其所用石材与周围山体石料相似，多属就地取材。其材质形状各异，大小亦不甚相同，应非特意精选，只是在垒砌时简单地将较大块挑选出、用以砌筑外壁，内侧则直接用黄沙土混杂小石块等填塞充实。外侧砌石垒砌时不见施粘结料，近乎毛石干垒，只是在砌筑时由底向上逐渐收分来达到稳固的作用，故此类敌台稳固性较差。为了解决这个问题，台体由底向上收分到一定高度时，与敌台砌法相似在台体中间平置一层圆木作拉筋（仅在今属内蒙古阿拉善左旗嘉德尔格勒赛汉镇土井子嘎查5号烽火台内侧发现一处竖向桩木，上有榫卯连接），圆木多为红松木质，两端朝外与砌石面平齐，成排状分布，从下至上计有多层，其相互之间是否采用榫卯相接尚不明确，但由此平稳了石墙的外倾张力，最后采用碎石料夹沙土直接堆积至顶部，顶部多残损，形制多样，也有少数烽火台因所处地势较高，在单位区域内均处于制高点，当地村民多利用其祭山乞雨在台体顶端进行附加堆积，现呈锥状顶。另一类石筑烽火台垒法较为随意，仅在卫宁北山发现一例，即胜金2号烽火台。该烽火台利用山势之险要，在山体最高处采用石块掺合砾石土混筑而成，平面呈覆斗形，剖面略呈三角形，顶部较小，台壁坡度较大，所使用的材料均为就地取材而建，选用的青石块大小、长短、薄厚不均，似乎为乱石堆筑，由下至上逐渐收缩，形同蒙古包。现存石筑烽火台壁面未发现登高的踏道、台阶或脚窝等痕迹，说明其登台方式可能属于"在台侧上下，用软梯，上收下垂"[①] 之法。

土坯垒砌类1座，地处青铜峡市大坝镇的高桥村2号烽火台。这里周围全部属半荒漠化滩地，黄沙含量十分丰富。这种沙化土粘结性差，不便直接取土夯筑，故这里修筑烽火台时先将黄沙土夯打成长条形土坯，然后再用土坯再进行垒砌成台体。其砌法采用一层平铺、一层竖向并铺，两者交替使用。土坯间施以黄泥。这种砌筑方式也是根据当地地理条件、因地制宜的一种变通。

---

① （唐）李筌:《太白阴经》卷5 "烽燧台" 篇，第46页。

在附属设施方面，西长城沿线烽火台一般均建有相关的附属设施。此类建筑较常见的有小墩、墙垣两类，另外，个别烽火台周围尚发现有壕堑或排水沟。

1. 小墩

小墩亦有附墩、狼烟台等不同称谓。是烽火台十分常见的附属设施，目前共发现93例。其特点就是在烽火台外围附近较为空旷开阔之地、按一定方向一字排列修筑3—12个低矮实体小墩。一般为10座（最多有17座），其分布一般是根据所在地形地势、方向各异，并无一致的常例。有并列一排者，但多数为两排、每5座为一组。这两排小墩其中一排间距较短，另一组间距相对稍长。因残损较重，今发现的小墩多已成土堆或石堆状，保存形制较完整者数量并不多。

从建筑材料方面来看，这类小墩中石砌台体居多，即使是一些夯土烽火台周围亦用石块垒砌小墩，而位于山巅之上的石砌烽火台周围的小墩更几乎全部由石砌。这类小墩保存较好者相对稍多，从中能反映出其建造特点。如分布于卫宁北山一线的高山寺1号烽火台、新星烽火台、李园烽火台等，均位于山巅之上，其小墩多修筑于烽火台东西两侧，各分布有5座、计10座。其中西面5座间距在1.8—3.2米，而东面5座间距在6—10米。这些小墩台形制有方形、长方形、覆斗形；顶小底大，剖面呈梯形，底部边长约2.2—3.5、残高1.4—2米。在个别保存较好的小墩顶部中心，还发现用石块垒砌成中空的圆形空间，在高山寺3号烽火台、王营村1号烽火台等周围的小墩均有发现，修筑方法与烽火台基本一致，多采用包石砌法，先选拣较规整的石块围砌成方形或长方形，层层向上，逐渐收分缩小，在立面梯形空间顶部铺垫一层平整石块形成包石墩台。这类小墩，形制均较小，虽有个别砌筑较为规整、石缝间与烽火台一样夹杂柠条等，但多数筑造较为简单粗疏。其性质可能属见诸于碑文记载的用于举烟放火的"柴堆、烟皂（灶）"[1]。也有研究者认为，是插旗帜的，称其为"旗杆墩"，值得商榷。我们认为这种低矮的小墩台应该是史籍所载"烽主昼，燧主夜"中的"燧"较接近事实，旧说白天放烟，夜间明火，烟称烽，火称燧，而燧却多采用包石砌法。由此判断，原始燧的形制应为空心，只是后期风吹沙走而逐渐填实，早期的空间用途应是存储助燃的积薪或火炮，避免风吹雨淋潮湿而设置。

土筑小墩在目前发现的西长城沿线数量甚少，而存留至今保存较好的几乎没有，其形制难辨。

2. 墙垣

墙垣也是烽火台附属设施中较为常见的一类，目前发现共计10座，多分布在地势偏僻宽广之处。这种墙垣多为方形，有石砌、夯土两类，一面中部辟门。修筑方法大致分为两种：

一种是位于烽火台周围、直接将台体圈围在中间，这类墙垣数量较少，目前发现的仅有大武口市的大武口3号烽火台、青铜峡市甘城子村烽火台、中宁县高山寺4号烽火台等几座。此类墙垣形制较大，如甘城子村烽火台，其外侧墙垣边长可达130米。

另一种是一面紧贴烽火台壁面，其余三面砌筑墙体，与台体相对应的一面中部留有门道。这类墙垣数量较多，是烽火台设置墙垣的主流。只是这类墙垣规模均相对较小，墙垣边长一般在10米左右。其用途疑为戍卒屯积物资或休息活动之场所。

各类烽火台的分布规律，早期史志记载详实资料并不多见，直到弘治时期，明确规定"沿边每十里或七八里为一大墩，五里、四里为一小台。大墩守军十人，小台五人。自边至城，每十里

---

① 甘肃师范大学藏明代"深沟儿墩"碑中，在为戍守兵士配备的器械中，有"柴堆伍座、烟皂（灶）伍座"，可能便是此类，引文见文物编辑委员会编：《中国长城遗迹调查报告集》，第117页，文物出版社，1981年。

或八里止用大墩筑墙围之，环以壕堑"①。实地勘察西长城沿线的烽火台由于损毁无存者较多，已很难从分布地望等方面全方位反映其分布特征，但烽火台规格有大小之别却是事实。现存台体较大且保存较好者如青铜峡市邵刚镇的甘城子村烽火台，今存台体底部东西17、南北16、顶部东西10、南北12、残高7.5米。尤其是此烽火台的周围还有一处围绕台体的、边长达130米的方形围墙遗迹，墙外还有壕沟痕迹，这与文献记载的大墩特征基本相符。从分布空间看，大致可分两类，一类是与长城同线的烽火台，其平均间距约4.5千米，所涉之地凡遇关堡之间及人马容易出没的地方，烽火台即密集一些。反之高山峻岭、丘陵山地之间则稀疏，这类烽火台的主要作用是下传烽火警报、传递邮件、守护边墙的据点，它的任务主要是警备与固守边塞，兼有嘹望报警的作用；另一类是不在长城线上的烽火台，是一种延伸出长城的嘹望线，比如中卫市黄河北段的金沙烽火台、红武烽火台延伸至腾格里沙漠南缘腹地，远离长城0.55—8千米以外，以此备警，看上去此台有不着边际的感觉，实际上这是将军情向内地传递的重要转接点，其主要作用在于候望及向边防及时传递情报，嘹望报警，基本上不承担抗敌保境的战斗任务，而应是腹外边界的第一道防线。在长城线上的和不在长城线上的烽火台之疏密，与地势和敌情有关，贺兰山一线和中卫市黄河南段近125千米的长城防线，因占据贺兰山及黄河古道山峦叠嶂、沟壑逶迤的山体优势，烽火台修筑的相对更加稀少，平均间距在15千米以上，多修建在高山之巅和河道转折处，怡好在人的视力所及范围内。其性质除了传烽报警以外，可能还有监视黄河河汛、抑或有路标的作用。

有关烽火台古今名称对照有所差异，由于时间的推移及地名的变化，后期不断增筑、兴废及辖属的改变，文献虽有记载，但由于语焉不详，古今地名有别，在后世流传、辗转传抄中，或文字脱误，或张冠李戴，特别是后期生产开发破坏致使许多烽火台损毁无存等原因，使得西长城沿线烽火台的名称古今对比有很大难度。除了一些分布地域较明显、古今名称差异不大处的烽火台（此类数量仅占目前能发现的全部烽火台的三分之一）之外，多数烽火台古今定名名称尚无法——对照。

五　西长城沿线壕堑类型及构筑特点

壕堑也是一种重要的长城类型，多分布于地势宽漫平坦、仅靠单薄长城墙体不易戍守之地，一般是独立于墙体之外、自成一体。它一般在平坦低洼、便于凿挖之处直接下挖出一道连续的深壕，然后将壕内挖掘出的沙土等堆积于戍守的内侧而成堑；而在地势较高、掘挖不便的山梁等处则直接砌石加高成石墙。

西长城沿线的壕堑，目前发现计二道。

一道位于今永宁县黄羊滩农场西北，属黄羊滩农场所辖，暂命名为黄羊滩壕堑。此道可能便是见诸文献记载的"边防西关门"。"西关门者，北自赤木口，南抵大坝堡，八十余里。嘉靖十年，金事齐之鸾建议于总制、尚书王琼，奏役屯丁万人，费内帑万金而为之堑者"。此议当时即遭多方反对，"初闻是议，父老以为不可，将士以为不可，制府亦以为不可。之鸾力主己议，坚不可回，踰六月而成之。成未月余，风扬沙塞，数日悉平。仍令杨显、平羌、邵刚、玉泉四堡，时加挑浚。然随挑随淤，人不堪其困苦。巡抚、都御史杨忠学奏弃之，四堡始绥。"② 明确记载了此道壕堑建于嘉

---

① 《明孝宗敬皇帝实录》卷94"弘治七年癸丑"，第9页，（台湾）《明实录》影印本。
② 《嘉靖宁夏新志》卷1·宁夏总镇之十八·南路邵刚堡，第85页。

靖十年（1531年），历时6个月建成，乃是佥事齐之鸾力主修筑的，由于不顾及风沙掩埋等环境影响，致使此项工程成为明代一桩典型的领导者决策失误的案例。以故除了《嘉靖宁夏新志》尚有寥寥数语外，后来的诸多文献多不见记录。

据实际调查，此道壕堑是从三关口沟口东侧约4.41千米的小井泉墩处开始，沿此处广袤平坦的山前冲积台地向东南，途经烂营盘堡，以及大井子、牛头山、红井沟、夹子沟、鹦鹉山、柳渠沟等诸条山峦、冲沟，基本呈西北—东南向，横跨山前冲积台地，最后到平原区、今永宁县闽宁镇福宁村现代村落处，全长15837米。再向南已属现代村落，因农业开发等原因，此段已损毁严重，走向不明（从福宁村向南至大坝堡，直线距离约23.5千米，与此段合计约39千米，与文献记载边防西关门的"长约八十里"基本相当）。

从地形地貌等方面来看，这里地处山前冲积扇台地上，地势基本呈西高东低之势，落差稍大。壕堑是从贺兰山山前台地开始，西北—东南向跨越台地，最后到东南侧宽阔平坦的平原区，沿途经历了众多山洪冲沟。这里周围多未开发，地表以原生砾石堆积为主，生长有较茂密的沙蒿、芨芨草等。平面方向较直，中间较大的拐折甚少。地势随台地地表有高低起伏，但相对落差不大。

从构筑特征来看，此道壕堑也可分为石墙与壕堑两类。石墙分布在本段起点附近，即小井泉墩南侧的山坡上。这里山体较陡峭，表面土较薄，掏挖壕沟不易，故除了沿山坡表面掏挖一道浅浅的壕沟、并将掏挖出的沙石堆积于壕沟边缘外，还在壕沟东面坡上垒砌石墙，石墙全长74米。因坍塌等残损较重，残存石墙底宽0.9、残高1.2米；壕堑则是从石墙段截止点处开始，一直到止点。地处山前台地上，地势有高低起伏。其构筑方式基本是先在连绵起伏的台地上直接下挖一道壕沟，沟断面呈"U"形，两侧壁面较陡直，表面未经修整、加固处理。壕沟因受后期沙土淤塞等破坏影响，现存深度等均不大，残存较深者可达9.6米，浅者尚不足1米；壕沟内清理出来的沙土直接堆积在壕沟的西南侧边缘而成堑。从断面来看，堑属多次逐层堆积而成，质地较疏松，似未经过夯打等加固处理。因长期淤积坍塌等影响，今已呈土垄状。残存底宽约5、残高1米左右。

此道壕堑沿线还有烽火台等设施，至今尚存的如小井泉墩、福宁墩等均属其沿线戍守墩台，只是由于后期残损破坏等，除了这两座烽火台外，其他均已无存。

另一道壕堑位于贺兰山北岔口以南宽阔平坦的山前冲积台地上，属宁夏青铜峡市邵刚镇与内蒙古阿拉善左旗巴润别立镇交界带，行政区划属阿左旗巴润别立镇上海嘎查所辖，今暂将其命名为北岔口壕堑。这一带属山口宽漫、地势平坦之地，故修建长城时，除了东侧继续夯筑土墙外，还在其西侧滩地上再挖一道壕堑，从而构成墙体之外另一道防御屏障。此道壕堑与墙体并列而行，两者间距5—50米不等。

据实地调查，此段是从北岔口两道长城墙体交汇处开始（其实此段起点还应该再向北、沿营子山诸多山体继续辗转深入山间腹地，限于调查权限等，本文只能从此处计算），随此处一道凸起山梁向南，经此处广袤平坦的山前冲积台地，最后延伸到台地南面一道山梁顶上，全长9995米。方向较直，基本呈南北向。

此道壕堑周围地势平坦开阔，其南北两侧直接与贺兰山山体相连，呈两端略高、中间略低。也可分为石墙和壕堑两类，其中石墙位于南北两侧的山坡上，这里因山脊较陡峭，表面沙土较薄不便掏挖，故不挖壕沟，而是根据形势、因地制宜地直接在砾石地表上垒砌石墙。今存石墙多坍塌，保存稍好处底宽1.8、顶宽0.8、残高1.7米。

壕沟则位于相对低洼的冲积台地上，是在砾石地表上直接下挖出一道"U"形沟，再将沟内沙土堆积在东面。因受西侧汇集的山洪冲刷破坏,保存不佳,尤其是中段多已不存,仅地势稍高的南北两侧保存较好,残存壕沟壁面较陡直,且掏挖较深。沟宽10—16、深2—7米。高垄断面不见夯打加固等痕迹。保存较好处底宽10、顶宽1—2、斜高4米。

六　西长城沿线采集标本品类型及特征

宁夏西长城沿线采集到的遗物较多。这些遗物多分布于沿线的敌台、烽火台、关堡等周围,其他如墙体、壕堑等并不多见。长城墙体周围均未发现诸如砖瓦及生活类遗物,说明长城当初修建时并未包砖或顶部覆瓦,亦未作为巡守士兵常驻之地。

这些遗物按其用途大致可分为生活用品、军事用品及生产用品等。

生活用品类是本次采集品的大宗,其比例可达99%。按质地可分为瓷器、陶器等,其中陶器数量甚少,目前仅发现陶罐、陶盆等。瓷器则占绝大多数,有缸、罐、碗、盆等,釉色有青、褐、姜黄、黑、青花、白、黄等,相比以缸数量最多。除一些瓷碗质地稍显精细外,多较粗疏,施釉亦较粗糙,显然系民窑产品。值得注意的是,这些器物无论从器类、质地特征等方面来看,各地、各单体采集的十分相像,由此可推断这些器物,可能与甘肃“深沟儿墩”碑文所记录的、由官府为巡守士兵统一所配[1]。

军事用品类数量较少,目前发现的仅瓷蒺藜一类。圆球状,中空,外表有乳状凸起,施以姜黄釉等。

生产用品类数量亦较少,主要有石夯等。

第二节　西长城防御体系主要病害类型及工作建议

在我们进行长城资源调查过程中,发现由于自然和人为的原因,长城主体不断地遭到破坏,许多长城仍面临保护的困境。近年来,随着经济和城市建设的蓬勃发展,各类破坏长城本体及环境风貌的违法违规行为时有发生,这一不容乐观的事实值得引起我们的高度重视,希望我们这一代人能够使长城这一人类历史上最伟大的文化遗产得到有效保护和可持续利用。

一　西长城本体与相关设施保存现状数据统计及分析

西长城全线调查统计各类墙体总长为473569.99米。其中保存程度较好段长42454.6米,占8.97%;保存一般段长312931.8米,占66.08%;保存较差段长34251.1米,占7.23%;保存状况差的段长34244米,占7.23%;消失段长则达49671.1米,占10.49%。各类墙体中除贺兰山沿线和中卫黄河南岸受地貌所限多为山险和山险墙,全长255271.4米,且保存现状均为一般;其余各类墙体全长218281.1米,其保存状况较好段占19.45%;保存一般段占26.42%;保存较差段占15.69%;保存状况差段占15.68%;消失段占22.76%(表一七)。

---

[1]　甘肃师范大学藏明代“深沟儿墩”碑中,曾记录万历十年为戍守兵士配备的物品,其中“家俱”中记载“锅五口、缸五只、碗十个、筯(箸,即筷子)十双”,说明当时的戍守兵士中的生活用品,大至锅、缸,小至筷子亦由官府统一配置。

表一七　西长城墙体保存状况统计表　　　　　　（单位：米）

	类别	现状	较好	一般	较差	差	消失	合计
1	土墙	长度	34820.4	36598.1	23585	27228.3	42827.5	165059.3
		百分比	21.10%	22.17%	14.29%	16.50%	25.94%	100%
2	石墙	长度	6537.2	7774.3	5479.1	5751.7	2613.6	28155.9
		百分比	23.22%	27.61%	19.46%	20.43%	9.28%	100%
3	山险墙	长度		70081.6				70081.6
		百分比		100%				100%
5	壕堑	长度	1097	13288	5187	1264	4230	25066
		百分比	4.38%	53.01%	20.69%	5.04%	16.88%	100%
6	山险	长度		185189.8				185189.8
		百分比		100%				100%
	合计	长度	42454.6	312931.8	34251.1	34244	49671.1	473569.99
		百分比	8.97%	66.08%	7.23%	7.23%	10.49%	100%

　　从保存现状看，土墙现存较好的少，而消失的较多，究其原因是多方面的。保存较好的段落多位于海拔相对较高，不适合生产生活，人迹罕至，人为影响比较少的地方。而保存程度相对较差的段落，首先是由于土墙质地疏松，受自然影响比较大，经常年雨水冲刷、风雨侵蚀、自然风化、水土流失等因素，能保存下来的很少；其次是土墙多分布于地势相对平缓的平原和丘陵台地，取土便利，交通方便，水源充足，人口稠密，是人类居住、生产、生活的理想地带，居民多年修路、修舍、施工取土，防沙育林及农田改造等因素是促成墙体被破坏乃至消失的主要原因。

　　山险墙及山险保存状况均一般，这主要与所处地形、地势和人为活动分不开，黄河南岸山险墙多处在人迹罕至地段，利用险峻山体，随山顺势人工加以堑削而成险阻，因地势复杂多变，每段山险墙的走向多依山势地形的变化而随之改变，所以受山地滑坡、雨水剥蚀、山洪冲刷及地震等自然因素影响较多，是山险墙遭受损毁的主要原因。

　　西长城防御体系中调查单体敌台总计89座，其中保存状况较好的有23座，占25.84%；保存情况一般的有42座，占47.19%；保存较差的有20座，占22.47%；保存状况差的4座，占4.50%。消失的敌台在地表遗迹中未曾发现。

　　西长城防御体系中调查单体烽火台总计190座，其中保存状况较好的有47座，占24.74%；保存情况一般的有83座，占43.68%；保存较差的55座，占28.95%；保存状况差的5座，占2.63%。

　　在西长城防御体系总数279座单体建筑中，无论实心或空心单体，保存较好总计70座，占25.09%；保存一般的计有125座，占44.80%；保存较差的计有75座，占26.88%；保存情况差的总计9座，占3.23%。从材质分析，土筑实心台体保存现状一般的较多，受人为破坏的因素较为突出，而石砌实心台体保存相对较好，是由于取材多采用质地坚硬、不易风化的岩石，能长时间经受住自然因素的影响，石砌空心台体相对保存较差。

　　西长城沿线附属设施中发现关堡共计16座。保存较好者几乎没有，现存状况一般的有6座，占37.5%；保存较差的有3座，占18.75%；保存状况差的有7座，占43.75%。现存关堡依其所处的地理位置可分为扼守山险型、黄土塬顶型、沙丘平原型、面山背水型、临河制险型等，其保存程度取决于所处地理环境，凡分布于交通要道、地势险要、土壤沙化或现住人口密集的区域保存程度相对较差，而保存一般的多地处偏僻、人迹罕至不受当地居民生产生活影响的地方（表一八）。

表一八　西长城附属敌台、烽火台、关堡保存状况统计表　　　　（单位：座）

	项目		较好	一般	较差	差	消失	合计
1	单体敌台	数量	23	42	20	4	0	89
		百分比	25.84%	47.19%	22.47%	4.50%	0	100%
2	单体烽火台	数量	47	83	55	5	0	190
		百分比	24.74%	43.68%	28.95%	2.63%	0	100%
3	单体小计	数量	70	125	75	9	0	279
		百分比	25.09%	44.80%	26.88%	3.23%	0	100%
3	关堡	数量	0	6	3	7	0	16
		百分比	0	37.50%	18.75%	43.75%	0	100%

二　自然病害类型及例证

西长城主体及附属设施历经五百年沧桑，由于自然和人为因素的破坏，保存至今的建筑或多或少均有残损，许多长城墙体已荡然无存。其残损原因主要表现在以下几个方面：

1. 自然风化、雨水剥蚀、山洪冲刷、植物生长、鼠类灾害等是长城遭到损毁的主要因素。

风蚀是夯土类建筑遭受破坏的一个重要自然因素。由于地质构造运动所表现出的大面积升降，在地貌上形成多级阶地，区域内明长城所处地段既有强烈侵蚀的黄河冲积平原，又有基岩裸露的侵蚀构造山地，受半干旱气候影响，降雨量小，日照时间长，干热风和风沙成为主要灾害性天气。贺兰山和卫宁北山沿线长城又身处多风地带，大风携带台地的沙土、砂粒以及钙结核等物，年复一年地对暴露在旷野间的夯土建筑进行冲刷侵蚀，从而使得夯土建筑的版筑痕迹等被磨蚀殆尽，裸露出的墙面也被风蚀得千疮百孔，有的墙面凹凸不平，呈蜂窝状，有的呈鳞片状龟裂剥离，甚至在迎风面底部等处形成贯通状风蚀凹槽。再加上一些夯土建筑多是直接在原生地表上建筑，底部基础没有嵌入地层，抗强度较低，很容易受长期风蚀形成倒立的"棒槌山"，这也是多数夯土建筑自然坍塌的原因之一。经实地勘察，风蚀破坏较甚者主要表现在夯土建筑处在迎风面，如青铜峡市邵刚镇大沟村 2 号敌台，其东、南壁裸露出的夯土底部有明显的风蚀凹槽，呈带状，尤其以南壁最为明显，这说明其遭受风蚀最为严重的是偏南风；而三关口三道关的土墙，则因墙体受风向转变而损毁，其"狭谷效应"作用明显。这种特性，为我们研究风向对长城破坏等问题提供了可资借鉴的实物资料。

雨水剥蚀主要表现为冲沟发育等。贺兰山面阳的东面，虽然每年降水偏少，但多集中在 7、8 月份，且具有降水量大、时间短等特点。这种集中式降雨，汇集的雨水短时间内易在夯土建筑较为平坦的顶部形成强大水流，会沿着台体顶部及壁面低矮处倾灌而下，长期冲刷会在夯土建筑的表面形成一道或数道深入壁面的凹状小冲沟。这类破坏在一些保存较好的墙体或敌台、烽火台等处均有发现。

山洪冲刷主要指冰雹、暴雨等灾害性天气，往往易引起山体滑坡等现象，严重威胁着长城的存毁。在调查中，凡遇长城豁口，前面往往是沟壑或断崖，尤其临近山口处表现尤为明显。如青铜峡北岔口南段，这里西面距贺兰山山体较近，山体高耸，山沟众多，每处山口基本都是山间汇集洪水的一道天然泄洪口，而地处山前台地上的长城墙体便深受其影响，虽然此段长城修建之时也曾考虑过这方面的利害、在山洪冲刷之处的墙体底部修建水关泄洪，但由于长期废弃不修，以及洪水长年侵蚀等影响，许多地段墙体底部被流水冲刷、掏空，一段时间之后，墙体结构失稳就自然坍塌。这种破坏虽来自不可抗拒的自然因素，但对长城的损毁程度往往是毁灭性的。

植物生长也是夯土建筑的一个较为重要的破坏因素。种类有沙蒿、芨芨草、芦苇等，尤其以沙蒿最为普遍。多生长于夯土建筑的地基周围、顶部，另外夯土壁面等处亦有少量分布。这类生命力十分顽强的野草肆意生长，有的根系甚至直接扎入夯土建筑内部，必然会增大夯土建筑之间的裂隙，对其保护也会产生一定影响。

鼠类灾害虽对墙体损伤较小，但其危害不容忽视。西长城区域内土壤有灌淤熟化土、灰褐土、黄沙土、灰钙土等多种土壤，农业生产呈多样化，一定程度上为鼠类繁殖提供了便利，黄鼠、田鼠、家鼠、黄鼠狼、獾、野兔等动物灾害十分严重。境内长城除山险墙以外，大部分为黄土夯筑，鼠害不仅对农业生产造成破坏，同时也对长城主体造成威胁。

墙体表面片状剥离和粉状脱落也是夯土建筑自然破坏之一，其最明显的表现就是在夯土建筑的表面出现的层层干痂皴裂，在受到外力作用下易出现脱落等破坏。这种损害对夯土建筑很是普遍，虽然破坏幅度不大，但如果天长日久其影响必然深远。其形成原因主要是由于这些夯土建筑长期直接暴露于旷野中，受当地昼夜温差影响，在遭受白天阳光暴晒与夜间低温的冷热交替影响下，引起夯土表面热胀冷缩，使得其表层张力不匀，长期以往便会在其最外侧表面出现一层干痂面，降低了夯土建筑表面的凝合力和稳固性，在受到外力如风蚀、雨蚀等作用下，这层干痂面就会出现片状剥离和粉状脱落，这样层层结痂，层层脱落，必然会对夯土建筑造成一定的影响。

2. 沙化侵蚀。贺兰山南麓及卫宁北山段长城多修筑于腾格里大沙漠东南边缘，是腾格里沙漠南移扩张的前锋所在，况且其北的贺兰山低矮，属于浅山区，不能与三关口一带的贺兰山相比高，这里所受腾格里沙漠移动的危害，显然要强烈得多、严重得多。几百年来风沙侵害长期不断，并愈演愈烈，造成压地埋城，沙进人退的局面，将本来修筑并不坚固的沙土长城剥蚀得残断不堪。在黄河北岸部分墙体甚至被风沙吹平，仅可辨识部分痕迹，在东园镇的郭滩、新星等一带的明长城被大量的黄沙湮没，但挖开两侧的沙土，长城墙体依然保存较好。遗憾的是近几十年来往往被附近村民挖沙取土修整田地或移为它用，致使墙体暴露或损毁，在强风雨水侵蚀下，很快就坍塌而逐渐消失。

3. 地震破坏。此类因素对夯土建筑的破坏最为常见。宁夏是地震多发区，从明代至中华人民共和国建立前，史志中的地震记载多达 257 次[1]，其中震级、烈度较高，边墙、城堡、墩台遭震圮破坏记载的地震多达十余次。明代以后清乾隆三年（1738 年）、乾隆十三年（1748 年）以及民国 9 年（1920 年）海原大地震震级及破坏性最为强烈，一些城堡因地震而废弃，边墙圮坏亦在所难免。调查中常见的关堡、边墙墙体滑坡、墩台崩塌等现象与此种灾害有直接联系。一些关堡如宁夏镇城、平虏城、镇北堡、洪广营等，均有遭受地震坍圮而重修的文献记录。部分保存的实体墩台至今尚有明显的、贯穿台体的裂痕，显然，地震对长城防御体系遭震圮破坏较为突出。

三　人为破坏类型及例证

人为破坏在明代时期主要为蒙古族部落入侵时的拆毁、填塞等战争行为，史籍文献对此多有记载。西长城因其扼守宁夏西大门，边关防务始终处于阻击外敌侵扰的最前沿，其长城防御体系遭受蒙古骑

---

[1]　宁夏回族自治区地震局编：《宁夏回族自治区地震历史资料汇编》，第 3 页，地震出版社，1988 年。

兵损毁在所难免；清代以后由于长城防御功能的失去，长城遭受战争破坏的因素显著减少，当地居民的生产生活破坏上升为破坏主因。

1. 开荒垦地，挖沙取土。西长城距今已有近五百年的历史，以农业为主的自然经济势必会对长城造成一定的影响，随着时代的变迁，世代居住在长城内外的农业生产者不再把长城作为一种分界线，而仅作为一道土垄，一条阻碍其自身发展的"障碍"，由此逐年进行蚕食。特别是近现代土地改革、梯田建设等运动以后，对长城的破坏更在加剧，许多处于耕地内的长城基本消失无存，多数当地居民随意在长城两侧取土、建窑、修牲畜圈，甚至为修路或拓展路面而削挖长城，对长城肆意破坏。此外，植树造林等活动对长城局部的保护也造成一定破坏。我们在调查期间，偶遇到有村民挖长城土运到农田当肥料或作为改造土壤的原料等现象。更有甚者，将长城顶部铲平当乡村便道使用，也有直接开挖窑洞，当作临时窝棚或地窖使用。

2. 建设性和开发性破坏。包括四个方面：一是在公路、铁路等大型建设工程中，当地民众文物保护意识不够，有些建设方没有认识到保护长城的重要性，随意将长城挖毁，使道路畅通，严重破坏了"既有利于基本建设，又利于文物保护"的双利原则，更重要的是长城一旦挖毁，就无法恢复其原貌。二是凡处在厂矿、村镇经过的墙段，多被当地居民挖土、掏洞或利用长城墙身建造房屋所毁。也有依靠长城墙体或烽火台修建砖窑，挖取夯土做为烧砖的坯料所用。三是个别大、中型企业及民营企业在开发利用中对长城的破坏，打着拓展和开发企业的幌子肆意践踏对长城的保护。有的甚至为了拓宽鱼塘面积，随意将长城挖毁。四是保护性破坏，在调查过程发现个别现象，虽然对长城局部做了保护修缮，但不是按照文物修复"修旧如旧，保存原貌"的原则去修复，修复中不仅不按原貌修，甚至连材质和用料都改变了。这种破坏性保护应引起我们的高度重视。

3. 踩踏攀爬对长城的破坏。西长城多为黄沙土夯筑结构，在历经了历史的风雨洗涤以后，建筑结构已发生了变化，许多墙体已经酥碱、风化，人们经常无意识地随意攀爬、踩踏、挖坑，势必会加局长城破坏的速度。在黄河北岸许多长城遗迹被农田包围，村民为了耕地或放牧，不仅人在长城墙体上随意攀爬、踩踏，就连牛羊等牲畜也都在长城之上踩踏，对长城遭成了极大的破坏。南岸山区地段的土筑墙段，多为牧羊人在长城的墙根之下挖成临时休息的洞穴。

四　保护措施与管理建议

长城资源调查的目的，不仅仅是为了摸清长城的家底，更重要是为实施全面、科学、有效的长城保护和合理可持续的长城利用提供现实和理论依据，进而为长城保护管理提出一些有建设性和参考意义的意见和建议。通过此次实地调查研究，总的印象是，长城保存现状不容乐观，长城保护任重道远。怎样保护好这份遗产，怎样发挥这份遗产的作用，怎样将这份遗产传给我们的子孙后代，这是我们所面临的现实问题。现依调查的实际情况，就长城保护谈几点个人意见。

1. 首先要建立记录档案，提高长城的保护级别。地方文物部门要在当地党委、政府的领导下，认真做好长城保护的各项基础性工作，落实长城"四有"工作—科学划定保护范围和建设控制地带。以历次调查为基础，以县为单位建立健全详实的长城记录档案，包括文字、影像资料，并形成电子档案，实施档案的动态化管理，省级文物主管部门应建立长城资源数据库，对长城保存现状等信息作长久保存。在此基础上相应提高长城的保护级别，我们看到不少保存较好的地段，虽已公布为区级以上保护单位，但由于没有相应的资金支持，相应的保护措施也很难落到实处。

2. 加强保护管理，加大执法力度，地方政府应发挥主导作用。《长城保护法》和《长城保护条例》

以及相关法律、法规的有关规定：地方各级人民政府负责本行政区域内的文物保护工作。作为长城保护与管理第一责任者的地方政府，应切实承担起保护和管理该段墙体的首要责任，建立长城保护的目标考核机制，加快长城保护地方立法，继而在全区形成长城保护法规体系；强化相关部门保护长城的职责，建立统一协调，多位一体的长城保护机制。由于长城保护是一项复杂的系统工程，保护起来比一般文物难度要大得多，相应的投入也多得多。通过调查，各地政府对文物部门的投入较少，基本上属于吃财政饭。按职责，文物部门是政府的职能部门，保护长城责无旁贷。但是又得不到足够的资金支持，可以说是心有余而力不足。由此，就造成了90％以上的长城处于管理的"真空"现状。因此各级政府应从保护遗产、传承文明的高度出发，充分利用此次长城调查的契机，适当加强长城保护队伍的建设。同时在条件允许的前提下，地方政府应多方筹集社会资金，用于修缮长城本体和保护周边环境。实际上，要改变这种现状，并不需要太大的投入。凡长城经过的区县应组织成立以乡为单位，由乡镇、村、社人员共同组成长城保护小组，建立巡视制度，划定保护地段，对长城破坏违法案件处理要及时有效，通过大量的宣传让每个人对长城多一点关注，多一份责任，多一些行动。并根据保护员的表现与保护长城的实效，每人每年给予一定的奖励。对于这些守责的"哨兵"，县级文物主管部门要不定期地组织保护员开展《文物保护法》《长城保护条例》等相关法律法规学习和宣传活动，建立和完善保护员队伍，

3. 树立保护标志的同时，要设置保护栅栏。例如中卫市文物管理部门自1991年开始先后四次在现存相对独立的长城墙体段落及部分保存较好的烽火台，关堡附近树立了保护标志。据我们实地调查，仅树立保护标志，还不能完全达到全面保护的目的，有些地段仍然遭到持续性人为破坏，故而建议，在警示的同时，在重点保护范围再设置保护栅栏，以达到双重的保护功效。

4. 正确处理好经济建设与长城保护的关系。长城是人类文化遗产，是不可再生的资源，一旦破坏就会造成不可挽回的损失。长城不能再为经济建设让路，相反，经济建设应该为长城让路。在修路、建厂、开矿、城市建设、水利开发等项目建设过程中，要首先考虑长城的安全。这就需要，一方面提高整个长城的保护级别，将所有长城纳入到保护范围之内；另一方面，要提高全民保护长城意识，人们往往认为，长城长万里，不单仅此一段，有多者不足惜的感觉。我们在黄河北岸调查时，所走的乡村便道多建在明长城左右，道路不时在长城墙体上穿来穿去，有的路段就以长城为基础，将完整的长城分割成一截一截的断垣，再加上雨水冲刷而造成坍塌，可以说此段长城是七零八落，体无完肤。由此可见，人为对长城主体的破坏往往是不可弥补的，成为损毁古长城的最大隐患。

5. 正确处理好长城保护与旅游开发的关系。长城的破坏不仅存在于人们的经济活动中，近年来，旅游开发及修复不当，造成破坏长城的事件也屡见不鲜。有些是因为对长城的无知造成的，有些则是因为认识上的偏差所致。在无意甚至是保护长城的美意当中，人们对长城造成了永久的伤害和不可逆转的破坏，尤为令人痛心。调查中我们看到，对开发长城沿线的旅游资源，地方地府有很高的热情。有的已经有规划，有的正在规划，还有的处于紧锣密鼓的实施阶段。对此我们建议各类规划必须遵循国家文物局原局长单霁祥关于修复与开发的三原则：一时最大限度地保护文物的历史信息，二是最大限度地保留文物存量，三是最大限度地延长文物的存续时间。同时，要强化对长城景区管理使用单位的行业监管和执法检查。文物行政主管部门通过有力的行业管理，规范长城开发利用行为，纠正、预防和避免因旅游开发破坏长城的违法行为，实现合理利用，杜绝无序开发；实现合法利用，杜绝违法开发；实现保护性利用，杜绝破坏性利用；实现永续利用，杜绝短期行为，实现可持续利用，达到良性循环。以实现长城保护与当地经济发展双赢为目标，积极探索长城合理利用的新模式。

长城是历史的载体，每一段长城都代表了一段历史，具有丰富的文化内涵，是军事文化与民族文化的结合体。作为军事防御设施，他充分利用自然地理形势，形成了以城墙、关隘、城堡、河流、山脉为主体。既有广度又有纵深的防御体系，是冷兵器时代最有效地防御设施，是人文景观与自然景观有机结合的艺术品，是中华民族聪明智慧的结晶。长城作为农业与旅游业两大经济类型的分界线，历史上，并没有将长城内外的民族分开，而是像磁力线一样吸引着各个民族向长城聚拢，使它成为民族交流融合最为活跃的地带，成为长城内外及中西经济文化交流的重点地区。

因此保护好长城，就是保护好我们的民族历史，就是保护好我们的民族文化，就是保护好我们的民族自信，这是我们的历史责任。尽快出台长城保护法规刻不容缓，避免各种形式的破坏，已是当务之急。

附表一 西长城墙体调查登记表

序号	编号	名称	起止点	长度（米）	类别	走向	断面测量（米）				保存程度					损毁原因		与相邻遗存位置（千米）	备注
							底宽	顶宽	高/深	夯层	较好	一般	较差	差	消失	人为因素	自然因素		
1	07HHC010	红果子镇—王泉沟山险长城	G0001—0002	9000	山险	北—南	—	—	—	—		9000					✓	沿线修筑有红果子1号、2号烽火台、王泉沟1号敌台	
2	07HWC011—07HJC013	王泉沟土长城	G0002—0035	4632.5	土墙	北—南	4.2	0.4	1.2	—			61.2	3567.9	1003.4	✓	✓		
3	07HWC014—07HJC017	简泉农场土长城	G0035—0081	6336.3	土墙	北—南	4.5	1.2	2.6	—			1823.8	2567.4	1944.9	✓	✓	沿线修筑有简泉农场1—2号敌台	
4	07HJC018	简泉农场—北岔沟山险长城	G0081—0081—1	4944	山险	东—西	—	—	—	—		4944					✓	沿线修筑有简泉农场3号敌台	
5		北岔沟—大武口沟山险长城	G0081—1—0082	1214	山险	东—西	—	—	—	—		1214				✓	✓		
6	07DDG011	大武口沟消失长城	G0082—0083	1670	土墙	东北—西南	—	—	—	—					1670	✓	✓	沿线修筑有大武口沟1—3号烽火台	
7	07DDG011—07DDG012	大武口沟—郑官沟山险长城	G0083—0085	6346.65	山险	东北—西南	—	—	—	—		6346.65					✓	沿线修筑有大枣儿、小枣儿及枣儿沟烽火台	
8	07DCC013—07DCC015	郑官沟土长城、山险	G0085—0103	730.4	土墙、山险	东北—西南	3.5	1.33	6.5	0.2—0.25	184.6	344.4	70	105.9	25.5	✓	✓	沿线修筑有郑官沟1—4号敌台及1—5号烽火台	土墙386，山险344.4
9	07DCC016	郑官沟—韭菜沟山险长城	G0098—0104	1648.3	山险	东—西	—	—	—	—		1648.3					✓		

续表

序号	编号	名称	起止点	长度（米）	类别	走向	断面测量（米）				保存程度					损毁原因		与相邻遗存位置（千米）	备注
							底宽	顶宽	高/深	夯层	较好	一般	较差	差	消失	人为因素	自然因素		
10	07DGG017—G019	韭菜沟土、石长城	G0104—0117	334.1	土、石墙	东南—西北	4.2	1.6	3.9	—	103	142.8	49.9	23.6	14.8		√	沿线修筑有韭菜沟1—2号敌台	土墙245.8、石墙88.3
11	07DGG020	韭菜沟—归德沟山险长城	G0114—0123	3060.38	山险	东北—西南	—	—	—	—		3060.38					√		
12	07DGG021—G025	归德沟土、石、山险长城	G0118—0148	1639.3	土、石、山险	东北—西南	4.6	2.45	5.2	—	473.3	887.9	98.4	72	107.7	√	√	沿线修筑有归德沟1—5号敌台	土墙732.4、石墙177.9、山险729
13	07DGG027	归德沟—大风沟山险长城	G0148—0158	5972.4	山险	东北—西南	—	—	—	—		5972.4					√		
14	07DGG028—G031	大风沟土、石、山险长城	G0149—0163	324	土、石墙、山险	东北—西南	4.2	2.2	4.8	—	43.9	90.3	54.2	34.9	100.7		√	沿线修筑有大风沟1—3号敌台	土墙113.3、石墙161.6、山险49.1
15	07DGG032	大风沟—小风沟山险长城	G0163—0164	2768.79	山险	东北—西南	—	—	—	—		2768.79					√		
16	07DGG033	小风沟石长城	G0164—0167	77.3	石墙	东北—西南	2.3	0.75	3.3	—		43.6			33.7	√	√		
17	07DGG034	小风沟—汝箕沟山险长城	G0167—0168	4783.72	山险	东北—西南	—	—	—	—		4783.72					√	沿线修筑有龙泉村1—2号、干沟烽火台	
18	07DGG035	大武口区汝箕沟土长城	G0168—0173	170.2	土墙	东北—西南	3	0.8	1.1	0.1—0.2	29.6	33		20.6	87		√	沿线修筑有汝箕沟敌台	
19	07PCG005—07PCG006	汝箕沟—大水沟山险长城	G0174—0175	12974.49	山险	东北—西南	—	—	—	—		12974.49					√		

续表

序号	编号	名称	起止点	长度（米）	类别	走向	断面测量（米）				保存程度					损毁原因		与相邻遗存位置（千米）	备注
							底宽	顶宽	高深	夯层	较好	一般	较差	差	消失	人为因素	自然因素		
20	07PCC007	大水沟土长城	G0175—0181	365.2	土墙	东北—西南	6.5	2.2	6.5	0.1—0.2	207.3	66.9	35.5	40.5	15	√	√	沿线修筑有大水沟1—4号敌台	
21	07PCG008	大水沟—高沟山险	G0181—0182	3490.57	山险	西北—东南	—	—	—	—		3490.57					√		
22	07PCG009	高沟石长城	G0182—0185	95.1	石墙	东北—西南	6.8	1.2	8	—		26.7		16.7	51.7		√		
23	07PCG010—07PCG011	高沟—大西峰沟山险	G0185—0187	6962.91	山险	东北—西南	—	—	—	—		6962.91					√		
24	07PCG012	大西峰沟石长城	G0187—0189	64	石墙	北—南	4.5	1.6	3.6	—		51	13				√		
25	07PCG013	大西峰沟—小西峰沟山险长城	G0189—0190	1429.35	山险	东北—西南	—	—	—	—		1429.35					√		
26	08HHG001	小西峰沟—白头沟长城	G0190—0191	2618.01	山险	东—西	—	—	—	—		2618.01					√		
27	08HHG002	白头沟山险、石长城	G0191—0197	285.8	山险、石墙	东—西	4.2	1.4	2.5	—	63.2	106.8		91.8	24		√	沿线修筑有白头沟敌台	石墙247.5、山险38.3
28	08HHG003—08HHG007	白头沟—拜寺口沟山险长城	G0197—0202	21947.73	山险	东北—西南	—	—	—	—		21947.73					√	沿线修筑有插旗沟、小插旗沟、青石沟、贺兰口、苏峪口烽火台	
29	08HHG008—08HHG009	拜寺口沟土、石、山险长城	G0203—0214	640	土、石、山险	北—南	12.2	8	4.2	0.12—0.15	44	180	100	150	166	√	√	沿线修筑有拜寺口沟敌台	土60、石450、山险130

序号	编号	名称	起止点	长度（米）	类别	走向	断面测量（米）				保存程度					损毁原因		位置 与相邻遗存（千米）	备注
							底宽	顶宽	高/深	夯层	较好	一般	较差	差	消失	人为因素	自然因素		
30	GXXG001—GXXG010	拜寺口沟—大十字沟山险长城	G0202—0224	39990.92	山险	东北—西南	—	—	—	—		39990.92					√	沿线修筑有黄旗沟、青羊沟、甘沟、山嘴沟等烽火台	
31	08YHG001—08YHG002	大十字沟—三关口山险长城	G0224—0226	14432.37	山险	东北—西南	—	—	—	—		14432.37					√	沿线修筑有榆树烽火台	
32	08YHG003	头道关1段土长城	G0226—0233	389.2	土墙	西北—东南	3	1.8	2.6	—	122.5			200	66.7		√		
33	08YHG004	头道关石长城	G0233—0235	70	石墙	西北—东南	11	3	10.7	—	31	30			9		√		
34	08YHG005—08YHG006	头道关2段土长城	G0235—0269	1537.5	土墙	西北—东南	4.2	1.5	6.5	0.15—0.2	556.3	389.8	213	119	259.4	√	√	沿线修筑有头道关1—3号敌台	
35		二道关1段石墙	G0270—0275	354	石墙	东北—西南	2.5	0.6	1.5	—	110	244					√		
36		二道关1段山险	G0275—0276	163	山险	东北—西南	—	—	—	—		163					√		
37		二道关2段石墙	G0276—0280	308.5	石墙	东北—西南	2.5	1	0.5	—		152	61	44.5	51	√	√		
38		二道关2段山险	G0280—0281	216	山险	西北—东南	—	—	—	—		216					√		
39		二道关3段石墙	G0281—0283	214	石墙	东北—西南	1.9	0.6	0.8	—		37			177	√	√		
40		三道关1段山险	G0284—0291	1052.5	山险	东—西	—	—	—	—		1052.5					√	沿线修筑有三道关1—2号敌台	
41		三道关土墙	G0291—0297	817	土墙	西北—东南	5	0.4	1.8	0.2		243	549		25		√		

续表

序号	编号	名称	起止点	长度（米）	类别	走向	断面测量（米）				保存程度					损毁原因		与相邻遗存位置（千米）	备注
							底宽	顶宽	高/深	夯层	较好	一般	较差	差	消失	人为因素	自然因素		
42		三道关2段山险	G0297—0301	471	山险	东—西	—	—	—	—		471					√	沿线修筑有三道关3号敌台	
43		三道关消失长城	G0301—0302	70	消失	东—西	—	—	—	—					70	√	√		
44		黄羊滩Ⅰ段土墙	G0269—0388	6382.5	土墙	西北—东南	7	1.5	5.8	0.15—0.2	2064.5	2078	925	641	674	√	√	沿线修筑有红井沟、白水泉沟敌台及黄羊滩1—5号烽火台	
45		黄羊滩山险	G0388—0389	95	山险	西北—东南	—	—	—	—		95					√		
46		黄羊滩Ⅱ段土墙	G0389—0402	1607	土墙	西北—东南	7	3.5	6	0.15—0.2	565	601			441		√		
47		黄羊滩石墙	G0402—0403	75	石墙	东—西	2.5	1.5	5.5	—	75						√		
48		黄羊滩Ⅲ段土墙	G0403—0425	2639	土墙	西北—东南	4.5	1	5	0.15—0.2	287	776	1084	97	395	√	√		
49		玉西村段长城	G0437—0467	9653	土墙	东北—西南	7	3.2	6.5	0.15—0.2	6973	630	568		1482	√	√	沿线修筑有大汝龙沟、小沟、磨石沟、玉西村1—5号敌台	
50		北岔口段长城	G0467—0497	9846.3	土墙	北—南	3	1.5	4.5		1462	1951	4881	133	1419.3	√	√	沿线修筑有上海嘎查、木井子嘎查1—3号烽火台及甘城子村1—6号敌台	
51		大沟村段长城	G0497—0518	5104	土墙	北—南	3.6	2	3	0.15—0.2	1498	1340	1945		321	√	√	沿线修筑有木井子嘎查、大沟村1—2号敌台	

续表

序号	编号	名称	起止点	长度（米）	类别	走向	底宽	顶宽	高/深	夯层	较好	一般	较差	差	消失	人为因素	自然因素	与相邻遗存位置（千米）	备注
52	08QGG002—08QGG003	甘泉村段长城	G0519—0547	1976.7	土墙	北—南	4.5	2.6	4.5	—	787.5	439.6	266.7	257.9	225		√		
53	08QGG003—08QGG011	蒋西村段长城	G0547—0616	7910.6	土墙	北—南	4.5	1.2	3.5	—	658.7	2695.4	1174.7	2705.2	676.6	√	√	沿线修筑有蒋西村1—2号敌台	
54	08QGG012—08QGG014	滑石沟村段长城	G0616—0630	4651	土墙	北—南	4.9	2.3	5.5	—	72.4	64	164.7	4166.7	183.2	√	√	沿线修筑有滑石沟村1—3号敌台	
55	08QGG015—08QGG016	高桥村段长城	G0630—0644	2369.6	土墙	东北—西南	3.3	0.5	3.3	—	200.6		282.8	1466.6	419.6		√		
56	08QGG017—08QGG020	青铜峡镇段长城	G0644—0671	6420.8	土墙	北—南	4.5	1.2	4	—	429.8	2011.6	1486	1686.4	807		√	沿线修筑有青铜峡镇1—3号、旋风槽1号烽火台	
57	08QGG021—08QGG025	旋风槽村段长城	G0671—0708	8058.1	土墙	北—南	4.5	1.4	5.5	—		5285.6		1610.7	1161.8		√	沿线修筑有旋风槽4号烽火台	
58	08QGG021—08QGG032	三嘴墩村段长城	G0708—0763	12333.8	土墙	北—南	4.8	1	4.2	—	739.8	6180.6		3504.4	1879	√	√	沿线修筑有三嘴墩1—3号敌台及三嘴墩1—6号烽火台	
59	08ZGC001—08ZGC002	渠口农场段长城	G0763—0781	1909.9	土墙	北—南	5.4	1.1	3.2	—	460.2	1293.8			155.9		√	沿线修筑有渠口农场1—2号烽火台	
60	07ZQ003	渠口农场1段石墙	G0781—0783	111	石墙	东北—西南	2.4	0.8	1.5	—		111					√		
61	07ZQ004	渠口农场1段山险	G0783—0784	827	山险	东北—西南	—	—	—	—		827					√		
62	07ZQ005	渠口农场2段石墙	G0784—0787	89.4	石墙	西北—东南	2.4	0.8	1.5	—		79.8			9.6		√		
63	07ZQ006	渠口农场2段山险	G0787—0788	68	山险	东北—西南	—	—	—	—		68					√		

续表

序号	编号	名称	起止点	长度（米）	类别	走向	断面测量（米）				保存程度					损毁原因		与相邻遗存位置（千米）	备注
							底宽	顶宽	高/深	夯层	较好	一般	较差	差	消失	人为因素	自然因素		
64	07ZQ007	渠口农场3段石墙、山险	G0788—0794	331	石墙、山险	东北—西南	1.8	1	1.2	—		203	51	77			√	沿线修筑有渠口农场3号烽火台	石墙155、山险176
65	07ZQ008	渠口农场4段石墙	G0794—0799	426.7	石墙	东北—西南	1.9	1	1.6	—	65		274.2	42	45.5		√		
66	07ZQ009	渠口农场3段山险	G0799—0800	68	山险	东北—西南	—	—	—	—		68				√	√		
67	07ZQ010	渠口农场5段石墙	G0800—0801	42	石墙	东北—西南	4.3	1.9	0.9	—				42			√		
68	07ZQ011	渠口农场4段山险	G0801—0802	55	山险	东北—西南	—	—	—	—		55					√		
69	07ZQ012	渠口农场6段石墙	G0802—0803	39	石墙	东北—西南	1.2	—	0.5	—				39			√		
70	07ZQ013	渠口农场5段山险	G0803—0804	115	山险	东北—西南	—	—	—	—		115					√		
71	07ZQ014	渠口农场7段石墙	G0804—0805	26	石墙	东北—西南	2.3	1.3	0.5	—			26				√		
72	07ZQ015	渠口农场6段山险、石墙	G0806—0812	641.1	山险、石墙	东北—西南	—	2.2	3.6	—	34.1	607					√		石墙34.1、山险607
73	07ZQ016—07ZQ017	渠口农场8段石墙	G0812—0821	690.4	石墙	东北—西南	2.8	1	4.1	—	120.7		32.5	528.8	8.4		√		
74	07ZQ018	渠口农场7段山险	G0821—0822	110.5	山险	东北—西南	—	—	—	—		110.5					√		
75	07ZQ019	渠口农场9段石墙	G0822—0827	290.3	石墙	东北—西南	3.5	1.9	3.1	—	45.6	73.1	160		11.6		√		

续表

序号	编号	名称	起止点	长度（米）	类别	走向	断面测量（米）				保存程度						损毁原因		与相邻遗存位置（千米）	备注
							底宽	顶宽	高/深	夯层	较好	一般	较差	差	消失	人为因素	自然因素		
76	07ZQQ020	渠口农场 8 段山险	G0827—0828	65.6	山险	东—西	—	—	—	—		65.6					√		
77	07ZQQ021	渠口农场 10 段石墙	G0828—0835	567.4	石墙	东北—西南	3.1	1.3	4.2	—	224.2	268.9	61.8		12.5		√		
78	07ZQQ022—07ZQQ024	高山寺村 1 段石墙、山险	G0835—0859	1315.5	石墙、山险	东北—西南	3.3	1.2	3.9	—	408.2	625.2	75	190.3	16.8		√		石墙 1254.9、山险 60.6
79	07ZQQ025	高山寺村 1 段山险	G0859—0860	31.3	山险	东—西	—	—	—	—		31.3					√		
80	07ZQQ026—07ZQQ027	高山寺村段土墙	G0860—0869	1121.8	土墙	西北—东南	3.5	1.2	1	—	67	235.4		319	500.4		√	沿线修筑有高山寺 3 号烽火台	
81	07ZQQ028	高山寺村 2 段山险	G0869—0870	324	山险	东北—西南	—	—	—	—		324					√		
82	07ZQQ029—07ZQQ030	高山寺村 2 段石墙	G0870—0876	758.4	石墙	东北—西南	1.5	1	0.8	—	42	167.9		434.5	114		√		
83	07ZQQ031	高山寺村 3 段山险	G0876—0877	760	山险	东北—西南	—	—	—	—		760					√		
84	07ZQQ032—07ZQQ033	高山寺村 3 段石墙、山险	G0877—0888	526.4	石墙、山险	西北—东南	4	1.8	6.1	—	20.3	270.5		192.9	42.7		√		石墙 389.4、山险 137
85	07ZQQ034	高山寺村 4 段山险	G0888—0889	54	山险	东北—西南	—	—	—	—		54					√		
86	07ZQQ035	高山寺村 4 段石墙	G0888—0893	77.5	石墙	西北—东南	3.5	1.5	3.9	—	8.4	16.5	43		9.6		√		
87	07ZQQ036	高山寺村 5 段山险	G0893—0894	61	山险	东北—西南	—	—	—	—		61					√		

续表

序号	编号	名称	起止点	长度（米）	类别	走向	断面测量（米）				保存程度					损毁原因		与相邻遗存位置（千米）	备注
							底宽	顶宽	高/深	夯层	较好	一般	较差	差	消失	人为因素	自然因素		
88	07ZQ037—07ZQ039	高山寺村5段石墙	G0894—0905	1012.8	石墙	东北—西南	1.5	0.6	1	—	339.9	294.3		378.6			√	沿线修筑有高山寺村5号烽火台	
89	07ZQ040	高山寺村6段山险	G0905—0906	26	山险	东北—西南	—	—	—	—		26					√		
90	07ZQ041—07ZQ043	高山寺村6段石墙、山险墙	G0906—0917	754.3	石墙、山险墙	东北—西南	6	2.7	2.6	—	214.4	115	174.4	250.5			√		石墙706.3、山险墙48
91	07ZQ044	高山寺村7段山险	G0917—0918	147	山险	东北—西南	—	—	—	—		147					√		
92	07ZQ045	高山寺村7段石墙	G0919—0924	219.5	石墙	南—北	7	3.4	3.6	—	41.8	14.8	143.8		19.1		√	沿线修筑有高山寺村6号烽火台	
93	07ZQ046	高山寺村8段石墙	G0918—0929	487.7	石墙	北—南	2.9	1.4	1.4	—	31.3	29.8	54	260.6	112		√		
94	07ZQ047	高山寺村8段山险	G0929—0930	109	山险	东北—西南	—	—	—	—		109					√		
95	07ZQ048	高山寺村9段石墙	G0930—0932	111	石墙	东北—西南	—	0.8	2.0	—	43			68			√		
96	07ZQ049	枣园1段山险	G0932—0933	981	山险	西北—东南	—	—	—	—		981					√		
97	07ZQ050—07ZQ053	枣园村1段石墙	G0933—0952	1280.3	石墙	东北—西南	—	1	2.5	—	191.7	298.2	331.9	437.3	21.2		√	沿线修筑有高山寺村8号烽火台	
98	07ZQ054	枣园村2段山险	G0952—0953	107	山险	西—东	—	—	—	—		107					√		
99	07ZQ055	枣园村2段石墙	G0953—0958	122.4	石墙	东—西	—	1.7	4.8	—		58.6		54.8	9		√		

续表

序号	编号	名称	起止点	长度（米）	类别	走向	断面测量（米）				保存程度					损毁原因		与相邻遗存位置（千米）	备注
							底宽	顶宽	高/深	夯层	较好	一般	较差	差	消失	人为因素	自然因素		
100	07ZQQ056	枣园村3段山险	G0958—0959	140	山险	东—西	—	—	—	—		140					✓		
101	07ZQQ057	枣园村3段石墙	G0959—0964	431.7	石墙	东北—西南	3.8	1.8	3.3	—	181.2	89	110.8	50.7			✓		
102	07ZQQ058	枣园村4段山险	G0964—0965	69.5	山险	东—西	—	—	—	—		69.5					✓		
103	07ZQQ059—07ZQQ060	枣园村4段石墙、山险	G0965—0977	960.1	石墙、山险	东北—西南	3.8	2.1	4.2	—	51.3	635.1	238.7		35		✓	沿线修筑有王营村1号烽火台	石墙817.6、山险142.5
104	07ZQQ061—07ZQQ062	王营村1段石墙、山险	G0977—0991	1002.2	石墙	东—西	4	1.8	3	—	614.3	248	82.5		57.4		✓		石墙903.9、山险98.3
105	07ZQQ063	王营村1段山险	G0991—0992	63.4	山险	东南—西北	—	—	—	—		63.4					✓		
106	07ZQQ064—07ZQQ067	王营村2段石墙、山险	G0992—1017	1627.6	石墙、山险	东北—西南	2.8	2.2	4.3	—	632.6	159.7	208.8	550.5	76		✓	沿线修筑有王营村敌台	石墙1607.7、山险22.9
107	07ZQQ068	王营村1段山险墙	G1017—1018	43	山险墙	东—西	—	—	—	—		43					✓		
108	07ZQQ069—07ZQQ070	王营村3段石墙	G1018—1027	477.1	石墙	东北—西南	3	1.4	4.3	—	243.9	125.1	49	25.5	33.6		✓		
109	07ZQQ071	王营村2段山险	G1027—1028	29.3	山险	东—西	—	—	—	—		29.3					✓		
110	07ZQQ072	王营村4段石墙	G1028—1032	347.3	石墙	北—南	3.8	1	4.3	—		79.9	267.4				✓		
111	07ZQQ073	王营村2段山险墙	G1032—1033	30	山险墙	北—南	—	—	—	—		30					✓		

续表

序号	编号	名称	起止点	长度（米）	类别	走向	断面测量（米）				保存程度					损毁原因		与相邻遗存位置（千米）	备注
							底宽	顶宽	高/深	夯层	较好	一般	较差	差	消失	人为因素	自然因素		
112	07ZQ074	王营村5段石墙	G1033—1039	193.6	石墙	北—南	4	0.9	3.5	—	11.3	23.5	50.7	98.8	9.3				
113	07ZQ075	王营村3段山险	G1039—1040	67	山险	西—东	—	—	—	—		67					√		
114	07ZQ076	王营村6段石墙	G1040—1043	229.6	石墙	北—南	2	0.8	3.3	—	59	125.7	44.9				√		
115	07ZQ077	王营村4段山险	G1043—1045	172.6	山险	东北—西南	—	—	—	—		172.6					√		
116	07ZQ078	王营村7段石墙	G1045—1047	55.5	石墙	东南—西北	2.6	1.5	1.6	—	55.5						√		
117	07ZQ079	王营村1段山险	G1047—1048	166.9	山险	东北—西南	—	—	—	—		166.9					√		
118	07ZQ080	太平村1段石墙	G1048—1050	145	石墙	东北—西南	1.7	0.9	2.1	—		70.8	74.2				√		
119	07ZQ081	太平村2段山险	G1050—1051	213.4	山险	西南—东北	—	—	—	—		213.4					√		
120	07ZQ084	太平村2段石墙	G1051—1055	542.9	石墙	东北—西南	3.5	0.9	3.5	—	471.9		71				√	沿线修筑有太平村1号烽火台	
121	07ZQ085	太平村3段山险	G1055—1056	75	山险	东—西	—	—	—	—		75					√		
122	07ZQ086	太平村3段石墙	G1056—1060	351.6	石墙	东—西	2.3	1.2	1.7	—	252	37.1		62.5			√		
123	07ZQ087	太平村1段山险墙	G1060—1061	87.3	山险墙	东北—西南	—	—	—	—		87.3					√		

续表

序号	编号	名称	起止点	长度（米）	类别	走向	断面测量（米）				保存程度					损毁原因		与相邻遗存位置（千米）	备注
							底宽	顶宽	高/深	夯层	较好	一般	较差	差	消失	人为因素	自然因素		
124	07ZQ088	太平村4段石墙	G1061—1065	350.9	石墙	东北—西南	2.1	0.8	2.2	—	89	128.8	133.1				√		沿线修筑有太平村2号烽火台
125	07ZQ089	太平村4段山险	G1065—1066	46	山险	北—南	—	—	—	—		46					√		
126	07ZQ090	太平村5段石墙	G1066—1069	111.6	石墙	北—南	—	1	3.7	—		12.8	42	56.8			√		
127	07ZQ091	太平村5段山险	G1069—1070	56	山险	西北—东南	—	—	—	—		56					√		
128	07ZQ092	太平村6段石墙	G1070—1071	41.5	石墙	西北—东南	—	1	4.1	—	41.5						√		
129	07ZQ093	太平村6段山险	G1071—1072	73	山险	西北—东南	—	—	—	—		73					√		
130	07ZQ094	太平村7段石墙	G1072—1074	111.8	石墙	西北—东南	—	1.1	2.8	—		66	45.8				√		
131	07ZQ095	太平村2段山险墙	G1074—1075	86.7	山险墙	西北—东南	—	—	—	—		86.7					√		
132	07ZQ096	太平村8段石墙	G1075—1078	743	石墙	北—南	3.7	1.5	3.1	—	258.1	484.9					√		
133	07ZQ097	太平村7段山险	G1078—1079	33.4	山险	西—东	—	—	—	—		33.4					√		
134	07ZQ098	太平村9段石墙	G1079—1083	166.2	石墙	北—南	2.5	1.2	1.3	—	27.5	99.3			39.4	√	√		
135	07ZQ099	太平村8段山险	G1083—1084	138	山险	北—南	—	—	—	—		138					√		

续表

序号	编号	名称	起止点	长度（米）	类别	走向	断面测量（米）				保存程度					损毁原因		与相邻遗存位置（千米）	备注
							底宽	顶宽	高/深	夯层	较好	一般	较差	差	消失	人为因素	自然因素		
136	07ZQ100	太平村10段石墙	G1084—1090	422.6	石墙	东北—西南	3.4	1.2	2	—		158.7	55.9	137.8	70.2		√	沿线修筑有太平村4号烽火台	
137	07ZQ101	张台村1段石墙	G1090—1094	318.8	石墙	东北—西南	—	0.6	3.1	—			191	127.8			√		
138	07ZQ102	张台村1段山险	G1094—1095	302	山险	东—西	—	—	—	—		302					√		
139	07ZQ103	张台村2段石墙	G1095—1097	235.7	石墙	东北—西南	—	1.2	1.8	—			235.7				√		
140	07ZQ104	张台村2段山险	G1097—1098	55.1	山险	西北—东南	—	—	—	—		55.1					√		
141	07ZQ105	张台村3段石墙	G1098—1100	110.5	石墙	东北—西南	—	0.6	2.7	—		63.5		47			√		
142	07ZQ106	张台村3段山险	G1100—1101	1060	山险	东—西	—	—	—	—		1060					√		
143	07ZQ107	张台村4段石墙	G1101—1105	89.3	石墙	东—西	2.9	1	2.9	—		34.5	26.1	21.7	7		√		
144	07ZQ108	张台村4段山险	G1105—1106	99	山险	东—西	—	—	—	—		99					√		
145	07ZQ109	张台村5段石墙	G1106—1109	217	石墙	东南—西北	—	1.1	1.7	—			121.6	95.4			√		
146	07ZQ110	张台村5段山险	G1109—1110	241	山险	东—西	—	—	—	—		241					√		
147	07ZQ111—07ZQ112	张台村6段石墙	G1110—1120	959.4	石墙	东南—西北	—	1.7	2.8	—	131	434.3	39.1	331.2	23.8	√	√	沿线修筑有张台村敌台	
148	07ZQ113	张台村6段山险	G1120—1121	230	山险	东—西	—	—	—	—		230					√		

续表

序号	编号	名称	起止点	长度（米）	类别	走向	断面测量（米）				保存程度					损毁原因		与相邻遗存位置（千米）	备注
							底宽	顶宽	高/深	夯层	较好	一般	较差	差	消失	人为因素	自然因素		
149	07ZQ114	张台村7段石墙	G1121—1122	81.8	消失石墙	东—西	—	—	—	—					81.8		√	沿线修筑有张台村2号烽火台	
150	07ZQ115	时庄村1段山险	G1122—1124	939	山险	东—西	—	—	—	—		939					√		
151	07ZQ116	时庄村1段石墙	G1124—1127	134.5	石墙	东南—西北	—	1.2	1.6	—		77.1	57.4				√		
152	07ZQ117	时庄村2段山险	G1127—1128	43	山险	东—西	—	—	—	—		43					√		
153	07ZQ118	时庄村2段石墙	G1128—1130	70.1	石墙	东—西	4.9	2.8	4	—	24.6	45.5					√		
154	07ZQ119	时庄村3段山险	G1130—1131	338	山险	东—西	—	—	—	—		338					√		
155	07ZQ120	时庄村3段石墙	G1131—1132	31.5	石墙	北—南	3.7	2.4	4.1	—	31.5						√		
156	07ZQ121	时庄村4段山险	G1132—1133	101	山险	东北—西南	—	—	—	—		101					√		
157	07ZQ122	时庄村4段石墙	G1133—1134	29.2	石墙	东北—西南	—	1.1	2.8	—	29.2						√		
158	07ZQ123	时庄村5段山险	G1134—1135	81	山险	东北—西南	—	—	—	—		81					√		
159	07ZQ124	时庄村5段石墙	G1135—1137	69.6	石墙	东北—西南	6.5	2.2	3.6	—	52.5			17.1			√		
160	07ZQ125	时庄村6段山险	G1137—1138	447.8	山险	东北—西南	—	—	—	—		447.8					√		
161	07ZQ126	时庄村6段石墙	G1138—1139	94.5	石墙	北—南	—	1.5	2.3	—			94.5				√		

续表

序号	编号	名称	起止点	长度（米）	类别	走向	断面测量（米）				保存程度					损毁原因		与相邻遗存位置（千米）	备注
							底宽	顶宽	高/深	夯层	较好	一般	较差	差	消失	人为因素	自然因素		
162	07ZQ127	时庄村1段山险墙	G1139—1140	300	山险墙	东北—西南	—	—	—	—		300					√		
163	07ZQ128	时庄村7段石墙	G1140—1141	50	石墙	东北—西南	—	1.2	2.5	—	50						√		
164	07ZQ129	时庄村2段山险墙	G1141—1142	54.8	山险墙	东北—西南	—	—	—	—		54.8					√		
165	07ZQ130	时庄村1段土墙	G1142—1144	96.8	土墙	东北—西南	6.6	1	2.1	—	57.4				39.4		√		
166	07ZQ131	时庄村3段山险墙	G1144—1145	270.5	山险墙	北—南	—	—	—	—		270.5					√		
167	07ZQ132	时庄村8段石墙	G1145—1146	47.8	石墙	北—南	4.2	1.6	4.7	—	47.8						√	沿线修筑有时庄村2号烽火台	
168	07ZQ133	时庄村7段山险、石墙	G1146—1154	1635.7	山险、石墙	东北—西南	—	—	—	—	17.4	1600.1	10	8.2			√		石墙75.2，山险1560.5
169	07ZQ134	时庄村9段石墙	G1155—1157	211.2	石墙	北—南	—	1.3	3.5	—	23.5		187.7				√		
170	07ZQ135	时庄村2段土墙	G1157—1158	189.1	土墙	北—南	1.8	0.8	2.6	—		189.1					√		
171	07ZQ136	时庄村10段石墙	G1158—1161	145.1	石墙	北—南	2	1.1	2.8	—	47.1		72.2		25.8		√	沿线修筑有时庄村3号烽火台	
172	07ZQ137	时庄村3段土墙	G1161—1162	78.3	土墙	东—西	3.4	0.5	2.3	—		78.3					√		
173	07ZQ138	时庄村8段山险	G1162—1163	479.4	山险	东—西	—	—	—	—		479.4					√	沿线修筑有时庄村4号烽火台	
174	07ZQ139	时庄村4段土墙	G1163—1165	167.2	土墙	东北—西南	—	1.2	3.8	—		145.4		21.8			√		

续表

序号	编号	名称	起止点	长度（米）	类别	走向	断面测量（米）				保存程度					损毁原因		与相邻遗存位置（千米）	备注
							底宽	顶宽	高/深	夯层	较好	一般	较差	差	消失	人为因素	自然因素		
175	07ZQ140	时庄村9段 山险	G1165—1166	41.2	山险	西北—东南	—	—	—	—		41.2					√		
176	07ZQ141	时庄村11段 石墙	G1161—1168	114.2	石墙	东北—西南	—	1	4	—	94.2			20			√		
177	07ZQ142	时庄村10段 山险	G1168—1169	406.1	山险	东—西	—	—	—	—		406.1					√		
178	07ZQ143	时庄村12段 石墙	G1169—1166	156.5	石墙	东—西	—	1	1.5	—			94.2	62.3			√		
179	07ZQ144—07ZQ145	金沙村1段 石墙、山险	G1166—1188	1250.8	石墙	东北—西南	3.2	0.6	3.8	—	165.1	523	394.4	151.2	17.1	√	√		石墙1219.5、山险31.3
180	07ZQ146	金沙村1段 土墙	G1182—1183	83.5	土墙	北—南	—	1	2.3	—	51			32.5			√		
181	07ZQ147	金沙村2段 石墙	G1188—1192	199.9	石墙	北—南	—	1.3	2.1	—		58.3	66.5	75.1			√	沿线修筑有时庄村5号烽火台	
182	07ZQ148	金沙村1段 山险墙、石墙	G1188—1196	349.6	山险墙 石墙	北—南	—	1.1	1.2	—		337.6	9	3			√		石墙12、山险墙337.6
183	07ZQ149	金沙村1段 山险	G1192—1197	31	山险	西北—东南	—	—	—	—		31					√		
184	07ZQ150	金沙村3段 石墙	G1197—1198	65.7	石墙	西北—东南	—	0.9	2.7	—	39.7		26				√		
185	07ZQ151	金沙村2段 山险	G1198—1199	287.7	山险	北—南	—	—	—	—		287.7					√		
186	07ZQ152	金沙村4段 石墙	G1199—1208	649.2	石墙	西北—东南	4.3	2	4.1	—	280.7	349.6	10.8		8.1		√		

序号	编号	名称	起止点	长度（米）	类别	走向	断面测量（米）				保存程度					损毁原因		与相邻遗存位置（千米）	备注
							底宽	顶宽	高/深	夯层	较好	一般	较差	差	消失	人为因素	自然因素		
187	07ZQI153	金沙村5段石墙	G1196—1201	371.5	石墙	西北—东南	—	0.8	1.6	—		90.6		280.9			√		
188	07ZQI154	金沙村2段土墙	G1208—1211	116	土墙	北—南	4.2	0.5	3.5	—		116					√		
189	07ZQI155	金沙村6段石墙	G1211—1212	56	石墙	北—南	—	0.9	3.3	—		56					√		
190	07ZQI156	金沙村3段土墙	G1212—1213	231.5	土墙	北—南	5	0.5	3.8	—		231.5					√		
191	07ZQI157	金沙村2段山险墙	G1213—1215	82.1	山险墙	西北—东南	—	0.3	1.4	—		82.1					√		
192	07ZQI158	金沙村7段石墙	G1215—1218	358.7	石墙	西北—东南	2.9	1.3	0.8	—	200.5	80	78.2				√		
193	07ZQI159	金沙村3段山险	G1193—1219	649.4	山险	东—西	—	—	—	—		649.4					√		
194	07ZQI160	金沙村8段石墙	G1219—1226	389.2	石墙	东南—西北	3.6	0.8	1.6	—	46.6	15.1	208.7	60.1	58.7		√		
195	07ZQI161—07ZQI166	金沙村4段土墙	G1218—1256	5689.1	土墙	东北—西南	5	1	6	—	4476.6	243.2	198		771.3	√	√	沿线修筑有金沙村致台及金沙村2、3、4号烽火台	
196	07ZQI167	金沙村4段山险	G1256—1257	430.2	山险	东北—西南	—	—	—	—		430.2					√	沿线修筑有金沙村5号烽火台	
197	07ZQI168—07ZQI170	余丁村段长城	G1257—1270	2155	土墙	西北—东南	4.3	1.3	5.5	—	1580.1	268.8	171		135.1	√	√	沿线修筑有余丁村、刘庄村烽火台	
198	07ZQI171	永兴村1段山险	G1270—1271	3120	山险	东—西	—	—	—	—		3120					√		

续表

序号	编号	名称	起止点	长度（米）	类别	走向	断面测量（米）				保存程度					损毁原因		与相邻遗存位置（千米）	备注
							底宽	顶宽	高/深	夯层	较好	一般	较差	差	消失	人为因素	自然因素		
199	07ZQ172	永兴村1段—石墙、山险	G1271—1275	172.1	石墙	西北—东南	—	0.8	1.1	—		132.1			40		√		石墙124.5、山险47.6
200	07ZQ173	永兴村2段—山险	G1275—1276	3230	山险	东北—西南	—	—	—	—		3230					√	沿线修筑有永兴村4—5号烽火台	
201	07ZQ174	永兴村1段—土墙	G1276—1279	170.4	土墙	东北—西南	3.5	1.2	1.8	—			22.4	85.2	62.8		√		
202	07ZQ175	永兴村3段—山险	G1279—1280	1800	山险	东南—西北	—	—	—	—		1800					√		
203	07ZQ176	永兴村2段—土墙	G1280—1281	25.1	土墙	东—西	7.5	0.6	3.6	—		25.1					√	沿线修筑有永兴村7号烽火台	
204	07ZQ177	永兴村4段—山险	G1281—1282	1680	山险	东—西	—	—	—	—		1680					√		
205		北盆口南—大口子山险	H058—G1283	2635.76	山险	北—南	—	—	—	—		2635.76					√		
206		大口子土墙	G1283—1287	316	土墙	北—南	6	1.4	5.5	0.15—0.2		43	60	40	173	√	√	沿线修筑有木井子嘎查4号烽火台	
207		大口子南—大柳木垒山险	G1287—1288	1749.14	山险	西北—东南	—	—	—	—		1749.14				√	√	沿线修筑有木井子嘎查5号烽火台	
208	07BMG001	大柳木垒—双河子沟山险	G1288—1289	2490	山险	北—南	—	—	—	—		2490				√	√	沿线修筑有土井子嘎查1号烽火台	
209	07BMG002	双河子沟—沙沟山险	G1289—1290	7667	山险	西北—东南	—	—	—	—		7667					√		
210		黄羊滩壕堑		15837	壕堑	西北—东南	5	1.2	3	—	818	9865	1765	1264	2125	√	√		

续表

序号	编号	名称	起止点	长度（米）	类别	走向	断面测量（米）				保存程度					损毁原因		与相邻遗存位置（千米）	备注
							底宽	顶宽	高/深	夯层	较好	一般	较差	差	消失	人为因素	自然因素		
211		北岔口北段石墙		245	石墙	北—南	3	0.5	1.5	—			130	115		√	√		
212		北岔口壕堑		9229	壕堑	北—南	10	2	4	—	279	3423	3422		2105	√	√		
213		北岔口南段石墙		521	石墙	北—南	1.8	0.8	1.7	—	128	132	261			√	√		沿线修筑有木井子嘎石墙271、挡马墙150、山险墙100查敌台
214	ZHWQ001	胜金1段石墙	G001—003	1406	石墙	东—西	0.9—1.5	0.7—1.2	0.5—0.85	—			393		1013	√	√	东邻胜金1号烽火台	
215	ZHWQ002	胜金2段土墙	G003—008	2573.4	土墙	东—西	4—10.8	0.65—1.2	0.4—3.8	0.08—0.22	830.8	152.5	1475.6		114.5	√	√	北邻胜金3号烽火台	
216	ZHWQ003	凯歌土墙	G008—012	2225.7	土墙	东—西	4—8.7	1.1—1.5	0.4—2.5	0.08—0.2	162	455.6	86.5		1544.6	√	√	西距凯歌敌台1750米	
217	ZHWQ004	九塘土墙	G012—014	5672.6	土墙	东南—西北	7.7	2.6	1.4—3.1	0.15—0.2		638.7			5033.9	√	√		
218	ZHWQ005	李园土墙	G014—017	2202.8	土墙	东南—西北	8.7—9.5	1.3—2.3	1.2—3.3	0.08—0.2	1359.3	609.9	233.6			√	√	西靠李园敌台南邻李园烽火台	
219	ZHWQ006	金沙土墙	G017—021	3644.9	土墙	东南—西北	5—7.8	2.1—3.5	1.4—2.5	0.12—0.2	3011.5				633.4	√	√	西靠金沙1、2号敌台北邻金沙烽火台	
220	ZHWQ007	郭滩土墙	G021—027	2510.4	土墙	东—西	5—8.4	1.5—4.7	2—4.8	0.15—0.25	1153.5	622.2	357.3	377		√	√	止点南侧为郭滩烽火台	
221	ZHWQ008	新星土墙	G027—032	3137.8	土墙	东—西	4.8—8.7	1.5—5.5	2—4.8	0.12—0.2	290.8		721.7	717.2	1408.1	√	√	北靠新星敌台止点北缘为新星烽火台	
222	ZHWQ009	黑山土墙	G032—034	1691.3	土墙	东—西	7.2	4	1.3	0.15—0.2				754.1	937.2	√	√		
223	ZHWQ010	柔兴土墙	G034—038	3392.6	土墙	东—西	4—7.6	1.1—4	0.5—2	0.15—0.2		973.3	1064.5	639.8	705	√	√	起点西侧为柔兴敌台	

序号	编号	名称	起止点	长度（米）	类别	走向	断面测量（米）				保存程度					损毁原因		与相邻遗存位置（千米）	备注
							底宽	顶宽	高/深	夯层	较好	一般	较差	差	消失	人为因素	自然因素		
224	ZHWQ011	红武土墙	G038—042	3573.5	土墙	东—西	6.7—7.5	1.6—3.2	3.3—5.4	0.17—0.3	1836.2	1737.3					√	起点西侧依次为红武1号、2号敌台	
225	ZHWQ012	姚滩土墙	G042—049	4688.9	土墙	东北—西南	4.7	1.2—2.3	2.4—4.5	0.12—0.2	504.4	370.6	592.5		3221.4	√	√	向西穿越姚滩1号、2号敌台和1号、2号关堡	
226	ZHWQ013	夹道1段土墙	G049—054	3182.9	土墙	北—南	4.2—12	2.3—5.2	1.9—6.3	0.12—0.3			1356.8	547.1	1279	√	√	起点东侧依次为夹道烽火台和敌台	
227	ZHWQ014	夹道2段土墙	G054—061	3991.5	土墙	东北—西南	4.5—11	2—5.2	1.9—6.5	0.2—0.3	264.5	698	327.7		2701.3	√	√	向西南穿越夹道关堡	
228	ZHWQ015	黑林土墙	G061—063	6944.5	土墙	东北—西南	2.1	1.3	0.9				8		6936.5	√		起点向西南延伸遗存有黑林烽火台	
229	ZHWQ016	下河沿1段土墙	G064—070	1655.9	土墙	东北—西南	5.4—8.5	2.2—3.8	2.2—8.2	0.1—0.25	604.7	686.6		85.7	278.9	√	√		
230	ZHWQ017	下河沿2段土墙	G070—077	1296.5	土墙	东北—西南	4.7—10	1.4—3.5	1.4—8	0.11—0.3	451.3	330.1	434.5		80.6	√	√	起点—下河沿敌台950米	
231	ZHWQ018	上河沿1段山险墙	G077—078	651.4	山险墙	东—西			3.8—7			651.4					√		
232	ZHWQ019	上河沿2段土墙	G078—079	62.2	土墙	东—西	6.2	3	4.2—5.8	0.25		62.2					√		
233	ZHWQ020	上河沿3段山险墙	G079—080	367.4	山险墙	东北—西南			4—7			367.4					√		
234	ZHWQ021	上河沿4段土墙	G080—081	86.4	土墙	东北—西南	7.5—10	2.8	4.2	0.12—0.18			86.4				√		
235	ZHWQ022	上河沿5段山险墙	G081—088	1123.8	山险墙	东—西			2—8.4			1051.7					√	起点—西南760米处为上河沿敌台	
236	ZHWQ023	大湾—烟洞沟1段土墙	G088—089	88.4	土墙	东北—西南	6.7	2.1	6	0.25			88.4			√			

续表

序号	编号	名称	起止点	长度（米）	类别	走向	断面测量（米）				保存程度				损毁原因		与相邻遗存位置（千米）	备注
							底宽	顶宽	高/深	夯层	较好	一般	较差	消失	人为因素	自然因素		
237	ZHWQ024	大湾—烟洞沟2段2段险墙	G089—090	55.8	山险墙	东北—西南			4			55.8				√		
238	ZHWQ025	大湾—烟洞沟3段土墙	G090—091	118	土墙	东北—西南	7.8	1.8	4.6	0.18		118				√		
239	ZHWQ026	大湾—烟洞沟4段山险墙	G091—094	502.9	山险墙	东北—西南			1.5—8.5			503.3				√		
240	ZHWQ027	大湾—烟洞沟5段土墙	G094—097	883.7	土墙	东北—西南	8—8.8	2.2—3.1	4—11.5	0.1—0.2		374.2	341.1		√	√		
241	ZHWQ028	大湾—烟洞沟6段山险墙	G097—098	268	山险墙	东北—西南			3.5—5.6			268				√		
242	ZHWQ029	小湾—冰沟1段土墙	G098—099	324.7	土墙	东—西	8.2	1.3—4.2	4.7	0.12—0.15			327.4		√	√		
243	ZHWQ030	小湾—冰沟2段山险墙	G099—103	1932.8	山险墙	东北—西南			2—8			972.08	958.2			√	延伸部分有当路塞3处	
244	ZHWQ031	小湾—冰沟3段山险墙	G103—109	1456.4	山险墙	东北—西南			5—9.5			1456.4				√	延伸部分有当路塞2处	
245	ZHWQ032	小湾—冰沟4段山险墙	G109—116	1587.9	山险墙	东北—西南			5—8			1587.9				√		
246	ZHWQ033	大柳树—下园子1段土墙	G116—122	1291.9	土墙	南—北	4.7—10	1.4—3.5	1.4—8	0.15—0.25	116.5	459.1	323.5	392.8	√	√	起点—大柳树烽火台1050米	

续表

序号	编号	名称	起止点	长度（米）	类别	走向	断面测量（米）				保存程度					损毁原因		与相邻遗存位置（千米）	备注
							底宽	顶宽	高/深	夯层	较好	一般	较差	差	消失	人为因素	自然因素		
247	ZHWQQ034	大柳树一下园子2段山险墙	G122—125	683	山险墙	东北—西南			5—8			653.2					√		
248	ZHWQQ035	大柳树一上园子1段土墙	G125—127	69.4	土墙	东—西	10	3.1	6.2	0.19		30.8			38.6		√		
249	ZHWQQ036	大柳树一上园子2段山险墙	G127—128	274	山险墙	东—西			4—8			274					√		
250	ZHWQQ037	大柳树一上园子3段土墙	G128—129	92.7	土墙	东—西	8.5	3.1	6.2	0.2		92.7				√	√		
251	ZHWQQ038	大柳树一上园子4段山险墙	G129—130	91.5	山险墙	东—西			4—8			91.5					√		
252	ZHWQQ039	大柳树一上园子5段土墙	G130—131	42.5	土墙	东—西	6.8	2.9	5.6	0.14		42.5				√	√		
253	ZHWQQ040	大柳树一上园子6段山险墙	G131—134	1477.3	山险墙	东北—西南			5—9			1477.3					√	延伸部分设当路塞1处	
254	ZHWQQ041	大柳树一上园子7段土墙	G134—136	217.2	土墙	南—北	4.7—10	1.4—3.5	1.4—8	0.15—0.25		133.2	84			√	√		

续表

序号	编号	名称	起止点	长度（米）	类别	走向	断面测量（米）				保存程度				损毁原因		与相邻遗存位置（千米）	备注
							底宽	顶宽	高/深	夯层	较好	一般	差	消失	人为因素	自然因素		
255	ZHWQ042	大柳树一上园子8段山险墙	G136—140	2160.4	山险墙	东北—西南			7—10			2160.4				√	延伸部分设置当路塞3处	
256	ZHWQ043	盆河口一大钻洞子山险墙	G140—147	2001.4	山险墙	东北—西南			3—12			2001.4				√	延伸部分设置当路塞4处	
257	ZHWQ044	盆河口一小钻洞子山险墙	G147—154	2714.7	山险墙	东—西			9—15			2714.7				√	延伸部分设置当路塞2处	
258	ZHWQ045	盆沟1段山险墙	G154—158	1840.9	山险墙	东北—西南			9—11			1840.9				√	延伸部分设置当路塞4处	
259	ZHWQ046	盆沟2段山险墙	G158—162	905.4	山险墙	东—西			9—15			905.4				√	延伸部分设置当路塞3处	
260	ZHWQ047	凤石湾山险墙	G162—167	1018.1	山险墙	东—西			8—15			1018.1				√	延伸部分设置当路塞1处烽火台1座	
261	ZHWQ048	米粮营子山险墙	G167—174	3236.5	山险墙	东—西			4—15			3236.5				√	延伸部分设置当路塞6处米粮营子关堡1座	
262	ZHWQ049	下滩—黄石滩1段山险墙	G174—180	1365	山险墙	东北—西南			8—12			1365				√	延伸部分设置当路塞5处	
263	ZHWQ050	下滩—黄石滩2段土墙	G180—181	75	土墙	东北—西南	9.6	5.3	7.3	0.17—0.21			75			√		
264	ZHWQ051	下滩—黄石滩3段土墙	G181—182	63.2	土墙	东北—西南	14.5	3.4—8.5	3.5—5.7	0.16—0.2			63.2			√		

续表

序号	编号	名称	起止点	长度（米）	类别	走向	断面测量（米）				保存程度					损毁原因		与相邻遗存位置（千米）	备注
							底宽	顶宽	高/深	夯层	较好	一般	较差	差	消失	人为因素	自然因素		
265	ZHWQ052	下滩—榆树台子山险墙	G182—188	2513	山险墙	东—西			4—16			2513					√	延伸部分设置当路塞4处	
266	ZHWQ053	下滩—鱼湾咀山险墙	G188—190	3225.1	山险墙	北—南			8—14			1536.1	1689				√	延伸部分设置当路塞6处	
267	ZHWQ054	下滩—河对坝子山险墙夹土墙	G190—196	2003	山险墙夹土墙	东北—西南			4—14			2003					√	沿途设当路塞4处火台1座关堡2座	
268	ZHWQ055	下滩—榆树沟山险墙	G196—202	1395.9	山险墙	东—西			3—10			1395.9					√	延伸部分设置当路塞3处	
269	ZHWQ056	下滩—高崖沟山险墙	G202—203	4034.5	山险墙	东北—西南			6—9			2051.4	1983.1				√	延伸部分设置当路塞5处敌台1座	
270	ZHWQ057	下滩—下木头沟山险墙	G203—204	2120.8	山险墙	东—西			8—17			2110					√		
271	ZHWQ058	下滩—上木头沟山险墙	G204—205	3678	山险墙	北—南			6—15			3678					√		
272	ZHWQ059	上滩—沟口子山险墙	G205—206	2736.9	山险墙	东—西			6—12			2736.9					√		
273	ZHWQ060	上滩—苇子坑1段土墙	G206—207	257.9	土墙	东南—西北	5—7	1.4—4.5	5—7.5	0.15		257.9					√		
274	ZHWQ061	上滩—苇子坑2段山险墙	G207—211	12227.8	山险墙	东北—西南			6—10			12227.8					√		
275	ZHWQ062	北长滩—茶树沟土墙	G211—218	962.2	土墙	东北—西南	8—10	1.3—3.2	1.5—6	0.1—0.25	78.4	522.6	141.5	143.4	76.3	√	√		

续表

序号	编号	名称	起止点	长度(米)	类别	走向	断面测量(米)				保存程度					损毁原因		与相邻遗存位置(千米)	备注
							底宽	顶宽	高/深	夯层	较好	一般	较差	差	消失	人为因素	自然因素		
276	ZHWQ063	北长滩山险墙	G218—221	2901.4	山险墙	东—西			6—11			2901.4					√	延伸部分设敌台1座	
277	ZHWQ064	南长滩—枣刺沟山险墙	G221—225	2740.7	山险墙	东北—西南			5—9			2740.7					√		
278	ZHWQ065	南长滩—夹巴沟1段山险墙	G225—227	1273	山险墙	东北—西南			6			1273					√		
279	ZHWQ066	南长滩—夹巴沟2段土墙	G227—228	28	土墙	东—西	7	4	0.15			28				√	√		
280	ZHWQ067	南长滩—夹巴沟3段山险墙	G228—230	778.7	山险墙	东—西			2—5			778.7				√	√		

附表二 西长城附属敌台调查登记表

序号	编号	名称	属地	材质	形制	保存状况	中心台体（米） 底（长×宽）	顶（长×宽）	高	夯层	围墙（米） 长×宽	基宽	高	门道 位置	宽（m）	损毁原因 人为因素	自然因素	附属设施
1	07HHD003	王泉沟1号敌台	惠农区	石砌实心	圆形	较差	20.5×23.2	5×3.9	11.6	无	无	无	无	无	无	√	√	西南侧并列分布5座小墩
2	07HHD004	王泉沟2号敌台	惠农区	夯土实心	方形	一般	15.4×15.4	8.4×7.9	10.5	0.15-0.18	26.4×26.4	1.1	1.3	南垣	4.8		√	南侧并列分布9座小墩
3	07HHD005	王泉沟3号敌台	惠农区	夯土实心	不规则	较差	8.1×9.5	1.2×2.6	3.5	不清	无	无	无	无	无	√	√	
4	07HHD006	简泉农场1号敌台	惠农区	夯土实心	方形	一般	10.9×11.6	6.3×6.5	8.6	0.15-0.2	无	无	无	无	无		√	
5	07HHD007	简泉农场2号敌台	惠农区	夯土实心	不规则	较好	18.7×21.2	3.3×4.5	5	不清	无	无	无	无	无	√	√	
6	07DCD006	郑官沟1号敌台	大武口区	夯土实心	方形	较好	6.5×10.2	3.1×5.2	6.1	0.15-0.20	无	无	无	无	无		√	
7	07DCD007	郑官沟2号敌台	大武口区	夯土实心	方形	较好	8.5×11.5	3.8×6.2	7.7	0.15-0.20	无	无	无	无	无	√	√	
8	07DCD008	郑官沟3号敌台	大武口区	夯土实心	方形	较好	8.8×9.7	4.6×6.3	6.5	0.15-0.20	无	无	无	无	无	√	√	
9	07DCD009	郑官沟4号敌台	大武口区	夯土实心	方形	较好	6.8×10	4×6.3	11	0.15-0.20	无	无	无	无	无		√	
10	07DCD010	韭菜沟1号敌台	大武口区	夯土实心	方形	一般	14×7.8	9.6×4	8	0.15-0.20	无	无	无	无	无	√	√	
11	07DCD011	韭菜沟2号敌台	大武口区	石砌实心	方形	一般	14.9×18	7.4×6.5	6.2	无	无	无	无	无	无	√	√	西南侧并列分布11座小墩
12	07DWD012	归德沟1号敌台	大武口区	夯土实心	方形	较差	7.9×11.5	4.2×4.3	7.5	0.15-0.20	无	无	无	无	无		√	

续表

序号	编号	名称	属地	材质	形制	保存状况	中心台体（米）				围墙（米）			门道		损毁原因		附属设施
							底（长×宽）	顶（长×宽）	高	夯层	长×宽	基宽	高	位置	宽（m）	人为因素	自然因素	
13	07DWD013	归德沟2号敌台	大武口区	石砌实心	方形	较差	9.1×11.2	2.6×4.3	5.2	无	无	无	无	无	无		√	
14	07DWD014	归德沟3号敌台	大武口区	石砌实心	方形	较差	12.1×11.2	9.7×6.5	7.3	无	无	无	无	无	无		√	东南侧并列分布7座小墩
15	07DWD015	归德沟4号敌台	大武口区	夯土实心	方形	较好	12.8×8.5	7.1×5.1	10.5	0.1—0.15	无	无	无	无	无		√	
16	07DWD016	归德沟5号敌台	大武口区	夯土实心	方形	一般	6.2×6	4.5×4.1	7	0.15—0.20	无	无	无	无	无		√	
17	07DWD017	归德沟6号敌台	大武口区	石砌实心	圆形	较差	7.5×7.6	2.7×4.8	2.2	无	无	无	无	无	无		√	
18	07DWD018	大风沟1号敌台	大武口区	石砌实心	圆形	较差	18.2×22.6	6.7×6.1	7.2	无	无	无	无	无	无		√	东南侧并列分布4座小墩
19	07DWD019	大风沟2号敌台	大武口区	夯土实心	方形	较好	10.5×11.8	8.3×8	9	0.15—0.20	无	无	无	无	无		√	
20	07DWD020	大风沟3号敌台	大武口区	石砌实心	方形	一般	6.2×7.1	3.1×3.9	1.8	无	无	无	无	无	无		√	
21	07DWD021	小风沟敌台	大武口区	夯土实心	方形	一般	7.2×6.3	5.2×4	4.9	0.15—0.20	无	无	无	无	无		√	
22	07DWD022	汝箕沟敌台	大武口区	夯土实心	方形	一般	11.0×6.1	8.5×4.5	6.1	0.1—0.15	无	无	无	无	无		√	
23	07PCD002	大水沟1号敌台	平罗县	夯土实心	方形	较好	6.6×7.8	4.5×4.8	9.8	0.15—0.2	无	无	无	无	无		√	
24	07PCD003	大水沟2号敌台	平罗县	夯土实心	方形	较好	12.8×11.6	5.5×7.5	10.2	0.15—0.2	无	无	无	无	无	√	√	顶部有铺舍痕迹
25	07PCD004	大水沟3号敌台	平罗县	夯土实心	方形	较差	9.6×11.2	6.1×6.7	8.1	0.15—0.2	无	无	无	无	无		√	顶部有铺舍痕迹

续表

序号	编号	名称	属地	材质	形制	保存状况	中心台体（米）底（长×宽）	顶（长×宽）	高	夯层	围墙（米）长×宽	基宽	高	门道位置	宽（m）	损毁原因 人为因素	自然因素	附属设施
26	07PCD005	大水沟4号墩台	平罗县	夯土实心	方形	较差	10.5×9.2	不详	8.5	0.15—0.2	无	无	无	无	无		√	
27	08HHD001	白头沟敌台	贺兰县	夯土实心	圆形	一般	直径11	直径7	12	0.15—0.2	无	无	无	无	无		√	
28	08HHD002	拜寺口敌台	贺兰县	石砌实心	圆形	较差	39×43	5.2×6.3	斜高23.5	无	无	无	无	无	无	√	√	
29	08YHD001	三关口头道关1号敌台	永宁县	夯土实心	方形	较差	15×12	3.5×5.8	斜高23	不清	无	无	无	无	无		√	
30	08YHD002	三关口头道关2号敌台	永宁县	石砌实心	圆形	较差	19×28	2.8×10.5	斜高20	无	无	无	无	无	无		√	
31	11BSD003	三关口二道关敌台	阿拉善左旗	夯土实心	方形	一般	8×13	2.5×5	4	0.15—0.2	无	无	无	无	无		√	
32	11BSD004	三关口三道关1号敌台	阿拉善左旗	石砌实心	圆形	差	11×12.7	4×4	4	无	无	无	无	无	无		√	
33	11BSD005	三关口三道关2号敌台	阿拉善左旗	石砌实心	方形	一般	10×18	2×6	4	无	无	无	无	无	无		√	
34	11BSD006	三关口三道关3号敌台	阿拉善左旗	夯土实心	方形	较好	12×10	6×5	5	不清	无	无	无	无	无		√	
35	11YHD007	三关口头道关3号敌台	永宁县	夯土实心	方形	较差	11×11	3×3	6	0.15—0.2	无	无	无	无	无	√		
36	11YHD008	白水泉子沟敌台	永宁县	夯土实心	方形	较好	10×10	5×6	6	0.15—0.2	无	无	无	无	无		√	东侧东西向分布有两排共9座小墩
37	11YHD009	红井沟敌台	永宁县	夯土实心	方形	较好	12×12	6.5×7	9	0.15—0.2	无	无	无	无	无		√	
38	11YHD010	柳渠沟敌台	永宁县	夯土实心	方形	一般	15×15	7×7	5	不清	无	无	无	无	无	√	√	东侧分布有10座小墩
39	11YHD011	大汝龙沟敌台	永宁县	夯土实心	方形	一般	14.5×15	6×7	6	0.15—0.2	25×33	3	0.3	北垣	3	√	√	南侧和东侧各分布有5座共10座小墩

续表

序号	编号	名称	属地	材质	形制	保存状况	中心台体（米） 底（长×宽）	顶（长×宽）	高	夯层	围墙（米） 长×宽	基宽	高	门道 位置	宽（m）	损毁原因 人为因素	自然因素	附属设施
40	11YHD012	小沟敌台	永宁县	夯土实心	方形	一般	10×9.7	6×5.5	7	不清	15×15	无	无	东垣	2		√	东侧分布有10座小墩
41	11YHD013	磨石沟敌台	永宁县	夯土实心	方形	一般	10×11	4.3×3	6	不清	无	无	无	无	无	√		东侧分布有10座小墩
42	11QYD001	玉西村1号敌台	青铜峡市	夯土实心	方形	较差	9×8	4×4	4	0.15—0.2	无	无	无	无	无		√	东侧分布有10座小墩
43	11QYD002	玉西村2号敌台	青铜峡市	夯土实心	方形	一般	10×10	4×4	7	不清	无	无	无	无	无		√	南北两侧分布有10座小墩
44	11QYD003	玉西村3号敌台	青铜峡市	夯土实心	方形	一般	11×9	8×6	7	0.15—0.2	11×11	1.4	0.3	南垣	无		√	南侧分布有10座小墩
45	11QYD004	玉西村4号敌台	青铜峡市	夯土实心	方形	较好	13×12	6×7	8	0.15—0.2	31×13	1	2.2	南垣	2		√	南侧分布有10座小墩
46	11QYD005	玉西村5号敌台	青铜峡市	夯土实心	方形	较好	10×10	5×5.2	5.7	不清	10×9.6	1	0.3	无	无	√		南侧分布有10座小墩
47	11QGD006	甘城子村1号敌台	青铜峡市	夯土实心	方形	较好	11×12	5.6×5.7	7.5	不清	15.7×19	2	1.2	东垣	2.5	√		东侧分布南北2排共7座小墩
48	11QGD007	甘城子村2号敌台	青铜峡市	夯土实心	圆形	一般	12×12	3.6×3.6	4.6	不清	无	无	无	无	无		√	东侧分布有10座小墩
49	11QGD008	甘城子村3号敌台	青铜峡市	夯土实心	方形	一般	10×11	5×6	4.5	0.15—0.2	无	无	无	无	无		√	
50	11QGD009	甘城子村4号敌台	青铜峡市	夯土实心	方形	较好	12×10	8×6	6	0.15—0.2	无	无	无	无	无		√	
51	11QGD010	甘城子村5号敌台	青铜峡市	石砌实心	圆形	一般	14×13	2×2	4.5	无	无	无	无	无	无	√	√	

续表

序号	编号	名称	属地	材质	形制	保存状况	中心台体（米）底（长×宽）	顶（长×宽）	高	夯层	围墙（米）长×宽	基宽	高	门道位置	宽（m）	损毁原因人为因素	自然因素	附属设施
52	11QGD011	甘城子村6号敌台	青铜峡市	石砌实心	方形	一般	12.5×13	5×6	斜高7	0.15—0.2	无	无	无	无	无	√	√	
53	11BMD012	木井子嘎查敌台	阿拉善左旗	石砌实心	方形	较差	12×20	4×3.6	6	无	无	无	无	无	无	√	√	南、北两侧分布有17座小墩
54	11QDD013	大沟村1号敌台	青铜峡市	夯土实心	方形	较好	10×10	5×4	6	0.15—0.2	无	0.9	3.2	东垣	2		√	东侧分布有10座小墩
55	11QDD014	大沟村2号敌台	青铜峡市	夯土实心	方形	一般	12×12.2	8×4.5	6	不清	无	无	无	无	无		√	东侧分布有10座小墩
56	08GD001	蒋西村1号敌台	青铜峡市	夯土实心	方形	较差	15.2×12	3.8×2.6	8.2	0.2	无	无	无	无	无		√	东侧分布有10座小墩
57	08GD002	蒋西村2号敌台	青铜峡市	夯土实心	方形	一般	16×13	3.6×2.8	8.8	0.15	无	无	无	无	无		√	
58	08GD003	滑石沟1号敌台	青铜峡市	夯土实心	不规则	较差	10.5×11.4	4.5×2.6	12	0.2	无	无	无	无	无		√	
59	08GD004	滑石沟2号敌台	青铜峡市	夯土实心	不规则	差	15×13	6.2×7.3	10	0.2—0.25	无	无	无	无	无		√	
60	08GD005	滑石沟3号敌台	青铜峡市	夯土实心	方形	一般	8×7	4.4×1.5	10.1	0.2—0.24	无	无	无	无	无	√	√	东侧分布有南北2排共10座小墩
61	08GD006	高桥村敌台	青铜峡市	夯土实心	方形	较好	5.4×5	4×4.1	6.6	0.2—0.24	无	无	无	无	无		√	
62	08GD007	三趟墩1号敌台	青铜峡市	夯土实心	方形	较好	6.4×6.8	5×6.4	6.6	0.2	无	无	无	无	无	√	√	
63	08GD008	三趟墩2号敌台	青铜峡市	夯土实心	圆形	较差	8×7	4×4.1	5.6	0.2	无	无	无	无	无		√	
64	08GD009	三趟墩3号敌台	青铜峡市	夯土实心	方形	一般	12×13	5.3×3.6	6	0.2	无	无	无	无	无		√	东南侧分布有10座小墩

序号	编号	名称	属地	材质	形制	保存状况	中心台体（米）底（长×宽）	中心台体（米）顶（长×宽）	中心台体（米）高	夯层	围墙（米）长×宽	围墙（米）基宽	围墙（米）高	门道位置	门道宽（m）	损毁原因人为因素	损毁原因自然因素	附属设施
65	07ZWD001	王营村敌台	中宁县	石砌实心	方形	较好	13.9×13.9	7.8×8.5	9	无	无	无	无	无	无		√	顶上有方形铺舍，东侧分布有8座小墩
66	07ZZD002	张台村敌台	中宁县	石砌空心	方形	较差	15.9×10.4	8×4.7	2.1	无	无	无	无	无	无		√	东侧分布有9座小墩
67	07ZJD003	金沙村敌台	中宁县	夯土实心	方形	较差	15.1×13.6	3.9×5	7	0.25	无	无	无	无	无		√	东侧有一方形基址及10座小墩
68	ZHWD001	胜金1号敌台	沙坡头区镇罗镇	石砌实心	圆形	较好	内径3.2	外径4.9	0.5—0.98		外径11.1 内径9.8	0.8—1.1	0.2—0.6	东南	0.85	√	√	台体与围墙之间附加台阶
69	ZHWD002	胜金2号敌台	沙坡头区镇罗镇	石砌空心	圆形	一般	内径3.6	外径5.4	0.3—1.4			0.9		西南	0.7—0.8	√	√	台体附加3个箭窗
70	ZHWD003	胜金3号敌台	沙坡头区镇罗镇	石砌空心	六边形	一般	内1.3—1.6	外2.5—2.8	0.6—0.9			1.00		南	0.6	√	√	台体附加2个箭窗
71	ZHWD004	胜金4号敌台	沙坡头区镇罗镇	石砌空心	圆形	一般	内径4.6	外径6.25—6.8	0.3—1.6					西南	0.7	√	√	台体南部箭窗已塌陷
72	ZHWD005	胜金5号敌台	沙坡头区镇罗镇	石砌空心	圆形	较好	内径5.3	外径7.2	0.5—1.5			0.8—1		西南	1.0—1.3	√	√	台体不同方向附加8个箭窗
73	ZHWD006	凯歌敌台	沙坡头区镇罗镇	夯土实心	圆形	一般	16.5×16.9	4.8×4.0	4.2	0.15—0.2	16×15.9	1.2	0.5—0.8	南	3.8	√	√	台体南部附设围墙
74	ZHWD007	李园敌台	沙坡头区东园镇	夯土实心	覆斗形	一般	19.7×15.2	8.5×4.6	2.8	0.16—0.22						√	√	
75	ZHWD008	金沙1号敌台	沙坡头区东园镇	夯土实心	圆形	一般	底径10	顶径1.8	4.1	0.10—0.18						√	√	台体南侧附加10个小墩台
76	ZHWD009	金沙2号敌台	沙坡头区东园镇	夯土实心	方形	一般	8.6×8.3	6.0×4.7	5.3—6.8	0.14—0.16						√	√	

续表

序号	编号	名称	属地	材质	形制	保存状况	中心台体（米）				围墙（米）			门道		损毁原因		附属设施
							底（长×宽）	顶（长×宽）	高	夯层	长×宽	基宽	高	位置	宽（m）	人为因素	自然因素	
77	ZHWD010	新星敌台	沙坡头区东园镇	夯土实心	长方形	一般	5.1×4.15	3.5×2.75	3.8	0.20—0.25							√	
78	ZHWD011	柔兴敌台	沙坡头区东园镇	夯土实心	方形	一般	12.5×11	5×2.1	5.6	0.16—0.25						√	√	
79	ZHWD012	红武1号敌台	沙坡头区东园镇	夯土实心	方形	差	8.2—8.8	3.8×4.9	3.3	0.25						√	√	
80	ZHWD013	红武2号敌台	沙坡头区东园镇	夯土实心	长方形	一般	15.8×10.0	4.4×(2.9—3.4)	2.0—5.1	0.15—0.2						√	√	
81	ZHWD014	姚滩1号敌台	沙坡头区水桥镇	夯土实心	长方形	一般	13×10.40	9.9×7.5	7.6—8.8	0.18—0.22						√	√	
82	ZHWD015	姚滩2号敌台	沙坡头区迎水桥镇	夯土实心	长方形	较好	36×29	26×22	10.50	0.2—0.25						√	√	
83	ZHWD016	姚滩3号敌台	沙坡头区迎水桥镇	夯土实心	长方形	一般	7.4×7.0	5.4×(4.9—5.2)（3.2—1）	2.3—2.5	0.18—0.2						√	√	
84	ZHWD017	夹道敌台	沙坡头区迎水桥镇	夯土实心	长方形	一般	14.5×13.0	(9.1)×(9.5—10.5)	4.1—4.8	0.18—0.22						√	√	
85	ZHWD018	下河沿敌台	沙坡头区常乐镇	夯土实心	圆形	一般	18.4×18.6	6.2×7.2	6.4	不详							√	
86	ZHWD019	上河沿敌台	沙坡头区常乐镇	石砌空心	方形	差	16×15	2.6	2.5—7.8								√	北侧现残存2个小墩台
87	ZHWD020	下滩高崖沟1号敌台	沙坡头区迎水桥镇	石砌实心	圆形	一般	7.6×4.5	6×3	9.4								√	台体北侧修整残存一平台
88	ZHWD021	下滩高崖沟2号敌台	沙坡头区水桥镇	夯土实心	圆形	一般	底径4	顶径4	5.6—6.5	不详							√	
89	ZHWD022	北长滩敌台	沙坡头区香山乡	夯土实心	圆形	一般	底径20	顶径3	4.5	不详	22×18	5—6	0.6—2.6	西	0.6	√	√	

附表三　西长城附属烽火台调查登记表

序号	编号	名称	属地	材质	形制	保存状况	中心台体（米）				围墙（米）			门道		损毁原因		附属设施
							底（长×宽）	顶（长×宽）	高	夯层	长×宽	基宽	高	位置	宽	人为因素	自然因素	
1	07HHF003	罗家园子烽火台	惠农区	石砌实心	不规则	一般	20.6×25.5	5.2×8.8	5.7	无	无	无	无	无	无	√	√	
2	07HHF004	大武口沟1号烽火台	惠农区	石砌实心	圆形	较差	18.2×20.5	4.2×4.5	12.5	无	无	无	无	无	无		√	
3	07HHF005	大武口沟2号烽火台	惠农区	石砌实心	方形	较好	21.4×17.3	13.2×11	13.6	无	无	无	无	无	无		√	
4	07DCF001	大武口沟3号烽火台	大武口区	石砌实心	方形	一般	12.5×11.5	9.2×9	4	无	20×20	0.5	0.85	无	无	√	√	
5	07DCF002	枣儿沟烽火台	大武口区	夯土实心	方形	较好	12.5×11.9	6.2×7.5	12.4	0.15-0.2	无	无	无	无	无		√	
6	07DCF003	郑官沟1号烽火台	大武口区	夯土实心	方形	一般	7.2×7.7	2.6×1.7	5.2	0.15-0.2	无	无	无	无	无		√	
7	07DCF004	郑官沟2号烽火台	大武口区	夯土实心	方形	一般	10.5×8.4	5.5×2.2	7.6	0.1-0.15	无	无	无	无	无		√	
8	07DCF005	郑官沟3号烽火台	大武口区	夯土实心	方形	一般	7.8×8.1	3.8×4.7	4.4	0.15-0.2	无	无	无	无	无		√	
9	07DCF006	郑官沟4号烽火台	大武口区	夯土实心	方形	一般	不清	3.6×3.1	5.9	不清	无	无	无	无	无	√		
10	07DCF007	郑官沟5号烽火台	大武口区	夯土实心	圆形	较差	5.7×4	1.6×1.2	4.6	0.15-0.2	无	无	无	无	无		√	
11	07DCF008	韭菜沟1号烽火台	大武口区	夯土实心	方形	较好	11.0×10.2	6.2×6.1	7.3	不清	无	无	无	无	无	√		
12	07DCF009	韭菜沟2号烽火台	大武口区	夯土实心	方形	一般	10.1×13.9	2.7×7	11.3	0.15-0.2	无	无	无	无	无	√	√	
13	07DGF010	归德沟1号烽火台	大武口区	石砌实心	方形	一般	11.9×12.9	8.4×9.8	6.8	无	无	无	无	无	无	√	√	

续表

序号	编号	名称	属地	材质	形制	保存状况	中心台体（米）底（长×宽）	顶（长×宽）	高	夯层	围墙（米）长×宽	基宽	高	门道位置	宽	损毁原因人为因素	自然因素	附属设施
14	07DGCF011	归德沟2号烽火台	大武口区	石砌实心	方形	较好	19.1×19.4	10.8×11.5	10	无	无	无	无	无	无	✓	✓	
15	07DCF012	大风沟烽火台	大武口区	石砌实心	方形	较好	15.4×12.8	7.6×8.8	7.7	无	无	无	无	无	无		✓	西侧山梁分布有5座小墩
16	07DCF013	小风沟1号烽火台	大武口区	石砌实心	方形	较差	18.1×15.5	4×5.6	7.2	无	无	无	无	无	无	✓	✓	南侧分布有4座小墩
17	07DCF014	小风沟2号烽火台	大武口区	夯土实心	方形	一般	10.4×12.2	2.4×4.6	5.7	0.15—0.2	无	无	无	无	无		✓	
18	07DCF015	龙泉村1号烽火台	大武口区	夯土实心	方形	一般	11.7×11.1	5.2×4.3	4.2	0.15—0.2	无	无	无	无	无		✓	东侧分布有4座小墩
19	07DCF016	龙泉村2号烽火台	大武口区	夯土实心	方形	较好	7.2×7.7	4.7×5.5	5.6	0.15—0.2	无	无	无	无	无	✓	✓	
20	07DCF017	干沟烽火台	大武口区	夯土实心	方形	一般	11.9×8.3	8.3×7.1	7.1	0.15—0.2	无	无	无	无	无	✓	✓	
21	07DCF018	汝箕沟烽火台	大武口区	夯土实心	圆形	较好	11.5×10.9	6.6×5.7	7.5	0.15—0.2	无	无	无	无	无	✓	✓	
22	07PCF001	小水沟1号烽火台	平罗县	夯土实心	圆形	一般	11.5×10.2	不详	13	0.15—0.2	无	无	无	无	无		✓	东侧分布有5座小墩
23	07PCF002	小水沟2号烽火台	平罗县	夯土实心	方形	一般	11×11.2	6×6.7	7.1	0.15—0.2	无	无	无	无	无		✓	
24	07PCF003	小水沟3号烽火台	平罗县	石砌实心	方形	一般	21×22	12×12.2	8.3	无	无	无	无	无	无		✓	南侧分布有5座小墩
25	07PCF004	大水沟1号烽火台	平罗县	石砌实心	方形	较好	18.0×16.8	10×11.4	6	无	无	无	无	无	无	✓	✓	
26	07PCF005	大水沟2号烽火台	平罗县	石砌实心	方形	较好	16.8×21.2	10.2×15	10.5	无	无	无	无	无	无		✓	

续表

序号	编号	名称	属地	材质	形制	保存状况	中心台体（米）				围墙（米）			门道		损毁原因		附属设施
							底（长×宽）	顶（长×宽）	高	夯层	长×宽	基宽	高	位置	宽	人为因素	自然因素	
27	07PCF006	高沟烽火台	平罗县	夯土实心	方形	较差	7.5×14.6	1.7×8.5	7.3	0.1—0.2	无	无	无	无	无		✓	8座小墩呈环状围绕烽火台
28	07PCF007	大西峰沟烽火台	平罗县	石砌实心	圆形	差	14×15	4×4.5	4	无	无	无	无	无	无	✓	✓	东侧分布有10座小墩
29	08HHF001	白头沟烽火台	贺兰县	夯土实心	方形	较好	11.5×12.2	6.3×6.2	10.2	0.15—0.2	无	无	无	无	无	✓	✓	东侧分布有10座小墩
30	08HHF002	捕旗沟烽火台	贺兰县	石砌实心	方形	较差	29×28	10.5×11.5	斜高10	无	无	无	无	无	无		✓	东侧分布有10座小墩
31	08HHF003	小捕旗沟1号烽火台	贺兰县	石砌实心	方形	一般	21.3×21.8	12.5×12	斜高7.8	无	无	无	无	无	无		✓	东侧分布有7座小墩
32	08HHF004	小捕旗沟2号烽火台	贺兰县	石砌实心	圆形	较好	2.6×9	2×5.3	5	无	无	无	无	无	无		✓	南侧分布有10座小墩
33	08HHF005	青石沟烽火台	贺兰县	石砌实心	方形	一般	17.5×19.4	11×12	斜高8.5	无	无	无	无	无	无		✓	东侧分布有16座小墩
34	08HHF006	贺兰口1号烽火台	贺兰县	石砌实心	方形	差	9×7	6×3.7	4.2	无	无	无	无	无	无	✓	✓	
35	08HHF007	贺兰口2号烽火台	贺兰县	石砌实心	方形	较差	6.5×4	3×5.3	2.5	无	无	无	无	无	无		✓	
36	08HHF008	苏峪口1号烽火台	贺兰县	石砌实心	方形	一般	17.8×14.5	8.5×5.8	10.4	无	无	无	无	无	无		✓	
37	08HHF009	苏峪口2号烽火台	贺兰县	石砌实心	方形	较差	8×7	4.3×5	2.2	无	无	无	无	无	无	✓	✓	
38	08HHF010	苏峪口3号烽火台	贺兰县	石砌实心	方形	较好	7×12.5	5.8×8	5.5	无	无	无	无	无	无		✓	
39	08HHF011	苏峪口4号烽火台	贺兰县	石砌实心	方形	较差	6.5×6.8	6×6	2.2	无	无	无	无	无	无		✓	

序号	编号	名称	属地	材质	形制	保存状况	中心台体（米）底（长×宽）	顶（长×宽）	高	夯层	围墙（米）长×宽	基宽	高	门道 位置	宽	损毁原因 人为因素	自然因素	附属设施
40	08XZF001	拜寺沟烽火台	西夏区	石砌实心	圆形	一般	24×22	12.8×12	10.2	无	无	无	无	无	无		√	东北侧分布有8座小墩
41	08XZF002	镇木关沟烽火台	西夏区	石砌实心	方形	一般	20.6×19.2	7.5×8.6	7.8	无	无	无	无	无	无		√	
42	08XZF003	大水渠沟1号烽火台	西夏区	夯土实心	圆形	一般	直径5.5	直径2.2	5.4	0.15—0.2	无	无	无	无	无	√	√	
43	08XZF004	大水渠沟2号烽火台	西夏区	石砌实心	方形	较差	11.5×12.5	7.5×6.5	4.5	无	无	无	无	无	无	√	√	东侧分布有5座小墩
44	08XZF005	黄旗沟烽火台	西夏区	石砌实心	方形	一般	15×14	5.6×6.5	斜高9.2	无	无	无	无	无	无	√	√	东侧分布有13座小墩
45	08XZF006	高家闸烽火台	西夏区	夯土实心	方形	一般	5.3×5	3.5×3.3	8.2	0.15—0.2	无	无	无	无	无		√	
46	08XZF007	大口子沟1号烽火台	西夏区	石砌实心	方形	一般	21×14	5.6×6.5	斜高11.4	无	无	无	无	无	无		√	
47	08XZF008	大口子沟2号烽火台	西夏区	夯土实心	方形	较好	14×15.4	8.4×8.3	12	0.15—0.2	无	无	无	无	无	√	√	
48	08XZF009	独石沟1号烽火台	西夏区	石砌实心	方形	一般	19×14	13×7.5	12	无	无	无	无	无	无		√	
49	08XZF010	独石沟2号烽火台	西夏区	石砌实心	方形	较差	6.6×6.8	2.3×2.7	2.5	无	无	无	无	无	无	√	√	
50	08XZF011	青羊沟烽火台	西夏区	夯土实心	方形	较好	9.8×9	5.6×7	4.7	0.15—0.2	20×13	3.7	2.8	无	无		√	东侧分布有10座小墩
51	08XZF012	甘沟1号烽火台	西夏区	夯土实心	方形	一般	15×11	10×7.5	10.5	0.15—0.2	无	无	无	无	无		√	北侧分布有9座小墩
52	08XZF013	甘沟2号烽火台	西夏区	石砌实心	方形	较好	18.4×22	10×9.6	13	无	无	无	无	无	无		√	

续表

序号	编号	名称	属地	材质	形制	保存状况	中心台体（米）			夯层	围墙（米）			门道		损毁原因		附属设施
							底（长×宽）	顶（长×宽）	高		长×宽	基宽	高	位置	宽	人为因素	自然因素	
53	08XZF014	贺兰山农牧场烽火台	西夏区	夯土实心	方形	一般	9.5×9.5	4×5	10.2	0.2—0.25	无	无	无	无	无		√	
54	08XZF015	山嘴沟烽火台	西夏区	石砌实心	方形	较好	18.3×17	10.5×9.3	15.4	无	无	无	无	无	无	√		东侧分布有6座小墩
55	08YHF001	榆树沟烽火台	永宁县	石砌实心	方形	一般	14×14	8.5×8.6	9.7	无	无	无	无	无	无		√	
56	08YHF002	黄羊滩1号烽火台	永宁县	夯土实心	方形	较差	19×17	7.5×8	斜高5	不清	34	1.2	0.3	无	无	√	√	
57	08YHF003	黄羊滩2号烽火台	永宁县	夯土实心	方形	一般	9.9×9	4.1×4	9.8	0.15—0.2	无	无	无	无	无	√	√	
58	11BSF001	上海嘎查1号烽火台	阿拉善左旗	夯土实心	方形	较好	12×12	6×6	6.5	0.15—0.2	无	无	无	无	无		√	
59	11BSF002	上海嘎查2号烽火台	阿拉善左旗	夯土实心	方形	一般	10×10	2.5×5.5	10	0.15—0.2	无	无	无	无	无		√	
60	11BSF003	上海嘎查3号烽火台	阿拉善左旗	夯土实心	方形	较好	12×12	6×6	10	0.15—0.2	无	无	无	无	无		√	东南侧分布有5座小墩
61	11YHF004	黄羊滩3号烽火台	永宁县	夯土实心	方形	较好	14×14	7×7	8	0.15—0.2	无	无	无	无	无		√	东北侧分布有3座小墩
62	11YHF005	黄羊滩4号烽火台	永宁县	夯土实心	方形	较好	7.5×7.5	4×4	5.4	0.15—0.2	无	无	无	无	无		√	东南侧分布有8座小墩
63	11YHF006	黄羊滩5号烽火台	永宁县	夯土实心	方形	一般	10×10	5×6	5	0.15—0.2	无	无	无	无	无		√	东南侧分布有8座小墩
64	11BSF007	上海嘎查4号烽火台	阿拉善左旗	夯土实心	方形	一般	12×12	7×7	8	0.15—0.2	无	无	无	无	无		√	
65	11BSF008	上海嘎查5号烽火台	阿拉善左旗	夯土实心	方形	较好	11×10	6×6	7	0.15—0.2	无	无	无	无	无		√	

序号	编号	名称	属地	材质	形制	保存状况	中心台体（米）底（长×宽）	顶（长×宽）	高	夯层	围墙（米）长×宽	基宽	高	门道位置	宽	损毁原因人为因素	自然因素	附属设施
66	11YHF009	黄羊滩6号烽火台	永宁县	夯土实心	方形	较好	10×11.5	4.5×4	7	0.15-0.2	无	无	无	无	无		√	
67	11YHF010	黄羊滩7号烽火台	永宁县	石砌实心	方形	较差	16×18	10×9	7.3	无	无	无	无	无	无	√	√	东、北两道山梁上各分布有5座共10座小墩
68	11YHF011	福宁村烽火台	永宁县	夯土实心	方形	一般	12.9×13.9	6.1×6	9	0.15-0.2	无	无	无	无	无	√	√	
69	11BSF012	上海嘎查6号烽火台	阿拉善左旗	夯土实心	方形	较好	10.2×10	5×5	7.6	0.15-0.2	无	无	无	无	无		√	东侧分布有10座小墩
70	11YMF013	武河村烽火台	永宁县	夯土实心	圆形	较差	直径8	直径3.5	4	0.2	无	无	无	无	无		√	
71	11YMF014	木兰村烽火台	永宁县	夯土实心	方形	一般	11×11	7×7	2.8	0.15-0.2	无	无	无	无	无		√	东与东南分布有11座小墩
72	11BSF015	上海嘎查7号烽火台	阿拉善左旗	石砌实心	圆形	较差	27×28	5×9	16	无	无	无	无	无	无		√	南、北两侧分布有13座小墩
73	07QLF001	莲湖农场烽火台	青铜峡市	夯土实心	方形	较差	6.3×5.8	4×4	6	0.18	无	无	无	无	无		√	北侧分布有5座小墩
74	07QYF002	玉西村1号烽火台	青铜峡市	夯土实心	方形	一般	6.6×7.8	5.2×5.6	6.2	0.16-0.2	10.8×10.5	无	2.5	东垣	2.5		√	南侧分布有10座小墩
75	07QDF003	东方红村1号烽火台	青铜峡市	夯土实心	不规则	较差	17.4×14.2	4.2×7	5.8	不清	无	无	无	无	无	√	√	
76	07QDF004	玉西村2号烽火台	青铜峡市	夯土实心	方形	较差	7.6×8	4.5×5	5.8	0.2	无	无	无	无	无		√	
77	07QDF005	东方红村2号烽火台	青铜峡市	夯土实心	方形	一般	4.4×7.5	3.5×2.2	6.4	不清	无	无	无	无	无	√	√	北侧分布有2座小墩

续表

序号	编号	名称	属地	材质	形制	保存状况	中心台体（米）				围墙（米）			门道		损毁原因		附属设施
							底（长×宽）	顶（长×宽）	高	夯层	长×宽	基宽	高	位置	宽	人为因素	自然因素	
78	11QGF016	甘城子村烽火台	青铜峡市	夯土实心	方形	较好	17×16	10×8	7.5	0.15	130×130	无	无	四垣	5		√	北侧分布有7座小墩
79	11BMF017	木井子嘎查1号烽火台	阿拉善左旗	夯土实心	圆形	较差	19.5×28	4.5×4.5	斜高14.5	不清	无	无	无	无	无		√	
80	11BMF018	木井子嘎查2号烽火台	阿拉善左旗	石砌实心	方形	较好	10×9.1	7.4×6.5	5.5	无	无	无	无	无	无		√	
81	11BMF019	木井子嘎查3号烽火台	阿拉善左旗	石砌实心	方形	较好	17×20.6	9×15	12.5	无	无	无	无	无	无		√	
82	11BMF020	木井子嘎查4号烽火台	阿拉善左旗	夯土实心	方形	一般	10×6	8.1×3.5	6	0.24	无	无	无	无	无		√	
83	07BMF001	木井子嘎查5号烽火台	阿拉善左旗	石砌实心	方形	较好	18.8×23	10×12.5	13.9	无	无	无	无	无	无		√	
84	08QGF006	甘泉村1号烽火台	青铜峡市	夯土实心	方形	一般	8×11	6×5.5	5	0.2	无	无	无	无	无		√	
85	08QGF007	甘泉村2号烽火台	青铜峡市	夯土实心	方形	一般	9.6×8.7	6.4×6.4	6.1	0.1—0.14	无	无	无	无	无		√	
86	08QJF008	蒋西村1号烽火台	青铜峡市	夯土实心	方形	一般	14×9.5	4.8×5.3	9.7	0.2	无	无	无	无	无		√	东南侧分布有10座小墩
87	08QJF009	蒋西村2号烽火台	青铜峡市	夯土实心	方形	较差	30×22	7×8	18	0.2	无	无	无	无	无		√	东侧分布有13座小墩
88	08QGF010	高桥村1号烽火台	青铜峡市	夯土实心	方形	较好	14.2×15.5	9×8.5	11.6	0.22—0.3	无	无	无	无	无		√	
89	08QQF011	青铜峡镇1号烽火台	青铜峡市	石砌实心	方形	较差	31×23.6	11×7	17	无	无	无	无	无	无	√	√	东侧分布有4座小墩
90	08QQF012	青铜峡镇2号烽火台	青铜峡市	夯土实心	方形	一般	8.5×7.3	2.3×2	6	0.16	无	无	无	无	无		√	东北侧分布有6座小墩

续表

序号	编号	名称	属地	材质	形制	保存状况	中心台体（米）底（长×宽）	顶（长×宽）	高	夯层	围墙（米）长×宽	基宽	高	门道 位置	宽	损毁原因 人为因素	自然因素	附属设施
91	08QGF013	高桥村2号烽火台	青铜峡市	石砌实心	方形	较好	13.4×16.8	8.5×10	10	无	无	无	无	无	无	√	√	北侧分布有5座小墩
92	08QGF014	青铜峡镇3号烽火台	青铜峡市	夯土实心	方形	一般	11.7×8.4	5×4	8	0.20	无	无	无	无	无		√	
93	08QGF015	高桥村3号烽火台	青铜峡市	夯土实心	方形	较好	11×11	9×8	8.7	不清	无	无	无	无	无	√	√	北侧分布有9座小墩
94	08QXF016	旋风槽1号烽火台	青铜峡市	石砌实心	方形	较差	22×22.5	4.5×5.5	17	无	无	无	无	无	无	√	√	东侧分布有10座小墩
95	08QQF017	青铜峡镇4号烽火台	青铜峡市	夯土实心	方形	较差	7.8×6.4	2×2	7	0.12—0.16	无	无	无	无	无	√	√	
96	08QXF018	旋风槽2号烽火台	青铜峡市	夯土实心	方形	一般	24.5×13.5	3.3×3	13	不清	无	无	无	无	无	√	√	东南侧分布有10座小墩
97	08QQF019	青铜峡镇5号烽火台	青铜峡市	夯土实心	方形	较差	14.5×11.6		12.5	不清	无	无	无	无	无	√	√	东南侧分布有3座小墩
98	08QQF020	青铜峡镇6号烽火台	青铜峡市	夯土实心	方形	较好	15.8×14.5	10×8	11	0.2	无	无	无	无	无	√	√	北侧分布有5座小墩
99	08QXF021	旋风槽3号烽火台	青铜峡市	夯土实心	方形	差	19×13	5.5×6	13	不清	无	无	无	无	无	√	√	东侧、西南侧分布有10座小墩
100	08QQF022	青铜峡镇7号烽火台	青铜峡市	夯土实心	方形	较差	17×16	1.5×4	8	0.12—0.18	无	无	无	无	无		√	
101	08QXF023	旋风槽4号烽火台	青铜峡市	夯土实心	圆形	较差	16.5×14	5×3	15	不清	无	无	无	无	无	√	√	东侧分布有9座小墩
102	08QXF024	旋风槽5号烽火台	青铜峡市	夯土实心	方形	一般	14×14	8×5	6	0.18—0.25	无	无	无	无	无	√	√	东北侧分布有8座小墩
103	08QSF025	三嘴墩1号烽火台	青铜峡市	夯土实心	方形	较差	6.5×5	4×4	6	0.3	无	无	无	无	无		√	南侧分布有10座小墩

续表

序号	编号	名称	属地	材质	形制	保存状况	中心台体（米）底（长×宽）	顶（长×宽）	高	夯层	围墙（米）长×宽	基宽	高	门道位置	宽	损毁原因人为因素	自然因素	附属设施
104	08QSF026	三趟墩2号烽火台	青铜峡市	夯土实心	方形	较差	8.7×8	4×2.5	6.5	0.2	无	无	无	无	无		√	南侧分布有10座小墩
105	08QSF027	三趟墩3号烽火台	青铜峡市	夯土实心	圆形	较差	15×12	4.4×3.5	9.5	不清	无	无	无	无	无		√	东南侧分布有5座小墩
106	08QSF028	三趟墩4号烽火台	青铜峡市	石砌实心	方形	较好	17×15	7.2×6.5	10	无	无	无	无	无	无		√	东南侧分布有9座小墩
107	08QSF029	三趟墩5号烽火台	青铜峡市	夯土实心	圆形	一般	18×17.6	3.4×3.4	14	不清	无	无	无	无	无		√	东侧分布有10座小墩
108	08QSF030	三趟墩6号烽火台	青铜峡市	石砌实心	方形	较好	6×6.4	3×2.5	3.5	无	无	无	无	无	无		√	烽火台的南北两侧，各分布有5座共10座小墩
109	08QSF031	三趟墩7号烽火台	青铜峡市	夯土实心	方形	较差	10.4×8.7	2.5×3	6	不清	无	无	无	无	无		√	台体同一山梁上分布有8座小墩
110	08QSF032	三趟墩8号烽火台	青铜峡市	夯土实心	方形	差	3.2×5	不清	不清	0.12	无	无	无	无	无		√	
111	07ZQF001	渠口农场1号烽火台	中宁县	石砌实心	方形	一般	20×20	12×12	12.5	无	无	无	无	无	无		√	东侧分布有10座小墩
112	07ZQF002	渠口农场2号烽火台	中宁县	夯土实心	方形	一般	13×12.5	5×4.8	6.2	0.16—0.22	无	无	无	无	无		√	东侧分布有10座小墩
113	07ZQF003	渠口农场3号烽火台	中宁县	夯土实心	方形	较好	6.5×5	4×3.4	9	0.2	无	无	无	无	无	√		
114	07ZQF004	渠口农场4号烽火台	中宁县	石砌实心	方形	一般	6.4×9.1	3.7×3.3	6	无	无	无	无	无	无	√		东北侧分布有10座小墩
115	07ZGF005	高山寺村1号烽火台	中宁县	石砌实心	方形	较好	21×21	13×7	12	无	无	无	无	无	无	√		东西两侧各分布着5座共10座墩台

续表

序号	编号	名称	属地	材质	形制	保存状况	中心台体（米） 底（长×宽）	中心台体（米） 顶（长×宽）	高	夯层	围墙（米） 长×宽	围墙（米） 基宽	高	门道 位置	门道 宽	损毁原因 人为因素	损毁原因 自然因素	附属设施
116	07ZGF006	高山寺村2号烽火台	中宁县	石砌实心	方形	较差	6×5.5	2.6×2.7	2.1	无	无	无	无	无	无		√	东北侧分布有5座小墩
117	07ZGF007	高山寺村3号烽火台	中宁县	夯土实心	方形	较差	14.8×16.2	2.7×2.7	8.9	不清	无	无	无	无	无		√	东侧分布有10座小墩
118	07ZGF008	高山寺村4号烽火台	中宁县	夯土实心	方形	一般	13.6×9.9	4×4	8.5	无	37.5×41.5	2.5	0.7	东垣	15.7	√	√	东侧分布有10座小墩
119	07ZGF009	高山寺村5号烽火台	中宁县	石砌实心	圆形	一般	6.7×7.6	2.6×3.8	5.5	无	无	无	无	无	无		√	
120	07ZGF010	高山寺村6号烽火台	中宁县	石砌实心	方形	较好	10.5×7.6	6.4×2.6	6.2	无	无	无	无	无	无		√	东西两侧分布有10座小墩
121	07ZGF011	高山寺村7号烽火台	中宁县	夯土实心	方形	较差	12.2×15.4	1.5×11	7.2	不清	无	无	无	无	无		√	东南侧分布有10座小墩
122	07ZGF012	高山寺村8号烽火台	中宁县	石砌实心	方形	较差	23.3×16.1	10.1×15.7	19.4	无	无	无	无	无	无		√	台体周围分布有16座小墩
123	07ZGF013	高山寺村9号烽火台	中宁县	夯土实心	圆形	较差	直径17.9	直径2.9	9	不清	无	无	无	无	无		√	
124	07ZWF014	王营村1号烽火台	中宁县	石砌实心	方形	一般	14.8×10.7	5×4.2	3	无	无	无	无	无	无	√	√	东侧分布有9座小墩
125	07ZZF015	寒园村1号烽火台	中宁县	夯土实心	圆形	一般	15×15	3×2.2	9.3	0.25	无	无	无	无	无		√	
126	07ZZF016	寒园村2号烽火台	中宁县	夯土实心	圆形	一般	直径15	直径2.8	13.6	0.2	无	无	无	无	无		√	东北侧、南侧有分布有10座小墩
127	07ZTF017	太平村1号烽火台	中宁县	石砌实心	方形	较差	11.3×11.6	1.8×3.3	8.3	无	无	无	无	无	无		√	东北侧分布有15座小墩
128	07ZTF018	太平村2号烽火台	中宁县	石砌实心	方形	一般	11.3×10.7	5.1×4.5	6.9	无	无	无	无	无	无		√	东北侧分布有10座小墩

续表

序号	编号	名称	属地	材质	形制	保存状况	中心台体（米）底（长×宽）	顶（长×宽）	高	夯层	围墙（米）长×宽	基宽	高	门道位置	门道宽	损毁原因 人为因素	损毁原因 自然因素	附属设施
129	07ZTF019	童庄村烽火台	中宁县	石砌实心	方形	一般	12×13.3	5.5×3.8	6	无	无	无	无	无	无		√	东侧分布有10座小墩
130	07ZWF020	王营村2号烽火台	中宁县	石砌实心	方形	一般	12.8×10.4	4.7×4.7	6.2	无	无	无	无	无	无		√	东北侧分布有10座小墩
131	07ZTF021	太平村3号烽火台	中宁县	夯土实心	方形	较差	6.7×4.6	4.4×4.6	5.7	0.16	27.8×13	3	2.8	南垣	11.6	√	√	
132	07ZTF022	太平村4号烽火台	中宁县	石砌实心	方形	一般	14.5×24.5	6.5×5.7	5.1	无	无	无	无	无	无		√	东、北两侧分布有10座小墩
133	07ZZF023	张台村1号烽火台	中宁县	石砌实心	方形	较差	20×19	7.6×7.5	11	无	无	无	无	无	无		√	北侧、东侧山梁上分布着10座小墩
134	07ZZF024	张台村2号烽火台	中宁县	石砌实心	方形	较差	7.5×15.9	6.4×7.9	3.6	无	无	无	无	无	无		√	
135	07ZSF025	时庄村1号烽火台	中宁县	石砌实心	方形	一般	7.5×17	2.2×10.5	6.5	无	无	无	无	无	无		√	东北、西两侧分布有10座小墩
136	07ZSF026	时庄村2号烽火台	中宁县	石砌实心	方形	较差	17×15.1	4.9×4.4	6.5	无	无	无	无	无	无		√	东西两侧分布有10座小墩
137	07ZSF027	时庄村3号烽火台	中宁县	夯土实心	方形	一般	5×4.6	不详	6.2	0.16	无	无	无	无	无		√	东西两侧分布有10座小墩
138	07ZSF028	时庄村4号烽火台	中宁县	石砌实心	圆形	较差	9.3×10.4	6×3.4	6.7	无	无	无	无	无	无		√	东西两侧分布有8座小墩
139	07ZSF029	时庄村5号烽火台	中宁县	石砌实心	方形	一般	8×13	3.7×6	7.3	无	无	无	无	无	无		√	东南侧分布有10座小墩
140	07ZJF030	金沙村1号烽火台	中宁县	夯土实心	方形	较好	12.1×16.5	4.5×6.2	6.1	0.1—0.15	无	无	无	无	无		√	南侧分布有10座小墩
141	07ZJF031	金沙村2号烽火台	中宁县	夯土实心	方形	一般	10×12.3	3.9×6.5	6	不清	无	无	无	无	无		√	

序号	编号	名称	属地	材质	形制	保存状况	中心台体（米）				围墙（米）			门道		损毁原因		附属设施
							底（长×宽）	顶（长×宽）	高	夯层	长×宽	基宽	高	位置	宽	人为因素	自然因素	
142	07ZJF032	金沙村3号烽火台	中宁县	夯土实心	方形	较差	8.4×8.7	4.6×6	5	0.2—0.25	无	无	无	无	无		√	东北、东南侧分布着10座小墩
143	07ZJF033	金沙村4号烽火台	中宁县	夯土实心	方形	较好	13×14.2	6.5×6.5	6.5	0.25	无	无	无	无	无		√	东侧、东北侧分布着10座小墩
144	07ZJF034	金沙村5号烽火台	中宁县	夯土实心	方形	较差	12.5×11.9	5.5×4.1	2.5	0.22	无	无	无	无	无		√	
145	07ZLF035	刘庄村烽火台	中宁县	石砌实心	方形	较好	18.6×17.7	11×10.2	11.6	无	无	无	无	无	无		√	东南侧分布有15座小墩
146	07ZYF036	余丁村烽火台	中宁县	夯土实心	方形	一般	10.4×11.6	5.2×5	5.8	0.2	无	无	1.6	无	无		√	东北侧分布有10座小墩
147	07ZYF037	永兴村1号烽火台	中宁县	石砌实心	圆形	较差	16.2×10.1	5.5×3.7	3.9	无	无	无	无	无	无		√	东、西两侧分布有7座小墩
148	07ZYF038	永兴村2号烽火台	中宁县	夯土实心	方形	一般	8.5×7.7	2.7×3.5	4.5	0.3	无	无	无	无	无		√	东、西两侧分布有10座小墩
149	07ZYF039	永兴村3号烽火台	中宁县	石砌实心	圆形	较差	11.3×19.1	3.2×2.6	8.7	无	无	无	无	无	无		√	西、东南两侧分布有9座小墩
150	07ZYF040	永兴村4号烽火台	中宁县	石砌实心	方形	一般	18×16	6×6.2	10.5	无	无	无	无	无	无		√	东、西两侧分布有6座小墩
151	07ZYF041	永兴村5号烽火台	中宁县	石砌实心	方形	一般	14.5×14.2	9×9.6	6	无	无	无	无	无	无		√	南侧分布有10座小墩
152	07ZYF042	永兴村6号烽火台	中宁县	石砌实心	半圆形	一般	直径18	直径4	斜高16	无	15×8	0.9	1.3	无	无		√	东、西两侧分布有6座小墩
153	07ZYF043	永兴村7号烽火台	中宁县	夯土实心	圆形	较差	5.5×6.5	2.3×4.5	4.2	0.18—0.2	无	无	无	无	无	√	√	西南侧半坡处残留有2座小墩
154	07AMF001	木井子嘎查5号烽火台	阿拉善左旗	石砌实心	方形	较好	23×18.8	12.5×10	13.9	无	无	无	无	无	无		√	

续表

序号	编号	名称	属地	材质	形制	保存状况	中心台体（米）				闸墙（米）			门道		损毁原因		附属设施
							底（长×宽）	顶（长×宽）	高	夯层	长×宽	基宽	高	位置	宽	人为因素	自然因素	
155	07ATF002	土井子嘎查1号烽火台	阿拉善左旗	石砌实心	方形	较差	26.4×21.2	7.5×2.3	斜高18.8	无	无	无	无	无	无		√	东北侧分布有5座小墩
156	07ATF003	土井子嘎查2号烽火台	阿拉善左旗	石砌实心	方形	较差	33.5×29	16×11.2	斜高16.2	无	无	无	无	无	无		√	西侧残留有1座小墩
157	07ATF004	土井子嘎查3号烽火台	阿拉善左旗	石砌实心	方形	一般	24.6×21.2	6.6×5	斜高17	无	无	无	无	无	无		√	南侧分布有5座小墩
158	07ATF005	土井子嘎查4号烽火台	阿拉善左旗	石砌实心	方形	较好	8.5×8.5	6.7×5	4	无	无	无	无	无	无		√	
159	07ATF006	土井子嘎查5号烽火台	阿拉善左旗	石砌实心	方形	较好	12.2×10.5	7.6×7.6	7.2	无	无	无	无	无	无		√	
160	07AJF007	查汉艾木1号烽火台	阿拉善左旗	石砌实心	方形	较差	32×27	9×7	斜高15	无	无	无	无	无	无		√	南侧分布有5座小墩
161	07AJF008	查汉艾木2号烽火台	阿拉善左旗	石砌实心	方形	一般	10.3×10	5×5	7.5	无	20×10	无	0.7	无	无		√	东北、南侧分布有7座小墩
162	07AJF009	查汉艾木3号烽火台	阿拉善左旗	石砌实心	方形	一般	17.5×17	4.5×4	18.8	无	无	无	无	无	无		√	
163	07ZSF044	三道湖村烽火台	中宁县	夯土实心	方形	一般	10×9	7×6.5	斜高7	0.18	无	无	无	无	无		√	西南侧分布有12座小墩
164	07ZXF045	徐路村烽火台	中宁县	夯土实心	方形	较差	16×15	5×5	11.5	0.18～0.2	无	无	无	无	无		√	
165	07ZYF046	养马村烽火台	中宁县	夯土实心	圆形	差	直径13	直径1	斜高6	0.12	无	无	无	无	无		√	
166	07ZZF047	朱台村烽火台	中宁县	夯土实心	方形	较差	7×6	4.2×3.4	4	0.1	无	无	无	无	无	√	√	
167	07ZLF048	刘营村烽火台	中宁县	夯土实心	方形	一般	7.7×7.7	3×3	2.7	0.15	无	无	无	无	无	√	√	

续表

序号	编号	名称	属地	材质	形制	保存状况	中心台体（米）底（长×宽）	顶（长×宽）	高	夯层	围墙（米）长×宽	基宽	高	门道 位置	宽	损毁原因 人为因素	自然因素	附属设施
168	07ZCF049	创业村1号烽火台	中宁县	夯土实心	方形	一般	10.2×11	8×8	1.5	0.08—0.1	无	无	无	无	无		√	
169	07ZCF050	创业村2号烽火台	中宁县	夯土实心	方形	一般	6.2×5.2	4.2×3.5	2.6	0.15	无	无	无	无	无	√	√	
170	07ZCF051	创业村3号烽火台	中宁县	夯土实心	方形	一般	6×5.2	2.5×3.5	3.4	0.12	无	无	无	无	无		√	
171	07ZCF052	创业村4号烽火台	中宁县	夯土实心	方形	较好	10×10.8	8×8	1.3	0.12	无	无	无	无	无		√	
172	07ZCF053	创业村5号烽火台	中宁县	夯土实心	方形	一般	10×8.5	4.3×4.3	4.7	0.14	无	无	无	无	无		√	
173	07ZCF054	创业村6号烽火台	中宁县	夯土实心	方形	一般	16.8×19.2	7×8.6	9.6	0.18	37×37	3	1.2	北垣	4	√		
174	07ZHF055	黄桥村烽火台	中宁县	夯土实心	方形	较好	10×10	5×6	5	0.14	无	无	无	无	无		√	
175	07ZTF056	铁渠村烽火台	中宁县	夯土实心	方形	较差	9.6×6	5×2.8	1.9	0.2	无	无	无	无	无	√	√	
176	ZHWF001	胜金1号烽火台	沙坡头区镇罗镇	夯土实心	圆锥形	较好	底径4.5	顶径3.4	3.30	0.2	直径6.5	0.6	1.4—1.9	东南	0.6	√	√	围墙西北侧增设一石砌营盘
177	ZHWF002	胜金2号烽火台	沙坡头区镇罗镇	土石实心	覆斗形	较差	底径13.0	顶径0.50	8.0	0.2				无	无	√		
178	ZHWF003	胜金3号烽火台	沙坡头区镇罗镇	夯土实心	方形	较好	边长10	5×3	6.0	0.15—0.2						√	√	台体南侧附加6个小墩台
179	ZHWF004	胜金4号烽火台	沙坡头区镇罗镇	夯土实心	圆形	一般	底径9.5	3.4×5.2	4.0	0.10—0.15						√	√	
180	ZHWF005	李园烽火台	沙坡头区镇罗镇	夯土实心	覆斗形	一般	7×4.6	5×3.2	2.5—3	0.15—0.2						√	√	台体东侧附加9个小墩台

续表

序号	编号	名称	属地	材质	形制	保存状况	中心台体（米）底（长×宽）	顶（长×宽）	高	夯层	围墙（米）长×宽	基宽	高	门道位置	宽	损毁原因人为因素	自然因素	附属设施
181	ZHWF006	金沙烽火台	沙坡头区东园镇	夯土实心	覆斗形	一般	7.2×5	4×2.6	5.6	0.17—0.2						√	√	
182	ZHWF007	郭滩烽火台	沙坡头区东园镇	夯土实心	方形	一般	边长15.8	8.4—11×8.8—10.8	12—14	0.2						√	√	
183	ZHWF008	新星烽火台	沙坡头区东园镇	夯土实心	长方形	一般	7×7.8	内3.9—4×2.7—3.6 外5.9—6×5.3—5.6	0.7—3.1	0.2—0.22	6×5.6	1.3	3.1	南	1.0	√	√	台体南侧附加10个小墩台
184	ZHWF009	红武烽火台	沙坡头区东园镇	石砌实心	方形	较好	边长30.6	边长5.6	9.3							√	√	台体中心采用蓬木框架支撑
185	ZHWF010	夹道烽火台	沙坡头区迎水桥镇	夯土实心	不规则	较差	8.5—13×11	4.3—7.7×5.7—7.5	5.3—6	0.15—0.25						√	√	
186	ZHWF011	黑林烽火台	沙坡头区迎水桥镇	夯土实心	覆斗形	一般	17.8×10.8	8.1×4.6	7.5	0.16—0.25						√	√	
187	ZHWF012	大柳树下园子烽火台	沙坡头区常乐镇	夯土实心	方形	较差	边长8.5	2.8×1.3	6.4—7.4	0.18						√	√	
188	ZHWF013	风石湾烽火台	沙坡头区常乐镇	石砌实心	长方形	一般	15.5×12.5	6.3×5.8	5.2							√	√	台体东南两侧附加十个小墩台
189	ZHWF014	榆树台子烽火台	沙坡头区迎水桥镇	夯土实心	覆斗形	较差	10×7	4.5×2.8	4.8	0.14—0.2						√	√	
190	ZHWF015	下滩烽火台	沙坡头区迎水桥镇	石砌实心	长方形	一般	12×9.7		2.1—4	0.2—0.25						√	√	台体南侧附加五个小墩台

附表四 西长城关堡登记表

序号	工作编号	名称	地点	保存程度	平面形状	基宽（米）	顶宽（米）	高（米）	周长（米）	面积（米²）	马面	角台	城门	瓮城	城壕（米）宽	城壕（米）深	备注
1	08XZB001	镇北堡明堡	西夏区镇北堡镇华西村内	较差	正方形	3—6	2.2—2.8	7—9	612	23405	0	0	3	1	0	0	
2		平羌堡	西夏区平羌堡镇	差	长方形	6	2.5—3	1.5—8	690	29450	2	0	不详	0	0	0	
3	11YHP004	烂营盘堡	永宁县烂营盘堡	差	正方形	1.3	1	1.5	178	1980	0	0	不详	0	0	0	
4	11YHP001	夹子沟堡	永宁县黄羊滩农场西北	差	长方形	3	0	0.9	660	26000	0	0	1	0	1.5	0.5	
5	11YHP002	汝龙沟堡	永宁县黄羊滩农场西北	差	长方形	3	1	0.4—0.6	656	27820	0	0	4	0	1	0.5	
6	11YHP003	小沟堡	永宁县黄羊滩农场西北	差	长方形	8	0	0.5—0.8	688	62500	0	0	0	0	1	0.5	
7	07QDB001	大坝堡	青铜峡市大坝镇韦桥村第一自然村	差	长方形	20	3.5	11	0	0	0	0	0	0	0	0	
8	07QGB002	甘城子堡	青铜峡市青铜峡镇甘泉村	一般	正方形	4.4—8	1.3—3.4	4.7—7	808	40803	0	0	0	1	0	0	
9	07GSP003	玉泉营堡	青铜峡市邵刚镇乐方红村一组	较差	长方形	5.5—21.2	6.4—12.2	1—7.8	850.4	42708.75	1	1	1	0	0	0	
10	ZHWGB001	胜金关	中卫中宁两地交界处	较差	不规则形	1.6—6.5	0.6—1.0	0.3—8	229	3500	4	0	0	0			
11	ZHWGB002	姚滩1号堡	沙坡头区迎水桥镇姚滩村西北	一般	长方形	1.5—8.2	1.5—4.0	0.5—4.1	542	17684.5	0	1	1	0			南城门
12	ZHWGB003	姚滩2号堡	沙坡头区迎水桥镇姚滩村西北	一般	长方形	3.0—6.0	2.0—3.1	0.5—3.6	482	13149.5	0	0	1	0			南城门
13	ZHWGB004	夹道堡	沙坡头区迎水桥镇夹道村东	一般	长方形	4.8—7.1	1.5—4.3	2.6—7.0	247	3568	0	1	1	0			南城门
14	ZHWGB005	米粮营子堡	沙坡头区常乐镇上游村风石湾西南	一般	长方形	1.4—3.7	0.8—2.1	1.6—8.5	111.3	667.8	1	0	1	0			西城门
15	ZHWGB006	下滩1号堡	沙坡头区迎水桥镇下滩村东	差	长方形	7.6—7.8	2.6—3.0	0.8—2.2	100	600	0	0	1	0			南城门
16	ZHWGB007	下滩2号堡	沙坡头区迎水桥镇下滩村东	一般	长方形	10.5—11	0.5—1.8	3.2—5.6	194	2300	0	0	1	0			南城门

附表五　西长城标本登记表

工作编号	器物名称	材质	高（厘米）	口径（厘米）	口沿厚（厘米）	壁厚（厘米）	底径（厘米）	底厚（厘米）	发现地点
07HHD003 采：1	酱釉缸口沿部残片	瓷	8.6	8.5	3	1.1	0	0	王泉沟 1 号敌台
07HHD005 采：1	黄釉缸口沿部残片	瓷	5.2	11.2	3	2.1	0	0	王泉沟 3 号敌台
07DCD006 采：1	青釉缸口沿部残片	瓷	7.8	8.8	3.2	1.3	0	0	郑官沟 1 号敌台
07DCD006 采：2	青釉缸口沿部残片	瓷	7	15.3	3	1.4	0	0	郑官沟 1 号敌台
07DCD008 采：1	缸口沿部残片	瓷	8.1	7.6	4.2	1.2	0	0	郑官沟 3 号敌台
07DCD008 采：2	缸口沿部残片	瓷	8.5	8.8	2.8	1.1	0	0	郑官沟 3 号敌台
07DCD008 采：3	黑釉罐口沿部残片	瓷	4.4	4.9	0	0.8	0	0	郑官沟 3 号敌台
07DCD008 采：4	黑釉器底部残片	瓷	4	0	0	0	6.1	0.6	郑官沟 3 号敌台
07DCD008 采：5	酱釉耳罐口沿残片	瓷	4.5	6.4	1.5	0.7	0	0	郑官沟 3 号敌台
07DCD008 采：6	白釉碗底残片	瓷	2.3	0	0	0.5	5.5	0	郑官沟 3 号敌台
07DCD008 采：7	灰陶盆残片	陶	3.5	3.9	0	0.6	0	0	郑官沟 3 号敌台
07DCD011 采：1	褐釉罐底部残片	瓷	7	0	3.1	1.3	7.8	0	韭菜沟 2 号敌台
07DCD011 采：6	酱釉罐底部残片	瓷	4.5	0	0	1	9.2	1.2	韭菜沟 2 号敌台
07DCD011 采：2	酱釉缸口沿残片	瓷	6.2	10.8	2.8	1.2	0	0	韭菜沟 2 号敌台
07DCD011 采：3	青釉缸口沿残片	瓷	10.3	5	3.2	1.1	0	0	韭菜沟 2 号敌台
07DCD011 采：4	黄釉缸底部残片	瓷	4.8	0	0	1.8	17.5	1.8	韭菜沟 2 号敌台
07DCD011 采：5	青釉盆口沿残片	瓷	7.8	9.2	2.4	0.9	0	0	韭菜沟 2 号敌台
07DCD011 采：7	白釉碗底部残片	瓷	2.3	0	0	0.5	5.4	0	韭菜沟 2 号敌台
07DWD018 采：1	酱釉缸口沿残片	瓷	6.6	11.2	3.9	1.2	0	0	大风沟 1 号敌台
07DWD018 采：2	红褐色釉缸底部残片	瓷	4.1	0	0	1.2	9.2	2	大风沟 1 号敌台
07DWD018 采：3	褐釉碗底部残片	瓷	2.5	0	0	0.5	6.2	0.5	大风沟 1 号敌台
07HHF005 采：1	酱釉缸底部残片	瓷	6	0	0	1.6	10	2	大武口沟 2 号烽火台
07HHF005 采：2	黑釉缸口沿残片	瓷	3.7	9.2	2.5	1.6	0	0	大武口沟 2 号烽火台
07HHF005 采：3	褐釉罐底部残片	瓷	5	0	0	0.75	6.8	1.2	大武口沟 2 号烽火台
07HHF005 采：4	盆口沿残片	陶	6.2	5.5	0	0.8	0	0	大武口沟 2 号烽火台
07DCF001 采：1	酱釉缸口沿残片	瓷	7	13.8	3.2	0.6	0	0	大武口沟 3 号烽火台
07DCF001 采：2	褐釉缸口沿残片	瓷	7.5	6.3	3.3	1.2	0	0	大武口沟 3 号烽火台
07DCF003 采：1	褐釉缸口沿残片	瓷	5.2	9	3.4	1.7	0	0	郑官沟 1 号烽火台
07DCF003 采：2	姜黄釉罐底部残片	瓷	11.5	0	0	1.5	11.6	1.7	郑官沟 1 号烽火台
07DCF003 采：3	黑釉盆底部残片	瓷	15.3	0	0	1.6	9.4	1.7	郑官沟 1 号烽火台
07DCF004 采：1	酱釉盆底部残片	瓷	8.5	0	0	1.4	13.4	2.2	郑官沟 2 号烽火台
07DCF004 采：2	黑釉缸底部残片	瓷	15	0	0	1.7	8.7	1.7	郑官沟 2 号烽火台
07DCF006 采：1	酱釉罐底部残片	瓷	4.6	0	0	1.1	11.3	1.2	郑官沟 4 号烽火台
07DCF006 采：2	白釉碗底部残片	瓷	4.8	0	0	0.35	5	0	郑官沟 4 号烽火台
07DCF007 采：1	黑釉碗底部残片	瓷	2	0	0	1	4.7	0.3	郑官沟 5 号烽火台

工作编号	器物名称	材质	高（厘米）	口径（厘米）	口沿厚（厘米）	壁厚（厘米）	底径（厘米）	底厚（厘米）	发现地点
07GGF010 采：1	青釉缸口沿残片	瓷	8.2	14	4.3	1.2	0	0	归德沟 1 号烽火台
07GGF010 采：2	青釉缸口沿残片	瓷	8.8	14.1	5.2	1.1	0	0	归德沟 1 号烽火台
07GGF010 采：3	青釉器底部残片	瓷	13.5	0	0	1.2	14.1	1.7	归德沟 1 号烽火台
07GGF010 采：4	青釉器底部残片	瓷	7.4	0	0	1.8	15.5	1.2	归德沟 1 号烽火台
07DGF011 采：1	酱釉缸口沿残片	瓷	6	11.7	3.4	1.2	0	0	归德沟 2 号烽火台
07DGF011 采：2	酱釉缸口沿残片	瓷	9	13	3.3	1.2	0	0	归德沟 2 号烽火台
07DGF011 采：3	姜黄釉缸口沿残片	瓷	9.4	8.6	3.1	0.9	0	0	归德沟 2 号烽火台
07DGF011 采：4	青釉缸口沿残片	瓷	7.8	7.5	3.2	1.1	0	0	归德沟 2 号烽火台
07DGF011 采：5	青釉缸口沿残片	瓷	8.2	8	3.3	1.1	0	0	归德沟 2 号烽火台
07DGF011 采：6	褐釉缸口沿残片	瓷	4.4	15.3	0	2.2	0	0	归德沟 2 号烽火台
07DGF011 采：10	酱釉缸底部残片	瓷	3.8	0	0	1.4	8.4	1.1	归德沟 2 号烽火台
07DGF011 采：7	酱釉器底部残片	瓷	7.4	0	0	1.4	13.4	2	归德沟 2 号烽火台
07DGF011 采：8	黄釉器底部残片	瓷	4.4	0	0	1.7	11.8	2	归德沟 2 号烽火台
07DGF011 采：9	褐釉器底部残片	瓷	4.2	0	0	2.9	11.4	1.5	归德沟 2 号烽火台
07DCF012 采：1	姜黄釉缸口沿残片	瓷	9.5	10.4	4	1.2	0	0	大风沟烽火台
07DCF012 采：2	白釉碗底部残片	瓷	1.8	0	0	0	3.8	0	大风沟烽火台
07DCF013 采：1	褐釉缸口沿残片	瓷	6.2	10.6	3	1.3	0	0	小风沟 1 号烽火台
07DCF013 采：2	姜黄釉缸口沿残片	瓷	4.2	5.7	2.8	1.3	0	0	小风沟 1 号烽火台
07DCF013 采：3	褐釉器底部残片	瓷	0	0	0	0	10	2.1	小风沟 1 号烽火台
07DCF015 采：1	黑釉碗底部残片	瓷	2.6	0	0	0.6	5	0.6	龙泉村 1 号烽火台
08HHF002 采：1	酱釉盆口沿残片	瓷	4.6	7	3.8	1.6	0	0	插旗沟烽火台
08HHF005 采：1	褐釉盆口沿残片	瓷	6	5.5	3	1.2	0	0	青石沟烽火台
08XZF001 采：1	褐釉缸口沿残片	瓷	7.4	17	3	1.2	0	0	拜寺沟烽火台
08XZF001 采：2	褐釉缸口沿残片	瓷	7.5	11	3.5	1.1	0	0	拜寺沟烽火台
08XZF001 采：3	酱釉盆口沿残片	瓷	3.8	4.6	1.1	0.5	0	0	拜寺沟烽火台
08XZF004 采：1	黄釉缸底部残片	瓷	7.4	0	0	1.2	17	0	大水渠沟 2 号烽火台
08XZF012 采：1	酱釉罐底部残片	瓷	3.5	0	0	0.7	5	0.8	甘沟 1 号烽火台
08XZF012 采：2	白釉碗底部残片	瓷	2.4	0	0	0.6	7.2	0.7	甘沟 1 号烽火台
08XZF013 采：1	黄釉缸口沿残片	瓷	7.7	7.8	3.6	1	0	0	甘沟 2 号烽火台
08XZF013 采：2	褐釉罐底部残片	瓷	1.8	0	0	0.6	6.2	0	甘沟 2 号烽火台
11YHD008 采：1	酱釉缸口沿残片	瓷	12.5	15.5	3	1.2	0	0	白水泉子沟敌台
11YHD008 采：3	黑釉缸口沿残片	瓷	6.8	14	2.5	0.7	0	0	白水泉子沟敌台
11YHD008 采：4	姜黄釉缸口沿残片	瓷	7	9	3.4	1.3	0	0	白水泉子沟敌台
11YHD008 采：2	黑釉盆口沿残片	瓷	6.8	13.2	1.2	0.7	0	0	白水泉子沟敌台

续表

工作编号	器物名称	材质	高（厘米）	口径（厘米）	口沿厚（厘米）	壁厚（厘米）	底径（厘米）	底厚（厘米）	发现地点
11YHD008 采：5	黑釉碗底部残片	瓷	3.1	0	0	0.3	6.3	0	白水泉子沟敌台
11YHD008 采：6	黑釉碗底部残片	瓷	2.5	0	0	0.25	6	0	白水泉子沟敌台
11YHD008 采：7	黑釉碗口沿残片	瓷	3.5	2.8	0	0.2	0	0	白水泉子沟敌台
11YHD008 采：8	黑釉罐口沿残片	瓷	2.8	5	1	0.6	0	0	白水泉子沟敌台
11YHD008 采：9	石器	石	4	0	0	0	0	0	白水泉子沟敌台
11YHD011 采：1	褐釉罐底部残片	瓷	5.8	0	0	1.2	0	1.4	大汝龙沟敌台
11YHD011 采：2	褐釉缸口沿残片	瓷	11	14.8	3	1.2	0	0	大汝龙沟敌台
11YHD011 采：3	青釉缸口沿残片	瓷	10	12	3.3	1.2	0	0	大汝龙沟敌台
11YHD011 采：5	褐釉缸口沿残片	瓷	7.5	12.5	3.6	1.2	0	0	大汝龙沟敌台
11YHD011 采：4	黑釉盆口沿残片	瓷	6.5	11.5	3.5	0.8	0	0	大汝龙沟敌台
11YHD011 采：6	黑釉碗底部残片	瓷	3	6.5	0	0.15	0	0	白水泉子沟敌台
11YHD012 采：1	黑釉缸口沿残片	瓷	12.2	8	3	1.2	0	0	小沟敌台
11YHD013 采：1	青釉缸口沿残片	瓷	11.5	16.2	3.7	1.2	0	0	磨石沟敌台
11YHD013 采：2	褐釉缸底部残片	瓷	4.5	0	0	2	0	2	磨石沟敌台
11YHD013 采：3	罐底部部残片	瓷	3	0	0	1	10	0.4	磨石沟敌台
11QYD001 采：1	白釉碗口沿残片	瓷	6	17	0	0.3	0	0	玉西村1号敌台
11QYD001 采：2	酱釉缸口沿残片	瓷	9.3	7.5	3.7	1.2	0	0	玉西村1号敌台
11QYD002 采：1	姜黄釉缸口沿残片	瓷	11.2	11	3.5	1.2	0	0	玉西村2号敌台
11QYD003 采：1	青釉罐口沿残片	瓷	15.6	8.5	3.2	1.2	0	0	玉西村3号敌台
11QYD003 采：2	褐釉缸口沿残片	瓷	5.5	11	3.2	1.2	0	0	玉西村3号敌台
11QYD003 采：3	青釉缸口沿残片	瓷	8	7.3	3.4	1.4	0	0	玉西村3号敌台
11QYD003 采：4	褐釉碗底部残片	瓷	3	0	0	0.6	5.5	0	玉西村3号敌台
11QYD003 采：5	褐釉盆底部残片	瓷	0	0	0	2	13	2	玉西村3号敌台
11QYD004 采：1	姜黄釉缸口沿残片	瓷	10.2	8.5	4	1.1	0	0	玉西村4号敌台
11QYD004 采：2	黑釉缸口沿残片	瓷	7.3	10.2	2.9	1.4	0	0	玉西村4号敌台
11QYD004 采：4	褐釉缸口沿残片	瓷	11	12.2	3.8	1.3	0	0	玉西村4号敌台
11QYD004 采：3	酱釉缸底部残片	瓷	0	0	0	1.2	16.5	1.4	玉西村4号敌台
11QYD004 采：5	石夯	石	13.4	0	0	0	20	0	玉西村4号敌台
11QYD005 采：1	陶罐口沿残片	陶	0	5	1.6	0.5	0	0	玉西村5号敌台
11QYD005 采：2	姜黄釉缸口沿残片	瓷	8.2	9.8	3.7	1.4	0	0	玉西村5号敌台
11QYD005 采：3	褐釉罐底部残片	瓷	5	0	0	1	5	1.2	玉西村5号敌台
11QGD006 采：1	褐釉罐口沿残片	瓷	7.5	7	3	0.75	0	0	甘城子村1号敌台
11QGD006 采：2	青釉缸底部残片	瓷	5.4	0	0	2	12	2	甘城子村1号敌台
11QGD007 采：1	褐釉碗底部残片	瓷	0	0	0	0.4	6.5	0	甘城子村2号敌台

工作编号	器物名称	材质	高（厘米）	口径（厘米）	口沿厚（厘米）	壁厚（厘米）	底径（厘米）	底厚（厘米）	发现地点
11QGD007 采：2	青釉缸口沿残片	瓷	0	15	3	1.2	0	0	甘城子村 2 号敌台
11QGD008 采：1	姜黄釉缸口沿残片	瓷	7.7	9	3.5	1.1	0	0	甘城子村 3 号敌台
11QGD008 采：2	褐釉碗底部残片	瓷	2.9	0	0	0.4	5	0	甘城子村 3 号敌台
11QGD009 采：1	褐釉缸口沿残片	瓷	7.3	6.2	3	1.1	0	0	甘城子村 4 号敌台
11QGD009 采：2	青釉缸底部残片	瓷	4	0	0	1.4	10.5	1.6	甘城子村 4 号敌台
11QGD009 采：3	黑釉罐底部残片	瓷	0	0	0	1.5	9	1.7	甘城子村 4 号敌台
11QGD011 采：1	褐釉缸底部残片	瓷	9	0	0	2	22	1.1	甘城子村 6 号敌台
11QGD011 采：2	青釉缸口沿残片	瓷	5.7	5.7	3.3	1	0	0	甘城子村 6 号敌台
11QGD011 采：3	褐釉罐底部残片	瓷	8.6	0	0	1.6	26.4	0	甘城子村 6 号敌台
11QGD011 采：4	青釉盆口沿残片	瓷	12	44	3.2	1	0	0	甘城子村 6 号敌台
11QGD011 采：5	青釉瓷蒺藜	瓷	0	0	0	1.3	12	0	甘城子村 6 号敌台
11BMD012 采：1	褐釉缸口沿残片	瓷	8.7	14.2	3.5	0.5	0	0	木井子嘎查敌台
11BMD012 采：2	青釉缸口沿残片	瓷	7.7	10	3.8	1.1	0	0	木井子嘎查敌台
11BMD012 采：3	青釉缸口沿残片	瓷	10.7	9	2.9	1	0	0	木井子嘎查敌台
11QDD013 采：1	褐釉缸口沿残片	瓷	6.8	7.4	4	1.3	0	0	大沟村 1 号敌台
11QDD013 采：2	黑釉缸口沿残片	瓷	6.8	7.4	4	1.3	0	0	大沟村 1 号敌台
11QDD014 采：1	白釉碗口沿残片	瓷	3.6	15	0	0.3	0	0	大沟村 2 号敌台
11QDD014 采：2	褐釉碗底部残片	瓷	3	0	0	0.4	6	0	大沟村 2 号敌台
11QDD014 采：3	酱釉缸口沿残片	瓷	10	9.4	3.3	0.9	0	0	大沟村 2 号敌台
11BSF003 采：1	酱釉罐底部残片	瓷	5	0	0	0.9	4.3	0.3	上海嘎查 3 号烽火台
11BSF003 采：2	青釉罐底部残片	瓷	8	0	0	1.5	11	2	上海嘎查 3 号烽火台
11YHF004 采：1	姜黄釉缸口沿残片	瓷	0	7	3.5	1.4	0	0	黄羊滩 3 号烽火台
11YHF004 采：2	酱釉缸口沿残片	瓷	11.2	9.5	3.4	1.4	0	0	黄羊滩 3 号烽火台
11YHF005 采：1	黑釉缸口沿残片	瓷	10	9	4.3	1.4	0	0	黄羊滩 4 号烽火台
11YHF006 采：1	茶叶末釉缸口沿残片	瓷	7	14.5	2.5	1.2	0	0	黄羊滩 5 号烽火台
11YHF006 采：2	褐釉缸口沿残片	瓷	9.5	11	3.5	1.4	0	0	黄羊滩 5 号烽火台
11YHF006 采：3	姜黄釉缸口沿残片	瓷	11.5	12.5	3.3	1.1	0	0	黄羊滩 5 号烽火台
11YHF006 采：4	姜黄釉罐口沿残片	瓷	8.5	16.5	2.3	0.8	0	0	黄羊滩 5 号烽火台
11YHF006 采：5	褐釉罐口沿残片	瓷	4	4.2	2	0.5	0	0	黄羊滩 5 号烽火台
11YHF006 采：6	酱釉罐底部残片	瓷	6.8	0	0	1.2	4.8	1	黄羊滩 5 号烽火台
11YHF006 采：7	姜黄釉罐底部残片	瓷	8	0	0	1.2	12	1.8	黄羊滩 5 号烽火台
11BSF008 采：1	酱釉碗底部残片	瓷	3.5	0	0	0.3	6	0	上海嘎查 5 号烽火台
11BSF008 采：2	姜黄釉缸口沿残片	瓷	7	5.9	4	1.1	0	0	上海嘎查 5 号烽火台
11YHF009 采：1	酱釉罐口沿残片	瓷	6.5	10	3	1	0	0	黄羊滩 6 号烽火台

续表

工作编号	器物名称	材质	高（厘米）	口径（厘米）	口沿厚（厘米）	壁厚（厘米）	底径（厘米）	底厚（厘米）	发现地点
11YHF009 采：2	姜黄釉罐口沿残片	瓷	6.3	14	3.2	1.3	0	0	黄羊滩 6 号烽火台
11YHF009 采：3	黑釉罐口沿残片	瓷	8.7	10.5	2.6	0.9	0	0	黄羊滩 6 号烽火台
11QGF016 采：1	白釉碗口沿残片	瓷	5	0	0	0.3	0	0	甘城子村烽火台
11QGF016 采：2	白釉碗底部残片	瓷	2.3	0	0	0.5	6	0	甘城子村烽火台
11QGF016 采：3	黑釉罐口沿残片	瓷	4.5	18	1	0.4	0	0	甘城子村烽火台
11QGF016 采：4	青釉缸口沿残片	瓷	6.4	5.3	3.7	1.1	0	0	甘城子村烽火台
11YHP001 采：1	姜黄釉缸口沿残片	瓷	8	14.5	3.2	1.3	0	0	夹子沟堡
07NQD004 采：1	黑釉盆底部残片	瓷	2.6	0	0	1.4	8.4	1	滑石沟 2 号敌台
08GD007 采：1	酱釉罐口沿残片	瓷	10.3	8.1	0	0.7	0	0	三趟墩 1 号敌台
08GD007 采：2	褐釉罐口沿残片	瓷	5.2	8.5	1.4	0.6	0	0	三趟墩 1 号敌台
08GD007 采：3	陶罐口沿残片	陶	7.3	9.4	2	0.5	0	0	三趟墩 1 号敌台
08GD008 采：1	褐釉缸底部残片	瓷	7.2	0	0	2.4	18.5	2.6	三趟墩 2 号敌台
08GD008 采：2	褐釉盆口沿残片	瓷	12.1	10.7	0	1.5	0	0	三趟墩 2 号敌台
08GD008 采：3	酱釉罐口沿残片	瓷	6.6	12.1	2.2	0.9	0	0	三趟墩 2 号敌台
08GD008 采：4	褐釉碗底部残片	瓷	3.5	0	0	0.5	8.9	0	三趟墩 2 号敌台
08GD008 采：5	酱釉碗底部残片	瓷	2.2	0	0	0.8	8	0	三趟墩 2 号敌台
08GD008 采：6	铭文砖残块	陶	5.5	0	0	0	0	0	三趟墩 2 号敌台
08GD009 采：1	褐釉碗底部残片	瓷	2.6	0	0	0.4	7	0.8	三趟墩 3 号敌台
07ZWDD001 采：1	陶盆口沿残片	陶	5.3	6.7	0	0.9	0	0	王营村敌台
07ZWDD001 采：2	陶盆口沿残片	陶	6	8.9	0	0.8	0	0	王营村敌台
07ZWDD001 采：3	黑釉罐口沿残片	瓷	7.2	7	1.4	0.7	0	0	王营村敌台
07ZWDD001 采：4	黑釉罐耳部残片	瓷	2.8	5.2	0	0	0	0	王营村敌台
07ZWDD001 采：5	酱釉罐底部残片	瓷	3.5	0	0	0.85	6.1	0	王营村敌台
07QGF006 采：1	黑釉盆口沿残片	瓷	7	9	3.7	1.3	0	0	甘泉村 1 号烽火台
07QGF007 采：1	褐釉缸口沿残片	瓷	11.8	10.5	3.8	1.2	0	0	甘泉村 2 号烽火台
07QGF007 采：2	酱釉盆底部残片	瓷	4.8	0	0	1	6.3	1	甘泉村 2 号烽火台
07QGF007 采：3	褐釉蒺藜残片	瓷	0	0	0	1.7	8.6	0	甘泉村 2 号烽火台
08QQF011 采：1	褐釉缸底部残片	瓷	4.1	0	0	1.8	23.5	2.3	青铜峡镇 1 号烽火台
08QQF011 采：2	褐釉盆底部残片	瓷	4.4	0	0	0.9	13	1.1	青铜峡镇 1 号烽火台
08QGF013 采：1	褐釉缸底部残片	瓷	10.4	0	0	1.8	12.5	1.9	高桥村 2 号烽火台
08QGF013 采：2	褐釉盆口沿残片	瓷	8.1	5.2	3.4	1.1	0	0	高桥村 2 号烽火台
08QGF013 采：3	褐釉蒺藜残片	瓷	0	0	0	2.1	7.2	0	高桥村 2 号烽火台
08QGF014 采：1	褐釉盆底部残片	瓷	5	0	0	0.9	11.8	0.9	青铜峡镇 3 号烽火台
08QGF014 采：2	青釉碗底部残片	瓷	2.4	0	0	0.6	5.9	0	青铜峡镇 3 号烽火台

续表

工作编号	器物名称	材质	高（厘米）	口径（厘米）	口沿厚（厘米）	壁厚（厘米）	底径（厘米）	底厚（厘米）	发现地点
08QXF016 采：1	酱釉缸口沿残片	瓷	8.7	9.4	2.8	1.3	0	0	旋风槽 1 号烽火台
08QXF016 采：2	酱釉罐口沿残片	瓷	8.1	5.3	0	0.5	0	0	旋风槽 1 号烽火台
08QXF016 采：3	褐釉碗底部残片	瓷	2.4	0	0	0.7	7.5	0.7	旋风槽 1 号烽火台
08QXF016 采：4	褐釉碗底部残片	瓷	2	0	0	0.8	5.7	0.8	旋风槽 1 号烽火台
08QQF019 采：1	褐釉缸口沿残片	瓷	8.5	13	3.5	1.6	0	0	青铜峡镇 5 号烽火台
08QQF019 采：2	青釉碗底部残片	瓷	2.2	0	0	0.4	3.5	0.3	青铜峡镇 5 号烽火台
08QQF019 采：3	酱釉碗底部残片	瓷	2	0	0	0.4	5.2	0.6	青铜峡镇 5 号烽火台
08QQF019 采：4	褐釉蒺藜残片	瓷	0	0	0	2.1	9.3	0	青铜峡镇 5 号烽火台
08QQF020 采：1	黑釉缸底部残片	瓷	6.5	0	0	2.1	13.3	1.8	青铜峡镇 6 号烽火台
08QQF020 采：2	褐釉缸底部残片	瓷	6.5	0	0	2	11.1	2.7	青铜峡镇 6 号烽火台
08QXF021 采：1	酱釉缸口沿残片	瓷	11.5	12	3.4	1	0	0	旋风槽 3 号烽火台
08QXF021 采：2	青釉缸口沿残片	瓷	9.4	11.5	3	1.2	0	0	旋风槽 3 号烽火台
08QXF021 采：3	黑釉罐底部残片	瓷	3.3	0	0	0.8	5.3	1.1	旋风槽 3 号烽火台
08QXF021 采：4	黄釉碗口沿残片	瓷	5.4	3.2	0	0.4	0	0	旋风槽 3 号烽火台
08QXF021 采：5	白釉碗口沿残片	瓷	2.9	3.1	0	0.3	0	0	旋风槽 3 号烽火台
08QXF023 采：1	黑釉罐身残片	瓷	9.7	0	0	1.6	0	0	旋风槽 4 号烽火台
08QXF023 采：2	褐釉盆底部残片	瓷	5.4	0	0	1.2	9.9	1.5	旋风槽 4 号烽火台
08QXF023 采：3	褐釉盆底部残片	瓷	2.5	0	0	0.9	5	1.1	旋风槽 4 号烽火台
08QSF029 采：1	褐釉缸口沿残片	瓷	8	9.8	3.8	1.2	0	0	三趟墩 5 号烽火台
08QSF029 采：2	黄釉盆底部残片	瓷	3.3	0	0	1.5	9.3	1.6	三趟墩 5 号烽火台
08QSF029 采：3	酱黑釉器身残片	瓷	6	0	0	1.5	0	0	三趟墩 5 号烽火台
07ZGF007 采：1	陶罐底部残片	陶	3.8	0	0	0.5	7.6	1.15	高山寺村 3 号烽火台
07ZGF007 采：2	褐釉缸口沿残片	瓷	7.5	12.4	3.7	1.4	0	0	高山寺村 3 号烽火台
07ZGF007 采：3	褐釉缸口沿残片	瓷	7	10.6	3.2	0.8	0	0	高山寺村 3 号烽火台
07ZGF008 采：1	黑釉罐底部残片	瓷	6.1	0	0	0.7	14.5	0	高山寺村 4 号烽火台
07ZGF008 采：2	黑釉缸口沿残片	瓷	8.5	11	3.2	1	0	0	高山寺村 4 号烽火台
07ZGF008 采：3	褐釉缸口沿残片	瓷	8.3	10.8	3.2	1.1	0	0	高山寺村 4 号烽火台
07ZGF009 采：1	褐釉缸口沿残片	瓷	16	26.5	3.5	0.9	0	0	高山寺村 5 号烽火台
07ZGF012 采：7	褐釉缸口沿残片	瓷	10.7	5.6	3.5	1.3	0	0	高山寺村 8 号烽火台
07ZGF012 采：5	褐釉缸底部残片	瓷	7.2	0	0	2	9	2	高山寺村 8 号烽火台
07ZGF012 采：2	黑釉罐口沿残片	瓷	3.1	4.1	0.8	0.5	0	0	高山寺村 8 号烽火台
07ZGF012 采：4	黑釉罐口沿残片	瓷	4.4	4.1	1.2	0.8	0	0	高山寺村 8 号烽火台
07ZGF012 采：6	褐釉罐底部残片	瓷	3.8	0	0	0.8	7	1.3	高山寺村 8 号烽火台
07ZGF012 采：1	褐釉碗底部残片	瓷	2	0	0	0.6	6.2	0.9	高山寺村 8 号烽火台

续表

工作编号	器物名称	材质	高（厘米）	口径（厘米）	口沿厚（厘米）	壁厚（厘米）	底径（厘米）	底厚（厘米）	发现地点
07ZGF012 采：3	白釉碗口沿残片	瓷	3.2	2	0	0.4	0	0	高山寺村 8 号烽火台
07ZWF014 采：1	酱釉缸口沿残片	瓷	9.2	14.2	3.3	1.3	0	0	王营村 1 号烽火台
07ZWF014 采：2	酱釉缸底部残片	瓷	7.5	0	0	2	13.8	2.9	王营村 1 号烽火台
07ZWF014 采：3	褐釉罐口沿残片	瓷	8.9	6.1	1.3	0.9	0	0	王营村 1 号烽火台
07ZWF014 采：4	酱釉罐口沿残片	瓷	6.3	8.9	1.5	1	0	0	王营村 1 号烽火台
07ZWF014 采：5	黑釉罐口沿残片	瓷	4	3.5	1.5	0.6	0	0	王营村 1 号烽火台
07ZWF014 采：6	褐釉罐口沿残片	瓷	4.5	6.4	2	0.9	0	0	王营村 1 号烽火台
07ZWF014 采：7	黑釉罐口沿残片	瓷	6.7	7.8	0.7	0.9	0	0	王营村 1 号烽火台
07ZWF014 采：8	白釉碗底部残片	瓷	1.4	0	0	0.5	5.9	0.4	王营村 1 号烽火台
07ZWF014 采：9	黑釉碗底部残片	瓷	2.9	0	0	0.5	8.5	0.6	王营村 1 号烽火台
07ZZF016 采：1	陶钵口沿残片	陶	5.4	6.5	0	0.7	0	0	枣园村 2 号烽火台
07ZZF016 采：2	青釉缸底部残片	瓷	12.4	0	0	1.1	11.5	1	枣园村 2 号烽火台
07ZZF016 采：3	酱釉缸口沿残片	瓷	9	8.8	2.9	0.7	0	0	枣园村 2 号烽火台
07ZZF016 采：4	青釉罐底部残片	瓷	4.9	0	0	0.9	11	0	枣园村 2 号烽火台
07ZZF016 采：5	酱釉罐底部残片	瓷	5.9	0	0	0.6	9.7	0	枣园村 2 号烽火台
07ZZF016 采：6	红釉罐底部残片	瓷	3.8	0	0	1	10.6	0.9	枣园村 2 号烽火台
07ZZF016 采：7	白釉碗底部残片	瓷	2.4	0	0	0.6	6.8	0	枣园村 2 号烽火台
07ZZF016 采：8	黑釉碗底部残片	瓷	1.9	0	0	0.6	5.4	0	枣园村 2 号烽火台
07ZZF016 采：9	青釉碗底部残片	瓷	3.1	0	0	0.4	5	0	枣园村 2 号烽火台
07ZZF016 采：10	白釉碗口沿残片	瓷	3.5	3.4	0	0.4	0	0	枣园村 2 号烽火台
07ZTF017 采：1	姜黄釉罐底部残片	瓷	3.4	0	0	0.8	8.1	0	太平村 1 号烽火台
07ZTF017 采：2	酱釉罐底部残片	瓷	3.3	0	0	0.8	11.6	1.1	太平村 1 号烽火台
07ZTF017 采：3	黑釉罐底部残片	瓷	4.5	0	0	0.7	7.5	1.1	太平村 1 号烽火台
07ZTF017 采：5	黑釉罐口沿残片	瓷	4.5	6.4	1.2	0.8	0	0	太平村 1 号烽火台
07ZTF017 采：4	酱釉缸口沿残片	瓷	11.7	3.8	2.5	1	0	0	太平村 1 号烽火台
07ZTF017 采：6	黑釉碗底部残片	瓷	2.3	0	0	0.5	5.9	0	太平村 1 号烽火台
07ZTF017 采：7	酱釉碗底部残片	瓷	1.8	0	0	0	6.2	0.5	太平村 1 号烽火台
07ZTF018 采：1	酱釉缸底部残片	瓷	5.6	0	0	1.1	13	1.3	太平村 2 号烽火台
07ZTF018 采：2	黑釉盆底部残片	瓷	6.1	0	0	0.6	9.9	0.6	太平村 2 号烽火台
07ZTF018 采：3	黑釉罐口沿残片	瓷	6	4.1	1.2	0.6	0	0	太平村 2 号烽火台
07ZTF018 采：4	褐釉罐口沿残片	瓷	3.7	4	1.3	0.7	0	0	太平村 2 号烽火台
07ZWF020 采：1	黑釉缸底部残片	瓷	5.6	0	0	1.2	7.1	1.3	王营村 2 号烽火台
07ZWF020 采：2	酱釉缸底部残片	瓷	9.3	0	0	1.9	10	1.8	王营村 2 号烽火台
07ZWF020 采：3	青釉缸口沿残片	瓷	7.8	3.3	3.1	1.8	0	0	王营村 2 号烽火台

工作编号	器物名称	材质	高（厘米）	口径（厘米）	口沿厚（厘米）	壁厚（厘米）	底径（厘米）	底厚（厘米）	发现地点
07ZWF020 采：4	褐釉罐底部残片	瓷	3.5	0	0	0.8	8.1	1.8	王营村 2 号烽火台
07ZWF020 采：5	褐釉碗底部残片	瓷	2.1	0	0	0.5	4.9	0.4	王营村 2 号烽火台
07ZWF020 采：6	黑釉碗口沿残片	瓷	2	3.6	0	0.3	0	0	王营村 2 号烽火台
07ZTF022 采：1	酱釉罐底部残片	瓷	4.8	0	0	0.9	8.3	0	太平村 4 号烽火台
07ZTF022 采：2	酱釉壶口沿残片	瓷	4.4	3.2	0.6	0.8	0	0	太平村 4 号烽火台
07ZTF022 采：3	黑釉碗底部残片	瓷	4.8	0	0	0.9	8.3	0	太平村 4 号烽火台
07ZTF022 采：4	酱釉碗底部残片	瓷	2.1	0	0	0.6	6.1	0	太平村 4 号烽火台
07ZTF022 采：5	白釉碗底部残片	瓷	7.2	2.4	0	0.4	0	0	太平村 4 号烽火台
07ZSF026 采：1	酱釉缸口沿残片	瓷	6.5	19.5	4.2	1.7	0	0	时庄村 2 号烽火台
07ZSF026 采：2	酱釉缸底部残片	瓷	3.4	0	0	1.3	9.5	2.3	时庄村 2 号烽火台
07ZSF026 采：3	酱釉缸口沿残片	瓷	9.7	6.9	4.2	2	0	0	时庄村 2 号烽火台
07ZSF026 采：4	青釉缸口沿残片	瓷	7.8	11.8	3.1	1.5	0	0	时庄村 2 号烽火台
07ZSF026 采：5	褐釉缸口沿残片	瓷	5.7	6.5	3.4	1.1	0	0	时庄村 2 号烽火台
07ZSF026 采：6	褐釉盆底部残片	瓷	4.7	0	0	0.9	12.5	1.3	时庄村 2 号烽火台
07ZSF026 采：7	酱釉碗底部残片	瓷	1.8	0	0	0.6	6.9	0.3	时庄村 2 号烽火台
07ZSF026 采：8	黄釉碗口沿残片	瓷	4.9	1.6	0	0.3	0	0	时庄村 2 号烽火台
07ZSF027 采：2	褐釉缸口沿残片	瓷	6.5	11.9	3.8	1.5	0	0	时庄村 3 号烽火台
07ZSF027 采：1	黑釉罐底部残片	瓷	5	0	0	0.7	12.5	0.6	时庄村 3 号烽火台
07ZSF027 采：3	褐釉罐底部残片	瓷	4.1	0	0	1.2	8.6	1.2	时庄村 3 号烽火台
07ZSF027 采：4	酱褐釉罐底部残片	瓷	4.6	0	0	0.8	9.6	1.5	时庄村 3 号烽火台
07ZSF027 采：5	酱褐釉罐口沿残片	瓷	3.1	4.4	1.4	0.6	0	0	时庄村 3 号烽火台
07ZSF027 采：6	黑釉罐口沿残片	瓷	4.1	4.1	1.4	0.6	0	0	时庄村 3 号烽火台
07ZSF027 采：7	黑釉罐底部残片	瓷	4.7	0	0	0.7	5.4	0.7	时庄村 3 号烽火台
07ZSF027 采：8	褐釉碗底部残片	瓷	2.3	0	0	0.5	5.6	0.9	时庄村 3 号烽火台
07ZSF027 采：9	白釉罐底部残片	瓷	3.5	0	0	0.5	4.8	0.4	时庄村 3 号烽火台
07ZSF027 采：10	黄釉罐底部残片	瓷	2.7	0	0	0.5	5.9	0.3	时庄村 3 号烽火台
07ZJF030 采：1	酱釉缸口沿残片	瓷	8.7	9.4	2.8	1.3	0	0	金沙村 1 号烽火台
07ZJF030 采：2	酱釉罐口沿残片	瓷	8.1	5.3	0	0.5	0	0	金沙村 1 号烽火台
07ZJF030 采：3	褐釉碗底部残片	瓷	2.4	0	0	0.7	7.5	0.7	金沙村 1 号烽火台
07ZJF032 采：1	黑釉缸底部残片	瓷	6.5	0	0	2.1	13.3	1.8	金沙村 3 号烽火台
07ZJF032 采：2	褐釉缸底部残片	瓷	6	0	0	2	11.1	2.7	金沙村 3 号烽火台
07ZJF033 采：1	褐釉缸口沿残片	瓷	6.8	7.8	2.9	1	0	0	金沙村 4 号烽火台
07ZJF033 采：2	褐釉缸口沿残片	瓷	8.4	9.3	3.5	1.2	0	0	金沙村 4 号烽火台
07ZJF033 采：3	褐釉盆底部残片	瓷	3.3	0	0	1.1	12	1.2	金沙村 4 号烽火台

工作编号	器物名称	材质	高（厘米）	口径（厘米）	口沿厚（厘米）	壁厚（厘米）	底径（厘米）	底厚（厘米）	发现地点
07ZJF033 采：4	黑釉盆底部残片	瓷	8.6	0	0	0.8	8.2	1.1	金沙村 4 号烽火台
07ZJF033 采：5	褐釉罐口沿残片	瓷	4.7	5.3	1.1	0.7	0	0	金沙村 4 号烽火台
07ZJF033 采：6	褐釉罐口沿残片	瓷	2.9	4.7	1.2	0.6	0	0	金沙村 4 号烽火台
07ZJF033 采：7	黑釉碗底部残片	瓷	1.9	0	0	0.6	4.4	0.7	金沙村 4 号烽火台
07ZJF033 采：8	褐釉碗底部残片	瓷	3.3	0	0	0.4	6.3	0.6	金沙村 4 号烽火台
07ZLF035 采：1	黑釉缸口沿残片	瓷	6.8	12.6	3.9	1.9	0	0	刘庄村烽火台
07ZLF035 采：2	褐釉缸底部残片	瓷	11.4	0	0	2.3	7.8	3.1	刘庄村烽火台
07ZLF035 采：3	褐釉盆口沿残片	瓷	8.6	12.1	2.8	1	0	0	刘庄村烽火台
07ZLF035 采：4	白釉碗底部残片	瓷	1.3	0	0	0.6	5.6	0.7	刘庄村烽火台
07ZYF036 采：1	黑釉缸口沿残片	瓷	8	7.7	3.1	1.4	0	0	余丁村烽火台
07ZYF036 采：2	黑釉罐口沿残片	瓷	4	6.4	0	0.4	0	0	余丁村烽火台
07ZYF036 采：3	褐釉罐口沿残片	瓷	4.2	7.9	0	0.8	0	0	余丁村烽火台
07ZYF036 采：4	褐釉罐口沿残片	瓷	5.2	4.3	0	0.9	0	0	余丁村烽火台
07ZYF036 采：5	褐釉罐底部残片	瓷	3.1	0	0	0.9	2.8	0.7	余丁村烽火台
07ZYF036 采：6	褐釉罐底部残片	瓷	5.2	0	0	0.7	6.4	0.65	余丁村烽火台
07ZYF041 采：1	青釉缸口沿残片	瓷	7	9.3	0	2.6	0	0	永兴村 5 号烽火台
07ZYF041 采：2	青釉缸口沿残片	瓷	7.8	8.2	3.3	2.8	0	0	永兴村 5 号烽火台
07ZYF041 采：3	青釉缸口沿残片	瓷	6.2	10.8	2.8	1	0	0	永兴村 5 号烽火台
07ZYF041 采：4	青釉蒺藜残片	瓷	12	0	0	0.9－2.2	7.6	0	永兴村 5 号烽火台
07ZYF041 采：5	褐釉碗底部残片	瓷	2.5	0	0	0.3	5.6	0.4	永兴村 5 号烽火台
07ZYF041 采：6	黑釉碗底部残片	瓷	1.8	0	0	0.4	5	0.2	永兴村 5 号烽火台
07ZYF041 采：7	黑釉碗底部残片	瓷	2.1	0	0	0.4	5.6	0.5	永兴村 5 号烽火台
07ZYF041 采：8	黑釉碗底部残片	瓷	2.8	0	0	0.7	5.6	0.7	永兴村 5 号烽火台
07ZYF042 采：1	酱釉缸口沿残片	瓷	10.2	12.9	3.7	1.3	0	0	永兴村 6 号烽火台
07ZYF042 采：2	褐釉缸底部残片	瓷	3.7	0	0	2.2	11.3	2.1	永兴村 6 号烽火台
07ZYF042 采：3	黄釉盆口沿残片	瓷	10	5.5	3.7	1.3	0	0	永兴村 6 号烽火台
07ZYF042 采：4	黑釉盆口沿残片	瓷	5.6	9.5	2.8	0.6	0	0	永兴村 6 号烽火台
07ZYF042 采：5	褐釉罐底部残片	瓷	2.7	0	0	0.7	5	0.6	永兴村 6 号烽火台
07ZYF042 采：6	黑釉罐口沿残片	瓷	4.6	6.4	1.4	0.8	0	0	永兴村 6 号烽火台
07ZYF042 采：7	褐釉碗底部残片	瓷	1.8	0	0	0.4	6.5	0.6	永兴村 6 号烽火台
07AMF001 采：1	黑釉盆口沿残片	瓷	7	9	3.7	1.3	0	0	木井子嘎查 5 号烽火台
07AJF008 采：1	青釉缸口沿残片	瓷	5.3	10.3	3.5	2	0	0	查汉艾木 2 号烽火台
07AJF008 采：2	酱釉盆底部残片	瓷	4.2	0	0	0.8	6.5	1	查汉艾木 2 号烽火台
07AJF008 采：3	青褐釉蒺藜残片	瓷	0	0	0	1.7	10.3	0	查汉艾木 2 号烽火台

工作编号	器物名称	材质	高 （厘米）	口径 （厘米）	口沿厚 （厘米）	壁厚 （厘米）	底径 （厘米）	底厚 （厘米）	发现地点
07AJF008 采：4	浅褐釉蒺藜残片	瓷	0	0	0	1.6	8.3	0	查汉艾木 2 号烽火台
07AJF008 采：5	灰陶盆口沿残片	陶	3.2	8.6	0	0.9	0	0	查汉艾木 2 号烽火台
07ZXF045 采：1	黑釉缸口沿残片	瓷	6.7	8	3.1	1.4	0	0	徐路村烽火台
07ZXF045 采：2	黑釉盆底部残片	瓷	6.5	0	0	1	10.3	1.2	徐路村烽火台
07ZXF045 采：3	酱釉罐口沿残片	瓷	4.3	9.6	2.1	0.6	0	0	徐路村烽火台
07ZXF045 采：4	青釉罐口沿残片	瓷	3.5	9	1.2	0.7	0	0	徐路村烽火台
07ZXF045 采：5	褐釉罐口沿残片	瓷	5.3	5.8	0.7	1.2	0	0	徐路村烽火台
07ZXF045 采：6	白釉碗底部残片	瓷	1.5	0	0	0.6	5.7	0.5	徐路村烽火台
07ZXF045 采：7	白釉碗口沿残片	瓷	3.5	3.1	0	0.3	0	0	徐路村烽火台

附表六　中卫市西长城黄河南岸当路塞统计表

序号	地　　点	顶长（米）	底长（米）	宽（米）	高（米）	保存状况
1	小湾冰沟 2 段长城第二段 常乐镇小湾村南约 3 千米	2.5	1.1		2.45	保存一般
2	小湾冰沟 2 段长城第二段 常乐镇小湾村南约 3 千米	6.8	1.5		4.6	保存一般
3	小湾冰沟 2 段长城第三段 常乐镇小湾村南约 3 千米	3.5	1.9		1.9	保存一般
4	小湾冰沟 3 段长城第三段 常乐镇小湾村南约 5 千米	43	29		1.4	保存较差
5	小湾冰沟 3 段长城第六段 常乐镇小湾村南约 5 千米	1.4	1		1.3	保存一般
6	大柳树上园子 6 段长城第二段，常乐镇大柳树村南上园子沟口西南 0.6 千米	3.7	1.6		1.9	保存一般
7	大柳树上园子 8 段长城第一段，常乐镇大柳树村西南 3 千米	8	1.4		3.5	保存一般
8	大柳树上园子 8 段长城第四段，常乐镇大柳树村西南 3 千米	3.5	2.2		1.6	保存一般
9	岔河口大钻洞子长城第二段常乐镇上游村岔河口大钻洞子沟口	6.5	2.7		5	保存一般
10	岔河口大钻洞子长城第三段常乐镇上游村岔河口大钻洞子沟口	18			1 - 3.4	保存较差
11	岔河口大钻洞子长城第四段常乐镇上游村岔河口大钻洞子沟口	14			0.13 - 3	保存较差
12	岔河口大钻洞子长城第六段常乐镇上游村岔河口大钻洞子沟口	4.1	1.5		4.4	保存一般
13	岔河口小钻洞子长城第五段常乐镇上游村岔河口小钻洞子沟口	13	7	0.85	3.5	保存一般
14	岔沟 1 段长城第二段，常乐镇上游村岔沟沟口	20				坍塌
15	岔沟 1 段长城第二段，常乐镇上游村岔沟沟口	22			2.3	保存一般
16	岔沟 1 段长城第三段，常乐镇上游村岔沟沟口	28				仅存残迹
17	岔沟 1 段长城第四段，常乐镇上游村岔沟沟口	29	20		0.9 - 5.5	保存一般
18	岔沟 1 段长城第一段，常乐镇上游村岔沟西南 2 千米	3.6			5.5	仅存残迹
19	岔沟 1 段长城第三段，常乐镇上游村岔沟西南 2 千米	9	2		5.5	保存较好
20	岔沟 1 段长城第一段，常乐镇上游村岔沟西南 2 千米	25.7			3.9	仅存残迹
21	风石湾长城第一段，常乐镇上游村风石湾	10	1	1.4	6.5	保存一般
22	米粮营子长城第一段，常乐镇上游村米粮营子	残长 9	14	10	1.9 - 8	保存较差

序号	地　　点	顶长（米）	底长（米）	宽（米）	高（米）	保存状况
23	米粮营子长城第四段，常乐镇上游村米粮营子	残长2.5		12	残高1-7	仅存残迹
24	米粮营子长城第五段，常乐镇上游村米粮营子	17	13	12	4	坍塌
25	米粮营子长城第五段，常乐镇上游村米粮营子	19	2.5	0.7	残高3	保存较好
26	米粮营子长城第六段，常乐镇上游村米粮营子	残长1.3			残高0.5	仅存残迹
27	米粮营子长城第七段，常乐镇上游村米粮营子	4.5	0.4	1.1	9	保存较好
28	米粮营子长城第八段，常乐镇上游村米粮营子	残长21		0.7	残高1.6-5	坍塌
29	下滩—黄石漩3段长城第四段迎水桥镇下滩村黄石漩沟沟口西	21			1.5-8	坍塌
30	下滩—黄石漩3段长城第五段迎水桥镇下滩村黄石漩沟沟口西	1.3		0.6	残高6.6	坍塌
31	下滩—黄石漩3段长城第六段迎水桥镇下滩村黄石漩沟沟口西	8.5	2.1	0.4	4.8	保存较好
32	下滩—黄石漩3段长城第六段迎水桥镇下滩村黄石漩沟沟口西	7.8	1.7	0.8	4.2	保存较好
33	下滩—黄石漩3段长城第八段迎水桥镇下滩村黄石漩沟沟口西	残长31		1	残高1.9	坍塌
34	下滩—榆树台子长城迎水桥镇第三段下滩村榆树台子南200米	7	1.7	0.9	3	保存较好
35	下滩—榆树台子长城迎水桥镇第五段下滩村榆树台子南200米	残长6	残长1.6	0.5	5	坍塌
36	下滩—榆树台子长城迎水桥镇第六段下滩村榆树台子南200米	残长4.8	残长2.6	顶宽1.5底宽2.1	3.5	坍塌
37	下滩—榆树台子长城迎水桥镇第六段下滩村榆树台子南200米	残长1.3			残高3.8	坍塌
38	下滩—鱼咀长城外边段迎水桥镇下滩村鱼咀湾	残长3.5	1.1	1.1	3.7	保存一般
39	下滩—鱼咀长城外边段迎水桥镇下滩村鱼咀湾	残长2.1	3.7	0.6	5.3	坍塌
40	下滩—鱼咀长城外边段迎水桥镇下滩村鱼咀湾	残长6.8	残长2.9	0.6	3.2	坍塌
41	下滩—鱼咀长城外边段迎水桥镇下滩村鱼咀湾	残长4	长1.7	0.3	5	坍塌
42	下滩—鱼咀长城外边段迎水桥镇下滩村鱼咀湾	残长14.5	1	0.4	1.8-4.1	保存较好
43	下滩—鱼咀长城外边段迎水桥镇下滩村鱼咀湾	残长4.5		0.9	4.5	坍塌
44	下滩—榆树沟长城第二段迎水桥镇下滩村榆树沟沟口	55				坍塌
45	下滩—榆树沟长城第二段迎水桥镇下滩村榆树沟沟口	残长9	残长2.3	2.2	残高3.3	保存较好
46	下滩—榆树沟长城第四段迎水桥镇下滩村榆树沟沟口	残长5			残高3	坍塌

续表

序号	地　　点	顶长（米）	底长（米）	宽（米）	高（米）	保存状况
47	下滩—榆树沟长城第四段迎水桥镇下滩村榆树沟沟口	2.3	0.5		1.7	保存较好
48	下滩—榆树沟长城第四段迎水桥镇下滩村榆树沟沟口	1.8	0.3		1.8	保存较好
49	下滩—榆树沟长城第五段迎水桥镇下滩村榆树沟沟口	9.1	1.9		3.8	保存较好
50	下滩—榆树沟长城第屋段迎水桥镇下滩村榆树沟沟口	11	1.9		6.7	保存较好
51	下滩—高崖沟长城内边段迎水桥镇下滩村高崖沟沟口	残长4			残高2	坍塌
52	下滩—高崖沟长城内边段迎水桥镇下滩村高崖沟沟口	3			残高1.2	坍塌
53	下滩—高崖沟长城内边段迎水桥镇下滩村高崖沟沟口	残长7			残高1	坍塌
54	下滩—高崖沟长城内边段迎水桥镇下滩村高崖沟沟口	残长10			残高1.4	坍塌
55	下滩—高崖沟长城外边段迎水桥镇下滩村高崖沟沟口	7.2	1	0.6	4.2	保存较好

附表七　西长城墙体保存状况统计表

（单位：米）

现状\类别	较好	一般	较差	差	消失	合计（m）
土墙	34820.4	36598.1	23585	27228.3	42827.5	165059.3
石墙	6537.2	7774.3	5479.1	5751.7	2613.6	28155.9
山险墙	0	70081.6	0	0	0	70081.6
壕堑	1097	13288	5187	1264	4230	25066
总计	42454.6	127742	34251.1	34244	49671.1	288362.8
百分比	14.7%	44.3%	11.9%	11.9%	17.2%	100%

附表八　西长城墙体类型统计表　　　　　　（单位：米）

	段　落	类别	山　险	土　墙	石　墙	山险墙	壕堑	合　计
1	红果子—三关口段	长度	144875.4	14738.5	1334.7			160948.6
		百分比	90.01%	9.16%	0.83%			100%
2	三关口—柳木皋段	长度	1997.5	38045.5	1787.5		25066	66896.5
		百分比	2.99%	56.87%	2.67%		37.47%	100%
3	大柳木皋—胜金关段	长度	23775	55754.3	23627.7	1793.5		104950.5
		百分比	22.65%	53.12%	22.51%	1.72%		100%
4	北岔口南—沙沟段	长度	14541.9	316				14857.9
		百分比	97.87%	2.13%				100%
5	胜金关—黑林	长度		49533.4	1406			50939.4
		百分比		97.24%	2.76%			100%
6	下河沿—南长滩	长度		6671.6		68288.1		74959.7
		百分比		8.9%		91.09%		100%
	合计	长度	185189.8	165059.3	28155.9	70081.6	25066	473569.99
		百分比	39.11%	34.86%	5.94%	14.80%	5.29%	100%

附表九　西长城墙体保存现状统计表

（单位：米）

	类别	现状	较好	一般	较差	差	消失	合 计
1	土墙	长度	34820.4	36598.1	23585	27228.3	42827.5	165059.3
		百分比	21.10%	22.17%	14.29%	16.50%	25.94%	100%
2	石墙	长度	6537.2	7774.3	5479.1	5751.7	2613.6	28155.9
		百分比	23.22%	27.61%	19.46%	20.43%	9.28%	100%
3	山险墙	长度		70081.6				70081.6
		百分比		100%				100%
5	壕堑	长度	1097	13288	5187	1264	4230	25066
		百分比	4.38%	53.01%	20.69%	5.04%	16.88%	100%
6	山险	长度		185189.8				185189.8
		百分比		100%				100%
	合计	长度	42454.6	312931.8	34251.1	34244	49671.1	473569.99
		百分比	8.97%	66.08%	7.23%	7.23%	10.49%	100%

宁夏明代长城
西长城调查报告

宁夏文物考古研究所　编著

下　册

文物出版社

图　　例

高家庄	居 民 地 名		干　　　沟
	自治区（省）界		干　河　床
	地级市人民政府	·1288.1	等 高 线 及 高 程
	市辖区、县（县级市）界		石　　　墙
	复 线 铁 路		消 失 石 墙
	单 线 铁 路		土　　　墙
0	高 速 公 路		消 失 土 墙
2	等级公路、桥、涵洞		山　　　险
9	等 外 公 路		山 险 墙
	机 耕 路		壕　　　堑
	小　　　路		消 失 壕 堑
	陡　　　坎		战国秦长城及敌台
	一般的沟渠、水闸		关堡墙体及马面
	有 堤 岸 的 沟 渠		烽　火　台
	车 行 桥		敌　　　台
	人 行 桥		铺　　　舍
	滚 水 坝		基　　　址
	拦 水 坝	● G076	墙 体 属 性 分 段 点
	水 井 、 泉		墙 体 缺 口 、 拐 点

地图一　中国明代长城分布图

黑 龙 江

哈尔滨

区

自 治

吉 林

长春

蒙 古 自 治 区

呼和浩特

辽 宁

沈阳

河 北

北京市

★ 北京

天津
天津市

渤 海

河 山 西

太原 石家庄

济南 山 东

陕 西

西安

黄 河

郑州

河 南

丹江口水库

重庆

湖 北

武汉

安 徽

合肥

江 苏

南京

上海
上海市

浙 江

杭州

黄 海

东 海

湖 南

长沙

南昌

江 西

洞庭湖

鄱阳湖

福 建

福州

贵州

广 西 壮族自治区

南宁

广 东

广州

澳门
香港

海 口

南 海 海 南

海南岛

台北 台 湾
台湾岛

北回归线

钓鱼岛

澎佳屿

琉 球 群 岛

先岛诸岛

日 本 海

北海道岛

萨哈林岛(库页岛)

鄂霍次克海

本 州 岛

四国岛

九州岛

大隅诸岛

冲绳诸岛

太 平 洋

东朝鲜湾

济州海峡 朝鲜

济州岛

伊豆诸岛

南 海 诸 岛
1:32 000 000

广西壮族自治区

南宁

广 东

广州

澳门
香港

福建

台湾

澎湖列岛 台湾岛

东沙群岛

北部湾

海口
海 南
海南岛

西沙群岛 永兴岛

中 沙 群 岛
黄岩岛

南 海

南

太平岛

沙

群

岛

南沙群岛

巴拉望岛

苏 禄 海

曾母暗沙

太纳土纳岛

南 海

北卫滩 东沙群岛
南卫滩 东沙

川山群岛
万山群岛

巴林塘海峡

巴布延群岛

吕宋岛

683

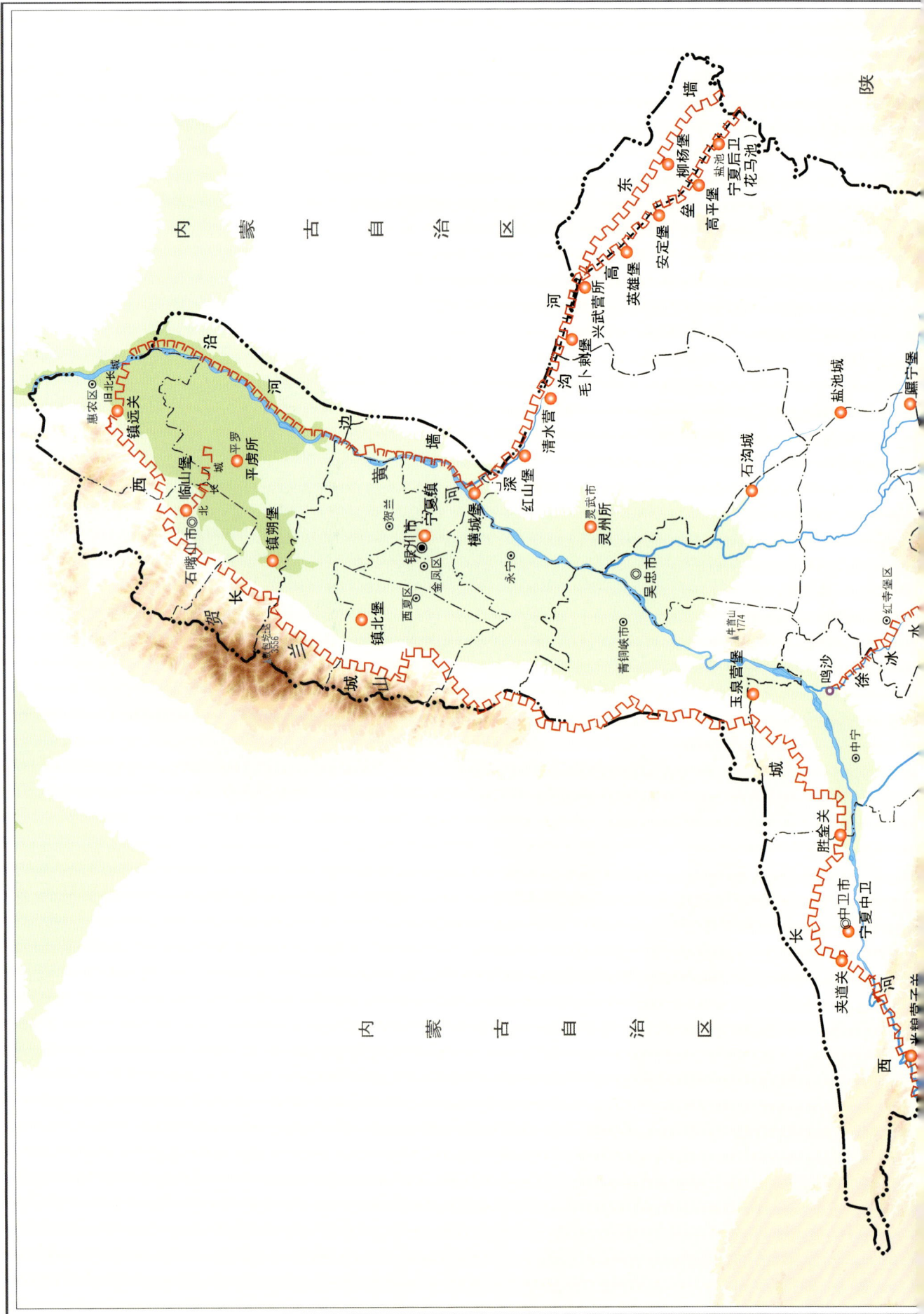

陕

内　蒙　古　自　治　区

墙
东

盐池
柳杨堡
塞
宁夏后卫
（花马池）
英雄堡
安定堡
高平堡
毛卜剌堡
兴武营所
清水营所
高
边
墙
黄
河
深沟堡
红山堡
灵武市
石沟城
盐池城
黑山营堡

旧北长城
惠农区

镇远关

临山堡
平罗
城
长
北
平房所

石嘴山市
镇朔堡

西
贺兰
银川市
西夏区
金凤区
宁夏镇
横城堡

永宁
灵州所

吴忠市

长
城
贺兰山
3556

镇北堡

青铜峡市
玉泉营堡

牛首山
1774
红寺堡区

鸣沙
徐
冰

山
城
长
河
胜金关
中卫市
宁夏中卫
英道关
长
河
半角营子关
西

内　蒙　古　自　治　区

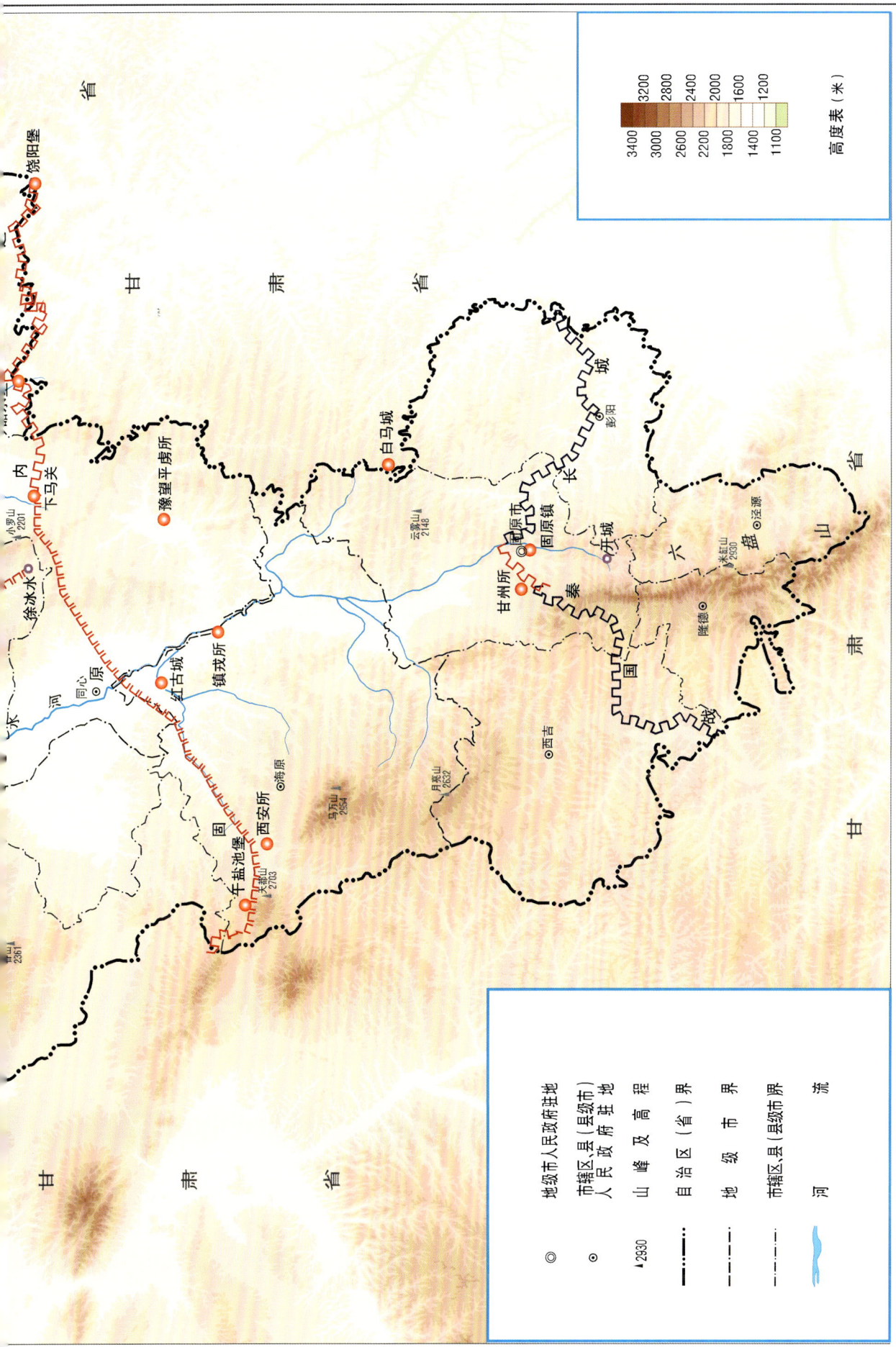

高度表（米）

3400	3200
3000	2800
2600	2400
2200	2000
1800	1600
1400	1200
1100	

0 13.5 27.0 40.5千米

甘 肃 省

内

甘 肃 省

饶阳堡

下马关

瞭望平房所

小罗山
2201

涂冰水

同心

原

白马城

云雾山
2148

镇戎所

红古城

镇戎所

海原

西安所

大罗山
2703

千盐池堡

固

马万山
2554

月亮山
2632

西吉

武原市

固原市

固原镇

甘州所

秦

开城

隆德

彭阳

泾源

米缸山
2930

长城

六

盘

山

国

城

甘 肃 省

图例

符号	说明
◎	地级市人民政府驻地
⊙	市辖区,县(县级市)人民政府驻地
▲2930	山峰及高程
┈┈┈	自治区(省)界
┄┄┄	地 级 市 界
┄·┄·┄	市辖区,县(县级市界)
〰〰	河 流

地图二 宁夏明代长城分布图

685

内 蒙 古 自 治 区

落石滩烽火台
拉僧庙
巴音陶亥
黄河
惠农区
园艺
镇远关
旧北长城
红果子
庙台
礼和
河
陶东
河
高仁
麦如井烽火台
黑山营堡
西
宝丰
灵沙
黄渠桥
长
渠口
头闸
月牙湖
边
墙
罗家园子烽火台
燕子墩
枣儿沟1-5号烽火台
崇岗
高庄
长
平罗城
城关
平罗
黄
通贵
河
石炭井
大武口沟1-3号烽火台
郑官沟
大嘴
门城城址
山
平房城
城关
姚伏
通伏
立岗
金贵
通贵
韭菜巴沟1-2号烽火台
石嘴山市
临山堡
城
大风沟烽火台
前进农场
贺兰
立岗
立岗
崇政
童远
呼鲁斯台
归德沟1号烽火台
城
大武口区
龙泉村1-3号烽火台
镇朔湖
镇朔堡
洪广
南梁农场
丰登
兴庆区
大新
归德沟2号烽火台
小风沟1-2号烽火台
崇岗
青石沟烽火台
大西峰沟烽火台
贺兰山农牧场烽火台
银川市
宁夏镇城
自治区政府
金凤区
贺兰
古拉本敖包
汝箕沟1-3号烽火台
白头沟烽火台
暖泉农场
南梁农场
区园林场
贺兰山农牧场
西夏区
兴泾
银川林场
良田
小水沟1-2号烽火台
大水沟1-2号烽火台
拜寺沟烽火台
镇北堡
平吉堡
奶牛场
平吉堡
兴泾
木仁高勒
插旗沟烽火台
镇北堡
西
平关堡
平关堡
贺
小插旗沟1-2号烽火台
兰
黄羊滩7号烽火台
黄羊滩营盘台
敖包忽达 3556
贺兰口1-4号烽火台
拜寺沟1-2号烽火台
高家闸烽火台
长
阿拉善盟
阿拉善左旗
苏峪口1-4号烽火台
镇木关烽火台
黄旗沟1-2号烽火台
甘沟1-2号烽火台
黄羊滩1-2号烽火台
山
巴润别立
大水渠沟1-2号烽火台
大口子沟1-2号烽火台
独石沟1-2号烽火台
青羊沟烽火台
山嘴沟烽火台
榆树沟1-2号烽火台
乌冉克勒
黄羊滩1-2号烽火台
用根达米
上海庙本1-2号烽火台

内 蒙 古 自 治 区

686

图 例

明 长 城
消失长城
烽 燧 线
烽 火 台
关 堡

0 6 12 18千米

冯记沟

马家滩

宁东

梧桐树

灵武市

东塔

崇兴

郝家桥

白土岗

银 川 市

韦州

大罗山
2624

水

苦

新
边

水

徐

南川
大河

红寺堡区
红寺堡

上海嘎查 5-7 号烽火台

福宁村烽火台

武河村烽火台

连湖农场烽火台

宁东

李俊

叶盛

那岗

望洪

玉泉营堡

连湖农场

黑暗

陈袁滩

灵武寺
利通区
吴忠市

巴浪湖农场

金银滩

马连渠

高闸

关马湖村 4-7 号烽火台

三道湖村烽火台

徐路村烽火台

吴
忠
市

巴浪湖

黄丰滩 6 号烽火台

东方红村 1-2 号烽火台

木井子嘎查 1-3 号烽火台

玉泉堡

甘泉堡

木井子嘎查 4-5 号烽火台

土井子嘎查 1 号烽火台

蒋西村 1-2 号烽火台

土井子嘎查 2-4 号烽火台

土井子嘎查 5 号烽火台

青铜峡镇 1-3 号烽火台

高桥村 1-3 号烽火台

旋风槽 1-3 号烽火台

青铜峡镇 4-5 号烽火台

小坝

青铜峡市

大坝

大坝堡

牛
首
山

牛首山
1774

小西天
1791

大坝峡口

青铜峡

旋风槽 4-5 号烽火台

三趟墩 7 号烽火台

黄沙窝

三趟墩 8 号烽火台

渠口农场 4 号烽火台

高山寺村 1-2 号烽火台

高山寺村 9 号烽火台

赤马村烽火台

白马

鸣沙

朱台村烽火台

刘营村烽火台

创业村 1-6 号烽火台

嘉尔嘎勒赛汉

查汉艾水 1-3 号烽火台

三趟墩 1-6 号烽火台

渠口农场 1-3 号烽火台

王营村 1-2 号烽火台

渠口农场

西

枣园村

渠口村

童庄村烽火台

石空

太平村烽火台

余丁村烽火台

余丁

恩和

中宁

白马

新堡

铁渠村烽火台

黄桥村 1-6 号烽火台

时庄村 1-5 号烽火台

张台村 1-5 号烽火台

太平村 1-5 号烽火台

刘庄村烽火台

金沙村 1-5 号烽火台

王营村 1-2 号烽火台

城

胜金关

镇罗

永康

宫和

永兴村 1-7 号烽火台

舟塔

大战场

中
卫
市

清

水

河

河

米钵山
2219

内蒙古自治区

腾格里额里斯 ◎

葡萄墩
1370 ▲ 红武烽火台

新星敌台 金沙

红武1-2号敌台
柔兴敌台 郭滩烽

姚滩 1-3 号敌台

姚滩 1-2 号堡 新星烽火台

夹道烽火台 中卫市 东园 李园

夹道敌台 沙坡头区 柔远

夹道关 迎水桥 滨河 文昌 胜

西 黑林烽火台 常乐

米粮营子关 长 下河沿敌台

下滩榆树台子烽火台 上河沿敌台

下滩烽火台 城 大柳树烽火台

下滩高沟1-2号敌台 风石湾烽火台

下滩 1-2 号堡

中

北长滩敌台

香山寺
2361

河 甘

黄 北滩 ◎ 香山

肃 兴仁

省 靖安

图 例

明 长 城

消失长城

烽 燧 线

▲ 烽 火 台

关 堡

■ 敌 名

◎ 古 地 名

0   6   12   18千米

地图四　宁夏明代西长城分布图 –2

688

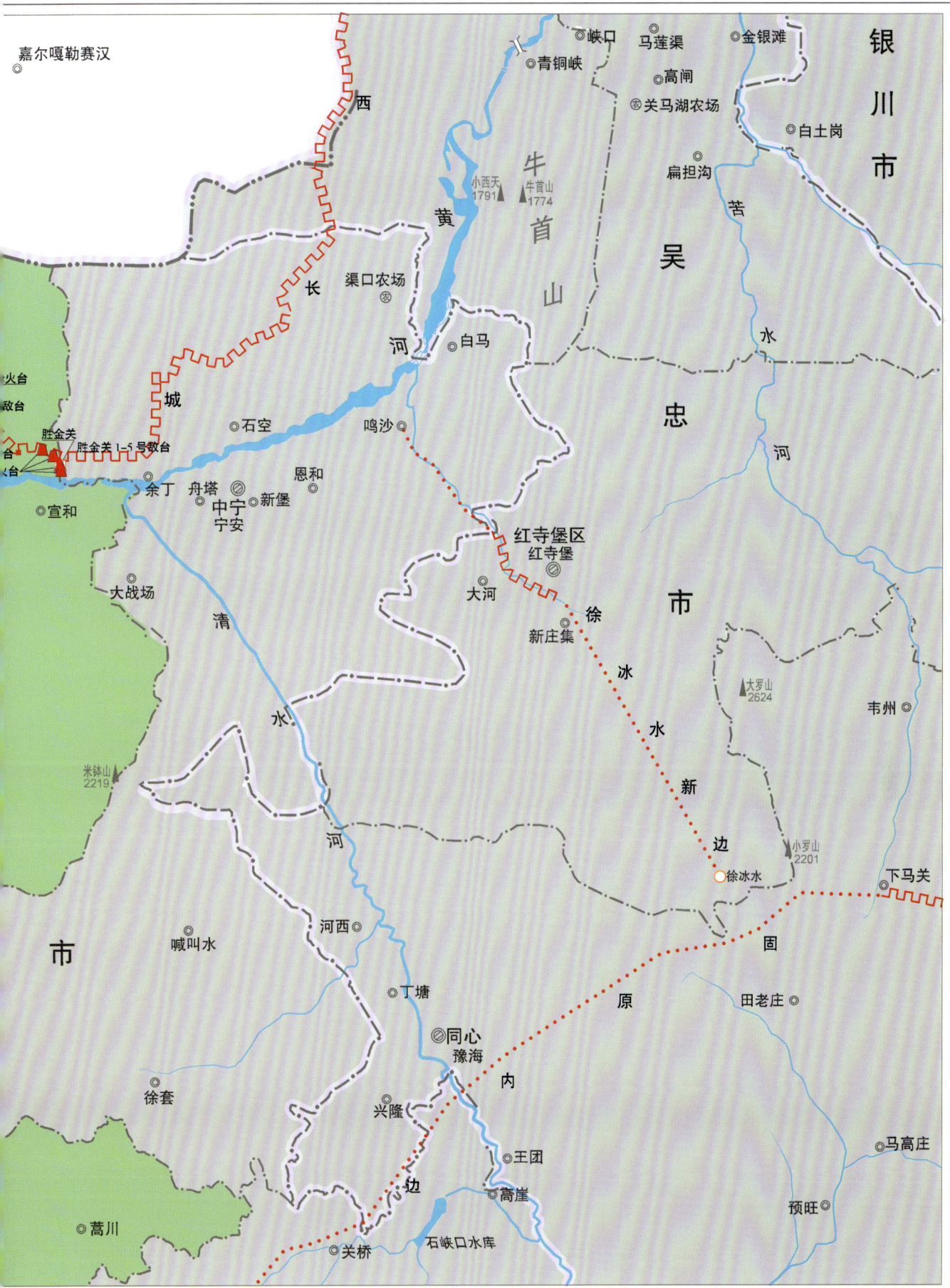

嘉尔嘎勒赛汉

西

长

城

火台
敌台
胜金关
胜金关 1-5 号敦台
火台
宣和

银川市

峡口
马莲渠
金银滩
青铜峡
高闸
关马湖农场
白土岗
扁担沟

牛首山

小西天
1791
牛首山
1774

黄

河

渠口农场

白马

吴

石空

鸣沙

余丁
舟塔
中宁
宁安
新堡
恩和

忠

苦

水

河

红寺堡区
红寺堡

大战场

大河

清

新庄集

市

徐

冰

水

大罗山
2624

韦州

米钵山
2219

水

新

小罗山
2201

河

边

下马关

河西

徐冰水

固

喊叫水

丁塘

原

田老庄

内

同心
豫海

市

徐套

兴隆

王团

马高庄

边

蒿崖

预旺

蒿川

关桥

石峡口水库

彩图一　G0014 点以北长城（南—北）

彩图二　G0022 点以北长城（南—北）

彩图三　G0067 点以南长城（北—南）

彩图四　G0072 点以南长城（北—南）

彩图五　郑关沟 2 段长城全貌（南—北）

彩图六　墙顶残存女墙和垛墙（南—北）

彩图七　郑关沟3段长城全貌（北—南）

彩图八　韭菜沟夯土长城全貌（西北—东南）

彩图九　G0108—G0109点间长城（南—北）

彩图一〇　韭菜沟1段石墙全貌（西北—东南）

彩图一一　G0128点以西长城全貌（东—西）

彩图一二　归德沟 2 段土墙全景（南—北）

彩图一三　G0138 点以东长城顶部（西南—东北）

彩图一四　大风沟里道土墙与分叉石墙（西北—东南）

彩图一五 大风沟外道长城全貌（南—北）

彩图一六 G0164点以南长城（北—南）

彩图一七　大水沟长城全貌（东—西）

彩图一八　大水沟长城正视（东南—西北）

彩图一九　G0195 点以西长城

彩图二〇　G0195 点以东长城北壁

彩图二一　G0210点以南石墙全貌（西—东）

彩图二二　王泉沟1号敌台东壁

彩图二三　王泉沟1号敌台采集酱釉缸口沿残片（07HHD003采：1）

彩图二四　王泉沟2号敌台东壁（底部外有围墙）

彩图二五　王泉沟3号敌台南壁

彩图二六　简泉农场 1 号敌台东壁

彩图二七　简泉农场 2 号敌台西壁

彩图二八　郑关沟 1 号敌台南壁

彩图二九　郑关沟 2 号敌台北壁

彩图三〇　郑关沟 2 号敌台东壁底部外砌石

彩图三一　郑关沟 3 号敌台西壁

彩图三二　郑关沟 3 号敌台采集酱釉罐口沿残片（07DCD008 采：5）

彩图三三　郑关沟 4 号敌台南壁

彩图三四　郑关沟 4 号敌台顶部铺舍（北—南）

彩图三五　韭菜沟 1 号敌台北壁

彩图三六　韭菜沟 2 号敌台南壁

彩图三七　归德沟 1 号敌台西壁

彩图三八　归德沟 1 号敌台东壁局部

彩图三九　归德沟 2 号敌台东壁

彩图四〇　归德沟 3 号敌台东壁

彩图四一　归德沟 4 号敌台西壁

彩图四二　归德沟 5 号敌台北壁

彩图四三　大风沟 2 号敌台东壁

彩图四四　小风沟敌台东壁

彩图四五　汝箕沟敌台东壁

彩图四六　大水沟 1 号敌台东壁

彩图四七　大水沟 2 号敌台东壁

彩图四八　大水沟 3 号敌台西壁

彩图四九　大水沟 4 号敌台南壁

彩图五〇　白头沟敌台西壁

彩图五一　拜寺沟敌台北壁

彩图五二　罗家园子烽火台南壁

彩图五三　大武口沟 1 号烽火台南壁

彩图五四　大武口沟
2号烽火台东壁

彩图五五　大武口沟
3号烽火台西壁

彩图五六　大武口沟
3号烽火台东壁外围
墙（北—南）

彩图五七　大武口沟3号烽火台采集酱釉缸口沿残片（07DCF001采：1）

彩图五八　枣儿沟烽火台西南侧

彩图五九　郑关沟1号烽火台东壁

彩图六〇　郑关沟 3 号烽火台西壁

彩图六一　郑关沟 5 号烽火台南壁

彩图六二　韭菜沟1号烽火台南壁

彩图六三　韭菜沟2号烽火台东壁

彩图六四　归德沟 2 号烽火台南壁

彩图六五　大风沟烽火台西壁

彩图六六　小风沟 1 号烽火台南壁

彩图六七　龙泉村 2 号烽火台南壁

彩图六八　干沟烽火台南壁

彩图六九　汝箕沟烽火台东壁

彩图七〇　小水沟 1 号烽火台东壁

彩图七一　小水沟 2 号烽火台西壁

彩图七二　小水沟 3 号烽火台南壁

彩图七三　大水沟 2 号烽火台南壁

彩图七四　大西峰沟烽火台东壁

彩图七五　白头沟烽火台西壁

彩图七六　小插旗沟 2 号烽火台全貌（西—东）

彩图七七　小插旗沟 2 号烽火台外小墩全貌（东北—西南）

彩图七八　青石沟烽火台东壁

彩图七九　青石沟烽火台东面的基址与小墩（西—东）

彩图八〇　苏峪口 1 号烽火台西壁

彩图八一　苏峪口 3 号烽火台东壁

彩图八二　拜寺沟烽火台北壁

彩图八三　大水渠沟1号烽火台东壁

彩图八四　高家闸烽火台东壁

彩图八五　大口子沟
2号烽火台南壁

彩图八六　青羊沟烽火台全貌（东北—西南）

彩图八七　青羊沟烽火台小墩 L5—L10（北—南）

彩图八八　甘沟2号烽火台南壁

彩图八九　甘沟2号烽火台顶部铺舍（西南—东北）

彩图九〇　贺兰山农牧场烽火台全貌（北—南）

彩图九一　山嘴沟烽火台全貌（东—西）

彩图九二　黄羊滩 1 号烽火台全貌（西北—东南）

彩图九三　黄羊滩 2 号烽火台南壁

彩图九四　镇北堡明堡东垣（北—南）

彩图九五　镇北堡明堡北垣（东—西）

彩图九六　平羌堡残存
东垣（南—北）

彩图九七　平羌堡北垣
（东—西）

彩图九八　平羌堡西侧
内墙局部（北—南）

彩图九九　大水沟 1 号题刻（北—南）

彩图一〇〇　大水沟 2 号题刻（北—南）

彩图一〇一　贺兰口 1 号题刻（西南—东北）

彩图一〇二　贺兰口 2 号
题刻（东北—西南）

彩图一〇三　G0226—G0230
点间长城（西南—东北）

彩图一〇四　头道关石长城
正视（西—东）

彩图一〇五　G0235 点以南长城（北—南）

彩图一〇六　头道关 2 段土墙西侧的平台（东南—西北）

彩图一〇七　G0241 点以南长城（北—南）

彩图一〇八　G0262 点以北长城

彩图一〇九　G0264点以西长城（东—西）

彩图一一〇　G0272点以北长城（西南—东北）

彩图一一一 G0274点以北长城（东南—西北）

彩图一一二 G0282点以南石墙（西北—东南）

彩图一一三　G0290点以东长城（西北—东南）

彩图一一四　G0297点以西长城（东—西）

彩图一一五　G0269 点西南长城（西北—东南）

彩图一一六　G0310 点西北墙体顶部（东南—西北）

彩图一一七　G0319 点以北长城（南—北）

彩图一一八　G0322 点南侧山洪冲刷墙基情况（北—南）

彩图一一九　G0324点以北长城（南—北）

彩图一二〇　G0327点以南长城（北—南）

彩图一二一　G0332点以南长城（北—南）

彩图一二二　G0337点以南长城（北—南）

彩图一二三　G0340 点处长城弧形拐折特征（东—西）

彩图一二四　G0343 点以南长城（北—南）

彩图一二五　G0351点以南长城（西北—东南）

彩图一二六　G0360点以南长城（北—南）

彩图一二七　G0369点西北长城（东南—西北）

彩图一二八　黄羊滩山险段长城（北—南）

彩图一二九　G0391 点以南长城（北—南）

彩图一三〇　G0393—G0396 点间长城西壁（西南—东北）

彩图一三一　G0394 点以南长城顶部（北—南）

彩图一三二　黄羊滩石墙全貌（北—南）

彩图一三三　G0402 点处土、石墙接缝特征（东西）

彩图一三四　G0403 点
以南长城（北—南）

彩图一三五　G0409 点
以南长城（北—南）

彩图一三六　G0417—G0418 点
间长城错缝情况（西北—东南）

彩图一三七　G0425 点以北长城（南—北）

彩图一三八　G0425 点以南长城（北—南）

彩图一三九　G0430—G0431 点间长城顶部（西南—东北）

彩图一四〇　G0431 点以北间长城（南—北）

彩图一四一　G0436点以
北长城（南—北）

彩图一四二　G0441点以
南长城（北—南）

彩图一四三　G0454点以
南长城（东北—西南）

彩图一四四　G0457点以南长城（东北—西南）

彩图一四五　G0457点以南长城顶部（东北—西南）

彩图一四六　涵洞细部（南—北）

彩图一四七　G0463点以东长城（西南—东北）

彩图一四八　G0465 点以东长城（西南—东北）

彩图一四九　北岔口以北长城（南—北）

彩图一五〇　G0470点以南长城全貌（北—南）

彩图一五一　G0476点以北长城西壁（南—北）

彩图一五二　G0477点以南长城（北—南）

彩图一五三　G0477—G0478点间新坍塌的长城（西—东）

彩图一五四　G0478 点以南长城
（北—南）

彩图一五五　G0486—G0487 间墙
体东壁上的浅槽（南—北）

彩图一五六　G0490—G0491
点间长城（南—北）

彩图一五七　G0497点以北
长城（南—北）

彩图一五八　G0497点东南
长城（西北—东南）

彩图一五九　G0506点以南长城（北—南）

彩图一六〇　G0509—G0510点长城断口（东—西）

彩图一六一　G0512—G0515 间 1 号水门正视（东—西）

彩图一六二　G0516 点西南长城（东北—西南）

彩图一六三　头道关 1 号敌台南壁

彩图一六四　头道关 2 号敌台北壁

彩图一六五　三关口二道关敌台南壁

彩图一六六　三关口三道关1号敌台北壁

彩图一六七　三关口三道关 2 号敌台南壁

彩图一六八　三关口三道关 3 号敌台西壁

彩图一六九　三关口头道关 3 号敌台西壁

彩图一七〇　白水泉子沟敌台南壁

彩图一七一　白水泉子敌台采集黑釉碗底残片（11YHD008 采：6）

彩图一七二　白水泉子敌台采集石磨盘（11YHD008 采：9）

彩图一七三　红井沟敌台南壁

彩图一七四 柳渠沟
敌台东壁

彩图一七五 柳渠沟
敌台东北侧小墩全貌
（西南—东北）

彩图一七六 大汝龙
沟敌台北壁

771

彩图一七七　小沟敌台
全貌（西北—东南）

彩图一七八　小沟敌台
采集黑釉缸口沿残片
（11YHD012采：1）

彩图一七九　磨石沟
敌台南壁

彩图一八〇 磨石沟
敌台采集罐底残片
（11YHD013 采：3）

彩图一八一 玉西
村 1 号敌台小墩全
貌（西北—东南）

彩图一八二 玉西村
1 号敌台采集白釉碗
口沿残片（11QYD001
采：1）

彩图一八三　玉西村 2 号敌台南壁

彩图一八四　玉西村 3 号敌台南壁

彩图一八五　玉西村
3号敌台南侧小墩全
貌（西北—东南）

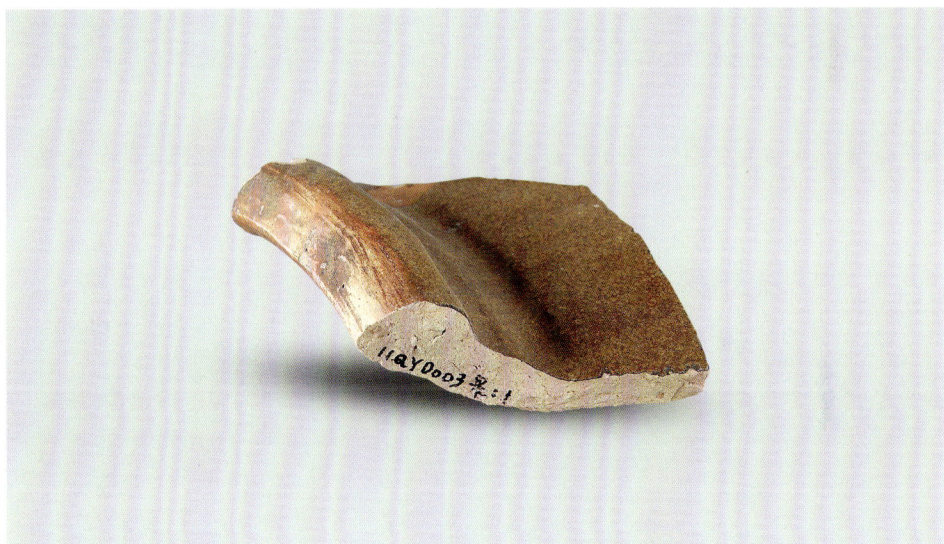

彩图一八六　玉西村
3号敌台采集青釉罐
口沿残片（11QYD003
采：1）

彩图一八七　玉西村
4号敌台西壁

彩图一八八　玉西村
4号敌台围墙西垣

彩图一八九　玉西村4号
敌台采集石夯（11QYD004
采：5）

彩图一九〇　玉西村
5号敌台南壁

彩图一九一　玉西村5号敌台采集罐口沿残片（11QYD005采：1）

彩图一九二　甘城子村1号敌台全貌（北—南）

彩图一九三　甘城子村2号敌台北壁

彩图一九四　甘城子村 3 号敌台东壁

彩图一九五　甘城子村 4 号敌台南壁

彩图一九六　甘城子村 5 号敌台南壁

彩图一九七　甘城子村 6 号敌台东壁

彩图一九八　甘城子村 6 号敌台采集
褐釉缸底残片（11QGD011 采：1）

彩图一九九　甘城子村 6 号敌台采集
瓷蒺藜残片（11QGD011 采：5）

彩图二〇〇　大沟村 1 号敌台全貌（西北—东南）

彩图二〇一　大沟村 2 号敌台全貌（东北—西南）

彩图二〇二　大沟村 2 号敌台采集
白釉碗口沿残片（11QDD014 采：1）

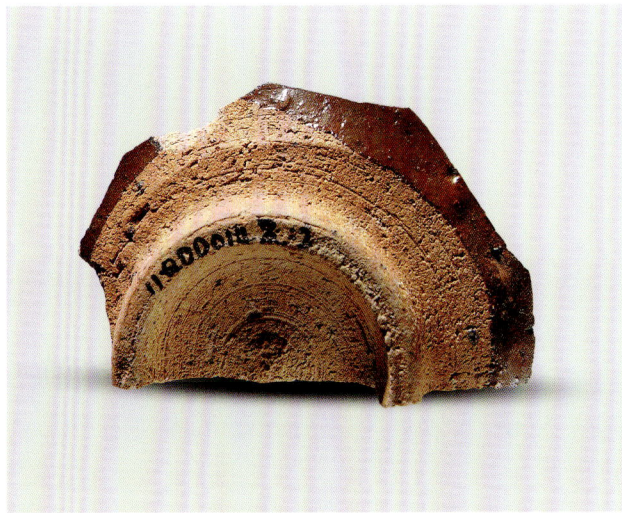

彩图二〇三　大沟村 2 号敌台采集
褐釉碗底残片（11QDD014 采：2）

彩图二〇四　上海嘎查1号烽火台西壁

彩图二〇五　上海嘎查2号烽火台北壁

彩图二〇六　上海嘎查 3 号烽火台西壁

彩图二〇七　黄羊滩 3 号烽火台南壁

彩图二〇八　黄羊滩 3 号烽火台东北侧小墩全貌（南—北）

彩图二〇九　黄羊滩 4 号烽火台南壁

彩图二一〇　黄羊滩5号烽火台北壁

彩图二一一　黄羊滩5号烽火台采集酱釉罐底残片（11YHF006采：6）

彩图二一二　上海嘎查4号烽火台南壁

彩图二一三　上海嘎查5号烽火台南壁

彩图二一四　上海嘎查5号烽火台采
集酱釉碗底残片（11BSF008采：2）

彩图二一五　上海嘎查5号烽火台采
集黄釉缸口沿残片（11BSF008采：1）

彩图二一六　黄羊滩 6 号烽火台西壁

彩图二一七　上海嘎查 6 号烽火台东壁

彩图二一八　福宁村烽火台南壁

彩图二一九　武河村烽火台西壁

彩图二二〇　木兰村烽火台全貌（东南—西北）

彩图二二一　上海嘎查 7 号烽火台北壁

彩图二二二　莲湖农场烽火台南壁

彩图二二三　玉西村1号烽火台南壁

彩图二二四　玉西村 2 号烽火台南壁

彩图二二五　东方红村 2 号烽火台北壁

彩图二二六　甘城子村烽火台东壁

彩图二二七　甘城子村烽火台采集白釉碗口沿残片（11QGF016采：1）

彩图二二八　木井子嘎查1号烽火台东壁

彩图二二九　木井子嘎查 2 号烽火台北壁

彩图二三〇　木井子嘎查 3 号烽火台东壁

彩图二三一　木井子嘎查 4 号烽火台北壁

彩图二三二　木井子嘎查 5 号烽火台东壁

彩图二三三　烂营盘堡全貌（东—西）

彩图二三四　烂营盘堡高台（东—西）

彩图二三五　夹子沟堡西垣（南—北）

彩图二三六　小沟堡西南角（西南—东北）

彩图二三七　玉泉营全貌（北—南）

彩图二三八　玉泉营北垣全貌（北—南）

彩图二三九　玉泉营西垣全貌（北—南）

彩图二四〇　玉泉营西北角阙（东南—西北）

彩图二四一　H001 点以南壕堑全貌（北—南）

彩图二四二　H009 点以北壕堑（南—北）

彩图二四三　H013点以北壕堑（东南—西北）

彩图二四四　H015点以北壕堑（东南—西北）

彩图二四五　H016点以南壕堑（西北—东南）

彩图二四六　H017点以北壕堑（东南—西北）

彩图二四七　H023点以南壕堑（西北—东南）

彩图二四八　H025点以南壕堑（西北—东南）

彩图二四九　H026点以北壕堑（东南—西北）

彩图二五〇　H028点以北壕堑（东南—西北）

彩图二五一　H030点以北壕堑（东南—西北）

彩图二五二　H032点以北壕堑（东南—西北）

彩图二五三　H034 点以南石长城（北—南）

彩图二五四　H036 点以北石长城（南—北）

彩图二五五　H037点处壕堑（北—南）

彩图二五六　H040点以北壕堑（南—北）

彩图二五七　H042 点以北壕堑（南—北）

彩图二五八　H046 点以北壕沟（南—北）

彩图二五九　H051点以北壕堑（南—北）

彩图二六〇　H055点以北壕堑（南—北）

彩图二六一　北岔口南段石墙全貌（东南—西北）

彩图二六二　H055点以南石墙（北—南）

彩图二六三　H057 点以北石墙（南—北）

彩图二六四　H057 点以北石墙顶部垛墙（东—西）

彩图二六五　H057点以南石墙（西北—东南）

彩图二六六　北岔口南段叉道石墙全貌（东—西）

彩图二六七　北岔口南段挡马墙局部（西北—东南）

彩图二六八　北岔口南山险墙局部（西北—东南）

彩图二六九　G0518点以北长城（东南—西北）

彩图二七〇　G0518
点处长城相交全貌
（东—西）

彩图二七一　G0532点处
水门正视（西南—东北）

彩图二七二　G0540
点以北长城（东南—
西北）

彩图二七三　G0544点东南长城（西北—东南）

彩图二七四　G0556点处水门正视（西南—东北）

彩图二七五　G0553—G0557点间墙体西壁上残留的楔形槽痕（西—东）

彩图二七六　G0560—G0561点间长城断口（西北—东南）

彩图二七七　G0582点以北长城（东南—西北）

彩图二七八　G0585点以南长城（西北—东南）

彩图二七九　G0619点以南长城（东北—西南）

彩图二八〇　G0620—G0623点间长城（东北—西南）

彩图二八一　G0620点处墙体断面（南—北）

彩图二八二　G0636—G0637点间长城断口（东北—西南）

彩图二八三　G0646点以北长城（南—北）

彩图二八四　G0648点以南长城（北—南）

彩图二八五　G0655 点以北长城（东南—西北）

彩图二八六　G0662 点以北长城（南—北）

彩图二八七　　G0665 点以北长城（南—北）

彩图二八八　　G0669 点以北长城（南—北）

彩图二八九　G0686点以南长城（北—南）

彩图二九〇　G0690—G0691点间长城南段（北—南）

彩图二九一　G0717 点以南长城（东北—西南）

彩图二九二　G0721 点以南长城（北—南）

彩图二九三　G0738点以南长城（北—南）

彩图二九四　G0743点处墙体剥蚀坍塌情况（东南—西北）

彩图二九五　G0751点以南长城（北—南）

彩图二九六　G0761点以北长城（南—北）

彩图二九七　G0767 点
以南长城（北—南）

彩图二九八　G0769 点
以北长城（南—北）

彩图二九九　G0781 点以
南石墙（东北—西南）

彩图三〇〇　G0795—G0796
点间长城西壁（西—东）

彩图三〇一　G0804—G0805
点间石墙全貌（西—东）

彩图三〇二　G0810—G0811
点间石墙（南—北）

彩图三〇三　G0815—G0816 点间石墙（南—北）

彩图三〇四　G0822—G0824 点间石墙正视（西—东）

彩图三〇五　G0825点以西石墙（东北—西南）

彩图三〇六　G0830—G0831点间石墙（西北—东南）

彩图三〇七　G0834—G0835 点间石墙南段断面特征（北—南）

彩图三〇八　G0838—G0839 点间石墙（东北—西南）

彩图三〇九　G0843点以西石墙（东北—西南）

彩图三一〇　G0858点西北石墙（东南—西北）

彩图三一一　G0858 点东北侧石墙（西南—东北）

彩图三一二　G0869 点以北土墙（南—北）

彩图三一三　G0900点以南石墙（东北—西南）

彩图三一四　G0903点以南起点段石墙（东北—西南）

彩图三一五　G0911 点以南石墙（东北—西南）

彩图三一六　G0934—G0935 点间石墙（南—北）

彩图三一七　G0949点以西石墙西段（东—西）

彩图三一八　G0963点以东石墙（西—东）

彩图三一九　G0962—G0963点间石墙北壁后期增补痕（东北—西南）

彩图三二〇　G0965点以西石墙（东—西）

彩图三二一　G0974点以南石墙（北—南）

彩图三二二　G0981—G0982点间东段石墙（东—西）

彩图三二三　G0981—
G0982点间西段石墙
（东—西）

彩图三二四　G0984点以
西石墙（东—西）

彩图三二五　G0987
点以西石墙（东北—
西南）

彩图三二六　G0996点以西石墙顶部（东—西）

彩图三二七　G1001 点以北石墙（南—北）

彩图三二八　G1005 点以东石墙（北—南）

彩图三二九　G1019—G1020 点间后段石墙（东—西）

彩图三三〇 G1020点以西段石墙（东南—西北）

彩图三三一 G1023—G1024点间东段石墙（东北—西南）

彩图三三二 G1025点西南侧石墙（东北—西南）

彩图三三三　G1031点以北基址（东南—西北）

彩图三三四　G1033点以南石墙（东北—西南）

彩图三三五　G1054点东北石墙（西南—东北）

彩图三三六　G1060点以西山险墙（东北—西南）

彩图三三七　G1062点西北石墙（东南—西北）

彩图三三八　G1070—G1071点间石墙（西北—东南）

彩图三三九　G1072 点东南石墙（西北—东南）

彩图三四〇　G1075 点以南石墙（北—南）

彩图三四一　G1110—G1111 点东段石墙（东南—西北）

彩图三四二　G1118 点以北石墙（南—北）

彩图三四三　G1124—G1125 点山凹间石墙（东南—西北）

彩图三四四　G1129—G1130 点间石墙断面（西—东）

彩图三四五　G1131—G1132 点间石墙（南—北）

彩图三四六　G1205 以南石墙（西北—东南）

彩图三四七　G1207 点以西石墙（东—西）

彩图三四八　G1211 点以北土墙（南—北）

彩图三四九　G1213 点以东山险墙（西—东）

彩图三五〇　G1217—G1218 点间保存较好石墙（北—南）

彩图三五一　G1219—G1221 点间石墙（南—北）

彩图三五二　G1218 点以南土墙（北—南）

彩图三五三　G1233 点以北土墙（东南—西北）

彩图三五四　G1242 点以南断口与土墙（东北—西南）

彩图三五五　G1258点以南土墙（北—南）

彩图三五六　G1273点以南石墙（西北—东南）

彩图三五七　蒋西村1号敌台东壁

彩图三五八　蒋西村2号敌台北壁

彩图三五九　滑石沟
1号敌台南壁

彩图三六〇　滑石沟
2号敌台北壁

彩图三六一　滑石沟
3号敌台东壁

彩图三六二　高桥村
敌台北壁

彩图三六三　三趟墩
1 号敌台北壁

彩图三六四　三趟墩
2 号敌台北壁

彩图三六五　三趟墩2号敌台
采集铭文砖残块（07QSD008
采：6）

彩图三六六　三趟墩3号敌台北壁

彩图三六七　王营村敌台西壁

彩图三六八　王营村敌
台采集黑釉罐口沿残片
（07ZWD001采：3）

彩图三六九　张台村敌台西壁

彩图三七〇　金沙村敌台北壁

彩图三七一　甘泉村1号烽火台西壁

彩图三七二　甘泉村2号烽火台东壁

彩图三七三　蒋西村1号烽火台南壁

彩图三七四　蒋西村2号烽火台西壁

彩图三七五　高桥村 1 号烽火台南壁

彩图三七六　高桥村 1 号烽火台顶部铺舍南垣（西北—东南）

彩图三七七　青铜峡镇 1 号、2 号烽火台远眺（东北—西南）

彩图三七八　青铜峡镇 2 号烽火台全貌（北—南）

彩图三七九　高桥村 2 号烽火台北壁

彩图三八〇　高桥村 2 号烽火台东壁上的土坯细部（西—东）

彩图三八一　青铜峡镇 3 号烽火台西壁

彩图三八二　高桥村 3 号烽火台东壁

彩图三八三　旋风槽 1 号烽火台南壁

彩图三八四　青铜峡镇 4 号烽火台南壁

彩图三八五　旋风槽2号烽火台南壁

彩图三八六　青铜峡镇5号烽火台南壁

彩图三八七　青铜峡 5 号
烽火台采集褐釉蒺藜残片
（08QQF019 采：4）

彩图三八八　青铜峡
镇 6 号烽火台北壁

彩图三八九　青铜
峡镇 6 号烽火台北
侧小墩（南—北）

彩图三九〇 青铜峡
镇7号烽火台北壁

彩图三九一 旋风槽
5号烽火台东壁

彩图三九二 三趟
墩1号烽火台东壁

彩图三九三　三趟墩 2 号烽火台南壁

彩图三九四　三趟墩 4 号烽火台西壁

彩图三九五　三趟墩 5 号烽火台南壁

彩图三九六　三趟墩 5 号烽火台东侧小墩（西—东）

彩图三九七　三趟墩 6 号烽火台南壁

彩图三九八　渠口农场 1 号烽火台西壁

彩图三九九　渠口农场 3 号烽火台西壁

彩图四〇〇　渠口农场 4 号烽火台东壁

彩图四〇一　高山寺1号烽火台西壁

彩图四〇二　高山寺1号烽火台西侧小墩L1—L5全貌（北—南）

彩图四〇三　高山寺村 2 号烽火台北壁

彩图四〇四　高山寺村 3 号烽火台西壁

彩图四〇五　高山寺村3号烽火台小墩L1—L5（北—南）

彩图四〇六　高山寺村4号烽火台北壁

彩图四〇七　高山寺村4
号烽火台采集褐釉缸口沿
残片（07ZGF009采：1）

彩图四〇八　高山寺村 6 号烽火台全貌（东南—西北）

彩图四〇九　高山寺村 6 号烽火台柠条及草绳

彩图四一〇　高山寺村 8 号烽火台南壁

彩图四一一　高山寺村 9 号烽火台西壁

彩图四一二　太平村 2 号烽火台采集黑釉盆底残片（07ZTF018 采：2）

彩图四一三　太平村 3 号烽火台东壁

彩图四一四　太平村 4 号烽火台南壁

彩图四一五　张台村 1 号烽火台北壁

彩图四一六　时庄村 2 号烽火台全貌（北—南）

彩图四一七　时庄村 2 号烽火台北壁

彩图四一八　时庄村 2 号烽火台采集酱釉缸口沿残片（07ZSF026 采：1）

彩图四一九　金沙村 1 号烽火台全貌（东—西）

彩图四二〇　金沙村 3 号烽火台东壁

彩图四二一　金沙村 4 号烽火台东壁

彩图四二二　刘庄村
烽火台北壁

彩图四二三　刘庄村
烽火台壁面上的岩画
图案

彩图四二四　余丁村烽火台全貌（东—西）

彩图四二五　余丁村烽火台采集酱
釉缸口沿残片（07ZYF036采：1）

彩图四二六　永兴村1号烽火台西壁

彩图四二七　永兴村2号烽火台西壁

彩图四二八　永兴村3号烽火台西壁

彩图四二九　永兴村4号烽火台西壁

彩图四三〇　永兴村5号烽火台东壁

彩图四三一　永兴村5号烽火台采集青釉蒺藜残片（07ZYF041采：4）

彩图四三二　永兴村6号烽火台西壁

彩图四三三　永兴村7号烽火台北壁

彩图四三四　甘城子堡全貌（东北—西南）

彩图四三五　甘城子西垣中部的加厚墙（北—南）

彩图四三六　大坝堡残存墙垣全貌（西—东）

彩图四三七　G1283点以北山险墙（东南—西北）

彩图四三八　G1287 点以北长城全貌（东南—西北）

彩图四三九　G1285—G1286 点间保存较好墙体断面（西北—东南）

彩图四四〇　G1289—G1290 点间残存石墙（东—西）

彩图四四一　木井子嘎查 5 号烽火台东壁

彩图四四二　土井子嘎查 1 号烽火台北壁

彩图四四三　土井子嘎查 3 号烽火台西壁

彩图四四四　土井子嘎查 3 号烽火台南侧小墩全貌（北—南）

彩图四四五　土井子嘎查 4 号烽火台北壁

彩图四四六　土井子嘎查 5 号烽火台西壁

彩图四四七　土井子嘎查 5 号烽火台内侧的桩木与柠条层（东南—西北）

彩图四四八　土井子嘎查 5 号烽火台西南侧居址内侧（东—西）

彩图四四九　查汉艾木 1 号、2 号烽火台全貌（南—北）

彩图四五〇　查汉艾木 2 号烽火台北壁底部砌石

彩图四五一　查汉艾木 3 号烽火台东壁

彩图四五二　创业村 1 号烽火台全貌（北—南）

彩图四五三　创业村 2 号烽火台西壁上的踏道（北—南）

彩图四五四　创业村 3 号烽火台北壁

彩图四五五　创业村 4 号烽火台北壁

彩图四五六　创业村
5 号烽火台西壁

彩图四五七　创业村
5 号烽火台北壁上的
踏道（西北—东南）

彩图四五八　创业村
6 号烽火台西壁

彩图四五九　创业村 6 号烽火台外侧围墙南垣（西北—东南）

彩图四六〇　黄桥村烽火台北壁

彩图四六一　高庙全景（南—北）

彩图四六二　高庙—保安寺（南—北）

彩图四六三　鼓楼（东—西）

彩图四六四　鼓楼
（南—北）

彩图四六五　香岩寺（东—西）

彩图四六六　香岩寺塔林（西—东）

彩图四六七　老君台庙建筑群全景（南—北）

彩图四六八　胜金1段长城石墙遗存（西南—东北）

彩图四六九　胜金 2 段长城（西北—东南）

彩图四七〇　胜金 2 段长城（西—东）

彩图四七一　胜金2段长城横断面（西—东）

彩图四七二　凯歌长城（南—北）

彩图四七三 凯歌长城人为破坏现状（东—西）

彩图四七四 九塘长城（东北—西南）

彩图四七五　九塘长城践
踏为生产便道（东—西）

彩图四七六　李园长城
（西南—东北）

彩图四七七　金沙长城
（西北—东南）

彩图四七八　金沙腾格
里沙漠南缘

彩图四七九　郭滩长城
（东南—西北）

彩图四八〇　新星长城
（南—北）

彩图四八一　新星村长城寺

彩图四八二　柔兴长城
（南—北）

彩图四八三　红武长城（东—西）

彩图四八四　红武长城（西—东）

彩图四八五　姚滩长城（东北—西南）

彩图四八六　姚滩段墙体坍塌现状

彩图四八七　姚滩长城（西南—东北）

彩图四八八　姚滩长城（西北—东南）

彩图四八九　夹道1段长城（西南—东北）

彩图四九〇　夹道1段长城遭鱼塘破坏（南—北）

彩图四九一　姚滩段长城被公路及建筑对墙体和敌台的破坏

彩图四九二　夹道长城局部夯土层

彩图四九三　夹道长城断面（西南—东北）

彩图四九四　夹道2段长城（南—北）

彩图四九五　胜金 1 号敌台（南—北）

彩图四九六　胜金 2 号敌台（南—北）

彩图四九七　胜金 3 号敌台（西—东）

彩图四九八　胜金 3 号敌台（北—南）

彩图四九九　胜金 4 号敌台（北—南）

彩图五〇〇　胜金 5 号敌台（北—南）

彩图五〇一　胜金 5 号敌台（西南—东北）

彩图五〇二　凯歌敌台（北—南）

彩图五〇三　李园敌台（南—北）

彩图五〇四　金沙 1 号敌台（东—西）

彩图五〇五　金沙1号敌台东侧小墩（东北—西南）

彩图五〇六　金沙2号敌台（南—北）

彩图五〇七 新星
敌台（西—东）

彩图五〇八 柔兴
敌台（东—西）

彩图五〇九 柔兴长
城与敌台（西—东）

彩图五一〇　红武
1号敌台（东—西）

彩图五一一　红武
2号敌台（西南—
东北）

彩图五一二　姚滩
1号敌台（北—南）

彩图五一三　姚滩 1 号敌台（西—东）

彩图五一四　姚滩 2 号敌台（西—东）

彩图五一五　姚滩2号敌台（南一北）

彩图五一六　姚滩2号敌台（东一西）

彩图五一七　姚滩 2 号敌台（北—南）

彩图五一八　姚滩 3 号敌台（西北—东南）

彩图五一九　夹道敌台（东—西）

彩图五二〇　夹道敌台（西—东）

彩图五二一　胜金1号烽火台（北—南）

彩图五二二　胜金1号烽火台（西—东）

彩图五二三　胜金 2 号烽火台（东—西）

彩图五二四　胜金 3 号烽火台（南—北）

彩图五二五　胜金4号烽火台（南—北）

彩图五二六　胜金4号烽火台（西—东）

彩图五二七　胜金 2 段长城与 4 号烽火台位置关系（西南—东北）

彩图五二八　李园烽火台（西—东）

彩图五二九　李园烽火台北侧小墩（南—北）

彩图五三〇　金沙烽火台（东—西）

彩图五三一　郭滩烽火台（南—北）

彩图五三二　新星烽火台（北—南）

彩图五三三　红武烽火台（东—西）

彩图五三四　红武烽火台（南—北）

彩图五三五　夹道烽火台（南—北）

彩图五三六　夹道烽火台（西—东）

彩图五三七　黑林烽火台（东—西）

彩图五三八　胜金关（北—南）

彩图五三九　姚滩北 1 号堡（西北—东南）

彩图五四〇　姚滩南 2 号关堡（西南—东北）

彩图五四一　夹道长城与夹道堡（南—北）

彩图五四二　夹道堡（东南—西北）

彩图五四三　夹道堡（南—北）

彩图五四四　夹道堡（西北—东南）

彩图五四五　夹道村永安寺

彩图五四六　下河沿黄河渡口铁船

彩图五四七　黄河南岸下河沿长城起点

彩图五四八　下河沿1段土墙（东北—西南）

彩图五四九　下河沿长城（东北—西南）

彩图五五〇　下河沿长城（南—北）

彩图五五一　下河沿长城断面（1）

彩图五五二　下河沿长城断面（2）

彩图五五三　下河沿 2 段长城（西南—东北）

彩图五五四　下河沿 2 段长城（东北—西南）

彩图五五五　下河沿 2 段长城（西南—东北）

彩图五五六　下河沿 2 段长城墙体豁口

彩图五五七　下河沿 2 段长城民房对墙体的破坏

彩图五五八　下河沿 2 段长城现代人为掏挖的窑洞

彩图五五九　上河
沿 1 段山险墙起点
（东—西）

彩图五六〇　上河沿山
口墙（短墙）

彩图五六一　上河沿长城现代维修的护坡（东北—西南）

彩图五六二　修桥铺路对上河沿墙体造成损毁

彩图五六三　上河沿山险墙

彩图五六四　上河沿 5 段山险墙（东北—西南）

彩图五六五　大湾—烟洞沟 1 段土墙（东北—西南）

彩图五六六　大湾—烟洞沟 2 段山险墙（东—西）

彩图五六七　大湾—烟洞沟3段土墙（东—西）

彩图五六八　大湾—烟洞沟4段山险墙（西南—东北）

彩图五六九　大湾—烟洞沟 4 段山险墙（东—西）

彩图五七〇　大湾—烟洞沟 5 段土墙（东—西）

彩图五七一　大湾—烟洞沟5段土墙（西—东）

彩图五七二　大湾—烟洞沟5段土墙（西南—东北）

彩图五七三　大湾—烟洞沟6段山险墙（西—东）

彩图五七四　小湾—冰沟
1段土墙断面（西—东）

彩图五七五　小湾—冰沟 1 段土墙起点（西—东）

彩图五七六　小湾—冰沟 1 段土墙（西—东）

彩图五七七　小湾—冰沟 1 段土墙保护标志碑

彩图五七八　小湾—冰沟 2 段山险墙及当路塞局部（西北—东南）

彩图五七九　小湾—冰沟
当路塞（北—南）

彩图五八〇　小湾—冰沟
当路塞（北—南）

彩图五八一　小湾—冰沟
当路塞（南—北）

彩图五八二　小湾—冰沟
2段山险墙（东北—西南）

彩图五八三　小湾—冰沟
2段山险墙（南—北）

彩图五八四　小湾—冰沟
当路塞（北—南）

彩图五八五　小湾—冰沟 3 段山险墙（东—西）

彩图五八六　小湾—冰沟 4 段山险墙（东北—西南）

彩图五八七　小湾—冰沟4段山险墙（东南—西北）

彩图五八八　小湾—冰沟4段山险墙（西—东）

彩图五八九　大柳树—下园子1段土墙（西—东）

彩图五九〇　大柳树—下园子1段土墙（东北—西南）

彩图五九一　大柳树—下园子1段土墙（北—南）

彩图五九二　大柳树下园子山险墙（东—西）

彩图五九三　大柳树—上园子 1 段土墙（西北—东南）

彩图五九四　大柳树—上园子 2 段山险墙及当路塞（东—西）

彩图五九五　大柳树—上园子3段土墙断面（东南—西北）

彩图五九六　大柳树—上园子3段土墙（西—东）

彩图五九七　大柳树—上园子4段山险墙（东北—西南）

彩图五九八　大柳树—上园子5段土墙（东北—西南）

彩图五九九　大柳树—上园子当路塞（西北—东南）

彩图六〇〇　大柳树—上园子当路塞（西—东）

彩图六〇一　岔河口—大钻洞子山险墙及当路塞（西—东）

彩图六〇二　岔河口—大钻洞子当路塞（西北—东南）

彩图六〇三　岔河口—小钻洞子山险墙（北—南）

彩图六〇四　岔沟 1 段
山险墙（东—西）

彩图六〇五　岔沟 2 段
山险墙（北—南）

彩图六〇六　风石湾
山险墙（北—南）

彩图六〇七　米粮营子山险墙（东北—西南）

彩图六〇八　米粮营子山险墙局部（南—北）

彩图六〇九　米粮营子当路塞（北—南）

彩图六一〇　米粮营子山险墙及当路塞（东北—西南）

彩图六一一　下滩—黄石漩 1 段山险墙（北—南）

彩图六一二　下滩—黄石漩 1 段山险墙及当路塞（东北—西南）

彩图六一三 下滩—黄石漩 1 段山险墙（南—北）

彩图六一四 下滩—黄石漩 1 段山险墙（西—东）

彩图六一五　下滩—黄石漩 2 段土墙断面（西—东）

彩图六一六　下滩—黄石漩 2 段土墙（北—南）

彩图六一七　下滩—榆树台子山险墙及当路塞（南—北）

彩图六一八　下滩—榆树台子山险墙（东—西）

973

彩图六一九　下滩—榆树台子当路塞（南—北）

彩图六二〇　下滩—鱼咀湾当路塞（东北—西南）

彩图六二一　下滩—鱼咀湾山险墙及当路塞（西—东）

彩图六二二　下滩—鱼咀湾山险墙（东—西）

彩图六二三　下滩—鱼咀湾当路塞（西—东）

彩图六二四　下滩—鱼咀湾山险墙（东北—西南）

彩图六二五　下滩—鱼咀湾山险墙（西南—东北）

彩图六二六　下滩—鱼咀湾当路塞（东北—西南）

彩图六二七　下滩—河对坝子山险墙（西—东）

彩图六二八　下滩—河对坝子土墙（北—南）

彩图六二九　下滩—河对坝子残存土墙（西北—东南）

彩图六三〇　下滩—榆树沟
山险及当路塞（北—南）

彩图六三一　下滩—榆树
沟山险墙（东南—西北）

彩图六三二　下滩—高
崖沟山险墙（北—南）

彩图六三三　下滩—高崖沟山险墙（西北—东南）

彩图六三四　下滩—下木头沟山险墙（西北—东南）

彩图六三五　下滩—下木头沟山险墙（西北—东南）

彩图六三六　下滩—上木头沟山险墙（西北—东南）

彩图六三七　下滩—上木头沟山险墙及当路塞（北—南）

彩图六三八　上滩—沟口子山险墙（西北—东南）

彩图六三九　上滩—沟口子山险墙（北—南）

彩图六四〇　上滩—沟口子山险墙（西—东）

彩图六四一　上滩—沟口子山险墙（东北—西南）

彩图六四二　上滩—苇子坑1段土墙（北—南）

彩图六四三　上滩—苇子坑1段土墙（西北—东南）

彩图六四四　上滩—苇子坑2段山险墙及当路塞（东北—西南）

彩图六四五　上滩—苇子坑 2 段山险墙（东北—西南）

彩图六四六　上滩—苇子坑 2 段山险墙及当路塞局部（北—南）

彩图六四七　上滩—苇子坑 2 段山险墙（西北—东南）

彩图六四八　北长滩—茶树沟土墙（西—东）

彩图六四九　北长滩—茶树沟土墙（东北—西南）

彩图六五〇　北长滩—茶树沟土墙断面（西—东）

彩图六五一　北长滩山险墙（东南—西北）

彩图六五二　北长滩山
险墙（西北—东南）

彩图六五三　北长滩山
险墙（南—北）

彩图六五四　北长滩山
险墙（东—西）

彩图六五五　南长滩—枣刺沟山险墙（北—南）

彩图六五六　南长滩—枣刺沟山险墙（西北—东南）

990

彩图六五七　南长滩—夹巴沟 1 段山险墙（东南—西北）

彩图六五八　南长滩—夹巴沟 1 段山险墙（西—东）

彩图六五九　南长滩—夹巴沟 1 段山险墙（西北—东南）

彩图六六〇　南长滩—夹巴沟 3 段山险墙（西—东）

彩图六六一　下河沿敌台（西南—东北）

彩图六六二　上河沿敌台（东北—西南）

彩图六六三　下滩—高崖沟 1 号敌台（东南—西北）

彩图六六四　下滩—高崖沟 2 号敌台（南—北）

彩图六六五　北长滩敌台（西南—东北）

彩图六六六　大柳树—下园子烽火台（东南—西北）

彩图六六七　大柳树—下园子烽火台（西—东）

彩图六六八　风石湾烽火台（南—北）

彩图六六九　榆树台子烽火台（东北—西南）

彩图六七〇　榆树台子烽火台（东南—西北）

彩图六七一　下滩烽火台（西南—东北）

彩图六七二　下滩烽火台（东—西）

彩图六七三　米粮营子堡（西南—东北）

彩图六七四　米粮营子堡（西—东）

彩图六七五　下滩1号堡（东北—西南）

彩图六七六　下滩1号堡（东—西）

彩图六七七　下滩 2 号堡（北—南）

彩图六七八　下滩 2 号堡（西南—东北）

彩图六七九　下滩2号堡（东—西）

彩图六八〇　宁夏长城资源调查启动、培训班开班仪式

彩图六八一　宁夏文物局等领导现场视察第二调查小组（2007年4月）

彩图六八二　长城调查专家组在惠农区调查现场勘查指导（2008年1月）

彩图六八三　野外午餐

彩图六八四　午间小憩

彩图六八五　现场核查

彩图六八六　调查题刻

彩图六八七　墨拓题刻

彩图六八八　查访当地百姓

彩图六八九　调查路上

彩图六九〇　拖车

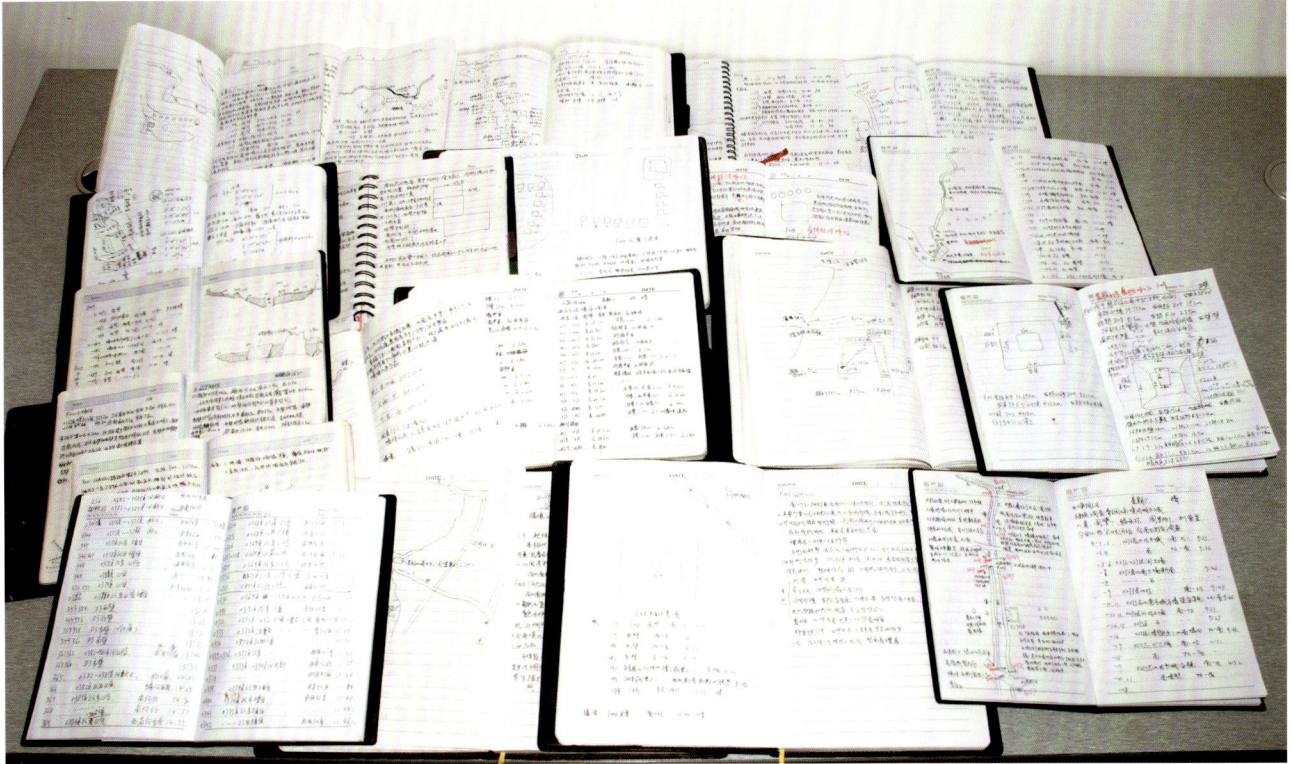
彩图六九一　部分调查笔记

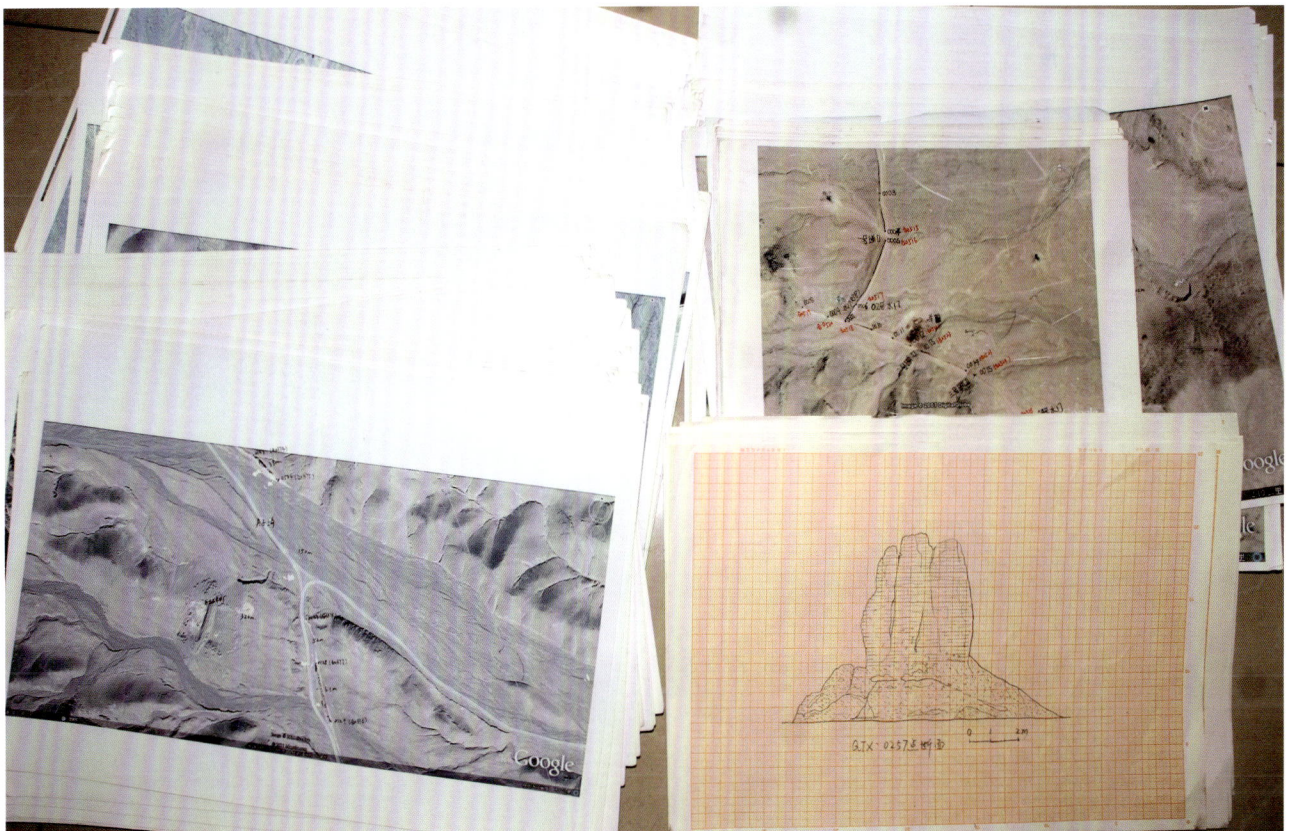
彩图六九二　部分调查图

彩图六九三　部分调查队员合影

彩图六九四　甘肃长城调查队来中卫交流学习

彩图六九五　北长滩黄河岸边水车

彩图六九六　宁夏甘肃长城调查组共同协商交界事宜

彩图六九七　宁夏明长城资料验收现场

后　记

　　明长城资源调查是由国家文物局主持的长城保护工程的一项基础性工作。《西长城》是宁夏明代长城调查报告系列丛书之一，报告的体例、格式等遵循宁夏文物考古研究所制定的长城报告丛书规范，编写过程中力求将调查成果做到客观、全面、准确，为相关研究提供翔实的基础资料。

　　"西长城"是宁夏明长城的重要组成部分，基于此段长城线路长、跨度大，涉及范围包括宁夏以及与内蒙古交界的10个市、县、区，30多个乡镇，延亘近480公里。2007—2009年宁夏回族自治区文物局先后组建了两支调查分队对西线长城展开细致工作。第一调查组由周赟担任队长，负责惠农至中宁段的调查工作，参与的业务人员有雷昊明、李军、李永泉、孙学峰、黄金成、范锦涛等。第二调查组由樊军担任队长，负责卫宁北山至南长滩段的调查任务，参与此项工作的业务人员有中卫市博物馆孙学峰，宁夏测绘院李军、范玉平、吕建平等。2010—2012年在宁夏文物局相关领导和宁夏考古研究所的组织下，本报告的编写工作得以顺利完成。

　　西长城调查报告分上、中、下三册。报告正文部分第一章至第六章由周赟、雷昊明整理主持编写，其中第一章由周赟、樊军编写；第二章第二节、第三节，第四章第二节、第三节由周赟、雷昊明、黄金成、孙学峰编写；其余章节均由周赟编写。报告第七章至第十章由樊军整理主持编写，其中第七章、第八章、第九章第四节由樊军编写；第九章第一节至第三节由孙学峰编写；第十章由樊军、周赟撰写完成。报告线图由徐永江、田鹏花、罗录会、乔国平、毕佳、沈刚等绘制；明长城墙体走向图与专题图由宁夏第二测绘院王桂霞、任宏丽负责绘制；下册长城遗存照片由周赟、樊军、孙学峰、边东冬等拍摄；附录表格均由雷昊明、孙学峰统计绘制。全书最后由樊军、周赟负责统稿。

　　在田野调查过程中，曾得到青铜峡市、中宁县、大武口区、惠农区、平罗县、贺兰县、银川市、永宁县、中卫市等文物机构同仁的大力支持和协助。报告整理期间，宁夏文物考古研究所罗丰所长花费大量精力为报告的出版付出了很多心血，宁夏已故考古专家钟侃先生作为明长城报告编写专家组的组长，对报告的体例、结构等提出很多中肯的修改意见。文物出版社为本报告做了很多严谨细致的工作，在此一并致以诚挚的感谢！

　　由于学识水平有限，本书疏漏之处难免，敬请读者、同仁批评指正。

编　者

2013 年 9 月 25 日